1 MONTH OF
FREE
READING

at

www.ForgottenBooks.com

By purchasing this book you are eligible for one month membership to ForgottenBooks.com, giving you unlimited access to our entire collection of over 700,000 titles via our web site and mobile apps.

To claim your free month visit:
www.forgottenbooks.com/free673634

ISBN 978-0-331-48753-4
PIBN 10673634

LA

SAINTE BIBLE

COMMENTÉE

—

TOME III

DU MÊME AUTEUR :

INTRODUCTION GÉNÉRALE AUX ÉVANGILES. Un vol. grand in-8° de 137 p. Paris, 1889.

ÉVANGILE SELON SAINT MATTHIEU. INTRODUCTION CRITIQUE ET COMMENTAIRES. Un vol. grand in-8° de 570 p. Paris, 1878.

ÉVANGILE SELON SAINT MARC. INTRODUCTION CRITIQUE ET COMMENTAIRES. Un vol. grand in-8° de 228 p. Paris, 1879.

ÉVANGILE SELON SAINT LUC. INTRODUCTION CRITIQUE ET COMMENTAIRES. Un vol. grand in-8° de 415 p. Paris, 1882.

ÉVANGILE SELON SAINT JEAN. INTRODUCTION CRITIQUE ET COMMENTAIRES. Un vol. grand in-8° de LXIV-388 p. Paris, 1886.

SYNOPSIS EVANGELICA, SEU QUATUOR SANCTA JESU CHRISTI EVANGELIA, SECUNDUM VULGATAM EDITIONEM ORDINE CHRONOLOGICO IN HARMONIAM CONCINNATA. Un vol. grand in-8° de XIX-138 p. Paris, 1882.

ESSAIS D'EXÉGÈSE. EXPOSITION, RÉFUTATION, CRITIQUE, MŒURS JUIVES, etc. Un vol. in-12 de XI-354 p. Lyon, 1884.

ATLAS ARCHÉOLOGIQUE DE LA BIBLE, D'APRÈS LES MEILLEURS DOCUMENTS SOIT ANCIENS, SOIT MODERNES, ET SURTOUT D'APRÈS LES DÉCOUVERTES LES PLUS RÉCENTES FAITES DANS LA PALESTINE, LA SYRIE, LA PHÉNICIE, L'ÉGYPTE ET L'ASSYRIE, DESTINÉ A FACILITER L'INTELLIGENCE DES SAINTES ÉCRITURES. Un vol. grand in-4° de VI-60 p., accompagné de 93 planches contenant 1100 figures. Lyon, 1883. — Deuxième édition, considérablement augmentée. Lyon, 1886.

ATLAS D'HISTOIRE NATURELLE DE LA BIBLE, D'APRÈS LES MONUMENTS ANCIENS ET LES MEILLEURES SOURCES MODERNES ET CONTEMPORAINES, DESTINÉ A FACILITER L'INTELLIGENCE DES SAINTES ÉCRITURES. Un vol. grand in-4°, composé d'un texte explicatif (VII-112 p.) et de 112 planches contenant 900 figures. Lyon, 1884.

ATLAS GÉOGRAPHIQUE DE LA BIBLE, D'APRÈS LES MEILLEURES SOURCES FRANÇAISES, ANGLAISES ET ALLEMANDES CONTEMPORAINES (en collaboration avec M. l'abbé H. Nicole). Un vol. grand in-4°, composé d'un lexique et de 18 planches en couleurs. Lyon, 1890. — Une édition abrégée a été publiée à Paris, en 1894.

BIBLIA SACRA JUXTA VULGATÆ EXEMPLARIA ET CORRECTORIA ROMANA DENUO EDITA, DIVISIONIBUS LOGICIS ANALYSIQUE CONTINUA, SENSUM ILLUSTRANTIBUS, ORNATA. Un beau vol. in-8° de près de 1400 p., orné de têtes de chapitres et de lettres initiales, avec filets rouges. Paris, 1887. — Deuxième édition, approuvée par plusieurs cardinaux et de nombreux évêques. Paris, 1891. Sixième édition en 1902.

NOVUM TESTAMENTUM JUXTA VULGATÆ EXEMPLARIA ET CORRECTORIA ROMANA DENUO EDITUM, DIVISIONIBUS LOGICIS ANALYSIQUE CONTINUA, SENSUM ILLUSTRANTIBUS, ORNATUM. Un vol. in-32 de VIII-544 p., orné de vignettes et encadré de rouge. Paris, 1885. — Troisième édition, approuvée par plusieurs cardinaux et de nombreux évêques. Paris, 1901.

L'IDÉE CENTRALE DE LA BIBLE. Brochure in-12 de VI-54 p. Lyon, 1888.

LES PSAUMES COMMENTÉS D'APRÈS LA VULGATE ET L'HÉBREU. Un beau volume in-8° de 764 pages, orné de 160 gravures. Paris, 1893.

LES SAINTS ÉVANGILES. TRADUCTION ANNOTÉE, ET ORNÉE DE NOMBREUSES GRAVURES D'APRÈS LES MONUMENTS ANCIENS. Un vol. in-18 jésus, de XII-324 p. Paris, 1896. — Huitième édition, revue et augmentée. Paris, 1903.

LA
SAINTE BIBLE

(TEXTE LATIN ET TRADUCTION FRANÇAISE)

COMMENTÉE

D'APRÈS LA VULGATE

ET LES TEXTES ORIGINAUX

A L'USAGE DES SÉMINAIRES ET DU CLERGÉ

PAR

L.-CL. FILLION

PRÊTRE DE SAINT-SULPICE

PROFESSEUR D'ÉCRITURE SAINTE A L'INSTITUT CATHOLIQUE DE PARIS

SEPTIÈME ÉDITION

TOME III

Ursulines de Rimouski

7 7 0 7

PARIS

LIBRAIRIE LETOUZEY ET ANÉ

87, BOUL. RASPAIL, RUE DE VAUGIRARD, 82

1922

IMPRIMATUR.

Parisiis, die 1ª martii 1904.

† FRANCISCUS, Card. RICHARD;
ARCHIEPISC. PARISIENSIS.

TABLEAU

POUR LA TRANSCRIPTION DES LETTRES HÉBRAÏQUES EN CARACTÈRES FRANÇAIS

א	Aleph	' (esprit doux)	ס	Samek	s (dur comme dans *ça*)	
ב	Beth	b				
ג	Gimel	g (dur comme dans *ga*)	ע	Aïn	' (esprit rude)	
ד	Daleth	d	פ (sans daguesch)	Phé	f	
ה	Hé	h	פ (avec daguesch)	Pé	p	
	Vav	v	צ	Tsadé	ṣ (*ts* dur comme dans *tça*)	
ז	Zaïn	z				
ח	Heth	ḥ (le *ch* allemand)				
ט	Teth	t	ק	Coph	q	
	Iod	y ou i	ר	Resch	r	
כ	Caph	k	שׂ	Sin	ś (s dur)	
ל	Lamed	l	שׁ	Schin	š (comme *ch* dans *chat*)	
מ	Mem	m				
נ	Nun	n	ת	Tbav	ṯ (*th*)	

Pour plus de simplicité, nous n'avons pas tenu compte de l'effet du *daguesch* doux dans les consonnes ב, ג, ד, כ, ת.

Pour ce qui est des voyelles, *u* doit se prononcer *ou*; le *scheva* quiescent n'a pas été marqué; le mobile est représenté par un petit *e* en exposant (*yqᵉtlu, qutᵉlah, bᵉᵃqîm*).

PRINCIPALES ABRÉVIATIONS

LXX. . . . . . . Les Septante, ou les premiers traducteurs grecs de la Bible hébraïque.

Man. bibl. . . . *Manuel biblique*, ou Cours d'Écriture sainte à l'usage des séminaires, par MM. Vigouroux (Anc. Testament) et Bacuez (Nouv. Testament). 4 vol. in-12.

Atl. archéol. . . *Atlas archéologique de la Bible*, d'après les meilleurs documents soit anciens, soit modernes..., destiné à faciliter l'intelligence des saintes Écritures, par L.-Cl. Fillion, prêtre de Saint-Sulpice. Un vol. gr. in-4°, composé d'un texte explicatif et de 117 planches contenant 1400 figures. Nous citons d'après la deuxième édition, 1886.

Atl. d'hist. nat. *Atlas d'histoire naturelle de la Bible*, d'après les monuments anciens et les meilleures sources modernes et contemporaines..., par L.-Cl. Fillion. Un vol. grand in-4°, composé d'un texte explicatif et de 112 planches contenant 900 figures, 1884.

Atl. géogr. . . . *Atlas géographique de la Bible*, d'après les meilleures sources françaises, anglaises et allemandes contemporaines, par L.-Cl. Fillion et H. Nicole. Un vol. gr. in-4°, composé d'un lexique et de 18 cartes en couleurs, 1890.

LES LIVRES

DES PARALIPOMÈNES

1º *Leur unité.* — Comme les livres de Samuel [1] et les livres des Rois [2], les livres des Paralipomènes ne formaient à l'origine qu'un seul et même écrit : nous en avons pour garants les auteurs du Talmud [3], l'historien Josèphe [4], Manéthon [5], Origène [6], saint Jérôme [7], tous les manuscrits hébreux de la Bible. La division, qui est toute factice, n'est nullement exigée par le sujet : ce sont encore les Septante qui l'ont introduite [8].

2º *Leur nom.* — Dans la Bible hébraïque notre double écrit est appelé *Dibré hayyâmim*, ou « Verba dierum », ainsi que traduit fort bien saint Jérôme [9], c'est-à-dire, « Acta diurna », titre qui désigne, d'une manière générale, un journal politique analogue à ceux qui étaient régulièrement tenus dans certaines cours d'Orient. Comp. Esth. ii, 23; vi, 1; x, 2. Toutefois il faut le prendre ici dans un sens large, car les Paralipomènes ne contiennent pas des annales suivies et complètes.

Saint Jérôme avait d'abord adopté cette appellation hébraïque, se contentant de lui substituer le nom équivalent de « Chronique » [10] : de là les mots *Liber chronicorum*, *Chronica*, qu'on trouve dans plusieurs éditions anciennes de la Vulgate, et aussi dans la plupart des traductions protestantes de la Bible. Mais le titre de Παραλειπομένα, ou *Paralipomènes,* placé en tête du livre par les traducteurs alexandrins, a prévalu de très bonne heure. Il est pourtant moins exact, car il signifie littéralement : « les choses omises; » il tendrait par conséquent à faire regarder l'œuvre entière comme un simple supplément, destiné à combler les lacunes des livres des Rois [11], et nous verrons bientôt qu'il faut chercher plus que cela dans les *Dibré hayyâmim.*

3º *Le sujet et le but.* — Le livre des Paralipomènes s'ouvre par une rapide esquisse de l'histoire du peuple de Dieu depuis Adam jusqu'à David, sous la forme de tables généalogiques (I Par. i-ix). Après avoir raconté la mort de Saül par manière de transition (I Par. x), l'auteur expose avec assez d'ampleur les

[1] Voyez le tome II, p. 205.
[2] *Ibid.,* p. 437.
[3] *Baba bathra,* f. 14.
[4] *C. Apion.,* i, 8.
[5] Ap. Euseb., *Hist. eccles.,* iv, 26.
[6] *Ibid.,* vi, 25.
[7] *Præf. ad Domin. et Rogat. :* « Hoc primum sciendum, quod apud Hebræos liber Paralipomenon unus sit, ... qui apud nos propter magnitudinem divisus est. »
[8] Παραλειπομένων πρώτη, δευτέρα. Le partage n'a pas été mal fait sous le rapport logique

(entre les règnes de David et de Salomon).
[9] *Loc. cit.*
[10] « Verba dierum, quod significantius *Chronicon totius divinæ historiæ* possumus appellare. » *Prolog. galeat.*
[11] Cette opinion semble avoir été assez générale chez les anciens écrivains ecclésiastiques. « *Paralipomenon* græce dicitur, quod *prætermissorum* vel *reliquorum* nos dicere possumus. » S. Isid. de Séville, *Origin.,* vi, 1. Cf. Théodoret, *Præf. in libr. Reg.,* etc.

événements du règne de David (I Par. **xi-xxix**), puis il décrit plus ou moins longuement, selon que le demandait son plan, les règnes de Salomon, de Roboam, et de tous les rois de Juda jusqu'à Sédécias (II Par. **i-xxxvi**, 1-21); il conclut brusquement, par une citation abrégée de l'édit qui mit fin à la captivité babylonienne (II Par. **xxxvi**, 22-23). Rien du royaume schismatique d'Israël, au moins directement.

On voit, par ce sommaire, que les Paralipomènes occupent une situation unique dans l'Ancien Testament, puisque, dans l'ensemble, ils ne présentent pas un récit nouveau, mais qu'ils se contentent de reproduire une partie notable de l'histoire des Juifs, telle que l'avaient déjà relatée les quatre livres des Rois. Souvent il y a, de part et d'autre, répétition presque pure et simple des mêmes faits, avec des différences seulement verbales [1]. Toutefois les divergences ne sont pas moins considérables que les ressemblances, car souvent aussi les Paralipomènes omettent certains incidents, en abrègent ou en ajoutent d'autres [2], prouvant par là qu'ils ne forment pas seulement un écrit supplémentaire, destiné à compléter les narrations plus anciennes, mais qu'ils sont en réalité une œuvre entièrement personnelle et indépendante, composée dans un but spécial, qu'il est facile de découvrir.

Ce but, c'est de grouper, en les condensant, les principaux événements de l'histoire de la maison royale de David, afin de les présenter à Israël, au moment où l'exil de Babylone s'achevait, comme une précieuse instruction, comme un miroir révélateur où serait indiquée d'avance la conduite religieuse et morale de la nation théocratique, si éprouvée pour ses anciens péchés. Tout se ramène aisément à cette fin, qui n'est autre, on le voit, que de tracer le portrait idéal des Israélites régénérés, pour les aider à mener dans toute sa perfection, malgré les difficultés de l'heure présente, la vie sainte que Jéhovah leur avait prescrite et qui attirerait sur eux ses plus paternelles bénédictions.

De là les généalogies du début, pour leur montrer leur vraie place, si glo-

---

[1] *Liste des passages communs aux livres des Paralipomènes et des Rois :*

I Par. x, 1-12.	I Reg. xxxi.	II Par. xvi, 1-6, 11-14.	III Reg. xv, 17-24.
— xi, 1-9.	II Reg. v, 1-3, 6-10.	xviii, 2-34.	— xxii, 2-35.
- xi, 10-47.	xxiii, 8-39.	xx, 31-xxi, 1.	xxii, 41-51.
xiii, 1-14.	vi, 1-11.	xxi, 5-10, 20.	IV Reg. viii, 17-24.
- xiv, 1-17.	v, 11-25.	xxiii, 1-9.	viii, 25-29; ix,
- xv-xvi.	- vi, 12-23.		16-28.
— xvii-xviii.	— vii-viii.	— xxii, 10-xxiii, 21.	- xi.
- xix.	- x.	xxiv, 1-14, 23, 27.	-. xii, 1-22.
- xx, 1-3.	xi, 1; xii, 26-31.	xxv, 1-4, 17-28.	xiv, 1-14, 17-20.
- xx, 4-8.	xxi, 18-22.	xxvi, 1-4, 21-23.	xiv, 21-22; xv,
- xxi.	— xxiv.		2-7.
II Par. i, 2-13.	III Reg. iii, 4-15.	xxvii, 1-3, 7-9.	xv, 33-38.
i, 14-17.	x, 26-29.	xxviii, 1-4, 26-27.	xvi, 2-4, 19-20.
ii.	v, 15-32.	xxix, 1-2.	xviii, 2-3.
iii, 1-5.	- vi, 1-7.	xxxii, 1-21.	xviii, 13-xix, 37.
v, 2-7, 10.	- viii.	xxxii, 24-25, 32-33.	xx, 1-2, 20-21.
- vii, 11-22.	- ix, 1-9.	xxxiii, 1-10, 20-25.	
- viii.	ix, 10-28.		xxi, 1-9, 18-24.
- ix, 1-28.	x, 1-25.	xxxiv, 1-2, 8-32.	
ix, 29-31.	xi, 41-43.	xxxv, 1, 18-24, 26-27; xxxvi, 1-4.	xxii, 1-xxiii, 3.
x, 1-11.	xii, 1-24.		xxiii, 21-23, 28-34.
xii, 2-3, 9-16.	xiv, 21-31.	xxxvi, 5-6, 8-12.	xxiii, 36-37;
xiii, 1-2, 22-23.	xv, 1-2, 6-8.		xxiv, 8-19.
xiv,1-2; xv,16-19.	xv, 11-16.		

[2] Voyez quatre tableaux comparatifs dans le *Man. bibl.*, t. IV, n. 519.

rieuse, dans l'histoire du monde [1]. De là, les nombreux détails relatifs à la construction et à l'ornementation du temple, à l'organisation du culte, au service des Lévites; car la religion était pour Israël le foyer de sa vie [2]. De là, l'histoire du royaume schismatique des dix tribus passée sous silence, ce royaume ayant pris dès l'origine une attitude antithéocratique. De là, la part du lion faite à la biographie de David, le roi modèle, et de plusieurs autres bons rois, tels que Josaphat, Ézéchias et Josias. De là, enfin, les réflexions fréquentes par lesquelles l'historien souligne en quelque sorte les événements, pour en tirer des conclusions sous le rapport moral et pour montrer la main du Seigneur partout visible, en vue soit de châtier les crimes soit de récompenser les actes de vertu [3].

Ce but établit très bien l'unité entre les différentes parties de l'ouvrage, reliant ensemble les généalogies et les récits.

4º *La division.* — Les deux livres, envisagés collectivement, se divisent en deux parties d'étendue très inégale : 1º les tables généalogiques, I Par. I-IX; 2º l'histoire de David, de Salomon, et des rois de Juda jusqu'à la captivité de Babylone, I Par. X-II Par. XXXVI. La seconde partie comprend trois sections : le règne de David, I Par. X-XXIX; le règne de Salomon, II Par. I-IX; les rois de Juda depuis Roboam jusqu'à Sédécias, II Par. X-XXXVI.

Si l'on considère à part chacun des deux livres tels que les contient la Vulgate, on peut admettre les divisions suivantes :

Premier livre des Paralipomènes. — Deux parties : 1º les listes généalogiques, I, 1-IX, 44; 2º l'histoire du roi David, X, 1-XXIX, 30 (deux sections : les principaux événements du règne de David, X, 1-XXI, 30; la fin du règne, XXII, 1-XXIX, 30).

Second livre des Paralipomènes. — Deux parties aussi : 1º Histoire du règne de Salomon, I, 1-IX, 31 (trois sections : le Seigneur bénit le jeune monarque au début de son règne, I, 1-17; construction et dédicace du temple, II, 1-VII, 22; principaux événements politiques du règne de Salomon, VIII, 1-IX, 31); 2º Histoire des rois de Juda depuis le schisme des dix tribus jusqu'à la captivité de Babylone, X, 1-XXXVI, 23 (sept sections : règne de Roboam, X, 1-XII, 16; règnes d'Abias et d'Asa, XIII, 1-XVI, 14; règne de Josaphat, XVII, 1-XX, 37; règnes de Joram, d'Ochozias et de Joas, XXI, 1-XXIV, 27; règnes d'Amasias, d'Ozias, de Joatham et d'Achaz, XXV, 1-XXVIII, 27; règne d'Ézéchias, XXIX, 1-XXXII, 33; les derniers rois de Juda, XXXIII, 1-XXXVI, 23) [4]

5º *La date de composition et l'auteur.* — Les Paralipomènes ne furent certainement pas composés avant la fin de l'exil babylonien. En effet, 1º ils se terminent par une citation abrégée de l'édit de Cyrus, qui mit fin à la captivité des Juifs (II Par. XXXVI, 22-23); 2º ils donnent, au moins jusqu'à la troisième génération, la généalogie des descendants du saint et célèbre Zorobabel, qui ramena les premiers colons juifs sur le sol sacré dès la cessation de l'exil (I Par. III, 19-24 [5]); 3º les *dariques,* mentionnées I Par. XXIX, 7, comme monnaie courante, n'ont existé que sous la domination persane, par conséquent sous le règne de Cyrus; 4º le style est tout à fait semblable à celui des livres d'Esdras, de Néhémie et d'Esther, postérieurs à l'exil. La composition ne saurait donc remonter

---

[1] Autres listes généalogiques fréquentes dans le cours du récit. Cf. I Par. XI, 26-47; XII, 1-14; XIV, 4-7; XV, 5-11, 17-24; XIX, 15-17; XXIV, 7, 18, etc., etc.

[2] On a dit à juste titre que le récit est « ecclésiastique » dans les livres des Paralipomènes, « politique » dans ceux des Rois.

[3] Voyez, par exemple, I Par. X, 13; XI, 9; XII, 2; XIII, 18; XIV, 11-12; XVI, 7; XVII, 3, 5; XVIII, 31; XX, 30; XXI, 10; XXII, 7; XXIV, 18, 24; XXV, 20; XXVI, 5, 7, 20; XXVII, 6, etc., etc.

[4] Pour les détails, voyez le commentaire, et notre *Biblia sacra,* pp. 379-443.

[5] Voyez le commentaire.

au delà de l'année 536 avant J.-C., et elle eut même lieu probablement un peu plus tard [1]; non toutefois aux dates tardives admises de nos jours par l'école rationaliste [2]

La tradition juive désigne unanimement Esdras comme l'auteur du livre des Paralipomènes, et la plupart des exégètes croyants, soit dans l'antiquité, soit de nos jours, ont adopté ce sentiment. Une comparaison établie entre le livre que nous étudions et les pages qui nous restent d'Esdras confirme étonnamment le témoignage traditionnel, car elle démontre de part et d'autre un même esprit [3], une même méthode de composition, un trésor identique de locutions employées avec une signification qui est propre aux deux écrits [4].

6° *Les sources des Paralipomènes.* — Il faut distinguer. Pour les généalogies placées en avant du récit ou qui lui sont entremêlées, l'auteur a employé comme sources : 1° les livres historiques composés avant le sien; 2° des documents spéciaux, qui n'avaient pas été utilisés par les écrivains sacrés, car plusieurs de ses listes sont entièrement nouvelles [5]

Pour le reste de l'ouvrage, ou pour l'histoire proprement dite, il a soin de signaler fréquemment les écrits auxquels il a puisé davantage. 1° Le « Livre des rois d'Israël et de Juda » [6], appelé parfois « Livre des rois de Juda et d'Israël », ou, par abréviation, « Annales des rois d'Israël [7]; » compilation probable des deux documents si souvent cités dans les troisième et quatrième livres des Rois sous ces titres : « Livre des annales des rois de Juda, Livre des annales des rois d'Israël [8]. » 2° Divers ouvrages historiques, composés presque tous par des prophètes et relatant l'histoire de tel ou tel règne distinct. Ce sont les fastes du roi David (I Par. xxvii, 24); les actes du Voyant Samuel, les actes du prophète Nathan, les actes de Gad le Voyant (I Par. xxix, 29); le livre d'Ahias le Silonite, la vision du Voyant Addo (II Par. ix, 29); les actes du prophète Séméias, le livre du Voyant Addo sur les généalogies (II Par. xii, 15); le commentaire du prophète Addo (II Par. xiii, 22); les actes de Jéhu, fils d'Hanani (I Par. xx, 34); le commentaire du livre des Rois (II Par. xxiv, 27); les actes d'Isaïe sur Ozias (II Par. xxvi, 22); la vision d'Isaïe (II Par. xxxii, 32); les actes d'Hozaï (II Par. xxxiii, 19). Nous ne saurions décrire au juste la nature et l'étendue de ces différentes compositions; on voit du moins qu'elles étaient contemporaines des faits qu'elles racontaient et qu'elles provenaient des hommes les plus autorisés. Leur emploi démontre les consciencieuses recherches de l'auteur des Paralipomènes. 3° Sans doute aussi, les quatre livres canoniques des Rois, bien qu'ils ne soient cités nulle part.

7° *Valeur historique des Paralipomènes; leur importance.* — Malgré les garanties sérieuses que nous offre ce livre, sa véracité a été de nos jours l'objet d'attaques aussi injustes que violentes. Ce serait un écrit de tendance, qui colore l'histoire et dénature les faits; bien plus, qui est en contradiction avec lui-même ou avec les autres livres historiques de la Bible. Justice sera faite, dans le commentaire, de ces accusations que des exégètes protestants ont eux-mêmes pris la peine de réfuter. « La valeur historique des Chroniques, dit l'un d'eux, a été vengée de ces soupçons injustes; on reconnaît maintenant que l'au-

---

[1] Vers le milieu du ve siècle.

[2] La fin de la domination persane; l'ère des Séleucides, le règne d'Alexandre le Grand.

[3] Notamment, « le même goût pour les généalogies, pour tout ce qui tient au culte et à la tribu de Lévi. » *Man. bibl.*, t. IV, n. 504.

[4] La plus célèbre est *kammiŝpât*, pour signifier : « selon la loi de Moïse. »

[5] Cf. I Par. ii, 18-24, 25-41, 42-45; iii, 17-24; vi; vii, 1-3, 6-12, 14-19, 20-29, 30-39; viii, 1-32, 33-39; ix, 35-44.

[6] Cf. II Par. xvi, 11; xxv, 26; xxvii, 7; xxviii, 26; xxxv, 27; xxxvi, 8.

[7] II Par. xxxiii, 18-19.

[8] Voyez le tome II, p. 439.

teur a travaillé partout d'après les sources, et qu'il n'est pas possible de lui attribuer des fictions ou des falsifications volontaires. »

Restent, il est vrai, un certain nombre d'erreurs dans les chiffres ou les noms propres [1], qui ne manquent pas de créer quelque embarras à l'interprète. Toutefois elles ne sont pas le fait de l'auteur, mais des copistes; et si elles abondent plus qu'ailleurs dans les Paralipomènes, cela tient à leur matière même, puisqu'ils contiennent tant de noms propres ou de chiffres, et que rien ne prête davantage aux fautes de transcription.

L'importance de nos deux livres ne saurait être mieux décrite que par les paroles suivantes de saint Jérôme [2] : « Paralipomenon liber, id est Instrumenti Veteris epitome, tantus et talis est, ut absque illo, si quis scientiam Scripturarum sibi voluerit arrogare, seipsum irrideat; per singula quippe nomina juncturasque verborum et prætermissæ in Regum libris tanguntur historiæ, et innumerabiles explicantur evangelii quæstiones. » Donc, tout ensemble, importance historique en ce qui concerne les Israélites, et importance dogmatique en ce qui regarde le Messie, promis solennellement à David et figuré par plusieurs de ses nobles ancêtres.

8º *Les auteurs à consulter* sont peu nombreux, car les Paralipomènes ont été moins étudiés que les autres parties de la Bible. Pour les questions d'introduction, voyez Cornely, *Historica et critica introductio in utriusque Testamenti libros sacros*, t. II, p. 311-350; pour l'explication détaillée, les *Quæstiones* de Théodoret, et les œuvres de Sérarius, Cornelius a Lapide, Calmet, Clair (*Les Paralipomènes*, Paris, 1880); pour la partie généalogique, P. de Broglie, *Étude sur les généalogies bibliques*, Paris, 1888.

---

[1] Le commentaire signalera aussi les principales. Voyez le *Man. bibl.*, t. IV, nn. 507-508; F. Vigouroux, *les Livres saints et la critique rationaliste*, t. IV, pp. 60 et ss.

[2] *Epist. ad Paulin*

DES PARALIPOMÈNES

CHAPITRE I

1. Adam, Seth, Enos,

2. Cainan, Malaleel, Jared,

3. Henoch, Mathusale, Lamech,

4. Noe, Sem, Cham, et Japheth.

5. Filii Japheth : Gomer, et Magog, et Madai, et Javan, Thubal, Mosoch, Thiras.

6. Porro filii Gomer : Ascenez, et Riphath, et Thogorma.

7. Filii autem Javan Elisa et Tharsis, Cethim et Dodanim..

8. Filii Cham : Chus, et Mesraim, et Phut, et Chanaan.

9. Filii autem Chus : Saba, et Hevila, Sabatha, et Regma, et Sabathacha. Porro filii Regma : Saba et Dadan.

10. Chus autem genuit Nemrod; iste cœpit esse potens in terra.

11. Mesraim vero genuit Ludim, et Anamim, et Laabim, et Nephthuhim,

12. Phetrusim quoque et Casluhim; de quibus egressi sunt Philisthiim, et Caphthorim.

13. Chanaan vero genuit Sidonem, primogenitum suum, Hethæum quoque,

1. Adam, Seth, Énos,

2. Caïnan, Malaléel, Jared,

3. Hénoch, Mathusalé, Lamech,

4. Noé, Sem, Cham et Japheth.

5. Fils de Japheth : Gomer, et Magog et Madaï, et Javan, Thubal, Mosoch, Thiras.

6. Fils de Gomer : Ascénez, et Riphath, et Thogorma.

7. Fils de Javan : Élisa et Tharsis, Céthim et Dodanim.

8. Fils de Cham : Chus, et Mesraïm, et Phut, et Chanaan.

9. Fils de Chus : Saba, et Héyila, Sabatha, et Regma, et Sabathacha. Fils de Regma : Saba et Dadan.

10. Chus engendra Nemrod, et celui-ci commença à être puissant sur la terre.

11. Mesraïm engendra Ludim et Anamim, et Laabim et Nephthuhim,

12. Phétrusim et Casluhim, d'où sont sortis les Philistins et Caphthorim.

13. Chanaan engendra Sidon, son aîné, et ensuite les Héthéens,

---

PREMIÈRE PARTIE

Les listes généalogiques. I, 1 — IX, 44.

« Les généalogies des premiers chapitres du livre des Paralipomènes... forment comme un grand arbre généalogique commençant à Adam et descendant jusqu'au retour de la captivité. » De Broglie, *l. c.*, p. 3.

§ 1. — *Généalogie des patriarches.* I, 1-54.

Trois groupes de noms : vers. 1-23, le premier âge de l'humanité, d'Adam à Noé et aux fils de Noé; vers. 24-42, second âge de l'humanité, de Sem à Jacob; vers. 43-54, énumération des rois et chefs iduméens antérieurs à l'institution de la monarchie juive. Sans aucun préambule, l'auteur des Paralipomènes se met à citer cette longue

suite de noms, par lesquels il se proposait de fixer, dès le début de son œuvre, la place d'Israël dans l'histoire du monde.

1° D'Adam à Noé. I, 1-23.

Chap. I. —. 1-4. *Adam, Seth...* Comp. Gen. v, 1-30.

5-23. Générations des fils de Noé. — Voyez, pour ce passage, Gen. x et les commentaires. La liste est la même de part et d'autre; mais nous avons ici une forme légèrement abrégée (comp. le vers. 10 et Gen. x, 8-12). — Vers. 5-7, les descendants de *Japheth*, au nombre de quatorze : sept fils et sept petits-fils. — Vers. 8-16, les descendants de *Cham*, au nombre de trente; quatre fils, vingt-quatre petits-fils, deux arrière-petits-fils. A partir du vers. 11, la liste devient en partie ethnographique, sans cesser de

14. les Jébuséens, les Amorrhéens et les Gergéséens,

15. les Hévéens, les Aracéens, les Sinéens,

16. les Aradiens, les Samaréens, et les Hamathéens.

17. Fils de Sem : Élam, Assur, Arphaxad, Lud, Aram, Hus, Hul, Géther et Mosoch.

18. Arphaxad engendra Salé, qui fut père d'Héber.

19. Héber eut deux fils, dont l'un fut nommé Phaleg, parce que la terre fut divisée de son temps, et le nom de son frère est Jectan.

20. Jectan engendra Elmodad, Saleph, Asarmoth, et Jaré,

21. avec Adoram, Husal et Décla,

22. comme aussi Hébal, Abimaël et Saba,

23. et encore Ophir, Hévila, et Jobab : tous ceux-là *étaient* fils de Jectan.

24. Sem *engendra donc* Arphaxad, Salé,

25. Héber, Phaleg, Ragaü,

26. Sérug, Nachor, Tharé,

27. Abram; celui-ci est le même qu'Abraham.

28. Fils d'Abraham : Isaac et Ismaël.

29. Et voici leur postérité. Ismaël eut Nabaïoth, l'aîné de tous, Cédar, Adbéel, Mabsam,

30. Masma, Duma, Massa, Hadad, et Théma,

31. Jétur, Naphis, Cedma; ce sont là les fils d'Ismaël.

32. Les fils qu'Abraham eut de sa seconde femme Cétura *furent* Zamran, Jecsan, Madan, Madian, Jesboc et Sué. Les fils de Jecsan *furent* Saba, et Dadan. Ceux de Dadan, Assurim, Latussim, et Laomim.

33. Les fils de Madian *sont* Épha, Épher, Hénoch, Abida, Eldaa. Tous ceux-là étaient enfants de Cétura.

14. et Jebusæum, et Amorrhæum, et Gergesæsum,

15. Hevæumque, et Aracæum, et Sinæum,

16. Aradium quoque, et Samaræum, et Hamathæum.

17. Filii Sem : Ælam, et Assur, et Arphaxad, et Lud, et Aram, et Hus, et Hul, et Gether, et Mosoch.

18. Arphaxad autem genuit Sale, qui et ipse genuit Heber.

19. Porro Heber nati sunt duo filii : nomen uni Phaleg, quia in diebus ejus divisa est terra; et nomen fratris ejus, Jectan.

20. Jectan autem genuit Elmodad, et Saleph, et Asarmoth, et Jare,

21. Adoram quoque, et Husal, et Decla,

22. Hebal etiam, et Abimael, et Saba, necnon

23. et Ophir, et Hevila, et Jobab; omnes isti filii Jectan.

24. Sem, Arphaxad, Sale,

25. Heber, Phaleg, Ragau,

26. Serug, Nachor, Thare,

27. Abram, iste est Abraham.

28. Filii autem Abraham : Isaac et Ismahel.

29. Et hæ generationes eorum. Primogenitus Ismahelis, Nabaioth, et Cedar, et Adbeel, et Mabsam,

30. et Masma, et Duma, Massa, Hadad, et Thema,

31. Jetur, Naphis, Cedma; hi sunt filii Ismahelis.

32. Filii autem Ceturæ, concubinæ Abraham, quot genuit : Zamran, Jecsan, Madan, Madian, Jesboc, et Sue. Porro filii Jecsan : Saba et Dadan. Filii autem Dadan : Assurim, et Latussim, et Laomim.

33. Filii autem Madian : Epha, et Epher, et Henoch, et Abida, et Eldaa. Omnes hi filii Ceturæ.

---

désigner les individualités dont ces peuples étaient issus. D'ailleurs, ici comme aux passages parallèles de la Genèse, l'écrivain sacré « a toujours en vue le groupe ayant pour chef l'aïeul commun qui contenait en lui-même le peuple ». — Vers. 17-23, les descendants de *Sem*, au nombre de vingt-six : cinq fils, cinq petits-fils (car *Hus, Hul,* Gether et *Mosoch* étaient fils d'Aram, d'après Gen. x, 22-23) et seize autres descendants.

2° De Sem à Jacob. I, 24-42.

24-27. Les descendants de Sem dans la branche

aînée, jusqu'à Abraham. — *Sem, Arphaxad...* Comp. Gen. xi, 10-26. Notre auteur cite encore en abrégeant ; il se contente de mentionner les noms, et supprime les notices historiques. — *Abram, iste... Abraham.* Voyez Gen. xvii, 5, et le commentaire.

28-34. Les descendants d'Abraham. — Ils se partagent en trois branches, comme ceux de Noé. Vers. 29-31, Ismaël et ses onze fils (comp. Gen. xxv, 12-16 ; nous lisons ici *Hadad* au lieu de « Hadar »). Vers. 32-33, six fils et sept petits-fils d'Abraham par Cétura (comp. Gen. xxv, 1-4).

34. Genuit autem Abraham Isaac, cujus fuerunt filii : Esau et Israel.

35. Filii Esau : Eliphaz, Rahuel, Jehus, Ihelom, et Core.

36. Filii. Eliphaz : Theman, Omar, Sephi, Gatham, Cenez, Thamna, Amalec.

37. Filii Rahuel : Nahath, Zara, Samma, Meza.

38. Filii Seir : Lotan, Sobal, Sebeon, Ana, Dison, Eser, Disan.

39. Filii Lotan : Hori, Homam. Soror autem Lotan fuit Thamna.

40. Filii Sobal : Alian, et Manahath, et Ebal, Sephi, et Onam. Filii Sebeon : Aia et Ana. Filii Ana : Dison.

41. Filii Dison : Hamram, et Eseban, et Jethran, et Charan.

42. Filii Eser : Balaan, et Zavan, et Jacan. Filii Disan: Hus et Aran.

43. Isti sunt reges qui imperaverunt in terra Edom, antequam esset rex super filios Israel : Baie, filius Beor; et nomen civitatis ejus, Denaba.

44. Mortuus est autem Baie, et regnavit pro eo Jobab, filius Zare, de Bosra.

45. Cumque et Jobab fuisset mortuus, regnavit pro eo Husam, de terra Themanorum.

46. Obiit quoque et Husam, et regnavit pro eo Adad, filius Badad, qui percussit Madian in terra Moab; et nomen civitatis ejus Avith.

47. Cumque et Adad fuisset mortuus, regnavit pro eo Semla, de Masreca.

48. Sed et Semla mortuus est, et regnavit pro eo Saul de Rohoboth, quæ juxta amnem sita est.

49. Mortuo quoque Saul, regnavit pro eo Balanan, filius Achobor.

50. Sed et hic mortuus est, et regnavit pro eo Adad ; cujus urbis nomen fuit Phau, et appellata est uxor ejus Meetabel, filia Matred, filiæ Mezaab.

34. Abraham engendra donc Isaac, qui eut deux fils, Esaü et Israël.

35. Fils d'Esaü : Éliphaz, Rabuei, Jéhus, Ihélom, et Coré.

36. Fils d'Éliphaz : Théman, Omar, Séphi, Gatham, Cénez, Thamna, Amalec.

37. Fils de Rahuel : Nahath, Zara, Samma, Méza.

38. Fils de Séir : Lotan, Sobal, Sébéon, Ana, Dison, Eser, Disan.

39. Fils de Lotan : Hori et Homam. Or la sœur de Lotan était Thamna.

40. Fils de Sobal : Alian, Manahath, Ébal, Séphi et Onam. Fils de Sébéon Aïa et Ana. Fils d'Ana : Dison.

41. Fils de Dison : Hamram, Eséban, Jéthran et Charan.

42. Fils d'Éser : Balaan, Zavan, Jacan, Fils de Disan : Hus et Aran.

43. Voici les rois qui régnèrent au pays d'Edom, avant qu'il y eût un roi établi sur les enfants d'Israël : Balé, fils de Béor, dont la ville s'appelait Dénaba.

44. Balé étant mort, Jobab, fils de Zaré, de Bosra, régna à sa place.

45. Après la mort de Jobab, Husam, qui était du pays de Théman, régna à sa place.

46. Husam étant mort aussi, Adad, fils de Badad, régna à sa place. Ce fut lui qui défit les Madianites dans le pays de Moab. Sa ville s'appelait Avith.

47. Après la mort d'Adad, Semla, qui était de Masréca, régna à sa place.

48. Semla étant mort aussi, Saül, de Rohoboth, *ville* située sur le fleuve, régna après lui.

49. Et après la mort de Saül, Balanan, fils d'Achobor, régna à sa place.

50. Celui-ci mourut aussi, et Adad régna à sa place ; sa ville s'appelait Phaü, et sa femme se nommait Méétabel, fille de Matred, qui était fille de Mézaab.

Vers. 34, les deux fils d'Isaac (comp. Gen. xxv, 25 ; *Israel*, l'appellation la plus glorieuse, au lieu du nom ordinaire, « Jacob »).

35-42. La postérité d'Ésaü et de Séir. — Vers. 35-37 : cinq fils et dix petits-fils d'Ésaü. Comp. Gen. xxxvi, 10-14. Nous trouvons ici une divergence importante, car, d'après Gen. xxxvi, 12, *Thamna* était la femme et non le fils d'*Éliphaz;* on résout la difficulté par le système d'abréviations, qui est si apparent dans ces listes : l'auteur place l'un près de l'autre, sans détail explicatif, les noms de Thamna et de son fils *Amalec*, sachant bien que ses lecteurs complèteraient dans leur pensée. — Vers. 38-42 : les sept fils de Séir et leurs descendants. Comp. Gen. xxxvi,

20-21. L'Horrhéen Séir, qui représente les habitants aborigènes de l'Idumée, n'avait rien de commun avec la postérité d'Abraham ; mais ses descendants se fondirent en un seul peuple avec ceux d'Ésaü, après que celui-ci eut conquis le pays ; voilà pourquoi la Bible s'intéresse à leur histoire. La *Thamna* du vers. 39 est sans doute identique à celle du vers. 36. Çà et là quelques variantes dans les noms, si on les compare à ceux de la Genèse.

3° Rois et chefs de l'Idumée avant l'institution de la royauté chez les Hébreux. I, 43-54.

43-50. Les rois iduméens. Comp. le passage Gen. xxxvi, 31-39, dont cette liste est une reproduction assez fidèle, à part les abréviations

Vue des montagnes de Idumée.

51. Adad autem mortuo, duces pro regibus in Edom esse cœperunt : dux Thamna, dux Alva, dux Jetheth,

52. dux Oolibama, dux Ela, dux Phinon,

53. dux Cenez, dux Theman, dux Mabsar,
54. dux Magdiel, dux Hiram. Hi duces Edom.

51. Après la mort d'Adaa, *le pays* d'Édom n'eut plus de rois, mais des gouverneurs : le gouverneur Thamna, le gouverneur Alva, le gouverneur Jétheth,
52. le gouverneur Oolibama, le gouverneur Éla, le gouverneur Phinon,
53. le gouverneur Cénez, le gouverneur Théman, le gouverneur Mabsar,
54. le gouverneur Magdiel, le gouverneur Hiram ; ce furent là les gouverneurs d'Édom.

CHAPITRE II

1. Filii autem Israel : Ruben, Simeon, Levi, Juda, Issachar, et Zabulon,
2. Dan, Joseph, Benjamin, Nephthali, Gad et Aser.
3. Filii Juda : Her, Onan, et Sela. Hi tres nati sunt ei de filia Sue Chananitide. Fuit autem Her, primogenitus Juda, malus coram Domino, et occidit eum.
4. Thamar autem, nurus ejus, peperit ei Phares et Zara. Omnes ergo filii Juda, quinque.
5. Filii autem Phares : Hesron et Hamul.
6. Filii quoque Zaræ : Zamri, et Ethan, et Eman, Chalchal quoque, et Dara, simul quinque.
7. Filii Charmi : Achar, qui turbavit Israel, et peccavit in furto anathematis.

8. Filii Ethan : Azarias.

1. Or les fils d'Israël furent Ruben, Siméon, Lévi, Juda, Issachar et Zabulon,
2. Dan, Joseph, Benjamin, Nephthali, Gad et Aser.
3. Fils de Juda : Her, Onan et Séla. Il eut cés trois fils d'une Chananéenne fille de Sué. Mais Her, qui était l'aîné de Juda, fut méchant en la présence du Seigneur, et *Dieu* le frappa de mort.
4. Thamar, belle-fille de Juda, eut de lui Pharès et Zara. Juda eut donc en tout cinq fils.
5. Fils de Pharès : Hesron et Hamul.
6. Les fils de Zara *furent* au nombre de cinq : Zamri, Éthan, Éman, Chalchal et Dara.
7. Fils de Charmi : Achar, qui troubla Israël, et pécha par un larcin de l'anathème.
8. Fils d'Éthan : Azarias.

---

et les variantes légères signalées plusieurs fois déjà.

51-54. Les chefs iduméens et leurs centres géographiques. Comp. Gen. XXXVI, 40-43, et le commentaire.

§ II. — *Généalogies de la tribu de Juda.* II, 1 — IV, 23.

Après cette vue d'ensemble, l'écrivain sacré passe aux détails, et il signale dans sept chapitres consécutifs (II-VIII) les principaux traits généalogiques qui concernaient chacune des tribus d'Israël.

1° Énumération des douze fils de Jacob. II, 1-2.

CHAP. II. — 1-2. Cette liste sert de point de départ naturel à toutes celles qui vont suivre. Comp. Gen. XXXV, 23-26. — *Ruben... Zabulon*, les six fils de Lia ; *Dan*, premier fils de Bala, occupe ici la même place que dans la prophétie de son père (Gen. XLIX, 16), quoique ce ne fût pas celle de sa naissance ; *Joseph...*, les deux fils de Rachel ; *Nephthali*, le second fils de Bala ; *Gad et Aser*, les deux fils de Zelpha.

2° Les cinq fils de Juda. II, 3-4.

3-4. *Filii Juda*. Comp. Gen. XXXVIII. — *Her* et *Onan* moururent sans postérité ; les descendants de *Phares*, de *Zara* et de *Sela* formèrent dans la tribu de Juda trois branches dont on va indiquer les ramifications (vers. 5 et ss.).

3° Les fils de Pharès et de Zara. II, 5-8.

5. Deux fils de Pharès. Comp. Gen. XLVI, 12. L'auteur reviendra plus bas, vers. 9 et ss., sur la postérité d'*Hesron*.

6-8. Cinq fils et deux petits-fils de Zara. Cette liste ne se trouve en aucun autre endroit de la Bible. — *Zamri*. Probablement le « Zabdi » de Jos. VII, 1. — Suivant quelques interprètes, *Ethan*, *Eman, Chalchal* et *Dara* seraient identiques aux quatre personnages « Éthan, Héman, Chalcol et Dorda » dont la sagesse était si célèbre (cf. III Reg. IV, 31). La ressemblance des noms est, en réalité, assez frappante ; mais elle ne forme pas une preuve suffisante, surtout si l'on réfléchit que d'une part il est question des fils de Zara ; de l'autre, des fils de « Mahol ». — *Achar*. Il est nommé Achan au livre de Josué, VII, 1 et ss.

9. Fils qui naquirent d'Hesron : Jéramée!, Ram, et Calubi.

10. Ram engendra Aminadab; Aminadab engendra Nahasson, prince des fils de Juda.

11. Nahasson engendra aussi Salma, duquel est issu Booz.

12. Or Booz engendra Obed, lequel engendra Isaï.

13. Isaï eut pour fils aîné Éliab; le second fut Abinadab; le troisième, Simmaa;

14. le quatrième, Nathanaël; le cinquième, Rabdaï;

15. le sixième, Asom; et le septième, David.

16. Leurs sœurs étaient Sarvia et Abigaïl. Fils de Sarvia : Abisaï, Joab, et Asaël, trois.

17. Abigaïl fut mère d'Amasa, dont le père était Jéther l'Ismaélite.

18. Or Caleb, fils d'Hesron, épousa une femme qui se nommait Azuba, dont il eut Jérioth; et ses fils furent Jaser, Sobab, et Ardon.

19. Mais, après la mort d'Azuba, Caleb épousa Éphrata, qui lui enfanta Hur.

20. Hur engendra Uri, et Uri engendra Bézéléel.

21. Ensuite Hesron prit pour femme la fille de Machir, père de Galaad. Il avait soixante ans quand il l'épousa, et il eut d'elle Ségub.

22. Ségub, de son côté, eut pour fils Jaïr, et il posséda vingt-trois villes dans la terre de Galaad.

9. Filii autem Hesron qui nati sunt ei : Jerameel, et Ram, et Calubi.

10. Porro Ram genuit Aminadab. Aminadab autem genuit Nahasson, principem filiorum Juda.

11. Nahasson quoque genuit Salma, de quo ortus est Booz.

12. Booz vero genuit Obed, qui et ipse genuit Isai.

13. Isai autem genuit primogenitum Eliab; secundum, Abinadab; tertium, Simmaa;

14. quartum, Nathanael; quintum, Rabdai;

15. sextum, Asom; septimum, David

16. Quorum sorores fuerunt : Sarvia et Abigail. Filii Sarviæ : Abisai, Joab, et Asael, tres.

17. Abigail autem genuit Amasa, cujus pater fuit Jether, Ismahelites.

18. Caleb vero, filius Hesron, accepit uxorem nomine Azuba, de qua genuit Jerioth; fueruntque filii ejus : Jaser, et Sobab et Ardon.

19. Cumque mortua fuisset Azuba, accepit uxorem Caleb, Ephrata, quæ peperit ei Hur.

20. Porro Hur genuit Uri, et Uri genuit Bezeleel.

21. Post hæc ingressus est Hesron ad filiam Machir, patris Galaad; et accepit eam cum esset annorum sexaginta; quæ peperit ei Segub.

22. Sed et Segub genuit Jair, et possedit viginti tres civitates in terra Galaad.

passage où l'histoire de son crime est racontée avec détails. Qui turbavit...; en hébr. 'oker, paronomase analogue à celle de Jos. VII, 25 (voyez la note).

4° La postérité d'Hesron. II, 9-41.

9-17. Les fils d'Hesron et ses descendants par Ram. Comp. Ruth, IV, 19-22; Matth. I, 3-5.— Vers. 9, les trois fils d'Hesron. Ram est nommé « Aram » dans la généalogie de Jésus-Christ d'après saint Matthieu. — Vers. 10-12, la postérité de Ram jusqu'à Isaï, père de David. Nahasson, principem... : sur ce titre, voyez Num. II, 3 et VII, 12. C'est au moment de la sortie d'Égypte que Nahasson était chef de sa tribu. Salma, ou Salmon d'après Matth. I, 4, et Luc, III, 32. — Vers. 13-15, les enfants d'Isaï (sept fils et deux filles). Les trois aînés sont aussi mentionnés I Reg. XVI, 6-9, et XVII, 13; les trois suivants (vers. 14-15ª) ne sont nommés qu'en ce seul endroit. Septimum David : et pourtant David avait sept frères (cf. I Reg. XVI, 10-11); mais l'un d'eux mourut sans doute avant de parvenir à l'âge mûr, c'est pourquoi il n'en est pas ques-

tion ici. Sur Sarvia, Abigail, et leurs fils si célèbres, voyez I Reg. XXVI, 6; II Reg. II, 18; III, 39; XVII, 25; XIX, 14, etc.

18-24. Les descendants d'Hesron par Caleb. Détails puisés pour la plupart à une source spéciale, perdue depuis. — Caleb : « Calubi » du vers. 9. Les vers. 18-20 signalent les fils qu'il eut d'Azuba, sa première femme (vers. 18), et de la seconde, Ephrata (19-20). De qua... Jerioth : l'hébreu est assez obscur en cet endroit : la Vulgate donne un sens très clair. Filii ejus : les fils de Jérioth. Bezeleel : l'habile artiste qui prépara le tabernacle et son mobilier. Cf. Ex. XXXI, 2. — Vers. 21-23, postérité d'Hesron par la fille de Machir. C'est une sorte de parenthèse, destinée à montrer comment le sang de Juda fut infusé à une partie notable de la tribu de Manassé. D'après VII, 14, et Jos. XVII, 1, Machir était le fils aîné de Manassé. Viginti tres civitates : cette conquête eut lieu du vivant de Moïse, et les cités tombées au pouvoir de Jaïr furent nommées « Havoth-Jaïr », c.-à-d. bourgs de Jaïr. Cf. Num. XXXII, 39-42; Deut. III, 14-15, et l'Atl.

23. Cepitque Gessur, et Aram; oppida Jair, et Canath, et viculos ejus, sexaginta civitatum. Omnes isti filii Machir, patris Galaad.

24. Cum autem mortuus esset Hesron, ingressus est Caleb ad Ephratha. Habuit quoque Hesron uxorem Abia, quæ peperit ei Ashur, patrem Thecuæ.

25. Nati sunt autem filii Jerameel, primogeniti Hesron, Ram, primogenitus ejus, et Buna, et Aram, et Asom, et Achia.

26. Duxit quoque uxorem alteram Jerameel, nomine Atara, quæ fuit mater Onam.

27. Sed et filii Ram, primogeniti Jerameel, fuerunt : Moos, Jamin, et Achar.

28. Onam autem habuit filios : Semei, et Jada. Filii autem Semei : Nadab, et Abisur.

29. Nomen vero uxoris Abisur, Abigail, quæ peperit ei Ahobban, et Molid.

30. Filii autem Nadab fuerunt : Saled, et Apphaim. Mortuus est autem Saled absque liberis.

31. Filius vero Apphaim : Jesi, qui Jesi genuit Sesan. Porro Sesan genuit Oholai.

32. Filii autem Jada, fratris Semei : Jether, et Jonathan. Sed et Jether mortuus est absque liberis.

33. Porro Jonathan genuit Phaleth, et Ziza. Isti fuerunt filii Jerameel.

34. Sesan autem non habuit filios, sed filias; et servum ægyptium, nomine Jeraa;

---

23. Et Gessur et Aram prirent les villes de Jaïr; et Canath avec les villages de son ressort, soixante villes. Tous ceux-là étaient fils de Machir, père de Galaad.

24. Après la mort d'Hesron, Caleb épousa Éphratha. Mais Hesron avait eu encore une femme nommée Abia, de laquelle il eut un fils nommé Ashur, qui fut père de Thécua.

25. Jéraméel, premier-né d'Hesron, eut pour fils aîné Ram, et *ensuite* Buna, Aram, Asom, et Achia.

26. Et Jéraméel épousa encore une autre femme, nommée Atara, qui fut mère d'Onam.

27. Ram, fils aîné de Jéraméel, eut aussi pour fils Moos, Jamin, et Achar.

28. Onam eut pour fils Séméi et Jada. Fils de Séméi : Nadab et Abisur.

29. Abisur épousa une femme nommée Abigaïl, de laquelle il eut Ahobban et Molid.

30. Nadab fut père de Saled et d'Apphaïm; mais Saled mourut sans enfants.

31. Apphaïm eut un fils nommé Jési, qui engendra Sésan, et Sésan engendra Oholaï.

32. Fils de Jada, frère de Séméi, Jéther et Jonathan. Jéther mourut aussi sans enfants.

33. Mais Jonathan eut Phaleth, et Ziza. Voilà quels ont été les fils de Jéraméel.

34. Pour Sésan, il n'eut point de fils, mais des filles; et un esclave égyptien nommé Jéraa,

---

géogr., pl. VII. Leur nombre n'est pas identiquement le même dans les divers récits. Cf. Jos. XIII, 30; Jud. X, 4. *Gessur :* les habitants d'un petit royaume situé au sud de l'Hermon et au nord-ouest de Basan (Deut. III, 14; voyez la note, et l'*Atl. géogr.*, l. c.). *Aram :* les Araméens, ou Syriens de Damas. *Oanath* n'est autre que la Kenaouât moderne, sur le versant occidental du Djébel Haourân. *Viculos ejus;* hébr. : ses filles, c.-à-d. les villages placés sous la juridiction de Canath. Cf. Num. XXI, 25, et la note. — Vers. 24, un fils posthume d'Hesron. Dans l'hébreu, la première partie de ce verset diffère beaucoup de la Vulgate : « Après la mort d'Hesron à Caleb-Ephratha, Abia, femme d'Hesron, lui enfanta Ashur, père de Thékoa. » Caleb-Ephratha serait une localité du sud-est de la Palestine cisjordanienne, peut-être Bethléem, dont le nom primitif fut Ephratha. *Abia*, une troisième femme

de Caleb. *Patrem Thecuæ.* Dans cette formule, que nos listes généalogiques répètent souvent, le nom propre ajouté au mot père semble désigner tout à la fois un homme et une ville. Thécua était située à environ deux heures au sud de Bethléem (*Atl. géogr.*, pl. V, VII).

25-41. Les descendants d'Hesron par Jéraméel. Détails entièrement nouveaux. — Vers. 25-26, les fils de Jéraméel par ses deux femmes. *Et Achia :* la conjonction n'existe pas dans l'hébreu, et ce nom n'est autre que celui de la première femme de Jéraméel (Ram, et Buna... nés d'Achia). — Vers. 27, les fils de *Ram*, qui était le premier-né de Jéraméel. — Vers. 28-33, postérité d'*Onam* (cf. vers. 26). *Sésan... Oholaï* (vers. 31) : ce fils de Sésan dut mourir en bas âge, puisque nous lisons trois lignes plus bas (vers. 34) : *Sesan non habuit filios.* — Vers. 34-41, postérité de Sésan par sa fille. *Servum ægyptium :* il est étrange

35. à qui il donna sa fille en mariage, et elle lui 'enfanta Éthéi.

36. Éthéi engendra Nathan, et Nathan engendra Zabad.

37. Zabad engendra Ophlal, et Ophlal engendra Obed.

38. Obed engendra Jéhu, et Jéhu Azarias.

39. Azarias engendra Hellès, et Hellès Élasa.

40. Élasa engendra Sisamoï, et Sisamoï engendra Sellum.

41. Sellum engendra Icamia, et Icamia Elisama.

42. Fils de Caleb, frère de Jéraméel : Mésa, son aîné, prince de Ziph, et les fils de Marésa, père d'Hébron.

43. Fils d'Hébron : Ooré, Thaphua, Récem, et Samma.

44. Samma engendra Raham, père de Jercaam, et Récem engendra Sammaï.

45. Sammaï eut un fils *nommé* Maon ; et Maon fut père de Bethsur.

46. Or Épha, seconde femme de Caleb, enfanta Haran, Mosa et Gézez. Et Haran eut un fils *nommé aussi* Gézez.

47. Fils de Jahaddaï : Régom, Joathan, Gésan, Phalet, Épha, et Saaph.

48. Maacha, *autre* femme de Caleb, lui donna Saber et Tharana.

49. Mais Saaph, père de Madména, engendra Sué, père de Machbéna et de Gabaa. Caleb eut aussi une fille nommée Achsa.

50. Ceux-ci furent fils de Caleb, fils de Hur, fils aîné d'Éphrata : Sobal, père de Cariathiarim ;

51. Salma, père de Bethléem ; Hariph, père de Bethgader.

52. Or Sobal, père de Cariathiarim,

35. deditque ei filiam suam uxorem ; quæ peperit ei Ethei.

36. Ethei autem genuit Nathan ; et Nathan genuit Zabad.

37. Zabad quoque genuit Ophlal ; et Ophlal genuit Obed.

38. Obed genuit Jehu ; Jehu genuit Azariam.

39. Azarias genuit Helles ; et Helles genuit Elasa.

40. Elasa genuit Sisamoi ; Sisamoi genuit Sellum.

41. Sellum genuit Icamiam ; Icamia autem genuit Elisama.

42. Filii autem Caleb, fratris Jerameel : Mesa, primogenitus ejus, ipse est pater Ziph ; et filii Maresa, patris Hebron.

43. Porro filii Hebron : Core, et Thaphua, et Recem, et Samma.

44. Samma autem genuit Raham, patrem Jercaam ; et Recem genuit Sammai.

45. Filius Sammai, Maon ; et Maon pater Bethsur.

46. Epha autem, concubina Caleb, peperit Haran, et Mosa, et Gezez. Porro Haran genuit Gezez.

47. Filii autem Jahaddai : Regom et Joathan, et Gesan, et Phalet, et Epha, et Saaph.

48. Concubina Caleb, Maacha, peperit Saber et Tharana.

49. Genuit autem Saaph, pater Madmena, Sue, patrem Machbena, et patrem Gabaa. Filia vero Caleb fuit Achsa.

50. Hi erant filii Caleb, filii Hur, primogeniti Ephrafa : Sobal, pater Cariathiarim ;

51. Salma, pater Bethlehem ; Hariph, pater Bethgader.

52. Fuerunt autem filii Sobal, patris

---

de voir qu'une branche importante de la tribu de Juda ne fut conservée que grâce à cette union avec un étranger ; mais les descendants d'un Égyptien pouvaient devenir membres effectifs du peuple de Dieu dès la troisième génération (cf. Deut. XXIII, 7-8). *Elisama* (vers. 41) marquerait la vingt-quatrième génération depuis Juda, si aucun anneau intermédiaire n'a été omis.

5° Autres descendants de Caleb. II, 42-55.

42-45. Postérité de Caleb par Mésa. — *Ziph, Hebron, Thaphua, Recem, Maon, Bethsur,* furent les fondateurs des villes de même nom, lesquelles se trouvaient toutes dans la tribu de Juda. Cf. Jos. XV, 34, 55, 58 ; XVIII, 27, et le commentaire. Voyez aussi l'*Atl. géogr.*, pl. VII.

46-49. Postérité de Caleb par deux femmes de second rang. *Epha* (vers. 46-47) et *Maacha* (vers.

48-49). Sur *Madmena* et *Gabaa*, voyez Jos. XV, 31, 57 et les notes ; la ville de *Machbena* n'a pas été identifiée. — *Filia Caleb.. Achsa.* D'après l'opinion la plus commune et la plus vraisemblable, cette Achsa ne doit pas être confondue avec celle dont les livres de Josué, XV, 16 et ss., et des Juges, I, 12, racontent un trait intéressant. Les deux pères, il est vrai, portent aussi le même nom de Caleb ; mais l'un est fils de Jéphoné, et, contemporain de Moïse, tandis que l'autre est fils d'Hesron, arrière-petit-fils de Juda, et vivait à une époque bien antérieure.

50-55. Postérité de Caleb par Hur. — *Hur, primogenitt...* Cf. vers. 19. — Sur les villes de *Cariathiarim* et de *Bethlehem*, voyez Gen. XXXV, 19 ; Jos. IX, 17, et les notes. *Bethgader* équivaut peut-être à Gader (Jos. XII, 13), peut-être à Gédor

Cariathiarim, qui videbat dimidium Requietionum.

53. Et de cognatione Cariathiarim, ethrei, et Aphuthei, et Semathei, et Maserei. Ex his egressi sunt Saraitæ, et Esthaolitæ.

54. Filii Salma, Bethlehem, et Netophathi, coronæ domus Joab, et dimidium Requietionis Sarai.

55. Cognationes quoque scribarum habitantium in Jabes, canentes atque resonantes, et in tabernaculis commorantes. Hi sunt Cinæi, qui venerunt de Calore patris domus Rechab.

---

qui jouissait de la moitié du pays où il demeurait, eut des fils.

53. Et des familles qu'ils établirent dans Cariathiarim sont descendus les Jethréens, les Aphuthéens, les Sémathéens, les Maséréens, desquels sont aussi venus les Saraïtes et les Esthaolites.

54. Les fils de Salma *furent* Bethléem, et Nétophathi, la gloire de la maison de Joab, et la moitié du pays, *que l'on nommait* le lieu de repos, fut habitée par les descendants de Saraï.

55. *Il y faut joindre* les familles des docteurs de la loi qui demeurent à Jabès, et qui vivent sous la tente, où ils chantent avec la voix et sur les instruments. Ce sont eux qu'on nomme Cinéens, qui sont descendus de Calor, chef de la maison de Réchab.

CHAPITRE III

1. David vero hos habuit filios qui ei nati sunt in Hebron : primogenitum Amnon, ex Achinoam Jezrahelitide ; secundum, Daniel, de Abigail Carmelitide ;
2. tertium, Absalom, filium Maacha, filiæ Tholmai, regis Gessur ; quartum, Adoniam, filium Aggith ;

3. quintum, Saphatiam, ex Abital ; sextum, Jethraham, de Egla, uxore sua.

4. Sex ergo nati sunt ei in Hebron,

---

1. Voici les fils de David qui lui naquirent à Hébron. L'aîné *fut* Amnon, *fils* d'Achinoam de Jezrahel. Le second, Daniel, *fils* d'Abigaïl du Carmel.

2. Le troisième, Absalom, fils de Maacha, *qui était* fille de Tholmaï, roi de Gessur. Le quatrième, Adonias, fils d'Aggith.
3. Le cinquième, Saphatias, fils d'Abital. Le sixième, Jethraham, fils d'Égla, sa femme.

4. Ainsi David eut six fils à Hébron,

(Jos. xv, 58). — *Qui videbat dimidium...* D'après l'hébr. : (les fils de Sobal, père de Cariathiarim, furent) *Haro'eh*, *Haşt Hamm'nuḥôt*. Noms propres que la Vulgate a traduits comme des noms communs. — Les *Jethrei* sont mentionnés II Reg. xxiii, 38. Quant aux trois familles suivantes, *Aphuthei...*, *Maserei*, on ne les nomme pas ailleurs. Les *Saraitæ* sont les habitants de Zaréa, la patrie de Samson (cf. Jos. xix, 41, et la note) ; les *Esthaolitæ*, ceux d'Esthaol (Jos. xv, 33). — *Netophathi*. Habitants de Nétophah, autre ville de Juda, près de Bethléem (II Reg. xxiii, 28-29 ; Esdr. ii, 21-22). — *Coronæ domus Joab*. Les mots hébreux, *Atrôṭ-beiṭ-Yo'ab*, forment un nom propre qui désigne, selon toute vraisemblance, une localité des environs de Bethléem. — *Dimidium requietionis*. Voyez la note du vers. 52. — *Sarai*. Hébr. : les *Şorites*, famille inconnue. — *Jabes* : ville de Juda, non identifiée. — *Canentes,... commorantes*. Encore des noms propres dans le texte original : les *Ṭir'aṭim*, les *Šim'aṭim*, les *Šukatim*. — *Hi sunt :* c.-à-d. les trois classes mentionnées en dernier lieu. — *Cinæi*. Branche de

---

la race madianite, que l'on est d'abord surpris de rencontrer ici ; mais tout s'explique si l'on se souvient que les Cinéens accompagnèrent les Hébreux en Palestine, qu'ils se fixèrent après la conquête au sud du territoire de Juda, et qu'ils demeurèrent toujours très étroitement unis aux Juifs. Cf. Num. x, 29 et le commentaire ; Jud. i, 16, etc. — *De Calore*. Le mot *Hammaṭ* est certainement un nom propre. — *Domus Rechab*. Sur ces Réchabites si célèbres, voyez IV Reg. x, 15 ; Jer. xxxv, 10 , et les notes.

6° Les fils de David. III, 1-9.

Chap. III. — 1-4. Les six fils de David nés à Hébron. Comp. II Reg. iii, 2-5. — *David vero...* L'écrivain sacré nous ramène à ii, 15, c.-à-d. à la branche principale de la tribu de Juda, et spécialement à la maison de David, qui joua un rôle prépondérant dans l'histoire juive. — *Secundum*, Daniel. II Reg. iii, 13, il est appelé « Chéléab ». Le texte a dû subir une altération en quelque endroit. — *Septem annis..., triginta...* Sur ces dates, voyez II Reg. ii, 11 ; v, 5 ; III Reg. ii, 11.

Vue d'Hébron

ubi regnavit septem annis et sex mensibus. Triginta autem et tribus annis regnavit in Jerusalem.

5. Porro in Jerusalem nati sunt ei filii, Simmaa, et Sobab, et Nathan, et Salomon, quatuor de Bethsabee, filia Ammiel;

6. Jebaar quoque, et Elisama,

7. et Eliphaleth, et Noge, et Nepheg, et Japhia,

8. necnon Elisama, et Eliada, et Elipheleth, novem.

9. Omnes hi, filii David, absque filiis concubinarum; habueruntque sororem Thamar.

10. Filius autem Salomonis, Roboam, cujus Abia filius genuit Asa. De hoc quoque natus est Josaphat,

11. pater Joram; qui Joram genuit Ochoziam, ex quo ortus est Joas;

12. et hujus Amasias filius genuit Azariam. Porro Azariæ filius, Joathan,

13. procreavit Achaz, patrem Ezechiæ, de quo natus est Manasses.

14. Sed et Manasses genuit Amon, patrem Josiæ.

15. Filii autem Josiæ fuerunt : primogenitus, Johanan ; secundus, Joakim; tertius, Sedecias ; quartus, Sellum.

16 De Joakim natus est Jechonias, et Sedecias.

17. Filii Jechoniæ fuerunt : Asir, Salathiel,

18. Melchiram, Phadaia, Senneser, et Jecemia, Sama, et Nadabia.

19. De Phadaia orti sunt Zorobabel et Semei. Zorobabel genuit Mosollam, Hananiam, et Salomith, sororem eorum;

où il régna sept ans et demi. Mais il régna trente-trois ans à Jérusalem.

5. Et les fils qu'il eut à Jérusalem furent : Simmaa, Sobab, Nathan, Salomon; tous quatre fils de Bethsabée, fille d'Ammiel.

6. Il eut encore Jébaar, et Élisama,

7. Éliphaleth, Nogé, Népheg et Japhia,

8. comme aussi Élisama, Éliada, Éliphéleth, c'est-à-dire neuf.

9. Ce sont là tous les fils de David, outre les fils de ses concubines. Et ils eurent une sœur, nommée Thamar.

10. Or Salomon fut père de Roboam, qui eut pour fils Abia, lequel engendra Asa, duquel est né Josaphat,

11. père de Joram, qui engendra Ochozias, et de celui-ci naquit Joas.

12. Joas eut pour fils Amasias, père d'Azarias ; et le fils d'Azarias fut Joathan,

13. qui engendra Achaz, père d'Ézéchias, qui eut pour fils Manassé.

14. Manassé engendra Amon, père de Josias,

15. dont les fils furent : Johanan, l'aîné ; le second, Joakim ; le troisième, Sédécias ; le quatrième, Sellum.

16. De Joakim sont venus Jéchonias et Sédécias.

17. Les fils de Jéchonias furent : Asir, Salathiel,

18. Melchiram, Phadaïa, Sennéser et Jécémia, Sama, et Nadabia.

19. De Phadaïa sont venus Zorobabel et Séméi. Zorobabel engendra Mosolla et Hanani, et Salomith, leur sœur;

5-8. Les treize fils de David nés à Jérusalem. Comp. II Par. xiv, 4-7, et II Reg. v, 14-16. Il existe de légères variantes entre les trois listes. L'auteur des livres des Rois omet les noms du septième et du huitième fils, qui moururent probablement en bas âge. — Bethsabee est nommée ici Batšua' dans l'hébreu, par contraction. Son père est appelé tantôt Ammiel, tantôt « Éllam » (II Reg. xi, 3, etc.), par une transposition qui n'est pas rare chez les Juifs.

9. Conclusion. — Concubinarum : les femmes légitimes, mais de second rang. — Sororem Thamar. Ce ne fut pas l'unique fille de David ; on la mentionne à part à cause de sa douloureuse célébrité. Cf. II Reg. xiii.

7° La dynastie royale jusqu'à l'exil. III, 10-16.

10-18. Roboam..., Abia... Tous ces noms sont bien connus par les trois derniers livres des Rois. Celui de l'usurpatrice Athalie est omis entre Ochozias et Joas. — Azariam (vers. 12). Les Pa-

ralipomènes le nomment habituellement Ozias (cf. II Par. xxvi, 1, 3, 9, etc.); le quatrième livre des Rois lui donne les deux appellations (cf. xiv, 24 ; xv, 1, 6, 13, 17, 32, etc.) dans le texte hébreu. — Filii... Josiæ (vers. 15). Le premier Johanan n'est mentionné nulle part ailleurs; il dut mourir avant son père. — Sellum, ou Joachaz. Cf. Jer. xxii, 11. — Quartus. Et pourtant, d'après II Par. xxxvi, 2, 11 , et IV Reg. xxiii, 31 ; xxiv, 18, Sellum était plus âgé que son frère Sédécias. On a conjecturé qu'il est rejeté au dernier rang à cause de la très courte durée de son règne.

8° La famille de David après l'exil. III, 17-24.

17-24. Si l'on excepte un ou deux personnages, cette liste fournit des détails complètement neufs. Zorobabel seul est célèbre ; c'est dans le sens large d'héritier et de fils adoptif, légal, que les passages parallèles, Agg. i, 1 ; Esdr. iii, 2, et Matth. i, 12, le disent fils de Salathiel, dont il

20. et encore ces cinq *autres,* Hasaban, Ohol, Barachias, Hasadias, et Josabhésed.

21. Hananias eut pour fils Phaltias, qui fut père de Jéséias, dont le fils, nommé Raphaïa, fut père d'Arnan, duquel est venu Obdia, qui eut pour fils Séchénias.

22. Le fils de Séchénias fut Séméia, duquel sont sortis Hattus, Jégaal, Baria, Naaria et Saphat, six *en tout.*

23. Naarias eut trois fils : Élioénaï, Ézéchias et Ezricam.

24. Élioénaï en eut sept : Oduïa, Éliasub, Phéléia, Accub, Johanan, Dalaïa, et Anani.

20. Hasaban quoque, et Ohol, et Barachlan, et Hasadian, Josabhesed, quinque.

21. Filius autem Hananiæ : Phaltias, pater Jeseiæ, cujus filius Raphaia ; hujus quoque filius, Arnan, de quo natus est Obdia, cujus filius fuit Sechenias.

22. Filius Secheniæ, Semeia ; cujus filii : Hattus, et Jegaal, et Baria, et Naaria, et Saphat, sex numero.

23. Filius Naariæ : Elioenai, et Ezechias, et Ezricam, tres.

24. Filii Elioenai : Oduia, et Eliasub, et Pheleia, et Accub, et Johanan, et Dalaia, et Anani, septem.

CHAPITRE IV

1. Fils de Juda : Pharès, Hesron, Charmi, Hur, et Sobal.

2. Raïa, fils de Sobal, engendra Jahath, père d'Ahumaï et de Laad, d'où sont sortis les Sarathites.

3. Voici encore la postérité d'Étam : Jezrahel, Jéséma, et Jédébos, qui eurent une sœur nommée Asalelphuni.

4. Phanuel fut père de Gédor, et Ézer père d'Hosa : ce sont là les descendants de Hur, fils aîné d'Éphrata et père de Béthléem.

5. Assur, père de Thécua, eut deux femmes : Halaa et Naara.

6. De Naara il eut Oozam, et Hépher, et les Thémaniens, et les Ahasthariens, qui sont tous descendus de Naara.

7. Fils de Halaa : Séreth, Isaar, et Ethnan.

8. Cos engendra Anob et Soboba, et la famille d'Aharéhel, fils d'Arum.

1. Filii Juda : Phares, Hesron, et Charmi, et Hur, et Sobal.

2. Raia vero, filius Sobal, genuit Jahath, de quo nati sunt Ahumai et Laad. Hæ cognationes Sarathi.

3. Ista quoque stirps Etam : Jezrahel, et Jesema, et Jedebos. Nomen quoque sororis eorum, Asalelphuni.

4. Phanuel autem, pater Gedor, et Ezer, pater Hosa ; isti sunt filii Hur, primogeniti Ephrata, patris Bethlehem.

5. Assur vero, patri Thecuæ, erant duæ uxores : Halaa, et Naara.

6. Peperit autem ei Naara Oozam, et Hepher, et Themani, et Ahasthari ; isti sunt filii Naara.

7. Porro filii Halaa : Sereth, Isaar, et Ethnan.

8. Cos autem genuit Anob, et Soboba, et cognationem Aharehel, filii Arum.

---

n'était que le neveu. — Descendants de Zorobabel, vers. 19-24. Au verset 22, malgré la note *sex numero,* on ne signale que cinq fils de Séméia : un des noms a disparu du texte. — *Filii Elioenai,* vers. 24. C'est la sixième génération depuis Zorobabel ; on ne pense pas qu'elle descende au delà de l'an 400 avant J.-C.

9° Suppléments à la généalogie de Juda. IV, 1-23. Passage très obscur, propre aux Paralipomènes. Ce sont des notes fragmentaires, relatives à quelques familles de la tribu de Juda, et destinées à compléter les détails contenus aux chapitres II et III.

CHAP. IV. — 1. Sorte d'introduction : liste de quelques descendants de Juda qui devinrent fondateurs de familles. — *Filii :* de nouveau

dans le sens large ; car, des cinq noms mentionnés, celui de *Phares* désigne seul un fils proprement dit. *Hesron* était fils de Pharès (II, 8) ; *Charmi,* fils de Zaré (II, 6-7) ; *Hur,* fils de Caleb (II, 19) ; *Sobal,* fils de Hur (II, 50).

2. Descendants de Sobal. — *Raia.* C'est lui, croit-on, qui est nommé *Ro'eh* au chap. II, vers. 52 (voyez la note). — *Sarathi :* les habitants de Zar...

3-4. Descendants de Hur. — *Hosa :* localité inconnue, qui sera encore nommée plus bas, XI, 29. Cf. II Reg. XXIII, 27. — Sur *Gedor,* voyez Jos. XV, 58, et la note.

5-7. Descendants d'Assur. — *Assur :* le fils posthume d'Hesron (II, 24).

8-10. Descendants de Cos. — *Cos autem.* L'au-

9. Fuit autem Jabes inclytus præ fratribus suis, et mater ejus vocavit nomen illius Jabes, dicens : Quia peperi eum in dolore.

10. Invocavit vero Jabes Deum Israel, dicens : Si benedicens benedixeris mihi, et dilataveris terminos meos, et fuerit manus tua mecum, et feceris me a malitia non opprimi! Et præstitit Deus quæ precatus est.

11. Caleb autem, frater Sua, genuit Mahir, qui fuit pater Esthon.

12. Porro Esthon genuit Bethrapha, et Phesse, et Tehinna, patrem urbis Naas. Hi sunt viri Recha.

13. Filii autem Cenez : Othoniel, et Saraia. Porro filii Othoniel : Hathath, et Maonathi.

14. Maonathi genuit Ophra. Saraia autem genuit Joab, patrem Vallis artificum ; ibi quippe artifices erant.

15. Filii vero Caleb, filii Jephone : Hir, et Ela, et Naham. Filii quoque Ela : Cenez.

16. Filii quoque Jaleleel : Ziph, et Zipha, Thiria, et Asrael.

17. Et filii Ezra : Jether, et Mered, et Epher, et Jalon. Genuitque Mariam, et Sammai, et Jesba, patrem Esthamo.

18. Uxor quoque ejus Judaia peperit Jared, patrem Gedor, et Heber, patrem Socho, et Icuthiel, patrem Zanoe. Hi autem filii Bethiæ, filiæ Pharaonis, quam accepit Mered.

19. Et filii uxoris Odaiæ, sororis Naham, patris Ceila : Garmi et Esthamo, qui fuit de Machathi.

9. Mais Jabès devint plus illustre que ses frères ; et ce fut sa mère qui lui donna le nom de Jabès, en disant : C'est parce que je l'ai enfanté dans la douleur.

10. Or Jabès invoqua le Dieu d'Israël, en disant : Seigneur, si vous répandez sur moi vos bénédictions, et si vous étendez mes limites, et si votre main est avec moi, et si vous faites que je ne succombe pas sous la malice *des hommes...* Et Dieu lui accorda ce qu'il lui avait demandé.

11. Caleb, frère de Sua, engendra Mahir, qui fut père d'Esthon.

12. Esthon engendra Bethrapha, Phessé et Téhinna, qui fut le père de la ville de Naas. Ce sont là les hommes de Récha.

13. Cénez eut pour fils Othoniel et Saraïa. Othoniel fut père d'Hathath et de Maonathi.

14. Maonathi engendra Ophra ; Saraïa engendra Joab, le père de la Vallée des ouvriers. Car il y avait là toutes sortes d'ouvriers.

15. Fils de Caleb, fils de Jéphoné : Hir, Éla, et Naham. Éla *fut* père de Cénez.

16. Fils de Jaléléel : Ziph, Zipha, Thiria, et Asraël.

17. Fils d'Ezra : Jéther, Méred, Épher, et Jalon. Il eut encore Mariam, Sammaï et Jesba, père d'Esthamo.

18. Sa femme Judaïa enfanta Jared, père de Gédor, et Héber, père de Socho, et Icuthiel, père de Zanoé. Et ceux-là sont les fils de Béthiel, fille du pharaon, qui épousa Méred.

19. Fils de la femme d'Odaïa, sœur de Naham, père de Céila : Garmi, et Esthamo, qui était de Machathi.

---

teur n'indique en aucune façon à quelle famille spéciale se rattachait ce personnage. — *Jabes* (hébr. *Ya'bès*) était sans doute un descendant de Cos. On cite à son sujet (fait très rare dans ces listes) un petit épisode relatif à son nom et à une prière qu'il adressa au Seigneur en des circonstances difficiles. — *Vocavit... Jabes.* Nom qui signifie : « il est dans la peine », et qui reposait, comme ceux de Caïn, de Seth, et de tant d'autres, sur un jeu de mots du père ou de la mère. Comp. Gen. IV, 1, 25 ; V, 29, etc. *Peperi... in dolore :* hébr. *b''ôṣeb.* — La prière roule sur un jeu de mots identique. *Non opprimi ;* hébr. : *l'biltî 'oṣbî.* Elle revient donc à dire : Faites que la triste signification de mon nom ne soit pas réalisée. La phrase demeure suspendue à la manière hébraïque dans mainte prière. C.-à-d. : Si vous exaucez ma demande, je vous promets tel ou tel acte de reconnaissance.

11-12. Généalogie des hommes de Récha. — *Caleb* n'a rien de commun ni avec le fils de Jéphoné, vers. 15 et ss., ni avec le fils d'Hesrou, II, 18 et ss.

13-15. Postérité de Cénez. — *Othoniel :* le premier des juges d'Israël. Cf. Jud. III, 9 et ss. Il n'était pas fils de *Cenez* dans le sens strict, puisqu'il avait pour frère Caleb, fils de Jéphoné. Cf. Jos. XV, 17. — *Vallis artificum* est un nom propre dans l'hébreu : *Gé Ḥaraśîm,* localité des environs de Jérusalem, dans la direction du nord (cf. Neh. XI, 35). — *Caleb* (vers. 16) : l'ami de Josué.

16-20. Descendants de divers autres chefs de familles, inconnus pour la plupart (de *Jaleleel,* vers. 16 ; d'*Ezra,* vers. 17-18 ; de la femme d'Odaïa, vers. 19 ; de *Simon,* vers. 20). — Quelques villes sont mentionnées : *Esthamo* (note de Jos. XV, 50), *Gedor* (voyez le vers. 4), *Socho*

20. Fils de Simon : Amnon, et Rinna, fils de Hanan, et Thilon. Fils de Jési : Zoheth et Benzoheth.

21. Fils de Séla, fils de Juda : Her, père de Lécha, et Laada, père de Marésa, et les familles de ceux qui travaillent aux ouvrages de fin lin dans la Maison du serment ;

22. et Joachim, et les habitants de Chozéba, et Joas et Saraph, qui commandèrent dans Moab ; et qui revinrent à Lahem. Telle est l'ancienne tradition.

23. Ce sont là les potiers qui demeuraient à Netahim, et à Gadéra dans les maisons du roi, où ils travaillaient pour lui, et qui s'y sont établis.

24. Fils de Siméon : Namuel, Jamin, Jarib, Zara, et Saül,

25. dont le fils fut Sellum, père de Mapsam, lequel eut Masma pour fils.

26. Le fils de Masma fut Hamuel, celui de Hamuel fut Zachur, et celui de Zachur fut Séméi,

27. Séméi eut seize fils et six filles ; mais ses frères n'eurent pas beaucoup

20. Filii quoque Simon : Amnon, et Rinna, filius Hanan, et Thilon. Et filii Jesi : Zoheth, et Benzoheth.

21. Filii Sela, filii Juda : Her, pater Lecha, et Laada, pater Maresa, et cognationes domus operantium byssum in Domo juramenti ;

22. et qui stare fecit solem, virique mendacii, et Securus, et Incendens, qui principes fuerunt in Moab, et qui reversi sunt in Lahem. Hæc autem verba vetera.

23. Hi sunt figuli habitantes in plantationibus, et in sepibus, apud regem in operibus ejus, commoratique sunt ibi.

24. Filii Simeon : Namuel, et Jamin, Jarib, Zara, Saul ;

25. Sellum, filius ejus ; Mapsam, filius ejus ; Masma, filius ejus.

26. Filii Masma : Hamuel, filius ejus, Zachur, filius ejus ; Semei, filius ejus.

27. Filii Semei sedecim, et filiæ sex ; fratres autem ejus non habuerunt filios

---

(note de Jos. xv, 35), Zanoe (ibid., 34, 36), Ceila (ibid , 41).

21-23. Descendants de Séla, troisième fils de

Le cotonnier (Gossypium album).

Juda. — La ville de Lecha n'a pas été identifiée. Sur Maresa, voyez la note de Jos. xv, 44. —

Operantium byssum : la culture du coton en Syrie et en Palestine remonte à une époque très reculée (Atlas d'hist. nat., pl. xxv, fig. 1, 2). — Domus juramenti. Hébr. Beit-'Ašbéa' ; bourgade ignorée. — Au verset 22, la Vulgate prend un aspect étrange, parce que les noms propres ont été traduits comme des noms communs. Lisez : « Et Yokim, et les hommes de Kozéba', et Joas, et Saraf, qui dominèrent sur Moab, et Yašubi Lahem. » La note hæc... verba vetera accuse une haute antiquité pour tous ces détails. — Hi sunt figuli : savoir, les hommes énumérés au vers. 22. Il est possible que les mots n'tâ'im (Vulg. : in plantationibus) et g'dérah (Vulg. : in sepibus) soient encore des noms propres. — In operibus ejus : au service spécial du roi.

§ III. — La généalogie de la tribu de Siméon et ses habitations. IV, 24-43.

Trois données assez courtes : la première est généalogique ; la seconde, géographique ; la troisième, historique.

1° La postérité de Siméon. IV, 24-27.

24-27. Les passages parallèles, Gen. xlvi, 10 ; Ex. vi, 15 ; Num. xxvi, 12-13, présentent quelques variantes. — Non... filios multos... (vers. 27). Les chiffres cités au livre des Nombres, i, 22-23, 26-27, confirment la justesse de cette réflexion.

2° Les séjours de la tribu de Siméon jusqu'à l'époque de David. IV, 28-33.

28-33. Nomenclature des villes assignées à Siméon. — Habitaverunt... A part les variantes habituelles, cette liste est identique à celle de Jos. xix, 2-8 (voyez les notes, et l'Atl. géogr., pl. vii). Les villes sont rangées en deux groupes : ver .

multos, et universa cognatio non potuit adæquare summam filiorum Juda.

28. Habitaverunt autem in Bersabee, et Molada, et Hasarsuhal,

29. et in Bala, et in Asom, et in Tholad,

30. et in Bathuel, et in Horma, et in Siceleg,

31. et in Bethmarchaboth, et in Hasarsusim, et in Bethberai, et in Saarim. Hæ civitates eorum usque ad regem David.

32. Villæ quoque eorum : Etam, et Aen, Remmon, et Thochen, et Asan, civitates quinque ;

33. et universi viculi eorum per circuitum civitatum istarum usque ad Baal. Hæc est habitatio eorum, et sedium distributio.

34. Mosobab quoque, et Jemlech, et Josa, filius Amasiæ,

35. et Joel, et Jehu, filius Josabiæ, filii Saraiæ, filii Asiel,

36. et Elioenai, et Jacoba, et Isuhaia, et Asaia, et Adiel, et Ismiel, et Banaia,

37. Ziza quoque, filius Sephei, filii Allon, filii Idaia, filii Semri, filii Samaia :

38. isti sunt nominati principes in cognationibus suis, et in domo affinitatum suarum multiplicati sunt vehementer.

39. Et profecti sunt ut ingrederentur in Gador usque ad orientem vallis, et tu quærerent pascua gregibus suis.

40. Inveneruntque pascuas uberes, et valde bonas, et terram latissimam, et quietam, et fertilem, in qua ante habitaverant de stirpe Cham.

41. Hi ergo venerunt, quos supra descripsimus nominatim, in diebus Ezechiæ, regis Juda ; et percusserunt tabernacula eorum, et habitatores qui inventi fuerant ibi, et deleverunt eos usque in

d'enfants, et toute leur postérité ne put égaler le nombre des enfants de Juda.

28. Ils s'établirent à Bersabée, à Molada, à Hasarsuhal ;

29. à Bala, à Asom, à Tholad,

30. à Bathuel, à Horma, et à Sicéleg,

31. à Bethmarchaboth, à Hasarsusim, à Bethbéraï, et à Saarim. Ce sont les villes qu'ils possédèrent jusqu'au règne de David.

32. Ils eurent encore des bourgs au nombre de cinq, qui peuvent passer pour villes : Étam, Aën, Remmon, Thochen, et Asan ;

33. et tous les villages qui sont aux environs de ces villes, jusqu'à Baal. Voilà le pays que les descendants de Siméon ont habité, et la distribution de leurs demeures.

34. Mosobab, Jemlech, et Josa, fils d'Amasias ;

35. Joël et Jéhu fils de Josabia, *qui fut* fils de Saraïa, fils d'Asiel ;

36. Élioénaï, Jacoba, Isuhaïa, Asaïa, Adiel, Ismiel, et Banaïa,

37. Ziza, fils de Séphéï, fils d'Allon, fils d'Idaïa, fils de Semri, fils de Samaïa :

38. tous ceux-là devinrent les chefs célèbres de plusieurs maisons, et ils se multiplièrent extrêmement dans les familles qui sortirent d'eux.

39. Ils partirent pour aller à Gador, jusqu'à l'orient de la vallée, afin de chercher des pâturages à leurs troupeaux.

40. Ils en trouvèrent de fertiles et d'excellents, et une terre très spacieuse, paisible et fertile, où des gens de la postérité de Cham s'étaient établis.

41. Ces hommes, que nous avons nommés plus haut, vinrent donc sous le règne d'Ézéchias roi de Juda ; ils renversèrent leurs tentes, et tuèrent ceux qui y habitaient, et ils en sont demeurés

---

28-31, vers. 32-33. — Au lieu de *sedium distributio* (vers. 33b), l'hébreu dit : leur généalogie.

3° Les migrations de la tribu de Siméon. IV, 34-43.

34-41. Première migration. — Aux vers. 34-38, liste de treize chefs siméonites qui jouèrent un rôle important dans cette expédition. — *Multi plicati vehementer* (vers. 38b) : ce fut l'occasion de l'entreprise. La tribu, resserrée entre les Philistins et Juda, se trouvait trop à l'étroit. — *Et profecti...* Aux vers. 39-41, court récit de la conquête, qui rappelle la campagne analogue des Danites (Jud. XVIII). — *In Gador.* Les LXX ont lu Gérar, variante que divers exégètes con-

temporains croient authentique. Du moins, si Gador est la vraie leçon, la ville en question diffère évidemment des bourgades homonymes, qui appartenaient à Juda (cf. IV, 4, 18, et Jos. XII, 7 ; xv, 18), tandis qu'elle était elle-même une cité chamite, c.-à-d. chananéenne (vers. 40b). — *Pascuas uberes...* Belle description. Les convoitises des Siméonites furent vivement excitées. — *In diebus Ezechiæ* (vers. 41) : date de la campagne. — *Habitatores.* Hébr. : les M'*unim* (LXX : Μιναῖοι). C.-à-d. les habitants de Maon, ville située aux environs de Pétra. Ce trait semblerait supposer que l'expédition eut lieu dans la direction du sud-est.

jusqu'à présent les maîtres, s'y étant établis à leur place, à cause des pâturages très gras qu'ils y trouvèrent.

42. Quelques autres de la même tribu de Siméon, au nombre de cinq cents, s'en allèrent à la montagne de Séir, sous la conduite de Phaltias, de Naarias, de Raphaïas, et d'Oziel, fils de Jési;

43. et ayant défait les restes des Amalécites, qui avaient pu échapper *jusqu'alors,* ils se rendirent maîtres du pays, où ils sont demeurés jusqu'à ce jour.

præsentem diem; habitaveruntque pro eis, quoniam uberrimas pascuas ibidem repererunt.

42. De filiis quoque Simeon abierunt in montem Seir viri quingenti, habentes principes Phaltiam, et Naariam, et Raphaiam, et Oziel, filios Jesi;

43. et percusserunt reliquias, quæ evadere potuerant, Amalecitarum, et habitaverunt ibi pro eis usque ad diem hanc.

CHAPITRE V

1. Voici les fils de Ruben, fils aîné d'Israël (car c'est lui qui était son aîné; mais, parce qu'il déshonora la couche de son père, son droit d'aînesse fut donné aux enfants de Joseph, fils d'Israël; et Ruben ne fut plus considéré comme l'aîné.

2. Or Judas était le plus vaillant de tous ses frères, et des princes sont sortis de sa race; mais le droit d'aînesse fut conservé à Joseph).

3. Voici donc *quels furent* les fils de Ruben, qui était l'aîné d'Israël: Énoch, Phallu, Esron, et Charmi.

4. Joël eut pour fils Samaïa, père de Gog, dont le fils fut Séméi;

5. Micha *fut* fils de Séméi; Réïa, fils de Micha; et Baal, fils de Réïa;

6. Beéra, son fils, l'un des chefs de la tribu de Ruben, fut emmené captif par Thelgath-Phalnasar, roi des Assyriens.

1. Filii quoque Ruben, primogeniti Israel (ipse quippe fuit primogenitus ejus; sed cum violasset thorum patris sui, data sunt primogenita ejus filiis Joseph, filii Israel, et non est ille reputatus in primogenitum.

2. Porro Judas, qui erat fortissimus inter fratres suos, de stirpe ejus principes germinati sunt; primogenita autem reputata Joseph).

3. Filii ergo Ruben, primogeniti Israel: Enoch, et Phallu, Esron, et Charmi.

4. Filii Joel: Samaia, filius ejus; Gog, filius ejus; Semei, filius ejus;

5. Micha, filius ejus; Reia, filius ejus; Baal, filius ejus;

6. Beera, filius ejus, quem captivum duxit Thelgath-Phalnasar, rex Assyriorum, et fuit princeps in tribu Ruben.

42-43. Seconde migration, dont l'époque n'est pas déterminée. — *In montem Seir :* par conséquent l'Idumée (*Atl. géogr.*, pl. v, vii). — *Reliquias... Amalecitarum :* ce qui avait échappé à la guerre d'extermination conduite par Saül. Cf. I Reg. xv, 7-8.

§ IV. — *Les descendants de Ruben, de Gad et de la demi-tribu transjordanienne de Manassé.* V, 1-26.

Des deux tribus domiciliées au sud de la Palestine cisjordanienne, l'auteur des Paralipomènes passe à celles qui habitaient à l'est du Jourdain.

1° Postérité de Ruben. V, 1-10.

CHAP. V. — 1-2. Comment Ruben perdit ses droits d'aînesse, qui furent partagés entre Juda et Joseph. — *Cum violasset...* Crime horrible qui entraîna une juste déchéance. Cf. Gen. xxxv, 22; xlix, 4. — *Data... primogenita... Joseph :* d'une manière partielle et relative, ainsi qu'il

sera dit au vers. 2. Les fils de Joseph, Éphraïm et Manassé, fondèrent deux tribus spéciales, comme s'ils eussent été eux-mêmes fils de Jacob, et chacune de ces tribus eut son propre territoire après la conquête de Chanaan : Joseph reçut ainsi la double part d'héritage que la loi théocratique attribuait au fils aîné. Cf. Gen. xlviii, 22; Deut. xxi, 17; Jos. xvi-xvii. — *Judas... fortissimus.* Sur la force prépondérante de Juda et de sa tribu, voyez Gen. xlix, 8-10; Num. i, 27, Jud. i, 1-2, etc. — *De stirpe ejus... principes.* Avantage immense, autrement grand que celui de Joseph, puisque la lignée des chefs (hébr. : *nagid,* au singulier) issus de la tribu de Juda devait aboutir au Messie. Cf. Mich. v, 2.

3-9. Descendants de Ruben, et leur territoire. — Vers. 3, ses fils. Comp. Gen. xlvi, 9, et Ex. vi, 14, etc. — Vers. 4-6, postérité de *Joël,* Rubénite dont on n'indique pas la filiation exacte. *Thelgath-Phalnasar* (hébr., *Tilgat-Piln'éser*)

7. Fratres autem ejus, et universa cognatio ejus, quando numerabantur per familias suas, habuerunt principes Jehiel et Zachariam.

8. Porro Bala, filius Azaz, filii Samma, filii Joel, ipse habitavit in Aroer usque ad Nebo et Beelmeon.

9. Contra orientalem quoque plagam habitavit usque ad introitum eremi, et flumen Euphraten; multum quippe jumentorum numerum possidebant in terra Galaad.

10. In diebus autem Saul præliati sunt contra Agareos, et interfecerunt illos, habitaveruntque pro eis in tabernaculis eorum, in omni plaga quæ respicit ad orientem Galaad.

11. Filii vero **Gad** e regione eorum habitaverunt in terra Basan usque Selcha;

12. Joel in capite, et Saphan secundus; Janai autem, et Saphat, in Basan.

13. Fratres vero eorum secundum domos cognationum suarum : Michael, et Mosollam, et Sebe, et Jorai, et Jachan, et Zie, et Heber, septem.

14. Hi filii Abihail, filii Huri, filii Jara,

7. Ses frères et toute sa parenté, dans le dénombrement qui en fut fait par familles, eurent pour chefs Jéhiel et Zacharie.

8. Bala, fils d'Azaz, qui était fils de Samma, fils de Joël, s'établit dans Aroër, jusqu'à Nébo et Béelméon.

9. Il poussa aussi ses habitations jusqu'au district oriental, jusqu'à l'entrée du désert, et jusqu'au fleuve de l'Euphrate, à cause de la grande quantité de bétail qu'ils possédaient dans la terre de Galaad.

10. Au temps de Saül, ils combattirent contre les Agaréniens, et les ayant taillés en pièces, ils habitèrent dans leurs tentes, et s'établirent dans tout le pays qui est à l'orient de Galaad.

11. Les fils de Gad s'établirent vis-à-vis d'eux dans le pays de Basan jusqu'à Selcha.

12. Joël était leur chef, et Saphan tenait le second rang. Janaï et Saphat étaient établis dans Basan.

13. Leurs frères *étaient*, selon les maisons de leurs familles : Michel, Mosollam, Sébé, Joraï, Jachan, Zié et Héber, sept en tout.

14. Voici les fils d'Abihaïl, fils de

---

est une forme propre aux livres des Paralipomènes du nom de Théglath-Phalasar (en hébr., *Tiglat-Pil'ésar*). Sur ce grand monarque assyrien, voyez IV Reg. xv, 29, et le commentaire. — Vers. 7, autres chefs de la tribu de Ruben. *Fratres* dans le sens large. — Vers. 8-9, terri-

Source au pied du mont Nebo.

toire des Rubénites. *Aroer, Nebo, Beelmeon :* trois villes importantes de la tribu de Ruben (Num. xxxii, 34, 38, et les notes; *Atl. géogr.,* pl. vii). — *Contra orientalem plagam :* à l'orient et sur la rive gauche du Jourdain. *Ad introitum eremi :* le grand désert syrien, qui s'étend jusqu'à l'Euphrate (*Atl. géogr.,* pl. viii).

10. Agrandissement du territoire de Ruben,

aux dépens des Agaréniens. — *Agareos.* Hébr.: *Hagrî'im;* descendants d'Abraham par Agar et Ismaël, mais simple rameau de cet arbre touffu. Cf. xxvii, 30-31. Les « Agræi » des auteurs classiques; les *Hagaranu* des inscriptions cunéiformes. Ils vivaient en nomades dans le désert qui vient d'être mentionné; leur richesse ressort des détails exposés plus bas (vers. 21).

2° Généalogie de la tribu de Gad, et son territoire. V, 11-17.

11-12. Domicile d'une partie des familles de la tribu. — *E regione eorum.* En face, c.-à-d. à côté des Rubénites. — *In terra Basan :* la plus septentrionale des provinces situées au delà du Jourdain; elle avait fait autrefois partie du royaume d'Og (Num. xxi, 33-35). D'après Jos. xiii, 30, « tout Basan » avait été assigné à la demi-tribu transjordanienne de Manassé; d'où il suit que les Gadites s'étaient agrandis dans la direction du nord aux dépens de leurs frères. Cf. vers. 23-24. — *Usque Selcha :* ville de l'Hauran, à trente heures du Jourdain en ligne droite, à l'extrème limite de Galaad. Voyez Deut. iii, 10 et la note (*Atl. géogr.,* pl. v, vii, xii).

13-16. Autres familles de Gad et leur séjour. — *Saron* (vers. 16) : ville inconnue, qui n'a

Huri, fils de Jara, fils de Galaad, fils de Michel, fils de Jésési, fils de Jeddo, fils de Buz.

15. Leurs frères furent encore les fils d'Abdiel, fils de Guni, chefs de maison dans leurs familles.

16. Ils s'établirent dans le pays de Galaad, dans Basan et ses bourgades, et dans tous les villages de Saron jusqu'aux frontières.

17. Tous ceux-ci se trouvent dans le dénombrement qui fut fait sous le règne de Joatham, roi de Juda, et de Jéroboam, roi d'Israël.

18. Les fils de Ruben, de Gad, et de la demi-tribu de Manassé furent des hommes belliqueux, qui portaient le bouclier et l'épée, qui bandaient l'arc, et qui étaient très expérimentés à la guerre. Quand ils marchaient en bataille, ils étaient au nombre de quarante-quatre mille sept cent soixante.

19. Ils livrèrent bataille contre les Agaréniens; mais les Ituréens, avec ceux de Naphis et de Nodab,

filii Galaad, filii Michael, filii Jesesi, filii Jeddo, filii Buz.

15. Fratres quoque filii Abdiel, filii Guni, principes domus in familiis suis.

16. Et habitaverunt in Galaad, et in Basan, et in viculis ejus, et in cunctis suburbanis Saron, usque ad terminos.

17. Omnes hi numerati sunt in diebus Joatham, regis Juda, et in diebus Jeroboam, regis Israel.

18. Filii Ruben, et Gad, et dimidiæ tribus Manasse, viri bellatores, scuta portantes et gladios, et tendentes arcum, eruditique ad prælia, quadraginta quatuor millia et septingenti sexaginta, procedentes ad pugnam

19. dimicaverunt contra Agareos; Ituræi vero, et Naphis, et Nodab,

---

rien de commun avec la plaine du même nom qui bordait la Méditerranée au sud du Carmel.

17. Recensement des Gadites. — *In diebus Joatham..., Jeroboam.* Deux dénombrements successifs, opérés, le premier par Jéroboam II, roi d'Israël, qui reprit aux Syriens les provinces orientales perdues par son aïeul (IV Reg. XIII, 2 et ss., 25; XIV, 25); le second par Joatham, roi de Juda, on ignore dans quelles circonstances. L'écrivain sacré a renversé l'ordre chronologique, pour donner la préséance au successeur de David.

3° Expéditions victorieuses des tribus transjordaniennes contre les Arabes du désert. V, 18-22.

18-20. Les alliés, la victoire. — *Filii Ruben, et Gad...* Cette campagne diffère donc de celle qui a été mentionnée plus haut, vers. 10, à laquelle les Rubénites seuls avaient pris part. Cette fois, les trois tribus orientales agirent de concert. — *Viri bellatores...* Grand éloge de la valeur guerrière des confédérés. Cf. XII, 8, 21. — *Ituræi vero* (vers. 19). Les agresseurs s'associèrent plusieurs

peuplades sauvages et belliqueuses dont le concours n'était pas à dédaigner. Les Ituréens et

Ruines de Selcha.

Naphis descendaient d'Ismaël comme les Agaréniens (cf. 1, 30, et Gen. xxv, 15); il n'est parlé

20. præbuerunt eis auxilium. Traditique sunt in manus eorum Agarei, et universi qui fuerant cum eis, quia Deum invocaverunt cum præliarentur ; et exaudivit eos, eo quod credidissent in eum.

21 Ceperuntque omnia quæ possederant, camelorum quinquaginta millia, et ovium ducenta quinquaginta millia, et asinos duo millia, et animas hominum centum millia.

22. Vulnerati autem multi corruerunt ; fuit enim bellum Domini. Habitaveruntque pro eis usque ad transmigrationem.

23. Filii quoque dimidiæ tribus Manasse possederunt terram a finibus Basan usque Baal-Hermon, et Sanir, et montem Hermon, ingens quippe numerus erat.

24. Et hi fuerunt principes domus cognationis eorum : Epher, et Jesi, et Eliel, et Ezriel, et Jeremia, et Odoia, et Jediel ; viri fortissimi et potentes, et nominati duces in familiis suis.

25. Reliquerunt autem Deum patrum suorum, et fornicati sunt post deos populorum terræ, quos abstulit Deus coram eis.

20. leur donnèrent du secours. Et Dieu leur livra entre les mains ces Agaréniens, avec tous les gens de leur parti, parce qu'ils eurent soin de l'invoquer dans le combat ; ainsi il les exauça, parce qu'ils avaient cru en lui.

21. Ils s'emparèrent de tout ce que possédaient ces peuples ; de cinquante mille chameaux, de deux cent cinquante mille brebis et de deux mille ânes, et firent cent mille prisonniers ;

22. sans compter aussi un grand nombre de blessés qui périrent dans le combat ; car ce fut la guerre du Seigneur. Et ils demeurèrent dans ce pays jusqu'à ce qu'ils en furent déportés.

23. La demi-tribu de Manassé occupa aussi toutes les terres qui sont depuis les extrémités de Basan jusqu'à Baal-Hermon, et Sanir, et le mont Hermon ; car ils étaient en très grand nombre.

24. Voici ceux qui furent chefs de leurs diverses familles : Épher, Jési, Éliel, Ezriel, Jérémie, Odoïa, et Jédiel, tous hommes vaillants et forts, et chefs illustres dans leurs familles.

25. Cependant ils abandonnèrent le Dieu de leurs pères, et ils se prostituèrent en suivant les dieux de ces peuples, que Dieu avait exterminés en leur présence.

---

de *Nodab* qu'en cet endroit. Le Djédour actuel, au sud de Damas (l'Iturée du temps de Jésus-Christ), paraît marquer le domaine des Itu-

Vue de l'Hermon.

reens. Voyez l'*Atl. géogr.,* pl. VII, X, XII. — *Quia Deum...* (vers. 20ᵇ). Motif surnaturel de la victoire. Dieu récompense la foi des assaillants. Comp. le vers. 22.

21-22. Résultats du triomphe : un riche butin en troupeaux et en prisonniers, l'ennemi affaibli en outre par des morts nombreuses sur le champ de bataille, la prise de possession du territoire convoité.

4° Les chefs de familles et le domaine de la demi-tribu transjordanienne de Manassé. V, 23-24.

23. Le séjour. — *Baal-Hermon,* ou Baal-Gad ; aujourd'hui Banias, au pied de l'Hermon. Cf. Jos. XII, 7 ; Jud. III, 3. — *Sanir, Hermon :* deux noms parfois synonymes (note de Deut. III, 9), mais qui désignent ici, et Ez. XXVII, 8, deux parties distinctes de la magnifique montagne. — *Ingens quippe...* Note ajoutée pour justifier la vaste étendue du territoire attribué à la demi-tribu de Manassé.

24. Quelques chefs de famille.

5° Déportation des trois tribus en Assyrie. V, 25-26.

25. Le crime d'apostasie. — *Reliquerunt... Dominum.* Voyez les douloureux développements de IV Reg. XVII, 7 et ss. — *Populorum... quos abstulit :* spécialement les Amorrhéens gouvernés par les rois Og et Séhon.

26. Alors le Dieu d'Israël suscita l'esprit de Phul, roi des Assyriens, et l'esprit de Thelgath-Phalasar, roi d'Assur; et il déporta la tribu de Ruben, avec la tribu de Gad, et la demi-tribu de Manassé, et les emmena à Lahéla, à Habor, et à Ara sur le fleuve de Gozan, *où ils sont* jusqu'à ce jour.

26. Et suscitavit Deus Israel spiritum Phul, regis Assyriorum, et spiritum Thelgath-Phalasar, regis Assur; et transtulit Ruben, et Gad, et dimidiam tribum Manasse, et adduxit eos in Lahela, et in Habor, et Ara, et fluvium Gozan, usque ad diem hanc.

CHAPITRE VI

1. Fils de Lévi : Gerson, Caath et Mérari.
2. Fils de Caath : Amram, Isaar, Hébron et Oziel.
3. Fils d'Amram : Aaron, Moïse, et Marie *leur sœur*. Fils d'Aaron : Nadab et Abiu, Éléazar et Ithamar.

1. Filii Levi : Gerson, Caath, et Merari.
2. Filii Caath : Amram, Isaar, Hebron, et Oziel.
3. Filii Amram : Aaron, Moyses, et Maria. Filii Aaron : Nadab et Abiu, Eleazar et Ithamar.

---

26. Le châtiment. — Sur *Phul* et son identité très probable avec Théglath-Phalasar, voyez IV Reg. xv, 19-20, 29, et le commentaire. — *Lahela*. Hébr., *H'lah* (note de IV Reg. xvii, 6). — *Habor*. IV Reg., *l. c.*, ce nom représente un fleuve; ici il désigne un district. — *Ara* (hébr., *Hara'*). Peut-être « Charan » de Gen. xi, 31, et de IV Reg. xix, 12 ; « Charrhæ » des Grecs et des Romains. — *Fluvium Gozan :* la rivière qui arrose la province de Gozan (notes de IV Reg. xvii, 6, et xviii, 11).

§ V. — *Les Lévites et leurs résidences.* VI, -81.

La plus spirituelle des tribus d'Israël est placée comme au cœur de cette longue nomenclature.

1° Généalogie d'Aaron, et ses successeurs jusqu'à la captivité de Babylone. VI, 1-15.

Chap. VI. — 1-3ᵃ. Les descendants de Lévi jusqu'à Aaron. Comp. Gen. vi, 16 et ss.; xlvi, 11, etc.

3ᵇ-15. Les grands prêtres juifs jusqu'à l'exil. On admet communément que cette liste est incomplète : divers anneaux auront été omis dans la série des générations. Voyez de Broglie, *Étude sur les généalogies bibliques*, p. 49 et ss. — *Filii Aaron...* Nadab et Abiu périrent victimes de leur conduite sacrilège (Lev. x, 1 et ss.). Éléazar devint, après leur mort, le vrai chef de la famille sacerdotale et l'héritier de la dignité d'Aaron (cf. Num. xx, 25 et ss.) : voilà pourquoi sa postérité seule est marquée (vers. 4 et ss.). L'écrivain sacré passe tout à fait sous silence les descendants d'Ithamar, quoique plusieurs d'entre eux aient exercé pendant un temps notable les fonctions pontificales (Héli, Achimélech, Abiathar; cf. I Reg. ii, 30 et ss.; xiv, 3; xxi, 1, etc.). — *Abisue*, fils de Phinées (vers. 4), est mentionné, Esdr. vii, 5, parmi les ancêtres d'Esdras. — Sur *Achitob, Sadoc, Achimaas*, qui jouèrent un grand rôle dans l'histoire de David,

voyez II Reg. xv, 27, 36; xvii, 17-21; xviii, 19-29, etc. — *Ipse... sacerdotio...* (vers. 10). Note

Le grand prêtre, paré de tous ses ornements.

intéressante, conforme à III Reg. iv, 2, où nous lisons, en effet, qu'Azarias était grand prêtre sous

4. Eleazar genuit Phinees, et Phinees genuit Abisue.

5. Abisue vero genuit Bocci, et Bocci genuit Ozi.

6. Ozi genuit Zaraiam, et Zaraias genuit Meraioth.

7. Porro Meraioth genuit Amariam, et Amarias genuit Achitob.

8. Achitob genuit Sadoc, et Sadoc genuit Achimaas.

9 Achimaas genuit Azariam, et Azarias genuit Johanan.

10. Johanan genuit Azariam; ipse est qui sacerdotio functus est in domo quam ædificavit Salomon in Jerusalem.

11. Genuit autem Azarias Amariam, et Amarias genuit Achitob.

12. Achitob genuit Sadoc, et Sadoc genuit Sellum.

13. Sellum genuit Helciam, et Helcias genuit Azariam.

14. Azarias genuit Saraiam, et Saraias genuit Josedec.

15. Porro Josedec egressus est, quando transtulit Dominus Judam et Jerusalem per manus Nabuchodonosor.

16. Filii ergo Levi : Gerson, Caath, et Merari.

17. Et hæc nomina filiorum Gerson : Lobni, et Semei.

18. Filii Caath : Amram, et Isaar, et Hebron, et Oziel.

19. Filii Merari : Moholi et Musi. Hæ autem cognationes Levi secundum familias eorum :

20. Gerson, Lohni, filius ejus ; Jahath, filius ejus ; Zamma, filius ejus ;

21. Joah, filius ejus ; Addo, filius ejus ; Zara, filius ejus ; Jethrai, filius ejus ;

22. Filii Caath : Aminadab, filius

4. Éléazar engendra Phinées, et Phinées engendra Abisué.

5. Abisué engendra Bocci, et Bocci engendra Ozi.

6. Ozi engendra Zaraïas, et Zaraïas engendra Méraïoth.

7. Méraïoth engendra Amarias, et Amarias engendra Achitob.

8. Achitob engendra Sadoc, et Sadoc engendra Achimaas.

9. Achimaas engendra Azarias, et Azarias engendra Johanan.

10. Johanan engendra Azarias. Ce fut lui qui exerça le sacerdoce dans le temple que Salomon fit bâtir à Jérusalem.

11. Or Azarias engendra Amarias, et Amarias engendra Achitob.

12. Achitob engendra Sadoc, et Sadoc engendra Sellum.

13. Sellum engendra Helcias, et Helcias engendra Azarias.

14. Azarias engendra Saraïas, et Saraïas engendra Josédec.

15. Or Josédec sortit *du pays* quand le Seigneur transféra Juda et Jérusalem par Nabuchodonosor.

16. Les fils de Lévi *furent* donc : Gerson, Caath, et Mérari.

17. Les fils de Gerson *furent* : Lobni et Séméi.

18. Fils de Caath : Amram, Isaar, Hébron, et Oziel.

19. Fils de Mérari : Moboli, et Musi. Mais voici la postérité de Lévi selon ses différentes familles.

20. Gerson eut pour fils Lobni ; le fils de Lobni *fut* Jahath ; le fils de Jahath *fut* Zamma.

21. Le fils de Zamma *fut* Joah ; le fils de Joah *fut* Addo ; le fils d'Addo *fut* Zara ; le fils de Zara *fut* Jéthraï.

22. Fils de Caath : Aminadab, fils de

Salomon. — *Amarias* (vers. 11). Pontife contemporain de Josaphat, d'après II Par. xix, 11. — *Sellum* (vers. 13). ix, 11, il est appelé Mosollam. Cf. Neh. xi, 11. — *Helcias* aida Josias dans ses réformes religieuses. Cf. II Par. xxxiv, 9-22 ; xxxv, 8 ; IV Reg. xxii, 4-14 ; xxiii, 4. — *Azarias* (vers. 14) apparaît, Esdr. vii, 1, parmi les ancêtres d'Esdras. — *Saraias* était pontife au temps de la prise de Jérusalem par les Chaldéens ; Nabuchodonosor le fit périr cruellement. Cf. IV Reg. xxv, 18-21 ; Jer. lii, 24-27. — *Josedec* (vers. 15), le dernier personnage de la liste, fut père de Josias, qui ramena à Jérusalem, de concert avec Zorobabel, le premier groupe des Juifs colonisateurs, à la fin de l'exil. Cf. Esdr. iii, 2 ; v, 2 ; Agg. i, 1.

2° Postérité des trois fils de Lévi. VI, 16-30. —

Détails nouveaux pour la plupart, mais incomplets.

16-19ᵃ. Énumération des fils et des petits-fils de Lévi. Comp. Ex. vi, 16-19 ; Num. iii, 17-20 ; xxvi, 57 et ss. — *Filii... Levi*. Après avoir dressé la liste des grands prêtres depuis Aaron jusqu'à sa propre époque, l'auteur des Paralipomènes remonte à la source de toute la tribu lévitique, Aaron et ses fils, pour en redescendre ensuite les principales branches.

19ᵇ-21. Quelques descendants de Gerson. — Les mots *hæ autem...* forment un titre qui domine tout ce passage, jusqu'au vers. 30.

22-28. Quelques descendants de Caath. — Ex.

Caath; Coré, fils d'Aminadab; Asir, fils de Coré.

23. Elcana, fils d'Asir; Abiasaph, fils d'Elcana; Asir, fils d'Abiasaph.

24. Thahath, fils d'Asir; Uriel, fils de Thahath; Ozias, fils d'Uriel; Saül, fils d'Ozias.

25. Fils d'Elcana : Amasaï, et Achimoth,

26. et Elcana. Fils d'Elcana : Sophaï, fils d'Elcana; Nahath, fils de Sophaï.

27. Éliab, fils de Nahath; Jéroham, fils d'Élia; Elcana, fils de Jéroham.

28. Fils de Samuel : Vasséni, l'aîné, et Abia.

29. Fils de Mérari : Moboli, son fils Lobni, Séméi fils de Lohni, Oza fils de Séméi;

30. Sammaa fils d'Oza, Haggia fils de Sammaa, Asaïa fils d'Haggia.

31. Voici ceux auxquels David donna l'intendance sur les chantres de la maison du Seigneur, depuis que l'arche eut été placée à Jérusalem.

32. Ils accomplissaient leur ministère en chantant devant le tabernacle de l'alliance, jusqu'à ce que Salomon eût bâti le temple du Seigneur dans Jérusalem; et ils faisaient leur service chacun selon l'ordre qui leur avait été prescrit.

33. Or voici ceux qui servaient avec leurs fils. D'entre les fils de Caath, Héman, le chantre, fils de Johel, fils de Samuel,

34. fils d'Elcana, fils de Jéroham, fils d'Éliel, fils de Thohu,

35. fils de Suph, fils d'Elcana, fils de Mahath, fils d'Amasaï,

36. fils d'Elcana, fils de Johel, fils d'Azarias, fils de Sophonias,

37. fils de Thahath, fils d'Asir, fils d'Abiasaph, fils de Coré,   .

38. fils d'Isaar, fils de Caath, fils de Lévi, fils d'Israël.

ejus; Core, filius ejus; Asir, filius ejus;

23. Elcana, filius ejus; Abiasaph, filius ejus; Asir, filius ejus;

24. Thahath, filius ejus; Uriel, filius ejus; Ozias, filius ejus; Saul, filius ejus.

25. Filii Elcana : Amasai, et Achimoth,

26. et Elcana. Filii Elcana : Sophai, filius ejus; Nahath, filius ejus;

27. Eliab, filius ejus; Jeroham, filius ejus; Elcana, filius ejus.

28. Filii Samuel : primogenitus Vasseni, et Abia.

29. Filii autem Merari : Moholi, Lobni, filius ejus; Semei, filius ejus; Oza, filius ejus;

30. Sammaa, filius ejus; Haggia, filius ejus; Asaia, filius ejus.

31. Isti sunt quos constituit David super cantores domus Domini, ex quo collocata est arca;

32. et ministrabant coram tabernaculo testimonii canentes, donec ædificaret Salomon domum Domini in Jerusalem; stabant autem juxta ordinem suum in ministerio.

33. Hi vero sunt, qui assisteoant cum filiis suis : de filiis Caath, Heman cantor, filius Johel, filii Samuel,

34. filii Elcana, filii Jeroham, filii Eliel, filii Thohu,

35. filii Suph, filii Elcana, filii Mahath, filii Amasai,

36. filii Elcana, filii Joel, filii Azariæ, filii Sophoniæ,

37. filii Thahath, filii Asir, filii Abiasaph, filii Core,

38. filii Isaar, filii Caath, filii Levi, filii Israel.

---

vi, 21, *Aminadab* n'est pas mentionné parmi les fils de Caath.

29-30. Quelques descendants de Mérari.

3° Ancêtres des lévites Héman, Asaph, Éthan. VI, 31-49.

31-32. Introduction. — *Quos constituit David.* Voir les détails plus loin, xvi, 7, 41, et xxv, 1. — *Super cantores.* De là cette dédicace qu'on lit si souvent dans les titres hébreux des psaumes : Au maître de chœur (Vulg. : « in finem »). — *Ex quo collocata...* Suivant l'hébreu : après que l'arche se fut reposée. Allusion aux fréquentes translations dont l'arche avait été l'objet jusqu'au règne de David. Ce prince lui donna, pour ainsi dire, un lieu de repos, en la fixant pour toujours à Jéru-

salem. Cf. II Reg. vi, 2, 17. — *Ministrabant coram tabernaculo.* L'expression est très exacte, car les lévites exerçaient la plupart de leurs fonctions dans la cour extérieure qui précédait le tabernacle (*Atl. arch.,* pl. xcvi, fig. 1). — *Juxta ordinem suum.* Sur l'organisation du ministère lévitique par David, voyez II Par. v, 12; xxix, 27-30; xxxv, 15.

33-38. Ancêtres d'Héman (vingt noms). — *Assistebant cum filiis suis.* « Fils » dans le sens large, pour désigner d'autres lévites de la même famille. Les auxiliaires sont nommément cités xxv, 1-7. — *Heman... filius...* La généalogie remonte d'anneau en anneau jusqu'à Lévi et Jacob. — *Samuel,* dont Héman était petit-fils,

39. Et frater ejus Asaph qui stabat a dextris ejus, Asaph, filius Barachiæ, filii Samaa,

40. filii Michael, filii Basaiæ, filii Melchiæ,

41. filii Athanai, filii Zara, filii Adaia,

42. filii Ethan, filii Zamma, filii Semei,

43. filii Jeth, filii Gerson, filii Levi.

44. Filii autem Merari, fratres eorum, ad sinistram : Ethan, filius Cusi, filii Abdi, filii Maloch,

45. filii Hasabiæ, filii Amasiæ, filii Helciæ,

46. filii Amasai, filii Boni, filii Somer,

47. filii Moholi, filii Musi, filii Merari, filii Levi.

48. Fratres quoque eorum levitæ, qui ordinati sunt in cunctum ministerium tabernaculi domus Domini.

49. Aaron vero, et filii ejus, adolebant incensum super altare holocausti et super altare thymiamatis, in omne opus Sancti sanctorum; et ut precarentur pro Israel, juxta omnia quæ præceperat Moyses, servus Dei.

50. Hi sunt autem filii Aaron : Eleazar, filius ejus; Phinees, filius ejus; Abisue, filius ejus;

51. Bocci, filius ejus; Ozi, filius ejus; Zarahia, filius ejus;

52. Meraioth, filius ejus, Amarias, filius ejus, Achitob, filius ejus;

53. Sadoc, filius ejus; Achimaas, filius ejus.

---

39. Son frère Asaph était à sa droite : il était fils de Barachias, fils de Samaa,

40. fils de Michel, fils de Basaïa, fils de Melchias,

41. fils d'Athanaï, fils de Zara, fils d'Adaïa,

42. fils d'Éthan, fils de Zamma, fils de Séméi,

43. fils de Jeth, fils de Gerson, fils de Lévi.

44. Les fils de Mérari, leurs frères, étaient à gauche : savoir, Éthan, fils de Cusi, fils d'Abdi, fils de Maloch,

45. fils d'Hasabias, fils d'Amasias, fils d'Helcias,

46. fils d'Amasaï, fils de Boni, fils de Somer,

47. fils de Moboli, fils de Musi, fils de Mérari, fils de Lévi.

48. Les lévites leurs frères étaient chargés de tout le service du tabernacle de la maison du Seigneur.

49. Mais Aaron et ses fils offraient tout ce qui se brûlait sur l'autel des holocaustes, et sur l'autel des parfums, pour toutes les fonctions du sanctuaire; et ils priaient pour Israël, selon tout ce que Moïse, serviteur de Dieu, leur avait prescrit.

50. Or voici quels étaient les fils d'Aaron : Éléazar, son fils; Phinées, son fils; Abisué, son fils;

51. Bocci, son fils; Ozi, son fils; Zarahia, son fils;

52. Méraïoth, son fils; Amarias, son fils; Achitob, son fils;

53. Sadoc, son fils; Achimaas, son fils.

---

ne diffère pas du saint et célèbre prophète. — A partir du vers. 34, c'est au fond la même liste qu'aux versets 22-28, mais avec des variantes multiples.

39-43. Ancêtres d'Asaph (treize noms). — Frater *ejus. Asaph étant Gersonite, tandis qu'Héman était Caathite, le mot « frère » ne doit pas être pris à la lettre. — A dextris ejus: d'après le vers. 44, Éthan se tenait à gauche. Héman avait donc la préséance et était le vrai « præcentor ». — A partir des mots filii Athanat (vers. 41), même liste qu'aux versets 20-21, quoique avec des variantes qui sont sans doute aussi des erreurs de transcription.

44-47. Ancêtres d'Éthan (douze noms). — Ethan porte ailleurs le nom de Jéduthun. Cf. XVI, 42-43; XXV, 1; II Par. v, 12, etc.

48-49. Conclusion : rôle des prêtres et des lévites. — Les lévites, vers. 48. Fratres... eorum: les frères des trois grands chantres dont il vient

d'être longuement parlé. — Ordinati. D'après l'hébreu : « donnés »; savoir, à Aaron et aux prêtres, en qualité d'auxiliaires. — In cunctum ministerium. Pour les détails, voyez xv, 23-24; XXIII, 4-32; XXVI, 1-28; Num. IV, etc. — Vers. 49, rôle supérieur du grand prêtre (Aaron vero) et des prêtres (filii ejus). Trois de leurs sublimes fonctions sont signalées entre toutes les autres : 1º celle de sacrificateurs (sacrifices proprement dits, sur l'autel des holocaustes; fumigations sur l'autel des parfums); 2º le service spécial du Saint des saints (in omne opus...); 3º l'intercession (ut precarentur...; dans l'hébreu : « pour faire l'expiation »).

4º Nomenclature des grands prêtres depuis Aaron jusqu'au règne de Salomon. VI, 50-53.

50-53. Hi sunt... Simple répétition de la liste contenue aux vers. 3-8; elle sert de transition aux détails relatifs à la résidence des prêtres et des lévites.

54. Et voici les lieux où demeuraient ces fils d'Aaron ; savoir, les bourgades et les environs qui leur échurent par le sort, *en commençant* par les familles de la branche de Caath.

55. On leur donna donc Hébron dans la tribu de Juda, et tous les faubourgs qui l'environnent ;

56. mais les terres qui en relèvent, avec les villages, furent données à Caleb, fils de Jéphoné.

57. On donna donc aux fils d'Aaron les villes de refuge : Hébron, et. Lobna avec ses faubourgs,

58. et Jéther et Esthémo avec leurs faubourgs ; et Hélon et Dabir avec leurs faubourgs ;

59. et Asan et Bethsémès avec leurs faubourgs.

60. *On leur donna* aussi, de la tribu de Benjamin, Gabée avec ses faubourgs, et Almath avec ses faubourgs, et Anathoth avec ses faubourgs : le tout faisant treize villes, partagées entre leurs familles.

61. On donna aussi en partage aux autres membres de la famille de Caath dix villes de la demi-tribu de Manassé.

62. Les fils de Gerson, selon leurs familles, eurent treize villes de la tribu d'Issachar, de la tribu d'Aser, de la tribu de Nephthali, et de la tribu de Manassé dans Basan.

63. On donna aux fils de Mérari, selon leurs familles, douze villes, qui leur échurent par le sort dans la tribu de Ruben, dans la tribu de Gad, et dans la tribu de Zabulon.

64. Les fils d'Israël donnèrent aussi aux lévites diverses villes avec leurs faubourgs ;

65. et ces villes leur furent données par le sort dans la tribu des enfants de Juda, dans la tribu des fils de Siméon,

54. Et hæc habitacula eorum per vicos atque confinia, filiorum scilicet Aaron, juxta cognationes Caathitarum ; ipsis enim sorte contigerant.

55. Dederunt igitur eis Hebron in terra Juda, et suburbana ejus per circuitum ;

56. agros autem civitatis, et villas, Caleb, filio Jephone.

57. Porro filiis Aaron dederunt civitates ad confugiendum, Hebron, et Lobna, et suburbana ejus,

58. Jether quoque et Esthemo cum suburbanis suis, sed et Helon et Dabir cum suburbanis suis,

59. Asan quoque, et Bethsemes et suburbana earum,

60. De tribu autem Benjamin : Gabee et suburbana ejus, et Almath cum suburbanis suis, Anathoth quoque cum suburbanis suis ; omnes civitates, tredecim, per cognationes suas.

61. Filiis autem Caath residuis de cognatione sua, dederunt ex dimidia tribu Manasse in possessionem urbes decem.

62. Porro filiis Gerson per cognationes suas, de tribu Issachar, et de tribu Aser, et de tribu Nephthali, et de tribu Manasse in Basan, urbes tredecim.

63. Filiis autem Merari per cognationes suas, de tribu Ruben, et de tribu Gad, et de tribu Zabulon, dederunt sorte civitates duodecim.

64. Dederunt quoque filii Israel levitis civitates, et suburbana earum ;

65. dederuntque per sortem, ex tribu filiorum Juda, et ex tribu filiorum Simeon, et ex tribu filiorum Benjamin,

---

5° Cités assignées comme résidence aux membres de la tribu de Lévi. VI, 54-81.

Passage exactement conforme à Jos. XXI. Les variantes ont peu d'importance et proviennent soit d'omissions involontaires, soit d'une transcription fautive, soit de la modification subie dans l'intervalle par les noms de plusieurs localités.

54-60. Cités des prêtres. Comp. Jos. XXI, 10-19, et l'*Atl. géogr.*, pl. VII et XVI. — *Civitates ad confugiendum :* les villes de refuge cf. Num. XXXV, 9-15, et les notes. Le pluriel énonce un fait inexact, car parmi les villes citées dans cet alinéa, la seule Hébron jouissait du droit d'asile ; aussi Josué, XXI, 13, emploie-t-il le singulier.

— *Civitates tredecim.* Onze seulement ont été nommées : il faut ajouter Jéba et Gabaon (Jos. XXI, 16-17).

61-63. Indication sommaire des résidences assignées aux simples lévites. Comp. Jos. XXI, 5-7. — *Filiis... Caath residuis :* à ceux des Caathites qui n'étaient point prêtres (cf. vers. 54). — *Dederunt...* Entre ce verbe et les mots *ex dimidia...* suppléez, conformément à Jos. XXI, 5 : des tribus d'Éphraïm et de Dan.

64-65. Au livre de Josué (XXI, 8-9) ces lignes précèdent, en guise de titre, l'énumération des villes données aux prêtres ; il est possible qu'elles aient perdu ici leur place primitive (entre les vers. 53 et 54). En effet, les villes sacerdotales

Anem ou Baganim; aujourd'hui Djénin.

dans la tribu des fils de Benjamin, et ils les nommèrent chacun de leurs noms.

66. *On en donna* de même à ceux qui étaient de la famille de Caath ; et il y eut quelques-unes de leurs villes qui étaient de la tribu d'Ephraïm.

67. On leur donna donc pour villes de refuge : Sichem avec ses faubourgs, dans la montagne d'Ephraïm, et Gazer avec ses faubourgs,

68. et Jecmaam avec ses faubourgs, et Béthoron de même,

69. et Hélon avec ses faubourgs, et Gethremmon de la même manière.

70. *On donna*, dans la demi-tribu de Manassé, Aner avec ses faubourgs, et Baalam avec ses faubourgs, à ceux qui restaient encore de la maison de Caath.

71. Ceux de la branche de Gerson eurent, dans la demi-tribu de Manassé, Gaulon en Basan, avec ses faubourgs, et Astharoth avec ses faubourgs.

72. Dans la tribu d'Issachar, Cédès avec ses faubourgs, et Dabéreth avec ses faubourgs,

73. et Ramoth avec ses faubourgs, et Anem avec ses faubourgs.

74. Dans celle d'Aser, Masal avec ses faubourgs, et Abdon de même,

75. et Hucac avec ses faubourgs, et Rohob avec ses faubourgs.

76. Dans la tribu de Nephthali, Cédès en Galilée et ses faubourgs, Hamon avec ses faubourgs, Cariathaïm et ses faubourgs.

77. Les autres lévites de la branche de Mérari eurent, dans la tribu de Zabulon, Remmono avec ses faubourgs, et Thabor avec ses faubourgs.

78. Au delà du Jourdain, vis-à-vis de Jéricho, à l'orient de ce fleuve, ils eurent, dans la tribu de Ruben, Bosor qui est dans le désert, avec ses faubourgs, et Jassa avec ses faubourgs,

79. et Cadémoth avec ses faubourgs, et Méphaat avec ses faubourgs ;

80. comme aussi, dans la tribu de

urbes has quas vocaverunt nominibus suis,

66. et his qui erant de cognatione filiorum Caath, fueruntque civitates in terminis eorum de tribu Ephraim.

67. Dederunt ergo eis urbes ad confugiendum : Sichem cum suburbanis suis in monte Ephraim, et Gazer cum suburbanis suis,

68. Jecmaam quoque cum suburbanis suis, et Bethoron similiter,

69. necnon et Helon cum suburbanis suis, et Gethremmon in eumdem modum.

70. Porro ex dimidia tribu Manasse, Aner et suburbana ejus, Baalam et suburbana ejus : his videlicet, qui de cognatione filiorum Caath reliqui erant.

71. Filiis autem Gerson, de cognatione dimidiæ tribus Manasse : Gaulon in Basan et suburbana ejus, et Astharoth cum suburbanis suis.

72. De tribu Issachar : Cedes et suburbana ejus, et Dabereth cum suburbanis suis,

73. Ramoth quoque et suburbana ejus, et Anem cum suburbanis suis.

74. De tribu vero Aser : Masal cum suburbanis suis, et Abdon similiter,

75. Hucac quoque et suburbana ejus, et Rohob cum suburbanis suis.

76. Porro de tribu Nephthali : Cedes in Galilæa et suburbana ejus, Hamon cum suburbanis suis, et Cariathaim et suburbana ejus.

77. Filiis autem Merari residuis, de tribu Zabulon : Remmono et suburbana ejus, et Thabor cum suburbanis suis.

78. Trans Jordanem quoque ex adverso Jericho contra orientem Jordanis, de tribu Ruben : Bosor in solitudine cum suburbanis suis, et Jassa cum suburbanis suis,

79. Cademoth quoque et suburbana ejus, et Mephaat cum suburbanis suis;

80. necnon et de tribu Gad : Ramoth

étaient toutes situées dans les trois tribus que mentionne le verset 65.

66-70. Villes des lévites : famille de Caath. Comp. Jos. **xxi**, 20-26, et les notes. — Au lieu de *Jecmaam* (vers. 68), Josué nomme Cibsaïm. Après *Bethoron* manquent Elthéco et Gabathon. Josué cite Aïalon, au lieu de *Helon* (vers. 69), Thanach au lieu d'*Aner* (vers. 70), *Gethremmon* au lieu de *Balaam*.

71-76. Résidences des lévites : famille de

Gerson. Comp. Jos. **xxi**, 27-33, et les notes. — *Astharoth* (vers. 71b). Jos. : Bosra; l'une des principales villes de Basan. — *Cèdes* (vers. 72). Jos. : Césion. — *Ramoth, Anem*. Jos. : Jaramoth, Engannim. — *Hucac* (vers. 75). Jos. : Helcath. — *Hamon, Cariathaim* (vers. 76). Jos.: Hammoth-Dor, Carthan.

77-81. Résidences des lévites : famille de Mérari. Comp. Jos. **xxi**, 34-37, et le commentaire. — *Residuis*. Non pas : aux autres fils de

in Galaad et suburbana ejus, et Manaim cum suburbanis suis,

81. sed et Hesebon cum suburbanis suis, et Jezer cum suburbanis suis.

Gad, Ramoth de Galaad et ses faubourgs, et Manaïm avec ses faubourgs,

81. et de plus, Hésébon avec ses faubourgs, et Jézer avec ses faubourgs.

CHAPITRE VII

1. Porro filii Issachar: Thola, et Phua, Jasub, et Simeron, quatuor.

2. Filii Thola: Ozi, et Raphaia, et Jeriel, et Jemai, et Jebsem, et Samuel, principes per domos cognationum suarum. De stirpe Thola viri fortissimi numerati sunt in diebus David, viginti duo millia sexcenti.

3. Filii Ozi: Izrahia, de quo nati sunt Michael, et Obadia, et Johel, et Jesia, quinque omnes principes.

4. Cumque eis per familias et populos suos, accincti ad prælium, viri fortissimi, triginta sex millia; multas enim habuerunt uxores, et filios;

5. fratres quoque eorum per omnem cognationem Issachar, robustissimi ad

1. Issachar eut quatre fils: Thola Phua, Jasub, et Siméron.

2. Thola eut pour fils: Ozi, Raphaïa Jériel, Jémaï, Jebsem et Samuel, tous chefs de diverses branches ou maisons. Dans le dénombrement qui fut fait sous David, il se trouva vingt-deux mille six cents vaillants guerriers de la maison de Thola.

3. Ozi eut pour fils Izrahia, duquel sont issus Michel, Obadia, Johel, et Jésia, princes tous les cinq.

4. Ils eurent avec eux, selon leurs diverses branches et familles, jusqu'à trente-six mille hommes, très braves et toujours prêts à combattre; ils avaient eu chacun plusieurs femmes, et beaucoup d'enfants.

5. Et leurs frères d'après toute la parenté d'Issachar, hommes vaillants

---

Mérarı; mais: aux fils de Mérari, qui formaient le reste des lévites. — Remmono, Tha-

Réservoir près d'Hésébon.

bor. Jos.: Damna, Naalol. Les noms de Jecnam et de Cartha ont été omis à la fin du vers. 77.

— Hesebon (vers. 81): l'une des villes les plus célèbres de Moab.

§ VI. — Les tribus d'Issachar, de Benjamin, de Nephthali, la demi-tribu cisjordanienne de Manassé, les tribus d'Éphraïm et d'Aser. VII, 1-40.

Après ce long arrêt sur la tribu de Lévi, en conformité avec le plan de son livre (voyez l'Introduction, p. 6 et 7), l'auteur passe rapidement en revue les généalogies des autres tribus israélites; mais il néglige totalement celles de Dan et de Zabulon.

1° La tribu d'Issachar. VII, 1-5.

Chap. VII. — 1. Les fils d'Issachar Comp. Gen. xlvi, 13; Num. xxvi, 23-24.

2-3. Postérité de Thola. Détails nouveaux. — Numerati... in diebus David. Allusion au recensement raconté plus bas, xxi, 1 et ss. (cf. II Reg. xxiv, 1-9). Les chiffres cités aux vers. 2, 4, 5, sont évidemment empruntés aux documents officiels. — Quinque... principes (vers. 3). Quatre seulement sont cités; un des noms a disparu. — Octoginta septem... Nombre total des guerriers d'Issachar. Si l'on en retranche les 22 000 descendants de Thola et les 36 000 descendants d'Izrahia, il reste 28 400 guerriers pour les autres familles de la tribu. La tribu d'Issachar était l'une des plus nombreuses et des plus puissantes.

pour la guerre, furent recensés au nombre de quatre-vingt-sept mille.

6. Fils de Benjamin : Béla, Béchor et Jadiel, *au nombre de* trois.

7. Fils de Béla : Esbon, Ozi, Oziel, Jérimoth, et Uraï, cinq chefs de familles, très vaillants pour le combat ; le nombre de leurs guerriers fut de vingt-deux mille trente-quatre.

8. Fils de Béchor : Zamira, Joas, Éliézer, Élioénaï, Amri, Jérimoth, Abia, Anathoth, et Almath ; tous fils de Béchor.

9. Ils furent recensés selon leurs familles comme chefs de leurs parentés, au nombre de vingt mille deux cents, tous vaillants pour la guerre.

10. Fils de Jadihel : Balan. Fils de Balan : Jéhus, Benjamin, Aod, Chanana, Zéthan, Tharsis, et Ahisahar.

11. Ils sont tous fils de Jadihel, chefs de leurs maisons, hommes très braves, au nombre de dix-sept mille deux cents, marchant au combat.

12. Sépham aussi et Hapham, fils de Hir, et Hasim, fils d'Aher.

13. Les fils de Nephthali sont Jasiel, Guni, Jéser, et Sellum, fils de Bala.

14. Or Esriel fut fils de Manassé, qui eut encore d'une Syrienne, sa concubine, Machir, père de Galaad.

15. Machir eut soin de marier ses fils Happhim et Saphan, et il eut une sœur

pugnandum, octoginta septem millia numerati sunt.

6. Filii Benjamin : Bela, et Bechor, et Jadihel, tres.

7. Filii Bela : Esbon, et Ozi, et Oziel, et Jerimoth, et Urai, quinque principes familiarum, et ad pugnandum robustissimi ; numerus autem eorum, viginti duo millia et triginta quatuor.

8. Porro filii Bechor : Zamira, et Joas, et Eliezer, et Elioenai, et Amri, et Jerimoth, et Abia, et Anathoth, et Almath ; omnes hi filii Bechor.

9. Numerati sunt autem per familias suas principes cognationum suarum, ad bella fortissimi, viginti millia et ducenti.

10. Porro filii Jadihel : Balan. Filii autem Balan : Jehus, et Benjamin, et Aod, et Chanana, et Zethan, et Tharsis, et Ahisahar.

11. Omnes hi filii Jadihel, principes cognationum suarum, viri fortissimi, decem et septem millia et ducenti, ad prælium procedentes.

12. Sepham quoque et Hapham, filii Hir ; et Hasim, filii Aher.

13. Filii autem Nephthali : Jasiel, et Guni, et Jeser, et Sellum, filii Bala.

14. Porro filius Manasse : Esriel ; concubinaque ejus Syra peperit Machir, patrem Galaad.

15. Machir autem accepit uxores filiis suis Happhim et Saphan ; et habuit so-

---

2° La tribu de Benjamin. VII, 6-12.

6. Les fils de Benjamin. — *Tres.* La Genèse, XLVI, 21, en cite jusqu'à dix ; le livre des Nombres, XXVI, 38-39, en compte cinq, et de même notre auteur un peu plus bas (VIII, 1). « Pour accorder tout cela, on peut dire que, des dix fils de Benjamin, il n'y en eut que cinq qui eurent lignée, et qui furent chefs de familles ; et que, de ces cinq, il y en eut peut-être deux qui furent éteintes dans la guerre que les autres tribus firent à Benjamin (cf. Jud. XX, 46-47) ; en sorte que, du temps de David, on ne comptait plus que trois branches dans cette tribu. » Calmet, *h. l.*

7. Les cinq fils de Béla et leur postérité. — *Filii Bela.* Grandes variantes entre cette liste, celle de VIII, 3-5, et celle des Nombres, XXVI, 40. Il est probable qu'il ne s'agit pas de fils proprement dits ; de là les divergences, la première liste ayant cité les chefs de familles à telle époque, la seconde les chefs de telle autre époque, etc. De même pour les fils de Béchor (vers. 8) et de Jadihel (vers. 10).

8-9. Les neuf fils de Béchor et leur postérité.

10-11. Les huit fils de Jadihel et leur postérité. — Somme totale des Benjaminites, d'après les chiffres partiels mentionnés aux vers. 7, 9 et

11 : 59 434. Nombre considérable, si l'on se souvient que cette tribu ne comptait que 45 600 guerriers au second dénombrement de Moïse (Num. XXVI, 41), et qu'elle avait été réduite à 600 hommes au temps des Juges (Jud. XX, 47).

12. Autres familles de Benjamin.

3° La tribu de Nephthali. VII, 13.

13. *Filii Nephthali.* Simple mention des fils du patriarche, sans aucun détail sur sa postérité. Cf. Gen. XLVI, 24 ; Num. XXVI, 48 (les variantes accoutumées).

4° La demi-tribu cisjordanienne de Manassé. VII, 14-19.

14-15. Première liste de descendants. Comp. Num. XXVI, 30-34 ; Jos. XVII, 1-5. — *Porro filius...* D'après le passage parallèle des Nombres, *Esriel* n'était que l'arrière-petit-fils de Manassé. — *Concubinaque...* L'hébreu demande une autre traduction : Esriel qu'enfanta sa concubine syrienne ; elle enfanta Machir... — *Machir autem...* Divergences plus grandes encore du texte : « Machir prit une femme de Huppim et de Chuppim » ; c.-à-d. dans les familles benjaminites signalées au vers. 12. Le texte demeure obscur en toute hypothèse et a dû subir quelque altération. — *Salphaad filiæ :* au nombre de cinq ; elles sont

rorem nomine Maacha; nomen autem seeundi, Salphaad, natæque sunt Salphaad filiæ.

16. Et peperit Maacha, uxor Machir, filium, vocavitque nomen ejus Phares; porro nomen fratris ejus, Sares; et filii ejus Ulam et Recen.

17. Filius autem Ulam, Badan; hi sunt filii Galaad, filii Machir, filii Manasse.

18. Soror autem ejus Regina peperit Virum decorum, et Abiezer, et Mohola.

19. Erant autem filii Semida : Ahin, et Sechem, et Leci, et Aniam.

20. Filii autem Ephraim : Suthala, Bared, filius ejus; Thahath, filius ejus; Elada, filius ejus; Thahat, filius ejus; hujus filius Zabad,

21. et hujus filius Suthala, et hujus filius Ezer et Elad; oceiderunt autem eos viri Geth indigenæ, quia descenderant ut invaderent possessiones eorum.

22. Luxit igitur Ephraim, pater eorum, multis diebus, et venerunt fratres ejus ut consolarentur eum.

23. Ingressusque est ad uxorem suam, quæ concepit, et peperit filium, et vocavit nomen ejus Beria, eo quod in malis domus ejus ortus esset.

24. Filia autem ejus fuit Sara, quæ ædificavit Bethoron inferiorem et superiorem, et Ozensara.

25. Porro filius ejus : Rapha, et Reseph, et Thale, de quo natus est Thaan,

26. qui genuit Laadan; hujus quoque filius Ammiud, qui genuit Elisama,

27. de quo ortus est Nun, qui habuit filium Josue.

---

nommée Maacha; Salphaad fut son second fils, qui n'eut que des filles.

16. Et Maacha, femme de Machir, enfanta un fils, qu'elle nomma Pharès; celui-ci eut aussi un frère nommé Sarès, père d'Ulam et de Récen.

17. Ulam fut père de Badan; et tous ceux-là sont fils de Galaad, fils de Machir, fils de Manassé.

18. Sa sœur Régina enfanta Belhomme, et Abiézer et Mohola.

19. Et les fils de Sémida furent Ahin, Séchem, Léci et Aniam.

20. Fils d'Ephraïm : Suthala, Bared son fils, Thahath son fils, Elada son fils, Thahat son fils, Zabad son fils,

21. et Suthala fils de Zabad, Ezer et Elad fils de Suthala. Mais les habitants de Geth les tuèrent, parce qu'ils étaient descendus pour envahir leurs possessions.

22. Ephraïm leur père les pleura donc des jours nombreux, et ses frères vinrent pour le consoler.

23. Et il s'approcha de sa femme, qui conçut et eut un fils, qu'elle nomma Béria, parce qu'il était né dans l'affliction de sa famille.

24. Ephraïm eut aussi une fille nommée Sara, qui bâtit l'inférieur et le supérieur Béthoron, et Ozensara.

25. Il eut encore pour fils Rapha, Réseph, et Thalé, de qui est né Thaan,

26. qui fut père de Laadan, dont le fils fut Ammiud, lequel engendra Elisama,

27. de qui est issu Nun, dont le fils fut Josué.

---

célèbres dans l'histoire juive par la décision importante à laquelle elles donnèrent lieu. Cf. Jos. XVII, 3-6.

16-17. Deuxième liste de descendants. — *Peperit Maacha :* une femme distincte de la sœur de Machir (vers. 15), quoiqu'elle portât le même nom. — *Badan.* Peut-être le juge d'Israël dont il est fait mention I Reg. XII, 11 (voyez la note). — *Regina, Virum decorum* (vers. 18). Noms propres dans l'hébreu : *Moléket, 'Ishôd.* — *Abiezer :* sa famille, une des plus importantes de Manassé, donna Gédéon au peuple théocratique. Cf. Jud. VI, 11, 24.

4° Tribu d'Éphraïm. VII, 20-29.

20-27. Descendants d'Éphraïm. — Aux vers. 20-21, cette généalogie n'est pas sans difficultés, surtout si on la compare avec la liste parallèle de Num. XXVI, 35-36, qui attribue trois fils à Éphraïm. Ici, on paraît ne mentionner que l'aîné, *Suthala,* et sa postérité jusqu'à *Ezer et Elad,*

massacrés par les habitants primitifs de Geth (*indigenæ;* les Hévéens, d'après Deut. II, 23). Mais notons que les mots *hujus filius* manquent dans l'hébreu en avant de ces deux noms; d'où il suit que la liste, après avoir accompagné les descendants de Suthala jusqu'à la sixième génération (le second *Suthala,* vers. 21), revient sur les deux autres fils d'Éphraïm, Ezer et Elad. Telle est la meilleure interprétation. — *Luxit..., et venerunt...* Voyez des traits analogues, Gen. XXXVII, 35, et Job, II, 11. — *Beria* (vers. 23). Hébr. : *B'ri'ah,* c.-à-d. « dans le malheur », comme il est aussitôt ajouté pour expliquer la paronomase (*in malis;* hébr. : *b'ra'ah*). — *Quæ ædificavit* (vers. 24)... Fait extraordinaire, car les Israélites n'étaient pas encore installés dans la Terre promise; quelques-uns d'entre eux y eurent donc des établissements transitoires, avant la conquête. Sur les deux bourgades de Béthoron, voyez Jos. X, 10, et le commentaire. *Ozensara*

Dor, au ourd'hui Tantourah, sur es bords de a Méditerranée.

nYuqYgXDKfJ

28. Possessio autem eorum et habitatio : Bethel cum filiabus suis, et contra
orientem Noran, ad occidentalem plagam
Gazer et filiæ ejus, Sichem quoque cum
filiabus suis, usque ad Aza cum filiabus
ejus.

29. Juxta filios quoque Manasse :
Bethsan et filias ejus, Thanach et filias
ejus, Mageddo et filias ejus, Dor et filias
ejus; in his habitaverunt filii Joseph,
filii Israel.

30. Filii Aser : Jemna, et Jesua, et
Jessui, et Baria, et Sara soror eorum.

31. Filii autem Baria : Heber, et
Melchiel; ipse est pater Barsaith.

32. Heber autem genuit Jephlat, et
Somer, et Hotham, et Suaa sororem eorum.

33. Filii Jephlat : Phosech, et Cha-
maal, et Asoth; hi filii Jephlat.

34. Porro filii Somer : Ahi, et Roaga,
et Haba, et Aram.

35. Filii autem Helem, fratris ejus :
Supha, et Jemma, et Selles, et Amal.

36. Filii Supha : Sue, Harnapher, et
Sual, et Beri, et Jamra.

37. Bosor, et Hod, et Samma, et Salusa, et Jethran, et Bera.

38. Filii Jether : Jephone, et Phaspha, et Ara.

39. Filii autem Olla : Arce, et Haniel,
et Resia.

40. Omnes hi filii Aser, principes cognationum, electi atque fortissimi duces
ducum; numerus autem eorum ætatis
quæ apta esset ad bellum, viginti sex
millia.

28. Leurs possessions et leur demeure
furent Béthel avec ses dépendances, et
Noran du côté de l'orient, et Gazer avec
ses dépendances du côté de l'occident,
et Sichem avec ses dépendances, jusqu'à
Aza avec ses dépendances.

29. Et près des fils de Manassé,
Bethsan et ses dépendances, Thanach et
ses dépendances, Mageddo et ses dépendances, Dor et ses dépendances : ce
sont les lieux où habitèrent les fils de
Joseph, fils d'Israël.

30. Fils d'Aser : Jemna, Jésua, Jessui
et Baria, avec Sara leur sœur.

31. Fils de Baria : Héber et Melchiel;
c'est lui qui est père de Barsaïth.

32. Héber engendra Jéphlat, Somer,
et Hotham, avec Suaa leur sœur.

33. Fils de Jéphlat : Phosech, Cha-
maal et Asoth; ce sont là les fils de
Jéphlat.

34. Fils de Somer : Ahi, Roaga, Haba
et Aram.

35. Ceux de Hélem, son frère, *sont*
Supha et Jemna, Sellès et Amal.

36. Fils de Supha : Sué, Harnapher,
Sual, Béri et Jamra,

37. Bosor, Hod, Samma, Salusa,
Jéthran et Béra.

38. Fils de Jéther : Jéphoné, Phaspha
et Ara.

39. Fils d'Olla : Arée, Haniel et
Résia.

40. Tous ceux-là sont les fils d'Aser
et chefs d'autant de familles, distingués
et les plus braves d'entre ceux qui commandaient les armées. Le nombre de
ceux qui étaient en âge de porter les
armes montait à vingt-six mille.

---

n'est nommée qu'en cet endroit. — *Ammiud* et
Elisama (vers. 26) vivaient au temps de la sortie
d'Égypte. Cf. Num. I, 10; II, 18; VII, 48-53. —
Josue (vers. 27) : le successeur de Moïse et le
conquérant de la Palestine cisjordanienne.

28-29. Les principales villes des Éphraïmites.
— Celle de *Bethel* avait d'abord été assignée à
la tribu de Benjamin (Jos. XVIII, 22); nous la
trouvons plus tard (III Reg. XII, 29, etc.) dans
le royaume du nord, ou d'Israël : elle était donc
devenue la propriété d'Éphraïm, puisque Benjamin faisait partie du royaume de Juda. — *Noran.*
Probablement la Naaratha de Jos. XVI, 7, dans
la vallée du Jourdain, au nord-est de
Jéricho. — *Gazer.* Sur la frontière sud d'Éphraïm;
Sichem, sur sa frontière nord. Cf. Jos. XVI, 3 et
l'*Atl. géogr.*, pl. VII. — *Usque ad Aza.* Hébr.,
'*Azzah*, nom que la Vulgate traduit ordinairement par *Gaza.* Mais il est difficile de croire qu'il

s'agisse ici de cette capitale des Philistins, donnée
par Josué à la tribu de Juda et située si loin du
territoire d'Éphraïm. C'était donc une bourgade
de même nom, que le traducteur latin a bien
fait de distinguer de Gaza. — Sur *Bethsan*, *Thanach*, *Mageddo* et *Dor* (vers. 29), voyez les notes
de III Reg. IV, 11-12.

5° La tribu d'Aser. VII, 30-40.

30. Les fils d'Aser. Comp. Gen. XLVI, 17; Num.
XXVI, 44-46.

31-39. Postérité d'Aser par son fils aîné, Baria.
Détails propres aux Paralipomènes.

40. Conclusion de la généalogie d'Aser. —
Numerus eorum. On ne dit pas à quelle date :
sans doute au recensement de David. — *Viginti
sex millia.* Aux deux dénombrements de Moïse,
41 500 et 53 000 guerriers (Num. I, 41; XXVI, 47) :
d'où il suit que la tribu s'était considérablement
amoindrie.

CHAPITRE VIII

1. Or Benjamin engendra Balé son aîné, Asbel le second, Ahara le troisième,
2. Nohaa le quatrième, et Rapha le cinquième.
3. Les fils de Balé furent Addar, Géra et Abiud,
4. Abisué, Naaman et Ahoé ;
5. et aussi Géra, Séphuphan et Huram.
6. Voici les fils d'Ahod, chefs des familles qui habitaient à Gabaa, et qui furent transportés à Manahath :
7. Naaman et Achia, et Géra lui-même, qui les transporta, et qui engendra Oza et Ahiud.
8. Or Saharaïm eut des enfants au pays de Moab, après qu'il eut renvoyé ses femmes Husim et Bara.
9. Il eut donc de Hodès, sa femme, Jobab, Sébia, Mosa, et Molchom,
10. et Jéhus, Séchia et Marma, qui furent ses fils et chefs d'autant de familles.
11. Méhusim engendra Abitob et Elphaal.
12. Les fils d'Elphaal furent Héber, Misaam, et Samad, qui bâtit Ono, et Lod avec ses dépendances.
13. Baria et Sama, chefs des branches qui s'établirent à Aïalon, chassèrent les habitants de Geth.
14. Ahio, Sésac, Jérimoth,
15. Zabadia, Arod, Héder,

1. Benjamin autem genuit Bale primogenitum suum, Asbel secundum, Ahara tertium,
2. Nohaa quartum, et Rapha quintum.
3. Fueruntque filii Bale : Addar, et Gera et Abiud,
4. Abisue quoque et Naaman, et Ahoe
5. sed et Gera, et Sephuphan, et Huram.
6. Hi sunt filii Ahod, principes cognationum habitantium in Gabaa, qui translati sunt in Manahath.
7. Naaman autem, et Achia, et Gera ipse transtulit eos, et genuit Oza, et Ahiud.
8. Porro Saharaim genuit in regione Moab, postquam dimisit Husim et Bara, uxores suas.
9. Genuit autem de Hodes, uxore sua, Jobab, et Sebia, et Mosa, et Molchom,
10. Jehus quoque, et Sechia, et Marma ; hi sunt filii ejus, principes in familiis suis.
11. Mehusim vero genuit Abitob, et Elphaal.
12. Porro filii Elphaal : Heber, et Misaam, et Samad ; hic ædificavit Ono, et Lod, et filias ejus.
13. Baria autem et Sama, principes cognationum habitantium in Aialon ; hi fugaverunt habitatores Geth.
14. Et Ahio, et Sesac, et Jerimoth,
15. Et Zabadia, et Arod, et Heder,

---

§ VII. — *Autres familles de la tribu de Benjamin, et généalogie de Saül.* VIII, 1-40.

L'auteur insiste sur la tribu de Benjamin, de même qu'il avait insisté sur celle de Juda. Son but est très visible : préparer et tracer la généalogie de Saül, le premier roi israélite, dont il va bientôt raconter brièvement l'histoire (x, 1 et ss.).
1º Les fils de Benjamin et de Balé. VIII, 1-5.
CHAP. VIII. — 1-2. Cinq fils de Benjamin. Voyez VII, 6, et la note, qui expliquera les divergences de noms.
3-5. Les neuf fils de Balé. Il est possible que l'un des deux *Gera* ait été introduit dans le texte par une erreur de copiste.
2º Les fils d'Ahod. VIII, 6-7.
6-7. Cet *Ahod* est inconnu. Il ne faut pas le confondre avec Aod de VII, 10 ; l'orthographe des deux noms dans l'hébreu ne le permet pas. *slati sunt :* déportés, emmenés captifs. On

ignore les détails de cette lutte fratricide entre divers clans benjaminites. — *Gabaa :* ville importante, aujourd'hui Djéba (Jos. XVIII, 24 ; *Atl. géogr.,* pl. XVI). *Manahath* n'a pas été identifiée ; peut-être était-ce une province.
3º Les fils de Saharaïm. VIII, 8-12.
8-12. *Dimisit... uxores :* divorçant avec elles. — *Mehusim vero* (vers. 11). Dans l'hébreu : de Husim, il engendra... C.-à-d. de sa première femme (vers. 8), avant son divorce. — *Ono* (vers. 12) : probablement Kefr-Auna, au nord de *Lod* ou Lydda ; ville qui est elle-même située à environ 20 kilomètres au sud-est de Jaffa (*Atl. géogr.,* pl. VII et X).
4º Autres chefs de familles de la tribu de Benjamin. VIII, 13-28.
13-16. Baria, Sama et les neuf fils de Baria. — *Aïalon,* aujourd'hui Yalo, avait été donnée aux Danites (Jos. XIX, 42), mais ils ne purent s'en emparer (Jud. I, 35) ; elle tomba plus tard

16. Michael quoque, et Jespha, et Joha, filii Baria.

17. Et Zabadia, et Mosollam, et Hezeci, et Heber,

18. et Jesamari, et Jezlia, et Jobab, filii Elphaal.

19. Et Jacim, et Zechri, et Zabdi,

20. et Elioenai, et Selethai, et Eliel,

21. et Adaia, et Baraia, et Samarath, filii Semei.

22. Et Jespham, et Heber, et Eliel,

23. Et Abdon, et Zechri, et Hanan,

24. et Hanania, et Ælam, et Anathothia,

25. et Jephdaia, et Phanuel, filii Sesac.

26. Et Samsari, et Sohoria, et Otholia,

27. et Jersia, et Elia, et Zechri, filii Jeroham.

28. Hi patriarchæ, et cognationum principes, qui habitaverunt in Jerusalem.

29. In Gabaon autem habitaverunt Abigabaon; et nomen uxoris ejus Maacha.

30. Filiusque ejus primogenitus Abdon, et Sur, et Cis, et Baal, et Nadab,

31. Gedor quoque, et Ahio, et Zachar, et Macelloth.

32. Et Macelloth genuit Samaa; habitaveruntque ex adverso fratrum suorum in Jerusalem cum fratribus suis.

33. Ner autem genuit Cis, et Cis genuit Saul. Porro Saul genuit Jonathan, et Melchisua, et Abinadab, et Esbaal.

34. Filius autem Jonathan, Meribbaal; et Meribbal genuit Micha.

35. Filii Micha : Phithon, et Melech, et Tharaa, et Ahaz.

16. Michel, Jespha et Joha furent fils de Baria.

17. Zabadia, Mosollam, Hézéci et Héber,

18. Jésamari, Jezlia et Jobab furent fils d'Elphaal.

19. Jacim, Zéchri, Zabdi,

20. Elioénaï, Séléthaï, Eliel,

21. Adaïa, Baraïa et Samarath furent fils de Séméi.

22. Jespham, Héber, Eliel

23. Abdon, Zéchri, Hanan,

24. Hanania, Elam, Anathothia,

25. Jephdaïa et Phanuel furent fils de Sésac.

26. Samsari, Sohoria, Otholia,

27. Jersia, Elia et Zéchri furent fils de Jéroham.

28. Ce sont là les premiers pères et les chefs des familles qui s'établirent à Jérusalem.

29. Mais Abigabaon s'établit à Gabaon ; sa femme se nommait Maacha.

30. Son fils aîné fut Abdon, et *les autres,* Sur, Cis, Baal et Nadab,

31. et aussi Gédor, Ahio, Zachar, et Macelloth.

32. Et Macelloth engendra Samaa ; et tous ceux-là s'établirent à Jérusalem avec ceux de la même branche, en face de leurs frères.

33. Or Ner engendra Cis, et Ois engendra Saül. Saül engendra Jonathas, Melchisua, Abinadab et Esbaal.

34. Le fils de Jonathas fut Méribbaal, et Méribbaal fut père de Micha.

35. Fils de Micha : Phithon, Mélech, Tharaa et Ahaz.

---

au pouvoir des Éphraïmites (Jud. i, 36). Ce passage nous apprend qu'elle appartint aussi durant quelque temps à Benjamin.

17-18. Les sept fils d'Elphaal. — Cet *Elphaal* diffère vraisemblablement de celui du verset 12. D'ailleurs, tous ces détails sont nouveaux, et mentionnés en ce seul passage, de sorte que le contrôle n'est pas possible.

19-21. Les neuf fils de Séméi.

22-25. Onze fils de Sésac.

26-27. Six fils de Jéroham.

28. Formule de conclusion. — *Patriarchæ.* C.-à-d. chefs de familles, de clans. — *In Jerusalem.* Les différentes branches de la tribu signalées à partir du verset 13 se fixèrent donc dans cette ville et aux alentours.

5° Généalogie de Saül. VIII, 29-40.

29-33ᵃ. Les ancêtres de Saül. — *In Gabaon.*

Aujourd'hui El-Djib, à deux heures et demie au nord-ouest de Jérusalem (*Atl. géogr.,* pl. XVI). Au lieu de *Abigabaon,* lisez : le père de Gabaon (cf. IX, 35), c.-à-d. le possesseur actuel de cette ville ; son vrai nom était Jéhiel (ibid.). *Habitaverunt* est au pluriel, parce que Jéhiel est considéré comme une personne collective, englobant avec lui toute sa famille. — Il est probable que le nom de Ner a disparu au verset 30, entre ceux de *Baal* et de *Nadab.* Comp. IX, 36. — *Ner... Cis* (vers. 33). D'après I Reg. IX, 1, et XIV, 51, le père de Cis se nommait Abiel ; d'où il suit qu'un anneau de la chaîne généalogique a été omis.

33ᵇ-40. La postérité de Saül. — *Esbaal* n'est autre qu'Isboseth de II Reg. II, 8. *Méribbaal* (vers. 34) est identique à Miphiboseth de II Reg. IX, 6. — *Filii Ulam* (vers. 40). La liste des des-

Gabaon et ses environs.

36. Et Ahaz genuit Joada; et Joada genuit Alamath, et Azmoth, et Zamri. Porro Zamri genuit Mosa,

. 37. et Mosa genuit Banaa, cujus filius fuit Rapha, de quo ortus est Elasa, qui genuit Asel.

38. Porro Asel sex filii fuerunt his nominibus: Ezricam, Bocru, Ismael, Saria, Obdia, et Hanan; omnes hi filii Asel.

39. Filii autem Esec, fratris ejus : Ulam primogenitus, et Jehus secundus, et Eliphaleth tertius.

40. Fueruntque filii Ulam viri robustissimi, et magno robore tendentes arcum, et multos habentes filios ac nepotes, usque ad centum quinquaginta. Omnes hi, filii Benjamin.

36. Ahaz engendra Joada; Joada engendra Alamath, Azmoth et Zamri; Zamri engendra Mosa ;

37. Mosa engendra Banaa, dont le fils fut Rapha, duquel est venu Elasa, qui engendra Asel.

38. Asel eut six fils, dont voici les noms : Ezricam, Bocru, Ismaël, Saria, Obdia et Hanan, tous fils d'Asel.

39. Fils d'Esec, son frère: Ulam l'aîné, Jéhus le second, et Eliphaleth le troisième.

40. Les fils d'Ulam furent des hommes très robustes, et qui avaient une grande force pour tirer de l'arc. Ils eurent un grand nombre de fils et de petits-fils, jusqu'à cent cinquante. Tous ceux-là sont fils de Benjamin.

CHAPITRE IX

1. Universus ergo Israel dinumeratus est; et summa eorum scripta est in libro regum Israel et Juda. Translatique sunt in Babylonem propter delictum suum.

2. Qui autem habitaverunt primi in possessionibus, et in urbibus suis : Israel, et sacerdotes, et levitæ, et Nathinæi.

3. Commorati sunt in Jerusalem de filiis Juda, et de filiis Benjamin, de filiis quoque Ephraim, et Manasse.

4. Othei, filius Ammiud, filii Amri,

1. Voilà donc le dénombrement de tout Israël. Et leur nombre a été écrit dans le livre des rois d'Israël et de Juda. Et ils furent transportés à Babylone à cause de leurs péchés.

2. Or ceux qui s'établirent les premiers dans leurs biens et dans leurs villes furent les Israélites, les prêtres, les lévites, et les Nathinéens.

3. A Jérusalem habitaient des fils de Juda, des fils de Benjamin, et aussi des fils d'Ephraïm et de Manassé.

4. Othéi, fils d'Ammiud, fils d'Amri,

---

cendants de Saül paraît aller jusqu'à la huitième génération ; ce qui nous conduirait, ainsi qu'on l'a calculé, vers l'époque d'Ézéchias.

§ VIII. — *Les premiers habitants de Jérusalem ; encore la généalogie de Saül.* IX, 1-44.

1° Introduction. IX, 1-3.

CHAP. IX. — 1. Transition. — *Dinumeratus est :* on ignore de quel recensement l'auteur veut parler ici. — *In libro regum...* : la source à laquelle il puisa les listes qui précèdent. Voyez l'Introduction, page 8. — *Translati... propter delictum...* : la morale de l'histoire. Cf. v, 25, 41, etc.

2-3. Énumération sommaire des premiers habitants de Jérusalem. — *Qui habitaverunt primi.* Non pas les premiers après l'exil de Babylone, comme l'ont pensé quelques interprètes contemporains, mais les premiers après l'installation des Hébreux dans la Terre sainte. Le rapprochement que l'on a essayé d'établir entre ce passage et Neh. XI, 3-24, où il est certainement question du retour de la captivité, révèle beaucoup plus de divergences que de ressemblances, et démontre que les époques envisagées par les deux histo-

riens ne sauraient être identiques. — Les premiers habitants sont divisés en quatre groupes : *Israel,* c.-à-d. la masse, les laïques, comme nous dirions aujourd'hui; puis les prêtres, les lévites, et les *nathinæi* (hébr.: *n'tinim,* les « donnés »). Ces derniers formaient une classe inférieure de ministres du sanctuaire; ils aidaient les lévites pour leurs gros ouvrages. Tels les Gabaonites épargnés par Josué (Jos. IX, 23) et divers Chananéens faits prisonniers à la guerre (III Reg. IX, 20-21 ; Esdr. VIII, 20). Ils n'apparaissent sous ce nom que dans les livres des Paralipomènes, d'Esdras et de Néhémie. — *Commorati sunt...* (vers. 3). Développement du mot « Israël », et indication générale des tribus auxquelles appartenaient, en dehors des lévites, les premiers Hébreux domiciliés à Jérusalem. L'auteur signale quatre tribus, mais il ne s'occupera ensuite (vers. 4-9) que de celles de Juda et de Benjamin, les deux autres n'ayant dû fournir qu'un petit nombre d'habitants.

2° Liste des Israélites qui se fixèrent les premiers à Jérusalem. IX, 4-34.

4-6. De la tribu de Juda. — En tout 690. On signale huit chefs de familles, appartenant aux

fils d'Omraï, fils de Bonni, *l'un* des fils de Pharès fils de Juda.

5. Asaïa, fils aîné de Siloni, et ses *autres* fils.

6. Des fils de Zara : Jéhuel et ses frères, six cent quatre-vingt-dix.

7. De la tribu de Benjamin : Salo, fils de Moșollam, fils d'Oduïa, fils d'Asana ;

8. et Jobania, fils de Jéroboam ; et Ela, fils d'Ozi, fils de Mochori ; et Mosollam, fils de Saphatias, fils de Rahuel, fils de Jébanias ;

9. et leurs frères selon leurs familles, neuf cent cinquante-six. Tous ceux-là étaient chefs de familles dans les maisons de leurs pères.

10. De la famille sacerdotale, *il y eut* Jédaïa, Joïarib et Jachin ;

11. et aussi Azarias, fils d'Helcias, fils de Mosollam, fils de Sadoc, fils de Maraïoth, fils d'Achitob, pontife de la maison du Seigneur ;

12. Adaïa, fils de Jéroham, fils de Phassur, fils de Melchias ; et Maasaï, fils d'Adiel, fils de Jezra, fils de Mosollam, fils de Mosollamith, fils d'Emmer,

13. et leurs frères, chefs des maisons de leurs pères, mille sept cent soixante, hommes forts et robustes pour s'acquitter du service dans la maison de Dieu.

14. Des lévites, *il y eut* Séméia, fils d'Hassub, fils d'Ezricam, fils d'Hasébia, l'un des fils de Mérari ;

15. Bacbacar le charpentier, Galal et Mathania, fils de Micha, fils de Zéchri, fils d'Asaph ;

16. et Obdia fils de Séméias, fils de Galal, fils d'Idithun ; et Barachïa, fils d'Asa, fils d'Elcana, qui habitait dans les faubourgs de Nétophati.

17. Et les portiers : Sellum, Accub, Telmon et Ahimam ; et leur frère Sellum était le chef.

18. Jusqu'à ce temps-là, des fils de

filii Omrai, filii Bonni. de filiis Phares, filii Juda.

5. Et de Siloni : Asaia primogenitus, et filii ejus.

6. De filiis autem Zara : Jehuel, et fratres eorum, sexcenti nonaginta.

7. Porro de filiis Benjamin : Salo, filius Mosollam, filii Oduia, filii Asana ;

8. et Jobania, filius Jeroham ; et Ela, filius Ozi, filii Mochori ; et Mosollam, filius Saphatiæ, filii Rahuel, filii Jebaniæ ;

9. et fratres eorum per familias suas, nongenti quinquaginta sex. Omnes hi, principes cognationum per domos patrum suorum.

10. De sacerdotibus autem : Jedaia, Joiarib, et Jachin ;

11. Azarias quoque, filius Helciæ, filii Mosollam, filii Sadoc, filii Maraioth, filii Achitob, pontifex domus Dei. `

12. Porro Adaias, filii Jeroham, filii Phassur, filii Melchiæ ; et Maasai, filius Adiel, filii Jezra, filii Mosollam, filii Mosollamith, filii Emmer ;

13. fratres quoque eorum principes per familias suas, mille septingenti sexaginta, fortissimi robore ad faciendum opus ministerii in domo Dei.

14. De levitis autem : Semeia, filius Hassub, filii Ezricam, filii Hasebia, de filiis Merari ;

15. Bacbacar quoque carpentarius, et Galal, et Mathania, filius Micha, filii Zechri, filii Asaph ;

16. et Obdia, filius Semeiæ, filii Galal, filii Idithun ; et Barachia, filius Asa, filii Elcana, qui habitavit in atriis Netophati.

17. Janitores autem : Sellum, et Accub, et Telmon, et Ahimam ; et frater eorum Sellum princeps.

18. Usque ad illud tempus, in porta

---

trois grandes branches de la tribu de Juda (branche de Pharès, vers. 4 ; branche de Séla, vers. 5 ; branche de Zara, vers. 6). Cf. II, 3-4.

7-9. De la tribu de Benjamin. — En tout 956, qui se répartissaient en quatre familles (celles de *Salo*, de *Jobania*, d'*Ela* et de *Mosollam*).

10-13. Parmi les prêtres. — En tout 1 760. D'après XXIV, 7, 17, *Jedaia*, *Joiarib* et *Jachin* représentaient trois classes sacerdotales. *Azarias* (vers. 11 ; cf. V, 40), *Adaias* et *Maasai* (vers. 12) étaient aussi des chefs de familles. — *Fortissimi robore*. Certaines fonctions du saint ministère étaient pénibles, et demandaient beaucoup de force et de santé.

14-17. Parmi les lévites. — *Carpentarius* (vers. 15). Le mot hébreu Ḥéreš est ici un nom propre. — *In atriis Netophati* (vers. 16). Hébr. : dans les villages des Nétophatites. C.-à-d. dans les hameaux qui dépendaient de Nétophah, petite ville des environs de Bethléem. Cf. II, 54 ; Neh. VII, 26. — *Janitores* (vers. 17). On suppose que les lévites des vers. 14-16 appartenaient à l'ordre des chanteurs. — *Sellum, Accub, Telmon* et *Ahimam* étaient les chefs des quatre classes des portiers du temple.

18-32. Description des principales fonctions des lévites. L'écrivain sacré s'étend d'abord assez longuement sur celles des portiers, vers. 18-27.

regis, ad orientem, observabant per vices suas de filiis Levi.

19. Sellum vero, filius Core, filii Abiasaph, filii Core, cum fratribus suis, et domo patris sui; hi sunt Coriṭæ super opera ministerii, custodes vestibulorum tabernaculi; et familiæ eorum per vices castrorum Domini custodientes introitum.

20. Phinees autem, filius Eleazari, erat dux eorum coram Domino.

21. Porro Zacharias, filius Mosollamia, janitor portæ tabernaculi testimonii.

22. Omnes hi electi in ostiarios per portas, ducenti duodecim; et descripti in villis propriis, quos constituerunt David, et Samuel Videns, in fide sua,

23. tam ipsos, quam filios eorum, in ostiis domus Domini, et in tabernaculo, vicibus suis.

24. Per quatuor ventos erant ostiarii, id est ad orientem, et ad occidentem, et ad aquilonem, et ad austrum.

25. Fratres autem eorum in viculis morabantur, et veniebant in sabbatis suis de tempore usque ad tempus.

26. His quatuor levitis creditus erat omnis numerus janitorum, et erant super exedras, et thesauros domus Domini.

27. Per gyrum quoque templi Domini morabantur in custodiis suis, ut

Lévi avaient gardé chacun à leur tour la porte du roi, à l'orient.

19. Sellum, fils de Coré, fils d'Abiasaph, fils de Coré, *était là* avec ses frères et la maison de son père; ce sont là les Corites établis sur les travaux du ministère. ayant la garde des portes du tabernacle, leurs familles gardant tour à tour l'entrée du camp du Seigneur.

20. Or Phinées, fils d'Éléazar, était leur chef devant le Seigneur.

21. Et Zacharie, fils de Mosollamia, était chargé de la porte du tabernacle du témoignage.

22. Tous ces *lévites*, destinés à la garde des portes, étaient au nombre de deux cent douze, inscrits chacun sur le rôle de leur ville. David et le Voyant Samuel les établirent à cause de leur fidélité,

23. tant eux que leurs fils, pour garder chacun à leur tour les portes de la maison du Seigneur, et le tabernacle.

24. Les portiers étaient aux quatre vents, c'est-à-dire à l'orient, à l'occident, au septentrion et au midi.

25. Et leurs frères demeuraient dans leurs bourgades ; mais ils venaient pour leurs semaines depuis le temps *prescrit* jusqu'à l'autre temps.

26. Ces quatre lévites avaient l'intendance sur tous les portiers. Et ils étaient chargés des chambres et des trésors de la maison du Seigneur.

27. Ils demeuraient autour du temple du Seigneur dans leurs lieux de garde,

---

— *In porta... ad orientem :* la porte d'honneur d'après Ez. XLVI, 1-2 ; l'épithète de royale (*regis*) venait le ce que le roi entrait par elle dans le temple (Ez. XLVI, 3). Dans l'hébreu, la première moitié du verset 18 ne se rapporte qu'à Sellum, qui était seul chargé, avec sa troupe, de garder la porte du roi (comp. les vers. 24-26). Les mots *observabant...* commencent une phrase nouvelle, qui concerne les quatre chefs des portiers. — *Per vices suas...* Hébr. : pour le camp des fils de Lévi ; expression qui rappelle l'antique coutume, pratiquée par les lévites, de camper autour du tabernacle. Cf. Num. III, 31 et ss., et le commentaire. — *Sellum vero...* Vers. 19-20, sorte de digression historique, relative aux ancêtres de Sellum et aux fonctions qu'ils exerçaient dans le sanctuaire. — *Zacharias* (vers. 21). De l'époque de Moïse, où nous avaient conduits les vers. 19-20, nous passons brusquement à celle de David, car Zacharias gardait la porte du nord sous ce prince. Cf. XXVI, 2, 14. La transition est obscure, la citation aussi. — *Omnes hi...* (vers. 22). L'auteur reprend le fil de sa description, interrompue après le vers. 17. — *In villis propriis :* villages des alentours de Jérusalem, où ces lévites étaient

domiciliés avec leurs familles, et où ils revenaient aussitôt après leurs huit jours de service passés auprès du sanctuaire. Cf. vers. 25. — *Samuel videns.* Sur ce titre, voyez II Reg. IX, 9 et la note. Il n'est pas dit ailleurs que Samuel se soit directement occupé de l'organisation du culte divin ; mais rien n'était mieux dans son caractère. Il est nommé après David, contrairement à l'ordre chronologique, à cause de la dignité supérieure de ce prince et de sa part prépondérante dans cette réforme religieuse. — *In fide sua.* Ces mots se rapportent aux « élus » institués par Samuel et par David, et marquent la principale qualité qu'on exigeait d'eux. — *Per quatuor ventos* (vers. 24) : métaphore usitée dans toutes les langues. Cf. Job, I, 19 ; Matth. XXIV, 31. — *Veniebant in sabbatis* (vers. 25). La durée du service était donc d'une semaine continue, aussi souvent que l'exigeaient les besoins du culte. — *Super exedras...* (vers. 26). Sur ces chambres, voyez III Reg. VI, 5 et le commentaire. — *Ut cum tempus...* (vers. 27). Littéralement dans l'hébreu : et sur la clé, du matin au matin. La Vulgate exprime la pensée. — Vers 28-32 : fonctions des lévites, autres que celles

afin qu'au temps youlu ils ouvrissent eux-mêmes les portes dès le matin.

28. Quelques-uns de leurs frères étaient chargés de tous les objets qui servaient au ministère. Car on comptait ces objets en les rapportant et en les emportant.

29. C'était d'entre eux et parmi ceux qui avaient la garde des ustensiles du sanctuaire, qu'on en prenait quelques-uns pour avoir soin de la farine, du vin, de l'huile, de l'encens et des aromates.

30. Mais ceux qui étaient de la famille sacerdotale composaient les parfums de plusieurs aromates.

31. Le lévite Mathathias, fils aîné de Sellum, descendant de Coré, avait l'intendance de tout ce qu'on faisait frire dans la poêle.

32. Quelques-uns des fils de Caath, leurs frères, avaient la charge des pains de proposition, afin d'en préparer toujours de nouveaux tous les jours de sabbat.

33. Ce sont là les chefs des chantres, des familles des lévites qui demeuraient dans les chambres, afin de remplir sans cesse, jour et nuit, les fonctions de leur ministère.

34. Les chefs des lévites, princes dans leurs familles, demeuraient à Jérusalem.

35. Or Jéhiel, père de Gabaon, habitait à Gabaon; sa femme se nommait Maacha.

36. Abdon, son fils aîné, Sur, Cis, Baal, Ner et Nadab;

37. puis Gédor, Ahio, Zacharie et Macelloth,

38. qui fut père de Samaan. Tous ceux-là demeurèrent à Jérusalem, avec ceux de leur maison, en face de leurs autres frères.

39. Ner fut père de Cis, et Cis père de Saül. Saül engendra Jonathas, Melchisua, Abinadab et Esbaal.

40. Jonathas eut pour fils Méribbaal, qui fut père de Micha.

cum tempus fuisset, ipsi mane aperirent fores.

28. De horum genere erant et super vasa ministerii; ad numerum enim et inferebantur vasa, et efferebantur.

29. De ipsis, et qui credita habebant utensilia sanctuarii, præerant similæ, et vino, et oleo, et thuri, et aromatibus.

30. Filii autem sacerdotum unguenta ex aromatibus conficiebant.

31. Et Mathathias levites, primogenitus Sellum Coritæ, præfectus erat eorum quæ in sartagine frigebantur.

32. Porro de filiis Caath, fratribus eorum, super panes erant propositionis, ut semper novos per singula sabbata præpararent.

33. Hi sunt principes cantorum per familias levitarum, qui in exedris morabantur, ut die ac nocte jugiter suo ministerio deservirent.

34. Capita levitarum, per familias suas principes, manserunt in Jerusalem.

35. In Gabaon autem commorati sunt, pater Gabaon Jehiel; et nomen uxoris ejus Maacha.

36. Filius primogenitus ejus Abdon, et Sur, et Cis, et Baal, et Ner, et Nadab,

37. Gedor quoque, et Ahio, et Zacharias, et Macelloth.

38. Porro Macelloth genuit Samaan. Isti habitaverunt e regione fratrum suorum in Jerusalem, cum fratribus suis.

39. Ner autem genuit Cis; et Cis genuit Saul; et Saul genuit Jonathan, et Melchisua, et Abinadab, et Esbaal.

40. Filius autem Jonathan, Meribbaal, et Meribbaal genuit Micha.

---

des portiers. — *Ad numerum... vasa :* ce détail démontre le soin que l'on prenait de ces précieux objets. — *Præerant similæ,... thuri* (vers. 29). Matières destinées aux sacrifices non sanglants et aux libations. Cf. Lev. II, 1 et ss. *Aromatibus :* les substances aromatiques dont on composait l'encens. Cf. Ex. XXV, 6. — *Unguenta* (vers. 30) : l'huile d'onction. Cf. Ex. XXX, 23-25. — *Quæ in sartagine...* (vers. 31). Gâteaux de divers genres, qui servaient d'oblation. Cf. Lev. II, 3 et ss. — *Panes... propositionis* (vers. 32). Voyez Lev. XXIV, 6 et ss.

33-34. Conclusion et récapitulation de tout ce qui regarde les lévites installés à Jérusalem et leurs fonctions. Résumé, par conséquent, des vers. 14-32. — *Principes cantorum.* On croit généralement que ces mots désignent les lévites nommés aux vers. 14-16.

6° Répétition de la généalogie de Saül. IX, 35-44.

35-44. Simple reproduction, avec quelques variantes qui dénotent une plus grande exactitude, du document inséré plus haut, VIII, 29-40. C'était, dans la pensée de l'auteur, une transition à l'his-

41. Porro filii Micha : Phithon, et Melech, et Tharaa, et Ahaz.
42. Ahaz autem genuit Jara, et Jara genuit Alamath, et Azmoth, et Zamri. Zamri autem genuit Mosa.
43. Mosa vero genuit Banaa, cujus filius Raphaia genuit Elasa, de quo ortus est Asel.
44. Porro Asel sex filios habuit his nominibus : Ezricam, Bocru, Ismahel, Saria, Obdia, Hanan. Hi sunt filii Asel.

41. Fils de Micha : Phithon, Mélech, Tharaa et Ahaz.
42. Ahaz engendra Jara ; et Jara engendra Alamath, Azmoth et Zamri. Zamri engendra Mosa.
43. Mosa engendra Banaa, dont le fils, Raphaïa, engendra Elasa, duquel est sorti Asel.
44. Asel eut six fils, dont voici les noms : Ezricam, Bocru, Ismaël, Saria, Obdia, Hanan. Ce sont là les fils d'Asel.

CHAPITRE X

1. Philisthiim autem pugnabant contra Israel, fugeruntque viri Israel Palæsthinos, et ceciderunt vulnerati in monte Gelboe.
2. Cumque appropinquassent Philisthæi persequentes Saul, et filios ejus, percusserunt Jonathan, et Abinadab, et Melchisua, filios Saul.
3. Et aggravatum est prælium contra Saul ; inveneruntque eum sagittarii, et vulneraverunt jaculis.
4. Et dixit Saul ad armigerum suum : Evagina gladium tuum, et interfice me, ne forte veniant incircumcisi isti, et illudant mihi. Noluit autem armiger ejus hoc facere, timore perterritus ; arripuit ergo Saul ensem, et irruit in eum.
5. Quod cum vidisset armiger ejus, videlicet mortuum esse Saul, irruit etiam ipse in gladium suum, et mortuus est.

1. Or les Philistins combattaient contre Israël, et les Israélites furent mis en fuite par les Philistins, et tombèrent blessés sur le mont Gelboé.
2. Et lorsque les Philistins, poursuivant Saül et ses fils, se furent approchés, ils frappèrent Jonathas, Abinadab et Melchisua, fils de Saül.
3. Et tout l'effort du combat tomba sur Saül, et les archers le trouvèrent et le percèrent de leurs flèches.
4. Saül dit alors à son écuyer : Tire ton épée et tue-moi, de peur que ces incirconcis ne viennent et ne me déshonorent. Mais l'écuyer, saisi de crainte, refusa de le faire. Saül prit donc lui-même son épée, et se jeta dessus.
5. Lorsque l'écuyer eut vu que Saül était mort, il se jeta aussi lui-même sur son épée, et il mourut.

toire de Saül, qu'il va aussitôt raconter sommairement (x, 1 et ss.).

DEUXIÈME PARTIE
Histoire du roi David. X, 1 — XXIX, 30.

Section I. — Les principaux événements du règne de David. X, 1 — XXI, 30.

§ I. — Ruine de la maison de Saül. X, 1-14.

Il n'entrait pas dans le plan de l'auteur de raconter l'histoire entière de Saül (voyez l'Introduction, pp. 6 et 7) ; il expose seulement la fin terrible de ce prince réprouvé, comme transition au règne de David. Grande ressemblance entre ce chapitre xe et I Reg. xxxi ; mais, ici, la narration est plus brève. Deux traits nouveaux (cf. vers. 10 et 12), et réflexion morale ajoutée au récit (vers. 13-14), à la façon des Paralipomènes (Introd., p. 7).

1° Mort de Saül et de ses fils. X, 1-12.

Chap. X. — 1. Les Israélites sont battus par les Philistins auprès du mont Gelboé. — Philisthiim autem... Début tout à fait abrupte. —

Palæsthinos. Forme rare du nom des Philistins dans la Vulgate. — Fugeruntque viri... L'hébreu emploie le singulier : et l'homme d'Israël prit la fuite. Expression collective qui est très pittoresque ; ils s'enfuirent comme un seul homme. — In monte Gelboe. C'est là que les Hébreux avaient tout d'abord pris leur position (I Reg. xxviii, 4 ; xxix, 1) ; le combat eut lieu dans la plaine voisine. Refoulés par les Philistins, les guerriers israélites se réfugièrent sur leur premier poste, où la bataille se continua et s'acheva (Atl. géogr., pl. vii et xii).

2. Mort des fils de Saül. — Appropinquassent... persequentes. Hébr. : les Philistins adhérèrent à Saül et à ses fils. C.-à-d. qu'ils les poursuivirent de très près, pour rendre leur victoire complète et décisive par la prise ou la mort du roi et de ses fils. — Percusserunt... Esbaal, ou Isboseth, qui n'assistait pas au combat, survécut seul à ce désastre. Cf. viii, 33 et la note ; ix, 39 ; II Reg. ii, 8.

3-5. Mort de Saül. — Aggravatum... prælium. Belle métaphore : la lutte pesa sur lui comme

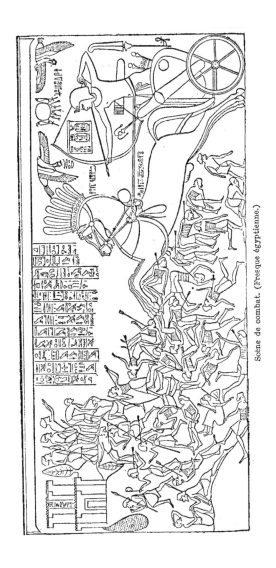

Scène de combat. (Fresque égyptienne.)

6. Interiit ergo Saul, et tres filii ejus, et omnis domus illius pariter concidit.

7. Quod cum vidissent viri Israel, qui habitabant in campestribus, fugerunt; et Saul ac filiis ejus mortuis, dereliquerunt urbes suas, et huc illucque dispersi sunt; veneruntque Philisthiim, et habitaverunt in eis.

8. Die igitur altero, detrahentes Philisthiim spolia cæsorum, invenerunt Saul, et filios ejus jacentes in monte Gelboe;

9. cumque spoliassent eum, et amputassent caput, armisque nudassent, miserunt in terram suam, ut circumferretur, et ostenderetur idolorum templis et populis.

10. Arma autem ejus consecraverunt in fano dei sui, et caput affixerunt in templo Dagon.

11. Hoc cum audissent viri Jabes Galaad, omnia scilicet quæ Philisthiim fecerant super Saul,

12. consurrexerunt singuli virorum fortium, et tulerunt cadavera Saul et filiorum ejus, attuleruntque ea in Jabes, et sepelierunt ossa eorum subter quercum, quæ erat in Jabes, et jejunaverunt septem diebus.

13. Mortuus est ergo Saul propter iniquitates suas, eo quod prævaricatus sit mandatum Domini quod præceperat, et non custodierit illud; sed insuper etiam pythonissam consuluerit,

14. nec speraverit in Domino; pro

6. Telle fut la mort de Saül et de ses trois fils, et toute sa maison tomba avec lui.

7. Les Israélites qui habitaient la campagne, ayant vu cela, s'enfuirent, et comme Saül était mort aussi bien que ses fils, ils abandonnèrent leurs villes, se dispersant de tous côtés; et les Philistins vinrent et s'y établirent.

8. Le lendemain, les Philistins, dépouillant les morts, trouvèrent Saül et ses fils étendus sur la montagne de Gelboé.

9. Et après l'avoir dépouillé, ils lui coupèrent la tête, prirent ses armes et les envoyèrent dans leur pays, pour les faire porter de tous côtés et les montrer dans les temples des idoles et aux peuples.

10. Ils consacrèrent ses armes dans le temple de leur dieu, et attachèrent sa tête dans le temple de Dagon.

11. Quand les habitants de Jabès-Galaad eurent appris le traitement que les Philistins avaient infligé à Saül,

12. les plus courageux d'entre eux se levèrent, prirent les corps de Saül et de ses fils, et les apportèrent à Jabès. Ils enterrèrent leurs os sous le chêne qui était à Jabès, et jeûnèrent pendant sept jours.

13. Saül mourut donc à cause de ses iniquités; parce qu'au lieu de garder le commandement que le Seigneur lui avait fait, il l'avait violé, et, en outre, parce qu'il avait consulté une pythonisse,

14. et qu'il n'avait point mis son

un poids écrasant. Voyez le passage parallèle des Rois et les commentaires.

6-7. Défaite totale des Israélites. — L'écrivain sacré résume les conséquences désastreuses de la défaite soit pour Saül et sa maison (*omnis domus illius*, ses officiers et serviteurs; cf. I Reg. xxxi, 6), soit pour la masse d'Israël (*in campestribus;* hébr., la vallée, c.-à-d. la plaine de Jezraël, qui s'étale au pied et à l'ouest du mont Gelboe).

8-10. Les Philistins outragent les cadavres de Saül et de ses fils. — *Ut circumferretur* (vers. 9)... : comme l'arche, autrefois, à la suite d'une victoire semblable. Cf. I Reg. v, 1, 8-9. — *Arma... in fano dei.* D'après I Reg. xxxi, 10, dans le temple d'Astarté. — *Caput... in templo Dagon.* Trait propre aux Paralipomènes. Sur Dagon, voyez I Reg. v, 2, et le commentaire. Son temple principal était à Azot; celui d'Astarté, à Ascalon.

11-12. Noble conduite des habitants de Jabès-Galaad. — *Viri Jabes...* Cette ville avait été autrefois sauvée par Saül. Cf. I Reg. xi, 1 et ss.

— *Tulerunt cadavera :* des murs de Bethsan, où les Philistins les avaient suspendus. — *Sepelierunt ossa :* après avoir brûlé les corps, sans doute pour rendre impossibles de nouveaux outrages. Cf. I Reg. xxxi, 12. — *Subter quercu.* Détail spécial (I Reg.: sous un arbre). Dans l'hébreu : sous *le* térébinthe (tel térébinthe bien connu).

2° Cause de la ruine de Saül et de sa maison. X, 13-14.

13-14. Tout ce passage appartient en propre aux Paralipomènes. — *Propter iniquitates.* L'hébreu emploie le singulier : pour sa transgression. Cf. ix, 1. Allusion probable à la désobéissance de Saül, I Reg. xv, 1-9. — *Insuper et pythonissam.* Seconde faute, très grave aussi. Voyez I Reg. xxviii. — *Nec speraverit.* Hébr. : et qu'il ne consulta pas le Seigneur. Saül avait fait, il est vrai, une tentative en ce sens; mais, son essai étant demeuré infructueux, il s'était aussitôt découragé. Cf. I Reg. xxviii, 6. — *Transtulit regnum...* Ces mots servent de transition immédiate à l'histoire de David, xi, 1 et ss.

espérancé au Seigneur. C'est pour cela que Dieu le fit mourir, et qu'il transféra son royaume à David fils d'Isaï.

pter quod interfecit eum, et transtulit regnum ejus ad David, filium Isai.

CHAPITRE XI

1. Tout Israël viut donc trouver David à Hébron, et lui dit : Nous sommes vos os et votre chair.

2. Et autrefois déjà, lorsque Saül régnait encore, c'était vous qui meniez Israël *au combat* et le rameniez. Car c'est à vous que le Seigneur votre Dieu a dit : Vous serez le pasteur de mon peuple Israël, et vous en serez le prince.

3. Tous les anciens d'Israël vinrent donc trouver le roi à Hébron, et le roi fit alliance avec eux devant le Seigneur ; et ils le sacrèrent roi sur Israël, suivant la parole que le Seigneur avait dite par la bouche de Samuel.

4. David vint ensuite avec tout Israël à Jérusalem, nommée aussi Jébus, où étaient les Jébuséens, habitants du pays.

5. Ceux qui demeuraient dans Jébus dirent alors à David : Vous n'entrerez point ici. Néanmoins David prit la forteresse de Sion ; c'est la cité de David.

6. Et il dit : Quiconque battra le premier les Jébuséens, sera fait prince et général. Joab, fils de Sarvia, monta donc le premier *à l'assaut*, et fut fait prince.

7. Et David habita dans la citadelle, et c'est ce qui la fit appeler la Cité de David.

1. Congregatus est igitur omnis Israel ad David in Hebron, dicens : Os tuum sumus, et caro tua.

2. Heri quoque, et nudiustertius, cum adhuc regnaret Saul, tu eras qui educebas et introducebas Israel ; tibi enim dixit Dominus Deus tuus : Tu pasces populum meum Israel, et tu eris princeps super eum.

3. Venerunt ergo omnes majores natu Israel, ad regem in Hebron, et iniit David cum eis fœdus coram Domino ; unxeruntque eum regem super Israel, juxta sermonem Domini, quem locutus est in manu Samuel.

4. Abiit quoque David et omnis Is rael in Jerusalem ; hæc est Jebus, ubi erant Jebusæi habitatores terræ.

5. Dixeruntque qui habitabant in Jebus ad David : Non ingredieris huc. Porro David cepit arcem Sion, quæ est civitas David,

6. dixitque : Omnis qui percusserit Jebusæum in primis, erit princeps et dux. Ascendit igitur primus Joab, filius Sarviæ, et factus est princeps.

7. Habitavit autem David in arce, et idcirco appellata est Civitas David.

§ II. — *David règne à Hébron, puis à Jérusalem ; énumération de ses principaux héros.* XI, 1 — XII, 40.

1° David reçoit l'onction royale à Hébron. XI, 1-3.

CHAP. XI. — 1-3. Passage parallèle : II Reg. v, 1 ; voyez les notes. — *Congregatus est...* Le narrateur abrège et va droit aux événements les plus décisifs. C'est ainsi qu'il passe entièrement sous silence, comme n'allant pas à son but, les sept années et demie durant lesquelles David, en lutte contre Isboseth et Abner, n'exerça qu'une royauté très imparfaite. Cf. II Reg. II-IV. — *Omnis Israel :* non seulement la tribu de Juda, qui dès le début l'avait élu et sacré roi, mais la nation entière. Cf. II Reg. II, 4. — *Os tuum...* Locution proverbiale, qui marque une très intime union. Cf. Gen. II, 23. — *Heri quoque...* Déjà, sous Saül, David s'était acquitté avec le plus grand succès de fonctions presque royales. Cf. I Reg. XVIII, 6, 13, etc. — *Tibi... dixit Dominus.* Avec emphase sur le pronom : C'est à toi

que le Seigneur a dit. Allusion à I Reg. XVI, 13. — *Venerunt... majores... :* les notables « passèrent », en tant que représentants du peuple, le contrat (*fœdus*) en vertu duquel ils promirent fidélité à David, à telles conditions que le roi accepta. — *Coram Domino :* probablement devant l'arche. Cf. Ex. XXI, 6 ; II Reg. II, 25, etc. — *Juxta sermonem* (vers. 3ᵇ). Réflexion propre à notre narrateur ; elle insiste sur le caractère tout divin de la royauté de David.

2° David s'empare de la citadelle de Sion et fixe sa résidence à Jérusalem. XI, 4-9.

4-9. Comparez II Reg. v, 6-10, où le récit est plus complet. — *Jerusalem,... Jebus.* Sur cet ancien nom, voyez Jos. XV, 8 ; Jud. XIX, 10, et les notes. — *Habitatores terræ.* C.-à-d. la population indigène. Les Jébuséens appartenaient à la grande famille chananéenne. — *Non ingredieris...* Réponse autrement orgueilleuse et insultante dans le passage parallèle ; nous n'en avons ici que le sens général. — En revanche, la promesse de David (*omnis qui...,* vers. 6) est exprimée par l'auteur des Paralipomènes en

8. Ædificavitque urbem in circuitu a Mello usque ad gyrum; Joab autem reliqua urbis exstruxit.

9. Proficiebatque David vadens et crescens, et Dominus exercituum erat cum eo.

10. Hi principes virorum fortium David, qui adjuverunt eum ut rex fieret super omnem Israel, juxta verbum Domini quod locutus est ad Israel;

11. et iste numerus robustorum David, filius Hachamoni, princeps inter triginta. Iste levavit hastam suam super trecentos vulneratos una vice.

12. Et post eum Eleazar, filius patrui ejus, Ahohites, qui erat inter tres potentes.

13. Iste fuit cum David in Phesdomim, quando Philisthiim congregati sunt ad locum illum in prælium. Et erat ager regionis illius plenus hordeo; fugeratque populus a facie Philisthinorum.

14. Hi steterunt in medio agri, et defenderunt eum; cumque percussissent Philisthæos, dedit Dominus salutem magnam populo suo.

15. Descenderunt autem tres de triginta principibus ad petram in qua erat David, ad speluncam Odollam, quando

8. Et il bâtit des constructions autour de la ville, depuis Mello jusqu'au tournant : et Joab construisit le reste de la ville.

9. Et David allait progressant et croissant, et le Seigneur des armées était avec lui.

10. Voici les chefs des vaillants hommes de David, qui l'aidèrent à devenir roi sur tout Israël, suivant la déclaration que le Seigneur avait faite à Israël;

11. et voici le nombre des héros de David. Jesbaam, fils d'Hachamoni, chef des trente. C'est lui qui, ayant brandi sa lance, en blessa trois cents en une seule fois.

12. Après lui, Éléazar l'Ahohite, fils de Dodo, était parmi les trois plus vaillants.

13. C'est lui qui se trouva avec David à Phesdomim, quand les Philistins s'y assemblèrent pour livrer bataille. Et il y avait en ce lieu un champ plein d'orge; et le peuple s'était enfui de devant les Philistins.

14. Mais ceux-ci tinrent ferme au milieu du champ, et le défendirent; et après qu'ils eurent battu les Philistins, le Seigneur donna une grande délivrance à son peuple.

15. Trois des trente chefs descendirent auprès de David sur le rocher où il était, près de la caverne d'Odollam, quand les

---

termes beaucoup plus clairs. — *Ascendit... Joab:* trait spécial. — *Factus... princeps.* Comme Joab était alors depuis assez longtemps le général en chef de l'armée de David, ces mots signifient qu'il fut confirmé dans ses fonctions après son acte de bravoure; ou bien, selon quelques interprètes, que David lui conféra quelque dignité nouvelle, par exemple, le titre de gouverneur de Jérusalem. — *Joab... reliqua...* (vers. 8). Autre trait spécial. — *Proficiebatque...* Expression énergique et pittoresque, pour décrire la prospérité toujours croissante de David.

3º Liste des héros du roi David. XI, 10-46.

Cette liste se retrouve, avec quelques variantes, au second livre des Rois, xxiii, 8-39 (voyez les notes), mais elle est placée à la fin de l'histoire de David; ici elle a été rattachée à la prouesse de Joab, lequel était lui-même un des plus vaillants héros de David.

10-11ᵃ. Introduction. Comp. II Reg. xxiii, 8ᵃ. — *Qui adjuverunt...* Détail nouveau. L'hébreu dit, avec une nuance : qui se montrèrent forts. — *Ut rex fieret :* et aussi pour qu'il maintînt ensuite et agrandît son autorité.

11ᵇ-14. Les trois héros les plus célèbres. — Le premier, *Jesbaam.* Cf. II Reg. xxiii, 8ᵇ. *Princeps... :* nous verrons plus bas, xxvii, 2, qu'il

commandait le premier des vingt-quatre corps d'armée de David. Sur l'expression « prince des trente », voyez la note de II Reg. xxiii, 13. *Trecentos vulneratos :* huit cents d'après le passage parallèle ; il y a une erreur de transcription d'un côté ou de l'autre. — Le second héros, vers. 12-13ᵃ. Cf. II Reg. xxiii, 9-10. Au lieu de *filius patrui ejus,* lisez, d'après l'hébreu : fils de *Dôdô;* car ce mot est un nom propre. *Inter tres :* lui, Jesbaam et Semma. *Phesdomim* est un trait spécial. Sur cette localité, située dans les montagnes de Juda, voyez I Reg. xvii, 1 et la note. — Le troisième héros, vers. 13ᵇ-14. Quelques lignes ont été certainement omises au milieu du vers. 13, comme on le voit en comparant ce passage à II Reg. xxiii, 11-12 ; à partir des mots *quando congregati* il s'agit d'un troisième épisode, et d'un troisième héros nommé Semma. *Ager plenus hordeo :* d'après II Reg., plein de lentilles ; variante attribuable à la ressemblance qui existe entre les mots qui désignent l'orge et ce légume. *Hi steterunt :* de nouveau le texte a souffert ; c'est Semma qui s'arrêta et qui frappa les Philistins (cf. I Reg. xxiii, 12).

15-19. L'eau de la citerne de Bethléem. Comparez II Reg. xxiii, 13-17, et le commentaire. — *Tres.* Probablement encore Jes-

Philistins vinrent camper dans la vallée de Raphaïm.

16. David était donc dans la forteresse, et il y avait un poste de Philistins à Bethléem ;

17. et David eut un désir, et il dit : Oh! si quelqu'un_me donnait de l'eau de la citerne de Bethléem, qui est près de la porte !

18. Alors ces trois hommes traversèrent le camp des Philistins, puisèrent de l'eau dans la citerne qui était à la porte de Bethléem, et ils l'apportèrent à David, afin qu'il en bût ; mais il refusa, et il préféra l'offrir en libation au Seigneur,

19. en disant : A Dieu ne plaise que je fasse cela en sa présence, et que je boive le sang de ces hommes, qui m'ont apporté cette eau au péril de leur vie! C'est pour cela qu'il ne voulut point en boire. Voilà ce que firent ces trois héros.

20. Abisaï, frère de Joab, était le premier des trois *seconds*. C'est lui aussi qui brandit sa lance contre trois cents hommes, qu'il tua. Et il était très renommé entre les trois.

Philisthiim fuerant castrametati in valle Raphaim.

16. Porro David erat in præsidio, et statio Philisthinorum in Bethlehem.

17. Desideravit igitur David, et dixit · O si quis daret mihi aquam de cisterna Bethlehem, quæ est in porta!

18. Tres ergo isti per media castra Philisthinorum perrexerunt, et hauserunt aquam de cisterna Bethlehem, quæ erat in porta, et attulerunt ad David ut biberet ; qui noluit, sed magis libavit illam Domino,

19. dicens : Absit ut in conspectu Dei mei hoc faciam, et sanguinem istorum virorum bibam, quia in periculo animarum suarum attulerunt mihi aquam! Et ob hanc causam noluit bibere. Hæc fecerunt tres robustissimi.

20. Abisai quoque, frater Joab, ipse erat princeps trium ; et ipse levavit hastam suam contra trecentos vulneratos, et ipse erat inter tres nominatissimus,

---

baam, Éléazar et Semma (vers. 11-14). *Ad petram* est un détail propre aux Paralipomènes. Sur la caverne d'Odollam et, la vallée de Raphaïm, voyez I Reg. V, 18 ; XXII, 1, et l'explication.

20-25. Seconde classe de héros. Comp. II Reg. XXIII, 18-23, et le commentaire. — Le premier, Abisaï, vers. 20-21. *Tres secundos :* la triade dont il est question dans cette série de versets. *Tres primos :* la triade précédente. — Le second, Banaïas, vers. 22-25. On signale trois traits de sa bravoure (vers. 22ᵇ, 22ᵉ, 23). *Duos Ariel Moab ;* au passage parallèle des Rois, la Vulgate traduit : « deux lions de Moab, » et le mot '*ari'el* a, en effet, le sens de lion ; mais il est pris ici au figuré pour désigner de vaillants guerriers. *Quinque cubitorum :* c.-à-d. 2ᵐ625 ; l'auteur du livre des Rois n'a pas ce détail, non plus que le suivant (*ut liciatorium texentium ;* cf. I Reg. XVII, 7, et l'explication). *Ad auriculam suam :* David en fit un de ses conseillers privés. — Rien du troisième héros de la seconde catégorie, sur lequel l'auteur du livre des Rois est également muet.

26-46. Troisième classe de héros. — Liste de

quarante-huit autres guerriers renommés, semblable, à part les variantes de transcription et

Entrée de la caverne d'Odollam, suivant ceux qui la placent auprès du mont des Francs.

les seize derniers noms (vers. 41ᵇ-46), qui sont entièrement nouveaux, à celle de II Reg. XXIII, 24-39. — *Filius patrui ejus* (vers. 26) ; plutôt : fils de '*Dôdô*, comme au vers. 12. — Les quatre

21. et inter tres secundos inclytus, et princeps eorum; verumtamen usque ad tres primos non pervenerat.

22. Banaias, filius Joiadæ, viri robustissimi, qui multa opera perpetrarat, de Cabseel. Ipse percussit duos Ariel Moab; et ipse descendit, et interfecit leonem in media cisterna tempore nivis.

23. Et ipse percussit virum Ægyptium, cujus statura erat quinque cubitorum, et habebat lanceam ut liciatorium texentium. Descendit igitur ad eum cum virga, et rapuit hastam quam tenebat manu, et interfecit eum hasta sua.

24. Hæc fecit Banaias, filius Joiadæ, qui erat inter tres robustos nominatissimus,

25. inter triginta primus; verumtamen ad tres usque non pervenerat. Posuit autem eum David ad auriculam suam.

26. Porro fortissimi viri in exercitu: Asahel, frater Joab, et Elchanan, filius patrui ejus, de Bethlehem;

27. Sammoth Arorites, Helles Phalonites;

28. Ira, filius Acces, Thecuites, Abiezer Anathothites;

29. Sobbochai Husathites, Ilai Ahohites;

30. Maharai Netophathites, Heled, filius Baana, Netophathites;

31. Ethai, filius Ribai de Gabaath, filiorum Benjamin, Banaia Pharathonites;

32. Hurai de torrente Gaas, Abiel Arbathites, Azmoth Bauramites, Eliaba Salabonites;

33. Filii Assem Gezonites, Jonathan, filius Sage, Ararites;

34. Ahiam, filius Sachar, Ararites;

35. Eliphal, filius Ur;

36. Hepher Mocherathites, Ahia Phelonites;

37. Hesro Carmelites, Naarai filius Asbai;

38. Joel, frater Nathan, Mibahar, filius Agarai;

---

21. Il était le plus illustre de ces trois seconds, et leur chef. Néanmoins il n'égalait pas encore les trois premiers.

22. Banaïas de Cabséel, fils de Joïada, qui fut un homme très vaillant, se signala par plusieurs grandes actions. Il tua les deux Ariel de Moab; et étant descendu dans une citerne par un temps de neige, il y tua un lion.

23. C'est lui aussi qui tua un Égyptien haut de cinq coudées, qui portait une lance comme une ensuble de tisserand. Il l'attaqua avec un bâton; et, lui ayant arraché la lance qu'il tenait à la main, il le tua de cette lance même.

24. Voilà ce que fit Banaïas, fils de Joïada. Il était aussi très illustre entre les trois seconds,

25. et le premier entre les trente; néanmoins il n'égalait pas encore les trois *premiers*. David l'admit dans son conseil secret.

26. Mais les guerriers les plus vaillants *du reste* de l'armée *étaient*: Asahel, frère de Joab, et Elchanan de Bethléem, fils de l'oncle paternel d'Asahel,

27. Sammoth l'Arorite, et Hellès le Phalonite,

28. Ira de Thécua, fils d'Accès, Abiézer d'Anathoth,

29. Sobbochaï l'Husathite, Ilaï l'Ahohite,

30. Maharaï de Nétophath, Héled, fils de Baana, aussi de Nétophath,

31. Ethaï, fils de Ribaï, de Gabaath, de la tribu de Benjamin, Banaïa de Pharathon,

32. Huraï du torrent de Gaas, Abiel d'Arbath, Azmoth le Bauramite, Eliaba le Salabonite,

33. les fils d'Assem le Gézonite, Jonathan, fils de Sagé, l'Ararite,

34. Ahiam, fils de Sachar, *aussi* Ararite,

35. Eliphal, fils d'Ur,

36. Epher le Mochérathite, Ahia le Phélonite,

37. Hesro du Carmel, Naaraï, fils d'Asbaï,

38. Joël, frère de Nathan, Mibahar, fils d'Agaraï,

---

noms *Ilaï* (vers. 29), *Hepher*, *Ahia* (vers. 36) et *Mibahar* (vers. 38) ne peuvent être identifiés avec aucun de ceux que renferme la liste correspondante des Rois. — *Filii Assem* (vers. 33). Lisez *B'ney Hašem*, nom propre individuel. — *Zabad* (vers. 41ᵇ). C'est à partir de cet endroit

que nous trouvons une série de personnages non mentionnés au passage parallèle des Rois; ils proviennent de documents spéciaux. — *Mathanites* (vers. 43). Hébr.: le *Mitnite*, c.-à-d. de Méthen, lieu inconnu. — *Astarothites* (vers. 44): d'Astaroth, ville de la province de Basan; voyez

39. Sélec l'Ammonite, Naaraï de Bé-roth, écuyer de Joab, fils de Sarvia,
40. Ira de Jéther, Gared *aussi* de Jéther,
41. Urie l'Héthéen, Zabad, fils d'Oholi,
42. Adina, fils de Siza, de la tribu de Ruben et chef de cette tribu, lequel en avait *encore* trente avec lui ;
43. Hanan, fils de Maacha, et Josaphat le Mathanite,
44. Ozia d'Astaroth, Samma et Jéhiel, fils d'Hotham, l'Arorite,
45. Jédihel, fils de Samri, et Joha, son frère, de Thosa,
46. Éliel de Mahumi, avec Jéribaï et Josaïa, fils d'Elnaëm, et Jethma de Moab, Eliel et Obel, et Jasiel de Masobia.

39. Selec Ammonites, Naharai Bero-thites, armiger Joab, filii Sarviæ ;
40. Ira Jethræus, Gareb Jethræus ;
41. Urias Hethæus, Zabad, filius Oholi ;
42. Adina, filius Siza Rubenites, princeps Rubenitarum, et cum eo tri-ginta ;
43. Hanan, filius Maacha, et Josaphat Mathanites ;
44. Ozia Astarothites, Samma et Je-hiel, filii Hotham. Arorites ;
45. Jedihel, filius Samri, et Joha, fra-ter ejus, Thosaites ;
46. Eliel Mahumites, et Jeribai et Josaia, filii Elnaem, et Jethma Moabites, Eliel, et Obel, et Jasiel de Masobia.

CHAPITRE XII

1. Ceux-ci vinrent aussi trouver David à Sicéleg, lorsqu'il était encore obligé de fuir Saül, fils de Cis ; c'étaient des guerriers très forts et très vaillants,
2. qui tiraient de l'arc, et qui se ser-vaient des deux mains pour jeter des pierres avec la fronde, ou pour tirer des flèches. Ils étaient frères de Saül, de la tribu de Benjamin.
3. Le chef Ahiézer, et Joas, *tous deux* fils de Samaa de Gabaath ; Jaziel et Phallet, fils d'Azmoth, Baracha et Jéhu d'Anathoth ;
4. Samaïas de Gabaon, très brave parmi les trente, et chef des trente ; Jé-rémie, Jéhéziel, Johanan, et Jézabad de Gadéroth,
5. Eluzaï, Jérimuth, Baalia, Samaria, et Saphatia l'Haruphite,

1. Hi quoque venerunt ad David in Siceleg, cùm adhuc fugeret Saul, filium Cis, qui erant fortissimi et egregii pu-gnatores,
2. tendentes arcum, et utraque manu fundis saxa jacientes, et dirigentes sagit-tas ; de fratribus Saul, ex Benjamin

3. princeps Ahiezer, et Joas, filii Sa-maa, Gabaathites, et Jaziel, et Phallet, filii Asmoth, et Baracha, et Jehu Ana-thothites,
4. Samaias quoque Gabaonites, for-tissimus inter triginta et super triginta ; Jeremias, et Jeheziel, et Johanan, et Je-zabad Gaderothites ;
5. et Eluzai, et Jerimuth, et Baalia, et Samaria, et Saphatia Haruphites ;

---

la note de VI, 71. — *Mahumites* (vers. 46) : pro-bablement de Mahanaïm note de Gen. XXXII, 2). — *Masobia* n'a pas été identifiée.
4° Énumération d'autres héros du roi David. XII, 1-22.
, Tout ce passage est propre aux Paralipomènes.
CHAP. XII. — 1-7. Guerriers de Benjamin et de Juda qui vinrent rejoindre David à Sicéleg. — Introduction, vers. 1-2ª. La ville de *Siceleg* joua un rôle important dans la première pé-riode de l'histoire de David ; le jeune prince, obligé de se réfugier chez les Philistins, la reçut en don d'Achis, roi de Geth. Cf. I Reg. XXVII, 1-7. — *Cum adhuc fugeret*. C'était l'époque où la persécution de Saül était devenue le plus vio-lente. — *Egregii pugnatores*. Dans l'hébreu : les auxiliaires à la guerre ; savoir, de David, à qui ils prêtèrent main forte dans ses expéditions

contre Gessur, Amalec, etc. Cf. II Reg. XXVII, 8. — *Tendentes arcum*. La tribu de Benjamin possédait de très habiles archers. Voyez VIII, 40, et II Par. XIV, 8. — *Et utraque manu*. Les frondeurs ambidextres de cette même tribu étaient aussi depuis longtemps célèbres. Cf. Jud. XX, 16. — La liste, vers. 2ª-7. Les mots de *fra-tribus Saul* sont expliqués par *ex Benjamin* et désignent simplement les Benjaminites. Mais le fait est signalé comme remarquable : des membres de la propre tribu du roi l'abandonnèrent pour suivre son rival. Là liste contient aussi quelques guerriers de Juda, comme on le voit par les villes dont ils étaient originaires (par exemple : *Gaderothites*, vers. 4, c.-à-d. de Gadara ; cf. Jos. XV, 36 et la note ; *Gedor*, vers. 7 ; cf. IV, 4 et la note). — *Princeps Ahiezer*, vers. 3. C'était le chef de ces Benjaminites ralliés à David. — *Gabaa-*

6. Elcana, et Jesia, et Azareel, et Joezer, et Jesbaam de Carehim;

7. Joela quoque, et Zabadia, filii Jerobàm de Gedor.

8. Sed et de Gaddi transfugerunt ad David cum lateret in deserto, viri robustissimi, et pugnatores optimi, tenentes clypeum et hastam; facies eorum quasi facies leonis, et veloces quasi capreæ in montibus.

9. Ezer princeps, Obdias secundus, Eliab tertius,

10. Masmana quartus, Jeremias quintus,

11. Ethi sextus, Eliel septimus,

12. Johanan octavus, Elzebab nonus,

13. Jeremias decimus, Machbanai undecimus.

14. Hi de filiis Gad, principes exercitus. Novissimus centum militibus præerat, et maximus mille.

15. Isti sunt qui transierunt Jordanem mense primo, quando inundare consuevit super ripas suas; et omnes fugaverunt, qui morabantur in vallibus ad orientalem plagam, et occidentalem.

16. Venerunt autem et de Benjamin, et de Juda, ad præsidium in quo morabatur David.

17. Egressusque est David obviam eis, et ait : Si pacifice venistis ad me ut auxiliemini mihi, cor meum jungatur vobis; si autem insidiamini mihi pro ad-

6. Elcana, Jésia, Azaréel, Joézer, et Jesbaam de Caréhim,

7. Joéla et Zabadia, fils de Jéroham, qui était de Gédor.

8. De Gad aussi des hommes très forts et d'excellents guerriers accoururent auprès de David, lorsqu'il était caché dans le désert. Ils maniaient le bouclier et la lance; ils avaient un visage de lion; et ils étaient agiles comme les chèvres des montagnes.

9. Ezer le chef, Obdias le second, Éliab le troisième,

10. Masmana le quatrième, Jérémie le cinquième,

11. Ethi le sixième, Éliel le septième,

12. Johanan le huitième, Elzébad le neuvième,

13. Jérémie le dixième, Machbanaï le onzième.

14. C'étaient des fils de Gad, et les chefs de l'armée. Le moindre commandait cent soldats, et le plus grand en commandait mille.

15. Ce sont eux qui traversèrent le Jourdain au premier mois, lorsqu'il a coutume de déborder sur ses rives; ils mirent en fuite tous ceux qui demeuraient dans les vallées, tant à l'orient qu'à l'occident.

16. Plusieurs aussi vinrent de Benjamin et de Juda dans la forteresse où David s'était retiré.

17. Et lui, étant sorti au-devant d'eux, leur dit : Si vous venez à moi avec un esprit de paix, pour me secourir, je ne veux avoir qu'un même cœur avec vous ;

---

thites : de Gabaa de Saül. Cf. I Reg. XI, 4. — *Ana-thothites :* d'Anathoth, patrie de Jérémie (note de Jos. XXI, 18). — *Triginta.* Le corps d'élite dont il a été fait mention plus haut, XI, 11. Non seulement Samaïas en fit partie (*inter*), mais il le commanda pendant quelque temps (*super*).

8-18. Guerriers de la tribu de Gad, et autres héros des tribus de Benjamin et de Juda qui vinrent offrir leur concours à David. — Introduction, vers. 8. *De Gaddi :* c.-à-d. de Gad. *Transfugerunt :* d'après l'hébreu, ils « se séparèrent » (du parti de Saül). *Cum... in deserto :* à Odollam ou à Engaddi (cf. I Reg. XXII, 1, 4; XXIV, 1-2); le présent épisode est donc antérieur à celui que racontent les vers. 1-7. — *Quasi... leonis,... capreæ :* belle et poétique description de leur mâle courage, et de leur souplesse si précieuse pour les anciens héros. Cf. II Reg. I, 23; II, 18. — Liste des guerriers gadites, vers. 9-13. *Ezer princeps :* le chef de cette petite troupe (comparez le vers. 3). — Conclusion de la liste, vers. 14. *Principes exercitus :* principaux

guerriers, et non pas des chefs d'armée. *Novissimus centum... ;* le sens paraît être plutôt, d'après l'hébreu : le moindre pouvait résister à cent, le plus vaillant à mille (encore le style poétique et hyperbolique). — Un exploit de ces héros gadites, vers. 15; simple et rapide allusion à un fait qui était alors généralement connu. *Mense primo :* au mois d'abib ou de nisan, qui correspond en partie à nos mois de mars et d'avril. *Quando inundare... :* à la suite des pluies printanières et lorsque commencent à fondre les neiges de l'Hermon (cf. Jos. III, 15); il fallait une hardiesse et une bravoure extraordinaires pour s'élancer dans le fleuve débordé. — Autres guerriers de Benjamin et de Juda qui s'associèrent à David, vers. 16-18; leurs noms ne sont pas indiqués. *Ad præsidium :* on ignore quelle était cette forteresse. — *Egressus... obviam... :* pour s'assurer des intentions de cette troupe inconnue, qui pouvait être composée d'émissaires de Saül. *Ait : Si... :* cette petite allocution convenait fort bien à la circonstance. car le jeune roi s'y mon-

mais si vous venez de la part de mes ennemis pour me surprendre, quoique je' n'aie fait aucun mal, que le Dieu de nos pères en soit le témoin et le juge.

18. Alors l'esprit revêtit Amasaï, qui était un chef des trente, et il dit : Nous sommes à vous, ô David, et avec vous, fils d'Isaï. Paix, paix à ceux qui prennent votre défense ; car votre Dieu vous protège. David les accueillit donc, et en fit les chefs de ses troupes.

19. Il y en eut aussi de Manassé qui se joignirent à David, lorsqu'il marchait avec les Philistins contre Saül. Mais il ne' combattit pas avec eux ; car les princes des Philistins, ayant tenu conseil, le renvoyèrent, en disant : Il s'en retournera vers Saül son maître, au péril de nos têtes.

20. C'est donc lorsqu'il revint à Sicéleg que quelques hommes de Manassé se joignirent à lui ; savoir : Ednas, Jozabad, Jédihel, Michel, Ednas, Jozabad, Eliu et Salathi, qui avaient mille hommes de cette tribu sous leur conduite.

21. Ce sont eux qui prêtèrent leur secours à David pour arrêter les voleurs. Car ils étaient tous des hommes très vaillants, et ils furent chefs dans l'armée.

22. Mais c'est tous les jours que des gens venaient à David pour lui prêter secours, de manière à former un nombre considérable, comme une armée de Dieu.

23. Voici le nombre des chefs de l'armée, qui vinrent trouver David à Hébron, pour lui transférer la royauté de Saül, suivant la parole du Seigneur.

24. Fils de Juda, portant le bouclier

versariis meis, cum ego iniquitatem in manibus non habeam, videat Deus patrum nostrorum, et judicet.

18. Spiritus vero induit Amasai principem inter triginta, et ait : Tui sumus, o David, et tecum, fili Isai ; pax, pax tibi, et pax adjutoribus tuis ; te enim adjuvat Deus tuus. Suscepit ergo eos David, et constituit principes turmæ.

19. Porro de Manasse transfugerunt ad David, quando veniebat cum Philisthiim adversus Saul, ut pugnaret ; et non dimicavit cum eis, quia inito consilio remiserunt eum principes Philisthinorum, dicentes : Periculo capitis nostri revertetur ad dominum suum Saul.

20. Quando igitur reversus est in Siceleg, transfugerunt ad eum de Manasse, Ednas, et Jozabad, et Jedihel, et Michael, et Ednas, et Jozabad, et Eliu, et Salathi, principes millium in Manasse.

21. Hi præbuerunt auxilium David adversus latrunculos, omnes enim erant viri fortissimi ; et facti sunt principes in exercitu.

22. Sed et per singulos dies veniebant ad David ad auxiliandum ei, usque dum fieret grandis numerus, quasi exercitus Dei.

23. Iste quoque est numerus principum exercitus, qui venerunt ad David, cum esset in Hebron, ut transferrent regnum Saul ad eum, juxta verbum Domini.

24. Filii Juda portantes clypeum et

---

tre, d'une part, plein de bonté pour ceux qui se présenteraient en amis ; d'autre part, ne craignant rien de ceux qui viendraient en ennemis. — *Spiritus vero induit.* L'écrivain sacré a voulu sans doute désigner l'Esprit de Dieu. Cf. Jud. VI, 34 ; II Par. XXIV, 20. — *Tui sumus...* Les paroles d'Amasaï sont émues, ardentes, et expriment le plus généreux dévouement. — *Principes turmæ :* officiers de la petite armée qui allait toujours grossissant. Cf. vers. 22.

. 19-22. Guerriers de la tribu de Manassé qui adhérèrent les premiers à David. — L'époque de cette adhésion est marquée au vers. 19, qui résume I Reg. XXIX, 2-XXX, 1. *Quando veniebat...:* moment si triste et si critique de la vie de David. — La liste, vers. 20. Sur l'expression *principes millium,* voyez Num. XXXI, 14. — Combien le concours de ces nouveaux amis fut opportun et précieux, vers. 21. *Adversus latrunculos :* les

pillards amalécites, qui avaient saccagé Sicéleg pendant l'absence de David. Cf I Reg. XXX, 1-2. — Conclusion de tout cet alinéa, vers. 22. *Exercitus Dei* est une métaphore hébraïque pour signifier : une grande armée. Comparez les locutions analogues : montagnes de Dieu, Ps. XXXV, 7 ; cèdres de Dieu, Ps. LXXIX, 11, etc.

5° Liste des guerriers qui participèrent à l'élection royale de David. XII, 23-40.

Ce passage aussi est complètement nouveau.

23. Titre et introduction. — *Numerus principum...* Dans l'hébreu : le nombre des hommes équipés pour la guerre. Il ne s'agit donc pas exclusivement des chefs de l'armée, dont quelques-uns seulement sont signalés (vers. 27). — *Ut transferrent...:* après la mort de Saül, par une élection solennelle.

24-37. Énumération des guerriers fournis par chaque tribu. — *Filii...* L'énumération prend

hastam, sex millia octingenti expediti ad prælium.

25. De filiis Simeon, virorum fortissimorum ad pugnandum, septem millia centum.

26. De filiis Levi, quatuor millia sexcenti;

27. Joiada quoque, princeps de stirpe Aaron, et cum eo tria millia septingenti;

28. Sadoc etiam, puer egregiæ indolis, et domus patris ejus, principes viginti duo.

29. De filiis autem Benjamin, fratribus Saul, tria millia; magna enim pars eorum adhuc sequebatur domum Saul.

30. Porro de filiis Ephraim, viginti millia octingenti, fortissimi robore, viri nominati in cognationibus suis.

31. Et ex dimidia tribu Manasse, decem et octo millia, singuli per nomina sua venerunt ut constituerent regem David.

32. De filiis quoque Issachar, viri eruditi, qui noverant singula tempora ad præcipiendum quid facere deberet Israel, principes ducenti. Omnis autem reliqua tribus eorum consilium sequebatur.

33. Porro de Zabulon, qui egrediebantur ad prælium, et stabant in acie instructi armis bellicis, quinquaginta millia venerunt in auxilium, non in corde duplici.

34. Et de Nephthali, principes mille; et cum eis instructi clypeo et hasta triginta et septem millia.

35. De Dan etiam præparati ad prælium, viginti octo millia sexcenti.

36. Et de Aser egredientes ad pugnam, et in acie provocantes, quadraginta millia.

37. Trans Jordanem autem, de filiis

---

et la lance, six mille huit cents, prêts à combattre.

25. Des fils de Siméon, hommes très vaillants pour le combat, sept mille cent.

26. Des fils de Lévi, quatre mille six cents ;

27. et Joïada, prince de la race d'Aaron, et avec lui trois mille sept cents ;

28. et Sadoc, jeune homme d'un naturel excellent, et la maison de son père, vingt-deux chefs.

29. Des fils de Benjamin, frères de Saül, trois mille ; car la plupart des autres suivaient encore la maison de ce prince.

30. Des fils d'Ephraïm, vingt mille huit cents, tous gens très robustes, renommés dans leurs familles.

31. De la demi-tribu de Manassé, dix-huit mille, qui vinrent, désignés nominativement, afin d'établir David sur le trône.

32. Des fils d'Issachar, hommes sages, qui avaient l'intelligence des temps pour ordonner à Israël ce qu'il devait faire, deux cents chefs ; et tout le reste de la tribu suivait leur conseil.

33. De Zabulon, des hommes aguerris, bien armés et prêts à combattre, vinrent au nombre de cinquante mille offrir leur service à David, sans duplicité de cœur.

34. Et de Nephthali, mille princes suivis de trente-sept mille hommes armés de lances et de boucliers.

35. Et vingt-huit mille six cents de la tribu de Dan, tous gens guerriers.

36. Et quarante mille de celle d'Aser, marchant en bataille, et toujours prêts à attaquer l'ennemi.

37. Et cent vingt mille d'au delà du

---

les tribus telles qu'elles étaient géographiquement installées sur le territoire (voyez l'*Atl. géogr.*, pl. VII) ; elle va d'abord du sud au nord dans la Palestine cisjordanienne, vers. 24-36, pour passer ensuite, pareillement du sud au nord, de l'autre côté du Jourdain, vers. 37. La plupart des tribus reçoivent un éloge caractéristique, qui relève leur bravoure. — Joiada et Sadoc (vers. 27 et 28) obtiennent seuls une mention nominale. Au lieu de *puer egregiæ indolis*, lisez, d'après l'hébreu : vaillant jeune homme. — *Magna pars eorum...* (vers. 29) : de là le petit nombre des guerriers fournis par la tribu de Benjamin, qui était demeurée, en majorité, fidèle à la maison de Saül. — *Per nomina sua* (vers. 31) : désignés nominativement par leur tribu. — *De... Issachar* (vers. 32) : le chiffre des guer-

riers a été omis cette fois. *Noverant... tempora...* : non pas des astronomes, ainsi que le prétendent les anciens exégètes juifs ; mais des hommes sages au point de vue de la conduite pratique et politique. — *Non in corde duplici* (vers. 33) : c.-à-d. d'un cœur résolu. — En examinant les divers nombres qui accompagnent cette énumération, on remarque aussitôt que les tribus transjordaniennes furent représentées par de très forts contingents ; de même les tribus cisjordaniennes les plus éloignées du lieu de la réunion (Zabulon, Nephthali, Aser). Les plus rapprochées ne fournirent au contraire qu'un petit chiffre de guerriers ; le narrateur nous a lui-même indiqué (vers. 29) le motif spécial de l'infériorité des Benjaminites ; Ephraïm avait été affaibli par des guerres multiples et s'était toujours montré

Jourdain, tant des fils de Ruben et de Gad, que de la demi-tribu de Manassé, tous bien armés.

38. Tous ces braves guerriers, prêts à combattre, vinrent avec un cœur parfait trouver David à Hébron, pour l'établir roi sur tout Israël. Et tout le reste d'Israël était d'un même cœur pour faire régner David.

39. Ils demeurèrent là trois jours auprès de David, mangeant et buvant, car leurs frères leur avaient préparé des vivres.

40. Mais, de plus, ceux qui habitaient auprès d'eux, jusqu'à Issachar, Zabulon et Nephthali, apportaient des aliments sur des ânes, des chameaux, des mulets et des bœufs pour les nourrir; de la farine, des figues, des raisins secs, du vin - et de l'huile, des bœufs et des moutons en abondance. Car c'était une réjouissance *générale* en Israël.

Ruben, et de Gad, et dimidia parte tribus Manasse, instructi armis bellicis, centum viginti millia.

38. Omnes isti viri bellatores expediti ad pugnandum, corde perfecto venerunt in Hebron, ut constituerent regem David super universum Israel; sed et omnes reliqui ex Israel uno corde erant ut rex fieret David.

39. Fueruntque ibi apud David tribus diebus, comedentes et bibentes; præparaverant enim eis fratres sui.

40. Sed et qui juxta eos erant, usque ad Issachar, et Zabulon, et Nephthali, afferebant panes in asinis, et camelis, et mulis, et bobus, ad vescendum; farinam, palathas, uvam passam, vinum, oleum, boves, arietes ad omnem copiam; gaudium quippe erat in Israel.

CHAPITRE XIII

1. Cependant David tint conseil avec les tribuns, les centurions et tous les princes.

2. Et il dit à toute l'assemblée d'Israël: Si vous êtes de l'avis que je vais vous proposer, et s'il vient du Seigneur notre Dieu, envoyons vers nos autres frères dans tout le pays d'Israël, vers les prêtres et les lévites qui demeurent dans les faubourgs des villes, afin qu'ils s'assemblent avec nous,

3. et ramenons auprès de nous l'arche de notre Dieu, car nous ne nous en sommes pas occupés pendant le règne de Saül.

4. Toute l'assemblée répondit qu'il

1. Iniit autem consilium David cum tribunis, et centurionibus, et universis principibus.

2. Et ait ad omnem cœtum Israel: Si placet vobis, et a Domino Deo nostro egrediatur sermo quem loquor, mittamus ad fratres nostros reliquos in universas regiones Israel, et ad sacerdotes, et levitas, qui habitant in suburbanis urbium, ut congregentur ad nos,

3. et reducamus arcam Dei nostri ad nos; non enim requisivimus eam in diebus Saul.

4. Et respondit universa multitudo ut

---

rival de Juda; quant à cette dernière tribu et à celle de Siméon, elle devait être en partie notable employée au service des vivres, ce qui n'était pas peu de chose pour une assemblée d'environ 340 000 hommes (voyez les vers. 39-40).

38-40. L'assemblée d'Hébron. — *Corde perfecto* : en toute sincérité de cœur. — *Sed et... reliqui* : le reste des guerriers, demeurés dans leurs foyers. — *Præparaverant... fratres* (vers. 39); les habitants d'Hébron et de tout le sud de la Palestine. *Qui juxta eos* (vers. 40): les tribus limitrophes de celle de Juda. *Usque ad...*: même les tribus du nord. Ces détails démontrent quelle parfaite communion de sentiments régnait alors dans la nation entière. — *In asinis,...* *bobus*. Il n'est question que des bêtes de somme,

au nombre desquelles les chevaux n'étaient pas comptés à cette époque; c'est pourquoi on ne les cite point.

§ III. — *Translation de l'arche à Sion; le palais et la famille de David; organisation du culte divin.* XIII, 1 — XVI, 43.

1° L'arche est transportée en grande pompe de Cariathiarim à la maison d'Obédédom. XIII, 1-14. — Passage parallèle : II Reg. vi, 1-11 (voyez le commentaire)

Chap. XIII. — 1-4. La proposition de David aux représentants de la nation concernant la translation de l'arche. Détails propres aux Paralipomènes. — *Intit... consilium.* Cette consultation eut lieu peu de temps après le couronne-

ita fieret; placuerat enim sermo omni populo.

5. Congregavit ergo David cunctum Israel, a Sihor Ægypti, usque dum ingrediaris Emath, ut adduceret arcam Dei de Cariathiarim.

6. Et ascendit David, et omnis vir Israel ad collem Cariathiarim, qui est in Juda, ut afferret inde arcam Domini Dei sedentis super cherubim, ubi invocatum est nomen ejus.

7. Imposueruntque arcam Dei super plaustrum novum, de domo Abinadab. Oza autem, et frater ejus, minabant plaustrum.

8. Porro David, et universus Israel ludebant coram Deo omni virtute in canticis, et in citharis, et psalteriis, et tympanis, et cymbalis, et tubis.

9. Cum autem pervenissent ad aream Chidon, tetendit Oza manum suam ut sustentaret arcam, bos quippe lasciviens paululum inclinaverat eam.

10. Iratus est itaque Dominus contra Ozam, et percussit eum, eo quod tetigisset arcam; et mortuus est ibi coram Domino.

11. Contristatusque est David, eo quod divisisset Dominus Ozam; vocavitque locum illum, Divisio Ozæ, usque in præsentem diem.

12. Et timuit Deum tunc temporis, dicens : Quomodo possum ad me introducere arcam Dei?

13. Et ob hanc causam non adduxit eam ad se, hoc est in civitatem David; sed avertit in domum Obededom Gethæi.

14. Mansit ergo arca Dei in domo Obededom tribus mensibus; et benedixit Dominus domui ejus, et omnibus quæ habebat.

---

fallait faire ainsi ; car cette proposition avait plu à tout le peuple.

5. David fit donc assembler tout Israël, depuis Sihor d'Égypte jusqu'à l'entrée d'Émath, afin que l'on ramenât de Cariathiarim l'arche de Dieu.

6. Et David, suivi de tout Israël, gravit la colline de Cariathiarim, dans *la tribu de* Juda, pour en apporter l'arche du Seigneur Dieu assis sur les chérubins, devant laquelle est invoqué son nom.

7. On mit donc l'arche de Dieu sur un char neuf, *pour l'amener* de la maison d'Abinadab. Oza et son frère conduisaient le char.

8. Or David et tout Israël témoignaient leur joie devant l'arche de toute leur force, en chantant des cantiques et en jouant des harpes, des lyres, des tambourins, des cymbales et des trompettes.

9. Mais, lorsqu'on fut arrivé près de l'aire de Chidon, Oza étendit sa main pour soutenir l'arche, car un des bœufs l'avait fait un peu pencher en regimbant.

10. Alors le Seigneur s'irrita contre Oza, et le frappa pour avoir touché l'arche, et il tomba mort devant le Seigneur.

11. Et David fut affligé de ce que le Seigneur avait frappé Oza, et il appela ce lieu la plaie d'Oza, comme on le nomme encore aujourd'hui.

12. Il eut donc alors une grande crainte du Seigneur, et il dit : Comment pourrais-je faire venir l'arche de Dieu chez moi?

13. C'est pourquoi il ne l'amena point chez lui, c'est-à-dire dans la ville de David; mais il la fit conduire dans la maison d'Obédédom le Géthéen.

14. L'arche de Dieu demeura donc trois mois dans la maison d'Obédédom; et le Seigneur bénit sa maison et tout ce qui lui appartenait.

---

ment à Hébron. — *Tribunis, centurionibus.* Dans l'hébreu : les chefs de mille et de cent. Par conséquent, des officiers de l'armée. — *Non... requisivimus...* (vers. 3). L'arche avait été en réalité négligée depuis ce temps. Cf. I Reg. VII, 1-2; XXVIII, 6.

5. Préparatifs de la cérémonie. — *Cunctum Israel :* trente mille délégués, d'après I Reg. VI, 1. — *A Sihor Ægypti :* l'ouadi el Arich, qui formait la limite de la Palestine au sud-ouest (cf. Jos. XIII, 3; III Reg. VIII, 65, et l'*Atl. géogr.*, pl. V). Trait propre à notre auteur. — *Usque dum... Emath.* Sur « l'entrée d'Émath », voyez

la note de Num. XXXIV, 8, et l'*Atl. géogr.*, ibid.

6-10. L'arche est ramenée de Cariathiarim à l'aire de Chidon. — *Ad collem Cariathiarim.* Dans l'hébreu : à Baala, à Cariathiarim. Deux noms, l'ancien et le plus récent, pour désigner la même localité. Cf. Jos. XVIII, 14. — *Ludebant* (vers. 8). Hébr. : Ils dansaient. — *Ad aream Chidon* (vers. 9). Au passage parallèle des Rois : l'aire de Nachon.

11-14. On laisse l'arche chez Obédédom. — *Divisisset..., Divisio.* Dans l'hébreu, même jeu de mots qu'au livre des Rois : *Pâraṣ... pérèṣ.* — *Obededom Gethæi.* Obédédom était un lévite de

CHAPITRE XIV

1. Hiram, roi de Tyr, envoya des ambassadeurs à David, avec du bois de cèdre, des maçons et des charpentiers pour lui bâtir une maison.

2. Et David reconnut que Dieu l'avait confirmé roi sur Israël, et qu'il l'avait élevé en autorité sur le peuple d'Israël.

3. Et il épousa encore d'autres femmes à Jérusalem, dont il eut des fils et des filles.

4. Voici les noms des fils qui lui naquirent à Jérusalem : Samua, Sobad, Nathan, et Salomon,

5. Jébahar, Elisua, et Eliphalet,

6. Noga, Napheg, et Japhia,

7. Elisama, Baaliada, et Eliphalet.

8. Or les Philistins, ayant appris que David avait été sacré roi sur tout Israël, s'assemblèrent tous pour l'attaquer. Dès que David l'apprit, il marcha au-devant d'eux.

9. Les Philistins s'avancèrent et se répandirent dans la vallée de Raphaïm.

10. David consulta alors le Seigneur, en disant : Irai-je contre les Philistins, et me les livrerez-vous entre les mains ? Et le Seigneur lui dit : Allez, et je les livrerai entre vos mains.

11. Les ennemis étant donc venus à Baalpharasim, David les y défit; et il

1. Misit quoque Hiram, rex Tyri, nuntios ad David, et ligna cedrina, et artifices parietum, lignorumque, ut ædificarent ei domum.

2. Cognovitque David quod confirmasset eum Dominus in regem super Israel, et sublevatum esset regnum suum super populum ejus Israel.

3. Accepit quoque David alias uxores in Jerusalem, genuitque filios et filias.

4. Et hæc nomina eorum qui nati sunt ei in Jerusalem : Samua, et Sobad, Nathan, et Salomon,

5. Jebahar, et Elisua, et Eliphalet,

6. Noga quoque, et Napheg, et Japhia,

7. Elisama, et Baaliada, et Eliphalet.

8. Audientes autem Philisthiim eo quod unctus esset David in regem super universum Israel, ascenderunt omnes ut quærerent eum; quod cum audissèt David, egressus est obviam eis.

9. Porro Philisthiim venientes, diffusi sunt in valle Raphaim.

10. Consuluitque David Dominum, dicens : Si ascendam ad Philisthæos, et si trades eos in manu mea? Et dixit ei Dominus : Ascende, et tradam eos in manu tua.

11. Cumque illi ascendissent in Baalpharasim, percussit eos ibi David, et

---

la famille de Caath (cf. XXVI, 1-4) ; sa patrie ne pouvait donc pas être la ville philistine de Geth, mais Gethremmon, cité lévitique qui appartenait précisément aux Caathites. Cf. Jos. XXI, 24.

- 2° Le palais et les fils de David. XIV, 1-7.

CHAP. XIV. — 1-2. Gracieux présents du roi Hiram à David. Au passage parallèle, II Reg. v, 11 et ss. tous les détails de ce chap. XIV sont racontés avant la translation de l'arche, et telle paraît être leur vraie place chronologique. — Hiram est habituellement nommé Huram dans le texte hébreu des Paralipomènes. Cf. II Par. II, 3, 11 ; VIII, 18, etc. — Ut ædificarent. La construction eut lieu en réalité, d'après II Reg. v, 11.

3-7. Fils de David qui naquirent à Jérusa-

lem. Comparez III, 5-9 ; II Reg. v, 13-16. Autre

Tombeau d'Hiram, près de Tyr.

marque de la prospérité du roi.

dixit : Divisit Deus inimicos meos per manum meam, sicut dividuntur aquæ. Et idcirco vocatum est nomen illius loci Baalpharasim.

12. Dereliqueruntque ibi deos suos, quos David jussit exuri.

13. Alia etiam vice Philisthiim irruerunt, et diffusi sunt in valle.

14. Consuluitque rursum David Deum, et dixit ei Deus : Non ascendas post eos ; recede ab eis, et venies contra illos ex adverso pyrorum.

15. Cumque audieris sonitum gradientis in cacumine pyrorum, tunc egredieris ad bellum ; egressus est enim Deus ante te, ut percutiat castra Philisthiim.

16. Fecit ergo David sicut præceperat ei Deus, et percussit castra Philistinorum de Gabaon usque Gazara.

17. Divulgatumque est nomen David in universis regionibus, et Dominus dedit pavorem ejus super omnes gentes.

dit : Le Seigneur s'est servi de moi pour dissiper mes ennemis, comme les eaux se dissipent. C'est pourquoi ce lieu fut appelé Baalpharasim.

12. Les Philistins laissèrent là leurs dieux, et David commanda qu'on les brûlât.

13. Mais les Philistins revinrent encore une autre fois, et se répandirent dans la vallée.

14. Et David consulta Dieu de nouveau, et Dieu lui dit : N'allez pas directement les attaquer ; éloignez-vous d'eux, et vous marcherez contre eux de l'autre côté des poiriers.

15. Et quand vous entendrez comme un bruit de pas au sommet des poiriers, vous vous avancerez pour combattre ; car c'est Dieu qui marche devant vous pour battre l'armée des Philistins.

16. David fit donc ce que Dieu lui avait commandé, et il battit les Philistins depuis Gabaon jusqu'à Gazéra.

17. Et la renommée de David se répandit dans tous les pays, et le Seigneur le rendit redoutable à toutes les nations.

8° Victoires de David sur les Philistins. XIV, 8-17.

Guerriers philistins. (D'après une peinture égypt.)

8-12. Première victoire. Comp. II Reg. v, 17-21.

et le commentaire. — *Dereliquerunt deos...* (vers. 12) : statues apportées comme un palladium. — *Jussit exuri* est un trait nouveau, qui complète le passage parallèle, II Reg. v, 21. David, en agissant ainsi, se conformait à la loi théocratique. Cf. Deut. vii, 5, 25.

13-17. Deuxième victoire. Voyez II Reg. v, 22-25, et les notes. — *In valle :* la vallée de Raphaïm, comme au vers. 9. — Au lieu de *Gabaon* (vers. 16), nous lisons Gabaa dans le récit parallèle des Rois. *Gazera* ne diffère pas de Gézer (aujourd'hui Tell-Djézer), à l'est d'Accaron. — Le vers. 17 n'a rien qui lui corresponde dans le livre des Rois ; il contient une de ces réflexions morales qui sont chères à l'auteur des Paralipomènes. *Divulgatum... nomen... :* effet tout naturel de ces triomphes. *Dominus dedit... :* d'où venait réellement la victoire. *Pavorem :* une crainte surnaturelle, très vive.

4° L'arche est transférée à Sion. XV, 1 — XVI, 3.

La narration abonde en particularités et ne reproduit qu'un petit nombre de détails déjà racontés au second livre des Rois. Cf. xv, 25-29, et II Reg. vi, 12-23. Elle insiste longuement sur le rôle que jouèrent les Lévites dans cette grandiose cérémonie.

CHAPITRE XV

1. Le roi se bâtit aussi des maisons dans la cité de David, et il prépara un lieu pour l'arche du Seigneur, et lui dressa un tabernacle.

2. Il dit ensuite : Il n'est permis à personne de porter l'arche de Dieu, sinon aux lévites que le Seigneur a choisis pour la porter, et pour le rendre ses ministres à jamais.

3. Et il assembla tout Israël à Jérusalem, afin de faire apporter l'arche de Dieu au lieu qu'il lui avait préparé.

4. Il fit aussi venir les enfants d'Aaron et les lévites.

5. Des fils de Caath : Uriel, le chef, et vingt de ses frères.

6. Des fils de Mérari : Araïa, le chef, et deux cent vingt de ses frères.

7. Des fils de Gerson : Joël, le chef, et cent trente de ses frères.

8. Des fils d'Elisaphan : Séméias, le chef, et deux cents de ses frères.

9. Des fils d'Hébron : Eliel, le chef, et quatre-vingts de ses frères.

10. Des fils d'Oziel : Aminadab, le chef, et cent douze de ses frères.

11. David appela les prêtres Sadoc et Abiathar, et les lévites Uriel, Asaïa, Joël, Séméias, Eliel, et Aminadab ;

12. et il leur dit : Vous qui êtes les chefs des familles de Lévi, purifiez-vous avec vos frères, et portez l'arche du Seigneur Dieu d'Israël au lieu qui lui a été préparé ;

13. de peur que, comme le Seigneur nous a frappés autrefois, parce que

1. Fecit quoque sibi domos in civitate David, et ædificavit locum arcæ Dei, tetenditque ei tabernaculum.

2. Tunc dixit David : Illicitum est ut a quocumque portetur arca Dei, nisi a levitis quos elegit Dominus ad portandum eam, et ad ministrandum sibi usque in æternum.

3. Congregavitque universum Israel in Jerusalem, ut afferretur arca Dei in locum suum, quem præparaverat ei ;

4. necnon et filios Aaron, et levitas.

5. De filiis Caath : Uriel princeps fuit, et fratres ejus, centum viginti ;

6. de filiis Merari : Asaia princeps, et fratres ejus ducenti viginti ;

7. de filiis Gerson : Joel princeps, et fratres ejus centum triginta ;

8. de filiis Elisaphan : Semeias princeps, et fratres ejus ducenti ;

9. de filiis Hebron : Eliel princeps, et fratres ejus octoginta ;

10. de filiis Oziel : Aminadab princeps, et fratres ejus centum duodecim.

11. Vocavitque David Sadoc et Abiathar sacerdotes, et levitas Uriel, Asaiam, Joel, Semeiam, Eliel, et Aminadab ;

12. et dixit ad eos : Vos qui estis principes familiarum leviticarum, sanctificamini cum fratribus vestris, et afferte arcam Domini Dei Israel, ad locum qui ei præparatus est ;

13. ne, ut a principio, quia non eratis præsentes, percussit nos Dominus,

---

CHAP. XV. — 1. David prépare un nouveau tabernacle pour l'arche. — *Ædificavit... :* sur la colline de Sion (*in civitate David*), pendant les trois mois qui s'écoulèrent entre la première et la seconde translation de l'arche. Cf. XIII, 14. — *Tabernaculum.* L'ancien tabernacle était alors à Gabaon. Cf. XVI, 39 ; II Par. I, 3.

2-15. Représentants du peuple et des lévites qui devaient prendre part à la cérémonie. — *Illicitum...ut portetur...* Comp. Num. I, 50 ; IV, 15. Le malheur survenu naguère à Oza (XIII, 9-13) avait effrayé David ; il veut, cette fois, que tout se passe conformément aux règles que le Seigneur lui-même avait fixées. Comp. le vers. 13. — *Universum Israel* (vers. 3). C.-à-d. les représentants ordinaires de la nation. Cf. XIII, 1. — *Filios Aaron* (vers. 4) : les prêtres, en tant que distincts des lévites. — *De filiis...* Énumération

des prêtres et des lévites qui furent employés à cette cérémonie, vers. 4-10. *Elisaphan* (vers. 8) était un arrière-petit-fils d'Aaron, et de la branche de Caath (cf. Ex. VI, 16-22) ; il est mentionné ici en tant que chef de famille. De même, au vers. 9, *Hebron,* qui était petit-fils d'Aaron, dans la même branche (cf. Ex. VI, 18), et *Oziel* (vers. 10), frère d'Hébron et père d'Élisaphan. Il suit de là que la branche de Caath fut représentée à la fête par un nombre beaucoup plus considérable de ses membres que celles de Gerson et de Mérari. Rien de plus juste, car c'est elle qui fournissait soit les prêtres, soit les lévites tout spécialement chargés de l'arche. Cf. Num. III, 20-31 ; IV, 15, etc. — Instructions de David aux grands prêtres et aux chefs des lévites, vers. 11-13. *Sadoc et Abiathar* (vers. 11) : deux grands prêtres à la fois (*sacerdotes*), par exception,

sic et nunc fiat, illicitum quid nobis
agentibus.

14. Sanctificati sunt ergo sacerdotes,
et levitæ, ut portarent arcam Domini
Dei Israel.

15. Et tulerunt filii Levi arcam Dei,
sicut præceperat Moyses juxta verbum
Domini, humeris suis, in vectibus.   .

16. Dixitque David principibus levitarum ut constituerent de fratribus suis
cantores in organis musicorum, nablis
videlicet, et lyris, et cymbalis, ut reso-
naret in excelsis sonitus lætitiæ

17. Constitueruntque levitas : Heman,
filium Joel, et de fratribus ejus, Asaph,
filium Barachiæ; de filiis vero Merari,
fratribus eorum, Ethan, filium Casaiæ,

18. et cum eis fratres eorum; in se-
cundo ordine : Zachariam, et Ben, et
Jaziel, et Semiramoth, et Jahiel, et Ani,
Eliab, et Banalam, et Maasiam, et Ma-
thathiam, et Eliphalu, et Maceniam, et
Obededom, et Jehiel, janitores.

19. Porro cantores, Heman, Asaph,
et Ethan, in cymbalis æneis concrepantes;

20. Zacharias autem, et Oziel, et Semiramoth, et Jahiel, et Ani, et Eliab,

vous n'étiez pas présents, il ne nous
arrive un même malheur, si nous faisons
quelque chose de contraire à ses lois.

14. Les prêtres et les lévites se purifièrent donc, afin de porter l'arche du
Seigneur Dieu d'Israël. ,

15. Et les fils de Lévi prirent l'arche
de Dieu sur leurs épaules avec des bâtons,
selon l'ordre que Moïse en avait donné,
après l'avoir reçu du Seigneur.

16. David dit aussi aux chefs des
lévites d'établir quelques-uns de leurs
frères comme chantres, avec des instruments de musique, des guitares, des lyres,
des cymbales, afin de faire retentir bien
haut le bruit de leur joie.

17. Ils choisirent donc plusieurs lévites : Héman, fils de Joël, et parmi ses
frères, Asaph, fils de Barachias; d'entre
les fils de Mérari, leurs frères, Éthan,
fils de Casaïa,

18. et leurs frères avec eux; et au second rang, Zacharie, Ben, Jaziel, Sémiramoth, Jahiel, Ani, Éliab, Banaïas,
Maasias, Mathathias, Éliphalu, Macénias,
Obédédom et Jéhiel, qui étaient portiers.

19. Or les chantres, Héman, Asaph
et Éthan, jouaient des cymbales d'airain.

20. Zacharie, Oziel, Sémiramoth, Jahiel, Ani, Éliab, Maasias et Banaïas

---

Cf. II Reg. viii, 17 et la note. — *Uriel...* : les six
chefs de famille qui avaient été choisis (vers.
5-10). — *Sanctificamini* (vers. 12) : par des
ablutions, en changeant de vêtements, etc. Sanctification extérieure et légale, qui figurait la
sainteté intérieure. Cf. Lev. xi, 44 ; Num. xi,
18, etc. — *Percussit nos* (vers. 13). Cf. xiii, 11.
— On exécute les injonctions du roi, vers. 14-15.
Le trait *et tulerunt...* est anticipé, car sa vraie
place serait entre les vers. 24 et 25.

16-24. Choix des ministres officiants. — Nouvel
ordre de David, vers. 16. *Organis musicorum* :
expression générale, qui est ensuite expliquée en
détail. — Sur le *nébel* (*nablis*) et le *kinnor*
(*lyris*), voyez la note de I Reg. x, 5. — Exécution de l'ordre, vers. 17-18. *Constituerunlque...* :
d'abord (vers. 17), les maîtres de chœur dont
on a parlé plus haut assez longuement (vi, 31-44);
puis, quatorze lévites du second ordre (vers. 18).
La qualification *janitores* ne retombe probablement que sur *Obededom* et *Jehiel*; cf. vers. 24.
Ben n'est pas un nom propre; ce mot, qui signifie « fils », a sans doute été introduit par
erreur dans le texte; aussi n'est-il pas répété
au verset 20. — Verset 19-21, seconde énumération des mêmes ministres officiants, mais avec
l'indication du rôle spécial que chacun d'eux
devait remplir. Les quatorze lévites du second

ordre sont divisés en deux groupes, l'un de huit
(vers. 20), l'autre de six (vers. 21). *Cymbalis...
concrepantes* : pour marquer la mesure. *Oziel ne*

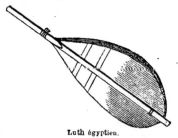

Luth égyptien.

diffère pas du personnage nommé *Jaziel* au
vers. 18. *Ozaziu* a disparu de la première liste,
sans doute par une erreur de transcription.
In nablis arcana... (vers. 20). Dans l'hébreu :
ils avaient des lyres *'al 'alomôt*. Littéralement:
des lyres à la manière des jeunes filles ; c.-à-d.
des instruments au diapason élevé (*soprano*),
par opposition à la voix grave des hommes.
Voyez Ps. xlv, 1, et la note. — *In citharis pro
octava* (vers. 21). Plutôt : à l'octave ; *l'ottava*

chantaient avec des guitares des airs *sacrés et* mystérieux.

21. Mathathias, Éliphalu, Macénias, Obédédom, Jéhiel et Ozaziu chantaient des chants de victoire sur des harpes à huit cordes.

22. Chonénias, chef des lévites, présidait à cette musique, pour commencer le premier la symphonie, car il était très habile.

23. Barachias et Elcana étaient portiers de l'arche.

24. Les prêtres Sébénias, Josaphat, Nathanaël, Amasaï, Zacharie, Banaïas et Éliézer sonnaient des trompettes devant l'arche de Dieu ; Obédédom et Jéhias étaient portiers de l'arche.

25. Ainsi David, et tous les anciens d'Israël, et les tribuns allèrent pour transporter l'arche de l'alliance du Seigneur de la maison d'Obédédom, avec des transports de joie.

26. Et comme *on vit que* Dieu avait assisté les lévites qui portaient l'arche de l'alliance du Seigneur, on immola sept taureaux et sept béliers.

27. Or David était revêtu d'une robe de fin lin, ainsi que tous les lévites qui portaient l'arche, et les chantres, et Chonénias qui était le maître de la musique et du chœur des chantres ; mais David avait de plus un éphod de fin lin.

28. Et tout Israël conduisait l'arche de l'alliance du Seigneur avec des acclamations, au son des clairons, des trompettes, des cymbales, des guitares et des harpes.

29. Et lorsque l'arche de l'alliance du

---

et Maasias, et Banaias, in nablis arcana cantabant.

21. Porro Mathathias, et Eliphalu, et Macenias, et Obededom, et Jehiel, et Ozaziu, in citharis pro octava canebant epinicion.

22. Chonenias autem, princeps levitarum, prophetiæ præerat, ad præcinendam melodiam ; erat quippe valde sapiens.

23. Et Barachias, et Elcana, janitores arcæ.

24. Porro Sebenias, et Josaphat, et Nathanael, et Amasai, et Zacharias, et Banaias, et Eliezer, sacerdotes, clangebant tubis coram arca Dei ; et Obededom, et Jehias erant janitores arcæ.

25. Igitur David, et omnes majores natu Israel, et tribuni, ierunt ad deportandam arcam fœderis Domini de domo Obededom cum lætitia.

26. Cumque adjuvisset Deus levitas, qui portabant arcam fœderis Domini, immolabantur septem tauri, et septem arietes.

27. Porro David erat indutus stola byssina, et universi levitæ qui portabant arcam, cantoresque et Chonenias, princeps prophetiæ inter cantores ; David autem etiam indutus erat ephod lineo.

28. Universusque Israel deducebant arcam fœderis Domini in jubilo, et sonitu buccinæ, et tubis, et cymbalis, et nablis, et citharis concrepantes.

29. Cumque pervenisset arca fœderis

---

bassa des Italiens. Ces instruments faisaient donc la partie de basse. Voyez Ps. VI, 1, et l'explication. — *Canebant epinicion.* L'hébreu dit : pour conduire. C.-à-d. pour diriger la symphonie. — Vers. 22-24, autres lévites qui furent employés pendant la procession. Les mots hébreux que la Vulgate traduit par *prophetiæ... melodiam* peuvent recevoir deux significations très distinctes : selon les uns, ils désignent la direction du chant, dont Chonénias aurait été chargé (les LXX, comme notre version latine, ont adopté ce sentiment : ὁ ἄρχων τῶν ᾠδῶν) ; suivant les autres, l'expression principale, *massâ'* (« élévation »), marquerait les mouvements à imprimer à l'arche pendant la procession, d'où il suit que Chonénias aurait été maître de ces cérémonies. La première opinion nous semble préférable. — *Janitores arcæ* (vers. 23) : à ce titre, ils devaient rester auprès de ce meuble sacré, dont ils avaient la garde. — *Jehias,* au vers. 24, est le même que Jéhiel des vers. 18 et 21.

25-29. La procession solennelle. Comp. II Reg. VI, 13-16, et le commentaire. — *Igitur David... :* après tous ces préparatifs dignes de la circonstance. — *Cumque adjuvisset* (vers. 26). Au passage parallèle : Quand ceux qui portaient l'arche eurent fait six pas. C'est, au fond, la même pensée. À la suite du terrible châtiment d'Oza (XIII, 10), l'on n'était pas sans inquiétude sur l'issue de la cérémonie. Mais, lorsque les lévites qui portaient l'arche se furent avancés de quelques pas sans le moindre accident, l'on comprit que le Seigneur, non seulement n'était pas irrité, mais qu'il favorisait l'entreprise de David. C'est lui qui avait aidé les ministres sacrés à marcher avec leur pieux fardeau ; aussi voulut-on lui immoler immédiatement quelques sacrifices d'action de grâces. — *Septem tauri.* Trait spécial ; voyez II Reg. VI, 13, et la note. — *David... stola...* (vers. 27). Autre détail propre aux Paralipomènes. De même le suivant : *et universi levitæ...* Le m''il était une sorte de longue tunique. Voyez

Domini usque ad civitatem David, Michol, filia Saul, prospiciens per fenestram, vidit regem David saltantem atque ludentem, et despexit eum in corde suo

Seigneur arriva près de la cité de David, Michol, fille de Saül, regardant par la fenêtre, vit le roi David qui sautait et qui dansait, et elle le méprisa dans son cœur.

CHAPITRE XVI

1. Attulerunt igitur arcam Dei, et constituerunt eam in medio tabernaculi, quod tetenderat ei David; et obtulerunt holocausta et pacifica coram Deo.
2. Cumque complesset David offerens holocausta et pacifica, benedixit populo in nomine Domini.

3. Et divisit universis per singulos, a viro usque ad mulierem, tortam panis, et partem assæ carnis bubalæ, et frixam oleo similam.
4. Constituitque coram arca Domini de levitis, qui ministrarent, et recordarentur operum ejus, et glorificarent atque laudarent Dominum, Deum Israel :
5. Asaph principem, et secundum ejus Zachariam ; porro Jahiel, et Semiramoth, et Jehiel, et Mathathiam, et Eliab, et Banaiam, et Obededom ; Jehiel super organa psalterii, et lyras ; Asaph autem ut cymbalis personaret ;
6. Banaiam vero et Jaziel, sacerdotes, canere tuba jugiter coram arca fœderis Domini.
7. In illo die fecit David principem ad confitendum Domino, Asaph, et fratres ejus :

1. L'arche de Dieu fut donc apportée, et placée au milieu du tabernacle que David lui avait fait dresser, et l'on offrit des holocaustes et des sacrifices d'action de grâces en présence de Dieu.
2. Et lorsque David eut achevé d'offrir des holocaustes et les sacrifices d'action de grâces, il bénit le peuple au nom du Seigneur.

3. Et il distribua à chacun en particulier, tant aux hommes qu'aux femmes, un pain et un morceau de bœuf rôti, avec de la farine frite à l'huile.
4. Et il établit devant l'arche du Seigneur des lévites pour faire le service, pour célébrer les œuvres divines, glorifier et louer le Seigneur Dieu d'Israël.
5. Asaph était le chef, Zacharie le second ; et ensuite Jahiel, Sémiramoth, Jéhiel, Mathathias, Éliab, Banaïas et Obédédom. Jéhiel fut chargé des psaltérions et des lyres ; Asaph, de jouer des cymbales ;
6. les prêtres Banaïas et Jaziel, de sonner continuellement de la trompette devant l'arche de l'alliance du Seigneur.
7. En ce jour David établit Asaph premier chantre, et ses frères, *sous lui*, pour chanter les louanges du Seigneur, *en disant :*

I Reg. ii, 18, et l'explication. — *Princeps prophetiæ.* Plutôt : chef du chant (note du vers. 22). — Sur l'*ephod*, voyez la note de I Reg. ii, 18. — *Buccinæ*, la trompette recourbée ; *tubis*, les trompettes droites, ou sacrées (*Atl. arch.*, pl. civ, fig. 4, 12). — *Michol... prospiciens...* Incident qui est plus longuement décrit II Reg. vi, 16 et ss. Chap. XVI. — 1-3. Conclusion de la cérémonie. Comp. II Reg. vi, 17-19ª.

5° Quelques lévites sont désignés pour le service particulier de l'arche. XVI, 4-6.

4-6. Passage propre à notre auteur ; de même aussi tout le reste de ce chapitre, à part le vers. 43. Le vers. 4 constate un fait, les vers. 5-6 énumèrent les lévites mis en réserve pour la nouvelle et si haute fonction. — *Ministrarent* explique l'idée générale ; *recordarentur, glorificarent, laudarent,* sont des mots à peu près synonymes dans l'hébreu. — *Asaph...* Neuf lévites

(vers. 5) et deux prêtres (vers. 6) ; tous avaient fait partie de la procession, à part le prêtre *Jaziel.* Cf. xv, 19-24.

6° Cantique de louanges composé par David à l'occasion de l'installation de l'arche au mont Sion. XVI, 7-36.

7. Introduction. — *Asaph et fratres... :* ainsi qu'il a été dit aux vers. 5-6. — *Ad confitendum... :* par les paroles du psaume qui suit. Ce cantique, tel que nous le lisons ici, n'est point une œuvre complètement originale ; David le composa au moyen d'emprunts faits à divers psaumes qu'il avait écrits antérieurement. Cf. vers. 8-22 et Ps. civ, 1-15 ; vers. 22-33 et Ps. xcv ; vers. 34, 35-36 et Ps. cv, 1, 47-48. Mais l'ensemble convient très bien pour la circonstance. Pour le commentaire détaillé, voyez le livre des Psaumes, aux passages qui viennent d'être indiqués.

8. Louez le Seigneur, et invoquez son nom ; publiez ses œuvres parmi les peuples.

9. Chantez-lui et jouez-lui des instruments ; annoncez toutes ses merveilles.

10. Louez son saint nom ; que le cœur de ceux qui cherchent le Seigneur soit dans la joie.

11. Cherchez le Seigneur et sa force ; cherchez continuellement sa face.

12. Souvenez-vous des merveilles qu'il a faites, de ses prodiges, et des jugements de sa bouche,

13. race d'Israël son serviteur, enfants de Jacob son élu.

14. Il est le Seigneur notre Dieu ; il exerce ses jugements dans toute la terre.

15. Souvenez-vous à jamais de son alliance, et de la loi qu'il a prescrite pour mille générations ;

16. de l'accord qu'il a fait avec Abraham, et de son serment à Isaac.

17. Il l'a confirmé à Jacob comme une loi inviolable, et à Israël comme une alliance éternelle,

18. en disant : Je vous donnerai la terre de Chanaan pour votre héritage ;

19. et ils n'étaient alors qu'un petit nombre, peu considérables, et étrangers dans le pays.

20. Et ils passèrent d'une nation à l'autre, et d'un royaume à un autre peuple.

21. Il ne permit à personne de les insulter ; mais il châtia même des rois à cause d'eux :

22. Ne touchez pas à mes oints, et ne faites point de mal à mes prophètes.

23. Chantez au Seigneur, toute la terre ; annoncez tous les jours son salut.

24. Publiez sa gloire parmi les nations, et ses merveilles parmi tous les peuples.

25. Car le Seigneur est grand, et digne de louanges infinies ; il est plus redoutable que tous les dieux.

8. Confitemini Domino, et invocate nomen ejus ; notas facite in populis adinventiones ejus.

9. Cantate ei, et psallite ei ; et narrate omnia mirabilia ejus.

10. Laudate nomen sanctum ejus ; lætetur cor quærentium Dominum.

11. Quærite Dominum, et virtutem ejus ; quærite faciem ejus semper.

12. Recordamini mirabilium ejus quæ fecit, signorum illius, et judiciorum oris ejus.

13. semen Israel, servi ejus ; filii Jacob, electi ejus.

14. Ipse Dominus Deus noster ; in universa terra judicia ejus.

15. Recordamini in sempiternum pacti ejus, sermonis quem præcepit in mille generationes,

16. quem pepigit cum Abraham, et juramenti illius cum Isaac.

17. Et constituit illud Jacob in præceptum, et Israel in pactum sempiternum,

18. dicens : Tibi dabo terram Chanaan, funiculum hereditatis vestræ,

19. cum essent pauci numero, parvi, et coloni ejus.

20. Et transierunt de gente in gentem, et de regno ad populum alterum.

21. Non dimisit quemquam calumniari eos, sed increpavit pro eis reges :

22. Nolite tangere christos meos, et in prophetis meis nolite malignari.

23. Cantate Domino, omnis terra ; annuntiate ex die in diem salutare ejus.

24. Narrate in gentibus gloriam ejus, in cunctis populis mirabilia ejus ;

25. quia magnus Dominus, et laudabilis nimis, et horribilis super omnes deos.

8-22. Première partie du cantique, correspondant au Ps. civ, 1-15. — Première strophe, vers. 8-11 : invitation à louer et à rechercher Jéhovah. *Adinventiones ejus :* dans le psaume, « opera ejus, » d'après la Vulgate ; et quelques autres légères variantes, analogues à celle-là. — Deuxième strophe, vers. 12-14 : David invite les Hébreux à se souvenir, soit des merveilles, soit des jugements du Seigneur. Au lieu de *semen Israël*, le psaume a « semen Abraham ». — Troisième strophe, vers. 15-18 : Israël est invité à se

souvenir de l'alliance conclue par le Seigneur avec les patriarches. *Recordamini* (vers. 15) ; dans le psaume, « memor fuit. » — Quatrième strophe, vers. 19-22 : admirable fidélité de Jéhovah à sa part de l'alliance. *Cum essent* (vers. 19) ; d'après l'hébreu, « comme vous étiez. » 23-31. Deuxième partie, empruntée au psaume xcv, qu'elle abrège. — Cinquième strophe, vers. 23-27 : que les Israélites célèbrent la grandeur de leur Dieu. Le vers. 23 condense les vers. 1 et 2 du psaume correspondant. *Fortitudo et gau-*

26. Omnes enim dii populorum idola ; Dominus autem cælos fecit.

27. Confessio et magnificentia coram eo ; fortitudo et gaudium in loco ejus.

28. Afferte Domino, familiæ populorum, afferte Domino gloriam et imperium.

29. Date Domino gloriam nomini ejus ; levate sacrificium, et venite in conspectu ejus, et adorate Dominum in decore sancto.

30. Commoveatur a facie ejus omnis terra ; ipse enim fundavit orbem immobilem.

31. Lætentur cæli, et exultet terra ; et dicant in nationibus : Dominus regnavit.

32. Tonet mare, et plenitudo ejus ; exultent agri, et omnia quæ in eis sunt.

33. Tunc laudabunt ligna saltus coram Domino, quia venit judicare terram.

34. Confitemini Domino, quoniam bonus, quoniam in æternum misericordia ejus.

35. Et dicite : Salva nos, Deus Salvator noster, et congrega nos, et erue de gentibus, ut confiteamur nomini sancto tuo, et exultemus in carminibus tuis.

36. Benedictus Dominus, Deus Israel, ab æterno usque in æternum ; et dicat omnis populus : Amen, et hymnum Domino.

37. Reliquit itaque ibi coram arca fœderis Domini Asaph et fratres ejus, ut ministrarent in conspectu arcæ jugiter per singulos dies, et vices suas.

38. Porro Obededom, et fratres ejus

26. Car tous les dieux des peuples sont des idoles ; mais le Seigneur a fait les cieux.

27. La gloire et la majesté sont devant lui ; la force et la joie dans sa demeure.

28. Offrez au Seigneur, familles des peuples, offrez au Seigneur la gloire et la puissance.

29. Donnez au Seigneur la gloire *due* à son nom ; apportez des offrandes, et présentez-vous devant lui ; adorez le Seigneur dans un saint respect.

30. Que toute la terre tremble devant sa face ; car c'est lui qui l'a affermie sur ses fondements.

31. Que les cieux se réjouissent et que la terre tressaille de joie, et que l'on dise parmi les nations : Le Seigneur est roi.

32. Que la mer retentisse avec tout ce qu'elle renferme ; que les campagnes et tout ce qu'elles contiennent soient dans la joie.

33. Les arbres des forêts chanteront alors en présence du Seigneur, parce qu'il est venu pour juger la terre.

34. Rendez gloire au Seigneur, parce qu'il est bon, parce que sa miséricorde est éternelle.

35. Et dites-lui : Sauvez-nous, ô Dieu notre Sauveur ; rassemblez-nous, et retirez-nous du milieu des nations, afin que nous rendions gloire à votre saint nom, et que nous témoignions notre joie par des cantiques.

36. Que le Seigneur Dieu d'Israël soit béni dans la suite de tous les siècles ; et que tout le peuple dise : Amen, et louange au Seigneur.

37. David laissa donc en ce lieu, devant l'arche de l'alliance du Seigneur, Asaph et ses frères, afin qu'ils servissent continuellement en présence de l'arche, tous les jours, chacun à leur tour.

38. Il établit Obédédom et ses frères,

---

dium... (vers. 27) ; le psaume porte, d'après l'hébreu : la gloire et la majesté sont dans son sanctuaire. — Sixième strophe, vers. 28-30 : tous les peuples païens sont exhortés à offrir des sacrifices à Jéhovah. *In conspectu ejus ;* d'après le psaume : dans ses parvis. Le vers. 30 abrège et condense deux distiques du psaume xcv. — Septième strophe, vers. 31-33 : que les créatures inanimées célèbrent elles-mêmes la gloire de Jéhovah. *Et dicant* (vers. 31) : inversion ; dans le psaume, cet hémistiche fait partie de la strophe précédente.

34-36. Conclusion du cantique. — Huitième

strophe, vers. 34-36 : invitation à la louange, à la prière. Le vers. 84 correspond à Ps. cv, 1 ; les vers. 35-36 sont empruntés au même poème, vers. 47-48. *Amen et hymnum... ;* au passage parallèle : « Amen, amen. » Le vers. 36 forme la doxologie des quatre premiers livres du psautier.

7° Distribution des emplois des lévites auprès de l'arche. XVI, 37-43.

37-38. Lévites chargés du service de l'arche au mont Sion. — *Reliquit itaque...* Continuation du récit, qui avait été interrompu par l'insertion du cantique. Cf. vers. 4-6, 7-36. — *Per... dies et vices...* Dans l'hébreu : remplissant leur tâche

au nombre de soixante-huit, Obédédom, fils d'Idithun, et Hosa comme, portiers.

39. *Il établit* aussi le *grand* prêtre Sadoc et les prêtres, ses frères, devant le tabernacle du Seigneur, sur le haut lieu qui était à Gabaon;

40. pour qu'ils offrissent continuellement des holocaustes au Seigneur sur l'autel des holocaustes, matin et soir, suivant tout ce qui est ordonné dans la loi que le Seigneur a prescrite à Israël.

41. Auprès de Sadoc étaient Héman et Idithun, et les autres qui avaient été choisis, chacun par son nom, pour chanter les louanges du Seigneur, *en disant :* Que sa miséricorde est éternelle.

42. Héman et Idithun jouaient aussi de la trompette, touchaient les cymbales, et tous les autres instruments de musique, pour chanter les louanges de Dieu. Quant aux fils d'Idithun, *le roi* les établit portiers.

43. Tout le peuple s'en retourna chacun dans sa maison, et David alla bénir sa maison

sexaginta octo, et Obededom, filium Idithun, et Hosa constituit janitores.

39. Sadoc autem sacerdotem, et fratres ejus sacerdotes, coram tabernaculo Domini, in excelso quod erat in Gabaon,

40. ut offerrent holocausta Domino super altare holocautomatis jugiter, mane et vespere, juxta omnia quæ scripta sunt in lege Domini quam præcepit Israeli.

41. Et post eum Heman et Idithun, et reliquos electos, unumquemque vocabulo suo, ad confitendum Domino : Quoniam in æternum misericordia ejus.

42. Heman quoque et Idithun canentes tuba, et quatientes cymbala, et omnia musicorum organa, ad canendum Deo; filios autem Idithun fecit esse portarios.

43. Reversusque est omnis populus in domum suam; et David, ut benediceret etiam domui suæ.

CHAPITRE XVII

1. Lorsque David fut établi dans son palais, il dit au prophète Nathan : Voici que j'habite dans une maison de cèdre, et l'arche de l'alliance du Seigneur est sous les peaux *d'une tente.*

2. Et Nathan dit à David : Faites tout ce que vous avez au cœur; car Dieu est avec vous.

1. Cum autem habitaret David in domo sua, dixit ad Nathan prophetam : Ecce ego habito in domo cedrina; arca autem fœderis Domini sub pellibus est.

2. Et ait Nathan ad David : Omnia quæ in corde tuo sunt, fac; Deus enim tecum est.

---

jour par jour. — *Obededom... et Ol .iedom.* Ce ne sont point là deux personnages différents. Le narrateur se reprend : Obédédom et ses frères; Obedédom, dis-je...

39-42. Service du culte au sanctuaire de Gabaon. — *In excelso* (vers. 39). Touchant ce haut lieu célèbre, voyez III Reg. III, 3-4, et l'explication. L'antique sanctuaire de Gabaon ne fut pas abandonné immédiatement, malgré la translation de l'arche à Sion. — *Holocautomatis jugiter* (vers. 40). Sur le sacrifice dit perpétuel, voyez Ex. XXVIII, 38 et ss. Il était offert aussi au sanctuaire de Sion. Cf. XXI, 26, 30. — *Post eum* (vers. 41) : « auprès » du grand prêtre Sadoc. — *Heman et Idithun* (appelé aussi *Éthan*) remplissaient à Gabaon des fonctions identiques à celles dont Asaph avait été chargé à Sion (vers. **5, 35**). — *Ad confitendum...* : *Quoniam...* Refrain magnifique, fréquemment chanté dans l'antique liturgie d'Israël. Cf. Ps. CXXXV, etc.

43. Conclusion. — *Reversus est...* Comp. II Reg. VI 19-20. Les deux récits se retrouvent en présence, après avoir été pendant quelque temps séparés.

§ IV. — *Oracle relatif à la perpétuité du trône de David.* XVII, 1-27.

Passage entièrement semblable à II Reg. VII (voyez le commentaire). Les divergences ne consistent ici qu'en de légères abréviations ou en de simples modifications verbales.

1° L'occasion. XVII, 1-2.

CHAP. XVII. — 1-2. David forme le pieux dessein de bâtir un temple au Seigneur. Comp. II Reg. VII, 1-3. — *Cum habitaret...* L'auteur des livres des Rois ajoute qu'« le Seigneur avait donné la paix à David de tous côtés, avec tous ses ennemis ». — *In domo cedrina* : le riche palais construit par les ouvriers d'Hiram, **XIV, 1 et ss.**

3. Igitur nocte illa factus est sermo Dei ad Nathan, dicens :

4. Vade, et loquere David, servo meo : Hæc dicit Dominus : Non ædificabis tu mihi domum ad habitandum ;

5. neque enim mansi in domo, ex eo tempore quo eduxi Israel, usque ad diem hanc ; sed fui semper mutans loca tabernaculi, et in tentorio

6. manens cum omni Israel. Numquid locutus sum saltem uni judicum Israel, quibus præceperam ut pascerent populum meum, et dixi : Quare non ædificastis mihi domum cedrinam?

7. Nunc itaque sic loqueris ad servum meum David : Hæc dicit Dominus exercituum : Ego tuli te, cum in pascuis sequereris gregem, ut esses dux populi mei Israel ;

8. et fui tecum quocumque perrexisti, et interfeci omnes inimicos tuos coram te, fecique tibi nomen quasi unius magnorum qui celebrantur in terra.

9. Et dedi locum populo meo Israel ; plantabitur, et habitabit in eo, et ultra non commovebitur ; nec filii iniquitatis atterent eos, sicut a principio,

10. ex diebus quibus dedi judices populo meo Israel, et humiliavi universos inimicos tuos. Annuntio ergo tibi, quod ædificaturus sit tibi Dominus domum.

11. Cumque impleveris dies tuos, ut vadas ad patres tuos, suscitabo semen tuum post te, quod erit de filiis tuis, et stabiliam regnum ejus.

12. Ipse ædificabit mihi domum, et firmabo solium ejus usque in æternum.

13. Ego ero ei in patrem, et ipse erit mihi in filium ; et misericordiam meam non auferam ab eo, sicut abstuli ab eo qui ante te fuit.

14. Et statuam eum in domo mea, et

3. Mais la nuit suivante Dieu parla à Nathan, et lui dit :

4. Allez dire à David, mon serviteur : Voici ce que dit le Seigneur : Ce n'est pas vous qui me bâtirez une maison pour que j'y fasse ma demeure.

5. Car je n'ai pas habité dans une maison depuis le temps où j'ai tiré Israël *de l'Égypte* jusqu'à ce jour ; mais j'ai été constamment sous le tabernacle, allant de place en place et demeurant sous la tente,

6. avec tout Israël. Ai-je jamais parlé à aucun des juges d'Israël, auxquels j'avais commandé d'avoir soin de mon peuple, et ai-je dit : Pourquoi ne m'avez-vous point bâti une maison de cèdre?

7. Vous direz donc maintenant à mon serviteur David : Voici ce que dit le Seigneur des armées : Je vous ai choisi lorsque vous suiviez les troupeaux aux pâturages, pour vous établir chef de mon peuple Israël ;

8. et j'ai été avec vous partout où vous marchiez ; j'ai exterminé tous vos ennemis devant vous, et j'ai rendu votre nom aussi illustre que celui des grands hommes qui sont célèbres dans le monde.

9. Et j'ai donné un lieu à mon peuple Israël : il y sera affermi, et il y demeurera sans être ébranlé à l'avenir ; et les enfants d'iniquité ne l'humilieront plus, comme ils ont fait auparavant,

10. depuis le temps que j'ai donné des juges à mon peuple Israël, et que j'ai humilié tous vos ennemis. Je vous déclare donc que le Seigneur vous bâtira une maison.

11. Et lorsque vos jours seront accomplis et que vous irez avec vos pères, j'élèverai votre postérité après vous, l'un de vos fils, et j'affermirai son règne.

12. C'est lui qui me bâtira une maison, et j'établirai son trône à jamais.

13. Je serai son père, et il sera mon fils ; et je ne lui retirerai point ma miséricorde, comme je l'ai retirée à votre prédécesseur.

14. Je l'établirai dans ma maison et

2° Magnifiques promesses du Seigneur à David. XVII, 3-15.

3. Introduction. Cf. II Reg. vii, 4.

4-6. Dieu ne permet pas à David de lui élever un temple. Cf. II Reg. vii, 5-7. — *Non ædificabis...* Au passage parallèle, le divin refus est présenté avec un doute interrogatif qui l'atténue : **Est-ce toi qui** me bâtiras une maison...? — *Ex eo*

tempore... Notre auteur abrège tant soit peu, et rend la pensée plus nette. — *Uni judicum...* Dans le récit des Rois : à une des tribus d'Israël.

7-10ᵃ. Bienfaits dont le Seigneur avait comblé David dans le passé. Cf. II Reg. vii, 8-11.

10ᵇ-14. Les promesses d'avenir, ou perpétuité de la royauté de David, grâce au Messie qu devait sortir de sa race. Cf. II Reg. vii, 12-17.

dans mon royaume à jamais, et son trône sera pour toujours affermi.

15. Nathan parla en ces propres termes à David, et selon toute cette vision.

16. Et le roi David, étant venu se présenter devant le Seigneur, lui dit : Qui suis-je, Seigneur Dieu, et quelle est ma maison, pour que vous m'accordiez de telles grâces ?

17. Mais cela vous a encore paru peu de chose ; c'est pourquoi vous avez parlé de la maison de votre serviteur même pour l'avenir ; et vous m'avez rendu plus considérable que tous les autres hommes, Seigneur Dieu.

18. Que peut faire encore David, après que vous avez ainsi glorifié votre serviteur, et que vous vous êtes souvenu de lui à ce point ?

19. Seigneur, c'est à cause de votre serviteur, et selon votre cœur, que vous avez agi d'une manière si magnifique, et que vous avez voulu faire connaître tant de grandes choses.

20. Seigneur, nul n'est semblable à vous, et il n'y a point d'autre Dieu que vous entre tous ceux dont nous avons entendu parler.

21. En effet, y a-t-il un autre peuple semblable au vôtre, Israël, cette nation unique sur la terre, dont Dieu se soit approché pour le délivrer *de captivité*, et en faire un peuple qui fût à lui, et pour chasser par sa puissance et par la terreur *de son nom* toutes les nations devant ce peuple qu'il avait tiré d'Égypte ?

22. Ainsi, Seigneur, vous avez établi votre peuple Israël pour qu'il soit à jamais votre peuple, et vous êtes demeuré son Dieu.

23. Confirmez donc maintenant à jamais, Seigneur, la promesse que vous avez faite à votre serviteur, pour lui et pour sa maison, et accomplissez votre parole.

in regno meo, usque in sempiternum ; et thronus ejus erit firmissimus in perpetuum.

15. Juxta omnia verba hæc, et juxta universam visionem istam, sic locutus est Nathan ad David.

16. Cumque venisset rex David, et sedisset coram Domino, dixit : Quis ego sum, Domine Deus, et quæ domus mea, ut præstares mihi talia ?

17. Sed et hoc parum visum est in conspectu tuo ; ideoque locutus es super domum servi tui etiam in futurum ; et fecisti me spectabilem super omnes homines, Domine Deus.

18. Quid ultra addere potest David, cum ita glorificaveris servum tuum, et cognoveris eum ?

19. Domine, propter famulum tuum, juxta cor tuum fecisti omnem magnificentiam hanc, et nota esse voluisti uni versa magnalia.

20. Domine, non est similis tui ; et non est alius Deus absque te, ex omnibus quos audivimus auribus nostris.

21. Quis enim est alius, ut populus tuus Israel, gens una in terra, ad quam perrexit Deus, ut liberaret, et faceret populum sibi, et magnitudine sua atque terroribus ejiceret nationes a facie ejus, quem de Ægypto liberaret ?

22. Et posuisti populum tuum Israel tibi in populum usque in æternum ; et tu, Domine, factus es Deus ejus.

23. Nunc igitur, Domine, sermo quem locutus es famulo tuo, et super domum ejus, confirmetur in perpetuum, et fac sicut locutus es.

(voyez les notes). Oracle remarquable, dont quelques lignes peuvent s'appliquer à Salomon, mais dont l'ensemble n'a été réalisé que par le Christ.

15. Conclusion. Cf. II Reg. vii, 17. — Le narrateur appuie visiblement sur les adjectifs *omnia, universam*.

3° Action de grâces et prière de David à la suite de cette prophétie. XVII, 16-27.

16ᵃ. Transition. Cf. II Reg. vii, 18ᵃ.

16ᵇ-22. L'action de grâces, profondément émue.

Cf. II Reg. vii, 18ᵇ-24. — *Fecisti me spectabilem* (vers. 17). Expression beaucoup plus claire que la ligne correspondante de II Reg. vii, 19 (voyez le commentaire). — *Propter famulum...* (vers. 19). Au livre des Rois : à cause de votre parole. — *Magnitudine... atque terroribus...* Dans l'hébreu : pour te faire un nom, et pour accomplir des miracles et des prodiges, en chassant les nations...

23-27. Pieuse et ardente prière : David con-

24. Permaneatque et magnificetur nomen tuum usque in sempiternum, et dicatur : Dominus exercituum Deus Israèl ; et domus David servi ejus permanens coram eo.

25. Tu enim, Domine Deus meus, revelasti auriculam servi tui, ut ædificares ei domum ; et idcirco invenit servus tuus fiduciam, ut orem coram te.

26. Nunc ergo, Domine, tu es Deus, et locutus es ad servum tuum tanta beneficia.

27. Et cœpisti benedicere domui servi tui, ut sit semper coram te ; te enim, Domine, benedicente, benedicta erit in perpetuum.

24. Que votre nom demeure et soit glorifié éternellement, et que l'on dise : Le Seigneur des armées est le Dieu d'Israël ; et la maison de David son serviteur subsiste toujours devant lui.

25. Car c'est vous, Seigneur mon Dieu, qui avez révélé à votre serviteur que vous vouliez lui établir une maison ; et c'est pour cela que votre serviteur est rempli de confiance pour vous offrir sa prière.

26. Maintenant donc, Seigneur, vous êtes Dieu, et c'est à votre serviteur que vous avez fait ces grandes promesses.

27. Et vous avez commencé à bénir la maison de votre serviteur, afin qu'elle subsiste toujours devant vous ; car, puisque vous la bénissez, Seigneur, elle sera bénie à jamais.

CHAPITRE XVIII

1. Factum est autem post hæc, ut percuteret David Philisthiim, et humiliaret eos, et tolleret Geth, et filias ejus, de manu Philisthiim,

2. percuteretque Moab, et fierent Moabitæ servi David, offerentes ei munera.

3. Eo tempore percussit David etiam Adarezer, regem Soba, regionis Hemath, quando perrexit ut dilataret imperium suum usque ad flumen Euphraten.

4. Cepit ergo David mille quadrigas ejus, et septem millia equitum, ac viginti millia virorum peditum ; subner-

1. Après cela, David battit les Philistins et les humilia, et il enleva Geth avec ses dépendances d'entre leurs mains.

2. Il défit aussi Moab, et les Moabites lui furent assujettis, et lui payèrent le tribut.

3. En ce temps, David battit aussi Adarézer, roi de Soba, dans le pays d'Hémath, lorsqu'il s'avança pour étendre son empire jusqu'au fleuve de l'Euphrate.

4. David lui prit donc mille chars, et sept mille cavaliers, et vingt mille hommes d'infanterie. Il coupa les nerfs

---

jure le Seigneur d'accomplir ses promesses. Comp. II Reg. vii, 25-29. — *Invenit... fiduciam* (vers. 25). Littéralement, d'après l'hébreu : a trouvé son cœur. C'est la même pensée.

‡ V. — *Les guerres et les victoires de David.* XVIII, 1 — XX, 3.

Les chapitres xiii - xvii nous ont surtout dépeint David comme un roi très pieux, plein de zèle pour le culte divin. Ce nouveau paragraphe décrit sa bravoure et ses glorieuses victoires sur ses ennemis extérieurs. La narration reproduit en grande partie II Reg. viii-x ; les différences sont sans gravité et attribuables tantôt à des erreurs de transcription, tantôt au désir qu'avait le narrateur de supprimer certains détails, d'en ajouter d'autres puisés à des sources nouvelles, d'expliquer quelques locutions qui étaient obscures dans le récit plus ancien. Pour un com-

mentaire plus développé, nous renvoyons le lecteur aux notes du passage parallèle.

1º Sommaire des guerres de David. XVIII, 1-13.

Chap. XVIII. — 1. Soumission des Philistins. Comp. II Reg. viii, 1. — *Geth :* l'une des cinq capitales des Philistins (*Atl. géogr.*, pl. vii).

2. Défaite des Moabites. Cf. II Reg. viii, 2. — *Servi David.* Le passage parallèle des Rois raconte la terrible vengeance que David crut devoir tirer de ces ennemis perfides et irréconciliables. — *Offerentes... munera :* l'euphémisme fréquent, pour désigner un tribut forcé.

3-8. Soumission d'Adarézer et des Syriens. Comp. II Reg. viii, 3-8. — *Adarezer,* ou plutôt *Hadad'ézer,* d'après l'orthographe primitive. — *Soba, regionis Emath.* Ces deux derniers mots sont une heureuse addition de l'auteur des Paralipomènes, car ils déterminent au moins d'une

Ambassadeurs étrangers apportant le tribut à un roi d'Égypte. (Peinture antique.)

vavitque omnes equos curruum, exceptis centum quadrigis, quas reservavit sibi.

5. Supervenit autem et Syrus Damascenus, ut auxilium præberet Adarezer, regi Soba; sed et hujus percussit David viginti duo millia virorum.

6. Et posuit milites in Damasco, ut Syria quoque serviret sibi, et offerret munera. Adjuvitque eum Dominus in cunctis ad quæ perrexerat.

7. Tulit quoque David pharetras aureas quas habuerant servi Adarezer, et attulit eas in Jerusalem.

8. Necnon de Thebath et Chun, urbibus Adarezer, æris plurimum, de quo fecit Salomon mare æneum, et columnas et vasa ænea.

9. Quod cum audisset Thou, rex Hemath, percussisse videlicet David omnem exercitum Adarezer, regis Soba,

10. misit Adoram, filium suum, ad regem David, ut postularet ab eo pacem, et congratularetur ei, quod percussisset et expugnasset Adarezer; adversarius quippe erat Thou Adarezer.

11. Sed et omnia vasa aurea, et argentea, et ænea consecravit David rex Domino, cum argento et auro, quod tulerat ex universis gentibus, tam de Idumæa, et Moab, et filiis Ammon, quam de Philisthiim et Amalec.

12. Abisai vero, filius Sarviæ, percussit Edom in valle Salinarum, decem et octo millia.

13. Et constituit in Edom præsidium, ut serviret Idumæa David; salvavitque Dominus David in cunctis ad quæ perrexerat.

---

des jambes à tous les chevaux des chars, excepté cent attelages qu'il se réserva.

5. Les Syriens de Damas vinrent au secours d'Adarézer, roi de Soba; mais David en défit vingt-deux mille.

6. Et il mit une garnison dans Damas pour tenir la Syrie soumise, et se la rendre tributaire. Et le Seigneur l'assista dans toutes ses entreprises.

7. David prit aussi les carquois d'or des serviteurs d'Adarézer, et les porta à Jérusalem.

8. Il enleva aussi une grande quantité d'airain de Thébath et de Chun, villes d'Adarézer, et Salomon en fit la mer d'airain, avec les colonnes et les vases de même métal.

9. Thoü, roi d'Hémath, ayant appris que David avait défait toute l'armée d'Adarézer, roi de Soba,

10. envoya Adoram, son fils, au roi David, pour lui demander son alliance, et le féliciter de ce qu'il avait défait et vaincu entièrement Adarézer; car Thoü était ennemi d'Adarézer.

11. Le roi David consacra au Seigneur tous les vases d'or, et d'argent, et d'airain, avec ce qu'il avait pris d'or et d'argent sur tous les peuples, tant sur les Iduméens, les Moabites et les Ammonites, que sur les Philistins et les Amalécites.

12. Abisaï, fils de Sarvia, défit aussi dix-huit mille Iduméens dans la vallée des Salines.

13. Il mit des garnisons dans l'Idumée, pour tenir cette province soumise à David; et le Seigneur conserva toujours David dans toutes ses entreprises.

---

manière approximative la situation du royaume de Soba (entre Émath et la Syrie damascène; *Atl. géogr.*, pl. v, vii, viii). — *Septem millia*

Vases d'or. (Ancienne Égypte.)

equitum (vers. 4). Au livre des Rois, 1 700 chevaux seulement. Le texte a souffert d'un côté ou de l'autre. — *Syrus Damascenus* (vers. 5). Dans l'hébreu, la forme très rare *Darméseq*, au u de *Daméseo*. — *Pharetras aureas* (vers. 7).

D'après les LXX, des colliers d'or. L'expression hébraïque parait désigner des armes en général. — Les villes de *Thebath* et de *Chun* (vers. 8) sont inconnues; l'auteur des Rois cite à leur place Bété et Béroth. — *De quo fecit...* est un trait nouveau.

9-11. Le roi Thoü envoie une ambassade et des présents à David. Cf. II Reg. viii, 9-12. — *Misit Adoram* (vers. 10). « Joram » au livre des Rois. — *Postularet... pacem.* Mieux : « pour le saluer, » ainsi que traduit la Vulgate au passage parallèle.

12-13. Conquête de l'Idumée. Comp. II Reg. viii, 13-14. — *Abisai.* Détail spécial. Dans l'autre récit, la victoire est attribuée à David; mais le roi ne la remporta que d'une manière indirecte, en tant qu'il était le généralissime de toutes les forces israélites.

14. David régna donc sur tout Israël, et il faisait droit et justice à tout son peuple. -

15. Or Joab, fils de Sarvia, était général de l'armée, et Josaphat, fils d'Ahilud, était archiviste.

16. Sadoc, fils d'Achitob, et Ahimélec, fils d'Abiathar, étaient *grands* prêtres. Susa était secrétaire.

17. Banaïas, fils de Joïada, commandait les Céréthiens et les Phéléthiens. Mais les fils de David étaient les premiers auprès du roi.

14. Regnavit ergo David super universum Israel; et faciebat judicium atque justitiam cuncto populo suo.

15. Porro Joab, filius Sarviæ, erat super exercitum; et Josaphat, filius Ahilud, a commentariis.

16. Sadoc autem, filius Achitob, et Ahimelech, filius Abiathar, sacerdotes; et Susa scriba.

17. Banaias quoque, filius Joiadæ, super legiones Cerethi et Phelethi; porro filii David, primi ad manum regis.

CHAPITRE XIX

1. Il arriva ensuite que Naas, roi des Ammonites, mourut, et son fils régna à sa place.

2. Alors David dit : Je veux témoigner de l'affection à Hanon, fils de Naas ; car son père en a montré à mon égard. Il envoya donc des ambassadeurs pour le consoler sur la mort de son père. Mais, quand ils furent arrivés sur les terres des Ammonites pour consoler Hanon,

3. les principaux du pays dirent à Hanon : Vous croyez peut-être que c'est pour honorer votre père que David vous a envoyé des consolateurs, et vous ne voyez pas qu'ils ne sont venus que pour reconnaître votre pays, et l'explorer, et y tout découvrir.

4. Hanon fit donc raser la tête et la barbe aux serviteurs de David, leur fit couper leurs tuniques depuis le haut des cuisses jusqu'aux pieds, et les renvoya *ensuite.*

5. Lorsqu'ils furent partis, et qu'ils eurent averti David, il envoya au-devant d'eux, à cause de ce grand outrage qu'ils avaient reçu, et leur ordonna de

1. Accidit autem ut moreretur Naas, rex filiorum Ammon, et regnaret filius ejus pro eo.

2. Dixitque David : Faciam misericordiam cum Hanon, filio Naas ; præstitit enim mihi pater ejus gratiam. Misitque David nuntios ad consolandum eum super morte patris sui. Qui cum pervenissent in terram filiorum Ammon, ut consolarentur Hanon,

3. dixerunt principes filiorum Ammon ad Hanon : Tu forsitan putas, quod David honoris causa in patrem tuum miserit qui consolentur te ; nec animadvertis quod ut explorent et investigent, et scrutentur terram tuam, venerint ad te servi ejus.

4. Igitur Hanon pueros David decalcavit, et rasit, et præcidit tunicas eorum a natibus usque ad pedes, et dimisit eos.

5. Qui cum abiissent, et hoc mandassent David, misit in occursum eorum (grandem enim contumeliam sustinuerant), et præcepit ut manerent in Jeri-

---

2º Liste des principaux officiers de David. XVIII, 14-17.

14-17. Comp. II Reg. viii, 15-18, et le commentaire. — Au vers. 14, idée générale, servant de transition. La liste aux vers. 15-17, avec des variantes pour quelques noms ; surtout, *Susa* au lieu de *Saraïas. — Primi ad manum regis* (vers. 17). Hébraïsme, pour signifier : les premiers après le roi. Notre auteur a évité l'expression ambiguë des Rois (*kohânim*, prêtres ou ministres).

3º Guerre contre les Ammonites. XIX, 1 — XX, 7.

Le récit des bontés de David envers Miphiboseth, fils de Jonathas (cf. II Reg. IX), est

passé sous silence, ainsi que divers traits du même genre, comme appartenant à l'histoire intime du monarque, de laquelle l'auteur des Paralipomènes ne voulait pas s'occuper.

CHAP. XIX. — 1-5. Occasion de la guerre. Comparez II Reg. x, 1-5 et les notes. Les deux narrations sont à peu près identiques. — *In terram* (vers. 2). Au livre des Rois : dans la ville. — *Decalcavit et rasit.* Le premier de ces verbes manque dans l'hébreu. Le récit parallèle ajoute qu'on rasa aux ambassadeurs la moitié seulement du visage ; ce qui rendait l'affront plus cruel encore. — *Præcipit ut manerent.* II Reg. emploie le langage direct. « Il leur fit dire : Demeurez à Jéricho. »

cho, donec cresceret barba eorum, et tunc reverterentur.

6. Videntes autem filii Ammon, quod injuriam fecissent David, tam Hanon, quam reliquus populus, miserunt mille talenta argenti, ut conducerent sibi de Mesopotamia, et de Syria Maacha, et de Soba, currus et equites.

7. Conduxeruntque triginta duo millia curruum, et regem Maacha cum populo ejus. Qui cum venissent, castrametati sunt e regione Medaba. Filii quoque Ammon, congregati de urbibus suis, venerunt ad bellum.
8. Quod cum audisset David, misit Joab, et omnem exercitum virorum fortium.
9. Egressique filii Ammon, direxerunt aciem juxta portam civitatis; reges autem, qui ad auxilium ejus venerant, separatim in agro steterunt.

10. Igitur Joab, intelligens bellum ex adverso et post tergum contra se fieri, elegit viros fortissimos de universo Israel, et perrexit contra Syrum.
11. Reliquam autem partem populi dedit sub manu Abisai, fratris sui, et perrexerunt contra filios Ammon;
12. dixitque : Si vicerit me Syrus, auxilio eris mihi; si autem superaverint te filii Ammon, ero tibi in praesidium.

13. Confortare et agamus viriliter pro populo nostro, et pro urbibus Dei nostri; Dominus autem, quod in conspectu suo bonum est, faciet.

14. Perrexit ergo Joab, et populus qui cum eo erat, contra Syrum ad praelium, et fugavit eos.
15. Porro filii Ammon, videntes quod

demeurer à Jéricho jusqu'à ce que leur barbe eût repoussé, et de revenir ensuite.

6. Mais les Ammonites, voyant qu'ils avaient offensé David, envoyèrent, tant de la part d'Hanon que de celle de tout le peuple, mille talents d'argent pour prendre à leur solde des chars de guerre et des cavaliers dans la Mésopotamie, dans la Syrie de Maacha et dans Soba.
7. Ils assemblèrent donc trente-deux mille chars, et le roi de Maacha avec son peuple. Tous ces gens vinrent camper en face de Médaba. Et les Ammonites, s'étant aussi assemblés de leurs villes, marchèrent au combat.
8. A cette nouvelle, David envoya Joab avec toutes ses meilleures troupes.

9. Les fils d'Ammon sortirent et se rangèrent en bataille près de la porte de la ville; et les rois qui étaient venus à leur secours campèrent séparément dans la campagne.
10. Joab, ayant remarqué qu'on se préparait à le combattre de front et par derrière, prit l'élite de toutes les troupes d'Israël, et marcha contre les Syriens.
11. Il donna le reste de l'armée à Abisaï, son frère, pour marcher contre les Ammonites;
12. et il lui dit : Si les Syriens ont de l'avantage sur moi, tu viendras à mon secours; et si les Ammonites en ont sur toi, j'irai *aussi* te secourir.
13. Agis en homme de cœur, et combattons généreusement pour notre peuple et pour les villes de notre Dieu; et le Seigneur ordonnera de tout comme il lui plaira.
14. Joab marcha donc contre les Syriens avec les troupes qu'il commandait, et il les mit en fuite.
15. Les Ammonites, voyant que les

6-7. Les Ammonites, redoutant de terribles représailles de la part des Hébreux, se préparent à la guerre. Cf. II Reg. x, 6, 8ᵇ. Nous avons ici des variantes et des additions d'une certaine importance. — Détails nouveaux. *Mille talenta argenti*, c.-à-d. 8 500 000 fr. *E regione Medaba*, au sud-est d'Hésébon (voyez la note de Num. xxi, 30). — Variantes. Au lieu de *Mesopotamia... Soba*, nous lisons dans l'autre récit: « les Syriens de Rohob, et les Syriens de Soba,... Maacha et Istoba. » Au lieu de trente-deux mille chars, le passage parallèle mentionne trente-trois mille soldats; « ce nombre de chariots pa-

rait excessif » (Calmet), et il y a eu ici quelque erreur de transcription évidente.

8-13. Le double plan de bataille. Comp. II Reg. x, 7-8ᵃ, 9-12. — Plan des Ammonites, vers. 9. Il consistait à cerner les Hébreux entre les deux armées confédérées. *Reges* est un détail spécial. — Plan de Joab, vers. 10-13. Le général en chef des Israélites divise habilement ses forces, pour résister simultanément aux deux armées ennemies.

14-15. La victoire d'Israël. Comp. II Reg. x, 13-14.

Syriens avaient pris la fuite, s'enfuirent aussi eux-mêmes de devant son frère Abisaï, et se retirèrent dans la ville. Et Joab s'en retourna à Jérusalem.

16. Et lorsque les Syriens eurent vu qu'ils avaient été battus par Israël, ils envoyèrent chercher les autres Syriens qui étaient au delà du fleuve. Sophach, général de l'armée d'Adarézer, les commandait

17. On l'annonça à David, qui assembla tout Israël, passa le Jourdain et vint fondre sur eux, en les attaquant de front tandis qu'ils luttaient de leur côté.

18. Mais les Syriens prirent la fuite devant Israël; et David tua sept mille hommes des chars, et quarante mille hommes de pied, et Sophach, général de l'armée.

19. Alors tous les serviteurs d'Adarézer, se voyant vaincus par les Israélites, passèrent dans le parti de David, et lui furent assujettis. Et les Syriens ne voulurent plus donner de secours aux Ammonites.

fugisset Syrus, ipsi quoque fugerunt Abisai, fratrem ejus, et ingressi sunt civitatem; reversusque est etiam Joab in Jerusalem.

16. Videns autem Syrus quod cecidisset coram Israel, misit nuntios, et adduxit Syrum, qui erat trans fluvium; Sophach autem, princeps militiæ Adarezer, erat dux eorum.

17. Quod cum nuntiatum esset David, congregavit universum Israel, et transivit Jordanem, irruitque in eos, et direxit ex adverso aciem, illis contra pugnantibus.

18. Fugit autem Syrus Israel; et interfecit David de Syris septem millia curruum, et quadraginta millia peditum, et Sophach, exercitus principem.

19. Videntes autem servi Adarezer se ab Israel esse superatos, transfugerunt ad David, et servierunt ei. Noluitque ultra Syria auxilium præbere filiis Ammon.

CHAPITRE XX

1. Un an après, au temps où les rois ont coutume d'aller à la guerre, Joab assembla une armée et l'élite de toutes les troupes, et ravagea le pays des Ammonites; puis il alla mettre le siège devant Rabba. Mais David demeura à Jérusalem, pendant que Joab battit Rabba et la détruisit.

2. Alors David prit la couronne de dessus la tête de Melchom, et il la trouva du poids d'un talent d'or et ornée de pierreries très précieuses, et il s'en fit un diadème; il emporta aussi de la ville plusieurs autres dépouilles.

3. Il en fit sortir le peuple qui y était,

1. Factum est autem post anni circulum, eo tempore quo solent reges ad bella procedere, congregavit Joab exercitum, et robur militiæ, et vastavit terram filiorum Ammon; perrexitque, et obsedit Rabba. Porro David manebat in Jerusalem, quando Joab percussit Rabba, et destruxit eam.

2. Tulit autem David coronam Melchom de capite ejus, et invenit in ea auri pondo talentum, et pretiosissimas gemmas, fecitque sibi inde diadema; manubias quoque urbis plurimas tulit.

3. Populum autem, qui erat in ea,

16-19. Les Syriens renouvellent leur attaque et sont complètement écrasés. Comp. II. Reg. x, 15-19. Notre auteur abrège légèrement. — *Sophach* (vers. 16). II Rois : Sobach. — *Irruit... in eos* (vers. 17). II Rois : il vint à Hélam. — *Septem millia curruum* (vers. 18). II Rois : sept cent chars; chiffre plus vraisemblable. — *Quadraginta... peditum.* II Rois : quarante mille cavaliers. — *Servi Adarezer* (vers. 19). C.-à-d. les rois ses vassaux. Cf. vers. 19.

CHAP. XX. — 1-3. Prise de Rabbat-Ammon. Comp. II Reg xi- 1 et xii, 26-31 (voyez le com-

mentaire). Entre le début du siège et l'assaut final, le livre des Rois raconte la douloureuse histoire de l'adultère de David, omise ici pour le motif indiqué plus haut (note placée en tête du chap. xix). — *Post anni circulum.* Dans l'hébreu : au temps du retour de l'année; c.-à-d. au début de l'année suivante, au printemps. — *David manebat.* Le roi ne vint à Rabba qu'au moment du triomphe, pour en recueillir personnellement les fruits. Voyez la narration des Rois, qui est plus complète. — *Melchom* (vers. 2). Dans l'hébreu : *malkam*, leur roi (la couronne

eduxit; et fecit super eos tribulas, et
trahas, et ferrata carpenta transire, ita
ut dissecarentur et contererentur. Sic
fecit David cunctis urbibus filiorum Ammon; et reversus est cum omni populo
suo in Jerusalem.

4. Post hæc initum est bellum in
Gazer adversum Philisthæos, in quo
percussit Sobochai Husathites, Saphai
de genere Raphaim, et humiliavit eos.

5. Aliud quoque bellum gestum est
adversus Philisthæos, in quo percussit
Adeodatus, filius Saltus Bethlehemites,
fratrem Goliath Gethæi, cujus hastæ lignum erat quasi liciatorium texentium.

6. Sed et aliud bellum accidit in Geth,
in quo fuit homo longissimus, senos habens digitos, id est simul viginti quatuor; qui et ipse de Rapha fuerat stirpe
generatus.

7. Hic blasphemavit Israel; et percussit eum Jonathan, filius Samaa, fratris David. Hi sunt filii Rapha in Geth,
qui ceciderunt in manu David et servorum ejus.

et fit passer sur eux des traîneaux et des
chars armés de fers et de tranchants,
pour les briser et les mettre en pièces.
Il traita de même toutes les villes des
Ammonites, et il revint ensuite à Jérusalem avec tout son peuple.

4. Après cela, on fit la guerre à Gazer
contre les Philistins; et Sobochaï le Husathite tua Saphaï, qui était de la race
des géants; et il humilia les Philistins.

5. On fit encore une autre guerre contre
les Philistins;. et Adéodat, fils de la
Forêt, Bethléémite, tua un frère du
Géthéen Goliath, qui avait une lance
dont la hampe était comme l'ensuple
des tisserands.

6. Il y eut encore une autre guerre à
Geth; il s'y trouva un homme extrêmement grand, qui avait six doigts aux
pieds et aux mains, c'est-à-dire vingt-
quatre en tout; il était aussi lui-même
de la race des géants.

7. Il blasphéma les Israélites; et Jonathan, fils de Samaa, frère de David,
le tua. Ce sont là les fils de Rapha, à
Geth. Ils furent tués par la main de
David et de ses serviteurs.

CHAPITRE XXI

1. Consurrexit autem Satan contra
Israel, et concitavit David ut numera-
ret Israel.

2. Dixitque David ad Joab, et ad
principes populi: Ite, et numerate Israel
a Bersabee usque Dan, et afferte mihi
numerum, ut sciam.

1. Cependant Satan s'éleva contre Israël, et il excita David à faire le dénombrement d'Israël.

2. David dit donc à Joab et aux chefs
du peuple: Allez, et faites le dénombrement de tout Israël, depuis Bersabée
jusqu'à Dan, et apportez-m'en le rôle,
afin que je le connaisse.

de leur roi); de même au passage parallèle, que
la Vulgate a exactement traduit. D'après notre
version latine, il s'agirait ici de la divinité principale des Ammonites, Moloch ou Melchom. —
Fecitque... diadema. Plutôt, d'après le texte original: et on la mit sur la tête de David. — Sort
terrible des Ammonites, vers. 3. Voyez quelques
petites variantes au livre des Rois.

4° Trois expéditions contre les Philistins et glorieux exploits de trois héros israélites. XX, 4-7.

Au second livre des Rois, cette narration est
rejetée jusque vers la fin de l'histoire de David,
et il y a une campagne de plus.

4. Première expédition, et exploit de Sobochaï.
Comp. II Reg. xxi, 18.

5. Deuxième expédition, et exploit d'*Elhanan*,
fils de *Ya'aré* (au lieu de *Adeodatus, filius Saltus*). Comp. II Reg. xxi, 19. — *Bethlehemites.*
Dans l'hébreu, *Laḥmi* est le nom du géant
philistin.

6-7. Troisième expédition, et exploit de Jonathan. Comp. II Reg. xxi, 20-22. — *Filii Rapha*
(vers. 7): de la race géante des Raphaïm (cf.
vers. 4). — *In manu David*: médiatement,
par ses serviteurs.

§ VI. — *Le dénombrement du peuple et la
peste qu'il occasionna.* XXI, 1-30.

Comparez II Reg. xxiv; mais, cette fois, les
variantes sont plus nombreuses et plus considérables que pour les autres faits sur lesquels
les deux livres se rencontrent. Il est visible que
l'auteur des Paralipomènes eut de nouveaux documents à sa disposition.

1° Opérations du recensement. XXI, 1-6.

Chap. XXI. — 1-3. L'ordre du roi et l'objection de Joab. — *Consurrexit.. Satan.* Trait
spécial (voyez la note de II Reg. xxiv, 1). —
Et ad principes...: autre addition des Paralipomènes. — *A Bersabee...* On disait d'ordinaire:

3. Joab lui répondit : Que le Seigneur daigne multiplier son peuple au centuple de ce qu'il est maintenant. Monseigneur le roi, tous ne sont-ils pas vos serviteurs ? Pourquoi recherchez-vous une chose qui sera imputée à péché à Israël?

4. Néanmoins le commandement du roi l'emporta. Joab partit donc et parcourut tout Israël, et il revint à Jérusalem.

5. Il donna à David le dénombrement de tous ceux qu'il avait comptés, et il se trouva onze cent mille hommes d'Israël, tous capables de porter les armes ; et quatre cent soixante-dix mille guerriers de Juda.

6. Joab ne fit point le dénombrement de la tribu de Lévi ni de celle de Benjamin, parce qu'il n'exécutait qu'à regret l'ordre du roi.

7. Et cet ordre déplut à Dieu, qui frappa Israël.

8. Mais David dit à Dieu : J'ai commis une grande faute en agissant ainsi. Je vous prie de pardonner cette iniquité à votre serviteur, car j'ai fait une folie.

9. Alors le Seigneur parla à Gad, prophète de David, et lui dit :

10. Allez trouver David, et dites-lui : Voici ce que dit le Seigneur : Je vous donne le choix de trois choses ; choisissez celle que vous voudrez, et je suivrai votre choix.

11. Gad vint donc trouver David, et lui dit : Voici ce que dit le Seigneur : Choisissez ce que vous voudrez :

12. ou de souffrir la famine durant trois ans ; ou de fuir devant vos ennemis durant trois mois, sans pouvoir éviter

3. Responditque Joab : Augeat Dominus populum suum centuplum, quam sunt. Nonne, domine mi rex, omnes servi tui sunt? Quare hoc quærit dominus meus, quod in peccatum reputetur Israeli?

4. Sed sermo regis magis prævaluit; egressusque est Joab, et circuivit universum Israel, et reversus est Jerusalem.

5. Deditque Davidi numerum eorum quos circuierat; et inventus est omnis numerus Israel, mille millia et centum millia virorum educentium gladium; de Juda autem quadringenta septuaginta millia bellatorum.

6. Nam Levi et Benjamin non numeravit, eo quod Joab invitus exequeretur regis imperium.

7. Displicuit autem Deo quod jussum erat, et percussit Israel.

8. Dixitque David ad Deum : Peccavi nimis ut hoc facerem; obsecro, aufer iniquitatem servi tui, quia insipienter egi.

9. Et locutus est Dominus ad Gad, videntem Davidis, dicens :

10. Vade, et loquere ad David, et dic ei : Hæc dicit Dominus : Trium tibi optionem do; unum quod volueris, elige, et faciam tibi.

11. Cumque venisset Gad ad David, dixit ei : Hæc dicit Dominus : Elige quod volueris :

12. aut tribus annis famem, aut tribus mensibus te fugere hostes tuos, et gladium eorum non posse evadere; aut

---

de Dan à Bersabée. La formule a été renversée. — La réponse de Joab, vers. 3, que notre auteur abrège dans sa première partie, est plus complète dans la seconde. *In peccatum...* : sur la nature de ce péché, voyez II Reg. xxiv, 3, et l'explication.

4-6. Le recensement. — Il n'est relaté ici que d'une façon sommaire ; comparez la narration très explicite de II Reg. xxiv, 4-9. Surtout, les chiffres qui exposent les résultats généraux de l'opération diffèrent notablement de part et d'autre. Ici, 1 100 000 pour Israël, 470 000 pour Juda ; au livre des Rois, 800 000 pour Israël, 500 000 pour Juda. On peut dire que ce dernier nombre a été arrondi, et il équivaudrait ainsi à celui des Paralipomènes. L'autre divergence est relativement énorme ; mais au vers. 6, et plus loin, xxvii, 24, il est dit en termes formels que le dénombrement demeura en partie inachevé ; le résultat put donc être différemment apprécié,

et de là vinrent, dans la tradition, des divergences d'appréciation auxquelles correspondent celles des récits. — *Nam Levi...* Le livre des Rois n'a pas ces détails du vers. 6. — *Eo quod Joab.* Comp. le vers. 3. Joab, en laissant l'opération incomplète, espérait annuler les effets désastreux qu'il redoutait.

2° Peste effroyable, envoyée par Dieu pour châtier David et Israël. XXI, 7-17.

7. La colère divine. — *Displicuit...* Trait propre à notre auteur. *Percussit Israel* est un détail anticipé ; cf. vers. 14-15.

8. David reconnaît et regrette sa faute. Comp. II Reg. xxiv, 10.

9-13. Dieu offre au roi coupable le choix du châtiment. Comp. II Reg. xxiv, 11-14. — Quelques variantes : *tribus annis* au lieu de sept années ; *gladium eorum non posse...*, au lieu de : ils te poursuivront ; *gladium..., pestilentiam...*, *angelum...*, développements qui insistent sur la

tribus diebus gladium Domini, et pestilentiam versari in terra, et angelum Domini interficere in universis finibus Israel. Nunc igitur vide quid respondeam ei qui misit me.

13. Et dixit David ad Gad : Ex omni parte me angustiæ premunt; sed melius mihi est, ut incidam in manus Domini, quia multæ sunt miserationes ejus, quam in manus hominum.

14. Misit ergo Dominus pestilentiam in Israel; et ceciderunt de Israel septuaginta millia virorum.

15. Misit quoque angelum in Jerusalem, ut percuteret eam; cumque percuteretur, vidit Dominus, et misertus est super magnitudine mali; et imperavit angelo qui percutiebat : Sufficit, jam cesset manus tua. Porro angelus Domini stabat juxta aream Ornan Jebusæi.

16. Levansque David oculos suos, vidit angelum Domini stantem inter cælum et terram, et evaginatum gladium in manu ejus, et versum contra Jerusalem. Et ceciderunt tam ipse, quam majores natu, vestiti ciliciis, proni in terram.

17. Dixitque David ad Deum : Nonne ego sum, qui jussi ut numeraretur populus? Ego, qui peccavi, ego, qui malum feci; iste grex quid commeruit? Domine Deus meus, vertatur, obsecro, manus tua in me, et in domum patris mei; populus autem tuus non percutiatur.

18. Angelus autem Domini præcepit Gad, ut diceret Davidi ut ascenderet, exstrueretque altare Domino Deo in area Ornan Jebusæi.
19. Ascendit ergo David juxta sermonem Gad, quem locutus ei fuerat ex nomine Domini.

leur glaive; ou d'être sous le glaive du Seigneur durant trois jours, la peste étant dans vos États, et l'ange du Seigneur donnant la mort dans toutes les terres d'Israël. Voyez donc ce que je dois répondre à celui qui m'a envoyé.

13. Et David dit à Gad : De tout côté l'angoisse me presse; cependant il est meilleur pour moi de tomber entre les mains du Seigneur, car il est plein de miséricorde, que dans les mains des hommes.
14. Le Seigneur envoya donc la peste en Israël, et il mourut soixante-dix mille Israélites.
15. Il envoya aussi son ange à Jérusalem pour la frapper; et comme elle était frappée, le Seigneur la regarda, et fut touché de compassion d'une plaie si terrible. Il dit donc à l'ange exterminateur : C'est assez; arrêtez votre main. Or l'ange du Seigneur était près de l'aire d'Ornan le Jébuséen.

16. Et David, levant les yeux, vit l'ange du Seigneur, qui était entre le ciel et la terre, et qui avait à la main une épée nue et tournée contre Jérusalem. Alors David et les anciens *qui étaient avec lui*, couverts de cilices, se prosternèrent en terre.

17. Et David dit à Dieu : N'est-ce pas moi qui ai commandé de faire ce dénombrement du peuple? C'est moi qui ai péché; c'est moi qui ai commis le mal; quant à ce troupeau, qu'a-t-il mérité? Tournez donc, je vous prie, Seigneur mon Dieu, votre main contre moi et contre la maison de mon père; mais épargnez votre peuple.
18. Alors l'ange du Seigneur commanda à Gad de dire à David de venir et de dresser un autel au Seigneur Dieu, dans l'aire d'Ornan le Jébuséen.
19. David y monta donc, suivant l'ordre que Gad lui en avait signifié de la part de Dieu.

---

menace, au lieu de la simple phrase des Rois : « La peste sera dans le pays. » — *Te fugere* (vers. 12). Nuance dans l'hébreu : être détruit devant tes ennemis.

14-17. La peste. Comp. II Reg. **xxiv**, 15-17. — *Misit... Dominus.* La narration parallèle ajoute : depuis le matin jusqu'au sacrifice du soir. — *Misit... in Jerusalem* (vers. 15). II Rois : et comme l'ange du Seigneur étendait déjà sa main sur Jérusalem. — *Stabat :* trait spécial, pittoresque. — *Ornan.* « Areuna » dans la Vulgate, au passage correspondant des Rois. — *Levans-*

que... (vers. 16). Tout est nouveau dans ce verset, à part le détail *vidit angelum.* C'est une description dramatique. Les *majores natu,* ou notables, formaient la suite du roi. — Au vers. 17, les mots *nonne ego...populus,* et *populus...non percutiatur,* sont omis par le livre des Rois.

3° Dieu se laisse apaiser; David lui érige un autel sur l'aire d'Ornan. **XXI,** 18-30.

18. Ordre de l'ange, intimé par le prophète Gad. Comp. II Reg. **xxiv**, 18. — Le détail *angelus... præcepit* est aussi une particularité.

19-25. David achète l'aire d'Ornan. Comp. **II**

20. Mais Ornan et ses quatre fils, ayant levé les yeux et vu l'ange, se cachèrent, car ils battaient alors leurs grains dans leur aire.

21. Lors donc que David approchait, Ornan l'aperçut, et, sortant de son aire pour aller au-devant de lui, il se prosterna devant lui jusqu'à terre.

22. David lui dit : Donnez-moi la place qu'occupe votre aire, afin que j'y dresse un autel au Seigneur, et que je fasse cesser cette plaie de dessus le peuple, et je vous en payerai le prix qu'elle vaut.

23. Ornan dit à David : Le roi mon Seigneur n'a qu'à la prendre et à en faire ce qu'il lui plaira. Je lui donnerai aussi les bœufs pour l'holocauste, les traîneaux en guise de bois, et le blé qui est nécessaire pour le sacrifice. Je donnerai toutes ces choses avec joie.

24. Le roi David lui dit : Il n'en sera pas ainsi, mais je vous en payerai le prix. Car je ne dois pas vous dépouiller pour offrir au Seigneur des holocaustes qui ne me coûtent rien.

25. David donna donc à Ornan pour l'emplacement six cents sicles d'or d'un poids très juste.

26. Et il dressa là un autel au Seigneur, et y offrit des holocaustes et des hosties pacifiques. Et il invoqua le Seigneur, qui l'exauça, en faisant descendre le feu du ciel sur l'autel de l'holocauste.

27. Alors le Seigneur commanda à l'ange de remettre son épée dans le fourreau ; ce qu'il fit.

28. Et aussitôt David, voyant que le Seigneur l'avait exaucé dans l'aire d'Ornan le Jébuséen, lui immola des victimes en ce lieu.

29. Le tabernacle du Seigneur que Moïse avait construit dans le désert, et

20. Porro Ornan cum suspexisset, et vidisset angelum, quatuorque filii ejus cum eo, absconderunt se; nam eo tempore terebat in area triticum.

21. Igitur cum veniret David ad Ornan, conspexit eum Ornan, et processit ei obviam de area, et adoravit eum pronus in terram.

22. Dixitque ei David : Da mihi locum areæ tuæ, ut ædificem in ea altare Domino, ita ut quantum valet argenti accipias, et cesset plaga a populo.

23. Dixit autem Ornan ad David : Tolle, et faciat dominus meus rex quodcumque ei placet; sed et boves do in holocaustum, et tribulas in ligna, et triticum in sacrificium; omnia libens præbebo.

24. Dixitque ei rex David : Nequaquam ita fiet, sed argentum dabo quantum valet; neque enim tibi auferre debeo, et sic offerre Domino holocausta gratuita.

25. Dedit ergo David Ornan, pro loco, siclos auri justissimi ponderis sexcentos.

26. Et ædificavit ibi altare Domino, obtulitque holocausta pacifica; et invocavit Dominum, et exaudivit eum in igne de cælo super altare holocausti.

27. Præcepitque Dominus angelo, et convertit gladium suum in vaginam.

28. Protinus ergo David, videns quod exaudisset eum Dominus in aera Ornan Jebusæi, immolavit ibi victimas.

29. Tabernaculum autem Domini quod fecerat Moyses in deserto, et altare ho-

---

Reg. xxiv, 19-24. — *Porro Ornan...* Tous ces intéressants détails du vers. 20 sont propres aux Paralipomènes. *Terebat... triticum :* d'après le vers. 23, au moyen d'un traîneau auquel étaient attelés les bœufs. — *Dixitque... David* (vers. 22). Le livre des Rois insère une question préalable d'Ornan et la réponse du roi : Pourquoi mon seigneur le roi vient-il trouver son serviteur ? David lui dit : Pour acheter ton aire, et y dresser... — *Triticum in sacrificium* (hébr. : *minhah*) : le sacrifice non sanglant qui accompagnait les victimes vivantes. Cf. Lev. II, 1-10. Ce trait est omis par l'autre narration, qui ajoute, en revanche, qu'Ornan offrit aussi les jougs de ses bœufs. — *Quantum valet* (vers. 24) est un trait spécial. — *Siclos auri...* (vers. 25). Sur cette

variante considérable, voyez la note de II Reg. xxiv, 24.

26-27. Érection de l'autel et cessation du fléau. Comp. II Reg. xxiv, 25. — Tout est nouveau tantôt pour le fond, tantôt seulement pour la forme, à partir des mots *et invocavit* (26ᵇ). — *Igne de cælo.* Merveille qui se reproduisit plusieurs fois dans l'histoire juive. Cf. Lev. IX, 24; III Reg. xvIII, 24, 38; II Par. VII, 1.

28-30. David offre des sacrifices sur l'aire d'Ornan, qui commença ainsi à devenir un sanctuaire permanent.— Tout ce passage appartient en propre aux Paralipomènes. C'est une transition à ce qui sera bientôt raconté (xxII, 1 et ss.) concernant les préparatifs faits par le saint roi en vue de la construction du temple dans ce même

COMMENT. — III.   6

locaustorum, ea tempestate erat in excelso Gabaon.

50· Et non prævaluit David ire ad altar' ut ibi obsecraret Deum ; nimio enim fuerat timore perterritus, videns gladium angeli Domini.

l'autel des holocaustes, étaient alors au haut lieu de Gabaon.

30. Et David ne put pas aller jusqu'à cet autel pour y offrir sa prière à Dieu, car il avait été frappé d'une trop grande frayeur, en voyant l'épée de l'ange du Seigneur.

CHAPITRE XXII

1. Dixitque David : Hæc est domus Dei, et hoc altare in holocaustum Israel.

2· Et præcepit ut congregarentur omnes proselyti de terra Israel, et constituit ex eis latomos ad cædendos lapides et poliendos, ut ædificaretur domus Dei.

3. Ferrum quoque plurimum ad claves januarum, et ad commissuras atque juncturas præparavit David, et æris pondus innumerabile.

4. Ligna quoque cedrina non poterant æstimari, quæ Sidonii et Tyrii deportaverant ad David.

1. Et David dit : C'est ici la maison de Dieu, et c'est ici l'autel qui doit servir pour les holocaustes d'Israël.

2. Et il commanda qu'on assemblât tous les prosélytes qui étaient dans le pays d'Israël ; et il en prit pour tirer les pierres des carrières, pour les tailler et les polir, en vue de la construction du temple.

3. Il prépara aussi du fer en abondance pour les clous des portes, et pour les crampons et jointures, et de l'airain en poids innombrable.

4. Les Tyriens et les Sidoniens apportèrent aussi à David du bois de cèdre, dont on ne pouvait estimer la quantité.

---

lieu. — *Protinus... immolavit.* L'hébreu exprime une coutume, et pas seulement un fait isolé, transitoire : « En ce temps-là, David, voyant que le Seigneur l'avait exaucé dans l'aire d'Ornan, y offrait des sacrifices. » La promptitude avec laquelle Dieu avait manifesté sa miséricorde était un signe que ce lieu lui agréait. — Sur

O1vriers assyriens qui apportent du bois et divers outils.
(Bas-relief antique.)

Gabaon, où était l'ancien tabernacle, voyez XVI, 39-40; II Par. I, 3-5.

SECTION II. — LES DERNIERS ÉVÉNEMENTS DU RÈGNE DE DAVID. XXII, 1 — XXIX, 30.

§ I. — *Préparatifs de David en vue de la future construction du temple.* XXII, 1-19.

Tout ce chapitre est propre aux Paralipomènes.

1° Le roi rassemble des ouvriers et des matériaux. XXII, 1-4.

CHAP. XXII. — 1. Choix de l'aire d'Ornan

comme emplacement du futur temple. — *Dixit... David.* Cette parole se rattache directement à l'épisode qui précède. — *Hæc... domus Dei.* Le lieu où le Seigneur s'était manifesté était appelé, par anticipation, maison de Dieu. Cf. Gen. XXVIII, 17. David, éclairé divinement sans doute, avait choisi ce site pour le temple que son fils Salomon était appelé à bâtir.

2-4. Les ouvriers et les matériaux réunis d'avance. — *Proselyti.* Le mot hébreu *gêrim* désigne simplement des étrangers qui résidaient au milieu d'Israël. Ils appartenaient, pour la plupart, aux restes de l'ancienne population chananéenne, que l'on avait épargnés, mais qui étaient tenus, à l'occasion, d'exécuter certaines corvées. Cf. III Reg. IX, 20-21; II Par. VIII, 7-8. David en avait fait le dénombrement (II Par. II, 17). — *Commissuras :* les crampons de fer destinés à maintenir en place les pierres et les bois de charpente. — *Æris.* L'airain était employé en quantités énormes dans les constructions de l'antiquité. — *Sidonii, Tyrii.* Sur l'habileté des ouvriers phéniciens, voyez III Reg. V, 6, et l'explication.

2° David exhorte son fils Salomon à s'acquitter fidèlement de la mission que Dieu lui avait réservée au sujet du temple. XXII, 5-16.

5. Et David dit : Mon fils Salomon est
encore jeune et délicat; et la maison que
je désire qu'on bâtisse au Seigneur doit
être telle, qu'on en parle *avec admiration*
dans tous les pays. Je veux donc lui
préparer toutes les choses nécessaires. Et
c'est pour cela qu'avant sa mort il fit
tous les préparatifs. .
6. Ensuite il appela Salomon, et lui
ordonna de bâtir un temple au Seigneur
Dieu d'Israël.
7. Il lui dit donc : Mon fils, j'avais
conçu le dessein de bâtir un temple au
nom du Seigneur mon Dieu ; -
8. mais Dieu m'a parlé en disant :
Vous avez répandu beaucoup de sang, et
vous avez fait des guerres nombreuses ;
vous ne pourrez pas bâtir un temple à
mon nom, après tant de sang répandu
en ma présence.
9. Vous aurez un fils dont la vie sera
tout à fait tranquille, et à qui je donnerai le repos du côté de tous ses ennemis
d'alentour. C'est pourquoi il sera appelé Pacifique. Je donnerai la paix et le
repos en Israël durant tout son règne.
10. C'est lui qui bâtira un temple à
mon nom. Il sera mon fils, et moi je
serai son père, et j'affermirai à jamais
le trône de son règne sur Israël. .
11. Que le Seigneur soit donc maintenant avec toi, mon fils, et sois heureux ;
et bâtis une maison au Seigneur ton
Dieu, comme il l'a prédit de toi.
12. Qu'il te donne aussi la sagesse et
le sens, afin que tu puisses conduire Israël, et garder la loi du Seigneur ton
Dieu.
13. Car c'est alors que tu seras heureux, si tu observes les commandements
et les lois qu'il a ordonné à Moïse d'enseigner à tout Israël. Sois fort, agis en
homme de cœur, et ne crains et ne redoute rien.

5. Et dixit David : Salomon, filius
meus, puer parvulus est et delicatus ;
domus autem, quam ædificari volo Domino, talis esse debet ut in cunctis
regionibus nominetur. Præparabo ergo
ei necessaria. Et ob hanc causam ante
mortem suam omnes præparavit impensas.
6. Vocavitque Salomonem, filium
suum, et præcepit ei ut ædificaret domum Domino, Deo Israel.
7. Dixitque David ad Salomonem :
Fili mi, voluntatis meæ fuit ut ædificarem domum nomini Domini Dei mei ;
8. sed factus est sermo Domini ad me,
dicens : Multum sanguinem effudisti, et
plurima bella bellasti ; non poteris ædificare domum nomini meo, tanto effuso
sanguine coram me.
9. Filius qui nascetur tibi erit vir
quietissimus ; faciam enim eum requiescere ab omnibus inimicis suis per circuitum ; et ob hanc causam Pacificus
vocabitur ; et pacem et otium dabo in
Israel cunctis diebus ejus. .
10. Ipse ædificabit domum nomini
meo ; et ipse erit mihi in filium, et ego
ero illi in patrem, firmaboque solium
regni ejus super Israel in æternum.
11. Nunc ergo, fili mi, sit Dominus
tecum, et prosperare ; et ædifica domum Domino Deo tuo, sicut locutus est
de te.
12. Det quoque tibi Dominus pruden
tiam et sensum, ut regere possis Israel,
et custodire legem Domini Dei tui.

13. Tunc enim proficere poteris, si
custodieris mandata et judicia, quæ præcepit Dominus Moysi ut doceret Israel.
Confortare, et viriliter age ; ne timeas,
neque paveas.

---

5. Transition. — *Puer parvulus et delicatus.*
Dans l'hébreu : un *na'ar* (jeune homme) délicat, c.-à-d. inexpérimenté. III Reg. III, 7, Salomon lui-même prend le titre de *na'ar*, quoiqu'il
eût alors au moins vingt ans. Il ne faut donc
pas trop presser cette expression. — *Præparabo
ergo...* Le saint roi, ne pouvant faire davantage
(cf. vers. 7-8), veut au moins se procurer l'honneur et la consolation de préparer une grande
partie des matériaux du futur édifice.
6-16 David charge officiellement son fils de
construire le temple. — Introduction historique,
vers. 6-7ᵃ. *Vocavitque :* sur la fin de sa vie, et
après avoir achevé les préparatifs. Cf. vers. 5
(« avant sa mort »), et III Reg. II, 1-9. — Le

roi expose à Salomon le vif désir qu'il avait eu
de construire personnellement le temple, et la manière dont Dieu s'y était refusé, vers. 7ᵇ-8. *Voluntatis meæ... :* comp. XVII, 1-4 ; II Reg. VII, 1-5.
Multum sanguinem... : les guerres de David
avaient été presque toujours très sanglantes ; cf.
II Reg. VIII, 2-5 ; X, 18 ; XII, 31 ; III Reg. XI, 16.
— Jéhovah lui-même, continue David, avait désigné Salomon pour cette œuvre glorieuse, vers.
9-10. *Pacificus :* en hébreu, *S'lomoh*, de *šalôm*,
paix (*pacem... dabo*). Le vers. 10 résume et condense le célèbre oracle de Nathan, XVII, 12 et ss.
— Après cette sorte d'exorde (vers. 7-10), vient
l'exhortation proprement dite : *Nunc ergo...*,
vers. 11-16. Exhortation d'abord très spéciale

14. Ecce ego in‚paupertate mea præparavi impensas domus Domini, auri talenta centum millia, et argenti mille millia talentorum ; æris‚vero et ferri non est pondus, vincitur enim numerus magnitudine; ligna et lapides præparavi ad universa impendia.

15. Habes quoque plurimos artifices, latomos et cæmentarios, artificesque lignorum, et omnium artium ad faciendum opus prudentissimos,

16. in auro et argento, et ære et ferro, cujus non est numerus. Surge igitur, et fac ; et erit Dominus tecum.

17. Præcepit quoque David cunctis principibus Israel, ut adjuvarent Salomonem, filium suum :

18. Cernitis, inquiens, quod Dominus Deus vester vobiscum sit, et dederit vobis requiem per circuitum, et tradiderit omnes inimicos vestros in manus vestras, et subjecta sit terra coram Domino, et coram populo ejus.

19. Præbete igitur corda vestra et animas vestras, ut quæratis Dominum Deum vestrum ; et consurgite, et ædificate sanctuarium Domino Deo, ut introducatur arca fœderis Domini, et vasa Domino consecrata, in domum quæ ædificatur nomini Domini.

14. Voici que dans ma pauvreté j'ai préparé de quoi fournir aux dépenses de la maison du Seigneur : cent mille talents d'or, et un million de talents d'argent, avec une quantité d'airain et de fer, dont on ne peut dire le poids ni le nombre ; *en outre*, j'ai préparé du bois et des pierres pour tous les besoins.

15. Tu as aussi de nombreux ouvriers : des tailleurs de pierres, des maçons, des ouvriers sur bois, et des hommes qui excellent dans toutes sortes *d'autres* ouvrages,

16. soit en or ou en argent, en cuivre ou en fer, dont on ne peut dire le nombre. Lève-toi donc et agis, et le Seigneur sera avec toi.

17. David commanda en même temps à tous les chefs d'Israël d'aider son fils Salomon.

18. Vous voyez, leur dit-il, que le Seigneur votre Dieu est avec vous, et qu'il vous a donné du repos de tous côtés, qu'il a livré tous vos ennemis entre vos mains, et que le pays est assujetti devant le Seigneur et devant son peuple.

19. Disposez donc vos cœurs et vos âmes, pour chercher le Seigneur votre Dieu. Levez-vous, et bâtissez un sanctuaire au Seigneur Dieu ; afin que l'arche de l'alliance du Seigneur, et les vases qui sont consacrés au Seigneur soient transportés dans cette maison qu'on va bâtir à son nom.

---

et allant droit à la question (vers. 11), mais qui se généralise aussitôt (vers. 12-13), pour se particulariser encore avant de conclure (vers. 14 et ss.). — *Det quoque...* (vers. 12). David exprime ardemment le vœu que Salomon soit un roi selon le cœur de Dieu ; un monarque tout à fait théocratique. — *Ecce ego...* (vers. 14). Ce que David lui-même a fait pour le temple. *In paupertate mea ;* plutôt : par mon travail pénible ; il n'en avait pas coûté peu d'efforts au saint roi pour réunir en faveur du temple de si riches trésors. *Auri... centum millia :* environ 13 608 000 000 de francs. *Argenti mille millia :* 8 500 000 000 de francs. Sommes énormes, surtout à cette époque ; d'autant plus que David y ajouta encore d'autres dons considérables (cf. xxix, 4). Il est possible que les lettres qui exprimaient anciennement ces chiffres aient été changées par la faute des copistes, de manière à augmenter les nombres. Mais une telle accumulation de richesses entre les mains de David aux derniers

temps de sa vie ne constitue point une impossibilité : indépendamment des sources multiples de ses revenus annuels (voyez xxvii, 25-34, et l'explication), ses conquêtes nombreuses avaient fait tomber en son pouvoir les trésors des rois et des peuples vaincus, et l'Orient a toujours été renommé par ses richesses en or, en argent, en métaux, en pierres précieuses. La seule Persépolis fournit 120 000 talents à Alexandre le Grand ; Athènes avait livré précédemment à Cyrus jusqu'à 340 000 talents d'or et 500 000 talents d'argent. Le récit biblique n'est donc nullement invraisemblable, même tel qu'il nous est parvenu. — Conclusion pressante, vers. 16ᵇ : *Surge...*

3° David ordonne aux chefs d'Israël de prêter leur concours à Salomon pour cette œuvre sacrée. XXII, 17-19.

17. Introduction.

18-19. L'allocution royale. — Les considérants. vers. 18 : paix glorieuse dont jouit Israël, grâce à son Dieu. L'entreprise à exécuter, vers. 19.

CHAPITRE XXIII

1. David, étant donc âgé et plein de jours, établit son fils Salomon roi sur Israël.

2. Et il assembla tous les princes d'Israël, avec les prêtres et les lévites.

3. On dénombra les lévites à partir de trente ans et au-dessus, et on en trouva trente-huit mille.

4. Parmi eux on en choisit vingt-quatre mille, qui furent distribués dans les *divers* offices de la maison du Seigneur; et six mille pour être magistrats et juges.

5. Il y eut quatre mille portiers, et autant de chantres qui chantaient les louanges du Seigneur sur les instruments que David avait fait faire à cette fin.

6. Et David les distribua par classes, selon *les branches* des fils de Lévi : celles de Gerson, de Caath et de Mérari.

7. Fils de Gerson : Léédan et Séméi.

8. Fils de Léédan : Jahiel l'aîné, Zéthan et Joël, tres.

9. Fils de Séméi : Salomith, Hosiel, et Aran, trois. Ce sont là les chefs des familles de Léédan.,

10. Fils de Séméi : Léheth, Ziza, Jaüs,

1. Igitur David, senex et plenus dierum, regem constituit Salomonem, filium suum, super Israel.

2. Et congregavit omnes principes Israel, et sacerdotes atque levitas.

3. Numeratique sunt levitæ a triginta annis, et supra; et inventa sunt triginta octo millia virorum.

4. Ex his electi sunt et distributi in ministerium domus Domini, viginti quatüor millia; præpositorum autem et judicum, sex millia.

5. Porro quatuor millia janitores, et totidem psaltæ canentes Domino in organis, quæ fecerat ad canendu ͡.

6. Et distribuit eos David per vices filiorum Levi : Gerson videlicet, et Caath, et Merari.

7. Filii Gerson : Leedan, et Semei.

8. Filii Leedan : princeps Jahiel, et Zethan, et Joel, tres.

9. Filii Semei : Salomith, et Hosiel, et Aran, tres; isti principes familiarum Leedan.

10. Porro filii Semei : Leheth, et Ziza,

---

§ II. — *Recensement et organisation des prêtres et des lévites. XXIII, 1 — XXVI, 32.*

David, par cette habile organisation, compléta ses généreux préparatifs pour le temple. Ce long passage appartient entièrement en propre aux Paralipomènes.

1° Le nombre des lévites, et leur distribution d'après les différentes fonctions du culte. XXIII, 1-5.

CHAP. XXIII. — 1. Transition : le couronnement de Salomon. — *Plenus dierum.* Plus énergiquement encore dans l'hébreu : rassasié de jours. Comp. Gen. XXXV, 29; Job, XLII, 17. — *Regem constituit.* Ce couronnement est décrit tout au long III Reg. I, 5 et ss.

2-3. Recensement des lévites. — *Congregavit... principes Israel.* Quoiqu'ils appartinssent à la classe laïque, les chefs du peuple furent convoqués, parce qu'il s'agissait d'une grave affaire religieuse qui concernait toute la nation. — *Numerati...:* Dénombrement nécessaire pour l'organisation que David se proposait. — *A triginta annis :* comme au recensement opéré par Moïse, Num. IV, 3, 23. *Et supra :* jusqu'à cinquante ans sans doute, d'après le même passage du Pentateuque.

4-5. Les lévites sont répartis en plusieurs ca-

tégories, suivant les divers ministères du culte. — *Ex his electi... distributi.* D'après l'hébreu, ces deux versets contiennent les paroles du roi lui-même. « Et David dit : Qu'il y en ait vingt-quatre mille pour veiller aux fonctions de la maison du Seigneur..., avec les instruments que j'ai faits pour le célébrer. » — *Præpositorum et judicum.* D'autres passages des Paralipomènes (XXVI, 29; II, XIX, 8-10) nous montrent les lévites exerçant les fonctions de magistrats et de juges locaux; leur connaissance exacte de la loi les rendait très propres à ce rôle. — *Janitores :* au tabernacle d'abord, puis au temple, nuit et jour. — *Organis quæ fecerat.* David avait donc inventé ou perfectionné, en vue du culte divin, plusieurs instruments de musique. Cf. II Par. XXIX, 26; Neh. XII, 36; Am. VI, 5.

2° Les vingt-quatre chefs des familles lévitiques. XXIII, 6-23.

6. Introduction. — *Distribuit... per vices filiorum...* Dans l'hébreu, avec plus de clarté : Il les divisa en classes, d'après (le nombre) des fils de Lévi. C.-à-d. en trois grandes subdivisions : *Gerson...* Cf. v, 27 - VI, 15.

7-11. Les neuf chefs de la branche de Gerson. — *Leedan* a été nommé plus haut « Lohni ». Cf. VI, 17. Sa famille comprenait six maisons (vers. 8-9); celle de *Semei* en contenait quatre,

et Jaus, et Baria; isti filii Semei, quatuor.

11. Erat autem Leheth prior, Ziza secundus. Porro Jaus et Baria non habuerunt plurimos filios; et idcirco in una familia unaque domo computati sunt.

12. Filii Caath : Amram, et Isaar, Hebron, et Oziel, quatuor.

13. Filii Amram : Aaron, et Moyses. Separatusque est Aaron ut ministraret in Sancto sanctorum, ipse et filii ejus in sempiternum, et adoleret incensum Domino secundum ritum suum, ac benediceret nomini ejus in perpetuum.

14. Moysi quoque, hominis Dei, filii annumerati sunt in tribu Levi.

15. Filii Moysi : Gersom, et Eliezer.

16. Filii Gersom : Subuel, primus.

17. Fuerunt autem filii Eliezer : Robobia primus; et non erant Eliezer filii alii. Porro filii Rohobia multiplicati sunt nimis.

18. Filii Isaar : Salomith primus.

19. Filii Hebron : Jeriau, primus; Amarias, secundus; Jahaziel, tertius; Jecmaam, quartus.

20. Filii Oziel : Micha, primus; Jesia, secundus.

21. Filii Merari : Moholi, et Musi. Filii Moholi : Eleazar, et Cis.

22. Mortuus est autem Eleazar, et non habuit filios, sed filias; acceperuntque eas filii Cis, fratres earum.

23. Filii Musi : Moholi, et Eder, et Jerimoth, tres.

24. Hi filii Levi in cognationibus et familiis suis, principes per vices, et numerum capitum singulorum, qui facie-

et Baria. Ce sont là les quatre fils de Séméi.

11. Léheth était donc l'aîné, Ziza le second. Or Jaüs et Baria n'eurent pas beaucoup de fils. C'est pourquoi on les comprit sous une seule famille et une seule maison.

12. Fils de Caath : Amram, Isaar, Hébron, et Oziel ; quatre *en tout*.

13. Fils d'Amram : Aaron et Moïse. Aaron fut mis à part pour servir à jamais, lui et ses enfants, dans le sanctuaire, pour offrir l'encens au Seigneur selon ses rites, et pour bénir éternellement son nom.

14. Or les fils de Moïse, l'homme de Dieu, furent comptés dans la tribu de Lévi.

15. Fils de Moïse : Gersom et Éliézer.

16. Fils de Gersom : Subuel le premier.

17. Éliézer eut pour fils Rohobia, qui fut un chef. Et Éliézer n'eut point d'autres fils ; mais Rohobia eut un très grand nombre de fils.

18. Fils d'Isaar : Salomith le premier.

19. Fils d'Hébron : Jériaü le premier, Amarias le second, Jahaziel le troisième, Jecmaam le quatrième.

20. Fils d'Oziel : Micha le premier, et Jézia le second.

21. Fils de Mérari : Moholi et Musi. Fils de Moholi : Éléazar et Cis.

22. Éléazar mourut sans avoir de fils, et il ne laissa que des filles, qui furent mariées aux fils de Cis, leurs cousins.

23. Fils de Muei : Moholi, Éder, et Jérimoth, au nombre de trois.

24. Ce sont là les fils de Lévi selon leurs branches et leurs familles, les chefs selon l'ordre et le nombre des individus,

---

qui se réduisirent ensuite à trois seulement (vers. 10-11). De là, neuf chefs en tout. — Le Séméi du vers. 9 n'est pas le même que ceux des vers. 7 et 10.

12-20. Les neuf chefs de la branche de Caath. — Le vers. 13 écarte pour le moment la famille sacerdotale, dont il sera question plus loin d'une manière spéciale (xxv, 1-19); à ce propos, l'écrivain sacré rappelle les hautes fonctions d'Aaron et de sa race (*ut ministraret...*). — *Hominis Dei* (vers. 14). Titre d'honneur ajouté cinq fois dans les saints Livres au nom de Moïse : Deut. xxxiii, 1: Jos. xiv, 6; ici et II Par. xxx, 16 ; Esdr. iii, 2. — *Moysi... filii.* Malgré la dignité unique de leur père, ils demeurèrent simples lévites ; c'est pourquoi leurs familles sont énumérées en cet endroit.

21-23. Les quatre chefs de la maison de Mérari.

3º Quelques notes relatives au ministère des lévites. XXIII, 24-32.

24. Transition. — *A viginti annis...* Nous verrons plus loin, II Par. xxxi, 17, que, vers la fin du règne de David, il était en effet d'usage que les lévites entrassent en fonctions à partir de vingt ans. Cf. Esdr. viii, 8. Le narrateur va expliquer immédiatement pourquoi les prescriptions mosaïques furent modifiées sur ce point (vers. 25-27). Et pourtant il a été dit au vers. 4 que les lévites furent dénombrés seulement à partir de la trentième année. Les copistes auraient-ils écrit par erreur trente au lieu de vingt ? Plusieurs exégètes le supposent, et il n'y a rien d'impossible à cela. Toutefois il est pré-

qui s'acquittaient des différents ministères dans la maison du Seigneur, depuis
l'âge de vingt ans et au-dessus.

25. Car David avait dit : Le Seigneur
Dieu d'Israël a donné la paix à son
peuple, et l'a établi dans Jérusalem à
jamais.

26. Les lévites ne seront donc plus
obligés de transporter le tabernacle avec
tous les vases destinés à son service.

27. D'après les dernières ordonnances
de David, on comptera à l'avenir le
nombre des fils de Lévi depuis l'âge de
vingt ans et au-dessus,

28. et ils seront soumis aux fils d'A-
aron pour le service de la maison du
Seigneur, soit dans les vestibules ou
dans les chambres *du temple*, soit dans
le lieu de la purification ou dans le
sanctuaire, soit dans toutes les fonctions
qui regardent le ministère du temple du
Seigneur.

29. Mais les prêtres auront l'intendance
sur les pains de proposition, sur le sacrifice de farine, sur les beignets de
pâte sans levain, sur *ce qu'on frit dans
les poêles*, sur *les épis* que l'on rôtit au
feu, et sur tous les poids et sur toutes
les mesures.

30. Les lévites devront aussi se trouver
dès le matin pour chanter les louanges
du Seigneur, et ils le feront aussi le
soir,

31. tant aux sacrifices des holocaustes

bant opera ministerii domus Domini, a
viginti annis et supra.

25. Dixit enim David : Requiem dedit
Dominus, Deus Israel, populo suo, et
habitationem Jerusalem usque in æternum.

26. Nec erit officii levitarum, ut ultra
portent tabernaculum, et omnia vasa ejus
ad ministrandum.

27. Juxta præcepta quoque David novissima, supputabitur numerus filiorum
Levi a viginti annis et supra.

28. Et erunt sub manu filiorum Aaron
in cultum domus Domini, in vestibulis,
et in exedris, et in 'ɔɔo purificationis, et
in sanctuario, et in universis operibus
ministerii templi Domini.

29. Sacerdotes autem super panes
propositionis, et ad similæ sacrificium,
et ad lagana azyma, et sartaginem, et ad
torrendum, et super omne pondus atque
mensuram.

30. Levitæ vero, ut stent mane ad
confitendum et canendum Domino, simi-
literque ad vesperam,

31. tam in oblatione holocaustorum

---

férable de dire, avec les meilleurs commentateurs
anciens et modernes, qu' « on fit d'abord ce dénombrement sur le même pied que Moïse l'avait
ordonné dans le Deutéronome (Num. IV, 3),
c'est-à-dire depuis trente ans et au-dessus jusqu'à cinquante. Mais David crut devoir changer
ce règlement ; il ordonna que, dans la suite, on
tiendrait note de tous les lévites depuis vingt
ans et au-dessus. » (Calmet, *l. c.*)

25-27. Motif pour lequel David avança ainsi
l'âge auquel les lévites entraient en fonctions.
— *Requiem dedit...* Par opposition à la vie si
mouvementée du désert et des premiers temps
de l'installation dans la Terre promise. — *Et habitationem...* D'après l'hébreu : « Et il (Jéhovah)
s'est établi à Jérusalem pour toujours. » Dans le
sanctuaire du mont Sion, en attendant la construction du temple sur le Moriah. — *Portent
tabernaculum.* Fonction pénible, qui exigeait un
grand et fréquent déploiement de forces physiques, par conséquent la maturité de l'âge. —
Les mots *juxta præcepta... novissima* supposent
réellement la modification qui vient d'être indiquée (note du vers. 24).

28-32. Les divers rôles des lévites. Énumération qui va du moins relevé au plus relevé, des

fonctions extérieures au ministère qui s'exerçait
au dedans du sanctuaire. — *Sub manu filiorum
Aaron :* sous les ordres des prêtres. — *In vestibulis*, les cours ou parvis. — *In exedris :* les
chambres mentionnées IX, 26. — *In loco purificationis... sanctuario.* D'après l'hébreu : sur la
purification de toute chose sainte. Les lévites
étaient donc chargés de purifier et de tenir nets
le sanctuaire et ses divers ustensiles. — Au
vers. 29, les mots *sacerdotes autem* manquent
dans l'hébreu (de même que *levitæ vero* au
vers. 30) ; il est uniquement question des lévites
dans tout ce passage. Il est vrai que plusieurs
des fonctions signalées ici étaient réservées aux
prêtres, entre autres la préparation des pains de
proposition ; mais les lévites leur prêtaient, même
alors, leur assistance pour le côté purement matériel. — *Panes propositionis.* Cf. Lev. XXIV, 8
et ss. — *Similæ... ad torrendum.* Sur ces différentes formes de sacrifices non sanglants, voyez
les notes de Lev. II, 1, 4, 5; VI, 14; VII, 12.—
Super omne pondus... Le vin, l'huile, la farine, etc,
devaient être employés en quantités fixées par
le rituel : les lévites veillaient à l'exacte observation des règles. Cf. Ex. XXIX, 40; XXX, 23-24;
Lev. VI, 20, etc. — *Ad confitendum...* (vers. 30)

Domini, quam in sabbatis, et calendis, et solemnitatibus reliquis juxta numerum, et ceremonias uniuscujusque rei, jugiter coram Domino ;

32. et custodiant observationes tabernaculi fœderis, et ritum sanctuarii, et observationem filiorum Aaron, fratrum suorum, ut ministrent in domo Domini.

qu'on offre au Seigneur, qu'aux jours de sabbat, aux premiers jours des mois et aux autres solennités, selon le nombre et les cérémonies que l'on doit garder en chaque chose, *se tenant* continuellement en la présence du Seigneur.

32. Et ils observeront les ordonnances relatives au tabernacle de l'alliance et au culte du sanctuaire, et ils rendront une respectueuse obéissance aux *prêtres* fils d'Aaron, qui sont leurs frères, pour s'acquitter de leur ministère dans la maison du Seigneur.

CHAPITRE XXIV

1. Porro filiis Aaron hæ partitiones erant. Filii Aaron : Nadab, et Abiu, et Eleazar, et Ithamar.
2. Mortui sunt autem Nadab et Abiu ante patrem suum absque liberis ; sacerdotioque functus est Eleazar, et Ithamar.
3. Et divisit eos David, id est, Sadoc de filiis Eleazar, et Ahimelech de filiis Ithamar, secundum vices suas et ministerium.
4. Inventique sunt multo plures filii Eleazar in principibus viris, quam filii Ithamar. Divisit autem eis, hoc est, filiis Eleazar, principes per familias sedecim, et filiis Ithamar per familias et domos suas octo.
5. Porro divisit utrasque inter se familias sortibus ; erant enim principes sanctuarii, et principes Dei, tam de filiis Eleazar, quam de filiis Ithamar.

1. Voici les classes des fils d'Aaron. Fils d'Aaron : Nadab, Abiu, Éléazar, et Ithamar.
2. Mais Nadab et Abiu moururent avant leur père sans laisser d'enfants ; et Éléazar et Ithamar firent toutes les fonctions sacerdotales.
3. David divisa donc la famille de Sadoc, qui venait d'Éléazar, et celle d'Ahimélech, qui descendait d'Ithamar, afin qu'elles s'acquittassent alternativement du ministère.
4. Mais il se trouva beaucoup plus de chefs de familles issus d'Éléazar que d'Ithamar ; et il distribua les fils d'Éléazar en seize familles, chaque famille ayant son chef ; et ceux d'Ithamar en huit *seulement*.
5. Il distribua encore *les fonctions de* l'une et de l'autre famille par le sort ; car les chefs du sanctuaire et les chefs de Dieu étaient soit des fils d'Éléazar, soit des fils d'Ithamar.

Rôle spécial des lévites qui appartenaient à la classe des chantres. Cf. vers. 5. — *In oblatione holocaustorum* (vers. 31). C'étaient les prêtres qui offraient à proprement parler les sacrifices : les lévites immolaient les victimes et les préparaient. Cf. II Par. xxix, 34 ; xxxv, 11-12. — *Calendis :* le premier jour de chaque mois. — *Juxta numerum.* La loi prescrivait un nombre déterminé de victimes pour chaque solennité religieuse. Cf. Num. xxviii. — *Et custodiant...* (vers. 32). Récapitulation des vers. 28 et ss. Cf. Num. xviii, 3-6. Ces versets fournissent le compte rendu le plus complet qui existe dans la Bible touchant la nature du ministère lévitique. — *Observationem filiorum...* : c.-à-d. que les lévites devaient obéir à tous les ordres des prêtres.

4° Organisation des prêtres en vingt-quatre classes. XXIV, 1-19.

Chap. XXIV. — 1-6. Détails préliminaires :

état des deux grandes branches de la famille sacerdotale, et manière dont se fit la division en classes. — *Filii Aaron...* Comme pour les lévites (xxiii, 6 et ss.), on remonte à la souche avant de parcourir les rameaux. — *Mortui sunt...* Sur ce triste événement, voyez Lev. x, 1-2. *Absque liberis :* voyez Num. iii, 4. — *Eleazar* et *Ithamar* ne remplirent pas simultanément les fonctions pontificales ; mais, dans la suite des temps, des membres des deux familles exercèrent successivement les fonctions de grand prêtre. Voyez vi, 1-15, et le commentaire. — *Sadoc, Ahimelech* (vers. 3). Cf. v, 30 ; xvi, 39 ; xviii, 16. — *Plures... in principibus* (vers. 4). C.-à-d. que les « chefs de maisons » se trouvaient, par des accidents de génération, plus nombreux dans la branche d'Éléazar. — *Divisit... sortibus* (vers. 5). Pour écarter toute cause de mécontentement jaloux. Les fonctions à remplir

6. Séméias, fils de Nathanaël, secrétaire lévite, en dressa le rôle, en présence du roi et des princes, du prêtre Sadoc, et d'Ahimélech, fils d'Abiathar, et devant les chefs des familles sacerdotales et lévitiques ; prenant d'abord une maison d'Éléazar, qui commandait à d'autres, puis une maison d'Ithamar, qui en avait plusieurs autres sous elle.

7. Ainsi le premier sort échut à Joïarib, le second à Jédéi,

8. le troisième à Harim, le quatrième à Séorim,

9. le cinquième à Melchia, le sixième à Maïman,

10. le septième à Accos, le huitième à Abia,

11. le neuvième à Jésua, le dixième à Séchénia,

12. le onzième à Éliasib, le douzième à Jacim,

13. le treizième à Hoppha, le quatorzième à Isbaab,

14. le quinzième à Belga, le seizième à Emmer,

15. le dix-septième à Hézir, le dix-huitième à Aphsès,

16. le dix-neuvième à Phétéia, le vingtième à Hézéchiel,

17. le vingt et unième à Jachin, le vingt-deuxième à Gamul,

18. le vingt-troisième à Dalaïaü, le vingt-quatrième à Maaziaü.

19. Telles furent leurs classes selon leurs ministères, pour entrer dans la maison du Seigneur, et, suivant leur rite, être sous la main d'Aaron, leur père, comme le Seigneur Dieu d'Israël l'avait commandé.

20. Or des fils de Lévi qui restaient, Subaël était des fils d'Amram, et Jédéia des fils de Subaël.

6. Descripsitque eos Semeias, filius Nathanael, scriba levites, coram rege et principibus, et Sadoc sacerdote, et Ahimelech, filio Abiathar, principibus quoque familiarum sacerdotalium et leviticarum : unam domum, quæ ceteris præerat, Eleazar; et alteram domum, quæ sub se habebat ceteros, Ithamar.

7. Exivit autem sors prima Joiarib; secunda, Jedei ;

8. tertia, Harim ; quarta, Seorim ;

9. quinta, Melchia ; sexta, Maiman ;

10. septima, Accos ; octava, Abia ;

11. nona, Jesua ; decima, Sechenia ;

12. undecima, Eliasib ; duodecima, Jacim ;

13. tertia decima, Hoppha ; decima quarta, Isbaab ;

14. decima quinta, Belga ; decima sexta, Emmer ;

15. decima septima, Hezir ; decima octava, Aphses ;

16. decima nona, Pheteia ; vigesima, Hezechiel ;

17. vigesima prima, Jachin ; vigesima secunda, Gamul ;

18. vigesima tertia, Dalaiau ; vigesima quarta, Maaziau.

19. Hæ vices eorum secundum ministeria sua, ut ingrediantur domum Domini, et juxta ritum suum sub manu Aaron, patris eorum, sicut præceperat Dominus Deus Israel.

20. Porro filiorum Levi, qui reliqui fuerant, de filiis Amram erat Subael, et de filiis Subael, Jehedeia.

---

par chaque classe étaient identiquement les mêmes ; mais il y avait à fixer l'ordre d'après lequel se succéderaient les classes. — *Principes sanctuarii.* Probablement les princes des prêtres, ou chefs des classes sacerdotales. Cf. II Par. xxxvi, 14 ; Is. xliii, 8. — *Principes Dei* : les grands prêtres. Cette expression n'est employée qu'en ce seul endroit. — *Descripsit... eos* (vers. 6). C.-à-d. que Séméias établit et nota officiellement la liste, telle qu'elle fut réglée par le sort. — *Unam... quæ...* Le sens de l'hébreu est que l'on tira alternativement des deux urnes une famille d'Éléazar et une d'Ithamar.

7-18. Énumération des vingt-quatre classes. — *Prima Joiarib.* Quelques-unes de ces classes seront citées de nouveau dans le cours de l'histoire juive ou chrétienne : ainsi, nous savons que

la première compta les Machabées parmi ses membres (I Mach. ii, 1), et que Zacharie, père de saint Jean-Baptiste, était originaire de la huitième, celle d'Abia (Luc. i, 5). Le narrateur ne dit point à laquelle des deux branches sacerdotales appartenaient les diverses classes.

19. Conclusion. — *Ut ingrediantur...* Chaque classe était tour à tour de service pendant une semaine entière, du samedi au samedi. Cf. II Reg. xi, 9 ; II Par. xxiii, 8. Cette organisation demeura en vigueur jusqu'à la ruine de Jérusalem par les Romains et à l'abrogation de la religion mosaïque. Comp. Josèphe, *Ant.*, vii, 14, 7.

5° Récapitulation des classes des lévites. XXIV, 20-31.

20-31. Énumération des classes lévitiques. — *Porro filiorum...* C'est une répétition abrégée

21. De filiis quoque Rohobiæ, princeps Jesias.

2. Isaari vero filius, Salemoth; filiusque Salemoth, Jahath.

23. Filiusque ejus Jeriau, primus; Amarias, secundus; Jahaziel, tertius; Jecmaan, quartus.

24. Filius Oziel, Micha; filius Micha, Samir.

25. Frater Micha, Jesia; filiusque Jesiæ, Zacharias.

26. Filii Merari : Moholi, et Musi. Filius Oziau : Benno

27. Filius quoque Merari : Oziau, et Soam, et Zachur, et Hebri.

28. Porro Moholi filius : Eleazar, qui non habebat liberos.

29. Filius vero Cis : Jerameel.

30. Filii Musi : Moholi, Eder, et Jerimoth. Isti filii Levi, secundum domos familiarum suarum.

31. Miseruntque et ipsi sortes contra fratres suos, filios Aaron, coram David rege, et Sadoc, et Ahimelech, et principibus familiarum sacerdotalium et leviticarum, tam majores, quam minores; omnes sors æqualiter dividebat.

21. Parmi les fils de Rohobia, le chef était Jésias.

22. Salémoth était fils d'Isaar, et Jahath était fils de Salémoth.

23. Le fils aîné de Jahath fut Jériaü; le second, Amarias; le troisième, Jahaziel; le quatrième, Jecmaan.

24. Le fils d'Oziel fut Micha; le fils de Micha fut Samir.

25. Jésia était frère de Micha; et Zacharie était fils de Jésia.

26. Fils de Mérari : Moholi et Musi. Oziaü eut un fils nommé Benno.

27. Autres fils de Mérari : Oziaü, Soam, Zachur et Hébri.

28. Moholi eut un fils nommé Éléazar, qui n'eut point d'enfants.

29. Jéraméel était fils de Cis.

30. Fils de Musi : Moholi, Éder et Jérimoth. Ce sont là les fils de Lévi, comptés selon leurs diverses familles.

31. Eux aussi avec leurs frères, les fils d'Aaron, tirèrent au sort en présence du roi David, de Sadoc, d'Ahimélech, et des chefs des familles sacerdotales et lévitiques. Tout se tirait au sort, pour diviser également les offices, entre les anciens ou les plus jeunes.

CHAPITRE XXV

1. Igitur David et magistratus exercitus segregaverunt in ministerium filios Asaph, et Heman, et Idithun, qui prophetarent in citharis, et psalteriis, et cymbalis, secundum numerum suum dedicato sibi officio servientes.

2. De filiis Asaph : Zacchur, et Joseph, et Nathania, et Asarela, filii Asaph, sub manu Asaph prophetantis juxta regem.

1. David et les officiers de l'armée mirent à part pour le service les fils d'Asaph, d'Héman et d'Idithun, qui prophétisaient en s'accompagnant de guitares, de harpes et de cymbales, s'employant chacun à remplir les offices qui leur étaient destinés à proportion de leur nombre.

2. Des fils d'Asaph il y avait Zacchur, Joseph, Nathania et Asaréla, tous fils d'Asaph, qui prophétisait selon l'ordre du roi.

---

de la liste citée plus haut, xxiii, 7-23. On y remarque deux variantes considérables : 1° l'omission des Gersonites (cf. xxiii, 7-11), évidemment par la faute des copistes, car le texte paraît avoir souffert dans ce passage entier ; 2° l'apparition de nouvelles familles mérarites, vers. 26-27 (comp. xxiii, 21-23). — *Qui reliqui fuerant* (vers. 20) : en dehors des prêtres, qui étaient aussi des descendants de Lévi. — *Contra fratres suos* (vers. 31). Dans l'hébreu : « de même que leurs frères. » Pour les lévites comme pour les prêtres, c'est le sort qui décida la suite des classes. Le texte ne dit pas positivement si ces classes furent aussi au nombre de vingt-quatre.

Le chapitre xxiii signale vingt-deux chefs seulement; en y ajoutant les nouvelles familles qui viennent d'être signalées (note des vers. 26 et 27), nous arriverions au chiffre de vingt-cinq.

6° Les chanteurs et leurs vingt-quatre classes. XXV, 1-31.

Chap. XXV. — 1-7. Le nombre et l'office des chanteurs. — Le vers. 1 sert d'introduction. Les « chefs de l'armée » prenaient part à l'organisation des lévites en tant que princes de la nation. Cf. xxiii, 2, et xxiv, 6. — *Asaph, Heman, Idithun* (ou Éthan) : les trois illustres chefs de cette catégorie des lévites. Cf. vi, 33 et ss., etc. — *Qui prophetarent.* Locution à interpréter de

3. Pour ce qui est d'Idithun, ses fils *étaient* Godolias, Sori, Jéséias, Hasabias, Mathathias, six sous la direction d'Idithun, leur père, qui prophétisait sur la harpe et conduisait des chantres, lorsqu'ils faisaient retentir les louanges du Seigneur.

4. Quant à Héman, ses fils étaient Bocciaü, Mathaniaü, Oziel, Subuel, Jérimoth, Hananias, Hanani, Éliatha, Geddelthi, Romemthiézer, Jesbacassa, Mellothi, Othir, Mahazioth.

5. Tous ceux-là étaient fils d'Héman, lequel était prophète du roi, chantant les louanges de Dieu pour exalter sa puissance ; et Dieu donna à Héman quatorze fils et trois filles.

6. Ces fils d'Asaph, d'Idithun et d'Héman avaient donc été tous distribués sous la conduite de leur père pour chanter dans le temple du Seigneur, en jouant des cymbales, des harpes et des guitares, et pour les *divers* ministères de la maison du Seigneur, selon l'ordre du roi.

7. Or leur nombre, avec *celui de* leurs frères qui étaient habiles, et qui montraient *aux autres* à chanter les louanges du Seigneur, était de deux cent quatre-vingt-huit.

8. Et ils tirèrent au sort par classes, sans faire acception de personnes, soit jeunes ou vieux, soit habiles ou moins habiles.

9. Le premier sort échut à Joseph, qui était de la maison d'Asaph. Le second à Godolias, tant pour lui que pour ses fils et ses frères, qui étaient au nombre de douze.

10. Le troisième à Zachur, pour *lui*, ses fils et ses frères, qui étaient au nombre de douze.

3. Porro Idithun ; filii Idithun : Godolias, Sori, Jeseias, et Hasabias, et Mathathias, sex sub manu patris sui Idithun, qui in cithara prophetabat super confitentes et laudantes Dominum.

4. Heman quoque ; filii Heman : Bocciau, Mathaniau, Oziel, Subuel, et Jerimoth, ·Hananias, Hanani, Eliatha, Geddelthi, et Romemthiezer, et Jesbacassa, Mellothi, Othir, Mahazioth.

5. Omnes isti filii Heman, videntis regis, in sermonibus Dei, ut exaltaret cornu ; deditque Deus Heman filios quatuordecim, et filias tres.

6. Universi sub manu patris sui ad cantandum in templo Domini distributi erant, in cymbalis, et psalteriis, et citharis, in ministeria domus Domini juxta regem : Asaph videlicet, et Idithun, et Heman.

7. Fuit autem numerus eorum cum fratribus suis, qui erudiebant canticum Domini, cuncti doctores, ducenti octoginta octo.

8. Miseruntque sortes per vices suas, ex æquo tam major quam minor, doctus pariter et indoctus.

9. Egressaque est sors prima Joseph, qui erat de Asaph. Secunda Godoliæ, ipsi et filiis ejus, et fratribus ejus duodecim.

10. Tertia, Zachur, filiis et fratribus ejus duodecim.

---

nouveau dans un sens large ; ici et aux vers. 2 et 3, elle signifie simplement que les chantres sacrés étaient assistés et inspirés d'en haut. — Vers. 2-6, énumération des fils d'Asaph, d'Héman et d'Idithun, qui aidaient leurs pères dans les fonctions liturgiques. *Juxta regem* : par ordre du roi. *Sex* (vers. 3) : cinq seulement sont cités ; suppléez Séméia, d'après le vers. 17. *Videntis regis* (vers. 5) : ailleurs, Asaph et Idithun reçoivent aussi ce beau titre (cf. II Par. xxix, 30, et xxxv, 15) ; ils furent sans doute parfois prophètes dans le sens strict. *Exaltaret cornu* : expression figurée, pour marquer que le Seigneur, en accordant à Héman des enfants nombreux, avait par là même ajouté à sa prospérité, à sa gloire (cf. I Reg. ii, 10, etc.). — Vers. 7, nombre des lévites-chantres. *Cum fratribus* :

avec les autres membres de la famille de Lévi placés sous leur direction. *Qui erudiebant* ; dans l'hébreu, au contraire : qui étaient instruits. *Doctores ;* plutôt : habiles. *Ducenti... :* chacun des vingt-quatre fils des trois principaux maîtres de chœur (vers. 2 - 5) était donc préposé à un groupe de douze chanteurs très exercés, lesquels dirigeaient à leur tour la masse des autres choristes (4 000 en tout, comme il a été dit xxiii, 5 ; il n'est question ici que des plus habiles). 8-31. Énumération des classes des chantres. — Petite introduction au vers. 8. *Tam major... :* les familles plus anciennes ne furent pas plus privilégiées que les autres (cf. xxiv, 31). *Doctus... indoctus :* les doctes, c'étaient les 288 membres signalés au vers. 7 (voyez la note) ; les 3 712 autres chantres formaient l'autre catégorie. →

11: Quarta, Isari, filiis et fratribus ejus duodecim.
12. Quinta, Nathaniæ, filiis et fratribus ejus duodecim.
13. Sexta, Bocciau, filiis et fratribus ejus duodecim.
14. Septima, Isreela, filiis et fratribus ejus duodecim.
15. Octava, Jesaiæ, filiis et fratribus ejus duodecim.
16. Nona, Mathaniæ, filiis et fratribus ejus duodecim.
17. Decima, Semeiæ, filiis et fratribus ejus duodecim.
18. Undecima, Azareel, filiis et fratribus ejus duodecim.
19. Duodecima, Hasabiæ, filiis et fratribus ejus duodecim.
20. Tertia decima, Subael, filiis et fratribus ejus duodecim.
21. Quarta decima, Matháthiæ, filiis et fratribus ejus duodecim.

22. Quinta decima, Jerimoth, filiis et fratribus ejus duodecim.
23. Sexta decima, Hananiæ, filiis et fratribus ejus duodecim.
24. Septima decima, Jesbacassæ, filiis et fratribus ejus duodecim.

25. Octava decima, Hanani, filiis et fratribus ejus duodecim.
26. Nona decima, Mellothi, filiis et fratribus ejus duodecim.

27. Vigesima, Eliatha, filiis et fratribus ejus duodecim.
28. Vigesima prima, Othir, filiis et fratribus ejus duodecim.

29. Vigesima secunda, Geddelthi, filiis et fratribus ejus duodecim.

30. Vigesima tertia, Mahazioth, filiis et fratribus ejus duodecim.

31. Vigesima quarta, Romemthiezer, filiis et fratribus ejus duodecim.

11. Le quatrième à Isari, à ses fils et à ses frères, au nombre de douze.
12. Le cinquième à Nathanias, à ses fils et à ses frères, au nombre de douze.
13. Le sixième à Bocciaü, à ses fils et à ses frères, au nombre de douze.
14. Le septième à Isrééla, à ses fils et à ses frères, au nombre de douze.
15. Le huitième à Jésaïa, à ses fils et à ses frères, au nombre de douze.
16. Le neuvième à Mathanias, à ses fils et à ses frères, au nombre de douze.
17. Le dixième à Séméia, à ses fils et à ses frères, au nombre de douze.
18. Le onzième à Azaréel, à ses fils et à ses frères, au nombre de douze.
19. Le douzième à Hasabias, à ses fils et à ses frères, au nombre de douze.
20. Le treizième à Subaël, à ses fils et à ses frères, au nombre de douze.
21. Le quatorzième à Mathathias, à ses fils et à ses frères, au nombre de douze.
22. Le quinzième à Jérimoth, à ses fils et à ses frères, au nombre de douze.
23. Le seizième à Hananias, à ses fils et à ses frères, au nombre de douze.
24. Le dix-septième à Jesbacassa, à ses fils et à ses frères, au nombre de douze.
25. Le dix-huitième à Hanani, à ses fils et à ses frères, au nombre de douze.
26. Le dix-neuvième à Mellothi, à ses fils et à ses frères, au nombre de douze.
27. Le vingtième à Éliatha, à ses fils et à ses frères, au nombre de douze.
28. Le vingt et unième à Othir, à ses fils et à ses frères, au nombre de douze.
29. Le vingt-deuxième à Geddelthi, à ses fils et à ses frères, au nombre de douze.
30. Le vingt-troisième à Mahazioth, à ses fils et à ses frères, au nombre de douze.
31. Le vingt-quatrième à Romemthiézer, à ses fils et à ses frères, au nombre de douze.

Vers. 9-31, la liste des classes. *Duodecim :* douze, y compris le chef de la classe. Les numéros 1, 3 5 et 7 échurent aux fils d'Asaph; les numéros 2, 4, 8, 10, 12, 14, aux fils d'Iditbun; les numéros 6, 9, 11, 13, 15 et les suivants jusqu'au 24°, aux fils d'Héman.

1· Classes des portiers. Des fils de Coré : Mésélémia, fils de Coré, d'entre les fils d'Asaph.

2. Fils de Mésélémia : Zacharie l'aîné, Jadihel le second, Zabadias le troisième, Jathanaël le quatrième,

3. Élam le cinquième, Johanan le sixième, Élioénaï le septième.

4. Fils d'Obédédom : Séméïas l'aîné, Jozabad le second, Joaha le troisième, Sachar le quatrième, Nathanaël le cinquième,

5. Ammiel le sixième, Issachar le septième, et Phollathi le huitième ; car le Seigneur l'avait béni.

6. A Séméi, son fils, naquirent des fils, qui furent chefs de leurs familles, car ils étaient des hommes très forts.

7. Fils de Séméi : Othni, Raphaël, et Obed, Elzabad, ses frères, hommes très forts pour le service, et Eliu, et Samachias.

8. Tous ceux-là étaient des fils d'Obédédom ; eux, leurs fils et leurs frères étaient pleins de force pour leur service : soixante-deux *de la maison* d'Obédédom.

9. Les fils de Mésélémia et leurs frères, très forts *aussi*, étaient dix-huit.

10. D'Hosa, qui descendait de Mérari, est venu Semri, qui était le chef; car il n'y avait point d'aîné, et son père lui avait donné le premier rang.

11. Helcias était le second, Tabélias le troisième, Zacharie le quatrième. Tous les fils et les frères d'Hosa étaient au nombre de treize.

12. Voilà quelle était la distribution

1. Divisiones autem janitorum. De Coritis : Meselemia, filius Core, de filiis Asaph.

2. Filii Meselemiæ : Zacharias, primo genitus ; Jadihel, secundus ; Zabadias, tertius ; Jathanael, quartus ;

3. Ælam, quintus ; Johanan, sextus ; Elioenai, septimus.

4. Filii autem Obededom : Semeias, primogenitus ; Jozabad, secundus ; Joaha, tertius ; Sachar, quartus ; Nathanael, quintus ;

5. Ammiel, sextus ; Issachar, septimus ; Phollathi, octavus ; quia benedixit illi Dominus.

6. Semei autem, filio ejus, nati sunt filii, præfecti familiarum suarum; erant enim viri fortissimi.

7. Filii ergo Semei : Othni, et Raphael, et Obed, Elzabad, fratres ejus, viri fortissimi ; Eliu quoque, et Samachias.

8. Omnes hi de filiis Obededom ; ipsi, et filii, et fratres eorum, fortissimi ad ministrandum, sexaginta duo de Obededom.

9. Porro Meselemiæ filii, et fratres eorum robustissimi, decem et octo.

10. De Hosa autem, id est de filiis Merari, Semri, princeps (non enim habuerat primogenitum, et idcirco posuerat eum pater ejus in principem);

11. Helcias, secundus ; Tabelias, tertius; Zacharias, quartus. Omnes hi filii, et fratres Hosa, tredecim.

12. Hi divisi sunt in janitores, ut

7° Classes des portiers. XXVI, 1-19.

CHAP. XXVI. — 1-11. Énumération des classes des portiers. — Titre de cet alinéa, vers. 1ª. *Janitorum :* fonction d'une haute importance dans le tabernacle de David et dans le temple de Salomon. Cf. IX, 17 et ss. Quatre mille lévites la remplissaient. Cf. XXIII, 5. — Les fils de Mésélémia, vers. 1ᵇ-3. *Meselemia* est identique à Sélémia du vers. 14, à Sellum de IX, 18. Au contraire, *Asaph* n'a rien de commun avec le maître de chœur dont il a été parlé au chapitre précédent ; il appartient, en effet, à la famille de Caath, tandis que l'autre était un Gersonite (cf. VI, 39 et ss.). — Les fils d'Obédédom, vers. 4-8. *Obededom* avait exercé le rôle de portier dans la translation de l'arche à Sion, et en ..

XVI, 38. *Benedixit illi... :* durant le séjour de l'arche dans sa maison (XIII, 14). — Le vers. 9 revient d'une manière rétrospective sur les fils de Mésélémia (vers. 2-3), pour en indiquer le nombre. — Les fils d'Hosa (vers. 10-11). *Hosa* avait été institué portier du sanctuaire en même temps qu'Obédédom. *Non primogenitum ;* plutôt, d'après l'hébreu : car, bien qu'il ne fût pas le premier-né, son père l'avait établi chef ; c.-à-d. que le fils aîné d'Hosa était mort sans enfants mâles. *Tredecim* (vers. 11) : ces treize formaient, avec les dix-huit de la famille de Mésélémia et les soixante-deux de la maison d'Obédédom (vers. 8 et 9), quatre-vingt-treize chefs qui dirigeaient les trois mille neuf cent sept autres portiers.

12-19. Les portes des sanctuaires sont confiées

recensiti sunt, et inventi sunt viri fortissimi in Jazer Galaad,

32. fratresque ejus, robustioris ætatis, duo millia septingenti principes familiarum. Præposuit autem eos David rex Rubenitis, et Gaditis, et dimidiæ tribui Manasse, in omne ministerium Dei et regis.

règne de David, on en fit le dénombrement à Jazer de Galaad, et l'on trouva

32. qu'eux et leurs frères, tous gens de cœur et à la force de l'âge, étaient au nombre de deux mille sept cents chefs de famille. Or David les établit sur la tribu de Ruben, sur celle de Gad et sur la demi-tribu de Manassé, pour tout ce qui regardait le service de Dieu et du roi.

CHAPITRE XXVII

1. Filii autem Israel secundum numerum suum, principes familiarum, tribuni, et centuriones, et præfecti qui ministrabant regi juxta turmas suas, ingredientes et egredientes per singulos menses in anno, viginti quatuor millibus singuli præerant.

2. Primæ turmæ in primo mense Jesboam præerat, filius Zabdiel, et sub eo viginti quatuor millia ;

3. de filiis Phares, princeps cunctorum principum in exercitu mense primo.

4. Secundi mensis habebat turmam Dudia Ahohites; et post se alter, nomine Macelloth, qui regebat partem exercitus viginti quatuor millium.

5. Dux quoque turmæ tertiæ in mense tertio erat Banaias, filius Joiadæ, sacerdos ; et in divisione sua viginti quatuor millia.

6. Ipse est Banaias fortissimus inter

1. Or le nombre des fils d'Israël qui servaient le roi par brigades, et qu'on relevait tous les mois de l'année, était de vingt-quatre mille hommes à chaque fois : chaque brigade ayant ses chefs de familles, ses tribuns, ses centurions et ses préfets.

2. La première troupe, pour le premier mois, était commandée par Jesboam, fils de Zabdiel, qui avait sous lui vingt-quatre mille hommes.

3. Il était de la maison de Pharès, et le premier de tous les chefs de l'armée, au premier mois.

4. Dudia l'Ahohite commandait les troupes du second mois, et il avait sous lui Macelloth, qui commandait une partie de cette armée de vingt-quatre mille hommes.

5. Le chef de la troisième troupe était le prêtre Banaïas, fils de Joïada ; et il avait sous lui vingt-quatre mille hommes.

6. C'est ce même Banaïas qui était

---

nienne ; il sera parlé des provinces transjordaniennes au vers. 32. — *Quadragesimo anno* (vers. 31). Date importante, qui démontre que cette organisation des lévites eut lieu tout à fait vers la fin du règne de David. Cf. xxxii, 1. — *Jazer* était une ville lévitique. Cf. Jos. xxi, 39. Elle était située à l'ouest de Rabbath-Ammon ; aujourd'hui, Sir (*Atl. géogr.*, pl. vii et xii). — *Robustioris ætatis* (vers. 32). Dans l'hébreu : hommes vaillants.

§ III. — *Officiers militaires et civils de David.* XXVII, 1-34.

A la suite de ce qui concerne l'organisation religieuse, quelques indications, mais beaucoup plus courtes, sur l'organisation militaire et administrative.

1° Les douze corps d'armée et leurs chefs. XXVII, 1-15.

Chap. XXVII. — 1. Introduction. — *Filii*

Israel... C'est là un titre général, qui annonce et résume tous les détails compris dans les vers. 2-15. — *Tribuni :* comme d'ordinaire, les chefs de mille. *Præfecti :* les *sotrim,* ou *scribes* qui tenaient les registres militaires. — *Juxta turmas :* les douze corps d'armée. Les participes *ingredientes, egredientes* se rapportent à « turmas » ; ils représentent ici le service mensuel de ces corps d'armée. Cf. IV Reg. xi, 5, 7, 9 ; II Par. xxiii, 4, 8.

2-15. Liste des chefs de corps. Ils ont été à peu près tous signalés parmi les héros de David, xi, 19 et ss. Huit d'entre eux appartenaient à la tribu de Juda (le premier, le troisième, le quatrième, le cinquième, le sixième, le huitième, le dixième, le douzième), deux à la tribu d'Éphraïm (le septième et onzième), deux à la tribu de Benjamin (le second, probablement du moins, et le neuvième). — Premier corps, vers. 2-3. Sur *Jesboam,* voyez xi, 11. L'expression

très vaillant parmi les trente, et sur les trente. Son fils Amizabad commandait sous lui sa brigade.

7. Le quatrième chef, pour les troupes du quatrième mois, était Asahel, frère de Joab ; et Zabadias, son fils, commandait après lui. Sa brigade était de vingt-quatre mille hommes.

8. Le cinquième chef, pour le cinquième mois, était Samaoth de Jézer ; et son armée était de vingt-quatre mille hommes.

9. Le sixième, pour le sixième mois, était Hira, fils d'Accès, de la ville de Thécua ; et sa brigade était de vingt-quatre mille hommes.

10. Le septième, pour le septième mois, était Hellès le Phallonite, de la tribu d'Éphraïm ; son armée était de vingt-quatre mille hommes.

11. Le huitième, pour le huitième mois, était Sobochaï le Husathite, de la race de Zarahi ; sa brigade était de vingt-quatre mille hommes.

12. Le neuvième, pour le neuvième mois, était Abiézer d'Anathoth, des fils de Jémini ; sa brigade était de vingt-quatre mille hommes.

13. Le dixième, pour le dixième mois, était Maraï de Nétophath, qui descendait de Zarahi ; sa brigade était de vingt-quatre mille hommes.

14. Le onzième, pour le onzième mois, était Banaïas de Pharathon, de la tribu d'Éphraïm ; sa brigade était de vingt-quatre mille hommes.

15. Le douzième, pour le douzième mois, était Holdaï de Nétophath, qui descendait de Gothoniel ; et sa brigade était de vingt-quatre mille hommes.

16. Or voici les chefs des tribus d'Israël. Dans la tribu de Ruben, Éliézer, fils de Zéchri. Dans celle de Siméon, Saphatias, fils de Maacha.

triginta, et super triginta. Præerat autem turmæ ipsius Amizabad, filius ejus.

7. Quartus, mense quarto, Asahel, frater Joab, et Zabadias, filius ejus, post eum ; et in turma ejus viginti quatuor millia.

8. Quintus, mense quinto, princeps Samaoth, Jezerites ; et in turma ejus viginti quatuor millia.

9. Sextus, mense sexto, Hira, filius Acces, Thecuites ; et in turma ejus viginti quatuor millia.

10. Septimus, mense septimo, Helles Phallonites, de filiis Ephraim ; et in turma ejus viginti quatuor millia.

11. Octavus, mense octavo, Sobochai Husathites, de stirpe Zarahi ; et in turma ejus viginti quatuor millia.

12. Nonus, mense nono, Abiezer Anathothites, de filiis Jemini ; et in turma ejus viginti quatuor millia.

13. Decimus, mense decimo, Marai, et ipse Netophathites, de stirpe Zarai ; et in turma ejus viginti quatuor millia.

14. Undecimus, mense undecimo, Banaias Pharathonites, de filiis Ephraim ; et in turma ejus viginti quatuor millia.

15. Duodecimus, mense duodecimo, Holdai Netophathites, de stirpe Gothoniel ; et in turma ejus viginti quatuor millia.

16. Porro tribubus præerant Israel : Rubenitis, dux Eliezer, filius Zechri ; Simeonitis, dux Saphatias, filius Maacha ;

---

princeps... principum n'est pas synonyme de général en chef, puisque ce titre ne convenait qu'à Joab ; elle marque seulement une certaine préséance sur les autres chefs de corps. — Second corps, vers. 4. Avant *Dudia Ahohites*, il faut lire, d'après xi, 12, « Éléazar, fils de, » mots qui ont disparu du texte. *Post se :* après sa mort (cf. vers. 7). *Macelloth* est inconnu. — Troisième corps, vers. 5-6. *Sacerdos :* dans le texte hébreu, ce titre retombe sur Joïada. *Fortissimus inter..,. :* allusion au glorieux épisode xi, 22 25. — Quatrième corps, vers. 7. *Asahel :* vaillant héros, mort tragiquement dès les premières années du règne de David (cf. II Reg. ii, 12-23) ;

preuve que cette organisation de l'armée remontait à une époque assez lointaine, bien que David ne l'ait complétée qu'aux derniers temps de sa vie. — Les autres corps d'armée, vers. 8-15. L'armée permanente de David se composait ainsi de 288 000 hommes (12 000 $\times$ 24).

2° Les princes des tribus. XXVII, 16-24.

16ᵃ. Le titre accoutumé. — *Porro tribubus...,* Les six premières tribu sont citées dans le même ordre qu'au passage Gen. xxxv, 23 ; on ignore pourquoi celle de Dan occupe le dernier rang. Gad et Aser n'apparaissent pas dans la liste.

16ᵇ-22. Énumération des princes. — *Dux.* Le

17. Levitis, Hasabias, filius Camuel; Aarouitis, Sadoc;

18. Juda, Eliu, frater David; Issachar, Amri, filius Michael;

19. Zabulonitis, Jesmaias, filius Abdiæ; Nephthalitibus, Jerimoth, filius Ozriel;
20. filiis Ephraim, Osee, filius Ozaziu; dimidiæ tribui Manasse, Joel, filius Phadaiæ ;.
21. et dimidiæ tribui Manasse in Galaad, Jaddo, filius Zachariæ; Benjamin autem, Jasiel, filius Abner ;

22. Dan vero, Ezrihel, filius Jeroham. Hi principes filiorum Israel.

23. Noluit autem David numerare eos a viginti annis inferius, quia dixerat Dominus ut multiplicaret Israel quasi stellas cæli.

24. Joab, filius Sarviæ, cœperat numerare, nec complevit, quia super hoc ira irruerat in Israel; et idcirco numerus eorum qui fuerant recensiti non est relatus in fastos regis David.

25. Super thesauros autem regis fuit Azmoth, filius Adiel; his autem thesauris qui erant in urbibus, et in vicis, et in turribus, præsidebat Jonathan, filius Oziæ.
26. Operi autem rustico, et agricolis qui exercebant terram, præerat Ezri, filius Chelub;

17. Dans celle de Lévi, Hasabias, fils de Camuel. Dans la branche d'Aaron, Sadoc.
18. Dans la tribu de Juda, Éliu, frère de David. Dans celle d'Issachar, Amri, fils de Michel.
19. Dans celle de Zabulon, Jesmaïas, fils d'Abdias. Dans celle de Nephthali, Jérimoth, fils d'Ozriel.
20. Dans celle d'Éphraïm, Osée, fils d'Ozaziu. Dans la demi-tribu de Manassé, Joël, fils de Phadaïa;
21. et dans l'autre moitié de la tribu de Manassé en Galaad, Jaddo, fils de Zacharie. Dans la tribu de Benjamin, Jasiel, fils d'Abner.
22. Dans celle de Dan, Ezrihel, fils de Jéroham. Tels étaient les chefs des fils d'Israël.
23. Or David ne voulut point compter ceux qui étaient au-dessous de vingt ans, parce que le Seigneur avait dit qu'il multiplierait Israël comme les étoiles du firmament.
24. Joab, fils de Sarvia, avait commencé de faire le dénombrement. Mais il ne l'acheva pas, parce que cette entreprise avait attiré la colère de Dieu sur Israël; et c'est pour cela que le nombre de ceux qu'on avait déjà comptés n'est pas écrit dans les fastes du roi David.
25. L'intendant des trésors du roi était Azmoth, fils d'Adiel; celui des trésors qui étaient dans les villes, les villages et les châteaux forts, était Jonathan, fils d'Ozias.
26. Ezri, fils de Chélub, dirigeait le travail de la campagne et les laboureurs qui cultivaient la terre;

---

prince était sans doute, dans chaque tribu, l'aîné de la branche aînée, en suivant l'arbre généalogique jusqu'à l'époque des douze patriarches. — *Levitis* (vers. 17). Dans la tribu de Lévi, les prêtres sont distingués des simples lévites; les uns et les autres avaient leur prince spécial, qui, pour ceux-là, était naturellement le grand prêtre (*Sadoc; cf.* xxiv, 3). — *Eliu* (vers. 18). Plutôt: Éliab, le frère aîné de David. Cf. ii, 13. — *Dimidiæ... Manasse.* Au vers. 20, la partie cisjordanienne de Manassé; puis, vers. 21, la partie transjordanienne (*in Galaad*).
23-24. Pourquoi le dénombrement opéré par David ne comprit que les Israélites âgés de vingt ans et au-dessus. — *A viginti annis.* Le recensement auquel il est fait allusion devant servir de base à l'organisation militaire, on avait compté tous les hommes capables de porter les armes; mais on ne s'était pas inquiété du reste de la

nation, car on eût craint de paraître douter de la véracité de Dieu et de sa fidélité à sa magnifique promesse des anciens temps (*quia dixerat...; cf.* Gen. xv, 5). — *Joab cœperat...* Voyez xxi, 1 et ss. — *Non relatus in fastos.* Sur ce document, voyez l'Introduction, page 8. Après avoir ressenti les terribles effets de la colère divine, et vu à quel point le Seigneur blâmait son entreprise, le roi ne voulut point insérer dans les archives officielles les résultats du dénombrement.
3° Ministres de la maison de David. XXVII, 25-32.
25-31. Les douze administrateurs des domaines royaux. Ce passage nous montre que David était devenu peu à peu énormément riche : sa part personnelle de butin, dans ses guerres toujours heureuses, les présents et les tributs que lui apportaient les rois amis ou as-

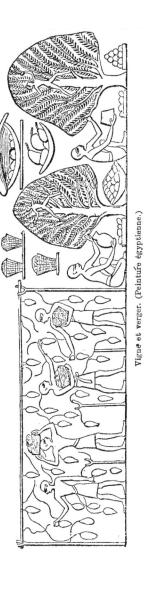

Vigne et verger. (Peinture égyptienne.)

27. vinearumque cultoribus, Semeias Romathites; cellis autem vinariis, Zabdias Aphonites.

28. Nam super oliveta et ficeta quæ erant in campestribus, Balanan Gederites; super apothecas autem olei, Joas.

29. Porro armentis quæ pascebantur in Saron præpositus fuit Setrai Saronites; et super boves in vallibus, Saphat, filius Adli;

30. super camelos vero, Ubil Ismahelites; et super asinos, Jadias Meronathites;

31. super oves quoque, Jaziz Agareus. Omnes hi principes substantiæ regis David.

32. Jonathan autem, patruus David, consiliarius, vir prudens et litteratus; ipse et Jahiel, filius Hachamoni, erant cum filiis regis.

33. Achitophel etiam, consiliarius regis; et Chusai Arachites, amicus regis.

27. Séméias le Romathite, ceux qui travaillaient aux vignes. Zabdias l'Aphonite était préposé aux caves et aux celliers;

28. Balanan de Géder, aux oliviers et aux figuiers de la campagne; et Joas aux magasins d'huile.

29. Les troupeaux que l'on faisait paître à Saron étaient sous la charge de Sétraï le Saronite; et les bœufs qu'on nourrissait dans les vallées, sous celle de Saphat, fils d'Adli.

30. Ubil l'Ismaélite avait la charge des chameaux; Jadias de Méronath, celle des ânes,

31. et Jaziz l'Agaréen, celle des brebis. Tous ceux-là avaient l'intendance sur les biens du roi David.

32. Jonathan, oncle de David, homme sage et savant, était un de ses conseillers; lui et Jahiel, fils d'Hachamon, étaient près des enfants du roi.

33. Achitophel était aussi du conseil du roi, et Chusaï l'Arachite était l'amidu roi.

---

servis, ses droits royaux sur Israël, avaient été autant de sources de sa fortune toujours croissante. — *Thesauros regis*. Les trésors (métaux précieux, mobilier, étoffes, etc.) renfermés dans le palais de Sion, par opposition à ceux que le roi possédait en dehors de Jérusalem (*in urbibus ...; le mot *turribus* désigne probablement

la Terre sainte, il y était alors très cultivé. Cf. III Reg. x, 27; II Par. I, 15; Am. vii, 14, et l'*Atl. d'hist. nat.*, pl. xvii, fig. 3, 4, 6. — *Gederites*. On ne sait si ce nom représente Géder ou Gédor (notes de Jos. xii, 13; xv, 58). — *In Saron* (vers. 29): plaine riche en pâturages située au nord de la Sephéla, entre Joppé et Césarée (*Atl. géograph.*, pl. vii et x). Cf. Cant. ii, 1. — *In vallibus*: les vallées de la tribu de Juda. — *Super camelos* (vers. 30): une des grandes richesses de l'Orient, comme aussi les ânesses. Cf. Job, I, 3; xlii, 12. — *Ismahelites*. Un Arabe convenait fort bien pour l'inspection des chameaux. — *Meronathites*: de Méronath, près de Maspha (Neh. iii, 7). — *Super oves* (vers. 31). Le mot hébreu *ṣ'ôn* désigne les petits troupeaux; composés de moutons et de chèvres. — *Agareus*. Sur les Agaréniens, voyez v, 10 et l'explication. — *Substantiæ*: tous les biens énumérés ci-dessus.

Ruines d'un cellier égyptien.

des châteaux forts, cf. II Par. xxvi, 10 et xxvii, 4, etc.). — *Vinearum* (vers. 27): la vigne abondait alors en Palestine, et surtout sur le territoire de Juda. — *Romathites*. D'après l'hébreu: de Rama (Rama de Benjamin: note de Jos. xviii, 25). — *Cellis vinariis*. On était habile déjà à construire d'excellents celliers. Voyez la figure ci-jointe. — *Aphonites*. Dans l'hébreu: le *Šifmite*. C.-à-d., suivant les uns, habitant de *Šifmôṭ* dans le Négueb (cf. I Reg. xxx, 28); selon d'autres, habitant de *S'fam*, au nord de la Palestine (cf. Num. xxxiv, 10). — *Ficeta... in campestribus* (vers. 28). D'après l'hébreu: les sycomores qui étaient dans la *Š'félah*. Sur cette belle et fertile plaine voyez la note de Jos. xv, 33, et l'*Atl. géogr.*, pl. vii. Le sycomore en question est celui que les botanistes nomment « ficus sycomorus », devenu très rare aujourd'hui dans

32-34. Les conseillers d'État. Comp. xviii, 15-17; II Reg. viii, 15-18; xx, 23-26. Cette liste contient plusieurs titres et plusieurs noms nouveaux; elle complète ainsi les autres. — *Consiliarius*: membre du conseil privé. — *Prudens et litteratus*. Plutôt: sage et scribe (ou secrétaire). — *Cum filiis regis*: remplissant les fonctions de gouverneur. — *Achitophel*: le traître

34. Joïada, fils de Banaïas, et Abiathar *furent conseillers* après Achitophel. Joab était le généralissime de l'armée du roi.

34. Post Achitophel fuit Joiada, filius Banaiæ, et Abiathar. Princeps autem exercitus regis erat Joab.

CHAPITRE XXVIII

1. David assembla donc à Jérusalem tous les princes d'Israël, les chefs des tribus et les généraux des brigades qui étaient à son service, les tribuns et les centurions, et tous les officiers du domaine du roi, ses fils, les eunuques, avec les plus puissants et les plus braves de l'armée.
2. Et s'étant levé, et demeurant debout, il leur dit : Écoutez-moi, mes frères et mon peuple. J'ai eu la pensée de bâtir un temple pour y faire reposer l'arche de l'alliance du Seigneur, le marchepied de notre Dieu, et j'ai tout préparé pour la construction.
3. Mais Dieu m'a dit : Vous ne bâtirez point une maison à mon nom, parce que vous êtes un homme de guerre, et que vous avez répandu le sang.
4. Mais le Seigneur Dieu d'Israël m'a

1. Convocavit igitur David omnes principes Israel, duces tribuum, et præpositos turmarum, qui ministrabant regi, tribunos quoque et centuriones, et qui præerant substantiæ et possessionibus regis, filiosque suos cum ennuchis, et potentes, et robustissimos quosque in exercitu Jerusalem.
2. Cumque surrexisset rex, et stetisset, ait : Audite me, fratres mei, et populus meus : Cogitavi ut ædificarem domum in qua requiesceret arca fœderis Domini, et scabellum pedum Dei nostri ; et ad ædificandum omnia præparavi.
3. Deus autem dixit mihi : Non ædificabis domum nomini meo, eo quod sis vir bellator, et sanguinem fuderis.
4. Sed elegit Dominus Deus Israel me

si fameux. Cf. II Reg. **xv,** 12, 31 ; **xvi,** 15-23, etc. — *Chusai :* le conseiller si dévoué, qui réduisit à néant le complot d'Achitophel. Cf. II Reg. **xv,** 32-37 ; **xvi,** 17 et ss. — *Amicus regis :* conseiller intime. Cf. III Reg. **iv,** 5. — *Abiathar :* le grand prêtre. Cf. **v,** 25.

¶ IV. — *Les dernières volontés de David et sa mort.* XXVIII, 1 — XXIX, 30.

Récit propre aux Paralipomènes.

1° Exhortation à Salomon et aux chefs d'Israël touchant la construction du temple. XXVIII, 1-10.

CHAP. XXVIII. — 1. Introduction. — *Convocavit omnes...* : assemblée plénière et solennelle de tous les représentants de la nation, comme avant la translation de l'arche. Cf. **xiii,** 1 ; **xv,** 3. L'expression *principes Israel* est générale ; les termes suivants la développent. — *Duces tribuum ;* cf. **xxvii,** 16 et ss. *Præpositos turmarum ;* cf. **xxvii,** 1 et ss. *Qui præerant substantiæ... ;* cf. **xxvii,** 25 et ss. *Eunuchis :* les officiers du palais ; cf. Gen. **xxxvii,** 36 ; I Reg. **viii,** 15 ; III Reg. **xxii,** 7. *Potentes :* les *gibborim* ou guerriers célèbres ; cf. **xi,** 31-47. *Robustissimos... ;* d'après l'hébreu : et tout vaillant héros, ç.-à-d, tous les autres personnages importants

du royaume, indépendamment de ceux qui viennent d'être nommés.

2-10. Le discours du roi. — *Cum... surrexisset :* de son trône, pour parler debout à l'assem-

Troupeau d'ânesses triturant. (Fresque égyptienne.)

blée. — Court et bienveillant exorde : *audite... fratres...* — Les vers. 2ᵇ-7 reproduisent à peu près identiquement, pour le fond et pour la forme, l'allocution antérieure de David à son fils sur le même sujet, **xxii,** 7-10 (voyez au commentaire). *Scabellum... Dei :* belle métaphore ; cf. Ps. **xcviii,** 1. *Omnia præparavi :* voyez **xxii,** 2-4 ; 14-16. *De Juda... principes* (vers. 4 ; l'hébreu emploie le singulier : *nagid,* un prince) : choix qui remontait jusqu'aux derniers jours du patriarche Jacob ; cf. Gen. **xlix,** 6. *Filios enim multos* (vers. 5) : dix-neuf ont été cités plus haut nommément, **iii,** 1-9. *Throno regni Domini ;* locution remarquable, qui n'est pas en-

de universa domo patris mei, ut essem rex super Israel in sempiternum; de Juda enim elegit principes; porro de domo Juda, domum patris mei, et de filiis patris mei, placuit ei ut me eligeret regem super cunctum Israel.

5. Sed et de filiis meis (filios enim mihi multos dedit Dominus) elegit Salomonem, filium meum, ut sederet in throno regni Domini super Israel;

6. dixitque mihi : Salomon, filius tuus, ædificabit domum meam et atria mea; ipsum enim elegi mihi in filium, et ego ero ei in patrem.
7. Et firmabo regnum ejus usque in æternum, si perseveraverit facere præcepta mea, et judicia, sicut et hodie.

8. Nunc ergo coram universo cœtu Israel, audiente Deo nostro, custodite, et perquirite cuncta mandata Domini Dei nostri, ut possideatis terram bonam, et relinquatis eam filiis vestris post vos usque in sempiternum.

9. Tu autem, Salomon, fili mi, scito Deum patris tui, et servito ei corde perfecto, et animo voluntario; omnia enim corda scrutatur Dominus, et universas mentium cogitationes intelligit. Si quæsieris eum, invenies; si autem dereliqueris eum, projiciet te in æternum.

10. Nunc ergo quia elegit te Dominus ut ædificares domum sanctuarii, confortare, et perfice.
11. Dedit autem David Salomoni, filio suo, descriptionem porticus, et templi, et cellariorum, et cœnaculi, et cubiculorum in adytis, et domus propitiationis,

12. necnon et omnium quæ cogitave-

choisi dans toute la maison de mon père, pour me faire roi à jamais sur Israël. Car c'est de *la tribu de* Juda qu'il a choisi vos princes. Il a choisi la maison de mon père dans cette tribu; et parmi les fils de mon père, il lui a plu de me choisir pour roi de tout Israël.
5. De plus, le Seigneur m'ayant donné beaucoup de fils, il a aussi choisi parmi eux Salomon, mon fils, pour le faire asseoir sur le trône du royaume du Seigneur, sur Israël;
6. et il m'a dit : Salomon, votre fils, bâtira ma maison et mes parvis; car je l'ai choisi pour mon fils, et je serai son père.
7. Et j'affermirai son règne à jamais, pourvu qu'il persévère dans la pratique de mes préceptes et de mes jugements, comme il fait aujourd'hui.
8. Maintenant donc *je vous conjure,* en présence de toute l'assemblée d'Israël et devant notre Dieu qui nous entend, de garder et de rechercher tous les commandements du Seigneur notre Dieu, afin que vous possédiez cette terre excellente, et que vous la laissiez à jamais à vos fils après vous.
9. Et toi, mon fils Salomon, connais le Dieu de ton père, et sers-le avec un cœur parfait et une pleine volonté; car le Seigneur sonde tous les cœurs, et il pénètre toutes les pensées des esprits. Si tu le cherches, tu le trouveras; mais si tu l'abandonnes, il te rejettera à jamais.
10. Maintenant donc, puisque le Seigneur t'a choisi pour bâtir la maison de son sanctuaire, fortifie-toi et agis.
11. Or David donna à son fils Salomon le modèle du vestibule, celui du temple, des gardes-meubles, des chambres hautes, des chambres intérieures et du propitiatoire,
12. et de tous les parvis qu'il voulait

---

ployée ailleurs dans la Bible et qui exprime fort bien la nature de la théocratie juive : Jéhovah, le vrai et l'unique roi d'Israël, et David ou tout autre prince pour représentant visible (cf. xxix, 23; Jud. viii, 23). — Aux vers. 8-10, David adjure solennellement l'assemblée (8) et son fils Salomon (9-10) d'obéir en toute conscience aux divins préceptes. *Coram cœtu..., audiente...;* littéralement, dans l'hébreu : aux yeux de tout Israël et aux oreilles du Seigneur. *Omnia enim...* (vers. 9) : commentaire des mots *corde perfecto...;* celui qui lit au fond des cœurs saura bien discerner la parfaite obéissance.

2° David remet à Salomon le plan du temple et de son mobilier, qu'il avait reçu lui-même des mains de Dieu. XXVIII, 11-19.
11-18. Plan du sanctuaire et des divers ustensiles (voyez l'*Atl. archéol. de la Bible,* pl. xcvi-xcviii, cii-cvi). — *Dedit autem... :* en présence de l'assemblée. Cf. xxix, 1. — *Descriptionem.* Hébr.: le modèle, le plan. Cf. Ex. xxv, 9. — *Porticus....* L'énumération, vers. 11 et ss., va de l'extérieur à l'intérieur. — *Cellariorum.* Dans l'hébreu : *ganzakkim,* substantif employé en ce seul endroit, et qui signifie « trésors ». Il désigne vraisemblablement quelques-unes des cellules qui

faire, et des chambres qui devaient être tout autour pour garder les trésors de la maison du Seigneur et les trésors du sanctuaire.

13. *Il lui indiqua* aussi les classes sacerdotales et lévitiques pour toutes les fonctions de la maison du Seigneur, et tous les ustensiles qui devaient servir dans le temple du Seigneur;

14. le poids que devaient avoir tous les différents vases d'or, et le poids que devaient avoir aussi ceux d'argent, selon leurs divers emplois.

15. Il donna aussi l'or qu'il fallait pour les chandeliers d'or, avec leurs lampes, et l'argent pour les chandeliers d'argent avec leurs lampes, à proportion de leurs différentes grandeurs.

16. Il donna de même de l'or pour les tables de proposition selon leurs diverses mesures, et de l'argent pour faire d'autres tables en argent.

17. De même pour les fourchettes, les coupes et les encensoirs d'un or très pur, et pour les petits lions d'or, proportionnant le poids de l'or à la grandeur de chacun de ces petits lions, et donnant aussi de l'argent pour les lions d'argent, selon la mesure de chacun d'eux.

18. Il donna de l'or le plus pur pour faire l'autel des parfums, et les chérubins qui formaient la ressemblance d'un char, et qui, étendant leurs ailes, couvraient l'arche de l'alliance du Seigneur.

19. Toutes ces choses, dit le roi, me

---

rat atriorum, et exedrarum per circuitum in thesauros domus Domini, et in thesauros sanctorum,

13. divisionumque sacerdotalium et leviticarum, in omnia opera domus Domini, et in universa vasa ministerii templi Domini;

14. aurum in pondere per singula vasa ministerii, argenti quoque pondus pro vasorum et operum diversitate.

15. Sed et in candelabra aurea, et ad lucernas eorum, aurum pro mensura uniuscujusque candelabri et lucernarum, similiter et in candelabra argentea, et in lucernas eorum, pro diversitate mensuræ, pondus argenti tradidit.

16. Aurum quoque dedit in mensas propositionis pro diversitate mensarum; similiter et argentum in alias mensas argenteas.

17. Ad fuscinulas quoque, et phialas, et thuribula ex auro purissimo, et leunculos aureos, pro qualitate mensuræ pondus distribuit in leunculum et leunculum; similiter et in leones argenteos diversum argenti pondus separavit.

18. Altari autem in quo adoletur incensum, aurum purissimum dedit, ut ex ipso fieret similitudo quadrigæ cherubim, extendentium alas, et velantium arcam fœderis Domini.

19. Omnia, inquit, venerunt scripta

---

entouraient le temple. Cf. **III Reg. vi, 5.** — *Cœnaculi.* L'hébreu emploie le pluriel : '*aliyôt.* Littéralement : les chambres hautes ; elles sont mentionnées seulement ici et II Par. iii, 9. — *Cubiculorum in adytis.* D'après l'hébreu : le vestibule et le Saint. — *Domus propitiationis :* le Saint des saints. — *Exedrarum per circuitum* (vers. 12). Peut-être des bâtiments détachés, construits autour de l'édifice principal, ainsi qu'il fut fait pour le temple d'Hérode. Voyez l'*Atl. arch.,* pl. xcix, fig. 1, 2. — *Thesauros :* sur la distinction des deux trésors sacrés, voyez la note de xxvi, 20. — *Divisionum...* (vers. 13) : l'organisation exposée longuement aux chapitres xxiii-xxv. — *In omnia opera...* Dans l'hébreu, ces mots dépendent encore de « descriptionem » (vers. 11), et contiennent l'énumération des objets sacrés dont David remit à son fils le modèle, divinement indiqué. — *Aurum in pondere* (vers. 14)... Le texte signifie que le plan reçu par Salomon des mains de son père marquait le poids du métal précieux qui devait être employé pour chaque ustensile du sanctuaire. Au vers. 14.

l'idée générale ; les détails dans les suivants. Il n'est question qu'en cet endroit des candélabres d'argent (vers. 15) et des tables d'argent (vers. 16). Il n'existait, à proprement parler, qu'une seule table des pains de proposition (cf. Ex. xxv, 23 et ss.; II Par. xxix, 18); mais on embrasse ici sous ce nom toutes les tables d'or que Salomon fit préparer pour le temple (cf. II Par. iv, 8). — *Leunculos, leones* (vers. 17); plutôt : des vases d'une certaine forme. — *Similitudo quadrigæ* (vers. 18). Les chérubins qui dominaient le propitiatoire (*Atl. arch.,* pl. ciii, fig. 6) étaient envisagés métaphoriquement comme le char de Jéhovah. Cf. Ps. xvii, 11; xcviii, 1; Ez. i, 15 et ss.

19. Origine divine de tous ces plans. — *Scripta manu Domini :* comme autrefois le modèle du tabernacle de Moïse et de son mobilier. Cf. Ex. xxv-xxx. — Le verbe *inquit* n'est pas dans l'hébreu, où son absence rend encore plus dramatique le brusque passage de la troisième personne (cf. vers. 11) à la première (*ad me*).

manu Domini **ad** me, ut intelligerem universa opera exemplaris.

20. Dixit quoque David Salomoni, filio suo : Viriliter age, et confortare, et fac. Ne timeas, et ne paveas ; Dominus enim Deus meus tecum erit, et non dimittet te, nec derelinquet donec perficias omne opus ministerii domus Domini.

21. Ecce divisiones sacerdotum et levitarum, in omne ministerium domus Domini assistunt tibi, et parati sunt ; et noverunt tam principes quam populus facere omnia præcepta tua.

sont venues écrites de la main de Dieu, afin que j'eusse l'intelligence de tous les ouvrages suivant le modèle.

20. David dit encore à son fils Salomon : Agis en homme de cœur, fortifie-toi, et à l'œuvre! Ne crains et ne redoute rien, car le Seigneur ton Dieu sera avec toi et ne t'abandonnera pas, que tu n'aies achevé tout ce qui est nécessaire pour le service de la maison du Seigneur.

21. Voici les classes des prêtres et des lévites qui seront toujours avec toi pour tout le service de la maison du Seigneur ; ils sont prêts ; et les princes aussi bien que le peuple sont disposés à exécuter tous tes ordres

CHAPITRE XXIX

1. Locutusque est David rex ad omnem ecclesiam : Salomonem, filium meum, unum elegit Deus, adhuc puerum et tenellum ; opus namque grande est, neque enim homini præparatur habitatio, sed Deo.

2. Ego autem totis viribus meis præparavi impensas domus Dei mei ; aurum ad vasa aurea, et argentum in argentea, æs in ænea, ferrum in ferrea, ligna ad lignea, et lapides onychinos, et quasi stibinos, et diversorum colorum, omnemque pretiosum lapidem, et marmor Parium abundantissime.

3. Et super hæc quæ obtuli in domum Dei mei, de peculio meo aurum et argentum do in templum Dei mei, ex-

1. Le roi David dit ensuite à toute l'assemblée : Dieu a choisi mon seul fils Salomon, bien qu'il soit encore jeune et délicat ; l'entreprise est grande, car ce n'est pas pour un homme, mais pour Dieu, que nous préparons une maison.

2. Pour moi j'ai préparé de toutes mes forces les dépenses de la maison de mon Dieu : de l'or pour les vases d'or, et de l'argent pour ceux d'argent, de l'airain pour ceux d'airain, du fer pour ceux de fer, et du bois pour ceux de bois, et des pierres d'onyx, et des pierres blanches et de diverses couleurs, toutes sortes de pierres précieuses, et du marbre de Paros en quantité.

3. Et outre ces choses, que j'ai offertes pour la maison de mon Dieu, je donne encore de mon propre bien de l'or et de

---

3° David encourage son fils à exécuter tous ces plans. XXVIII, 20-21.

20-21. *Dixit quoque...* C'est le développement du vers. 11. Les encouragements sont de deux sortes : le Seigneur aidera puissamment Salomon (20ᵇ) ; les hommes (prêtres et lévites, peuple et princes) l'aideront aussi de toutes leurs forces. Dans l'hébreu, les mots *parati... noverunt* marquent une troisième catégorie d'auxiliaires terrestres de Salomon : tous les hommes bien disposés et habiles dans toute espèce d'ouvrages. Cf. xxII, 15.

4° Offrandes de David pour le futur temple. XXIX, 1-5.

CHAP. XXIX. — 1. Introduction et transition : grandeur et importance de l'œuvre. — *Unum :* seul d'entre tous les princes royaux. — Sur la locution *puerum et tenellum*, voyez la note de xxII, 5. — *Habitatio.* Dans l'hébreu : *birah*, palais. Comp. Esth. I, 2, 5 ; II, 3 ; Neh. I, 1.

2. Le roi David rappelle ce qu'il a déjà fait pour préparer les matériaux du temple. Cf. xxII, 2-5, 14-16. — *Lapides onychinos.* Dans l'hébreu : des pierres de *soham* ; expression incertaine, que les LXX traduisent de cinq manières différentes dans la Bible. Voyez la note de Gen. II, 12. — *Quasi stibinos.* Hébr. : des pierres à enchâsser ; locution toute générale. — *Diversorum colorum.* D'après le texte primitif : des pierres de *fuk* et de *riqmah.* Puk ou *fuk* est le nom habituel de l'antimoine, et marque une couleur sombre. *Riqmah* signifie bigarrure ; donc, ici, des pierres de diverses couleurs, veinées. — *Marmor Parium.* Dans l'hébreu : du marbre blanc.

3-5. A ces premières offrandes, David en ajoute maintenant d'autres encore. — *Et super hæc...* Dans l'hébreu : De plus, à cause de mon affection pour la maison de mon Dieu, je donne... — *De peculio meo.* De sa fortune privée, par oppo

l'argent pour le temple de mon Dieu, sans compter ce que j'ai préparé pour la maison sainte ;

4. trois mille talents d'or d'Ophir, et sept mille talents d'argent très fin et très pur, pour en revêtir les murailles du temple ;

5. et partout où il faut de l'or et partout où il faut de l'argent, que les travaux se fassent par les mains des ouvriers. Et si quelqu'un veut faire une offrande, qu'il remplisse aujourd'hui sa main, et qu'il offre au Seigneur ce qu'il lui plaira.

6. Les chefs des maisons et les princes des tribus d'Israël firent donc des promesses, comme aussi les tribuns, les centurions et les intendants du domaine du roi.

7. Et ils donnèrent pour les ouvrages de la maison de Dieu cinq mille talents d'or et dix mille sols, dix mille talents d'argent, dix-huit mille talents de cuivre et cent mille talents de fer.

8. Tous ceux qui avaient quelques pierres *précieuses* les donnèrent aussi pour les trésors de la maison du Seigneur, par la main de Jahiel le Gersonite.

9. Et le peuple se réjouit en faisant ces offrandes volontaires, parce qu'ils les offraient de tout leur cœur au Seigneur. Et le roi David aussi se réjouit d'une grande joie.

10. Et il bénit le Seigneur devant

ceptis his quæ præparavi in ædem sanctam ;

4. tria millia talenta auri de auro Ophir, et septem millia talentorum argenti probatissimi, ad deaurandos parietes templi ;

5. et ubicumque opus est aurum de auro, et ubicumque opus est argentum de argento, opera fiant per manus artificum. Et si quis sponte offert, impleat manum suam hodie, et offerat quod voluerit Domino.

6. Polliciti sunt itaque principes familiarum, et proceres tribuum Israel, tribuni quoque, et centuriones, et principes possessionum regis.

7. Dederuntque in opera domus Dei, auri talenta quinque millia, et solidos decem millia ; argenti talenta decem millia, et æris talenta decem et octo millia ; ferri quoque centum millia talentorum.

8. Et apud quemcumque inventi sunt lapides, dederunt in thesauros domus Domini, per manum Jahiel Gersonitis.

9. Lætatusque est populus, cum vota sponte promitterent, quia corde toto offerebant ea Domino ; sed et David rex lætatus est gaudio magno.

10. Et benedixit Domino coram uni-

---

sition aux préparatifs qu'il avait faits en tant que roi, avec les deniers publics (*exceptis his...*). — *Tria millia... :* le talent d'or valait, croit-on, 131 850 fr.; donc, 395 550 000 fr. L'or d'*Ophir* était alors réputé le plus précieux de tous. Sur la situation de cette contrée, voyez la note de III Reg. IX, 28. — *Septem millia... argenti.* Environ 59 500 000 fr. — But spécial de cette riche offrande : ad deaurandos... Comp. III Reg. VI, 20-22, 30-32 ; II Par. III, 4-9. — *Si quis sponte* (vers. 5)... La phrase plus courte de l'hébreu reçoit un tour interrogatif qui rend la pensée plus énergique : « Et qui veut remplir sa main aujourd'hui pour Jéhovah ? » Remplir sa main est une locution pittoresque, pour marquer des offrandes non moins généreuses que volontaires.

5° Dons des chefs et des notables pour le temple. XXIX, 6-9.

6-8. Le noble exemple de David porte ses fruits. — *Polliciti sunt...* Dans l'hébreu : ils offrirent volontairement. La Vulgate exprime bien le sens, car les dons ne furent pas immédiatement apportés. — *Principes possessionum...* Voyez XXVII, 25-31. — *Auri... quinque millia.*

C.-à-d. 659 250 000 fr. — *Solidos decem millia.* D'après l'hébreu : deux mille dariques ('*adarkim*). Cette monnaie persane n'existait pas au temps de David, puisqu'elle fut frappée pour la première fois par Darius, fils d'Hystaspe, dont elle porte le nom (521-485 avant J.-C.); mais l'auteur des Paralipomènes la cite à la place de quelque nom ancien et devenu obscur, qu'il trouva dans ses documents. « L'évaluation de la darique est incertaine ; Paucton l'estime 25 fr. » (*Man. bibl.*, t. I, n. 185). — *Argenti... decem millia.* C.-à-d. 85 000 000 fr. Nous manquons de données pour évaluer en notre numéraire les 18 000 talents d'airain et les 100 000 talents de fer. — *Lapides* (vers. 8) : des pierres précieuses, naturellement. — *Per manum Jahiel.* C'est lui qui avait la haute surveillance des trésors sacrés. Cf. XXVI, 21-22.

9. Conclusion, qui fait ressortir la joie et la générosité dont furent accompagnées toutes ces offrandes. Cf. Ex. XXXV, 29.

6° Action de grâces et prière de David à la suite de cette scène. XXIX, 10-19.

10ᵃ. Introduction. — *Et benedixit.* Admirables et brûlantes paroles qui s'échappèrent du cœur

versa multitudine, et ait : Benedictus
es, Domine Deus Israel patris nostri, ab
æterno in æternum.

11. Tua est, Domine, magnificentia,
et potentia, et gloria, atque victoria, et
tibi laus; cuncta enim quæ in cælo sunt,
et in terra, tua sunt; tuum, Domine,
regnum; et tu es super omnes principes.

12. Tuæ divitiæ, et tua est gloria; tu
dominaris omnium; in manu tua virtus
et potentia; in manu tua magnitudo et
imperium omnium.

13. Nunc igitur, Deus noster, confite-
mur tibi, et laudamus nomen tuum in-
clytum.

14. Quis ego, et quis populus meus,
ut possimus hæc tibi universa promit-
tere? Tua sunt omnia; et quæ de manu
tua accepimus, dedimus tibi;

15. 'peregrini enim sumus coram te,
et advenæ, sicut omnes patres nostri.
Dies nostri quasi umbra super terram,
et nulla est mora.

16. Domine Deus noster, omnis hæc
copia quam paravimus ut ædificaretur
domus nomini sancto tuo, de manu tua
est, et tua sunt omnia.

17. Scio, Deus meus, quod probes
corda, et simplicitatem diligas, unde et
ego in simplicitate cordis mei lætus obtuli universa hæc; et populum tuum qui
hic repertus est, vidi cum ingenti gaudio tibi offerre donaria.

18. Domine, Deus Abraham, et Isaac,
et Israel, patrum nostrorum, custodi in
æternum hanc voluntatem cordis eorum,
et semper in venerationem tui mens ista
permaneat.

toute cette multitude, et il dit : Vous
êtes béni, Seigneur Dieu d'Israël, notre père, depuis l'éternité jusqu'à l'éternité.

11. A vous, Seigneur, appartient la
magnificence, la puissance, la gloire et
la victoire, et à vous la louange; car
tout ce qui est dans le ciel et sur la
terre est à vous. A vous, Seigneur, le
règne, et vous êtes au-dessus de tous
les princes.

12. A vous les richesses et à vous la
gloire. C'est vous qui dominez sur toutes
choses. La force et l'autorité sont dans
votre main; dans votre main sont la
grandeur et le pouvoir sur tout.

13. Maintenant donc, ô notre Dieu,
nous vous rendons hommage, et nous
louons votre illustre nom.

14. Qui suis-je, et qu'est mon peuple,
pour que nous puissions vous promettre
toutes ces choses? Tout est à vous, et
nous avons reçu de votre main ce que
nous vous avons donné;

15. car nous sommes des étrangers
devant vous et des voyageurs, comme
tous nos pères. Nos jours *passent* comme
l'ombre sur la terre, et nous n'y demeurons qu'un moment.

16. Seigneur notre Dieu, toutes ces
richesses que nous avons préparées pour
bâtir une maison à votre saint nom,
viennent de votre main, et toutes choses
sont à vous.

17. Je sais, mon Dieu, que c'est vous
qui sondez les cœurs, et que vous aimez
la simplicité. C'est pourquoi je vous ai
offert toutes ces choses dans la simplicité de mon cœur, et avec joie; et j'ai
été ravi de voir aussi tout ce peuple,
qui est assemblé en ce lieu, vous offrir
des présents.

18. Seigneur, Dieu d'Abraham, d'Isaac
et d'Israël, nos pères, conservez éternellement cette volonté de leur cœur, et
que cette disposition de vous vénérer per-
siste toujours.

---

du saint roi ; elles sont dignes du poète auxquels
nous devons tant de psaumes remplis de sentiments semblables.
10ᵇ-16. L'action de grâces. — Benedictus...
Douce et chaude effusion de louanges, vers. 10ᵇ-13.
Puis, humble confession que tous ces dons, quoique généreusement offerts, étaient déjà la propriété de celui à qui toutes choses appartiennent,
vers. 14-16. Au vers. 15, au lieu de *nulla est
mora*, l'hébreu dit : il n'y a pas d'espérance ;
pas d'espérance de vivre plus longtemps que

ceux qui nous ont précédés.
17-19. La prière. — Le vers. 17 relève encore
la spontanéité des offrandes. Au 18ᵉ, David prie
pour tout Israël, et, au 19ᵉ, plus spécialement
pour son fils Salomon. — *Deus Abraham, et
Isaac...* Au début de son invocation, vers. 13,
David s'était adressé au « Seigneur Dieu d'Israël » ; maintenant qu'elle est devenue plus solennelle et plus intense, il donne à Dieu un titre
plus solennel aussi.

19. Donnez aussi à mon fils Salomon un cœur parfait, pour qu'il garde vos commandements, vos témoignages, et *observe* vos cérémonies, et accomplisse tous vos ordres ; et qu'il bâtisse votre maison, dont j'ai préparé toutes les dépenses.

20. David commanda ensuite à toute l'assemblée : Bénissez le Seigneur notre Dieu. Et toute l'assemblée bénit le Seigneur, le Dieu de leurs pères ; et ils s'inclinèrent et se prosternèrent devant Dieu et devant le roi.

21. Et ils immolèrent des victimes au Seigneur ; et le lendemain ils offrirent en holocauste mille taureaux, mille béliers et mille agneaux, avec leurs libations et tous les rites, en grand abondance pour tout Israël.

22. Et ils mangèrent et burent ce jour-là devant le Seigneur avec une grande joie. Et ils oignirent une seconde fois Salomon, fils de David. Ils l'oignirent comme prince pour le Seigneur, et Sadoc comme pontife.

23. Et Salomon s'assit sur le trône du Seigneur, pour régner à la place de Da-

19. Salomoni quoque filio meo da cor perfectum, ut custodiat mandata tua, testimonia tua, et ceremonias tuas, et faciat universa ; et ædificet ædem, cujus impensas paravi.

20. Præcepit autem David universæ ecclesiæ : Benedicite Domino Deo nostro. Et benedixit omnis ecclesia Domino, Deo patrum suorum ; et inclinaverunt se, et adoraverunt Deum, et deinde regem.

21. Immolaveruntque victimas Domino ; et obtulerunt holocausta die sequenti, tauros mille, arietes mille, agnos mille, cum libaminibus suis, et universo ritu abundantissime in omnem Israel.

22. Et comederunt et biberunt coram Domino in die illo cum grandi lætitia. Et unxerunt secundo Salomonem, filium David. Unxerunt autem eum Domino in principem, et Sadoc in pontificem.

23. Seditque Salomon super solium Domini in regem pro David, patre suo ;

7° Élection et onction de Salomon. XXIX, 20-25.

20-22ª. Sacrifices immolés au Seigneur pour conclure l'assemblée. — *Benedixit... ecclesia...:* sans doute par la récitation de quelque formule liturgique. *Adoraverunt :* la prostration complète. — *Deinde regem.* Le roi, en tant que représentant de Jéhovah, reçoit, lui aussi, les hommages de l'assemblée. — *Tauros mille...:* holocaustes d'une richesse extraordinaire. — *Universo ritu abundantissime.* D'après l'hébreu : et des sacrifices en abondance pour tout Israël. Ces mots représentent les sacrifices pacifiques, qui furent accompagnés de joyeux festins (*comederunt...*). Cf. Lev. VI, 15 ; Deut. XII, 7 ; XVI, 10, etc.

22ᵇ. L'onction de Salomon. — *Unxerunt secundo.* Dans l'hébreu : ils proclamèrent roi pour la seconde fois Salomon. La première proclamation et la première onction du jeune prince sont racontées en détail III Reg. I, 32-40 ; elles avaient été improvisées à la hâte, à cause des craintes qu'inspirait alors Adonias : cette fois, la cérémonie fut tout à fait officielle. — *Sadoc in pontificem.* Il n'est question qu'ici de l'onction de Sadoc.

23-25. Intronisation de Salomon ; le jeune roi

plaît à ses sujets, qui lui obéissent fidèlement, et à Dieu, qui le comble de gloire. — *Super solium Domini.* Voyez la note de XXVIII, 5. — *In regem pro David :* non que ce prince ait

Roi égyptien porté sur son trône. (Peinture antique.)

alors abdiqué, mais le narrateur anticipe. — *Principes et potentes :* tous les personnages qui ont été mentionnés plus haut, XXVIII, 1 (voyez l'explication). — *Cuncti filii... :* même Adonias, un instant rebelle. Cf. III Reg. I, 53

et cunctis placuit, et paruit illi omnis Israel.

24. Sed et universi principes et potentes, et cuncti filii regis David dederunt manum, et subjecti fuerunt Salomoni regi.

25. Magnificavit ergo Dominus Salomonem super omnem Israel, et dedit illi gloriam regni, qualem nullus habuit ante eum rex Israel.

26. Igitur David, filius Isai, regnavit super universum Israel.

27. Et dies, quibus regnavit super Israel, fuerunt quadraginta anni; in Hebron, regnavit septem annis, et in Jerusalem annis triginta tribus.

28. Et mortuus est in senectute bona, plenus dierum, et divitiis, et gloria. Et regnavit Salomon, filius ejus, pro eo.

29. Gesta autem David regis priora, et novissima, scripta sunt in libro Samuelis videntis, et in libro Nathan prophetæ, atque in volumine Gad videntis,

30. universique regni ejus, et fortitudinis, et temporum quæ transierunt sub eo, sive in Israel, sive in cunctis regnis terrarum.

vid son père. Et il plut à tous, et tout Israël lui obéit.

24. Et tous les princes et les grands, et tous les fils du roi David lui donnèrent la main, et se soumirent au roi Salomon.

25. Dieu éleva donc Salomon sur tout Israël; et il combla son règne d'une gloire telle, que nul roi d'Israël n'en avait eu avant lui de semblable.

26. David, fils d'Isaï, régna donc sur tout Israël.

27. Et la durée de son règne sur Israël fut de quarante ans : il régna sept ans à Hébron, et trente-trois ans à Jérusalem

28. Et il mourut dans une heureuse vieillesse, comblé d'années, de biens et de gloire; et Salomon son fils régna à sa place.

29. Or les actions du roi David, tant les premières que les dernières, sont écrites dans le livre du prophète Samuel, et dans le livre du prophète Nathan, et dans celui du prophète Gad,

30. avec tout son règne, sa vaillance et les événements qui se passèrent sous lui, soit en Israël, soit dans tous les royaumes de la terre.

8° Conclusion du règne de David. XXIX, 26-30.

26-27. La durée du règne. — *Et dies quibus...* Voyez II Reg. ir, 11, et v, 5.

28. Mort de David; Salomon lui succède. — *In senectute...* Cf. xxiii, 1, et Gen. xv, 15. David mourut âgé de soixante et onze ans.

29-30. Sources pour l'histoire de David. — *Priora et novissima :* par conséquent, la vie complète du prince. — *In libro Samuelis...* Sur les trois sources mentionnées ici, voyez l'Introduction, page 8. — *Temporum quæ transierunt...* Hébr.: les temps qui passèrent sur lui; c.-à-d. les vicissitudes heureuses ou malheureuses qu'il éprouva, et qu'éprouvèrent avec lui soit ses sujets (*in Israel*), soit les peuples d'alentour (*in cunctis regnis :* hyperbole orientale).

SECOND LIVRE

DES PARALIPOMÈNES

CHAPITRE I

1. Salomon, fils de David fut donc affermi dans son règne, et le Seigneur son Dieu était avec lui ; et il l'éleva à un haut degré.

2. Et Salomon donna ses ordres à tout Israël, aux tribuns, aux centurions, aux chefs, aux juges de tout Israël, et aux chefs des familles ;

3. et il s'en alla avec toute cette multitude au haut lieu de Gabaon, où était le tabernacle de l'alliance de Dieu, que Moïse, serviteur de Dieu, avait dressé dans le désert.

4. Or David avait transporté l'arche de Dieu de Cariathiarim, au lieu qu'il lui avait préparé, et où il lui avait élevé un tabernacle, c'est-à-dire à Jérusalem.

5. L'autel d'airain qu'avait fait Béséléel, fils d'Uri, fils de Hur, était là devant le tabernacle du Seigneur ; et Salomon vint le visiter avec toute l'assemblée.

1. Confortatus est ergo Salomon, filius David, in regno suo ; et Dominus Deus ejus erat cum eo, et magnificavit eum in excelsum.

2. Præcepitque Salomon universo Israeli, tribunis, et centurionibus, et ducibus, et judicibus omnis Israel, et principibus familiarum ;

3. et abiit cum universa multitudine in excelsum Gabaon, ubi erat tabernaculum fœderis Dei, quod fecit Moyses, famulus Dei, in solitudine.

4. Arcam autem Dei adduxerat David de Cariathiarim, in locum quem præparaverat ei, et ubi fixerat illi tabernaculum, hoc est in Jerusalem.

5. Altare quoque æneum, quod fabricatus fuerat Beseleel, filius Uri, filii Hur, ibi erat coram tabernaculo Domini ; quod et requisivit Salomon, et omnis ecclesia.

PREMIÈRE PARTIE

Histoire du règne de Salomon. I, 1 — IX, 31.

SECTION I. — SALOMON REÇOIT DE DIEU LA SAGESSE ET LES RICHESSES. I, 1-17.

1° La prière de Salomon à Gabaon. I, 1-13.

Narration identique à celle de III Reg. III, 4-15 (voyez le commentaire) ; mais nous avons ici plusieurs détails nouveaux.

CHAP. I. — 1. Introduction. — *Confortatus... in regno.* Une des locutions favorites de l'auteur des Paralipomènes. Cf. XII, 13 ; XIII, 21 ; XXI, 4. Elle signifie que la royauté de Salomon fut solidement établie, malgré les difficultés assez graves de la situation (voyez III Reg. II, 5 et ss.). Mais le jeune monarque avait un tout-puissant auxiliaire : *Dominus... cum eo.* Cf. I Par. XXIX, 25.

2-6. Le sacrifice du roi à Gabaon. — *Præcepit... Israeli.* Trait spécial, qui rehausse grandement le caractère du royal sacrifice. Ce ne fut

pas une démarche privée, un hommage purement personnel de la part du prince, mais une fête nationale, à laquelle tout Israël fut officiellement associé. — *Tribunis :* les chefs de mille. *Ducibus :* tous les grands. *Judicibus :* c'étaient des lévites en grande partie, d'après I Par. XXIII, 4. — *In excelsum Gabaon.* Le plus célèbre des hauts lieux d'Israël (III Reg. III, 4). Nous apprenons ici le motif particulier de cette célébrité : *ubi erat tabernaculum...* Cf. I Par. XVI, 39 ; XXI, 29. Gabaon se nomme aujourd'hui El-Djib et est situé au nord-ouest de Jérusalem (*Atl. géogr.,* pl. VII, XII, XVI). — *Arcam autem* (vers. 4). Sorte de parenthèse, pour rappeler au lecteur que l'arche n'était pas à Gabaon, mais à Jérusalem. — *Adduxerat David...* Voyez I Par. XV, 1 et ss. — *Altare... æneum... ibi* (à Gabaon). Ce détail aussi (vers. 5) est propre aux Paralipomènes. Sur *Beseleel* et l'autel d'airain ou des holocaustes, qu'il avait construit d'après le plan

6. Ascenditque Salomon ad altare æneum, coram tabernaculo fœderis Domini, **et** obtulit in eo mille hostias.

7. Ecce autem in ipsa nocte apparuit ei Deus, dicens : Postula quod vis ut dem tibi.

8. Dixitque Salomon Deo : Tu fecisti cum David, patre meo, misericordiam magnam, et constituisti me regem pro eo.

9. Nunc ergo, Domine Deus, impleatur sermo tuus, quem pollicitus es David, patri meo; tu enim me fecisti regem super populum tuum multum, qui tam innumerabilis est quam pulvis terræ.

10. Da mihi sapientiam et intelligentiam, ut ingrediar et egrediar coram populo tuo; quis enim potest hunc populum tuum digne, qui tam grandis est, judicare?

11. Dixit autem Deus ad Salomonem : Quia hoc magis placuit cordi tuo, et non postulasti divitias, et substantiam, et gloriam, neque animas eorum qui te oderant, sed nec dies vitæ plurimos; petisti autem sapientiam et scientiam, ut judicare possis populum meum, super quem constitui te regem,

12. sapientia et scientia data sunt tibi; divitias autem et substantiam, et gloriam dabo tibi, ita ut nullus in regibus, nec ante te, nec post te, fuerit similis tui.

13. Venit ergo Salomon ab excelso Gabaon in Jerusalem coram tabernaculo fœderis. Et regnavit super Israel.

6. Et Salomon monta à l'autel d'airain, devant le tabernacle de l'alliance, et il immola dessus mille victimes.

7. Cette nuit même Dieu lui apparut, et lui dit : Demandez ce que vous voulez que je vous donne.

8. Et Salomon dit à Dieu : Vous avez fait une grande miséricorde envers David mon père, et vous m'avez établi roi à sa place.

9. Maintenant donc, Seigneur Dieu, que s'accomplisse la promesse que vous avez faite à David mon père; car vous m'avez établi roi sur votre grand peuple, qui est aussi innombrable que la poussière de la terre.

10. Donnez-moi la sagesse et l'intelligence, afin que je sache comment je dois me conduire à l'égard de votre peuple. Car qui peut gouverner dignement un si grand peuple?

11. Or Dieu dit à Salomon : Puisque c'est là ce qui a plu à votre cœur et que vous n'avez pas demandé les richesses et les biens, ni la gloire, ni la vie de ceux qui vous haïssent, ni une longue vie, mais que vous avez demandé la sagesse et la science, afin que vous puissiez gouverner mon peuple sur lequel je vous ai établi roi,

12. la sagesse et la science vous sont accordées; et je vous donnerai *de plus* tant de biens, de richesses et de gloire, que nul roi avant et après vous ne vous égalera.

13. Salomon vint donc du haut lieu de Gabaon à Jérusalem, devant le tabernacle de l'alliance, et il régna sur Israël.

---

divin, voyez Ex. xxvii, 1-8; xxxviii, 1-7, et l'*Atl. arch.*, pl. xcviii, fig. 6. — *Filius Uri.* On a donné plus haut la généalogie complète de l'habile artiste. Cf. I Par. ii, 3-20. — *Coram tabernaculo :* conformément à Ex. xl, 6 (*Atl. arch.*, pl. xcvi, fig. 1). — *Ascendit* n'est pas dans l'hébreu.

7-10. La vision et la prière de Salomon. — *In ipsa nocte.* C.-à-d. la nuit même qui suivit le sacrifice. « Ipsa » est un détail nouveau. — *Dixitque Salomon.* Le début de la prière (vers. 8) est un peu condensé; comp. III Reg. iii, 6. Au vers. 9, l'appel à la fidélité divine (*impleatur sermo...*) est un trait propre à notre auteur; cette promesse du Seigneur à David n'est autre que le grand oracle de I Par. xvii, 3-14. — *Ingrediar et egrediar* (vers. 10). Détail qui est nouveau sous cette forme. Sur cette métaphore, qui marque l'ensemble de la conduite et de la vie, voyez Deut. xxxi, 2; I Reg. xviii, 13; III Reg. iii, 7, etc.

11-12. Réponse du Seigneur à la prière du roi. — *Dixit... Deus.* Cette réponse est à peu près identique au passage parallèle, III Reg. iii, 11-14; sa forme est néanmoins plus condensée. De plus, notre auteur omet la promesse conditionnelle d'une longue vie, que Dieu ajoute d'après l'autre récit.

13. Conclusion de l'épisode. — *Ab excelso.* De même les Septante. La leçon de l'hébreu (« Salomon vint au haut lieu de Gabaon, à Jérusalem ») est évidemment erronée. — *Coram tabernaculo :* le tabernacle que David avait dressé sur la colline de Sion. Cf. I Par. xv, 1; xvi, 1. D'après le récit des Rois, Salomon y offrit aussi de nombreuses victimes.

2° Puissance et richesses de Salomon. I, 14-17.

L'autre narration, III Reg. x, 26-29 (voyez les notes), recule ces détails jusqu'à la fin du règne de Salomon; la nôtre les place immédiatement après l'épisode de Gabaon, pour montrer que Dieu fut fidèle à ses promesses.

14. Et il rassembla des chars et des cavaliers ; et il eut quatorze cents chars et douze mille cavaliers, et il les plaça dans les villes destinées à recevoir les chars, et à Jérusalem auprès du roi.

15. Et il rendit l'or et l'argent aussi communs à Jérusalem que les pierres, et les cèdres aussi nombreux que les sycomores qui naissent dans la campagne.

16. Les marchands du roi lui amenaient des chevaux d'Égypte et de Coa ; ils y allaient et en achetaient à certains prix.

17. L'attelage de quatre chevaux revenait à six cents sicles d'argent, et un cheval à cent cinquante. Et l'on en achetait aussi de tous les rois des Héthéens et de ceux de Syrie.

14. Congregavitque sibi currus et equites, et facti sunt ei mille quadringenti currus, et duodecim millia equitum ; et fecit eos esse in urbibus quadrigarum, et oum rege in Jerusalem.

15. Præbuitque rex argentum et aurum in Jerusalem quasi lapides, et cedros quasi sycomoros, quæ nascuntur in campestribus multitudine magna.

16. Adducebantur autem ei equi de Ægypto, et de Coa, a negotiatoribus regis, qui ibant, et emebant pretio

17. quadrigam equorum sexcentis argenteis, et equum centum quinquaginta ; similiter de universis regnis Hethæorum, et a regibus Syriæ emptio celebrabatur.

CHAPITRE II

1. Or Salomon résolut de bâtir un temple au nom du Seigneur, et un palais pour lui - même.

2. Et il fit compter soixante - dix mille hommes pour porter *les fardeaux* sur leurs épaules, et quatre - vingt mille pour tailler les pierres dans les montagnes ; et trois mille six cents pour être inspecteurs.

1. Decrevit autem Salomon ædificare domum nomini Domini, et palatium sibi.

2. Et numeravit septuaginta millia virorum portantium humeris, et octoginta millia qui cæderent lapides in montibus, præpositosque eorum tria millia sexcentosque.

---

14. Les chars et les cavaliers du roi. — *In urbibus quadrigarum.* C'étaient en même temps des places fortes, d'après le livre des Rois.

15. Richesses incommensurables de Salomon. — *Et aurum* est un trait nouveau.

16-17. Les chevaux et les chars importés d'Égypte. — Dans la Vulgate, à propos de *Coa*, et des rois héthéens et syriens, inexactitude de traduction identique à celle du passage parallèle.

Section II. — Construction et dédicace du
     temple. II, 1 — VII, 22.

Ce glorieux épisode occupe, dans ce récit comme dans celui des Rois, la partie de beaucoup la plus considérable de l'histoire de Salomon. Pour l'explication détaillée, voyez les notes de III Reg. v, 1-IX, 9 ; nous nous bornerons ici à constater les différences de quelque importance.

§ I. — *Préparatifs de la construction du temple.*
     II, 1-18.

Ce furent des mesures préliminaires de deux sortes : l'embauchage d'ouvriers chananéens, vers. 1-2, 17-18 ; un traité avec le roi de Tyr, Hiram, pour obtenir certains matériaux et des artisans habiles, vers. 3-16.

1° Ouvriers étrangers, pour les travaux les plus pénibles. II, 1-2.

Chap. II. — 1. Transition. Trait spécial. — *Decrevit.* Tel est bien, en beaucoup d'endroits, le sens de l'hébreu « dixit ». — *Ædificare domum... Domini :* conformément aux recommandations si pressantes de David. Cf. I Par. xxii, 5-19 ; xxviii-xxix. — *Palatium sibi.* Littéralement dans l'hébreu : et une maison pour sa royauté. Ce palais sera mentionné encore au vers. 12, et en deux autres endroits de notre livre (vii, 12, et viii, 11) ; mais les Paralipomènes n'en racontent pas explicitement la construction. Voyez III Reg. vii, 1-12.

2. Embauchage d'ouvriers chananéens. Comp. III Reg. v, 15-16. Actuellement, ce détail est anticipé ; nous le retrouverons, un peu plus complètement exposé et mieux à sa place, à la fin du chapitre (vers. 17-18).

2° Convention avec le roi Hiram au sujet des principaux ouvriers et des matériaux. II, 3-16.

Comparez III Reg. v, 1-11. De part et d'autre, quelques variantes qui complètent la narration, et qui prouvent que les deux historiens ont employé des sources distinctes. Le récit des Paralipomènes est en général plus développé.

3. Misit quoque ad Hiram, regem Tyri, dicens : Sicut egisti cum David, patre meo, et misisti ei ligna cedrina, ut ædificaret sibi domum in qua et habitavit,

4. sic fac mecum, ut ædificem domum nomini Domini Dei mei, ut consecrem eam ad adolendum· incensum coram illo, et fumiganda aromata, et ad propositionem panum sempiternam, et ad holocautomata mane et vespere, sabbatis quoque et neomeniis, et solemnitatibus Domini Dei nostri in sempiternum, quæ mandata sunt Israeli.

5. Domus enim quam ædificare cupio magna est; magnus est enim Deus noster super omnes deos.

6. Quis ergo poterit prævalere, ut ædificet ei dignam domum? Si cælum, et cæli cælorum capere eum nequeunt, quantus ego sum, ut possim ædificare ei domum? Sed ad hoc tantum, ut adoleatur incensum coram illo.

7. Mitte ergo mihi virum eruditum, qui noverit operari in auro et argento, ære et ferro, purpura, coccino, et hyacintho, et qui sciat sculpere cælaturas cum his artificibus, quos mecum habeo in Judæa et Jerusalem, quos præparavit David pater meus.

3. Et Salomon envoya dire à Hiram, roi de Tyr : Faites pour moi ce que vous avez fait pour David mon père, à qui vous avez envoyé des bois de cèdre pour bâtir le palais qu'il a habité,

4. afin que je puisse bâtir un temple au nom du Seigneur mon Dieu, et le lui dédier pour y brûler de l'encens en sa présence, y consumer des parfums, et y exposer toujours des pains, et aussi pour offrir des holocaustes le matin et le soir, les jours de sabbat, les premiers jours des mois et aux solennités du Seigneur, ainsi qu'il a été ordonné pour toujours à Israël.

5. Car le temple que je désire bâtir sera grand, parce que notre Dieu est grand au-dessus de tous les dieux.

6. Qui donc pourra se croire capable de lui bâtir une maison digne de lui? Si le ciel et les cieux des cieux ne peuvent le contenir, qui suis-je, moi, pour entreprendre de lui bâtir une maison? Aussi, n'est-ce que pour faire brûler de l'encens devant lui.

7. Envoyez-moi donc un homme habile, qui sache travailler l'or, l'argent, le cuivre, le fer, la pourpre, l'écarlate et l'hyacinthe, et qui sache faire toutes sortes de sculptures, avec les ouvriers que j'ai auprès de moi dans la Judée et à Jérusalem, et que David mon père avait choisis.

3-10. Ambassade de Salomon à Hiram. Cf. III Reg. v, 1-6. — *Misit quoque...* D'après les Rois, Hiram avait le premier envoyé des ambassadeurs à Salomon, pour le féliciter de son avènement au trône. — *Dicens.* La demande est d'abord formulée d'une manière générale, vers. 3-4. — *Sicut egisti cum David...* Cette « captatio benevolentiæ » est un trait nouveau. — *Misisti ei ligna.* Voyez I Par. xiv, 1; II Reg. v, 11. — Les mots *sic fac mecum* (vers. 4) manquent dans l'hébreu, mais il est nécessaire de les suppléer. — *Ut... domum... Domini :* œuvre autrement grande et importante que la construction d'une demeure royale. Cf. vers. 5 et ss. — *Ut... ad adolendum...* Énumération (propre à notre auteur) des divers buts auxquels devait servir le temple de Salomon. C'est un excellent résumé des principaux rites du culte juif. — *Neomeniis.* Sur la manière dont les nouvelles lunes étaient fêtées chez les Hébreux, voyez Num. x, 5, 10; xxviii, 11-15; Is. lxvi, 23; Am. viii, 5, etc. — *Solemnitatibus :* les trois grandes solennités de la Pâque, de la Pentecôte, des Tabernacles. Cf. Lev. xxiii, 4-44; Deut. xvi, 1-17. — *Domus enim...* Les vers. 5-6, auxquels rien ne correspond dans l'autre récit, mettent en relief la grandeur de l'œuvre que se

proposait Salomon. — *Magna est.* Plus grande au moral qu'en réalité, car elle n'avait que de petites dimensions (voyez iii, 3-4); néanmoins le temple de Jérusalem, envisagé dans son ensemble et y compris les bâtiments secondaires et les parvis, l'emportait, même sous le rapport de l'étendue, sur la plupart des temples païens de l'antiquité. — *Magnus... super omnes deos.* Salomon affirme hautement et fièrement cette vérité en face du païen Hiram. — *Si cælum...* (vers. 6): belle parole, qui sera identiquement reproduite dans la prière de la dédicace. Cf. vi, 18. — *Sed ad hoc tantum.* Par ces mots, « Salomon semble vouloir dire que l'action de construire un temple ne saurait être justifiée qu'au point de vue humain... Dieu ne saurait être contenu dans des temples faits de main d'homme, et il n'en a nullement besoin. La seule raison pour construire un temple consiste dans les nécessités de l'homme. L'homme est fini; il faut que son adoration soit localisée. » — *Mitte ergo...* Le roi passe maintenant aux détails de sa demande, vers. 7-9. Il lui faut un artiste habile pour diriger les travaux les plus délicats (vers. 7), et des bois précieux pour la charpente et l'ornementation du temple (vers. 8-9). — *Virum eruditum...* Trait propre aux Paralipo-

8. Envoyez-moi aussi des bois de cèdre, de sapin, et des pins du Liban ; car je sais que vos serviteurs sont habiles à couper les arbres du Liban, et les miens travailleront avec les vôtres,

9. afin que l'on me prépare du bois en abondance ; car la maison que je désire bâtir doit être grande et magnifique.

10. Je donnerai, pour la nourriture de vos gens qui couperont ces bois, vingt mille mesures de froment et autant d'orge, avec vingt mille barils de vin et vingt mille barriques d'huile.

11. Hiram, roi de Tyr, écrivit à Salomon, et lui manda : Parce que le Seigneur a aimé son peuple, il vous en a établi roi.

12. Et il ajouta : Que le Seigneur Dieu d'Israël, qui a fait le ciel et la terre, soit béni d'avoir donné au roi David un fils sage et habile, plein d'esprit et de prudence, pour bâtir un temple au Seigneur, et un palais pour lui-même.

13. Je vous envoie donc Hiram, mon père, homme intelligent et très habile.

8. Sed et ligna cedrina mitte mihi, et arceuthina, et pinea de Libano ; scio enim quod servi tui noverint cædere ligna de Libano cum servis tuis,

9. ut parentur mihi ligna plurima ; domus enim quam cupio ædificare magna est nimis, et inclyta.

10. Præterea operariis, qui cæsuri sunt ligna, servis tuis, dabo in cibaria tritici coros viginti millia, et hordei coros totidem, et vini viginti millia metretas, olei quoque sata viginti millia.

11. Dixit autem Hiram, rex Tyri, per litteras quas miserat Salomoni : Quia dilexit Dominus populum suum, idcirco te regnare fecit super eum.

12. Et addidit, dicens : Benedictus Dominus, Deus Israel, qui fecit cælum et terram, qui dedit David regi filium sapientem, et eruditum, et sensatum, atque prudentem, ut ædificaret domum Domino, et palatium sibi.

13. Misi ergo tibi virum prudentem et scientissimum Hiram, patrem meum,

---

mènes. Sur l'habileté des ouvriers tyriens, voyez la note de III Reg. v, 6. — *Purpura, coccino :* la pourpre écarlate et la pourpre cramoisie. *Hyacintho :* couleur bleue, souvent mentionnée dans l'Exode (cf. xxv, 4 ; xxvi, 1, etc.). — *Quos præparavit David.* Voyez I Par. xxii, 15 ; xxviii, 21. — *Ligna... arceuthina.* Détail nouveau. D'après l'hébreu, du bois d''*algum* (ou d''*almug*, comme le nomment les livres des Rois) ; c.-à-d. du bois de santal. Comp. III Reg. x, 11 et le commentaire, et l'*Atlas d'hist. nat. de la Bible*, pl. xix, fig. 5 et 6. Cet arbre ne croissait pas sur le Liban ; nous apprendrons formellement plus bas, x, 10, qu'il était importé d'Ophir en Palestine. Les mots *de Libano* ne retombent donc, à proprement parler, que sur les bois de cèdre et de cyprès (hébreu : b'*rôš*, Vulg. : *pinea*). — *Servi mei cum... tuis.* Salomon avait de nombreux ouvriers israélites employés sur le mont Liban. Cf. III Reg. v, 13-14. — *Præterea operariis...* (vers. 10). Arrangement au sujet du salaire des artisans phéniciens. — *Hordei..., vini.* Traits spéciaux. *Metretas* représente le *baţ* hébreu, qui était la mesure des liquides, de même que l''*éfah* était celle des solides : elles équivalaient l'une et l'autre à 38 litres 88 ; le *kor* contenait dix '*éfah.* — *Olei... sata...* Dans l'hébreu : vingt mille *baţ ;* comme pour le vin. Le livre des Rois ne parle que de vingt *kor ;* mais là il s'agit d'une seconde transaction conclue entre les deux rois, et en vertu de laquelle Sa-

lomon s'engageait aussi à fournir une quantité déterminée de provisions pour la table et la maison d'Hiram.

11-16. Réponse et complet acquiescement du roi de Tyr à la demande de Salomon. — *Per litteras.* Détail propre aux Paralipomènes. Il est probable, d'après ce trait, que le message de Sa-

Ouvriers portant divers outils, des cordes, des bras de levier. (Bas-relief assyrien.)

lomon avait été simplement oral. — '*Quia dilexit...* La lettre commençait par un compliment non moins religieux que délicat, qui retombait à la fois sur Jéhovah et sur le roi d'Israël (vers. 11-12). — *Misi ergo...* Réponse directe à la première demande de Salomon, vers. 13-14. L'auteur des Rois a omis ce détail. — *Patrem meum.*

14. Sa mère est de *la tribu de* Dan, et son père Tyrien. Il sait travailler sur l'or, l'argent, le cuivre, le fer, le marbre, le bois, et aussi la pourpre, l'hyacinthe, le fin lin et l'écarlate. Il sait encore graver toutes sortes de figures, et invente habilement ce qui est nécessaire pour toute sorte d'ouvrages. *Il travaillera* avec vos ouvriers et avec ceux de mon seigneur David, votre père.

15. Envoyez donc, mon seigneur, à vos serviteurs le blé, l'orge, l'huile et le vin que vous leur avez promis.

16. Et nous, nous ferons couper dans le Liban tout le bois dont vous aurez besoin, et nous les expédierons par mer en radeaux jusqu'à Joppé, d'où vous les ferez transporter à Jérusalem.

17. Salomon compta donc tous les prosélytes qui étaient dans les terres d'Israël, depuis le dénombrement qu'en avait fait David son père; et il s'en

14. filium mulieris de filiabus Dan, cujus pater fuit Tyrius, qui novit operari in auro et argento, ære, et ferro, et marmore, et lignis, in purpura quoque, et hyacintho, et bysso, et coccino; et qui scit cælare omnem sculpturam, et adinvenire prudenter quodcumque in opere necessarium est, cum artificibus tuis, et cum artificibus domini mei David, patris tui.

15. Triticum ergo, et hordeum, et oleum, et vinum quæ polliticus es, domine mi, mitte servis tuis.

16. Nos autem cædemus ligna de Libano, quot necessaria habueris, et applicabimus ea ratibus per mare in Joppe; tuum autem erit transferre ea in Jerusalem.

17. Numeravit igitur Salomon omnes viros proselytos qui erant in terra Israel, post dinumerationem quam dinumeravit David, pater ejus; et inventi sunt

---

Épithète honorifique; plus loin, iv, 16, l'artiste tyrien sera nommé le père de Salomon. — *De Dan.* De Nephthali, d'après III Reg. vii, 14. Voyez la note pour la conciliation. — *Qui novit...* L'ouvrier choisi par le roi de Tyr était doué de qualités supérieures à celles que désirait Salomon (*marmore et lignis, bysso;* comparez le vers. 7). « La combinaison de tous ces talents artistiques en un seul homme paraît étrange à nos temps modernes; mais l'histoire de l'art fournit de nombreux exemples d'une souplesse presque aussi grande. Théodore de Samos, par exemple, était architecte, fondeur d'objets en bronze, graveur de cachets et orfèvre. Michel-Ange était peintre, sculpteur, architecte, etc. Durant la période primitive de l'art dans une contrée, le partage du travail, qui prévaut plus tard, est inconnu, ou du moins n'existe pas en fait. » — *Domini mei David.* Formule de politesse, car Hiram n'avait été en aucune façon le vassal de David. — *Triticum ergo...* (vers. 15). Acceptation pure et simple de l'arrangement proposé par le roi d'Israël (cf. vers. 10). — *Nos autem cædemus...* (vers. 16). Réponse à la seconde demande de Salomon. *In Joppe* est un trait spécial. Joppé a été de tout temps le port de Jérusalem. Voyez l'*Atl. géogr.,* pl. v, vii, xii.

3° Les ouvriers chananéens, employés aux travaux les plus rudes de la construction. II, 17-18.

17-18. C'est là, comme nous l'avons dit, une répétition du vers. 2, mais avec quelques additions. — *Proselytos.* Dans l'hébreu : *gérim,* les

étrangers; c'est-à-dire toute la population non israélite, qui se composait surtout des descendants des races chananéennes épargnées autrefois par les Hébreux. Cf. Jos. ix, 1-27; Jud. i, 21, 27 et ss.; III Reg. ix, 20. — *Dinumerationem... David.* Sur ce recensement, voyez I Par.

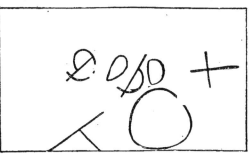

Pierre de taille munie d'une inscription phénicienne, trouvée dans les soubassements du temple de Jérusalem.

xxii, 2. En le faisant, David avait eu lui-même en vue des corvées à imposer à ces étrangers. — *Centum... sexcenti.* C'est le total produit par les trois sommes partielles du vers. 18 : 70 000 + 80 000 + 3 600. — *Humeris onera...* Voyez l'*Atl arch. de la Bible,* pl. lii, fig. 7, 9. — *Lapides in montibus.* L'hébreu dit, au singulier : sur la montagne. Tout auprès de Jérusalem, comme le démontre la note de III Reg. v, 15. — *Tria.. millia et sexcentos.* Seulement 3 300, d'après III Reg. v, 16. Y aurait-il, de part ou d'autre, une faute de copiste ? Quelques commentateurs le pensent. Mais les deux données ne sont pas inconciliables. L'auteur des livres des Rois ne signale, au passage indiqué, que les surveillants

centum quinquaginta millia, et tria millia sexcenti.

18. Fecitque ex eis septuaginta millia qui humeris onera portarent, et octoginta millia qui lapides in montibus cæderent; tria autem millia et sexcentos præpositos operum populi.

trouva cent cinquante trois mille six cents.

18. Il en prit soixante-dix mille pour porter les fardeaux sur leurs épaules, et quatre-vingt mille pour tailler les pierres dans les montagnes, et trois mille six cents pour conduire les travaux du peuple.

CHAPITRE III

1. Et cœpit Salomon ædificare domum Domini in Jerusalem in monte Moria, qui demonstratus fuerat David, patri ejus, in loco quem paraverat David in area Ornan Jebusæi.

2. Cœpit autem ædificare mense secundo, anno quarto regni sui.

3. Et hæc sunt fundamenta quæ jecit Salomon ut ædificaret domum Dei : longitudinis cubitos in mensura prima sexaginta, latitudinis cubitos viginti.

4. Porticum vero ante frontem, quæ tendebatur in longum juxta mensuram

1. Et Salomon commença à bâtir le temple du Seigneur à Jérusalem, sur le mont Moria, qui avait été montré à David son père, au lieu même que David avait disposé dans l'aire d'Ornan le Jébuséen.

2. Il commença cet édifice au second mois de la quatrième année de son règne.

3. Et voici les dimensions que suivit Salomon pour construire la maison de Dieu. La longueur était de soixante coudées, d'après l'ancienne mesure; la largeur, de vingt coudées.

4. Le vestibule, sur le devant, dont la longueur répondait à la largeur du

---

de second ordre, choisis parmi les étrangers eux-mêmes ; toutefois il parle formellement plus bas (III Reg. ix, 23) d'une catégorie supérieure de surveillants, qui comprenait trois cents étrangers et deux cent cinquante Israélites. L'auteur des Paralipomènes ne s'occupe ici que des étrangers et cite très exactement leur nombre, qui était de 3 600, y compris les inspecteurs secondaires pris dans leurs rangs ; mais il connaît aussi les deux cent cinquante autres. Cf. viii, 10.

§ II. — *Construction du temple et de son mobilier.* III, 1 — IV, 22.

Passage parallèle : III Reg. vi, 1 - VII, 51 (voyez les notes). Le livre des Rois donne en général une description plus détaillée. Le récit des Paralipomènes offre une suite plus régulière et plus naturelle : d'abord, iii, 3-17, la construction du bâtiment ; puis, iv, 1 et ss., celle du mobilier sacré, tandis que la narration parallèle est interrompue à deux reprises (cf. III Reg. vi, 11 - 13 ; vii, 1 - 14).

1° L'emplacement et la date de la construction du temple. III, 1-2.

Chap. III. — 1. L'emplacement. Trait propre aux Paralipomènes. — Indication générale du site : *in monte Moriah.* Ce mont n'est mentionné qu'en cet endroit d'une manière directe ; toutefois, Gen. xxii, 2 (voyez le commentaire), il est dit que le sacrifice d'Abraham eut lieu au pays de Moriah, et, d'après la tradition, les deux localités sont identiques. La colline dont Salomon aplanit le sommet était située au nord-est de

Sion ; c'est actuellement l'esplanade du Haram-ech-Chérif. Voy. l'*Atl. géogr.*, pl. xiv et xv. Les Septante ont écrit 'Αμωρία (avec l'article hébreu), ce qui a occasionné cette leçon étrange du syriaque : la montagne des Amorrhéens. — *Qui demonstratus...* Dans l'hébreu : où (le Seigneur) apparut... *Nir'ah* fait allusion au mot *Moriah,* qui signifie : manifestation de Jéhovah. — Indication plus précise du site : *in area Ornan.* Cf. I Par. xxi, 28 ; xxii, 1.

2. La date. Comparez III Reg. vi, 1 — *Mense secundo.* Le mois de ziv (avril-mai). — *Anno quarto regni...* Par conséquent, en 1011 d'après la chronologie généralement reçue. Voyez le tableau chronologique du tome II, p. 441.

2° Dimensions générales du temple, et construction du vestibule. III, 3-4.

3. Les dimensions du temple proprement dit. Comp. III Reg. vi, 2. — *Fundamenta :* les dimensions fondamentales. — *In mensura prima.* Trait spécial, d'une certaine importance. C'est-à-dire d'après l'ancien étalon, appelé coudée sainte, ou coudée de Moïse. Le narrateur ajoute ce détail, parce que ses compatriotes avaient adopté pendant l'exil et rapporté avec eux en Palestine les mesures babyloniennes, qui étaient un peu plus courtes ; il voulait donc ainsi prévenir toute confusion.

4. Le portique et ses dimensions. Comp. III Reg. vi, 3, et l'*Atl. archéologique*, pl. xcvi, fig. 2 ; pl. xcvii, fig. 3 et 4. — *Altitudo centum viginti.* Ce qui équivaudrait à environ soixante-trois mètres. Divergence étonnante au livre des

— Louvren du Temple de Salomon.

latitudinis domus, cubitorum viginti ;
porro altitudo centum viginti cubitorum
erat, et deauravit eam intrinsecus auro
mundissimo.

5· Domum quoque majorem texit ta-
bulis ligneis abiegnis, et laminas auri
obrizi affixit per totum ; sculpsitque in
ea palmas, et quasi catenulas se invicem
complectentes.

6. Stravit quoque pavimentum templi
pretiosissimo marmore, decore multo.

7. Porro aurum erat probatissimum
de cujus laminis texit domum, et trabes
ejus, et postes, et parietes, et ostia ; et
cælavit cherubim in parietibus.

8. Fecit quoque domum Sancti sanctorum : longitudinem juxta latitudinem
domus, cubitorum viginti ; et latitudinem similiter viginti cubitorum ; et laminis aureis texit eam, quasi talentis
sexcentis.

9. Sed et clavos fecit aureos, ita ut
singuli clavi siclos quinquagenos appen-
derent. Cœnacula quoque texit auro.

10. Fecit etiam in domo Sancti san-
torum cherubim duos, opere statuario,
et texit eos auro.

11. Alæ cherubim viginti cubitis ex-

temple, était aussi de vingt coudées ; sa
hauteur était de cent vingt coudées. Et
Salomon le fit dorer par dedans d'un or
très pur.

5. Il fit aussi lambrisser la partie la
plus grande du temple de bois de sapin,
et fit appliquer sur tous ces lambris des
lames de l'or le plus pur. Et il y fit
graver des palmes, et comme de petites
chaînes entrelacées les unes dans les
autres.

6. Il fit aussi paver le temple d'un
marbre très précieux, d'un très bel effet.

7. L'or des lames dont il fit couvrir
cet édifice, les poutres, les pilastres, les
murailles et les portes, était très fin. Et
il fit aussi représenter des chérubins sur
les murailles.

8. Il fit encore le Saint des saints : sa
longueur, qui répondait à la largeur du
temple, était de vingt coudées ; sa largeur avait pareillement vingt coudées.
Il le couvrit de lames d'or, qui pouvaient
monter à six cents talents.

9. Il fit aussi les clous d'or, et chacun
d'eux pesait cinquante sicles. Il couvrit
aussi d'or les chambres hautes.

10. Outre cela, il fit faire dans le Saint
des saints deux statues de chérubins,
qu'il couvrit d'or.

11. L'étendue des ailes de ces chéru-

Rois, qui parle seulement de trente coudées
(environ quinze mètres) de haut. La version
arabe et le manuscrit alexandrin des Septante
ont « vingt coudées ». On suppose assez généralement qu'il y a une faute de copiste dans les
Paralipomènes. Néanmoins quelques interprètes
adoptent de préférence le chiffre des Paralipomènes. Voyez l'*Atl. archéol.*, pl. xcviii, fig. 1, 3.
— *Deauravit eam*. Détail rejeté plus loin dans
le récit parallèle. Cf. III Reg. vi, 22.

3° Construction du Saint. III, 5-7.

5-7. Comparez III Reg. vi, 15-18, et l'*Atl. arch.*,
pl. xcvii, fig. 4. — *Domum majorem*. Le Saint
est ainsi nommé à cause de sa longueur, qui
était double de celle du Saint des saints (*Atl.
arch.*, pl. xcvii, fig. 4). — *Texit* : sur toutes les
surfaces intérieures (parois, plancher, plafond).
— *Abiegnis* : de cyprès suivant l'hébreu. D'après
III Reg. vi, 2, les lambris étaient de cèdre, le
plafond de cyprès. — *Quasi catenulas*... Détail
nouveau. Des chaînes ou guirlandes sculptées,
pendant en festons gracieux. — *Stravit pavimentum*. D'après l'hébreu, il s'agit de tout l'intérieur du Saint (« il garnit la maison de pierres
précieuses », au lieu de *marmore*). Cette déco-
ration n'est pas mentionnée au livre des Rois.
— *aurum*... *probatissimum*. Dans l'hébreu : de
l'or de *Parvaïm*. Nom qui représente sans doute
une localité, mais on ignore laquelle ; Ophir, selon
quelques interprètes.

4° Construction du Saint des saints ; les chérubins et le voile. III, 8-14.

8-9. Le Saint des saints. Comparez III Reg.
vi, 19-22, et l'*Atl. arch.*, pl. xcvi, fig. 2. — *Longitudinem...; latitudinem...* III Reg. ajoute que
la hauteur était aussi de vingt coudées : d'où il
suit que l'appartement formait un cube parfait.
— *Talentis sexcentis* est un trait spécial. Le
talent d'or valait 131 850 fr. — *Sed et clavos...
ita ut singuli...* L'hébreu dit seulement : et le
poids de l'or pour les clous était de cinquante
sicles. Mais la Vulgate (avec les Septante) donne
sans doute le vrai sens ; car la somme de cinquante sicles d'or ($50 \times 43,50$) serait insigni-
fiante s'il s'agissait de tous les clous d'or employés dans le Saint des saints. Ces clous étaient
destinés à fixer les lames d'or qui recouvraient
les parois. — *Cœnacula* : des chambres hautes
(hébr. : 'aliyôt). Elles ne sont mentionnées qu'ici
et I Par. xxviii, 11. Leur situation exacte est
incertaine. D'après quelques exégètes, on les
aurait bâties au-dessus du Saint des saints, dont
la hauteur était inférieure de dix coudées à celle
des autres parties de l'édifice (voyez l'*Atlas
archéol.*, pl. xcvii, fig. 3); selon d'autres, c'était
simplement l'étage supérieur des trois rangées
de cellules qui entouraient tout le temple. Cf.
III Reg. vi, 1, 5-10, 20.

10-13. Les deux chérubins debout dans le
Saint des saints. Comp. III Reg. vi, 23-28. —

Coudées égyptiennes, réduites.

tendebantur, Ita ut una ala haberet cubitos quinque, et tangeret parietem domus; et altera, quinque cubitos habens, alam tangeret alterius cherub.

12. Similiter cherub alterius ala quinque habebat cubitos, et tangebat parietem; et ala ejus altera quinque cubitorum, alam cherub alterius contingebat.

13. Igitur alæ utriusque cherubim expansæ erant, et extendebantur per cubitos viginti; ipsi autem stabant erectis pedibus, et facies eorum erant versæ ad exteriorem domum.

14. Fecit quoque velum ex hyacintho, purpura, cocco, et bysso; et intexuit ei cherubim.

15. Ante fores etiam templi duas columnas, quæ triginta et quinque cubitos habebant altitudinis; porro capita earum quinque cubitorum.

16. Necnon et quasi catenulas in oraculo, et superposuit eas capitibus columnarum; malogranata etiam centum quæ catenulis interposuit.

17. Ipsas quoque columnas posuit in vestibulo templi, unam a dextris, et alteram a sinistris; eam quæ a dextris erat vocavit Jachin, et quæ ad lævam, Booz.

bins était de vingt coudées; de sorte qu'une de ces ailes avait cinq coudées et touchait la muraille du temple, et que l'autre, qui avait *aussi* cinq coudées, touchait l'aile du second chérubin.

12. De même, une des ailes de ce second chérubin, de cinq coudées d'étendue, touchait la muraille; et son autre aile, qui était aussi de cinq coudées, venait joindre l'aile du premier.

13. Les ailes de ces deux chérubins étaient donc déployées, et avaient vingt coudées d'étendue. Et ces chérubins étaient debout sur leurs pieds, et leurs faces tournées vers le temple extérieur.

14. Il fit aussi un voile d'hyacinthe, de pourpre, d'écarlate et de fin lin, sur lequel il fit représenter des chérubins.

15. *Il fit* de plus, devant la porte du temple, deux colonnes de trente-cinq coudées de haut; et leurs chapiteaux étaient de cinq coudées.

16. Il fit aussi des chaînes *semblables à celles* du sanctuaire, et il les mit sur les chapiteaux des colonnes; et cent grenades, qui étaient entrelacées dans ces chaînes.

17. Il fit mettre ces colonnes dans le vestibule du temple : l'une à droite, l'autre à gauche. Il appela celle qui était du côté droit, Jachin; et celle qui était du côté gauche, Booz.

Stabant erectis pedibus (vers. 13) est un trait propre aux Paralipomènes. Il en est de même du suivant : *facies... versæ...* — *Ad exteriorem domum.* Dans l'hébreu : du côté de la maison. Ces deux chérubins n'étaient donc pas placés en face l'un de l'autre, comme ceux qui surmontaient l'arche, mais sur une même ligne, près l'un de l'autre.

14. Le voile. — *Fecit... velum.* Ce voile n'est pas mentionné dans la description du livre des Rois. Il devait être tout à fait semblable à celui de l'ancien tabernacle. Cf. Ex. xxvi, 31 et le commentaire.

5° Les colonnes Jachin et Booz. III, 15-17.

15-17. Comparez III Reg. vii, 15-22; la description y est beaucoup plus complète. Voyez aussi l'*Atlas arch.*, pl. xcvii, fig. 3 et 4; pl. xcviii, fig. 4. — *Ante fores... templi :* en avant du .portique. — *Triginta... quinque cubitos.* Erreur évidente de transcription, car partout ailleurs nous lisons « dix-huit » coudées. Cf. III Reg. vii, 15; IV Reg. xxv, 17; Jer. lii, 21. — *Catenulas in oraculo.* Ici encore on croit que le texte a souffert. Il faut évidemment : des chaînettes comme dans le sanctuaire. Voyez le vers. 5.

— *Malogranata centum.* D'après III Reg. vii, 20, 42, il y avait une double rangée de cent gre-

Autre essai de reconstitution des colonnes Jachin et Booz.

nades à chaque chapiteau, l'une au-dessous, l'autre au-dessus.

CHAPITRE IV

1. Salomon fit aussi un autel d'airain de vingt coudées de long, de vingt coudées de large et de dix coudées de haut,

2. et une mer de fonte qui avait dix coudées d'un bord à l'autre, et qui était toute ronde. Elle avait cinq coudées de haut, et un cordon de trente coudées entourait sa circonférence.

3. Au-dessous *du bord* de cette mer, il y avait des figures de bœufs, et elle était environnée au dehors de deux rangées de sculptures, dont il y avait dix par coudée. Or ces bœufs avaient été jetés en fonte.

4. La mer reposait sur douze bœufs, dont trois regardaient le septentrion, trois l'occident, trois le midi, et les trois autres l'orient. La mer était posée sur eux, et la partie postérieure de leur corps était cachée sous la mer.

5. L'épaisseur de cette mer était d'un palme; et son bord était fait comme celui d'une coupe, ou comme la lèvre d'un lis courbée en dehors; et elle contenait trois mille mesures.

6. Il fit aussi dix bassins, et il en mit cinq à droite et cinq à gauche, pour laver tout ce qui devait être offert en holocauste. Les prêtres se lavaient dans la mer *d'airain*.

7. Il fit encore dix chandeliers d'or, selon la forme qui avait été prescrite pour eux, et il les mit dans le temple, cinq d'un côté et cinq de l'autre.

8. Il fit aussi dix tables, et les mit

1. Fecit quoque altare æreum vigin cubitorum longitudinis, et viginti cubitorum latitudinis, et decem cubitorum altitudinis;

2. mare etiam fusile decem cubitis a labio usque ad labium, rotundum per circuitum; quinque cubitos habebat altitudinis, et funiculus triginta cubitorum ambiebat gyrum ejus.

3. Similitudo quoque boum erat subter illud, et decem cubitis quædam extrinsecus cælaturæ, quasi duobus versibus alvum maris circuibant. Boves autem erant fusiles.

4. Et ipsum mare super duodecim boves impositum erat, quorum tres respiciebant ad aquilonem, et alii tres ad occidentem, porro tres alii meridiem, et tres qui reliqui erant orientem, habentes mare superpositum; posteriora autem boum erant intrinsecus sub mari.

5. Porro vastitas ejus habebat mensuram palmi, et labium illius erat quasi labium calicis, vel repandi lilii; capiebatque tria millia metretas.

6. Fecit quoque conchas decem; et posuit quinque a dextris, et quinque a sinistris, ut lavarent in eis omnia quæ in holocaustum oblaturi erant; porro in mari sacerdotes lavabantur.

7. Fecit autem et candelabra aurea decem, secundum speciem qua jussa erant fieri, et posuit ea in templo, quinque a dextris et quinque a sinistris.

8. Necnon et mensas decem, et posuit

6° L'autel des holocaustes et les principaux ustensiles sacrés. IV, 1-10.

CHAP. IV. — 1. L'autel d'airain. Comp. l'*Atlas arch.*, pl. xcviii, fig. 6. Il n'est pas mentionné dans le récit parallèle.

2-5. La mer d'airain. Comp. III Reg. vii, 23-26, et l'*Atlas arch.*, pl. ciii, fig. 9. — *Decem cubitis...* Les dimensions au vers. 2. — *Similitudo...* Vers. 3, l'ornementation de cet immense bassin. Variante énorme dans notre récit : *boum*, deux lignes de bœufs sculptés, au lieu des coloquintes que mentionne le livre des Rois. Le texte a été sans doute corrompu en cet endroit. — *Et ipsum mare...* Vers. 4, le support de la mer d'airain. — Vers. 5, son épaisseur (*vastitas* de la Vulgate) et sa capacité. *Tria millia metretas :* des *bat* d'après l'hébreu (note de ii, 10); deux mille *bat* seulement au passage parallèle (voyez le commentaire).

6. Les lavoirs mobiles. Comp. III Reg. vii, 29-39, où la description est très détaillée, tandis que notre auteur se borne à une mention sommaire; et pourtant il a deux traits qui lui sont propres : *ut lavarent...*, et *in mari sacerdotes...* Voyez aussi l'*Atlas arch.*, pl. cv, fig. 6.

7. Les candélabres d'or. Comp. III Reg. vii, 49, et l'*Atlas arch.*, pl. ciii, fig. 7, 10, 11. — L'indication du nombre, *decem*, est un détail spécial. — *Secundum speciem...* Forme identique à celle des candélabres de Moïse. Cf. Ex. xxv, 31-40. — *Posuit... in templo.* Dans le Saint, d'après le vers. 20.

8. Les dix tables d'or et les cent vases à libation. Détails propres aux Paralipomènes. — *Mensas decem.* Voyez I Par. xxviii, 16, et l'explication. — *Phialas.* L'expression hébraïque désigne des vases à libation. Cf. Am. vi, 6 *(Atl. arch.*, pl. cvii, fig. 1).

eas in templo, quinque a dextris et quinque a sinistris; phialas quoque aureas centum.

9. Fecit etiam atrium sacerdotum, et basilicam grandem, et ostia in basilica, quæ texit ære.

10. Porro mare posuit in latere dextro, contra orientem ad meridiem.

11. Fecit autem Hiram lebetes, et creagras, et phialas; et complevit omne opus regis in domo Dei;

12. hoc est columnas duas, et epistylia, et capita, et quasi quædam retiacula quæ capita tegerent super epistylia;

13. malogranata quoque quadringenta, et retiacula duo, ita ut bini ordines malogranatorum singulis retiaculis jungerentur, quæ protegerent epistylia, et capita columnarum.

14. Bases etiam fecit, et conchas quas superposuit basibus;

15. mare unum, boves quoque duodecim sub mari;

16. et lebetes, et creagras et phialas. Omnia vasa fecit Salomoni Hiram, pater ejus, in domo Domini, ex ære mundissimo.

17. In regione Jordanis fudit ea rex in argillosa terra, inter Socoth et Saredatha.

18. Erat autem multitudo vasorum innumerabilis, ita ut ignoraretur pondus æris.

19. Fecitque Salomon omnia vasa do-

dans le temple, cinq à droite et cinq à gauche, et cent coupes d'or.

9. Il fit aussi le parvis des prêtres et le grand parvis, dont les portes furent couvertes d'airain.

10. Il mit la mer au côté droit, vis-à-vis de l'orient vers le midi.

11. Hiram fit aussi des chaudières, des fourchettes et des coupes. Et il acheva tout l'ouvrage que le roi avait entrepris de faire dans la maison de Dieu;

12. c'est-à-dire les deux colonnes, les cordons qui étaient dessus, et leurs chapiteaux, avec une espèce de rets qui couvrait les chapiteaux par-dessus les cordons.

13. Il fit encore quatre cents grenades et deux rets; de sorte qu'il y avait deux rangs de grenades réunis par chacun de ces rets, qui couvraient les cordons et les chapiteaux des colonnes.

14. Il fit aussi les socles *d'airain* et les bassins qu'il mit dessus;

15. une mer, douze bœufs qui la soutenaient;

16. les chaudières, les fourchettes et les coupes. Tous ces ustensiles, Hiram le maître les fit à Salomon, pour la maison du Seigneur, de l'airain le plus pur.

17. Le roi les fit jeter en fonte dans de la terre d'argile, dans le district du Jourdain, entre Socoth et Sarédatha.

18. La multitude de ces objets était innombrable, et l'on ne peut savoir le poids du métal *qui y entra*.

19. Salomon fit faire aussi tous les

---

9. Les parvis. — *Atrium sacerdotum.* Comp. III Reg. VI, 36, où il est appelé le parvis intérieur. — *Basilicam grandem.* Trait nouveau.

Cuillers égyptiennes.

D'après l'hébreu : la grande cour. C'était le parvis extérieur. — *Ostia in basilica.* Dans l'hébreu : les portes pour la cour (extérieure).

10. La place de la mer d'airain. Comp. III Reg. VII, 39. C'est ici un détail rétrospectif.

7° Énumération des ustensiles sacrés, soit de bronze, soit d'or. IV, 11-22.

Comparez III Reg. VII, 40-50; les deux narrations coïncident très exactement, à part de légères divergences.

11-18. Les ustensiles d'airain. — *Creagras* (vers. 11 et 16). Aux passages parallèles : des bassins. — *Hiram, pater ejus* (vers. 16). Sur ce titre, voyez la note de II, 13. — *Saredatha* (vers. 17). Sarthan au livre des Rois. Le nom s'était peut-être modifié dans la suite des temps.

19-22. Les ustensiles d'or.

Mensas, et super eas... En réalité, il n'y avait qu'une seule table pour les pains de proposition. Cf. XXIX, 18, et III Reg. VII, 48. Le pluriel v...

autres ustensiles du temple du Seigneur : l'autel d'or, et les tables sur lesquelles on mettait les pains de proposition ;

20. les chandeliers d'un or très pur, avec leurs lampes pour les faire brûler devant l'oracle selon l'ordonnance ;

21. et les fleurs, les lampes, et les pincettes, le tout d'un or très pur ;

22. les cassolettes, les encensoirs, les coupes, les mortiers, d'un or très pur. Les portes du temple intérieur, c'est-à-dire du Saint des saints, étaient ciselées ; et les portes du temple au dehors étaient d'or. Et ainsi Salomon acheva tous les ouvrages qu'il avait entrepris de faire pour la maison du Seigneur.

mus Dei, et altare aureum, et mensas, et super eas panes propositionis ;

20. candelabra quoque cum lucernis suis, ut lucerent ante oraculum juxta ritum, ex auro purissimo ;

21. et florentia quædam, et lucernas, et forcipes aureos ; omnia de auro mundissimo facta sunt.

22. Thymiateria quoque, et thuribula, et phialas, et mortariola ex auro purissimo. Et ostia cælavit templi interioris, id est in Sancta sanctorum ; et ostia templi forinsecus aurea. Sicque completum est omne opus quod fecit Salomon in domo Domini.

CHAPITRE V

1. Salomon apporta donc *dans le temple* tout ce que David son père avait voué, et mit l'or, l'argent et tous les ustensiles dans les trésors de la maison de Dieu.

2. Après cela il assembla à Jérusalem tous les anciens d'Israël, tous les princes des tribus et les chefs des familles des fils d'Israël, pour transporter l'arche de l'alliance du Seigneur de la ville de David, c'est-à-dire de Sion.

3. Ainsi tous les hommes d'Israël vinrent auprès du roi le jour solennel du septième mois.

4. Et lorsque tous les anciens d'Israël furent arrivés, les lévites prirent l'arche,

5. et ils la portèrent *dans le temple*, avec tout le mobilier du tabernacle. Or les prêtres et les lévites portèrent tous les ustensiles du sanctuaire qui étaient dans le tabernacle.

1. Intulit igitur Salomon omnia quæ voverat David, pater suus ; argentum, et aurum, et universa vasa posuit in thesauris domus Dei.

2. Post quæ congregavit majores natu Israel, et cunctos principes tribuum, et capita familiarum de filiis Israel in Jerusalem, ut adducerent arcam fœderis Domini de civitate David, quæ est Sion.

3. Venerunt itaque ad regem omnes viri Israel in die solemni mensis septimi.

4. Cumque venissent cuncti seniorum Israel, portaverunt levitæ arcam,

5. et intulerunt eam, et omnem paraturam tabernaculi. Porro vasa sanctuarii quæ erant in tabernaculo portaverunt sacerdotes cum levitis.

---

ici une forme d'abréviation, pour marquer aussi les neuf autres tables d'or que Salomon avait fait préparer. Cf. vers. 8 et I Par. xxviii, 16. — *Lucerent... juxta ritum* (vers. 20). C'est-à-dire, suivant « la coutume » (hébr.) introduite par la loi. Comp. Ex. xxvii, 20-21 ; Lev. xxiv, 2-3. — *Florentia quædam* (vers. 21) : des fleurs de lis, d'après le livre des Rois. — *Ostia cælavit...* (vers. 22). L'hébreu dit, en continuant l'énumération : et les battants d'or pour la porte de l'intérieur de la maison à l'entrée du Saint des saints, et pour la porte de la maison à l'entrée du temple. Comp. III Reg. vii, 53.

§ III. — *Dédicace du temple.* V, 1 — VII, 22.

Passage parallèle : III Reg. vii, 51-ix, 9

(voyez le commentaire). La ressemblance continue d'être très grande, souvent même littérale, entre les deux narrations. Nous n'avons qu'un petit nombre de particularités à signaler.

1° Translation solennelle de l'arche au nouveau sanctuaire. V, 1-14.

Chap. V. — 1. Transition. Comp. III Reg. vii, 51. — *Quæ voverat David.* Voyez I Par. xviii 10-11 ; xxvi, 26-27 ; xxix, 3 et ss.

2-3. Grande affluence du peuple et de ses représentants à Jérusalem pour la fête de la translation. Comp. III Reg. viii, 1-2. — *Mensis septimi.* Le mois d'éthanim, ajoute l'autre récit.

4-6. La procession. Cf. III Reg. viii, 3-5. — *Portaverunt levitæ.* Les lévites dans le sens large, car plus bas (vers. 7), et au passage parallèle

6. Rex autem Salomon, et universus cœtus Israel, et omnes qui fuerunt congregati ante arcam, immolabant arietes et boves absque ullo numero, tanta enim erat multitudo victimarum.

7. Et intulerunt sacerdotes arcam fœderis Domini in locum suum, id est ad oraculum templi, in Sancta sanctorum, subter alas cherubim :

8. ita ut cherubim expanderent alas suas super locum in quo posita erat arca, et ipsam arcam tegerent cum vectibus suis.

9. Vectium autem, quibus portabatur arca, quia paululum longiores erant, capita parebant ante oraculum; si vero quis paululum fuisset extrinsecus, eos videre non poterat. Fuit itaque arca ibi usque in præsentem diem.

10. Nihilque erat aliud in arca, nisi duæ tabulæ, quas posuerat Moyses in Horeb, quando legem dedit Dominus filiis Israel egredientibus ex Ægypto.

11. Egressis autem sacerdotibus de sanctuario (omnes enim sanctuares, qui ibi potuerant inveniri, sanctificati sunt; nec adhuc in illo tempore vices, et ministeriorum ordo inter eos divisus erat),

12. tam levitæ quam cantores, id est et qui sub Asaph erant, et qui sub Heman, et qui sub Idithun, filii et fratres eorum, vestiti byssinis, cymbalis, et psalteriis, et citharis concrepabant, stantes ad orientalem plagam altaris, et cum eis sacerdotes centum viginti canentes tubis.

13. Igitur cunctis pariter, et tubis, et voce, et cymbalis, et organis, et diversi

6. Le roi Salomon et toute l'assemblée d'Israël, et tous ceux qui s'étaient réunis devant l'arche immolaient des béliers et des bœufs sans nombre, tant était grande la multitude des victimes.

7. Et les prêtres portèrent l'arche de l'alliance du Seigneur à sa place, c'est-à-dire près de l'oracle du temple, dans le Saint des saints, sous les ailes des chérubins ;

8. de sorte que les chérubins étendaient leurs ailes sur le lieu où l'arche avait été placée, et couvraient l'arche, ainsi que ses bâtons.

9. Et comme ces bâtons avec lesquels on portait l'arche étaient un peu longs, on en voyait l'extrémité de devant le sanctuaire; mais, si l'on était un peu en dehors, on ne pouvait plus les voir. Et l'arche a *toujours* été là jusqu'à présent.

10. Il n'y avait dans l'arche que les deux tables que Moïse y plaça près de l'Horeb, lorsque le Seigneur donna sa loi aux fils d'Israël, à leur sortie d'Egypte.

11. Lors donc que les prêtres furent sortis du sanctuaire (car tous les prêtres que l'on put trouver là furent sanctifiés; et jusqu'alors les fonctions et l'ordre du ministère n'avaient pas encore été distribués entre eux),

12. tant les lévites que les chantres, c'est-à-dire ceux qui étaient sous Asaph, sous Héman et sous Idithun, avec leurs fils et leurs frères, revêtus de lin, faisaient retentir leurs cymbales, leurs psalterions et leurs guitares, et se tenaient à l'orient de l'autel, avec cent vingt prêtres qui sonnaient de leurs trompettes.

13. Tous chantant donc en même temps, avec les trompettes, les voix, les

---

il est dit expressément que l'arche fut portée par les prêtres.

7-10. L'arche est déposée dans le Saint des saints. Cf. III Reg. viii, 6-9. — Au vers. 9, au lieu de *ante oraculum*, le texte original porte actuellement : devant l'arche ; ce qui est une faute évidente d'après le récit parallèle. D'ailleurs, les Septante et quelques manuscrits hébreux ont lu comme la Vulgate. — *Fuit itaque arca.* D'après III Reg., le chaldéen, les Septante, le syriaque, l'arabe, etc., cette observation ne concerne point l'arche, mais les bâtons qui servaient à la porter. — *Quas... in Horeb* (vers. 10). Au livre des Rois : qu'il avait placées là (dans l'arche).

11-14. Tandis que le chœur des lévites le glorifie, Jéhovah manifeste miraculeusement sa présence et prend possession du temple. Cf. III Reg. viii, 10-11. — Ici, c'est la narration des Paralipo-

mènes qui est de beaucoup la plus complète : à part les premiers mots du vers. 11, les derniers du vers. 13 et la totalité du vers. 14, tout ce qu'elle relate est nouveau et plein d'intérêt. L'auteur insiste, comme d'ordinaire, sur le rôle spécial des lévites (voyez l'Introduction, p. 6-7). — *Omnes sacerdotes... sanctificati...* Manière de dire que tous les prêtres qui étaient à Jérusalem ce jour-là prirent indistinctement part à la cérémonie en qualité de ministres officiants, sans que l'on tînt compte, pour cette fois, de l'ordre des classes instituées par David (cf. I Par. xxiii, 6-23). Il en fallait un très grand nombre pour remplir les divers rôles exigés par la solennelle translation de l'arche. — *Nec adhuc...* La traduction de la Vulgate donne un sens historiquement inexact ; l'hébreu porte : (les prêtres) ne servaient point d'après les classes. — *Tam levitæ quam...* (vers. 12). Plutôt d'après le texte

cymbales, les orgues et des instruments de divers genres, et faisant retentir leur voix bien haut, ce bruit s'entendait de très loin. Et quand ils eurent commencé à louer le Seigneur et à entonner *ce cantique :* Rendez gloire au Seigneur, parce qu'il est bon et parce que sa miséricorde est éternelle, la maison de Dieu fut remplie d'une nuée ;

14. en sorte que les prêtres ne pouvaient y demeurer, ni faire les fonctions de leur ministère à cause de la nuée ; car la gloire du Seigneur avait rempli la maison de Dieu.

generis musicorum concinentibus, et vocem in sublime tollentibus, longe sonitus audiebatur; ita ut cum Dominum laudare cœpissent, et dicere : Confitemini Domino, quoniam bonus, quoniam in æternum misericordia ejus, impleretur domus Dei nube,

14. nec possent sacerdotes stare et ministrare propter caliginem; compleverat enim gloria Domini domum Dei.

CHAPITRE VI

1. Alors Salomon dit : Le Seigneur a promis d'habiter dans une nuée.

2. Et moi j'ai élevé une maison à son nom, afin qu'il y demeure à jamais.

3. Et le roi se tourna vers toute l'assemblée d'Israël et la bénit ; car toute cette multitude était debout, attentive ; et il dit :

. 4. Béni soit le Seigneur Dieu d'Israël, qui a accompli ce qu'il avait déclaré à David mon père, lorsqu'il lui dit :

5 Depuis le jour où j'ai fait sortir mon peuple de la terre d'Égypte, je n'ai pas choisi de ville dans toutes les tribus d'Israël, pour y élever une maison à mon nom, et je n'ai pas non plus choisi d'autre homme pour lui donner la conduite de mon peuple Israël ;

6. mais j'ai choisi Jérusalem pour que mon nom y réside, et j'ai élu David pour l'établir *roi* sur mon peuple Israël.

7. Et lorsque David mon père eut formé le dessein d'élever une maison à la gloire du Seigneur Dieu d'Israël,

1. Tunc Salomon ait : Dominus pollicitus est ut habitaret in caligine ;

2. ego autem ædificavi domum nomini ejus, ut habitaret ibi in perpetuum.

3. Et convertit rex faciem suam, et benedixit universæ multitudini Israel (nam omnis turba stabat intenta), et ait :

4. Benedictus Dominus, Deus Israel, qui, quod locutus est David, patri meo, opere complevit, dicens :

5. A die qua eduxi populum meum de terra Ægypti, non elegi civitatem de cunctis tribubus Israel, ut ædificaretur in ea domus nomini meo ; neque elegi quemquam alium virum, ut esset dux in populo meo Israel ;

6. sed elegi Jerusalem ut sit nomen meum in ea, et elegi David ut constituerem eum super populum meum Israel.

7. Cumque fuisset voluntatis David, patris mei, ut ædificaret domum nomini Domini, Dei Israel,

---

original : les lévites chantres. Cf. I Par. xxv, 1-6. — *Vestiti byssinis :* d'une tunique de lin blanc. Cf. I Par. xv, 25. — *Cymbalis, psalteriis, citharis.* Les trois principaux instruments des lévites. Cf. I Par. xv, 28; xvi, 5; xxv, 1, 6. — *Tubis :* les trompettes sacrées, dont l'usage était réservé aux prêtres. Cf. Num. x, 8; I Par. xv, 24; xvi, 6, etc. — *Igitur cunctis...* (vers. 13). Admirable scène, fort bien décrite. — *Confitemini Domino.* Le refrain célèbre, si souvent chanté par les Juifs pendant leurs fêtes. Cf. vii, 3; I Par. xvi, 41; Esdr. iii, 11, etc. — *Impleretur... nube :* manifestation de la présence divine.

2° Salomon salue et bénit le Dieu d'Israël, qui daignait faire visiblement son entrée dans le temple. VI, 1-10.

CHAP. VI. — 1-2. Le roi dédie le temple à Jéhovah. Cf. III Reg. viii, 12-13. — *Dominus pollicitus est.* Cf. Ex. xix, 9; xx, 21; Lev. xvi, 2. Dans l'apparition du Seigneur sous la forme d'une nuée, Salomon voyait l'accomplissement de plusieurs antiques promesses. — *Ego ædificavi.* Une satisfaction bien légitime perce dans ces paroles.

3. Le roi bénit toute l'assemblée. Cf. III Reg. viii, 14.

4-11. Louange à Dieu pour l'heureux achèvement du temple. Comp. III Reg. viii, 15-21. — La fin du vers. 5, *neque elegi...,* et la première moitié du vers. 6, *sed elegi... in ea,* manquent dans le récit des Rois. — *Neque... quemquam virum...* Saül n'avait été placé que momentané-

8. dixit Dominus ad eum : Quia hæc fuit voluntas tua, ut ædificares domum nomini meo, bene quidem fecisti hujuscemodi habere voluntatem ;

9. sed non tu ædificabis domum ; verum filius tuus, qui egredietur de lumbis tuis, ipse ædificabit domum nomini meo.

10. Complevit ergo Dominus sermonem suum quem locutus fuerat. Et ego surrexi pro David patre meo ; et sedi super thronum Israel, sicut locutus est Dominus ; et ædificavi domum nomini Domini, Dei Israel.

11. Et posui in ea arcam in qua est pactum Domini quod pepigit cum filiis Israel.

12. Stetit ergo coram altari Domini ex adverso universæ multitudinis Israel, et extendit manus suas ;

13. siquidem fecerat Salomon basim æneam, et posuerat eam in medio basilicæ, habentem quinque cubitos longitudinis, et quinque cubitos latitudinis, et tres cubitos altitudinis ; stetitque super eam ; et deinceps flexis genibus contra universam multitudinem Israel, et palmis in cælum levatis,

14. ait : Domine, Deus Israel, non est similis tui Deus in cælo et in terra ; qui custodis pactum et misericordiam cum servis tuis, qui ambulant coram te in toto corde suo ;

15. qui præstitisti servo tuo David, patri meo, quæcumque locutus fueras ei ; et quæ ore promiseras, opere complesti, sicut et præsens tempus probat.

16. Nunc ergo, Domine, Deus Israel, imple servo tuo, patri meo David, quæcumque locutus es, dicens : Non deficiet ex te vir coram me, qui sedeat super thronum Israel ; ita tamen si custodie-

8. le Seigneur lui dit : **Quand vous avez eu la volonté d'élever une maison à** mon nom, vous avez bien fait de prendre cette résolution ;

9. mais ce n'est pas vous qui bâtirez cette maison. Votre fils, qui sortira de vous, sera celui qui élèvera une maison à mon nom.

10. Ainsi le Seigneur a accompli la parole qu'il avait dite. C'est moi qui ai succédé à David mon père. Je suis assis sur le trône d'Israël comme le Seigneur l'avait dit, et j'ai bâti une maison au nom du Seigneur Dieu d'Israël.

11. Et j'y ai placé l'arche, où est l'alliance que le Seigneur a faite avec les enfants d'Israël.

12. Salomon se tint donc devant l'autel du Seigneur à la vue de toute l'assemblée d'Israël, et il étendit ses mains.

13. Car il avait fait faire une estrade d'airain de cinq coudées de long, d'autant de large et de trois de haut, qu'il avait fait mettre au milieu de la cour. Il s'y tint debout ; puis il se mit à genoux, tourné vers toute cette multitude, et les mains élevées au ciel,

14. et il dit : Seigneur Dieu d'Israël, il n'y a point de Dieu semblable à vous au ciel ni sur la terre ; vous qui conservez l'alliance et la miséricorde avec ceux de vos serviteurs qui marchent devant vous de tout leur cœur ;

15. qui avez exécuté tout ce que vous aviez promis à David mon père, votre serviteur, et qui avez accompli en œuvre ce que vous aviez déclaré de bouche, comme nous le voyons aujourd'hui:

16. Accomplissez donc maintenant, Seigneur Dieu d'Israël, en faveur de David mon père, votre serviteur, tout ce que vous lui avez promis, en disant : Vous ne manquerez point d'héritiers, qui

---

ment sur le trône d'Israël, **David à tout jamais.** — *Posui in ea arcam* (vers. 11). III Reg. : J'ai établi ici le lieu de l'arche. — *In qua... pactum :* les tables de la loi, signe de cette alliance.

3° La prière de Salomon au jour de la dédicace du temple. VI, 12-42.

Les deux récits sont presque identiques de fond et de forme.

12-13. Introduction historique, qui décrit en termes pittoresques l'attitude du royal suppliant. Comp. III Reg. VIII, 22. — *Extendit manus :* vers le ciel, ajoute l'auteur des livres des Rois. — Les intéressants détails du vers. 13 forment une particularité des Paralipomènes. *Basim :* dans l'hébreu, *kiyor,* expression employée précé-

demment (IV, 6) pour désigner les lavoirs d'airain ; la plate-forme en question ressemblait donc à l'un de ces bassins mobiles. — *In medio basilicæ.* Dans la cour extérieure, d'après IV, 9. — *Quinque..., tres cubitis.* C'est-à-dire, environ 2m50 et 1m50. — *Flexis genibus..., palmis... :* l'attitude la plus complète de la prière chez les anciens. Voyez l'*Atlas arch.,* pl. xcv, fig. 3.

14-17. Prélude de la prière de Salomon ; première partie : les bontés de Dieu dans le passé, gage de sa fidélité à ses promesses dans l'avenir. Comp. III Reg. VIII, 23-26. — *In cœlo et in terra.* Au livre des Rois, avec une petite nuance : dans le ciel en haut, et sur la terre en bas. — *Opere complesti* (vers. 15). L'autre récit, d'une ma-

soient assis devant moi sur le trône
d'Israël ; pourvu toutefois que vos fils
veillent sur leurs voies, et qu'ils marchent dans l'observance de ma loi,
comme vous avez marché en ma présence.

17. Et maintenant, Seigneur Dieu
d'Israël, que s'accomplisse la parole que
vous avez donnée à David, votre serviteur.

18. Est-il donc croyable que Dieu
habite avec les hommes sur la terre? Si
le ciel et les cieux des cieux ne peuvent
vous contenir, combien moins cette maison que j'ai bâtie!

19. Aussi n'a-t-elle été faite que pour
vous porter, Seigneur mon Dieu, à regarder favorablement la prière de votre
serviteur et ses supplications, et à
exaucer les prières qu'il fera en votre
présence ;

20. afin que jour et nuit vous ayez les
yeux ouverts sur cette maison, sur ce
lieu où vous avez promis qu'on invo-
querait votre nom,

21. que vous écouteriez la prière qu'y
ferait votre serviteur, et que vous exau-
ceriez ses supplications et celles de
votre peuple Israël. Ecoutez, Seigneur,
de votre demeure qui est dans le ciel,
tous ceux qui prient en ce lieu, et
soyez-leur propice.

22. Lorsque quelqu'un aura péché
contre son prochain, et qu'il viendra
pour prêter serment contre lui, et qu'il
se sera dévoué à la malédiction *en jurant*
dans cette maison, devant votre autel,

23. vous écouterez du ciel, et vous
ferez justice à vos serviteurs ; vous ferez
retomber la perfidie du coupable sur sa
tête, et vous vengerez le juste, et le
traiterez selon sa justice.

24. Lorsque votre peuple Israël, après
avoir péché contre vous, sera vaincu par
ses ennemis, et que, rentrant en lui-
même, il fera pénitence, invoquera votre
nom et viendra supplier en ce lieu,

rint filii tui vias suas, et ambulaverint
in lege mea, sicut et tu ambulasti coram me.

17. Et nunc, Domine, Deus Israel,
firmetur sermo tuus, quem locutus es
servo tuo David.

18. Ergone credibile est ut habitet
Deus cum hominibus super terram? Si
cælum et cæli cælorum non te capiunt,
quanto magis domus ista quam ædificavi

19. Sed ad hoc tantum facta est ut
respicias orationem servi tui, et obsecrationem ejus, Domine Deus meus, et
audias preces quas fundit famulus tuus
coram te ;

20. ut aperias oculos tuos super domum istam diebus ac noctibus, super
locum in quo pollicitus es ut invocaretur
nomen tuum,

21. et exaudires orationem quam servus tuus orat in eo, et exaudias preces
famuli tui, et populi tui Israel. Quicumque oraverit in loco isto, exaudi de
habitaculo tuo, id est de cœlis, et propitiare.

22. Si peccaverit quispiam in proxi-
mum suum, et jurare contra eum paratus venerit, seque maledicto constrinxe-
rit coram altari in domo ista,

23. tu audies de cælo, et facies
judicium servorum tuorum, ita ut red-
das iniquo viam suam in caput proprium,
et ulciscaris justum, retribuens ei secundum justitiam suam.

24. Si superatus fuerit populus tuus
Israel ab inimicis (peccabunt enim tibi),
et conversi egerint pœnitentiam, et ob-
secraverint nomen tuum, et fuerint deprecati in loco isto,

---

nière plus vivante : Vous avez accompli de vos
mains. — *Ambulaverint in lege mea*. III Reg. :
s'ils marchent devant moi.

18-21. Deuxième partie du prélude : Salomon
conjure instamment le Seigneur d'écouter la
prière qu'il est sur le point de lui adresser.
Comp. III Reg. VIII, 27-30. — *Ut habitet*. III
Rois : qu'il habite vraiment. — Au vers. 19, les
mots *ad hoc tantum facta est* sont propres à
notre narration. — *Super locum in quo...* (vers.
). L'autre récit emploie le langage direct : sur

cette maison dont vous avez dit : Mon nom sera
là. — *Orat in eo*. Dans l'hébreu : vers ce lieu ;
c.-à-d. dans la direction du temple. Voyez la
note de III Reg. VIII, 30.

22-23. La prière proprement dite : première
demande. Comp. III Reg VIII, 31-32. — *Et jurare... venerit...* Plutôt, d'après l'hébreu : Et si
on lui impose un serment pour le faire jurer, et
s'il vient jurer devant ton autel... Voyez la
note du passage parallèle.

24-25. Deuxième demande : la résurrection

25. tu exaudies de cælo, et propitiare peccato populi tui Israel, et reduc eos in terram quam dedisti eis et patribus eorum.

26. Si clauso cælo pluvia non fluxerit propter peccata populi, et deprecati te fuerint in loco isto, et confessi nomini tuo, et conversi a peccatis suis, cum eos afflixeris,

27. exaudi de cælo, Domine, et dimitte peccata servis tuis et populi tui Israel; et doce eos viam bonam per quam ingrediantur, et da pluviam terræ quam dedisti populo tuo ad possidendum.

28. Fames si orta fuerit in terra, et pestilentia, et ærugo, et aurugo, et locusta, et bruchus, et hostes, vastatis regionibus, portas obsederint civitatis, omnisque plaga et infirmitas presserit;

29. si quis de populo tuo Israel fuerit deprecatus, cognoscens plagam et infirmitatem suam, et expanderit manus suas in domo hac,

30. tu exaudies de cælo, de sublimi scilicet habitaculo tuo, et propitiare; et redde unicuique secundum vias suas, quas nosti eum habere in corde suo (tu enim solus nosti corda filiorum hominum),

31. ut timeant te, et ambulent in viis tuis cunctis diebus quibus vivunt super faciem terræ quam dedisti patribus nostris.

32. Externum quoque, qui non est de populo tuo Israel, si venerit de terra longinqua, propter nomen tuum magnum, et propter manum tuam robustam, et brachium tuum extentum, et adoraverit in loco isto,

33. tu exaudies de cælo, firmissimo habitaculo tuo, et facies cuncta, pro

25. vous l'exaucerez du ciel, vous pardonnerez à votre peuple Israël son péché, et vous le ramènerez dans la terre que vous avez donnée à eux et à leurs pères.

26. Lorsque le ciel sera fermé, et qu'il ne tombera point de pluie à cause des péchés du peuple, s'ils prient dans ce lieu et rendent gloire à votre nom, se convertissant de leurs péchés, à cause de l'affliction à laquelle vous les aurez réduits,

27. exaucez-les du ciel, Seigneur, et pardonnez les péchés de vos serviteurs et de votre peuple Israël; et enseignez-leur une voie droite par laquelle ils marchent, et répandez la pluie sur la terre que vous avez donnée en possession à votre peuple.

28. Lorsqu'il viendra dans le pays la famine, la peste, la nielle ou la rouille, des sauterelles ou des chenilles, ou que l'ennemi, après avoir ravagé le pays, assiégera les portes de la ville, et que le peuple se trouvera pressé de toutes sortes de maux et de maladies;

29. si quelqu'un de votre peuple Israël, considérant ses plaies et ses maladies, vient à lever ses mains vers vous dans cette maison,

30. vous l'exaucerez du ciel, ce lieu élevé de votre demeure, et vous lui serez favorable, et vous rendrez à chacun selon ses œuvres, et selon les dispositions que vous voyez dans son cœur (car vous seul vous connaissez les cœurs des enfants des hommes),

31. afin qu'ils vous craignent et qu'ils marchent dans vos voies, tant qu'ils vivront sur la terre que vous avez donnée à nos pères.

32. Si même un étranger qui ne sera point de votre peuple vient d'un pays éloigné, à cause de la grandeur de votre nom, de la force de votre main et de la puissance de votre bras, et qu'il vous adore dans ce temple,

33. vous l'exaucerez du ciel, qui est votre demeure ferme et inébranlable, et

nationale, après des défaites humiliantes. Comparez III Reg. viii, 33-34. — *In loco isto.* Mieux: (tournés) vers ce lieu. — *Dedisti eis et patribus.* Le pronom est une petite particularité des Paralipomènes.

26-27. Troisième demande : la pluie en temps opportun. Cf. III Reg. viii, 35-36.

28-31. Quatrième demande : Israël délivré de la famine, de la peste, et de divers fléaux agri-

coles. Cf. III Reg. viii, 37-40. — *Ærugo, aurugo :* deux maladies des céréales, la rouille et le charbon. Voyez l'*Atlas d'hist. nat.,* pl. i, fig. 3-5, 6, 11. — *Locusta, bruchus :* deux espèces de sauterelles.

32-33. Cinquième demande : en faveur des étrangers qui résidaient au milieu d'Israël. Cf. III Reg. viii, 41-43.

Une invasion de sauterelles en Palestine.

quibus invocaverit te ille peregrinus, ut sciant omnes populi terræ nomen tuum, et timeant te sicut populus tuus Israel, et cognoscant quia nomen tuum invocatum est super domum hanc quam ædificavi.

34. Si egressus fuerit populus tuus ad bellum contra adversarios suos per viam in qua miseris eos, adorabunt te contra viam in qua civitas hæc est quam elegisti, et domus quam ædificavi nomini tuo,

35. tu exaudies de cælo preces eorum, et obsecrationem, et ulciscaris.

36. Si autem peccaverint tibi (neque enim est homo qui non peccet), et iratus fueris eis, et tradideris hostibus, et captivos duxerint eos in terram longinquam, vel certe quæ juxta est,

37. et conversi in corde suo, in terra ad quam captivi ducti fuerant, egerint pœnitentiam, et deprecati te fuerint in terra captivitatis suæ, dicentes : Peccavimus, inique fecimus, injuste egimus ;

38. et reversi fuerint ad te in toto corde suo et in tota anima sua, in terra captivitatis suæ ad quam ducti sunt, adorabunt te contra viam terræ suæ quam dedisti patribus eorum, et urbis quam elegisti, et domus quam ædificavi nomini tuo,

39. tu exaudies de cælo, hoc est de firmo habitaculo tuo, preces eorum, et facias judicium, et dimittas populo tuo, quamvis peccatori ;

40. tu es enim Deus meus. Aperiantur, quæso, oculi tui, et aures tuæ intentæ sint ad orationem quæ fit in loco isto. ·

41. Nunc igitur consurge, Domine Deus, in requiem tuam, tu et arca fortitudinis tuæ. Sacerdotes tui, Domine

vous accorderez à cet étranger tout ce qu'il vous aura demandé, afin que tous les peuples de la terre connaissent votre nom, et qu'ils vous craignent comme fait votre peuple Israël, et qu'ils reconnaissent que votre nom a été invoqué sur cette maison que j'ai bâtie.

34. Si votre peuple sort pour faire la guerre à ses ennemis, et que, suivant la route par laquelle vous l'aurez envoyé, il vous adore la face tournée vers la ville que vous avez choisie, et vers la maison que j'ai bâtie à votre nom,

35. vous exaucerez du ciel leurs supplications et leurs prières, et vous les vengerez.

36. Mais s'ils pèchent contre vous (car il n'y a point d'homme qui ne pèche), et qu'étant irrité contre eux vous les livriez à leurs ennemis, et que ceux-ci les emmènent captifs dans un pays éloigné ou dans un autre plus rapproché,

37. et qu'étant convertis du fond du cœur, ils fassent pénitence dans le pays où ils auront été emmenés captifs, et que, dans cette captivité, ils aient recours à vous et vous disent : Nous avons péché, nous avons commis l'iniquité, et nous avons fait des actions injustes ;

38. s'ils reviennent à vous de tout leur cœur et de toute leur âme dans le lieu de leur captivité où ils ont été emmenés, et qu'ils vous adorent la face tournée vers la terre que vous avez donnée à leurs pères, vers la ville que vous avez choisie et le temple que j'ai bâti à votre nom,

39. vous exaucerez du ciel, c'est-à-dire de votre demeure stable, leurs prières ; vous leur ferez justice, et vous pardonnerez à votre peuple, quoiqu'il ait péché ;

40. car vous êtes mon Dieu. Que vos yeux soient ouverts, je vous en conjure, et vos oreilles attentives à la prière qui se fait en ce lieu.

41. Levez-vous donc maintenant, Seigneur Dieu, pour établir ici votre repos, vous et l'arche de votre puissance. Que

---

34-35. Sixième demande : la victoire des Hébreux dans les guerres légitimement entreprises. Comp. III Reg. VIII, 44-45.

36-40. Septième et dernière demande : le pardon des péchés du peuple, et la remise des châtiments qu'ils avaient occasionnés. Comp. III Reg. VIII, 46-50. — Au vers. 38, les mots *et in tota anima tua* sont un trait spécial. — *Tu es enim...* Le vers. 40 diffère entièrement de III Reg. VIII, 50.

41-42. Conclusion de la prière. — Elle n'a rien de commun non plus avec le récit parallèle (cf. III Reg. VIII, 51-53). En réunissant les deux narrations nous obtenons sans doute le vrai texte de la péroraison. — *Consurge.* Le suppliant conjure Jéhovah de prendre possession du nouveau sanctuaire. Salomon emprunte presque littéralement ici les paroles du beau psaume CXXXI, vers. 8-10. — *Domine Deus.* Appellation majestueuse (hébr. : *Y'hovah 'Elohim*), qui revient

vos prêtres, Seigneur Dieu, soient revêtus de salut, et que vos saints se réjouissent de vos biens.

42. Seigneur Dieu, ne rejetez point la
prière de votre christ ; souvenez-vous de
vos miséricordes envers David votre serviteur.

Deus, induantur salutem, et sancti tui
lætentur in bonis.

42. Domine Deus, ne averteris faciem
christi tui; memento misericordiarum
David, servi tui.

CHAPITRE VII

1. Lorsque Salomon eut achevé sa
prière, le feu descendit du ciel et con-
suma les holocaustes et les victimes, et
la majesté de David remplit la maison.

2. Et les prêtres ne pouvaient pas entrer dans le temple du Seigneur, parce
que sa majesté avait rempli son temple.

3. Tous les enfants d'Israël virent
descendre le feu et la gloire du Seigneur
sur le temple ; et, se prosternant la face
contre terre sur le pavé de pierres, ils
adorèrent le Seigneur et le louèrent, *en
disant :* Parce qu'il est bon, et que sa
miséricorde est éternelle.

4. Le roi et tout le peuple immolaient
donc des victimes devant le Seigneur.

5. Le roi Salomon sacrifia vingt-deux
mille bœufs et cent vingt mille moutons ; et le roi avec tout le peuple fit la
dédicace de la maison de Dieu.

6. Les prêtres se tenaient chacun à
leurs postes, ainsi que les lévites, avec
les instruments de louanges que le roi
David avait faits pour louer le Seigneur,
en disant : Que sa miséricorde est éternelle. Ils chantaient *aussi* les hymnes de

1. Cumque complesset Salomon fun-
dens preces, ignis descendit de cælo, et
devoravit holocausta et victimas ; et
majestas Domini implevit domum.

2. Nec poterant sacerdotes ingredi
templum Domini, eo quod implesset
majestas Domini templum Domini.

3. Sed et omnes filii Israel videbant
descendentem ignem et gloriam Domini
super domum ; et corruentes proni in
terram super pavimentum stratum lapide, adoraverunt, et laudaverunt Dominum : Quoniam bonus, quoniam in
sæculum misericordia ejus.

4. Rex autem et omnis populus immolabant victimas coram Domino.

5. Mactavit igitur rex Salomon hostias, boum viginti duo millia, arietum
centum viginti millia ; et dedicavit domum Dei rex, et universus populus.

6. Sacerdotes autem stabant in officiis suis, et levitæ in organis carminum
Domini, quæ fecit David rex ad laudandum Dominum : Quoniam in æternum misericordia ejus ; hymnos David
canentes per manus suas. Porro sacer-

---

trois fois de suite dans ces deux versets. — *In
requiem tuam :* le temple, et surtout le Saint
des saints. — L'expression *misericordias David*
est ambiguë, et peut désigner soit les bonnes
œuvres de David, soit les bontés de Dieu à son
égard : on préfère plus communément ce second
sens.

4° La majesté de Jéhovah remplit le temple.
VII, 1-3.

Снар. VII. — **1-3.** Ici les deux narrations
s'écartent l'une de l'autre après s'être suivies
pendant longtemps de très près ; elles n'ont de
commun, dans cet alinéa, que les premiers mots
du vers. 1 : *cumque complesset... preces.* Cf. III
Reg. viii, 54. Tout le reste est propre aux Paralipomènes. — *Ignis... de cælo.* Comme après
la dédicace du tabernacle de Moïse. Comp. Lev.
ix, 22-24. — *Devoravit holocausta...:* les victimes qui avaient été immolées dès le début de
la cérémonie. Cf. v, 6. — *Implesset majestas...*
Reproduction, peut-être avec une nouvelle intensité, du phénomène qui avait eu lieu au mo-

ment où l'arche avait pénétré dans le sanctuaire
(v, 13-14). — *Nec poterant...* Les vers. 2-3 font
ressortir l'étendue du prodige, en décrivant l'effet
qu'il produisit sur toute l'assemblée. Scène très
pittoresque. — *Pavimentum stratum...* Dans les
Septante : λιθοστρώτον. Comp. Ez. xl, 17-18 ;
Joan. xix, 13. Probablement une mosaïque.

5° Dernières cérémonies de la dédicace. VII,
4-10.

Les deux récits se retrouvent, pour marcher
de concert jusqu'à la fin du chapitre, à part
quelques exceptions qui seront signalées.

4-7. Immolation de nombreuses victimes. Comp.
III Reg. viii, 62-64. — *Victimas :* des hosties
pacifiques, d'après le passage parallèle. — *Sacerdotes autem...* (vers. 6). Ce verset contient des
détails tout à fait nouveaux, encore relatifs aux
prêtres et aux lévites, dont l'auteur des Paralipomènes parle si volontiers (voyez l'Introduction, p. 6-7). — *In officiis suis.* Littéralement :
à leurs postes. — *Organis... quæ fecit David.*
Voyez I Par. xxiii, 5. — *Hymnos David ca-*

dotes canebant tubis ante eos, cunctus-
que Israel stabat.

7. Sanctificavit quoque Salomon medium atrii ante templum Domini; obtulerat enim ibi holocausta, et adipes
pacificorum, quia altare æneum quod fecerat non poterat sustinere holocausta,
et sacrificia, et adipes.

8. Fecit ergo Salomon solemnitatem
in tempore illo septem diebus, et omnis Israel cum eo; ecclesia magna valde,
ab introitu Emath usque ad torrentem
Ægypti.
9. Fecitque die octavo collectam, eo
quod dedicasset altare septem diebus,
et solemnitatem celebrasset diebus septem.
10. Igitur in die vigesimo tertio mensis septimi dimisit populos ad tabernacula sua, lætantes atque gaudentes super bono quod fecerat Dominus Davidi,
et Salomoni, et Israeli, populo suo.

11. Complevitque Salomon domum
Domini, et domum regis, et omnia quæ
disposuerat in corde suo ut faceret in
domo Domini, et in domo sua, et prosperatus est.
12. Apparuit autem ei Dominus nocte,
et ait : Audivi orationem tuam, et elegi
locum istum mihi in domum sacrificii.

13. Si clausero cælum, et pluvia non
fluxerit, et mandavero et præcepero lo-

David sur les instruments qu'ils touchaient. Or les prêtres, qui se tenaient
devant eux, sonnaient de la trompette,
et tout le peuple était debout.

7. Le roi consacra aussi le milieu du
parvis, devant le temple du Seigneur ;
car il avait offert en ce lieu les holocaustes et la graisse des victimes pacifiques, parce que l'autel d'airain qu'il
avait fait ne pouvait suffire pour les ho
locaustes, les sacrifices et les graisses.
8. Salomon fit en ce temps-là une
fête solennelle pendant sept jours, et
tout Israël avec lui ; cette assemblée fut
immense, *car on y vint* depuis l'entrée
d'Émath jusqu'au torrent d'Égypte.
9. Le huitième jour, il célébra l'assemblée solennelle, parce qu'il avait employé sept jours à la dédicace de l'autel,
et sept jours à la fête *des Tabernacles.*
10. Ainsi, le vingt-troisième jour du
septième mois, il renvoya le peuple à
ses tentes : tous joyeux et contents des
grâces que le Seigneur avait faites
à David, à Salomon et à Israël son
peuple.
11. Salomon acheva donc la maison
du Seigneur et le palais du roi ; et il
réussit dans tout ce qu'il s'était proposé
de faire, tant dans la maison du Seigneur que dans son palais.
12. Et le Seigneur lui apparut la nuit,
et lui dit : J'ai exaucé votre prière, et
j'ai choisi pour moi ce lieu comme maison de sacrifice.
13. Si je ferme le ciel, et qu'il ne
tombe point de pluie, ou que j'ordonne

---

nentes. C'est le sens; mais l'hébreu est plus expressif : David chantait par leurs mains.
8-10. Conclusion de la solennité. Comp. III
Reg. viii, 65-66. Notre récit ajoute un détail de
quelque importance, qui aide à mieux comprendre
celui des Rois. — *Fecit... solemnitatem :* la fête
des Tabernacles, qui durait huit jours entiers.
Cf. Lev. xxiii, 33 et ss. — *Ab introitu Emath...*
De l'extrême nord à l'extrême sud de la Palestine. Voyez l'*Atl. géogr.,* pl. v. — *Fecitque...
collectam.* Dans l'hébreu : '*açéret,* nom qui désigne le huitième jour de la fête des Tabernacles. Voyez Lev. xxiii, 36, et le commentaire.
Tout ce vers. 9 appartient en propre aux Paralipomènes. — *Dedicasset altare septem...* Il ressort
très clairement de là qu'une semaine entière fut
consacrée à la solennité de la Dédicace du temple; une autre semaine, avec un huitième jour
en sus, à celle des Encénies. — *Die vigesimo
tertio* (vers. 10). Cette date est omise par l'auteur des livres des Rois ; de même les mots *et
Salomoni* à la fin du verset.

6° Réponse de Jéhovah à la prière du roi.
VII, 11-22.
Pour ce passage, les coïncidences verbales sont
plus rares entre les deux récits parallèles, bien
qu'ils soient identiques quant au fond. Celui
des Paralipomènes est plus développé.
- 11-12ᵃ. Le Seigneur apparaît à Salomon pour
la seconde fois. Comp. III Reg. ix, 1-2. — *Complevitque...* Le vers. 11 sert de transition. *Domum regis :* le propre palais de Salomon ; cf.
III Reg. vii, 1-12. *Omnia quæ... in domo...* : le
mobilier et les ustensiles du temple ; cf. iv, 1-22.
— *Et prosperatus est.* La conjonction manque dans
l'hébreu, ce qui donne un sens différent : Et tout
ce que Salomon s'était proposé de faire dans la
maison du Seigneur..., il l'accomplit heureusement. — *Nocte* (vers. 12) est un trait spécial.
12ᵇ-22. La divine réponse. Comp. III Reg. ix,
3-9. — Beau et consolant exorde, vers. 12ᵇ-16 :
le Seigneur certifie qu'il a pleinement exaucé la
prière de son serviteur. A part les derniers mots
du vers. 16, ce passage n'a rien qui lui corres-

et que je commande aux sauterelles de ravager le pays, et que j'envoie la peste parmi mon peuple,

14. et que mon peuple, sur qui mon nom a été invoqué, me supplie, recherche mon visage et fasse pénitence de ses mauvaises voies, je l'exaucerai du ciel, et je lui pardonnerai ses péchés, et je guérirai son pays.

15. Mes yeux seront ouverts, et mes oreilles attentives à la prière de celui qui priera en ce lieu;

16. car j'ai choisi et sanctifié ce lieu pour que mon nom y soit à jamais, et que mes yeux et mon cœur y soient toujours attachés.

17. Et vous-même, si vous marchez en ma présence, ainsi que David votre père y a marché; si vous agissez en tout selon ce que je vous ai prescrit, et que vous gardiez mes préceptes et mes ordonnances;

18. je conserverai le trône de votre règne, ainsi que je l'ai promis à David votre père, en disant : Vous aurez toujours des successeurs de votre race, qui seront princes d'Israël.

19. Mais si vous vous détournez de moi, si vous abandonnez les lois et les ordonnances que je vous ai proposées, si vous allez servir les dieux étrangers et que vous les adoriez;

20. je vous arracherai de ma terre que je vous ai donnée, et je rejetterai loin de moi ce temple que j'ai consacré à mon nom, et j'en ferai une fable et un exemple à tous les peuples.

21. Et cette maison deviendra un proverbe pour tous les passants, et, frappés d'étonnement, ils diront : Pourquoi le Seigneur a-t-il traité ainsi cette terre et cette maison?

22. Et on répondra : C'est qu'ils ont abandonné le Seigneur, le Dieu de leurs pères, qui les avait tirés de la terre d'Égypte, qu'ils ont pris des dieux étrangers, et qu'ils les ont adorés et révérés. Voilà ce qui a attiré sur eux tous ces maux.

custæ ut devoret terram, et misero pestilentiam in populum meum ;

14. conversus autem populus meus, super quos invocatum est nomen meum, deprecatus me fuerit, et exquisierit faciem meam, et egerit pœnitentiam a viis suis pessimis ; et ego exaudiam de cælo, et propitius ero peccatis eorum, et sanabo terram eorum.

15. Oculi quoque mei erunt aperti, et aures meæ erectæ ad orationem ejus qui in loco isto oraverit ;

16. elegi enim, et sanctificavi locum istum, ut sit nomen meum ibi in sempiternum, et permaneant oculi mei, et cor meum ibi cunctis diebus.

17. Tu quoque, si ambulaveris coram me, sicut ambulavit David, pater tuus, et feceris juxta omnia quæ præcepi tibi, et justitias meas judiciaque servaveris,

18. suscitabo thronum regni tui, sicut pollicitus sum David, patri tuo, dicens : Non auferetur de stirpe tua vir qui sit princeps in Israel.

19. Si autem aversi fueritis, et dereliqueritis justitias meas et præcepta mea, quæ proposui vobis, et abeuntes servieritis diis alienis, et adoraveritis eos,

20. evellam vos de terra mea, quam dedi vobis ; et domum hanc quam sanctificavi nomini meo projiciam a facie mea, et tradam eam in parabolam, et in exemplum cunctis populis ;

21. et domus ista erit in proverbium universis transeuntibus, et dicent stupentes : Quare fecit Dominus sic terræ huic, et domui huic?

22. Respondebuntque : Quia dereliquerunt Dominum, Deum patrum suorum, qui eduxit eos de terra Ægypti, et apprehenderunt deos alienos, et adoraverunt eos, et coluerunt ; idcirco venerunt super eos universa hæc mala.

---

ponde dans le récit des Rois. C'est vraiment une réponse directe à plusieurs des demandes de Salomon. Comparez vi, 21, 26, 27, 28, 33, 40, etc. — *Ut sit nomen meum...* (vers. 16ᵇ). Les narrations se rejoignent ici, et se suivent de très près jusqu'à la fin du chapitre. — Vers. 17-18, promesses spéciales pour le monarque, s'il demeure fidèle à Dieu. Après les mots *ambulavit*

David, les Rois ajoutent : dans la simplicité du cœur et la droiture. *Suscitabo thronum...;* d'après l'autre récit : J'établirai à jamais le trône de ton règne sur Israël. — Vers. 19-22, menaces sévères, au cas où le roi et le peuple se détourneraient de Jéhovah. *Evellam vos* (vers. 20); image expressive, mais plus forte encore au livre des Rois, où le verbe hébreu a le sens de « couper,

CHAPITRE VIII

1. Expletis autem viginti annis, postquam ædificavit Salomon domum Domini et domum suam,

2. civitates quas dederat Hiram Salomoni ædificavit, et habitare ibi fecit filios Israel.

3. Abiit quoque in Emath Suba, et obtinuit eam.

4. Et ædificavit Palmyram in deserto, et alias civitates munitissimas ædificavit in Emath.

5. Exstruxitque Bethoron superiorem et Bethoron inferiorem, civitates muratas, habentes portas et vectes et seras;

6. Balaath etiam, et omnes urbes firmissimas quæ fuerunt Salomonis, cunctasque urbes quadrigarum, et urbes equitum. Omnia quæcumque voluit Salomon atque disposuit, ædificavit in Jerusalem et in Libano, et in universa terra potestatis suæ.

7. Omnem populum qui derelictus fuerat de Hethæis, et Amorrhæis, et Pherezæis, et Hevæis, et Jebusæis, qui non erant de stirpe Israel,

.1. Après vingt années, que Salomon employa à bâtir le temple du Seigneur et son palais,

2. il fit bâtir et fortifier les villes qu'Hiram lui avait données, et y établit des enfants d'Israël.

3. Il alla aussi à Émath de Suba, et en prit possession.

4. Puis il bâtit Palmyre dans le désert, et encore plusieurs autres villes dans le pays d'Émath.

5. Il bâtit aussi Béthoron, tant la haute que la basse, villes murées, qui avaient des portes, des barres et des serrures ;

6. et encore Balaath, et toutes les places très fortes qui lui appartenaient, et toutes les villes des chars et des cavaliers. *Enfin* Salomon bâtit tout ce qu'il lui plut, tant dans Jérusalem que sur le Liban, et dans toute l'étendue de ses États.

7. Tout le peuple qui était resté des Héthéens, des Amorrhéens, des Phérézéens, des Hévéens et des Jébuséens, qui n'étaient point de la race d'Israël,

---

trancher. » *Domus ista* (vers. 21); l'hébreu ajoute: haut placée. *Dicent stupentes :* et on sifflera; dit encore l'autre récit. *Idcirco venerunt...* (vers. 22) ; d'après l'hébreu : C'est pour cela que le Seigneur a amené sur vous ces maux.

SECTION III. — LE GOUVERNEMENT ET LA MAGNIFICENCE DE SALOMON. VIII, 1 — IX, 31.

§ I. — *Exposé sommaire de quelques entreprises politiques de Salomon.* VIII, 1-18.

Comparez III Reg. IX, 10-28, et le commentaire. La narration des Paralipomènes est en général plus concise ; elle contient plusieurs particularités importantes.

1° Salomon reconstruit ou fortifie quelques villes. VIII, 1-6.

CHAP. VIII. — 1-2. Les cités du roi Hiram. Comp. III Reg. IX, 10-13. Mais nous avons ici une divergence notable, aux mots *civitates quas dederat Hiram ;* en effet, le livre des Rois raconte que ce fut au contraire Salomon qui « donna à Hiram vingt villes dans le pays de Galilée ». Il est vrai que ce même livre ajoute aussitôt après : « Et Hiram vint de Tyr pour voir les villes que Salomon lui avait données, et elles ne lui plurent point. » De ce trait l'on conclut à bon droit, à la suite de l'historien Josèphe (*Ant.,* VIII, 5, 3), que le roi de Tyr aura rendu ces villes à Salomon, lequel les rebâtit ensuite en partie (*ædificavit*) et les peupla de nouveau d'Israélites

(*et habitare...*). Comme ailleurs, les deux écrivains sacrés n'ont donc relaté l'un et l'autre qu'une partie des faits ; il faut les réunir pour connaître en entier l'épisode.

3-6. Quelques autres places fortes. Comp. III Reg. IX, 15-19. — *Obtinuit...* Littéralement dans l'hébreu : il fut fort sur elle ; c'est-à-dire qu'il s'en empara de vive force. Trait spécial ; mais cette conquête est supposée implicitement au passage IV Reg. XIV, 28. — *Emath Suba.* Hébr.: Émath de Șobah. Voyez I Par. XVIII, 3, et l'explication (*Atlas géogr.,* pl. VIII). — *Palmyram in deserto.* Jusqu'à ce jour, la tradition orientale a regardé Salomon comme le vrai fondateur de cette ville célèbre. — *Alias civitates...* Le livre des Rois atteste le même fait (IX, 19), mais sans mentionner le détail *in Emath.* Il était naturel que Salomon fortifiât la province d'Émath après l'avoir conquise. — *Muratas.* D'après l'hébreu, des villes de provisions. — *Bethoron superiorem... inferiorem.* III Reg. ne cite que la seconde de ces deux villes, et ajoute, par contre, Gézer, Asor, Mageddo. — *Urbes quadrigarum.* Voyez I, 14 et le commentaire.

2° Part des Chananéens et des Israélites à ces divers travaux. VIII, 7-10.

Comp. III Reg. IX, 20-23 (y compris les notes). A part un chiffre, les deux passages sont tout à fait identiques.

7-8. Les restes de l'ancienne population chananéenne rendus corvéables à merci.

8. *mais* qui étaient les enfants ou les descendants de ceux que les Israélites n'avaient point fait mourir, Salomon se les rendit tributaires, comme ils le sont encore aujourd'hui.

9. Il n'employa aucun des fils d'Israël comme esclaves pour les travaux du roi; mais ils furent des hommes de guerre, et commandants des armées, des chars et des cavaliers.

10. Or tous les principaux officiers de l'armée du roi Salomon montaient au nombre de deux cent cinquante; ils avaient à instruire le peuple.

11. Salomon fit passer la fille du Pharaon de la ville de David dans la maison qu'il lui avait bâtie; car il dit : Ma femme n'habitera pas dans la maison de David, roi d'Israël, parce qu'elle a été sanctifiée par le séjour de l'arche du Seigneur.

12. Alors Salomon offrit des holocaustes au Seigneur sur l'autel qu'il lui avait élevé devant le vestibule,

13. pour y offrir chaque jour *des sacrifices* selon l'ordonnance de Moïse, les jours de sabbat, les premiers jours du mois, les trois grandes fêtes de l'année, savoir : celle des Azymes, celle des Semaines et celle des Tabernacles.

14. Et il établit, selon l'ordre prescrit par David son père, les traditions et le ministère des prêtres; et les lévites suivant leur ordre, pour louer Dieu et pour servir devant les prêtres, observant les cérémonies propres à chaque jour; et les portiers placés à chaque porte suivant leurs classes; car c'est ainsi que l'avait réglé David, homme de Dieu.

8. de filiis eorum, et de posteris, quos non interfecerant filii Israel, subjugavit Salomon in tributarios usque in diem hanc.

9. Porro de filiis Israel non posuit ut servirent operibus regis; ipsi enim erant viri bellatores, et duces primi, et principes quadrigarum et equitum ejus.

10. Omnes autem principes exercitus regis Salomonis fuerunt ducenti quinquaginta, qui erudiebant populum.

11. Filiam vero Pharaonis transtulit de civitate David in domum quam ædificaverat ei; dixit enim rex : Non habitabit uxor mea in domo David, regis Israel, eo quod sanctificata sit, quia ingressa est in eam arca Domini.

12. Tunc obtulit Salomon holocausta Domino super altare Domini quod exstruxerat ante porticum,

13. ut per singulos dies offerretur in eo juxta præceptum Moysi in sabbatis, et in calendis, et in festis diebus, ter per annum, id est in solemnitate Azymorum, et in solemnitate Hebdomadarum, et in solemnitate Tabernaculorum.

14. Et constituit juxta dispositionem David, patris sui, officia sacerdotum in ministeriis suis; et levitas in ordine suo, ut laudarent, et ministrarent coram sacerdotibus juxta ritum uniuscujusque diei; et janitores in divisionibus suis per portam et portam; sic enim præceperat David, homo Dei.

9-10. Part honorable laissée aux Israélites. — *Non posuit ut servirent.* Eux aussi ils durent coopérer aux travaux, mais non pas dans les mêmes conditions que les Chananéens ; ces derniers étaient traités en esclaves plutôt qu'en serviteurs. Diodore de Sicile raconte (I, 56) que Sésostris, ou Ramsès II, avait coutume de placer l'inscription suivante sur les temples qu'il avait bâtis : Aucun indigène n'y a travaillé. — *Principes exercitus* (vers. 10). Dans l'hébreu, il n'est point question des chefs de l'armée, mais des principaux inspecteurs des travaux. — *Ducenti quinquaginta.* Cinq cent cinquante, d'après l'autre récit. Voyez les notes de II, 18, et de III Reg. v, 16. Ici l'on ne compte que les inspecteurs pris dans les rangs israélites.

3° La reine prend possession de son palais. VIII, 11.

11. Comparez III Reg. ix, 24. — *Filiam Pharaonis.* L'auteur des Paralipomènes parle d'elle en cet endroit pour la première fois, la supposant connue de ses lecteurs, grâce aux récits plus

anciens. Cf. III Reg. III, 1. — *In domum quam...* Autre trait dont il n'avait encore rien dit. Cf. III Reg. vII, 8. — *Dixit enim rex...* Toute cette seconde partie du verset est propre aux Paralipomènes. Le motif, *eo quod sanctificata...,* fait honneur à la piété du monarque.

4° Organisation du culte dans le temple. VIII, 12-16.

- Ces cinq versets sont une précieuse amplification de III Reg. ix, 25. La plupart des détails sont entièrement nouveaux.

12-13. Les sacrifices. — *Tunc :* après l'achèvement et la dédicace du temple. — *Obtulit.* Mieux : il offrait, comme dit le livre des Rois ; car il s'agit d'une coutume, et non d'un fait isolé. — *Juxta præceptum...* Voyez Ex. xxvII, 38 ; Num. xxvIII, 3 et ss., etc.

14-15. Les classes des prêtres et des lévites. — *Officia sacerdotum :* voyez I Par. xxIV. *Levitas in ordine suo :* voyez I Par. xxv, 1-6. *Janitores :* voyez I Par. xxvI, 1-19 — *David, homo Dei.* Ce beau titre est rare dans les Para-

15. Nec prætergressi sunt de mandatis regis, tam sacerdotes quam levitæ,
ex omnibus quæ præceperat, et in custodiis thesaurorum.

16. Omnes impensas præparatas habuit Salomon, ex eo die quo fundavit
domum Domini, usque in diem quo per-
fecit eam.

17. Tunc abiit Salomon in Asiongaber, et in Ailath, ad oram maris Rubri,
quæ est in terra Edom.

18. Misit autem ei Hiram per manus
servorum suorum naves, et nautas gna-
ros maris, et abierunt cum servis Salomonis in Ophir, tuleruntque inde quadringenta quinquaginta talenta auri, et
attulerunt ad regem Salomonem.

15. Les prêtres et les lévites n'omirent
rien, et ne firent aussi rien au delà de
tout ce que le roi avait ordonné, et de
ce qui regardait la garde du trésor.

16. Salomon avait préparé toutes les
dépenses, depuis le jour où il commença
à jeter les fondements du temple, jusqu'au jour où il l'acheva.

17. Ensuite il alla à Asiongaber et à
Aïlath, sur le bord de la mer Rouge,
dans le pays d'Édom.

18. Hiram lui avait envoyé par ses
serviteurs des vaisseaux et des marins
expérimentés, qui s'en allèrent avec les
serviteurs de Salomon à Ophir, d'où ils
rapportèrent au roi Salomon quatre cent
cinquante talents d'or.

CHAPITRE IX

1. Regina quoque Saba, cum audisset famam Salomonis, venit ut tentaret
eum in ænigmatibus in Jerusalem, cum
magnis opibus, et camelis qui portabant
aromata, et auri plurimum, gemmas-
que pretiosas. Cumque venisset ad Salomonem, locuta est ei quæcumque erant
in corde suo.

2. Et exposuit ei Salomon omnia quæ
proposuerat ; nec quidquam fuit quod
non perspicuum ei fecerit.

3. Quæ postquam vidit, sapientiam
scilicet Salomonis, et domum quam ædificaverat,

1. La reine de Saba, ayant appris la
grande renommée de Salomon, vint à
Jérusalem pour l'éprouver par des énigmes. Elle avait avec elle de grandes
richesses et des chameaux qui portaient
des aromates, et beaucoup d'or, et des
pierres précieuses. Elle vint trouver Salomon, et lui exposa tout ce qu'elle avait
dans le cœur.

2. Et Salomon lui expliqua tout ce
qu'elle lui avait proposé ; et il n'y eut
rien qu'il ne lui éclaircît entièrement.

3. Après qu'elle eut vu la sagesse de
Salomon, et la maison qu'il avait bâtie,

lipomènes, qui ne l'appliquent qu'à Moïse (I Par.
xxiii, 14), à David et à un prophète inconnu
(II Par. xxv, 7, 9). — *De mandatis regis* (vers.
15) : c'est-à-dire de David. — *In custodiis thesaurorum* : voyez I Par. xxvi, 20-28.

16. Conclusion. — *Omnes impensas...* L'hébreu exprime une autre pensée : Ainsi fut établic
toute l'œuvre de Salomon, jusqu'au jour où la
maison de Dieu fut achevée.

5° La flotte de Salomon. VIII, 17-18.

17-18. Comparez III Reg. ix, 26-28 (voyez les
notes). — *Tunc abiit.* Le voyage personnel de
Salomon à Élath et Asiongaber est un trait spécial. — *Misit... Hiram... naves.* D'après l'autre
récit, Salomon aurait lui-même fait construire
ces vaisseaux. Mais la conciliation se fait sans
peine : Hiram ne donna sans doute à Salomon
qu'un petit nombre de navires, et le roi d'Israël
construisit le reste de la flotte. Plus simplement
encore : Hiram se contenta d'envoyer le bois de
construction, comme il avait fait pour le temple.
Il est donc inutile de se demander si les vaisseaux en question durent faire le tour de l'Afri-

que pour aller de Tyr à Asiongaber, ou si on
leur fit traverser l'isthme de Suez en les trai-
nant sur le sable du désert (*Atl. géogr.*, pl. i,
iii, v). — *Quadringinta quinquaginta...* C'est-
à-dire 59 332 500 francs. D'après III Reg., seulement quatre cent vingt talents. Le texte a été
corrompu d'un côté ou de l'autre.

§ II. — *Magnificence de Salomon.* IX, 1-31.

1° La reine de Saba vient visiter Salomon. IX,
1-12.

Comparez III Reg. x, 1-13 (et le commentaire).
Les récits sont à peu près identiques, surtout
dans le texte hébreu.

CHAP. IX. — 1-2. La reine fait son entrée à
Jérusalem, et propose à Salomon toute sorte de
problèmes. — Cf. III Reg. x, 1-3. L'auteur des
Paralipomènes abrège légèrement. Il supprime,
après *famam Salomonis*, les mots obscurs « in
nomine Domini ».

3-8. Admiration de la reine. Cf. III Reg. x,
4-9. — Au vers. 4, le trait *vestes eorum*, après
pincernas, est nouveau. — Même verset, au lieu

4. les mets de sa table, les appartements de ses serviteurs, les diverses classes de ceux qui le servaient et leurs vêtements, ses échansons, les victimes qu'il immolait dans la maison du Seigneur, elle en fut tellement étonnée, qu'elle était toute hors d'elle-même.

5. Et elle dit au roi : Ce qu'on m'avait dit dans mon royaume de votre mérite et de votre sagesse est bien vrai.

6. Je ne croyais pas ce qu'on m'en rapportait, avant d'être venue moi-même, et d'avoir vu de mes propres yeux, et d'avoir reconnu qu'on ne m'avait pas raconté la moitié de votre sagesse. Vos vertus dépassent la renommée.

7. Heureux vos gens, et heureux vos serviteurs qui sont sans cesse devant vous, et qui écoutent votre sagesse !

8. Béni soit le Seigneur votre Dieu, qui a voulu vous faire asseoir sur son trône, comme roi pour le Seigneur votre Dieu. C'est parce que Dieu aime Israël et qu'il veut le conserver à jamais, qu'il vous a établi roi sur lui pour que vous fassiez droit et justice.

9. Ensuite la reine de Saba présenta au roi cent vingt talents d'or, et une énorme quantité de parfums, et des pierres très précieuses. Il n'y eut plus de parfums si excellents que ceux dont la reine de Saba fit présent à Salomon.

10. Les serviteurs d'Hiram, avec les serviteurs de Salomon, apportèrent aussi de l'or d'Ophir, et du bois très rare, et des pierres très précieuses.

11. Et le roi fit faire de ce bois les degrés de la maison du Seigneur, et ceux de la maison du roi, et des harpes et des lyres pour les musiciens. On n'avait jamais vu jusqu'alors de ces sortes de bois dans le pays de Juda.

12. Le roi Salomon, de son côté, donna

4. necnon et cibaria mensæ ejus, et habitacula servorum, et officia ministrorum ejus et vestimenta eorum, pincernas quoque et vestes eorum, et victimas quas immolabat in domo Domini, non erat præ stupore ultra in ea spiritus.

5. Dixitque ad regem : Verus est sermo quem audieram in terra mea de virtutibus et sapientia tua.

6. Non credebam narrantibus, donec ipsa venissem, et vidissent oculi mei, et probassem vix medietatem sapientiæ tuæ mihi fuisse narratam. Vicisti famam virtutibus tuis.

7. Beati viri tui, et beati servi tui, qui assistunt coram te omni tempore, et audiunt sapientiam tuam !

8. Sit Dominus Deus tuus benedictus, qui voluit te ordinare super thronum suum, regem Domini Dei tui. Quia diligit Deus Israel, et vult servare eum in æternum, idcirco posuit te super eum regem, ut facias judicia atque justitiam.

9. Dedit autem regi centum viginti talenta auri, et aromata multa nimis, et gemmas pretiosissimas. Non fuerunt aromata talia ut hæc quæ dedit regina Saba regi Salomoni.

10. Sed et servi Hiram cum servis Salomonis attulerunt aurum de Ophir, et ligna thyina, et gemmas pretiosissimas ;

11. de quibus fecit rex, de lignis scilicet thyinis, gradus in domo Domini, et in domo regia, citharas quoque, et psalteria cantoribus. Nunquam visa sunt in terra Juda ligna talia.

12. Rex autem Salomon dedit reginæ

---

de *victimas quas immolabat...*, on lit dans l'hébreu : la montée (*'aliyah*) par laquelle il montait à la maison du Seigneur. — *De virtutibus* (vers. 5); d'après l'hébreu : sur tes paroles (les Septante ont exactement traduit : περὶ τῶν λόγων σοῦ). — *Medietatem sapientiæ* (vers. 6). Le passage parallèle dit simplement « la moitié », sans spécifier. — *Vicisti... virtutibus...* Dans l'hébreu : Tu as dépassé la renommée que j'ai entendue. — *Super thronum suum.* III Reg. : sur le trône d'Israël. — *Vult servare eum* : trait spécial.

9. Présents de la reine à Salomon et leur emploi. Cf. III Reg. x, 10. — *Non fuerunt aromata...* III Reg. : On n'apporta pas une telle quantité d'aromates.

10-11. Note rétrospective sur divers objets précieux qui furent importés d'Ophir par la flotte de Salomon. Cf. III Reg. x, 11-12. — *Servi Hiram.* Au livre des Rois : la flotte d'Hiram. Voyez la note de viii, 18. — *Ligna thyina.* D'après l'hébreu : du bois d''*algum* (note de ii, 8). L'autre narration ajoute : en grande quantité. — *Gradus* (hébr. : *m'sillôt*). D'après III Reg., des balustrades (voyez l'explication). — *Nunquam visa.* III Rois : jamais apportés ni vus. — Les mots *in terra Juda* sont une addition de notre auteur.

12. Les présents de Salomon ; départ de la reine. Cf. III Reg. x, 13. — *Et multo plura...* Dans l'hébreu : outre ce qu'elle avait donné au roi. C'est-à-dire : outre l'équivalent de ce qu'elle

Saba cuncta quæ voluit, et quæ postulavit, et multo plura quam attulerat ad eum; quæ reversa, abiit in terram suam cum servis suis.

13. Erat autem pondus auri quod afferebatur Salomoni per singulos annos, sexcenta sexaginta sex talenta auri, ·

14. excepta ea summa quam legati diversarum gentium, et negotiatores afferre consueverant, omnesque reges Arabiæ, et satrapæ terrarum, qui comportabant aurum et argentum Salomoni.

15. Fecit igitur rex Salomon ducentas hastas aureas de summa sexcentorum aureorum, qui in singulis hastis expendebantur.

16. Trecenta quoque scuta aurea trecentorum aureorum, quibus tegebantur singula scuta; posuitque ea rex in armamentario quod erat consitum nemore.

17. Fecit quoque rex solium eburneum grande, et vestivit illud auro mundissimo.

18. Sed quoque gradus quibus ascendebatur ad solium, et scabellum aureum, et brachiola duo, altrinsecus, et duos leones stantes juxta brachiola,

19. sed et alios duodecim leunculos stantes super sex gradus ex utraque parte; non fuit tale solium in universis regnis.

20. Omnia quoque vasa convivii regis erant aurea, et vasa domus saltus Libani ex auro purissimo. Argentum enim in diebus illis pro nihilo reputabatur;

21. siquidem naves regis ibant in Tharsis cum servis Hiram, semel in annis tribus; et deferebant inde aurum et

à la reine de Saba tout ce qu'elle put désirer, et ce qu'elle demanda, et beaucoup plus qu'elle ne lui avait apporté. Et elle s'en retourna dans son royaume avec sa suite.

13. Le poids de l'or qu'on apportait tous les ans à Salomon était de six cent soixante-six talents d'or;

14. sans compter ce qu'avaient coutume de lui apporter les députés de diverses nations, les marchands, tous les rois de l'Arabie et tous les gouverneurs des provinces, qui apportaient tous de l'or et de l'argent à Salomon.

15. Le roi Salomon fit donc faire deux cents piques d'or du poids de six cents sicles, qui étaient employés pour chacune.

16. Il fit faire aussi trois cents boucliers d'or, chacun de trois cents sicles d'or, que l'on employait à les couvrir. Et le roi les mit dans son arsenal, qui était planté d'arbres.

17. Le roi fit de plus un grand trône d'ivoire, qu'il revêtit d'un or très pur.

18. Les six degrés par lesquels on montait au trône et le marchepied étaient d'or, avec deux bras de chaque côté, et deux lions près de ces bras,

19. et douze autres petits lions posés sur les degrés de côté et d'autre. Il n'y a jamais eu de trône semblable dans tous les royaumes du monde.

20. Tous les vases de la table du roi étaient d'or, et toute la vaisselle de la maison du bois du Liban était aussi d'un or très pur. Car l'argent était alors regardé comme rien;

21. parce que la flotte du roi allait tous les trois ans à Tharsis, avec les serviteurs d'Hiram; et elle en apportait

---

avait offert à Salomon, et que ce prince lui rendit sous une autre forme.

2º Les revenus de Salomon et leur emploi. IX, 13-21.

Comparez III Reg. x, 14-22 (et le commentaire). L'identité est encore à peu près complète.

13-14. Les revenus royaux. Cf. III Reg. x, 14-15. — Legati... gentium (vers. 14). Dans l'hébreu : 'anšê haṭṭârim; expression qui désigne les petits marchands. Negotiatores : les grands marchands. — Satrapæ. Hébr. : paḥôṭ, les pachas ou préfets.

15-16. Les boucliers d'or. Cf. III Reg. x, 16-17. — Hastas. L'hébreu ṣinnah désigne les grands boucliers, comme au passage parallèle. — Trecentorum aureorum. Des sicles d'or, à 43 fr. 50. D'après le livre des Rois, trois mines d'or; ce

qui donnerait un total notablement inférieur. Erreur de chiffres, probablement. — In armamentario... nemore. Paraphrase inexacte. L'hébreu dit simplement : dans la maison de la forêt du Liban. Sur ce palais, voyez III Reg. vii, 2-5, et le commentaire.

17-19. Le trône d'ivoire. Cf. III Reg. x, 18-20. — Scabellum aureum est un trait spécial. L'hébreu ajoute : fixé au trône avec de l'or. L'escabeau est associé d'ordinaire aux sièges et aux trônes orientaux. Voyez l'Atlas archéol., pl. LXXX, fig. 8, 9, 10; pl. LXXXI, fig. 9; pl. XCIV, fig. 6.

20-21. Vaisselle d'or. Cf. III Reg. x, 21. — In Tharsis. Ce n'était donc pas la même flotte que celle qui allait à Ophir. Voyez viii, 18, et l'explication.

de l'or, de l'argent, de l'ivoire, des singes et des paons.

22. Ainsi le roi Salomon surpassa tous les rois du monde en richesses et en gloire.

23. Et tous les rois de la terre désiraient voir le visage de Salomon, et entendre la sagesse que Dieu avait répandue dans son cœur;

24. et ils lui apportaient tous les ans des vases d'or et d'argent, des étoffes *précieuses,* des armes, des parfums, des chevaux et des mulets.

25. Salomon eut aussi quarante mille chevaux dans ses écuries et douze mille chars et cavaliers; et il les distribua dans les villes des chars, et à Jérusalem auprès de lui.

26. Et sa puissance s'étendit sur tous les rois qui étaient depuis l'Euphrate jusqu'au pays des Philistins et jusqu'aux frontières d'Égypte.

27. Et il fit que l'argent devint aussi commun à Jérusalem que les pierres, et *qu'on y vit* autant de cèdres qu'il y a de sycomores qui naissent dans la campagne.

28. On lui amenait des chevaux d'Égypte et de tous les autres pays.

29. Quant aux autres actions de Salomon, tant les premières que les dernières, elles sont écrites dans les livres du pro-

argentum, et ebur, et simias, et pavos.

22. Magnificatus est igitur Salomon super omnes reges terræ præ divitiis et gloria ;

23. omnesque reges terrarum desiderabant videre faciem Salomonis, ut audirent sapientiam quam dederat Deus in corde ejus ;

24. et deferebant ei munera, vasa argentea et aurea, et vestes, et arma, et aromata, equos, et mulos per singulos annos.

25. Habuit quoque Salomon quadraginta millia equorum in stabulis, et curruum equitumque duodecim millia ; constituitque eos in urbibus quadrigarum, et ubi erat rex in Jerusalem.

26. Exercuit etiam potestatem super cunctos reges a flumine Euphrate usque ad terram Philistinorum, et usque ad terminos Ægypti.

27. Tantamque copiam præbuit argenti in Jerusalem quasi lapidum, et cedrorum tantam multitudinem velut sycomorum quæ gignuntur in campestribus.

28. Adducebantur autem ei equi de Ægypto cunctisque regionibus.

29. Reliqua autem operum Salomonis, priorum et novissimorum, scripta sunt in verbis Nathan prophetæ, et in

---

3° Grandeur et puissance de Salomon. IX, 22-28.

Comparez III Reg. x, 23-28. Même ressemblance presque parfaite.

22. Transition. Cf. III Reg. x, 23.

23-24. On accourt de toutes parts pour voir

Ivoire et singe offerts comme tribut.
(Peinture égyptienne.)

Salomon et pour lui offrir des présents ou des tributs. Cf. III Reg. x, 24-25. — *Omnes reges*

terræ. Au livre des Rois, d'une manière moins correcte : Toute la terre désirait...

25. Les chars et la cavalerie du roi. Cf. III Reg. x, 26. — *Quadraginta millia equorum.* III Rois : quatorze cents chars et douze mille cavaliers. — *In urbibus quadrigarum.* Voyez I, 14, et la note. III Reg. : dans les villes fortes ; ce qui revient au même.

26. Les limites du royaume de Salomon. — L'auteur des livres des Rois a placé ce détail beaucoup plus tôt. Cf. III Reg. IV, 21, 24 (*Atl. géogr.,* pl. VII, le cartouche à gauche).

27. Richesse incommensurable de Salomon. Cf. III Reg. x, 27.

28. Les chevaux importés d'Égypte. Cf. III Reg. x, 28-29. Notre auteur abrège ; mais il a déjà cité ce fait d'une manière très complète. I, 14-17. — *Cunctis... regionibus* est un trait spécial.

4° Conclusion de l'histoire de Salomon. IX, 29-31.

Les Paralipomènes passent sous silence le récit douloureux des fautes et des châtiments de Salomon. Voyez III Reg. XI, 1-40.

29. Documents pour l'histoire de Salomon. Comp. III Reg. XI, 41. — *Priorum... novissimorum.* Au passage parallèle : et tout ce qu'il fit, et sa sagesse. — *In verbis Nathan...* Sur ces sources, voyez l'Introduction, page 8. L'auteur

libris Ahiæ Silonitis, in visione quoque
Addo videntis contra Jeroboam, filium
Nabat.

30. Regnavit autem Salomon in Jerusalem supér omnem Israel quadraginta
annis ;

31. dormivitque cum patribus suis, et
sepelierunt eum in civitate David ; regnavitque Roboam, filius ejus, pro eo.

phète Nathan, dans ceux du prophète
Ahias le Silonite, et dans les prédictions
du prophète Addon contre Jéroboam,
fils de Nabat.

30. Et Salomon régna quarante ans à
Jérusalem, sur tout Israël.

31. Et il s'endormit avec ses pères, et
fut enseveli dans la ville de David ; et
Roboam, son fils, régna à sa place.

CHAPITRE X

1. Profectus est autem Roboam in
Sichem ; illuc enim cunctus Israel con-
venerat ut constituerent eum regem.

2. Quod cum audisset Jeroboam, filius
Nabat, qui erat in Ægypto (fugerat
quippe illuc ante Salomonem), statim
reversus est.

3. Vocaveruntque eum, et venit cum
universo Israel, et locuti sunt ad Roboam, dicentes :

4. Pater tuus durissimo jugo nos
pressit ; tu leviora impera patre tuo, qui
nobis imposuit gravem servitutem ; et
paululum de onere subleva, ut serviamus tibi.

5. Qui ait : Post tres dies revertimini
ad me. Cumque abiisset populus,

6. iniit consilium cum senibus, qui
steterant coram patre ejus Salomone
dum adhuc viveret, dicens : Quid datis
consilii ut respondeam populo?

7. Qui dixerunt ei : Si placueris po-

1. Roboam vint alors à Sichem, car
tout Israël s'y était assemblé pour le
faire roi.

2. Mais Jéroboam, fils de Nabat, qui
s'était enfui en Egypte par crainte de
Salomon, ayant appris cette nouvelle,
revint aussitôt.

3. On députa vers lui, et il vint avec
tout Israël, et ils parlèrent à Roboam et
lui dirent :

4. Votre père nous a tenus opprimés
sous un joug très dur ; traitez-nous plus
doucement que votre père, qui nous a
imposé une lourde servitude, et dimi-
nuez quelque chose de ce poids, afin que
nous puissions vous servir.

5. Il leur dit : Revenez me trouver
dans trois jours. Et après que le peuple
se fut retiré,

6. Roboam tint conseil avec les vieillards qui avaient été auprès de Salomon, son père, pendant sa vie, et il
leur dit : Quelle réponse me conseillez-
vous de faire à ce peuple?

7. Ils lui dirent : Si vous témoignez

---

des Rois dit seulement : dans les livres du règne
de Salomon. Pour le ministère prophétique d'Ahias
le Silonite, voyez III Reg. xi, 29-39 ; xiv, 2-18.
Addo n'est pas mentionné aux livres des Rois.

30-31. Durée du règne de Salomon et sa mort.
Cf. III Reg. xi, 42-43.

DEUXIÈME PARTIE

**Histoire des rois de Juda depuis Roboam
jusqu'à l'exil. X, 1 — XXXVI, 23.**

Section I. — Règne de Roboam. X, 1 — XII, 16.

§ I. — *Le schisme des dix tribus.* X, 1 — XI, 4.

Répétition presque littérale de III Reg. xii,
1-19 (voyez le commentaire).

1° Légitimes réclamations du peuple, dès l'avènement de Roboam. X, 1-5ᵃ (comp. III Reg.
xii, 1-5ᵃ).

Chap. X. — 1. L'assemblée de Sichem.
2-3ᵃ. Jéroboam revient d'Égypte, où il avait
été forcé de s'exiler pendant le règne de Salo-

mon. — Sur les débuts de cet illustre personnage et sur la cause de son exil, voyez III Reg.
xi, 26-40, et l'explication.

Joug égyptien.

3ᵇ-5ᵃ. Les Israélites implorent de Roboam un
allègement des corvées.
2° Dure réponse du roi. X, 5ᵇ-15 (comp.
III Reg. xii, 5ᵇ-15).
5ᵇ-7. Le sage conseil des vieillards.

de la bonté à ce peuple, et que vous l'apaisiez par des paroles douces, ils seront toujours vos serviteurs.

8. Mais Roboam laissa le conseil des vieillards, et il consulta les jeunes gens qui avaient été nourris avec lui et qui l'accompagnaient toujours ;

9. et il leur dit : Que vous en semble? Que dois-je répondre à ce peuple, qui m'a dit : Adoucissez le joug dont votre père nous a chargés?

10. Ils lui répondirent comme des jeunes gens qui avaient été nourris avec lui dans les délices, et ils lui dirent : Vous parlerez ainsi à ce peuple qui vous a dit : Votre père a rendu notre joug pesant, allégez-le; et vous lui répondrez ainsi : Le plus petit de mes doigts est plus gros que le dos de mon père.

11. Mon père vous a imposé un joug pesant; et moi j'y ajouterai un poids encore plus pesant. Mon père vous a frappés avec des fouets; et moi je vous frapperai avec des scorpions.

12. Jéroboam et tout le peuple vinrent donc trouver Roboam le troisième jour, selon qu'il le leur avait ordonné.

13. Et le roi négligea le conseil des vieillards, et fit une réponse dure.

14. Et il parla selon le conseil des jeunes gens : Mon père vous a imposé un joug pesant; et moi je l'appesantirai davantage. Mon père vous a frappés avec des fouets; et moi je vous frapperai avec des scorpions.

15. Ainsi il ne se rendit point aux prières du peuple, parce que Dieu avait résolu d'accomplir la parole qu'il avait dite à Jéroboam, fils de Nabat, par le ministère d'Ahias le Silonite.

16. Mais tout le peuple, entendant ces dures paroles du roi, lui répondit : Nous n'avons aucune part avec David, ni d'héritage avec le fils d'Isaï. Israël, rentre dans tes tentes ; et vous, David, prenez soin de votre maison. Et Israël se retira dans ses tentes.

17. Roboam régna donc sur les fils d'Israël qui demeuraient dans les villes de Juda.

18. Le roi Roboam envoya ensuite

pulo huic, et lenieris eos verbis clementibus, servient tibi omni tempore.

8. At ille reliquit consilium senum, et cum juvenibus tractare cœpit qui cum eo nutriti fuerant, et erant in comitatu illius.

9. Dixitque ad eos : Quid vobis videtur? vel respondere quid debeo populo huic, qui dixit mihi : Subleva jugum quod imposuit nobis pater tuus?

10. At illi responderunt ut juvenes, et nutriti cum eo in deliciis, atque dixerunt : Sic loqueris populo qui dixit tibi : Pater tuus aggravavit jugum nostrum, tu subleva ; et sic respondebis ei : Minimus digitus meus grossior est lumbis patris mei.

11. Pater meus imposuit vobis grave jugum ; et ego majus pondus apponam. Pater meus cecidit vos flagellis ; ego vero cædam vos scorpionibus.

12. Venit ergo Jeroboam et universus populus ad Roboam die tertio, sicut præceperat eis.

13. Responditque rex dura, derelicto consilio seniorum ;

14. locutusque est juxta juvenum voluntatem : Pater meus grave vobis imposuit jugum ; quod ego gravius faciam. Pater meus cecidit vos flagellis ; ego vero cædam vos scorpionibus.

15. Et non acquievit populi precibus ; erat enim voluntatis Dei ut compleretur sermo ejus, quem locutus fuerat per manum Ahiæ Silonitis ad Jeroboam, filium Nabat.

16. Populus autem universus, rege duriora dicente, sic locutus est ad eum : Non est nobis pars in David, neque hereditas in filio Isai. Revertere in tabernacula tua, Israel. Tu autem pasce domum tuam, David. Et abiit Israel in tabernacula sua.

17. Super filios autem Israel qui habitabant in civitatibus Juda regnavit Roboam.

18. Misitque rex Roboam Aduram,

8-11. Le conseil insensé des jeunes géns. — Au verset 10, les mots *in deliciis* sont une addition expressive de notre auteur.

12-15. Dure réponse de Roboam aux délégués du peuple. — *Per manum Ahiæ* (vers. 15). Il n'a pas encore été fait mention d'Ahias dans le récit des Paralipomènes, qui présuppose, comme

pour Jéroboam et d'autres nombreux incidents, l'existence d'une narration antérieure, plus complète (celle du livre des Rois).

3° Rébellion ouverte des dix tribus du Nord (comp. III Reg. XII, 16-19).

16-17. Le cri de révolte et ses résultats.

18-19. Vaine tentative de Roboam pour apaiser

qui præerat tributis; et lapidaverunt eum filii Israel, et mortuus est. Porro rex Roboam currum festinavit ascendere, et fugit in Jerusalem.

19. Recessitque Israel a domo David, usque ad diem hanc.

Adura, surintendant des tributs; mais les fils d'Israël le lapidèrent, et il mourut. Roboam monta aussitôt sur son char, et s'enfuit à Jérusalem.

19. Ainsi Israël se sépara de la maison de David jusqu'à ce jour.

CHAPITRE XI

1. Venit autem Roboam in Jerusalem, et convocavit universam domum Juda et Benjamin, centum octoginta millia electorum atque bellantium, ut dimicaret contra Israel, et converteret ad se regnum suum.

2. Factusque est sermo Domini ad Semeiam, hominem Dei, dicens :

3. Loquere ad Roboam, filium Salomonis, regem Juda, et ad universum Israel qui est in Juda et Benjamin.

4. Hæc dicit Dominus : Non ascendetis, neque pugnabitis contra fratres vestros; revertatur unusquisque in domum suam, quia mea hoc gestum est voluntate. Qui, cum audissent sermonem Domini, reversi sunt, nec perrexerunt contra Jeroboam.

5. Habitavit autem Roboam in Jerusalem, et ædificavit civitates muratas in Juda.

6. Exstruxitque Bethlehem, et Etam, et Thecue,

7. Bethsur quoque, et Socho, et Odollam,

1. Roboam, étant arrivé à Jérusalem, rassembla toute la maison de Juda et de Benjamin, cent quatre-vingt mille hommes de guerre choisis, pour combattre contre Israël et pour le remettre sous sa domination.

2. Mais le Seigneur adressa la parole à Séméias, homme de Dieu, et lui dit :

3. Parlez à Roboam, fils de Salomon, roi de Juda, et à tout le peuple d'Israël qui est dans Juda et dans Benjamin.

4. Voici ce que dit le Seigneur : Vous ne vous mettrez pas en campagne, et vous ne combattrez pas contre vos frères. Que chacun s'en retourne en sa maison ; car cela s'est fait par ma volonté. Après qu'ils eurent entendu la parole du Seigneur, ils s'en retournèrent et ne marchèrent pas contre Jéroboam.

5. Or Roboam établit sa demeure à Jérusalem, et bâtit des villes fortes dans Juda.

6. Il bâtit Bethléem, et Étam, et Thécué,

7. et Bethsur, Socho, Odollam,

---

les rebelles; consommation de la révolte. — A la suite du verset 19, l'autre récit ajoute : « Alors tout Israël ayant appris que Jéroboam était revenu, ils l'envoyèrent chercher, et le firent venir dans une assemblée où ils l'établirent roi sur tout Israël ; et nul ne suivit la maison de David que la seule tribu de Juda. » Notre auteur a supprimé ce détail, et cent autres semblables, parce qu'il ne voulait point s'occuper de l'histoire du royaume schismatique (Introduction, p. 6-7).

4° Le Seigneur interdit à Roboam d'attaquer les tribus révoltées. XI, 1-4.

Chap. XI. — 1-4. Comp. III Reg. xii, 21-24. La narration est légèrement abrégée dans les Paralipomènes. — *Regem Juda* (vers. 3). Expression significative dans la bouche de Jéhovah : elle déclarait nettement que le fait accompli ne serait pas modifié. — *Nec perrexerunt...* (vers. 4). Reg. : ils s'en revinrent, selon que le Seigneur le leur avait ordonné.

§ II. — *Principaux événements du règne de Roboam.* XI, 5 — XII 16.

Dans ce passage, qui contient l'histoire proprement dite de Roboam, le récit des Paralipomènes est plus explicite que celui des Rois et raconte plusieurs faits entièrement nouveaux (cf. xi, 5-23) ; là même où les deux narrations se suivent d'assez près, il ajoute d'importants détails.

1° Roboam fortifie quelques villes de son royaume, XI, 15-11. — Rien de parallèle au livre des Rois.

5-9.—Énumération des principales villes fortifiées par Roboam (voyez l'*Atlas géogr.*, pl. vii, xii, xvi). — *Ædificavit... in Juda.* Ce nom désigne ici le territoire entier du royaume désormais amoindri de Roboam ; par conséquent, les tribus de Juda et de Benjamin (cf. vers. 10). — *Bethlehem :* la patrie de David et de N.-S. Jésus-Christ, à deux heures au sud de Jérusalem, dans une situation très forte. — *Etam.* Localité distincte de celle qui a été mentionnée Jud. xv, 8, et I Par. iv, 32, et qui appartenait à la tribu de Siméon. Probablement Aïn-Attân, au sud-ouest d'Urtâs. — *Thecue.* A deux heures au sud de Bethléem. — *Bethsur.* Entre Hébron et Urtâs. Cf. Jos. xv, 58. Cette ville joua un rôle impor-

8. et Geth, Marésa, et Ziph,

9. et aussi Aduram, Lachis et Azécha,

10. Saraa, Aïalon, Hébron, qui étaient dans Juda et Benjamin, et il en fit des places très fortes.

11. Et quand il les eut fermées de murailles, il y mit des gouverneurs et y fit des magasins de vivres, c'est-à-dire d'huile et de vin..

12. Il établit dans chaque ville un arsenal *qu'il remplit* de boucliers et de piques, et il fortifia ces places avec grand soin. Ainsi, il régna sur Juda et sur Benjamin.

13. Les prêtres et les lévites qui étaient dans tout Israël quittèrent leurs demeures, et vinrent auprès de lui.

14. Ils abandonnèrent leurs banlieues et leurs propriétés, et se retirèrent dans Juda et à Jérusalem, parce que Jéroboam et ses fils les avaient chassés, pour qu'ils n'exerçassent aucune fonction du sacerdoce du Seigneur.

15. Il se fit lui-même des prêtres pour les hauts lieux, pour les démons et pour les veaux *d'or* qu'il avait faits.

16. Ceux de toutes les tribus d'Israël qui s'étaient appliqués de tout leur cœur

8. necnon et Geth, et Maresa, et Ziph,

9. sed et Aduram, et Lachis, et Azecha,

10. Saraa quoque, et Aialon, et Hebron, quæ erant in Juda et Benjamin, civitates munitissimas.

11. Cumque clausisset eas muris, posuit in eis principes, ciborumque horrea, hoc est olei et vini.

12. Sed et in singulis urbibus fecit armamentarium scutorum et hastarum, firmavitque eas summa diligentia. Et imperavit super Judam et Benjamin.

13. Sacerdotes autem et levitæ, qui erant in universo Israel, venerunt ad eum de cunctis sedibus suis,

14. relinquentes suburbana et possessiones suas, et transeuntes ad Judam et Jerusalem, eo quod abjecisset eos Jeroboam, et posteri ejus, ne sacerdotio Domini fungerentur.

15. Qui constituit sibi sacerdotes excelsorum, et dæmoniorum, vitulorumque quos fecerat.

16. Sed et de cunctis tribubus Israel, quicumque dederant cor suum ut quæ-

---

tant dans les guerres des Machabées (cf. I Mach. IV, 29, 61; VI, 7, 26, etc.). — *Socho.* Aujourd'hui Chouéikeh, à trois heures et demie au sud-ouest de Jérusalem (cf. Jos. XV, 35, et I Reg. XVII, 1). — *Odollam.* Ville très ancienne, dont il est déjà question Gen. XXXVIII, 1. — *Geth.* L'une des cinq métropoles des Philistins, conquise par David; non loin de Socho et d'Adullam (cf. III Reg. II, 39; I Par. XVIII, 1). — *Maresa.* Aujourd'hui Marach, à vingt-cinq minutes au sud de Beït-Djibrin. — *Ziph :* à environ une heure et quart au sud-est d'Hébron. Cf. Jos. XV, 55; I Reg. XXIII, 14, et les notes. — *Aduram.* Actuellement Doura, à deux heures et demie à l'ouest d'Hébron. Cette ville n'est mentionnée qu'ici et I Mach. XIII, 20 (Ἄδωρα), dans toute la Bible. — *Lachis.* Oumm-Lakis; voyez la note de Jos. X, 3. — *Azecha.* Près de Socho, d'après Jos. X, 10; XV, 35; I Reg. XVII, 1. L'emplacement exact n'a pas été identifié. — *Saraa.* La patrie de Samson (note de Jud. XIII, 2). C'est, avec Aïalon, la plus septentrionale des villes énumérées ici. Sur Aïalon, voyez Jos. X, 12, et le commentaire. Hébron nous ramène au sud du royaume, où elles étaient situées pour la plupart. Il semble que Roboam redoutait dès lors une invasion du côté de l'Égypte; il prenait d'avance ses mesures pour y faire face. Cf. XII, 1 et ss.

11-12. Le roi met ses nouvelles places fortes en état de défense. — *Posuit... principes :* des gouverneurs militaires — *Et imperavit...* (vers.

12ᵇ). Formule de conclusion et de transition.

2° Les fidèles adorateurs de Jéhovah émigrent en foule du royaume du Nord et accourent sur le territoire de Juda. XI, 13-17.

Passage propre aux Paralipomènes, mais confirmé par plusieurs allusions du livre des Rois (III, XII, 31; XIII, 33).

13-15. Les prêtres et les lévites expulsés par Jéroboam. — *In universo Israel :* le royaume schismatique. — *Suburbana et possessiones.* C.-à-d. les villes spécialement assignées soit aux prêtres, soit aux lévites, et les pâturages qui entouraient ces villes. Cf. Num. XXXV, 1-8. — *Eo quod abjecisset...* Jéroboam avait espéré sans doute que les ministres sacrés accepteraient, comme la plupart de ses autres sujets, le culte sacrilège qu'il s'était empressé d'établir dans son royaume à peine fondé. Leur fidélité courageuse leur valut l'honneur de la persécution. L'usurpateur redoutait en eux de puissants fauteurs de révolte. — *Constituit... sacerdotes excelsorum.* Les détails sont racontés III Reg. XII, 31; XIII, 33-34. — *Dæmoniorum.* Sur l'expression hébraïque *s''irîm,* voyez la note de Lev. XVII, 7. — *Vitulorumque :* les deux veaux d'or, installés par Jéroboam, l'un à Béthel, l'autre à Dan. Cf. III Reg. XII, 26 et ss.

16-17. De pieux laïques émigrent aussi en grand nombre sur le territoire de Roboam. — *Sed et.* Dans l'hébreu : après eux; c.-à-d. à la suite des prêtres et des lévites fidèles. — *Venerunt ad immolandum.* Ils vinrent à Jérusalem,

rerent Dominum, Deum Israel, venerunt in Jerusalem ad immolandum victimas suas coram Domino, Deo patrum suorum.

17. Et roboraverunt regnum Juda, et confirmaverunt Roboam, filium Salomonis, per tres annos; ambulaverunt enim in viis David et Salomonis annis tantum tribus.

18. Duxit autem Roboam uxorem Mahalath, filiam Jerimoth, filii David; Abihail quoque, filiam Eliab, filii Isai,

19. quæ peperit ei filios, Jehus, et Somoriam, et Zoom.

20. Post hanc quoque accepit Maacha, filiam Absalom, quæ peperit ei Abia, et Ethai, et Ziza, et Salomith.

21. Amavit autem Roboam Maacha, filiam Absalom, super omnes uxores suas et concubinas; nam uxores decem et octo duxerat, concubinas autem sexaginta; et genuit viginti octo filios, et sexaginta filias.

22. Constituit vero in capite Ahiam, filiúm Maacha, ducem super omnes fratres suos; ipsum enim regem facere cogitabat,

23. quia sapientior fuit, et potentior super omnes filios ejus, et in cunctis finibus Juda et Benjamin, et in universis civitatibus muratis; præbuitque eis escas plurimas, et multas petivit uxores.

à chercher le Seigneur Dieu d'Israël, vinrent aussi à Jérusalem pour immoler leurs victimes en présence du Seigneur, le Dieu de leurs pères.

17. Ainsi ils affermirent le royaume de Juda, et ils soutinrent Roboam, fils de Salomon, durant trois ans. Car ils ne marchèrent dans les voies de David et de Salomon que durant trois ans.

18. Or Roboam épousa Mahalath, fille de Jérimoth, fils de David; et aussi Abihaïl, fille d'Éliab, fils d'Isaï,

19. de laquelle il eut Jéhus, et Somoria, et Zoom.

20. Après celle-ci, il épousa encore Maacha, fille d'Absalom, dont il eut Abia, Ethaï, Ziza et Salomith.

21. Or Roboam aima Maacha, fille d'Absalom, plus que toutes ses autres femmes et concubines. Car il eut dix-huit femmes et soixante concubines, et il engendra vingt-huit fils et soixante filles.

22. Il éleva Abia, fils de Maacha, au-dessus de tous ses frères, car il voulait le faire régner *après lui*,

23. parce qu'il était plus sage et plus puissant que tous ses *autres* fils dans toute l'étendue de Juda et de Benjamin, et dans toutes les villes murées; il leur fournit des vivres en abondance, et obtint *pour eux* des femmes nombreuses.

---

non pas pour un pèlerinage transitoire, mais pour y établir leur résidence perpétuelle, ainsi qu'il ressort du contexte. Fixés auprès du seul sanctuaire légitime, ils pourraient offrir leurs sacrifices à Jéhovah aussi souvent qu'ils le désireraient. Des émigrations semblables eurent lieu sous les règnes d'Asa (xv, 9) et d'Ézéchias (xxx, 11). — *Roboraverunt... Juda :* d'une part, en grossissant le nombre des habitants; de l'autre surtout, par la force morale qu'ils apportaient avec eux. — *Per tres annos :* les trois premières années du règne de Roboam. La quatrième année, il y eut une apostasie qui neutralisa tous les avantages de l'immigration (cf. xii, 1); durant la cinquième, cette apostasie fut châtiée par l'invasion victorieuse de Sésac (xii, 2).

3° La famille de Roboam. XI, 18-23.

18-21. Liste des femmes et des enfants du roi. Passage propre aux Paralipomènes. — *Jerimoth* n'est pas mentionné ailleurs parmi les fils de David (cf. I Par. iii, 1-8; xiv, 4-7); d'où l'on a conclu qu'il était probablement issu de ce prince par une femme de second rang. — *Eliab* était le frère aîné de David. Cf. I Reg. xvi, 6; xvii, 13;

I Par. ii, 13. Une fille d'Éliab aurait été bien âgée pour devenir la femme de Roboam; aussi prend-on habituellement le mot *filiam* dans le sens de petite-fille. De même pour *Maacha* au verset 20 (voyez la note de xiii, 2). — *Uxores..., concubinas...* La polygamie avait envahi la maison royale. Cf. xiii, 21; Cant. vi, 8, etc. C'était d'un fâcheux exemple.

22-23. Préférence accordée par Roboam à son fils Abia. — *Constituit... in capite... :* par suite de sa prédilection pour Maacha (vers. 21), et quoique Abia ne fût pas l'aîné de la famille. — *Quia sapientior...* L'hébreu donne un autre sens : Et il (Roboam) agit sagement, et il dispersa tous ses fils à travers tous les districts de Juda... Cette dispersion fut, en effet, une mesure très sage dans la circonstance. Isolés ainsi les uns des autres, et d'ailleurs pourvus de commandements honorables qui les occupaient utilement, les autres fils du roi étaient soustraits au péril de comploter contre leur frère privilégié. — *Præbuit escas..., uxores :* toujours en vue de les contenter le plus possible.

CHAPITRE XII

1. Lorsque le royaume de Roboam se fut fortifié et affermi, ce prince abandonna la loi du Seigneur, et tout Israël suivit son exemple.

2. Mais, la cinquième année du règne de Roboam, Sésac, roi d'Égypte, marcha contre Jérusalem, parce que *les Israélites* avaient péché contre le Seigneur.

3. Il avait douze cents chars de guerre et soixante mille cavaliers, et la multitude qui était venue d'Égypte avec lui ne pouvait se compter ; c'étaient des Libyens, des Troglodytes et des Ethiopiens.

4. Et il prit les places fortes de Jud*., et s'avança jusqu'à Jérusalem.

5. Alors le prophète Séméias vint trouver le roi et les princes de Juda, qui s'étaient rassemblés à Jérusalem fuyant Sésac, et il leur dit : Voici ce que dit le Seigneur : Vous m'avez abandonné, et je vous ai aussi abandonnés dans la main de Sésac.

6. Alors les princes d'Israël et le roi, consternés, s'écrièrent : Le Seigneur est juste.

1. Cumque roboratum fuisset regnum Roboam et confortatum, dereliquit legem Domini, et omnis Israel cum eo.

2. Anno autem quinto regni Roboam, ascendit Sesac, rex Ægypti, in Jerusalem (quia peccaverant Domino),

3. cum mille ducentis curribus, et sexaginta millibus equitum ; nec erat numerus vulgi quod venerat cum eo ex Ægypto, Libyes scilicet, et Troglodytæ, et Æthiopes.

4. Cepitque civitates munitissimas in Juda, et venit usque in Jerusalem.

5. Semeias autem propheta ingressus est ad Roboam, et principes Juda, qui congregati fuerant in Jerusalem fugientes Sesac, dixitque ad eos : Hæc dicit Dominus : Vos reliquistis me, et ego reliqui vos in manu Sesac.

6. Consternatique principes Israel et rex dixerunt : Justus est Dominus.

4º Sésac envahit le royaume de Juda et Jérusalem. XII, 1-12.

Comparez III Reg. xiv, 25-28. Notre récit est beaucoup plus complet.

CHAP. XII. — 1. Apostasie de Roboam et de ses sujets. — *Cumque roboratum...* Ces mots nous ramènent à xi, 17. — *Dereliquit legem :* en s'adonnant à l'idolâtrie, comme il est dit formellement dans l'autre narration, III Reg. xiv, 22-24. — *Omnis Israel.* C.-à-d. la partie d'Israël dont Roboam était roi.

2-4. L'invasion de Sésac. — *Anno... quinto.* Voyez la note de xi, 17. — *Sesac, rex Ægypti.* Sur ce pharaon célèbre dans les fastes bibliques, voyez III Reg. xi, 40 et le commentaire. — Les mots *quia peccaverant...* établissent une corrélation étroite entre l'invasion de l'armée égyptienne et la conduite coupable de la nation théocratique ; Sésac fut l'instrument dont Dieu se servit pour châtier son peuple. — *Numerus vulgi... :* des troupes auxiliaires. Trait spécial, comme aussi le chiffre des deux autres parties du contingent. — *Libyes.* Hébr. : *Lubim ;* les *Libu* des monuments égyptiens. L'identification de la Vulgate paraît très vraisemblable. Cf. xvi, 8 ; Dan. xi, 43 ; Nah. iii, 9. — *Troglodytæ.* De même les LXX. Si cette traduction est exacte, il s'agirait des tribus qui avaient établi leur domicile dans les cavernes situées sur la rive occidentale

de la mer Rouge (cf. Strabon, xvi, 4, 17). Selon d'autres, le substantif hébreu *Sukkiyim* désignerait plutôt des peuplades nomades de l'Arabie. Voyez l'*Atlas géogr.*, pl. I, III, VIII. — *Cépit... civitates :* les places énumérées ci-dessus, xi, 6-10. L'inscription de Karnac (note de III Reg. xiv, 26) en nomme trois : Socho, Aduram et Aïalon ; les autres devaient être pareillement citées en tête de la liste, mais la première partie est devenue illisible.

5-8. La double prophétie de Séméias. Trait spécial. — Premier oracle, concis, mais terrible, vers. 5 : *reliquistis..., reliqui ;* le talion. La sentence tombait si bien à point, que le roi lui-même,

Roboam représenté sur un temple de Karnac comme prisonnier du roi d'Égypte.

7. Cumque vidisset Dominus quod humiliati essent, factus est sermo Domini ad Semeiam, dicens : Quia humiliati sunt, non disperdam eos, daboque eis pauxillum auxilii, et non stillabit furor meus super Jerusalem per manum Sesac.

8. Verumtamen servient ei, ut sciant distantiam servitutis meæ, et servitutis regni terrarum.

9. Recessit itaque Sesac, rex Ægypti, ab Jerusalem, sublatis thesauris domus Domini, et domus regis; omniaque secum tulit, et clypeos aureos quos fecerat Salomon.

10. Pro quibus fecit rex æneos, et tradidit illos principibus scutariorum, qui custodiebant vestibulum palatii.

11. Cumque introiret rex domum Domini, veniebant scutarii et tollebant eos, iterumque referebant eos ad armamentarium suum.

12. Verumtamen quia humiliati sunt, aversa est ab eis ira Domini; nec deleti sunt penitus, siquidem et in Juda inventa sunt opera bona.

13. Confortatus est ergo rex Roboam in Jerusalem, atque regnavit. Quadraginta autem et unius anni erat cum regnare cœpisset, et decem et septem annis regnavit in Jerusalem, urbe quam

7. Et lorsque le Seigneur les vit humiliés, il fit entendre sa parole à Séméias, et lui dit : Puisqu'ils se sont humiliés, je ne les détruirai pas ; je leur donnerai quelque secours, et ma fureur ne se répandra pas sur Jérusalem par la main de Sésac.

8. Mais ils lui seront assujettis, afin qu'ils sachent quelle différence il y a entre me servir et servir les rois de la terre.

9. Sésac, roi d'Égypte, se retira donc de Jérusalem, après avoir enlevé les trésors de la maison du Seigneur et du palais du roi ; et il emporta tout avec lui, et même les boucliers d'or que Salomon avait faits.

10. A leur place, le roi en fit d'autres d'airain, et les confia aux officiers de ceux qui les portaient et qui gardaient la porte du palais.

11. Et lorsque le roi entrait dans la maison du Seigneur, ceux qui portaient les boucliers venaient les prendre, et les reportaient ensuite dans le magasin.

12. Et parce qu'ils étaient humiliés, Dieu détourna d'eux sa colère ; et ils ne furent pas entièrement exterminés, parce qu'il trouva encore quelques bonnes œuvres dans Juda.

13. Ainsi le roi Roboam se fortifia dans Jérusalem, et y régna. Il avait quarante et un ans quand il commença à régner, et il régna dix-sept ans à Jérusalem, ville que le Seigneur avait

---

avec ses princes, en reconnut hautement la justice (vers. 6). — Second oracle, qui est un

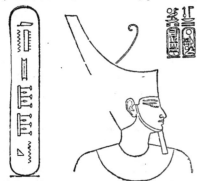

Le roi Sésac. (Sculpture égyptienne.)

miséricordieux allègement du premier décret, vers. 7-8. *Furor... super Jerusalem... per... Sesac :*

la destruction totale de la ville était réservée à des temps ultérieurs, et à la main de Nabuchodonosor. *Servient ei :* Abia et son peuple durent reconnaître la suzeraineté de l'Égypte. — *Distantiam servitutis... :* la différence qui existait entre la soumission au régime théocratique et l'obéissance à un tyran païen. Belle et profonde parole.

9-11. Les boucliers d'or, emportés par Sésac, sont remplacés par des boucliers d'airain. Répétition presque verbale de III Reg. XIV, 25-27 (voyez l'explication).

12. Conclusion de cet épisode. Elle consiste dans une de ces réflexions morales qui abondent dans les Paralipomènes, et qui soulignent tel ou tel acte providentiel. Voye l'Introduction, p. 7.

5° Fin du règne de Roboam. XII, 13-16.

13-14. Durée et caractère moral du règne. Comp. III Reg. XIV, 21-22. Les deux passages sont identiques en grande partie. Toutefois l'auteur des Rois place ces détails en avant de l'histoire de Roboam ; il est en outre plus complet pour décrire les fautes du roi. —

choisie entre toutes les tribus d'Israël pour y établir son nom. Sa mère s'appelait Naama, et elle était Ammonite.

14. Il fit le mal, et ne prépara point son cœur pour chercher le Seigneur.

15. Or les actions de Roboam, tant les premières que les dernières, sont écrites dans les livres du prophète Séméias et du voyant Addo, où elles sont rapportées avec soin. Roboam et Jéroboam se firent la guerre durant toute leur vie.

16. Et Roboam s'endormit avec ses pères. Il fut enseveli dans la ville de David. Et son fils Abia régna à sa place.

elegit Dominus, ut confirmaret nomen suum ibi, de cunctis tribubus Israel. Nomen autem matris ejus Naama Ammonitis.

14. Fecit autem malum, et non præparavit cor suum ut quæreret Dominum.

15. Opera vero Roboam, prima et novissima, scripta sunt in libris Semeiæ prophetæ, et Addo videntis, et diligenter exposita. Pugnaveruntque adversum se Roboam et Jeroboam cunctis diebus.

16. Et dormivit Roboam cum patribus suis, sepultusque est in civitate David ; et regnavit Abia, filius ejus, pro eo.

CHAPITRE XIII

1. La dix-huitième année du règne de Jéroboam, Abia régna sur Juda.

2. Il régna trois ans dans Jérusalem. Sa mère s'appelait Michaïa, et était fille d'Uriel de Gabaa. Et il y eut guerre entre Abia et Jéroboam.

3. Abia se mit en état d'ouvrir la lutte : il avait de très braves guerriers et quatre cent mille hommes choisis. Jéroboam mit aussi son armée en bataille : elle était de huit cent mille hommes, tous choisis et très vaillants.

1. Anno octavo decimo regis Jeroboam, regnavit Abia super Judam.

2. Tribus annis regnavit in Jerusalem; nomenque matris ejus Michaia, filia Uriel de Gabaa. Et erat bellum inter Abiam et Jeroboam.

3. Cumque iniisset Abia certamen, et haberet bellicosissimos viros, et electorum quadringenta millia, Jeroboam instruxit econtra aciem octingenta millia virorum, qui et ipsi electi erant, et ad bella fortissimi.

Confortatus : après l'invasion égyptienne qui avait tant affaibli Juda.

15. Documents pour l'histoire de ce règne ; guerre entre Roboam et Jéroboam. Comp. IV Reg. xiv, 29-30. — Sur les livres de Séméias et d'Addo, que notre auteur est seul à signaler, voyez l'Introduction, p. 8. Au lieu de *diligenter exposita,* l'hébreu porte : dans les listes généalogiques. — *Pugnarerunt...* Détail restrospectif. L'interdiction divine adressée autrefois à Roboam (xi, 2-4) ne portait sans doute que sur les premiers temps du schisme ; de plus, le roi d'Israël paraît avoir été l'agresseur.

16. Mort de Roboam. Cf. IV Reg. xiv, 31. — *Abia.* La forme « Abiam », qu'emploie le livre des Rois, est peut-être la plus ancienne et la plus exacte.

Section II. — Abia et Asa. XIII, 1 — XVI, 14.

§ I. — *Règne d'Abia.* XIII, 1-22.

Le passage parallèle ne contient que huit versets (IV Reg. xv, 1-8 ; voyez le commentaire) ; nous trouvons ici un grand nombre de détails nouveaux, spécialement sur la guerre qu'Abia eut à soutenir contre Jéroboam, résumée en une ligne par l'autre récit.

1° Chronologie du règne d'Abia. : XIII, 1.

Chap. XIII. — 1-2ª. *Anno...* : date synchro-

nique de l'avènement d'Abia. Comparez le tableau chronologique du tome II, p. 441. — Durée du règne : *tribus...* — Nom de la mère du roi . *Michaia, filia Uriel.* Plus haut, xi, 20, et III Reg. xv, 2, cette princesse est nommée Maacha, et donnée comme fille d'Absalom. « Michaïa » est donc une erreur de transcription pour « Maacha », comme l'ont reconnu les traducteurs alexandrins et le syriaque. L'autre difficulté disparaît également, si l'on admet qu'Uriel avait épousé Thamar, fille unique d'Absalom, de laquelle il avait eu Maacha.

2° Guerre entre Abia et Jéroboam. XIII, 2ᵇ-20.

2ᵇ. Introduction. — *Erat bellum.* Simple guerre d'escarmouches au temps de Roboam ; désormais guerre proprement dite, qui fera couler des flots de sang. Le Seigneur va châtier l'une par l'autre les deux moitiés de son peuple, presque également coupables.

3. Les contingents des deux armées. — *Quadringenta..., octingenta millia.* Ces chiffres, assurément très considérables, ont effrayé plusieurs critiques, qui ont proposé de lire 40 000 et 80 000, d'après quelques anciennes éditions de la Vulgate. Mais la raison d'un changement si grave est loin d'être suffisante. D'ailleurs, les nombres incriminés sont en parfaite corrélation avec le recensement opéré naguère par David, lesquels

4. Stetit ergo Abia super montem Semeron, qui erat in Ephraim, et ait : Audi, Jeroboam, et omnis Israel.

5. Num ignoratis quod Dominus, Deus Israel. dederit regnum David super Israel in sempiternum, ipsi et filiis ejus, in pactum salis ?

6. Et surrexit Jeroboam, filius Nabat, servus Salomonis, filii David, et rebellavit contra dominum suum ;

7. congregatique sunt ad eum viri vanissimi et filii Belial, et prævaluerunt contra Roboam, filium Salomonis. Porro Roboam erat rudis, et corde pavido, nec potuit resistere eis.

8. Nunc ergo vos dicitis quod resistere possitis regno Domini, quod possidet per filios David, habetisque grandem populi multitudinem, atque vitulos aureos quos fecit vobis Jeroboam in deos.

9. Et ejecistis sacerdotes Domini, filios Aaron, atque levitas ; et fecistis vobis sacerdotes sicut omnes populi terrarum. Quicumque venerit, et initiaverit manum suam in tauro de bobus, et in arietibus septem, fit sacerdos eorum qui non sunt dii.

10. Noster autem Dominus Deus est, quem non relinquimus, sacerdotesque

4. Abia se tint sur le mont Séméron, qui était dans la tribu d'Éphraïm, et il dit : Écoutez, Jéroboam et tout Israël.

5. Ignorez-vous que le Seigneur, le Dieu d'Israël, a donné à David et à ses descendants la souveraineté pour toujours sur Israël, par un pacte inviolable ?

6. Et Jéroboam, fils de Nabat, sujet de Salomon, fils de David, s'est élevé et révolté contre son seigneur ;

7. et une multitude de gens de néant, fils de Bélial, se sont joints à lui, et se sont rendus plus forts que Roboam, fils de Salomon, parce qu'il était homme sans expérience et au cœur timide, et incapable de leur résister.

8. Et vous dites aujourd'hui que vous pourrez résister au royaume du Seigneur, qu'il possède par les fils de David ; et vous avez une grande multitude de peuple, et des veaux d'or que Jéroboam vous a faits pour dieux.

9. Et vous avez chassé les prêtres du Seigneur, fils d'Aaron, et les lévites ; et vous vous êtes fait vous-mêmes des prêtres, comme les autres peuples de la terre. Quiconque vient, et consacre sa main par l'immolation d'un jeune taureau et de sept béliers, est fait prêtre de ceux qui ne sont point dieux.

10. Mais notre Dieu à nous, c'est le Seigneur, et nous ne l'avons point aban-

---

donnaient pour l'ensemble des douze tribus 1570000 hommes capables de porter les armes (1100000 pour Israël, 470000 pour Juda). Cf. II Reg. xxiv, 9 ; I Par. xxi, 5.

4-13. Discours d'Abia à Jéroboam et à l'armée israélite. — *Stetit ergo...* Habile diversion, pour obtenir sans combat, s'il était possible, la soumission volontaire des troupes ennemies, ou du moins pour affaiblir leur résistance. Tout ce que dit Abia était très propre à démontrer à l'armée du Nord qu'il avait pour lui tous les droits, l'humain non moins que le divin, à la détacher du monarque rival. — *Super montem Semeron.* Comme autrefois Jotham sur le mont Garizim. (Cf. Jud. ix, 7 et ss.). Le mont Séméron n'est pas mentionné ailleurs, et on ne l'a pas encore identifié avec certitude. Ce serait peut-être le Sémaron de Josèphe, *Ant.*, viii, 11, 2, le Khirbet-es-Somera contemporain (voyez Guérin, *la Samarie*, t. I, p. 226-227). — *In Ephraim.* D'après l'hébreu : dans la montagne d'Éphraïm ; expression très large qui désignait une assez vaste région. Cf. III Reg. iv, 8, et la note (*Atl. géogr.*, pl. vii, x, xviii). — *Audi... Israel.* Apostrophe rapide, servant d'exorde. — Premier argument, vers. 5-7 : Jéroboam n'est qu'un usurpateur sacrilège. *Num ignoratis... :* appel direct à leur conscience. —

Au verset 5, tous les mots portent pour démontrer les droits exclusifs et perpétuels de la race de David au trône théocratique (*in sempiternum, ipsi, filiis ejus*). *In pactum salis ;* mieux : par un pacte de sel, c.-à-d. par un contrat indissoluble (cf. Lev. ii, 3 ; Num. xviii, 19, et le commentaire). — Aux versets 6-7, la révolte de Jéroboam et sa facile victoire sont présentées en termes très ironiques ; notez surtout les traits *servum Salomonis, contra dominum suum, filii Belial.* Les épithètes « jeune et craintif » (Vulg.: *rudis et corde pavido*) caractérisent assez mal Roboam, qui était monté sur le trône à quarante et un ans, et que nous avons vu si hautain, si impérieux ; mais Abia arrange les faits de manière à rejeter tous les torts sur Jéroboam, pour mieux justifier son propre père. — Second argument, vers. 8-9 : les Israélites du Nord se sont encore aliéné davantage Jéhovah, en détruisant son culte et en le remplaçant par celui des veaux d'or. *Nunc ergo... :* transition. Sur la locution *regno Domini*, voyez I Par. xxviii. 5, et l'explication. *Per filios David :* les seuls représentants légitimes du Seigneur. — Abia signale les deux principaux motifs sur lesquels les Israélites appuyaient leur confiance : un motif humain, *habetis... grandem...*; un motif supérieur,

donné. Les prêtres qui le servent sont de la race d'Aaron, et les lévites servent chacun à leur rang.

11. On offre chaque jour soir et matin des holocaustes au Seigneur, et des parfums composés selon les prescriptions de la loi. On expose aussi les pains sur une table très pure. Nous avons le chandelier d'or, garni de lampes qu'on doit toujours allumer le soir. Car nous gardons fidèlement les ordonnances du Seigneur notre Dieu, que vous avez abandonné.

12. Ainsi le chef de notre armée, c'est Dieu même; et les prêtres sonnent des trompettes, qui retentissent contre vous. Fils d'Israël, ne combattez pas contre le Seigneur, le Dieu de vos pères, car cela n'est pas avantageux pour vous.

13. Tandis qu'il parlait ainsi, Jéroboam tâchait de le surprendre par derrière; et comme il était campé vis-à-vis des ennemis, il enfermait Juda avec son armée, sans qu'il s'en aperçût.

14. Mais Juda, s'étant tourné, vit qu'on allait fondre sur lui par devant et par derrière; et il cria au Seigneur, et les prêtres commencèrent à sonner de la trompette.

15. Toute l'armée de Juda poussa de grands cris, et pendant qu'ils criaient, Dieu épouvanta Jéroboam et tout Israël, qui était en face d'Abia et de Juda.

16. Ainsi les fils d'Israël prirent la fuite devant Juda, et Dieu les livra entre ses mains.

17. Abia et son peuple leur firent donc subir une grande défaite, et il y eut cinq cent mille hommes des plus braves tués ou blessés du côté d'Israël.

18. Les fils d'Israël furent humiliés

ministrant Domino de filiis Aaron, et levitæ sunt in ordine suo.

11. Holocausta quoque offerunt Domino per singulos dies, mane et vespere, et thymiama juxta legis præcepta confectum, et proponuntur panes in mensa mundissima; estque apud nos candelabrum aureum, et lucernæ ejus, ut accendantur semper ad vesperam; nos quippe custodimus præcepta Domini Dei nostri, quem vos reliquistis.

12. Ergo in exercitu nostro dux Deus est, et sacerdotes ejus qui clangunt tubis, et resonant contra vos. Filii Israel, nolite pugnare contra Dominum, Deum patrum vestrorum, quia non vobis expedit.

13. Hæc illo loquente, Jeroboam retro moliebatur insidias; cumque ex adverso hostium staret, ignorantem Judam suo ambiebat exercitu.

14. Respiciensque Judas vidit instare bellum ex adverso et post tergum; et clamavit ad Dominum, ac sacerdotes tubis canere cœperunt.

15. Omnesque viri Juda vociferati sunt; et ecce illis clamantibus, perterruit Deus Jeroboam, et omnem Israel qui stabat ex adverso Abia et Juda.

16. Fugeruntque filii Israel Judam; et tradidit eos Deus in manu eorum.

17. Percussit ergo eos Abia, et populus ejus, plaga magna; et corruerunt vulnerati ex Israel quingenta millia virorum fortium.

18. Humiliatique sunt filii Israel in

---

divin même, pensaient-ils : *atque vitulos...* — Pour les détails du verset 9, voyez III Reg. XIII, 25-33, et le commentaire. *Sacerdotes sicut... populi...:* des prêtres de toute provenance, à la façon païenne, par opposition aux fonctions héréditaires de l'antique tribu de Lévi. *Initiaverit manum...;* dans l'hébreu : « qui remplit sa main, » l'expression technique pour marquer la consécration sacerdotale (cf. Ex. XXVIII, 41; XXIX, 9; Lev. VII, 37, etc.). — Troisième argument, vers. 10-11 : le vrai culte de Jéhovah est, au contraire, demeuré intact dans le royaume de Juda. Les mots *quem non relinquimus* étaient faux partiellement, puisque Roboam (XII, 1) et Abia lui-même (III Reg. XV, 3) étaient aussi tombés dans l'idolâtrie ; mais on ne pouvait attendre de l'orateur qu'il fournît des preuves contre sa thèse. De plus, le fait était exact dans son ensemble, car Jéhovah n'avait pas cessé d'être adoré à Jé-

rusalem comme le vrai Dieu de Juda. — *Sacerdotesque...* (vers. 10ᵇ-11) : intéressant résumé des principales observances du culte théocratique. — Au verset 12, conclusion très énergique et fort bien amenée : *ergo... — Non vobis expedit* est une litote expressive.

13-15. La bataille. — Elle s'ouvrit par un stratagème de Jéroboam, à la manière accoutumée des Orientaux : *retro... insidias.* Cf. Jos. VIII, 2 ; Jud. XX, 29 et ss., etc. — *Perterruit Deus* (vers. 15)... Le Seigneur est nommé comme le véritable auteur de la victoire ; il donna raison aux arguments d'Abia.

16-17. Défaite de Jéroboam. — *Fugerunt...:* saisis d'une panique irrésistible, surnaturelle. — *Plaga magna.* Le désastre fut terrible en réalité, puisque 500 000 hommes de l'armée du Nord (plus de la moitié) périrent dans ce combat.

18. Résultat immédiat de la lutte. — Pour

tempore illo; et vehementissime confortati filii Juda, eo quod sperassent in Domino, Deo patrum suórum.

19. Persecutus est autem Abia fugientem Jeroboam, et cepit civitates ejus, Bethel et filias ejus, et Jesana cum filiabus suis, Ephron quoque et filias ejus; 20. nec valuit ultra resistere Jeroboam in diebus Abia. Quem percussit Dominus, et mortuus est.

21. Igitur Abia, confortato imperio suo, accepit uxores quatuordecim, procreavitque viginti duos filios, et sedecim filias.
22. Reliqua autem sermonum Abia, viarumque et operum ejus, scripta sunt diligentissime in libro Addo prophetæ.

en ce temps, et les fils de Juda furent vivement réconfortés, parce qu'ils avaient mis leur confiance dans le Seigneur, le Dieu de leurs pères.

19. Abia poursuivit Jéroboam dans sa fuite, et lui prit des villes, Béthel et ses dépendances, Jésana et ses dépendances, Éphron et ses dépendances.
20. Et depuis lors Jéroboam ne fut plus en état de faire aucune résistance pendant le règne d'Abia. Et Dieu le frappa, et il mourut.
21. Mais Abia vit son règne affermi; et il épousa quatorze femmes, dont il eut vingt-deux fils et seize filles.

22. Le reste des paroles, des démarches et des actions d'Abia a été très exactement écrit dans le livre du prophète Addo.

CHAPITRE XIV

1. Dormivit autem Abia cum patribus suis, et sepelierunt eum in civitate David; regnavitque Asa, filius ejus, pro eo; in cujus diebus quievit terra annis decem.
2. Fecit autem Asa quod bonum et placitum erat in conspectu Dei sui; et subvertit altaria peregrini cultus, et excelsa,
3. et confregit statuas, lucosque succidit;

1. Or Abia s'endormit avec ses pères; et on l'ensevelit dans la ville de David, et son fils Asa régna à sa place, et sous son règne la terre fut en paix pendant dix ans.
2. Asa fit ce qui était juste et agréable aux yeux de son Dieu; il détruisit les autels des cultes étrangers et les hauts lieux,
3. il brisa les statues, abattit les bois sacrés,

Israël : *humiliati... sunt :* c'était un véritable désastre. — Pour Juda : *vehementissime confortati.* — Belle réflexion morale du narrateur, afin d'expliquer ce grandiose triomphe d'Abia : *eo quod sperassent...*

19-20. Autres avantages de la victoire pour Abia. — La ville de *Jesana* n'est pas nommée ailleurs dans la Bible; c'est peut-être l''Ἰσάνα de Josèphe, *Ant., xiv,* 15, 12. Quant à *Ephron,* on l'identifie tantôt avec Ophra, située près de Béthel (Jud. vi, 11), tantôt avec l'Éphrem de saint Jean, vi, 14. — *Nec valuit ultra...:* tant il avait été affaibli par sa défaite. — *Percussit Dominus.* On ne dit pas de quelle manière; du moins cette expression suppose que l'on crut voir le doigt de Dieu dans cette mort, qui eut lieu deux ans après celle d'Abia. Cf. III Reg. xv, 8-9.

3° Conclusion du règne d'Abia. XIII, 21-22.

21. La famille du roi. Trait propre aux Paralipomènes. — *Accepit uxores.* Abia n'ayant régné que trois ans, ce détail est en partie rétrospectif. Le grand nombre de ses enfants est présenté comme une marque de puissance.

22. Documents pour l'histoire d'Abia. Comp. III Reg. xv, 7. — *In libro Addo.* Littéralement : dans le *midraš,* c.-à-d. dans le commentaire d'Addo. Voyez l'Introduction, p. 8. III Rois : au livre des annales des rois de Juda.

§ II. — *Règne d'Asa.* XIV, 1 — XVI, 14.

Le récit est de nouveau beaucoup plus complet qu'au passage parallèle des Rois (III, xv, 8-24).

1° Zèle d'Asa pour le culte divin. XIV, 1-5.

Chap. XIV. — 1. Mort d'Abia. Comp. III Reg. xv, 8. — *In cujus diebus quievit...* Détail qui manque au livre des Rois. Cette paix précieuse fut la conséquence de la grande victoire d'Abia, xiii, 15-20, et aussi des fréquents changements de titulaires sur le trône rival pendant les premières années d'Asa. Cf. III Reg. xv, 25-32.

2-5. Caractère moral du règne. Comp. III Reg. xv, 11-15. — L'administration d'Asa sous le rapport religieux est d'abord décrite en abrégé, vers. 2ᵃ : *fecit... quod bonum...* Les développements viennent ensuite (vers. 2ᵇ-5). — *Altaria*

4. et ordonna à Juda de chercher le Seigneur, le Dieu de ses pères, et d'observer la loi et tous les commandements.

5. Il enleva aussi les autels et les temples de toutes les villes de Juda; et il régna en paix.

, 6. Il bâtit des villes fortes dans Juda, parce qu'il était tranquille et qu'il n'avait point de guerre pendant ce temps-là, le Seigneur lui donnant la paix.

7. Il dit donc à Juda : Construisons ces villes, entourons-les de murs, et ajoutons-y des tours, des·portes et des ·serrures, pendant que nous n'avons point de guerre, parce que nous avons cherché le Seigneur, le Dieu de nos pères, et qu'il nous a donné la paix avec tous nos voisins. Ils bâtirent donc, et ils n'eurent aucun obstacle dans leurs constructions.

8. Or Asa leva dans Juda une armée de trois cent mille hommes qui portaient des boucliers et des piques, et dans Benjamin deux cent quatre-vingt mille hommes qui portaient des boucliers et qui tiraient de l'arc, tous gens très vaillants.

9. Zara, roi d'Éthiopie, sortit contre

4. et præcepit Judæ ut quæreret Dominum, Deum patrum suorum, et faceret legem, et universa mandata ;

5. et abstulit de cunctis urbibus Juda aras et fana, et regnavit in pace.

6. Ædificavit quoque urbes munitas in Juda, quia quietus erat, et nulla temporibus ejus bella surrexerant, pacem Domino largiente.

7. Dixit autem Judæ : Ædificemus civitates istas, et vallemus muris ; et roboremus turribus, et portis, et seris, donec a bellis quieta sunt omnia, eo quod quæsierimus Dominum, Deum patrum nostrorum, et dederit nobis pacem per gyrum. Ædificaverunt igitur, et nullum in exstruendo impedimentum fuit.

8. Habuit autem Asa in exercitu suo portantium scuta et hastas de Juda trecenta millia ; de Benjamin vero scutariorum et sagittariorum ducenta octoginta millia, omnes isti viri fortissimi.

9. Egressus est autem contra eos Zara

---

peregrini cultus. Détail propre à notre auteur. Des autels consacrés aux idoles des peuples voisins. — *Excelsa.* Les hauts lieux idolâtriques. D'après xv, 17 (cf. III Reg. xv, 14), Asa ne détruisit pas ceux où l'on offrait un culte illicite à Jéhovah. — *Statuas.* Hébr. : les *maṣṣébộṭ*, ou stèles érigées en l'honneur de Baal (Ex. xxxiv, 13, et la note). *Lucos :* les *'asérim*, ou images d'Astarté. Cf. III Reg. xiv, 22. — *Fana.* Hébr. : les *mânim*, colonnes érigées à Baal en tant que dieu-soleil. Cf. Lev. xxvi, 30, et l'*Atl. archéol.*, pl. cxii, fig. 6 ; pl. cxvi, fig. 7. — *Regnavit in pace.* Littéralement : le royaume eut du repos sous lui. — Voyez au passage parallèle quelques autres détails sur la réforme religieuse d'Asa.

Stèle en l'honneur de Baal dieu-soleil.

2° Zèle d'Asa pour mettre son royaume en parfait état de défense. XIV, 6-8.

Trait entièrement nouveau, à part une simple allusion (III Reg. xv, 23).

6-7. Construction de plusieurs places fortes. — *Ædificavit quoque...* Ce fut le second acte d'Asa, non moins digne d'un bon roi que le premier. Les villes fortifiées par Roboam (xi, 6-12) avaient

dû être totalement ou en grande partie démantelées par Sésac (xii, 4). — *Donec a bellis quieta...* (vers. 7). Saint Jérôme exprime bien la pensée. Littéralement : tandis que le pays est encore devant nous ; c.-à-d. en notre pleine possession, ni envahi, ni menacé par l'ennemi.

8. Organisation de l'armée. — *Portantium scuta* (hébr. : le grand bouclier, *ṣinnah ; Atlas arch.*, pl. LXXXIV. fig.-13, 21) *et hastas.* Les hommes de Juda étaient plus pesamment armés, comme au temps de David. Cf. I Par. xii, 24. — *Scutariorum* (le petit bouclier, *magèn ; Atl. arch.*, pl. LXXXIV, fig. 16, 18) *et sagittariorum.* Les soldats benjaminites continuaient aussi de porter leur armure légère. Cf. I Par. viii, 40 ; xii, 2. — *Trecenta... ducenta octoginta...* L'effectif total était donc de 580 000 hommes pour le royaume entier. Dix années de paix lui avaient permis de s'accroître notablement. Cf. xiii, 3. La tribu de Benjamin dépasse en nombre celle de Juda.

3° Invasion de Zara, roi d'Égypte, victorieusement repoussée. XIV, 9-15.

Le livre des Rois est muet sur cet épisode important.

9. Zara s'avance sur le territoire de Juda jusqu'à Marésa. — *Zara* (en hébreu, *Zéraḥ ;* LXX, *Zapé*) est identifié par les uns à Atserk-Amen, qui était roi d'Éthiopie vers cette époque par les autres, avec beaucoup plus de vraisemblance, à Usarken, ou Osarkon I, fils et successeur de Sésac sur le trône d'Égypte et d'Éthiopie — *Decies centena... :* l'armée la plus considé-

Æthiops cum exercitu suo decies centena millia, et curribus trecentis, et venit usque Maresa.

10. Porro Asa perrexit obviam ei, et instruxit aciem ad bellum in valle Sephata, quæ est juxta Maresa.

11. Et invocavit Dominum Deum, et ait : Domine, non est apud te ulla distantia, utrum in paucis auxilieris, an in pluribus ; adjuva nos, Domine Deus noster ; in te enim et in tuo nomine habentes fiduciam, venimus contra hanc multitudinem. Domine, Deus noster tu es ; non prævaleat contra te homo.

12. Exterruit itaque Dominus Æthiopes coram Asa et Juda ; fugeruntque Æthiopes.

13. Et persecutus est eos Asa, et populus qui cum eo erat, usque Gerara ; et ruerunt Æthiopes usque ad internecionem, quia Domino cædente contriti sunt, et exercitu illius præliante. Tulerunt ergo spolia multa.

eux avec une armée d'un million d'hommes et trois cents chars, et il s'avança jusqu'à Marésa.

10. Asa marcha au-devant de lui, et rangea son armée en bataille dans la vallée de Séphata, près de Marésa.

11. Et il invoqua le Seigneur Dieu, et dit : Seigneur, quand vous voulez secourir, le petit nombre et le grand nombre sont la même chose devant vous. Secourez-nous, Seigneur notre Dieu ; car c'est parce que nous nous confions en vous et en votre nom, que nous sommes venus contre cette multitude. Seigneur notre Dieu, ne permettez pas que l'homme l'emporte sur vous.

12. Le Seigneur jeta donc l'épouvante parmi les Éthiopiens, en face d'Asa et de Juda ; et les Éthiopiens prirent la fuite.

13. Asa et le peuple qui était avec lui les poursuivirent jusqu'à Gérara ; et les Éthiopiens tombèrent sans qu'il en restât un seul, parce que c'était le Seigneur qui les taillait en pièces pendant que son armée combattait. Ainsi *les Juifs* remportèrent de grandes dépouilles.

---

rable dont il soit fait mention dans les annales bibliques. — *Usque Maresa :* l'une des citadelles de Roboam (voyez x, 8, et la note), et l'un

Le roi Osarkon.

des points stratégiques les plus importants du royaume de Juda. L'armée égyptienne s'était avancée, selon la coutume, en longeant la Méditerranée jusqu'au pays des Philistins (*Atl. géogr.*, pl. v, vii).

10-11. Ardente prière d'Asa sur le champ de bataille. — *In valle Sephata.* Cette localité (hébr. : Ṣ^ep̄áṭah) n'est pas mentionnée ailleurs. Peut-être correspond-elle à la belle vallée qui débouche entre les collines au sud de Marésa. — *Invocavit...* La prière d'Asa est un magnifique acte de foi. — *Non est... distantia.* Dans l'hébreu, avec une nuance : Il est semblable pour lui d'aider le puissant ou le faible. C.-à-d. qu'il n'en coûte pas davantage à Dieu de secourir les faibles. — *Non prævaleat... homo.* Sorte de pieux défi, très fréquent dans la Bible. Jéhovah est le Dieu d'Israël ; si son peuple était vaincu, il serait censé l'être lui-même : qu'il venge donc son honneur menacé.

12-15. Grande victoire des Hébreux. — *Exterruit... :* d'une frayeur surnaturelle, comme en d'autres circonstances analogues (cf. xiii, 15). — *Usque Gerara* (vers. 13). Aujourd'hui Khirbet-el-Gérar, sur la route d'Égypte, à trois heures et demie au sud-est de Gaza (*Atl. géogr.*, pl. v, vii). — *Percusserunt civitates* (vers. 14). Ce district appartenait aux Philistins, qui avaient probablement fait cause commune avec les Égyptiens — *Grandis... terror.* Hébr. : la crainte de Dieu ; un effroi providentiellement suscité par le Seigneur. — *Caulas... destruentes* (vers. 15). L'ex-

14. Ils ravagèrent toutes les villes des environs de Gérara, car l'épouvante avait saisi tout le monde ; de sorte qu'ils pillèrent les villes et en emportèrent un grand butin.

14. Et percusserunt civitates omnes per circuitum Gerarae, grandis quippe cunctos terror invaserat ; et diripuerunt urbes, et multam praedam asportaverunt.

15. Ils ravagèrent aussi les bergeries des troupeaux, et ils emmenèrent une grande multitude de moutons et de chameaux, et ils rentrèrent à Jérusalem.

15. Sed et caulas ovium destruentes, tulerunt pecorum infinitam multitudinem et camelorum, reversique sunt in Jerusalem.

CHAPITRE XV

1. Alors Azarias, fils d'Oded, fut rempli de l'esprit de Dieu.

2. Il alla au-devant d'Asa, et lui dit : Écoutez-moi, Asa, et vous tous, *hommes de* Juda et de Benjamin. Le Seigneur a été avec vous, parce que vous étiez avec lui. Si vous le cherchez, vous le trouverez ; mais, si vous l'abandonnez, il vous abandonnera.

3. Il se passera des jours nombreux, pendant lesquels Israël sera sans vrai Dieu, sans prêtre, sans docteur et sans loi.

4. Si, dans leur affliction, ils reviennent au Seigneur Dieu d'Israël et le cherchent, ils le trouveront.

5. En ce temps-là ils ne pourront aller et venir sûrement. La terreur viendra de tous côtés sur tous les habitants de la terre.

6. On combattra, nation contre nation, et ville contre ville, parce que le Seigneur les troublera par toutes les angoisses.

7. Prenez donc courage et que vos mains ne s'affaiblissent point, car il y aura une récompense pour vos œuvres.

1. Azarias autem filius Oded, facto in se spiritu Dei,

2. egressus est in occursum Asa, et dixit ei : Audite me, Asa, et omnis Juda et Benjamin. Dominus vobiscum quia fuistis cum eo. Si quaesieritis eum, invenietis ; si autem dereliqueritis eum, derelinquet vos.

3. Transibunt autem multi dies in Israel absque Deo vero, et absque sacerdote doctore, et absque lege.

4. Cumque reversi fuerint in angustia sua ad Dominum, Deum Israel, et quaesierint eum, reperient eum.

5. In tempore illo non erit pax egredienti et ingredienti, sed terrores undique in cunctis habitatoribus terrarum :

6. pugnabit enim gens contra gentem, et civitas contra civitatem, quia Dominus conturbabit eos in omni angustia.

7. Vos ergo confortamini, et non dissolvantur manus vestrae ; erit enim merces operi vestro.

---

trême sud de la Palestine a toujours été un district pastoral. — *Camelorum :* ils abondent aussi dans cette région. Cf. I Reg. xxvii, 9 ; xxx, 17.
— Les Égyptiens furent longtemps avant de se remettre du coup porté par Asa ; ils n'attaqueront désormais les Hébreux qu'en 609, sous Josias (xxxv, 20-24), environ trois siècles plus tard. C'est d'ailleurs la seule fois qu'Israël battit les Égyptiens en rase campagne.

4° Le message prophétique d'Azarias. XV, 1-7. Cet épisode est entièrement nouveau.

· CHAP. XV. — 1-2ᵃ. Introduction historique : la prophète. — *Azarias* et *Oded* ne sont connus que par cet incident. — *Facto in se spiritu...* Comp. xx, 14 ; xxiv, 20 ; Num. xxiv, 2. — *Egressus... in occursum... :* au moment où le roi revenait victorieux du combat.

2ᵇ-6. La prophétie. — Au début (vers. 2ᵃ), un double fait (*Dominus vobiscum, quia...*), et

un oracle général, proposé sous forme de dilemme (*si quaesieritis..., si autem...*). — Le messager céleste décrit ensuite (vers. 3 et ss.) la catastrophe épouvantable des temps où la nation théocratique abandonnera son Dieu. Tableau concis, mais vraiment dramatique, au sujet duquel trois opinions se sont formées, selon qu'on l'applique au passé (l'époque des juges, certaines périodes malheureuses des rois), au présent, ou à l'avenir des Hébreux. La Vulgate favorise à bon droit le troisième sentiment, qui a également pour lui l'ensemble du contexte. L'hébreu est indécis, car il n'a pas de verbe au verset 3, et peut s'appliquer à toutes les périodes indistinctement. — *In cunctis habitatoribus...* Locution hyperbolique, car il ne s'agit que de la Terre sainte et de ses différentes provinces.

7. Encouragement à la fidélité. — Admirable promesse : *erit... merces...*

8. Quod cum audisset Asa, verba scilicet et prophetiam Azariæ, filii Oded,
prophetæ, confortatus est, et abstulit
idola de omni terra Juda, et de Benjamin, et ex urbibus quas ceperat montis
Ephraim. Et dedicavit altare Domini
quod erat ante porticum Domini. ·

9. Congregavitque universum Judam
et Benjamin, et advenas cum eis de
Ephraim et de Manasse, et de Simeon;
plures enim ad eum confugerant ex
Israel, videntes quod Dominus Deus illius esset cum eo.

10. Cumque venissent in Jerusalem
mense tertio, anno decimo quinto regni
Asa,

11. immolaverunt Domino in die illa,
de manubiis et præda quam adduxe-
rant, boves septingentos, et arietes septem millia.

12. Et intravit ex more ad corrobo-
randum fœdus, ut quærerent Dominum,
Deum patrum suorum, in toto corde et
in tòta anima sua.

13. Si quis autem, inquit, non quæsierit Dominum, Deum Israel, moriatur,
a minimo usque ad maximum, a viro
usque ad mulierem.

8. Asa, après avoir entendu ce discours et cette prédiction du prophète
Azarias, fils d'Oded, se sentit fortifié,
et il enleva les idoles de toute la terre
de Juda et de Benjamin, et des villes du
mont Ephraïm qu'il avait prises, et il
rétablit et dédia l'autel du Seigneur, qui
était devant le portique du Seigneur.

9. Il rassembla tout Juda et Benjamin, et avec eux des étrangers d'É-
phraïm, de Manassé et de Siméon; car
beaucoup d'Israélites s'étaient réfugiés
auprès de lui, voyant que le Seigneur
son Dieu était avec lui.

10. Et étant venus à Jérusalem le
troisième mois, et la quinzième année
du règne d'Asa,

11. ils immolèrent au Seigneur en ce
jour-là sept cents bœufs et sept mille
moutons, des dépouilles et du butin qu'ils
avaient emmenés.

12. Et le roi entra selon la coutume
pour confirmer l'alliance, et promettre
de chercher le Seigneur Dieu de leurs
pères, de tout leur cœur et de toute leur
âme.

13. Et si quelqu'un, ajouta-t-il, ne
cherche pas le Seigneur Dieu d'Israël,
qu'il soit puni de mort, petit ou grand,
homme ou femme.

5° Sous l'impulsion de cet oracle, Asa renouvelle solennellement l'alliance théocratique et
réforme le culte. XV, 8-19.

Pour les versets 16-18, comparez III Reg. xv,
13-15. Tout le reste est une particularité des Paralipomènes.

8. Extirpation du culte idolâtrique et restauration de l'autel des holocaustes. — Prophetiam
Azariæ. Dans l'hébreu : la prophétie d'Oded, le
prophète. Le texte a été évidemment altéré, car
les LXX et le syriaque lisent comme la Vulgate.
— Confortatus est : il fut animé d'un nouveau
zèle pour les choses de Dieu. — Abstulit idola.
Hébr. : « les abominations, » comme en maint
autre endroit. Les mesures prises par Asa contre
l'idolâtrie ayant été déjà signalées plus haut
(xiv, 2-3, 5), il est possible, a-t-on dit, que l'historien sacré ait noté ce trait dès le début par
anticipation. Mais il est beaucoup mieux de
penser que les premiers efforts du roi n'avaient
pas abouti à un succès complet, et qu'il se mit
à l'œuvre avec plus de vigueur après l'oracle
d'Azarias, pour extirper totalement le mal. —
Ex urbibus quas ceperat. Asa avait été jusqu'alors en paix avec Israël, et nulle mention
n'a été faite de ces villes; peut-être s'agit-il de
celles dont Abia s'était emparé précédemment
(xiii, 19). — Dedicavit altare. Dans l'hébreu :
il renouvela; expression qui peut s'entendre ou
d'un autel entièrement neuf, l'ancien, qui servait

depuis l'époque de Salomon, pouvant bien être
maintenant hors d'usage, ou d'une simple purification, si l'autel avait été profané sous les
règnes précédents par quelques pratiques idolâtriques.

9-15. Cérémonie du renouvellement de l'alliance. — Congregavitque... Verset 9, tout le
peuple théocratique, tant d'Israël que de Juda,
est convoqué à la solennité. — Advenas... de
Ephraim... C.-à-d. les membres des trois tribus
schismatiques les plus rapprochées du territoire
de Juda (Atl. géogr., pl. vii). Ce nom d' « étrangers » est significatif. Depuis le schisme, les habitants de Juda étaient seuls les vrais représentants de la nation sainte; leurs frères d'autrefois
étaient devenus comme des étrangers. — Plures... confugerant : comme sous Roboam, xi, 16.
— Videntes quod Dominus...: les deux grandes
victoires racontées plus haut, xiii, 13 et ss., xiv,
9 et ss., avaient montré de la manière la plus
éclatante de quel côté se trouvait Jéhovah. —
Vers. 10-11, la fête, immolation de nombreuses
victimes. Mense tertio : le mois de sivan (Esth.
viii, 9), qui correspond en grande partie à notre
mois de juin. De manubiis et præda...: cf. xiv, 15;
on avait mis en réserve pour le Seigneur une
partie de ce butin. — Vers. 12-15ª, le serment
de fidélité au Seigneur. Intravit ex more...; dans
l'hébreu : ils prirent l'engagement de chercher
le Seigneur, le Dieu de leurs pères. — Si quis...,

14. Ils firent donc serment au Seigneur à voix haute, avec des cris de joie, au son des trompettes et des cors.

15. Tous ceux qui étaient en Judée accompagnèrent ce serment d'exécration ; car ils jurèrent de tout leur cœur et cherchèrent Dieu de toute leur volonté ; aussi le trouvèrent-ils, et le Seigneur leur donna du repos tout à l'entour.

16. Asa ôta aussi l'autorité souveraine à Maacha sa mère, parce qu'elle avait élevé dans un bois une idole à Priape, qu'il détruisit entièrement et brûla dans le torrent de Cédron après l'avoir mise en pièces.

17. Cependant il y eut encore quelques hauts lieux dans Israël, quoique le cœur d'Asa fût parfait tous les jours de sa vie.

18. Et il porta dans la maison du Seigneur ce que son père et lui avaient fait vœu d'y donner : l'argent, l'or et les vases de différentes sortes.

19. Et il n'y eut point de guerre jusqu'à la trente-cinquième année du règne d'Asa.

14. Juraveruntque Domino voce magna in jubilo, et in clangore tubæ, et in sonitu buccinarum,

15. omnes qui erant in Juda cum execratione ; in omni enim corde suo juraverunt, et in tota voluntate quæsierunt eum, et invenerunt. Præstititque eis Dominus requiem per circuitum.

16. Sed et Maacham, matrem Asa regis, ex augusto deposuit imperio, eo quod fecisset in luco simulacrum Priapi ; quod omne contrivit, et in frusta comminuens, combussit in torrente Cedron.

17. Excelsa autem derelicta sunt in Israel. Attamen cor Asa erat perfectum cunctis diebus ejus.

18. Eaque quæ voverat pater suus, et ipse, intulit in domum Domini, argentum, et aurum, vasorumque diversam supellectilem.

19. Bellum vero non fuit usque ad trigesimum quintum annum regni Asa.

CHAPITRE XVI

1. Mais l'an trente-six de son règne, Baasa, roi d'Israël, monta contre Juda, et entoura Rama d'un rempart, afin que nul du royaume d'Asa ne pût sûrement entrer ou sortir.

2. Alors Asa prit l'or et l'argent qui étaient dans les trésors de la maison du Seigneur et dans les trésors du roi, et

1. Anno autem trigesimo sexto regni ejus, ascendit Baasa, rex Israel, in Judam, et muro circumdabat Rama, ut nullus tute posset egredi et ingredi de regno Asa.

2. Protulit ergo Asa argentum et aurum de thesauris domus Domini, et de thesauris regis, misitque ad Benadad,

---

inquit. Ce dernier mot est omis par le texte original, qui ne place pas ces paroles sur les lèvres du roi. — *Moriatur :* comme l'exigeait expressément la loi (Deut. XVII, 2-6). — Vers. 15ᵇ, seconde période de paix. *Præstitit... Dominus :* en récompense de ces promesses de fidélité, ainsi qu'il ressort visiblement du récit.

16-18. Continuation de la réforme religieuse. Comparez III Reg. XV, 13-15, et le commentaire ; les deux narrations sont à peu près identiques. — *Simulacrum Priapi.* Hébr. : une idole d'Astarté. Les mots *in frusta comminuens* sont un trait spécial. — *Excelsa autem...* Non pas les hauts lieux idolâtriques, qui avaient été supprimés antérieurement (XIV, 2), mais ceux où l'on continuait de vénérer Jéhovah malgré ses ordres formels. — *Attamen... perfectum...* : malgré cette apparence de faiblesse. Plus tard, hélas ! Asa tomba dans de très grandes fautes (cf. XVI, 2-10, 12).

19. Longue durée de la paix. — *Bellum... non fuit.* III Reg. XV, 16, il est dit au contraire que « la guerre exista entre Asa et Baasa, roi d'Israël, tant qu'ils vécurent » ; mais le mot guerre désigne, au passage parallèle, des sentiments hostiles, une situation tendue ; ici, la guerre proprement dite. — *Trigesimum quintum.* Erreur évidente de transcription, et de même à la ligne qui suit (XVI, 1), puisque Baasa, avec qui nous allons voir lutter le roi de Juda, mourut pendant la vingt-sixième année de son adversaire. On propose de lire vingt-cinq et vingt-six.

6° Baasa envahit le nord du territoire de Juda ; Asa fait alliance avec les Syriens. XVI, 1-6.

CHAP. XVI. — 1-6. Voyez III Reg. XV, 17-22, et le commentaire. Les deux narrations ne diffèrent l'une de l'autre que par de légères variantes. — *Anno autem...* Le livre des Rois omet cette date, comme aussi la mention des places fortes de *Nephthali* (vers. 4). Il cite « Abel-maison-

regem Syriæ, qui habitabat in Damasco, dicens :

3. Fœdus inter me et te est, pater quoque meus. et pater tuus habuere concordiam ; quam ob rem misi tibi argentum et aurum, ut, rupto fœdere quod habes cum Baasa, rege Israel, facias eum a me recedere.

4. Quo comperto, Benadad misit principes exercituum suorum ad urbes Israel, qui percusserunt Ahion, et Dan, et Abelmaim, et universas urbes Nephthali muratas.

5. Quod cum audisset Baasa, desiit ædificare Rama, et intermisit opus suum.

6. Porro Asa rex assumpsit universum Judam, et tulerunt lapides de Rama, et ligna quæ ædificationi præparaverat Baasa, ædificavitque ex eis Gabaa et Maspha.

7. In tempore illo venit Hanani, propheta, ad Asa, regem Juda, et dixit ei : Quia habuisti fiduciam in rege Syriæ, et non in Domino Deo tuo, idcirco evasit Syriæ regis exercitus de manu tua.

8. Nonne Æthiopes et Libyes multo plures erant quadrigis, et equitibus, et multitudine nimia, quos, cum Domino credidisses, tradidit in manu tua?

9. Oculi enim Domini contemplantur

les envoya à Bénadad, roi de Syrie, qui demeurait à Damas, et il lui fit dire :

3. Il y a une alliance entre vous et moi ; mon père et le vôtre ont aussi toujours été en bonne harmonie. C'est pourquoi je vous ai envoyé de l'argent et de l'or, afin que vous rompiez l'alliance que vous avez faite avec Baasa, roi d'Israël, et que vous l'obligiez de se retirer de mes États.

4. Dès que Bénadad eut reçu cette nouvelle, il envoya les généraux de ses armées contre les villes d'Israël, et ils prirent Ahion, Dan, Abelmaïm, et toutes les villes murées de Nephthali.

5. Lorsque Baasa l'eut appris, il cessa de bâtir Rama et interrompit ses travaux.

6. Alors le roi Asa prit tout Juda, et fit enlever de Rama les pierres et le bois que Baasa avait préparés pour la bâtir, et il les employa à construire Gabaa et Maspha.

7. En ce temps-là le prophète Hanani vint trouver le roi Asa, et lui dit : Parce que vous avez mis votre confiance dans le roi de Syrie, et non dans le Seigneur votre Dieu, pour ce motif l'armée du roi de Syrie s'est échappée de vos mains.

8. Les Éthiopiens et les Libyens n'avaient-ils point une armée plus nombreuse en chars, en cavalerie, et en une multitude prodigieuse? Et parce que vous avez cru au Seigneur, Dieu les a livrés entre vos mains.

9. Car les yeux du Seigneur con-

---

de-Maacha » au lieu de *Abelmaim* ; mais ces

Un Éthiopien. (D'après les monuments égyptiens.)

deux noms sont synonymes. — *Intermisit opus*

(vers. 5). Reg. : il revint à Thersa. — *Assumpsit...* (vers. 6). Le passage parallèle donne quelques développements sur ce point.

7° Blâmé par le prophète Hanani à cause de son alliance avec Bénadad, Asa offense grièvement le Seigneur. XVI, 7-10.

Épisode important, passé sous silence par l'auteur du livre des Rois.

7-9. Les reproches de l'homme de Dieu. — *Hanani...* : le même vraisemblablement que le père du prophète Jéhu, mentionné plus bas, XIX, 2, et III Reg. XVI, 7. — *Evasit... de manu tua.* C.-à-d. que si, animé d'une pleine confiance en son Dieu, Asa avait laissé les Israélites et les Syriens s'allier contre Juda, il eût battu les deux peuples réunis, tandis qu'il s'était fait le vassal de la Syrie. — *Nonne Æthiopes...* : l'armée de Zara (XIV, 12), qui se composait des mêmes éléments que celle de Sésac (XII, 3). — *Bella consurgent* (vers. 9). Une longue paix avait récompensé la foi d'Asa, des guerres sanglantes devaient châtier son manque de foi. La prophétie ne se réalisa que trop durant toute l'histoire du royaume de Juda jusqu'à l'exil.

templent toute la terre, et ils inspirent de la force à ceux qui croient en lui d'un cœur parfait. Vous avez donc agi follement, et pour cela il va s'allumer des guerres contre vous.

10. Asa, irrité contre le prophète, ordonna qu'on le mît en prison ; car la remontrance de ce prophète l'avait indigné. Et en ce temps même il en fit mourir plusieurs d'entre le peuple.

11. Quant aux actions d'Asa, depuis les premières jusqu'aux dernières, elles sont écrites dans le livre des rois de Juda et d'Israël.

12. Asa tomba aussi malade la trente-neuvième année de son règne, d'une très violente douleur aux pieds ; et cependant il n'eut point recours au Seigneur dans son mal, mais il mit plutôt sa confiance dans la science des médecins.

13. Et il s'endormit avec ses pères, et mourut la quarante et unième année de son règne.

14. On l'ensevelit dans le sépulcre qu'il s'était creusé dans la ville de David, et on le mit sur son lit tout rempli d'aromates et de parfums excellents, auxquels les parfumeurs avaient mis tout leur art ; et ils les brûlèrent sur lui avec beaucoup de faste et de vanité.

universam terram, et præbent fortitudinem his qui corde perfecto credunt in eum. Stulte igitur egisti, et propter hoc ex præsenti tempore adversum te bella consurgent.

10. Iratusque Asa adversus videntem, jussit eum mitti in nervum; valde quippe super hoc fuerat indignatus ; et interfecit de populo in tempore illo plurimos.

11. Opera autem Asa, prima et novissima, scripta sunt in libro regum Judæ et Israel.

12. Ægrotavit etiam Asa, anno trigesimo nono regni sui, dolore pedum vehementissimo; et nec in infirmitate sua quæsivit Dominum, sed magis in medicorum arte confisus est.

13. Dormivitque cum patribus suis, et mortuus est anno quadragesimo primo regni sui.

14. Et sepelierunt eum in sepulcro suo, quod foderat sibi in civitate David; posueruntque eum super lectum suum, plenum aromatibus et unguentis meretriciis, quæ erant pigmentariorum arte confecta, et combusserunt super eum ambitione nimia.

---

10. Le crime d'Asa. — *In nervum.* Supplice cruel, qui, infligé à un prophète, rendait coupable de sacrilège celui qui le décrétait. Jérémie et saint Paul le subirent aussi. Cf. Jer. xx, 2 ; xxix, 26. Le « bloc » était une machine faite ordinairement de bois, et percée de trous à travers lesquels on passait les pieds du condamné, que l'on assujettissait ensuite dans cette position très pénible. Voyez l'*Atl. archéol.*, pl. lxxi, fig. 3.

8° Conclusion du règne d'Asa. XVI, 11-14.

Comp. III Reg. xv, 23-24. Notre narration est, ici encore, plus détaillée et présente divers traits inédits.

11. Documents pour l'histoire d'Asa. — *In libro regum.* Voyez l'Introduction, p. 8.

12-13. Maladie et mort du roi. — *Anno trigesimo nono...* Trait spécial. La maladie dura donc deux ans (cf. vers. 13). — *Dolore... vehementissimo.* Probablement la goutte. L'auteur

des Rois dit simplement : il eut mal aux pieds. — *Nec... quæsivit...* Détail propre aux Paralipomènes. Manque de foi analogue à celui qui avait dirigé la conduite d'Asa dans sa lutte avec le roi d'Israël (vers. 2 et ss.). — *Sed magis in medicorum...* C'est l'adverbe « magis » qui porte ici l'idée. Le roi malade n'est nullement blâmé d'avoir eu recours aux médecins, mais de leur avoir accordé plus de confiance qu'au Seigneur.

14. Sa sépulture (presque tout est nouveau). — *In sepulcro suo.* Littéralement : dans ses sépulcres. Le pluriel marque les nombreux « loculi » ou fours à cercueil dont se composait le tombeau de famille creusé dans le roc (*Atlas arch.*, pl. xxix, fig. 5 ; pl. xxx, fig. 7 ; pl. xxxii, fig. 3). — *Plenum aromatibus...:* à la façon de l'Orient pour les rois et les personnages que l'on voulait honorer. Cf. xxi, 19 ; Jer. xxxiv, 5. — *Ambitione nimia.* Plutôt : en quantité considérable.

CHAPITRE XVII

1. Regnavit autem Josaphat, filius ejus, pro eo, et invaluit contra Israel.

2. Constituitque militum numeros in cunctis urbibus Juda quæ erant vallatæ muris; præsidiaque disposuit in terra Juda, et in civitatibus Ephraim, quas ceperat Asa, pater ejus.

3. Et fuit Dominus cùm Josaphat, quia ambulavit in viis David, patris sui, primis, et non speravit in Baalim,

4. sed in Deo patris sui; et perrexit in præceptis illius, et non juxta peccata Israel.

5. Confirmavitque Dominus regnum in manu ejus, et dedit omnis Juda munera Josaphat; factæque sunt ei infinitæ divìtiæ, et multa gloria.

6. Cumque sumpsisset cor ejus auda-

1. Josaphat, son fils, régna à sa place, et il se fortifia contre Israël.

2. Il mit des troupes dans toutes les villes de Juda fermées de murailles, et il distribua des garnisons dans le pays de Juda, et dans les villes d'Ephraïm qu'Asa, son père, avait prises.

3. Et le Seigneur fut avec Josaphat, parce qu'il marcha dans les premières voies de David son aïeul, et qu'il ne mit point sa confiance dans Baal,

4. mais dans le Dieu de son père; et il marcha selon ses préceptes, et non suivant les dérèglements d'Israël.

5. Ainsi Dieu affermit la royauté dans sa main, et tout Juda lui apporta des présents, et il eut une infinité de richesses et une très grande gloire.

6. Son cœur s'étant rempli de zèle

SECTION III. — LE RÈGNE DE JOSAPHAT. XVII, — XX, 37.

A part les chap. XVIII° et XX, 30-37, qui correspondent presque mot pour mot à deux pas-

L'Astarté égyptienne.

sages du livre des Rois, presque tout est nouveau dans l'histoire de Josaphat racontée par les Paralipomènes.

§ I. — Les débuts du règne. XVII, 1-19.

1° Josaphat pourvoit à la sécurité de ses sujets et à la pureté du culte. XVII, 1-9.

CHAP. XVII. — 1-2. Organisation militaire du

royaume. — *Invaluit contra Israel.* C.-à-d. que Josaphat prit ses mesures pour résister victorieusement au roi rival, dans le cas où celui-ci songerait à l'attaquer. — *Præsidia.* Le substantif hébreu peut désigner des garnisons ou des gouverneurs militaires; mais le premier sens est le meilleur. — *Quas ceperat Asa.* Voyez xv, 8, et l'explication.

3-5. Le Seigneur récompense par de précieux avantages temporels la fidélité de Josaphat à la vraie religion. — *In viis David... primis.* Les LXX et plusieurs manuscrits hébreux omettent le nom de David, et quelques critiques supposent qu'en effet il se serait introduit subrepticement dans le texte; alors il s'agirait d'Asa, dont les dernières années furent si malheureusement ternies, tandis que les premières avaient été excellentes (cf. xvi, 7 et ss.). Mais cela est vrai aussi de David et lui convient parfaitement (voyez II Reg. xii, 10-12, et l'explication), et nous n'avons pas de raison suffisante pour modifier le texte. — *Baalim.* Sur ce pluriel, voyez Jud. ii, 11, et le commentaire. Baal était adoré sous des noms et des titres divers. — *Peccata Israel.* Hébr.: les œuvres d'Israël; mais la traduction donne très bien le sens, puisqu'il s'agit évidemment d'œuvres mauvaises, de pratiques idolâtriques. — *Divitiæ,... gloria.* Comme pour David et Salomon.

6. Destruction des hauts lieux et des symboles d'Astarté. — *Cumque sumpsisset...* La locution hébraïque, « son cœur fut élevé, » prise habituellement en mauvaise part (cf. xxvi, 16; Deut. viii, 14; Prov. viii, 12, etc.), est employée ici en bonne part, et la Vulgate a bien rendu la nuance. Se sentant protégé de Dieu, Josaphat

pour les préceptes du Seigneur, il enleva de Juda les hauts lieux et les bois sacrés.

7. La troisième année de son règne, il envoya plusieurs de ses princes, Benhaïl, Obdias, Zacharie, Nathanaël et Michée, enseigner dans les villes de Juda

8. et avec eux les lévites Séméias, Nathanias et Zabadias, Asaël, Sémiramoth, et Jonathan, Adonias, Tobias, et Tob-Adonias, *tous* lévites, et les prêtres Élisama et Joram.

9. Et ils instruisaient le peuple de Juda, et portaient avec eux le livre de la loi du Seigneur ; et ils parcouraient toutes les villes de Juda, et enseignaient le peuple.

10. Ainsi a terreur du Seigneur se répandit dans tous les royaumes qui étaient aux environs de Juda, et ils n'osaient point prendre les armes contre Josaphat.

11. Les Philistins eux-mêmes apportaient des présents à Josaphat, et ils lui payaient un tribut d'argent. Les Arabes lui amenaient des troupeaux, sept mille sept cents moutons et autant de boucs.

12. Josaphat devint donc puissant, et s'éleva jusqu'à un très haut point de

ciam propter vias Domini, etiam excelsa et lucos de Juda abstulit

7. Tertio autem anno regni sui, misit de principibus suis Benhail, et Obdiam, et Zachariam, et Nathanael, et Michæam, ut docerent in civitatibus Juda ;

8. et cum eis levitas Semeiam, et Nathaniam, et Zabadiam, Asael quoque, et Semiramoth, et Jonathan, Adoniam que, et Tobiam, et Tob-Adoniam, levitas, et cum eis Elisama et Joram sacerdotes.

9. Docebantque populum in Juda, habentes librum legis Domini ; et circuibant cunctas urbes Juda, atque erudiebant populum.

10. Itaque factus est pavor Domini super omnia regna terrarum quæ erant per gyrum Juda, nec audebant bellare contra Josaphat.

11. Sed et Philisthæi Josaphat munera deferebant, et vectigal argenti ; Arabes quoque adducebant pecora, arietum septem millia septingenta, et hircorum totidem.

12. Crevit ergo Josaphat, et magnificatus est usque in sublime ; atque ædi-

---

s'enhardit pour entreprendre à son tour des réformes religieuses (*propter vias...*; plutôt : au sujet de). — *Excelsa :* les hauts lieux idolâtriques (cf. xx, 33). *Lucos :* les symboles d'Astarté.

ses chefs appartenaient au monde laïque, les autres membres au monde ecclésiastique. — *Habentes librum legis :* le Pentateuque, évidemment, en tout ou en partie. Cette mention est d'un très

Ambassadeurs apportant le tribut à Sargon, roi d'Assyrie. (D'après un bas-relief du palais de Khorsabad.)

Il fallait constamment détruire ces abus, qui renaissaient constamment.

7-9. Josaphat fait répandre l'instruction religieuse dans tout son royaume. — *De principibus.* Cinq princes, tous inconnus, et avec eux deux prêtres, et huit ou neuf lévites. Le nombre de ces derniers est incertain, car il est possible que le nom *Tob-Adonias* (vers. 8) soit une réduplication des deux précédents, insérée par un copiste malhabile. La commission était mixte :

haut intérêt apologétique, et d'une grande force pour démontrer l'authenticité des livres qui contiennent la loi mosaïque.

2° La puissance de Josaphat grandit au dehors de son royaume. XVII, 10-11.

10-11. *Itaque...:* en récompense de son zèle pour la religion. — *Pavor Domini :* un effroi qui était surnaturel dans sa cause, et qui contraignait les peuples voisins de demeurer en paix avec Josaphat (*nec audebant...*), bien plus, de

licavit in Juda domos ad instar turrium, urbesque muratas.

13. Et multa opera paravit in urbibus Juda. Viri quoque bellatores et robusti erant in Jerusalem,

14. quorum iste numerus per domos atque familias singulorum. In Juda principes exercitus, Ednas dux, et cum eo robustissimi viri trecenta millia.

15. Post hunc Johanan princeps, et cum eo ducenta octoginta millia.

16. Post istum quoque Amasias, filius Zechri, consecratus Domino, et cum eo ducenta millia virorum fortium.

17. Hunc sequebatur robustus ad præ-lia Eliada, et cum eo tenentium arcum et clypeum ducenta millia.

18. Post istum etiam Jozabad, et cum eo centum octoginta millia expeditorum militum.

19. Hi omnes erant ad manum regis, exceptis aliis quos posuerat in urbibus muratis, in universo Juda.

grandeur; et il bâtit dans Juda des forteresses en forme de tours, et des villes murées.

13. Et il fit de grands travaux dans les villes de Juda. Et il avait aussi dans Jérusalem des gens aguerris et vaillants,

14. dont voici le dénombrement, selon les maisons et les familles de chacun. Dans Juda, les principaux officiers de l'armée étaient : Ednas, le chef, qui avait avec lui trois cent mille hommes très vaillants.

15. Après lui, le premier était Johanan, qui avait avec lui deux cent quatre-vingt mille hommes.

16. Après celui-ci était Amasias, fils de Zéchri, consacré au Seigneur, et avec lui deux cent mille hommes vaillants.

17. Il était suivi d'Éliada, redoutable dans les combats, qui commandait deux cent mille hommes armés d'arcs et de boucliers.

18. Après lui était aussi Jozabad, qui était à la tête de cent quatre-vingt mille hommes prêts à combattre.

19. Toutes ces troupes étaient sous la main du roi, sans compter les autres qu'il avait placées dans les villes murées, dans tout le royaume de Juda.

---

reconnaître sa suzeraineté (*munera deferebant*). — *Philisthæi* : quoique si fiers et belliqueux. — *Arabes* : quoique si indépendants et si farouches. Ces derniers payaient leur tribut en nature : *adducebant pecora*. Cf. IV Reg. III, 4.

3° La puissance de Josaphat grandit aussi à l'intérieur de son royaume. XVII, 12-19.

12-13ᵃ. Construction de forteresses. — *Domos ad instar turrium* : des châteaux forts. Voyez l'*Atl. arch.*, pl. xc, fig. 5 ; pl. xcii, fig. 24. — *Multa opera... in urbibus*. C.-à-d. qu'indépendamment de ses nouvelles constructions, Josaphat répara et compléta les anciennes défenses. Selon d'autres, ces mots signifieraient qu'il emmagasina de nombreuses provisions dans les villes fortifiées.

13ᵇ-19. L'armée. — *Numerus per domos*. Les chiffres qui suivent furent donc le résultat d'un dénombrement spécial. — *Principes exercitus*. Hébr. : les princes de mille ; mais ici ce titre désigne en réalité les généraux en chef. — *Consecratus Domino* (vers. 16). On ignore l'occasion et la signification précise de cette consécration. — *Tenentium arcum et clypeum* : armés à la légère, selon la coutume des Benjaminites. Cf. xiv, 8, et le commentaire. — Le tableau ci-joint indique les sommes partielles et le nombre

total déterminés par le recensement de Josaphat :

300 000 ⎫	Trois corps d'armée
280 000 ⎬	de la tribu de Juda ;
200 000 ⎭	= 780 000 hommes.
200 000 ⎫	Deux corps d'armée
180 000 ⎬	de la tribu de Benjamin ;
	= 380 000 hommes.
1 160 000	hommes en tout.

Plus d'un interprète a trouvé ces chiffres exorbitants, et nullement en rapport soit avec l'étendue, soit avec la population du royaume de Juda ; partant de là, on a supposé qu'ils pouvaient bien avoir été grossis par des transcriptions fautives. Nous préférons toutefois dire avec dom Calmet (*Commentaire littéral*, h. l.) : « Si ce nombre de troupes surprend, on doit faire attention que les États du roi de Juda, sous Josaphat, ne doivent point être bornés dans les limites de Juda et de Benjamin. Ils s'étendaient dans les tribus de Dan, d'Éphraïm et de Siméon, et dans l'Arabie et le pays des Philistins ; en un mot, depuis Bersabée et depuis Péluse jusqu'aux montagnes d'Éphraïm, et depuis le Jourdain jusqu'à la Méditerranée. Le pays était parfaitement cultivé, et peuplé au delà de ce qu'on peut s'imaginer. » Voyez l'*Atl. géogr.*, pl iv, v, vii.

CHAPITRE XVIII

1. Josaphat fut donc très riche et très célèbre; et il s'allia par mariage avec Achab.
2. Quelques années après, il descendit auprès de lui à Samarie; et, à son arrivée, Achab fit immoler beaucoup de bœufs et de moutons pour lui et pour le peuple qui était venu avec lui; et il lui persuada de marcher contre Ramoth-Galaad.
3. Achab, roi d'Israël, dit donc à Josaphat, roi de Juda : Venez avec moi à Ramoth-Galaad. Josaphat lui répondit : Disposez de moi comme de vous; mon peuple est votre peuple, et nous irons à la guerre avec vous.
4. Et Josaphat dit au roi d'Israël : Consultez maintenant, je vous prie, la volonté du Seigneur.
5. Le roi d'Israël assembla donc quatre cents prophètes, et il leur dit : Devons-nous aller attaquer Ramoth-Galaad, ou demeurer en paix ? Allez, dirent-ils, et Dieu la livrera entre les mains du roi.
6. Et Josaphat dit : N'y a-t-il pas ici quelque prophète du Seigneur, afin que nous le consultions aussi ?
7. Et le roi d'Israël dit à Josaphat : Il y a un homme par qui nous pouvons consulter la volonté du Seigneur; mais je le hais, parce qu'il ne me prophétise

1. Fuit ergo Josaphat dives et inclytus multum, et affinitate conjunctus est Achab.
2. Descenditque post annos ad eum in Samariam, ad cujus adventum mactavit Achab arietes et boves plurimos, ipsi, et populo qui venerat cum eo; persuasitque illi ut ascenderet in Ramoth-Galaad.
3. Dixitque Achab, rex Israel, ad Josaphat, regem Juda : Veni mecum in Ramoth-Galaad. Cui ille respondit : Ut ego, et tu; sicut populus tuus, sic et populus meus; tecumque erimus in bello.
4. Dixitque Josaphat ad regem Israel : Consule, obsecro, impræsentiarum sermonem Domini.
5. Congregavit igitur rex Israel prophetarum quadringentos viros, et dixit ad eos : In Ramoth-Galaad ad bellandum ire debemus, an quiescere? At illi : Ascende, inquiunt, et tradet Deus in manu regis.
6. Dixitque Josaphat : Numquid non est hic prophetes Domini, ut ab illo etiam requiramus?
7. Et ait rex Israel ad Josaphat : Est vir unus a quo possumus quærere Domini voluntatem; sed ego odi eum, quia non prophetat mihi bonum, sed malum

---

¶ II. — *Funeste alliance de Josaphat avec Achab.* XVIII, 1 — XIX, 3.

A part de rares exceptions, ce récit est presque une reproduction verbale de III Reg. XXII, 2-35 (voyez le commentaire pour les détails). Nous nous bornerons donc, comme dans les cas semblables, à signaler les principales divergences de notre auteur.

1° Les rois d'Israël et de Juda font alliance pour attaquer Ramoth-Galaad. XVIII, 1-3.

Chap. XVIII. — 1-2ᵇ. Visite de Josaphat au roi d'Israël. Comp. III Reg. XXII, 2. — Il y a d'assez notables variantes dans cette entrée en matière. Les deux traits du verset 1, et la phrase *ad cujus adventum mactavit,* au verset 2, sont propres aux Paralipomènes. — *Affinitate conjunctus est :* par le mariage de Joram, fils de Josaphat, avec Athalie, fille d'Achab et de Jézabel (cf. XXI, 6). Union qui étonne de la part du saint roi Josaphat; elle lui attirera de grands malheurs personnels, indépendamment de ceux

que l'avenir réservait à son peuple. — *Post annos :* neuf ans, comptés à partir du mariage de Joram et d'Athalie. Comp. III Reg. XXII, 2, 41, et IV Reg. VIII, 26.

2°-3. Josaphat consent à attaquer Ramoth-Galaad de concert avec le roi d'Israël. Cf. III Reg. XXII, 3-5ᵃ. La narration des Paralipomènes est plus concise; elle passe sous silence le motif pour lequel Achab voulait s'emparer de Ramoth. — *Persuasit... illi.* Le verbe hébreu est pris en mauvaise part et dénote une sorte de séduction.

2° Les faux prophètes d'Israël prédisent la victoire aux rois confédérés. XVIII, 4-11.

4-5. Les quatre cents prophètes et leur réponse mensongère. Cf. III Reg. XXII, 5ᵇ-6. — *Quadringentos.* Les Rois : environ quatre cents. — *Ire debemus...?* Les Rois : Dois-je aller... (au singulier)?

6-8. Josaphat demande à consulter un vrai prophète de Jéhovah. Comp. III Reg. XXII, 7-9. — *Omni tempore* (vers. 7) : trait nouveau.

omni tempore; est autem Michæas, filius Jemla. Dixitque Josaphat : Ne loquaris, rex, hoc modo.

8. Vocavit ergo rex Israel unum de eunuchis, et dixit ei : Voca cito Michæam, filium Jemla.

9. Porro rex Israel, et Josaphat, rex Juda, uterque sedebant in solio suo, vestiti cultu regio; sedebant autem in area juxta portam Samariæ; omnesque prophetæ vaticinabantur coram eis.

10. Sedecias vero, filius Chanaana, fecit sibi cornua ferrea, et ait : Hæc dicit Dominus : His ventilabis Syriam, donec conteras eam.

11. Omnesque prophetæ similiter prophetabant, atque dicebant : Ascende in Ramoth-Galaad, et prosperaberis, et tradet eos Dominus in manu regis.

12. Nuntius autem qui ierat ad vocandum Michæam, ait illi : En verba omnium prophetarum, uno ore, bona regi annuntiant; quæso ergo te ut et sermo tuus ab eis non dissentiat, loquarisque prospera.

13. Cui respondit Michæas : Vivit Dominus! quia quodcumque dixerit mihi Deus meus, hoc loquar.

14. Venit ergo ad regem. Cui rex ait : Michæa, ire debemus in Ramoth-Galaad ad bellandum, an quiescere? Cui ille respondit : Ascendite; cuncta enim prospera evenient, et tradentur hostes in manus vestras.

15. Dixitque rex : Iterum atque iterum te adjuro ut mihi non loquaris nisi quod verum est, in nomine Domini.

16. At ille ait : Vidi universum Israel dispersum in montibus sicut oves absque pastore, et dixit Dominus : Non habent isti dominos; revertatur unusquisque in domum suam in pace.

jamais rien de bon, mais toujours du mal. C'est Michée, fils de Jemla. Josaphat répondit : O roi, ne parlez pas ainsi.

8. Le roi d'Israël appela donc un de ses eunuques, et lui dit : Faites-moi venir tout de suite Michée, fils de Jemla.

9. Cependant le roi d'Israël et Josaphat, roi de Juda, étaient assis chacun sur un trône, vêtus de leurs habits royaux; et ils étaient assis dans la place qui est près de la porte de Samarie, et tous les prophètes prophétisaient devant eux.

10. Alors Sédécias, fils de Chanaana, se fit des cornes de fer, et dit : Voici ce que dit le Seigneur : Avec ces cornes vous frapperez la Syrie, jusqu'à ce que vous l'ayez détruite.

11. Tous les autres prophètes prophétisaient de même, et disaient : Marchez contre Ramoth-Galaad, et vous aurez du succès, et le Seigneur la livrera entre les mains du roi.

12. Le messager qui était allé appeler Michée lui dit : Voici que tous les prophètes prédisent d'une seule voix le succès au roi; je vous en prie, que vos paroles ne soient point différentes des leurs, et que votre prédiction soit favorable.

13. Michée lui répondit : Vive le Seigneur! je dirai tout ce que mon Dieu m'aura ordonné de dire.

14. Il vint donc auprès du roi, et le roi lui dit : Michée, devons-nous marcher contre Ramoth-Galaad pour l'assiéger, ou demeurer en paix? Michée lui répondit : Allez; toutes choses réussiront, et les ennemis seront livrés entre vos mains.

15. Le roi reprit : Je vous conjure instamment de ne me parler que selon la vérité, au nom du Seigneur.

16. Et Michée dit : J'ai vu tout Israël dispersé dans les montagnes comme des brebis sans pasteur; et le Seigneur a dit : Ces gens-là n'ont point de chef; que chacun retourne en paix dans sa maison.

9-11. Le prophète Sédécias et son action symbolique. Comp. III Reg. xxII, 10-12. — Unique variante des Paralipomènes : la répétition du verbe *sedebant* au verset 9.

3° Prophétie de Michée. XVIII, 12-27.

12-13. Michée est mandé au nom d'Achab. Cf. III Reg. xxII, 13-14.

14. Première parole de Michée. Cf. III Reg.

xxII, 15. — *Tradentur hostes...* Au passage parallèle : Jéhovah la livrera (la ville) entre les mains du roi.

15-17. Deuxième parole. Comp. III Reg. xxII, 16-18. — *Non habent... dominos* (vers. 16). L'auteur des Rois emploie le singulier : ils n'ont pas de maître.

17. Alors le roi dit à Josaphat : Ne vous ai-je pas dit que cet homme ne me prophétise jamais rien de bon, mais seulement des malheurs?

.18. Et Michée répliqua : Écoutez donc la parole du Seigneur. J'ai vu le Seigneur assis sur son trône, et toute l'armée du ciel autour de lui à droite et à gauche.

19. Et le Seigneur dit : Qui séduira Achab, roi d'Israël, afin qu'il marche contre Ramoth-Galaad et qu'il y périsse? Comme l'un répondait d'une façon, et l'autre d'une autre,

20. un esprit s'avança, et se tint devant le Seigneur, et dit : C'est moi qui le séduirai. Le Seigneur ajouta : Comment le séduiras-tu?

21. J'irai, répondit-il, et je serai un esprit menteur dans la bouche de tous ses prophètes. Le Seigneur dit : Tu le séduiras et tu y parviendras; va, et fais ce que tu dis.

22. Et maintenant voici que le Seigneur a mis un esprit de mensonge dans la bouche de tous vos prophètes; et le Seigneur a prononcé des malheurs contre vous.

23. Alors Sédécias, fils de Chanaana, s'approcha de Michée, et le frappa sur la joue, et dit : Par quel chemin l'esprit du Seigneur s'en est-il allé de moi pour te parler?

24. Michée répondit: Vous le verrez vous-même le jour où vous passerez de chambre en chambre pour vous cacher.

25. Le roi d'Israël commanda, et dit : Prenez Michée, et conduisez-le à Amon, gouverneur de la ville, et à Joas, fils d'Amélech,

26. et dites-leur : Voici ce que dit le roi : Mettez cet homme en prison, et qu'on ne lui donne qu'un peu de pain et un peu d'eau, jusqu'à ce que je revienne en paix.

27. Et Michée dit : Si vous revenez en paix, le Seigneur n'a point parlé par ma bouche. Et il ajouta : Peuples, écoutez tous.

28. Le roi d'Israël, et Josaphat, roi

17. Et ait rex Israel ad Josaphat : Nonne dixi tibi quod non prophetaret iste mihi quidquam boni, sed ea quæ mala sunt?

18. At ille : Idcirco, ait, audite verbum Domini. Vidi Dominum sedentem in solio suo, et omnem exercitum cæli assistentem ei a dextris et a sinistris.

19. Et dixit Dominus : Quis decipiet Achab, regem Israel, ut ascendat et corruat in Ramoth-Galaad? Cumque diceret unus hoc modo, et alter alio,

20. processit spiritus, et stetit coram Domino, et ait : Ego decipiam eum. Cui Dominus : In quo, inquit, decipies?

21. At ille respondit : Egrediar, et ero spiritus mendax in ore omnium prophetarum ejus. Dixitque Dominus : Decipies, et prævalebis; egredere, et fac ita.

22. Nunc igitur ecce Dominus dedit spiritum mendacii in ore omnium prophetarum tuorum; et Dominus locutus est de te mala.

23. Accessit autem Sedecias, filius Chanaana, et percussit Michæe maxillam, et ait : Per quam viam transivit spiritus Domini a me, ut loqueretur tibi?

24. Dixitque Michæas : Tu ipse videbis in die illo, quando ingressus fueris cubiculum de cubiculo ut abscondaris.

25. Præcepit autem rex Israel, dicens Tollite Michæam, et ducite eum ad Amon, principem civitatis, et ad Joas, filium Amelech;

26. et dicetis : Hæc dicit rex : Mittite hunc in carcerem, et date ei panis modioum et aquæ pauxillum, donec revertar in pace.

27. Dixitque Michæas : Si reversus fueris in pace, non est locutus Dominus in me. Et ait : Audite, omnes populi.

28. Igitur ascenderunt rex Israel, et

18-22. Troisième parole. Cf. III Reg. xxii, 19-23. — *Omnium prophetarum* (vers. 22). Le récit des Rois ajoute : qui sont ici.

23-24. Michée est outrageusement frappé par Sédécias. Comp. III Reg. xxii, 24-2b. — *Per quam viam transivit...?* Les Rois : Est-ce que l'esprit de Dieu m'a abandonné?

25-27. Achab fait jeter Michée en prison. Cf. III Reg. xxii, 26-28. — *Panis modicum et aquæ...* L'hébreu porte, ici comme au livre des Rois : le pain de la tribulation, et l'eau de l'affliction.

4° Victoire des Syriens, mort d'Achab. XVIII, 28-34.

28-29. Les rois d'Israël et de Juda devant

Josaphat, rex Juda, in Ramoth-Galaad.

29. Dixitque rex Israel ad Josaphat : Mutabo habitum, et sic ad pugnam vadam ; tu autem induere vestibus tuis. Mutatoque rex Israel habitu, venit ad bellum.
30. Rex autem Syriæ præceperat ducibus equitatus sui, dicens : Ne pugnetis contra minimum aut contra maximum, nisi contra solum regem Israel.
31. Itaque cum vidissent principes equitatus Josaphat, dixerunt : Rex Israel est iste. Et circumdederunt eum dimicantes ; at ille clamavit ad Dominum, et auxiliatus est ei, atque avertit eos ab illo.
32. Cum enim vidissent duces equitatus quod non esset rex Israel, reliquerunt eum.
33. Accidit autem ut unus e populo sagittam in incertum jaceret, et percuteret regem Israel inter cervicem et scapulas. At ille aurigæ suo ait : Converte manum tuam, et educ me de acie, quia vulneratus sum.
34. Et finita est pugna in die illo. Porro rex Israel stabat in curru suo contra Syros usque ad vesperam ; et mortuus est, occidente sole.

de Juda, marchèrent donc contre Ramoth-Galaad.

29. Et le roi d'Israël dit à Josaphat : Je vais me déguiser pour aller au combat. Mais, pour vous, prenez vos vêtements *ordinaires*. Ainsi le roi d'Israël se déguisa, et vint au combat.
30. Mais le roi de Syrie avait donné cet ordre aux chefs de ses chars : N'attaquez ni petit ni grand, mais seulement le roi d'Israël.
31. Ainsi lorsque les chefs des chars aperçurent Josaphat, ils dirent : C'est le roi d'Israël. Et ils l'environnèrent et le chargèrent. Mais ce prince poussa des cris au Seigneur, qui le secourut et les écarta de lui.
32. Car, les chefs des chars ayant vu que ce n'était point le roi d'Israël, ils le laissèrent.
33. Or il arriva qu'un homme du peuple tira une flèche au hasard, et qu'il en frappa le roi d'Israël entre le cou et les épaules. Et le roi dit à son cocher : Tourne bride, et retire-moi du combat, car je suis blessé.
34. Ainsi la guerre fut terminée en ce jour-là. Cependant le roi d'Israël demeura dans son char jusqu'au soir, en face des Syriens, et il mourut au coucher du soleil.

CHAPITRE XIX

1. Reversus est autem Josaphat, rex Juda, in domum suam pacifice in Jerusalem.
2. Cui occurrit Jehu, filius Hanani, videns, et ait ad eum : Impio præbes auxilium, et his qui oderunt Dominum

1. Josaphat s'en revint en paix dans son palais, à Jérusalem.

2. Le prophète Jéhu, fils d'Hanani, vint au-devant de lui et lui dit : Vous donnez du secours à un impie, et vous

---

Ramoth-Galaad. Comp. III Reg. xxii, 29-30. — *Mutabo...*, *et sic... vadam*. Ces paroles sont propres aux Paralipomènes.
30-33. Les Syriens s'acharnent contre Achab, qui est blessé grièvement. Cf. III Reg. xxii, 31-34. — *Ducibus equitatus*. Ces chefs étaient au nombre de trente-deux d'après l'autre récit. — *Dixerunt : Rex Israel...* (vers. 31). Au lieu d'employer le langage direct, le livre des Rois raconte simplement le fait : ils soupçonnèrent que c'était le roi d'Israël. — *Clamavit ad Dominum*. Trait spécial, digne de Josaphat ; au lieu du vague « il s'écria » du passage parallèle. — *Et auxiliatus...* Cette belle réflexion est aussi une particularité des Paralipomènes.
34. Fin du combat et mort d'Achab. Cf. III Reg.

xxii, 35-38. Notre auteur abrège considérablement, car ces derniers faits concernaient surtout l'histoire du royaume du Nord, laquelle ne rentrait pas dans son plan.

5° Josaphat est réprimandé par le prophète Jéhu. XIX, 1-3.
CHAP. XIX. — 1-3. Le livre des Rois est muet sur cet épisode. — *Reversus... pacifice*. Contraste avec le sort si terrible d'Achab. Les Syriens, satisfaits de leur victoire, ne cherchèrent pas à en retirer de plus grands avantages et à poursuivre les fuyards. — Sur le prophète *Jehu* et son père *Hanani*, voyez III Reg. xvi, 1, et II Par. xvi, 7. Le père avait blâmé Asa au nom du Seigneur, à la suite d'une alliance indigne du roi théocratique ; le fils est chargé d'une mission identique

faites alliance avec ceux qui haïssent le Seigneur: vous méritez pour cela la colère de Dieu ;

3. mais il s'est trouvé de bonnes œuvres en vous, parce que vous avez enlevé de la terre de Juda les bois idolâtriques, et que vous avez porté votre cœur à chercher le Seigneur, le Dieu de vos pères.

4. Josaphat demeura donc à Jérusalem, et il fit de nouveau la visite de son peuple, depuis Bersabée jusqu'aux montagnes d'Éphraïm ; et il les fit rentrer dans le culte du Seigneur, le Dieu de leurs pères.

5. Il établit aussi des juges dans toutes les places fortes de Juda, dans chaque ville.

6. Et il donna ses ordres à ces juges, et leur dit : Prenez garde à ce que vous ferez ; car ce n'est pas la justice des hommes que vous exercez, mais celle du Seigneur, et tout ce que vous aurez jugé retombera sur vous.

7. Que la crainte du Seigneur soit avec vous, et faites toutes choses avec soin. Car il n'y a point d'injustice dans le Seigneur notre Dieu, ni d'acception de personnes, ni aucun désir de présents.

8. Il établit aussi à Jérusalem des lévites, des prêtres et des chefs des familles d'Israël, pour y rendre la justice à ceux qui y demeuraient, dans les affaires qui regardaient soit le Seigneur, soit les particuliers.

amicitia jungeris, et idcirco iram quidem Domini merebaris ;

3. sed bona opera inventa sunt in te, eo quod abstuleris lucos de terra Juda, et præparaveris cor tuum ut requireres Dominum, Deum patrum tuorum.

4. Habitavit ergo Josaphat in Jerusalem ; rursumque egressus est ad populum de Bersabee usque ad montem Ephraim, et revocavit eos ad Dominum, Deum patrum suorum.

5. Constituitque judices terræ in cunctis civitatibus Juda munitis, per singula loca.

6. Et præcipiens judicibus : Videte, ait, quid faciatis; non enim hominis exercetis judicium, sed Domini; et quodcumque judicaveritis, in vos redundabit.

7. Sit timor Domini vobiscum, et cum diligentia cuncta facite; non est enim apud Dominum Deum nostrum iniquitas, nec personarum acceptio, nec cupido munerum.

8. In Jerusalem quoque constituit Josaphat levitas, et sacerdotes, et principes familiarum ex Israel, ut judicium et causam Domini judicarent habitatoribus ejus.

---

pour Josaphat. — *Impio præbes...* Achab avait été un idolâtre de la pire espèce. — *Iram... merebaris.* Dans l'hébreu : Pour ce motif, la colère du Seigneur (est) sur toi. C.-à-d. Dieu est irrité contre toi. — *Sed bona opera...* Cf. xvii, 1 et ss. Consolante réserve : quoique mécontent, Dieu n'oubliait pas les mérites extraordinaires de Josaphat.

§ III. — *Autres événements du règne de Josaphat.* XIX, 4 — XX, 37.

1° Continuation des réformes morales et religieuses. XIX, 4-11. Tout ce passage aussi est propre aux Paralipomènes.

4. Josaphat excite la ferveur de tout son peuple envers Jéhovah. — *Rursum... egressus est.* Allusion aux premiers essais de réforme du roi Josaphat, xvii, 7 et ss. On voit que le reproche du prophète Jéhu était allé droit au cœur du saint roi ; il se met immédiatement à réparer sa faute en déployant un zèle extraordinaire pour la perfection de son peuple. — *De Bersabee :* la frontière méridionale du royaume de Juda. — *Ad montem Ephraim :* sa frontière du côté du nord

(*Atl. géogr.*, pl. vii). Formule calquée sur celle qui marquait, avant le schisme, toute l'étendue de la Terre promise : de Dan à Bersabée.

5-7. Institution de juges dans les principales villes du royaume. — *Constituit... judices.* David avait déjà confié aux lévites les fonctions judiciaires. Cf. I Par. xxiii, 4. Peut-être le nombre des tribunaux établis par lui ne suffisait-il plus ; ou bien, de ce côté encore, une réforme était devenue nécessaire. — *In cunctis civitatibus :* conformément à la loi mosaïque (Deut. xvi, 18). — *Præcipiens...* Courte allocution du roi aux nouveaux juges, vers. 6-7, pour leur rappeler leur dignité supérieure (*non... hominis...*), leur grave responsabilité (*in vos redundabit*), la manière dont ils devront exercer leurs fonctions (*sit timor..., cum diligentia...*) ; puis, au négatif, vices à éviter : *non.. iniquitas,... personarum acceptio...*

8-11. Tribunal suprême établi à Jérusalem. — Les juges : *levitas, sacerdotes,* et, pour représenter l'élément laïque, les chefs des familles. — *Ut judicium et causam Domini...* D'après l'hébreu : pour les jugements de Jéhovah et pour les contestations. Ces deux locutions sont com-

9. Præcepitque eis, dicens : Sic agetis in timore Domini fideliter et corde perfecto.

10. Omnem causam quæ venerit ad vos fratrum vestrorum qui habitant in urbibus suis, inter cognationem et cognationem, ubicumque quæstio est de lege, de mandato, de ceremoniis, de justificationibus, ostendite eis, ut non peccent in Dominum, et ne veniat ira super vos et super fratres vestros ; sic ergo agentes, non peccabitis.

11. Amarias autem, sacerdos et pontifex vester, in his quæ ad Deum pertinent præsidebit; porro Zabedias, filius Ismahel, qui est dux in domo Juda, super ea opera erit, quæ ad regis offioium pertinent. Habetisque magistros levitas coram vobis. Confortamini, et agite diligenter, et erit Dominus vobiscum in bonis.

9. Il leur donna ses ordres, et leur dit : Voici comment vous agirez dans la crainte du Seigneur avec fidélité et avec un cœur parfait.

10. Quand quelque affaire de vos frères qui habitent dans leurs villes viendra à vous, qu'il s'agisse de quelque intérêt de famille ou de quelque question de la loi, des commandements, des cérémonies et des préceptes, instruisez-les, de peur qu'ils ne pèchent contre le Seigneur, et que sa colère ne tombe sur vous et sur vos frères. Si vous vous conduisez de la sorte, vous ne pécherez pas.

11. Amarias, votre pontife, présidera dans les choses qui regardent Dieu; et Zabédias, fils d'Ismahel, chef de la maison de Juda, présidera dans les affaires qui regardent le roi. Vous avez aussi parmi vous les lévites, qui vous serviront de maîtres. Soyez pleins de force, et agissez soigneusement, et le Seigneur vous traitera avec bonté.

CHAPITRE XX

1. Post hæc congregati sunt filii Moab, et filii Ammon, et cum eis de Ammonitis, ad Josaphat, ut pugnarent contra eum.

1. Après cela, les Moabites et les Ammonites avec leurs alliés s'assemblèrent contre Josaphat pour lui faire la guerre.

---

mentées plus loin (vers. 11) par Josaphat lui-même : par « jugements du Seigneur », il faut entendre toutes les affaires religieuses et ecclésiastiques ; par « contestations », les causes civiles et criminelles. — Au lieu de *habitatoribus*

Scribes égyptiens. (Peinture antique.)

ejus, l'hébreu dit : et ils revinrent ; à savoir, de la tournée officielle entreprise en faveur de la réforme religieuse (vers. 4). — Vers. 9-11, allocution du roi aux membres du tribunal suprême. Josaphat détermine d'abord, vers. 9 et 10, les causes qui seront déférées à Jérusalem pour être jugées en dernière instance. *Inter cognationem...;* hébr. : « entre sang et sang ; » c.-à-d. dans les cas de meurtre ou de blessures (cf. Ex. XXI, 12-23).

Quæstio... de lege..., mandato... : quatre expressions synonymes, pour désigner une question litigieuse dont l'objet porterait sur l'interprétation ou l'application des lois théocratiques. — Vers. 11, les deux présidents du tribunal : pour les causes ecclésiastiques, le grand prêtre *Amarias* (cf. I Par. v, 37); pour les causes civiles, *Zabadias,* prince de Juda. — *Magistros.* Dans l'hébreu : *šotrim ;* littéralement : des scribes; les secrétaires et notaires du tribunal.

2° Invasion des Moabites et des Ammonites sur le territoire juif. XX, 1-2.

Tous les détails, si nets et si intéressants, que contiennent les trente premiers versets de ce chapitre xx, sont propres aux Paralipomènes. Ils décrivent une délivrance toute prodigieuse opérée par Jéhovah, en faveur de son peuple.

CHAP. XX. — 1-2. Les envahisseurs. — *Post hæc.* On était aux dernières années du règne de Josaphat. — *Filii Moab,... Ammon :* ennemis irréconciliables des Hébreux, et situés l'un près de l'autre à l'est du territoire de Juda (*Atlas*

2. Des courriers vinrent l'annoncer à Josaphat, en disant : Une grande multitude s'avance contre vous des lieux qui sont au delà de la mer, et de la Syrie; et ils sont campés à Asasonthamar, qui est Engaddi.

3. Alors Josaphat, saisi de crainte, s'appliqua entièrement à prier le Seigneur, et publia un jeûne dans tout Juda.

4. Et Juda s'assembla pour implorer le Seigneur, et tous vinrent de leurs villes pour l'invoquer.

5. Josaphat se tint debout au milieu de l'assemblée dans la maison du Seigneur, devant le nouveau vestibule,

6. et il dit : Seigneur, Dieu de nos pères, vous êtes le Dieu du ciel, et vous dominez sur tous les royaumes des nations ; la force et la puissance sont dans vos mains, et nul ne peut vous résister.

7. N'est-ce pas vous, ô notre Dieu, qui avez fait mourir les habitants de cette terre, à la face de votre peuple Israël, et qui l'avez donnée à la postérité d'Abraham, votre ami, pour toujours ?

2. Veneruntque nuntii, et indicaverunt Josaphat, dicentes : Venit contra te multitudo magna, de his locis quæ trans mare sunt, et de Syria; et ecce consistunt in Asasonthamar, quæ est Engaddi.

3. Josaphat autem, timore perterritus, totum se contulit ad rogandum Dominum, et prædicavit jejunium universo Juda.

4. Congregatusque est Juda ad deprecandum Dominum; sed et omnes de urbibus suis venerunt ad obsecrandum eum.

5. Cumque stetisset Josaphat in medio cœtu Juda et Jerusalem, in domo Domini, ante atrium novum,

6. ait : Domine, Deus patrum nostrorum, tu es Deus in cælo, et dominaris cunctis regnis gentium; in manu tua est fortitudo et potentia, nec quisquam tibi potest resistere.

7. Nonne tu, Deus noster, interfecisti omnes habitatores terræ hujus coram populo tuo Israel, et dedisti eam semini Abraham, amici tui, in sempiternum?

géogr., pl. VII). — *Cum eis de Ammonitis.* Faute de copiste très manifeste, car les Ammonites ne peuvent avoir été cités deux fois de suite. On adopte généralement comme authentique la leçon des LXX : ἐκ τῶν Μιναίων. Les deux nations confédérées s'étaient donc associé contre Josaphat un certain nombre de Maonites, peuplade ainsi nommée d'après sa ville principale, Maon, bâtie à l'est du mont Séir (voyez XXVI, 7 ; I Par. IV, 41 et la note ; *Atl. géogr.,* pl. V). Les versets 10 et 22, qui mentionnent expressément le mont Séir comme résidence de ces troupes auxiliaires, confirment l'opinion des Septante. — *Trans mare :* la mer Morte, à l'orient de laquelle s'étendaient les territoires de Moab et d'Ammon. — *De Syria.* Il est probable que l'on doit lire dans l'hébreu '*Edom* au lieu de '*Aram* (la Syrie) : alors ce mot dénoterait le district maonite. Si la leçon actuelle est exacte, la Syrie est prise dans le sens large et correspond ici à l'Arabie septentrionale (*Atl. géogr.,* pl. I, II, VIII). — *Asasonthamar,... Engaddi.* Le nom ancien et la dénomination plus récente d'une ville bâtie sur la rive occidentale de la mer Morte, près d'une source abondante, à environ quinze heures de Jérusalem (*Atl. géogr.,* pl. V, VII). « C'est encore la coutume des bandes pillardes qui envahissent la Palestine du sud en venant de Moab, de longer la mer Morte jusqu'à Engaddi (aujourd'hui Aïn-Djédy), où elles sont sûres de trouver de l'eau et des fourrages en abondance, et où elles ont un grand choix de routes et de points d'attaque. »

2° Josaphat implore le secours du Seigneur. XX, 3-13.

3-4. Proclamation d'un jeûne public ; on accourt de tout le royaume à Jérusalem pour prier. — *Totum se contulit...* Littéralement dans l'hébreu : Josaphat mit sa face à chercher Jéhovah. Locution très énergique, qui exprime une foi étonnante. Le pieux roi ne songea point alors, comme l'avaient fait Abia et Asa, à chercher quelque secours humain. — *Prædicavit jejunium :* pour mieux toucher le cœur de Dieu. Cf. Jud. XX, 26 ; I Reg. VII, 6. — Tout le peuple suivit le bel exemple du monarque : *congregatusque...* Touchants détails.

5-12. La prière de Josaphat. — Vers. 5, introduction dramatique. *Ante atrium novum ;* en avant du temple de Salomon, il y avait deux cours ou parvis : le parvis intérieur ou des prêtres, qui avoisinait le vestibule ; puis, à sa suite, le parvis extérieur (voyez la figure du tome II, p. 471) ; ce dernier avait été sans doute réparé par Asa ou par Josaphat, et de là l'épithète de « nouveau ». — Vers. 6-12, la prière, admirable et très simple en même temps, puisqu'elle consiste en un simple exposé des faits. — Premier fait, servant d'exorde, vers. 6 : Jéhovah est le Dieu unique et tout-puissant, qui a fait alliance avec Israël. — Second fait, vers. 7-9 : le royal suppliant décrit, dans un résumé rapide, ce que le Seigneur et la nation choisie ont accompli l'un pour l'autre : Dieu installant les Hébreux dans la Terre sainte, le peuple théocratique construisant un temple à Jéhovah et comptant plei-

8. Habitaveruntque in ea, et exstruxe-
runt in illa sanctuarium nomini tuo, dicentes :

9. Si irruerint super nos mala, gladius judicii, pestilentia, et fames, sta-
bimus coram domo hac in conspectu tuo,
in qua invocatum est nomen tuum, et
clamabimus ad te in tribulationibus
nostris ; et exaudies, salvosque facies.

10. Nunc igitur ecce filii Ammon, et
Moab, et mons Seir, per quos non con-
cessisti Israel ut transirent quando egrediebantur de Ægypto, sed declinaverunt
ab eis, et non interfecerunt illos,

11. econtrario agunt et nituntur eji-
cere nos de possessione quam tradidisti
nobis.

12. Deus noster, ergo non judicabis
eos? In nobis quidem non est tanta fortitudo, ut possimus huic multitudini
resistere, quæ irruit super nos. Sed cum
ignoremus quid agere debeamus, hoc
solum habemus residui, ut oculos nostros
dirigamus ad te.

13. Omnis vero Juda stabat coram
Domino, cum parvulis, et uxoribus, et
liberis suis.

14. Erat autem Jahaziel, filius Zachariæ, filii Banaiæ, filii Jehiel, filii
Mathaniæ, levites de filiis Asaph, super
quem factus est spiritus Domini in medio turbæ ;

15. et ait : Attendite, omnis Juda,
et qui habitatis Jerusalem, et tu, rex
Josaphat. Hæc dicit Dominus vobis :
Nolite timere, nec paveatis hanc multitudinem ; non est enim vestra pugna,
sed Dei.

8. Ils l'ont habitée et y ont bâti un
sanctuaire à votre nom, et ils ont dit :

9. Si les maux fondent sur nous, le
glaive du jugement, la peste, la famine,
nous nous présenterons devant vous dans
cette maison où votre nom a été invoqué,
et nous crierons vers vous dans nos afflictions ; et vous nous exaucerez, et
vous nous délivrerez.

10. Voici donc maintenant que les fils
d'Ammon et de Moab, et ceux de la
montagne de Séir, chez lesquels vous
n'avez pas permis à votre peuple Israël
de passer lorsqu'il sortait d'Égypte,
l'obligeant de prendre une autre route,
et de ne les pas détruire ;

11. voici qu'ils tiennent une conduite
bien différente, s'efforçant de nous chasser des terres que vous nous avez données en possession.

12. O notre Dieu, ne les jugerez-vous
pas? Car nous n'avons pas assez de force
pour résister à cette multitude qui se
précipite sur nous. Mais, ignorant ce que
nous devons faire, il ne nous reste autre
chose que de tourner les yeux vers vous.

13. Or tout Juda se tenait debout devant le Seigneur, avec les petits enfants, les femmes et leurs fils.

14. Là se trouva aussi Jahaziel, fils
de Zacharie, fils de Banaïas, fils de Jéhiel, fils de Mathanias, lévite de la famille d'Asaph ; et l'esprit de Dieu
descendit sur lui au milieu de la foule,

15. et il dit : Écoutez, tout Juda, et vous
habitants de Jérusalem, et vous aussi,
roi Josaphat. Voici ce que le Seigneur
vous dit : Ne craignez rien, et ne redoutez pas cette multitude. Ce ne sera pas
vous qui combattrez, ce sera Dieu.

---

nement sur le divin secours. Remarquez, au
verset 7, l'épithète *amici tui* ajoutée au nom
d'Abraham. Elle reviendra deux autres fois : Is.
XLI, 8, et Jac. II, 23. Elle subsiste dans le nom
d'*El-Khalîl*, le Bien-aimé, par lequel les Arabes
désignent fréquemment le père des croyants. Les
paroles du verset 9 résument en partie la prière
adressée à Dieu par Salomon le jour de la dédicace du temple ; cf. VI, 22-39. — Troisième fait,
vers. 10-11 : de ces temps heureux, Josaphat
passe au présent si désolé, relevant l'iniquité des
agresseurs, qui, épargnés autrefois par Israël
(*habitaverunt...*; voyez Num. XX, 14 et ss.; Deut.
II, 4, 9, 19, etc.), envahissent maintenant sans
motif le sol sacré de la Palestine. — Conclusion
de tous ces faits et prière proprement dite, vers. 12.
Sainte hardiesse dans l'*ergo non judicabis...?*

Profonde humilité et aveu d'impuissance : *non
est tanta fortitudo...* Trait final vraiment exquis :
hoc solum... ut oculos...

13. Transition : le peuple étroitement associé
à la prière de son roi. — *Omnis... stabat..., cum
parvulis...* Tableau bien émouvant. Comp. Judith, IV, 9.

4° Aimable et consolante réponse du Seigneur.
XX, 14-19.

14. Jahaziel est rempli de l'esprit prophétique.

15-17. L'oracle consolateur. — Le Seigneur
commence par rassurer gracieusement son peuple :
nolite timere... Non que le péril ne soit grave ;
mais Jéhovah, se regardant comme directement
attaqué, est résolu à prendre en mains sa propre
défense : *non... vestra pugna...* — Ensuite, vers.
16-17, description très claire de ce que Josaphat

16. Demain vous irez au-devant d'eux, car ils monteront par le coteau du mont appelé Sis, et vous les rencontrerez à l'extrémité du torrent qui regarde le désert de Jéruel.

17. Ce ne sera pas vous qui combattrez ; demeurez seulement fermes, et vous verrez le secours du Seigneur sur vous, ô Juda et Jérusalem. Ne craignez point, et ne vous effrayez point ; vous marcherez demain contre eux, et le Seigneur sera avec vous.

18. Alors Josaphat et Juda, et tous les habitants de Jérusalem se prosternèrent jusqu'à terre devant le Seigneur, et l'adorèrent.

19. Et en même temps les lévites de la famille de Caath et de celle de Coré louèrent hautement et de toute la force de leurs voix le Seigneur, le Dieu d'Israël.

20. Le lendemain matin ils se levèrent, et s'avancèrent par le désert de Thécué. Et comme ils étaient en chemin, Josaphat se tint debout au milieu d'eux, et dit : Écoutez-moi, hommes de Juda, et vous tous qui demeurez à Jérusalem. Confiez-vous au Seigneur votre Dieu, et vous n'aurez rien à craindre. Croyez à ses prophètes, et tout vous réussira.

21. Après avoir donné ses avis au peuple, il établit par troupes des chantres pour louer le Seigneur. Ils marchaient devant l'armée, et tous ne faisant qu'un chœur, ils chantaient : Louez le Seigneur, parce que sa miséricorde est éternelle.

22. Tandis qu'ils commençaient à

16. Cras descendetis contra eos; ascensuri enim sunt per clivum nomine Sis, et invenietis illos in summitate torrentis qui est contra solitudinem Jeruel.

17. Non eritis vos qui dimicabitis; sed tantummodo confidenter state, et videbitis auxilium Domini super vos, o Juda et Jerusalem. Nolite timere, nec paveatis; cras egrediemini contra eos, et Dominus erit vobiscum.

18. Josaphat ergo, et Juda, et omnes habitatores Jerusalem, ceciderunt proni in terram coram Domino, et adoraverunt eum.

19. Porro levitæ de filiis Caath, et de filiis Core, laudabant Dominum Deum Israel voce magna, in excelsum.

20. Cumque mane surrexissent, egressi sunt per desertum Thecue; profectisque eis, stans Josaphat in medio eorum, dixit : Audite me, viri Juda et omnes habitatores Jerusalem. Credite in Domino Deo vestro, et securi eritis; credite prophetis ejus, et cuncta evenient prospera.

21. Deditque consilium populo, et statuit cantores Domini, ut laudarent eum in turmis suis, et antecederent exercitum, ac voce consona dicerent : Confitemini Domino, quoniam in æternum misericordia ejus.

22. Cumque cœpissent laudes canere,

---

et ses sujets devront faire le lendemain. *Per clivum... Sis* (hébr.: *Haṣṣiṣ,* avec l'article; LXX. 'Ασσεις) : probablement l'ouadi El-Hasasah, qui conduit de la mer Morte dans la direction de Thécué. *Solitudinem Jeruel* : peut-être le désert nommé également Hasasah ; le « torrent » est un des vallons arides et sauvages qui abondent dans ce district, mais on ne saurait dire au juste lequel (voyez l'*Atl. géogr.,* pl. v et vii). *Non... vos... dimicabitis :* Dieu insiste sur ce point ; c'est lui qui fera tout, les Juifs ne seront que de simples témoins.

18-19. Le roi et le peuple remercient humblement Jéhovah de ses promesses. — *Josaphat... et Juda...* L'hébreu signale à part la conduite du monarque : Josaphat s'inclina le visage contre terre, et tout Juda et les habitants de Jérusalem tombèrent devant le Seigneur pour se prosterner en sa présence. — *De filiis Caath. et... Core.* La conjonction *et* est explicative, car les descendants de Coré appartenaient à la famille de Caath. Voyez I Par. vi, 22.

5° Insigne victoire. XX, 20-30.

20-21. Les mesures prises par Josaphat. Mesures étranges en un jour de combat ; mais tout devait être su.naturel dans la victoire, ainsi que l'avait révélé Jéhovah. — *Per desertum Thecue.* Ville située au sud de Jérusalem, dans un district très désert. Voyez l'*Atl. géogr.* pl. vii. — *Profestisque eis.* Mieux : tandis qu'ils partaient. — *Stans Josaphat... :* en quelque lieu élevé d'où il voyait défiler les troupes. — *Dixit...* Un seul ordre : *Audite.* — *Statuit cantores :* à l'avantgarde (*et antecederent...*). — *In turmis suis.* D'après l'hébreu : dans une sainte parure ; c.-à-d. revêtus de leurs plus beaux ornements sacrés. Ils allaient au combat comme à une grande solennité religieuse, et aussi comme à une marche triomphale, puisque déjà ils chantaient l'hymne d'action de grâces : *Confitemini...* Cf. I Par. xvi, 34 et la note.

22-23. Le combat. — *Vertit... insidias eorum,* D'après la Vulgate : les embuscades des armées alliées. L'hébreu dit, avec une variante : Le Sei-

vertit Dominus insidias eorum in semetipsos, filiorum scilicet Ammon, et Moab,
et montis Seir, qui egressi fuerant ut pugnarent contra Judam, et percussi sunt.

23. Namque filii Ammon et Moab consurrexerunt adversum habitatores montis Seir, ut interficerent et delerent eos;
cumque hoc opere perpetrassent, etiam
in semetipsos versi, mutuis concidere
vulneribus.

24. Porro Juda cum venisset ad speculam quæ respicit solitudinem, vidit
procul omnem late regionem plenam
cadaveribus, nec superesse quemquam
qui necem potuisset evadere. ·

25. Venit ergo Josaphat, et omnis populus cum eo ad detrahenda spolia mortuorum. Inveneruntque inter cadavera
variam supellectilem, vestes quoque, et
vasa pretiosissima, et diripuerunt; ita
ut omnia portare non possent, nec per
tres dies spolia auferre, prædæ magnitudine.

26. Die autem quarto congregati sunt
in valle Benedictionis; etenim quoniam
ibi benedixerant Domino, vocaverunt
locum illum Vallis Benedictionis, usque
in præsentem diem.

27. Reversusque est omnis vir Juda,
et habitatores Jerusalem, et Josaphat
ante eos, in Jerusalem cum lætitia
magna, eo quod dedisset eis Dominus
gaudium de inimicis suis.

28. Ingressique sunt in Jerusalem cum
psalteriis, et citharis, et tubis, in domum Domini.

29. Irruit autem pavor Domini super
universa regna terrarum, cum audissent

chanter ces louanges, le Seigneur tourna
les embuscades des ennemis contre eux-
mêmes, c'est-à-dire des fils d'Ammon
et de Moab, et *des habitants* du-mont
Séir, qui s'étaient mis en marche pour
battre Juda, et qui furent défaits.

23. Car les fils d'Ammon et de Moab
se mirent à combattre ceux du mont
Séir, les tuèrent et les exterminèrent. Et
cela fait, ils tournèrent aussi leurs armes
contre eux-mêmes, et ils s'entre-tuèrent
les uns les autres.

24. Lorsque l'armée de Juda fut arrivée sur la hauteur, d'où l'on découvre le
désert, elle vit de loin toute la région
couverte de cadavres, sans qu'il fût resté
un seul homme qui eût pu s'échapper.

25. Josaphat s'avança donc avec tout
son monde, pour prendre les dépouilles
des morts; ils trouvèrent parmi les cadavres divers ustensiles, des vêtements
et des vases très précieux dont ils s'emparèrent; de sorte qu'ils ne purent tout
emporter, ni enlever pendant trois jours
ces dépouilles, tant le butin fut grand.

26. Le quatrième jour ils s'assemblèrent dans la vallée de Bénédiction;
car, parce qu'ils y avaient béni le Seigneur, ils nommèrent ce lieu la vallée
de Bénédiction, *et ce nom lui est demeuré*
jusqu'à ce jour.

27. Tous les habitants de Juda et les
hommes de Jérusalem, ayant Josaphat
devant eux, revinrent à Jérusalem avec
une grande joie, car le Seigneur les
avait fait triompher de leurs ennemis.

28. Ils entrèrent donc à Jérusalem et
dans le temple au son des luths, des
guitares et des trompettes.

29. Et la terreur du Seigneur se répandit sur tous les royaumes voisins,

---

gneur plaça une embuscade contre les fils d'Ammon et de Moab... (les mots *in semetipsos* ne
sont pas dans le texte). Plusieurs interprètes ont
pensé, mais sans motif suffisant, que Dieu aurait
lancé contre les envahisseurs une légion d'esprits
célestes. Ses agents furent simplement humains
et consistèrent, d'après l'ensemble du récit, en
quelque bande de pillards, qui, sortant tout à
coup de sa retraite, attaqua vivement une aile
de l'armée confédérée. Celle-ci fut aussitôt saisie
d'une panique indescriptible, suscitée divinement,
et ses divers corps s'entretuèrent tour à tour,
à la façon racontée au verset 23. Les Ammonites
et les Moabites tombèrent d'abord conjointement
sur les Maonites, les regardant sans doute comme
les auteurs de cette attaque inopinée, et par conséquent comme des traîtres; puis, leur rage une
fois excitée et non us tout contrôle, ils se li-

vrèrent un duel immense qui se termina par
leur ruine commune. L'intervention de Dieu suffit
d'ailleurs pour tout expliquer.

. 24-25. Le butin. — *Ad speculam* : quelque
hauteur des environs de Thécué, de laquelle on
pouvait contempler le champ de bataille. — *Nec
per tres dies...* Trait qui dénote une quantité
tout à fait énorme de dépouilles. Les armées
orientales emportent toujours avec elles beaucoup
d'objets précieux.

26. La vallée de la Bénédiction. — *Vallis
Benedictionis.* Dans l'hébreu : '*Emeq b'râkah:*
vraisemblablement l'ouadi Beréîkout, situé non
loin de Thécué, au nord-ouest, près de la route
d'Hébron à Jérusalem.

27-28. Retour triomphal des troupes juives à
Jérusalem. Belle description.

29-30. Impression produite sur les peuples

lorsqu'ils eurent appris que le Seigneur avait combattu contre les ennemis d'Israël.

30. Et le royaume de Josaphat fut tranquille, et Dieu lui donna la paix avec ses voisins.

31. Josaphat régna donc sur Juda. Il commença à régner à l'âge de trente-cinq ans, et il en régna vingt-cinq à Jérusalem. Sa mère se nommait Azuba, et était fille de Sélahi.

32. Il marcha dans les voies de son père Asa, et ne s'en détourna point ; et il fit ce qui était agréable aux yeux du Seigneur.

33. Néanmoins il ne détruisit pas les hauts lieux, et le peuple n'avait pas encore tourné son cœur vers le Seigneur, le Dieu de ses pères.

34. Le reste des actions de Josaphat, tant les premières que les dernières, est écrit dans l'histoire de Jéhu, fils d'Hanani, laquelle a été insérée dans le livre des rois d'Israël.

35. Après cela, Josaphat, roi de Juda, fit amitié avec Ochozias, roi d'Israël, dont les actions furent très impies.

36. Et il convint avec lui qu'ils équiperaient une flotte pour aller à Tharsis. Ils firent donc bâtir des vaisseaux à Asiongaber.

37. Éliézer, fils de Dodaü de Marésa, prophétisa à Josaphat, et lui dit : Parce

quod pugnasset Dominus contra inimicos Israel.

30. Quievitque regnum Josaphat, et præbuit ei Deus pacem per circuitum.

31. Regnavit igitur Josaphat super Judam, et erat triginta quinque annorum cum regnare cœpisset ; viginti autem et quinque annis regnavit in Jerusalem. Et nomen matris ejus Azuba, filia Selahi.

32. Et ambulavit in via patris sui Asa ; nec declinavit ab ea, faciens quæ placita erant coram Domino.

33. Verumtamen excelsa non abstulit ; et adhuc populus non direxerat cor suum ad Dominum, Deum patrum suorum.

34. Reliqua autem gestorum Josaphat, priorum et novissimorum, scripta sunt in verbis Jehu, filii Hanani, quæ digessit in libros regum Israel.

35. Post hæc iniit amicitias Josaphat, rex Juda, cum Ochozia, rege Israel, cujus opera fuerunt impiissima.

36. Et particeps fuit ut facerent naves quæ irent in Tharsis ; feceruntque classem in Asiongaber.

37. Prophetavit autem Eliezer, filius Dodau de Maresa, ad Josaphat, dicens :

---

d'alentour. — *Pavor.* Cf. xvii, 20. Comme résultat de cette crainte, ère de paix pour Juda, que personne n'osait attaquer.

6° Fin et sommaire du règne de Josaphat. XX, 31-37.

La narration parallèle, III Reg. xxii, 41-51 (voyez les notes), ajoute quelques détails.

31. Les dates principales.

32-33. Caractère moral du règne. Comp. III Reg. xxii, 43-45. — *Excelsa non abstulit.* Les hauts lieux idolâtriques avaient été depuis longtemps détruits par Josaphat (cf. xvii, 6) ; le narrateur veut donc parler ici, comme l'indique le contexte, de ceux où l'on continuait d'offrir à Jéhovah un culte illicite. — *Populus enim...* Au livre des Rois : le peuple sacrifiait encore sur les hauts lieux et y brûlait de l'encens.

34. Documents pour l'histoire de Josaphat. — *In verbis Jehu...* Voyez l'Introduction, p. 8.

36-37. Alliance de Josaphat avec Ochozias, roi d'Israël. Cf. III Reg. xxii, 49-50 (voyez le commentaire). — *Cujus opera... impiissima.* Blâme

tacite de l'alliance, et trait spécial, bien conforme au genre de notre auteur. — *Naves... in Tharsis.* D'après l'autre narration : des navires de Tharsis (c.-à-d. de grandes dimensions), pour aller à Ophir. Les interprètes s'accordent pour dire que l'on doit entendre en ce sens la note des Para-

Construction d'un vaisseau. (Monum. égypt.)

lipomènes ; de même au verset 37. Il est possible que le texte ait été corrompu ; car évidemment la flotte de Josaphat et d'Ochozias, construite à Asiongaber, n'aurait pas contourné toute l'Afrique pour se rendre à Tartessus, en Espagne. Voyez l'*Atl. géogr.,* pl. i. — *Prophetavit... Eliezer.* Le livre des Rois n'a pas cet épisode. — *Quia habuisti...* Dieu ne cesse de réprouver ces alliances profanes des rois théocratiques. Cf. xvi, 7 et ss.;

Quia habuisti fœdus cum Ochozia, percussit Dominus opera tua; contritæque
sunt naves, nec potuerunt ire in Tharsis.

que vous avez fait alliance avec Ochozias, Dieu a renversé vos desseins. Les
vaisseaux furent donc brisés, et ils ne
purent aller à Tharsis.

CHAPITRE XXI

1. Dormivit autem Josaphat cum patribus suis, et sepultus est cum · eis
in civitate David ; regnavitque Joram,
filius ejus, pro eo.

2. Qui habuit fratres, filios Josaphat,
Azariam, et Jahiel, et Zachariam, et
Azariam, et Michael, et Saphatiam;
omnes hi filii Josaphat, regis Juda.

3. Deditque eis pater suus multa munera argenti, et auri, et pensitationes,
cum civitatibus munitissimis in Juda;
regnum autem tradidit Joram, eo quod
esset primogenitus.

4. Surrexit ergo Joram super regnum
patris sui; cumque se confirmasset, oc-

1. Josaphat s'endormit avec ses pères,
et il fut enseveli avec eux dans la ville
de David ; et son fils Joram régna à sa
place.

2. Joram eut pour frères Azarias, Jahiel, Zacharie, Azarias, Michel et Saphatias, tous fils de Josaphat, roi de
Juda.

3. Leur père leur donna des présents
considérables en argent et en or, avec
des pensions, et des villes très fortes
dans le royaume de Juda; mais il donna
le royaume à Joram, parce qu'il était
l'aîné.

4. Joram prit donc possession du
royaume de son père, et, lorsqu'il s'y fut

---

xix, 2. — *Contritæ... naves.* Le récit parallèle
joute cue le roi d'Israël désirait construire une

Vue d'Asiongaber.

autre flotte près d'Asiongaber, mais que Josaphat
s'y opposa cette fois.

Section IV. — Joram, Ochozias et Joas.
XXI, 1 — XXIV, 27.

§ I. — *Règne de Joram.* XXI, 1-20.

1º Débuts impies et malheureux de Joram.
XXI, 1-11.

Chap. XXI. — 1. Mort de Josaphat, avènement

de Joram. Comp. III Reg. xxii, 51; les narrations sont identiques.

2-4. Le nouveau roi fait égorger ses
frères. Ce sanglant épisode est omis au
livre des Rois; il eut lieu probablement
sous l'influence sinistre d'Athalie. — *Azariam... et Azariam.* Nom répété peut-être
par suite d'une erreur de transcription,
car il est peu probable que deux des
fils de Josaphat se soient appelés Azarias. Il est vrai qu'il y a une nuance
dans la prononciation de l'hébreu : '*Azariah* et '*Azariahu.* — *Regis Juda.* Dans
le texte original : roi d'Israël. Ailleurs
aussi (vers. 4; xii, 1, 6; xxviii, 19, 27,
etc.) le royaume du Sud reçoit le nom
générique d'Israël, parce qu'il représentait, par ses lois, par son sacerdoce et
par son culte, la vraie race de Jacob, le
peuple théocratique. — *Dedit eis... munera* (vers. 3) : comme autrefois Roboam, et dans la même intention. Voyez
xi, 23 et l'explication. — *Pensitationes.*
Hébr. : des objets précieux. — *Eo quod...
primogenitus.* Telle était la règle ordinaire de l'hérédité royale chez les Hébreux, d'après un texte formel de la loi (Deut.
xxi, 15-17). On ne connaît que trois exceptions
à cette règle : Salomon, en vertu d'un oracle
divin ; Abia, à cause de la partialité de son
père ; Joachin, que le peuple plaça lui-même
sur le trône (IV Reg. xxiii, 30). — *Occidit
fratres.* Acte de barbarie révoltante, qui rappelle la conduite semblable d'Abimélech (Jud.
ix, 5) et d'Athalie (xxii, 10). — *Quædam de prin.*

affermi, il fit mourir par l'épée tous ses frères et quelques-uns des princes d'Israël.

5. Joram avait trente-deux ans lorsqu'il commença à régner, et il régna huit ans à Jérusalem.

6. Il marcha dans les voies des rois d'Israël, comme avait fait la maison d'Achab; car sa femme était fille d'Achab; et il fit le mal en la présence du Seigneur.

7. Cependant le Seigneur ne voulut point perdre la maison de David, à cause de l'alliance qu'il avait faite avec lui, et parce qu'il lui avait promis qu'il lui donnerait toujours une lampe, à lui et à ses fils.

8. Edom se révolta alors pour n'être plus assujetti à Juda, et se donna un roi.

9. Joram partit avec ses princes, et toute sa cavalerie qui le suivait, et, s'étant levé la nuit, il attaqua et défit Édom, qui l'avait environné, et tous les chefs de la cavalerie ennemie.

10. Édom a continué néanmoins de se révolter jusqu'à ce jour, pour n'être plus sous la puissance de Juda. En ce même temps, Lobna se retira aussi de l'obéissance de Joram, parce qu'il avait abandonné le Seigneur, le Dieu de ses pères.

11. Il fit faire outre cela des hauts lieux dans les villes de Juda; et il engagea les habitants de Jérusalem dans la fornication, et rendit Juda prévaricateur.

12. Or on lui apporta des lettres du prophète Élie, où il était écrit: Voici ce que dit le Seigneur, le Dieu de votre père David: Parce que vous n'avez point

cidit omnes fratres suos gladio, et quosdam de principibus Israel.

5. Triginta duorum annorum erat Joram cum regnare cœpisset, et octo annis regnavit in Jerusalem

6. Ambulavitque in viis regum Israel, sicut egerat domus Achab; filia quippe Achab erat uxor ejus; et fecit malum in conspectu Domini.

7. Noluit autem Dominus disperdere domum David, propter pactum quod inierat cum eo, et quia promiserat ut daret ei lucernam, et filiis ejus, omni tempore.

8. In diebus illis rebellavit Edom, ne esset subditus Judæ, et constituit sibi regem.

9. Cumque transisset Joram cum principibus suis, et cuncto equitatu qui erat secum, surrexit nocte, et percussit Edom, qui se circumdederat, et omnes duces equitatus ejus.

10. Attamen rebellavit Edom, ne esset sub ditione Juda, usque ad hanc diem. Eo tempore et Lobna recessit ne esset sub manu illius; dereliquerat enim Dominum, Deum patrum suorum.

11. Insuper et excelsa fabricatus est in urbibus Juda; et fornicari fecit habitatores Jerusalem, et prævaricari Judam.

12. Allatæ sunt autem ei litteræ ab Elia propheta, in quibus scriptum erat: Hæc dicit Dominus, Deus David, patris tui: Quoniam non ambulasti in

---

cipibus: ceux dont Joram redoutait le plus l'influence.

5. Les dates principales du règne de Joram. Comp. IV Reg. VIII, 17. Les deux récits vont se retrouver pendant quelque temps, et coïncider d'une manière presque verbale: c'est le cas pour ce verset.

6-7. Caractère moral du règne. Cf. IV Reg. VIII, 18-19 (voyez les notes). — *Filia Achab*: Athalie, digne fille de ce prince et de Jézabel. — *Disperdere domum David...* Au livre des Rois: Il ne voulait pas perdre Juda, à cause de David son serviteur, selon la promesse qu'il lui avait faite.

8-11. Révolte des Iduméens, qui réussissent à secouer le joug de Juda. Comp. IV Reg. VIII, 20-22, et le commentaire. — *Transisset... cum principibus* (vers. 9)... Reg.: Joram vint à Séir. — Après *omnes duces...* le livre des Rois ajoute:

et le peuple (hébreu) s'enfuit dans ses tentes. — Vers. 10b-11, notre auteur a en propre la réflexion morale *dereliquerat enim...*, et les traits *excelsa fabricatus est...*, etc. Sur l'expression figurée *fornicari* pour désigner l'idolâtrie, voyez Deut. VI, 11 et l'explication. Au lieu de *in urbibus Juda*, l'hébreu actuel porte b'hârim, sur les montagnes; mais de nombreux manuscrits ont la leçon de la Vulgate, b''ârim.

2° L'écrit menaçant du prophète Élie. XXI, 12-15.

12-15. Cet incident plein d'intérêt est omis au livre des Rois. — *Litteræ*. Hébr.: miktab, un écrit. — *Ab Elia*. Seule mention qui soit faite de ce grand prophète par les Paralipomènes. Son ministère avait été consacré à peu près exclusivement au royaume schismatique, dont notre livre n'avait point à s'occuper. — *Quoniam non...* Vers. 12b-13, les considérants de la sentence, selon

viis Josaphat, patris tui, et in viis Asa, regis Juda,

13. sed incessisti per iter regum Israel, et fornicari fecisti Judam et habitatores Jerusalem, imitatus fornicationem domus Achab; insuper et fratres tuos, domum patris tui, meliores te, occidisti;

14. ecce Dominus percutiet te plaga magna, cum populo tuo, et filiis, et uxoribus tuis, universaque substantia tua.

15. Tu autem ægrotabis pessimo languore uteri tui, donec egrediantur vitalia tua paulatim per singulos dies.

16. Suscitavit ergo Dominus contra Joram spiritum Philisthinorum, et Arabum, qui confines sunt Æthiopibus.
17. Et ascenderunt in terram Juda, et vastaverunt eam, diripueruntque cunctam substantiam quæ inventa est in domo regis, insuper et filios ejus, et uxores; nec remansit ei filius, nisi Joachaz, qui minimus natu erat.
18. Et super hæc omnia percussit eum Dominus alvi languore insanabili.

19. Cumque diei succederet dies, et temporum spatia volverentur, duorum annorum expletus est circulus; et sic longa consumptus tabe, ita ut egereret etiam viscera sua, languore pariter et vita caruit. Mortuusque est infirmitate pessima; et non fecit ei populus secundum morem combustionis, exequias, sicut fecerat majoribus ejus.

marché dans les voies de votre père Josaphat, ni dans celle d'Asa, roi de Juda,

13. mais que vous avez suivi l'exemple des rois d'Israël, et que vous avez fait tomber Juda et les habitants de Jérusalem dans la fornication, imitant la fornication de la maison d'Achab, et que de plus vous avez tué vos frères, qui étaient de la maison de votre père, et meilleurs que vous :
14. le Seigneur va aussi vous frapper d'une grande plaie, vous et votre peuple, vos enfants, vos femmes, et tout ce qui vous appartient.
15. Vous serez frappé d'une hideuse maladie d'entrailles, qui vous fera rejeter tous les jours peu à peu vos entrailles.
16. Le Seigneur excita donc contre Joram l'esprit des Philistins, et des Arabes voisins des Éthiopiens.
17. Et ils entrèrent dans la terre de Juda, la ravagèrent, et pillèrent tout ce qu'ils trouvèrent dans le palais du roi, et emmenèrent ses fils et ses femmes; de sorte qu'il ne lui resta d'autre fils que Joachaz, le plus jeune de tous.
18. Et par-dessus tout cela, Dieu le frappa d'une maladie d'entrailles incurable.
19. Ainsi les jours et les temps se succédant les uns les autres, deux années se passèrent, de sorte qu'étant consumé et pourri par la longueur du mal, il rejetait même ses entrailles. Il ne trouva la fin de son mal que dans celle de sa vie. Il mourut donc d'une très horrible maladie; et le peuple ne brûla point de parfums en son honneur selon la coutume, comme il avait fait pour ses aïeux.

la coutume des oracles prophétiques. On reproche à Joram son double crime d'idolâtrie et de fratricide. — Vers. 14-15, le décret vengeur. Le châtiment sera double aussi : 1° *percutiet te plaga...*, par l'invasion des Philistins et des Arabes (cf. vers. 16-17); 2° *tu... ægrotabis...*, punition plus personnelle encore (cf. vers. 18 et ss.).
3° Le royaume de Juda est ravagé par les Philistins et les Arabes. XXI, 16-17.
16-17. Autre particularité des Paralipomènes. — *Philisthinorum, Arabum.* Deux peuples guerriers, que nous retrouverons d'autres fois encore alliés contre Juda. Cf. xxvi, 7; xxvii, 11; Jer. xxv, 20. — *Confines Æthiopibus :* par conséquent, dans l'Arabie occidentale (*Atl. géogr.*, pl. i, iii). — *Diripuerunt... in domo regis.* Sans pénétrer toutefois dans l'enceinte de Jérusalem,

selon l'opinion la plus probable. Cf. xxii, 1 et le commentaire. — *Insuper et filios :* les fils du roi furent massacrés cruellement (xxii, 1). — *Nisi Joachaz.* Plus loin (chap. xxii) ce prince sera appelé Ochozias (hébr. : '*Ahaziah*). C'est le même nom renversé.
4° Maladie et mort de Joram. XXI, 18-20.
18-20. Tout est propre aux Paralipomènes, excepté la plus grande partie du verset 20, qui correspond à IV Reg. viii, 17 et 24. — *Alvi languore...* L'historien sacré relève par de nombreux détails (vers. 19) le caractère horrible du mal. — *Secundum morem combustionis.* On brûlait d'ordinaire une quantité considérable de parfums aux funérailles des rois et des grands personnages (cf. xvi, 14; Jer. xxii, 19); Joram fut privé de cet honneur. — *Triginta duorum...*

20. Joram avait trente-deux ans quand il commença à régner, et il régna huit ans à Jérusalem ; mais il ne marcha pas avec un cœur droit. On l'enterra dans la ville de David, mais non dans le sépulcre des rois.

20. Triginta duorum annorum fuit cum regnare cœpisset, et octo annis regnavit in Jerusalem. Ambulavitque non recte. Et sepelierunt eum in civitate David, verumtamen non in sepulcro regum.

CHAPITRE XXII

1. Les habitants de Jérusalem établirent roi à sa place Ochozias, le plus jeune de ses fils ; car la troupe de voleurs arabes qui avait fait irruption dans le camp avait tué tous ses frères, plus âgés que lui. Ainsi régna Ochozias, fils de Joram, roi de Juda.
2. Il avait quarante-deux ans quand il commença à régner, et il ne régna qu'un an à Jérusalem. Sa mère se nommait Athalie, fille d'Amri.
3. Lui aussi suivit les voies de la maison d'Achab ; car sa mère le porta à l'impiété.
4. Il fit donc le mal en présence du Seigneur, comme la maison d'Achab, qui lui servit de conseil après la mort de son père, pour sa propre perte.
5. Il marcha selon leurs conseils, et il alla à Ramoth-Galaad, avec Joram, fils d'Achab, roi d'Israël, faire la guerre à Hazaël, roi de Syrie ; et Joram fut blessé par les Syriens.
6. Ayant reçu beaucoup de blessures dans ce combat, il s'en revint à Jezrahel pour s'y faire soigner. Ochozias, fils de

1. Constituerunt autem habitatores Jerusalem Ochoziam, filium ejus minimum, regem pro eo ; omnes enim majores natu, qui ante eum fuerant, interfecerant latrones Arabum qui irruerant in castra. Regnavitque Ochozias, filius Joram, regis Juda.
2. Quadraginta duorum annorum erat Ochozias cum regnare cœpisset, et uno anno regnavit in Jerusalem. Et nomen matris ejus Athalia, filia Amri.
3. Sed et ipse ingressus est per vias domus Achab ; mater enim ejus impulit eum ut impie ageret.
4. Fecit igitur malum in conspectu Domini, sicut domus Achab ; ipsi enim fuerunt ei consiliarii post mortem patris sui, in interitum ejus.
5. Ambulavitque in consiliis eorum ; et perrexit cum Joram, filio Achab, rege Israel, in bellum contra Hazael, regem Syriæ, in Ramoth-Galaad ; vulneraveruntque Syri Joram.
6. Qui reversus est ut curaretur in Jezrahel ; multas enim plagas acceperat in supradicto certamine. Igitur Ochozias,

---

Surprenante répétition de ces dates. Cf. XXI, 5. — *Ambulavit non recte.* L'hébreu présente un autre sens : Il partit (il mourut) sans être regretté. — *Non in sepulcro...* Autre circonstance déshonorante. Cf. XXIV, 25 ; XXVI, 23.

§ II. — *Règne d'Ochozias, usurpation et renversement d'Athalie.* XXII, 1 — XXIII, 21.

1° Sommaire du règne d'Ochozias. XXII, 1-9b. Comparez IV Reg. VIII, 25-29, et les chap. VIII et X pour ce qui regarde la mort du roi. Notre auteur abrège et ne touche qu'en passant à l'usurpation de Jéhu, ce fait se rapportant à l'histoire du royaume d'Israël.

CHAP. XXII. — 1. Avènement d'Ochozias. Cf. IV Reg. VIII, 24. — *Constituerunt... habitatores.* Trait spécial, au lieu de la formule accoutumée : Ochozias, son fils, à sa place (Reg.). Suivant quelques commentateurs, ces mots signifieraient qu'Athalie avait essayé de disputer la couronne à Ochozias, mais que le peuple s'empressa de prendre le parti du prince. — *Omnes*

enim majores... Note rétrospective, qui complète XXI, 17.
2. Chronologie du règne. Cf. IV Reg. VIII, 26. — *Quadraginta duorum* est une faute évidente de transcription, puisque Joram, père d'Ochozias, était mort à quarante ans. Voyez XXI, 5, 20. Il faut lire vingt-deux, comme au passage parallèle. — *Filia Amri* (vers. 2). Strictement, sa petite-fille. Cf. XXI, 6. Amri est cité de préférence parce qu'il avait fondé une dynastie.
3-4. Caractère moral du règne. Cf. IV Reg. VIII, 27. Notre récit est plus complet en cet endroit. — *Et ipse.* Lui aussi, comme son père ; cf. XXI, 6, 13. — *Mater enim ejus...* Détail spécial et significatif. — *Ipsi... consiliarii... :* les conseillers néfastes que lui donna sa mère. Autre trait propre à notre auteur.
5-6. Ochozias attaque les Syriens de concert avec le roi d'Israël. Comparez IV Reg. VIII, 28-29. Il n'y a presque pas de différence entre les récits. — *Ambulavit... in consiliis...* est un trait spécial.

filius Joram, rex Juda, descendit ut inviseret Joram, filium Achab, in Jezrahel ægrotantem.

7. Voluntatis quippe fuit Dei adversus Ochoziam ut veniret ad Joram; et cum venisset, et egrederetur cum eo adversus Jehu, filium Namsi, quem unxit Dominus ut deleret domum Achab.

8. Cum ergo everteret Jehu domum Achab, invenit principes Juda, et filios fratrum Ochoziæ, qui ministrabant ei, et interfecit illos.

9. Ipsum quoque perquirens Ochoziam, comprehendit latitantem in Samaria; adductumque ad se, occidit. Et sepelierunt eum, eo quod esset filius Josaphat, qui quæsierat Dominum in toto corde suo; nec erat ultra spes aliqua, ut de stirpe quis regnaret Ochoziæ.

10. Siquidem Athalia, mater ejus, videns quod mortuus esset filius suus, surrexit, et interfecit omnem stirpem regiam domus Joram.

11. Porro Josabeth, filia regis, tulit Joas, filium Ochoziæ, et furata est eum de medio filiorum regis, cum interficerentur; absconditque eum cum nutrice sua in cubiculo lectulorum. Josabeth autem, quæ absconderat eum, erat filia regis Joram, uxor Joiadæ pontificis, soror Ochoziæ; et idcirco Athalia non interfecit eum.

12. Fuit ergo cum eis in domo Dei absconditus, sex annis quibus regnavit Athalia super terram.

Joram, roi de Juda, vint donc à Jezrahel pour voir Joram, qui y était malade.

7. Car ce fut la volonté de Dieu contre Ochozias qu'il vînt auprès de Joram, et qu'il marchât avec lui à la rencontre de Jéhu, fils de Namsi, que le Seigneur avait oint pour exterminer la maison d'Achab.

8. Et comme Jéhu renversait la maison d'Achab, il trouva les princes de Juda, et les fils des frères d'Ochozias, qui le servaient, et il les tua.

9. Et il chercha aussi Ochozias, et il le surprit caché dans Samarie, et après qu'on le lui eut amené, il le fit mourir. On lui rendit l'honneur de la sépulture, parce qu'il avait été fils de Josaphat, qui avait cherché le Seigneur de tout son cœur; mais il n'y avait plus d'espérance qu'aucun de la race d'Ochozias pût régner.

10. Car Athalie, sa mère, voyant que son fils était mort, fit tuer tout ce qui restait de la maison royale de Joram

11. Néanmoins Josabeth, fille du roi, prit Joas, fils d'Ochozias, et le déroba du milieu des fils du roi, lorsqu'on les massacrait; et elle le cacha, lui et sa nourrice, dans la chambre des lits. Or Josabeth, qui l'avait *ainsi* caché, était fille de Joram, femme du pontife Joïada et sœur d'Ochozias; c'est pourquoi Athalie ne put point le faire mourir.

12. Joas fut donc caché avec eux dans la maison de Dieu, durant les six années qu'Athalie régna sur le pays.

7-9. Mort d'Ochozias. Ces deux versets résument les chapitres ix et x du quatrième livre des Rois, qui racontent longuement l'usurpation de Jéhu et l'extirpation de la famille d'Achab. — La réflexion morale *voluntatis quippe... Dei* est propre aux Paralipomènes; c'est une providence vengeresse qui attira Ochozias à Jezrahel pour l'y châtier. — *Adversus Jehu :* c.-à-d. à sa rencontre; car la démarche des deux rois alliés n'avait absolument rien d'hostile. — *Cum... everteret...* (vers. 8). Hébr.: comme il faisait justice de la maison d'Achab. Formule très expressive. — *Invenit principes...* Cet affreux épisode est exposé en détail au livre des Rois (x , 12 et ss.). — *Ministrabant ei.* Ces princes occupaient divers postes d'honneur à la cour d'Ochozias. — *Ipsum... Ochoziam.* Voyez l'autre narration, qui diffère notablement de celle-ci, parce qu'elle ne porte pas sur les mêmes faits. Les deux historiens abrègent, et chacun d'eux pris à part est incomplet; en juxtaposant leurs narrations, on rétablit entièrement la scène. De Mageddo, le roi de Juda, grièvement blessé, s'était fait transporter en secret à Samarie, où il espérait être mieux soigné et se dissimuler plus aisément (LXX : ἰατρευόμενον ἐν Σαμαρείᾳ); découvert par les gens de Jéhu, il fut ramené à Mageddo, où se trouvait alors l'usurpateur, et on le mit à mort sans pitié. — *Sepelierunt eum :* ses serviteurs, à Jérusalem, d'après IV Reg. — *Eo quod esset...* Encore une réflexion morale, à la manière de notre auteur. — *Nec erat ultra...* Plus simplement dans l'hébreu : et il ne resta personne de la maison d'Ochozias... Transition à l'usurpation criminelle d'Athalie.

2° Usurpation d'Athalie. XXII, 10-12.

10-12. Passage parallèle : IV Reg. xi, 1-3 (voyez les notes). La coïncidence est presque littérale. — *Josabeth* est nommée Josaba dans l'autre narration. — *In cubiculo lectulorum* (vers. 11): la chambre où l'on déposait les lits et la literie. — *Uxor Joiadæ...* est un détail nouveau.

Jezraël ou Zéraïn.

CHAPITRE XXIII

1. Anno autem septimo, confortatus Joiada, assumpsit centuriones, Azariam videlicet, filium Jeroham, et Ismahel, filium Johanan, Azariam quoque, filium Obed, et Maasiam, filium Adaiæ, et Elisaphat, filium Zechri; et iniit cum eis fœdus.

2. Qui circumeuntes Judam, congregaverunt levitas de cunctis urbibus Juda, et principes familiarum Israel, veneruntque in Jerusalem.

3. Iniit ergo omnis multitudo pactum in domo Dei cum rege; dixitque ad eos Joiada : Ecce filius regis regnabit, sicut locutus est Dominus super filios David.

4. Iste est ergo sermo quem facietis :

5. Tertia pars vestrum, qui veniunt ad sabbatum, sacerdotum, et levitarum, et janitorum, erit in portis; tertia vero pars ad domum regis; et tertia ad por-

1. La septième année Joïada s'anima de courage et choisit les centurions Azarias, fils de Jéroham, Ismahel, fils de Johanan, Azarias, fils d'Obed, Maasias, fils d'Adaïa, et Élisaphat, fils de Zéchri, et fit un traité avec eux.

2. Ils parcoururent Juda, et assemblèrent les lévites de toutes les villes de Juda et les chefs des familles d'Israël, qui vinrent à Jérusalem.

3. Toute cette multitude fit donc un traité dans le temple avec le roi; et Joïada leur dit : Voilà, le fils du roi régnera, comme le Seigneur l'a déclaré au sujet des fils de David.

4. Voici ce que vous devez faire :

5. Un tiers d'entre vous, prêtres, lévites et portiers, qui venez pour faire votre semaine, gardera les portes; le second tiers se placera près du palais

---

3° Conjuration de Joïada contre Athalie. XXIII, 1-11.

Comp. IV Reg. x, 4-12. Quoique identiques pour les principaux détails, les deux relations s'écartent cependant l'une de l'autre d'une façon très notable. « Tandis que, au livre des Rois, la narration présente le côté, pour ainsi dire, civil de l'affaire, l'auteur des Paralipomènes s'occupe surtout du côté ecclésiastique. Le récit des Rois ne fait aucune mention des lévites ni des prêtres, à part Joïada; dans celui des Paralipomènes, les lévites jouent le rôle principal : ils sont comptés d'avance, ils ont une part prépondérante dans les cérémonies, ils gardent le jeune roi, etc. » Mais ces divergences s'expliquent sans peine, ici encore, par la diversité des points de vue et des plans. Les deux narrateurs ont puisé à un seul et même document, dont ils citent l'un et l'autre des phrases entières; mais « l'auteur des Rois a noté les points d'une plus grande importance historique, celui des Paralipomènes a recueilli de préférence les détails relatifs au rôle qu'avaient joué les ministres sacrés ». D'ailleurs, les Paralipomènes accordent aussi très clairement une part importante à l'élément civil (cf. XXIII, 1-2, 9, 14), et, a priori, n'est-il pas évident que, pour une entreprise de ce genre, il fallait à la fois le concours des lévites et de l'armée? La conjuration avait le grand prêtre Joïada pour chef, et, pour but, de placer sur le trône un enfant caché depuis six ans dans le sanctuaire; elle devait commencer dans le temple même : on ne pouvait donc se passer de la tribu de Lévi. D'autre part, on devait se rendre maître du palais, renverser Athalie qui l'habitait, y conduire l'héritier légi-

time : pour cela, les chefs militaires n'étaient pas moins indispensables. Chacun des historiens a choisi l'un de ces deux aspects.

CHAP. XXIII. — 1. Le grand prêtre Joïada s'associe plusieurs officiers de l'armée pour détrôner Athalie. Cf. IV Reg. XI, 4. — *Confortatus Joiada.* Trait spécial. Un grand courage était nécessaire pour tenter une entreprise si hardie. — *Centuriones.* Le livre des Rois ajoute : et des soldats. Il dit aussi que les centurions appartenaient à la garde royale; l'auteur des Paralipomènes est seul à citer leur nombre et leurs noms.

2-3. Ces officiers recrutent des adhérents dans tout le royaume. Détails importants, propres aux Paralipomènes. — *Circumeuntes...* Joïada eut été dans l'impossibilité d'agir avec une simple poignée d'hommes; il avait besoin de partisans et d'appuis dans le pays entier. — *Congregaverunt levitas..., principes :* personnages influents et sûrs, qu'il était aisé de faire venir secrètement à Jérusalem et de préparer à l'action. La tyrannie et l'impiété d'Athalie avaient multiplié de tous côtés les mécontents. — *Omnis multitudo :* les personnages mentionnés aux versets 1-2. — *Pactum cum rege :* on leur montra donc le jeune prince, afin d'exciter leur courage. — *Sicut locutus est...* Cf. XXI, 7; II Reg. VII, 12-16. Allusion au célèbre oracle de Nathan.

4-7. Le plan de Joïada. — IV Reg. XI, 5-8, nous avons la partie de ce plan qui concernait la garde royale; ici, celle qui était relative aux prêtres et aux lévites. De là, soit les ressemblances des narrations, puisqu'il s'agit d'un plan unique en réalité; soit leurs différences, attendu

du roi ; et le troisième, à la porte qui est appelée du Fondement. Le reste du peuple se tiendra dans le parvis de la maison du Seigneur.

6. Et que personne autre n'entre dans la maison du Seigneur, si ce n'est les prêtres et les lévites qui sont en fonction. Eux seuls entreront, parce qu'ils sont sanctifiés. Le reste du peuple gardera la maison du Seigneur.

7. Que les lévites entourent le roi, ayant chacun leurs armes ; et si quelque autre entrait dans le temple, qu'on le tue. Et qu'ils soient avec le roi, qu'il entre ou qu'il sorte.

8. Les lévites et tout Juda exécutèrent tout ce que le pontife Joïada leur avait ordonné. Et ils prirent chacun les gens qui étaient sous eux, soit ceux qui venaient à leur rang faire leur semaine, soit ceux qui l'avaient faite et qui sortaient du service ; car le pontife Joïada n'avait point permis aux troupes, qui devaient se succéder chaque semaine, de se retirer.

9. Le *grand* prêtre Joïada donna aux centurions les lances et les boucliers, grands et petits, du roi David, qu'il avait consacrés dans la maison du Seigneur ;

10. et il rangea tout le peuple, muni de glaives, devant l'autel, depuis le côté droit du temple jusqu'au côté gauche, tout autour du roi.

11. Puis ils amenèrent le fils du roi, et lui mirent sur la tête la couronne et le témoignage ; ils placèrent dans sa main le livre de la loi, et le déclarèrent roi. Le *grand* prêtre Joïada, assisté de ses fils, lui conféra l'onction. Et ils lui offrirent leurs souhaits, en disant : Vive le roi !

tam quæ appellatur Fundamenti ; omne vero reliquum vulgus sit in atriis domus Domini.

6. Nec quispiam alius ingrediatur domum Domini, nisi sacerdotes, et qui ministrant de levitis ; ipsi tantummodo ingrediantur, quia sanctificati sunt. Et omne reliquum vulgus observet custodias Domini.

7. Levitæ autem circumdent regem, habentes singuli arma sua ; et si quis alius ingressus fuerit templum, interficiatur ; sintque cum rege, et intrante, et egrediente.

8. Fecerunt ergo levitæ, et universus Juda, juxta omnia quæ præceperat Joiada pontifex ; et assumpserunt singuli viros qui sub se erant, et veniebant per ordinem sabbati, cum his qui impleverant sabbatum, et egressuri erant ; siquidem Joiada pontifex non dimiserat abire turmas, quæ sibi per singulas hebdomadas succedere consueverant.

9. Deditque Joiada sacerdos centurionibus lanceas, clypeosque et peltas regis David, quas consecraverat in domo Domini.

10. Constituitque omnem populum tenentium pugiones, a parte templi dextra usque ad partem templi sinistram, coram altari, et templo, per circuitum regis.

11. Et eduxerunt filium regis, et imposuerunt ei diadema et testimonium, dederuntque in manu ejus tenendam legem, et constituerunt eum regem. Unxit quoque illum Joiada pontifex, et filii ejus ; imprecatique sunt ei, atque dixerunt : Vivat rex !

---

que deux catégories distinctes d'individus devaient exécuter ce plan. Le tout s'organise harmonieusement. — *Tertia pars...* La garde était partagée en cinq compagnies ; les lévites en trois seulement, dont l'une devait protéger le temple, de concert avec deux corps de soldats ; la seconde, se porter auprès du palais ; la troisième, occuper la porte du Fondement, vraisemblablement identique à celle que l'auteur des Rois nomme porte de Sur. — Sur les mots *qui veniunt ad sabbatum* (vers. 5), voyez I Par. IX, 25, et l'explication. — *Levitarum et janitorum.* Hébreu : les prêtres et les lévites seront portiers aux portes ; c.-à-d. monteront la garde auprès d'elles. — *Reliquum vulgus* (les chefs de familles et les autres

partisans gagnés à Joas) *in atriis :* dans les deux parvis, même dans la cour intérieure, qui était habituellement réservée aux prêtres. — *Levitæ... circumdent...* (vers. 7) : avec une partie des soldats, d'après le récit des Rois. — 8-11. La mise à exécution du projet. Comp. IV Reg. XI, 9-12. Mêmes observations que ci-dessus (note du verset 4) pour les analogies et les divergences des deux narrations. — *Universus Juda* : le peuple, représenté par les chefs des familles (vers. 2, 13). — *Non dimiserat... turmas :* les classes des lévites, si amplement décrites I Par. XXIV et XXV. Leurs membres se relayaient chaque semaine au temple. — Les versets 9-11 correspondent presque mot pour mot

12. Quod cum audisset Athalia, vocem scilicet currentium atque laudantium regem, ingressa est ad populum in templùm Domini.

13. Cumque vidisset regem stantem super gradum, in introitu, et principes, turmasque circa eum, omnemque populum terræ gaudentem, atque clangentem tubis, et diversi generis organis concinentem, vocemque laudantium, scidit vestimenta sua, et ait : Insidiæl insidiæl

14. Egressus autem Joiada, pontifex, ad centuriones et principes exercitus, dixit eis : Educite illam extra septa templi, et interficiatur foris gladio. Præcepitque sacerdos ne occideretur in domo Domini.

15. Et imposuerunt cervicibus ejus manus; cumque intrasset portam equorum domus regis, interfecerunt eam ibi.

16. Pepigit autem Joiada fœdus inter se, universumque populum, et regem, ut esset populus Domini.

17. Itaque ingressus est omnis populus domum Baal, et destruxerunt eam, et altaria ac simulacra illius confregerunt; Mathan quoque, sacerdotem Baal, interfecerunt ante aras.

18. Constituit autem Joiada præpositos in domo Domini sub manibus sacerdotum, et levitarum, quos distribuit David in domo Domini, ut offerrent holocausta Domino, sicut scriptum est in lege Moysi, in gaudio et canticls, juxta dispositionem David.

12. Lorsque Athalie eut entendu la voix de ceux qui couraient et louaient le roi, elle vint vers le peuple dans le temple du Seigneur.

13. Et dès qu'elle eut vu, à l'entrée, le roi sur une estrade, les princes et les troupes autour de lui, et tout le peuple dans la joie, sonnant de la trompette, et jouant de toutes sortes d'instruments, et chantant les louanges du roi, elle déchira ses vêtements, et s'écria : Trahison l trahison l

14. Alors le pontife Joïada s'avança vers les centurions et les chefs de l'armée, et leur dit : Conduisez-la hors de l'enceinte du temple, et qu'on la̅ tue au dehors avec le glaive. Mais il leur commanda de ne pas la tuer dans la maison du Seigneur.

15. Ils la prirent donc par le cou, et, lorsqu'elle fut entrée par la porte des chevaux de la maison du roi, ils la tuèrent en cet endroit.

16. Et Joïada fit une alliance entre lui, tout le peuple et le roi, afin qu'ils fussent le peuple du Seigneur.

17. Aussitôt tout le peuple entra dans le temple de Baal, et le détruisit ; il brisa et ses autels et ses images, et tua Mathan, prêtre de Baal, devant l'autel.

18. Joïada établit aussi des officiers dans la maison du Seigneur, sous la direction des prêtres et des lévites, que David avait distribués dans la maison du Seigneur, afin que l'on offrît des holocaustes au Seigneur, comme il est écrit dans la loi de Moïse, avec joie et avec des cantiques, ainsi que David l'avait ordonné.

à IV Reg. xi, 10-12 (voyez le commentaire). *Unxit illum Joiada* est un trait spécial (Reg.: ils l'oignirent).

4° Mort d'Athalie. XXIII, 12-15. Comp. IV Reg. xi, 13-16, et le commentaire; la coïncidence est encore presque verbale.

12-13. Athalie pénètre dans la cour du temple. — Les Paralipomènes ajoutent au verset 12 : *laudantium regem ;* au verset 13 : *et diversi... laudantium.* — *In introitu.* Au récit des Rois : selon la coutume.

14-15. Athalie est mise à mort en dehors de l'enceinte du temple. — *Intrasset portam equorum.* Légère nuance dans l'autre narration : et ils l'emmenèrent de force par le chemin de l'entrée des chevaux.

5° Renouvellement de l'alliance théocratique; intronisation solennelle du roi. vas. XXIII, 16-21.

Comp. IV Reg. xi, 17-20 et le commentaire. La ressemblance continue d'être très grande.

16. On réitère l'alliance. — *Inter se.* Variante intéressante de IV Reg.: entre le Seigneur, et le roi, et le peuple. C'est la même pensée, car Joïada représentait Jéhovah. L'autre récit ajoute que l'alliance fut pareillement renouvelée entre le roi et la nation.

17. Destruction du temple de Baal et extirpation de son culte.

18-19. Réorganisation du culte sacré. L'auteur des Rois n'a qu'un mot sur ce point important : Et le grand prêtre plaça des gardes dans la maison du Seigneur. Il est affirmé ici à deux reprises que cette réorganisation eut pour base les règles établies autrefois par David. — Au verset 18ᵇ, nuance d'expressions à noter : offrir les holocaustes *sicut scriptum... in lege ;* chanter des cantiques *juxta dispositionem David.* En

19. Il mit aussi des portiers aux portes de la maison du Seigneur, afin que nul, souillé de quelque impureté que ce fût, ne pût y entrer.

20. Ensuite il prit les centurions, et les plus vaillants hommes, et les chefs du peuple, et toute la multitude, et ils firent descendre le roi de la maison du Seigneur, le conduisirent dans son palais par le milieu de la grande porte, et le placèrent sur le trône royal.

21. Et tout le peuple fut dans la joie, et la ville en paix, après que l'on eut fait mourir Athalie par l'épée.

19. Constituit quoque janitores in portis domus Domini, ut non ingrederetur eam immundus in omni re.

20. Assumpsitque centuriones, et fortissimos viros ac principes populi, et omne vulgus terræ, et fecerunt descendere regem de domo Domini, et introire per medium portæ superioris in domum regis, et collocaverunt eum in solio regali.

21. Lætatusque est omnis populus terræ, et urbs quievit. Porro Athalia interfecta est gladio.

CHAPITRE XXIV

1. Joas n'avait que sept ans quand il commença à régner, et il régna quarante ans à Jérusalem. Sa mère s'appelait Sébia, et elle était de Bersabée.

2. Et il fit ce qui était bon devant le Seigneur, tant que vécut le pontife Joïada.

3. Joïada lui fit épouser deux femmes, dont il eut des fils et des filles.

4. Après cela il plut à Joas de réparer la maison du Seigneur.

5. Et il assembla les prêtres et les lévites, et il leur dit : Allez par les villes de Juda, et recueillez de tout Israël de l'argent, chaque année, pour les réparations du temple, et faites cela prompte-

1. Septem annorum erat Joas cum regnare cœpisset, et quadraginta annis regnavit in Jerusalem. Nomen matris ejus Sebia, de Bersabee.

2. Fecitque quod bonum est coram Domino, cunctis diebus Joiadæ sacerdotis.

3. Accepit autem ei Joiada uxores duas, e quibus genuit filios et filias.

4. Post quæ placuit Joas ut instauraret domum Domini.

5. Congregavitque sacerdotes, et levitas, et dixit eis : Egredimini ad civitates Juda, et colligite de universo Israel pecuniam ad sartatecta templi Dei vestri, per singulos annos ; festinatoque

---

effet, c'est Dieu lui-même qui avait réglementé dès l'origine de la théocratie, par l'intermédiaire de Moïse, tout ce qui concernait les sacrifices, partie fondamentale et essentielle du culte ; David n'y avait rien pu modifier. C'est à ce prince, au contraire, qu'était due l'organisation de la musique sacrée. Cf. I Par. xxiii, 5 ; xxv, 1, 6-7.

20-21. Le roi Joas fait solennellement son entrée dans le palais de ses pères. — Fortissimos... ac principes. IV Reg. : les légions de Céréthi et de Phéléthi ; c.-à-d. la garde royale. — Portæ superioris. Au passage parallèle : la porte des coureurs (autre portion de la garde). C'était une des portes du palais.

§ III. — Règne de Joas. XXIV, 1-27.

1° Les dates et le début du règne. XXIV, 1-3. Comp. IV Reg. xi, 21-xii, 1 (voyez les notes) ; la coïncidence est parfaite pour les deux premiers versets.

Chap. XXIV. — 1. Age de Joas à son avènement, durée de son règne, sa mère.

2. Caractère moral du règne. Le livre des

Rois ajoute une restriction : il n'abolit point les hauts lieux.

3. La famille du roi. Détail propre aux Paralipomènes. — Uxores duas. Joas étant alors l'unique héritier mâle de la famille royale, il importait qu'on le mariât de bonne heure, et c'est sans doute pour ce motif que Joïada crut devoir lui faire contracter une double union.

2° Restauration du temple. XXIV, 4-14.

Le récit parallèle, IV Reg. xii, 4-16, est un peu plus développé ; ce qui n'empêche pas le nôtre d'offrir quelques particularités.

4-5. Joas ordonne aux prêtres et aux lévites de faire des collectes dans toute l'étendue du royaume pour les prochaines réparations du sanctuaire. — Post quæ : date vague et incertaine. — Placuit ut instauraret est un trait spécial, comme aussi la mention des lévites. — Egredimini... Notre auteur est seul à parler explicitement de cette quête. Le livre des Rois n'y fait qu'une allusion rapide ; en revanche, il cite une autre ordonnance du roi, en vertu de laquelle les prêtres devaient mettre en réserve certains revenus sacrés pour les travaux du

hoc facite. Porro levitæ egere negligentius.

6. Vocavitque rex Joiadam principem, et dixit ei : Quare tibi non fuit curæ ut cogeres levitas inferre de Juda et de Jerusalem pecuniam, quæ constituta est a Moyse, servo Domini, ut inferret eam omnis multitudo Israel in tabernaculum testimonii?

7. Athalia enim impiissima et filii ejus destruxerunt domum Dei, et de universis quæ sanctificata fuerant in templo Domini ornaverunt fanum Baalim.

8. Præcepit ergo rex, et fecerunt arcam. Posueruntque eam juxta portam domus Domini forinsecus.

9. Et prædicatum est in Juda et Jerusalem, ut deferrent singuli pretium Domino, quod constituit Moyses, servus Dei, super omnem Israel in deserto.

10. Lætatique sunt cuncti principes et omnis populus; et ingressi contulerunt in arcam Domini, atque miserunt ita, ut impleretur.

11. Cumque tempus esset ut deferrent arcam coram rege per manus levitarum (videbant enim multam pecuniam), ingrediebatur scriba regis, et quem primus sacerdos constituerat, effundebantque pecuniam quæ erat in arca; porro arcam reportabant ad locum suum ; sicque faciebant per singulos dies. Et congregata est infinita pecunia,

ment. Mais les lévites agirent avec négligence.

6. Le roi appela donc le pontife Joïada, et lui dit : Pourquoi n'avez-vous pas eu soin d'obliger les lévites d'apporter de Juda et de Jérusalem l'argent qui a été fixé par Moïse, serviteur de Dieu, afin que tout le peuple d'Israël l'apporte dans le tabernacle de l'alliance?

7. Car la très impie Athalie et ses fils ont ruiné la maison de Dieu, et ont orné le temple des Baalim avec tout ce qui avait été consacré au temple du Seigneur.

8. Et le roi ordonna de faire un tronc, que l'on plaça près de la porte de la maison du Seigneur, en dehors.

9. Puis on fit publier, dans Juda et à Jérusalem, que chacun vînt apporter au Seigneur l'argent que Moïse, son serviteur, avait imposé à tout Israël dans le désert.

10. Tous les chefs et le peuple entier se réjouirent. Ils vinrent et mirent dans le tronc du Seigneur, et ils y jetèrent tant, qu'il fut rempli.

11. Et lorsqu'il était temps de faire porter le tronc devant le roi par les mains des lévites, parce qu'ils voyaient qu'il y avait beaucoup d'argent, le secrétaire du roi venait avec celui que le *grand* prêtre avait choisi, et ils vidaient l'argent de ce tronc, puis ils le reportaient le tronc à sa place ; ce qu'ils faisaient tous les jours. Et ils amassèrent une somme immense d'argent,

---

temple. — *Egere negligentius.* Littéral. : ils ne se hâtèrent point.

6 - 7. Joas se plaint à Joïada de la négligence des ministres sacrés. — *Vocavit... Joïadam (principem :* le pontife suprême). D'après IV Rois : Joïada et les prêtres. — *Dixit ei.* Les paroles

Coffrets égyptiens.

du monarque varient dans les deux narrations. C'est ici encore un de ces passages où l'auteur des Paralipomènes complète celui des Rois, et réciproquement. La vérité existe de part et d'autre ; mais il faut combiner les récits pour la posséder en entier. Joas adressa d'abord au grand prêtre le reproche que nous lisons dans ces deux versets, puis il retira aux prêtres, comme il est dit ailleurs (IV Reg.), le contrôle des fonds des-

tinés à la restauration du temple et la direction des travaux. — *Pecuniam quæ... a Moyse...:* la taxe sacrée d'un demi-sicle (ou 1 fr. 44) par tête. Voyez Ex. xxx, 13 - 16, et le commentaire. — *Athalia enim* (vers. 7)... Trait spécial. Joas insiste sur l'urgente nécessité où l'on était de réparer le sanctuaire, pillé, profané par Athalie et ses fils.

8 - 11. Installation d'un tronc dans la cour du temple pour recevoir les offrandes. — *Fecerunt arcam.* IV Reg. ajoute : et on perça une ouverture pardessus. — *Juxta portam... forinsecus.* L'autre récit est plus explicite : auprès de l'autel (des holocaustes), à la droite de ceux qui entraient dans la maison du Seigneur. — La proclamation signalée au verset 9 et son brillant résultat (vers. 10) sont des particularités de notre auteur. — Au verset 11, les traits *deferrent... coram rege, quem primus sacerdos constituerat, arcam reportabant,* sont pareillement nouveaux.

12. que le roi et le pontife donnèrent aux officiers qui conduisaient les travaux de la maison du Seigneur; et ils en payaient les tailleurs de pierres et tous les ouvriers qui travaillaient aux réparations de la maison du Seigneur, et aussi les ouvriers sur fer et sur cuivre, afin qu'ils rétablissent ce qui menaçait ruine.

13. Ces ouvriers travaillèrent avec industrie, et ils réparèrent toutes les brèches des murs. Ils rétablirent la maison du Seigneur dans son premier état, et l'affermirent solidement.

14. Après avoir terminé tous ces ouvrages, ils portèrent au roi et au pontife Joïada l'argent qui restait, et l'on en fit des vases pour le ministère du temple et pour les holocaustes, des coupes et d'autres vases d'or et d'argent; et l'on offrit continuellement des holocaustes dans le temple du Seigneur, durant toute la vie de Joïada.

15. Or Joïada devint vieux et plein de jours, et il mourut âgé de cent trente ans.

16. On l'ensevelit avec les rois dans la ville de David, parce qu'il avait fait du bien à Israël et à sa maison.

17. Après que Joïada fut mort, les princes de Juda vinrent et se prosternèrent devant le roi, qui, gagné par leurs hommages, accéda à leurs désirs.

18. Et ils abandonnèrent le temple du Seigneur, Dieu de leurs pères, et s'attachèrent au culte des idoles et des bois sacrés. Et ce péché attira la colère *du Seigneur* sur Juda et sur Jérusalem.

19. Il leur envoyait des prophètes

12. quam dederunt rex et Joiada his qui præerant operibus domus Domini; at illi conducebant ex ea cæsores lapidum, et artifices operum singulorum ut instaurarent domum Domini; fabros quoque ferri et æris, ut quod cadere cœperat, fulciretur.

13. Egeruntque hi qui operabantur industrie, et obducebatur parietum cicatrix per manus eorum; ac suscitaverunt domum Domini in statum pristinum, et firmiter eam stare fecerunt.

14. Cumque complessent omnia opera, detulerunt coram rege et Joiada reliquam partem pecuniæ; de qua facta sunt vasa templi in ministerium et ad holocausta, phialæ quoque, et cetera vasa aurea et argentea; et offerebantur holocausta in domo Domini jugiter cunctis diebus Joiadæ.

15. Senuit autem Joiada plenus dierum, et mortuus est cum esset centum triginta annorum.

16. Sepelieruntque eum in civitate David cum regibus, eo quod fecisset bonum cum Israel et cum domo ejus.

17. Postquam autem obiit Joiada, ingressi sunt principes Juda, et adoraverunt regem; qui delinitus obsequiis eorum, acquievit eis.

18. Et dereliquerunt templum Domini, Dei patrum suorum, servieruntque lucis et sculptilibus; et facta est ira contra Judam et Jerusalem propter hoc peccatum.

19. Mittebatque eis prophetas ut re-

12-14. Emploi des fonds. Comparez IV Reg. XII, 11-16, où le récit est un peu plus développé. Cependant les versets 13 et 14 contiennent des détails nouveaux.— *Reliquam partem...* (vers. 14). C.-à-d. ce qui resta d'argent quand le gros œuvre fut terminé. Jusque-là on avait strictement réservé l'emploi des fonds aux réparations des murs, de la charpente, etc., car elles étaient les plus urgentes. Voyez la note de IV Reg. XII, 13. — *Cunctis diebus Joiadæ*. Restriction fâcheuse, qui donne dès maintenant à soupçonner que les choses du culte seront en souffrance lorsque l'heureuse influence du grand prêtre ne pourra plus s'exercer.

3° L'impiété de Joas après la mort de Joïada. XXIV, 15-22.

Ce passage, quoique si important pour l'histoire du royaume de Juda, manque totalement au livre des Rois.

15-16. Mort et sépulture de Joïada. — *Plenus*

dierum : comme Abraham, Isaac, David et Job. Cf. Gen. XXV, 8, et XXXV, 29; I Par. XXIV, 1; Job, XLII, 17. Cent trente ans était un âge bien rare, même à cette époque. — *Sepelierunt... cum regibus*. Privilège unique dans les annales sacrées. On voit par ces traits de quelle haute estime jouissait Joïada : mais n'avait-il pas sauvé la théocratie en danger?

17-19. Le peuple de Juda se livre à une idolâtrie effrénée; vains efforts des prophètes en sens contraire. — *Principes Juda*. Ce furent les représentants de la nation qui prirent l'initiative de ce honteux mouvement. — *Adoraverunt regem... :* ils se font obséquieux pour parvenir plus facilement à leurs fins. — *Acquievit*. L'historien ne dit pas en termes formels quelle avait été la requête; mais le contexte ne l'exprime que trop clairement : les princes avaient demandé que l'idolâtrie fût au moins tolérée. — *Servierunt lucis :* les 'ăśérîm ou statues d'As-

verterentur ad Dominum; quos protestantes, illi audire nolebant.

20. Spiritus itaque Dei induit Zachariam, filium Joiadæ, sacerdotem, et stetit in conspectu populi, et dixit eis :
Hæc dicit Dominus Deus : Quare transgredimini præceptum Domini, quod vobis non proderit; et dereliquistis Dominum, ut derelinqueret vos?

21. Qui congregati adversus eum, miserunt lapides, juxta regis imperium, in
atrio domus Domini.

22. Et non est recordatus Joas rex misericordiæ quam fecerat Joiada, pater
illius, secum; sed interfecit filium ejus.
Qui, cum moreretur, ait : Videat Dominus, et requirat.

23. Cumque evolutus esset annus, ascendit contra eum exercitus Syriæ; venitque in Juda et Jerusalem, et interfecit cunctos principes populi; atque
universam prædam miserunt regi in
Damascum.

24. Et certe cum permodicus venisset
numerus Syrorum, tradidit Dominus in
manibus eorum infinitam multitudinem,
eo quod dereliquissent Dominum, Deum
patrum suorum; in Joas quoque igno-
miniosa exercuere judicia.

25. Et abeuntes dimiserunt eum in
languoribus magnis. Surrexerunt autem
contra eum servi sui, in ultionem san-
guinis filii Joiadæ sacerdotis, et occiderunt eum in lectulo suo, et mortuus

pour les ramener au Seigneur; mais ils
ne voulaient point les écouter, malgré
leurs protestations.

20. L'esprit de Dieu remplit donc le
prêtre Zacharie, fils de Joïada, et il se
tint debout devant le peuple, et leur dit :
Voici ce que dit le Seigneur Dieu : Pourquoi violez-vous les préceptes du Seigneur? Cela ne vous sera pas avantageux.
Et pourquoi avez-vous abandonné le
Seigneur, pour qu'il vous abandonnât
aussi?

21. Et ils s'attroupèrent contre lui, et
le lapidèrent dans le vestibule du temple,
d'après l'ordre du roi.

22. Ainsi Joas ne se souvint pas de la
bienveillance que Joïada, père de Zacharie, lui avait témoignée; mais il tua son
fils. Celui-ci dit en mourant : Que le
Seigneur voie, et qu'il venge!

23. Quand l'année fut révolue, l'armée
de Syrie vint contre Joas; elle entra
dans Juda et dans Jérusalem, et mit à
mort tous les princes du peuple, et elle
envoya au roi, à Damas, tout le butin
qu'elle fit.

24. Et quoique ces Syriens fussent
venus en très petit nombre, Dieu livra
entre leurs mains une multitude infinie,
parce qu'ils avaient abandonné le Seigneur, Dieu de leurs pères. Et ils traitèrent Joas lui-même avec la dernière
ignominie.

25. En se retirant, ils le laissèrent
dans d'extrêmes langueurs. Alors ses serviteurs s'élevèrent contre lui, pour venger
le sang du fils du *grand* prêtre Joïada,
et ils le tuèrent dans son lit. Il fut ense-

---

tarté. — *Mittebat... prophetas* (vers. 19). Avances
miséricordieuses du Seigneur. Cf. xxxvi, 15 ;
III Reg. xvii, 1; IV Reg. xvii, 13, etc. Elles
demeurèrent malheureusement stériles.

20-22. Martyre du prophète Zacharie. — *Spiritus... induit.* Expression pleine de force. Cf.
I Par. xii, 18, etc. — *Stetit in conspectu...* Hébr.:
au-dessus du peuple ; ce qui semble supposer
que l'homme de Dieu parlait à la foule d'un
lieu élevé, pour être mieux entendu. — *Quare
transgredimini...?* Grave avertissement, extrêmement simple de fond et de forme. — *Miserunt lapides :* lui faisant subir le supplice de
la lapidation. — *In atrio domus...* « Entre le
vestibule et l'autel (des holocaustes), » dira
plus tard N.-S. Jésus-Christ, Matth. xxiii, 35 ;
car il est tout à fait vraisemblable que c'est à
ce prophète que le divin Maître fit allusion dans
le terrible discours où il maudit les Juifs endurcis.
— *Et non est recordatus...* (vers. 22). Réflexion
douloureuse du narrateur, pour mettre en relief

l'ingratitude de Joas. — *Videat Dominus...* La
prière du saint martyr sera bientôt exaucée
(vers. 25).

4° Châtiment de l'impiété du roi. XXIV, 23-27.

23-24. Les Syriens envahissent le royaume de
Juda. Comparez IV Reg. xii, 17-18. La narration des Paralipomènes est ici la plus complète ; néanmoins celle des Rois présente plusieurs particularités. — *Interfecit... principes :*
les principaux instigateurs de l'apostasie. Cf.
vers. 17. Ils périrent sans doute dans la bataille
que suppose le verset 24. — *Et certe...* Réflexion
morale très saisissante. *Permodicus... numerus*
contraste avec *infinitam multitudinem* (réalisation de la prophétie de Moïse, Deut. xxxii, 30).

25-26. Joas périt assassiné. Cf. IV Reg. xii,
20-21ᵃ. — *Abeuntes.* Le livre des Rois, xii, 18,
raconte la manière dont la paix fut achetée. —
Dimiserunt... in languoribus. Trait propre aux
Paralipomènes ; de même *in ultionem... Joiadæ.*
in lectulo suo, non in sepulcris regis. — *Zabad*

veli dans la ville de David, mais non dans le 'tombeau des rois.

26. Ceux qui avaient conspiré contre lui étaient Zabad, fils de Semmaath l'Ammonite, et Josabad, fils de Sémarith le Moabite.

27. Ce qui regarde ses fils, la somme d'argent qu'on avait amassée sous lui, et la réparation de la maison de Dieu, est écrit avec plus de soin dans le livre des Rois ; et Amasias son fils régna à sa place.

est. Sepelieruntque eum in civitate David, sed non in sepulcris regum.

26. Insidiati vero sunt ei Zabad, filius Semmaath Ammonitidis, et Josabad, filius Semarith Moabitidis.

27. Porro filii ejus, ac summa pecuniæ quæ adunata fuerat sub eo, et instauratio domus Dei, scripta sunt diligentius in libro Regum ; regnavit autem Amasias, filius ejus, pro eo.

CHAPITRE XXV

1. Amasias avait vingt-cinq ans lorsqu'il commença à régner, et il en régna vingt-neuf à Jérusalem. Sa mère s'appelait Joadan, et était de Jérusalem.

2. Il fit le bien devant le Seigneur, mais non d'un cœur parfait.

3. Lorsqu'il vit son empire affermi, il fit mourir les serviteurs qui avaient tué le roi son père ;

4. mais il ne fit point mourir leurs enfants, selon qu'il est écrit dans le livre de la loi de Moïse, où le Seigneur donne cet ordre et dit : Vous ne ferez point mourir les pères pour les enfants, ni les enfants pour les pères ; mais chacun mourra pour son propre péché.

5. Amasias assembla donc Juda et les organisa par familles, tribus et centurions, dans tout Juda et Benjamin. Et dans le dénombrement qu'il en fit

1. Viginti quinque annorum erat Amasias cum regnare cœpisset, et viginti novem annis regnavit in Jerusalem. Nomen matris ejus Joadan, de Jerusalem.

2. Fecitque bonum in conspectu Domini, verumtamen non in corde perfecto.

3. Cumque roboratum sibi videret imperium, jugulavit servos qui occiderant regem, patrem suum ;

4. sed filios eorum non interfecit, sicut scriptum est in libro legis Moysi, ubi præcepit Dominus, dicens : Non occidentur patres pro filiis, neque filii pro patribus suis ; sed unusquisque in suo peccato morietur.

5. Congregavit igitur Amasias Judam, et constituit eos per familias, tribunosque et centuriones in universo Juda et Benjamin ; et recensuit a viginti annis

---

(vers. 26) est une corruption de « Josachar » (Reg.). — *Ammonitidis* et *Moabitidis* sont des traits spéciaux.

27. Documents pour l'histoire de Joas. Cf. IV Reg. XII, 19 et 21ᵇ. — La première moitié du verset, *porro... domus Dei*, est une particularité de notre auteur. — *Summa pecuniæ*. L'hébreu a un autre sens : et la multitude des oracles prononcés contre lui (cf. vers. 19-20). Ou encore, mais moins bien : la grandeur du tribut qui lui fut imposé (par les Syriens). — *Diligentius in libro...* D'après l'hébreu : dans le *midraš* (c.-à-d. le commentaire) du livre des Rois.

SECTION V. — AMASIAS, OZIAS, JOATHAN ET ACHAZ. XXV, 1 — XXVIII, 27.

§ I. — *Règne d'Amasias.* XXV, 1-28.

Passage parallèle : IV Reg. XIV, 2-20. Beaucoup de coïncidences verbales ; mais aussi plusieurs additions et variantes des deux parts.

1º La durée, le caractère moral et le début du règne. XXV, 1-4.

CHAP. XXV. — 1. Les dates principales ; la mère du roi. Cf. IV Reg. XIV, 1-2.

2. Caractère moral du règne. Comp. IV Reg. XIV, 3-4. — *Non in corde perfecto*. L'autre narrateur note un premier motif de cette restriction : Amasias n'abolit pas complètement le culte illicite des hauts lieux. Voir plus bas, vers. 14-15, 20, un second motif, plus grave encore.

3-4. Amasias fait périr les meurtriers de son père. Cf. IV Reg. XIV, 5-6 (voyez le commentaire).

2º Victoire remportée sur les Iduméens. XXV, 5-13.

Le livre des Rois résume cette guerre en un petit verset (IV Reg. XIV, 7).

5-6. Amasias réorganise son armée. — *Tribunos :* des chefs de mille. — *A viginti annis :* l'âge où l'on était astreint dès lors au service militaire. Cf. Num. I, 3 ; I Par. XXVII, 23. — *Trecenta millia.* Ce chiffre atteste un affaiblissement considérable du royaume de Juda, car l'armée d'Asa se montait à 580 000 hommes (XIV, 8) ; celle de Josaphat, plus récemment, à 1 160 000 hommes (XVII, 14 et ss.). Les guerres avec le Iduméens, les Philistins, les Arabes et les Syriens avaient décimé la population. Cf. XXI, 8,

et super, invenitque trecenta millia juvenum, qui egrederentur ad pugnam, et
tenerent hastam et clypeum

6. Mercede quoque conduxit de Israel
centum millia robustorum, centum talentis argenti.

7. Venit autem homo Dei ad illum, et
ait : O rex, ne egrediatur tecum exercitus Israel ; non est enim Dominus cum
Israel, et cunctis filiis Ephraim.

8. Quod si putas in robore exercitus
bella consistere, superari te faciet Deus
ab hostibus; Dei quippe est adjuvare,
et in fugam convertere.

9. Dixitque Amasias ad hominem Dei :
Quid ergo fiet de centum talentis quæ
dedi militibus Israel? Et respondit ei
homo Dei : Habet Dominus unde tibi
dare possit multo his plura.

10. Separavit itaque Amasias exercitum qui venerat ad eum ex Ephraim, ut
reverteretur in locum suum. At illi, contra
Judam vehementer irati, reversi sunt in
regionem suam.

11. Porro Amasias confidenter eduxit
populum suum, et abiit in vallem Salinarum, percussitque filios Seir decem
millia.

12. Et alia decem millia virorum ceperunt filii Juda; et adduxerunt ad præ-
ruptum cujusdam petræ, præcipitave-
runtque eos de summo in præceps, qui
universi crepuerunt.

13. At ille exercitus, quem remiserat
Amasias, ne secum iret ad prælium, dif-

---

depuis l'âge de vingt ans et au-dessus,
il'trouva trois cent mille jeunes hommes
qui pouvaient aller à la guerre et porter
la lance et le bouclier.

6. Il prit aussi à sa solde cent mille
hommes robustes d'Israël, pour cent talents d'argent.

7. Alors un prophète vint le trouver
et dit : O roi, que l'armée d'Israël ne
marche pas avec vous ; car le Seigneur
n'est point avec Israël ni avec les fils
d'Éphraïm.

8. Que si vous supposez que *le succès
de* la guerre dépende de la force de
l'armée, Dieu fera que vous soyez vaincu
par vos ennemis. Car c'est Dieu qui
aide et qui met en fuite.

9. Amasias répondit à l'homme de
Dieu : Que deviendront donc les cent
talents que j'ai donnés aux soldats d'Israël? Et l'homme de Dieu répliqua :
Dieu est assez riche pour vous en rendre
beaucoup plus.

10. Ainsi Amasias sépara l'armée qui
lui était venue d'Éphraïm, et la renvoya
dans son pays. Et ils s'en retournèrent
chez eux, mais vivement irrités contre
Juda.

11. Amasias fit donc marcher son
peuple avec confiance, et alla dans la
vallée des Salines, où il défit dix mille
des fils de Séir.

12. Les fils de Juda prirent aussi dix
mille prisonniers ; ils les menèrent sur
la pointe d'un rocher, et les précipitèrent
du haut en bas, et ils furent tous brisés.

13. Mais l'armée qu'Amasias avait
congédiée, pour qu'elle ne vînt point à

XXII, 5 ; XXIV, 23-24. — *De Israel centum millia :*
mercenaires chèrement achetés .(*centum talentis...*), puisque le talent d'argent vaut environ
8 500 fr. — L'historien sacré n'indique pas directement le but que se proposait Amasias en
faisant ces belliqueux préparatifs ; le contexte
nous le dira : le roi voulait attaquer l'Idumée,
qui avait secoué le joug de Juda pendant le
règne de Joram. Cf. IV Reg. VIII, 20-22.
7-10. Averti par un prophète, Amasias con-
gédie les cent mille mercenaires israélites. — Le
divin message, vers. 7-8. Les mots *cunctis filiis
Ephraim* sont ajoutés pour enlever toute am-
biguïté, le nom d'*Israel* étant parfois employé
pour désigner le royaume du Sud. Cf. XII, 6 ;
XV, 17, etc. — *Quod si putas...* Le prophète
prévient une objection du roi. Les cent mille
Israélites formaient le quart de l'armée d'Amasias ; mais le Seigneur n'est-il pas plus fort que
les gros bataillons ? — *Quid ergo fiet...* (vers. 9) ?

En ces temps malheureux, cent talents étaient
une somme énorme, dont le roi ne peut s'empêcher de regretter l'inutile dépense. Mais il
obéit plein de foi (*separavit...*, vers. 10). — *Illi...
vehementer irati.* Ce renvoi sommaire était un
affront. qu'ils ne tarderont pas à venger cruellement (vers. 13).
11-12. Amasias attaque victorieusement les
Iduméens. — *In valle Salinarum :* au sud de
la mer Morte (*Atl. géogr.*, pl. V, VII). — *Ad præ-
ruptum... petræ.* Plutôt : ils les conduisirent sur
la hauteur de *Séla*', et ils les précipitèrent de
la hauteur. *Séla*' est le nom hébreu de Pétra,
capitale de l'Idumée. Cette ville tomba au pouvoir du vainqueur (note de IV Reg. XIV, 7).
13. Vengeance des mercenaires israélites. —
A Samaria... ad Bethoron. Rentrés d'abord chez
eux, les soldats éconduits se jetèrent sur le territoire de Juda pendant qu'Amasias guerroyait
contre l'Idumée, et en ravagèrent la province

mer Morte. D'après une photographie).

fusus est in civitatibus Juda, a Samaria usque ad Bethoron; et interfectis tribus millibus, diripuit prædam magnam.

14. Amasias vero, post cædem Idumæorum et allatos deos filiorum Seir, statuit illos in deos sibi, et adorabat eos, et illis adolebat incensum.

15. Quamobrem iratus Dominus contra Amasiam, misit ad illum prophetam, qui diceret ei : Cur adorasti deos qui non liberaverunt populum suum de manu tua ?

16. Cumque hæc ille loqueretur, respondit ei : Num consiliarius regis es? Quiesce, ne interficiam te. Discedensque propheta : Scio, inquit, quod cogitaverit Deus occidere te, quia fecisti hoc malum, et insuper non acquievisti consilio meo.

17. Igitur Amasias, rex Juda, inito pessimo consilio, misit ad Joas, filium Joachaz, filii Jehu, regem Israel, dicens : Veni, videamus nos mutuo.

18. At ille remisit nuntios, dicens : Carduus qui est in Libano misit ad cedrum Libani, dicens : Da filiam tuam lilio meo uxorem. Et ecce bestiæ quæ erant in silva Libani, transierunt, et conculcaverunt carduum.

19. Dixisti : Percussi Edom; et idcirco erigitur cor tuum in superbiam. Sede in domo tua; cur malum adversum te provocas, ut cadas, et tu, et Juda tecum?

20. Noluit audire Amasias, eo quod

la guerre avec lui, se répandit par toutes les villes de Juda, depuis Samarie jusqu'à Béthoron, et, après avoir tué trois mille hommes, elle fit un grand butin.

14. Et Amasias, après avoir taillé les Iduméens en pièces et avoir emporté les dieux des fils de Séir, en fit ses propres dieux, les adora et leur offrit de l'encens.

15. Cette action irrita le Seigneur contre Amasias, et il lui envoya un prophète pour lui dire : Pourquoi avez-vous adoré des dieux qui n'ont pu délivrer leur peuple de vos mains ?

16. Comme le prophète parlait ainsi, Amasias répondit : Êtes-vous le conseiller du roi? Taisez-vous, ou je vous tue. Le prophète dit en se retirant. Je sais que Dieu a résolu de vous perdre, parce que vous avez commis ce crime, et que de plus vous n'avez pas suivi mon conseil.

17. Amasias, roi de Juda, prit donc une résolution très funeste, et envoya dire à Joas, fils de Joachaz, fils de Jéhu, roi d'Israël : Venez, et voyons-nous l'un l'autre.

18. Mais Joas lui fit répondre par ses ambassadeurs : Le chardon qui est sur le Liban a envoyé vers le cèdre du Liban, et lui a dit : Donnez votre fille en mariage à mon fils; et voilà que les bêtes qui étaient dans la forêt du Liban ont passé et ont foulé aux pieds le chardon.

19. Vous avez dit : J'ai défait Édom; et alors votre cœur s'est enflé d'orgueil. Demeurez chez vous; pourquoi cherchez-vous votre malheur, pour périr vous-même, et Juda avec vous ?

20. Amasias ne voulut point l'écouter,

---

septentrionale. — Sur Samarie et Béthoron, voyez les notes de III Reg. xvi, 24, et de Jos. x, 11 (*Atl. géogr.*, pl. vii et xii).

3º Idolâtrie d'Amasias. XXV, 14-16. Trait propre aux Paralipomènes.

14. Le roi se fait l'adorateur des idoles syriennes. — *Allatos deos.* Les anciens aimaient cette sorte de trophée. Cf. Tite-Live, v, 22. — *Statuit... in deos :* par suite de l'aberration la plus triste et la plus étrange (*cf* vers. 16).

15-16. Juste colère et menaces du Seigneur. — *Qui non liberaverunt... :* cette simple réflexion révélait au roi toute son ingratitude. — Orgueilleuse et cruelle réponse, vers. 16ª. *Num consiliarius... :* l'hébreu dit plus ironiquement encore : T'avons-nous fait conseiller du roi ? — *Scio...* Calme et digne réplique du prophète, accompagnée d'une grave menace qui se réalisera bientôt

(vers. 22-24, 27).

4º Joas, roi d'Israël, provoqué par Amasias, envahit ses États et pénètre dans Jérusalem en vainqueur. XXIV, 17-24.

Comparez IV Reg. xiv, 8-14, et le commentaire : les narrations sont presque identiquement semblables.

17. Le défi d'Amasias. — *Videamus nos :* sur le terrain, en combattant. — *Inito pessimo consilio.* Trait spécial. Mais l'hébreu dit seulement : Amasias prit conseil.

18-19. Fière réponse du roi d'Israël. — *Sede in domo.* IV Reg. : Sois content de ta gloire et demeure...

20-22. Défaite d'Amasias. — La réflexion morale du verset 20 (*eo quod...*) est propre aux Paralipomènes.

parce que le Seigneur avait résolu de le
livrer entre les mains de ses ennemis, à
cause des dieux d'Édom.

21. Joas, roi d'Israël, s'avança donc,
et les deux armées se mirent en présence. Amasias, roi de Juda, était à
Bethsamès de Juda.

22. Et Juda plia devant Israël, et
s'enfuit dans ses tentes.

23. Or Joas, roi d'Israël, prit Amasias, roi de Juda, fils de Joas, fils de
Joachaz, dans Bethsamès, et l'emmena
à Jérusalem, et fit abattre quatre cents
coudées des murailles, depuis la porte
d'Éphraïm jusqu'à la porte de l'Angle.

24. Puis il emporta à Samarie tout l'or
et l'argent, et tous les vases qu'il trouva
dans la maison de Dieu, chez Obédédom et dans les trésors du palais royal.
Il ramena aussi à Samarie les fils des
otages.

25. Amasias, fils de Joas, roi de Juda,
vécut quinze ans après la mort de Joas,
fils de Joachaz, roi d'Israël.

26. Le reste des actions d'Amasias,
les premières et les dernières, est écrit
dans le livre des Rois de Juda et d'Israël.

27. Après qu'il eut abandonné le
Seigneur, on fit une conspiration contre
lui à Jérusalem. Et comme il s'était
enfui à Lachis, les conjurés y envoyèrent
et l'y firent assassiner.

28. Ils le rapportèrent sur des chevaux, et l'enterrèrent avec ses ancêtres
dans la ville de David.

Domini esset voluntas ut traderetur in
manus hostium, propter deos Edom.

21. Ascendit igitur Joas, rex Israel,
et mutuos sibi præbuere conspectus. Amasias autem, rex Juda, erat in Bethsames Juda.

22. Corruitque Juda coram Israel, et
fugit in tabernacula sua.

23. Porro Amasiam, regem Juda, filium Joas, filii Joachaz, cœpit Joas, rex
Israel, in Bethsames, et adduxit in Jerusalem, et destruxitque murum ejus a
porta Ephraim usque ad portam Anguli,
quadringentis cubitis.

24. Omne quoque aurum, et argentum, et universa vasa quæ repererat in
domo Dei, et apud Obededom, in thesauris etiam domus regiæ; necnon et
filios obsidum reduxit in Samariam.

25. Vixit autem Amasias, filius Joas,
rex Juda, postquam mortuus est Joas,
filius Joachaz, rex Israel, quindecim
annis.

26. Reliqua autem sermonum Amasiæ, priorum et novissimorum, scripta
sunt in libro regum Juda et Israel.

27. Qui postquam recessit a Domino,
tetenderunt ei insidias in Jerusalem;
cumque fugisset in Lachis, miserunt et
interfecerunt eum ibi.

28. Reportantesque super equos, sepelierunt eum cum patribus suis in civitate David.

CHAPITRE XXVI

1. Tout le peuple de Juda prit Ozias,
âgé de seize ans, et le déclara roi à la
place d'Amasias son père.

1. Omnis autem populus Juda filium
ejus Oziam, annorum sedecim, constituit regem pro Amasia, patre suo.

23-24. Amasias tombe entre les mains de son
rival, qui se fait ouvrir les portes de Jérusalem,
démantèle en partie la ville et lui impose une
forte contribution de guerre. — *Apud Obededom*
(vers. 24). Détail nouveau. Ce lévite avait alors
la garde des trésors du temple. — *Filios obsidum.*
Hébr. : les otages, comme au passage parallèle.

5° Conclusion du règne d'Amasias. XXIV,
25-28. Comp. IV Reg. XIV, 17-20, et l'explication.

25-26. Donnée chronologique sur la fin du règne
d'Amasias et documents pour l'histoire de ce
prince. — *In libro regum...* Voyez l'Introduction,
p. 8.

27-28. Mort tragique et sépulture d'Amasias.
— *Postquam recessit a Domino :* autre réflexion

morale propre à notre auteur. — *In civitate
David.* Le texte hébreu actuel a « Juda » au
lieu de David. C'est une faute de copiste, qu'il
faut corriger d'après la Vulgate et les autres
versions anciennes.

§ II. — *Règne d'Ozias.* XXVI, 1-23.

Le récit des Paralipomènes est beaucoup plus
complet que celui des Rois; il renferme plusieurs épisodes importants qui sont entièrement
nouveaux. Comp. IV Reg. XIV, 21-22; XV, 1-7.

1° Débuts, durée et caractère moral de ce
règne. XXVI, 1-5.

CHAP. XXVI. — 1-2. Les commencements du
règne d'Ozias. Cf. IV Reg. XIV, 21-22 (voyez les

2. Ipse ædificavit Ailath, et restituit eam ditioni Juda, postquam dormivit rex cum patribus suis.

3. Sedecim annorum erat Ozias cum regnare cœpisset, et quinquaginta duobus annis regnavit in Jerusalem. Nomen matris ejus Jechelia, de Jerusalem.

4. Fecitque quod erat rectum in oculis Domini, juxta omnia quæ fecerat Amasias, pater ejus.

5. Et exquisivit Dominum in diebus Zachariæ, intelligentis et videntis Deum ; cumque requireret Dominum, direxit eum in omnibus.

6. Denique egressus est, et pugnavit contra Philisthiim, et destruxit murum Geth, et murum Jabniæ, murumque Azoti ; ædificavit quoque oppida in Azoto, et in Philisthiim.

7. Et adjuvit eum Deus contra Philisthiim, et contra Arabes qui habitabant in Gurbaal, et contra Ammonitas.

8. Appendebantque Ammonitæ munera Oziæ ; et divulgatum est nomen ejus usque ad introitum Ægypti, propter crebras victorias.

9. Ædificavitque Ozias turres in Jerusalem super portam Anguli, et super portam Vallis, et reliquas in eodem muri latere, firmavitque eas.

2. C'est lui qui bâtit Élath, et la remit sous l'empire de Juda après que le roi se fut endormi avec ses pères.

3. Ozias avait seize ans quand il commença à régner, et il en régna cinquante-deux à Jérusalem. Sa mère *était* de Jérusalem, et s'appelait Jéchélie.

4. Il fit ce qui était droit aux yeux du Seigneur, et il se conduisit en tout comme Amasias son père.

5. Il chercha le Seigneur tant que vécut Zacharie, qui avait le don d'intelligence et qui voyait Dieu. Et parce qu'il cherchait Dieu, Dieu le conduisit en toutes choses.

6. Enfin il sortit pour faire la guerre aux Philistins, et il ruina les murs de Geth, de Jabnia et d'Azot, et il bâtit des places fortes sur *le territoire d'*Azot et chez les Philistins.

7. Et Dieu le soutint contre les Philistins, et contre les Arabes qui demeuraient dans Gurbaal, et contre les Ammonites.

8. Les Ammonites apportaient des présents à Ozias, et son nom se répandit jusqu'en Égypte, à cause de ses fréquentes victoires.

9. Et Ozias éleva des tours à Jérusalem sur la porte de l'Angle et sur la porte de la Vallée, et d'autres encore dans le même côté de la muraille, et il fortifia ces tours.

---

notes). — *Oziam*, ou Azarias, ainsi qu'il est nommé I Par. III, 12, et, le plus habituellement, au livre des Rois. Les deux dénominations ont à peu près le même sens ('*Uzziahu*, force de Jéhovah ; '*Azariahu*, secours de Jéhovah) et étaient sans doute indifféremment employés. Les prophètes disent toujours Ozias (cf. Is. I, 1 ; VI, 1, etc.; Os. I, 1 ; Am. I, 1); les inscriptions assyriennes, toujours *Az-ri-ya-hu*.

3. Durée du règne d'Ozias. Cf. IV Reg. XV, 1-2.

4-5. Caractère moral du règne. Cf. IV Reg. XV, 3-4. Les détails du verset 5 sont nouveaux. — *In diebus Zachariæ*. Saint personnage, demeuré inconnu, qui dut exercer sur Ozias une influence analogue à celle que Joïada avait eue sur Joas. Cf. XXIV, 2. Cette note laisse aussi à entendre que le roi fut moins bon après la mort de Zacharie (voyez les versets 16 et ss.). — *Intelligentis et videntis...* L'hébreu dit plus clairement : qui avait l'intelligence des visions de Dieu (les LXX : qui l'instruisait dans la crainte de Dieu). — *Cumque requireret...* Mieux, d'après le texte original : aussi longtemps qu'il chercha le Seigneur, Dieu le fit prospérer.

2° Les victoires d'Ozias, ses constructions, sa puissance militaire. XXVI, 6-15. Passage propre aux Paralipomènes.

6-8. Ozias victorieux des Philistins, des Arabes

et des Ammonites. — *Contra Philisthiim :* pour tirer vengeance de leur sauvage incursion sur le territoire juif en compagnie des Arabes, pendant le règne de Joram. Cf. XXI, 16. -- *Geth, Jabnia* (aujourd'hui Yehna, la Jabnéel de Jos. XV, 11; la Jamnia de I Mach. IV, 15, etc., près des bords de la Méditerranée, au sud de Jaffa) *et Azot* comptaient alors parmi les villes principales des Philistins : le triomphe d'Ozias fut donc complet. Voyez l'*Atl. géogr.*, pl. VII, X, XII. — *Gurbaal :* cité ou province inconnue. — *Ammonitas.* D'après l'hébreu : les Maonites. Voyez la note de XX, 1. — *Propter crebras victorias.* Littéralement : car il manifesta de la force jusqu'en haut. C.-à-d. qu'Ozias se montra très puissant.

9-10. Les constructions militaires d'Ozias. — *Portam Anguli :* vers le nord-ouest de Jérusalem. Cf. XXV, 23 ; IV Reg. XIV, 13 et la note. *Portam Vallis :* la porte qui conduisait dans la vallée d'Hinnom, et qui paraît avoir occupé l'emplacement actuel de la porte de Jaffa. Voyez l'*Atl. géogr.*, pl. XIV et XV. C'est dans cette direction de l'ouest et du nord-ouest (*in eodem muri latere*) que Jérusalem est la moins défendue par la nature ; il importait donc d'aviser à cet inconvénient. — *Turres in solitudine :* dans le désert de Juda, au sud et au sud-est du territoire, pour protéger les troupeaux qui y

Ruines de Jabnia. (D'après une photographi)

10. Exstruxit etiam turres in solitudine, et effodit cisternas plurimas, eo quod haberet multa pecora, tam in campestribus quam in eremi vastitate; vineas quoque habuit et vinitores in montibus et in Carmelo, erat quippe homo agriculturæ deditus.

11. Fuit autem exercitus bellatorum ejus, qui procedebant ad prælia, sub manu Jehiel scribæ, Maasiæque doctoris, et sub manu Hananiæ, qui erat de ducibus regis.
12. Omnisque numerus principum per familias virorum fortium, duorum millium sexcentorum.
13. Et sub eis universus exercitus, trecentorum et septem millium quingentorum, qui erant apti ad bella, et pro rege contra adversarios dimicabant.

14. Præparavit quoque eis Ozias, id est cuncto exercitui, clypeos, et hastas, et galeas, et loricas, arcusque, et fundas ad jaciendos lapides.

15. Et fecit in Jerusalem diversi generis machinas, quas in turribus collocavit, et in angulis murorum, ut mitterent sagittas et saxa grandia; egressumque est nomen ejus procul, eo quod auxiliaretur ei Dominus, et corroborasset illum.
16. Sed, cum roboratus esset, eleva-

10. Il bâtit d'autres tours dans le désert, et il creusa plusieurs citernes, parce qu'il avait beaucoup de troupeaux, tant dans la campagne que dans l'étendue du désert. Il avait aussi des vignes et des vignerons sur les montagnes et dans le Carmel, parce qu'il se plaisait à l'agriculture.

11. Les troupes qui composaient son armée et qui marchaient au combat étaient commandées par Jéhiel le secrétaire, par Maasia le docteur, et par Hananias, l'un des généraux du roi.
12. Et le nombre total des chefs dans les familles des hommes vaillants montait à deux mille six cents.
13. Et toute l'armée qu'ils avaient sous eux était de trois cent sept mille cinq cents hommes, tous aguerris, et qui combattaient pour le roi contre ses ennemis.
14. Ozias prépara pour eux, c'est-à-dire pour toute l'armée, des boucliers, des piques, des casques, des cuirasses, des arcs, et des frondes pour jeter des pierres.
15. Et il fit dans Jérusalem toutes sortes de machines, qu'il plaça dans les tours et dans les angles des murailles, pour lancer des flèches et de grosses pierres. Et son nom se répandit au loin, parce que le Seigneur était son secours et sa force.
16. Mais, après qu'il se fut affermi,

---

paissent habituellement. Cf. I Par. xxvii, 25; Is. v, 2; Mich. iv, 8, etc. — *Cisternas* : également pour les troupeaux. Ces citernes sont d'ordinaire taillées dans le roc, et le district méridional en contient un assez grand nombre. — *In campestribus*. Hébr. , la *Š⁼félah* ; plaine qui longe les bords de la Méditerranée (*Atl. géogr.*, pl. vii). — *In eremi vastitate*. Hébr. : *hammiṣor* ; le plateau ondulé qui se dresse à l'orient du Jourdain, et qu'Ozias avait enlevé naguère aux Ammonites (vers. 8). — *Vinitores in montibus* : dans le groupe central des montagnes de Juda, alors célèbre par ses vignobles (*Atl. géogr.*, pl. vii, xviii). — *In Carmelo* : non pas la montagne célèbre de ce nom, car elle appartenait au royaume d'Israël, mais la petite ville située à deux heures au sud d'Hébron. Peut-être même serait-ce un substantif commun, signifiant « verger ». Cf. Is. xxix, 17; xxxii, 15.
11-15. Puissance militaire du roi Ozias. — D'abord le nombre de ses soldats, vers. 11-13. *Sub manu...;* l'hébreu est plus explicite : d'après le chiffre de leur recensement par la main de Jéhiel. *Doctoris* a ici le sens de commissaire. *Numerus principum :* chaque famille fournit donc un chef, et un certain nombre de soldats groupés sous ses ordres. Le chiffre cité pour l'armée en-

tière, 307 500 hommes, s'harmonise fort bien avec celui du dénombrement fait sous Amasias, xxv, 5. — *Armement des troupes*, vers. 14-15. *Fundas :* l'arme favorite de nombreux guerriers de Benjamin; cf. xx, 16; IV Reg. iii, 25. Pour les différentes armes mentionnées ici, voyez l'*Atl. arch.*, pl. lxxxiv-lxxxviii (surtout la fig. 5 de la pl. lxxxiv, qui représente Ramsès III armant ses soldats). — *Machinas... in turribus*. Les monuments antiques fournissent encore le meilleur commentaire (*Atl. arch.*, pl. xcii, fig. 3; pl. xciii, fig. 1). Les machines de guerre construites par les ordres d'Ozias étaient probablement de deux sortes, et correspondaient, l'une à la catapulte, qui lançait des flèches (*ut mitterent sagittas*); l'autre à la baliste, qui lançait des quartiers de rocher (*saxa*). — *Eo quod auxiliaretur...* Le pieux narrateur n'omet aucune occasion d'insérer une réflexion morale utile à ses lecteurs. Voyez l'Introduction, p. 7.
3° L'arrogance sacrilège d'Ozias et son châtiment: XXVI, 16-21.
Le passage parallèle, IV Reg. xv, 5, se borne à mentionner brièvement la lèpre dont le roi fut atteint, sans dire quelle en fut l'occasion.
16-19ᵃ. Le roi usurpe les fonctions sacerdotales. — *Roboratus esset*. Les versets 6-15 ont

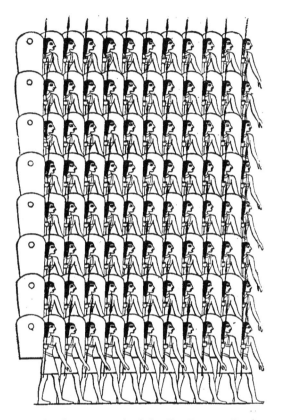

Soldats égyptiens en ordre de bataille. (Fresque antique.)

tum est cor ejus in interitum suum, et neglexit Dominum Deum suum; ingressusque templum Domini, adolere voluit incensum super altare thymiamatis.

17. Statimque ingressus post eum Azarias sacerdos, et cum eo sacerdotes Domini octoginta, viri fortissimi,

18. restiterunt regi, atque dixerunt : Non est tui officii, Ozia, ut adoleas incensum Domino; sed sacerdotum, hoc est filiorum Aaron, qui consecrati sunt ad hujuscemodi ministerium; egredere de sanctuario, ne contempseris, quia non reputabitur tibi in gloriam hoc a Domino Deo.

19. Iratusque Ozias, tenens in manu thuribulum ut adoleret incensum, minabatur sacerdotibus. Statimque orta est lepra in fronte ejus coram sacerdotibus, in domo Domini, super altare thymiamatis.

20. Cumque respexisset eum Azarias pontifex, et omnes reliqui sacerdotes, viderunt lepram in fronte ejus, et festinato expulerunt eum; sed et ipse, perterritus, acceleravit egredi, eo quod sensisset illico plagam Domini.

21. Fuit igitur Ozias rex leprosus us-

son cœur s'éleva d'orgueil pour sa perte, et il négligea le Seigneur son Dieu. Et étant entré dans le temple du Seigneur, il voulut offrir de l'encens sur l'autel des parfums.

17. Le pontife Azarias entra aussitôt après lui, accompagné de quatre-vingts prêtres du Seigneur, hommes très robustes.

18. Ils résistèrent au roi, et lui dirent : Ce n'est pas votre fonction, Ozias, de brûler de l'encens devant le Seigneur; c'est celle des prêtres, c'est-à-dire des fils d'Aaron, qui ont été consacrés pour ce ministère. Sortez du sanctuaire, et ne nous méprisez point, car cette action ne vous sera pas imputée à gloire par le Seigneur Dieu.

19. Ozias, irrité, et tenant l'encensoir à la main pour brûler de l'encens, menaçait les prêtres. Et aussitôt la lèpre parut sur son front en présence des prêtres, dans le temple du Seigneur, auprès de l'autel des parfums.

20. Et le pontife Azarias et tous les autres prêtres ayant jeté les yeux sur lui, ils aperçurent la lèpre sur son front, et ils le chassèrent promptement. Et lui-même, saisi de frayeur, se hâta de sortir, parce qu'il sentit tout à coup que le Seigneur l'avait frappé.

21. Le roi Ozias fut donc lépreux

---

décrit cette puissance providentielle. — *Neglexit Dominum*. Dans l'hébreu : Il transgressa contre

Roi égyptien offrant aux dieux de l'encens et une libation. (Peinture antique.)

Le Seigneur son Dieu. Introduction à l'épisode qui suit. — *Ingressus templum* : c.-à-d. dans

l'intérieur du sanctuaire, jusqu'au fond du Saint, où se trouvait l'autel des parfums (*Atl. arch.*, pl. xcvi, fig. 2; pl. xcvii, fig. 4). C'était une première faute, car il était interdit aux simples laïques de pénétrer dans le temple proprement dit. Cf. Num. xviii, 1-7. — *Adolere voluit*. Seconde faute, car cette fonction était expressément réservée aux prêtres. Cf. Ex. xxx, 7, 27. — *Statimque ingressus*... Courageuse conduite du grand prêtre Azarias et d'autres ministres sacrés (vers. 17-18). L'historien, en ajoutant que c'étaient des hommes robustes, veut montrer qu'ils étaient prêts à résister au roi de vive force. — *Non... tui officii...* : langage ferme et digne en même temps. — *Tenens... in manu...* Détails dramatiques. Voyez l'*Atl. arch.*, pl. xcviii, fig. 9; pl. cvii, fig. 6; pl. cviii, fig. 1.

19ᵇ-21. Ozias est miraculeusement frappé de la lèpre. — *Statimque orta...* : subitement, comme pour Marie, sœur de Moïse et d'Aaron, Num. xii, 10, et pour Giézi, serviteur d'Élisée, IV Reg. v, 27. Sur cette horrible maladie, voyez Lev. xiii, et le commentaire. — *Super altare*. C.-à-d. tout auprès de l'autel qu'Ozias avait voulu profaner. — *Festinato expulerunt...* : à cause de l'impureté légale qu'il avait contractée en tant que lépreux. — *In domo separata*. Voyez la note de IV Reg. xv, 5.

jusqu'au jour de sa mort ; et il demeura dans une maison séparée, à cause de cette lèpre qui le couvrait, et qui l'avait fait chasser de la maison du Seigneur. Joatham, son fils, gouverna la maison du roi, et rendait la justice au peuple du pays.

22. Le reste des actions d'Ozias, les premières et les dernières, a été écrit par le prophète Isaïe, fils d'Amos.

23. Et Ozias s'endormit avec ses pères, et on l'enterra dans le champ où étaient les tombeaux des rois, parce qu'il était lépreux ; et Joatham, son fils, régna à sa place.

que ad diem mortis suæ ; et habitavit in domo separata, plenus lepra, ob quam ejectus fuerat de domo Domini. Porro Joatham, filius ejus, rexit domum regis, et judicabat populum terræ.

22. Reliqua autem sermonum Oziæ priorum et novissimorum, scripsit Isaias filius Amos, propheta.

23. Dormivitque Ozias cum patribus suis ; et sepelierunt eum in agro regalium sepulcrorum, eo quod esset leprosus ; regnavitque Joatham, filius ejus, pro eo.

CHAPITRE XXVII

1. Joatham avait vingt-cinq ans quand il commença à régner, et il régna seize ans dans Jérusalem. Sa mère s'appelait Jérusa, et était fille de Sadoc.

2. Il fit ce qui était droit devant le Seigneur ; et il se conduisit en tout comme avait fait Ozias son père, si ce n'est qu'il n'entra point dans le temple du Seigneur ; et le peuple continuait encore de pécher.

3. C'est lui qui bâtit la grande porte de la maison du Seigneur, et qui fit beaucoup de constructions sur la muraille d'Ophel.

4. Il fit aussi bâtir des villes sur les montagnes de Juda, et des châteaux et des tours dans les bois.

5. Il fit la guerre au roi des Ammonites, et il les vainquit ; et ils lui donnèrent en ce temps-là cent talents d'argent, dix mille mesures de froment

1. Viginti quinque annorum erat Joatham cum regnare cœpisset, et sedecim annis regnavit in Jerusalem. Nomen matris ejus Jerusa, filia Sadoc.

2. Fecitque quod rectum erat coram Domino, juxta omnia quæ fecerat Ozias, pater suus, excepto quod non est ingressus templum Domini ; et adhuc populus delinquebat.

3. Ipse ædificavit portam domus Domini excelsam, et in muro Ophel multa construxit.

4. Urbes quoque ædificavit in montibus Juda, et in saltibus castella et turres.

5. Ipse pugnavit contra regem filiorum Ammon, et vicit eos ; dederuntque ei filii Ammon in tempore illo centum talenta argenti, et decem millia coros

---

•4° Conclusion du règne d'Ozias. XXVI, 22-23. Comp. IV Reg. xv, 6-7.

22. Documents pour l'histoire de ce prince. — Scripsit Isaias : dans un livre distinct de ses prophéties. Trait spécial.

23. Mort et sépulture d'Ozias. — In agro regalium... Sur le même terrain, mais pas dans le même sépulcre.

§ III. — Règne de Joatham. XXVII, 1-9.

Comparez IV Reg. xv, 32-38. La ressemblance est très grande ; notre auteur supplée quelques détails.

1° Durée et caractère du règne. XXVII, 1-2.

Chap. XXVII. — 1. Les dates principales ; la mère du roi.

2. Caractère moral du règne de Joatham. — Excepto quod... est une particularité des Parali-

pomènes. — Populus delinquebat : en immolant sur les hauts lieux, d'après l'autre récit.

2° Principaux événements du règne de Joatham. XXVII, 3-6.

3-4. Les constructions royales. — Portam... excelsam. Probablement la porte septentrionale du parvis extérieur. L'auteur du livre des Rois ne signale pas cette construction. — In... Ophel. On nommait ainsi la pointe sud de la colline du temple, qui s'avance entre les vallées de Tyropéon et du Cédron (Atl. géogr., pl. xiv et xv). Joatham compléta de ce côté l'ancien rempart. — Urbes... ædificavit. Bâtir a ici, comme en beaucoup d'autres endroits, le sens de fortifier. — In saltibus : dans les régions boisées des montagnes de Juda.

5. Guerre contre les Ammonites. Le livre des Rois omet cet épisode. — Contra... Ammon .

tritici, ac totidem coros hordei ; hæc ei præbuerunt filii Ammon, in anno secundo et tertio.

6. Corroboratusque est Joatham, eo quod direxisset vias suas coram Domino Deo suo.

7. Reliqua autem sermonum Joatham, et omnes pugnæ ejus, et opera, scripta sunt in libro regum Israel et Juda.

8. Viginti quinque annorum erat cum regnare cœpisset, et sedecim annis regnavit in Jerusalem.

9. Dormivitque Joatham cum patribus suis, et sepelierunt eum in civitate David; et regnavit Achaz, filius ejus, pro eo.

et autant d'orge. C'est là ce que les fils d'Ammon lui donnèrent la seconde et la troisième année.

6. Et Joatham devint puissant, parce qu'il avait réglé ses voies en la présence du Seigneur son Dieu.

7. Le reste des actions de Joatham, tous ses combats, et ce qu'il a fait de grand, est écrit dans le livre des rois d'Israël et de Juda.

8. Il avait vingt-cinq ans quand il commença à régner, et il en régna seize dans Jérusalem.

9. Et Joatham s'endormit avec ses pères, et on l'ensevelit dans la ville de David ; et Achaz, son fils, régna à sa place.

CHAPITRE XXVIII

1. Viginti annorum erat Achaz cum regnare cœpisset, et sedecim annis regnavit in Jerusalem. Non fecit rectum in conspectu Domini, sicut David, pater ejus ;

2. sed ambulavit in viis regum Israel, insuper et statuas fudit Baalim.

3. Ipse est qui adolevit incensum in valle Benennom ; et lustravit filios suos in igne, juxta ritum gentium quas interfecit Dominus in adventu filiorum Israel.

4. Sacrificabat quoque, et thymiama succendebat in excelsis, et in collibus, et sub omni ligno frondoso.

5. Tradiditque eum Dominus Deus

1. Achaz avait vingt ans quand il commença à régner, et il régna seize ans à Jérusalem. Il ne fit point ce qui était droit en la présence du Seigneur, comme David son père ;

2. mais il marcha dans les voies des rois d'Israël, et fit même fondre des statues à Baal.

3. C'est lui qui brûla de l'encens dans la vallée de Bénennom, et qui fit passer ses enfants par le feu, selon la superstition des nations que le Seigneur avait fait mourir à l'arrivée des enfants d'Israël.

4. Il sacrifiait aussi et brûlait des parfums sur les hauts lieux, sur les collines, et sous tout arbre touffu.

5. Et le Seigneur son Dieu le livra

---

sans doute après un essai de révolte de la part des fils d'Ammon. Cf. xxvi, 8. — Centum talenta... Voyez la note de xxv, 6. — Decem millia coros... Le kor équivaut à 338 litres 80. — In anno secundo et... : d'où il suit que les Ammonites secouèrent ensuite le joug et cessèrent de payer ce lourd tribut annuel.

6. Puissance de Joatham. Autre trait spécial. — Eo quod direxisset... La réflexion morale accoutumée.

3° Conclusion du règne. XXVII, 7-9.

7. Les documents. — Omnes pugnæ : non seulement contre les Ammonites, mais aussi contre Rasin, roi de Syrie, et Phacée, roi d'Israël, qui s'étaient ligués pour le renverser. Cf. IV Reg. xv, 37.

8-9. Mort et sépulture de Joatham. — Le verset 8 répète d'une manière assez extraordinaire les dates du verset 1.

§ IV. — Règne d'Achaz. XXVIII, 1-27.

Ce chapitre correspond à IV Reg. xvi ; à côté de plusieurs passages identiques, on remarque de part et d'autre diverses additions ou omissions de quelque importance.

1° Impiété d'Achaz. XXVIII, 1-4.

Chap. XXVIII. — 1ª. Les principales dates. Voyez IV Reg. xvi, 2ª.

1b-4. Caractère moral du règne. Cf. IV Reg. xvi, 2b-4 (voyez le commentaire). — Statuas... Baalim. Détail nouveau, ainsi que le suivant : adolevit... Sur la célèbre vallée de Benennom, située au sudouest de Jérusalem, voyez la note de Jos. xv, 8, et l'Atl. géogr., pl. xiv et xv. — Filios lustravit. L'autre récit emploie le singulier : son fils.

2° Châtiment du roi coupable. XXVIII, 5-8.

5-8. Achaz est battu par les Syriens. Comp. IV Reg. xvi, 5-6 ; notre narration présente des

entre les mains du roi de Syrie, qui le défit, pilla ses États et emmena un grand butin à Damas. Dieu le livra aussi entre les mains du roi d'Israël, et il fut frappé d'une grande plaie.

6. Et Phacée, fils de Romélie, tua cent vingt mille hommes de Juda en un seul jour, tous hommes vaillants ; parce qu'ils avaient abandonné le Seigneur Dieu de leurs pères.

7. En même temps Zéchri, homme très puissant d'Ephraïm, tua Maasias, fils du roi, et Ezrica, maître de la maison du roi, et Elcana, qui tenait le second rang après le roi.

8. Et les fils d'Israël firent captifs deux cent mille de leurs frères, tant femmes que jeunes gens et jeunes filles, avec un butin infini, et ils les emmenèrent à Samarie.

9. A cette époque, il y avait là un prophète du Seigneur, nommé Oded, lequel alla au-devant de l'armée qui venait à Samarie, et leur dit : Voici que le Seigneur, le Dieu de vos pères, irrité contre Juda, l'a livré entre vos mains ; et vous les avez tués inhumainement, de sorte que votre cruauté est montée jusqu'au ciel.

10. Mais en outre vous voulez vous assujettir les enfants de Juda et de Jérusalem, comme des esclaves et des servantes : ce que vous ne devez point faire, car vous avez en cela même péché contre le Seigneur votre Dieu.

11. Mais écoutez mon conseil, et re-

ejus in manu regis Syriæ, qui percussit eum, magnamque prædam cepit de ejus imperio, et adduxit in Damascum. Manibus quoque regis Israel traditus est, et percussus plaga grandi.

6. Occiditque Phacee, filius Romeliæ, de Juda centum viginti millia in die uno, omnes viros bellatores ; eo quod reliquissent Dominum, Deum patrum suorum.

7. Eodem tempore occidit Zechri, vir potens ex Ephraim, Maasiam, filium regis, et Ezricam, ducem domus ejus, Elcanam quoque, secundum a rege.

8. Ceperuntque filii Israel de fratribus suis ducenta millia mulierum, puerorum, et puellarum, et infinitam prædam, pertuleruntque eam in Samariam.

9. Ea tempestate erat ibi propheta Domini, nomine Oded, qui egressus obviam exercitui venienti in Samariam, dixit eis : Ecce iratus Dominus, Deus patrum vestrorum, contra Juda, tradidit eos in manibus vestris, et occidistis eos atrociter, ita ut ad cælum pertingeret vestra crudelitas.

10. Insuper filios Juda et Jerusalem vultis vobis subjicere in servos et ancillas ; quod nequaquam facto opus est, peccastis enim super hoc Domino Deo vestro.

11. Sed audite consilium meum, et

---

divergences notables. — *In manu...* Le roi de Syrie était Rasin ; celui d'Israël, Phacée (cf. vers. 6). Les deux batailles sont une particularité des Paralipomènes. — *Centum viginti millia...* Carnage épouvantable, mais qui n'a rien d'anormal, vu les quantités énormes de troupes rangées alors les unes contre les autres. De plus, « lorsqu'une armée orientale est battue, ses masses se laissent égorger comme des moutons. Darius Codoman perdit à Issus 100 000 ou 110 000 hommes, sur environ 131 200. A Platée. 100 000 tombèrent sur 300 000. A la bataille de Tigranocerte, les Arméniens perdirent 150 000 hommes sur 260 000. On dit qu'à Arbelles 300 000 hommes périrent, mais c'était sur un total qui dépassait un million. » — *Eo quod reliquissent...* Encore la réflexion parénétique. — *Eodem tempore...* (vers. 7). Troisième bataille, pareillement omise par l'auteur des Rois ; il est vrai qu'il raconte, en échange, la prise d'Aïla par les Syriens. — *Secundum a rege :* le premier ministre d'Achaz. — *Ceperunt... ducenta millia...* Cette guerre fratricide avait lieu sans merci.

3° La liberté est rendue aux habitants de Juda

faits prisonniers par les troupes israélites. XXVIII, 9-15.

Bien bel épisode, qui manque au passage parallèle.

9-11. Le conseil du prophète Oded. — *Propheta... Oded.* Il y eut jusqu'à la fin, dans le royaume schismatique, des prophètes du vrai Dieu, qui essayaient de ramener au devoir leurs frères égarés. — *Iratus Dominus... tradidit.* La victoire était moins due à la bravoure des Israélites qu'au choix que le Seigneur avait fait d'eux pour châtier Juda. — *Occidistis... atrociter.* Oded reproche aux vainqueurs leurs deux actes de cruauté : un carnage inutile (*ita ut ad cælum...*, pour crier vengeance ; cf. Gen. XVIII, 21), et la réduction de leurs frères en servitude. — *Quod nequaquam...* L'hébreu est ici très expressif : « N'y a-t-il pas en vous, oui, en vous, des péchés contre le Seigneur votre Dieu ? » Juda était assurément bien coupable, et c'est pour cela que Dieu lui avait infligé une punition sévère (vers. 9) ; mais Israël n'avait-il pas aussi commis des crimes multiples, et lui appartenait-il d'aggraver le châtiment de ses frères ? — *Reducite captivos...*

reducite captivos quos adduxistis de fratribus vestris, quia magnus furor Domini imminet vobis.

12. Steterunt itaque viri de principibus filiorum Ephraim, Azarias, filius Johanam, Barachias, filius Mosollamoth, Ezechias, filius Sellum, et Amasa, filius Adali, contra eos qui veniebant de prælio,

13. et dixerunt eis : Non introducetis huc captivos, ne peccemus Domino. Quare vultis adjicere super peccata nostra, et vetera cumulare delicta? grande quippe peccatum est, et ira furoris Domini imminet super Israel.

14. Dimiseruntque viri bellatores prædam, et universa quæ ceperant, coram principibus et omni multitudine.

15. Steteruntque viri quos supra memoravimus, et apprehendentes captivos, omnesque qui nudi erant, vestierunt de spoliis; cumque vestissent eos, et calceassent, et refecissent cibo ao potu, unxissentque propter laborem, et adhibuissent eis curam, quicumque ambulare non poterant, et erant imbecillo corpore, imposuerunt eos jumentis, et adduxerunt Jericho, civitatem Palmarum, ad fratres eorum; ipsique reversi sunt in Samariam.

16. Tempore illo misit rex Achaz ad regem Assyriorum, postulans auxilium.

17. Veneruntque Idumæi, et percus-

conduisez ces captifs que vous avez amenés d'entre vos frères ; car Dieu est sur le point de faire éclater sur vous sa fureur.

12. Alors quelques princes des fils d'Ephraïm, Azarias, fils de Johanam, Barachias, fils de Mosollamoth, Ézéchias, fils de Sellum, et Amasa, fils d'Adali, se tinrent debout devant ceux qui venaient du combat,

13. et leur dirent : Vous ne ferez point entrer ici vos captifs, de peur que nous ne péchions contre le Seigneur. Pourquoi voulez-vous ajouter à nos péchés, et mettre le comble à nos anciens crimes? Car ce péché est grand, et le Seigneur est sur le point de faire tomber toute sa fureur sur Israël.

14. Les guerriers abandonnèrent donc les captifs et tout ce qu'ils avaient pris, en présence des princes et de toute la multitude.

15. Et les hommes que nous avons nommés plus haut prirent les captifs et tous ceux qui étaient nus, les vêtirent des dépouilles, et après les avoir vêtus et chaussés, leur donnèrent à boire et à manger, les oignirent, parce qu'ils étaient fatigués, et en prirent grand soin; puis ils mirent sur des chevaux ceux qui ne pouvaient marcher, et dont les corps étaient exténués, et ils les menèrent à Jéricho, ville des Palmes, auprès de leurs frères ; et ils s'en retournèrent à Samarie.

16. En ce temps-là le roi Achaz envoya demander du secours au roi des Assyriens.

17. Et les Iduméens vinrent, tuèrent

A ce conseil, le prophète joint aussitôt une menace (*quia magnus furor...*), pour le rendre plus sûrement profitable. La loi, en effet, interdisait aux Hébreux de réduire leurs frères à l'esclavage. Cf. Lev. xxv, 39 et ss.

12-14. Quatre princes d'Israël prennent à leur tour le parti des prisonniers, et réclament leur mise en liberté immédiate. — *Azarias..., Barachias...* Ici et ailleurs, la citation des noms est une garantie précieuse d'authenticité et de véracité. — *Non introducetis...* (vers. 13). Langage ferme, décidé. Ces princes avaient été tout ensemble émus et effrayés par les justes observations de l'homme de Dieu. — *Dimiserunt... prædam* (vers. 14). Personne n'osa résister à un ordre si énergique et si bien motivé.

15. Soins touchants témoignés aux captifs, que l'on escorte jusqu'à Jéricho. Le récit est direct, dramatique. « Le narrateur insiste avec un plaisir manifeste sur la bonté que témoignèrent aux pri-

sonniers leurs ennemis repentants. » — *Imposuerunt... jumentis.* Les monuments assyriens représentent souvent les femmes et les enfants captifs ainsi montés sur des bêtes de somme. Voyez l'*Atl. arch.*, pl. LXXVIII, fig. 7 et 8; pl. xc, fig. 2. — *Civitatem Palmarum.* Sur ce nom donné à Jéricho, voyez Deut. XXXIV, 3; Jud. III, 13.

4° Achaz est de nouveau châtié par les Syriens. XXVIII, 16-21.

Comparez IV Reg. xvi, 7-18; mais les narrations, quoique se rapportant au même fait, diffèrent beaucoup l'une de l'autre.

16. Ambassade d'Achaz au roi d'Assyrie.— *Tempore illo.* Pendant la guerre qu'il soutenait contre les Syriens et les Israélites confédérés. Cf. vers. 5-6. — *Regem Assyriæ.* C'était alors Théglath-Phalasar (vers. 20).

17-19. Invasion des Iduméens et des Philistins. Trait spécial. — *Venerunt Idumæi ;* ils

beaucoup de monde de Juda, et firent un grand butin.

18. Les Philistins se répandirent aussi dans les villes de la campagne et au midi de Juda; ils prirent Bethsamès, Aïalon, Gadéroth, Socho, Thamna et Gamzo, avec leurs bourgades, et ils s'y établirent.

19. Car Dieu avait humilié Juda à cause de son roi Achaz, parce qu'il l'avait réduit à être dénué de tout secours, et qu'il avait méprisé le Seigneur.

20. Le Seigneur fit aussi venir contre lui Thelgath-Phalnasar, roi des Assyriens, qui le désola et ravagea *son pays,* sans trouver de résistance.

21. Achaz dépouilla donc la maison du Seigneur et le palais du roi et des princes, et fit des présents au roi des Assyriens. Ce qui néanmoins ne lui servit de rien.

22. Mais, de plus, le roi Achaz, au temps même de son angoisse, fit paraître encore un plus grand mépris du Seigneur.

23. Il immola des victimes aux dieux de Damas, auteurs de ses maux, et il dit : Ce sont les dieux des rois de Syrie qui les aident; je les apaiserai par mes sacrifices, et ils m'assisteront; tandis qu'au contraire ils furent cause de sa ruine et de celle de tout Israël.

serunt multos ex Juda, et ceperunt prædam magnam.

18. Philisthiim quoque diffusi sunt per urbes campestres, et ad meridiem Juda; ceperuntque Bethsames, et Aialon, et Gaderoth, Socho quoque, et Thamnan, et Gamzo, cum viculis suis, et habitaverunt in eis.

19. Humiliaverat enim Dominus Judam propter Achaz, regem Juda, eo quod nudasset eum auxilio, et contemptui habuisset Dominum.

20. Adduxitque contra eum Thelgath-Phalnasar, regem Assyriorum, qui et afflixit eum, et nullo resistente vastavit.

21. Igitur Achaz, spoliata domo Domini, et domo regum ac principum, dedit regi Assyriorum munera; et tamen nihil ei profuit.

22. Insuper et tempore angustiæ suæ auxit contemptum in Dominum, ipse per se rex Achaz;

23. immolavit diis Damasci victimas percussoribus suis, et dixit : Dii regum Syriæ auxiliantur eis; quos ego placabo hostils, et aderunt mihi; cum econtrario ipsi fuerint ruinæ ei, et universo Israel.

---

profitaient de toutes les occasions pour attaquer les Hébreux, contre lesquels ils nourrissaient une haine sauvage. Cf. Ez. xxxv, 5; Abd. 10-14; Am. I, 11. — *Philisthiim :* ils étaient désireux de venger leur récente défaite, xxvi, 6. — Les villes de *Bethsames, Aïalon* et *Socho,* ont été mentionnées plus haut (xi, 7, et I Par. vi, 44, 54; voyez les notes). Sur *Gaderoth* et *Thamna,* comparez Jos. xv, 10, 41. *Gamzo* n'apparaît qu'en cet endroit de la Bible; aujourd'hui Djimzou, gros village situé entre Béthoron et Lydda (*Atl. géogr.,* pl. vii et xii). — *Habitaverunt in eis :* s'y fixant comme chez eux, et s'emparant ainsi de tout un district du territoire juif. — *Humiliaverat enim...* (vers. 19) : la réflexion morale accoutumée. — *Regem Juda.* Tel est ici le sens de la locution hébraïque « roi d'Israël ». Cf. xii, 6; xv, 17; xx, 34, et surtout xxi, 2. — *Nudasset... auxilio.* Dans l'hébreu : parce qu'il (Achaz) avait causé la licence dans Juda; c.-à-d. parce que ce prince avait lancé ses sujets dans l'idolâtrie et dans tous les désordres qui s'ensuivent. — *Contemptui habuisset.* Autre variante dans le texte original : il avait agi avec infidélité (contre le Seigneur).

20-21. Le roi d'Assyrie humilie Juda au lieu de le secourir. Comp. IV Reg. xvi, 7-9. — *Thelgath-Phalnasar.* Sur cette forme de nom de Thé-

glath-Phalasar dans les Paralipomènes, voyez I Par. v, 6, et l'explication. — Notre auteur met en relief un double fait. 1° Achaz dut payer une somme énorme au monarque assyrien pour en obtenir du secours (*spoliata...,* vers. 21; expression très forte). 2° Ce fut peine perdue (*nihil... profuit;* au lieu de *nullo resistente vastavit,* vers. 20, lisez d'après l'hébreu : il ne le fortifia point). Quoique les Assyriens aient aisément rompu la ligue syro-israélite et ruiné tour à tour les deux pays confédérés (cf. IV Reg. xv, 29; xvi, 7-9), Achaz devint l'humble vassal de ses sauveurs et ne put recouvrer son indépendance.

5° Achaz s'abandonne de plus en plus à l'idolâtrie. XXVIII, 22-25.

Passage parallèle: IV Reg. xvi, 10-18 ; les deux récits diffèrent notablement.

22-23. Achaz sacrifie aux dieux syriens. — *Tempore angustiæ... auxit... :* au temps où il était menacé par Rasin et Phacée (note des vers. 5-6). Circonstance aggravante. — *Diis Damasci.* Rimmon, Hadad et autres. — *Percussoribus suis.* Ces dieux étaient, dans la pensée d'Achaz, les auteurs de ses maux. Il raisonnait tout à fait à la façon des païens, qui attribuaient à chaque contrée une divinité tutélaire, qu'il importait de se rendre propice si l'on voulait attaquer ceux

24. Direptis itaque Achaz omnibus vasis domus Dei, atque confractis, clausit januas templi Dei, et fecit sibi altaria in universis angulis Jerusalem.

25. In omnibus quoque urbibus Juda exstruxit aras ad cremandum thus; atque ad iracundiam provocavit Dominum, Deum patrum suorum.
26. Reliqua autem sermonum ejus, et omnium operum suorum, priorum et novissimorum, scripta sunt in libro regum Juda et Israel.
27. Dormivitque Achaz cum patribus suis, et sepelierunt eum in civitate Jerusalem; neque enim receperunt eum in sepulcra regum Israel; regnavitque Ezechias, filius ejus, pro eo.

24. Achaz, après avoir pris tous les vases de la maison de Dieu, et les avoir brisés, ferma les portes du temple de Dieu ; puis il dressa des autels dans tous les coins de Jérusalem.
25. Il éleva aussi des autels dans toutes les villes de Juda pour y brûler de l'encens, et il provoqua la colère du Seigneur, le Dieu de ses pères.
26. Le reste de ses actions et de toute sa conduite, depuis le commencement jusqu'à la fin, est écrit dans les livres des rois de Juda et d'Israël.
27. Et Achaz s'endormit avec ses pères, et il fut enseveli dans la ville de Jérusalem ; mais on ne le mit pas dans les tombeaux des rois d'Israël. Et Ezéchias, son fils, régna à sa place.

CHAPITRE XXIX

1. Igitur Ezechias regnare cœpit cum viginti quinque esset annorum ; et viginti novem annis regnavit in Jerusalem. Nomen matris ejus Abia, filia Zachariæ.
2. Fecitque quod erat placitum in conspectu Domini, juxta omnia quæ fecerat David, pater ejus.
3. Ipse, anno et mense primo regni

1. Ezéchias commença donc à régner à l'âge de vingt-cinq ans, et il en régna vingt-neuf à Jérusalem. Sa mère s'appelait Abie, et était fille de Zacharie.
2. Il fit ce qui était agréable aux yeux du Seigneur, selon tout ce qu'avait fait David son père.
3. Au premier mois de la première

---

qu'elle défendait. Cf. Macrobe, *Sat.* iii, 9. — *Cum contrario...* Douloureuse réflexion du narrateur, pour rétablir la réalité des faits.
24. Achaz met le temple de Jérusalem au pillage et le ferme. — *Direptis... vasis.* Pour les détails, voyez IV Reg. xvi, 17. — *Clausit januas :* les portes du temple proprement dit, car les parvis demeurèrent ouverts. Cf. xxix, 3-7. Le culte fut donc interrompu, et « les Juifs célébrèrent encore une fête annuelle en souvenir de ces temps d'affliction ». Trait spécial. — *Altaria in universis angulis :* en l'honneur de toute sorte de faux dieux. Idolâtrie vraiment effrénée, et contraste avec l'unique autel de la religion théocratique, qui symbolisait si parfaitement l'unité divine.
25. L'idolâtrie gagne toutes les villes du royaume. Détail nouveau.
3° Conclusion du règne d'Achaz. XXVIII, 26-27.
26-27. Comparez IV Reg. xvi, 19-20. — *Omnium operum... novissimorum.* Trait propre à notre livre. De même, au verset 27, *neque... in sepulcra...*

SECTION VI. — HISTOIRE DU SAINT ROI ÉZÉCHIAS. XXIX, 1 — XXXII, 33.

Pour ce règne, grande divergence entre les

narrations parallèles (comp. IV Reg. xviii, 1-xx, 21). L'auteur des Paralipomènes insiste, selon son plan (Introduction, p. 6-7), sur les réformes religieuses d'Ézéchias, et glisse sur les événements civils et politiques ; l'autre narrateur fait le contraire. Aussi la plupart des faits racontés aux chapitres xxix-xxxi sont-ils nouveaux ; mais le xxxii° n'est qu'un résumé d'incidents racontés assez longuement au livre des Rois.

§ I. — *Ézéchias manifeste sa piété en purifiant le temple.* XXIX, 1-36.

1° Durée et caractère moral du règne d'Ézéchias. XXIX, 1-2. Cf. IV Reg. xviii, 1-3.
CHAP. XXIX. — 1. Les dates principales, la mère du roi. — *Abia.* IV Reg. : Abi, par abréviation.
2. Caractère moral du règne. — *Juxta... David.* le roi idéal de la théocratie juive.
2° Ézéchias ordonne que le temple de Jérusalem soit purifié et rendu au culte. XXIX, 3-11.
3. Indication générale et sommaire du fait. — *Anno et mense primo :* aussitôt que possible. — *Aperuit valvas.* Cf. xxviii, 24. — *Instauravit :* en les recouvrant de lames d'or, d'après IV Reg. xviii, 16.

année de son règne, il ouvrit les portes de la maison du Seigneur, et il les répara.

4. Et il fit venir les prêtres et les lévites, et les assembla dans la place orientale,

5. et il leur dit : Écoutez-moi, lévites, et purifiez-vous ; nettoyez la maison du Seigneur, le Dieu de vos pères, et ôtez toutes les immondices du sanctuaire.

6. Nos pères ont péché, et ils ont commis le mal devant le Seigneur notre Dieu, en l'abandonnant. Ils ont détourné leur visage de son tabernacle, et lui ont tourné le dos.

7. Ils ont fermé les portes du vestibule, et éteint les lampes ; ils n'ont plus brûlé d'encens, et n'ont plus offert de victimes dans le sanctuaire au Dieu d'Israël.

8. Aussi la colère de Dieu s'est-elle enflammée contre Juda et Jérusalem ; il les a livrés à la destruction, à la ruine et à la moquerie, comme vous le voyez vous-mêmes de vos propres yeux.

9. Voici que nos pères ont péri par l'épée, et nos fils, nos filles et nos femmes ont été emmenés captifs en punition de ce crime.

10. Je désire donc que nous renouvelions l'alliance avec le Seigneur Dieu d'Israël, et il détournera de dessus nous la fureur de sa colère.

11. Mes fils, ne soyez pas négligents. Dieu vous a choisis pour paraître devant lui, pour le servir, pour lui rendre le culte qui lui est dû, et pour lui brûler de l'encens.

12. Alors plusieurs lévites se levèrent : d'entre les descendants de Caath, Ma-

sui, aperuit valvas domus Domini, et instauravit eas.

4. Adduxitque sacerdotes atque levitas, et congregavit eos in plateam orientalem,

5. dixitque ad eos : Audite me, levitæ, et sanctificamini ; mundate domum Domini, Dei patrum vestrorum, et auferte omnem immunditiam de sanctuario.

6. Peccaverunt patres nostri, et fecerunt malum in conspectu Domini Dei nostri, derelinquentes eum ; averterunt facies suas a tabernaculo Domini, et præbuerunt dorsum.

7. Clauserunt ostia quæ erant in porticu, et exstinxerunt lucernas ; incensumque non adoleverunt, et holocausta non obtulerunt in sanctuario Deo Israel.

8. Concitatus est itaque furor Domini super Judam et Jerusalem ; tradiditque eos in commotionem, et in interitum, et in sibilum, sicut ipsi cernitis oculis vestris.

9. En corruerunt patres nostri gladiis ; filii nostri, et filiæ nostræ, et conjuges captivæ ductæ sunt propter hoc scelus.

10. Nunc ergo placet mihi ut ineamus fœdus cum Domino, Deo Israel, et avertet a nobis furorem iræ suæ.

11. Filii mei, nolite negligere ; vos elegit Dominus ut stetis coram eo, et ministretis illi, colatisque eum, et cremetis ei incensum.

12. Surrexerunt ergo levitæ : Mahath, filius Amasai, et Joel, filius Azariæ, de

---

4-11. Exhortation du roi aux prêtres et aux lévites en vue de cette sainte cérémonie. — Introduction historique, vers. 3. *In plateam orientalem :* selon quelques interprètes, dans le parvis intérieur, situé en avant du temple proprement dit, par conséquent à l'est (*Atl. arch.*, pl. xcvii, fig. 3 et 4) ; mais le mot hébreu r'ḥôb désigne plutôt une « place » en dehors de l'espace consacré, près de la porte orientale. Cf. Esdr. x, 9 ; Neh. viii, 1, 3. — But direct de l'exhortation : la purification du lieu saint (vers. 4-5). *Sanctificamini :* par les ablutions et autres rites qui symbolisaient la pureté intérieure ; cf. Ex. xix, 10 ; I Par. xv, 12-13. *Auferte...:* les immondices accumulées depuis la fermeture du temple, et plus encore les objets idolâtriques qu'on y avait introduits. — Description émouvante des profanations qui avaient eu lieu, vers.

6-7. *Præbuerunt dorsum :* image très énergique. *Holocausta non obtulerunt :* les sacrifices n'avaient pas été supprimés entièrement ; mais on les offrait sur un autel idolâtrique, abomination pire encore (cf. IV Reg. xvi, 15-16). — Description non moins saisissante des maux attirés sur le royaume par tant de sacrilèges, vers. 8-9. *In sibilum :* autre expression énergique ; cf. Jer. xviii, 16 ; xix, 8, etc. *En corruerunt...:* les détails ont été donnés plus haut, xxviii, 5, 17-18. — Le pieux roi se propose de renouveler solennellement l'alliance théocratique, vers. 10. Cf. xv, 12. — Conclusion pathétique : appel au zèle des ministres sacrés, vers. 11.

2° Les prêtres et les lévites exécutent les ordres d'Ézéchias. XXIX, 12-19.

12-16. Les lévites se purifient avant de se mettre à l'œuvre. — *Mahath...* Le narrateur

filiis Caath ; porro de filiis Merari : Cis, filius Abdi, et Azarias, filius Jalaleel; de filiis autem Gerson : Joah, filius Zemma, et Eden, filius Joah ;

13. at vero de filiis Elisaphan : Samri, et Jahiel ; de filiis quoque Asaph : Zacharias, et Mathanias;
14. necnon de filiis Heman : Jahiel, et Semei ; sed et de filiis Idithun : Semeias, et Oziel.
15. Congregaveruntque fratres suos, et sanctificati sunt, et ingressi sunt juxta mandatum regis et imperium Domini, ut expiarent domum Dei.
16. Sacerdotes quoque ingressi templum Domini ut sanctificarent illud, extulerunt omnem immunditiam, quam intro repererant in vestibulo domus Domini, quam tulerunt levitæ, et asportaverunt ad torrentem Cedron foras.

17. Cœperunt autem prima die mensis primi mundare, et in die octavo ejusdem mensis ingressi sunt porticum templi Domini ; expiaveruntque templum diebus octo; et in die sexta decima mensis ejusdem, quod cœperant impieverunt.

18. Ingressi quoque sunt ad Ezechiam regem, et dixerunt ei . Sanctificavimus omnem domum Domini, et altare holocausti, vasaque ejus, necnon et mensam propositionis cum omnibus vasis suis,

19. cunctamque templi supellectilem, quam polluerat rex Achaz in regno suo, postquam prævaricatus est; et ecce exposita sunt omnia coram altari Domini.

20. Consurgensque diluculo Ezechias,

hâth, fils d'Amasaï, et Joël, fils d'Azarias; des descendants de Mérari, Cis, fils d'Abdi, et Azarias, fils de Jalaléel ; des descendants de Gerson, Joah, fils de Zemma, et Éden, fils de Joah ;
13. des descendants d'Élisaphan, Samri et Jahiel ; des descendants d'Asaph, Zacharie et Mathanias;
14. des descendants d'Héman, Jahiel et Séméi ; des descendants d'Idithun, Séméias et Oziel.
15. Ils assemblèrent leurs frères, et s'étant sanctifiés, ils entrèrent dans le temple, suivant l'ordre du roi et le commandement du Seigneur, pour le purifier.
16. Les prêtres entrèrent aussi dans le temple du Seigneur pour le sanctifier, et ils ôtèrent tout ce qu'ils trouvèrent d'impur au dedans, et le portèrent dans le vestibule de la maison du Seigneur, où les lévites le prirent pour le jeter dans le torrent de Cédron.
17. Ils commencèrent le premier jour du premier mois à nettoyer; et le huitième jour du même mois, ils entrèrent dans le portique du temple du Seigneur. Ils employèrent *encore* huit jours à purifier le temple. Et le seizième jour du même mois, ils achevèrent ce qu'ils avaient commencé.
18. Ils vinrent ensuite auprès du roi Ézéchias, et lui dirent : Nous avons sanctifié toute la maison du Seigneur, l'autel de l'holocauste et ses ustensiles, la table de proposition avec tous ses ustensiles,
19. et tous les ustensiles du temple, que le roi Achaz avait souillés durant son règne, depuis qu'il eut abandonné Dieu : et l'on a tout exposé devant l'autel du Seigneur.
20. Et le roi Ézéchias, se levant de

---

cite les noms de quatorze chefs de la famille lévitique, qui jouèrent un rôle important dans cette cérémonie. Les trois grandes branches issues de Caath, de Mérari et de Gerson, la postérité du célèbre *Elisaphan* (cf. Ex. vi, 18 ; Num. iii, 30), les familles des trois maîtres de chœur de David (Asaph, Héman et Idithun ; cf. I Par. vi, 18-32) étaient identiquement représentées par deux membres. — *Congregaverunt fratres* (vers. 15) : les autres lévites qui se trouvaient alors à Jérusalem.
16. La purification. — Elle fut faite en partie par les prêtres, en partie par les lévites. *Ingressi templum :* l'intérieur de l'édifice sacré, dont l'entrée était interdite aux simples lévites. *Ad torrentem Cedron :* le profond ravin qui sépare le mont des Oliviers de la colline du Temple.

17. Durée du travail. — *Cœperunt...* Commencé le premier nisan, aussitôt après l'ordre du roi (vers. 3), il dura seize jours entiers : huit jours pour la purification des parvis, huit pour les différentes parties de l'édifice.
18-19. Les ministres sacrés annoncent à Ézéchias l'heureux achèvement de l'œuvre qu'il leur avait confiée. — *Cunctam... supellectilem* (vers. 19). Voyez xxviii, 24 ; IV Reg. xvi, 14, 17. — *Exposita... coram altari :* devant l'autel des holocaustes, purifié et remis en place. Cf. IV Reg. xvi, 14, et l'*Atl. arch.,* pl. xcvi, fig. 1.
4° Solennité publique de la purification du temple. XXIX. 20-36.
20-30. Nombreux sacrifices joyeusement offerts. — *Consurgensque...* : dès le matin du dix-septième jour (cf. vers. 17). — *Adunavit... prin-*

Dans la vallée du Cédron, près de Gethsémani.

rex, adunavit omnes principes civitatis, et ascendit in domum Domini ;

grand matin, assembla tous les princes de la ville, et monta à la maison du Seigneur.

21. obtuleruntque simul tauros septem, et arietes septem, agnos septem, et hircos septem pro peccato, pro regno, pro sanctuario, pro Juda; dixitque sacerdotibus, filiis Aaron, ut offerrent super altare Domini.

21. Et ils offrirent ensemble sept taureaux et sept béliers, sept agneaux et sept boucs, pour l'expiation des péchés, pour le royaume, pour le sanctuaire et pour Juda ; et il dit aux prêtres, fils d'Aaron, d'offrir *tout cela* sur l'autel du Seigneur.

22. Mactaverunt igitur tauros, et susceperunt sanguinem sacerdotes, et fuderunt illum super altare ; mactaverunt etiam arietes, et illorum sanguinem super altare fuderunt; immolaveruntque agnos, et fuderunt super altare sanguinem.

22. Les prêtres immolèrent donc les taureaux, et ils en prirent le sang, qu'ils répandirent sur l'autel. Ils immolèrent aussi les béliers, et en répandirent le sang sur l'autel. Ils immolèrent de même les agneaux, et en répandirent le sang sur l'autel.

23. Applicuerunt hircos pro peccato, coram rege et universa multitudine, imposueruntque manus suas super eos.

23. Ils firent amener devant le roi et devant toute la multitude les boucs qui étaient pour le péché, et ils leur imposèrent les mains.

24. Et immolaverunt illos sacerdotes, et asperserunt sanguinem eorum coram altari pro piaculo universi Israelis; pro omni quippe Israel præceperat rex ut holocaustum fieret, et pro peccato.

24. Les prêtres les immolèrent, et en répandirent le sang devant l'autel pour l'expiation *des péchés* de tout Israël. Car le roi avait commandé qu'on offrît l'holocauste pour tout Israël et pour le péché.

25. Constituit quoque levitas in domo Domini, cum cymbalis, et psalteriis, et citharis, secundum dispositionem David regis, et Gad videntis, et Nathan prophetæ; siquidem Domini præceptum fuit per manum prophetarum ejus.

25. Il établit aussi les lévites dans la maison du Seigneur, avec les cymbales, les harpes et les guitares, selon ce que le roi David avait réglé par l'avis des prophètes Gad et Nathan ; car c'était un ordre du Seigneur, transmis par ses prophètes.

26. Steteruntque levitæ tenentes organa David, et sacerdotes tubas.

26. Les lévites se tinrent donc debout, tenant les instruments de David, et les prêtres avaient des trompettes.

27. Et jussit Ezechias ut offerrent holocausta super altare; cumque offerrentur holocausta, cœperunt laudes canere Domino, et clangere tubis, atque in diversis organis quæ David, rex Israel, præparaverat, concrepare.

27. Et Ézéchias ordonna qu'on offrît les holocaustes sur l'autel; et pendant qu'on offrait les holocaustes, ils se mirent à chanter les louanges du Seigneur, et à sonner des trompettes, et à jouer des diverses sortes d'instruments que David, roi d'Israël, avait inventés.

28. Omni autem turba adorante, cantores, et ii qui tenebant tubas, erant in

28. Et tandis que le peuple adorait, les chantres et ceux qui tenaient des

---

cipes. Les princes de Jérusalem prirent une part importante aux réformes d'Ézéchias. Cf. vers. 30 : xxx, 2, 24; xxxi, 8, etc. — *Tauros, agnos* (vers. 21) : en holocauste. Les mots *pro peccato* ne retombent que sur *hircos* (cf. vers. 23). — *Pro regno,... Juda.* Intentions auxquelles ces victimes furent immolées : pour la purification du royaume, du sanctuaire et du peuple. — *Mactaverunt...* (vers. 22-24). Les sacrifices eurent lieu d'après les règles prescrites au livre du Lévitique (i, 4, etc.). — *Universi Israelis* (vers. 24) : toute la nation théocratique, y compris les

dix tribus du Nord, ainsi que le marque l'explication pleine d'emphase, *omnis quippe...* — *Constituit quoque levitas...* Détails rétrospectifs (vers. 25-30) sur l'oblation des sacrifices. L'écrivain sacré commence par rappeler qu'Ézéchias rétablit aussi, à cette occasion, la musique sacrée, telle qu'elle avait été organisée par David (cf. viii, 14 ; I Par. xv, 16). Le concours des prophètes *Gad* et *Nathan* pour cette œuvre importante n'est pas signalé ailleurs. — *Et jussit...* *holocausta :* ceux dont il a été parlé aux versets 21-22 : on y revient pour décrire la part des

officio suo, donec compleretur holocaustum.

29. Cumque finita esset oblatio, incurvatus est rex, et omnes qui erant cum eo, et adoraverunt.

30. Præcepitque Ezechias et principes levitis ut laudarent Dominum sermonibus David et Asaph videntis ; qui laudaverunt eum magna lætitia, et incurvato genu, adoraverunt.

31. Ezechias autem etiam hæc addidit : Implestis manus vestras Domino; accedite, et offerte victimas, et laudes in domo Domini. Obtulit ergo universa multitudo hostias, et laudes, et holocausta, mente devota.

32. Porro numerus holocaustorum quæ obtulit multitudo hic fuit : tauros septuaginta, arietes centum, agnos ducentos.

33. Sanctificaveruntque Domino boves sexcentos, et oves tria mlilia.

34. Sacerdotes vero pauci erant, nec poterant sufficere ut pelles holocau-

trompettes s'acquittaient de teur devoir, jusqu'à ce que l'holocauste fût achevé.

29. L'oblation finie, le roi se prosterna avec tous ceux qui étaient auprès de lui, et ils adorèrent.

30. Ézéchias et les princes ordonnèrent aux lévites de louer le Seigneur en employant les paroles de David et du prophète Asaph. Ils le firent avec une grande joie, et s'étant mis à genoux, ils adorèrent.

31. Ézéchias ajouta encore ces paroles : Vous avez rempli vos mains *pour faire des offrandes* au Seigneur ; approchez-vous, et offrez des victimes et des louanges dans la maison du Seigneur. Toute la multitude offrit donc des victimes, des louanges et des holocaustes, avec un esprit rempli de dévotion.

32. Voici le nombre des holocaustes qui furent offerts : soixante-dix taureaux, cent béliers et deux cents agneaux.

33. Ils sanctifièrent encore au Seigneur six cents bœufs et trois mille moutons.

34. Or il y avait alors peu de prêtres, et ils ne pouvaient suffire à enlever la peau

---

musiciens et des chanteurs. Tout ce passage est très dramatique ; notez surtout les vers. 29 et 30. — *Organa David* (vers. 26) : les instruments inventés ou perfectionnés par ce prince ; cf. I Par. xxiii, 5. — *Sermonibus David et Asaph* (vers. 30). C.-à-d. en chantant quelques-uns de leurs cantiques. Les titres de plusieurs psaumes en attribuent la composition à Asaph. Cf. Ps. xlix, 1 ; lxxii-lxxxii, 1.

31-35. Autres sacrifices volontairement immolés par tout le peuple pour parfaire la cérémonie. — *Ezechias... addidit :* prenant encore l'initiative, mais s'adressant cette fois à toute la foule et pas seulement aux ministres sacrés. — *Implestis manus...* Sur cette locution, voyez Ex. xxxii, 29. *Victimas :* les sacrifices dits pacifiques. *Laudes :* les sacrifices d'action de grâces (cf. Lev. vii, 11, 16). — *Mente devota.* Hébr.: d'un cœur empressé. — *Sanctificaverunt...* (vers. 33) : comme victimes pacifiques et d'action de grâces, puisque le verset 32 a énuméré les holocaustes. — *Sacerdotes... pauci* (vers. 34). Beaucoup d'entre eux, comme il sera dit plus bas,

avaient apporté de la lenteur à se purifier ; ils n'étaient donc pas aptes à remplir leurs fonctions. — *Nec poterant... ut pelles...* D'après la loi (cf. Lev. i, 5-6), celui qui offrait un holo-

Immolation et préparation d'une victime. (Sculpture égyptienne.)

causte devait lui-même enlever la peau de la victime ; peut-être cette opération avait-elle été depuis réservée aux prêtres. — *Levitæ...faciliori...* Telle n'est pas la signification de l'hébreu, où nous lisons : « Car les lévites avaient été plus droits

storum detraherent ; unde et levitæ, fratres eorum, adjuverunt eos, donec impleretur opus, et sanctificarentur antisi tes; levitæ quippe faciliolu ritu sanctificantur quam sacerdotes.

35. Fuerunt ergo holocausta pririma, adipes pacificorum, et libamina holocaustorum ; et completus est cultus domus Domini.

36. Lætatusque est Ezechias et omnis populus, eo quod ministerium Domini esset expletum ; derepente quippe hoc fieri placuerat.

des victimes destinées aux holocaustes. C'est pourquoi leurs frères les lévites les aidèrent, jusqu'à ce que tout fût achevé et que l'on eût purifié des prêtres ; car les lévites sont sanctifiés par un rite plus facile que les prêtres.

35. Ainsi l'on offrit beaucoup d'holocaustes, de graisses des hosties pacifiques, et de libations des holocaustes, et l'on rétablit entièrement le culte de la maison du Seigneur.

36. Et Ézéchias se réjouit avec tout son peuple de ce que le culte du Seigneur était rétabli ; car il avait résolu subitement qu'il en serait ainsi.

CHAPITRE XXX

1. Misit quoque Ezechias ad omnem Israel et Judam ; scripsitque epistolas ad Ephraim et Manassen, ut venirent ad domum Domini in Jerusalem, et facerent Phase Domino, Deo Israel.
2. Inito ergo consilio regis et principum, et universi cœtus Jerusalem, decreverunt ut facerent Phase mense secundo ;
3. non enim potuerant facere in tempore suo, quia sacerdotes qui possent sufficere sanctificati non fuerant, et populus nondum congregatus fuerat in Jerusalem.
4. Placuitque sermo regi et omni multitudini.
5. Et decreverunt ut mitterent nuntios in universum Israel, de Bersabee usque Dan, ut venirent, et facerent

1. Ézéchias envoya aussi avertir tout Israël et Juda, et il écrivit à ceux d'Éphraïm et de Manassé, pour qu'ils vinssent au temple de Jérusalem célébrer la pâque du Seigneur Dieu d'Israël.
2. En effet, le roi et les princes, et tout le peuple, assemblés à Jérusalem, avaient arrêté qu'on la ferait au second mois ;
3. car ils n'avaient pu la faire en son temps, n'ayant pas assez de prêtres sanctifiés, et le peuple ne s'étant pas encore réuni à Jérusalem.
4. Cette résolution plut au roi et à tout le peuple.
5. Et ils ordonnèrent qu'on enverrait des courriers dans tout Israël, depuis Bersabée jusqu'à Dan, pour qu'on vînt

---

de cœur, pour se sanctifier, que les prêtres. » Ils avaient donc plus de promptitude et de zèle à se purifier, dès que le roi leur en avait donné l'ordre (vers. 5). — *Fuerunt ergo... Dans* l'hébreu : « de plus, les holocaustes furent nombreux... » Autre motif pour lequel les lévites durent prêter leur concours aux prêtres. D'après les chiffres cités plus haut, vers. 21, 32-33, il y eut trois cent soixante-dix holocaustes et trois mille six cents hosties pacifiques, sans compter les libations associées à chacun de ces sacrifices.

35. Conclusion. — *Eo quod ministerium...* Plutôt : ils se réjouirent de ce que le Seigneur avait si bien disposé le peuple.

§ II. — *La piété d'Ézéchias se manifeste aussi dans la célébration solennelle de la Pâque.* XXX, 1 — XXXI, 1.

1° Préparatifs de la fête. XXX, 1-12.
CHAP XXX. — 1. Résumé servant d'intro-

duction. — *Ad... Israel et Judam.* Les tribus schismatiques furent elles-mêmes convoquées. Les deux principales, celles d'Éphraïm et de Manassé, sont citées nommément pour représenter toutes les autres. Cf. vers. 10 et 18.

2-5. Le roi, après avoir consulté les princes de Juda et les notables de Jérusalem, décide qu'on célébrera la Pâque au second mois. — *Mense secundo.* Ce retard était expressément permis aux simples particuliers, lorsqu'un voyage ou une impureté légale les avait empêchés de solenniser la fête en son temps ordinaire, c.-à-d. au premier mois. Cf. Num. IX, 6-13. On se crut en droit d'appliquer exceptionnellement cette règle au peuple entier dans la circonstance présente, car la double raison de dispense existait (vers. 3) : d'un côté, les prêtres n'étaient pas purifiés en assez grand nombre pour suffire aux rites de la solennité (voyez la note de XXIX, 34) ; de l'autre, il était trop tard pour avertir le peuple.

célébrer la pâque du Seigneur Dieu d'Israël, à Jérusalem ; car plusieurs ne
l'avaient point célébrée, comme il est
ordonné par la loi.

6. . Les courriers allèrent avec des
lettres, par ordre du roi et des princes,
à travers tout Israël et Juda, publiant
ce que le roi avait prescrit : Fils d'Israël,
revenez au Seigneur, au Dieu d'Abraham, d'Isaac et d'Israël ; et il reviendra
aux restes qui ont échappé à la main du
roi des Assyriens.

7. Ne faites pas comme vos pères et
vos frères, qui se sont retirés du Seigneur, du Dieu de leurs pères, et qui ont
été livrés par lui à la mort, comme vous
voyez.

8. N'endurcissez pas vos cœurs comme
vos pères ; donnez les mains au Seigneur, et venez à son sanctuaire, qu'il a
sanctifié à jamais. Servez le Seigneur, le
Dieu de vos' pères, et il détournera sa
colère et sa fureur de dessus vous.

9. Car, si vous revenez au Seigneur,
vos frères et vos fils trouveront miséricorde auprès des maîtres qui les ont
emmenés captifs, et ils reviendront
dans ce pays ; car le Seigneur votre
Dieu est bon et miséricordieux, et il ne
détournera point son visage de vous, si
vous revenez à lui.

10. Les courriers allaient ainsi rapidement de ville en ville dans le pays
d'Éphraïm, de Manassé et de Zabulon ;
mais on se moquait d'eux et on les insultait.

11. Néanmoins quelques hommes d'A-
ser, de Manassé et de Zabulon suivirent
leur conseil, et vinrent à Jérusalem.

12. Quant à Juda, la main du Seigneur s'y déploya pour leur donner
un même cœur et leur faire entendre
la parole du Seigneur, selon l'ordre du
roi et des princes.

Phase Domino, Deo Israel, in Jerusa
lem ; multi enim non fecerant sicut lege
præscriptum est.

6. Perrexeruntque cursores cum epistolis ex regis imperio, et principum
ejus, in universum Israel et Judam, juxta
id quod rex jusserat, prædicantes : Filii
Israel, revertimini ad Dominum, Deum
Abraham, et Isaac, et Israel ; et revertetur ad reliquias quæ effugerunt manum regis Assyriorum.

7. Nolite fieri sicut patres vestri et
fratres, qui recesserunt a Domino, Deo
patrum suorum, qui tradidit eos in interitum, ut ipsi cernitis.

8. Nolite indurare cervices vestras,
sicut patres vestri ; tradite manus Domino, et venite ad sanctuarium ejus,
quod sanctificavit in æternum ; servite
Domino, Deo patrum vestrorum, et aver-
tetur a vobis ira furoris ejus.

9. Si enim vos reversi fueritis ad
Dominum, fratres vestri et filii habebunt misericordiam coram dominis suis
qui illos duxerunt captivos, et revertentur in terram hanc ; pius enim et clemens
est Dominus Deus vester, et non avertet
faciem suam a vobis, si reversi fueritis
ad eum.

10. Igitur cursores pergebant velociter
de civitate in civitatem per terram
Ephraim, et Manasse usque ad Zabulon, illis irridentibus, et subsannanti-
bus eos.

11. Attamen quidam viri ex Aser, et
Manasse, et Zabulon, acquiescentes consilio, venerunt Jerusalem.

12. In Juda vero facta est manus Domini ut daret eis cor unum ut facerent,
juxta præceptum regis et principum,
verbum Domini.

— Multi enim... (vers. 5) : la grande masse du
peuple avait donc été infidèle au devoir pascal
depuis un certain temps ; mais cette restriction
même prouve que la fête n'était jamais tombée
complètement en désuétude.

6-9. L'invitation royale est portée à travers
toute la Palestine. — Prædicantes... Message
oral que les courriers devaient transmettre en
même temps que le message écrit (cf. vers. 1).
Il est bref, mais très bien conçu, amical et grave
tout ensemble, rempli de douces promesses faites
au nom de Jéhovah, comme aussi d'allusions aux
crimes de la nation et aux châtiments qu'ils
avaient attirés tout récemment sur elle. — Re-

vertetur ad reliquias... Trait douloureusement
pathétique (vers. 6). On était à la veille de la
ruine du royaume d'Israël, dont de très nombreux habitants avaient été déjà emmenés captifs en Assyrie. — Regis Assyriorum. Phul ou
Théglath-Phalasar (I Par. v, 26 ; IV Reg. xv, 19),
et Salmanasar (IV Reg. xvii, 3).

10-12. Résultats de l'invitation.— Per Ephraim
et Manasse : tribus limitrophes du royaume de
Juda. Usque... Zabulon : au nord du royaume
d'Israël (Atl. géogr., pl. vii). — Illis irridentibus. Il vint néanmoins des pèlerins de ces trois
districts. Cf. vers. 11 et 18. — Quidam ex Aser :
et aussi d'Issachar (vers. 18). — In Juda vero...

13. Congregatique sunt in Jerusalem populi multi ut facerent solemnitatem Azymorum in mense secundo ;

14. et surgentes, destruxerunt altaria quæ erant in Jerusalem, atque universa in quibus idolis adolebatur incensum subvertentes, projecerunt in torrentem Cedron.

15. Immolaverunt autem Phase quarta decima die mensis secundi. Sacerdotes quoque, atque levitæ, tandem sanctificati, obtulerunt holocausta in domo Domini.

16. Steteruntque in ordine suo, juxta dispositionem et legem Moysi, hominis Dei; sacerdotes vero suscipiebant effundendum sanguinem de manibus levitarum,

17. eo quod multa turba sanctificata non esset; et idcirco immolarent levitæ Phase his qui non occurrerant sanctificari Domino.

18. Magna etiam pars populi de Ephraim, et Manasse, et Issachar, et Zabulon, quæ sanctificata non fuerat, comedit Phase, non juxta quod scriptum est; et oravit pro eis Ezechias, dicens : Dominus bonus, propitiabitur

19. cunctis qui in toto corde requirunt Dominum, Deum patrum suorum; et non imputabit eis quod minus sanctificati sunt.

20. Quem exaudivit Dominus, et placatus est populo.

21. Feceruntque filii Israel qui inventi

---

13. Un peuple nombreux s'assembla à Jérusalem pour y célébrer la solennité des Azymes le second mois.

14. Et, se levant, ils détruisirent les autels qui étaient à Jérusalem. Ils mirent en pièces tout ce qui servait à offrir de l'encens aux idoles, et le jetèrent dans le torrent du Cédron.

15. Ils immolèrent donc la pâque le quatorzième jour du second mois. Et les prêtres et les lévites, qui s'étaient enfin sanctifiés, offrirent des holocaustes dans la maison du Seigneur.

16. Et ils se tinrent en leur rang, selon l'ordonnance et la loi de Moïse, l'homme de Dieu; et les prêtres recevaient de la main des lévites le sang que l'on devait répandre ;

17. car une grande partie du peuple ne s'était pas *encore* sanctifiée, et c'est pour cela que les lévites immolèrent la pâque pour ceux qui n'avaient pas assez pris de soin de se sanctifier au Seigneur.

18. Une grande partie du peuple d'Éphraïm, de Manassé, d'Issachar et de Zabulon, qui ne s'était pas non plus sanctifiée, mangea cependant la pâque, ne suivant point en cela ce qui est écrit. Ézéchias pria pour eux et dit Le Seigneur est bon, il fera miséricorde

19. à tous ceux qui cherchent de tout leur cœur le Seigneur, le Dieu de leurs pères, et il ne leur imputera point ce défaut de sanctification.

20. Le Seigneur l'exauça et pardonna au peuple.

21. Ainsi les fils d'Israël qui se trou-

Dans le royaume du sud, l'unanimité des adhérents fut telle, que le narrateur croit devoir l'attribuer à une action spéciale du Seigneur.

2º Célébration de la Pâque. XXX, 13-22.

13-14. L'assemblée renverse les autels idolâtriques érigés à Jérusalem par Achaz. — *Altaria... in Jerusalem :* à tous les coins de la ville (xxviii, 24). Ézéchias s'était occupé avant tout de purifier le temple et de rétablir le culte sacré ; les autels païens étaient encore debout. — *In... Cedron.* Voyez xxix, 16 et la note.

15-20. Les prêtres et les lévites remplissent leurs fonctions ; on permet aux Israélites entachés de quelque souillure légale de participer quand même à la fête. — *Tandem sanctificati.* La Vulgate rend la pensée, mais le texte hébreu est plus expressif : « les prêtres et les lévites furent confus et se sanctifièrent. » Confus de ne pas avoir été prêts plus tôt. Cf. vers. 3; xxix, 33. — *Sacerdotes... suscipiebant...* (vers. 16). C'était l'un des rites les plus essentiels des sacrifices. Les prêtres officiants recevaient le

sang des victimes dans des coupes, et le versaient de telle sorte, qu'une partie au moins touchât l'autel. — *De manibus levitarum.* D'ordinaire le sang était présenté aux prêtres par ceux qui offraient le sacrifice (cf. xxxv, 6; Esdr. vi, 20). Le verset 17 expose le motif de cette dérogation aux rites ordinaires. Un grand nombre de personnes accourues à Jérusalem pour la fête, surtout parmi les habitants du royaume du Nord (cf. vers. 18), avaient contracté des souillures légales, et le temps leur avait manqué pour se purifier. Régulièrement, elles auraient dû être exclues de toute participation aux victimes pascales (cf. Num. ix, 6); mais Ézéchias prit sur lui de les autoriser à manger la Pâque pour cette fois. Néanmoins elles n'immolèrent pas elles-mêmes leur hostie ; les lévites le firent à leur place. Touchantes paroles du saint roi à cette occasion : *Dominus bonus...* (vers. 18ᵇ-19); bonté non moins touchante du Seigneur (vers. 20).

21-22. Splendeur de la fête. Remarquez les répétitions du narrateur, majestueuses comme

vèrent à Jérusalem célébrèrent la solennité des Azymes durant sept jours
avec une grande joie, chantant tous les
jours les louanges du Seigneur. Les
lévites et les prêtres *firent de même*, en
jouant des instruments conformes à leur
fonction.

22. Ézéchias parla au cœur de tous
les lévites qui entendaient le mieux le
culte du Seigneur, et ils mangèrent *la
pâque* durant les sept jours que dura
cette fête, immolant des victimes d'action de grâces, et louant le Seigneur, le
Dieu de leurs pères.

23. Et il plut à toute la multitude de
célébrer encore sept autres jours de
fête · ce qu'ils firent avec grande joie.

24. Car Ézéchias, roi de Juda, avait
donné à la multitude mille taureaux et
sept mille moutons ; et les princes donnèrent au peuple mille taureaux et dix
mille moutons. Et il y eut une grande
quantité de prêtres qui se purifièrent.

25. Et tout le peuple de Juda fut
comblé de joie, tant les prêtres et les
lévites, que toute la multitude qui était
venue d'Israël ; et aussi les prosélytes
de la terre d'Israël, et ceux qui demeuraient dans Juda.

26. Et il se fit une grande solennité à
Jérusalem, telle qu'il n'y en avait point
eu de semblable dans cette ville depuis
le temps de Salomon, fils de David.

27. Enfin les prêtres et les lévites se
levèrent pour bénir le peuple ; et leur
voix fut exaucée, et leur prière pénétra
jusque dans le sanctuaire du ciel.

sunt in Jerusalem, solemnitatem Azymorum septem diebus in lætitia magna,
laudantes Dominum per singulos dies ;
levitæ quoque et sacerdotes, per organa
quæ suo officio congruebant.

22. Et locutus est Ezechias ad cor
omnium levitarum qui habebant intelligentiam bonam super Domino ; et comederunt septem diebus solemnitatis,
immolantes victimas pacificorum, et laudantes Dominum, Deum patrum suorum.

23. Placuitque universæ multitudini
ut celebrarent etiam alios dies septem ;
quod et fecerunt cum ingenti gaudio.

24. Ezechias enim, rex Juda, præbuerat multitudini mille tauros, et septem millia ovium ; principes vero dederant populo tauros mille, et oves decem
millia ; sanctificata est ergo sacerdotum
plurima multitudo.

25. Et hilaritate perfusa omnis turba
Juda, tam sacerdotum et levitarum,
quam universæ frequentiæ quæ venerat
ex Israel, proselytorum quoque de terra
Israel, et habitantium in Juda.

26. Factaque est grandis celebritas in
Jerusalem, qualis a diebus Salomonis,
filii David, regis Israel, in ea urbe non
fuerat.

27. Surrexerunt autem sacerdotes atque levitæ benedicentes populo ; et ex-
audita est vox eorum, pervenitque oratio in habitaculum sanctum cæli.

---

la circonstance même. — *Septem diebus*. Selon
la prescription de la loi. Cf. Ex. xii, 18 ; xxiii,
15, etc. — *Organa quæ suo officio...* Littéralement dans l'hébreu : « avec des instruments de
puissance au Seigneur. » Ce qui signifierait, suivant quelques commentateurs : de bruyants instruments de musique. Mieux : des instruments
avec lesquels ils célébraient la puissance de Jéhovah. — *Locutus est... ad cor... :* par de bonnes
et affectueuses paroles de reconnaissance, d'encouragement. — *Intelligentiam... super Domino.*
Probablement, la connaissance parfaite de leurs
fonctions sacrées. — *Comederunt...* D'après l'hébreu : ils mangèrent la fête pendant sept jours ;
pour dire qu'ils la célébrèrent. Cette locution
extraordinaire vient sans doute de ce qu'un des
rites caractéristiques de la Pâque consistait à
se nourrir de pain azyme pendant sept jours
consécutifs.

3° La fête est prolongée durant sept autres
ours. XXX, 23-27.

23-27. *Placuitque...* Marque d'un admirable
zèle et d'un saint enthousiasme. — *Ezechias...
præbuerat...* Une des raisons pour lesquelles cette
prolongation était désirée : grâce à la générosité
du roi et des princes, il restait encore des victimes en nombre suffisant pour toute une semaine. Selon d'autres interprètes, ce don royal
et princier n'aurait eu lieu que lorsqu'on eut
décidé de prolonger la fête. — *Sanctificata...
ergo...* (vers. 24). Cf. vers. 3 et 15. Les prêtres
purent ainsi suffire à l'oblation de tant de sacrifices. — *Proselytorum...* (vers. 25). Hébr.: des
étrangers. Les habitants du royaume d'Israël
qui étaient venus s'établir sur le sol de Juda.
Voyez xv, 9, et l'explication. — *Qualis a diebus...* (vers. 26). Allusion à la dédicace du temple de Salomon, qui avait aussi duré quinze
jours. Cf. vii, 9. — *Surrexerunt... sacerdotes*
(vers. 27). Au dernier jour, la bénédiction sacerdotale, ratifiée par le Seigneur.

14

CHAPITRE XXXI

1. Cumque hæc fuissent rite celebrata, egressus est omnis Israel qui inventus fuerat in urbibus Juda, et fregerunt simulacra, succideruntque lucos, demoliti sunt excelsa, et altaria destruxerunt, non solum de universo Juda et Benjamin, sed et de Ephraim quoque et Manasse, donec penitus everterent; reversique sunt omnes filii Israel in possessiones et civitates suas.

2. Ezechias autem constituit turmas sacerdotales et leviticas per divisiones suas, unumquemque in officio proprio, tam sacerdotum videlicet quam levitarum, ad holocausta et pacifica, ut ministrarent et confiterentur, canerentque in portis castrorum Domini.

3. Pars autem regis erat ut de propria ejus substantia offerretur holocaustum mane semper et vespere, sabbatis quoque et calendis, et solemnitatibus ceteris, sicut scriptum est in lege Moysi.

4. Præcepit etiam populo habitantium Jerusalem ut darent partes sacerdotibus et levitis, ut possent vacare legi Domini.

1. Lorsque ces fêtes eurent été célébrées d'après les rites, tous les Israélites qui se trouvaient dans les villes de Juda sortirent et brisèrent les idoles, abattirent les bois profanes, ruinèrent les hauts lieux et renversèrent les autels, non seulement dans tout Juda et Benjamin, mais aussi dans Ephraïm et Manassé, jusqu'à ce qu'ils eussent tout détruit. Puis tous les fils d'Israël retournèrent dans leurs héritages et dans leurs villes.

2. Et Ézéchias rétablit les classes des prêtres et des lévites selon leurs divisions, chacun dans son office propre, prêtres et lévites, pour les holocaustes et les sacrifices pacifiques, pour servir, louer Dieu et chanter aux portes du camp du Seigneur.

3. Et le roi, pour sa part, voulut que l'on prît sur son domaine de quoi offrir l'holocauste du matin et du soir, et aussi les sacrifices du sabbat, des premiers jours des mois et des autres solennités, ainsi qu'il est marqué dans la loi de Moïse.

4. Il ordonna aussi au peuple qui demeurait à Jérusalem de donner la part des prêtres et des lévites, afin qu'ils pussent vaquer à la loi du Seigneur.

4° Extirpation de l'idolâtrie dans toutes les villes de Juda, et jusque dans l'intérieur du royaume schismatique. XXXI, 1.

CHAP. XXXI. — 1. Comparez, pour l'ensemble des détails, IV Reg. XVIII, 4. — *Omnis Israel :* tous ceux qui avaient assisté à la fête, à quelque royaume qu'ils appartinssent. Les mots *in urbibus Juda* ne dépendent pas de *qui inventus fuerat*, mais de *egressus est;* toute la multitude qui avait célébré la Pâque à Jérusalem se dispersa pour aller détruire dans les villes de Juda, comme auparavant dans la capitale (cf. xxx, 14), tous les objets idolâtriques. Elle envahit même, dans son zèle, les provinces méridionales du royaume d'Israël (*Ephraim quoque...*), et y continua son œuvre de purification.

§ III. — *Autres mesures d'Ézéchias relatives au culte et aux ministres sacrés.* XXXI, 2-21.

Tout ce passage encore appartient en propre aux Paralipomènes.

1° Les classes et les revenus des prêtres et des lévites. XXXI, 2-19.

2. Les classes des ministres sacrés. — *Constituit turmas... :* les catégories établies par David.

Cf. VIII, 14; I Par. XXIII, 6; XXIV, 1. Elles avaient été désorganisées sous le règne impie d'Achaz, et il fallait les reconstituer. Cf. XXIII, 18; XXXV, 2, 4. — *Castrum Domini.* Sur cette expression, voyez Num. III, 38, et le commentaire; I Par. IX, 18.

3. Ézéchias se charge de fournir la matière de divers sacrifices. — *De propria.. substantia.* Ses revenus personnels sont énumérés plus bas, XXXII, 27-29. — *Sicut scriptum est.* Voyez, Num. XXVIII et XXIX, les détails qui concernent tous ces sacrifices. Ils exigeaient en tout, annuellement, environ onze cents agneaux, cent treize taureaux, trente-sept béliers et trente chèvres, indépendamment des offrandes de farine, d'huile et de vin, qui accompagnaient les sacrifices sanglants.

4-5. Le roi prescrit aux habitants de Jérusalem de payer fidèlement aux prêtres et aux lévites les revenus marqués par la loi. — *Darent partes.* Les premiers fruits et la dîme. Cf. vers. 5; Num. XVIII, 12-18, 21-24. — L'ordre d'Ézéchias est très sagement motivé : *ut possent vacare legi.* De tout temps, on a reconnu qu'il était nécessaire que les ministres de l'autel fussent dé-

5. Lorsque cela fut parvenu aux oreilles du peuple, les fils d'Israël offrirent en abondance les prémices du blé, du vin, de l'huile et du miel ; et ils donnèrent aussi la dîme de tout ce que produit la terre.

6. Les fils d'Israël et de Juda, qui demeuraient dans les villes de Juda, offrirent également la dîme des bœufs et des moutons, avec la dîme des choses sanctifiées qu'ils avaient vouées au Seigneur leur Dieu ; et, apportant tout cela, ils en firent plusieurs monceaux.

7. Ils commencèrent à faire ces monceaux le troisième mois, et ils les achevèrent le septième mois.

8. Le roi et les princes, étant entrés, virent ces monceaux, et ils bénirent le Seigneur et le peuple d'Israël.

9. Ézéchias demanda aux prêtres et aux lévites pourquoi ces monceaux demeuraient ainsi exposés.

10. Le grand prêtre Azarias, qui était de la race de Sadoc, lui répondit : Depuis que l'on a commencé à offrir ces prémices dans la maison du Seigneur, nous en avons mangé et nous nous en sommes rassasiés ; cependant il en est encore resté abondamment, parce que le Seigneur a béni son peuple, et cette grande quantité que vous voyez n'en est que le reste.

11. Ézéchias ordonna donc que l'on préparât des greniers dans la maison du Seigneur.

12. Quand on l'eut fait, on y porta fidèlement tant les prémices que les dîmes, et tout ce qui avait été voué. Le lévite Chonénias en eut l'intendance, et son frère Séméi était en second ;

5. Quod cum percrebuisset in auribus multitudinis, plurimas obtulere primitias filii Israel frumenti, vini, et olei, mellis quoque, et omnium quæ gignit humus decimas obtulerunt.

6. Sed et filii Israel et Juda, qui habitabant in urbibus Juda, obtulerunt decimas boum et ovium, decimasque sanctorum quæ voverant Domino Deo suo ; atque universa portantes, fecerunt acervos plurimos.

7. Mense tertio cœperunt acervorum jacere fundamenta, et mense septimo compleverunt eos.

8. Cumque ingressi fuissent Ezechias et principes ejus, viderunt acervos, et benedixerunt Domino ac populo Israel.

9. Interrogavitque Ezechias sacerdotes et levitas cur ita jacerent acervi.

10. Respondit illi Azarias, sacerdos primus, de stirpe Sadoc, dicens : Ex quo cœperunt offerri primitiæ in domo Domini, comedimus, et saturati sumus ; et remanserunt plurima, eo quod bene dixerit Dominus populo suo ; reliquiarum autem copia est ista quam cernis.

11. Præcepit igitur Ezechias ut præpararent horrea in domo Domini. Quod cum fecissent,

12. intulerunt, tam primitias quam decimas, et quæcumque voverant, fideliter ; fuit autem præfectus eorum Chonenias, levita, et Semei, frater ejus secundus,

---

gagés des préoccupations terrestres, afin de pouvoir se livrer sans réserve à leurs hautes fonctions. Cf. Neh. XIII, 10-14 ; I Cor. IX, 4 et ss. ; II Thess. III, 9, etc. — Louable promptitude d'obéissance, vers. 5. Les mots *filii Israel* désignent ici les habitants de Jérusalem, auquel le roi s'était directement adressé.

6-7. Les autres villes de Juda imitent le zèle de la capitale. — *Filii Israel*. Cette fois, d'après le contexte, les habitants du royaume du Nord émigrés dans celui de Juda. Cf. XXX, 25. — *Decimas... sanctorum... :* non pas la dîme proprement dite, puisque les offrandes de cette catégorie appartenaient en entier au Seigneur ; mais, d'après Lev. VII, 34, et Num. XVIII, 8 (voyez les notes), certaines parties spéciales de ces offrandes, abandonnées par Dieu à ses ministres. — *Mense tertio :* le mois de sivan (juin), pendant lequel on achève en Palestine la récolte

des céréales. — *Mense septimo :* le mois de tichri (octobre), qui voit rentrer toutes les autres récoltes.

8-19. Sages mesures du roi pour régulariser l'emploi, la préservation et le partage des revenus sacrés. — Construction d'entrepôts destinés à recevoir le produit des dîmes, prémices, etc., versets 8-12a. *Benedixerunt... :* ils bénirent Jéhovah, qui inspirait au peuple des sentiments si religieux ; ils bénirent le peuple de sa générosité. *Cur... jacerent... :* le roi, surpris de voir tant d'offrandes accumulées, désirait savoir si les ministres sacrés en avaient déjà reçu leur part. *Eo quod benedixerit...* (vers. 10) : en donnant de riches récoltes, qui avaient aussi accru la portion des prêtres et des lévites. *Horrea* (vers. 11) : des chambres qui serviraient de magasins ; cf. III Reg. VI, 5 ; Neh. XIII, 5, 7. — Lévites préposés à la garde des revenus sacrés,

13. post qu.m Jahiel, et Azarias, et Nahath, et Asael, et Jerimoth, Jozabad quoque, et Eliel, et Jesmachias, et Mahath, et Banaias, præpositi sub manibus Choneniæ, et Semei fratris ejus, ex imperio Ezechiæ regis, et Azariæ pontificis domus Dei, ad quos omnia pertinebant.

14. Core vero, filius Jemna, levites et janitor orientalis portæ, præpositus erat iis quæ sponte offerebantur Domino, primitil·que et consecratis in Sancta sanctorum.

15. Et sub cura ejus Edeu, et Benjamin, Jesue, et Semeias, Amarias quoque, et Sechenias, in civitatibus sacerdotum, ut fideliter distribuerent fratribus suis partes, minoribus atque majoribus,

16. exceptis maribus ab annis tribus et supra, cunctis qui ingrediebantur templum Domini; et quidquid per singulos dies conducebat in ministerio, atque observationibus juxta divisiones suas,

17. sacerdotibus per familias, et levitis a vigesimo anno et supra, per ordines et turmas suas.

18 Universæque multitudini, tam uxoribus quam liberis eorum utriusque sexus, fideliter cibi, de his quæ sanctificata fuerant, præbebantur.

19. Sed et filiorum Aaron per agros, et suburbana urbium singularum, dispositi erant viri, qui partes distribuerent universo sexui masculino de sacerdotibus et levitis.

20. Fecit ergo Ezechias universa quæ diximus in omni Juda; operatusque est bonum, et rectum, et verum, coram Domino Deo suo,

13. et après venaient Jahiel, Azarias, Nahath, Asaël, Jérimoth, Jozabad, Éliel, Jesmachias, Mahath et Banaïas, sous l'autorité de Chonénias et de Séméi, son frère, par l'ordre du roi Ézéchias et d'Azarias, pontife de la maison de Dieu, auxquels on rendait compte de tout.

14. Le lévite Ooré, fils de Jemna, et gardien de la porte orientale, était préposé aux dons qu'on offrait volontairement au Seigneur, et aux prémices et aux *autres* choses que l'on offrait dans le sanctuaire.

15. Sous lui *étaient* Eden, Benjamin, Jésué, Séméias, Amarias et Séchénias, dans les villes des prêtres, pour distribuer fidèlement leurs parts à leurs frères, tant aux grands qu'aux petits,

16. et même aux enfants mâles, depuis l'âge de trois ans et au-dessus, et à tous ceux qui entraient dans le temple du Seigneur; et tout ce que l'on distribuerait chaque jour à ceux qui étaient en service et remplissaient leurs fonctions, selon leurs divisions,

17. et aux prêtres selon leurs familles, et aux lévites depuis vingt ans et au-dessus d'après leurs rangs et leurs classes.

18. Et à toute la multitude, aux femmes et aux enfants des deux sexes on fournissait fidèlement des vivres avec ce qui avait été consacré.

19. Il y avait aussi des fils d'Aaron dans la campagne et dans les faubourgs de toutes les villes, pour distribuer leurs parts à tous les enfants mâles des prêtres et des lévites.

20. Ézéchias fit donc dans tout Juda tout ce que nous venons de dire; et il accomplit ce qui était bon, droit et vrai devant le Seigneur son Dieu,

---

vers. 12ᵇ-13. *Semei, Jahiel* et *Mahath* ont été mentionnés à l'occasion de la purification du temple; comme aussi *Eden* et *Semeias* (vers. 15). Cf. xxix, 14. — Lévites préposés à la distribution de ces mêmes revenus, vers. 14-19. *Consecratis in Sancta...* (vers. 14); hébr. : les choses très saintes, c.-à-d. les membres des victimes pour le péché et pour le délit que la loi réservait aux prêtres (cf. Lev. vi, 10, 22 ; vii, 1, 6). *Civitatibus sacerdotum* (vers. 15) : il y en avait treize dans le royaume de Juda (cf. Jos. xxi, 9 et ss.). *Exceptis maribus* (vers. 16) : ici et au verset 17, l'hébreu suppose des listes qui contenaient les noms de tous les ministres du culte et de leurs familles, en vue de cette distribution manuelle ;

il résulte du verset 16 que les prêtres ou lévites de semaine, et ceux de leurs fils qui les avaient accompagnés à Jérusalem dans le temple, ne recevaient point de part spéciale, attendu qu'ils se nourrissaient, pendant toute la durée de leur service, de viandes consacrées. *Fideliter... de his...* (vers. 18) : une fidélité consciencieuse s'imposait aux distributeurs dans l'accomplissement de leurs délicates fonctions. *Sed et... per agros* (vers. 19) : personne n'était oublié, soit à Jérusalem, soit dans les cités sacerdotales, soit en dehors de ces villes.

2° Conclusion des réformes religieuses d'Ézéchias. XXXI, 20-21.

20-21. Bel éloge du saint roi. De nouveau des répétitions solennelles, très expressives.

21. dans tout ce qui concerne le service de la maison du Seigneur, selon la
loi et les cérémonies, cherchant Dieu de
tout son cœur. Il le fit et prospéra.

21. in universa cultura ministerii domus Domini, juxta legem et ceremonias,
volens requirere Deum suum in toto
corde suo; fecitque, et prosperatus est.

CHAPITRE XXXII

1. Après que tout cela eut été fidèlement exécuté, Sennachérib, roi des Assyriens vint, et pénétrant dans Juda, il
assiégea les places fortes pour s'en
rendre maître.
2. Quand Ézéchias vit que Sennachérib
s'avançait, et que tout l'effort de la
guerre allait tomber sur Jérusalem,
3. il tint conseil avec les princes et les
plus braves officiers, en vue de boucher
les sources des fontaines qui étaient hors
de la ville; et tous en ayant été d'avis,
4. il assembla beaucoup de monde, et
ils bouchèrent toutes les fontaines, et le
ruisseau qui coulait au milieu du pays;
afin, disaient-ils, que si les rois des Assyriens viennent, ils ne trouvent pas de
l'eau en abondance.
5. Il rebâtit aussi avec grand soin
tout le rempart qui était en ruines, et il
construisit des tours par-dessus, et une
autre muraille en dehors. Il rétablit *la
forteresse de* Mello dans la ville de
David, et prépara toutes sortes d'armes
et des boucliers.
6. Il nomma ensuite des officiers pour
commander l'armée; puis, assemblant

1. Post quæ et hujuscemodi veritatem,
venit Sennacherib, rex Assyriorum; et
ingressus Judam, obsedit civitates munitas, volens eas capere.
2. Quod cum vidisset Ezechias, ve-
nisse scilicet Sennacherib, et totum belli
impetum verti contra Jerusalem,
3. inito cum principibus consilio, vi-
risque fortissimis, ut obturarent capita
fontium qui erant extra urbem; et hoc
omnium decernente sententia,
4. congregavit plurimam multitudinem, et obturaverunt cunctos fontes, et
rivum qui fluebat in medio terræ, dicentes : Ne veniant reges Assyriorum, et
inveniant aquarum abundantiam.

5. Ædificavit quoque, agens industrie, omnem murum qui fuerat dissipatus, et exstruxit turres desuper, et
forinsecus alterum murum; instauravit-
que Mello in civitate David, et fecit
universi generis armaturam et clypeos;

6. constituitque principes bellatorum
in exercitu; et convocavit universos in

---

§ IV. — *Dieu bénit merveilleusement Ézéchias.*
XXXII, 1-33.

Nous retrouvons ici la narration des Rois
(IV Reg. xviii, 13 et ss.); mais cette dernière
est à son tour beaucoup plus développée. Celle
des Paralipomènes contient néanmoins, malgré
sa grande concision, plusieurs particularités importantes.
1° Courage d'Ézéchias au moment de l'invasion assyrienne. XXXII, 1-8.
Le verset 1 coïncide avec IV Reg. xviii, 13
(voyez le commentaire); les autres appartiennent en propre à notre auteur.
Chap. XXXII. — 1. Sennachérib envahit le
royaume de Juda. — *Post hujusmodi veritatem.* C.-à-d. après l'entier accomplissement des
faits racontés ci-dessus. — *Volens... capere.* Il
les prit en effet, d'après l'autre récit.
2-8b. Ézéchias met Jérusalem en état de défense. — *Inito... consilio.* Conseil de guerre,
auquel assistèrent les princes de Juda et les
chefs de l'armée (*viris... fortissimis*). — Pre-

mière opération, relative aux sources, vers. 3-4.
Obturarent...; dans un double but : priver d'eau
les troupes ennemies (4b), en fournir le plus possible aux habitants de Jérusalem. *Rivum... in
medio terræ* (4c) : probablement la fontaine supérieure de Gihon (cf. vers. 30; *Atl. géogr.*, pl.
xiv, xv), qui coulait dans la vallée d'Hinnom et
que l'on conduisait dans l'intérieur de la ville
par un canal souterrain. — Deuxième opération :
réparer les brèches des remparts, construire de
nouvelles tours, etc., vers. 5b. Comp. Is. xxii,
9-10. *Alterum murum :* vraisemblablement celui
qui entourait la ville basse, au nord de Sion
(*Atl. géogr.*, pl. xiv). Sur le *Mello*, voyez II Reg.
v, 9, et l'explication. — Troisième opération :
préparer toute sorte d'armes et de munitions,
vers. 5c. *Armaturam :* plutôt des dards, d'après
l'hébreu. — Quatrième opération : choix de généraux intelligents, vers. 6c.
6b-8. Ézéchias encourage les habitants de Jérusalem, en leur promettant le secours tout-
puissant du Seigneur. — *In platea portæ...;* la
place qui précède habituellement les portes des

platea portæ civitatis, **ac** locutus est ad cor eorum, dicens ·

7. Viriliter agite, et confortamini; nolite timere, nec paveatis regem Assyriorum, et universam multitudinem quæ est cum eo; mul*to* enim plures nobiscum sunt quam cum illo.

8. Cum illo enim est brachium carneum; nobiscum Dominus Deus noster, qui auxiliator est noster, pugnatque pro nobis. Confortatusque est populus hujuscemodi verbis Ézechiæ, regis Juda.

9. Quæ postquam gesta sunt, misit Sennacherib, rex Assyriorum, servos suos in Jerusalem (ipse enim cum universo exercitu obsidebat Lachis), ad Ezechiam, regem Juda, et ad omnem populum qui erat in urbe, dicens :

10. Hæc dicit Sennacherib, rex Assyriorum : In quo habentes fiduciam sedetis obsessi in Jerusalem?

11. Num Ezechias decipit vos, ut tradat morti in fame et siti, affirmans quod Dominus Deus vester liberet vos de manu regis Assyriorum?

12. Numquid non est iste Ezechias qui destruxit excelsa illius, et altaria, et præcepit Juda et Jerusalem, dicens : Coram altari uno adorabitis, et in ipso comburetis incensum?

13. An ignoratis quæ ego fecerim, et patres mei, cunctis terrarum populis? Numquid prævaluerunt dii gentium, omniumque terrarum, liberare regionem suam de manu mea?

14. Quis est de universis diis gentium quas vastaverunt patres mei, qui potuerit eruere populum suum de manu mea,

tout le monde sur la place de la porte de la ville, il leur parla au cœur, en disant :

7. Agissez virilement et ayez du courage; ne craignez point et ne redoutez pas le roi des Assyriens, ni toute cette multitude qui l'accompagne; car il y a beaucoup plus de monde avec nous qu'avec lui.

8. Avec lui est un bras de chair; mais nous avons avec nous le Seigneur notre Dieu, qui nous secourt et combat pour nous. Le peuple fut encouragé par ces paroles d'Ézéchias, roi de Juda.

9. Après cela, Sennachérib, roi des Assyriens, qui assiégeait Lachis avec toute son armée, envoya ses serviteurs à Jérusalem vers Ézéchias, roi de Juda, et à tout le peuple qui était dans la ville, et il leur dit :

10. Ainsi parle Sennachérib, roi des Assyriens : Sur quoi reposé votre confiance, pour que vous demeuriez en repos, assiégés dans Jérusalem?

11. Est-ce qu'Ézéchias ne vous trompe pas, pour vous faire mourir de faim et de soif, affirmant que le Seigneur votre Dieu vous délivrera de la main du roi des Assyriens?

12. N'est-ce pas cet Ézéchias qui a renversé ses hauts lieux et ses autels, et qui a publié cet ordre dans Juda et dans Jérusalem : Vous n'adorerez que devant un seul autel, et c'est sur lui que vous brûlerez vos encens?

13. Ignorez-vous ce que nous avons fait, moi et mes pères, à tous les peuples de la terre? Les dieux des nations et de toutes les provinces ont-ils été assez forts pour les délivrer de ma main?

14. Lequel de tous les dieux des nations que mes pères ont ravagées a pu tirer son peuple de ma main, pour que

---

villes en Orient; mais on ignore de quelle porte spéciale il est question. — *Dicens...* petit discours qui respire la foi et la vaillance; il est en tout point digne d'Ézéchias. » — *Brachium carneum* est une belle figure pour désigner la vanité des efforts humains, si Dieu ne les seconde. — Heureux résultat produit, vers. 8ᵇ : *confortatusque...* Néanmoins, peu de temps après, Ézéchias crut devoir céder partiellement, en payant à Sennachérib un tribut considérable. Cf. IV Reg. xviii, 14-16. — *Lachis.* Voyez la note de xi, 9.

2° Blasphèmes des Assyriens contre Jéhovah. XXXII, 9-19.

Sommaire rapide de ce qui est plus longuement exposé IV Reg. xviii, 17-36 (voyez les notes).

9. Les ambassadeurs de Sennachérib sous les murs de Jérusalem. — *Servos suos :* trois de ses premiers officiers, « Tharthan, Rabsaris et Rabsacès. »

10-15. Discours arrogant et impie des ambassadeurs. — L'idée générale au verset 11 : Jérusalem ne peut compter sur aucun appui. *Sedetis obsessi;* plutôt : Vous demeurez dans l'angoisse. Jérusalem n'était pas encore investie, mais elle avait déjà beaucoup à souffrir du voisinage des troupes assyriennes. — Vers. 11-12 : pas de confiance possible en Ézéchias, qui s'est aliéné Jéhovah, en restreignant son culte. Voyez la note de IV Reg. xviii, 22. — Vers. 13-15 : pas de confiance possible en Jéhovah lui-même, qui succombera comme les dieux des autres peuples

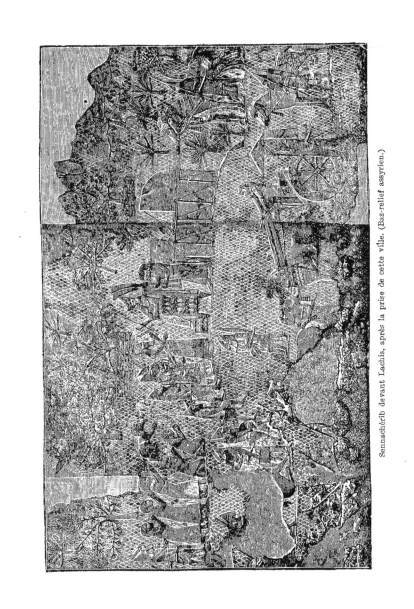

Sennachérib devant Lachis, après la prise de cette ville. (Bas-relief assyrien.)

ut possit etiam Deus vester eruere vos de hac manu?

15. Non vos ergo decipiat Ezechias, nec vana persuasione deludat; neque credatis ei. Si enim nullus potuit deus cunctarum gentium atque regnorum liberare populum suum de manu mea, et de manu patrum meorum, consequenter nec Deus vester poterit eruere vos de manu mea.

16. Sed et alia multa locuti sunt servi ejus contra Dominum Deum, et contra Ezechiam, servum ejus.

17. Epistolas quoque scripsit plenas blasphemiæ in Dominum Deum Israel, et locutus est adversus eum : Sicut dii gentium ceterarum non potuerunt liberare populum suum de manu mea, sic et Deus Ezechiæ eruere non poterit populum suum de manu ista.

18. Insuper, et clamore magno, lingua judaica contra populum qui sedebat in muris Jerusalem personabat, ut terreret eos, et caperet civitatem.

19. Locutusque est contra Deum Jerusalem, sicut adversum deos populorum terræ, opera manuum hominum.

20. Oraverunt igitur Ezechias rex, et Isaias, filius Amos, prophetes, adversum hanc blasphemiam, ac vociferati sunt usque in cælum.

21. Et misit Dominus angelum qui percussit omnem virum robustum, et bellatorum, et principem exercitus regis Assyriorum; reversusque est cum ignominia in terram suam. Cumque ingressus esset domum dei sui, filii qui egressi fuerant de utero ejus interfecerunt eum gladio.

22. Salvavitque Dominus Ezechiam et

votre Dieu puisse vous sauver de cette main?

15. Prenez donc garde qu'Ézéchias ne vous trompe, et qu'il ne vous joue par une vaine persuasion. Ne le croyez pas. Si aucun dieu de toutes les nations et des royaumes n'a pu délivrer son peuple de ma main ni de celle de mes pères, votre Dieu, par conséquent, ne pourra non plus vous tirer de ma main.

16. Ces officiers de Sennachérib dirent encore beaucoup d'autres choses contre le Seigneur Dieu, et contre Ézéchias son serviteur.

17. Il écrivit aussi des lettres pleines de blasphème contre le Seigneur, le Dieu d'Israël, et il parla ainsi contre lui : Comme les dieux des autres nations n'ont pu délivrer leur peuple de ma main, de même le Dieu d'Ézéchias ne pourra pas non plus sauver son peuple de cette main.

18. De plus, élevant sa voix de toutes ses forces, il parla en langue judaïque au peuple qui était sur les murs de Jérusalem, pour l'épouvanter et se rendre maître de la ville.

19. Il parla contre le Dieu de Jérusalem, comme il avait fait contre les dieux des peuples de la terre, qui sont l'ouvrage de la main des hommes.

20. Mais le roi Ézéchias et le prophète Isaïe, fils d'Amos, opposèrent leurs prières à ces blasphèmes, et poussèrent des cris jusqu'au ciel.

21. Et le Seigneur envoya un ange, qui frappa tous les vaillants guerriers et le chef de l'armée du roi des Assyriens; de sorte que Sennachérib s'en retourna avec ignominie dans son pays. Et étant entré dans le temple de son dieu, ses fils qui étaient sortis de son sein le tuèrent avec le glaive.

22. Le Seigneur délivra ainsi Ézéchias

---

vaincus par les Assyriens. *Patres mei* (vers. 13) : dans le sens large; les prédécesseurs de Sennachérib sur le trône de Ninive.

16-19. Autres blasphèmes, de vive voix et par écrit. — *Epistolas quoque...* (vers. 17). Voyez IV Reg. XIX, 14. — *Lingua judaica* (vers. 18). Cf. IV Reg. XVIII, 28-35. Le discours prononcé en hébreu par Rabsacès est antérieur à la lettre qui vient d'être mentionnée. — La réflexion *ut terreret...* est propre aux Paralipomènes.

20. Prière d'Ézéchias et du prophète Isaïe. — *Oraverunt...* La prière du saint roi est citée intégralement IV Reg. XIX, 15-19, et Is. XXXVII, 15-20. L'auteur des Paralipomènes est seul à

mentionner directement celle d'Isaïe, mais les passages parallèles la supposent. Cf. IV Reg. XIX, 2-4 ; Is. XXXVII, 2-4. — *Vociferati... in cælum.* Locution extrêmement énergique, pour marquer l'intensité de la supplication.

21. Désastre de l'armée assyrienne, mort de Sennachérib. Comparez IV Reg. XIX, 35-37, et le commentaire. — Trois traits nouveaux à signaler : *percussit omnem... robustum* (les plus vaillants soldats)..., *principem* (les chefs), *cum ignominia*, et l'expression emphatique *egressi... de utero ejus*, qui relève l'atrocité du crime.

22-23. Jéhovah est reconnu publiquement comme l'auteur de cette grande délivrance. Ces belles

La vallée de Ghion. (D'après une photographi)

habitatoies Jerusalem de manu Sennacherib, regis Assyriorum, et de manu omnium; et præstitit eis quietem per circuitum.

23. Multi etiam deferebant hostias et sacrificia Domino, in Jerusalem, et munera Ezechiæ, regi Juda, qui exaltatus est post hæc coram cunctis gentibus.

24. In diebus illis ægrotavit Ezechias usque ad mortem, et oravit Dominum; exaudivitque eum, et dedit ei signum.

25. Sed non juxta beneficia quæ acceperat retribuit, quia elevatum est cor ejus; et facta est contra eum ira, et contra Judam et Jerusalem.

26. Humiliatusque est postea, eo quod exaltatum fuisset cor ejus, tam ipse quam habitatores Jerusalem; et idcirco non venit super eos ira Domini in diebus Ezechiæ.

27. Fuit autem Ezechias dives, et inclytus valde; et thesauros sibi plurimos congregavit argenti, et auri, et lapidis pretiosi, aromatum, et armorum universi generis, et vasorum magni pretii.

28. Apothecas quoque frumenti, vini, et olei, et præsepia omnium jumentorum, caulasque pecorum,

29. et urbes ædificavit sibi; habebat quippe greges ovium et armentorum innumerabiles, eo quod dedisset ei Dominus substantiam multam nimis.

30. Ipse est Ezechias qui obturavit superiorem fontem aquarum Gihon, et avertit eas subter ad occidentem urbis David; in omnibus operibus suis fecit prospere quæ voluit.

et les habitants de Jérusalem de la main de Sennachérib, roi des Assyriens, et de la main de tous, et il leur donna la paix tout autour.

23. Et beaucoup apportèrent des victimes et des offrandes à Jérusalem pour le Seigneur, et des présents pour Ézéchias, roi de Juda, qui fut exalté depuis parmi toutes les nations.

24. En ce temps-là Ézéchias fut malade d'une maladie mortelle, et il pria le Seigneur, qui l'exauça, et lui en donna un signe.

25. Mais Ézéchias ne rendit pas à Dieu ce qu'il lui devait pour les biens qu'il en avait reçus; car son cœur s'éleva, et la colère de Dieu s'alluma contre lui, et contre Juda et Jérusalem.

26. Ensuite il s'humilia, avec tous les habitants de Jérusalem, de ce que son cœur s'était élevé; c'est pourquoi la colère du Seigneur ne vint point sur eux durant la vie d'Ézéchias.

27. Or Ézéchias fut très riche et très glorieux; il amassa de grands trésors d'argent, d'or et de pierreries, d'aromates, de toutes sortes d'armes et de vases de grand prix.

28. Il avait aussi des magasins de blé, de vin et d'huile, des étables pour toute sorte de gros bétail, et des bergeries pour ses petits troupeaux.

29. Et il se bâtit des villes; car il avait une infinité de troupeaux de brebis et de gros bétail; et le Seigneur lui avait donné une abondance extraordinaire de biens.

30. C'est ce même Ézéchias qui boucha la fontaine supérieure des eaux de Gihon, et les fit couler sous terre à l'occident de la ville de David; et il réussit heureusement en toutes ses entreprises.

---

réflexions morales manquent dans l'autre récit. — *Et de manu omnium.* Cf. IV Reg. XVIII, 7-8. — *Multi deferebant :* non seulement les habitants du royaume miraculeusement sauvé, mais les étrangers eux-mêmes, comme paraît l'indiquer la fin du verset 23.

4° Guérison miraculeuse et punition d'Ézéchias. XXXII, 24-26.

Simple résumé de IV Reg. xx, 1-19 (voyez les notes).

24. Maladie et guérison du roi. — *Signum :* le signe célèbre de l'horloge d'Achaz.

25-26. L'orgueil d'Ézéchias humilié. — *Elevatum cor...:* à l'occasion de l'ambassade de Méro-

dach-Baladan. Cf. vers. 31. Le détail *tam ipse quam habitatores Jerusalem* est propre aux Paralipomènes.

5° Quelques traits rétrospectifs. XXXII, 27-31.

27-29. Les richesses d'Ézéchias. — *Dives valde.* Voyez IV Reg. xx, 13. — *Armorum..., vasorum...* Dans l'hébreu : des boucliers, et de tous les objets que l'on peut désirer. — *Apothecas frumenti...* Voyez l'*Atl. arch.,* pl. xxxv, fig. 5, 9, 10. — *Vint :* ibid., pl. xxxvii, fig. 6..

30. Ses travaux à la piscine supérieure de Gihon. — *Obturavit :* au temps de l'invasion assyrienne (note du verset 3). — *Ad occidentem urbis... :* à l'ouest de Sion (*Atl. géogr.,* pl. xiv).

31. Néanmoins Dieu, pour le tenter et pour faire voir tout ce qu'il avait dans son cœur, se retira de lui dans cette ambassade des princes de Babylone, qui avaient été envoyés vers lui pour s'informer du prodige qui était arrivé dans le pays.

32. Le reste des actions d'Ézéchias et toutes ses bonnes œuvres, tout cela est écrit dans la vision du prophète Isaïe, fils d'Amos, et dans le livre des rois de Juda et d'Israël.

33. Et Ézéchias s'endormit avec ses pères, et on l'ensevelit au-dessus des sépulcres des fils de David. Tout Juda et tous les habitants de Jérusalem célébrèrent ses funérailles; et Manassé, son fils, régna à sa place.

31. Attamen in legatione principum Babylonis, qui missi fuerant ad eum ut interrogarent de portento quod acciderat super terram, dereliquit eum Deus ut tentaretur, et nota fierent omnia quæ erant in corde ejus.

32. Reliqua autem sermonum Ezechiæ, et misericordiarum ejus, scripta sunt in visione Isaiæ, filii Amos, prophetæ, et in libro regum Juda et Israel.

33. Dormivitque Ezechias cum patribus suis, et sepelierunt eum super sepulcra filiorum David; et celebravit ejus exequias universus Juda, et omnes habitatores Jerusalem; regnavitque Manasses, filius ejus, pro eo.

CHAPITRE XXXIII

1. Manassé avait douze ans quand il commença à régner, et il en régna cinquante-cinq à Jérusalem.

2. Il fit le mal devant le Seigneur,

1. Duodecim annorum erat Manasses cum regnare cœpisset, et quinquaginta quinque annis regnavit in Jerusalem.

2. Fecit autem malum coram Domino,

---

31. Sa faute. — *Attamen...* : exception à la règle qui vient d'être posée (*in omnibus... prospere*, vers. 30). — *Missi... ut interrogarent...* Le but de l'ambassade n'est pas noté dans les

récits des Rois et d'Isaïe. — *Dereliquit eum...* : Dieu l'abandonna à son propre sens, pour le mettre à l'épreuve (*tentaretur*). Réflexion propre à notre auteur. — *Et nota fierent :* par la manière dont Ézéchias supporterait cette épreuve. 6° Conclusion du règne d'Ézéchias. XXXII, 32-33. Comp. IV Reg. xx, 20-21.

32. Documents pour l'histoire de ce prince. — *Misericordiarum ejus* est un trait spécial. De même la mention de la vision d'Isaïe.

33. Sa mort et sa sépulture. — *Super sepulcra.* C.-à-d., probablement, dans une tombe creusée dans le roc au-dessus des autres chambres sé-

pulcrales. Il n'y avait plus de place dans le tombeau royal. — *Celebravit... exequias.* Autre détail nouveau, qui témoigne de l'amour du peuple pour Ézéchias. Cf. xvi, 14.

Tombes taillées dans le roc. (Monuments égyptiens.)

Passage parallèle : IV Reg. xxi, 1-26. Même ordre dans les deux recueils, souvent des coïncidences verbales, quelques omissions et additions de part et d'autre.

1° Impiété de Manassé. XXXIII, 1-9. Comp. IV Reg. xxi, 1-9, et le commentaire.

Chap. XXXIII. — 1. Les dates principales. — L'autre récit ajoute le nom de la mère du roi.

2-9. Caractère moral du règne de Manassé. —

juxta abominationes gentium quas subvertit Dominus coram filiis Israel.

3. Et conversus instauravit excelsa
quæ demolitus fuerat Ezechias, pater
ejus; construxitque aras Baalim, et fecit
lucos, et adoravit omnem militiam cæli,
et coluit eam.

4. Ædificavit quoque altaria in domo
Domini, de qua dixerat Dominus : In
Jerusalem erit nomen meum in æter-
num.

5. Ædificavit autem ea cuncto exercitui cæli, in duobus atriis domus Domini.

6. Transireque fecit filios suos per
ignem in valle Benennom; observabat
somnia, sectabatur auguria, maleficis
artibus inserviebat, habebat secum ma-
gos et incantatores, multaque mala operatus est coram Domino, ut irritaret eum.

7. Sculptile quoque et conflatile signum posuit in domo Dei, de qua locutus est Deus ad David, et ad Salomonem,
filium ejus, dicens : In domo hac et in
Jerusalem, quam elegi de cunctis tribubus Israel, ponam nomen meum in sempiternum.

8. Et moveri non faciam pedem Israel
de terra quam tradidi patribus eorum,
ita duntaxat si custodierint facere quæ
præcepi eis, cunctamque legem, et ceremonias, atque judicia per manum
Moysi.

9. Igitur Manasses seduxit Judam et
habitatores Jerusalem, ut facerent malum super omnes gentes quas subverte-
rat Dominus a facie filiorum Israel.

10. Locutusque est Dominus ad eum,
et ad populum illius, et attendere noluerunt.

11. Idcirco superinduxit eis principes
exercitus regis Assyriorum; ceperuntque

suivant les abominations des peuples que
le Seigneur avait exterminés devant les
fils d'Israël.

3. Il rebâtit les hauts lieux que son
père Ézéchias avait détruits; il dressa
des autels à Baal, il planta des bois
profanes, et il adora toute la milice du
ciel et lui sacrifia.

4. Il bâtit aussi des autels dans la
maison du Seigneur, de laquelle le Seigneur avait dit : Mon nom demeurera
éternellement dans Jérusalem.

5. Il .les érigea en l'honneur de toute
l'armée du ciel, dans les deux vestibules du temple du Seigneur.

6. Il fit aussi passer ses fils par le feu
dans la vallée de Bénennom; il observait les songes, il suivait les augures,
il s'adonnait à l'art de magie, il avait
auprès de lui des magiciens et des en-
chanteurs, et il fit beaucoup de mal
devant le Seigneur, qui en fut irrité.

7. Il mit aussi une idole et une statue
de fonte dans la maison du Seigneur, de
laquelle Dieu avait dit, parlant à David et à Salomon, son fils : J'établirai
mon nom à jamais dans cette maison,
et dans Jérusalem, que j'ai choisie entre
toutes les tribus d'Israël.

8. Et je ne ferai plus sortir Israël de
la terre que j'ai donnée à leurs pères;
pourvu seulement qu'ils aient soin d'accomplir ce que je leur ai commandé,
toute la loi, les cérémonies et les préceptes *que je leur ai donnés* par l'entre-
mise de Moïse.

9. Manassé séduisit donc Juda et les
habitants de Jérusalem, et les porta à
faire plus de mal que toutes les nations
que le Seigneur avait détruites à la face
des fils d'Israël.

10. Et Dieu lui parla, à lui et à son
peuple, et ils ne voulurent point l'é-
couter.

11. C'est pourquoi Dieu fit venir sur
eux les princes de l'armée du roi des

L'idée générale, vers. *2*; les développements,
vers. 3-8; conclusion et transition, vers. 9. —
Aras Baalim (vers. 3). Le livre des Rois dit
« Baal » au singulier. — *Fecit lucos.* IV Reg.:
comme avait fait Achab, roi d'Israël. — *In æternum* (vers. 4) : trait spécial. — *Filios suos*
(vers. 6). Ici, comme pour Achaz, notre auteur
emploie le pluriel. IV Reg.: son fils. — *Sculp-
ptile* (vers. 7) : une image d'Astarté d'après les
Rois.
2° Châtiment de Manassé et son repentir; il
est rétabli sur son trône. XXXIII, 10-17.

A part le verset.10, qui résume IV Reg. xxi,
10-15, tout est inédit dans ce passage.
10. Dieu avertit en vain Manassé et le peuple
de Juda.
11. Manassé est emmené captif à Babylone. —
Regis Assyriorum. Dans ses inscriptions, Assurbanipal, fils d'Asarhaddon et petit-fils de Sennachérib, cite formellement *Minasi, sar Yahudi*
(Manassé, roi de Juda) parmi ses tributaires.
Mais on ne possède aucun détail sur l'expédition victorieuse du monarque assyrien. — *In
Babylonem* : on voit aussi par les monuments

Assurbanipal sur son char. (Bas-relief de Ninive.)

Manassen, et vinctum catenis atque compedibus duxerunt in Babylonem.

12. Qui postquam coangustatus est, oravit Dominum Deum suum, et egit pœnitentiam valde coram Deo patrum suorum.

13. Deprecatusque est eum, et obsecravit intente; et exaudivit orationem ejus, reduxitque eum Jerusalem in regnum suum; et cognovit Manasses quod Dominus ipse esset Deus.

14. Post hæc ædificavit murum extra civitatem David, ad occidentem Gihon in convalle, ab introitu portæ Piscium, per circuitum usque ad Ophel, et exaltavit ilium vehementer; constituitque principes exercitus in cunctis civitatibus Juda munitis.

15. Et abstulit deos alienos et simulacrum de domo Domini, aras quoque quas fecerat in monte domus Domini et in Jerusalem, et projecit omnia extra urbem.

16. Porro instauravit altare Domini, et immolavit super illud victimas, et pacifica, et laudem; præcepitque Judæ ut serviret Domino, Deo Israel.

17. Attamen adhuc populus immolabat in excelsis Domino Deo suo.

Assyriens, qui prirent Manassé, lui mirent les fers aux pieds et aux mains et l'emmenèrent à Babylone.

12. Manassé, réduit à cette extrémité, pria le Seigneur son Dieu, et conçut un très vif repentir devant le Dieu de ses pères.

13. Il lui adressa ses prières et ses instantes supplications; et le Seigneur exauça sa prière, et le ramena à Jérusalem dans son royaume; et Manassé reconnut que le Seigneur était *le vrai Dieu*.

14. Après cela il bâtit la muraille qui est hors de la ville de David, à l'occident de Gihon dans la vallée, depuis l'entrée de la porte des Poissons, continuant l'enceinte jusqu'à Ophel; et il éleva très haut cette muraille. Il mit aussi des officiers de l'armée dans toutes les places fortes de Juda.

15. Il ôta les dieux étrangers et l'idole de la maison du Seigneur. *Il détruisit* les autels qu'il avait fait faire sur la montagne de la maison du Seigneur et dans Jérusalem, et il fit tout jeter hors de la ville.

16. Il rétablit aussi l'autel du Seigneur, et il y immola des victimes et des hosties pacifiques et d'action de grâces; et il ordonna à Juda de servir le Seigneur, le Dieu d'Israël.

17. Cependant le peuple immolait encore sur les hauts lieux au Seigneur son Dieu.

---

antiques qu'Assurbanipal résida quelque temps à Babylone à la suite d'un grand triomphe remporté sur les Chaldéens. Voyez F. Vigouroux, *Bible et découvertes*, t. IV, p. 264 et ss. — *Vinctum catenis... compedibus.* Assurbanipal se vante

Entraves et menottes. (Bas-relief assyrien.)

d'avoir ainsi traité le pharaon Néchao. Voyez l'*Atl. arch.*, pl. LXXI, fig. 1, 8.

12-13. Conversion de Manassé; Dieu le rétablit sur le trône de ses pères. — *Oravit Dominum.* Littéralement dans l'hébreu : il caressa la face de Jéhovah. Locution qu'on trouve encore Ex. XXXII, 11; I Reg. XIII, 11, etc. En tête des écrits apocryphes qu'il est d'usage d'imprimer à la suite du texte sacré dans la Vulgate, se lit la prière de Manassé (voyez notre *Biblia sacra*, p. 1367). — *Deprecatus est...* Répétition qui dénote une

grande ferveur dans cette humble supplication. — *Reduxit... Jerusalem :* en adoucissant Assurbanipal à l'égard de son captif. — *Cognovit... quod Dominus... :* connaissance pratique et d'expérience, qui vint s'ajouter à celle de l'intelligence.

14-17. Les actions principales de Manassé après sa captivité. Les unes furent militaires, vers. 14; les autres, religieuses, vers. 15-17. — *Ædificavit murum...* Le roi compléta les fortifications de Jérusalem. — *Portæ Piscium :* à l'angle nord-est de la seconde enceinte. Voyez Neh. III, 3, et l'*Atl. géogr.*, pl. XIV. — *Usque ad Ophel;* hébr. : et il entoura Ophel (sur la situation de cette colline, voyez la note de XXVII, 3). — *Deos alienos et simulacrum* (vers. 15) : les Baalim et l'Astarté des versets 3 et 7. — *Projecit... extra urbem.* Cf. XXIX, 16; XXX, 14. Aux périodes de purification, on jetait hors de la ville tout ce qui l'avait souillé. — *Instauravit altare* (vers. 16) : l'autel des holocaustes, qui avait sans doute été profané. — *Laudem :* des sacrifices d'action de grâces. Voyez

18. Le reste des actions de Manassé, la prière qu'il fit à son Dieu, et les remontrances des prophètes qui lui parlaient de la part du Seigneur, le Dieu d'Israël, tout cela est rapporté dans les livres des rois d'Israël.

19. Sa prière, et la manière dont Dieu l'exauça, tous ses crimes et son mépris *de Dieu*, les hauts lieux qu'il fit construire, les bois profanes et les statues qu'il érigea avant sa pénitence, tout cela est écrit dans le livre d'Hozaï.

20. Manassé s'endormit donc avec ses pères, et il fut enseveli dans sa maison; et son fils Amon régna à sa place.

21. Amon avait vingt-deux ans quand il commença à régner, et il régna deux ans à Jérusalem.

22. Il fit le mal en présence du Seigneur, comme Manassé son père, et il sacrifia à toutes les idoles que Manassé avait fait faire, et il les adora.

23. Et il ne craignit point le Seigneur, comme son père Manassé l'avait craint; mais il commit des crimes beaucoup plus grands.

24. Ses serviteurs conspirèrent contre lui, et le tuèrent dans sa maison.

25. Mais le reste du peuple, ayant mis à mort ceux qui avaient tué Amon, établit roi à sa place Josias, son fils.

18. Reliqua autem gestorum Manasse, et obsecratio ejus ad Deum suum, verba quoque videntium qui loquebantur ad eum in nomine Domini, Dei Israel, continentur in sermonibus regum Israel.

19. Oratio quoque ejus, et exauditio, et cuncta peccata atque contemptus, loca etiam in quibus ædificavit excelsa, et fecit lucos et statuas, antequam ageret pœnitentiam, scripta sunt in sermonibus Hozai.

20. Dormivit ergo Manasses cum patribus suis, et sepelierunt eum in domo sua; regnavitque pro eo filius ejus Amon.

21. Viginti duorum annorum erat Amon cum regnare cœpisset, et duobus annis regnavit in Jerusalem.

22. Fecitque malum in conspectu Domini, sicut fecerat Manasses, pater ejus, et cunctis idolis quæ Manasses fuerat fabricatus immolavit, atque servivit.

23. Et non est reversus faciem Domini, sicut reversus est Manasses, pater ejus; et multa majora deliquit.

24. Cumque conjurassent adversus eum servi sui, interfecerunt eum in domo sua.

25. Porro reliqua populi multitudo, cæsis iis qui Amon percusserant, constituit regem Josiam, filium ejus, pro eo.

CHAPITRE XXXIV

1. Josias avait huit ans quand il commença à régner, et il régna trente et un ans à Jérusalem.

2. Il fit ce qui était bon en présence du Seigneur, et marcha dans les voies

1. Octo annorum erat Josias cum regnare cœpisset; et triginta et uno anno regnavit in Jerusalem.

2. Fecitque quod erat rectum in conspectu Domini, et ambulavit in viis

xxix, 31. — *Attamen populus...* : la restriction ordinaire, vers. 17.

3° Sommaire et conclusion du règne de Manassé. XXXIII, 18-20.

18-19. Documents pour l'histoire de ce prince. Cf. IV Reg. xxi, 17-18; mais la plupart des détails mentionnés ici sont nouveaux. — *Verba... videntium.* Voyez le verset 10, et IV Reg. xxi, 10-16. — *In sermonibus regum...* Hébr.: dans le livre des rois d'Israël.— *In sermonibus* (hébr.: dans le livre) *Hozai.* Ce prophète est inconnu.

20. Mort de Manassé.

4° Règne d'Amon. XXIII, 21-25. Cf. IV Reg. xxi, 19-26.

21. Les dates principales. L'auteur des Rois ajoute le nom de la mère du prince.

22-23. Caractère moral du règne. -- *Non est*

reversus. Les détails du verset 23 sont propres aux Paralipomènes; ils font allusion à l'épisode raconté plus haut, vers. 11-16.

24-25. Amon périt assassiné. Cf. IV Reg. xxi, 23-24. — Notre auteur omet la formule habituelle de conclusion. Cf. IV Reg. xxi, 25-26.

§ II. — *Règne de Josias.* XXXIV, 1 — XXXV, 27.

Comparez IV Reg. xxii, 1-xxiii, 30. Ici encore les deux historiens exposent en général les mêmes faits; mais ils ne donnent pas la même étendue à leurs récits, comme l'indiqueront les notes.

1° Durée et caractère du règne. XXXIV, 1-2. CHAP. XXXIV. — 1. Les dates principales. — De nouveau, le livre des Rois ajoute le nom de la mère du monarque

2. Caractère moral du gouvernement de Josias.

David, patris sui; non declinavit neque ad dexteram, neque ad sinistram.

3. Octavo autem anno regni sui, cum adhuc esset puer, cœpit quærere Deum patris sui David; et duodecimo anno postquam regnare cœperat, mundavit Judam et Jerusalem ab excelsis, et lucis, simulacrisque et sculptilibus.

4. Destruxeruntque coram eo aras Baalim, et simulacra quæ superposita fuerant, démoliti sunt; lucos etiam et sculptilia succidit atque comminuit, et super tumulos eorum qui eis immolare consueverant, fragmenta dispersit.

5. Ossa præterea sacerdotum combussit in altaribus idolorum, mundavitque Judam et Jerusalem.

6. Sed et in urbibus Manasse, et Ephraim, et Simeon, usque Nephthali, cuncta subvertit.

7. Cumque altaria dissipasset, et lucos, et sculptilia contrivisset in frusta, cunctaque delubra demolitus esset de universa terra Israel, reversus est in Jerusalem.

8. Igitur anno octavo decimo regni sui, mundata jam terra et templo Domini, misit Saphan, filium Eseliæ, et Maasiam, principem civitatis, et Joha, filium

de David son père, sans se détourner ni à droite ni à gauche.

3. Dès la huitième année de son règne, n'étant encore qu'un enfant, il commença à chercher le Dieu de David son père. Et la douzième année après qu'il eut commencé à régner, il purifia Juda et Jérusalem des hauts lieux, des bois profanes, des idoles et des sculptures idolâtriques.

4. Il fit détruire en sa présence les autels de Baal, et briser les idoles qu'on y avait placées. Il fit aussi abattre les bois profanes, et mit en pièces les idoles, et en jeta les fragments sur les tombeaux de ceux qui avaient coutume de leur offrir des sacrifices.

5. De plus il brûla les os des prêtres sur leurs autels, et il purifia Juda et Jérusalem.

6. Il renversa tout aussi dans les villes de Manassé, d'Ephraïm et de Siméon, jusqu'à Nephthali.

7. Et après qu'il eut renversé les autels et les bois profanes, et qu'il eut mis en pièces les idoles et ruiné tous leurs temples dans toute la terre d'Israël, il revint à Jérusalem.

8. La dix-huitième année de son règne, après avoir purifié le pays et le temple du Seigneur, il envoya Saphan, fils d'Ésélias, et Maasias, gouverneur de

---

— In vita David. IV Reg. : dans toutes les voies de David.

2° Extirpation de l'idolâtrie. XXXIV, 3-7.

Passage parallèle : IV Reg. xxiii, 4-20 (voyez le commentaire). La narration des Paralipomènes est très condensée. Seconde divergence plus frappante : dans l'autre recueil, cet épisode est placé après la découverte du livre de la loi et la rénovation de l'alliance théocratique, tandis qu'il précède ici ce double incident. On adopte de préférence l'ordre suivi par les Paralipomènes, à cause de la plus grande précision des dates (cf. vers. 3 et 8). L'auteur des Rois paraît avoir groupé toutes les réformes religieuses de Josias autour de la dix-huitième année, qui la vit s'achever.

3-5. Josias attaque l'idolâtrie à Jérusalem et dans les villes de Juda. — Octavo... anno. Trait spécial. Josias avait alors seize ans, d'après le verset 1. — Cœpit quærere Deum. Élevé au milieu de l'idolâtrie pendant le règne de son père, le jeune prince, à mesure qu'il grandissait, manifestait de plus en plus ses pieux sentiments envers le Dieu de ses pères. — Duodecimo anno : à vingt ans, lorsqu'il fut dégagé de toute tutelle et qu'il posséda toute son indépendance. — Mundavit..... L'idolâtrie ne fut pas extirpée tout d'un coup: il fallut plusieurs années pour la faire

disparaître, tant ses racines étaient profondes. Voyez le verset 33. — Simulacra... superposita (vers. 4). D'après l'expression hébraïque, c'étaient des stèles en l'honneur de Baal dieu-soleil. Voyez xiv, 4, et l'explication. — Super tumulos... Comp. IV Reg. xxiii, 16. C'était, d'un même acte, humilier tout ensemble les idoles et leurs adorateurs. — Eorum qui eis... Trait spécial. IV Reg.: sur les tombes du peuple.

6-7. Josias attaque aussi l'idolâtrie sur tout le territoire juif. Comp. IV Reg. xxiii, 15-20, et le commentaire. — Usque Nephthali. Les trois tribus mentionnées d'abord (Manasse... Simeon) étaient situées près de Juda; Nephthali tout à fait au nord de la Palestine (Atl. géogr., pl. vii). — Cuncta subvertit. L'hébreu est un peu obscur; beaucoup traduisent : dans leurs ruines tout autour. Ce serait une allusion à l'état désolé dans lequel les invasions assyriennes avaient mis le royaume du Nord. — Reversus est. Le roi avait dirigé en personne une partie de cette sainte expédition, comme le rapporte plus longuement l'autre narrateur.

3° Purification et restauration du temple. XXXIV, 8-13.

8-13. Comparez IV Reg. xxii, 3-7, et l'explication. Notre auteur abrège au début, et devient ensuite plus complet. — Mundata... terra et

la ville, et Joha, fils de Joachaz, son secrétaire, pour réparer la maison du Seigneur son Dieu.

9. Ils vinrent trouver le grand prêtre Helcias, et ayant reçu de lui l'argent qui avait été porté dans la maison du Seigneur, et que les lévites et les portiers avaient recueilli de Manassé et d'Ephraïm, et de tout ce qui était resté d'Israël, et aussi de tout Juda et Benjamin, et des habitants de Jérusalem,

10. ils les mirent entre les mains de ceux qui étaient préposés aux ouvriers dans le temple du Seigneur, pour le restaurer et pour en réparer toutes les brèches.

11. Et ceux-ci donnèrent cet argent à des ouvriers et à des tailleurs de pierres, afin qu'ils en achetassent des pierres des carrières, et du bois pour la charpente, et pour faire les planchers des maisons que les rois de Juda avaient détruites.

12. Et ils faisaient tout avec fidélité. Or ceux qui étaient préposés aux ouvriers, et qui pressaient l'ouvrage, étaient Jahath et Abdias, des fils de Mérari, Zacharie et Mosolla, des fils de Caath ; tous lévites qui savaient jouer des instruments.

13. Ceux qui portaient les fardeaux pour divers usages étaient commandés par des scribes, des juges et des portiers de l'ordre des lévites.

14. Or, comme l'on sortait l'argent qui avait été apporté au temple du Seigneur, le pontife Helcias trouva le livre de la loi du Seigneur donnée par Moïse.

15. Et il dit au secrétaire Saphan : J'ai trouvé le livre de la loi du Seigneur dans le temple. Et il le lui remit.

16. Et Saphan porta ce livre au roi ; et, lui rendant ses comptes, il lui dit : Tout ce que vous avez commandé à vos serviteurs s'exécute.

17. Ils ont ramassé tout l'argent qu'ils

Joachaz, a commentariis, ut instaurarent domum Domini Dei sui.

9. Qui venerunt ad Helciam, sacerdotem magnum ; acceptamque ab eo pecuniam quæ illata fuerat in domum Domini, et quam congregaverant levitæ et janitores de Manasse et Ephraim, et universis reliquiis Israel, ab omni quoque Juda et Benjamin, et habitatoribus Jerusalem,

10. tradiderunt in manibus eorum qui præerant operariis in domo Domini, ut instaurarent templum, et infirma quæque sarcirent.

11. At illi dederunt eam artificibus et cæmentariis, ut emerent lapides de lapicidinis, et ligna ad commissuras ædificii, et ad contignationem domorum quas destruxerant reges Juda.

12. Qui fideliter cuncta faciebant. Erant autem præpositi operantium Jahath et Abdias, de filiis Merari, Zacharias et Mosollam, de filiis Caath, qui urgebant opus ; omnes levitæ scientes organis canere.

13. Super eos vero qui ad diversos usus onera portabant erant scribæ, et magistri de levitis janitores.

14. Cumque efferrent pecuniam quæ illata fuerat in templum Domini, reperit Helcias, sacerdos, librum legis Domini per manum Moysi.

15. Et ait ad Saphan scribam : Librum legis inveni in domo Domini. Et tradidit ei.

16. At ille intulit volumen ad regem, et nuntiavit ei, dicens : Omnia quæ dedisti in manu servorum tuorum, ecce complentur.

17. Argentum quod repertum est in

---

templo. Trait spécial. Purification semblable à celle qui avait eu lieu sous Ézéchias (xxix, 3 et ss.) ; elle précéda l'œuvre de restauration. — *Saphan* était secrétaire du roi (IV Reg.). *Maasias* et *Joha* ne sont nommés qu'en cet endroit. — *Ut instaurarent...* : comme sous Joas et Joïada, chap. xxiv. — *Acceptam... pecuniam.* Le livre des Rois cite en propres termes les ordres de Josias ; les Paralipomènes racontent comment ces ordres furent exécutés. — *Domorum quas destruxerant...* (vers. 11). Probablement les édifices secondaires construits autour des parvis. Les rois destructeurs avaient été sans

doute Manassé et Amon. — *Erant... præpositi...* (vers. 12). Détail omis par le livre des Rois.

4° Helcias découvre le texte original de la loi mosaïque ; frayeur du roi. XXXIV, 14-19.

Cf. IV Reg. xxii, 8-11 (voyez les notes) ; la ressemblance est presque littérale.

14-15. La découverte d'Helcias. — L'énoncé historique du fait, vers. 14, est propre aux Paralipomènes.

16-19. Saphan fait son rapport à Josias. — *Ille intulit...* Trait spécial ; de même, la citation directe du rapport : *Omnia quæ...*

domo Domini conflaverunt, datumque est præfectis artificum, et diversa opera fabricantium.

18. Præterea tradidit mihi Helcias, sacerdos, hunc librum. Quem cum rege præsente recitasset,

19. audissetque ille verba legis, scidit vestimenta sua,

. 20. et præcepit Helciæ, et Ahicam, filio Saphan, Abdon, filio Micha, Saphan quoque, scribæ, et Asaæ, servo regis, dicens :

21. Ite, et orate Dominum pro me et pro reliquiis Israel et Juda, super universis sermonibus libri istius qui repertus est; magnus enim furor Domini stillavit super nos, eo quod non custodierint patres nostri verba Domini, et facerent omnia quæ scripta sunt in isto volumine.

22. Abiit ergo Helcias, et hi qui simul a rege missi fuerant, ad Oldam prophetidem, uxorem Sellum, filii Thecuath, filii Hasra, custodis vestium, quæ habitabat in Jerusalem in secunda ; et locuti sunt ei verba quæ supra narravimus.

23. At illa respondit eis : Hæc dicit Dominus, Deus Israel : Dicite viro qui misit vos ad me

24. Hæc dicit Dominus : Ecce ego inducam mala super locum istum, et super habitatores ejus, cunctaque maledicta quæ scripta sunt in libro hoc, quem legerunt coram rege Juda,

25. quia dereliquerunt me, et sacrificaverunt diis alienis, ut me ad iracundiam provocarent in cunctis operibus manuum suarum : idcirco stillabit furor meus super locum istum, et non extinguetur.

26. Ad regem autem Juda, qui misit vos pro Domino deprecando, sic loquimini : Hæc dicit Dominus, Deus Israel : Quoniam audisti verba voluminis,

---

ont trouvé dans la maison du Seigneur, et ils l'ont donné à ceux qui surveillent les ouvriers et les artisans de divers genre.

18. En outre, le pontife Helcias m'a remis ce livre. Et il le lut devant le roi.

19. Lorsque Josias eut entendu les paroles de la loi, il déchira ses vêtements,

20. et il donna ses ordres à Helcias, à Ahicam, fils de Saphan, à Abdon, fils de Micha, à Saphan le secrétaire, et à Asaas, officier du roi, et leur dit :

21. Allez, et priez le Seigneur pour moi, et pour les restes d'Israël et de Juda, au sujet de tout ce qui est écrit dans ce livre qui a été trouvé ; car la colère du Seigneur s'est répandue sur nous, parce que nos pères n'ont point observé les paroles du Seigneur, ni accompli ce qui a été écrit dans ce livre.

22. Helcias et les autres qui avaient été envoyés par le roi, allèrent auprès de la prophétesse Olda, femme de Sellum, fils de Thécuath, fils de Hasra, gardien des vêtements. Elle demeurait à Jérusalem dans la seconde partie de la ville; et ils lui dirent ce que nous avons rapporté plus haut.

23. Elle leur répondit : Voici ce que dit le Seigneur, le Dieu d'Israël : Dites à l'homme qui vous a envoyé vers moi :

24. Le Seigneur a dit : Je vais faire tomber sur ce lieu et sur ses habitants les maux et toutes les malédictions qui sont écrites dans ce livre qui a été lu devant le roi de Juda,

25. parce qu'ils m'ont abandonné, qu'ils ont sacrifié aux dieux étrangers, et qu'ils m'ont provoqué par toutes les œuvres de leurs mains. C'est pourquoi ma fureur se répandra sur ce lieu, et elle ne s'éteindra pas.

26. Quant au roi de Juda, qui vous a envoyés pour implorer le Seigneur, vous lui direz : Voici ce que dit le Seigneur, le Dieu d'Israël : Parce que vous avez écouté les paroles de ce livre,

---

5* On consulte la prophétesse Olda, qui prédit de grands malheurs pour le pays. XXXIV, 20-28. Comp. IV Reg. xxii, 12 - xxiii, 1*, et le commentaire. La ressemblance continue d'être très frappante.

20-21. Josias envoie le grand prêtre et plusieurs de ses officiers auprès de la prophétesse. — *Abdon* est appelé Achobor dans l'autre récit. — *Orate Dominum.* Hébr. : consultez le Seigneur ; comme au passage parallèle. — *Pro re-*

liquiis Israel... IV Reg. : pour le peuple et pour tout Juda.

22. Les délégués auprès d'Olda. — *Filii Hasra.* IV Reg. : fils d'Assar. — *In secunda.* Voyez la note de IV Reg. xxii, 14.

23-25. Sinistre prédiction. -- *Cunctaque maledicta.* IV Reg., avec moins de vigueur : toutes les paroles de la loi qu'a lues le roi de Juda.

26-28. Consolation pour Josias, à cause de sa piété. — *Pro Domino deprecando.* Dans l'hé-

27. que votre cœur en a été attendri, et que vous vous êtes humilié devant Dieu, en entendant les maux dont Dieu menace ce lieu et les habitants de Jérusalem, et parce que vous avez été touché de ma crainte, que vous avez déchiré vos vêtements, et que vous avez pleuré devant moi, de mon côté, je vous ai exaucé, dit le Seigneur.

28. C'est pourquoi je vous ferai reposer avec vos pères. Vous serez mis en paix dans votre tombeau, et vos yeux ne verront point tous les maux que je dois faire tomber sur cette ville et sur ses habitants. Ils rapportèrent donc au roi tout ce que la prophétesse avait dit.

29. Et le roi, ayant fait assembler tous les anciens de Juda et de Jérusalem,

30. monta à la maison du Seigneur, accompagné de tous les hommes de Juda et des habitants de Jérusalem, des prêtres, des lévites, et de tout le peuple, depuis le plus petit jusqu'au plus grand. Tandis qu'ils écoutaient dans la maison du Seigneur, le roi leur lut toutes les paroles de ce livre ;

31. et, se tenant debout sur son tribunal, il fit alliance avec le Seigneur, pour marcher après lui dans ses voies et pour garder ses préceptes, ses ordonnances et ses cérémonies, de tout son cœur et de toute son âme, et pour accomplir tout ce qui était écrit dans ce livre qu'il avait lu.

32. Et il fit promettre la même chose avec serment à tous ceux qui s'étaient trouvés à Jérusalem et dans Benjamin. Et les habitants de Jérusalem agirent selon l'alliance du Seigneur, le Dieu de leurs pères.

33. Ainsi Josias bannit toutes les abominations de toutes les terres des fils d'Israël ; et il obligea tous ceux qui res-

27. atque emollitum est cor tuum, et humiliatus es in conspectu Dei, super his quæ dicta sunt contra locum hunc et habitatores Jerusalem, reveritusque faciem meam, scidisti vestimenta tua, et flevisti coram me, ego quoque exaudivi te, dicit Dominus.

28. Jam enim colligam te ad patres tuos, et infereris in sepulcrum tuum in pace ; nec videbunt oculi tui omne malum quod ego inducturus sum super locum istum et super habitatores ejus. Retulerunt itaque regi cuncta quæ dixerat.

29. At ille, convocatis universis majoribus natu Juda et Jerusalem,

30. ascendit in domum Domini, unaque omnes viri Juda et habitatores Jerusalem, sacerdotes, et levitæ, et cunctus populus, a minimo usque ad maximum. Quibus audientibus in domo Domini, legit rex omnia verba voluminis ·

31. et stans in tribunali suo, percussit fœdus coram Domino, ut ambularet post eum, et custodiret præcepta, et testimonia, et justificationes ejus in toto corde suo, et in tota anima sua, faceretque quæ scripta sunt in volumine illo quod legerat.

32. Adjuravit quoque super hoc omnes qui reperti fuerant in Jerusalem et Benjamin ; et fecerunt habitatores Jerusalem juxta pactum Domini, Dei patrum suorum.

33. Abstulit ergo Josias cunctas abominationes de universis regionibus filiorum Israel ; et fecit omnes qui residui

---

breu : pour consulter le Seigneur. — *Reversitus... faciem meam.* IV Reg., très énergiquement : (les habitants de Jérusalem) qui seront un objet d'étonnement et d'exécration.

6º Renouvellement de l'alliance avec Jéhovah. XXXIV, 29-33.

Passage parallèle : IV Reg. xxIII, 1-3 (voyez les notes). Les détails racontés aux versets 32 et 33 sont propres à notre auteur.

29-30. Lecture du livre de la loi en assemblée solennelle. — *Levitæ* (vers. 30). IV Reg. : les prophètes.

31-32. Le roi renouvelle l'alliance théocratique. — *Ambularet, custodiret...* Ces verbes

sont employés au pluriel dans l'autre narration.

33. Josias achève d'extirper l'idolâtrie et maintient tout le peuple hébreu dans la fidélité envers son Dieu. — *Qui residui in Israel :* ceux des habitants du royaume du Nord qui n'avaient pas été emmenés en captivité par les Assyriens. Ils continuèrent de subir la sainte influence de Josias. — *Cunctis diebus ejus non recesserunt...* La conversion du peuple fut néanmoins superficielle et insuffisante, comme le fait observer Jérémie dans la plupart de ses oracles ; aussi ne put-elle écarter que pour un temps les malheurs annoncés.

erant in Israel, servire Domino Deo suo.
Cunctis diebus ejus non recesserunt a
Domino, Deo patrum suorum.

taient encore dans Israël de servir le
Seigneur, leur Dieu. Et tant qu'il vécut,
ils ne se séparèrent point du Seigneur,
le Dieu de leurs pères.

CHAPITRE XXXV

1. Fecit autem Josias in Jerusalem
Phase Domino, quod immolatum est
quarta decima die mensis primi.

2. Et constituit sacerdotes in officiis
suis, hortatusque est eos ut ministrarent
in domo Domini.

3. Levitis quoque, ad quorum eruditionem omnis Israel sanctificabatur Domino, locutus est : Ponite arcam in
sanctuario templi quod ædificavit Salomon, filius David, rex Israel ; nequaquam
enim eam ultra portabitis. Nunc autem
ministrate Domino Deo vestro, et populo
ejus Israel.

4. Et præparate vos per domos et
cognationes vestras, in divisionibus singulorum, sicut præcepit David, rex
Israel, et descripsit Salomon, filius ejus.

5. Et ministrate in sanctuario per familias turmasque leviticas.

6. Et sanctificati, immolate Phase ;
fratres etiam vestros, ut possint juxta
verba quæ locutus est Dominus in manu
Moysi facere, præparate.

7. Dedit præterea Josias omni populo
qui ibi fuerat inventus in solemnitate
Phase, agnos et hædos de gregibus, et
reliqui pecoris triginta millia, boum

1. Josias fit ensuite célébrer à Jérusalem la Pâque du Seigneur, et elle fut
immolée le quatorzième jour du premier
mois.

2. Il établit les prêtres dans leurs
fonctions, et les exhorta de servir dans
la maison du Seigneur.

3. Il parla aussi aux lévites, par les
instructions desquelles tout Israël était
sanctifié au Seigneur : Remettez l'arche
dans le sanctuaire du temple que Salomon, fils de David, roi d'Israël, a fait
bâtir ; car vous ne la porterez plus. Et
maintenant servez le Seigneur votre
Dieu, et son peuple Israël.

4. Préparez-vous donc par maisons et
par familles, selon la distribution de
chacun de vous, ainsi que l'a ordonné
David, roi d'Israël, et que l'a écrit Salomon son fils.

5. Et servez dans le sanctuaire par
familles et par groupes lévitiques.

6. Après avoir été sanctifiés, immolez
la Pâque, et disposez aussi vos frères à
pouvoir faire ce que le Seigneur a commandé par le ministère de Moïse.

7. Josias donna à tout le peuple qui se
trouva là pour la solennité de la Pâque,
des agneaux et des chevreaux de ses
troupeaux, et du reste de son bétail,

7° Célébration solennelle de la Pâque. XXXV,
1-19.

Le livre des Rois se borne à une mention rapide de ce fait important (cf. IV Reg. XXIII,
21-23); le récit des Paralipomènes est très détaillé.

Chap. XXXV. — 1. Résumé général, servant
d'introduction. — Quarta decima... mensis primi.
Par conséquent, à l'époque régulière. Cf. Ex.
XII, 6. C'était alors, d'après le verset 19, la dix-
huitième année du règne de Josias.

2-6. Exhortation du roi aux prêtres et aux
lévites en vue de cette solennité. — Aux prêtres, vers. 2. Constituit... in officiis... Réforme
déjà exécutée par Ézéchias. Cf. XXXI, 2. — Aux
lévites, vers. 3-6. Ad quorum eruditionem... : sur
cette belle fonction des lévites, voyez XVII, 8-9 ;
Neh. VIII, 7, 9. L'instruction qu'ils distribuaient
était exclusivement religieuse. — Sanctificabatur
Domino. Dans l'hébreu, ces mots se rapportent

aux lévites : « qui instruisaient tout Israël, et
qui étaient consacrés au Seigneur. » — Ponite
arcam... Il semble résulter de ces paroles que
l'arche avait été enlevée provisoirement du Saint
des saints tandis qu'on réparait le temple. —
Nequaquam... portabitis. Josias espérait que
l'arche ne quitterait plus jamais le lieu saint.
— Ministrate in sanctuario (vers. 5). Dans la
cour intérieure ; non dans le temple proprement
dit, dont l'accès était interdit aux lévites. —
Fratres... præparate (vers. 6) : leurs frères dans
le sens large, le peuple entier. Les longues et
multiples périodes d'idolâtrie avaient fait oublier
aux Juifs les rites même les plus importants du
culte ; il était donc urgent de les instruire avant
la Pâque.

7-9. Le roi et les princes offrent généreusement les victimes qui devaient être immolées
pendant la fête. — Le roi, vers. 7 Dedit... Josias : comme autrefois Ézéchias ; cf. XXX, 24.

jusqu'à trente mille, et trois mille bœufs. Tous ces animaux étaient de son propre bien.

8. Ses chefs offrirent aussi ce qu'ils avaient promis, tant au peuple qu'aux prêtres et aux lévites. En outre, Helcias, Zacharie et Jahiel, princes de la maison du Seigneur, donnèrent aux prêtres, pour célébrer cette Pâque, deux mille six cents bêtes de menu bétail, avec trois cents bœufs.

9. Chonénias, avec Séméias et Nathanaël, ses frères, comme aussi Hasabias, et Jéhiel, et Jozabad, chefs des lévites, donnèrent aux autres lévites, pour célébrer la Pâque, cinq mille menues bêtes et cinq cents bœufs.

10. Après que tout fut préparé pour ce ministère, les prêtres se rendirent à leurs fonctions, et les lévites aussi, par classes, selon le commandement du roi.

11. On immola donc la Pâque, et les prêtres en répandirent eux-mêmes le sang, et les lévites écorchèrent les victimes des holocaustes ;

12. et ils les séparèrent, pour les distribuer par maisons et par familles, et pour les offrir au Seigneur, selon ce qui est écrit dans le livre de Moïse ; et ils firent la même chose pour les bœufs.

13. Ensuite ils firent rôtir la Pâque sur le feu, comme il est écrit dans la loi ; ils firent cuire les victimes pacifiques dans des marmites, des chaudrons et des pots, et les distribuèrent promptement à tout le peuple.

14. Après quoi ils en préparèrent pour eux et pour les prêtres : car les prêtres furent occupés jusqu'à la nuit à offrir les holocaustes et les graisses ; ce qui fut cause que les lévites n'en purent préparer pour eux, et pour les prêtres, fils d'Aaron, qu'en dernier lieu.

quoque tria millia : hæc de regis universa substantia.

8. Duces quoque ejus sponte quod voverant obtulerunt, tam populo quam sacerdotibus et levitis. Porro Helcias, et Zacharias, et Jahiei, principes domus Domini, dederunt sacerdotibus, ad faciendum Phase, pecora commixtim duo millia sexcenta, et boves trecentos.

9. Chonenias autem, et Semeias, etiam Nathanael, fratres ejus, necnon Hasabias, et Jehiel, et Jozabad, principes levitarum, dederunt ceteris levitis, ad celebrandum Phase, quinque millia pecorum, et boves quingentos.

10. Præparatumque est ministerium, et steterunt sacerdotes in officio suo ; levitæ quoque in turmis, juxta regis imperium.

11. Et immolatum est Phase ; asperseruntque sacerdotes manu sua sanguinem, et levitæ detraxerunt pelles holocaustorum ;

12. et separaverunt ea ut darent per domos et familias singulorum, et offerrentur Domino, sicut scriptum est in libro Moysi ; de bobus quoque fecerunt similiter.

13. Et assaverunt Phase super ignem, juxta quod in lege scriptum est ; pacificas vero hostias coxerunt in lebetibus, et cacabis, et ollis, et festinato distribuerunt universæ plebi.

14. Sibi autem, et sacerdotibus postea paraverunt ; nam in oblatione holocaustorum et adipum usque ad noctem sacerdotes fuerunt occupati ; unde levitæ sibi, et sacerdotibus, filiis Aaron, paraverunt novissimis.

Agnos et hædos (hébr. : des chevreaux) : la victime pascale proprement dite ; voyez Ex. xii, 3-5, et le commentaire. *Boum quoque...* : pour les sacrifices pacifiques (vers. 13). — Les princes, vers. 8-9. Il ne s'agit, d'après le contexte, que des princes ecclésiastiques. *Helcias :* le grand prêtre. Les chefs de la famille sacerdotale réunirent les victimes destinées aux prêtres ; les chefs des lévites, celles qui étaient destinées aux lévites.

10-15. Immolation et manducation de la Pâque. — *Immolatum... Phase* (vers. 11) : l'agneau ou le chevreau pascal. Cf. vers. 7. — *Levitæ... pelles.* Voyez xxix, 30 , et l'explication. — *Separaverunt ea* (vers. 12). Ils mirent à part « les holocaustes », comme l'ajoute formellement l'hébreu ;

c.-à-d., dans ce passage, les parties des agneaux ou des chevreaux qui, d'après la loi (*sicut scriptum...*; cf. Lev. iii, 6-16 ; iv, 31), devaient être brûlées sur l'autel. Chaque père de famille (*per domos... singulorum*) recevait des lévites les membres de sa victime réservés pour cet usage, et les portait aux prêtres officiants, qui les jetaient sur le brasier. — *Assaverunt... juxta quod...* (vers. 13). Voyez Ex. xii, 8-9 ; Deut. xvi, 7. — *Pacifica coxerunt :* c'était l'usage pour les hosties pacifiques. Cf. I Reg. ii, 13-15. — *Sibi autem... postea* (vers. 14)... : après que les laïques eurent été servis. — *Prophetarum regis* (vers.15). Sur cette expression, voyez 1 Par. xxv, 5 , et le commentaire. L'hébreu emploie le singulier, de manière à ne faire retomber le titre de prophète

15. Porro cantores, filii Asaph, stabant in ordine suo, juxta præceptum David, et Asaph, et Heman, et Idithun, prophetarum regis; janitores vero per portas singulas observabant, ita ut nec puncto quidem discederent a ministerio; quamobrem et fratres eorum levitæ paraverunt eis cibos.

16. Omnis igitur cultura Domini rite completa est in die illa, ut facerent Phase, et offerrent holocausta super altare Domini, juxta præceptum regis Josiæ.

17. Feceruntque filii Israel qui reperti fuerant ibi Phase in tempore illo, et solemnitatem Azymorum septem diebus.

18. Non fuit Phase simile huic in Israel, a diebus Samuelis prophetæ; sed nec quisquam de cunctis regibus Israel fecit Phase sicut Josias, sacerdotibus, et levitis, et omni Judæ et Israel qui repertus fuerat, et habitantibus in Jerusalem.

19. Octavo decimo anno regni Josiæ hoc Phase celebratum est.

20. Postquam instauraverat Josias templum, ascendit Nechao, rex Ægypti, ad pugnandum in Charcamis juxta Euphraten. Et processit in occursum ejus Josias.

21. At ille, missis ad eum nuntiis, ait : Quid mihi et tibi est, rex Juda? Non adversum te hodie venio, sed contra aliam pugno domum ad quam me Deus festinato ire præcepit; desine adversum Deum facere, qui mecum est, ne interficiat te.

15. Les chantres, fils d'Asaph, étaient aussi à leur rang, selon l'ordre de David et d'Asaph, d'Héman et d'Idithun, prophètes du roi. Les portiers gardaient toutes les portes, sans s'éloigner un seul moment de leur office : c'est pourquoi les lévites leurs frères leur préparèrent leurs mets *sacrés*.

16. Tout le culte du Seigneur fut donc exactement accompli ce jour-là dans la célébration de la Pâque et dans l'oblation des holocaustes sur l'autel du Seigneur, selon que le roi Josias l'avait ordonné.

17. Et les fils d'Israël qui se trouvèrent là firent la Pâque en ce temps, et célébrèrent les Azymes durant sept jours.

18. Il n'y eut point de Pâque semblable à celle-ci dans Israël, depuis le temps du prophète Samuel ; et aucun de tous les rois d'Israël n'a fait une Pâque comme celle que Josias fit avec les prêtres, les lévites, tout le peuple de Juda et ce qui se trouva d'Israël, et les habitants de Jérusalem.

19. Cette Pâque fut célébrée la dix-huitième année du règne de Josias.

20. Après que Josias eut réparé le temple, Néchao, roi d'Égypte, alla porter la guerre à Charcamis, sur l'Euphrate ; et Josias marcha à sa rencontre.

21. Mais Néchao lui envoya des messagers, qui lui dirent : Qu'avez-vous à démêler avec moi, roi de Juda? Ce n'est pas contre vous que je viens aujourd'hui ; mais je viens faire la guerre à une autre maison, contre laquelle Dieu m'a commandé de marcher promptement. Cessez donc de vous opposer à Dieu, qui est avec moi, de peur qu'il ne vous tue.

---

que sur Idithun. — *Ita ut nec puncto...* Les chantres et les portiers ayant dû rester à leur poste pendant toute la durée de la cérémonie, ce furent les autres lévites qui préparèrent pour eux, comme pour les prêtres (voyez le verset 14), des victimes pascales.

16-19. Quelques mots de conclusion, pour caractériser la manière dont cette Pâque fut célébrée. — *Non fuit... simile.* Comp. IV Reg. xxiii, 22. Grande emphase dans ces réflexions finales. — *A diebus Samuelis.* Au livre des Rois : depuis les jours des juges qui jugèrent Israël. — *Nec quisquam de... regibus.* Le narrateur a employé une formule analogue au sujet de la Pâque d'Ézéchias. Cf. xxx, 26. Là, elle se rapportait surtout à la splendeur extérieure de la solennité ; ici, elle relève surtout le parfait accomplissement des rites et les merveilleuses dispositions des

cœurs. Comparez xxx, 18. — *Sacerdotibus... in Jerusalem :* détails omis dans l'autre récit. Au verset 19, date de cette Pâque célèbre. Cf. xxxiv, 8.

8° Guerre néfaste contre Néchao ; mort de Josias. XXXV, 20-25.

Comparez IV Reg. xxiii, 25-30, et le commentaire. Notre auteur est plus complet et ajoute plusieurs traits notables.

20-23. Josias est mortellement blessé à la bataille de Mageddo. — *Ad pugnandum :* contre le roi des Assyriens (IV Reg.). — *In Charcamis.* Détail nouveau. D'après l'opinion la plus commune, cette ville serait identique à Circésium, située au confluent du Chaboras et de l'Euphrate. Selon divers auteurs, elle aurait occupé l'emplacement de Djérablous, au nord-est d'Alep. Voyez l'*Atl. géogr.*, pl. viii. — *At ille, missis...* (vers. 21).

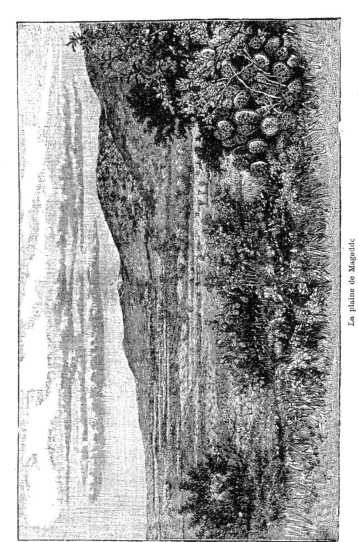

La plaine de Mageddc

22. Noluit Josias reverti ; sed præparavit contra eum bellum, nec acquievit sermonibus Nechao ex ore Dei ; verum perrexit ut dimicaret in campo Mageddo.

23. Ibique vulneratus a sagittariis, dixit pueris suis : Educite me de prælio, quia oppido vulneratus sum.

24. Qui transtulerunt eum de curru in alterum currum qui sequebatur eum, more regio, et asportaverunt eum in Jerusalem ; mortuusque est, et sepultus in mausoleo patrum suorum ; et universus Juda et Jerusalem luxerunt,

25. Jeremias maxime, cujus omnes cantores atque cantatrices, usque in præsentem diem, Lamentationes super Josiam replicant ; et quasi lex obtinuit in Israel : ecce scriptum fertur in Lamentationibus.

26. Reliqua autem sermonum Josiæ et misericordiarum ejus, quæ lege præcepta sunt Domini,

27. opera quoque illius, prima et novissima, scripta sunt in libro regum Juda et Israel.

---

22. Josias ne voulut pas s'en retourner ; mais il se prépara à le combattre, et il ne se rendit point à ce que lui avait dit Néchao de la part de Dieu ; mais il s'avança pour lui livrer bataille dans la plaine de Mageddo.

23. Et là il fut blessé par des archers, et il dit à ses gens : Retirez-moi de la mêlée, car je suis grièvement blessé.

24. Ils le transportèrent de son char dans un autre char qui le suivait, selon la coutume des rois, et ils le portèrent à Jérusalem. Il mourut, et fut enseveli dans le tombeau de ses pères, et tout Juda et Jérusalem le pleurèrent,

25. particulièrement Jérémie, dont les Lamentations sur Josias se chantent jusqu'à ce jour par les musiciens et par les musiciennes ; et c'est ce qui a passé comme une loi dans Israël. On les trouve écrites parmi les Lamentations.

26. Le reste des actions de Josias et toutes ses bonnes œuvres, conformes à ce qui est ordonné par la loi de Dieu,

27. et tout ce qu'il a fait au commencement et à la fin de son règne, tout cela est écrit dans le livre des rois de Juda et d'Israël.

Ce verset et la première moitié du suivant sont propres aux Paralipomènes. — *Contra aliam... domum.* Littéralement dans l'hébreu : contre la maison de ma guerre. C.-à-d. contre la maison avec laquelle je suis habituellement en lutte, contre mon ennemi héréditaire. — *Me Deus... ire præcepit.* Étonnante parole. Néanmoins elle ne suppose pas nécessairement une révélation ou une inspiration directe du Seigneur (notez que le pharaon n'emploie pas les noms sacrés *Y'hovah*, ou *Ha'Elohim*, mais qu'il dit simplement *'Elohim*, Dieu en général). Les rois égyptiens, assyriens et autres, consultaient leurs prophètes avant d'entreprendre une expédition guerrière, et ils regardaient comme venues du ciel les réponses qu'ils recevaient. Par exemple, nous lisons dans la célèbre inscription du roi Mésa (note de IV Reg. III, 4) : « Chamos m'a dit : Prends Nébo... ; marche contre Choronaïm et prends-la. » Cela suffit pour expliquer le langage de Néchao. — *Præparavit...* (vers. 22). Dans l'hébreu : se dissimula ; c.-à-d., selon quelques exégètes, se déguisa comme avait fait Achab (XVIII, 29). Les LXX traduisent : ἐκραταιώθη, se fortifia. — *Sermonibus... ex ore Dei :* les paroles que le pharaon prétendait venir de Dieu même. Peut-être, cependant, l'historien sacré veut-il dire que ces paroles étaient réellement prophétiques dans l'intention divine, et qu'elles contenaient un a.ertissement dont Josias

aurait dû tenir compte. — *In campo Mageddo :* dans la vaste plaine de Jezraël ou d'Esdrelon. *Atl. géogr.*, pl. VII, XII. — *Vulneratus a sagittariis* (vers. 23). Trait spécial.

24-25. Josias est ramené à Jérusalem ; sa mort et sa sépulture. — *In alterum currum.* Trait spécial. Probablement un char de rechange, en cas d'accident. — *Mortuusque...* D'après IV Reg., avant d'arriver à Jérusalem. — *In mausoleo patrum...* Hébr. : dans un des sépulcres de ses pères. IV Reg. : dans son sépulcre. — *Universus Juda... luxerunt.* Autre détail nouveau ; de même le verset 25 en entier. Ce grand deuil marque une vive affection de la part du peuple. Et puis, cette mort était extrêmement affligeante dans ses circonstances, qui étaient sans précédent chez les Juifs. Cf. Zach. XII, 11-14. — *Jeremias maxime.* Ce grand prophète composa sur la mort prématurée de Josias un poème élégiaque qui n'est point parvenu jusqu'à nous. Cf. Jer. XXII, 10, 18. — *Scriptum... in Lamentationibus.* Recueil entièrement perdu.

9° Conclusion du règne de Josias. XXXV, 26-27.

26-27. Comparez IV Reg. XXIII, 28. — *Misericordiarum ejus et quæ lege præcepta... :* traits propres à notre auteur. Le second relève le caractère pieusement théocratique et légal de Josias.

CHAPITRE XXXVI

1. Le peuple du pays prit donc Joachaz, fils de Josias, et l'établit roi à la place de son père dans Jérusalem.

2. Joachaz avait vingt-trois ans quand il commença à régner, et il régna trois mois à Jérusalem.

3. Mais le roi d'Égypte, étant venu à Jérusalem, le déposa, et condamna le pays à payer cent talents d'argent et un talent d'or.

4. Et il établit Éliakim, son frère, roi à sa place sur Juda et sur Jérusalem, et l'appela Joakim. Et après s'être saisi de Joachaz, il l'emmena en Égypte avec lui.

5. Joakim avait vingt-cinq ans quand il commença à régner, et il régna onze ans à Jérusalem; et il fit le mal devant le Seigneur son Dieu.

6. Nabuchodonosor, roi des Chaldéens, marcha contre lui, et, l'ayant chargé de chaînes, il l'emmena à Babylone,

7. où il transporta aussi les vases du Seigneur, et les mit dans son temple.

8. Le reste des actions de Joakim, et des abominations qu'il commit et qui se trouvèrent en lui, est contenu dans le livre des rois de Juda et d'Israël. Et son fils Joachin régna à sa place.

1. Tulit ergo populus terræ Joachaz, filium Josiæ, et constituit regem pro patre suo in Jerusalem.

2. Viginti trium annorum erat Joachaz cum regnare cœpisset, et tribus mensibus regnavit in Jerusalem.

3. Amovit autem eum rex Ægypti, cum venisset in Jerusalem, et condemnavit terram centum talentis argenti, et talento auri.

4. Constituitque pro eo regem Eliakim, fratrem ejus, super Judam et Jerusalem, et vertit nomen ejus Joakim; ipsum vero Joachaz tulit secum, et abduxit in Ægyptum.

5. Viginti quinque annorum erat Joakim cum regnare cœpisset, et undecim annis regnavit in Jerusalem; fecitque malum coram Domino Deo suo.

6. Contra hunc ascendit Nabuchodonosor, rex Chaldæorum; et vinctum catenis duxit in Babylonem,

7. ad quam et vasa Domini transtulit, et posuit ea in templo suo.

8. Reliqua autem verborum Joakim, et abominationum ejus, quas operatus est, et quæ inventa sunt in eo, continentur in libro regum Juda et Israel. Regnavit autem Joachin, filius ejus, pro eo.

---

§ III. — *Joachaz, Joakim, Joachin et Sédécias.* XXXVI, 1-23.

Comparez IV Reg. xxiii, 30ᵇ-xxv, 30. Les Paralipomènes abrègent considérablement, et ne donnent qu'une esquisse très sommaire de ces quatre derniers règnes. Toutefois, au milieu de cet abrégé (vers. 15ᵇ⁻¹⁶), ils insèrent une profonde réflexion, analogue à celle de IV Reg. xvii, 7-23, qui décrit les causes morales par lesquelles fut amenée la ruine du peuple de Dieu. La citation de l'édit de Cyrus, à la fin du livre (vers. 22-23), est aussi une particularité.

1° Règne de Joachaz. XXXVI, 1-4. Cf. IV Reg. xxiii, 30ᵇ-35.

Chap. XXXVI. — 1. Joachaz est porté sur le trône par un mouvement populaire. — *Tulit... populus...* Voyez la note du passage parallèle.

2. Les dates principales. — Le livre des Rois signale aussi, à la façon accoutumée, le caractère moral du règne : « il fit le mal... »

3-4. Joachaz est destitué par Néchao et conduit en Égypte; il est remplacé par Joakim. — *Rex Ægypti.* Néchao, d'après le contexte (cf.

xxxv, 20 et ss.; IV Reg. xxiii, 33). — *Amovit... eum* : mécontent de ce qu'on avait élevé Joachaz sur le trône sans prendre son avis. — *Cum venisset in Jerusalem.* L'hébreu ne dit pas expressément que Néchao vint à Jérusalem. Sur le lourd tribut imposé aux Juifs, voyez la note de IV Reg. xxiii, 33. — *Abduxit in Ægyptum* : où il mourut, comme l'ajoute le livre des Rois.

2° Règne de Joakim. XXXVI, 5-8. Comparez IV Reg. xxiii, 36-xxiv, 7, et le commentaire.

5. Les dates et le caractère moral du règne.

6-7. Invasion de Nabuchodonosor en Judée. — *Vinctum... duxit.* L'hébreu est moins formel et dit seulement : « Il le lia avec des fers pour le conduire à Babylone. » Il résulte soit du contexte (surtout du verset 5, qui affirme que Joakim régna onze ans à Jérusalem), soit du passage parallèle, et il est généralement admis que Nabuchodonosor ne mit pas son projet à exécution. — *Ad quam et vasa... :* détail nouveau. — *In templo suo* : probablement celui qu'il avait dédié à son dieu favori, Mérodach ou Bel-Mérodach.

8. Conclusion du règne. — *Abominationum... :* expression très énergique, propre à notre auteur

9. Octo annorum erat Joachin cum regnare cœpisset; et tribus mensibus ac decem diebus regnavit in Jerusalem; fecitque malum in conspectu Domini.

10. Cumque anni circulus volveretur, misit Nabuchodonosor rex qui adduxerunt eum in Babylonem, asportatis simul pretiosissimis vasis domus Domini; regem vero constituit Sedeciam, patruum ejus, super Judam et Jerusalem.

11. Viginti et unius anni erat Sedecias cum regnare cœpisset, et undecim annis regnavit in Jerusalem.

12. Fecitque malum in oculis Domini Dei sui, nec erubuit faciem Jeremiæ prophetæ, loquentis ad se ex ore Domini.

13. A rege quoque Nabuchodonosor recessit, qui adjuraverat eum per Deum, et induravit cervicem suam et cor ut non reverteretur ad Dominum, Deum Israel.

14. Sed et universi principes sacerdotum, et populus, prævaricati sunt inique juxta universas abominationes gentium, et polluerunt domum Domini, quam sanctificaverat sibi in Jerusalem.

15. Mittebat autem Dominus, Deus patrum suorum, ad illos per manum nuntiorum suorum, de nocte consurgens, et quotidie commonens, eo quod parceret populo et habitaculo suo.

16. At illi subsannabant nuntios Dei, et parvipendebant sermones ejus, illudebantque prophetis, donec ascenderet

9. Joachin avait huit ans quand il commença à régner, et il régna trois mois et dix jours à Jérusalem; et il commit le mal en présence du Seigneur.

10. Et l'année suivante, le roi Nabuchodonosor envoya *des troupes* qui l'emmenèrent à Babylone, et emportèrent aussi les vases les plus précieux de la maison du Seigneur. Et il établit roi à sa place, sur Juda et Jérusalem, son oncle Sédécias.

11. Sédécias avait vingt et un ans quand il commença à régner, et il régna onze ans à Jérusalem.

12. Il fit le mal en présence du Seigneur son Dieu, et il ne rougit pas devant le prophète Jérémie, qui lui parlait de la part du Seigneur.

13. Il se révolta aussi contre le roi Nabuchodonosor, à qui il avait juré fidélité au nom de Dieu. Il endurcit donc sa tête et son cœur pour ne plus retourner au Seigneur Dieu d'Israël.

14. Bien plus, tous les princes des prêtres et le peuple s'abandonnèrent à toutes les abominations des Gentils, et profanèrent la maison du Seigneur, qu'il s'était sanctifiée à Jérusalem.

15. Or le Seigneur, le Dieu de leurs pères, leur adressait souvent sa parole par ses envoyés; et il ne cessait de leur donner nuit et jour des avertissements, parce qu'il avait pitié de son peuple et de sa maison.

16. Mais ils se moquaient des envoyés de Dieu, méprisaient ses paroles et se raillaient de ses prophètes, jusqu'à ce

---

Jérémie en donne le commentaire en maint endroit de sa prophétie : Jer. VII, 9, 30-31; XIX, 3-13; XXV, 8, etc.

3° Règne de Joachin. XXXVI, 9-10. Comparez IV Reg. XXIV, 8-17, et le commentaire.

9. Dates et caractère moral du règne. — *Octo annorum* est une erreur de transcription, pour « dix-huit ans ». Cf. IV Reg. XXIV, 8.

10. Joachin est destitué par Nabuchodonosor et emmené captif à Babylone. — *Cum... anni circulus... :* au début de l'année, o.-à-d. au printemps, saison où s'ouvraient les grandes expéditions. Cf. II Reg. XI, 1; III Reg. XX, 22. — *Pretiosissimis vasis.* L'épithète a été ajoutée par notre auteur. — *Patruum ejus.* Hébr.: son père; mais dans le sens large. Sédécias était en réalité l'oncle de Joachin. Cf. IV Reg. XXIV, 17-18; I Par. III, 15.

4° Règne de Sédécias et ruine du royaume de Juda. XXXVI, 11-21. Cf. IV Reg. XXIV, 18-XXV, 30.

11. Les dates principales.

12-13. Caractère moral et politique du règne.

— *Nec erubuit...* Dans l'hébreu : il ne s'humilia pas devant le prophète Jérémie. Voyez Jer. XXI, 1-7; XXIV, 1-10; XXVII, 12-22; XXXII, 3-5; XXXIV, 1-22; XXXVII, 2, etc. — *A... Nabuchodonosor recessit.* Il se mit en révolte ouverte, malgré le serment d'allégeance que le roi d'Assyrie lui avait fait prêter au nom de Jéhovah (*adjuraverat...*). Ézéchiel, XVII, 12-13, 18-20, et XXI, 25, n'hésite pas à blâmer cette conduite de Sédécias.

14-16. Cause de la ruine : les crimes des prêtres et du peuple. — *Principes sacerdotum :* les chefs des vingt-quatre classes sacerdotales. Cf. Esdr. X, 5. Les menées sacrilèges des prêtres et des princes à cette époque sont décrites par le prophète Ézéchiel. Cf. Ez. VIII, 10-11, 14, 16. Le peuple n'était que trop enclin à suivre les mauvais exemples qu'il recevait de ses chefs. — *Per manum nuntiorum...* (vers. 15) : des prophètes de premier ordre, tels que Jérémie, Ézéchiel, etc. — *De nocte... eo quod parceret...* Détails extrêmement pathétiques, qui mettent en relief toute la bonté de Jéhovah et son ardent

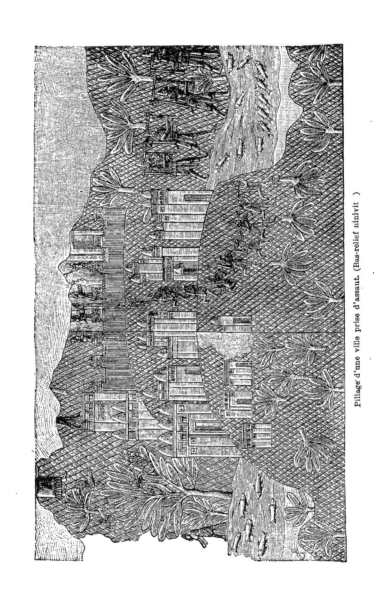

Pillage d'une ville prise d'assaut. (Bas-relief ninivit.)

furor Domini in populum ejus, et esset nulla curatio.

17. Adduxit enim super eos regem Chaldæorum, et interfecit juvenes eorum gladio in domo sanctuarii sui; non est misertus adolescentis, et virginis, et senis, nec decrepiti quidem, sed omnes tradidit in manibus ejus.

18. Universaque vasa domus Domini, tam majora quam minora, et thesauros templi, et regis, et principum, transtulit in Babylonem.

19. Incenderunt hostes domum Dei, destruxeruntque murum Jerusalem, universas turres combusserunt, et quidquid pretiosum fuerat, demoliti sunt.

20. Si quis evaserat gladium, ductus in Babylonem, servivit regi et filiis ejus, donec imperaret rex Persarum,

21. et compleretur sermo Domini ex ore Jeremiæ, et celebraret terra sabbata sua; cunctis enim diebus desolationis egit sabbatum, usque dum complerentur septuaginta anni.

22. Anno autem primo Cyri, regis Persarum, ad explendum sermonem Domini, quem locutus fuerat per os Jeremiæ, suscitavit Dominus spiritum Cyri, regis Persarum, qui jussit prædicari in

que la fureur du Seigneur s'élevât contre son peuple, et que le mal fût sans remède.

17. Car il fit venir contre eux le roi des Chaldéens, qui égorgea leurs enfants dans la maison de son sanctuaire, sans avoir pitié ni des jeunes gens, ni des jeunes filles, ni des vieillards, ni même de ceux qui étaient dans la dernière vieillesse. *Dieu* les livra tous entre ses mains,

18. comme aussi tous les vases du temple, grands et petits, tous les trésors de la maison de Dieu, et de celle du roi et des princes, qu'il fit emporter à Babylone.

19. Les ennemis brûlèrent ensuite la maison du Seigneur, et ruinèrent les murs de Jérusalem; ils mirent le feu à toutes les tours, et détruisirent tout ce qu'il y avait de précieux.

20. Si quelqu'un avait échappé au glaive, il était emmené à Babylone, pour être esclave du roi et de ses fils, jusqu'à ce que le roi de Perse montât sur le trône,

21. et que s'accomplit la parole du Seigneur, prononcée par la bouche de Jérémie, et que la terre célébrât ses jours de sabbat; car elle se reposa durant tous les jours de la désolation, jusqu'à ce que les soixante-dix ans fussent accomplis.

22. Mais dans la première année de Cyrus, roi des Perses, le Seigneur, pour accomplir la parole qu'il avait dite par la bouche du prophète Jérémie, toucha le cœur de Cyrus, roi des Perses, qui fit

---

désir de sauver les coupables. — *Illi subsannabant.* Saisissant et douloureux contraste. Pour les détails, voyez Jer. xvii, 15; xx, 8, etc.; Ez. xxxiii, 22. — *Donec... nulla curatio* : la miséricorde devant alors le céder à la justice. Cf. IV Reg. xxiv, 4.

17-21. La ruine. — *In domo sanctuarii.* Un carnage horrible eut lieu dans les cours du temple; le peuple fut ainsi châtié là même où il avait le plus offensé Dieu. Cf. Thren. ii, 7, 20; Ez. ix, 6-7. — *Non est misertus...* : autres détails émouvants, omis au livre des Rois. — *Universa... vasa* (vers. 18) : ils sont énumérés IV Reg. xxv, 14-15. — *Si quis evaserat...* (vers. 20). Cf. IV Reg. xxv, 7, 11; Jer. lii, 28-30. L'hébreu dit avec une mâle concision : le reste du glaive. — *Servivit regi et filiis* : Nabuchodonosor et ses divers successeurs pendant la captivité de Babylone; entre autres, son fils Évilmérodach (IV Reg. xxv, 27), et, un peu plus tard, Laborosoarchod, son petit-fils. — *Donec... rex Persarum.* C.-à-d. jusqu'à Cyrus et à la fin de l'exil. Cf. Jer. xxvii, 7. — *Et comple-*

retur sermo... (vers. 21) : la prophétie de Jérémie relative aux soixante-dix années d'exil. Cf. Jer. xxv, 11-12; xxix, 10. — *Celebraret terra...* Le sol de la Terre sainte se reposait tandis que ses anciens habitants étaient en exil ; les bras manquaient pour le travailler. L'expression « célébrer ses sabbats » est empruntée à Lev. xxv, 1-7, et xxvi, 34-35.

5° L'édit de Cyrus, qui mit fin à la captivité de Babylone. XXXVI, 22-23.

Notre auteur a voulu terminer son récit par une consolante perspective.

22-23. Ce passage est omis par l'auteur des Rois. Comparez Esdr. i, 1-3, et le commentaire. — *Anno primo Cyri.* Le nom persan de Cyrus est *Kuruš* ; sa transcription hébraïque, *Kores.* La première année de ce prince est comptée ici à partir de la prise de Babylone. Elle correspond à l'an 536 avant J.-C. — *Ad explendum sermonem...* : l'oracle déjà mentionné au verset 21 (voyez la note). — *Suscitavit... spiritum...* Comp. xxi, 16; I Par. v, 26. — *Prædicari..., per scri-*

faire de vive voix et par écrit cette proclamation dans tout son royaume :

23. Voici ce que dit Cyrus, roi des Perses : Le Seigneur, le Dieu du ciel, m'a donné tous les royaumes de la terre, et il m'a lui-même ordonné de lui bâtir une maison à Jérusalem, qui est dans la Judée. Qui d'entre vous fait partie de son peuple ? Que le Seigneur son Dieu soit avec lui, et qu'il monte !

universo regno suo, etiam per scripturam, dicens :

23. Hæc dicit Cyrus, rex Persarum : Omnia regna terræ dedit mihi Dominus, Deus cæli, et ipse præcepit mihi ut ædificarem ei domum in Jerusalem, quæ est in Judæa. Quis ex vobis est in omni populo ejus ? Sit Dominus Deus suus cum eo, et ascendat.

---

pturam... Cyrus eut recours à tous les moyens pour que son édit parvînt à la connaissance de tous. — *Omnia... dedit... Dominus* (vers. 23). Dans l'hébreu, *Y'hovah*, le nom sacré. — *Ipse præcepit...* Peut-être avait-on fait lire à Cyrus la prophétie d'Isaïe qui le concerne (Is. XLIV 28 ; voyez Josèphe, *Ant.*, XV, 1, 2). Mais cela n'est pas absolument nécessaire pour expliquer son langage. Une inscription récemment découverte, sur laquelle il raconte ses exploits à la manière des conquérants assyriens, « jette sur son caractère religieux un jour inattendu. On l'avait représenté jusqu'ici comme un monothéiste fervent, un destructeur des idoles, un fidèle sectateur de la doctrine de Zoroastre. Nous voyons aujourd'hui que la politique l'emportait en lui sur le zèle religieux. » Il fait acte de piété directe envers les dieux des pays qu'il avait conquis, se vante d'avoir rebâti leurs temples, dit avoir reçu d'eux des ordres. D'un autre côté, il annonce qu'il se mit à rapatrier les peuples que ses prédécesseurs avaient cruellement déportés loin de la terre natale. Tout cela était avant tout pour lui une œuvre politique ; mais le Seigneur exécutait par son intermédiaire ses desseins providentiels. Voyez F. Vigouroux, *Bible*

et découvertes, t. IV, p. 457 et ss. — *Quis ex vobis...?* C.-à-d. : Qui, parmi vous, fait partie du

Brique de Cyrus.

peuple juif ? — *Ascendat.* L'expression technique pour désigner le trajet qui séparait les pays bas chaldéens de la Terre sainte (voyez l'*Atl. géogr.*, pl. VIII). Elle termine bien suavement le livre des Paralipomènes.

LE LIVRE D'ESDRAS

INTRODUCTION

1° *Relations du livre d'Esdras avec celui de Néhémie.* — Les anciens écrivains juifs, entre autres les auteurs du Talmud [1] et Josèphe [2], puis, à leur suite, les écrivains ecclésiastiques des premiers siècles [3], envisageaient ces deux écrits comme formant ensemble un seul et même ouvrage. De là les titres qu'ils portent encore dans les éditions des Septante et de la Vulgate : Ἔσδρας πρῶτος, ou *Liber primus Esdræ*, et Ἔσδρας δεύτερος, ou *Liber Nehemiæ, qui et Esdræ secundus dicitur.* En réalité, « ils se relient intimement l'un à l'autre » [4] par le sujet traité. Néanmoins on les regarde communément aujourd'hui comme deux livres bien distincts ; et à bon droit, car leur style, malgré certaines analogies frappantes, accuse deux auteurs différents, et les premières lignes du second (Neh. I, 1) attestent plus clairement encore cette diversité d'origine, sans parler de la tradition, dont nous allons citer le jugement.

2° *L'auteur et la date de composition du livre d'Esdras.* — Ce nom même l'exprime, d'après le témoignage unanime de l'antiquité juive et chrétienne, l'auteur n'est autre qu'Esdras [5], ce prêtre si saint, ce savant docteur de la loi. *Esdras scripsit librum suum,* dirons-nous avec le Talmud [6] et tous ceux des Pères qui se sont occupés de cette question ·

Tout en adoptant ce sentiment pour une portion très considérable du livre, plusieurs critiques modernes ont objecté l'emploi alternatif des pronoms de la première et de la troisième personne dans la seconde partie de ce petit volume [7], concluant de là que les derniers chapitres ne pouvaient être d'Esdras, comme les précédents. Objection futile, car d'autres exemples démontrent que ce passage d'une personne à l'autre avait lieu non seulement dans les narrations bibliques (témoins Isaïe, VII, 3, et VIII, 1 ; Jérémie, XX, 1-6 et 7 ; XXVIII, 1, 2 et 5 ; Daniel, I-VII, 1, et VII, 2-IX, 27 ; X, 1, et X, 2 et ss., etc.), mais aussi chez les historiens classiques (témoin Thucydide). D'ailleurs, alors même que les pronoms changent, le style demeure constamment le même dans les pages dont on attaque ainsi à tort l'authenticité.

Esdras écrivit probablement son livre peu de temps après la grave affaire des mariages mixtes, par laquelle il le termine si brusquement ; c'est-à-dire, comme l'indiquera plus explicitement le commentaire, en 459 avant J.-C. Il parait certain, du moins, que la composition est antérieure à l'arrivée de Néhémie à

---

[1] *Baba bathra*, f. 14, 2.
[2] *C. Apion.* I, 8.
[3] Cf. Méliton, ap. Euseb., *Hist. eccl.*, IV, 26 ; saint Jérôme, *Prol. galeat.*, 27.
[4] *Man. bibl.*, t. II, n. 513.

[5] En hébreu, *'Ezra*.
[6] *Baba bathra*, l. c.
[7] VII, 1-11, l'auteur parle à la première personne ; VII, 27-IX, 15, à la troisième ; il emploie encore la troisième au chap. X.

Jérusalem [1], circonstance importante qu'Esdras n'aurait point passée sous silence
si elle avait précédé les faits qu'il raconte.

3° *La véracité, les sources*. — Le livre d'Esdras, qui ne contient aucun récit
miraculeux capable d'effaroucher les rationalistes, et qui, d'autre part, relate
des épisodes d'une réalité historique trop bien garantie pour qu'on puisse les
révoquer en doute, a eu la bonne fortune, — extrêmement rare pour un écrit
biblique, — de voir sa véracité admise à peu près sans conteste.

Pour les derniers chapitres (vii-x), l'auteur n'eut qu'à consulter ses souvenirs
personnels; pour les premiers (i-vi), qui relatent des événements plus anciens
que lui, il lui fut facile de puiser dans les documents spéciaux, soit juifs [2], soit
persans [3], indépendamment de l'attestation des témoins encore survivants.

4° *Sujet, but et division du livre d'Esdras*. — Le sujet, c'est la très simple
histoire du retour et de l'établissement en Judée, d'abord sous la conduite de
Zorobabel, puis sous celle d'Esdras lui-même, d'un certain nombre de Juifs
jusque-là captifs en Chaldée. Deux faits principaux sont mis en relief : la reconstruction du temple, accompagnée de très grandes difficultés (chap. i, iii-v, vii),
et l'affaire des mariages mixtes (ch. ix-x). Comme les autres historiens sacrés,
Esdras ne se propose nullement d'être complet. Il choisit, parmi les événements,
ceux qui cadrent et s'harmonisent le mieux avec son plan, et il glisse rapidement sur le reste, ou l'omet entièrement. Il commence là où s'était arrêté l'auteur des Paralipomènes [4], dont il continue ainsi les annales [5].

Son dessein est de raconter brièvement les premiers essais de reconstitution
du peuple théocratique, depuis l'édit de Cyrus, qui mit fin officiellement à la
captivité de Babylone, jusqu'à la huitième année d'Artaxercès Longue-Main; cela,
en vue d'encourager les descendants des premiers colons à poursuivre, à achever
l'œuvre si péniblement inaugurée; en vue aussi de leur montrer qu'ils pouvaient
compter à leur tour sur le secours de Dieu, s'ils obéissaient fidèlement à la loi.

Deux parties. 1° i, 1-vi, 22 : retour en Judée, sous la conduite de Zorobabel,
d'une première caravane de Juifs exilés, et reconstruction du temple. 2° vii,
1-x, 44 : Esdras conduit en Palestine une seconde caravane d'exilés et continue
l'œuvre commencée. La première partie embrasse une période de vingt ans :
depuis l'édit de Cyrus jusqu'à la sixième année de Darius (536 à 516 avant J.-C.).
La seconde ne comprend qu'un intervalle de douze mois : d'avril 459 au mois
d'avril suivant. Les deux parties sont donc séparées par un hiatus de cinquante-
sept années, sur lesquelles le récit demeure entièrement muet.

5° *Caractère du livre d'Esdras*. — C'est, sous le rapport du fond et de la
tendance, un caractère qui rappelle beaucoup celui des Paralipomènes [6]. Comme
les Paralipomènes, Esdras cite volontiers des listes de noms, des généalogies.
Comme les Paralipomènes, il insiste fréquemment sur le rôle de la Providence
dans les affaires humaines, et surtout dans les affaires du peuple juif (cf. v, 5;
vii, 9, 28; viii, 22-23, 31; ix, 7, 9, 14; x, 14, etc.). Comme les Paralipomènes,
il manifeste le plus vif intérêt pour les choses de la religion (reconstruction du
temple, rétablissement du culte, importance attribuée aux lévites, célébration
des fêtes, soin des vases sacrés; cf. i, 7-11; iii, 4; vi, 18-19, 22; vii, 19; viii,
24-30, 33-34, etc.).

---

[1] Pendant la vingtième année d'Artaxercès
Longue-Main, qui équivaut à l'an 445 de notre
ère.

[2] Par exemple, pour les listes qu'il cite i, 9-11,
et ii, 2-69.

[3] Pour l'édit de Cyrus, i, 2-4, la lettre de Réum,
iv, 9 et ss., etc.

[4] Voyez II Par. xxxvi, 20-23, et le commentaire.

[5] C'est pour ce motif que saint Hilaire inti-
tule assez ingénieusement notre livre : *Sermones
dierum Esdræ*. Voyez l'Introduction aux Paralipomènes, p. 5, 2°.

[6] Voyez les pages 6 et 7.

Au point de vue de la forme, grande ressemblance avec la prophétie de Daniel, et mélange analogue d'hébreu et de chaldéen. Dans le texte original, la plus grande partie du livre a été écrite en hébreu (i, 1-iv, 7; vi, 19-22; vii, 1-11; vii, 27-x, 44); le reste (c'est-à-dire certains documents officiels, iv, 8-22; v, 6-17; vi, 6-12; vii, 12-26, et le récit de la construction du temple, iv, 13-vi, 18) est en chaldéen. Çà et là nous rencontrerons des expressions d'origine persane; ce qui n'aura pas lieu de nous surprendre, puisque les Juifs avaient alors de fréquents rapports avec la Perse. Le ton du livre, dans son ensemble, est le ton digne et uniforme de l'histoire.

Rien de directement messianique, et pourtant tout conduit au Messie et prépare sa venue, puisque c'est son peuple qui se reforme, purifié par l'épreuve, et son temple que l'on rebâtit.

6° *Ouvrages à consulter.* — C. Sanchez, *Commentarius in libros Ruth, Esdræ, Nehemiæ,* Lyon, 1628; Nic. Lombard, *In Nehemiam et Esdram commentarius litteralis, moralis et allegoricus,* 1643; les commentaires de Cornelius a Lapide et de dom Calmet; Clair, *Esdras et Néhémias,* Paris, 1882.

ESDRAS

CHAPITRE 1

1 In anno primo Cyri, regis Persarum, ut compleretur verbum Domini ex ore Jeremiæ, suscitavit Dominus spiritum Oyri, regis Persarum; et traduxit vocem in omni regno suo, etiám per scripturam, dicens :

2. Hæc dicit Cyrus, rex Persarum : Omnia regna terræ dedit mihi Dominus, Deus cæli, et ipse præcepit mihi ut ædificarem ei domum in Jerusalem, quæ est in Judæa.

3. Quis est in vobis de universo populo ejus? Sit Deus illius cum ipso. Ascendat in Jerusalem, quæ est in Judæa, et ædificet domum Domini, Dei Israel; ipse est Deus qui est in Jerusalem.

4. Et omnes reliqui in cunctis locis ubicumque habitant, adjuvent eum viri de loco suo, argento, et auro, et substantia, et pecoribus, excepto quod voluntarie offerunt templo Dei, quod est in Jerusalem.

1. La première année de Cyrus, roi de Perse, le Seigneur, pour accomplir la parole qu'il avait prononcée par la bouche de Jérémie, toucha le cœur de Cyrus, roi de Perse, qui fit publier dans tout son royaume cette ordonnance, même par écrit :

2. Voici ce que dit Cyrus, roi de Perse : Le Seigneur, le Dieu du ciel, m'a donné tous les royaumes de la terre, et m'a lui-même commandé de lui bâtir une maison à Jérusalem, qui est en Judée.

3. Qui d'entre vous est de son peuple? Que son Dieu soit avec lui. Qu'il aille à Jérusalem, qui est en Judée, et qu'il rebâtisse la maison du Seigneur, le Dieu d'Israël. C'est le Dieu qui est à Jérusalem.

4. Et que tous les autres, en quelques lieux qu'ils habitent, les assistent du lieu où ils sont, en argent, et en or, et en *autres* biens, et en bétail, outre ce qu'ils offrent volontairement au temple de Dieu, qui est à Jérusalem.

PREMIÈRE PARTIE

Retour en Judée, sous la conduite de Zorobabel, d'une première caravane de Juifs exilés, et reconstruction du temple. I, 1 — VI, 22.

§ I. — *Le voyage de retour, heureusement entrepris sous les auspices de Cyrus.* I, 1 — II, 70.

1° Édit de Cyrus, autorisant la rentrée des Juifs en Palestine et la reconstruction du temple. **I, 1-4.**

Comparez II Par. xxxvi, 22-23. La ressemblance de ces deux passages est presque littérale ; mais Esdras cite le décret d'une manière plus complète.

Chap. I. — 1. Introduction historique. — *Anno primo Cyri* : non pas l'année où ce prince devint roi de Perse (559 avant J.-C.), mais celle

qui suivit sa glorieuse conquête de Babylone (536). — *Regis Persarum.* En hébreu, *Paras ; Paraça* des inscriptions cunéiformes; l'empire persan. — *Ut compleretur... Jeremiæ.* Voyez Jer. xxv, 12, et xxix, 10. — *Suscitavit Dominus...* : par une influence immédiate, décisive, dont le mode spécial n'est pas déterminé.

2-4. L'édit de Cyrus. Voyez les notes de II Par. xxxvi, 23. Tout est nouveau ici à partir des mots *in Jerusalem quæ est...* (vers. 3b). — *Omnes reliqui* (vers. 4). C.-à-d. tous les Juifs domiciliés dans l'empire persan, et qui ne songeaient pas actuellement au retour. — *Viri de loco suo* : tous les habitants, à quelque religion ou nationalité qu'ils appartinssent. — Trois points distincts dans l'édit : la permission générale de revenir à Jérusalem et en Judée ; celle de reconstruire le temple ; celle d'emporter en argent et en nature toute sorte de biens.

5. Alors les chefs de famille de Juda et de Benjamin, les prêtres et les lévites, et tous ceux dont Dieu toucha le cœur, se préparèrent à s'en retourner pour bâtir le temple du Seigneur, qui était dans Jérusalem.

6. Et tous ceux qui demeuraient aux environs les assistèrent en objets d'argent et d'or, en *autres* biens, en bétail et en meubles, outre ce qu'ils avaient offert volontairement.

7. Le roi Cyrus leur remit aussi les vases du temple du Seigneur, que Nabuchodonosor avait emportés de Jérusalem, et qu'il avait mis dans le temple de son dieu.

8. Cyrus, roi de Perse, les leur fit rendre par Mithridate, fils de Gazabar, qui les donna par compte à Sassabasar, prince de Juda.

9. Voici leur nombre : trente bassins d'or, mille bassins d'argent, vingt-neuf couteaux, trente coupes d'or,

5. Et surrexerunt principes patrum de Juda et Benjamin, et sacerdotes, et levitæ, et omnis cujus Deus suscitavit spiritum, ut ascenderent ad ædificandum templum Domini, quod erat in Jerusalem.

6. Universique qui erant in circuitu adjuverunt manus eorum in vasis argenteis et aureis, in substantia et jumentis, in supellectili, exceptis his quæ sponte obtulerunt.

7. Rex quoque Cyrus protulit vasa templi Domini, quæ tulerat Nabuchodonosor de Jerusalem, et posuerat in templo dei sui.

8. Protulit autem ea Cyrus, rex Persarum, per manum Mithridatis, filii Gazabar, et annumeravit ea Sassabasar, principi Juda.

9. Et hic est numerus eorum : phialæ aureæ triginta, phialæ argenteæ mille, cultri viginti novem, scyphi aurei triginta,

---

2° Départ d'une colonie de Juifs pour la Terre sainte. I, 5-6.

5-6. *Principes patrum :* les chefs de quelques-unes des familles de Juda et de Benjamin. — *Sacerdotes et levitæ*, pour représenter l'élément sacré de la nation. — *Omnis cujus... :* l'élément laïque. La partie de beaucoup la plus considérable du peuple juif préféra demeurer en Chaldée, n'ayant pas le courage de rompre avec les attaches contractées sur la terre d'exil (fortune, position, etc.); l'historien Josèphe le constate avec douleur, *Ant.*, XI, 1. Ceux qui se décidèrent au départ le firent par une motion spéciale de l'esprit de Dieu (*Deus suscitavit...*; voyez la note du verset 1). — *Ad ædificandum templum :* ce fut et ce devait être leur premier acte, le but direct de leur retour, la nation sainte ne pouvant être restaurée sans son culte, et par conséquent sans son temple. — *Qui... in circuitu :* les « viri » du vers. 4 (voyez la note).

3° Cyrus rend aux Juifs les vases et objets sacrés que les Chaldéens avaient autrefois enlevés du temple de Jérusalem. I, 7-11.

7-8. L'ordre du roi et son exécution. — *Vasa... quæ tulerat.* Comparez II Par. XXXVI, 7; Dan. I, 2, etc. — *Dei sui :* Mérodach, ou Bel-Merodach, que Nabuchodonosor nomme souvent son « maître » dans ses annales. — *Filii Gazabar.* Dans

l'hébreu : *haggizbar*, nom commun, d'origine persane, précédé de l'article et signifiant « le trésorier ». Donc : Mithridate le trésorier. — *Sassabasar.* Ou plutôt, *Šešbaṣar*, nom que les Chaldéens donnèrent à Zorobabel. Comp. Dan.

Le tombeau de Cyrus à Pasargada.

I, 7, et le commentaire. — *Principi Juda :* il appartenait ainsi à la race royale. Cf. I Par. III, 19; Matth. I, 12-13.

9-11. Énumération des objets sacrés que Cyrus fit restituer aux Juifs. — *Phialæ.* Le mot hébreu *'agarṭlîn* n'est employé qu'en ce passage; sa signification est incertaine. Il en est de même du substantif *maḥalaphî*, que la Vulgate tra-

10. scyphi argentei secundi quadringenti decem, vasa alia mille.
11. Omnia vasa aurea et argentea, quinque millia quadringenta. Universa tulit Sassabasar, cum his qui ascendebant de transmigratione Babylonis in Jerusalem.

10. quatre cent dix coupes d'argent du second ordre, et mille autres vases.
11. Il y avait en tout cinq mille quatre cents vases d'or et d'argent. Sassabasar les emporta tous, lorsque ceux qui avaient été captifs à Babylone retournèrent à Jérusalem.

CHAPITRE II

1. Hi sunt autem provinciæ filii, qui ascenderunt de captivitate, quam transtulerat Nabuchodonosor, rex Babylonis, in Babylonem, et reversi sunt in Jerusalem et Judam, unusquisque in civitatem suam.
2. Qui venerunt cum Zorobabel, Josue, Nehemia, Saraia, Rahelaia, Mardochai, Belsan, Mesphar, Beguai, Rehum, Baana. Numerus virorum populi Israel :

3. Filii Pharos, duo millia centum septuaginta duo ;
4. filii Sephatia, trecenti septuaginta duo ;
5. filii Area, septingenti septuaginta quinque ;
6. filii Phahath-Moab, filiorum Josue-Joab, duo millia octingenti duodecim ;

7. filii Ælam, mille ducenti quinquaginta quatuor ;
8. filii Zethua, nongenti quadraginta quinque ;
9. filii Zachai, septingenti sexaginta ;

1. Voici le dénombrement des fils d'Israël qui, ayant été emmenés captifs à Babylone par Nabuchodonosor, roi de Babylone, revinrent à Jérusalem et en Juda, chacun dans sa ville.
2. Ils partirent avec Zorobabel, Josué, Néhémie, Saraïa, Rahélaïa, Mardochaï, Belsan, Mesphar, Réguaï, Réhum et Baana. Nombre des hommes du peuple d'Israël
3. Les fils de Pharos, deux mille cent soixante-douze.
4. Les fils de Séphatia, trois cent soixante-douze.
5. Les fils d'Aréa, sept cent soixante-quinze.
6. Les fils de Phahath-Moab, fils de Josué et de Joab, deux mille huit cent douze.
7. Les fils d'Élam, mille deux cent cinquante-quatre.
8. Les fils de Zéthua, neuf cent quarante-cinq.
9. Les fils de Zachaï, sept cent soixante.

---

duit par *cultri*. — *Scyphi... secundi :* c.-à-d. de qualité inférieure. — *Quinque millia*. Le texte a été probablement corrompu, car l'addition des chiffres cités aux versets 9-10 ne fournit qu'un total de 2 499 pièces.
4° Liste des Juifs qui revinrent à Jérusalem avec Zorobabel. II, 1-70.
Nous retrouverons cette liste au livre de Néhémie, VII, 7-69, avec quelques modifications sans importance dans les noms et dans les chiffres. Les fautes étaient moralement inévitables lorsqu'il fallait transcrire des pages de ce genre, surtout avec des lettres pour représenter les nombres. Voyez aussi une reproduction de ce même passage au troisième livre apocryphe d'Esdras, v, 8-43.
CHAP. II. — 1-2ᵃ. Introduction. — *Provinciæ filii.* Hébraïsme, pour désigner les Juifs rentrés en Palestine sous la conduite de Zorobabel, par opposition à ceux qui étaient demeurés en Chal-

dée et en Perse. La « province », c'est la Judée, qui n'était plus qu'une minime portion de l'empire persan. — *Unusquisque in civitatem... :* la ville habitée avant l'exil par les ancêtres de chacun des nouveaux colons. — *Zorobabel, Josue...* Le chef de l'expédition, puis le grand prêtre, croit-on (cf. III, 2). Les autres noms représentent évidemment d'autres personnages importants. Néhémie en ajoute un douzième (entre *Rahelaia* et *Mardochai*), qui a dû disparaître de la liste d'Esdras. Ce chiffre de douze est significatif au moment où le peuple théocratique va se reconstituer d'après ses anciennes bases. On a même conjecturé que nous aurions ici des chefs des douze tribus.
2ᵇ-35. Hommes du peuple. — *Filii Pharos...* Les noms désignent des familles aux vers. 3-19, 30-32, et des villes aux vers. 20-29, 33-35. — Vers. 5. Néhémie a 652, au lieu de 775. — Vers. 6 *duodecim*. Dix-huit d'après Néhémie. — Vers. 8

10. Les fils de Bani, six cent quarante-deux.
11. Les fils de Bébaï, six cent vingt-trois.
12. Les fils d'Azgad, mille deux cent vingt-deux.
13. Les fils d'Adonicam, six cent soixante-six.
14. Les fils de Béguaï, deux mille cinquante-six.
15. Les fils d'Adin, quatre cent cinquante-quatre.
16. Les fils d'Ather, issus d'Ézéchias, quatre-vingt-dix-huit.
17. Les fils de Bésaï, trois cent vingt-trois.
18. Les fils de Jora, cent douze.
19. Les fils d'Hasum, deux cent vingt-trois.
20. Les fils de Gebbar, quatre-vingt-quinze.
21. Les fils de Bethléem, cent vingt-trois.
22. Les hommes de Nétupha, cinquante-six.
23. Les hommes d'Anathoth, cent vingt-huit.
24. Les fils d'Azmaveth, quarante-deux.
25. Les fils de Cariathiarim, de Céphira et de Béroth, sept cent quarante-trois.
26. Les fils de Rama et de Gabaa, six cent vingt et un.
27. Les hommes de Machmas, cent vingt-deux.
28. Les hommes de Béthel et de Haï, deux cent vingt-trois.
29. Les fils de Nébo, cinquante-deux.
30. Les fils de Megbis, cent cinquante-six.
31. Les fils de l'autre Élam, douze cent cinquante-quatre.
32. Les fils d'Harim, trois cent vingt.

10. filii Bani, sexcenti quadraginta duo;
11. filii Bebai, sexcenti viginti tres;
12. filii Azgad, mille ducenti viginti duo;
13. filii Adonicam, sexcenti sexaginta sex;
14. filii Beguai, duo millia quinquaginta sex;
15. filii Adin, quadringenti quinquaginta quatuor;
16. filii Ather, qui erant ex Ezechia, nonaginta octo;
17. filii Besai, trecenti viginti tres;
18. filii Jora, centum duodecim;
19. filii Hasum, ducenti viginti tres;
20. filii Gebbar, nonaginta quinque;
21. filii Bethlehem, centum viginti tres;
22. viri Netupha, quinquaginta sex;
23. viri Anathoth, centum viginti octo;
24. filii Azmaveth, quadraginta duo;
25. filii Cariathiarim, Cephira, et Beroth, septingenti quadraginta tres;
26. filii Rama et Gabaa, sexcenti viginti unus;
27. viri Machmas, centum viginti duo;
28. viri Bethel et Hai, ducenti viginti tres;
29. filii Nebo, quinquaginta duo;
30. filii Megbis, centum quinquaginta sex;
31. filii Ælam alterius, mille ducenti quinquaginta quatuor;
32. filii Harim, trecenti viginti;

Esdras : 945 ; Néhémie : 845 seulement. — Vers. 10. *Bani* est appelé « Bannui » dans l'autre récit, qui compte en outre 648 membres de cette famille, au lieu de 642. — Vers. 11. Esdras : 623 ; Néhémie : 628. — Vers. 12. *Mille ducenti...* Néh. : 2372. — Vers. 13 et 14. Néhémie ajoute une unité à chaque nombre : 667 et 2067. — Vers. 15. Néh. : 655, au lieu de 454. — Vers. 17. Néh. : 324, au lieu de 323. — Vers. 18. *Jora* est appelé « Hareph » dans l'autre liste. — Vers. 19. Esdr. : 223. Néh. : 328. — Vers. 20. *Gebbar* : Néhémie dit « Gabaon ». Cette ville et les suivantes nous sont connues par les livres de Josué, des Juges et des Rois ; elles étaient toutes aux environs de

Jérusalem. Voyez l'*Atl. géogr.*, pl. VII et XVI. — Vers. 22. *Viri Netupha* : Néhémie les compte simultanément avec les habitants de Bethléem, et donne un total de 188, au lieu de 179. — Vers. 24. *Azmaveth* : Bethazmoth dans l'autre liste. — Vers. 28 : Esdr. : 223 ; Néh. : seulement 123. — Vers. 29. *Filii Nebo.* D'après Néh. : « de l'autre Nébo, » quoiqu'il ne mentionne qu'une ville de ce nom. — Vers. 30. Les fils de *Megbis* sont omis dans la liste de Néhémie. — Vers. 31. *Ælam alterius* : par opposition à celui du vers. 7. Coïncidence extraordinaire : les familles des deux Élam fournirent un chiffre absolument identique de leurs membres, 1254 de part et d'autre. —

33. filii Lod, Hadid, et Ono, septingenti viginti quinque·
34. filii Jericho, trecenti quadraginta
quinque ;
35. filii Senaa, tria millia sexcenti triginta.
36. Sacerdotes : filii Jadaia in domo
Josue, nongenti septuaginta tres ;

37. filii Emmer, mille quinquaginta
duo ;
38. filii Pheshur, mille ducenti quadraginta septem ;
39. filii Harim, mille decem et septem.
40. Levitæ : filii Josue et Cedmihel,
filiorum Odoviæ, septuaginta quatuor.

41. Cantores : filii Asaph, centum viginti octo.
42. Filii janitorum : filii Sellum, filii
Ater, filii Telmon, filii Accub, filii Hatita, filii Sobai ; universi centum triginta novem.

43. Nathinæi : filii Siha, filii Hasupha, filii Tabbaoth,
44. filii Ceros, filii Siaa, filii Phadon,

45. filii Lebana, filii Hagaba, filii
Accub,
46. filii Hagab, filii Semlai, filii Hanan,
47. filii Gaddel, filii Gaher, filii Raaia,

48. filii Rasin, filii Necoda, filii Gazam,

49. filii Aza, filii Phasea, filii Besee,

50. filii Asena, filii Munim, filii Ne-
phusim,
51. filii Bacbuo, filii Hacupha, filii
Harhur,
52. filii Besluth, filii Mahida, filii
Harsa,

33. Les fils de Lod, d'Hadid et d'Ono,
sept cent vingt-cinq.
34. Les fils de Jéricho, trois cent quarante-cinq.
35. Les fils de Sénaa, trois mille six
cent trente.
36. Prêtres : les fils de Jadaïa dans la
maison de Josué, neuf cent soixante-
treize.
37. Les fils d'Emmer, mille cinquante-
deux.
38. Les fils de Phéshur, douze cent
quarante-sept.
39. Les fils d'Harim, mille dix-sept.
40. Lévites : les fils de Josué et de
Cedmihel, fils d'Odovia, soixante-quatorze.
41. Chantres : les fils d'Asaph, cent
vingt-huit.
42. Fils des portiers : les fils de Sellum, les fils d'Ater, les fils de Telmon,
les fils d'Accub, les fils d'Hatita, les fils
de Sobaï, qui tous ensemble font cent
trente-neuf.
43. Nathinéens : les fils de Siha, les fils
d'Hasupha, les fils de Tabbaoth,
44. les fils de Céros, les fils de Siaa,
les fils de Phadon,
45. les fils de Lébana, les fils d'Hagaba, les fils d'Accub,
46. les fils d'Hagab, les fils de Semlaï,
les fils d'Hanan,
47. les fils de Gaddel, les fils de Gaher, les fils de Raaïa,
48. les fils de Rasin, les fils de Nécoda, les fils de Gazam,
49. les fils d'Aza, les fils de Phaséa,
les fils de Bésée,
50. les fils d'Aséna, les fils de Munim,
les fils de Néphusim,
51. les fils de Bachuo, les fils de Hacupha, les fils de Harhur,
52. les fils de Besluth, les fils de Mahida, les fils de Harsa,

---

Vers. 33. *Hadîd* est sans doute la même localité
que l'᾽Αδιδά du premier livre des Machabées,
XII, 38, et XIII, 13 ; actuellement El-Hadithé,
près de Lydda (*Atl. géogr.*, pl. X et XII). Dans
Néh.: 721 au lieu de 725. — Vers. 35. Néh.: 3 930,
au lieu le 3 630. La bourgade de *Senaa* n'a pas
été identifiée avec certitude ; saint Jérôme. la
place au nord de Jéricho.
36-39. Les prêtres. — Sur les vingt-quatre
classes organisées par David, trois seulement
sont représentées. Comp. I Par. XXIV, 7, 8, 14.
Pheshur (hébr., *Pašur*) n'était pas un chef de
classe. — *In domo Josue :* vraisemblablement
la famille du grand prêtre alors en fonctions. —
On constate avec intérêt que le nombre des

prêtres qui s'associèrent à Zorobabel pour revenir en Palestine est relativement considérable.
40 42. Les lévites. — Ils sont partagés en trois
catégories : les lévites ordinaires (vers. 40), les
chantres (vers. 41) les portiers (vers. 42). —
Deux variantes dans Néhémie au sujet des chiffres : 148 et 138, au lieu de 128 et 139.
43-58. Les Nathinéens et les descendants des
serviteurs de Salomon. — 1º *Nathinæi* (vers.
43-54). Hébr. : les *n'tinim*, ou « donnés », consacrés. Voyez I Par. IX, 2, et le commentaire.
Ils formaient la classe inférieure des ministres
du sanctuaire et étaient chargés des gros travaux. Les noms d'*Accub* (vers. 45), d'*Hagab*
(vers. 46) et d'*Asena* (vers. 50) sont omis dans

53. les fils de Bercos, les fils de Sisara, les fils de Théma,

54. les fils de Nasia, les fils d'Hatipha.

55. Fils des serviteurs de Salomon : les fils de Sotaï, les fils de Sophéreth, les fils de Pharuda,

56. les fils de Jala, les fils de Dercon, les fils de Geddel,

57. les fils de Saphatia, les fils de Hatil, les fils de Phochéreth qui étaient d'Asébaïm, les fils d'Ami.

58. Tous les Nathinéens et les fils des serviteurs de Salomon étaient au nombre de trois cent quatre-vingt-douze.

59. Voici ceux qui vinrent de Thelmala, de Thelharsa, de Chérub, d'Adon et d'Emer, et qui ne purent faire connaître la maison de leurs pères, ni s'ils étaient de la race d'Israël :

60. les fils de Dalaïa, les fils de Tobie, les fils de Nécoda ; six cent cinquante-deux *en tout.*

61. Et des fils des prêtres : les fils d'Hobia, les fils d'Accos, les fils de Berzellaï, qui épousa l'une des filles de Berzellaï de Galaad, et qui fut appelé de leur nom.

62. Ils cherchèrent l'écrit où était leur généalogie ; et ne l'ayant point trouvé, ils furent rejetés du sacerdoce.

63. Et Athersatha leur dit de ne point manger des viandes sacrées, jusqu'à ce qu'il s'élevât un pontife docte et parfait.

64. Toute cette multitude était comme un seul homme, et comprenait quarante-deux mille trois cent soixante personnes,

65. sans les serviteurs et les servantes,

53. filii Bercos, filii Sisara, filii Thema,

54. filii Nasia, filii Hatipha.

55. Filii servorum Salomonis : filii Sotai, filii Sophereth, filii Pharuda,

56. filii Jala, filii Dercon, filii Geddel

57. filii Saphatia, filii Hatil, filii Phochereth, qui erant de Asebaim, filii Ami.

58. Omnes Nathinæi, et filii servorum Salomonis, trecenti nonaginta duo.

59. Et hi qui ascenderunt de Thelmala, Thelharsa, Cherub, et Adon, et Emer, et non potuerunt indicare domum patrum suorum, et semen suum, utrum ex Israel essent :

60. filii Dalaia, filii Tobia, filii Necoda, sexcenti quinquaginta duo.

61. Et de filiis sacerdotum : filii Hobia, filii Accos, filii Berzellai, qui accepit de filiabus Berzellai Galaaditis uxorem, et vocatus est nomine earum.

62. Hi quæsierunt scripturam genealogiæ suæ ; et non invenerunt, et ejecti sunt de sacerdotio.

63. Et dixit Athersatha eis ut non comederent de sancto sanctorum, donec surgeret sacerdos doctus atque perfectus.

64. Omnis multitudo quasi unus, quadraginta duo millia trecenti sexaginta,

65. exceptis servis eorum, et ancillis,

---

la liste parallèle. — 2° *Filii servorum Salomonis* (vers. 55-57). Quoique mentionnés à part, ils remplissaient des fonctions analogues à celles des Nathinéens. Ils étaient, eux aussi, païens d'origine ; cf. III Reg. IX, 21-22. Le concours de ces deux catégories de ministres fut très utile immédiatement après le retour d'exil, les lévites proprement dits n'étant revenus qu'en petit nombre.

59-63. Liste des Juifs, laïques ou prêtres, qui ne purent indiquer leur lignée d'une manière certaine. — 1° Vers. 59-60 : trois familles laïques. Les villes de *Thelmala, Thelharsa,* etc., étaient sans doute en Chaldée ; on ignore leur emplacement exact. Au lieu de 652, l'autre liste porte 642. — 2° Vers. 61-63 : également trois familles sacerdotales. Sur *Berzellaï,* voyez II Reg. XVII, 27, et XIX, 31-39. *Ejecti sunt* (vers. 62) : comme pollués, ajoute l'hébreu. — *Athersatha :* mieux, *haṭṭiršāṭa',* nom commun précédé de l'article, et, ce semble, d'origine persane, signifiant « le redouté » ; c'était un des titres officiels de Zorobabel en tant que chef civil de la colonie juive,

nommé par le roi lui-même. — *Ut non comederent... :* comme ceux des ministres sacrés qui devenaient légalement impurs. *De sancto sanctorum :* c.-à-d. « les choses très saintes » ; voyez Lev. II, 2, 10 ; XXII, 4, 10, etc. ; les prêtres en tiraient leur subsistance ordinaire. — *Donec... sacerdos doctus...* Dans l'hébreu : jusqu'à ce qu'un prêtre se tînt avec l'*'urîm* et le *ṭummîm.* Voyez Ex. XXVIII, 30, et le commentaire. Esdras ne voulut point trancher lui-même définitivement le sort de ces prêtres qui avaient perdu leurs titres d'origine ; car il espérait que bientôt le culte divin serait rétabli dans son intégrité, et que Dieu rendrait au pontife suprême du judaïsme le privilège, perdu depuis l'exil, de consulter directement le ciel sur les questions difficiles, par le mystérieux moyen de l'*'urîm* et du *ṭummîm.*

64-67. Chiffre total des Juifs qui revinrent en Palestine avec Zorobabel. — *Multitudo quasi unus :* additionnée en un seul nombre. La somme qui est ensuite marquée, 42 360, se trouve dépasser de beaucoup celle de tous les chiffres par-

qui erant septem millia trecenti triginta septem; et in ipsis cantores atque cantatrices ducenti.

66. Equi eorum, septingenti triginta sex; muli eorum, ducenti quadraginta quinque;

67. cameli eorum, quadringenti triginta quinque; asini eorum, sex millia septingenti viginti.

68. Et de principibus patrum, cum ingrederentur templum Domini quod est in Jerusalem, sponte obtulerunt in domum Dei ad exstruendam eam in loco suo.

69. Secundum vires suas dederunt impensas operis, auri solidos sexaginta millia et mille, argenti mnas quinque millia, et vestes sacerdotales centum.·

70. Habitaverunt ergo sacerdotes et levitæ, et de populo, et cantores, et janitores, et Nathinæi in urbibus suis, universusque Israel in civitatibus suis.

qui étaient sept mille trois cent trente-sept; et parmi eux il y-avait deux cents chanteurs et chanteuses.

66. Ils avaient sept cent trente-six chevaux, deux cent quarante-cinq mulets,

67. quatre cent trente-cinq chameaux, six mille sept cent vingt ânes.

68. Plusieurs des chefs de famille, à leur arrivée à Jérusalem, au *lieu où avait été le* temple du Seigneur, offrirent d'eux-mêmes de quoi rebâtir la maison de Dieu au lieu où elle était autrefois.

69. Ils donnèrent selon leurs forces, pour faire la dépense de cet ouvrage, soixante et un mille drachmes d'or, cinq mille mines d'argent et cent vêtements sacerdotaux.

70. Les prêtres et les lévites, et les hommes du peuple, les chantres, les portiers et les Nathinéens s'établirent donc dans leurs villes, et tout Israël habita dans ses villes.

CHAPITRE III

1. Jamque venerat mensis septimus, et erant filii Israel in civitatibus suis. Congregatus est ergo populus quasi vir unus in Jerusalem.

1. Le septième mois était venu, et les fils d'Israël étaient dans leurs villes. Et tout le peuple s'assembla comme un seul homme à Jérusalem.

tiels qui ont été cités dans les versets 7-63; car elle n'est que de 29 818 (Néh.: 39 089). Il y a eù des erreurs de transcription. — *Cantores... cantatrices.* Il ne faut pas les confondre avec les chantres lévitiques (cf. vers. 41). C'étaient sim-

Darique d'argent.

plement de ces chanteurs et chanteuses à gages comme il en existe encore en Orient, et qu'on associe à toutes les joies et à toutes les solennités privées ou publiques. Dans la circonstance présente, disent les Rabbins, on les avait pris « pour que le retour des Israélites fût plus joyeux ». — Vers. 66-67, chiffre des bêtes de somme et du bétail que les Juifs ramenèrent avec eux en Judée. *Asini*: la monture accoutumée dans l'Orient biblique; de là un nombre plus considérable.

68-69. Arrivée des nouveaux colons à Jérusalem; ils offrent des dons pour le temple. — *De principibus patrum*: les chefs des familles; cf. I, 5. — *Templum*: l'emplacement du temple détruit. — *Auri solidos.* Hébr.: des dariques (*dark'mônim*). Voyez I Par. xxix, 7, et la note. — *Sexaginta millia...* Comp. Neh. vii, 70-72, qui varie sur ces divers détails. — *Argenti mnas.* La mine (*maneh*) d'argent peut être approximativement évaluée à 141 francs.

70. Les colons se dispersent et s'établissent dans les villes et bourgades de la Terre sainte. — *In urbibus suis*: les résidences de leurs familles avant la captivité. — *Universus... Israel.* C.-à-d. les membres de l'ancien royaume schismatique du Nord, car il en revint aussi un certain nombre avec Zorobabel. Cf. I Par. ix, 3; Neh. vii, 7.

§ II. — *La reconstruction du temple est commencée sans retard; les Samaritains envieux font arrêter les travaux.* III, 1 — IV, 24.

1º Érection de l'autel, rétablissement du sacrifice perpétuel, fête des tabernacles. III, 1-6.

CHAP. III. — 1-3. L'autel des holocaustes est dressé sur l'emplacement de l'ancien temple. — *Jamque venerat.* Plutôt, d'après l'hébreu: et s'ap-

2. Et Josué, fils de Josédec, et ses frères -les prêtres, avec Zorobabel, fils de Salathiel, et ses frères, commencèrent à bâtir l'autel du Dieu d'Israël pour y offrir des holocaustes, selon qu'il est écrit dans la loi de Moïse, homme de Dieu.

3. Ils posèrent l'autel de Dieu sur ses bases, pendant que les peuples dont ils étaient environnés s'efforçaient de les effrayer. Et ils offrirent au Seigneur l'holocauste sur cet autel le matin et le soir.

4. Et ils célébrèrent la fête des Tabernacles, selon qu'il est prescrit, et ils offrirent l'holocauste chaque jour, selon l'ordre, ainsi qu'il est prescrit de le faire jour par jour.

5. Ils offrirent ensuite l'holocauste perpétuel, tant aux nouvelles lunes que dans toutes les solennités consacrées au Seigneur, et dans toutes celles où l'on offrait volontairement des présents au Seigneur.

6. Ils commencèrent le premier jour du septième mois à offrir des holocaustes au Seigneur. Or on n'avait pas encore jeté les fondements du temple de Dieu.

7. Ils donnèrent donc de l'argent aux tailleurs de pierres et aux maçons, et

---

2. Et surrexit Josue, filius Josedec, et fratres ejus sacerdotes, et Zorobabel, filius Salathiel, et fratres ejus, et ædificaverunt altare Dei Israel, ut offerrent in eo holocautomata, sicut scriptum est in lege Moÿsi, viri Dei.

3. Collocaverunt autem altare Dei super bases suas, deterrentibus eos per circuitum populis terrarum; et obtulerunt super illud holocaustum Domino mane et vespere.

4. Feceruntque solemnitatem Tabernaculorum, sicut scriptum est, et holocaustum diebus singulis, per ordinem, secundum præceptum opus diei in die suo.

5. Et post hæc holocaustum juge, tam in calendis quam in universis solemnitatibus Domini quæ erant consecratæ, et in omnibus in quibus ultro offerebatur munus Domino.

6. A primo die mensis septimi cœperunt offerre holocaustum Domino. Porro templum Dei nondum fundatum erat.

7. Dederunt autem pecunias latomis et cæmentariis; cibum quoque, et po-

---

prochait. — *Mensis septimus :* le mois de tichri, qui correspond à peu près à notre mois de septembre; période très solennelle de l'année ecclésiastique des Juifs. Cf. Ex. xxiii, 16; Lev. xxii, 34-41. — *Congregatus... quasi vir unus.* Tous n'étaient pas présents, mais ils avaient tous même esprit et même cœur. L'objet de ce concours était la célébration de la fête des tabernacles (vers. 4; cf. Deut. xvi, 16). — *Josue* était alors grand prêtre, et chef de la communauté sous le rapport religieux. Son père, *Josedec,* avait été emmené captif par Nabuchodonosor. Cf. I Par. vi, 15. — *Zorobabel :* le chef civil, officiellement reconnu par la Perse. C'est dans le sens large qu'il est appelé *filius Salathiel* (voyez I Par. iii, 19, et l'explication). — *Fratres ejus :* les Israélites laïques, qui formaient le gros de la communauté. — *Ædificaverunt altare.* L'autel était la partie la plus essentielle du culte; voilà pourquoi il est immédiatement dressé. — *Moÿsi, viri Dei.* Sur cette belle épithète, voyez I Par. xxiii, 14, et l'explication. — *Super bases suas* (vers. 3) : sur son ancien emplacement, qu'il fut aisé de découvrir parmi les décombres (*Atl. arch.,* pl. xcix, fig. 1 et 2). — *Deterrentibus eos...* L'hébreu exprime à peu près la même pensée, mais avec une nuance : « car, dit-il, la crainte était sur eux (les Juifs), à cause du peuple de ces contrées ». Les nouveaux colons s'aperçurent bientôt qu'ils étaient jalousés, haïs par les peuples

voisins. Or, contre cette haine, d'abord un peu dissimulée, puis ouverte et déclarée (cf. iv, 1, 4, etc.), ils n'avaient, si faibles humainement parlant, d'autre appui que Jéhovah; mais, pour mieux s'attirer sa protection toute-puissante, ils se mettent au plus vite en état de lui complaire, en lui offrant des sacrifices d'agréable odeur. « Auprès de l'autel, ils se sentiraient forts. » — *Et obtulerunt... :* le premier jour du septième mois, d'après le verset 6.

4-5. Célébration de la fête des Tabernacles, reprise des divers sacrifices depuis si longtemps interrompus. — *Sicut scriptum..., secundum præceptum.* On voulait rétablir toutes choses sur l'ancien pied, c.-à-d. en parfaite conformité avec les ordonnances émanées de Dieu lui-même. — *Sacrificium juge :* l'holocauste offert chaque matin et chaque soir au nom du peuple; c'était l'un des principaux sacrifices. Cf. Ex. xxix, 38 et ss. — *In calendis,... solemnitatibus.* Sur les sacrifices des néoménies et des fêtes, voyez Num. xxviii, 11-15; xxix, 13, 17, 20, 23, etc.

2° On pose les fondements du nouveau temple. III, 6-13.

6. Transition. — *A primo die.* Détail rétrospectif sur le rétablissement des sacrifices.

7. Arrangements pour se procurer des ouvriers et des matériaux. — *Pecunias latomis... :* les ouvriers juifs furent payés en espèces; les ouvriers étrangers reçurent leur salaire en nature

tum, et oleum Sidoniis, Tyriisque, ut deferrent ligna cedrina de Libano ad mare Joppe, juxta quod præceperat Cyrus, rex Persarum, eis.

8. Anno autem secundo adventus eorum ad templum Dei in Jerusalem, mense secundo, cœperunt Zorobabel, filius Salathiel, et Josue, filius Josedec, et reliqui de fratribus eorum, sacerdotes et levitæ, et omnes qui venerant de captivitate in Jerusalem, et constituerunt levitas a viginti annis et supra, ut urgerent opus Domini.

9. Stetitque Josue et filii ejus, et fratres ejus, Cedmihel et filii ejus, et filii Juda, quasi vir unus, ut instarent super eos qui faciebant opus in templo Dei; filii Henadad, et filii eorum, et fratres eorum levitæ.

10. Fundato igitur a cæmentariis templo Domini, steterunt sacerdotes in ornatu suo cum tubis, et levitæ, filii Asaph, in cymbalis, ut laudarent Deum per manus David, regis Israel.

11. Et concinebant in hymnis et confessione Domino : Quoniam bonus, quoniam in æternum misericordia ejus super Israel. Omnis quoque populus vociferabatur clamore magno, in laudando

des vivres, et du breuvage et de l'huile aux Sidoniens et aux Tyriens, afin qu'ils portassent des bois de cèdre du Liban à la mer de Joppé, selon l'ordre que Cyrus, roi de Perse, leur en avait donné.

8. Mais la seconde année de leur arrivée auprès du temple de Dieu à Jérusalem, au second mois, Zorobabel, fils de Salathiel, Josué, fils de Josédec, et leurs autres frères prêtres et lévites, et tous ceux qui étaient venus de la captivité à Jérusalem, commencèrent à établir des lévites, depuis vingt ans et au-dessus, pour presser l'œuvre du Seigneur.

9. Et Josué, et ses fils et ses frères, Cedmihel et ses fils, et les fils de Juda, comme un seul homme, furent là pour presser ceux qui travaillaient au temple de Dieu; de même les fils de Hénadad, et leurs fils, et leurs frères les lévites.

10. Les fondements du temple du Seigneur ayant donc été posés par les maçons, les prêtres, revêtus de leurs ornements, se tinrent debout avec leurs trompettes, et les lévites, fils d'Asaph, avec leurs cymbales, pour louer Dieu, selon les ordonnances de David, roi d'Israël.

11. Et ils chantaient ensemble des hymnes et les louanges du Seigneur, *en disant :* Qu'il est bon, et que sa miséricorde sur Israël est éternelle. Et tout le peuple poussait de grands cris en

---

(*cibum... Sidoniis*), comme au temps de Salomon. Cf. III Reg. v, 6-11. Les Phéniciens n'avaient rien perdu de leur habileté ancienne. — *Joppe :* le port de Jérusalem. Cf. II Par. II, 16, et l'*Atl. géogr.*, pl. VII, X.

8-9. Mesures pour pousser activement la construction. — Époque à laquelle on commença les travaux : *anno secundo*, c.-à-d. en 535 avant J.-C. (note de I, 1); *mense secundo*, comme pour le temple de Salomon (voyez III Reg. VI, 1), et l'explication). — *Constituerunt levitas :* en qualité de surintendants des travaux; il était dans l'ordre qu'ils fussent chargés de ce beau rôle. — *A viginti annis :* l'âge légal de leur entrée en fonctions. Cf. I Par. XXIII, 24. — *Josue* et *Cedmihel* étaient les chefs de deux des familles lévitiques récemment arrivées à Jérusalem avec Zorobabel. Cf. II, 40. — *Et filii Juda.* La conjonction *et* manque dans le texte hébreu, où les mots « fils de Juda » forment une apposition aux noms de Josué et de Cedmihel. *Juda* est ici une erreur de transcription pour « Odovia » (cf. II, 40, et Neh. VII, 43); les deux noms se ressemblent beaucoup en hébreu. *Henadad* n'a pas été mentionné dans la liste du chap. II.

10-11. On pose avec une grande solennité les fondements du nouveau temple. Tableau touchant et pittoresque. — *In ornatu suo.* Voyez

Ex. XXXI, 10 ; XXXIX, 27 ; l'*Atl. arch.*, pl. CVII, fig. 6. — *Cum tubis :* l'instrument sacré des prêtres. *Cymbalis :* celui des lévites. Cf. I Par. XV, 19, 24 ; XVI, 5 ; II Par. 5, 12, etc. — *Per*

Assyrien jouant des cymbales.

manus David. C.-à-d. d'après les ordonnances de David. Cf. II Par. VI, 31 ; XVI, 4-5, 7 ; XXV, 1-31. Le narrateur insiste sur ce point : on ne voulait innover en rien, on tenait au contraire absolument à rétablir les institutions anciennes. Voyez la note du verset 2. — *Quoniam bonus :* le suave refrain liturgique, qui exprime si bien la vraie nature du Dieu d'Israël. Cf. II Par. V, 13, et le commentaire.

louant le Seigneur, parce que les fondements, du temple du Seigneur étaient posés.

12. Mais plusieurs des prêtres et des lévites, des chefs de famille et des anciens, qui avaient vu le premier temple, considérant les fondements de celui-ci, qui était devant leurs yeux, pleurèrent à haute voix, et plusieurs aussi élevaient la voix en poussant des cris de joie.

13. Et on ne pouvait discerner les cris de joie d'avec les plaintes de ceux qui pleuraient, parce que tout était confus dans cette grande clameur du peuple, et le bruit en retentissait bien loin.

Dominum, eo quod fundatum esset templum Domini

12. Plurimi etiam de sacerdotibus et levitis, et principes patrum, et seniores, qui viderant templum prius cum fundatum esset, et hoc templum in oculis eorum, flebant voce magna; et multi vociferantes in lætitia, elevabant vocem.

13. Nec poterat quispiam agnoscere vocem clamoris lætantium, et vocem fletus populi; commixtim enim populus vociferabatur clamore magno, et vox audiebatur procul.

CHAPITRE IV

1. Or les ennemis de Juda et de Benjamin apprirent que les Israélites, revenus de la captivité, bâtissaient un temple au Seigneur Dieu d'Israël.

2. Et s'approchant de Zorobabel et des chefs de familles, ils leur dirent : Laissez-nous bâtir avec vous, parce que nous cherchons votre Dieu comme vous, et nous lui avons immolé des victimes depuis les jours d'Asor-Haddan, roi d'Assyrie, qui nous a amenés ici.

3. Et Zorobabel, Josué et les autres

1. Audierunt autem hostes Judæ et Benjamin quia filii captivitatis ædificarent templum Domino, Deo Israel ;

2. et accedentes ad Zorobabel et ad principes patrum, dixerunt eis : Ædificemus vobiscum, quia ita ut vos quærimus Deum vestrum ; ecce nos immolavimus victimas a diebus Asor-Haddan, regis Assur, qui adduxit nos huc.

3. Et dixit eis Zorobabel, et Josue

12-13. La tristesse se mélange à la joie. — *Templum prius :* le temple de Salomon, dont la magnificence était demeurée proverbiale ; les Chaldéens l'avaient incendié en 588, environ quatre-vingt-dix ans avant les faits ici racontés. *Hoc templum :* le nouveau temple, pauvre et modeste à ses débuts. — *Flebant...* Comp. Agg. II, 3 ; Zach. IV, 10. Trait pathétique. La réflexion qui suit est charmante : *nec poterat quispiam...* Le bruit des sanglots était étouffé par les cris de joie de ceux qui, n'ayant pas contemplé l'ancien temple, ne songeaient pas à établir une douloureuse comparaison entre les deux édifices ; pour eux, ils étaient actuellement tout entiers au bonheur de voir la théocratie surgir de ses ruines.

3° **Les Samaritains s'opposent à la reconstruction du temple. IV, 1-5.**

CHAP. IV. — **1-2.** Ils demandent à Zorobabel comme une faveur de pouvoir participer à la construction. — *Hostes.* Néhémie, IV, 11, dit formellement que c'étaient les Samaritains. Le nom d'ennemis leur est donné ici par anticipation, pour montrer dès l'abord ce qu'ils seront bientôt et à jamais ; leurs intentions premières ne paraissent pas avoir été hostiles. Sur cette race

formée d'éléments très disparates, parmi lesquels le sang israélite comptait pour bien peu de chose, voyez IV Reg. XVII, 24-34, et le commentaire (*Atl. d'hist. nat.*, pl. CXII, fig. 1). — *Filii captivitatis.* Hébraïsme, pour désigner les Juifs revenus de Babylone. Cf. VI, 19 ; VIII, 35, etc. — *Ita ut vos quærimus...* Assertion des plus fausses, car la religion des Samaritains consistait en un amalgame non moins étrange que celui de leur origine. Voyez IV Reg. XVII, 33. Le culte du vrai Dieu n'en était aussi qu'un simple élément. — *Immolavimus :* en l'honneur de Jéhovah. — *A diebus Asor-Haddan.* Asarhaddon de IV Reg. XIX, 37 (voyez la note). Il était monté sur le trône l'an 681 avant J.-C., mort en 668 ; les Samaritains font donc appel à une tradition qui durait depuis un siècle et demi. — *Qui adduxit nos.* On le voit, tout en se disant les adorateurs de Jéhovah, ils dédaignent de faire entrer en ligne de compte, sous le rapport de leur descendance, les Israélites que les Assyriens avaient laissés en Palestine, et avec lesquels ces nouveaux venus s'étaient fondus peu à peu.

3. **Refus énergique de Zorobabel et du grand prêtre.** — *Nos ipsi soli.* Et ce refus est basé

et reliqui principes patrum Israel : Non est vobis et nobis ut ædificemus domum Deo nostro ; sed nos ipsi soli ædificabimus Domino Deo nostro, sicut præcepit nobis Cyrus, rex Persarum.

4. Factum est igitur ut populus terræ impediret manus populi Judæ, et turbaret eos in ædificando.

5. Conduxerunt autem adversus eos consiliatores, ut destruerent consilium eorum omnibus diebus Cyri, regis Persarum, et usque ad regnum Darii, regis Persarum.

6. In regno autem Assueri, in principio regni ejus, scripserunt accusationem adversus habitatores Judæ et Jerusalem.

7. Et in diebus Artaxerxis, scripsit Beselam, Mithridates, et Thabeel, et reliqui qui erant in consilio eorum, ad Artaxerxem, regem Persarum. Epistola autem accusationis scripta erat syriace, et legebatur sermone syro.

chefs des familles d'Israël leur répondirent : Nous ne bâtirons pas avec vous une maison à notre Dieu, mais nous bâtirons nous seuls un temple au Seigneur notre Dieu, comme nous l'a ordonné Cyrus, roi des Perses.

4. Il arriva donc que le peuple du pays empêcha le peuple de Juda de travailler et le troubla dans sa construction.

5. Et ils gagnèrent contre eux des ministres *du roi,* pour ruiner leur dessein, pendant tout le règne de Cyrus, roi des Perses, jusqu'au règne de Darius, roi des Perses.

6. Mais, au commencement du règne d'Assuérus, ils écrivirent une accusation contre les habitants de Juda et de Jérusalem.

7. Et aux jours d'Artaxerxès, Béselam, Mithridate, Thabéel, et les autres qui étaient de leur conseil, écrivirent à Artaxerxès, roi des Perses. La lettre d'accusation était écrite en syriaque, et se lisait en langue syriaque.

---

sur deux excellents motifs : en premier lieu, le Seigneur n'était pas en réalité le Dieu les Samaritains, mais seulement celui des Juifs (*Domino Deo nostro*); en outre, l'autorisation de Cyrus (*sicut præcepit nobis...*) s'adressait aux seuls Juifs. La réponse de Zorobabel et de Josué

Le roi Darius, sur une sculpture de Béhistan.

n'était pas moins habile que ferme. Assurément, ils devaient refuser l'offre singulière des Samaritains ; s'ils l'eussent acceptée, c'en eût été fait bientôt de la pureté de la religion judaïque.

4-5. Mécontentement et menées hostiles des Samaritains. — *Populus. terræ :* les Samaritains formaient la partie principale de la population du pays. — *Conduxerunt :* sans regarder à la dépense, pourvu qu'ils arrivassent à leurs fins. Le moyen était adroitement choisi. — *Consilia-*

tores... : des officiers de la cour persane, qui étaient payés pour créer des difficultés aux Juifs et arrêter les travaux commencés. — *Usque ad Darit...* En hébreu, *Dariâvês ;* en persan, *Darayavus.* Il s'agit de Darius, fils d'Hystaspe, qui date son règne de la fin de celui de Cambyse, fils de Cyrus, c.-à-d. de l'an 521. Les perfides menées des Samaritains se poursuivirent donc pendant quinze ans (les huit dernières années de Cyrus, les sept ans de Cambyse ; le règne très court de Smerdis le Mage ne compte pas).

3° Les Samaritains écrivent plusieurs lettres au roi de Perse pour incriminer les Juifs. IV, 6-16.

6. Première lettre, adressée à Assuérus. — *Assueri.* En hébreu, *'Ahašvêrôš.* Ce nom représente sans doute ici Cambyse, fils et successeur de Cyrus. Les rois de Perse avaient souvent deux noms distincts. Les Samaritains durent profiter de l'avènement du nouveau prince pour lancer leur odieuse accusation avec plus de chances de succès. Le narrateur ne dit rien du résultat de cette première lettre, qui fut nul évidemment

7-16. Deuxième lettre, adressée à Artaxerxès. — Introduction, vers. 7-8. *Artaxerxis :* en hébreu, *'Arṭaḥšašta' ;* en persan, *'Arṭakšaṭrâ' ;* vraisemblablement, en cet endroit, Gomata, le faux Smerdis, ou Smerdis le Mage, qui occupa le trône à la mort de Cambyse, et qui fut déposé

8. Réum Béeltéem et le scribe Samsaï écrivirent de Jérusalem au roi Artaxercès une lettre en ces termes :

9. Réum Béeltéem, et le scribe Samsaï, et leurs autres conseillers, les Dinéens, les Apharsathachéens, les Terphaléens, les Apharséens, les Erchuéens, les Babyloniens, les Susanéchéens, les Diévéens et les Elamites,

10. et les autres d'entre les peuples, que le grand et glorieux Asénaphat a transférés, et qu'il a fait habiter en paix dans les villes de Samarie, et dans les autres provinces au delà du fleuve.

11. (Voici la copie de la lettre qu'ils lui envoyèrent :) Au roi Artaxercès, vos serviteurs, les hommes qui sont au delà du fleuve, souhaitent le salut.

12. Que le roi sache que les Juifs qui sont montés d'Assyrie chez nous sont venus à Jérusalem, ville rebelle et mutine, la bâtissent, et travaillent à en rétablir les murailles et les maisons.

13. Maintenant donc, que le roi sache que si cette ville est rebâtie et ses murs restaurés, ils ne payeront plus le tribut,

8. Reum Beelteem, et Samsai scriba, scripserunt epistolam unam de Jerusalem Artaxerxi regi, hujuscemodi:

9. Reum Beelteem, et Samsai scriba, et reliqui consiliatores eorum, Dinæi, et Apharsathachæi, Terphalæi, Apharsæi, Erchuæi, Babylonii, Susanechæi, Dievi et Ælamitæ,

10. et ceteri de gentibus quas transtulit Asenaphat magnus et gloriosus, et habitare eas fecit in civitatibus Samariæ, et in reliquis regionibus trans flumen in pace.

11. (Hoc est exemplar epistolæ quam miserunt ad eum :) Artaxerxi regi, servi tui, viri qui sunt trans fluvium, salutem dicunt.

12. Notum sit regi quia Judæi qui ascenderunt a te ad nos, venerunt in Jerusalem, civitatem rebellem et pessimam quam ædificant, exstruentes muros ejus, et parietes componentes.

13. Nunc igitur notum sit regi, quia si civitas illa ædificata fuerit, et muri ejus instaurati, tributum, et vectigal, et

---

et mis à mort par Darius, fils d'Hystaspe, après sept mois de règne. — *Accusationis.* Dans le texte : *nišťvân*, expression d'origine persane. — *Scripta syriace.* C.-à-d. en caractères araméens ou chaldéens, conservés dans l'hébreu actuel. — *Legebatur* (hébr. : elle était traduite) *sermone syro :* la lettre était donc composée en araméen ; aussi, à partir du verset 8, l'écrivain sacré emploie-t-il lui-même le chaldéen. Voyez l'Introduction, p. 241. Sur la diffusion de cet idiome en Asie, voyez la note de IV Reg. XVIII, 26. — *Beselam, Mithridates, Thabeel :* Samaritains influents, qui furent les principaux instigateurs de la lettre d'accusation. — *Reum* (vers. 8) était le gouverneur persan de la Palestine. *Beelteem* n'est point un surnom, mais un titre officiel, qui doit se décomposer ainsi : *b''el ťem,* « maître du jugement, » ou juge suprême. *Samsai scriba :* l'un des serviteurs royaux qui, d'après Hérodote (III, 128), accompagnaient toujours les gouverneurs persans dans les provinces qu'ils avaient à administrer. — Vers. 9-11, l'adresse de la lettre. Nous y lisons, après la mention des personnages officiels (*Reum... consiliatores eorum*), une longue énumération des races diverses qui avaient donné naissance au peuple samaritain (comp. le vers. 10) ; il n'est pas aisé de les identifier toutes. Voyez l'*Atl. géogr.*, pl. III, VIII. — *Dinæi* (chald. : *Dinayé*) : peut-être une tribu mède originaire de la ville de Deinaveh ; selon d'autres, les *Dayâni* des inscriptions cunéiformes, domiciliés en Arménie. — *Apharsathachæi* (chald. : *'Afarsaṭkayé'*) : tribu assyrienne, demeurée inconnue. — *Terphalæi* (*Tarp'layé'*) : suivant les uns, les Tibarènes des Grecs, Tubal

de la Genèse (x, 2, etc.) ; selon d'autres, les Tαπουροί de Ptolémée (VI, 2, 6), dont la résidence était à l'est de l'Élymaïde. — *Apharsæi* (*'Afarsayé'*) : les Persans, a-t-on dit ; mais rien de moins certain. — *Erchuæi* (*'Ark'vayé'*) : les habitants d'Érech ou d'Orchoé, en Babylonie ; cf. Gen. x, 10. — *Susanechæi* (*Šušânkayé*) : les habitants de la célèbre ville de Suse, nommée *Šušan* en hébreu (cf. Dan. VIII, 2 ; *Atl. géogr.*, pl. IX). — *Dievi* (*D'hayé'*) : les Δάοι d'Hérodote (1, 125), peuplade persane. — *Ælamitæ :* les habitants de la province d'Élam, à l'est de l'Assyrie. — *Quas transtulit Asenaphar* (chald. : *'Osnappar*). Personnage inconnu. On a conjecturé, avec assez de vraisemblance, que c'était l'officier assyrien chargé par Asarhaddon d'installer en Palestine les nombreux colons qui viennent d'être énumérés. — *Trans flumen :* l'Euphrate, le fleuve par antonomase dans ces régions. L'expression « au delà du fleuve », ambiguë en elle-même, est précisée par le contexte ; elle dénote ici les provinces situées à l'ouest de l'Euphrate. — *In pace.* En chaldéen : *uk''énet ;* formule d'abréviation qui correspond à notre « et cetera » (littéral. : et ainsi), et qui revient plus loin trois autres fois (vers. 11, 17 ; VII, 12). — Vers. 12-16, le contenu de la lettre. On en remarquera les exagérations et les insinuations pleines de perfidie. Tout en avant (vers. 12), in·lication sommaire du fait qui avait excité les basses jalousies des Samaritains : la reconstruction de Jérusalem. Puis, conséquence fatale qui, d'après eux, résultera de ce fait pour l'empire persan (vers. 13). Il est probable que, par *tributum,* il faut entendre les impositions qu'on

annuos reditus non dabunt; et usque ad reges hæc noxa perveniet.

14. Nos autem memores salis quod in palatio comedimus, et quia læsiones regis videre nefas ducimus, idcirco misimus et nuntiavimus regi,

15. ut recenseas in libris historiarum patrum tuorum; et invenies scriptum in commentariis, et scies quoniam urbs illa, urbs rebellis est, et nocens regibus et provinciis, et bella concitantur in ea ex diebus antiquis; quamobrem et civitas ipsa destructa est.

16. Nuntiamus nos regi, quoniam si civitas illa ædificata fuerit, et muri ipsius instaurati, possessionem trans fluvium non habebis.

17. Verbum misit rex ad Reum Beelteem, et Samsai scribam, et ad reliquos qui erant in consilio eorum habitatores Samariæ, et ceteris trans fluvium, salutem dicens et pacem:

18. Accusatio quam misistis ad nos manifeste lecta est coram me.

19. Et a me præceptum est, et recensuerunt, inveneruntque quoniam civitas illa a diebus antiquis adversum reges rebellat, et seditiones et prælia concitantur in ea;

20. nam et reges fortissimi fuerunt in Jerusalem, qui et dominati sunt omni regioni quæ trans fluvium est; tributum quoque et vectigal, et reditus accipiebant.

21. Nunc ergo audite sententiam: Prohibeatis viros illos ut urbs illa non ædificetur, donec si forte a me jussum fuerit.

22. Videte ne negligenter hoc implea-

---

ni l'impôt, ni les revenus annuels, et cette perte atteindra jusqu'aux rois.

14. Or, nous souvenant du sel que nous avons mangé dans le palais, et ne pouvant souffrir qu'on blesse les intérêts du roi, nous avons cru devoir donner cet avis au roi;

15. afin que vous recherchiez dans le livre des histoires de vos pères, où vous trouverez écrit et où vous reconnaîtrez que cette ville est une ville rebelle, ennemie des rois et des provinces, qui a excité des guerres depuis les jours antiques, et c'est pour cela même qu'elle a été détruite.

16. Nous déclarons au roi que si cette ville est rebâtie et ses murs restaurés, vous n'aurez plus de possessions au delà du fleuve.

17. Le roi répondit à Réum Béeltéem et au scribe Samsaï, et aux autres habitants de Samarie qui étaient dans leur conseil, et aux autres au delà du fleuve, souhaitant le salut et la paix:

18. L'accusation que vous nous avez envoyée a été lue devant moi.

19. Et j'ai commandé, et on a cherché, et on a trouvé que cette ville, depuis les jours antiques, se révolte contre les rois, et qu'il s'y excite des séditions et des troubles.

20. Car il y a eu à Jérusalem des rois très vaillants, qui ont été maîtres de tout le pays qui est au delà du fleuve; et ils en recevaient les tributs, et l'impôt, et les revenus.

21. Maintenant donc écoutez ma sentence: Empêchez ces hommes de rebâtir cette ville jusqu'à ce que je l'ordonne.

22. Prenez garde de ne pas accomplir

---

devait payer en argent; par *vectigal*, les impôts en nature; par *annuos reditus*, la taxe imposée à ceux qui utilisaient les routes de l'État. — La requête proprement dite est insinuée avec beaucoup d'adresse à la suite de ces prémisses (vers. 14-15). Les Samaritains s'y posent en amis et défenseurs vigilants des droits royaux. — La locution pittoresque *memores salis*... est toujours usitée en Orient, pour marquer ceux qui reçoivent d'un autre leur nourriture ou leur salaire. — *In libris historiarum*. Tous les rois orientaux faisaient écrire régulièrement les annales de leur administration. Cf. Esth. II, 23; VI, 1; X, 12, etc. — *Patrum tuorum* : au figuré, dans un sens large, pour désigner les prédécesseurs d'Assuérus. — La lettre se termine, vers. 16, par une répétition de l'acte d'accusation.

6° Réponse d'Artaxercès. IV, 17-22.

17. Introduction historique. — *Verbum.* Dans

le texte primitif : *pitgâmâ'*, un ordre, un décret; mot persan d'origine.

18-22. La lettre du roi. — Vers. 18, accusé de réception. *Lecta coram me :* c'est encore la coutume en Orient de lire aux rois les documents officiels. — Vers. 19-20, résultat des recherches opérées dans les archives royales. *Quoniam... rebellat :* ainsi que cela avait eu lieu sous Joakim, Joachin et Sédécias, dont les noms et les œuvres étaient assurément cités dans les annales chaldéennes. Cf. IV Reg. XXIV, 1, 10, 20. *Reges fortissimi... dominati sunt... :* David et Salomon avaient en effet exercé une domination suprême sur une partie considérable des contrées situées à l'ouest de l'Euphrate (voyez l'*Atl. géogr.*, cartouche de la pl. VII); néanmoins ce détail peut convenir aussi aux rois juifs Manahem et Josias (cf. IV Reg. XV, 16; II Par. XXXIV, 6-7, etc.). — Vers. 21-22, conclusion pratique, qui consiste

négligemment cet ordre, et que le mal contre les rois ne croisse peu à peu.

23. La copie de l'édit du roi Artaxercès fut donc lue devant Réum Béeltéem et le scribe Samsaï, et leurs conseillers. Et ils allèrent en grande hâte à Jérusalem, auprès des Juifs, et ils les empêchèrent de toute la force de leurs bras.

24· Alors l'œuvre de la maison du eigneur fut interrompue à Jérusalem, et on n'y travailla point jusqu'à la seconde année du règne de Darius, roi de Perse.

tis, et paulatim crescat malum contra reges.

23. Itaque exemplum edicti Artaxerxis regis lectum est coram Reum Beelteem, et Samsai scriba, et consiliariis eorum. Et abierunt festini in Jerusalem ad Judæos, et prohibuerunt eos in brachio et robore.

24. Tunc intermissum est opus domus Domini in Jerusalem, et non fiebat usque ad annum secundum regni Darii, regis Persarum.

CHAPITRE V

1. Mais le prophète Aggée et Zacharie, fils d'Addo, prophétisèrent, au nom du Dieu d'Israël, aux Juifs qui étaient en Judée et à Jérusalem.

2. Alors Zorobabel, fils de Salathiel, et Josué, fils de Josédec, se levèrent et commencèrent à bâtir le temple de Dieu à Jérusalem. Et les prophètes de Dieu étaient avec eux et les aidèrent.

3. Or, en ce même temps, Thathanaï, chef de ceux qui étaient au delà du fleuve, et Stharbuzanaï, et leurs conseillers vinrent les trouver, et leur dirent : Qui vous a conseillé de bâtir ce temple et de rétablir ses murs ?

4. Nous leur répondîmes en leur déclarant les noms des auteurs de cette reconstruction.

5. Or l'œil de Dieu regarda favorable-

1. Prophetaverunt autem Aggæus propheta, et Zacharias, filius Addo, prophetantes ad Judæos qui erant in Judæa et Jerusalem, in nomine Dei Israel.

2. Tunc surrexerunt Zorobabel, filius Salathiel, et Josue, filius Josedec, et cœperunt ædificare templum Dei in Jerusalem; et cum eis prophetæ Dei adjuvantes eos.

3. In ipso autem tempore venit ad eos Thathanai, qui erat dux trans flumen, et Stharbuzanai, et consiliarii eorum, sicque dixerunt eis : Quis dedit vobis consilium ut domum hanc ædificaretis, et muros ejus instauraretis ?

4. Ad quod respondimus eis quæ essent nomina hominum auctorum ædificationis illius.

5. Oculus autem Dei eorum factus est

---

en un décret interdisant aux Juifs toute œuvre de reconstruction.

6° Les travaux commencés sont tristement interrompus. IV, 23-24.

23-24. *Prohibuerunt... in brachio... :* de vive force. C'était un succès complet pour les Samaritains. — *Ad annum secundum... :* ou 520 avant J.-C. L'interruption ne dura guère que deux ans, puisque Smerdis le Mage régna moins d'une année entière.

§ III. — *La construction est reprise et menée à bonne fin.* V, 1 — VI, 22.

1° Encouragés par leurs prophètes, les Juifs se remettent d'eux-mêmes, et sans autorisation nouvelle, à bâtir le temple. V, 1-2.

CHAP. V. — 1-2. Intervention des prophètes Aggée et Zacharie. — *Aggæus..., Zacharias :* le onzième et le douzième des petits prophètes. Aggée inaugura son ministère au sixième mois de la seconde année de Darius ; Zacharie, deux mois plus tard. — *Filius Addo :* petit-fils en

réalité. Voyez Zach. 1, 1. — *Prophetantes :* et, par leurs oracles, excitant leurs compatriotes à reprendre quand même l'œuvre interrompue. — *Tunc surrexerunt... :* bravant sans crainte la défense royale. — *Prophetæ... adjuvantes...* Les écrits d'Aggée et de Zacharie nous ont transmis leurs brûlantes paroles.

2° Appel du gouverneur Thathanaï à l'autorité de Darius. V, 3-5.

3-5. *Thathanai dux.* En chaldéen, *pâḥaṭ,* c.-à-d. gouverneur de l'immense province de Syrie. Il avait sans doute succédé à Réum. Averti de la reprise des travaux du temple, il accourut sur les lieux pour se rendre compte par lui-même de ce qui se passait. — *Stharbuzanai :* le nouveau secrétaire, qui avait remplacé Samsaï (note de IV, 8). — *Quis dedit vobis... ?* La conduite des Juifs était en effet illégale sous le rapport purement humain, le décret de Smerdis n'ayant pas été révoqué. — *Respondimus.* Notez l'emploi de la première personne, qui indique le témoin oculaire. Voyez

super senes Judæorum ; et non potuerunt inhibere eos. Placuitque ut res ad
Darium referretur, et tunc satisfacerent
adversus accusationem illam.

6. Exemplar epistolæ quam misit Thathanai, dux regionis trans flumen, et
Stharbuzanai, et consiliatores ejus Ar-
phasachæi, qui erant trans flumen, ad
Darium regem.

7. Sermo quem miserant ei, sic scriptus erat : Dario regi, pax omnis.

8. Notum sit regi isse nos ad Judæam
provinciam, ad domum Dei magni quæ
ædificatur lapide impolito, et ligna po-
nuntur in parietibus ; opusque illud diligenter exstruitur, et crescit in manibus
eorum.

9. Interrogavimus ergo senes illos, et
ita diximus eis : Quis dedit vobis potestatem ut domum hanc ædificaretis, et
muros hos instauraretis?

ment les anciens des Juifs, et on ne put
les arrêter. On convint que l'affaire
serait portée à Darius, et qu'alors ils
répondraient à cette accusation.

6. Voici la copie de la lettre que Thathanaï, chef de la province d'au delà
du fleuve, et Stharbuzanaï, et leurs conseillers les Arphasachéens, qui étaient
au delà du fleuve, envoyèrent au roi
Darius.

7. La lettre qu'ils lui envoyèrent était
écrite en ces termes : Au roi Darius,
toute paix.

8. Que le roi sache que nous sommes
allés dans la province de Judée, à la
maison du grand Dieu, qui se bâtit de
pierres non polies, et où la charpente
se pose sur les murs ; et cet ouvrage se
construit avec soin et croît entre leurs
mains.

9. Nous avons donc interrogé ces
vieillards, et nous leur avons dit : Qui
vous a donné le pouvoir de bâtir cette
maison et de rétablir ces murs?

---

l'Introduction, p. 239. — *Oculus autem Dei...*
Belle et vivante expression, pour marquer une
protection toute spéciale du Seigneur. — *Non
potuerunt inhibere*. Thathanaï et les autres offi-

Les rochers de Béhistan, célèbres par l'inscription de Darius.

ciers royaux n'osèrent pas, Dieu agissant sur leur
volonté en faveur de son peuple, arrêter d'eux-
mêmes la construction sans en référer au roi.
3° Lettre de Thathanaï à Darius au sujet de
la reconstruction du temple. V, 6-17.
6-7ᵃ. Introduction historique, analogue à celle
qui précède la lettre de Réum. Cf. iv, 8 et ss.
— *Sermo... sic scriptus...* Cette fois, le ton est
calme, sans passion ou exagération injuste ; Tha-

thanaï ne s'était pas laissé influencer comme
Réum par les ennemis des Juifs, mais il avait
étudié personnellement la question. — Les *Ar-
phasachæi* (en chaldéen : '*Afars'kayé*') sont peut-
être identiques aux Aphar-
séens de iv, 9. Dans ce cas,
ils représenteraient toute la
liste citée en tête de la lettre
de Réum, c.-à-d. la population samaritaine.
7ᵇ-17. Corps de la lettre.
C'est une reproduction pure
et simple des faits. — *Ad
domum Dei magni :* cette
épithète contient un magnifique éloge en l'honneur de
Jéhovah, et rappelle le langage
semblable de Cyrus (i, 2-3).
— *Ædificatur... :* description graphique du travail des
Juifs. *Lapide impolito ;* littéral. : « des pierres que l'on
roule, » locution qui désigne
de grandes pierres de taille.
Ligna... in parietibus : il
s'agit des parois secondaires,
et non des gros murs d'enceinte. — *Interrogavimus...*
Le gouverneur expose ra-
pidement (vers. 9-10) la manière dont il crut
devoir intervenir dans cette affaire. Cf. vers.
3-4. — Résultat de son enquête, vers. 11-16.
Il communique tout au long à Darius la réponse qu'avaient faite à ses questions les chefs
du peuple juif ; réponse non moins touchante
que vraie et courageuse. Ils avaient exposé très
simplement à Thathanaï l'état réel des choses,
« lui traçant en quelques mots pathétiques l'his-

10. Nous leur avons aussi demandé leurs noms pour vous les rapporter, et nous avons écrit les noms de ceux qui sont les chefs parmi eux.

11. Ils nous ont répondu en ces termes, et nous ont dit : Nous sommes les serviteurs du Dieu du ciel et de la terre, et nous bâtissons le temple qui subsistait il y a nombre d'années, et qu'un grand roi d'Israël avait bâti et construit.

12. Mais nos pères ayant provoqué la colère du Dieu du ciel, il les livra aux mains de Nabuchodonosor, roi de Babylone, qui détruisit cette maison, et déporta le peuple à Babylone.

13. Mais Cyrus, roi de Babylone, publia, la première année de son règne, un édit pour que cette maison de Dieu fût rebâtie.

14. Et il retira du temple de Babylone les vases d'or et d'argent du temple de Dieu, que Nabuchodonosor avait fait transporter du temple de Jérusalem au temple de Babylone, et ces vases furent donnés à Sassabasar, qu'il établit prince.

15. Et il lui dit : Prenez ces vases, et allez, et mettez-les dans le temple qui était à Jérusalem, et que la maison de Dieu soit rebâtie au lieu où elle était.

16. Alors Sassabasar vint à Jérusalem, et il y jeta les fondements du temple de Dieu. Depuis ce temps-là jusqu'à présent on le bâtit, et il n'est pas encore achevé.

17. Maintenant donc, si le roi le trouve bon, qu'il recherche dans la bibliothèque du roi, qui est à Babylone, s'il est vrai que le roi Cyrus a ordonné que la maison de Dieu soit rebâtie à Jérusalem, et qu'il plaise au roi de nous envoyer sur ce point sa volonté.

10. Sed et nomina eorum quæsivimus ab eis, ut nuntiaremus tibi, scripsimusque nomina eorum virorum qui sunt principes in eis.

11. Hujuscemodi autem sermonem responderunt nobis, dicentes : Nos sumus servi Dei cæli et terræ; et ædificamus templum quod erat exstructum ante hos annos multos, quodque rex Israel magnus ædificaverat et exstruxerat.

12. Postquam autem ad iracundiam provocaverunt patres nostri Deum cæli, tradidit eos in manus Nabuchodonosor, regis Babylonis, Chaldæi. Domum quoque hanc destruxit, et populum ejus transtulit in Babylonem.

13. Anno autem primo Cyri, regis Babylonis, Cyrus rex proposuit edictum ut domus Dei hæc ædificaretur

14. Nam et vasa templi Dei aurea et argentea, quæ Nabuchodonosor tulerat de templo quod erat in Jerusalem, et asportaverat ea in templum Babylonis, protulit Cyrus rex de templo Babylonis; et data sunt Sassabasar vocabulo, quem et principem constituit.

15. Dixitque ei : Hæc vasa tolle, et vade, et pone ea in templo quod est in Jerusalem; et domus Dei ædificetur in loco suo.

16. Tunc itaque Sassabasar ille venit, et posuit fundamenta templi Dei in Jerusalem; et ex eo tempore usque nunc ædificatur, et necdum completum est.

17. Nunc ergo, si videtur regi bonum, recenseat in bibliotheca regis quæ est in Babylone, utrumnam a Cyro rege jussum fuerit ut ædificaretur domus Dei in Jerusalem; et voluntatem regis super hac re mittat ad nos.

---

toire de leur gloire nationale, de leur infidélité nationale, de leur humiliation nationale. » — *In templum Babylonis* (vers. 14) : dans tel temple spécial de la fameuse cité, car elle en contenait un grand nombre. — *Sassabasar* : Zorobabel, ainsi qu'il a été dit plus haut (note de ɪ, 8). — *Principem.* Chald. : *pèḥah,* comme au vers. 3, mais pour marquer une dignité inférieure ; Zorobabel, étant le subordonné de Thathanaï, n'était préposé qu'aux Juifs de la Palestine. — *Tolle,*

vade, pone (vers. 15). Belle et joyeuse rapidité du style. — *Ex eo tempore* : depuis l'an 536 *Usque nunc* : jusqu'en 520. Néanmoins la construction avait été arrêtée pendant quelque temps. Cf. ɪv, 21. — Vers. 17, conclusion de la lettre du gouverneur. *Recenseat...* : tout dépendait, en effet, du décret de Cyrus, et il importait de retrouver le document original, ou du moins une copie officielle.

Rouleau de parchemin déployé.

Rouleau de parchemin enfermé dans une boîte.

CHAPITRE VI

1. Alors le roi Darius ordonna qu'on allât consulter les livres de la bibliothèque qui était à Babylone.

2. Et il se trouva à Ecbatane, qui est un château fort de la province de Médie, un livre où il était écrit ce qui suit :

3. La première année du roi Cyrus, le roi Cyrus a ordonné que la maison de Dieu qui est à Jérusalem fût rebâtie pour être un lieu où l'on offrît des victimes, et qu'on en posât les fondements, qui pussent porter un édifice de soixante coudées de haut et de soixante coudées de large ;

4. qu'il y eût trois rangées de pierres non polies, et aussi une rangée de bois neuf. Les frais seront payés par la maison du roi.

5. De plus, les vases d'or et d'argent du temple de Dieu, que Nabuchodonosor avait transportés du temple de Jérusalem à Babylone, seront restitués et reportés dans ce temple, au lieu où ils avaient été placés dans le temple de Dieu.

6. Maintenant donc, Thathanaï, gouverneur du pays qui est au delà du fleuve, Stharbuzanaï, et vous, Apharsachéens, qui êtes leurs conseillers, et qui demeurez au delà du fleuve retirez-vous loin des Juifs,

1. Tunc Darius rex præcepit ; et recensuerunt in bibliotheca librorum qui erant repositi in Babylone.

2. Et inventum est in Ecbatanis, quod est castrum in Medena provincia, volumen unum, talisque scriptus erat in eo commentarius :

3. Anno primo Oyri regis, Cyrus rex decrevit ut domus Dei ædificaretur, quæ est in Jerusalem, in loco ubi immolent hostias, et ut ponant fundamenta supportantia altitudinem cubitorum sexaginta, et latitudinem cubitorum sexaginta ;

4. ordines de lapidibus impolitis tres, et sic ordines de lignis novis ; sumptus autem de domo regis dabuntur.

5. Sed et vasa templi Dei aurea et argentea, quæ Nabuchodonosor tulerat de templo Jerusalem, et attulerat ea in Babylonem, reddantur et referantur in templum, h Jerusalem, in locum suum, quæ et posita sunt in templo Dei.

6. Nunc ergo Thathanai, dux regionis quæ est trans flumen, Stharbuzanai, et consiliarii vestri, Apharsachæi, qui estis trans flumen, procul recedite ab illis,

---

4° Rescrit de Darius, permettant de continuer la construction du temple. VI, 1-12.

CHAP. VI. — 1-2. L'édit de Cyrus est retrouvé dans les archives d'Ecbatane. — *In bibliotheca librorum*. Littéral. : dans la maison des écrits. On a découvert un édifice de ce genre à Koyoundjik, sur l'emplacement de l'ancienne Ninive (*Atl. géogr.*, pl. IX) : c'est une série de chambres du palais, remplies de briques que recouvraient des inscriptions officielles. — *Ecbatanis*. En chald. : '*Aḥm'ṭa*' ; l'Ecbatane des Grecs (cf. Judith, I, 1, 14 : τὰ Ἐκβάτανα), dont la dénomination persane était *Hagmatana*. C'était, d'après Hérodote et Ctésias, la capitale de Cyrus ; il n'est donc pas surprenant que l'édit en question ait été déposé dans ses archives. Elle avait été bâtie par Déjocès, non loin de l'Hamadan moderne (*Atl. géogr.*, pl. VIII). — *Castrum*. Hébr., *birah* : le palais royal fortifié et servant de citadelle. — *Volumen*. C'était en réalité un « rouleau » (*m'gillah*) de parchemin. Voyez l'*Atl. arch.*, pl. LXVII, fig. 8 ; pl. LXVIII, fig. 1, 2, 4 ; pl. LXX, fig. 2, 3. Nous savons encore par Ctésias que les Perses employaient cette matière pour leurs do-

cuments publics. Cf. Diodore de Sicile, II, 32. — *Commentarius*. Chald. : *dikrônah*, un « mémoire ».

3-12. La lettre de Darius. — Les versets 3-5 citent une partie de l'édit de Cyrus qu'on venait de retrouver à Ecbatane. — *Cubitorum sexaginta*. Environ 31ᵐ 500. D'après III, 12 (cf. Agg. II, 3 ; Zach. IV, 10), le temple de Zorobabel était moins riche et moins magnifique que celui de Salomon. Mais il était plus considérable en hauteur et en largeur (cf. III Reg. VI, 2). — *Ordines* (vers. 4). L'expression chaldéenne n'est pas employée ailleurs, et sa signification est douteuse. Probablement des assises, comme le dit la Vulgate ; mais non pas des étages, ainsi qu'on l'a parfois prétendu. — *Ordines de lignis...* Le texte ne parle que d'une rangée de bois. Il est difficile de déterminer la place qu'elle occupait. — *Sumptus... de domo regis...* On ignore si cette partie du décret fut jamais mise à exécution par son auteur. — *Nunc ergo...* (vers. 6). De l'édit de Cyrus, nous sommes brusquement transportés à celui de Darius, qui le réitère et le complète. — *Procul recedite...* : c.-à-d. ne les gênez ni ne les inquiétez ; ne vous mêlez plus

7. et dimittite fieri templum Dei illud a duce Judæorum, et a senioribus eorum, ut domum Dei illam ædificent in loco suo.

8. Sed et a me præceptum est quid oporteat fieri a presbyteris Judæorum illis, ut ædificetur domus Dei ; scilicet ut de arca regis, id est de tributis quæ dantur de regione trans flumen, studiose sumptus dentur viris illis, ne impediatur opus.

9. Quod si necesse fuerit, et vitulos, et agnos, et hædos, in holocaustum Deo cæli, frumentum, sal, vinum, et oleum, secundum ritum sacerdotum qui sunt in Jerusalem, detur eis per singulos dies, ne sit in aliquo querimonia ;

10. et offerant oblationes Deo cæli, orentque pro vita regis et filiorum ejus.

11. A me ergo positum est decretum, ut omnis homo qui hanc mutaverit jussionem, tollatur lignum de domo ipsius, et erigatur, et configatur in eo, domus autem ejus publicetur.

12. Deus autem qui habitare fecit nomen suum ibi, dissipet omnia regna, et populum qui extenderit manum suam ut repugnet, et dissipet domum Dei illam quæ est in Jerusalem. Ego, Darius, sta-

7. et n'empêchez point le chef de ces Juifs et leurs anciens de travailler au temple de Dieu, et de bâtir sa maison dans le lieu où elle était.

8. J'ai ordonné aussi de quelle manière on doit en user envers les anciens des Juifs pour rebâtir la maison de Dieu, et je veux que du trésor du roi et des tributs qui se lèvent sur le pays d'au delà du fleuve, on leur fournisse avec soin tous les frais, afin qu'il n'y ait pas d'interruption dans le travail.

9. Si cela est nécessaire, on leur donnera chaque jour les veaux, les agneaux et les chevreaux requis pour l'holocauste du Dieu du ciel, le froment, le sel, le vin et l'huile, selon les cérémonies des prêtres qui sont à Jérusalem, sans qu'on leur laisse aucun sujet de se plaindre ;

10. afin qu'ils offrent des sacrifices au Dieu du ciel, et qu'ils prient pour la vie du roi et de ses fils.

11. C'est pourquoi j'ordonne que si quelqu'un contrevient à cet édit, on tire une pièce de bois de sa maison, qu'on la plante en terre, qu'on l'y attache, et que sa maison soit confisquée.

12. Et que le Dieu qui a établi son nom en ce lieu-là dissipe tout royaume et tout peuple qui étendrait sa main pour lui contredire, et pour ruiner cette maison qu'il a dans Jérusalem. Moi,

---

de cette affaire. — *De tributis* (vers. 8) : une portion du budget de la province syrienne devait être employée à la reconstruction du temple juif.

Empreinte du sceau cylindrique de Darius.

Retour merveilleux des choses ! — *Sed et vitulos..., oleum* (vers. 9) : les différentes matières des sacrifices mosaïques, sanglants et non sanglants, sont très exactement décrites. Cf. Ex. xxix ; Lev. i-ii. — *Secundum ritum*. Mieux : selon la demande des prêtres. — *Offerant... orent-*

que... (vers. 10). Double but de ces offrandes : honorer le Dieu des Juifs, obtenir de lui les grâces nécessaires au roi et à la famille royale. Les Israélites étaient encouragés par leurs prophètes eux-mêmes à prier pour les princes païens dont ils dépendaient (cf. Jer. xxix, 7 ; I Mach. vii, 33). Au lieu de *oblationes*, le texte chaldéen emploie une expression figurée, qui signifie « suave odeur » : on ne la rencontre qu'ici et Dan. ii, 46 ; l'idée est très belle, et en parfaite conformité avec d'autres passages de la Bible (cf. Ex. xxix, 18, 25 ; Lev. i, 9, 13, etc.). — Conclusion de la réponse de Darius, vers. 11-12. Elle consiste en une double sanction, destinée à confirmer l'autorité du décret. — Sanction humaine (vers. 11). *Configatur* : le crucifiement était un supplice très en usage chez les anciens Persans ; mais, d'ordinaire, on décapitait d'abord le condamné, et l'on n'attachait au poteau que son cadavre. — Sanction divine (vers. 12). *Dissipet* : malédiction terrible. — *Ego, Darius* : signature du roi.

Darius, j'ai fait cet édit, et je veux qu'il soit présentement exécuté.

13. Thathanaï, gouverneur des provinces d'au delà du fleuve, Stharbuzanaï et leurs conseillers exécutèrent donc avec soin ce que le roi Darius avait ordonné.

14. Cependant les anciens des Juifs bâtissaient heureusement *le temple*, selon la prophétie d'Aggée et de Zacharie, fils d'Addo. Ils travaillaient à cet édifice par le commandement du Dieu d'Israël, et par l'ordre de Cyrus, de Darius et d'Artaxercès, rois de Perse.

15. Et la maison de Dieu fut achevée le troisième jour du mois d'adar, la sixième année du règne du roi Darius.

16. Alors les fils d'Israël, les prêtres et les lévites, et tous les autres qui étaient revenus de captivité, firent la dédicace de la maison de Dieu avec de grandes réjouissances.

17. Et ils offrirent pour cette dédicace de la maison de Dieu cent veaux, deux cents béliers, quatre cents agneaux, douze boucs pour le péché de tout Israël, selon le nombre des tribus d'Israël.

18. Et les prêtres furent établis en leurs ordres, et les lévites en leurs classes, pour faire l'œuvre de Dieu dans Jérusalem, selon qu'il est écrit dans le livre de Moïse.

19. Les fils d'Israël qui étaient revenus de captivité célébrèrent la Pâque le quatorzième jour du premier mois.

tui decretum, quod studiose impleri volo.

13. Igitur Thathanai, dux regionis trans flumen, et Stharbuzanai, et consiliarii ejus, secundum quod præceperat Darius rex, sic diligenter executi sunt.

14. Seniores autem Judæorum ædificabant; et prosperabantur juxta prophetiam Aggæi prophetæ, et Zachariæ, filii Addo; et ædificaverunt, et construxerunt, jubente Deo Israel, et jubente Cyro, et Dario, et Artaxerxe, regibus Persarum.

15. Et compleverunt domum Dei istam usque ad diem tertium mensis adar, qui est annus sextus regni Darii regis

16. Fecerunt autem filii Israel, sacerdotes et levitæ, et reliqui filiorum transmigrationis, dedicationem domus Dei in gaudio.

17. Et obtulerunt in dedicationem domus Dei vitulos centum, arietes ducentos, agnos quadringentos, hircos caprarum pro peccato totius Israel duodecim, juxta numerum tribuum Israel.

18. Et statuerunt sacerdotes in ordinibus suis, et levitas in vicibus suis, super opera Dei in Jerusalem, sicut scriptum est in libro Moysi.

19. Fecerunt autem filii Israel transmigrationis Pascha, quarta decima die mensis primi.

5° Les Juifs achèvent de reconstruire le temple. VI, 13-15.

13. Thathanaï exécute fidèlement les ordres du roi.

14-15. Zèle des Juifs, et prompt achèvement de l'édifice. — *Juxta prophetiam...* Voyez Agg. I-II, et Zach. I-VIII. — Le verset 14 signale tous ceux qui participèrent d'une manière ou de l'autre à cette reconstruction du temple : les anciens (*sentores*) ou notables, qui agissaient au nom du peuple entier ; les prophètes Aggée et Zacharie, déjà mentionnés antérieurement (cf. v, 1) ; trois rois de Perse, Cyrus, Darius et Artaxercès. Ce dernier diffère évidemment de son homonyme du chap. IV (vers. 7, voyez la note), qui s'était fait, au contraire, le persécuteur d'Israël. Il est connu dans l'histoire sous le nom d'Artaxercès Longue-Main. Il ne régna, il est vrai, que cinquante ans après la date ici marquée (vers. 15) ; mais Esdras l'unit dès à présent aux deux autres bienfaiteurs royaux de la nation théocratique, parce qu'il contribua pour une part considérable à l'embellissement du temple et à la restauration du culte. Cf. VII, 13-25. — *Regibus Persarum.* Le texte dit au singulier : le roi de Perse ; ce titre ne retombe donc que sur Artaxercès. — *Diem tertium... adar :* le dernier mois de l'année ecclésiastique des Juifs ; il correspond

à peu près à mars. — *Annus sextus...* Darii. L'an 516-515 avant J.-C. Vingt et un ans s'étaient écoulés depuis la première tentative de reconstruction (cf. III, 10) ; seulement quatre ans, cinq mois, dix jours depuis la reprise des travaux. Cf. Agg. I, 15.

6° Dédicace du second temple. VI, 16-18.

16-17. La solennité. — *Vitulos centum...* Ce n'étaient plus les riches sacrifices immolés par Salomon le jour où il consacra le premier temple. Cf. III Reg. VIII, 63. Les temps étaient profondément changés. — *Hircos... duodecim :* un pour chaque tribu d'Israël.

18. Réorganisation des classes sacerdotales et lévitiques. — *Ordinibus, vicibus :* les classes autrefois instituées par David (I Par. XXIII, 6-24 ; XXIV, 1-19). — *Super opera Dei :* le culte et les choses saintes. — *Sicut scriptum... in libro Moysi :* la base de cette distribution des ministres sacrés en différentes catégories était dans le Pentateuque ; mais c'est David qui traduisit le principe en actes.

7° Célébration solennelle de la Pâque. VI 19-22.

19-22. *Fecerunt autem...* Dans le texte original, le chaldéen, qui a été employé à partir de IV, 8, cède maintenant la place à l'hébreu. — *Pascha, quarta decima...* Le jour légal ; cf. Ex.

20. Purificati enim fuerant sacerdotes et levitæ quasi unus ; omnes mundi ad immolandum Pascha, universis filiis transmigrationis, et fratribus suis sacerdotibus. et sibi.

21. Et comederunt filii Israel qui reversi fuerant de transmigratione, et omnes qui se separaverant a coinquinatione gentium terræ ad eos, ut quærerent Dominum, Deum Israel.

22. Et fecerunt solemnitatem Azymorum septem diebus in lætitia, quoniam lætificaverat eos Dominus, et converterat cor regis Assur ad eos, ut adjuvaret manus eorum in opere domus Domini, Dei Israel.

20. Car les prêtres et les lévites avaient été purifiés comme un seul homme : et, étant tous purs, ils immolèrent la Pâque pour tous les Israélites revenus de captivité, pour les prêtres leurs frères, et pour eux-mêmes.

21. Les fils d'Israël qui étaient revenus de captivité mangèrent la Pâque, avec tous ceux qui, s'étant séparés de la corruption des peuples du pays, s'étaient joints à eux, afin de chercher le Seigneur, le Dieu d'Israël.

22. Et ils célébrèrent avec joie la solennité des pains azymes pendant sept jours, parce que le Seigneur les avait comblés de joie, et avait tourné le cœur du roi d'Assyrie, afin qu'il les aidât dans l'œuvre de la maison du Seigneur, le Dieu d'Israël.

CHAPITRE VII

1. Post hæc autem verba, in regno Artaxerxis, regis Persarum, Esdras, filius Saraiæ, filii Azariæ, filii Helciæ,
2. filii Sellum, filii Sadoc, filii Achitob,

3. filii Amariæ, filii Azariæ, filii Maraioth,
4. filii Zarahiæ, filii Ozi, filii Bocci,

5. filii Abisue, filii Phinees, filii Eleazar, filii Aaron sacerdotis ab initio ;

6. ipse Esdras ascendit de Babylone ;

1. Après ces choses, sous le règne d'Artaxercès, roi de Perse, Esdras, fils de Saraïas, fils d'Azarias, fils d'Helcias,
2. fils de Sellum, fils de Sadoc, fils d'Achitob,
3. fils d'Amarias, fils d'Azarias, fils de Maraïoth,
4. fils de Zarahias, fils d'Ozi, fils de Bocci,
5. fils d'Abisué, fils de Phinées, fils d'Éléazar, fils d'Aaron, le premier grand prêtre ;
6. Esdras, *dis-je*, vint de Babylone ;

.II, 6. — *Purificati sacerdotes*. Comp. II Par. xxix, 34, et xxx, 3, où il est raconté que les prêtres n'avaient pas toujours manifesté le même zèle. — *Ad immolandum... universis*. Cette coutume, en vertu de laquelle les lévites immolaient toutes les victimes pascales, semble remonter à la Pâque si célèbre d'Ézéchias. Voyez II Par. xxx, 17, et le commentaire. — *Gentium terræ* (vers. 21) : les païens domiciliés en Terre sainte. — *Regis Assur*. Darius est ainsi nommé en tant qu'il était le successeur des monarques assyriens, ces conquérants farouches qui avaient commencé l'oppression et la ruine d'Israël.

DEUXIÈME PARTIE

Esdras revient de Babylone en Judée avec une nouvelle colonie d'Israélites, et continue l'œuvre de la restauration théocratique. VII, 1 — X, 44.

§ I. — *Le voyage d'Esdras et de ses compagnons, de Babylone à Jérusalem. VII, 1 — VIII, 36.*

1° Généalogie d'Esdras. VII, 1-5.
CHAP. VII. — 1-5. Les ancêtres d'Esdras.

Comp. I Par. v, 30-40 ; vi, 7-10. Nous n'avons ici qu'un simple sommaire ; plusieurs générations ont été omises. — *Post hæc...* Après un intervalle de cinquante-sept ans environ, c.-à-d. depuis la sixième année de Darius, fils d'Hystaspe (vi, 15) jusqu'à la septième d'Artaxercès Longue-Main (vii, 7). — *Artaxerxis*. Voyez la note de vi, 14. — *Filius Saraiæ*. Fils dans le sens large ; en effet, ce Saraïas ayant exercé les fonctions de grand prêtre au moment de la ruine de Jérusalem (en 588), cent trente années s'étaient écoulées depuis sa mort. Cf. IV Reg. xxv, 18.

2° Récit sommaire du voyage. VII, 6-10.
6. Le chef de l'expédition. — *Scriba velox in lege*. Bel éloge d'Esdras. Cf. Ps. xLIV, 2. A son titre de prêtre il unissait celui de docteur, et de docteur zélé, de la loi mosaïque. Cf. vers. 10 et 11. — *Dedit... omnem petitionem*. Les détails de ce fait important seront amplement donnés plus bas, vers. 11 et ss. — *Secundum manum Domini*. C.-à-d. grâce à une intervention providentielle toute spéciale, qui apparaît très visiblement dans l'histoire d'Esdras et de Néhémie

c'était un docteur habile dans la loi de Moïse, que le Seigneur Dieu avait donnée à Israël ; et le roi lui accorda tout ce qu'il lui avait demandé, car la main favorable du Seigneur son Dieu était sur lui.

7. Et *plusieurs* des fils d'Israël, des fils des prêtres, des fils des lévites, des chantres, des portiers et des Nathinéens, vinrent avec lui à Jérusalem, la septième année du roi Artaxercès.

8. Et ils arrivèrent à Jérusalem au cinquième mois, la septième année du roi.

9. Il partit de Babylone le premier jour du premier mois, et arriva à Jérusalem le premier jour du cinquième mois, la main favorable de son Dieu étant sur lui.

10. Car Esdras avait préparé son cœur pour étudier la loi du Seigneur, et pour exécuter et enseigner dans Israël ses préceptes et ses ordonnances.

11. Voici la copie de la lettre, en forme d'édit, que le roi Artaxercès donna à Esdras, prêtre, et docteur instruit dans la parole et dans les préceptes du Seigneur, et dans les cérémonies données à Israël.

12. Artaxercès, roi des rois, à Esdras, prêtre et docteur très savant dans la loi du Dieu du ciel. Salut.

13. J'ai ordonné que quiconque se trouvera dans mon royaume du peuple d'Israël, de ses prêtres et de ses lévités, qui voudra aller à Jérusalem, y aille avec vous.

14. Car vous êtes envoyé par le roi et

et ipse scriba velox in lege Moysi, quam Dominus Deus dedit Israel. Et dedit ei rex, secundum manum Domini Dei ejus super eum, omnem petitionem ejus.

7. Et ascenderunt de filiis Israel, et de filiis sacerdotum, et de filiis levitarum, et de cantoribus, et de janitoribus, et de Nathinæis, in Jerusalem, anno septimo Artaxerxis regis.

8. Et venerunt in Jerusalem mense quinto, ipse est annus septimus regis.

9. Quia in primo die mensis primi. cœpit ascendere de Babylone, et in primo die mensis quinti venit in Jerusalem, juxta manum Dei sui bonam super se.

10. Esdras enim paravit cor suum ut investigaret legem Domini, et faceret et doceret in Israel præceptum et judicium.

11. Hoc est autem exemplar epistolæ edicti, quod dedit rex Artaxerxes Esdræ sacerdoti ; scribæ erudito in sermonibus et præceptis Domini, et ceremoniis ejus in Israel.

12. Artaxerxes, rex regum, Esdræ sacerdoti, scribæ legis Dei cæli doctissimo, salutem.

13. A me decretum est ut cuicumque placuerit in regno meo de populo Israel, et de sacerdotibus ejus, et de levitis, ire in Jerusalem, tecum vadat.

14. A facie enim regis et septem con-

---

et que ces saints personnages relèvent très volontiers. Cf. vers. 28 ; VIII, 18 ; Neh. II, 8, 18.

7-9. Les membres de la caravane, dates du voyage. — *De filiis Israel...* Énumération analogue à celle de II, 70. — Date du départ : *anno septimo...* (vers. 7) ; *primo die mensis primi* (vers. 9) ; ou le premier nisan 459. Date de l'arrivée (vers. 8 et 9) : *primo die mensis quinti*, ou le premier ab de la même année. Les mois de nisan et d'ab correspondent à peu près à nos mois d'avril et d'août. Le voyage dura quatre mois, ce qui est long pour la distance à franchir (voyez l'*Atl. géogr.*, pl. VIII) ; mais la route habituelle ne suit pas la ligne droite, et il y eut des retards occasionnés par les dangers auxquels il sera bientôt fait allusion (cf. VIII, 22, 31).

10. Nouvel éloge d'Esdras. — *Investigaret, faceret, doceret.* Les trois degrés, admirablement conçus, de son étude de la loi : la comprendre, l'accomplir, l'enseigner. Grand exemple pour tous ceux qui sont chargés d'instruire et de former les âmes.

3° Édit royal d'Artaxercès, conférant de pleins pouvoirs à Esdras. VII, 11-26.

Jusqu'à la fin du chap. VIII, le narrateur revient sur les faits qu'il a très brièvement exposés ci-dessus (vers. 6-10), et il les raconte avec assez d'ampleur.

11. Introduction.

12-26. Texte de l'édit. C'est de nouveau le chaldéen qui est employé dans l'écrit original d'Esdras, à partir de cet endroit. — Vers. 12, l'adresse. *Rex regum :* titre superbe, que les rois de Perse prenaient à la suite des monarques assyriens et babyloniens. Cf. Dan. II, 37, etc. — Vers. 13-15, autorisation de départ. *Septem consiliatorum :* ces personnages sont vraisemblablement identiques, sous le rapport de leurs fonctions, à ceux que le livre d'Esther, I, 14, appelle les « sept princes de Perse et de Médie, qui voyaient la face du roi, et qui occupaient le premier rang dans le royaume ». — *Ut visites.* Littéralement, dans le texte : pour t'enquérir. Esdras était ainsi officiellement chargé par

siliatorum ejus missus es, ut visites Judæam et Jerusalem in lege Dei tui, quæ est in manu tua;

15. et ut feras argentum et aurum quod rex et consiliatores ejus sponte obtulerunt Deo Israel, cujus in Jerusalem tabernaculum est.

16. Et omne argentum et aurum quodcumque inveneris in universa provincia Babylonis, et populus offerre voluerit, et de sacerdotibus quæ sponte obtulerint domui Dei sui, quæ est in Jerusalem,

17. libere accipe, et studiose eme de hac pecunia vitulos, arietes, agnos, et sacrificia et libamina eorum, et offer ea super altare templi Dei vestri, quod est in Jerusalem.

18. Sed et si quid tibi et fratribus tuis placuerit, de reliquo argento et auro ut faciatis, juxta voluntatem Dei vestri facite.

19. Vasa quoque quæ dantur tibi in ministerium domus Dei tui, trade in conspectu Dei in Jerusalem.

20. Sed et cetera quibus opus fuerit in domum Dei tui, quantumcumque necesse est ut expendas, dabitur de thesauro, et de fisco regis,

21. et a me. Ego, Artaxerxes rex, statui atque decrevi omnibus custodibus arcæ publicæ qui sunt trans flumen, ut quodcumque petierit a vobis Esdras sacerdos, scriba legis Dei cæli, absque mora detis,

22. usque ad argenti talenta centum, et usque ad frumenti coros centum, et

par ses sept conseillers pour inspecter la Judée et Jérusalem selon la loi de votre Dieu, dont vous êtes très instruit;

15. et pour porter l'argent et l'or que le roi et ses conseillers offrent volontairement au Dieu d'Israël, qui a établi son tabernacle à Jérusalem.

16. Tout l'or et tout l'argent que vous trouverez dans toute la province de Babylone, ce que le peuple aura voulu offrir, et ce que les prêtres auront offert d'eux-mêmes au temple de leur Dieu, qui est à Jérusalem,

17. acceptez-le librement, et ayez soin d'acheter de cet argent des veaux, des béliers, des agneaux et des offrandes avec leurs libations, pour les offrir sur l'autel du temple de votre Dieu, qui est à Jérusalem.

18. Que si vous trouvez bon, vous et vos frères, de disposer en quelque autre sorte du reste de l'argent et de l'or qui vous aura été donné, usez-en selon la volonté de votre Dieu.

19. Exposez devant votre Dieu à Jérusalem les vases qui vous ont été donnés pour servir au ministère du temple de votre Dieu.

20. S'il est nécessaire de faire quelque autre dépense pour la maison de votre Dieu, quelque grande qu'elle puisse être, on vous fournira de quoi la faire, du trésor et du fisc du roi, et de ce que je vous donnerai en particulier.

21. Moi, Artaxercès, roi, j'ordonne et je commande à tous les trésoriers du fisc qui sont au delà du fleuve, de donner sans délai à Esdras, prêtre et docteur de la loi du Dieu du ciel, tout ce qu'il leur demandera,

22. jusqu'à cent talents d'argent, cent mesures de froment, cent mesures de

---

Artaxercès de veiller à ce que ses coreligionnaires observassent fidèlement leur loi. Xénophon, *Cyrop.*, VIII, 6, 16, raconte que c'était la coutume des rois persans de faire inspecter chaque année les provinces de l'empire par un délégué spécial. — *Lege... quæ... in manu tua.* Métaphore expressive : la loi que tu connais à fond. — Vers. 16-19, permission accordée à Esdras de recevoir et d'emporter à Jérusalem toute sorte de dons. — *Domui Dei... quæ... in Jerusalem* (vers. 16) : expression solennelle, qui dénote un profond respect ; elle est répétée quatre fois de suite (cf. vers. 15, 17, 19). — *Studiose eme...* (vers. 17). Avant toutes choses, Esdras devait pourvoir à l'immolation de nombreuses victimes en l'honneur du Dieu d'Israël. *Minḥah*, l'équivalent chaldéen de *sacrificia*, désigne, comme d'habi-

tude, les offrandes non sanglantes qui étaient associées aux sacrifices sanglants. Cf. Lev. II, 1 et ss.; Num. XV, 1-16. — *De reliquo argento...* (vers. 18). Clause très libérale, qui laissait toute latitude à Esdras pour travailler à l'embellissement du temple. Cf. vers. 27. — Vers. 20-24 : autorisation de puiser dans le trésor royal pour les frais du culte israélite ; exemption d'impôts accordée aux ministres sacrés. — *De thesauro et... fisco...*; dans le texte : de la maison des trésors du roi. — *Custodibus arcæ...* (vers. 21). Chaque province persane avait ses finances et ses caisses spéciales. Cf. Arrien, *Exp. Alex.*, I, 17 ; III, 18, etc. — *Usque ad... centum* (vers. 22). Malgré cette réserve, la libéralité royale demeurait très grande, puisque le talent d'argent valait 8 500 fr. — *Coros.* Le *kor* contenait 338 li-

Tombeaux percés dans le roc, près de Persépolis. La seconde tombe à gauche est celle de Darius.

usque ad vini batos centum, et usque ad batos olei centum, sal vero absque mensura.

23. Omne quod ad ritum Dei cæli pertinet tribuatur diligenter in domo Dei cæli, ne forte irascatur contra regnum regis et filiorum ejus.

24. Vobis quoque notum facimus de universis sacerdotibus, et levitis, et cantoribus, et janitoribus, Nathinæis, et ministris domus Dei hujus, ut vectigal, et tributum, et annonas, non habeatis potestatem imponendi super eos.

25. Tu autem, Esdra, secundum sapientiam Dei tui, quæ est in manu tua, constitue judices et præsides, ut judicent omni populo qui est trans flumen, his videlicet qui noverunt legem Dei tui; sed et imperitos docete libere.

26. Et omnis qui non fecerit legem Dei tui, et legem regis diligenter, judicium erit de eo, sive in mortem, sive in exilium, sive in condemnationem substantiæ ejus, vel certe in carcerem.

27. Benedictus Dominus, Deus patrum nostrorum, qui dedit hoc in corde regis ut glorificaret domum Domini, quæ est in Jerusalem,

28. et in me inclinavit misericordiam suam coram rege, et consiliatoribus ejus, et universis principibus regis potentibus. Et ego confortatus manu Domini Dei mei, quæ erat in me, congregavi de Israel principes qui ascenderent mecum.

vin, cent barils d'huile et du sel à discrétion.

23. Qu'on ait soin de fournir au temple du Dieu du ciel tout ce qui sert à son culte, de peur que sa colère ne s'allume contre le royaume du roi et de ses fils.

24. Nous vous déclarons aussi que vous n'aurez point le pouvoir d'imposer ni taille, ni tribut, ni d'autre charge sur aucun des prêtres, des lévites, des chantres, des portiers, des Nathinéens et des ministres du temple du Dieu d'Israël.

25. Et vous, Esdras, établissez des juges et des magistrats, selon la sagesse que votre Dieu vous a donnée, afin qu'ils jugent tout le peuple qui est au delà du fleuve, c'est-à-dire tous ceux qui connaissent la loi de votre Dieu; et enseignez aussi avec liberté les ignorants.

26. Quiconque n'observera pas exactement la loi de votre Dieu et cette ordonnance du roi, sera condamné à la mort, ou à l'exil, ou à une amende sur son bien, ou à la prison.

27. Béni soit le Seigneur, le Dieu de nos pères, qui a mis au cœur du roi cette pensée de relever la gloire du temple du Seigneur, qui est à Jérusalem;

28. et qui, par sa miséricorde, m'a fait trouver grâce devant le roi et ses conseillers, et devant tous les plus puissants princes de la cour. C'est pourquoi, étant soutenu par la main du Seigneur mon Dieu qui était sur moi, j'ai assemblé les chefs d'Israël, afin qu'ils partissent avec moi.

---

tres 80. — *Batos*. Le *bat* était la dixième partie du *kor* (38 litres 88). — *Dei cæli*. Autre expression à remarquer ; elle revient quatre fois dans la lettre d'Artaxercès (cf. vers. 12, 21, 23). — *Vobis quoque*... (vers. 24). Privilège considérable, que Cyrus lui-même n'avait pas accordé. — *Vectigal, tributum*... Voyez la note de IV, 13. — Vers. 25-26, pouvoirs spéciaux conférés à Esdras. *Tu autem*... : c'était, de fait, une autorité suprême dans la province pour toutes les affaires juives, soit religieuses (vers. 25), soit civiles (vers. 26). — *Judicent omni populo :* seulement les Juifs, d'après le contexte. — *Imperitos docete :* ceux des Israélites qui auraient plus ou

moins oublié la loi mosaïque.
4° Esdras remercie Dieu avec effusion au sujet de cet édit. VII, 27-28.
27-28ᵃ. L'hébreu est de nouveau employé, jusqu'à la fin du livre. — *Benedictus*... Sorte d'oraison jaculatoire, insérée sans transition dans le récit. Elle dénote un cœur tout brûlant d'amour pour Dieu et pour la nation sainte. L'édit accordait, en effet, d'immenses avantages aux Juifs, et une entière facilité de se reconstituer sur le sol sacré.
28ᵇ. Encouragé par la bienveillance de Dieu et des hommes, Esdras fait ses premiers préparatifs de départ.

CHAPITRE VIII

1. Voici les noms des chefs de familles, et le dénombrement de ceux qui sont venus avec moi de Babylone sous le règne du roi Artaxercès :
2. Des fils de Phinées, Gersom. Des fils d'Ithamar, Daniel. Des fils de David, Hattus.
3. Des fils de Séchénias, des fils de Pharos, Zacharie ; et on compta avec lui cent cinquante hommes.
4. Des fils de Phahath-Moab, Elioénaï, fils de Zaréhé, et avec lui deux cents hommes.
5. Des fils de Séchénias, le fils d'Ézéchiel, et avec lui trois cents hommes.
6. Des fils d'Adan, Abed, fils de Jonathan, et avec lui cinquante hommes.
7. Des fils d'Alam, Isaïe, fils d'Athalias, et avec lui soixante-dix hommes.
8. Des fils de Saphatias, Zébédia, fils de Michaël, et avec lui quatre-vingts hommes.
9. Des fils de Joab, Obédia, fils de Jahiel, et avec lui deux-cent dix-huit hommes.
10. Des fils de Sélomith, le fils de Josphias, et avec lui cent soixante hommes.
11. Des fils de Bébaï, Zacharie, fils de Bébaï, et avec lui vingt-huit hommes.
12. Des fils d'Azgad, Johanan, fils d'Eccétan, et avec lui cent dix hommes.
13. Des fils d'Adonicam, les derniers, dont voici les noms : Eliphéleth, Jéhiel, Samaïas, et avec eux soixante hommes.
14. Des fils de Béguï, Uthaï et Zachur, et avec eux soixante-dix hommes.
15. Je les assemblai près du fleuve

1. Hi sunt ergo principes familiarum, et genealogia eorum qui ascenderunt mecum in regno Artaxerxis regis de Babylone :
2. De filiis Phinees, Gersom. De filiis Ithamar, Daniel. De filiis David, Hattus.
3. De filiis Secheniæ, filiis Pharos, Zacharias ; et cum eo numerati sunt viri centum quinquaginta.
4. De filiis Phahath-Moab, Elioenai, filius Zarehe, et cum eo ducenti viri.
5. De filiis Secheniæ, filius Ezechiel, et cum eo trecenti viri.
6. De filiis Adan, Abed, filius Jonathan, et cum eo quinquaginta viri.
7. De filiis Alam, Isaias, filius Athaliæ, et cum eo septuaginta viri.
8. De filiis Saphatiæ, Zebedia, filius Michael, et cum eo octoginta viri.
9. De filiis Joab, Obedia, filius Jahiel, et cum eo ducenti decem et octo viri.
10. De filiis Selomith, filius Josphiæ, et cum eo centum sexaginta viri.
11. De filiis Bebai, Zacharias, filius Bebai, et cum eo viginti octo viri.
12. De filiis Azgad, Johanan, filius Eccetan, et cum eo centum et decem viri.
13. De filiis Adonicam, qui erant novissimi, et hæc nomina eorum : Elipheleth, et Jehiel, et Samaias, et cum eis sexaginta viri.
14. De filiis Begui, Uthai et Zachur, et cum eis septuaginta viri.
15. Congregavi autem eos ad fluvium

5° Liste des Juifs qui revinrent à Jérusalem avec Esdras. VIII, 1-14.

Le texte a souffert, comme dans toutes les autres listes de noms propres ; aussi les LXX et le syriaque présentent-ils des variantes assez nombreuses.

CHAP. VIII. — 1. Introduction. — *Genealogia* : cette expression sera justifiée par l'insertion habituelle du nom de la famille à laquelle appartenaient les membres de l'expédition.

2-4. Énumération des compagnons d'Esdras. Il est intéressant de remarquer qu'ils descendaient, pour la plupart, des mêmes familles qu'un certain nombre des compagnons de Zorobabel.

Cf. II, 3-15. — Au vers. 3, les mots *de filiis Secheniæ* doivent être rattachés à ceux qui terminent le verset 2 : « Des fils de David : Hattus, (qui était) des fils de Séchénias. » En effet, d'après I Par. III, 22, Hattus était un petit-fils de Séchénias. Lisez ensuite : Des fils de Pharos, Zacharie. — *Qui erant novissimi* (vers. 13) : les aînés de la famille étaient partis autrefois avec Zorobabel. Cf. II, 13.

6° Préparatifs de départ. VIII, 15-30.

15-20. Esdras s'associe des ministres sacrés. — *Fluvium qui... ad Ahava.* D'après les versets 21 et 31, Ahava paraît avoir été en même temps le nom d'un fleuve et d'une ville. La caravane

qui decurrit ad Ahava, et mansimus ibi tribus diebus; quæsivique in populo et in sacerdotibus de filiis Levi, et non inveni ibi.

16. Itaque misi Eliezer, et Ariel, et Semeiam, et Elnathan, et Jarib, et alterum Elnathan, et Nathan, et Zachariam, et Mosollam, principes, et Joiarib et Elnathan, sapientes.

17. Et misi eos ad Eddo, qui est primus in Chasphiæ loco; et posui in ore eorum verba quæ loquerentur ad Eddo, et fratres ejus Nathinæos, in loco Chasphiæ, ut adducerent nobis ministros domus Dei nostri.

18. Et adduxerunt nobis per manum Dei nostri bonam super nos, virum doctissimum de filiis Moboli, filii Levi, filii Israel, et Sarabiam, et filios ejus et fratres ejus, decem et octo;

19. et Hasabiam, et cum eo Isaiam, de filiis Merari, fratresque ejus et filios ejus, viginti;

20. et de Nathinæis, quos dederat David et principes ad ministeria levitarum, Nathinæos ducentos viginti. Omnes hi suis nominibus vocabantur.

21. Et prædicavi ibi jejunium juxta fluvium Ahava, ut affligeremur coram Domino Deo nostro, et peteremus ab eo viam rectam nobis, et filiis nostris, universæque substantiæ nostræ.

22. Erubui enim petere a rege auxilium et equites qui defenderent nos ab inimico in via, quia dixeramus regi: Manus Dei nostri est super omnes qui quærunt eum in bonitate; et imperium ejus, et fortitudo ejus, et furor super omnes qui derelinquunt eum.

qui coule vers Ahava, et nous demeurâmes là trois jours; et ayant cherché des fils de Lévi parmi le peuple et les prêtres, je n'en trouvai aucun.

16. J'envoyai donc les chefs Eliézer, Ariel, Séméia, Elnathan, Jarib, et un autre Elnathan, Nathan, Zacharie, et Mosollé, et les docteurs Joïarib et Elnathan.

17. Je les envoyai vers Eddo, qui était le chef de ceux *qui demeuraient* au lieu nommé Casphia, et je leur marquai les paroles qu'ils devaient dire à Eddo et aux Nathinéens ses frères, afin qu'ils nous amenassent des ministres du temple de notre Dieu.

18. Et ils nous amenèrent, grâce à la main favorable de notre Dieu, qui était sur nous, un homme très savant des enfants de Moholi, fils de Lévi, fils d'Israël, et Sarabia avec ses fils et ses frères, au nombre de dix-huit;

19. et Hasabia, et avec lui Isaïe, des fils de Mérari, avec ses frères et ses fils, au nombre de vingt;

20. et deux cent vingt Nathinéens de ceux que David et les princes avaient mis au service des lévites. Tous étaient désignés par leurs noms.

21. Là, près du fleuve Ahava, je publiai un jeûne, pour nous affliger devant le Seigneur notre Dieu, et pour lui demander un heureux voyage pour nous, pour nos fils, et pour tout ce qui nous appartenait.

22. Car j'eus honte de demander au roi une escorte de cavaliers pour nous défendre de l'ennemi pendant le chemin; parce que nous avions dit au roi: La main de notre Dieu est sur tous ceux qui le cherchent sincèrement, et son empire, sa puissance et sa fureur éclatent sur tous ceux qui l'abandonnent.

---

d'Esdras ayant mis neuf jours (voyez le vers. 31, et VII, 9) pour franchir la distance qui séparait ce fleuve de Babylone, où l'a parfois identifié à la rivière de Hit, dont le nom est également porté par une ville, et qui se trouve précisément à cette distance de Babil. — *De filiis Levi, non invent.* Pas un seul, alors qu'ils auraient dû être les premiers à se présenter pour le retour. Déjà il n'en était revenu que soixante-quatorze avec Zorobabel (cf. II, 40), et pourtant ils étaient indispensables pour le service religieux. — *Itaque misi* (vers. 16)... : une délégation composée de onze membres. — *In Chasphiæ loco* (vers. 17): ville ou bourgade de la Babylonie demeurée inconnue. Là se trouvait une colonie juive importante, composée en partie notable de

Nathinéens (voyez la note de II, 43), et gouvernée par *Eddo*, qui appartenait lui-même à cette classe. — *Per manum Dei bonam* (vers. 18). La locution pleine de foi, déjà signalée plus haut (note de VII, 6). — *Moholi, filii Levi*: ou plutôt, son petit-fils. Cf. Ex. VI, 16-19; I Par. VI, 1. — *Omnes... vocabantur* (vers. 20b). Le narrateur a jugé superflu d'insérer cette autre liste.

21-23. Jeûne et prière pour la prospérité du voyage. — *Prædicavi... jejunium*: puissant moyen d'intercession, auquel les Juifs avaient recours dans les circonstances graves et pressantes. Cf. II Par. XX, 3; Jer. XXXVI, 9; Joel, I, 14, etc. — *Viam rectam*: un voyage heureux, sans encombres. — *Filiis nostris.* Le mot *taf*

Caravane en marche dans le désert syrien. (D'après une photographie.)

23. Jejunavimus autem, et rogavimus Deum nostrum per hoc; et evenit nobis prospere.

24. Et separavi de principibus sacerdotum duodecim, Sarabiam, et Hasabiam, et cum eis de fratribus eorum decem;

25. appendique eis argentum et aurum, et vasa consecrata domus Dei nostri, quæ obtulerat rex, et consiliatores ejus, et principes ejus, universusque Israel eorum qui inventi fuerant.

26. Et appendi in manibus eorum argenti talenta sexcenta quinquaginta, et vasa argentea centum, auri centum talenta,

27. et crateres aureos viginti, qui habebant solidos millenos, et vasa æris fulgentis optimi duo, pulchra ut aurum.

28. Et dixi eis : Vos sancti Domini, et vasa sancta, et argentum et aurum quod sponte oblatum est Domino, Deo patrum nostrorum.

29. Vigilate et custodite, donec appendatis coram principibus sacerdotum et levitarum, et ducibus familiárum Israel in Jerusalem, in thesaurum domus Domini.

30. Susceperunt autem sacerdotes et levitæ pondus argenti et auri, et vasorum, ut deferrent Jerusalem in domum Dei nostri.

23. Nous jeûnâmes donc et nous priâmes notre Dieu dans ce dessein, et tout se passa pour nous heureusement.

24. Et je choisis douze chefs des prêtres, Sarabias, Hasabius, et dix d'entre leurs frères,

25. et je pesai devant eux l'argent et l'or, et les vases sacrés de la maison de notre Dieu, que le roi, ses conseillers et ses princes, et tous ceux qui s'étaient trouvés dans Israël, avaient offerts au Seigneur.

26. Je pesai entre leurs mains six cent cinquante talents d'argent, cent vases d'argent, cent talents d'or,

27. vingt coupes d'or du poids de mille drachmes, et deux vases d'un airain brillant, aussi beaux que s'ils eussent été d'or.

28. Et je leur dis : Vous êtes les saints du Seigneur, et ces vases sont saints, comme tout cet or et cet argent, qui a été offert volontairement au Seigneur le Dieu de nos pères.

29. Gardez *ce dépôt* avec soin, jusqu'à ce que vous le rendiez dans le même poids à Jérusalem aux princes des prêtres, aux lévites et aux chefs des familles d'Israël, pour le trésor de la maison du Seigneur.

30. Les prêtres et les lévites reçurent au poids cet argent, cet or et ces vases, pour les porter à Jérusalem dans la maison de notre Dieu.

---

désigne en hébreu des enfants tout petits encore; expression délicate. — *Erubui... petere* (vers. 22).

Soldats persans. (D'après un bas-relief de Persépolis.)

Le motif de cette réserve est indiqué à la ligne suivante (*dixeramus enim...*) : Esdras, après avoir vanté devant le roi la toute-puissance et la bonté du Seigneur, craignait d'humilier en quelque sorte le Dieu des Juifs, en implorant un secours humain. — *Ab inimico :* probablement les pillards arabes, qui ont de tout temps infesté l'immense désert situé entre la Chaldée et la Palestine (*Atl. géogr.*, pl. VIII).

24-30. Esdras confie à douze prêtres et à douze lévites la garde du trésor sacré, pour toute la durée du voyage. — *Sarabiam, Hasabiam.* Deux lévites mentionnés plus haut (vers. 18 et 19). Deux autres, Jozabed et Noadaïa, seront cités nommément au verset 33. — *Appendi.* Selon l'usage oriental. Voyez Gen. XLIII, 16, et le commentaire (*Atl. arch.*, pl. LXIV, fig. 9). — *Argenti... sexcenta quinquaginta :* c.-à-d. environ 5 525 000 francs. — *Auri... centum :* environ 13 185 000 francs. — *Solidos milleros.*

31. Nous partîmes donc du bord du fleuve Ahava, le douzième jour du premier mois, pour aller à Jérusalem ; et la main de notre Dieu fut sur nous, et il nous délivra des mains de l'ennemi, et de toute embûche pendant le voyage.

32. Nous arrivâmes à Jérusalem, et nous y demeurâmes trois jours.

33. Le quatrième jour, on pesa dans la maison de notre Dieu l'argent, l'or et les vases, que nous remîmes à Mérémoth, fils du prêtre Urie, qui était accompagné d'Éléazar, fils de Phinées ; et Jozabed, fils de Josué, et Noadaïa, fils de Bennoï, lévites, étaient avec eux.

34 Tout fut livré par compte et par poids, et on écrivit alors ce que pesait chaque chose.

35. Les fils d'Israël qui étaient revenus de captivité offrirent aussi en holocauste au Dieu d'Israël douze veaux pour tout le peuple d'Israël, quatre-vingt-seize béliers, soixante-dix-sept agneaux et douze boucs pour le péché ; le tout en holocauste au Seigneur.

36. Ils donnèrent les édits du roi aux satrapes qui étaient de sa cour, et aux gouverneurs au delà du fleuve, lesquels favorisèrent le peuple et la maison de Dieu.

31. Promovimus ergo a flumine Ahava duodecimo die mensis primi, ut pergeremus Jerusalem ; et manus Dei nostri fuit super nos, et liberavit nos de manu inimici et insidiatoris in via.

32. Et venimus Jerusalem, et mansimus ibi tribus diebus.

33. Die autem quarta, appensum est argentum, et aurum, et vasa in domo Dei nostri per manum Meremoth, filii Uriæ sacerdotis, et cum eo Eleazar, filius Phinees, cumque eis Jozabed, filius Josue, et Noadaia, filius Bennoi, levitæ,

34. juxta numerum et pondus omnium ; descriptumque est omne pondus in tempore illo.

35. Sed et qui venerant de captivitate filii transmigrationis obtulerunt holocautomata Deo Israel, vitulos duodecim pro omni populo Israel, arietes nonaginta sex, agnos septuaginta septem, hircos pro peccato duodecim ; omnia in holocaustum Domini.

36. Dederunt autem edicta regis satrapis qui erant de conspectu regis, et ducibus trans flumen, et elevaverunt populum et domum Dei.

Mille dariques, d'après l'hébreu. C.-à-d. environ 25000 fr. — Æris fulgentis : peut-être l'orichalcum, alors si apprécié. — Dixi eis... Touchante allocution d'Esdras (vers. 28-29) à ceux

Darique d'or.

auxquels il faisait l'honneur de confier un dépôt si sacré.

7° Le voyage et l'arrivée à Jérusalem. VIII, 31-36.

31. Récit abrégé du voyage. — Duodecimo die... On était parti de Babylone le premier jour du premier mois (cf. VII, 9), et l'on avait fait auprès du fleuve Ahava une station de trois

jours (VIII, 15). — De manu inimici. Voyez la note du verset 22.

32-36. La caravane fait son entrée à Jérusalem ; premiers actes des nouveaux colons. — Venimus Jerusalem : le premier jour du cinquième mois (VII, 9), après quatre mois complets de voyage. — Mansimus... tribus diebus : petite période d'un repos bien légitime. — Appensum... argentum : pour vérifier si rien ne manquait au dépôt. Voyez les versets 25 et 26. Un inventaire détaillé fut fait alors (descriptumque, vers. 34). — Obtulerunt holocautomata (vers. 35) : saluant ainsi joyeusement leur Dieu, le remerciant et se consacrant à lui. — Satrapis. Hébreu : 'ahašdarp'nim ; nom persan, duquel dérive le mot satrape. Il désigne vraisemblablement les chefs militaires des provinces, tandis que les pahôt ou pachas (ducibus) en étaient les chefs civils. — Dicta regis : la lettre citée tout au long VII, 11-26. Esdras en fit reconnaître l'authenticité par les officiers royaux. — Elevaverunt populum : en gloire et en autorité.

CHAPITRE IX

1. Postquam autem hæc completa sunt, accesserunt ad me principes, dicentes : Non 'est separatus populus Israel, sacerdotes et levitæ, a populis terrarum et abominationibus eorum, Chananæi videlicet, et Hethæi, et Pherezæi, et Jebusæi, et Ammonitarum, et Moabitarum, et Ægyptiorum, et Amórrhæorum ;

·2· tulerunt enim de filiabus eorum sibi et filiis suis, et commiscuerunt semen sanctum cum populis terrarum; manus etiam principum et magistratuum fuit in transgressione hac prima.

3. Cumque audissem sermonem istum, scidi pallium meum et tunicam ; et evelli capillos capitis mei, et barbæ, et sedi mœrens.

4'. Convenerunt autem ad me omnes qui timebant verbum Dei Israel pro transgressione eorum qui de captivitate venerant; et ego sedebam tristis usque ad sacrificium vespertinum.

1. Après que cela fut terminé, les chefs s'approchèrent de moi en disant : Le peuple d'Israël, les prêtres et les lévites ne s' sont point séparés des abominations des peuples de ce pays, des Chananéens, des Héthéens, des Phérézéens, des Jébuséens, des Ammonites, des Moabites, des Égyptiens et des Amorrhéens;

2. car ils ont pris de leurs filles pour eux et pour leurs fils, et ils ont mêlé la race sainte avec les nations; et les chefs et les magistrats ont été les premiers dans cette transgression.

3. Lorsque j'eus entendu cela, je déchirai mon manteau et ma tunique, je m'arrachai les cheveux de la tête et les poils de la barbe, et je m'assis désolé.

4. Tous ceux qui craignaient la parole du Dieu d'Israël s'assemblèrent auprès de moi, au sujet de cette transgression de ceux qui étaient revenus de captivité, et je demeurai assis et désolé jusqu'au sacrifice du soir.

---

§ II. — *On annule les mariages illicites que plusieurs Israélites avaient contractés en Palestine. IX, 1 — X, 44.*

Esdras va nous apparaître, dans ces derniers chapitres, sous les traits d'un grand réformateur moral.

1º Les chefs du peuple révèlent à Esdras l'existence d'un certain nombre de mariages irréguliers. IX, 1-2.

Chap. IX. — 1-2. *Accesserunt... principes :*

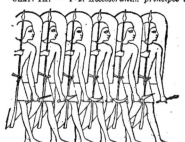

Bataillon de soldats héthéens. (Monum. égypt.)

des chefs de famille, des notables par conséquent, qui avaient à cœur les intérêts de leur peuple. — *Non est separatus...* Ils énoncent

d'abord le fait d'une manière générale, et en termes négatifs. Dieu avait si instamment recommandé que la nation théocratique vécût séparée des païens, de crainte qu'elle n'en adoptât les mœurs perverses et les pratiques idolâtriques ! — *Chananæi.* Trois rameaux de cette race fameuse sont aussitôt énumérés : *Hethæi... Jebusæi.* Cf. Gen. x, 15-18. — *Et Ammonitarum.* Le texte de la loi mosaïque n'interdisait directement aux Hébreux que les mariages avec les Chananéens (cf. Deut. vii, 3); mais on avait compris de bonne heure qu'il y avait là un principe dont il serait excellent d'étendre l'application. — *Tulerunt enim...* (vers. 2) : le cas spécial, exposé en termes positifs. Grande énergie dans les mots *commiscuerunt semen sanctum...;* c'était une sorte de sacrilège. Puis, circonstance aggravante : *manus etiam principum...;* les classes supérieures n'avaient pas rougi de donner l'exemple.

2º La tristesse d'Esdras et sa fervente prière. IX, 3-15.

3-4. Désolation de l'homme de Dieu lorsqu'il reçut cette nouvelle. — *Scidi..., evelli.* Marques d'un deuil extrême. Comp. Gen. xxxvii, 29, 34 ; Jos. vii, 6 ; Neh. xiii, 25 ; Job, i, 20, etc. — *Pallium... et tunicam :* les deux principaux vêtements des Orientaux. Voyez l'*Atl. arch.,* pl. i, fig. 9, 10 ; pl. ii, fig. 1-2, 11. — *Omnes qui timebant...* Ils redoutaient les jugements de Dieu sur le peuple entier, à cause de cette transgression.

5. Puis, au moment du sacrifice du soir, je, me relevai de mon affliction, et ayant mon manteau et ma tunique déchirés, je me mis à genoux, et j'étendis mes mains vers le Seigneur mon Dieu,

6. et je dis : Mon Dieu, je suis dans la confusion, et j'ai honte de lever les yeux vers vous, car nos iniquités se sont accumulées sur nos têtes, et nos péchés se sont accrus et sont montés jusqu'au ciel

7. depuis le temps de nos pères. Mais nous aussi, nous avons béaucoup péché jusqu'à ce jour, et à cause de nos iniquités nous avons été livrés, nous, nos rois et nos prêtres, entre les mains des rois des nations, et à l'épée, à la servitude, au pillage, et à la confusion qui recouvre notre visage jusqu'à ce jour.

8. Et maintenant le Seigneur notre Dieu a écouté un peu nos prières et nous a fait une grâce, comme d'un moment, pour laisser des restes parmi nous, pour nous donner un abri dans son lieu saint, pour éclairer nos yeux, et pour nous laisser un peu de vie dans notre esclavage.

9. Car nous sommes esclaves, et notre Dieu ne nous a pas abandonnés dans notre captivité; mais il nous a fait trouver miséricorde devant le roi des Perses, afin qu'il nous donnât la vie, qu'il élevât la maison de notre Dieu, qu'il en rebâtît les ruines, et qu'il nous laissât un lieu de retraite dans Juda et dans Jérusalem.

5. Et in sacrificio vespertino surrexi de afflictione mea ; et scisso pallio et tunica, curvavi genua mea, et expandi manus meas ad Dominum Deum meum,

6. et dixi : Deus meus, confundor, et erubesco levare faciem meam ad te, quoniam iniquitates nostræ multiplicatæ sunt super caput nostrum, et delicta nostra creverunt usque ad cælum,

7. a diebus patrum nostrorum. Sed et nos ipsi peccavimus graviter usque ad diem hanc ; et in iniquitatibus nostris traditi sumus ipsi, et reges nostri, et sacerdotes nostri, in manum regum terrarum, et in gladium, et in captivitatem, et in rapinam, et in confusionem vultus, sicut et die hac.

8. Et nunc quasi parum et ad momentum facta est deprecatio nostra apud Dominum Deum nostrum, ut dimitterentur nobis reliquiæ, et daretur nobis paxillus in loco sancto ejus, et illuminaret oculos nostros Deus noster, et daret nobis vitam modicam in servitute nostra ;

9. quia servi sumus, et in servitute nostra non dereliquit nos Deus noster ; sed inclinavit super nos misericordiam coram rege Persarum ut daret nobis vitam, et sublimaret domum Dei nostri, et exstrueret solitudines ejus, et daret nobis sepem in Juda et Jerusalem.

— *Sacrificium vespertinum.* Voyez Ex. XXIX, 38-41, et le commentaire.

5-15. Humble et pressante supplication d'Esdras. — Le verset 5 sert d'introduction. *In sacrificio vespertino* : par conséquent, sous les yeux de nombreux fidèles assemblés dans la cour du temple. — *Scisso...* : pour la seconde fois. — *Curvavi..., expandi...* Deux beaux gestes qui ont toujours fréquemment accompagné la prière chez les Orientaux. Voyez l'*Atl. arch.*, pl. XCV, fig. 3 ; pl. XCVI, fig. 5, 6 ; pl. CIX, fig. 1. — *Et dixi.* La prière s'ouvre par une humble confession, vers. 6-7 : les péchés d'Israël et les malheurs qu'ils ont attirés sur lui. *Multiplicatæ... super caput...* : de manière à submerger, pour ainsi dire, les coupables (cf. Ps. XXXVII, 5). *Creverunt... ad cælum* : criant vengeance jusqu'au trône divin (cf. II Par. XXVIII, 9). *Iniquitates... a diebus patrum...* : Esdras envisage le peuple hébreu, durant tout le cours de son histoire, comme formant une seule et même personne morale ; en ce sens, les crimes des pères étaient aussi ceux des fils (cf. Neh. IX, 29-35 ; Dan. IX, 5 et ss.). *Sed et*

nos ipsi... : des fautes de la race, Esdras passe bientôt (vers. 7) à celles des générations plus récentes ; il montre par quelques traits vigoureux les châtiments terribles qu'elles avaient valus à ses contemporains. — Vers. 8-9, les miséricordes du Seigneur sur son peuple dans le temps présent, malgré les iniquités commises. *Quasi parum et ad momentum* : les quelques années de relâche dont on avait joui depuis l'édit de Cyrus. *Reliquiæ* : l'humble communauté qui commençait à sortir des ruines. *Daretur... paxillus* : saisissante métaphore (cf. Is. XXII, 23, 25) ; au temple étaient en quelque sorte suspendues toutes leurs espérances. *Illuminaret oculos* : autre belle métaphore, qui marque un renouveau de vie et de bonheur (voyez la note de I Reg. XIV, 27). *Servi sumus* : quoique de grandes libertés leur eussent été récemment octroyées, les Juifs demeuraient soumis à la domination persane et ne jouissaient nullement de leur indépendance. *Daret... sepem* : encore une image frappante et juste ; elle exprime la manière dont le temple abritait et protégeait Israël. — Vers. 10-12.

10. Et nunc quid dicemus, Deus noster, post hæc? quia dereliquimus mandata tua,

11. quæ præcepisti in manu servorum tuorum prophetarum, dicens : Terra ad quam vos ingredimini, ut possideatis eam, terra immunda est, juxta immunditiam populorum ceterarumque terrarum, abominationibus eorum qui repleverunt eam ab ore usque ad os in coinquinatione sua.

12. Nunc ergo filias vestras ne detis filiis eorum, et filias eorum ne accipiatis filiis vestris, et non quæratis pacem eorum et prosperitatem eorum usque in æternum, ut confortemini, et comedatis quæ bona sunt terræ, et heredes habeatis filios vestros usque in sæculum.

13. Et post omnia quæ venerunt super nos in operibus nostris pessimis, et in delicto nostro magno, quia tu, Deus noster, liberasti nos ab iniquitate nostra, et dedisti nobis salutem sicut est hodie,

14. ut non converteremur, et irrita faceremus mandata tua, neque matrimonia jungeremus cum populis abominationum istarum. Numquid iratus es nobis usque ad consummationem, ne dimitteres nobis reliquias ad salutem?

15. Domine, Deus Israel, justus es tu, quoniam derelicti sumus, qui salvaremur sicut die hac. Ecce coram te sumus in delicto nostro; non enim stari potest coram te super hoc.

10. Et maintenant, ô notre Dieu, que dirons-nous après cela, puisque nous avons violé vos commandements,

11. que vous nous avez donnés par les prophètes vos serviteurs, en nous disant : La terre dans laquelle vous entrez est une terre impure, comme le sont celles de tous les autres peuples, et elle est remplie des ordures et des abominations dont ils l'ont couverte d'un bout à l'autre?

12. C'est pourquoi ne donnez point vos filles à leurs fils, ne prenez point leurs filles pour vos fils, et ne recherchez jamais ni leur paix ni leur prospérité, afin que vous deveniez puissants, et que vous mangiez les biens de cette terre, et qu'après vous vos enfants en héritent à jamais.

13. Après tous ces maux qui nous sont arrivés, à cause de nos œuvres très mauvaises et de nos grands péchés, vous nous avez délivrés de nos iniquités, ô notre Dieu, et vous nous avez sauvés, comme nous le voyons aujourd'hui,

14. pour nous empêcher de retourner en arrière, de violer vos commandements, et de nous allier avec ces peuples abominables. Vous irriterez-vous contre nous jusqu'à nous perdre entièrement, sans laisser aucun reste *de votre peuple* pour le sauver?

15. Ô Seigneur, Dieu d'Israël, vous êtes juste. Nous sommes aujourd'hui les seuls restes *de votre peuple*, qui attendons le salut de vous. Vous nous voyez devant vous, dans notre péché; car nous ne pourrions ainsi subsister devant vous.

Esdras passe maintenant au sujet proprement dit de sa prière, et il rappelle que Dieu avait interdit aux Hébreux de la façon la plus formelle les alliances matrimoniales avec les païens, ne voulant pas que la nation sainte fût souillée. *Dicens* (vers. 11) : citation large, qui résume le sens de divers passages du Pentateuque. *Terra immunda :* à cause des abominations de tout genre auxquelles se livraient les Chananéens. *Ab ore... ad os :* locution très énergique ; d'une extrémité à l'autre, entièrement. *Filias... ne detis* (vers. 12) • cf. Deut. VII, 3 ; Jos. XXIII, 12. *Non* *quæratis pacem :* cf. Deut. XXIII, 6. — Vers. 13-14 : opposant aux bontés de Dieu l'indigne conduite de la nation, Esdras se demande si Israël coupable ne sera pas bientôt anéanti. *Post omnia... :* les châtiments que le verset 7 a brièvement décrits. — Vers. 15, conclusion pathétique. Il n'y a pas de prière dans le sens strict de ce mot ; Esdras se proposait surtout de décrire, soit devant Dieu, soit devant le peuple, le triste état des choses et la grièveté de la faute commise, afin de pouvoir ensuite remédier plus facilement à un abus si énorme.

CHAPITRE X

1. Tandis qu'Esdras priait ainsi, qu'il implorait, qu'il pleurait et qu'il était étendu par terre devant le temple de Dieu, une grande foule du peuple d'Israël, d'hommes, et de femmes, et d'enfants, s'assembla autour de lui, et le peuple versa une grande abondance de larmes.

2. Alors Séchénias, fils de Jéhiel, des fils d'Élam, dit à Esdras : Nous avons violé la loi de notre Dieu, et nous avons épousé des femmes des nations étrangères. Et maintenant, si Israël se repent de ce péché,

3. faisons alliance avec le Seigneur notre Dieu; chassons toutes ces femmes et ceux qui en sont nés, nous conformant à la volonté du Seigneur et de ceux qui révèrent les préceptes du Seigneur notre Dieu; et que tout se fasse selon la loi.

4. Levez-vous; c'est à vous de commander. Nous serons avec vous; revêtez-vous de force, et agissez.

5. Esdras se leva, et il fit jurer aux princes des prêtres et des lévites, et à tout Israël, qu'ils feraient ce qu'on venait de dire; et ils le lui jurèrent.

6. Et Esdras se leva de devant la maison de Dieu, et s'en alla à la chambre de Johanan, fils d'Eliasib; quand il y fut entré, il ne mangea point de pain et ne but point d'eau, parce qu'il pleurait le péché de ceux qui étaient revenus de captivité.

7. Alors on fit publier dans Juda et

1. Sic ergo orante Esdra, et implorante eo et flente, et jacente ante templum Dei, collectus est ad eum de Israel cœtus grandis nimis virorum, et mulierum, et puerorum, et flevit populus fletu multo.

2. Et respondit Sechenias, filius Jehiel, de filiis Ælam, et dixit Esdræ : Nos prævaricati sumus in Deum nostrum, et duximus uxores alienigenas de populis terræ; et nunc, si est pœnitentia in Israel super hoc,

3. percutiamus fœdus cum Domino Deo nostro, ut projiciamus universas uxores, et eos qui de his nati sunt, juxta voluntatem Domini, et eorum qui timent præceptum Domini Dei nostri; secundum legem fiat.

4. Surge, tuum est decernere; nosque erimus tecum; confortare, et fac.

5. Surrexit ergo Esdras, et adjuravit principes sacerdotum et levitarum, et omnem Israel, ut facerent secundum verbum hoc; et juraverunt.

6. Et surrexit Esdras ante domum Dei, et abiit ad cubiculum Johanan, filii Eliasib, et ingressus est illuc; panem non comedit, et aquam non bibit; lugebat enim transgressionem eorum qui venerant de captivitate.

7. Et missa est vox in Juda et in Je-

3° Esdras ordonne de répudier les femmes étrangères. X, 1-17.

CHAP. X. — 1. Transition. — *Orante, implorante, flente :* traits dramatiques ; et surtout *jacente.* Tout d'abord, IX, 5, Esdras n'était qu'à genoux ; le voilà maintenant prosterné complètement devant Dieu. Voyez l'*Atl. arch.,* pl. XCVI, fig. 7. — *Collectus est...* Son émotion gagna bientôt tout le peuple.

2-5. Courageuse proposition de Séchénias. — *Sechenias* paraît avoir été, d'après le verset 26, le fils d'un des coupables, circonstance qui accroît le mérite de sa généreuse intervention. — *Si est pœnitentia...* Dans l'hébreu : « Mais maintenant, il y a de l'espérance en Israël à ce sujet. » Et la phrase se termine ainsi. — *Percutiamus fœdus.* Les livres historiques de la Bible mentionnent d'assez fréquents exemples de ces renouvel-

loments généraux ou partiels de l'alliance théocratique, en des circonstances solennelles. Cf. II Par. XV, 12 ; XXIX, 10 ; XXXIV, 31-32 ; Neh. X, 29, etc. — *Secundum legem fiat.* Or la loi prescrivait nettement le divorce en pareil cas. Cf. Deut. VII, 1 et ss. — *Surge...* Exhortation pleine d'entrain, qui eut le plus heureux effet sur Esdras : la faute du peuple l'avait attristé, découragé ; ces marques d'un repentir sincère l'encouragèrent vivement.

6. Jeûne d'Esdras. — *Cubiculum Johanan.* Peut-être une des chambres latérales du temple. Cf. III Reg. VI, 5-6 (*Atl. arch.,* pl. XCVI, fig. 2 ; pl. XCVII, fig. 3 et 4). — *Eliasib* fut grand prêtre au temps de Néhémie (Neh. III, 2).

7-14. Le peuple se réunit à Jérusalem pour statuer sur ce point délicat des mariages mixtes. — La convocation, vers. 7-8. *Omnis qui non...*

rusalem, omnibus filiis transmigrationis, ut congregarentur in Jerusalem ;

8. et omnis qui non venerit in tribus diebus, juxta consilium principum et seniorum, auferetur universa substantia ejus, et ipse abjicietur de cœtu transmigrationis.

9. Convenerunt igitur omnes viri Juda et Benjamin in Jerusalem tribus diebus, ipse est mensis nonus, vigesimo die mensis ; et sedit omnis populus in platea domus Dei, trementes pro peccato et pluviis.

10. Et surrexit Esdras sacerdos, et dixit ad eos : Vos transgressi estis, et duxistis uxores alienigenas, ut adderetis super delictum Israel.

11. Et nunc date confessionem Domino, Deo patrum vestrorum, et facite placitum ejus, et separamini a populis terræ et ab uxoribus alienigenis.

12. Et respondit universa multitudo, dixitque voce magna : Juxta verbum tuum ad nos, sic fiat.

13. Verumtamen quia populus multus est, et tempus pluviæ, et non sustinemus stare foris, et opus non est diei unius vel duorum, vehementer quippe peccavimus in sermone isto,

14. constituantur principes in universa multitudine ; et omnes in civitatibus nostris qui duxerunt uxores alienigenas veniant in temporibus statutis, et cum his seniores per civitatem et civitatem, et judices ejus, donec avertatur ira Dei nostri a nobis super peccato hoc.

dans Jérusalem que tous ceux qui étaient revenus de captivité s'assemblassent à Jérusalem ;

8. et que quiconque ne s'y trouverait pas dans trois jours, selon l'ordre des princes et des anciens, perdrait tout son bien, et serait chassé de l'assemblée de ceux qui étaient revenus de captivité.

9. Ainsi tous les hommes de Juda et de Benjamin s'assemblèrent en trois jours à Jérusalem, le vingtième jour du neuvième mois ; et tout le peuple se tint sur la place devant le temple de Dieu, tremblant à cause de leurs péchés et de la pluie.

10. Et Esdras le prêtre, se levant, leur dit : Vous avez violé la loi, et vous avez épousé des femmes étrangères, pour ajouter aux péchés d'Israël.

11. Rendez donc maintenant gloire au Seigneur, le Dieu de vos pères ; faites ce qui lui est agréable, et séparez-vous des nations et des femmes étrangères.

12. Tout le peuple répondit à haute voix : Que ce que vous nous avez dit soit exécuté.

13. Mais parce que le peuple est nombreux, et que c'est le temps des pluies et que nous ne pouvons rester dehors, et que d'ailleurs ce n'est pas ici l'œuvre d'un jour ou deux, notre péché étant considérable en cette affaire,

14. qu'on établisse des chefs dans tout le peuple, que tous ceux qui ont épousé des femmes étrangères viennent au jour qu'on leur marquera, et que les anciens et les magistrats de chaque ville viennent avec eux, jusqu'à ce que se soit détournée de dessus nous la colère de notre Dieu, que nous nous sommes attirée par ce péché.

(vers. 8) ; double pénalité pour quiconque n'assisterait pas à cette assemblée : la confiscation des biens (*auferetur... substantia*), et l'excommunication (*ipse abjicietur...*) ; car la question à trancher était d'une extrême gravité et concernait la nation entière. *Tribus diebus :* ce temps suffisait largement, puisque les colons étaient pour la plupart domiciliés à proximité de Jérusalem. Voyez II, 20-35, 70. — Vers. 9, obéissance du peuple à l'ordre reçu. *Mensis nonus :* le mois de *kislev*, qui correspondait à peu près à décembre (cf. Neh. I, 19 ; I Mach. I, 57, etc.). *Sedit... in platea... :* sur l'esplanade du temple. *Trementes :* détail pittoresque ; on tremblait tout ensemble de frayeur (*pro peccato*, à cause des châtiments divins que l'on avait mérités) et de froid (*pro pluvia :* le mois de décembre est souvent très pluvieux en Palestine).

— Vers. 10-11, Esdras reproche aux coupables leur faute, et exige le renvoi des femmes étrangères. *Date confessionem... :* avouez et confessez votre faute en présence du Seigneur. *Facite placitum ejus :* le sacrifice à accomplir était énorme ; aussi Esdras ne le demande-t-il qu'au nom de Dieu. — Vers. 12-14 : le peuple accorde son assentiment plein et entier, se contentant de demander qu'une commission soit nommée pour régler les détails de l'affaire. *Sic fiat :* prompte et généreuse parole d'obéissance. *Verumtamen... :* réserve bien légitime, et très modestement présentée. *Tempus pluviæ,... non sustinemus :* le peuple était en plein air, exposé aux froides averses de décembre (note du vers. 9). *Constituantur principes... ;* plutôt, d'après l'hébreu : que nos chefs restent donc pour toute l'assemblée (comme délégués, pour étudier et tran-

15. Jonathan, fils d'Azahel, et Jaasia, fils de Thécué, furent donc établis pour cette affaire, et les lévites Mésollam et Sébéthaï les y aidèrent.

16. Et ceux qui étaient revenus de captivité firent ce qui était ordonné. Esdras le prêtre et les chefs des familles allèrent dans les maisons de leurs pères, chacun selon son nom, et ils commencèrent au premier jour du dixième mois de faire leurs informations.

17. Et le dénombrement de ceux qui avaient épousé des femmes étrangères fut achevé le premier jour du premier mois.

18. Parmi les fils des prêtres, on en trouva qui avaient épousé des femmes étrangères. Des fils de Josué : les fils de Josédec et ses frères, Maasia et Eliézer, Jarib et Godolia.

19. Et ils s'engagèrent à renvoyer leurs femmes, et à offrir un bélier du troupeau pour leur péché.

20. Des fils d'Emmer · Hanani et Zébédia.

21. Des fils d'Harim : Maasia et Élia, Séméia, Jéhiel et Ozias.

22. Des fils de Pheshur : Elioénaï, Maasia, Ismaël, Nathanaël, Jozabed et Elasa.

23. Des fils des lévites : Jozabed, Séméi, Célaïa nommé aussi Calita, Phataïa, Juda et Eliézer.

24. Des chantres : Éliasib. Des portiers : Sellum, Télem et Uri.

25. D'Israël : des fils de Pharos, Réméia, Jézia, Melchia, Miamin, Eliézer, Melchia et Banéa.

26. Des fils d'Élam : Mathania, Zacharias, Jéhiel, Abdi, Jérimoth et Elia.

27. Des fils de Zéthua : Élioénaï, Élia-

---

15. Igitur Jonathan, filius Azahel, et Jaasia, filius Thecue, steterunt super hoc ; et Mesollam et Sebethai, levites, adjuverunt eos ;

16. feceruntque sic filii transmigrationis. Et abierunt Esdras sacerdos, et viri principes familiarum, in domos patrum suorum, et omnes per nomina sua, et sederunt in die primo mensis decimi ut quærerent rem.

17. Et consummati sunt omnes viri qui duxerant uxores alienigenas, usque ad diem primam mensis primi.

18. Et inventi sunt de filiis sacerdotum qui duxerant uxores alienigenas. De filiis Josue, filii Josedec, et fratres ejus, Maasia, et Eliezer, et Jarib, et Godolia.

19. Et dederunt manus suas ut ejicerent uxores suas, et pro delicto suo arietem de ovibus offerrent.

20. Et de filiis Emmer, Hanani, et Zebedia.

21. Et de filiis Harim, Maasia, et Elia, et Semeia, et Jehiel, et Ozias.

22. Et de filiis Pheshur, Elioenai, Maasia, Ismael, Nathanael, Jozabed, et Elasa.

23. Et de filiis levitarum, Jozabed, et Semei, et Celaia, ipse est Calita, Phataia, Juda, et Eliezer.

24. Et de cantoribus, Eliasib. Et de janitoribus, Sellum, et Telem, et Uri.

25. Et ex Israel : de filiis Pharos, Remeia, et Jezia, et Melchia, et Miamin, et Eliezer, et Melchia, et Banea.

26. Et de filiis Ælam, Mathania, Zacharias, et Jehiel, et Abdi, et Jerimoth, et Elia.

27. Et de filiis Zethua, Elioenai, Elia-

---

cher les points secondaires). — Vers. 15-17, la commission et son œuvre. *Steterunt super hoc ;* dans l'hébreu : s'opposèrent à cela ; il n'y eut donc pas tout à fait unanimité absolue dans les suffrages ; mais qu'étaient quatre opposants sur un aussi grand nombre ? Aussi l'on passa outre : *fecerunt sic. Esdras... et... principes familiarum :* tels furent les membres de la commission. Leur première séance (*sederunt*) eut lieu *die primo mensis decimi* (le mois de tébeth, Esth. II, 16) ; par conséquent, dix jours après l'assemblée générale (cf. vers. 9), et leur travail minutieux fut achevé juste trois mois plus tard (*ad diem primam mensis primi ;* le mois de nisan, Neh. II, 1 ; Esth. III, 7).

4° La liste des transgresseurs. X, 18-44.

18-22. Parmi les prêtres. — *De filiis sacerdo-*

tum. On en compte dix-sept, dont quatre de la famille du grand prêtre (vers. 18), qui offrirent un sacrifice expiatoire tout spécial (*pro delicto... arietem,* vers. 19). *Dederunt manus ;* c.-à-d. : ils prirent un engagement formel et solennel. — *De filiis Pheshur* (vers. 22). L'énumération qui suit, *Elioenaï, Maasia,* etc., montre que toutes les familles sacerdotales qui étaient rentrées en Palestine avec Zorobabel avaient pris part à l'abus signalé. Cf. II, 36-39.

23-24. Parmi les lévites. — *De filiis levitarum.* Dix transgresseurs sont nommés. Les chantres et les portiers obtiennent une mention à part, comme plus haut. Cf. II, 41-42.

25-43. Parmi les laïques. — *Ex Israel.* Quatre-vingt-six coupables.

sib, Mathania. et Jerimuth, et Zabad, et
Aziza.
28. Et de filiis Bebai, Johanan, Hanania, Zabbai, Athalai.
29. Et de filiis Bani, Mosollam, et
Melluch, et Adaia, Jasub, et Saal, et
Ramoth.
30. Et de filiis Phahath-Moab, Edna,
et Chalal, Banaias, et Maasias, Mathanias, Beseleel, Bennui, et Manasse.
31. Et de filiis Herem, Eliezer, Josue,
Melchias, Semeias, Simeon,
32. Benjamin, Maloch, Samarias.
33. Et de filiis Hasom, Mathanai,
Mathatha, Zabad, Eliphelet, Jermai,
Manasse, Semei.
34. De filiis Bani, Maaddi, Amram, et
Vel,
35. Baneas, et Badaias, Cheliau,
36. Vania, Marimuth, et Eliasib,
37. Mathanias, Mathanai, et Jasi,
38. et Bani, et Bennui, Semei,
39. et Salmias, et Nathan, et Adaias,
40. et Mechnedebai, Sisai, Sarai,
41. Ezrel, et Selemiau, Semeria,
42. Sellum, Amaria, Joseph.
43. De filiis Nebo, Jehiel, Mathathias,
Zabad, Zabina, Jeddu, et Joel, et Banaia.
44. Omnes hi acceperant uxores alienigenas; et fuerunt ex eis mulieres quæ
pepererant filios.

sib, Mathania, Jérimuth, Zabad et
Aziza.
28. Des fils de Bébaï : Johanan, Hanania, Zabbaï et Athalaı.
29. Des fils de Bani : Mosollam, Melluch, Adaïa, Jasub, Saal et Ramoth.
30. Des fils de Phahath-Moab : Edna,
Chalal, Banaïas, Maasias, Mathanias,
Béséléel, Bennui et Manassé.
31. Des fils de Hérem : Éliézer, Josué,
Melchias, Séméias et Siméon,
32. Benjamin, Maloch, Samarias.
33. Des fils d'Hasom : Mathanaï, Mathatha, Zabad, Eliphélet, Jermaï, Manassé et Séméi.
34. Des fils de Bani : Maaddi, Amram et Vel,
35. Banéas, Badaïas, Chéliaü,
36. Vania, Marimuth, Éliasib,
37. Mathanias, Mathanaï, Jasi,
38. Bani, Bennui, Séméi,
39. Salmias, Nathan, Adaïas,
40. Mechnédébaï, Sisaï, Saraï,
41. Ezrel, Sélémiaü, Séméria,
42. Sellum, Amaria et Joseph.
43. Des fils de Nébo : Jéhiel, Mathathias, Zabad, Zabina, Jeddu, Joël et
Banaïa.
44. Tous ceux-là avaient pris des
femmes étrangères, et plusieurs d'entre
elles avaient eu des enfants.

---

44. Conclusion. — *Omnes hi....* Cent treize en
tout. — Circonstance pathétique, relevée inten-
tionnellement par le narrateur : *ex eis mulieres... pepererant.* La séparation fut exigée quand

même, et acceptée, pour Dieu. Le livre se termine brusquement sur cet acte de courageuse
réforme.

LE LIVRE DE NÉHÉMIE

INTRODUCTION

1° *Le nom et l'auteur du livre.* — Nous avons expliqué plus haut[1] les mots *qui et Esdræ secundus dicitur,* ajoutés dans la Vulgate au titre principal, *Liber Nehemiæ,* par manière de sous-titre.

Ce titre principal, que saint Jérôme paraît avoir été le premier à employer[2], indique tout à la fois l'auteur et le héros du livre. Il n'y a pas à douter, en effet, que Néhémie (en hébreu : *Néhémiah*) n'ait lui-même composé les pages de la Bible qui portent son nom. La première ligne le marque clairement : *Verba Nehemiæ, filii Helchiæ* (Neh. I, 1). La dernière ligne, *Memento mei, Deus meus, in bonum* (XIII, 31), qui reproduit une pieuse aspiration souvent insérée dans le récit[3], l'exprime très clairement aussi, et on l'a justement regardée « comme la signature de l'auteur ». Et un grand nombre des détails contenus entre ces deux lignes, présentés sous la forme d'autobiographie et, pour ainsi dire, de mémoires, fournissent une démonstration identique. Aussi admet-on universellement que Néhémie est l'auteur des sept premiers chapitres, et au moins d'une portion considérable des trois derniers (XI-XIII). Quant aux doutes qui ont été formulés, surtout à propos des chapitres VIII, IX et X, ils ne sont pas appuyés sur des bases bien sérieuses. Nous n'hésitons pas à revendiquer en faveur de Néhémie la composition du livre entier. 1° Le style et le genre de l'écrivain sont les mêmes dans toutes les parties de l'écrit. 2° L'emploi successif des pronoms de la première et de la troisième personne n'a pas plus de portée ici qu'au livre d'Esdras[4]. 3° Si, aux chapitres VIII-X, Esdras joue le rôle principal, tandis que Néhémie passe au second rang, ce fait s'explique de lui-même : n'était-il pas dans l'ordre que le laïque, quel que fût son titre officiel, s'effaçât devant le prêtre? 4° Il est vrai que la liste sacerdotale insérée au chapitre XII, vers. 1 et ss., va pour quelques noms (vers. 10-11, 22-23)[5] au delà de l'époque où vivait Néhémie; mais les meilleurs exégetes admettent que ces versets ont été ajoutés plus tard à la liste par une main étrangère. 5° Les critiques qui n'admettent pas la composition intégrale du livre par Néhémie ne peuvent tomber d'accord pour désigner les passages qui ne seraient pas de lui, d'après leur hypothèse.

2° *Sujet traité, but, division.* — Cet écrit se compose de divers récits, qui décrivent la manière dont Néhémie contribua, pour sa part, au rétablissement de

---

[1] Voyez la page 239.
[2] *Epist. ad Paulinam.*
[3] Cf. V, 19; VI 14; XIII, 14, 22, 29, 31.

[4] Voyez la page 239.
[5] Voyez le commentaire.

la théocratie après la captivité de Babylone, et comment il acheva l'œuvre si
heureusement inaugurée par Zorobabel et continuée par Esdras. Zorobabel avait
rétabli le culte et reconstruit le temple; Esdras avait inculqué de toutes ses
forces la pratique fidèle de la loi mosaïque : l'œuvre de Néhémie consista surtout à relever les murs de Jérusalem et à renouveler l'alliance d'Israël avec son
Dieu. Son livre est ainsi très étroitement lié à celui d'Esdras [1], s'ouvrant là où
celui-ci finissait, après un intervalle de seulement treize ans, et racontant
comme lui les principaux épisodes de la reconstitution du peuple juif à Jérusalem et en Palestine, après l'exil. La période embrassée par l'écrivain sacré
n'est que d'environ douze ans : depuis la vingtième jusqu'à la trente-deuxième
année d'Artaxercès Longue-Main [2], c'est-à-dire de 445 à 433 avant J.-C.

  Récits isolés, avons-nous dit plus haut : car, ici non plus, l'histoire n'est
rien moins que complète. Néhémie, comme ses devanciers, ne relate que les
faits qui vont droit à son but; savoir : les principaux événements de la première année, avec quelques traits plus récents. Ce but, c'est aussi de montrer
l'accomplissement des promesses de Dieu, par la restauration de Jérusalem et
du culte sacré.

  Trois sections principales : 1° le premier voyage de Néhémie à Jérusalem, et
la reconstruction des murs de la ville (i, 1-vii, 3); 2° quelques réformes religieuses et politiques, afin d'assurer, sous toutes les formes, la prospérité du
peuple (vii, 4-xii, 42); 3° second voyage de Néhémie à Jérusalem, et nouvelles
mesures pour consolider les réformes antérieures (xii, 43-xiii, 31) [3].

  3° Le *caractère* du livre de Néhémie est généralement le même que celui du
livre d'Esdras, soit pour le fond, soit pour le style. Le récit est intéressant,
pittoresque, et jette une vive lumière sur l'état de Jérusalem et du peuple juif
à cette époque, comme aussi sur la race samaritaine et l'administration des
provinces persanes. Partout une admirable candeur, qui est une garantie vivante
de la véracité du narrateur. Tout est écrit en hébreu, avec un certain nombre
d'expressions et de tournures propres à Néhémie [4].

---

[1] Voyez la page 239.
[2] Comp. i, 1.
[3] Voyez les détails de la division dans le commentaire et dans notre *Biblia sacra*, p. 454 et ss.
[4] Les ouvrages à consulter sont les mêmes
que pour le livre d'Esdras.

NÉHÉMIE

CHAPITRE I

1. Paroles de Néhémie, fils d'Helcias. La vingtième année, au mois de casleu, j'étais dans le château fort de Suse.
2. Et Hanani, l'un de mes frères, vint me trouver avec quelques hommes de Juda; et je les questionnai au sujet des Juifs qui étaient restés de la captivité, et qui vivaient encore, et au sujet de Jérusalem.
3. Ils me répondirent : Ceux qui sont restés de la captivité, et qui ont été laissés dans la province, sont dans une grande affliction et dans l'opprobre, et

1. Verba Nehemiæ, filii Helchiæ. Et factum est in mense casleu, anno vigesimo, et ego eram in Susis castro.
2. Et venit Hanani, unus de fratribus meis, ipse et viri ex Juda; et interrogavi eos de Judæis, qui remanserant et superquant de captivitate, et Jerusalem.

3. Et dixerunt mihi : Qui remanserunt et relicti sunt de captivitate ibi in provincia, in afflictione magna sunt, et in opprobrio; et murus Jerusalem dissi-

---

Section I. — Premier voyage de Néhémie a Jérusalem, et reconstruction des murs de la ville. I, 1 — VII, 3.

§ I. — Le roi Artaxercès autorise Néhémie à rebâtir Jérusalem. I, 1 — II, 10.

1° Titre du livre. I, 1ᵃ.

Chap. I. — Verba... Inscription fréquemment placée en tête des écrits prophétiques (cf. Jer. I, 1; Ez. I, 1, etc.); parmi les livres historiques, celui de Néhémie est le seul qui en soit muni. — Nehemiæ. Ce nom paraît avoir été alors assez commun (cf. III, 16; VII, 7; Esdr. II, 2). D'après les conjectures autorisées d'Eusèbe et de saint Jérôme, Néhémie appartenait à la tribu de Juda. Il est certain, du moins, que sa famille avait résidé à Jérusalem. Cf. II, 3. C'est par suite d'une erreur de traduction qu'il est appelé prêtre dans la Vulgate, au passage II Mach. I, 21 (voyez la note); il était simple laïque.

2° Douleur de Néhémie en apprenant le malheureux état de Jérusalem. I, 1ᵇ-4.

1ᵇ-2. Introduction : l'occasion. — Et factum est. Hébr. : vayy'hi. Sur cette conjonction et mise en avant d'un livre, voyez les notes de Jos. I, 1; Jud. I, 1; Ruth, I, 1, etc. — Mense casleu. En hébr. : kislev; le neuvième mois de l'année juive, correspondant à la fin de novembre et à une grande partie de décembre. Cf. Esdr. X, 9 et

la note ; Zach. VII, 1, etc. — Anno... : la vingtième année du roi Artàxercès Longue-Main, comme il sera dit bientôt formellement. Cf. II, 2. Elle équivaut à l'an 445 avant J.-C., Artaxercès Longue-Main étant monté sur le trône en 465 (il régna jusqu'en 425). — In Susis. Ville célèbre, dont le nom hébreu était Šušân ; capitale de la Susiane et résidence favorite des rois de Perse. Cf. Esth. I, 2, 5. Voyez l'Atl. géogr., pl. VIII et IX. Darius, fils d'Hystaspe, y construisit un magnifique palais, dont on admire encore les ruines. — Castro. L'hébreu birah désigne un palais fortifié, servant de citadelle. Comp. Esdr. VI, 2, et le commentaire. — Et venit... : de Jérusalem à Suse. Le motif spécial du voyage n'est pas indiqué. — Unus de fratribus. Frère dans le sens strict, ce semble. Cf. VII, 2. — Interrogavi... Double question de Néhémie, portant d'abord sur les habitants (de Judæis), puis sur la ville (Jerusalem).

3. Tristes nouvelles. — Dixerunt... La réponse suit le même ordre que la question : qui remanserunt... (vers. 3ᵃ); murus Jerusalem... (vers. 3ᵇ). — In provincia : la Judée, qui était alors une province persane. Cf. Esdr. II, 1, et la note. — Murus... dissipatus : par Nabuchodonosor. Cf. IV Reg. XXV, 10; Jer. LII, 14. Esdras avait essayé de relever les remparts de Jérusalem, mais les intrigues des Samaritains arrêtèrent l'œuvre à

patus est, et portæ ejus combustæ sunt igni.

4. Cumque audissem verba hujuscemodi, sedi, et flevi, et luxi diebus multis; jejunabam, et orabam ante faciem Dei cæli.

5. Et dixi : Quæso, Domine, Deus cæli, fortis, magne atque terribilis, qui custodis pactum et misericordiam cum his qui te diligunt, et custodiunt mandata tua,

6. fiant aures tuæ auscultantes, et oculi tui aperti, ut audias orationem servi tui, quam ego oro coram te hodie, nocte et die, pro filiis Israel, servis tuis; et confiteor pro peccatis filiorum Israel, quibus peccaverunt tibi. Ego et domus patris mei peccavimus ;

7. vanitate seducti sumus, et non custodivimus mandatum tuum, et ceremonias, et judicia quæ præcepisti Moysi, famulo tuo.

8. Memento verbi quod mandasti Moysi, servo tuo, dicens : Cum transgressi fueritis, ego dispergam vos in populos;

9. et si revertamini ad me, et custodiatis præcepta mea, et faciatis ea, etiamsi abducti fueritis ad extrema cæli, inde congregabo vos, et reducam in locum quem elegi, ut habitaret nomen meum ibi.

10. Et ipsi servi tui, et populus tuus, quos redemisti in fortitudine tua magna, et in manu tua valida.

les murailles de Jérusalem sont en ruines, et ses portes ont été consumées par le feu.

4. Lorsque j'eus entendu ces paroles, je m'assis, je pleurai, et je fus plusieurs jours dans la désolation. Je jeûnai et je priai en la présence du Dieu du ciel.

5. Et je dis : Seigneur, Dieu du ciel, qui êtes fort, grand et terrible, qui gardez votre alliance, et qui faites miséricorde à ceux qui vous aiment et qui observent vos commandements,

6. que vos oreilles soient attentives, et vos yeux ouverts pour écouter la prière que votre serviteur vous offre maintenant nuit et jour pour les fils d'Israël, vos serviteurs. Je vous confesse les péchés que les fils d'Israël ont commis contre vous. Nous avons péché, moi et la maison de mon père.

7. Nous avons été séduits par la vanité, et nous n'avons pas observé vos commandements, vos lois et vos ordonnances que vous aviez prescrites à Moïse, votre serviteur.

8. Souvenez-vous de la parole que vous avez dite à votre serviteur Moïse : Lorsque vous aurez péché, je vous disperserai parmi les peuples ;

9. et si vous revenez à moi, si vous observez et accomplissez mes préceptes, quand vous auriez été déportés jusqu'aux extrémités du ciel, je vous rassemblerai de ces pays-là, et je vous ramènerai au lieu que j'ai choisi pour y établir mon nom.

10. Et ils sont vos serviteurs et votre peuple, que vous avez rachetés par votre force souveraine, et par votre main puissante.

---

son début. Cf. Esdr. ıv, 12-16. — *Portæ... combustæ.* Ce détail n'avait pas été signalé par les historiens précédents.

4. *Vive douleur de Néhémie.* — *Sedi, flevi...* Traits pathétiques. — *Dei cæli.* Ce titre revient assez souvent dans le livre de Néhémie. Cf. vers. 5; ıı, 4, 20, etc. On a pensé qu'il aurait été emprunté aux Persans, chez qui il est d'un emploi très usuel. Comp. II Par. xxxvı, 23 ; Esdr. ı, 2, 6, 10 ; vıı, 12, 21, 28. — *Jejunabam.* Comme Esdras, Daniel et Esther, en des circonstances analogues. A cette époque du judaïsme, le jeûne de dévotion était d'un fréquent usage.

3° *Ardente prière de Néhémie.* I, 5-11.

Belle supplication, qui fait de nombreux emprunts aux saints livres. En voici la marche générale : vers. 5-6ᵃ, invocation solennelle, pour attirer l'attention divine ; vers. 6ᵇ-7, humble confession ; vers. 8-10, appel aux promesses du Sei-

gneur ; vers. 11, la requête proprement dite.

5-11. *Magne atque terribilis.* Cf. Deut. vıı, 21, etc. Cette appellation sera réitérée plus bas, ıv, 14, et ıx, 32. — *Qui custodis pactum.* Cf. Deut. vıı, 9. L'alliance par excellence, contractée au Sinaï entre Jéhovah et son peuple. — *Verbi quod... Moysi* (vers. 8). Allusion qui peut se rapporter à divers passages, tels que Lev. xxvı, 33-45 ; Deut. ıv, 25-31 ; xxx, 1-5, etc., dont elle résume les promesses et les menaces. — *Ipsi servi tui* (vers. 10). Motif puissant et délicat sur lequel s'appuie la requête. — *Dirige... hodie* (vers. 11). « Aujourd'hui, » car c'est le plus tôt possible, selon que s'y prêteraient les circonstances, que Néhémie souhaitait de réaliser son pieux et hardi projet. — *Ante virum hunc :* le roi Artaxercès, d'après le contexte (ıı, 1). — *Ego... pincerna...* Rôle de confiance, qui permettait d'aborder aisément et avec une certaine

11. Obsecro, Domine, sit auris tua
attendens ad orationem servi tui, et ad
orationem servorum tuorum qui volunt
timere nomen tuum. Et dirige servum
tuum hodie, et da ei misericordiam ante
virum hunc. Ego enim eram pincerna
regis.

11. Que votre oreille, Seigneur, soit
attentive à la prière de votre serviteur,
et aux prières de vos serviteurs qui veulent
craindre votre nom. Conduisez aujour-
d'hui votre serviteur, et faites-lui trouver
grâce devant cet homme. Or j'étais
l'échanson du roi.

CHAPITRE II

1. Factum est autem in mense nisan,
anno vigesimo Artaxerxis regis, et vinum erat ante eum, et levavi vinum,
et dedi regi. Et eram quasi languidus
ante faciem ejus.
2. Dixitque mihi rex : Quare vultus
tuus tristis est, cum te ægrotum non vi-
deam? Non est hoc frustra, sed malum
nescio quod in corde tuo est. Et timui
valde ac nimis.

3. Et dixi regi : Rex, in æternum vive.
Quare non mœreat vultus meus, quia
civitas domus sepulcrorum patris mei
deserta est, et portæ ejus combustæ sunt
igni?

4. Et ait mihi rex : Pro qua re postulas? Et oravi Deum cæli,
5. et dixi ad regem : Si videtur regi
bonum, et si placet servus tuus ante
faciem tuam, ut mittas me in Judæam,
ad civitatem sepulcri patris mei, et ædificabo eam.
6. Dixitque mihi rex, et regina quæ
sedebat juxta eum : Usque ad quod tempus erit iter tuum, et quando reverteris?
Et placuit ante vultum regis, et misit
me. Et constitui ei tempus.

1. La vingtième année du règne d'Artaxercès, au mois de nisan, on apporta
du vin devant le roi. Je le pris et le lui
servis. Et j'étais tout abattu en sa présence.
2. Et le roi me dit : Pourquoi avez-
vous le visage triste, quoique vous ne me
paraissiez pas malade? Ce n'est pas sans
raison, mais vous avez quelque chagrin
de cœur. Et je fus saisi d'une grande
crainte,
3. et je dis au roi : O roi, que votre
vie soit éternelle. Pourquoi mon visage
ne serait-il pas abattu, puisque la ville
où sont les tombeaux de mes pères est
déserte, et que ses portes ont été brûlées?
4. Le roi me dit : Que me demandez-
vous? Je priai le Dieu du ciel,
5. et je dis au roi : Si le roi le trouve
bon, et si votre serviteur vous est
agréable, envoyez-moi en Judée, à la
ville du sépulcre de mes pères, afin que
je la rebâtisse.
6. Le roi, et la reine qui était assise
auprès de lui, me dirent : Combien durera votre voyage, et quand reviendrez-
vous? Je leur marquai le temps, et le
roi l'agréa et me permit de m'en aller.

---

intimité la personne du monarque. Les rois de
Perse avaient de nombreux échansons, qui remplissaient sans doute leurs fonctions à tour de
rôle.
4º Néhémie se met en route pour Jérusalem,
muni de lettres royales. II, 1-10.
CHAP. II. — 1. Transition et introduction. —
In mense nisan. Le premier mois de l'année
juive, autrefois appelé *'abib* (cf. Ex. XII, 2).
Néhémie dut ainsi attendre quatre mois avant
d'adresser au roi sa demande. Voyez I, 1, et le
commentaire. — *Artaxerxis regis :* Artaxercès
Longue-Main, comme il est universellement admis.
Cf. Esdr. VI, 14; VII, 1, et les notes. — *Levavi...,
dedi...* Détails pittoresques. Voyez l'*Atl. arch.*,
pl. XXII, fig. 8; pl. XXIV, fig. 2, 3, 4. — *Eram
languidus :* par suite de sa violente tristesse.
2-8. Néhémie fait appel à la bonté du roi en

faveur des Juifs. — *Quare vultus... tristis...?*
« Un air triste n'était jamais toléré en présence
du roi, et quoique Artaxercès eût un caractère
plus doux que tout autre monarque persan, le
ton dé sa question montrait que, sous ce rapport, il ne différait pas des autres. » De là l'impression de frayeur que ressentit Néhémie : *timui valde...* Il n'était pas possible d'éluder une
question si directe, et quelle réponse faire au
roi sans l'offenser? — *Rex, in æternum...* Antique formule de respect. Cf. III Reg. I, 31. —
Quare non mœreat... (vers. 3). Néhémie va droit
au fait, et expose simplement le motif de son
chagrin, non toutefois sans donner à ses paroles
une tournure habile et touchante, capable d'influencer le roi. — *Domus sepulcrorum...* Les
Persans respectaient particulièrement les tombeaux : ainsi présenté, l'appel de l'échanson juif

7. Et je dis au roi : Si le roi le trouve bon, qu'on me donne des lettres pour les gouverneurs du pays d'au delà du fleuve, afin qu'ils me laissent passer jusqu'à ce que j'arrive en Judée,

8. et une lettre pour Asaph, garde de la forêt du roi, afin qu'il me fournisse du.bois pour que je puisse couvrir les tours du temple, les murailles de la ville, et la maison où je me retirerai. Le roi m'accorda ma demande, parce que la main favorable de mon Dieu était sur moi. .

9. J'allai trouver les gouverneurs du pays d'au delà du fleuve, et je leur présentai les lettres du roi. Or le roi avait envoyé avec moi des officiers de guerre et des cavaliers.

10. Sanaballat l'Horonite, et Tobie,

7. Et dixi regi : Si regi videtur bonum, epistolas det mihi ad duces regionis trans flumen, ut traducant me donec veniam in Judæam;

8. et epistolam ad Asaph, custodem saltus regis, ut det mihi ligna ut tegere possim portas turris domus, et muros civitatis, et domum quam ingressus fuero. Et dedit mihi rex, juxta manum Dei mei bonam mecum.

9. Et veni ad duces regionis trans flumen, dedique eis epistolas regis. Miserat autem rex mecum principes militum et equites.

10. Et audierunt Sanaballat Horoni-

---

devenait très convaincant. — *Pro qua re postulas?* Le roi aussi va droit au fait, et au côté pratique de la circonstance. — *Et oravi.* Prière mentale rapide, qui suppose dans Néhémie de grandes habitudes de piété et d'union avec Dieu. Cf. vers. 8; IV, 9; VI, 14; VII, 4, etc. — *Ædificabo eam* (vers. 5) : c'est la ville entière, et point seulement le tombeau de sa famille, que Néhémie demande la permission de reconstruire. — *Regina quæ sedebat.* Trait pittoresque, qu'on croirait directement reproduit sur les monuments anciens. Voyez l'*Atl. arch.*, pl. LXXXII, fig. 4. Quoique les rois persans pratiquassent la polygamie, l'une de leurs femmes portait le titre de reine : Damaspia eut cet honneur sous Artaxercès Longue-Main. Cf. Ctésias, *Exc. Pers.*, 44. Nous savons aussi par Hérodote, IX, 110, que la reine prenait part quelquefois aux repas du roi. — *Constitui... tempus.* Probablement un temps assez limité. L'absence de Néhémie dura néanmoins douze années entières (cf. v, 14), ayant été prolongée par les circonstances. — *Regionis trans flumen.* C.-à-d. les districts situés à l'ouest de l'Euphrate. Cf. Esdr. VIII, 36. — *Custodem... regis* (vers. 8). Dans le texte, l'équivalent du mot *saltus* est *pardès*, nom d'origine persane (zend : *pairidaéça*), dont les Grecs ont fait παράδεισος, et nous « paradis », à la suite des Latins. Outre ce passage, il n'est employé que deux autres fois dans la Bible : Eccl. II, 5, et Cant. IV, 13. Il désigne un lieu planté d'arbres, un parc. Le roi de Perse avait donc un parc aux environs de Jérusalem, peut-être au sud-est de la ville, à l'endroit où se trouvaient autrefois les jardins de Salomon. Cf. Josèphe, *Ant.*, VIII, 7, 3. — *Portas turris domus.* Dans l'hébreu : les portes de la forteresse (*birah*, voyez I, 1, et la note) de la maison (de Dieu). Il s'agit donc de la forteresse qui protégeait le temple au nord-ouest, nommée plus tard citadelle Antonia. Elle est mentionnée ici pour la première fois ; il en

sera souvent question aux livres des Machabées. Voyez l'*Atl. arch.*, pl. XCIX, fig. 1 et 2, et l'*Atl. géogr.*, pl. XIV, XV. — *Domum quam ingressus :* la maison qui devait servir de résidence à Néhémie. — *Manum Dei... bonam.* Sur cette expression pleine de foi, voyez Esdr. VII, 6, 9, 28; VIII, 22.

Siège double. (Peinture égyptienne.)

9-10. Le voyage de Néhémie. Il n'est pas raconté en détail ; nous en apprenons du moins les circonstances principales. — *Principes militum... :* escorte que Néhémie avait acceptée du roi, car il voyageait à peu près seul, et non, comme Esdras, avec une caravane considérable, capable de se défendre. Cf. Esdr. VIII, 22. — *Sanaballat* (plus exactement, *Sanballat*) paraît être un nom d'origine babylonienne. L'ennemi acharné des Juifs qu'il désigne dans ce livre était un personnage influent, peut-être même le gouverneur officiel de la Samarie. Cf. IV, 2. — *Horonites* signifie probablement : de Béthoron. Cf. Jos. XVI, 3, 5; II Par. VIII, 5. — *Tobias... Ammanites :*

tes, et Tobias, servus ammanites, et contristati sunt afflictione magna, quod venisset homo qui quæreret prosperitatem filiorum Israel.

11. Et veni Jerusalem, et eram ibi tribus diebus.

12. Et surrexi nocte ego, et viri pauci mecum; et non indicavi cuiquam quid Deus dedisset in corde meo ut facerem in Jerusalem; et jumentum non erat mecum, nisi animal cui sedebam.

13. Et egressus sum per portam Vallis nocte, et ante fontem Draconis, et ad portam Stercoris; et considerabam murum Jerusalem dissipatum, et portas ejus consumptas igni.

14. Et transivi ad portam Fontis, ad aquæductum Regis; et non erat locus jumento cui sedebam, ut transiret.

15. Et ascendi per torrentem nocte; et considerabam murum, et reversus veni ad portam Vallis, et redii.

16. Magistratus autem nesciebant quo abiissem, aut quid ego facerem; sed et Judæis, et sacerdotibus, et optimatibus, et magistratibus, et reliquis qui faciebant opus, usque ad id loci nihil indicaveram.

---

le serviteur ammonite, l'ayant appris, furent saisis d'une extrême affliction, parce qu'il était venu un homme qui cherchait le bien des fils d'Israël.

11. J'arrivai à Jérusalem, et j'y passai trois jours.

12. Et je me levai pendant la nuit, ayant peu de gens avec moi. Je ne dis à personne ce que Dieu m'avait inspiré de faire dans Jérusalem. Il n'y avait point avec moi d'autre cheval que celui sur lequel j'étais monté.

13. Je sortis la nuit par la porte de la Vallée, je vins devant la fontaine du Dragon et à la porte du Fumier; et je considérais les murs en ruines de Jérusalem, et ses portes consumées par le feu.

14. Je passai de là à la porte de la Fontaine et à l'aqueduc du roi, et il n'y avait point de place par où pût passer le cheval sur lequel j'étais monté.

15. Je montai de nuit par le torrent, et je considérais les murailles, et je rentrai par la porte de la Vallée et m'en revins.

16. Cependant les magistrats ignoraient où j'étais allé et ce que je faisais, et jusqu'alors je n'avais rien dit aux Juifs, ni aux prêtres, ni aux grands, ni aux magistrats, ni à aucun de ceux qui avaient le soin des travaux.

---

c'était, croit-on, le secrétaire de Sanaballat. Cf. vi, 17-19. Du moins, ils nourrissaient l'un et l'autre les mêmes sentiments d'hostilité et de basse jalousie contre le peuple de Dieu, ainsi que le constate Néhémie avec une certaine emphase : *contristati... afflictione...*

§ II. — *Néhémie rétablit les remparts de Jérusalem.* II, 11 — III, 31.

1° Inspection des murs. II, 11-15.

11. L'arrivée de Néhémie à Jérusalem. — *Tribus diebus.* Trois jours consacrés au repos et au recueillement. Cf. Esdr. viii, 32.

12-15. L'inspection. Détails très pittoresques, qui dénotent vraiment le témoin oculaire. — *Nocte.* Cette circonstance est mentionnée à trois reprises (cf. vers. 13 et 15). Néhémie tenait à ce que son dessein demeurât secret le plus longtemps possible, à cause de la haine des ennemis de sa nation. Cf. vers. 10. De là aussi la réflexion : *non indicavi...* — *Jumentum non erat...* Il était seul à cheval, et ses compagnons le suivaient à pied : toujours pour le même motif, ne pas trop attirer l'attention. — Les versets 13-15 décrivent l'itinéraire suivi par Néhémie et ses compagnons. Voyez l'*Atl. géogr.*, pl. xiv et xv. Ils sortirent de la ville *per portam Vallis*, à l'ouest, probablement sur le site actuel de la porte de Jaffa

(note de II Par. xxvi, 9). — *Ante fontem Draconis.* Cette source n'est pas mentionnée ailleurs. Elle est sans doute représentée par le Birket-Mamilla ou par le Birket-es-Soultân. — *Ad portam Stercoris.* Porte ainsi nommée parce qu'on sortait de ce côté les immondices de Jérusalem, pour les jeter dans la vallée d'Hinnom. Elle était à l'angle sud-ouest des remparts. — *Considerabam...* : trait bien pathétique. — *Portam Fontis.* A l'est et tout auprès de la piscine de Siloé, qui lui donnait son nom. Voilà donc Néhémie et son escorte au sud-est de la ville. — *Aquæductum Regis* : vraisemblablement, le réservoir même de Siloé (dans l'hébreu : le réservoir du roi). — *Non erat locus jumento* : à cause des décombres accumulés en cet endroit. — *Et ascendi* (vers. 15) : à pied, sa monture ne pouvant que difficilement avancer. — *Per torrentem* : le long du lit du Cédron. — *Reversus... ad portam Vallis* : non point en revenant sur ses pas, mais en contournant le rempart du nord et en achevant le tour de la ville.

2° Néhémie exhorte ses compatriotes à reconstruire les murs de Jérusalem. II, 16-18.

16. Transition. — *Reliquis qui faciebant...* Plutôt : à ceux qui « firent », qui exécutèrent plus tard l'ouvrage en question, ou la reconstruction des murs.

La porte de Jaffa et la citadelle à Jérusalem. (D'après une photographie.)

17. Et dixi eis : Vos nostis afflictionem in qua sumus, quia Jerusalem deserta est, et portæ ejus consumptæ sunt igni. Venite, et ædificemus muros Jerusalem, ut non simus ultra opprobrium.

18. Et indicavi eis manum Dei mei, quod esset bona mecum, et verba regis quæ locutus esset mihi, et aio : Surgamus, et ædificemus. Et confortatæ sunt manus eorum in bono.

19. Audierunt autem Sanaballat Horonites, et Tobias, servus ammanites, et Gosem Arabs, et subsannaverunt nos, et despexerunt, dixeruntque : Quæ est hæc res quam facitis? Numquid contra regem vos rebellatis?
20. Et reddidi eis sermonem, dixique ad eos : Deus cæli ipse nos juvat, et nos servi ejus sumus. Surgamus, et ædificemus; vobis autem non est pars, et justitia, et memoria in Jerusalem.

17. Je leur dis alors : Vous voyez l'affliction où nous sommes. Jérusalem est déserte, et ses portes ont été brûlées. Venez, rebâtissons les murs de Jérusalem, afin que nous ne soyons plus dans l'opprobre.
18. Et je leur rapportai comment Dieu avait étendu sa main favorable sur moi, et les paroles que le roi m'avait dites, et je leur dis : Venez, et bâtissons. Et ils se fortifièrent dans cette bonne résolution.
19. Mais Sanaballat l'Horonite, Tobie le serviteur ammonite, et Gosem l'Arabe, ayant été avertis, se raillèrent de nous avec mépris, et dirent : Que faites-vous là? Cette entreprise n'est-elle pas une révolte contre le roi?
20. Je répondis à cette parole, et je leur dis : C'est le Dieu du ciel lui-même qui nous assiste, et nous sommes ses serviteurs. Nous nous lèverons et nous bâtirons : mais vous, vous n'avez ni part, ni droit, ni souvenir dans Jérusalem.

CHAPITRE III

1. Et surrexit Eliasib, sacerdos magnus, et fratres ejus sacerdotes, et ædificaverunt portam Gregis; ipsi sanctificaverunt eam, et statuerunt valvas ejus, et usque ad turrim centum cubitorum sanctificaverunt eam, usque ad turrim Hananeel.

1. Alors le grand prêtre Éliasib se leva avec les prêtres, ses frères, et ils bâtirent la porte du Troupeau. Ils la consacrèrent, et ils en posèrent les battants, et ils la consacrèrent jusqu'à la tour de cent coudées, jusqu'à la tour Hananéel.

17-18. L'exhortation et ses heureux effets. — *Et dixi.* On ignore l'époque précise ; vraisemblablement, peu après l'inspection qui vient d'être racontée, lorsque Néhémie eut bien mûri ses plans et reconnu que l'heure était propice pour leur exécution. — *Vos nostis...* Simple abrégé de son pieux et patriotique discours (vers. 17). — *Indicavi... manum...* Il exposa en détail la manière providentielle dont il avait été préposé à cette œuvre et les pouvoirs qu'il avait reçus du roi. Cf. vers. 5 - 6, 8. — *Confortatæ... manus... :* son saint enthousiasme passa dans tous les cœurs.
3° Courageuse riposte de Néhémie aux persifflages des ennemis de sa nation. II, 19 - 20.
19. L'insulte. — *Gosem* (hébr. : *Géšem*) *Arabs.* Peut-être un cheïkh des tribus arabes de la Palestine méridionale. Sur ses agissements contre les Juifs, voyez encore VI, 1-2, 6. — *Numquid... rebellatis?* Accusation identique à celle qu'on avait autrefois jetée à la face de Zorobabel.
20. Réponse de Néhémie, vaillante et dédaigneuse. — *Deus cæli ipse* (pronom souligné)... : donc, nous ne craignons pas les obstacles hu-

mains. — *Vobis non est pars.* Comp. Esdr. IV, 3. Vous n'avez rien de commun avec Jérusalem, vous n'avez aucun droit (*justitia*) sur elle, et pas même un souvenir (*memoria*) dans son histoire.
4° Reconstruction des murs de Jérusalem, avec l'indication de la part qu'y eurent les divers groupes d'habitants. III, 1-31.
Document très intéressant au double point de vue de l'histoire et de la topographie. Le tracé est clair en général ; mais plusieurs points sont un peu obscurs et présentent des difficultés pour l'identification. Voyez l'*Atl. géogr.*, pl. XIV et XV.
CHAP. III. — 1-2. L'extrémité septentrionale du rempart de l'est. — *Eliasib, sacerdos...* L'énumération commence, très justement, par l'élément sacré de la nation. Éliasib était le petit-fils de ce Josué qui exerçait les fonctions pontificales au temps de Zorobabel. Cf. XII, 10, et Esdr. II, 2 ; III, 2, et le commentaire. — *Portam Gregis.* Hébr. : la porte des Brebis ; car c'est par là qu'entraient dans la ville les troupeaux de moutons destinés soit aux sacrifices du temple, soit à la nourriture des habitants. Elle était située

2. A côté d'Éliasib bâtirent les hommes de Jéricho, et à côté de lui bâtit aussi Zachur, fils d'Amri.

3. Les fils d'Asnaa bâtirent la porte des Poissons. Ils la couvrirent, et y mirent les battants, les serrures et les barres. Marimuth, fils d'Urie, fils d'Accus, bâtit auprès d'eux.

4. Mosollam, fils de Barachias, fils de Mésézébel, bâtit auprès de lui ; et Sadoc, fils de Baana, bâtit auprès d'eux.

5. Auprès d'eux bâtirent les gens de Thécua. Mais les principaux d'entre eux ne voulurent point s'abaisser au service de leur Seigneur.

6. Joïada, fils de Phaséa, et Mosollam, fils de Bésodia, bâtirent la Vieille porte, la couvrirent, et en posèrent les deux battants, les serrures et les barres.

7. Et près d'eux bâtirent Meltias le Gabaonite, et Jadon le Méronathite, et les hommes de Gabaon et de Maspha, devant la maison du gouverneur du pays de delà le fleuve.

8. Eziel l'orfèvre, fils d'Araïa, bâtit auprès de lui, et auprès d'Eziel Ananias fils d'un parfumeur ; et ils laissèrent *cette partie de* Jérusalem jusqu'au mur de la grande rue.

---

2. Et juxta eum ædificaverunt viri Jericho ; et juxta eum ædificavit Zachur, filius Amri.

3. Portam autem Piscium ædificaverunt filii Asnaa ; ipsi texerunt eam, et statuerunt valvas ejus, et seras, et vectes. Et juxta eos ædificavit Marimuth, filius Uriæ, filii Accus.

4. Et juxta eum ædificavit Mosollam, filius Barachiæ, filii Mesezebel ; et juxta eos ædificavit Sadoc, filius Baana.

5. Et juxta eos ædificaverunt Thecueni ; optimates autem eorum non supposuerunt colla sua in opere Domini sui.

6. Et portam Veterem ædificaverunt Joiada, filius Phasea, et Mosollam, filius Besodia ; ipsi texerunt eam, et statuerunt valvas ejus, et seras, et vectes.

7. Et juxta eos ædificaverunt Meltias Gabaonites, et Jadon Meronathites, viri de Gabaon et Maspha, pro duce qui erat in regione trans flumen.

8. Et juxta eum ædificavit Eziel, filius Araia, aurifex ; et juxta eum ædificavit Ananias, filius pigmentarii ; et dimiserunt Jerusalem usque ad murum plateæ latioris.

---

près de la piscine de Béthesda (Joan. v, 2), vers l'angle nord-est du temple, sur le site actuel de la porte dite de Saint-Étienne. — *Sanctificaverunt eam.* Les prêtres consacrèrent immédiatement par une cérémonie religieuse la partie des murs qu'ils avaient fait construire ; l'ensemble des remparts ne fut consacré qu'après l'achèvement complet de l'œuvre. Cf. xii, 27-43. — *Statuerunt valvas.* Détail anticipé. Les portes ne furent placées que plus tard. Cf. vi, 1. — *Turrim centum cubitorum.* L'hébreu dit simplement : la tour *Méah ;* Néhémie est seul à la mentionner. La tour *Hananeel* est citée par Jérémie, xxxi, 38, et par Zacharie, xiv, 10, etc. Elles étaient à peu de distance l'une de l'autre, vers l'angle nord-est de Jérusalem. — *Juxta eum.* Littéralement : à sa main. — *Viri Jericho.* La portion de mur qu'ils aidèrent à rebâtir était à peu près en face de leur territoire (*Atl. géogr.,* pl. vii, x). De même, quoique pas toujours (cf. vers. 5), pour les parties construites par les habitants d'autres bourgades des alentours.

3-5. Depuis la porte des Poissons, jusqu'à la Vieille porte du côté du nord. — *Portam Piscium.* Elle était percée dans la partie septentrionale du rempart, légèrement à l'ouest des tours Méah et Hananéel. Son nom venait de ce qu'on entrait par elle dans la ville les poissons du lac de Tibériade et de la Méditerranée. Cf. xiii, 16 ; II Par. xxxiii, 14 ; Soph. i, 10. — *Marimuth* (vers. 4) construisit encore une autre portion de la muraille. Cf. vers. 21. — *Thecueni*

(vers. 5). Les habitants de Thécué. Voyez II Reg xiv, 2, et la note. — *Optimates eorum...* Seul et triste exemple d'opposition. Les habitants de la ville protestèrent, en bâtissant une double part. Cf. vers. 27. *Supposuerunt colla* est une métaphore énergique.

6-12. Au nord-ouest, depuis la Vieille porte jusqu'à la porte de la Vallée. — *Portam Veterem :* à l'ouest de la porte des Poissons, et toujours dans la partie septentrionale du rempart. Il n'en est pas fait mention ailleurs. — *Meronathites.* Habitant de Méronath, village qui semble avoir dépendu de Maspha. Cf. II Par. xxvii, 30. — *Gabaon, Maspha.* Deux villes de la tribu de Benjamin, au nord-ouest et à environ deux heures de Jérusalem : aujourd'hui El-Djib et Neby-Samouïl (*Atl. géogr.,* pl. xvi). — *Pro duce qui...* Dans l'hébreu : jusqu'au trône du gouverneur ; c.-à-d. jusqu'à la résidence que le gouverneur persan occupait lorsqu'il venait à Jérusalem. D'autres traduisent : les hommes de Gabaon et de Maspha, qui appartenaient à la juridiction du gouverneur... ; ils auraient donc travaillé pour Néhémie, quoiqu'ils ne dépendissent pas immédiatement de lui. La Vulgate donne un sens excellent : ils travaillèrent « au nom » du gouverneur persan, qui, impressionné par la lettre d'Artaxercès si favorable aux Juifs, aurait ainsi rétabli à ses dépens une partie de la muraille. — *Dimiserunt Jerusalem* (vers. 8b)... : on ne toucha point à cet endroit du rempart, qui avait été suffisamment préservé. — *Ad murum pla-*

9. Et juxta eum ædificavit Raphaia, filius Hur, princeps vici Jerusalem.

10. Et juxta eum ædificavit Jedaia, filius Haromath, contra domum suam; et juxta eum ædificavit Hattus, filius Haseboniæ.

11. Mediam partem vici ædificavit Melchias, filius Herem, et Hasub, filius Phahath-Moab, et turrim Furnorum.

12. Et juxta eum ædificavit Sellum, filius Alohes, princeps mediæ partis $_{vi}c_i$ Jerusalem, ipse et filiæ ejus.

13. Et portam Vallis ædificavit Hanun et habitatores Zanoe; ipsi ædificaverunt eam, et statuerunt valvas ejus, et seras, et vectes, et mille cubitos in muro, usque ad portam Sterquilinii.

14. Et portam Sterquilinii ædificavit Melchias, filius Rechab, princeps vici Bethacharam; ipse ædificavit eam, et statuit valvas ejus, et seras, et vectes.

15. Et portam Fontis ædificavit Sellum, filius Cholhoza, princeps pagi Maspha; ipse ædificavit eam, et texit, et statuit valvas ejus, et seras, et vectes, et muros piscinæ Siloe in hortum regis, et usque ad gradus qui descendunt de civitate David.

16. Post eum ædificavit Nehemias, filius Azboc, princeps dimidiæ partis vici Bethsur, usque contra sepulcrum David, et usque ad piscinam quæ grandi

9. Raphaïa, fils de Hur, chef d'un quartier de Jérusalem, bâtit auprès de lui.

10. Jédaïa, fils d'Haromath, bâtit auprès de Raphaïa vis-à-vis de sa maison, et Hattus, fils d'Hasébonias, bâtit auprès de lui.

11. Melchias, fils d'Hérem, et Hasub, fils de Phahath-Moab, bâtirent la moitié d'un quartier et la tour des Fours.

12. Sellum, fils d'Alohès, chef de la moitié d'un quartier de Jérusalem, bâtit auprès d'eux, lui et ses filles.

·13. Hanun et les habitants de Zanoé réparèrent la porte de la Vallée. Ils la bâtirent et en posèrent les battants, les serrures et les barres, et *refirent* mille coudées du mur jusqu'à la porte du Fumier.

14. Melchias, fils de Réchab, chef du district de Bethacharam, bâtit la porte du Fumier. Il la bâtit et en posa les battants, les serrures et les barres. ·

15. Sellum, fils de Cholhoza, chef du district de Maspha, bâtit la porte de la Fontaine. Il la bâtit; la couvrit, en posa les battants, les serrures et les barres, et *il refit* les murs de la piscine de Siloé, jusqu'au jardin du roi et aux degrés par où on descend de la ville de David.

16. Néhémias, fils d'Azboc, chef de la moitié du district de Bethsur, bâtit près de Sellum, jusqu'en face du sépulcre de David et jusqu'à la piscine qui avait

---

teæ latioris. Hébr. : jusqu'au mur Large ; ainsi nommé à cause de son épaisseur plus considérable, et situé au nord-ouest. — *Princeps vici* (vers. 9). D'après l'hébreu : chef de la moitié du district de Jérusalem. L'autre district est mentionné au verset 12. — *Mediam partem vici* (vers. 11). Hébr. : une seconde mesure du mur ; pour signifier : une seconde portion. Cf. vers. 19, 21, 27, 30. — *Turrim Furnorum.* On en ignore la situation exacte ; peut-être légèrement au nord de la porte de la Vallée.

13-14. Mur de l'ouest, depuis la porte de la Vallée jusqu'à celle du Fumier. — *Portam Vallis.* Voyez la note de ii, 13. — *Zanoe.* Cf. Jos. xv, 34. Aujourd'hui Zanoûa, à l'ouest de Jérusalem. — *Mille cubitos.* Environ 525 mètres. — *Portam Sterquilinii :* celle que la Vulgate nommait plus haut (vers. 13, voyez la note) « portam Stercoris ». — *Vici Bethacharam.* Il n'est question de cette bourgade qu'en ce passage et Jer. vi, 1. Peut-être occupait-elle l'emplacement du mont des Francs, ou Djébel-Fouréidis, au sud-est de Bethléem (*Atl. géogr.*, pl. vii, x, xii).

15-19. Mur de l'est, depuis la porte de la Fon-

taine jusqu'à l'Angle. — *Portam Fontis.* Voyez ii, 14, et l'explication. — *Princeps pagi Maspha.* C.-à-d. le chef des environs de la ville ; celui de la cité même sera signalé un peu plus bas (vers. 19). — *Piscinæ Siloe.* Voyez la note de ii, 14. — *Hortum regis.* Tout auprès de cette piscine célèbre. Cf. IV Reg. xxv, 4. — *Gradus qui descendunt...* La cité de David n'étant autre que la partie de Jérusalem bâtie sur le mont Sion (voyez II Reg. v, 7, et le commentaire), les degrés en question conduisaient de la vallée de Tyropéon à cette colline. Cf. xii, 37. On croit qu'ils étaient taillés dans le roc. — *Bethsur* (vers. 16). Beïsour, sur la route de Jérusalem à Hébron. Cf. Jos. xv, 58; II Par. xi, 7. — *Contra sepulcrum David.* Dans l'hébreu : « les sépulcres, » au pluriel. D'après Ez. xliii, 7-9, ils avaient été creusés dans le rocher, à peu de distance du temple. — *Ad piscinam quæ grandi...* L'hébreu dit simplement : jusqu'à la piscine qui fut faite ('*Asouyah*). On ignore son emplacement exact ; divers auteurs l'identifient à la piscine d'Ézéchias. Cf. IV Reg. xx, 20 ; Is. xxii, 11. — *Domum Fortium ;* probablement, la caserne des héros de David. — *Levitæ* (vers. 17). Comme

Emplacement des jardins du roi, à Jérusalem. (D'après une photographie.)

opere constructa est, et usque ad domum Fortium.

17. Post eum ædificaverunt levitæ : Rehum, filius Benni ; post eum ædificavit Hasebias, princeps dimidiæ partis vici Ceilæ, in vico suo.

18. Post eum ædificaverunt fratres eorum : Bavai, filius Enadad, princeps dimidiæ partis Ceilæ.

19. Et ædificavit juxta eum Azer, filius Josue, princeps Maspha, mensuram secundam contra ascensum firmissimi Anguli.

20. Post eum in monte ædificavit Baruch, filius Zacbai, mensuram secundam, ab angulo usque ad portam domus Eliasib, sacerdotis magni.

21. Post eum ædificavit Merimuth, filius Uriæ, filii Haccus, mensuram secundam, a porta domus Eliasib, donec extenderetur domus Eliasib.

22. Et post eum ædificaverunt sacerdotes, viri de campestribus Jordanis.

23. Post eum ædificavit Benjamin et Hasub contra domum suam ; et post eum ædificavit Azarias, filius Maasiæ, filii Ananiæ, contra domum suam.

24. Post eum ædificavit Bennui, filius Henadad, mensuram secundam, a domo Azariæ usque ad flexuram et usque ad angulum.

25. Phalel, filius Ozi, contra flexuram, et turrim quæ eminet de domo regis excelsa, id est in atrio carceris ; post eum Phadaia, filius Pharos.

26. Nathinæi autem habitabant in

été bâtie avec grand travail, et jusqu'à la maison des Forts.

17. Les lévites bâtirent auprès de lui, avec Réhum, fils de Benni, et auprès de Réhum, Hasébias, chef de la moitié du district de Céila, bâtit le long de sa rue.

18. Ses frères bâtirent auprès de lui, avec Bavaï, fils d'Enadad, chef de la moitié *du district* de Céila.

19. Azer, fils de Josué, chef de Maspha, travailla auprès de lui et bâtit un double espace vis-à-vis de la montée de l'Angle très fort.

20. Baruch, fils de Zachaï, rebâtit auprès de lui sur la montagne un double espace, depuis l'angle jusqu'à la porte de la maison du grand prêtre Eliasib.

21. Mérimuth, fils d'Urie, fils d'Haccus, bâtit auprès de lui un double espace, depuis la porte de la maison d'Eliasib jusqu'au lieu où se terminait cette maison.

22. Les prêtres qui habitaient les plaines du Jourdain bâtirent auprès de lui.

23. Benjamin et Hasub bâtirent ensuite vis-à-vis de leur maison ; et auprès d'eux Azarias, fils de Maasias, fils d'Ananias, bâtit vis-à-vis de sa maison.

24. Bennui, fils d'Hénadad, bâtit auprès de lui un double espace, depuis la maison d'Azarias jusqu'au tournant et jusqu'à l'angle.

25. Phalel, fils d'Ozi, bâtit vis-à-vis du tournant et de la tour qui s'avance de la haute maison du roi, c'est-à-dire le long du vestibule de la prison ; et auprès de lui Phadaïa, fils de Pharos.

26. Or les Nathinéens demeuraient à

---

es prêtres, les lévites travaillèrent à une partie du mur voisine du sanctuaire. Cf. vers. 1. — *Ceilæ.* Aujourd'hui Kila, à l'est de Beit-Djibrin. Cf. Jos. xviii, 44 ; 1 Reg. xxiii, 1. — *In vico suo.* Hébr. : pour sa part (de Céila). — *Bavaï* (vers. 18) est appelé plus loin « Bennui » (vers. 24), et tel était son vrai nom. Cf. x, 9. — *Ascensum firmissimi Anguli.* D'après l'hébreu : la montée de l'arsenal, à l'angle. Vers l'est de Sion, à un endroit où le rempart faisait un angle ; mais on ne saurait préciser exactement. 20-26. De l'Angle, jusqu'à la porte des Eaux et à la tour en saillie. — *In monte.* La Vulgate a lu *hehârah*, et telle était peut-être la leçon primitive ; l'hébreu actuel porte *hehèrah*, « il rivalisa, » ce qui exprimerait la sainte ardeur avec laquelle *Baruch* construisit sa part de la muraille. — *Domus Eliasib* (vers. 21). D'après le contexte, la maison du grand prêtre était

située vers l'extrémité nord-est de Sion, et elle paraît avoir été assez vaste (*donec extenderetur*). — *De campestribus Jordanis* (vers. 22). Hébr. : du *kikkar* du Jourdain ; c.-à-d. de sa vallée profonde, nommée aujourd'hui le *Ghôr* (*Atl. géogr.*, pl. vii, xii). — *Usque ad flexuram* (vers. 24) : quelque courbure du rempart. *Ad angulum* : probablement le coin nord-est de la cité de David. Il est impossible de préciser davantage. — *Turrim quæ eminet* (vers. 25) : tour en saillie, attenante au palais de David. Cf. Cant. iv, 4 ; Josèphe, *Ant.*, viii, 5, 2. — *In atrio carceris.* La prison faisait partie du palais, selon la coutume orientale. Sur la porte dite de la Prison, voyez xii, 39 et la note. — *Nathinæi* (vers. 26). Comp. I Par. ix, 2, et l'explication. — *In Ophel.* L'éperon qui se détache du mont Moriah au sud et qui s'avance entre les vallées de Tyropéon et du Cédron. Cf. II Par. xxvii 3. — *Portam Aqua-*

Ophel, jusque en face de la porte des Eaux vers l'orient, et jusqu'à la tour en saillie.

27. Les gens de Thécua bâtirent auprès de lui un double espace vis-à-vis, depuis la grande tour en saillie jusqu'au mur du temple.

28. Les prêtres bâtirent en haut depuis le porte des Chevaux, chacun en face de sa maison.

29. Sadoc, fils d'Emmer, bâtit auprès d'eux en face de sa maison; et auprès de lui Sémaïa, fils de Séchénias, qui gardait la porte d'Orient.

30. Hanania, fils de Sélémias, et Hanun, sixième fils de Séleph, bâtirent auprès de lui un double espace; et auprès de lui Mosollam, fils de Barachias, bâtit le mur vis-à-vis de ses chambres. Melchias, fils d'un orfèvre, bâtit auprès de lui jusqu'à la maison des Nathinéens et des merciers, vers la porte des Juges et jusqu'à la chambre de l'Angle.

31. Les orfèvres et les marchands bâtirent à la porte du Troupeau, le long de la chambre de l'Angle.

Ophel usque contra portam Aquarum ad orientem, et turrim quæ prominebat.

27. Post eum ædificaverunt Thecueni' mensuram secundam e regione, a turre magna et eminento usque ad murum templi.

28. Sursum autem a porta Equorum ædificaverunt sacerdotes, unusquisque contra domum suam.

29. Post eos ædificavit Sadoc, filius Emmer, contra domum suam; et post eum ædificavit Semaia, filius Secheniæ, custos portæ orientalis.

30. Post eum ædificavit Hanania, filius Selemiæ, et Hanun, filius Seleph sextus, mensuram secundam; post eum ædificavit Mosollam, filius Barachiæ, contra gazophylacium suum. Post eum ædificavit Melchias, filius aurificis, usque ad domum Nathinæorum et scruta vendentium, contra portam Judicialem, et usque ad cœnaculum Anguli.

31. Et inter cœnaculum Anguli in porta Gregis ædificaverunt aurifices et negotiatores.

CHAPITRE IV

1. Mais Sanaballat, ayant appris que nous rebâtissions les murailles, entra dans une grande colère; et dans sa violente émotion il se moqua des Juifs,

2. et dit devant ses frères et devant

1. Factum est autem, cum audisset Sanaballat quod ædificaremus murum, iratus est valde; et motus nimis subsannavit Judæos,

2. et dixit coram fratribus suis, et

---

rum : vers le milieu du mur oriental (*ad orientem*), au-dessous de l'extrémité sud-est de l'aire du temple. Cf. XII, 37.

27-31. Le mur situé à l'est d'Ophel et de l'esplanade du temple. — *Thecueni.* Voyez la note du verset 5. — *A turre magna...* La même, ce semble, qu'aux versets 25 et 26. Selon d'autres, une seconde tour. — *Ad murum templi.* Hébr. : jusqu'au mur de la colline (d'Ophel). — *A porta Equorum* (vers. 28). Cette porte donnait sur la vallée du Cédron d'après Jer. XXXI, 40 (cf. IV Reg. XI, 16, et II Par. XXIII, 15). — *Custos portæ orientalis* (vers. 29) : il s'agit ici de l'une des portes du temple et non plus de la ville. Sémaïa, qui répara le mur en cet endroit, était donc un lévite de l'ordre des portiers. Cf. I Par. XXVI, 13 et ss. — *Contra gazophylacium suum* (vers. 30). Hébr. : vis-à-vis de sa cellule. Sur les cellules du temple, voyez III Reg. VI, 5. — *Portam Judicialem* (vers. 30). Dans le texte : « la porte *Miſkad* », mentionnée en ce seul passage, et située au sud de la porte des Brebis, on ignore en quel endroit précis. — *Cœnaculum Anguli.* Littéralement : la chambre haute du coin. — *In*

porta Gregis (vers. 31). Hébr. : jusqu'à la porte des Brebis. Voyez la note du verset 1. Nous revenons ainsi au point de départ de la description. Cette description est assez claire jusqu'au verset 15 : partant de l'angle nord-est de la ville, elle se dirige vers le nord-ouest, puis successivement à l'ouest, au sud et à l'est jusqu'à la piscine de Siloé; là elle devient obscure sur divers points, mais on voit d'une manière générale qu'elle continue de concerner le rempart de l'est, aux alentours du temple.

§ III. — *Divers obstacles, et comment Néhémie les surmonta par son indomptable énergie.* IV, 1 — VII, 3.

1° Nouvelles insultes des ennemis des Juifs. IV, 1-3.

CHAP. IV. — 1-3. *Sanaballat... iratus valde.* Il n'était plus seulement attristé, comme au temps de l'arrivée de Néhémie. Cf. II, 10. — *Coram fratribus :* ses amis et conseillers, entre autres Tobie l'Ammonite, cité nommément au verset 3. — *Frequentia Samaritanorum.* Plutôt : l'armée de Samarie; par conséquent, l'escorte officielle.

frequentia Samaritanorum : Quid Judæi faciunt imbecilles? Num dimittent eos gentes? Num sacrificabunt, et complebunt in una die? Numquid ædificare poterunt lapides de acervis pulveris qui combusti sunt?

3. Sed et Tobias Ammanites, proximus ejus, ait : Ædificent; si accenderit vulpes, transiliet murum eorum lapideum.

4. Audi, Deus noster, quia facti sumus despectui ; converte opprobrium super caput eorum, et da eos in despectionem in terra captivitatis.

5. Ne operias iniquitatem eorum, et peccatum eorum coram facie tua non deleatur, quia irriserunt ædificantes.

6. Itaque ædificavimus murum, et conjunximus totum usque ad partem dimidiam ; et provocatum est cor populi ad operandum.

7. Factum est autem, cum audisset Sanaballat, et Tobias, et Arabes, et Ammanitæ, et Azotii, quod obducta esset cicatrix muri Jerusalem, et quod cœpissent interrupta concludi, irati sunt nimis ;

8. et congregati sunt omnes pariter, ut venirent et pugnarent contra Jerusalem, et molirentur insidias.

un grand nombre de Samaritains : Que font ces Juifs impuissants ? Les peuples les laisseront-ils faire ? Sacrifieront-ils, et achèveront-ils leur ouvrage en un jour ? Pourront-ils bâtir avec des pierres que le feu a réduites en monceaux de poussière ?

3. Tobie l'Ammonite, qui était à ses côtés, disait aussi : Laissez-les bâtir ; s'il vient un renard, il passera par-dessus leur mur de pierre.

4. Écoutez, notre Dieu, comme nous sommes méprisés. Faites retomber leurs insultes sur leurs têtes, rendez-les un objet de mépris sur une terre où ils seront captifs.

5. Ne couvrez point leur iniquité, et que leur péché ne s'efface pas de devant vos yeux, car ils se sont raillés de ceux qui bâtissaient.

6. Nous rebâtîmes donc la muraille, et nous la réparâmes jusqu'à la moitié ; et le cœur du peuple fut excité au travail.

7. Mais Sanaballat, Tobie, les Arabes, les Ammonites et ceux d'Azot, ayant appris que la plaie des murs de Jérusalem se refermait, et qu'on commençait à en réparer les brèches, entrèrent dans une grande colère,

8. et ils s'assemblèrent tous ensemble pour venir attaquer Jérusalem et nous dresser des embûches.

— *Quid... imbecilles ?* Expression singulièrement dédaigneuse : ces Juifs impuissants ! — *Num dimittent...?* Les laisserons-nous faire ? Selon d'autres, mais moins bien : Vont-ils se fortifier ? — *Num sacrificabunt...?* Tout cela est plein d'ironie. Attireront-ils sur eux la bénédiction de leur Dieu, de manière à achever miraculeusement leur travail ? — *Ædificare... lapides...?* Dans l'hébreu : Feront-ils revivre, des monceaux de décombres, les pierres qui ont été calcinées? Allusion méchante à la destruction de Jérusalem par Nabuchodonosor, pour signifier : mais ils n'ont pas même les matériaux nécessaires ! — *Tobias..., proximus ejus.* C.-à-d. que Tobie (note de II, 10) se tenait alors à côté de Sanaballat. — *Si ascenderit vulpes.* Trait extrêmement mordant (*Atl. d'hist. nat. de la Bible*, pl. LXXVI, fig. 7; pl. LXXX, fig. 1). — *Transiliet.* L'hébreu dit, avec plus de force : il renversera.

2° Prière de Néhémie, zèle du peuple. IV, 4-6.

4-5. La prière. — *Audi, Deus.* C'est ici la première des ferventes et rapides oraisons jaculatoires que Néhémie insère de temps en temps dans son récit. Cf. V, 19 ; VI, 9, 14 ; XIII, 14, 22, 29, 31. « Elle est pleine d'une jalousie indignée, pour l'honneur d'un Dieu jaloux. » — *Da eos... in terra captivitatis :* il souhaite un lointain et douloureux exil à ces blasphémateurs de Jé-

hovah. — *Ne operias...* Métaphore pour désigner le pardon. Cf. Ps. LXXXIV, 3.

6. Zèle du peuple pour les travaux de reconstruction. — *Usque ad partem dimidiam :* la moitié de la hauteur. —. *Provocatum est...:* les railleries les excitèrent au travail, bien loin de les décourager.

3° Précautions prises par Néhémie pour déjouer les embûches et, au besoin, la violence des ennemis de son peuple. IV, 7-23.

7-8. Colère et menaces des adversaires des Juifs. — *Arabes :* excités par Gosem, l'un des leurs (voyez II, 19, et la note). *Ammanitæ :* poussés par Tobie, leur compatriote (cf. II, 10). *Azotii :* reste des Philistins (cf. I Reg. V, 1 et ss.). Évidemment ces peuplades ne se soulevèrent point en masse contre les Juifs ; car c'eût été une révolte ouverte contre le pouvoir impérial de la Perse, qui ne l'aurait pas tolérée ; il s'agit simplement de groupes plus ou moins considérables, qui cachaient à demi leurs manœuvres. — *Obducta... cicatrix...* Figure empruntée au pansement des blessures, que l'on bande afin de les guérir. Cf. II Par. XXIV, 13 ; Jer. VIII, 22 ; XXX, 17' etc. — *Venirent et pugnarent.* Ce projet de violence ouverte fut bientôt abandonné, et l'on résolut de recourir surtout à la ruse. Voyez le verset 11.

9. Et nous priâmes notre Dieu, et nous mîmes des gardes contre eux jour et nuit sur la muraille.

10. Cependant Juda disait : Ceux qui portent les fardeaux sont fatigués ; il y a beaucoup de terre *à ôter,* et nous ne pourrons bâtir la muraille.

11. Et nos ennemis disaient : Qu'ils ne sachent point notre dessein, afin que nous venions tout à coup au milieu d'eux pour les tailler en pièces et faire cesser l'ouvrage.

12. Mais les Juifs qui habitaient près d'eux vinrent et nous avertirent par dix fois, de tous les lieux d'où ils venaient nous trouver.

13. Je mis alors le peuple en haie derrière le mur, tout le long des remparts, avec leurs épées, leurs lances et leurs arcs.

14. Je considérai, et m'étant levé, je dis aux grands, aux magistrats et au reste du peuple : Ne les craignez pas ; souvenez-vous du Seigneur grand et terrible, et combattez pour vos frères, pour vos fils et vos filles, pour vos femmes et pour vos maisons.

15. Mais lorsque nos ennemis surent que nous avions été avertis, Dieu dissipa leur dessein ; et nous revînmes tous aux murailles, et chacun reprit son ouvrage.

16. Depuis ce jour, la moitié des jeunes gens travaillait, et l'autre moitié se tenait prête à combattre, munie de lances,

9. Et oravimus Deum nostrum, et posuimus custodes super murum die ac nocte contra eos.

10. Dixit autem Judas : Debilitata est fortitudo portantis ; et humus nimia est, et nos non poterimus ædificare murum.

11. Et dixerunt hostes nostri : Nesciant et ignorent, donec veniamus in medium eorum, et interficiamus eos, et cessare faciamus opus.

12. Factum est autem, venientibus Judæis qui habitabant juxta eos, et dicentibus nobis per decem vices, ex omnibus locis quibus venerant ad nos,

13. statui in loco post murum, per circuitum, populum in ordinem cum gladiis suis, et lanceis, et arcubus.

14. Et perspexi, atque surrexi ; et aio ad optimates et magistratus, et ad reliquam partem vulgi : Nolite timere a facie eorum ; Domini magni et terribilis mementote ; et pugnate pro fratribus vestris, filiis vestris, et filiabus vestris, et uxoribus vestris, et domibus vestris.

15. Factum est autem, cum audissent inimici nostri nuntiatum esse nobis, dissipavit Deus consilium eorum. Et reversi sumus omnes ad muros, unusquisque ad opus suum.

16. Et factum est a die illa, media pars juvenum eorum faciebat opus, et media parata erat ad bellum, et lanceæ,

---

9. Mesures prises pour la défense. — *Oravimus :* le premier acte de ces hommes de foi. — *Custodes die ac nocte :* la prudence humaine n'étant nullement exclue par la confiance en Dieu.

10-12. Difficultés de l'entreprise. — Signes de découragement parmi les Juifs, vers. 10. *Judas* est ici un nom collectif, qui désigne tout le peuple. *Debilitata... fortitudo... :* ils avaient trop à faire, et ils étaient trop peu nombreux, pour s'occuper simultanément du travail et de la défense. Sur les porteurs de fardeaux dans les constructions antiques, voyez l'*Atl. arch.,* pl. LII, fig. 7, 9. — Le dessein des adversaires, vers. 11. *Nesciant..., donec... :* leur plan était de recourir à la ruse, de tomber à l'improviste sur les travailleurs et de les massacrer. — *Factum est autem...* (vers. 12) : les Juifs des environs de Jérusalem, qui étaient au courant de ce complot, apportaient message sur message à leurs frères, dont ils redoublaient ainsi les craintes. *Juxta eos :* près des ennemis. *Per decem vices ;* chiffre rond, pour dire : à tout instant. — *Ex omnibus locis quibus...* D'après l'hébreu : (ils nous disaient :) De tout lieu vous devez revenir

auprès de nous. C.-à-d. : Interrompez votre travail, et venez chercher auprès de nous abri et protection. Les habitants de chaque ville ou village (Gabaon, Maspha, Jéricho, Thécué ; voyez le chap. III) essayaient ainsi de ramener au foyer les escouades d'ouvriers formées de leurs compatriotes.

13-14. Néhémie encourage les combattants placés auprès des remparts. — *In loco post murum, per circuitum.* D'après l'hébreu : dans les enfoncements (c.-à-d. les dépressions de terrain) derrière la muraille, et aux endroits élevés. Par conséquent, à des postes qui facilitaient à divers titres la défense. — *Nolite timere...* Appel énergique à leur foi (*Domini... mementote*) et à leur patriotisme (*pugnate pro fratribus...*).

15-18. Comment le travail put être continué, grâce au divin secours et aux sages précautions de Néhémie. Tableau dramatique. — *Dissipavit Deus... :* en inspirant aux ennemis des Juifs une crainte salutaire. — *Reversi... omnes ad muros :* car tous avaient couru aux armes. — *Media pars juvenum* (vers. 16). Hébr. : de mes serviteurs ; c.-à-d. de la garde officielle de Néhémie. Cf. vers. 23 ; v, 10, 16. — *Loricæ.* Hébr. : les

et scuta, et arcus, et loricæ, et principes post eos in omni domo Juda.

17. Ædificantium in muro, et portantium onera et imponentium, una manu sua faciebat opus, et altera tenebat gladium;

18. ædificantium enim unusquisque gladio erat accinctus renes; et ædificabant, et clangebant buccina juxta me.

19. Et dixi ad optimates, et ad magistratus, et ad reliquam partem vulgi : Opus grande est et latum; et nos separati sumus in muro, procul alter ab altero.

20. In loco quocumque audieritis clangorem tubæ, illuc concurrite ad nos; Deus noster pugnabit pro nobis.

21. Et nos ipsi faciamus opus; et media pars nostrum teneat lanceas, ab ascensu auroræ donec egrediantur astra.

22. In tempore quoque illo dixi populo : Unusquisque cum puero suo maneat in medio Jerusalem, et sint nobis vices per noctem et diem ad operandum.

23. Ego autem et fratres mei, et pueri mei, et custodes qui erant post me, non deponebamus vestimenta nostra ; unusquisque tantum nudabatur ad baptismum.

de boucliers, d'arcs et de cuirasses; et les chefs étaient derrière eux dans toute la maison de Juda.

17. Ceux qui bâtissaient les murs et ceux qui portaient ou. chargeaient les fardeaux faisaient leur ouvrage d'une main et tenaient leur épée de l'autre.

18. Car tous ceux qui bâtissaient avaient l'épée au côté. Ils bâtissaient et ils sonnaient de la trompette auprès de moi.

19. Alors je dis aux grands, aux magistrats et au reste du peuple : Cet ouvrage est grand et étendu, et nous sommes dispersés le long des murs, loin les uns des autres.

20. Partout où vous entendrez sonner la trompette, accourez-y aussitôt auprès de nous ; notre Dieu combattra pour nous.

21. Mais continuons à faire notre ouvrage, et que la moitié d'entre nous ait la lance à la main, depuis le point du jour jusqu'à ce que les étoiles paraissent.

22. Je dis aussi au peuple en ce même temps : Que chacun demeure avec son serviteur au milieu de Jérusalem, afin que nous puissions travailler jour et nuit chacun à son tour.

23. Mais moi, mes frères, mes gens et les gardes qui m'accompagnaient, nous ne quittions point nos vêtements, et on ne les ôtait que pour se purifier.

« cottes de mailles », depuis longtemps usitées en Égypte et en Assyrie. Voyez l'*Atl. arch.*, pl. LXXXIV, fig. 11, 18, etc. — *Principes post eos...* Dans l'hébreu : et les princes (étaient) derrière toute la maison de Juda. Les princes se tenaient donc derrière les travailleurs, les dirigeant et les excitant, tout prêts, en outre, à se mettre à la tête des guerriers si l'ennemi se présentait. — *Ædificantium..., portantium.* Deux catégories d'ouvriers : les maçons, les porteurs ; ceux-ci tenaient une arme à la main ; ceux-là, qui avaient besoin d'avoir les bras libres, avaient simplement un glaive suspendu au côté. — *Clangebant... juxta me.* Mieux : « Celui qui sonnait de la trompette (était) auprès de moi, » pour sonner aussitôt l'alarme, sur l'ordre de Néhémie, qui se tenait toujours là, animant et exhortant ses frères.

19-21. Recommandation spéciale de Néhémie au peuple. — *Ab ascensu auroræ...* (vers. 21) : le travail était prolongé le plus possible, à cause des circonstances pressantes.

22-23. Autre mesure de prudence. — *Maneat in Jerusalem :* au lieu de retourner chaque soir dans les villages voisins, où plusieurs avaient leur domicile. De la sorte, il y aurait à Jérusalem un nombre suffisant de bras pour la défendre contre les surprises nocturnes des ennemis. — *Non deponebamus vestimenta.* Afin de pouvoir partir au premier signal, ils dormaient habillés. — *Tantum... ad baptismum :* pour leurs ablutions religieuses. L'hébreu est obscur, et signifie peut-être : « Chacun avait son arme à sa droite » (en dormant, tout vêtu), prêt à la prendre et à voler au combat.

CHAPITRE V

1. Alors il s'éleva un grand cri du peuple et de leurs femmes contre les Juifs leurs frères.

2. Et il y en avait qui disaient : Nous avons trop de fils et de filles ; vendons-les, et achetons-en du blé pour nous nourrir et pour vivre.

3. D'autres disaient : Engageons nos champs, nos vignes et nos maisons, afin d'en avoir du blé pour la faim.

4. D'autres disaient encore : Empruntons de l'argent pour payer les tributs du roi, et abandonnons nos champs et nos vignes.

5. Notre chair est comme la chair de nos frères, et nos fils sont comme leurs fils ; et voici que nous devons réduire en servitude nos fils et nos filles, et nous n'avons rien pour racheter celles de nos filles qui sont esclaves. Nos champs et nos vignes sont possédés par des étrangers.

6. Lorsque je les entendis se plaindre de la sorte, j'entrai dans une grande colère.

7. Je réfléchis en moi-même au fond de mon cœur, et je réprimandai les grands et les magistrats, et je leur dis :

1. Et factus est clamor populi et uxorum ejus magnus, adversus fratres suos Judæos.

2. Et erant qui dicerent : Filii nostri et filiæ nostræ multæ sunt nimis ; accipiamus pro pretio eorum frumentum, et comedamus, et vivamus.

3. Et erant qui dicerent : Agros nostros, et vineas, et domos nostras opponamus, et accipiamus frumentum in fame.

4. Et alii dicebant : Mutuo sumamus pecunias in tributa regis, demusque agros nostros et vineas.

5. Et nunc sicut carnes fratrum nostrorum, sic carnes nostræ sunt, et sicut filii eorum, ita et filii nostri. Ecce nos subjugamus filios nostros et filias nostras in servitutem, et de filiabus nostris sunt famulæ, nec habemus unde possint redimi ; et agros nostros et vineas nostras alii possident.

6. Et iratus sum nimis, cum audissem clamorem eorum secundum verba hæc.

7. Cogitavitque cor meum mecum, et increpavi optimates et magistratus, et dixi eis : Usurasne singuli a fratribus

---

4° **Abolition de l'usure parmi les Juifs. V, 1-13.** Des difficultés extérieures que rencontrait à Jérusalem la reconstitution intégrale de la théocratie, Néhémie passe à un obstacle qui provenait des Juifs eux-mêmes, l'usure pratiquée d'une manière ignominieuse et cruelle. Il attaque courageusement cet abus et le renverse.

Chap. V. — 1-5. Vives réclamations du peuple contre la dure conduite des usuriers. Tableau très pittoresque. Le verset 1 sert d'introduction, et les quatre suivants développent l'idée. — *Clamor... magnus...* Grande emphase dans ce premier trait. — *Erant qui dicerent.* Nous entendons trois plaintes distinctes (vers. 2, 3, 4-5) qui correspondent à la situation de ceux qui les proféraient. La première est celle des simples journaliers sans fortune, qui se contentent de réclamer du pain. Hébr. : Nous, nos fils et nos filles, nous sommes nombreux ; recevons du blé pour que nous mangions et que nous vivions. — *Et erant...* Seconde plainte, vers. 3, celle des petits propriétaires qui ont été forcés d'engager leurs biens pour avoir du pain. *Agros... opponamus ;* d'après l'hébreu : nous avons engagé nos champs... — *Et alii.* Troisième plainte, vers. 4-5 d'autres propriétaires, qui, après avoir em-

prunté de l'argent en hypothéquant leurs biens, se voient réduits à vendre leurs enfants pour ne pas mourir de faim. *In tributa regis :* la taxe mentionnée Esdr. iv, 13, et Esth. x, 1 ; les impôts, en Orient, sont exigés avec une extrême rigueur et réduisent chaque année bien des gens à la misère. *Sicut carnes fratrum... :* ces « frères » ne sont autres que les usuriers, et les plaignants affirment à bon droit valoir autant qu'eux, soit en leurs propres personnes, soit en celles de leurs enfants. *Subjugamus :* la plainte atteint ici son degré le plus douloureux ; la loi juive autorisait les pères de famille à vendre leurs enfants comme esclaves (cf. Ex. xxi, 7). *Nec habemus unde... ;* littéralement : ma main n'est pas Dieu ; c.-à-d. nous sommes, de nous-mêmes, impuissants pour échapper à ce fléau.

6-13. Néhémie abolit promptement et sévèrement l'usure. — *Iratus nimis.* Arrivé tout récemment de Perse, il n'avait pas eu connaissance de ce criant abus ; il en fut indigné dès qu'il l'apprit. — *Cogitavit... cor...* Il donna quelque temps à la calme réflexion, en imposant silence à sa juste colère, pour mieux réfléchir à ce qu'il devait faire. — *Increpavi optimates...* Chose triste à constater : les premiers du peuple par

vestris exigitis? Et congregavi adversum eos concionem magnam;

8· et dixi eis : Nos, ut scitis, redemimus fratres nostros Judæos, qui venditi fuerant gentibus; secundum possibilitatem nostram; et vos igitur vendetis fratres vestros, et redimemus eos? Et siluerunt, nec invenerunt quid responderent.

9. Dixique ad eos : Non est bona res quam facitis; quare non in timore Dei nostri ambulatis, ne exprobretur nobis a gentibus inimicis nostris?

10. Et ego, et fratres mei, et pueri mei, commodavimus plurimis pecuniam et frumentum; non repetamus in commune istud, æs alienum concedamus quod debetur nobis.

11. Reddite eis hodie agros suos, et vineas suas, et oliveta sua, et domos suas; quin potius et centesimam pecuniæ, frumenti, vini, et olei, quam exigere soletis ab eis, date pro illis.

12. Et dixerunt : Reddemus, et ab eis nihil quæremus, sicque faciemus ut loqueris. Et vocavi sacerdotes, et adjuravi eos, ut facerent juxta quod dixeram.

13. Insuper excussi sinum meum, et dixi : Sic excutiat Deus omnem virum qui non compleverit verbum istud, de domo sua, et de laboribus suis; sic excutiatur, et vacuus fiat. Et dixit universa multitudo : Amen. Et laudaverunt Deum. Fecit ergo populus sicut erat dictum.

Exigez-vous donc de vos frères l'usure de ce que vous leur donnez? Et je réunis contre eux une grande assemblée,

8. et je leur dis : Nous, comme vous le savez, nous avons racheté, autant que nous l'avons pu, les Juifs nos frères qui avaient été vendus aux nations; et vous, vous vendrez vos frères, et il faudra que nous les rachetions? Et ils se turent et ne surent que répondre.

9. Je leur dis ensuite : Ce que vous faites n'est pas bien; pourquoi ne marchez-vous pas dans la crainte de notre Dieu, pour ne pas nous exposer aux reproches des peuples nos ennemis?

10. Moi aussi, mes frères et mes serviteurs, nous avons prêté à plusieurs de l'argent et du blé; accordons-nous tous à ne leur rien redemander, et à leur abandonner ce qu'ils nous doivent.

11. Rendez-leur aujourd'hui leurs champs et leurs vignes, leurs oliviers et leurs maisons. Payez même pour eux le centième de l'argent, du blé, du vin et de l'huile, que vous avez coutume d'exiger d'eux.

12. Et ils dirent : Nous les rendrons et nous ne leur demanderons rien, et nous ferons ce que vous nous avez dit. Alors j'appelai les prêtres, et je leur fis promettre avec serment qu'ils agiraient comme j'avais dit.

13. Après cela, je secouai les plis de ma tunique, et je dis : Que Dieu secoue ainsi hors de sa maison et de ses biens tout homme qui n'accomplira point ce que j'ai dit; qu'il soit ainsi secoué et réduit à l'indigence. Tout le peuple répondit : Amen, et ils louèrent Dieu. Le peuple fit donc ce qui avait été proposé.

---

leur position ou leurs fonctions étaient les plus coupables. — *Congregavi* (vers. 7b)... : comme Esdras dans l'affaire des mariages mixtes. Cf. Esdr. x, 7 et ss. — *Concionem magnam.* Une assemblée plénière de la nation donnerait à Néhémie une plus grande autorité pour extirper le mal. — Les versets 8-13 renferment un compte rendu très vivant de l'assemblée. Néhémie adresse en public aux usuriers (vers. 8), en le développant, son rapide reproche du verset 7. *Nos... redimimus...; vos... vendetis :* contraste saisissant. Aussi bien, *siluerunt*, confus et sans pouvoir alléguer d'excuse. — *Dixique...* (vers. 9). Après une courte pause. — *Ne exprobretur... a gentibus.* Crainte très légitime, qui est souvent alléguée au peuple de Dieu, dans la Bible, comme un motif spécial de perfection. Cf. vi, 13. — *Et ego* (vers. 10)... Néhémie cite de nouveau son propre exemple, mais à un autre point de vue :

il a prêté aux indigents, sans jamais exiger d'intérêt. — *Non repetamus...* Ces mots sont omis dans l'hébreu. La Vulgate paraphrase ici tant soit peu. — *Reddite eis...* (vers. 11). L'arrêt après les considérants. Les créanciers devaient rendre à leurs débiteurs les propriétés engagées, et, de plus, renoncer à l'intérêt de 1/100 (*centesimam...* : sans doute 1/100 par mois), qu'ils avaient si durement exigé, en dépit de la loi. Cf. Ex. xxii, 24; Lev. xxv, 36. — *Dixerunt : Reddemus* (vers. 12a). La décision de Néhémie fut acceptée sans opposition. Pour lui donner plus de force, il exigea des créanciers un serment solennel (*adjuravi eos*), prêté devant les prêtres, par lequel ils s'engageaient à obéir. — Vers. 13, conclusion de l'assemblée. *Excussi...* : acte symbolique très significatif. *Sinum :* le pli ou sorte de poche que formait sur la poitrine l'ample tunique des Orientaux, des Grecs et des

14. Depuis le jour où le roi m'avait commandé d'être gouverneur dans le pays de Juda, c'est-à-dire depuis la vingtième année du règne d'Artaxercès jusqu'à la trente-deuxième, pendant douze ans, nous n'avons rien pris, mes frères ni moi, des revenus qui étaient dus aux gouverneurs.

15. Avant moi les premiers gouverneurs avaient accablé le peuple, en recevant de lui du pain et du vin et de l'argent, quarante sicles par jour; et leurs officiers le surchargeaient encore. Mais pour moi je ne l'ai point fait, par crainte de Dieu.

16. Bien plus, j'ai travaillé aux réparations des murs et je n'ai acheté aucun champ, et mes serviteurs étaient tous ensemble au travail.

17. En outre, les Juifs et les magistrats, au nombre de cent cinquante, et ceux qui venaient à nous des peuples d'alentour, mangeaient à ma table.

18. On m'apprêtait tous les jours un bœuf et six moutons choisis, sans compter les volailles. De dix en dix jours je distribuais différents vins et beaucoup d'autres choses. Et pourtant je n'ai point réclamé les revenus du gouverneur; car le peuple était très appauvri.

14. A die autem illa qua præceperat rex mihi ut essem dux in terra Juda, ab anno vigesimo usque ad annum trigesimum secundum Artaxerxis regis, per annos duodecim, ego et fratres mei annonas quæ ducibus debebantur non comedimus.

15. Duces autem primi qui fuerant ante me gravaverunt populum, et acceperunt ab eis in pane, et vino, et pecunia, quotidie siclos quadraginta; sed et ministri eorum depresserunt populum. Ego autem non feci ita, propter timorem Dei;

16. quin potius in opere muri ædificavi, et agrum non emi, et omnes pueri mei congregati ad opus erant.

17. Judæi quoque et magistratus, centum quinquaginta viri, et qui veniebant ad nos de gentibus quæ in circuitu nostro sunt, in mensa mea erant.

18. Parabatur autem mihi per dies singulos bos unus, arietes sex electi, exceptis volatilibus; et inter dies decem vina diversa, et alia multa tribuebam. Insuper et annonas ducatus mei non quæsivi; valde enim attenuatus erat populus.

Romains (voyez l'*Atl. arch.*, pl. I, fig. 10, 14, 15). — *Fecit ergo populus...* L'abus semble avoir promptement disparu, car il ne sera pas signalé parmi les misères que Néhémie trouva chez les Juifs à l'époque de son second voyage.

5° L'intégrité de Néhémie. V, 14-19.
Touchante description, rattachée de la façon la plus naturelle à la conduite bien différente des chefs du peuple.

14-18. La conduite de Néhémie, simplement et modestement exposée. — *Anno vigesimo :* l'an 445 avant J.-C.; voyez II, 1 et la note. *Annum trigesimum secundum :* l'an 433. — *Annonas quæ ducibus.* Littéralement : le pain du pacha. Premier fait qui démontre l'entier désintéressement de Néhémie : ni lui ni ses officiers n'avaient levé sur la province administrée par lui les contributions d'usage. En effet, dans l'Orient biblique, les satrapes, pachas, etc., ont toujours vécu aux dépens directs des districts soumis à leur autorité : ce qui a été et continue d'être une source d'effrayants abus. — Au verset 15, note explicative, pour mettre ce premier fait en relief. *Duces autem primi... :* quelques-uns des successeurs de Zorobabel. *Siclos quadraginta :* environ 113 fr. 20. *Propter timorem Dei :* comp. Lev. xxv, 36, 43, où l'usure et la dureté envers les pauvres sont interdites sous cette sanction expresse : « Crains ton Dieu ». — Vers. 16, seconde preuve du désintéressement de

Néhémie. *In opere muri... :* à ses propres frais; cf. IV, 10, 12, 15, 17. *Agrum non emi :* se gardant bien de mettre à profit le misérable état du peuple, qui permettait d'acheter les champs, etc., à vil prix. — Troisième fait, vers. 17-18.

Sicle d'argent datant du II° siècle avant J.-C.

(A l'avers, une coupe entourée des mots *chéqel Isrâ'el*, « sicle d'Israël »; au revers, un lis à trois fleurs, avec les mots : *Yeruchalem haqqedôchah*, « Jérusalem la sainte. »)

In mensa mea : ce qui était une cause de dépenses énormes, renouvelées sans cesse. Les mots *qui veniebant...* désignent les Juifs étrangers que la dévotion ou leurs affaires amenaient à Jérusalem. *Parabatur... mihi... :* détails intéressants, qui rappellent III Reg. IV, 23. *Inter dies decem... :* la provision de vin était donc renouvelée tous les dix jours.

19. Memento mei, Deus meus, in bonum, secundum omnia quæ feci populo huic.

19. Souvenez-vous favorablement de moi, mon Dieu, selon tout ce que j'ai fait à ce peuple.

CHAPITRE VI

1. Factum est autem, cum audisset Sanaballat, et Tobias, et Gossem Arabs, et ceteri inimici nostri, quod ædificassem ego murum, et non esset in ipso residua interruptio (usque ad tempus autem illud valvas non posueram in portis),

2. miserunt Sanaballat et Gossem ad me, dicentes : Veni, et percutiamus fœdus pariter in viculis, in campo Ono. Ipsi autem cogitabant ut facerent mihi malum.

3. Misi ergo ad eos nuntios, dicens : Opus grande ego facio, et non possum descendere, ne forte negligatur cum venero, et descendero ad vos.

4. Miserunt autem ad me secundum verbum hoc per quatuor vices; et respondi eis juxta sermonem priorem.

5. Et misit ad me Sanaballat juxta verbum prius quinta vice puerum suum, et epistolam habebat in manu sua scriptam hoc modo :

6. In gentibus auditum est, et Gossem dixit, quod tu et Judæi cogitetis rebellare, et propterea ædifices murum, et levare te velis super eos regem; propter quam causam

7. et prophetas posueris, qui prædi-

1. Alors Sanaballat, Tobie, Gossem l'Arabe et nos autres ennemis apprirent que j'avais rebâti la muraille, et qu'il n'y avait plus aucune brèche, quoique jusqu'alors je n'eusse pas fait mettre les battants aux portes.

2. Et Sanaballat et Gossem m'envoyèrent dire : Venez, afin que nous fassions alliance avec vous en quelque village, dans la vallée d'Ono. Mais leur dessein était de me faire du mal.

3. Je leur envoyai des messagers, et leur fis dire : Je travaille à un grand ouvrage, et je ne puis descendre, de peur qu'il ne soit négligé pendant mon absence, lorsque je serai allé près de vous.

4. Ils me renvoyèrent dire la même chose par quatre fois, et je leur fis la même réponse.

5. Sanaballat m'envoya ce message une cinquième fois par un de ses serviteurs, qui tenait à la main une lettre écrite en ces termes :

6. Le bruit court parmi les peuples, et Gossem affirme que vous pensez à vous révolter avec les Juifs, et que c'est dans ce but que vous rebâtissez la muraille, et que vous voulez vous faire roi des Juifs; c'est dans cette même pensée

7. que vous auriez aposté des pro-

---

19. Appel à la miséricorde du Seigneur, en récompense de cette conduite. — *Memento... Deus.* Néhémie ne demande rien aux hommes en échange de ce qu'il a fait pour eux ; mais il compte sur la bonté divine.

6° Les ennemis des Juifs trament la perte de Néhémie. VI, 1-9. CHAP. VI. — 1-4. A plusieurs reprises, Sanaballat et ses amis essayent d'attirer Néhémie hors de Jérusalem pour lui faire du mal. — *Et ceteri inimici...* Cf. IV, 1. Sanaballat, Tobie et Gossem étaient à la tête du mouvement d'hostilité. — *Valvas non posueram :* opération qui fut naturellement réservée pour la fin des travaux. Voyez VII, 1-3. — *Veni... in viculis* (vers. 2). On laissait à Néhémie le choix du lieu de l'entrevue ; toutefois on en marque la situation générale : *in campo Ono,* près de Lydda (note de I Par. VII, 8, et *Atl. géogr.,* pl. VII, XII), loin de Jérusalem, de manière à le surprendre

sans défense suffisante. — *Facerent mihi malum :* en le faisant prisonnier, ou même en attentant à ses jours, car leur haine les rendait capables de tous les crimes. — *Misi... nuntios.* Néhémie envoie une très légitime excuse, ne voulant pas mentionner le motif principal de son refus. La parole *opus grande...* peut recevoir de magnifiques applications morales.

5-7. Lettre de Sanaballat, écrite à Néhémie dans le même but. — *Puerum suum :* son serviteur de confiance. — *Epistolam...* Hébr. : une lettre ouverte, c.-à-d. non scellée. Il y avait en cela une intention visible : Néhémie supposerait probablement que le contenu de la lettre était connu de tous, et, très effrayé, il accepterait cette fois l'entrevue proposée. Le message n'était pas moins habile que méchant. — *In gentibus auditum...* (vers. 6) : parmi les peuples païens qui avoisinaient la Judée. — *Rex in Judæa :* lequel roi n'était autre que Néhémie lui même.

phètes, afin qu'ils relèvent votre nom dans Jérusalem, et qu'ils disent : C'est lui qui est le roi de Judée. Or le roi sera informé de ces choses ; venez donc avec nous, afin que nous en délibérions ensemble.

8. Je lui envoyai cette réponse : Rien de ce que vous dites là n'est vrai ; mais c'est vous qui l'inventez de votre tête.

9. Tous ces gens voulaient nous effrayer, s'imaginant que nous cesserions de bâtir, et que nous quitterions notre travail. Mais je m'y appliquai avec plus de courage encore.

10. J'entrai ensuite en secret dans la maison de Sémaïas, fils de Dalaïas, fils de Métabéel, et il me dit : Délibérons ensemble dans la maison de Dieu au milieu du temple, et fermons-en les portes ; car ils doivent venir pour vous faire violence, et ils viendront la nuit pour vous tuer.

11. Je répondis : Un homme comme moi prend-il la fuite ? Et quel homme tel que moi pourrait entrer dans le temple, et vivre ? Je n'irai point.

12. Et je reconnus que ce n'était pas Dieu qui l'avait envoyé, mais qu'il m'avait parlé en feignant d'être prophète, et qu'il avait été gagné par Tobie et par Sanaballat ;

13. car il avait été p᷑ yé par eux pour m'intimider, afin que j᷑ ᷑mbasse dans le péché, et qu'ils eussent à me faire ce reproche.

cent de te in Jerusalem, dicentes : Rex in Judæa est. Auditurus est rex verba hæc ; idcirco nunc veni, ut ineamus consilium pariter.

8. Et misi ad eos, dicens : Non est factum secundum verba hæc quæ tu loqueris ; de corde enim tuo tu componis hæc.

9. Omnes enim hi terrebant nos, cogitantes quod cessarent manus nostræ ab opere, et quiesceremus ; quam ob causam magis confortavi manus meas.

10. Et ingressus sum domum Semaiæ, filii Dalaiæ, filii Metabeel, secreto. Qui ait : Tractemus nobiscum in domo Dei, in medio templi, et claudamus portas ædis ; quia venturi sunt ut interficiant te, et nocte venturi sunt ad occidendum te.

11. Et dixi : Num quisquam similis mei fugit ? Et quis ut ego ingredietur templum, et vivet ? Non ingrediar.

12. Et intellexi quod Deus non misisset eum, sed quasi vaticinans locutus esset ad me, et Tobias et Sanaballat conduxissent eum ;

13. acceperat enim pretium ut territus facerem, et peccarem, et haberent malum quod exprobrarent mihi.

Sanaballat désirait vivement que ce faux bruit de révolte se répandît partout, et jusqu'en Perse, pour exciter la colère d'Artaxercès contre les Juifs. — *Ineamus consilium :* pour aviser, soi-disant, aux moyens de tirer Néhémie de cette situation fâcheuse.

8-9. Réponse de Néhémie. — *Non est factum...* Il montre, cette fois, qu'il n'est pas dupe de la perfidie de Sanaballat, dont il dévoile le plan secret (*omnes... hi terrebant...,* vers. 9). — *Magis confortavi...* Dans l'hébreu, ces mots forment une des ardentes supplications que Néhémie entremêle si volontiers à son récit : « C'est pourquoi maintenant (ô Dieu), fortifie nos mains ».

7° Plusieurs faux prophètes, soudoyés par les ennemis des Juifs, essayent vainement à leur tour d'effrayer Néhémie. VI, 10-14.

10. Le stratagème de Sémaïas. — *Semaias* était Juif, et peut-être même prêtre ou lévite, d'après le contexte, ce qui met le comble à l'indignité de sa conduite. — *Secreto.* Dans l'hébreu : qui était enfermé. Il avait dû prier Néhémie de venir le trouver chez lui, pour une affaire grave qui demandait le plus grand secret. — *In medio templi.* Par conséquent dans le Saint (*Atl. arch.,* pl. xcvi, fig. 2), dont l'entrée était interdite aux laïques. Motif allégué pour excuser cette infraction : *venturi sunt... (nocte,* cette nuit même) ; se mieux abriter contre un danger grave et pressant.

12-13. Comment Néhémie déjoua ce stratagème. — *Num quisquam...?* Première raison de son refus : le chef du peuple ne devait pas donner l'exemple de la lâcheté. — Deuxième raison : *quis ut ego ingredietur...?* C'eût été une faute très grièvre, qui méritait la mort. Cf. Num. xviii, 7. — *Quasi vaticinans* (vers. 12) : Sémaïas avait pris des airs de prophète pour mieux tromper Néhémie. — *Conduxissent...* C'est la première fois que le récit nous révèle, parmi les Juifs de Juda contemporains de Néhémie, l'existence d'une faction hostile aux vrais intérêts théocratiques, et sympathique aux Samaritains. Trait extrêmement triste, qui va devenir de plus en plus apparent. Cf. vers. 14, 17-19 ; xiii, 4-5, 28.

14. Memento mei, Domine, pro Tobia et Sanaballat, juxta opera eorum talia; sed et Noadiæ prophetæ, et ceterorum prophetarum qui terrebant me.

15. Completus est autem murus vigesimo quinto die mensis elul, quinquaginta duobus diebus.

16. Factum est ergo, cum audissent omnes inimici nostri, ut timerent universæ gentes quæ erant in circuitu nostro, et conciderent intra semetipsos, et scirent quod a Deo factum esset opus hoc.

17. Sed et in diebus illis, multæ optimatum Judæorum epistolæ mittebantur ad Tobiam, et a Tobia veniebant ad eos;

18. multi enim erant in Judæa habentes juramentum ejus, quia gener erat Secheniæ, filii Area, et Johanan, filius ejus, acceperat filiam Mosollam, filii Barachiæ.

19. Sed et laudabant eum coram me, et verba mea nuntiabant ei; et Tobias mittebat epistolas ut terreret me

14. Souvenez-vous de moi, Seigneur, en considérant toutes ces œuvres de Tobie et de Sanaballat. Et souvenez-vous aussi du prophète Noadia, et des autres prophètes qui voulaient m'effrayer.

15. Cependant la muraille fut achevée le vingt-cinquième jour du mois d'élul, en cinquante-deux jours.

16. Et nos ennemis l'ayant appris, tous les peuples qui étaient autour de nous furent saisis de crainte et consternés au dedans d'eux-mêmes; et ils reconnurent que cette œuvre venait de Dieu.

17. Dans ce temps-là quelques Juifs du premier rang envoyaient des lettres nombreuses à Tobie, et Tobie leur en envoyait aussi.

18. Car plusieurs, en Judée, étaient liés à lui par serment, parce qu'il était gendre de Séchénias, fils d'Aréa, et que Johanan son fils avait épousé la fille de Mosollam, fils de Barachias.

19. Ils venaient même le louer devant moi, et ils lui rapportaient mes paroles, et Tobie envoyait des lettres pour m'effrayer.

CHAPITRE VII

1. Postquam autem ædificatus est murus, et posui valvas, et recensui janitores, et cantores, et levitas,

1. Lorsque la muraille fut achevée, que j'eus posé les portes et fait le dénombrement des portiers, des chantres et des lévites,

---

14. Prière de Néhémie contre les ennemis de son peuple et les faux prophètes. — *Noadiæ prophetæ*. Plutôt : la prophétesse.

8° La construction des remparts est achevée. VI, 15-19.

15. Durée du travail. — *Mensis elul :* le sixième mois de l'année ecclésiastique des Juifs, correspondant aux derniers jours d'août et à la première partie de septembre. — *Quinquaginta duo diebus*. De fin juillet à la mi-septembre. On a parfois objecté que c'était un bien court intervalle pour un pareil travail; mais nous n'avons aucun motif de nous défier du narrateur, ou de croire à une corruption du texte. Le mur n'était pas absolument détruit, et des pans considérables restaient debout; on avait les matériaux sous la main, et des escouades nombreuses d'ouvriers travaillèrent tout ce temps avec une diligence extrême. « Il est certain que des places fortes démantelées, aussi considérables que Jérusalem, ont été plus d'une fois mises en état de défense en moins de cinquante-deux jours. »

16. Impression produite sur les ennemis d'Is-

raël. — *Timerent..., conciderent...* Où est leur récente jactance? Mais ils avaient reconnu le doigt de Dieu dans cette œuvre, promptement menée à bonne fin malgré tant d'obstacles (*et scirent...*), et ils se sentaient glacés d'effroi.

17-19. Détail rétrospectif sur les intrigues des adversaires de Néhémie. — *Multæ optimatum... epistolæ*. Voyez la note du verset 10. — *Habentes juramentum :* ils s'étaient engagés par serment à seconder l'ennemi de leur nation. — *Quia gener...* Explication de cette alliance criminelle : Tobie et son fils avaient épousé les filles de deux Israélites haut placés. — *Laudabant eum...* : pour faire tomber la légitime défiance de Néhémie. — *Verba mea nuntiabant...* : espionnage indigne. — *Tobias mittebat...* : lettres analogues, sans doute, à celle de Sanaballat qui a été citée plus haut (vers. 6).

9° La garde des portes. VII, 1-3.

CHAP. VII. — 1-3. Mesures prises pour la sécurité de la ville. — *Posui valvas.* Voyez VI, 1 et la note. — *Janitores, cantores, levitas.* Autrefois les portiers seuls étaient chargés de garder

2. je donnai mes ordres touchant Jérusalem à mon frère Hanani et à Hananias, chef de la citadelle, qui paraissait être un homme sincère et craignant Dieu plus que tous les autres, et je leur dis :

3. Qu'on n'ouvre point les portes de Jérúsalem, jusqu'à ce que la chaleur du soleil soit venue. Et tandis qu'ils étaient encore devant moi, les portes furent fermées et barrées. Et je mis de garde les habitants de Jérusalem chacun à son tour, et chacun devant sa maison.

4. Or la ville était très grande et spacieuse, et il n'y avait dedans que fort peu de peuple, et les maisons n'étaient point bâties.

5. Mais Dieu me mit au cœur d'assembler les grands, les magistrats et le peuple pour en faire le dénombrement. Et je trouvai un registre où étaient inscrits ceux qui étaient venus les premiers, et on y lisait ce qui suit :

6. Voici ceux de la province qui sont revenus d'exil; ceux que Nabuchodonosor, roi de Babylone, avait déportés et qui sont revenus à Jérusalem et en Judée, chacun dans sa ville.

7. Ceux qui vinrent avec Zorobabel *furent* Josué, Néhémie, Azarias, Raamias, Nahamani, Mardochée, Belsam, Mespharath, Bégoaï, Nahum, Baana. Nombre des hommes du peuple d'Israël :

2. præcepi Hanani, fratri meo, et Hananiæ, principi domus, de Jerusalem (ipse enim quasi vir verax et timens Deum plus ceteris videbatur);

3. et dixi eis : Non aperiantur portæ Jerusalem usque ad calorem solis. Cumque adhuc assisterent, clausæ portæ sunt et oppilatæ; et posui custodes de habitatoribus Jerusalem, singulos per vices suas, et unumquemque contra domum suam.

4. Civitas autem erat lata nimis et grandis, et populus parvus in medio ejus, et non erant domus ædificatæ.

5. Deus autem dedit in corde meo, et congregavi optimates, et magistratus, et vulgus, ut recenserem eos. Et inveni librum census eorum qui ascenderant primum, et inventum est scriptum in eo :

6. Isti filii provinciæ, qui ascenderunt de captivitate migrantium, quos transtulerat Nabuchodonosor, rex Babylonis, et reversi sunt in Jerusalem et in Judæam, unusquisque in civitatem suam.

7. Qui venerunt cum Zorobabel, Josue, Nehemias, Azarias, Raamias, Nahamani, Mardochæus, Belsam, Mespharath, Begoai, Nahum, Baana. Numerus virorum populi Israel :

---

les portes du temple (cf. I. Par. xxvi, 1-19); actuellement on leur confie en outre, et aussi à la classe des chantres, et à tous les autres lévites, la surveillance des portes de la ville : mesure extraordinaire, et de circonstance. — *Hanani; fratri meo.* Le propre frère de Néhémie. Il a été fait mention de lui au début du livre, I, 2. — *Principi domus.* Hébr.: le gouverneur de la forteresse (*birah*). Voyez II, 8 et l'explication. — *Ad calorem solis.* D'ordinaire, en Orient, les portes des villes sont ouvertes au lever du soleil ; par prudence, Néhémie les laissa fermées jusqu'à ce qu'il fît grand jour. — *Cumque adhuc assisterent.* Dans l'hébreu, ces mots font encore partie des ordres donnés par Néhémie : « Et l'on fermera les battants aux verrous en votre présence ; les habitants de Jérusalem feront la garde, chàcun à son poste, devant sa maison. » Les portes étaient donc ouvertes et fermées en présence de la garde lévitique, avant qu'elle fût remplacée, pendant le jour, par des patrouilles formées de simples citoyens.

SECTION II. — QUELQUES RÉFORMES RELIGIEUSES ET POLITIQUES, POUR ASSURER DE TOUTES MANIÈRES LA PROSPÉRITÉ DES JUIFS. VII, 4 — XII, 42.

§ I. — *On découvre la liste des Israélites qui*

étaient rentrés les premiers à Jérusalem, avec Zorobabel. VII, 4-73.

1° Occasion de cette découverte. VII, 4-5.

4. Transition. — *Populus parvus.* Zorobabel avait ramené 42 360 de ses compatriotes (cf. VII, 66 ; Esdr. II, 64) ; 2 000 autres étaient revenus avec Esdras (cf. Esdr. VIII, 1-20). — *Non erant domus :* du moins, pas en nombre suffisant pour la capitale du royaume théocratique.

5. L'inspiration divine et son résultat. — *Deus... dedit... et congregavi...* Première démarche de Néhémie en vue d'accroître la population de Jérusalem : un recensement, opéré d'après une suggestion céleste. Cf. II, 12. — *Ut recenserem :* ce dénombrement ne sera décrit qu'au chap. XI. — *Inveni librum census...:* la liste de ceux qui étaient revenus tout à fait les premiers (*primum*) avec Zorobabel, dès que l'édit de Cyrus eut mis fin à la captivité de Babylone. Cf. Esd I, 1 et ss.

2° La liste. VII, 6-73.

Elle est, à part quelques variantes de noms et de chiffres, absolument identique à celle qu'on lit en tête du livre d'Esdras. Cf. Esdr. II, 1 et ss. (voyez les notes).

6-7*. Introduction. Comp. Esdr. II, 1-2*

7*-38. Les hommes du peuple. Cf. Esdr. II, 2*-35.

8. Filii Pharos, duo millia centum septuaginta duo.

9. Filii Saphatia, trecenti septuaginta duo.

10. Filii Area, sexcenti quinquaginta duo. ·

11. Filii Phahath-Moab, filiorum Josue et Joab, duo millia octingenti decem et octo.

12. Filii Ælam, mille ducenti quinquaginta quatuor. ·

13. Filii Zethua, octingenti quadraginta quinque.

14. Filii Zachai, septingenti sexaginta.

15. Filii Bannui, sexcenti quadraginta octo.

16. Filii Bebai, sexcenti viginti octo.

17. Filii Azgad, duo millia trecenti viginti duo.

18. Filii Adonicam, sexcenti sexginta septem.

19. Filii Beguai, duo millia sexaginta septem.

20. Filii Adin, sexcenti quinquaginta quinque.

21. Filii Ater, filii Hezeciæ, nonaginta octo.

22. Filii Hasem, trecenti viginti octo.

23. Filii Besai, trecenti viginti quatuor.

24. Filii Hareph, centum duodecim.

25. Filii Gabaon, nonaginta quinque.

26. Filii Bethlehem et Netupha, centum octoginta octo.

27. Viri Anathoth, centum viginti octo.

28. Viri Bethazmoth, quadraginta duo.

29. Viri Cariathiarim, Cephira, et Beroth, septingenti quadraginta tres.

30. Viri Rama et Geba, sexcenti viginti unus.

31. Viri Machmas, centum viginti duo.

32. Viri Bethel et Hai, centum viginti tres.

33. Viri Nebo alterius, quinquaginta duo.

34. Viri Ælam alterius, mille ducenti quinquaginta quatuor.

35. Filii Harem, trecenti viginti.

36. Filii Jericho, trecenti quadraginta quinque.

37. Filii Lod, Hadid, et Ono, septingenti viginti unus.

8. Les fils de Pharos, deux mille cent soixante-douze.

9. Les fils de ·Saphatia, trois cent soixante-douze.

10. Les fils d'Aréa, six cent cinquante-deux.

11. Les fils de Phahath-Moab, des fils de Josué et de Joab, deux mille huit cent dix-huit.

12. Les fils d'Élam, mille deux cent cinquante-quatre.

13. Les fils de Zéthua, huit cent quarante-cinq.

14. Les fils de Zachaï, sept cent soixante.

15· Les fils de Bannui, six cent quarante-huit.

16. Les fils de Bébaï, six cent vingt-huit.

17. Les fils d'Azgad, deux mille trois cent vingt-deux.

18. Les fils d'Adonicam, six cent soixante-sept.·

19. Les fils de Béguaï, deux mille soixante-sept.

20. Les fils d'Adin, six cent cinquante-cinq.

21. Les fils d'Ater, fils d'Hézécias, quatre-vingt-dix-huit.

22. Les fils d'Hasem, trois cent vingt-huit.

23. Les fils de Bésaï, trois cent vingt-quatre.

24. Les fils d'Hareph, cent douze.

25. Les fils de Gabaon, quatre-vingt-quinze.

26. Les fils de Béthléém et de Nétupha, cent quatre-vingt-huit.

27. Les hommes d'Anathoth, cent vingt-huit.

28. Les hommes de Bethazmoth, quarante-deux.

29. Les hommes de Cariathiarim, de Céphira et de Béroth, sept cent quarante-trois. .

30. Les hommes de Rama et de Géba, six cent vingt et un.

31. Les hommes de Machmas, cent vingt-deux.

32. Les hommes de Béthel et de Haï, cent vingt-trois.

33. Les hommes de l'autre Nébo, cinquante-deux.

34. Les hommes de l'autre Élam, mille deux cent cinquante-quatre.

35. Les fils d'Harem, trois cent vingt.

36. Les fils de Jéricho, trois cent quarante-cinq.

37. Les fils de Lod, d'Hadid et d'Ono, sept cent vingt et un.

38. Les fils de Sénaa, trois mille neuf cent trente.

39. Prêtres : Les fils d'Idaïa, de la maison de Josué, neuf cent soixante-treize.

40. Les fils d'Emmer, mille cinquante-deux.

41. Les fils de Phashur, mille deux cent quarante-sept.

42. Les fils d'Arem, mille dix-sept. Lévites :

43. Les fils de Josué et de Cedmihel, fils

44. d'Oduïa, soixante-quatorze. Chantres :

45. Les fils d'Asaph, cent quarante-huit.

46. Portiers : Les fils de Sellum, les fils d'Ater, les fils de Telmon, les fils d'Accub, les fils d'Hatita, les fils de Sobaï, cent trente-huit.

47. Nathinéens : Les fils de Soha, les fils d'Hasupha, les fils de Tebbaoth,

48. les fils de Céros, les fils de Siaa, les fils de Phadon, les fils de Lébana, les fils d'Hagaba, les fils de Selmaï,

49. les fils d'Hanan, les fils de Geddel, les fils de Gaher,

50. les fils de Raaïa, les fils de Rasin, les fils de Nécoda,

51. les fils de Gézem, les fils d'Aza, les fils de Phaséa,

52. les fils de Bésaï, les fils de Munim, les fils de Néphussim,

53. les fils de Bacbuc, les fils d'Hacupha, les fils d'Harhur,

54. les fils de Besloth, les fils de Mahida, les fils d'Harsa,

55. les fils de Bercos, les fils de Sisara, les fils de Théma,

56. les fils de Nasia, les fils d'Hatipha.

57. Fils des serviteurs de Salomon : Les fils de Sothaï, les fils de Sophéreth, les fils de Pharida,

58. les fils de Jahala, les fils de Darcon, les fils de Jeddel,

59. les fils de Saphatia, les fils d'Hatil, les fils de Phochéreth, qui était né de Sabaïm, fils d'Amon.

60. Tous les Nathinéens et les fils des serviteurs de Salomon étaient *au nombre de* trois cent quatre-vingt-douze.

61. Or voici ceux qui vinrent de Thel-

---

38. Filii Senaa, tria millia nongenti triginta.

39. Sacerdotes : Filii Idaia in domo Josue, nongenti septuaginta tres.

40. Filii Emmer, mille quinquaginta duo.

41. Filii Phashur, mille ducenti quadraginta septem.

42. Filii Arem, mille decem et septem. Levitæ :

43. Filii Josue et Cedmihel, filiorum

44. Oduæ, septuaginta quatuor. Cantores :

45. Filii Asaph, centum quadraginta octo.

46. Janitores : Filii Sellum, filii Ater, filii Telmon, filii Accub, filii Hatita, filii Sobai, centum triginta octo.

47. Nathinæi : Filii Soha, filii Hasupha, filii Tebbaoth,

48. filii Ceros, filii Siaa, filii Phadon, filii Lebana, filii Hagaba, filii Selmai,

49. filii Hanan, filii Geddel, filii Gaher,

50. filii Raaia, filii Rasin, filii Necoda,

51. filii Gezem, filii Aza, filii Phasea,

52. filii Besai, filii Munim, filii Nephussim,

53. filii Bacbuc, filii Hacupha, filii Harhur,

54. filii Besloth, filii Mahida, filii Harsa,

55. filii Bercos, filii Sisara, filii Thema,

56. filii Nasia, filii Hatipha.

57. Filii servorum Solomonis : Filii Sothai, filii Sophereth, filii Pharida,

58. filii Jahala, filii Darcon, filii Jeddel,

59. filii Saphatia, filii Hatil, filii Phochereth, qui erat ortus ex Sabaim, filio Amon.

60. Omnes Nathinæi, et filii servorum Salomonis, trecenti nonaginta duo.

61. Hi sunt autem qui ascenderunt de

39-42. Les prêtres. Cf. Esdr. II, 36-39.
43-46. Les lévites. Cf. Esdr. II, 40-42.
47-60. Les Nathinéens (vers. 47-56) et les descendants des serviteurs de Salomon (vers. 57-59). Cf. Esdr. II, 43-58.
61-65. Énumération des Juifs, laïques (vers.

Thelmela, Thelharsa, Cherub, Addon, et Emmer, et non potuerunt indicare domum patrum suorum, et semen. suum, utrum ex Israel essent .

62. Filii Dalaia, filii Tobia, filii Necoda, sexcenti quadraginta duo.

63. Et de sacerdotibus : Filii Habia, filii Accos, filii Berzellai, qui accepit de filiabus Berzellai Galaaditis uxorem, et vocatus est nomine eorum.

64. Hi quæsierunt scripturam suam in censu ; et non invenerunt, et ejecti sunt de sacerdotio.

65. Dixitque Athersatha eis, ut non manducarent de sanctis sanctorum, donec staret sacerdos doctus et eruditus.

66. Omnis multitudo quasi vir unus, quadraginta duo millia trecenti sexaginta,

67. absque servis et ancillis eorum, qui erant septem millia trecenti triginta septem ; et inter eos cantores et cantatrices ducenti quadraginta quinque.

68. Equi eorum, septingenti triginta sex ; muli eorum, ducenti quadraginta quinque ;

69. cameli eorum, quadringenti triginta quinque ; asini, sex millia septingenti viginti.

Huc usque refertur quid in commentario scriptorum fuerit; exin Nehemiæ historia texitur.

70. Nonnulli autem de principibus fa-

---

méla, de Thelharsa, de Chérub, d'Addon et d'Emmer, et qui ne purent faire connaître la maison de leurs pères ni leur race, et s'ils étaient d'Israël :

62. Les fils de Dalaïa, les fils de Tobie et les fils de Nécoda, six cent quarante-deux.

63. Et parmi les prêtres : les fils d'Habia, les fils d'Accos, les fils de Berzellaï, qui épousa l'une des filles de Berzellaï de Galaad, et qui fut appelé de leur nom.

64. Ils cherchèrent leurs titres généalogiques, mais ils ne les trouvèrent point, et ils furent exclus du sacerdoce.

65. Et Athersatha leur dit de ne pas manger des viandes très saintes, jusqu'à ce qu'il y eût un pontife docte et éclairé.

66. Toute cette multitude dans son ensemble était de quarante-deux mille trois cent soixante personnes,

67. sans compter leurs serviteurs et leurs servantes, qui étaient sept mille trois cent trente-sept ; et parmi eux il y avait deux cent quarante-cinq chantres et chanteuses.

68. Ils avaient sept cent trente-six chevaux, deux cent quarante-cinq mulets,

69. quatre cent trente-cinq chameaux et six mille sept cent vingt ânes.

Jusqu'ici sont les paroles qui étaient écrites dans le livre du dénombrement. Ce qui suit est l'histoire de Néhémie.

70. Or quelques-uns des chefs des

60-62) ou prêtres (vers. 63-65), qui ne purent indiquer avec certitude leur origine. Cf. Esdr. II, 59-63.

66-69. Chiffre total des Juifs qui revinrent en Judée avec Zorobabel. Cf. Esdr. II, 64-67. — La note *huc usque... texitur,* insérée en caractères italiques entre les versets 69 et 70, ne fait point partie du texte primitif, et elle manque aussi dans toutes les versions anciennes, sauf la Vulgate. Elle est d'ailleurs inexacte, puisque les versets 70-73 font encore partie du document d'Esdras.

70-72. Dons offerts au temple par les nouveaux colons. Cf. Esdr. II, 68-69. Ici nous trouvons quelques divergences notables. — Le verset 70 est propre à Néhémie dans son entier. *Dederunt in opus :* pour l'œuvre de la reconstruction du temple. — *Athersatha :* c.-à-d. Zorobabel ; voyez Esdr. II, 63, et le commentaire. — *Auri drachmas* (hébr. : dariques) *mille :* environ 25 000 fr. — *Tunicas... quingentas triginta.* Dans l'hébreu : trente tuniques de prêtres, et cinq cents ; c.-à-d., probablement, d'après l'analogie des versets 71 et 72, cinq cents mines d'argent (les mots *hésef mânim* auront disparu du texte). —

Vers. 71, dons des chefs de familles. *Drachmas* (hébr. : dariques) *viginti millia ;* d'après Esdras

Mulet chargé. (Anc. monuments persans.)

61 000 dariques. *Mnas duo millia... :* cinq mille d'après Esdras. — Vers. 72, dons offerts par le

familles firent des dons pour l'œuvre. Athersatha donna au trésor mille drachmes d'or, cinquante coupes et cinq cent trente tuniques sacerdotales.

71. Et quelques chefs des familles donnèrent au trésor de l'œuvre vingt mille drachmes d'or, et deux mille deux cents mines d'argent.

72. Le reste du peuple donna vingt mille drachmes d'or, deux mille mines d'argent et soixante-sept tuniques sacerdotales.

73. Les prêtres et les lévites, les portiers et les chantres, tout le reste du peuple, les Nathinéens et tout Israël demeurèrent dans leurs villes.

miliarum dederunt in opus. Athersatha dedit in thesaurum auri drachmas mille, phialas quinquaginta, tunicas sacerdotales quingentas triginta.

71. Et de principibus familiarum dederunt in thesaurum operis, auri drachmas viginti millia, et argenti mnas duo millia ducentas.

72. Et quod dedit reliquus populus, auri drachmas viginti millia, et argenti mnas duo millia, et tunicas sacerdotales sexaginta septem.

73. Habitaverunt autem sacerdotes, et levitæ, et janitores, et cantores, et reliquum vulgus, et Nathinæi, et omnis Israel, in civitatibus suis.

CHAPITRE VIII

1. Le septième mois arriva, et les enfants d'Israël étaient dans leurs villes. Alors tout le peuple s'assembla comme un seul homme sur la place qui est devant la porte des Eaux. Et ils prièrent Esdras, le scribe, d'apporter le livre de la loi de Moïse, que le Seigneur avait prescrite à Israël.

1. Et venerat mensis septimus, filii autem Israel erant in civitatibus suis; congregatusque est omnis populus quasi vir unus, ad plateam quæ est ante portam Aquarum; et dixerunt Esdræ scribæ, ut afferret librum legis Moysi, quam præceperat Dominus Israeli.

reste du peuple (ce détail aussi est une particularité de Néhémie). *Tunicas... sexaginta septem :* cent, d'après l'autre récit. — Les divergences qui viennent d'être signalées s'expliquent sans trop de peine. On l'a vu, Esdras ne mentionne pas séparément les présents de Zorobabel et du peuple; mais, pour abréger, il attribue le tout aux chefs des familles. Or, en rapprochant ses données de celles de Néhémie d'après ce principe, on trouve qu'elles sont à peu près identiques.

	ESDRAS	
Or offert par les chefs	. . . . .	61 000 dariques.
Argent offert par les chefs.	.	5 000 mines.
Vêtements sacerdotaux	. . . .	100

	NÉHÉMIE	
Or offert par Zorobabel		1 000 dariques.
par les chefs.	. . . . .	20 000 —
— par le peuple.	. . . . .	20 000 —
		41 000 —
Argent offert par Zorobabel		500 mines.
par les chefs.	.	2 200 —
— par le peuple.	. . .	2 000 —
		4 700 —
Vêtements sacerdotaux ; Zorobabel.		30
le peuple .		67
		97

Il est aisé de voir que les 5 000 mines et les 100 tuniques sacerdotales sont des nombres ronds pour 4 700 et 97, les vrais chiffres. Quant à la divergence énorme de 61 000 et de 41 000 pour les dariques d'or, elle s'explique par une erreur très simple, provenant de la ressemblance des lettres *mem* (מ) et *samech* (ס), qui servaient à représenter les nombres 40 et 60; on admet généralement que cette erreur s'est glissée dans le texte d'Esdras.

§ II. — *Zèle d'Esdras et de Néhémie pour le culte divin ; renouvellement solennel de l'alliance théocratique.* VIII, 1 — X, 31.

1° Esdras lit le texte de la loi devant le peuple. VIII, 1-12.

CHAP. VIII. — 1-3. Introduction. — *Mensis septimus :* nommé *tišri*, et correspondant à la plus grande partie d'octobre. — *Filii Israel... quasi vir unus.* Voyez une introduction tout à

2. Attulit ergo Esdras sacerdos legem coram multitudine virorum et mulierum, cunctisque qui poterant intelligere, in die prima mensis septimi.

3. Et legit in eo aperte in platea quæ erat ante portam Aquarum, de mane usque ad mediam diem, in conspectu virorum, et mulierum, et sapientium. Et aures omnis populi erant erectæ ad librum.

4. Stetit autem Esdras scriba super gradum ligneum quem fecerat ad loquendum; et steterunt juxta eum Mathathias, et Semeia, et Ania, et Uria, et Helcia, et Maasia, ad dexteram ejus; et ad sinistram, Phadaia, Misael, et Melchia, et Hasum, et Hasbadana, Zacharia, et Mosollam.

5. Et aperuit Esdras librum coram omni populo, super universum quippe populum eminebat; et cum aperuisset eum, stetit omnis populus.

6. Et benedixit Esdras Domino, Deo magno; et respondit omnis populus : Amen, amen, elevans manus suas. Et incurvati sunt, et adoraverunt Deum proni in terram.

7. Porro Josue, et Bani, et Serebia, Jamin, Accub, Sebthai, Odia, Maasia, Celita, Azarias, Jozabed, Hanan, Phalaia, levitæ, silentium faciebant in populo ad audiendam legem. Populus autem stabat in gradu suo.

---

2. Et le prêtre Esdras apporta la loi devant l'assemblée des hommes et des femmes, et de tous ceux qui pouvaient l'entendre, le premier jour du septième mois.

3. Et il lut distinctement dans ce livre sur la place qui était devant la porte des Eaux, depuis le matin jusqu'à midi, en présence des hommes, des femmes et de ceux qui étaient capables de l'entendre, et tout le peuple avait les oreilles attentives à *la lecture de* ce livre.

4. Esdras, le scribe, se tint debout sur une estrade de bois qu'il avait faite pour parler *au peuple*. Mathathias, Séméia, Ania, Uria, Helcia et Maasia, étaient à sa droite; et Phadaïa, Misaël, Melchia, Hasum, Hasbadana, Zacharie et Mosollam, étaient à sa gauche.

5. Esdras ouvrit le livre devant tout le peuple, car il était élevé au-dessus de tous; et après qu'il l'eut ouvert, tout le peuple se tint debout.

6. Et Esdras bénit le Seigneur, le grand Dieu; et tout le peuple, levant les mains, répondit : Amen, amen. Et ils s'inclinèrent, et adorèrent Dieu prosternés jusqu'à terre.

7. Cependant les lévites Josué, Bani, Sérébia, Jamin, Accub, Sebthaï, Odia, Maasia, Célita, Azarias, Jozabed, Hanan, Phalaïa, faisaient faire silence au peuple, afin qu'il écoutât la loi. Or le peuple se tenait debout, chacun à sa place.

---

fait semblable au livre d'Esdras, III, 1. — La réunion eut lieu à Jérusalem, *ad plateam... ante portam*, sur l'une de ces petites places intérieures qui ne manquent presque jamais dans les villes d'Orient en avant des portes. — *Portam aquarum :* au sud-est de l'esplanade du temple. Voyez III, 26, et Esdr. x, 9, avec le commentaire ; *Atl. géogr.*, pl. xiv. — *Dixerunt Esdræ scribæ.* Sur ce titre, voyez la note d'Esdr. vii, 11. Esdras est mentionné ici pour la première fois dans le livre de Néhémie. Il est vraisemblable qu'il était retourné à la cour persane après les incidents relatés aux dernières pages de son écrit; autrement, il aurait pris part aux événements que Néhémie raconte aux chap. ii-vi, et son nom n'eût pas manqué d'être cité. Il revint donc à Jérusalem après l'achèvement des murs. — *Dixerunt... ut afferret.* Touchant empressement du peuple (car l'initiative partit de lui) pour la lecture des saints livres. — *Esdras sacerdos.* Sur cet autre rôle, voyez Esdr. vii, 1, et le commentaire. — *Qui poterant intelligere :* ces mots désignent ceux des enfants qui avaient l'âge de

raison. — *In die prima :* jour de la fête des Trompettes. Cf. Lev. xxiii, 23-25 ; Num. xxix, 1-6. — *De mane* (vers. 3) : hébr. : depuis la lumière ; c.-à-d. depuis l'aurore. *Ad mediam diem :* la lecture dura donc environ six heures, avec les interruptions marquées aux versets 4-8. — *Aures... erectæ...* Trait charmant, pittoresque.

4-8. Détails sur la lecture de la loi faite au peuple par Esdras. Les versets 1-3 avaient noté le fait d'une manière abrégée ; la description est ici plus complète, et très dramatique en même temps. — *Gradum ligneum.* Littéralement : une tour de bois ; c.-à-d. une sorte de chaire. Voyez le verset 5. — *Steterunt juxta eum :* sur une plate-forme qui supportait la chaire. Cf. ix, 4. — *Mathathias, Semeia...:* probablement des prêtres d'un rang élevé : treize en tout, six à droite et sept à gauche. — *Stetit... populus* (vers. 5) : par respect pour la parole divine, de même qu'on se lève dans nos églises pour entendre la lecture de l'évangile. — *Amen amen, elevans...* (vers. 6). On aimerait à connaître la formule de bénédiction qui suscita le

8. Et ils lurent dans le livre de la loi de Dieu distinctement et d'une manière très intelligible, et le peuple entendit ce qu'on lui lisait.

9. Or Néhémie, qui avait. la dignité d'Athersatha, Esdras, prêtre et scribe, et les lévites qui interprétaient la loi dirent à tout le peuple : Ce jour est consacré au Seigneur notre Dieu; ne vous attristez point et ne pleurez pas. Car tout le peuple pleurait en entendant les paroles de la loi.

10. Et il leur dit : Allez, mangez des viandes grasses et buvez de douces liqueurs, et faites-en part à ceux qui n'ont rien préparé, car ce jour est consacré au Seigneur; et ne vous attristez point, car la joie du Seigneur est notre force.

11. Or les lévites faisaient faire silence à tout le peuple, en leur disant : Taisez-vous et ne vous affligez point, car ce jour est saint.

12. Tout le peuple s'en alla donc manger et boire, et envoya des provisions et fit grande réjouissance; car ils avaient compris les paroles qu'on leur avait enseignées.

13. Le lendemain, les chefs des fa-

8. Et legerunt in libro legis Dei distincte, et aperte ad intelligendum ; et intellexerunt cum legeretur.

9. Dixit autem Nehemias (ipse est Athersatha), et Esdras, sacerdos et scriba, et levitæ interpretantes universo populo : Dies sanctificatus est Domino Deo nostro; nolite lugere, et nolite flere. Flebat enim omnis populus, cum audiret verba legis.

10. Et dixit eis : Ite, comedite pinguia, et bibite mulsum, et mittite partes his qui non præparaverunt sibi, quia sanctus dies Domini est ; et nolite contristari ; gaudium etenim Domini est fortitudo nostra.

11. Levitæ autem silentium faciebant in omni populo, dicentes : Tacete, quia dies sanctus est, et nolite dolere.

12. Abiit itaque omnis populus, ut comederet et biberet, et mitteret partes, et faceret lætitiam magnam, quia intellexerant verba quæ docuerat eos.

13. Et in die secundo congregati sunt

---

pieux enthousiasme de la foule. Sur ces diverses attitudes de prière, voyez l'*Atl. arch.*, pl. XCVI, fig. 5, 6, 7. — *Silentium faciebant* (vers. 7) : calmant la foule du geste et de la voix, pour qu'on pût reprendre la lecture. — *Populus... in gradu suo.* Hébr. : à sa place. — *Distincte et aperte ad intelligendum.* Le texte est plus clair : « Ils lisaient distinctement dans le livre de la loi de Dieu, et ils en donnaient le sens pour faire comprendre ce qu'ils avaient lu. » Un commentaire net et concis des passages plus difficiles accompagnait donc la lecture.

9-12. Esdras et Néhémie encouragent leurs frères. — *Ipse... Athersatha.* Voyez la note d'Esdr. II, 63. Jusqu'ici Néhémie avait porté dans son livre le titre de pacha ou gouverneur. Cf. V, 14-15, etc. — *Dies sanctificatus.* Voyez la note du verset 2. La joie seule convenait à ce grand jour de fête. — *Nolite lugere,... flere.* Le peuple ne pouvait retenir ses larmes, évidemment parce que la lecture de la loi lui avait rappelé bien des transgressions. — *Pinguia, mulsum.:* les viandes et breuvages réputés les plus excellents par les Orientaux. — *Mittite partes his...* Il est également fait mention de cette charitable pratique au livre d'Esther, IX, 19, 22, et elle est très religieusement suivie

par les Juifs modernes aux jours de grande solennité ; elle a pour base une recommandation expresse de la loi, Deut. XVI, 11, 14. — *Gaudium... Domini... fortitudo.* Délicieuse parole. « La joie des fêtes fortifie l'âme pour les épreuves à venir. »

Égyptiens rendant hommage a un supérieur. (Fresque antique.)

— *Levitæ... silentium...* (vers. 11). Comme au verset 7. On conçoit l'irrésistible émotion de la foule. — *Abiit itaque...* (vers. 12). Prompte et entière obéissance.

2° Célébration de la fête des Tabernacles. VIII, 13-18.

13. Reprise de la lecture de la loi. — *In die secundo :* le lendemain de la fête des Trompettes

principes familiarum universi populi,
sacerdotes, et levitæ, ad Esdram scribam, ut interpretaretur eis verba legis.

14. Et invenerunt scriptum in lege,
præcepisse Dominum in manu Moysi,
ut habitent filii Israel in tabernaculis
in die solemni, mense septimo,

15. et ut prædicent, et divulgent
vocem in universis urbibus suis, et in
Jerusalem, dicentes: Egredimini in montem, et afferte frondes olivæ, et frondes
ligni pulcherrimi, frondes myrti, et ramos palmarum, et frondes ligni nemorosi, ut fiant tabernacula, sicut scriptum
est.

16. Et egressus est populus, et attulerunt; feceruntque sibi tabernacula unusquisque in domate suo, et in atriis suis,
et in atriis domus Dei, et in platea portæ
Aquarum, et in platea portæ Ephraim.

17. Fecit ergo universa ecclesia eorum
qui redierant de captivitate tabernacula ;
et habitaverunt in tabernaculis. Non
enim fecerant a diebus Josue, filii Nun,
taliter filii Israel usque ad diem illum ;
et fuit lætitia magna nimis.

milles de tout le peuple, les prêtres et
les lévites vinrent trouver Esdras le
scribe, pour qu'il leur expliquât les paroles de la loi.

14. Et ils trouvèrent écrit dans la loi
que le Seigneur avait ordonné, par le
ministère de Moïse, que les enfants
d'Israël devaient habiter sous des tentes
pendant la fête du septième mois ;

15. et faire publier cette proclamation
dans toutes les villes et dans Jérusalem,
en disant : Allez sur la montagne, et apportez des branches d'olivier et des rameaux des plus beaux arbres ; des
branches de myrte, des rameaux de
palmiers et des arbres les plus touffus,
pour en faire des tentes, selon qu'il est
écrit.

16. Tout le peuple alla donc, et ils
apportèrent des rameaux, et ils se firent
des tentes, chacun sur le haut de sa
maison, dans leurs cours, dans les parvis
de la maison de Dieu, sur la place de la
porte des Eaux et sur la place de la
porte d'Ephraïm.

17. Et toute l'assemblée de ceux qui
étaient revenus de captivité se fit des
tentes, et ils habitaient sous ces tentes.
Les fils d'Israël n'avaient point célébré
ainsi cette fête depuis le temps de Josué,
fils de Nun, jusqu'à ce jour ; et il y eut
de très grandes réjouissances.

(note du verset 2). — *Principes familiarum...,*
sacerdotes. Cette fois, le peuple entier n'assistait
pas à la lecture. — *Ut interpretaretur...* Hébr. :
pour considérer ; c.-à-d. pour étudier.

14-15. Prescriptions de la loi relativement à

Cabanes pour la fête des Tabernacles. (D'après Surenhusius.)

la fête des Tabernacles. — *Scriptum...* Cf. Lev.
xxiii, 39-43 ; Deut. xvi, 13. — *Prædicent et di-*
vulgent. Le texte de la loi exigeait formellement
cette promulgation solennelle de la fête. Cf. Lev.
xxiii, 4. — *Egredimini in montem :* ici, le mont
des Oliviers, à l'est de Jérusalem et du temple
(*Atl. géogr.,* pl. xiv et xv). — *Ligni pulcherrimi.*
Hébr. : d'olivier sauvage (l' « oleaster »). —

Ligni nemorosi. Voyez la note de Lev. xxiii, 40.
16-18. La solennité. — *Fecerunt... taberna-*
cula : en souvenir des tentes sous lesquelles les
Hébreux avaient si longtemps campé dans le
désert. Cet usage existe encore chez les Juifs
modernes. Voyez l'*Atl. arch.,* pl. ci, fig. 1. — *In domate :* sur les toits
plats. *In atriis suis :* les cours in-
térieures, fréquentes dans les maisons orientales (*Atl. arch.,* pl. xiii,
fig. 3, 5, 6, etc.). *Atriis domus Dei :*
les cours du temple (*Atl. arch.,*
pl. xcix, fig. 1 et 2). *In platea por-*
tæ... : voyez la note du verset 1. La
porte d'*Ephraim* était située vers
l'angle nord-ouest des remparts (*Atl.*
géogr., pl. xiv). — *Non... fecerant a*
diebus... (vers. 17). Les Israélites
avaient célébré plus d'une fois cette
fête ; les pages sacrées le disent formellement. Cf. III Reg. viii, 65 ; II Par. vii, 9 ;
Esdr. iii, 4. La remarque de Néhémie porte
simplement sur la magnificence extraordinaire
qu'elle eut cette fois. Comparez IV Reg. xxiii,
22, et I Par. xxxv, 18, pour des formules analogues. — *Legit autem...* (vers. 18) : conformément encore aux prescriptions de la loi. Cf.
Deut. xxxi, 10-11. — *In die octavo collectam.*

18. Or on lut chaque jour dans le livre de la loi de Dieu, depuis le premier jour jusqu'au dernier. On célébra la fête pendant sept jours, et le huitième jour ils firent l'assemblée *du peuple*, selon la coutume.

18. Legit autem in libro legis Dei per dies singulos, a die primo usque ad diem novissimum ; et fecerunt solemnitatem septem diebus, et in die octavo collectam, juxta ritum.

CHAPITRE IX

1. Le vingt-quatrième jour de ce même mois, les fils d'Israël s'assemblèrent pour un jeûne, revêtus de sacs et couverts de terre.

2. Ceux de la race des fils d'Israël se séparèrent de tous les étrangers et se présentèrent *devant le Seigneur,* et ils confessaient leurs péchés et les iniquités de leurs pères.

3. Et se tenant debout, ils lurent dans le volume de la loi du Seigneur leur Dieu quatre fois pendant ce jour, et ils bénirent et adorèrent quatre fois le Seigneur leur Dieu.

4. Or Josué, Bani, Cedmihel, Sabania, Bonni, Sarébias, Bani et Chanani montèrent sur l'estrade des lévites, et ils crièrent à haute voix vers le Seigneur leur Dieu.

5. Et les lévites Josué, Cedmihel, Bonni, Hasebnia, Sérébia, Odaïa, Seb-

1. In die autem vigesimo quarto mensis hujus, convenerunt filii Israel in jejunio et in saccis, et humus super eos.

2. Et separatum est semen filiorum Israel ab omni filio alienigena ; et steterunt, et confitebantur peccata sua, et iniquitates patrum suorum.

3. Et consurrexerunt ad standum, et legerunt in volumine legis Domini Dei sui quater in die ; et quater confitebantur, et adorabant Dominum Deum suum.

4. Surrexerunt autem super gradum levitarum Josue, et Bani, et Cedmihel, Sabania, Bonni, Sarebias, Bani et Chanani ; et clamaverunt voce magna ad Dominum Deum suum.

5. Et dixerunt levitæ Josue, et Cedmihel, Bonni, Hasebnia, Serebia, Odaia,

---

Hébr. : l'*aṣéreṭ* ou assemblée solennelle. Voyez Lev. XXIII, 36, et l'explication.

3° Pénitence publique du peuple. IX, 1-3.

Chap. IX. — 1-3. *Die vigesimo quarto.* La solennité des Tabernacles, commencée le 15 tichri, s'était terminée le 22. Il y eut ensuite un jour de repos, et, le vingt-quatrième jour, cette fête de pénitence. — *Convenerunt :* au temple, d'après le contexte. — *In saccis, et humus...* Signes de grand deuil. Cf. Jos. I, 8 ; I Reg. IV, 12 ; II Reg. XV, 32, etc. (*Atl. arch.,* pl. I, fig. 2). — *Semen filiorum Israel :* expression noble et relevée. *Separatum... :* décidés à vivre désormais comme la sainte et unique nation de Jéhovah, ils renoncent à tout commerce avec les païens. — *Steterunt, confitebantur..., consurrexerunt...* Détails très vivants. — . *Quater in die.* Plutôt, d'après l'hébreu, un quart de jour ; c.-à-d. pendant trois heures. A cette époque, les jours et les nuits étaient partagés chez les Juifs en quatre parties, de trois heures chacune.

4° Confession et prière des lévites au nom de tout le peuple. IX, 4-37.

4-5. Introduction. — *Super gradum levita-*

Un Turc en prière

rum : l'estrade mentionnée plus haut (VIII, 2, 4). — *Josue, Bani... :* huit lévites. — *Clamaverunt... :* cri de pénitence, dont la formule ne nous a pas été transmise. — *Levitæ Josue... :* groupe de lévites qui diffère légèrement du premier (vers. 4). — *Surgite.* La foule d'abord debout,

Sebnia, Phathahia : Surgite, benedicite
Domino Deo vestro ab æterno usque in
æternum ; et benedicant nomini gloriæ
tuæ excelso in omni benedictione et
laude.

6. Tu ipse, Domine, solus ; tu fecisti
cælum, et cælum cælorum, et omnem
exercitum eorum, terram et universa
quæ in eo sunt, maria et omnia quæ in
eis sunt ; et tu vivificas omnia hæc, et
exercitus cæli te adorat.

7. Tu ipse, Domine Deus, qui elegisti
Abram, et eduxisti eum de igne Chaldæorum, et posuisti nomen ejus Abraham.

8. Et invenisti cor ejus fidele coram
te ; et percussisti cum eo fœdus, ut dares
ei terram Chananæi, Hethæi, et Amor-
rhæi, et Pherezæi, et Jebusæi, et Gerge-
sæi, ut dares semini ejus ; et implesti
verba tua, quoniam justus es.

9. Et vidisti afflictionem patrum nostrorum in Ægypto ; clamoremque eorum
audisti super mare Rubrum.

10. Et dedisti signa atque portenta in
Pharaone, et in universis servis ejus, et
in omni populo terræ illius ; cognovisti
enim quia superbe egerant contra eos ;
et fecisti tibi nomen, sicut et in hac
die.

11. Et mare divisisti ante eos, et
transierunt per medium maris in sicco ;
persecutores autem eorum projecisti in
profundum, quasi lapidem in aquas va-
lidas.

12. Et in columna nubis ductor eorum
fuisti per diem, et in columna ignis per
noctem, ut appareret eis via per quam
ingrediebantur.

13. Ad montem quoque Sinai descen-

nia, Phathahia, dirent : **Levez-vous**,
bénissez le Seigneur votre Dieu à jamais
et à jamais. Et que l'on bénisse de toute
bénédiction et de toute louange votre
nom élevé et glorieux.

6. Car c'est vous qui êtes le seul Seigneur, vous qui avez fait le ciel, et le
ciel des cieux et toute l'armée céleste,
la terre et tout ce qu'elle contient, les
mers et tout ce qu'elles renferment.
C'est vous qui donnez la vie à toutes ces
choses, et l'armée du ciel vous adore.

7. C'est vous-même, Seigneur Dieu,
qui avez choisi Abram, qui l'avez tiré
du feu des Chaldéens et qui lui avez
donné le nom d'Abraham.

8. Vous avez trouvé son cœur fidèle à
vos yeux, et vous avez fait alliance avec
lui, en lui promettant de lui donner,
pour sa race, le pays des Chananéens,
des Héthéens, des Amorrhéens et des
Phérézéens, des Jébuséens et des Gergéséens ; et vous avez tenu votre parole,
car vous êtes juste.

9. Vous avez vu en Égypte l'affliction
de nos pères, et vous avez entendu leurs
cris près de la mer Rouge.

10. Vous avez opéré des miracles et
des prodiges contre le Pharaon, contre
tous ses serviteurs et contre tout le
peuple de ce pays, parce que vous saviez
qu'ils avaient traité les Israélites avec
orgueil, et vous vous êtes fait un *grand*
nom, tel qu'il est encore aujourd'hui.

11. Vous avez divisé la mer devant
eux, et ils ont passé à sec au milieu de
la mer ; mais vous avez précipité leurs
persécuteurs dans l'abîme, comme une
pierre qui tombe au fond des eaux.

12. Vous avez été leur guide pendant
le jour par la colonne de nuée, et pendant la nuit par la colonne de feu, pour
leur montrer le chemin par où ils devaient marcher.

13. Vous êtes descendu sur le mont

---

s'était agenouillée ou prosternée pour la confession et l'adoration (vers. 3). On lui ordonne de
se relever pour la louange.

6-8. Les bienfaits accordés par le Seigneur au
patriarche Abraham. — La prière des lévites
débute par un abrégé magnifique des grâces accordées aux Hébreux par Jéhovah depuis l'époque
d'Abraham jusqu'au retour de l'exil, vers. 6-31.
— *Tu ipse... solus.* Comme exorde, l'unité de
Dieu ; puis son rôle de créateur universel (*tu fecisti...;* sur l'expression *cælum cælorum,* voyez
Deut. x, 16 ; *exercitum eorum,* les étoiles ; *exercitus cæli,* les anges). — La louange s'ouvre, au
verset 7, par l'éloge du Seigneur en tant que

protecteur et ami d'Abraham. *De igne Chaldæorum ;* hébr. : d'*Ur-Kasdim,* la ville qu'habitait Tharé, père d'Abraham (voyez Gen. xi, 28'
et le commentaire ; *Atl. géogr.,* pl. viii). *Nomen...
Abraham :* cf. Gen. xvii, 5. *Percussisti fœdus :*
cf. Gen. xvii, 7 et ss.

9-14. Bienfaits accordés aux Hébreux par le
Seigneur en Égypte et au pied du Sinaï. —
D'abord en Égypte et à la sortie d'Égypte, vers.
9-12. Comparez les quinze premiers chapitres de
l'Exode. *Fecisti tibi nomen* (vers. 10) est un bel
anthropomorphisme (cf. I Par. xvii, 22 ; Is. lxiii,
12, 14 ; Jer. xxxii, 20, etc.). — Au pied du Sinaï,
vers. 13-14. Comp. Ex. xix-xx. *Judicia recta,*

Paysage de la mer Rouge.

disti, et locutus es cum eis de cælo, et dedisti eis judicia recta, et legem veritaꞁis, ceremonias, et præcepta bona.

14. Et sabbatum sanctificatum tuum ꞁstendisti eis, et mandata, et ceremonias, et legem præcepisti eis, in manu Moysi, servi tui.

15. Panem quoque de cælo dedisti eis in fame eorum ; et aquam de petra eduxisti eis sitientibus; et dixisti eis ut ingrederentur, et possiderent terram super quam levasti manum tuam ut traderes eis.

16. Ipsi vero et patres nostri superbe egerunt, et induraverunt cervices suas, et non audierunt mandata tua,

17. et noluerunt audire ; et non sunt recordati mirabilium tuorum quæ feceras eis. Et induraverunt cervices suas, et dederunt caput ut converterentur ad servitutem suam, quasi per contentionem. Tu autem, Deus propitius, clemens, et misericors, longanimis, et multæ miserationis, non dereliquisti eos ;

18. et quidem cum fecissent sibi vitulum conflatilem, et dixissent : Iste est Deus tuus, qui eduxit te de Ægypto ; feceruntque blasphemias magnas.

19. Tu autem in misericordiis tuis multis non dimisisti eos in deserto. Columna nubis non recessit ab eis per diem, ut duceret eos in viam, et columna ignis per noctem, ut ostenderet eis iter per quod ingrederentur. -

20. Et spiritum tuum bonum dedisti qui doceret eos ; et manna tuum non prohibuisti ab ore eorum, et aquam dedisti eis in siti.

21. Quadraginta annis pavisti eos in deserto, nihilque eis defuit ; vestimenta

Sinaï, vous leur avez.parlé du haut du ciel, vous leur avez donné des ordonnances justes, une loi de .vérité. des cérémonies et d'excellents préceptes.

14. Vous leur avez fait connaître votre saint sabbat, et vous leur avez prescrit, par Moïse votre serviteur, vos commandements, vos cérémonies et votre loi.

15. Vous leur avez aussi donné un pain du ciel lorsqu'ils avaient faim, et vous leur avez fait sortir l'eau de la pierre lorsqu'ils avaient soif ; vous leur avez dit d'entrer en possession du pays que vous aviez juré de leur donner.

16. Mais eux, nos pères, ont agi avec orgueil ; ils ont raidi leur cou, et ils n'ont point écouté vos commandements.

17. Ils n'ont point voulu entendre, et ils ont perdu le souvenir des merveilles que vous aviez faites en leur faveur. Ils ont raidi leur cou, et par un esprit de révolte ils se sont opiniâtrés à vouloir retourner à leur servitude. Mais vous, ô Dieu favorable, clément et miséricordieux, toujours patient et plein de miséricorde, vous ne les avez pas abandonnés,

18. lors même qu'ils se furent fait un veau en fonte, et qu'ils dirent : C'est là ton Dieu qui t'a tiré de l'Egypte, et qu'ils commirent de si grands blasphèmes.

19. Dans votre immense miséricorde, vous ne les avez pas abandonnés dans le désert. La colonne de nuée ne les a pas quittés, et n'a pas cessé de les conduire pendant le jour, ni la colonne de feu pendant la nuit, pour leur montrer le chemin par où ils devaient marcher.

20. Vous leur avez donné votre bon esprit pour les instruire. Vous n'avez point retiré votre manne de leur bouche, et vous leur avez donné de l'eau dans leur soif.

21. Vous les avez nourris pendant quarante ans dans le désert. Rien ne

---

legem... : noms multiples. donnés à la loi, accompagnés d'épithètes élogieuses très délicates (cf. Ps. XVIII, CXVIII). — *Sabbatum sanctificatum :* le « saint sabbat », disent encore les Juifs.

15-21. Les bienfaits accordés par Dieu à son peuple durant la marche à travers le désert. — La manne et l'eau du rocher, vers. 15ᵃ. Comparez Ex. XVI, 4, 10 et ss. ; XVII, 6 ; Num. XX, 8. — La marche d'abord sans obstacle vers la Terre promise, vers. 15ᵇ. *Levasti manum... :* sorte de serment prêté par Dieu à la façon humaine, pour confirmer ses promesses (cf. Num. XIV, 30, etc.). — Ingratitude des Hébreux, vers.

16-17ᵇ. *Ipsi et patres nostri :* la conjonction *et* a un sens explicatif et souligne la pensée ; « eux, c.-à-d. nos pères. » *Induraverunt cervices :* cf. Ex. XXXII, 9 ; XXXIII, 3 ; XXXIV, 9. — *Dederunt caput ut... (*ils se donnèrent un chef...) : allusion à la révolte de Cadès, sur les frontières de Chanaan (Num. XIV, 4). — *Quasi per contentionem :* se mettant en rébellion ouverte ; le LXX et quelques manuscrits hébreux lisent : en Égypte. — Bonté du Seigneur malgré les crimes de son peuple, vers. 17ᵃ-21. *Deus propitius, clemens... :* accumulation remarquable d'épithètes, pour mieux relever la miséricorde du Seigneur (cf. Joel, II,

leur a manqué; leurs vêtements ne sont pas devenus vieux, et leurs pieds n'ont pas eu à souffrir.

22. Vous leur avez donné les royaumes et les peuples, que vous leur avez partagés par le sort; et ils ont possédé le pays de Séhon, le pays du roi d'Hésébon et le pays d'Og, roi de Basan.

23. Vous avez multiplié leurs fils comme les étoiles du ciel, et vous les avez conduits dans le pays dont vous aviez dit à leurs pères qu'ils en prendraient possession.

24. Leurs fils y sont venus, et ils l'ont possédé. Vous avez humilié devant eux les Chananéens, habitants de cette contrée, et vous avez livré entre leurs mains les rois et les peuples de ce pays, afin qu'ils les traitassent à leur gré.

25. Ils se sont donc emparés des villes fortes et d'une terre fertile, et ils ont possédé des maisons pleines de toutes sortes de biens, des citernes que d'autres avaient bâties, des vignes, des oliviers et beaucoup d'arbres fruitiers. Ils ont mangé, ils se sont rassasiés, ils se sont engraissés, et votre grande bonté les a mis dans l'abondance et les délices.

26. Mais ils ont excité votre colère,

eorum non inveteraverunt, et pedes eo-rum non sunt attriti.

22. Et dedisti eis regna et populos, et partitus es eis sortes; et possederunt terram Sehon, et terram regis Hesebon, et terram Og, regis Basan.

23. Et multiplicasti filios eorum sicut stellas cæli, et adduxisti eos ad terram de qua dixeras patribus eorum, ut ingrederentur et possiderent.

24. Et venerunt filii, et possederunt terram, et humiliasti coram eis habitatores terræ Chananæos, et dedisti eos in manu eorum, et reges eorum et populos terræ, ut facerent eis sicut placebat illis.

25. Ceperunt itaque urbes munitas, et humum pinguem; et possederunt domos plenas cunctis bonis, cisternas ab aliis fabricatas, vineas et oliveta, et ligna pomifera multa; et comederunt, et saturati sunt, et impinguati sunt, et abundaverunt deliciis in bonitate tua magna.

26. Provocaverunt autem te ad iracun-

---

13 ; Jon. IV, 2, etc.). l'*itulum conflatilem*: cf. Ex. XXXII, 1 et ss. — *Spiritum tuum bonum...* (vers. 20): allusion probable à Num. XI, 17, 25, et frappante anticipation du Nouveau Testament; c'est, en effet, l'unique endroit des écrits de l'ancienne alliance où l'Esprit de Dieu soit directement signalé comme docteur des âmes (*qui docerct...*).— *Quadraginta annis...* : récapitulation de toutes les bontés du Seigneur pendant cette longue période. Sur les mots *vestimenta... non inveteraverunt...*, voyez Deut. II, 7; VIII, 4, et les notes.

22-25. Les bienfaits divins accordés aux Hébreux à l'époque de la conquête de la Terre promise. Comparez Num. XXI, et ss., Jos. I et ss. — *Comederunt, saturati...* : nouvelle accumulation de synonymes pour inculquer très fortement la pensée.

26-31. Les bienfaits du Seigneur malgré l'ingratitude réitérée des Juifs, depuis l'ère des Juges jusqu'à la captivité de Babylone. — Beaux tableaux condensés. Le verset 26 résume d'une manière générale les crimes des Hébreux durant

cette longue époque; les versets 27-28 décrivent surtout ce qui se passa aux temps des Juges;

Citerne taillée dans le roc, près de Bireh.

les versets 29-31 concernent le temps des rois. — *Projecerunt... post terga*. Métaphore très éner-

diam, et recesserunt a te, et projecerunt legem tuam post terga sua ; et prophetas tuos occiderunt, qui contestabantur eos, ut reverterentur ad te ; feceruntque blasphemias grandes.

27. Et dedisti eos in manu hostium suorum, et afflixerunt eos. Et in tempore tribulationis suæ clamaverunt ad te, et tu de cælo audisti ; et secundum miserationes tuas multas, dedisti eis salvatores, qui salvarent eos de manu hostium suorum.

28. Cumque requievissent, reversi sunt ut facerent malum in conspectu tuo ; et dereliquisti eos in manu inimicorum suorum, et possederunt eos. Conversique sunt, et clamaverunt ad te ; tu autem de cælo exaudisti, et liberasti eos in misericordiis tuis, multis temporibus.

29. Et contestatus es eos ut reverterentur ad legem tuam ; ipsi vero superbe egerunt, et non audierunt mandata tua, et in judiciis tuis peccaverunt, quæ faciet homo, et vivet in eis ; et dederunt humerum recedentem, et cervicem suam induraverunt, nec audierunt.

30. Et protraxisti super eos annos muitos ; et contestatus es eos in spiritu tuo per manum prophetarum tuorum ; et non audierunt, et tradidisti eos in manu populorum terrarum.

31. In misericordiis autem tuis plurimis non fecisti eos in consumptionem, nec dereliquisti eos, quoniam Deus miserationum et clemens es tu.

32. Nunc itaque, Deus noster, magne, fortis, et terribilis, custodiens pactum et misericordiam, ne avertas a facie tua

ils se sont retirés de vous, ils ont rejeté votre loi derrière eux, ils ont tué vos prophètes qui les conjuraient de revenir à vous, et ils se sont livrés à de grands blasphèmes.

27. Alors vous les avez livrés entre les mains de leurs ennemis, qui les ont opprimés. Et au temps de leur affliction ils ont crié vers vous, et vous les avez écoutés du ciel, et, selon la multitude de vos miséricordes, vous leur avez donné des sauveurs pour les délivrer des mains de leurs ennemis.

28. Et lorsqu'ils ont été en repos, ils ont commis de nouveau le mal devant vous, et vous les avez abandonnés entre les mains de leurs ennemis, qui s'en sont rendus maîtres. Et ils se sont tournés vers vous, et ils vous ont adressé leurs cris, et vous les avez exaucés du ciel et les avez délivrés souvent et en divers temps, selon la multitude de vos miséricordes.

29. Et vous les avez sollicités de revenir à votre loi ; mais ils ont agi avec orgueil, ils n'ont point écouté vos ordres, ils ont péché contre vos préceptes, que l'homme n'a qu'à observer pour y trouver la vie. Ils ont tourné le dos, ils ont raidi leur cou et ils n'ont pas écouté.

30. Vous les avez supportés pendant plusieurs années, vous les avez exhortés par votre esprit, par la bouche de vos prophètes ; et ils n'ont pas écouté, et vous les avez livrés entre les mains des nations.

31. Mais, dans la multitude de vos bontés, vous ne les avez pas anéantis, et vous ne les avez point abandonnés, car vous êtes un Dieu de miséricorde et de clémence.

32. Maintenant donc, ô notre Dieu, grand, fort et terrible, qui conservez votre alliance et votre miséricorde,

---

gique. Cf. Is. xxxvii, 17 ; Jer. ii, 27, etc. — *Prophetas... occiderunt.* Cf. III Reg. xviii, 13, et xix, 10 ; II Par. xxiv, 1. De plus, d'après la tradition juive, les trois grands prophètes Isaïe, Jérémie et Ézéchiel furent aussi massacrés par leurs coreligionnaires. Cf. S. Épiphane, *De vita et morte Prophetarum.* — *Dedisti eos...* (vers. 27). Les divines vengeances, suivies de conversions temporaires (*clamaverunt...*). Cf. Jud. ii, 11-23 ; iii, 9, 15 ; iv, 6, 24 ; vi, 12, etc. — *Cum... requievissent, reversi...* (vers. 28). Saisissant résumé de l'histoire des Hébreux, surtout à l'époque des juges : ce fut comme une lutte perpétuelle entre l'ingratitude d'Israël et la miséricorde de Jéhovah. — *Judiciis... quæ faciet..., et vivet*

(vers. 29). Emprunt à Lev. xviii, 5. — *Humerum recedentem.* Autre belle métaphore. Cf. Zach. vii, 11. Une épaule qui se retire au moment où l'on va y poser un fardeau. — *Populorum terrarum* (vers. 30) : les nations païennes. Cf. Esdr. ix ; 1-2. — *Non fecisti... in consumptionem* (vers. 31). Pourtant Dieu était bien en droit de les anéantir.

32-37. On conjure le Seigneur de continuer ses bienfaits aux Israélites dans le temps présent. — *Nunc itaque.* Transition à la prière proprement dite, dont tout ce qui précède n'était qu'une préparation. — Sur l'accumulation des épithètes *magne, fortis...,* voyez i, 5 et Deut. x, 17. — *Ne avertas... laborem...* Littéralement :

ne détournez point vos yeux de tous les maux qui nous ont accablés, nous, nos rois, nos princes, nos prêtres, nos prophètes, nos pères et tout votre peuple, depuis le temps du roi d'Assyrie jusqu'à ce jour.

33. Vous êtes juste dans tout ce qui nous est arrivé, car vous nous avez traités selon la vérité, et nous avons agi comme des impies.

34. Nos rois, nos princes, nos prêtres et nos pères n'ont pas observé votre loi, ils n'ont pas été attentifs à vos commandements, ni à la voix de ceux qui leur déclaraient votre volonté.

35. Tandis qu'ils jouissaient de leurs royaumes et des bienfaits nombreux que vous leur accordiez dans le pays spacieux et fertile que vous leur aviez donné, ils ne vous ont point servi, et ils ne sont point revenus de leurs inclinations corrompues.

36. Et aujourd'hui voici que nous sommes nous-mêmes esclaves, aussi bien que la terre que vous avez donnée à nos pères, afin qu'ils en mangent le pain et les biens. Nous sommes nous-mêmes devenus esclaves comme elle.

37. Ses fruits se multiplient pour les rois que vous avez établis sur nous à cause de nos péchés. Ils dominent sur nos corps et sur notre bétail comme il leur plaît, et nous sommes dans une grande affliction.

38. Pour tout cela, nous faisons donc nous-mêmes alliance *avec vous;* nous en dressons l'acte, et nos princes, nos lévites et nos prêtres le signeront.

omnem laborem qui invenit nos, reges nostros, et principes nostros, et sacerdotes nostros, et prophetas nostros, et patres nostros, et omnem populum tuum, a diebus regis Assur usque in diem hanc.

33. Et tu justus es in omnibus quæ venerunt super nos, quia veritatem fecisti, nos autem impie egimus.

34. Reges nostri, et principes nostri, sacerdotes nostri, et patres nostri, non fecerunt legem tuam, et non attenderunt mandata tua, et testimonia tua, quæ testificatus es in eis.

35. Et ipsi in regnis suis, et in bonitate tua multa quam dederas eis, et in terra latissima et pingui quam tradideras in conspectu eorum, non servierunt tibi, nec reversi sunt a studiis suis pessimis.

36. Ecce nos ipsi hodie servi sumus, et terra quam dedisti patribus nostris, ut comederent panem ejus, et quæ bona sunt ejus ; et nos ipsi servi sumus in ea.

37. Et fruges ejus multiplicantur regibus quos posuisti super nos, propter peccata nostra, et corporibus nostris dominantur et jumentis nostris, secundum voluntatem suam, et in tribulatione magna sumus.

38. Super omnibus ergo his, nos ipsi percutimus fœdus, et scribimus, et signant principes nostri, levitæ nostri, et sacerdotes nostri.

---

que ne paraisse pas petite devant toi l'affliction... Litote expressive. — *A diebus regis Assur.* Isaïe, x, 5, appelle les Assyriens « la verge de la divine colère » : Phul, Théglathphalasar, Salmanasar, Sargon, Sennachérib et Asarhaddon, ne furent pas autre chose pour Israël. — *Et tu justus...* Humble confession, vers. 33-35. — *Et ipsi... in bonitate tua...* (vers. 35). Circonstance qui met en relief l'énormité de la faute. — *Ecce nos ipsi... servi* (vers. 36). Serviteurs des rois de Perse, n'ayant pas voulu l'être de Dieu (cf. Esdr. ix, 9), et presque aussi peu libres sur le sol de la Terre sainte que sur celui de la Chaldée. — *Fruges... regibus...* (vers. 37). Trait douloureux : la Judée, redevenue fertile entre les mains des nouveaux habitants, produisait beaucoup, mais pour les rois étrangers, qui exigeaient d'énormes redevances. — Résumé pathétique pour apitoyer le cœur de Dieu : *in tribulatione magna...*

38. Conclusion pratique, pour rendre la prière

plus efficace. — *Super omnibus... his.* Hébr. : à cause de tout cela. — *Scribimus.* Ce mot suppose un document écrit, destiné à donner au

Empreinte d'un antique sceau hébreu.
(Deux gazelles couchées, et la légende : « Nethaniah fils d'Obadiah. »)

contrat un caractère plus solennel. — *Signant principes :* en y apposant chacun leur sceau. Cf. Jér. xxxii, 10, et l'*Atl. arch.,* pl. ix, fig. 6 , 7, 8, 9.

CHAPITRE X

1. Signatores autem fuerunt : Nehemias, Athersatha, filius Hachelai, et Sedecias,
2. Saraias, Azarias, Jeremias,
3. Pheshur, Amarias, Melchias,
4. Hattus, Sebenia, Melluch,
5. Harem, Merimuth, Obdias,
6. Daniel, Genthon, Baruch,
7. Mosollam, Abia, Miamin,
8. Maazia, Belgai, Semeia ; hi sacerdotes.
9. Porro levitæ : Josue, filius Azaniæ, Bennui, de filiis Henadad, Cedmihel,
10. et fratres eorum, Sebenia, Odaia, Celita, Phalaia, Hanan,
11. Micha, Rohob, Hasebia,
12. Zachur, Serebia, Sabania,
13. Odaia, Bani, Baninu.
14. Capita populi : Pharos, Phahath-Moab, Ælam, Zethu, Bani,
15. Bonni, Azgad, Bebai,
16. Adonia, Begoai, Adin,
17. Ater, Hezecia, Azur,
18. Odaia, Hasum, Besai,
19. Hareph, Anathoth, Nebai,
20. Megphias, Mosollam, Hazir,
21. Mesizabel, Sadoc, Jeddua,
22. Pheltia, Hanan, Anaia,
23. Osee, Hanania, Hassub,
24. Alohes, Phalea, Sobec,
25. Rehum, Hasebna, Maasia,
26. Echaia, Hanan, Anan,
27. Melluch, Haran, Baana ;
28. et reliqui de populo, sacerdotes, levitæ, janitores, et cantores, Nathinæi, et omnes qui se separaverunt de populis terrarum ad legem Dei, uxores eorum, filii eorum, et filiæ eorum.

29. Omnes qui poterant sapere, spondentes pro fratribus suis; optimates eorum, et qui veniebant ad pollicendum

1. Ceux qui signèrent furent Néhémie l'Athersatha, fils d'Hachélaï, et Sédécias,
2. Saraïas, Azarias, Jérémie,
3. Pheshur, Amarias, Melchias,
4. Hattus, Sébénia, Melluch
5. Harem, Mérimuth, Obdias,
6. Daniel, Genthon, Baruch,
7. Mosollam, Abia, Miamin,
8. Maazia, Belgaï, Séméia, prêtres.
9. Lévites : Josué, fils d'Azanias, Bennui, des fils d'Hénadad, Cedmihel,
10. et leurs frères, Sébénia, Odaïa, Célita, Phalaïa, Hanan,
11. Micha, Rohob, Hasébia,
12. Zachur, Sérébia, Sabania,
13. Odaïa, Bani, Baninu.
14. Chefs du peuple : Pharos, Phahath-Moab, Élam, Zéthu, Bani,
15. Bonni, Azgad, Bébaï,
16. Adonia, Bégoaï, Adin,
17. Ater, Hézécia, Azur,
18. Odaïa, Hasum, Bésaï,
19. Hareph, Anathoth, Néhaï,
20. Megphias, Mosollam, Hazir,
21. Mésizabel, Sadoc, Jeddua,
22. Pheltia, Hanan, Anaïa,
23. Osée, Hanania, Hassub
24. Alohès, Phaléa, Sobec,
25. Réhum, Hasebna, Maasia,
26. Echaïa, Hanan, Anan,
27. Melluch, Haran, Baana ;
28. et le reste du peuple, les prêtres, les lévites, les portiers, les chantres, les Nathinéens et tous ceux qui s'étaient séparés des nations pour suivre la loi de Dieu, leurs femmes, leurs fils et leurs filles.

29. Tous ceux qui avaient le discernement s'engagèrent pour leurs frères, et les principaux d'entre eux vinrent pro-

---

5° Renouvellement de l'alliance théocratique. X, 1-39.

CHAP. X. — 1-27. Les signataires de l'alliance. — Néhémie vient en tête, avec son titre officiel d'Athersatha. Sedecias, nommé aussitôt après lui, ne diffère probablement pas de Sadoc, son secrétaire (cf. XIII, 13). — Hi sacerdotes (vers.8) : les vingt et un personnages mentionnés aux vers. 2-8 ; quinze d'entre eux seront cités plus bas, XII, 2-7, 12-20, comme chefs des familles sacerdotales. — Levitæ, vers. 9-13. Dix-sept noms,

inconnus pour la plupart. Sur Josue, Bennui et Cedmihel, voyez VII, 42 et Esdr. II, 40. — Capita populi, vers. 14-27. Quarante-quatre noms, parmi lesquels treize seulement sont cités dans les listes du chap. VII.

28-39. Les conditions principales de l'alliance du côté du peuple. — Et reliqui... Ils ne signèrent pas, comme les chefs ; du moins ils s'associèrent au contrat par un serment spécial (vers. 29). — Qui se separaverunt... Voyez IX, 2, et Esdr. VI, 21. — Qui poterant sapere... : les enfants

mettre et jurer qu'ils marcheraient dans la loi de Dieu, donnée par Moïse, serviteur de Dieu, pour garder et observer tous les commandements du Seigneur notre Dieu, ses ordonnances et ses cérémonies.

30. et pour ne pas donner nos filles à aucun d'entre les nations, et pour ne pas prendre leurs filles pour nos fils.

31. Nous promîmes aussi de ne pas acheter, aux jours de sabbat et aux jours consacrés, ce que les nations nous apporteraient à vendre, ni rien de ce qui peut servir à l'usage *de la vie*. Nous laisserons *la terre* libre la septième année, et nous n'exigerons aucune dette.

32. Nous nous imposerons aussi l'obligation de donner chaque année la troisième partie d'un sicle, pour l'œuvre de la maison de notre Dieu,

33. pour les pains de proposition, pour le sacrifice perpétuel, et pour l'holocauste éternel des sabbats, des néoménies, des fêtes solennelles, pour les choses consacrées et pour les sacrifices d'expiation, afin que des prières soient offertes pour Israël, et qu'il ne manque rien au ministère de la maison de notre Dieu.

34. Nous jetâmes aussi le sort sur les prêtres, les lévites et le peuple pour l'offrande du bois, afin que les maisons de nos pères en portassent chaque année à la maison de notre Dieu, aux temps marqués, pour le faire brûler sur l'autel du Seigneur notre Dieu, comme il est écrit dans la loi de Moïse.

35. *Nous promîmes* aussi d'apporter tous les ans dans la maison du Seigneur

et jurandum, ut ambularent in lege Dei, quam dederat in manu Moysi, servi Dei, ut facerent et custodirent universa mandata Domini Dei nostri, et judicia ejus, et ceremonias ejus ;

30. et ut non daremus filias nostras populo terræ, et filias eorum non acciperemus filiis nostris.

31. Populi quoque terræ, qui important venalia, et omnia ad usum, per diem sabbati, ut vendant, non accipiemus ab eis in sabbato et in die sanctificato. Et dimittemus annum septimum, et exactionem universæ manus.

32. Et statuemus super nos præcepta, ut demus tertiam partem sicli per annum, ad opus domus Dei nostri,

33. ad panes propositionis, et ad sacrificium sempiternum, et in holocaustum sempiternum in sabbatis, in calendis, in solemnitatibus, et in sanctificatis et pro peccato, ut exoretur pro Israel, et in omnem usum domus Dei nostri.

34. Sortes ergo misimus super oblationem lignorum inter sacerdotes, et levitas, et populum, ut inferrentur in domum Dei nostri per domos patrum nostrorum, per tempora, a temporibus anni usque ad annum, ut arderent super altare Domini Dei nostri, sicut scriptum est in lege Moysi ;

35. et ut afferremus primogenita terræ nostræ, et primitiva universi fructus

---

parvenus à l'âge de raison. Cf. VIII, 2. — *Spondentes pro fratribus*. Plutôt, d'après l'hébreu : ils adhérèrent à leurs frères ; c.-à-d. aux chefs qui avaient donné leur signature. — *Ut ambularent...* (vers. 29ᵇ). Promesse générale d'accomplir toute la loi. — *Non daremus filias...* (vers. 30). Première promesse spéciale : renoncer aux unions matrimoniales avec les païens. Cf. Esdr. IX, 2. — Deuxième promesse spéciale, vers. 31ᵃ : l'intégrale observation du sabbat. Voir les détails au chap. XIII, vers. 16 et ss. — *In die sanctificato :* les différentes fêtes chômées ; cf. Num. XXVIII et XXIX. — Troisième promesse spéciale, vers. 31ᵇ : la fidélité à observer l'année sabbatique. Cf. Ex. XXIII, 11 ; Lev. XXV, 4. *Exactionem... manus :* expression figurée, pour désigner les dures réclamations des créanciers, qui étaient interdites par la loi durant les années sabbatiques (cf. Deut. XV, 2). — Quatrième promesse spéciale, vers. 32-34 : des contributions volontaires pour l'entretien du culte sacré. *Statuemus præcepta...; mieux : nous décidâmes pour nous de donner...

Tertiam partem sicli (c.-à-d. environ 94 centimes) : la redevance d'un demi-sicle (environ 1 fr. 41), anciennement imposée aux Hébreux par la loi (cf. Ex. XXX, 13), était sans doute tombée en désuétude. *Ad opus...;* hébr. : pour le service de la maison de Dieu. — Le vers. 33 détermine en quoi consistait ce « service » : *ad panes...*. Les fonds promis par Artaxercès Longue-Main pour l'entretien du culte juif (Esdr. VII, 20-21) avaient dû être régulièrement versés, mais ils pouvaient bien ne pas suffire ; d'ailleurs, la communauté israélite était heureuse de contribuer elle-même en partie à cette dépense sacrée. — *Oblationem lignorum* (vers. 34)... La loi, Lev. VI, 12, ordonnait seulement que le feu de l'autel des holocaustes ne s'éteindrait jamais ; ici, l'on régularise et l'on complète l'ordonnance antique (cf. XIII, 31), en chargeant le sort de déterminer l'ordre d'après lequel les différentes familles offriraient le bois du bûcher. Plus tard, une fête spéciale, appelée « la fête de l'offrande du bois », fut même instituée à cette occasion.

omnis ligni ab anno in annum, in domo Domini,

36. et primitiva filiorum nostrorum et pecorum nostrorum, sicut scriptum est in lege, et primitiva boum nostrorum, et ovium nostrarum, ut offerrentur in domo Dei nostri, sacerdotibus qui ministrant in domo Dei nostri ;

37. et primitias ciborum nostrorum, et libaminum nostrorum, et poma omnis ligni, vindemiæ quoque, et olei, afferremus sacerdotibus ad gazophylacium Dei nostri, et decimam partem terræ nostræ levitis. Ipsi levitæ decimas accipient ex omnibus civitatibus operum nostrorum.

38. Erit autem sacerdos filius Aaron cum levitis in decimis levitarum, et levitæ offerent decimam partem decimæ suæ in domo Dei nostri, ad gazophylacium. in domum thesauri.

39. Ad gazophylacium enim deportabunt filii Israel et filii Levi, primitias frumenti, vini et olei ; et ibi erunt vasa sanctificata, et sacerdotes, et cantores, et janitores, et ministri ; et non dimittemus domum Dei nostri.

les premiers-nés *des bêtes* de notre terre, les prémices des fruits de tous les arbres,

36. les premiers-nés de nos fils et de nos troupeaux, comme il est écrit dans la loi, et les premiers-nés de nos bœufs et de nos brebis, pour les offrir dans la maison de notre Dieu aux prêtres qui servent dans la maison de notre Dieu.

37. *Nous promîmes* encore d'apporter aux prêtres, au trésor de notre Dieu, les prémices de nos aliments et de nos liqueurs, des fruits de tous les arbres, de la vigne et des oliviers, *de payer* la dîme de notre terre aux lévites. Les lévites recevront de toutes les villes les dîmes de tous les fruits de nos travaux.

38. Le prêtre, fils d'Aaron, aura part avec les lévites aux dîmes qu'ils recevront, et les lévites offriront la dîme de la dîme à la maison de notre Dieu, dans les chambres de la maison du trésor.

39. Car les fils d'Israël et les fils de Lévi porteront les prémices du blé, du vin et de l'huile dans la maison du trésor ; et c'est là que seront les vases consacrés, les prêtres, les chantres, les portiers et les ministres ; et nous n'abandonnerons pas la maison de notre Dieu.

CHAPITRE XI

1. Habitaverunt autem principes populi in Jerusalem ; reliqua vero plebs misit sortem, ut tollerent unam partem de decem, qui habitaturi essent in Jerusalem, civitate sancta, novem vero partes in civitatibus.

2. Benedixit autem populus omnibus

1. Or les chefs du peuple s'établirent à Jérusalem ; mais le reste du peuple tira au sort, pour qu'un sur dix vînt habiter à Jérusalem, la ville sainte, et que les neuf autres parties demeurassent dans les villes.

2. Et le peuple bénit tous ceux qui

Voyez Josèphe, *Bell. jud.*, II, 17, 6. — Cinquième promesse spéciale, vers. 35-39 : la fidélité à payer les prémices et la dîme. Détails sur les prémices, vers. 35-37ᵃ ; voyez Ex. XXII, 29 ; XXIII, 19 ; Lev. XIX, 23 ; Num. XVIII, 15-17 ; Deut. XXVI, 2, etc. *Ad gazophylacium...* (vers. 37ᵃ) : dans quelqu'un des appartements attenant au temple ; cf. XV, 5 ; III Reg. VI, 5 ; II Par. XXXI, 11. — Détails sur la dîme, vers. 37ᵇ-38. *Erit autem sacerdos...* (vers. 38) : un prêtre était toujours présent d'office quand on apportait la dîme dans les villes lévitiques, pour prélever et faire mettre à part la « dîme de la dîme », que les lévites étaient tenus d'offrir aux membres de la famille sacerdotale. Cf. Num. XVIII, 26-28. — Conclusion, vers. 39. Elle est surtout contenue dans les énergiques paroles de la fin : *non dimittemus...*

Bientôt, néanmoins, cette promesse sera tristement violée ; cf. XIII, 11-14.

§ III. — *Répartition des Israélites entre les différentes villes de la Judée.* XI, 1-36.

Le récit nous ramène au chap. VII, vers. 4-5, c.-à-d. aux mesures prises par Néhémie pour accroître la population de Jérusalem.

Chap. XI. — 1-2. Une dixième partie de la population juive de la Judée est désignée par le sort pour être transférée à Jérusalem. — *Habitaverunt... principes...* Les chefs des familles avaient déjà fixé leur résidence dans la capitale. — *Reliqua... plebs :* sans compter, évidemment, le petit nombre des habitants actuels de la ville. — *Civitate sancta.* Glorieuse épithète, que nous trouvons ici pour la première fois associée au

s'offrirent volontairement pour résider à Jérusalem.

3. Voici les chefs de la province qui s'établirent à Jérusalem et dans les villes 'de Juda. Chacun habita sur sa propriété et dans ses villes, Israël, les prêtres, les lévites, les Nathinéens et les fils des serviteurs de Salomon.

4. Il y eut des fils de Juda et des fils de Benjamin qui s'établirent à Jérusalem. Des fils de Juda : Athaïas, fils d'Aziam, fils de Zacharie, fils d'Amarias, fils de Saphatias, fils de Malaléel. Des fils de Pharès :

5. Maasia, fils de Baruch, fils de Cholhoza, fils d'Hazia, fils d'Adaïa, fils de Joïarib, fils de Zacharie, fils de Silonite.

6. Tous les fils de Pharès qui s'établirent à Jérusalem étaient *au nombre de* quatre cent soixante-huit, *tous* hommes vaillants.

7. Voici les fils de Benjamin : Sellum, fils de Mosollam, fils de Joëd, fils de Phadaïa, fils de Colaïa, fils de Masia, fils d'Ethéel, fils d'Isaïe,

8 et après lui Gebbaï, Sellaï; neuf cent vingt-huit.

9. Joël, fils de Zéchri, était leur chef, et Juda, fils de Sénua, était le second *chef* de la ville.

10. Parmi les prêtres : Idaïa, fils de Joiarib, Jachin.

11. Saraïa, fils d'Helcias, fils de Mosollam, fils de Sadoc, fils de Méraïoth, fils d'Achitob, prince de la maison de Dieu,

12. et leurs frères occupés aux fonc-

viris qui se sponte obtulerant ut habitarent in Jerusalem.

3. Hi sunt itaque principes provinciæ qui habitaverunt in Jerusalem et in civitatibus Juda. Habitavit autem unusquisque in possessione sua, in urbibus suis, Israel, sacerdotes, levitæ, Nathinæi, et filii servorum Salomonis.

4. Et in Jerusalem habitaverunt de filiis Juda, et de filiis Benjamin. De filiis Juda : Athaias, filius Aziam, filii Zachariæ, filii Amariæ, filii Saphatiæ, filii Malaleel. De filiis Phares :

5. Maasia, filius Baruch, filius Cholhoza, filius Hazia, filius Adaia, filius Joiarib, filius Zachariæ, filius Silonitis.

6. Omnes hi filii Phares qui habitaverunt in Jerusalem, quadringenti sexaginta octo viri fortes.

7. Hi sunt autem filii Benjamin : Sellum, filius Mosollam, filius Joed, filius Phadaia, filius Colaia, filius Masia, filius Etheel, filius Isaia,

8. et post eum Gebbai, Sellai; nongenti viginti octo.

9. Et Joel, filius Zechri, præpositus eorum; et Judas, filius Senua, super civitatem secundus.

10. Et de sacerdotibus : Idaia, filius Joiarib, Jachin,

11. Saraia, filius Helciæ, filius Mosollam, filius Sadoc, filius Meraioth, filius Achitob, princeps domus Dei,

12. et fratres eorum facientes opera

---

nom de Jérusalem, quoique l'idée ait été depuis longtemps énoncée par Joël, III, 17, et par Isaïe, XLVIII, 2. Elle subsiste encore dans l'appellation arabe *el Qods,* la Sainte, et elle provenait surtout de la présence du temple. — *Novem... in civitatibus :* les autres villes de la Judée. — *Qui se sponte... :* ceux qui furent désignés par le sort. On vante l'enthousiasme avec lequel ils acceptèrent d'abandonner leur installation et leurs relations antérieures, pour s'établir dans la ville sainte, qui n'était pas alors un poste sans péril.

3. Titre servant de transition. — *Provinciæ :* la province persane de la Palestine. Cf. Esdr. II, 1; v, 8. — *Filii servorum...* Voyez VII, 57; Esdr. II, 55 et la note.

2° Liste des habitants de Jérusalem au temps de Néhémie. XI, 4-19.

On a parfois identifié cette liste, mais à tort, croyons-nous, avec celle de I Par. IX, 2 et ss. (voyez le commentaire) Les ressemblances n'existent qu'à la surface

4-9. Habitants fournis par les tribus de Juda et de Benjamin. — Juda (vers. 4b-6) fournit quatre cent soixante-huit pères de famille de la branche de Pharès, avec deux chefs : *Athaias* et *Maasia.* — Benjamin (vers. 7-9) en fournit neuf cent vingt-huit, également avec deux chefs : *Sellum* et *Gebbaï-Sellai* (noms qu'il faut réunir en un seul d'après l'hébreu). — *Joel, præpositus...* (vers. 9) : le chef de tous les citoyens mentionnés à partir du verset 4, qu'ils fussent de la tribu de Juda ou de celle de Benjamin. — *Super civitatem secundus :* en qualité de sous-gouverneur.

10-14. Parmi les prêtres. — D'abord, vers 10-12ª, trois chefs de maisons et probablement de classes (*Idaïa, Jachin, Saraia*), avec huit cent vingt-deux simples prêtres. Les mots *princeps domus Dei* signifient que la famille de Saraïa était celle du grand prêtre; cf. I Par. IX, 11. — En second lieu, vers. 12b-13ª, *Adaia,* avec deux cent quarante-deux prêtres. — Enfin, vers. 13b-14ª, *Amassaï,* avec cent vingt-huit prêtres *Potentes*

templi, octingenti viginti duo. Et Adaia, filius Jeroham, filius Phelelia, filius Amsi, filius Zachariæ, filius Pheshur, filius Melchiæ,

13. et fratres ejus, principes patrum, ducenti quadraginta duo. Et Amassai, filius Azreel, filius Ahazi, filius Mosollamoth, filius Emmer,

14. et fratres eorum potentes nimis, centum viginti octo ; et præpositus eorum Zabdiel, filius potentium.

15. Et de levitis : Semeia, filius Hasub, filius Azaricam, filius Hasabia, filius Boni ;

16. et Sabathai, et Jozabed, super omnia opera quæ erant forinsecus in domo Dei, a principibus levitarum ;

17. et Mathania, filius Micha, filius Zebedei, filius Asaph, princeps ad laudandum et ad confitendum in oratione ; et Becbecia, secundus de fratribus ejus, et Abda, filius Samua, filius Galal, filius Idithun.

18. Omnes levitæ in civitate sancta ducenti octoginta quatuor.

19. Et janitores : Accub, Telmon, et fratres eorum qui custodiebant ostia, centum septuaginta duo.

20. Et reliqui ex Israel, sacerdotes, et levitæ, in universis civitatibus Juda, unusquisque in possessione sua.

21. Et Nathinæi qui habitabant in Ophel ; et Siaha, et Gaspha de Nathinæis.

22. Et episcopus levitarum in Jerusalem, Azzi, filius Bani, filius Hasabiæ, filius Mathaniæ, filius Michæ. De filiis Asaph, cantores in ministerio domus Dei.

23. Præceptum quippe regis super eos

---

tions du temple, huit cent vingt-deux. Et Adaïa, fils de Jéroham, fils de Phélélia, fils d'Amsi, fils de Zacharie, fils de Phéshur, fils de Melchias,

13. et ses frères, chefs des familles, deux cent quarante-deux Et Amassaï, fils d'Azréel, fils d'Ahazi, fils de Mosollamoth, fils d'Emmer,

14. et leurs frères, hommes très vaillants, cent vingt-huit. Leur chef était Zabdiel, l'un des puissants d'Israël.

15. Parmi les lévites : Séméia, fils d'Hasub, fils d'Azaricam, fils d'Hasabia, fils de Boni,

16. et Sabathaï, et Jozabed, chargés des affaires extérieures de la maison de Dieu, et les chefs des lévites :

17. et Mathania, fils de Micha, fils de Zébédéi, fils d'Asaph, chef de ceux qui chantaient les louanges divines à la prière ; et Becbécia, le second d'entre ses frères, et Abda, fils de Samua, fils de Galal, fils d'Idithun.

18. Tous les lévites dans la ville sainte étaient au nombre de deux-cent quatre-vingt-quatre.

19. Les portiers : Accub, Telmon et leurs frères qui gardaient les portes : cent soixante-douze.

20. Le reste d'Israël, et les prêtres et les lévites s'établirent dans toutes les villes de Juda, chacun dans sa propriété.

21. Les Nathinéens demeurèrent aussi dans Ophel ; et Siaha et Gaspha étaient chefs des Nathinéens.

22. Le chef des lévites à Jérusalem était Azzi, fils de Bani, fils d'Hasabia, fils de Mathanias, fils de Micha. Des fils d'Asaph, il y avait des chantres pour le service de la maison de Dieu.

23. Car le roi avait prescrit ce qui les

---

nimis : et, par là même, propres au service du culte. — Præpositus eorum (vers. 14ᵇ) : chef, ce semble, de tous les prêtres qui viennent d'être énumérés. Filius potentium ; plutôt : fils de G'dôlim.

15-19. Parmi les lévites. — Opera quæ... forinsecus (vers. 16). Cf. x, 32 et ss. Par exemple, les bâtiments sacrés, les objets nécessaires au culte, les dîmes, etc. — Princeps ad laudandum... in oratione (vers. 17). C.-à-d. le maître de chœur, qui entonnait les chants sacrés. — Becbecia, secundus : le chef du second chœur. Abda dirigeait le troisième chœur. — Ducenti... quatuor. Ce chiffre ne comprend que les lévites ordinaires et les chantres mentionnés aux versets 15-18. Les portiers sont comptés à part au verset 19.

3° Habitants des autres villes de Juda. XI, 20-36.

20. Transition et introduction. — Reliqui ex Israel... : tous ceux qui, soit parmi le peuple, soit parmi les ministres sacrés, étaient domiciliés hors de Jérusalem. — In possessione sua : non pas sur tout le territoire de la Terre sainte, mais seulement sur celui de Juda et de Benjamin.

21-24. Quelques autres détails sur les ministres sacrés. — Nathinæi... in Ophel : en dehors des murs, d'après le contexte, car ce promontoire était en partie renfermé dans la ville. Cf. iii, 27, et l'Atl. géogr., pl. xiv. — Siaha... de Nathinæis. Plutôt : sur les Nathinéens ; par conséquent, leurs chefs. — De filiis Asaph (vers. 22). Il ne faudrait qu'une simple virgule entre ce

concernait, et l'ordre qui devait être observé chaque jour parmi les chantres.

24. Et Phathahia, fils de Mésézébel, des fils de Zara, fils de Juda, était commissaire du roi pour toutes les affaires du peuple,

25. et pour ce qui est de *leurs autres* demeures dans tout le pays. Les fils de Juda s'établirent à Cariatharbé et dans ses dépendances, à Dibon et dans ses dépendances, à Cabséel et dans ses villages;

26. à Jésué, à Molada et à Bethphaleth,

27. à Hasersual, à Bersabée et dans ses dépendances,

28. à Siceleg, à Mochona et dans ses dépendances,

29. à Remmon, à Saraa, à Jérimuth,

30. à Zanoa, à Odollam et dans leurs villages, à Lachis et dans ses dépendances, à Azéca et dans ses dépendances. Et ils habitèrent depuis Bersabée jusqu'à la vallée d'Ennom.

31. Les fils de Benjamin s'établirent depuis Géba, à Mechmas, à Haï, à Béthel et dans ses dépendances,

32. à Anathoth, Nob, Anania,

33. Asor, Rama, Géthaïm,

34. Hadid, Séboïm, Neballat, Lod,

erat, et ordo in cantoribus per dies singulos.

24. Et Phathahia, filius Mesczebel, de filiis Zara, filii Juda, in manu regis, juxta omne verbum populi,

25. et in domibus per omnes regiones eorum. De filiis Juda habitaverunt in Cariatharbe, et in filiabus ejus, et in Dibon et in filiabus ejus, et in Cabseel et in viculis ejus,

26. et in Jesue, et in Molada, et in Bethphaleth,

27. et in Hasersual, et in Bersabee, et in filiabus ejus,

28. et in Siceleg, et in Mochona, et in filiabus ejus,

29. et in Remmon, et in Saraa, et in Jerimuth,

30. Zanoa, Odollam, et in villis carum, Lachis et regionibus ejus, et Azeca, et filiabus ejus. Et manserunt in Bersabee usque ad vallem Ennom.

31. Filii autem Benjamin, a Geba, Mechmas, et Hai, et Bethel, et filiabus ejus;

32. Anathoth, Nob, Anania,

33. Asor, Rama, Gethaim,

34. Hadid, Seboim, et Neballat, Lod,

---

mots et ceux qui précèdent : Azzi, fils de Bani,... fils de Michée (lequel était) des fils d'Asaph, chantres... — *In ministerio domus Dei :* par opposition aux « opera... forinsecus » du vers. 16 (voyez la note). — *Ordo in cantoribus...* (vers. 23). D'après l'hébreu : un salaire fixe leur était accordé pour chaque jour (par un ordre spécial d'Artaxarcès). — *Phathahia... in manu regis* (vers. 24). Il était donc agent du roi de Perse, sans qu'on puisse déterminer la nature exacte de ses fonctions. — *Juxta omne verbum populi.* Mieux et plus clairement : pour toutes les affaires du peuple.

25-36. Habitants des villes de Juda (vers. 25-30) et de Benjamin (vers. 31-35). (Voyez l'*Atl. géogr.*, *de la Bible*, pl. VII, XII, XVI.) — *Et in domibus.* Ici encore, la ponctuation est fautive dans notre version latine. Il faut un point à la fin du verset 24, et une phrase nouvelle commence au 25e. D'après l'hébreu : dans les villages et leurs territoires, des fils de Juda s'établirent à Cariatharbé, etc. — *Cariatharbe.* C.-à-d. Hébron, qui avait recouvré son premier nom. Cf. Gen. XXIII, 2 ; Jos. XIV, 15. — *Filiabus ejus :* l'hébraïsme accoutumé, pour représenter les villages et hameaux qui dépendaient des principales bourgades. — *Dibon.* Probablement Dimona de Jos. XV, 22. — *Cabseel.* Voyez Jos. XV, 21. — *Jesue* (vers. 26) n'est mentionnée qu'ici et n'a pas été identifiée. Sur *Molada* et *Bethphaleth*, voyez Jos.

XV, 26-27. — *Hasersual* (vers. 27) cf. Jos. XV, 28. *Bersabee ;* cf. Gen. XXI, 31. — *Siceleg* (vers. 28) ; cf. Jos. XV, 31. *Mochona* n'est pas nommée ailleurs et est restée inconnue. — *Remmon* (vers. 29) : cf. I Par. IV, 32. *Saraa, Jerimuth, Zanoa* (vers. 30), *Odollam :* voyez Jos. XV, 33-36. — *Lachis, Azeca ;* cf. II Par. XI, 9. — *Et manserunt...* (vers. 30b). Récapitulation des versets 25-30b. *La Bersabee :* à l'extrême sud du territoire de Juda. *Ad vallem Ennom :* l'extrême nord ; cf. Jos. XV, 8, et le commentaire. — *Filii... Benjamin* (vers. 31). Villes et villages de l'ancienne tribu de Benjamin. — *Geba :* cf. Jos. VIII, 24, et IV Reg. XXIII, 8. *Mechmas :* cf. I Reg. XIII, 2. *Hai, Bethel :* voyez Jos. VII, 2. — *Anathoth* (vers. 32) : cf. Jos. XVIII, 24. *Nob :* cf. I Reg. XXI, 1. *Anania* n'est mentionnée qu'ici : probablement la Beït-Hanina actuelle, à l'est du Néby-Samouîl. — *Asor* (vers. 33) : voyez Jos. XV, 23 et 25. *Rama :* cf. Jos. XVIII, 25. *Gethaim :* cf. II Reg. IV, 3. — *Hadid* (vers. 34) : voyez Esdr. II, 33. *Seboim :* I Reg. XIII, 18. *Neballat* n'apparaît qu'en cet endroit ; aujourd'hui Beit-Nebala, à deux heures au nord-ouest de Lydda. *Lod, Ono :* cf. I Par. VIII, 12. — *Valle Artificum :* voyez I Par. IV, 14. — *Et de levitis* (vers. 36). Détail rétrospectif sur les lévites, pour dire qu'ils étaient dispersés à travers tout le territoire.

35. et Ono, valle Artificum.
36. Et de levitis portiones Judæ et Benjamin. .

35. et à Ono, la vallée des Ouvriers.
36. Et les lévites avaient leur demeure sur les territoires de Juda et de Benjamin.

CHAPITRE XII

1. Hi sunt autem sacerdotes et levitæ qui ascenderunt cum Zorobabel, filio Salathiel, et Josue : Saraia, Jeremias, Esdras,
2. Amaria, Melluch, Hattus,
3. Sebenias, Rheum, Merimuth,
4. Addo, Genthon, Abia,
5. Miamin, Madia, Belga,
6. Semeia, et Joiarib, Idaia, Sellum, Amoc, Helcias,
7. Idaia. Isti principes sacerdotum, et fratres eorum in diebus Josue.

8. Porro levitæ : Jesua, Bennui, Cedmihel, Sarebia, Juda, Mathanias, super hymnos, ipsi et fratres eorum ;

9. et Becbecia atque Hanni, et fratres eorum, unusquisque in officio suo.

10. Josue autem genuit Joacim; et Joacim genuit Eliasib; et Eliasib genuit Joiada ;
11. et Joiada genuit Jonathan; et Jonathan genuit Jeddoa.
12. In diebus autem Joacim erant sacerdotes et principes familiarum : Saraiæ, Maraia ; Jeremiæ, Hanania ;

13. Esdræ, Mosollam ; Amariæ, Johanan ;

1. Voici les prêtres et les lévites qui revinrent avec Zorobabel, fils de Salathiel, et avec Josué : Saraïa, Jérémie, Esdras,
2. Amarias, Melluch, Hattus,
3. Sébénias, Rhéum, Mérimuth,
4. Addo, Genthon, Abia,
5. Miamin, Madia, Belga,
6. Séméia et Joïarib, Idaïa, Sellum, Amoc, Helcias,
7. Idaïa. C'étaient là les chefs des prêtres et leurs frères du temps de Josué.

8. Lévites : Jésua, Bennui, Cedmihel, Sarébia, Juda, Mathanias, qui présidaient avec leurs frères aux saints cantiques ;

9. et Becbécia, et Hanni, qui, avec leurs frères, étaient appliqués chacun à leur emploi.

10. Or Josué engendra Joacim ; Joacim engendra Éliasib ; Éliasib engendra Joïada ;
11. Joïada engendra Jonathan, et Jonathan engendra Jeddoa.
12. Voici, du temps de Joacim, les prêtres et les chefs des familles : pour Saraïa, Maraïa ; pour Jérémie, Hananias ;

13. pour Esdras, Mosollam ; pour Amarias, Johanan ;

---

§ IV. — *Liste des prêtres et des lévites. Dédicace des murs de Jérusalem.* XII, 1-42.

1º Énumération des ministres sacrés qui revinrent en Judée avec Zorobabel. XII, 1-11.

Chap. XII. — 1ᵃ. Titre de cet alinéa. Cf. Esdr. II, 1-2.

1ᵇ-7. Les familles sacerdotales sous le pontificat de Josué. — *Saraia, Jeremias...* En tout, vingt-deux noms. Les dix-huit premiers ont été cités dans la liste des signataires du renouvellement de l'alliance théocratique (cf. x, 2-8). Les six derniers sont séparés par la conjonction *et* (vers. 6 : *et Joiarib*). *Esdras* est l'Azarias de x, 2. — *Isti principes sacerdotum :* les chefs de classes.

8-9. Les lévites chefs de classes au temps du grand prêtre Josué. — *Jesua, Bennui...* Ici encore nous trouvons plusieurs signataires du con-

trat d'alliance. Cf. x, 10 et ss. — *Super hymnos,* Voyez xi, 17, et la note.

10-12. Les grands prêtres, depuis Josué jusqu'à Jeddoa. — *Josue :* le pontife contemporain de Zorobabel. Cf. Esdr. III, 2, et Agg. I, 1. — *Eliasib :* le pontife contemporain de Néhémie. Cf. III, 1. Pour les autres noms, voyez Josèphe, *Ant.,* II, 7, 1. — *Jonathan.* Plutôt « Johanan », d'après le verset 22. — *Jeddoa :* le grand prêtre contemporain d'Alexandre le Grand, et qui eut une entrevue avec ce célèbre conquérant après la bataille d'Issus. Cf. Josèphe, *Ant.,* II, 8, 5. Les derniers noms ont donc été ajoutés après Néhémie. Voyez l'Introduction, p. 279.

2º Énumération des ministres sacrés qui exercèrent leurs fonctions après l'époque de Zorobabel et de Josué. XII, 12-26.

12-21. Chefs des familles sacerdotales durant

14. pour Milicho, Jonathan ; pour Sébénias, Joseph ;

15. pour Haram, Edna ; pour Maraïoth, Helci ;

16. pour Adaïa, Zacharie ; pour Genthon, Mosollam ;

17. pour Abia, Zéchri ; pour Miamin
et Moadia, Phelti ;

18. pour Belga, Sammua ; pour Sémaïa, Jonathan ;

19. pour Joïarib, Mathanaï ; pour Joïada, Azzi ;

20. pour Sellaï, Célaï ; pour Amoc,
Héber ;

21. pour Helcias, Hasébia ; pour Idaïa,
Nathanaël.

22. Quant aux lévites du temps d'É-
liasib, de Joïada, de Johanan et de
Jeddoa, les chefs de familles et les prêtres furent inscrits sous le règne de Darius, roi de Perse.

23. Les fils de Lévi, chefs de familles,
furent inscrits dans le livre des annales,
jusqu'à l'époque de Jonathan, fils d'É-
liasib.

24. Or les chefs des lévites étaient
Hasébia, Sérébia et Josué, fils de Cedmihel ; et leurs frères, devaient, chacun
en leur rang, louer et célébrer *le Seigneur*
selon l'ordre de David, homme de Dieu, et
observer également, chacun à son tour,
les devoirs de leur ministère.

25. Mathania, Becbécia, Obédia, Mosollam, Telmon, Accub, étaient les gardes
des portes et des vestibules devant les
portes.

26. Ceux-là vivaient au temps de
Joacim, fils de Josué, fils de Josédec,
et au temps de Néhémie le gouverneur,
et d'Esdras, prêtre et scribe.

27. Lors de la dédicace du mur de

---

14. Milicho, Jonathan ; Sebeniæ, Joseph ;

15. Haram, Edna ; Maraioth, Helci ;

16. Adaiæ, Zacharia ; Genthon, Mosollam ;

17. Abiæ, Zechri ; Miamin et Moadiæ,
Phelti ;

18. Belgæ, Sammua ; Semaiæ, Jonathan ;

19. Joiarib, Mathanai ; Joiadæ, Azzi ;

20. Sellai, Celai ; Amoc, Heber ;

21. Helciæ, Hasebia ; Idaiæ, Nathanael.

22. Levitæ in diebus Eliasib, et Joiada,
et Johanan, et Jeddoa, scripti principes
familiarum, et sacerdotes in regno Darii
Persæ.

23. Filii Levi principes familiarum
scripti in libro Verborum dierum, et usque ad dies Jonathan, filii Eliasib.

24. Et principes levitarum : Hasebia,
Serebia, et Josue, filius Cedmihel, et
fratres eorum per vices suas, ut laudarent et confiterentur juxta præceptum
David, viri Dei, et observarent æque
per ordinem.

25. Mathania, et Becbecia, Obedia,
Mosollam, Telmon, Accub, custodes por-
tarum et vestibulorum ante portas.

26. Hi in diebus Joacim, filii Josue,
filii Josedec, et in diebus Nehemiæ ducis, et Esdræ, sacerdotis scribæque.

27. In dedicatione autem muri Jeru-

---

le pontificat de Joacim. — *Joacim :* le fils et
successeur de Josué. Cf. vers. 10. — *Saraïæ...
Jeremiæ.* Ce sont les mêmes noms qu'aux versets 1b-7, puisque ces noms représentent des
groupes de familles ; toutefois le narrateur signale en même temps les chefs actuels des familles : *Maraïa, Hanania,* etc.

22-26. Chefs des familles lévitiques. — Les
versets 22-23 sont généralement regardés, de
même que les versets 10-11 et pour un motif semblable, comme une interpolation tardive ; ils mentionnent, eux aussi, plusieurs grands prêtres
plus récents que l'époque de Néhémie. Voyez
Calmet, *h. l.* Voici la vraie traduction du verset 22 d'après l'hébreu : Au temps d'Éliasib, de
Joiada, de Johanan et de Jeddoa, les lévites,
chefs de famille, et les prêtres, furent inscrits
sous le règne de Darius... — *Darii Persæ.*

D'après quelques auteurs, Darius Nothus, le
second roi de Perse du nom de Darius. Plus
probablement, selon les autres, Darius Codoman,
le célèbre adversaire d'Alexandre le Grand, qui
régna de 336 à 331 avant J.-C. — *In libro verborum dierum :* annales semblables à celles dont
il est si souvent question aux livres des Rois et
des Paralipomènes. — *Jonathan, filii Eliasib.*
Lisez encore « Johanan », et « fils » dans le
sens large, pour petit-fils. Cf. vers. 10-11, 22. —
Vers. 24-25, les chefs des familles lévitiques. —
Vers. 26, conclusion.

3° Consécration solennelle des murs de Jérusalem. XII, 27-42.

27-29. Préparatifs de la fête. — Vers. 27, arrivée de nombreux lévites à Jérusalem. *In dedicatione... :* cette cérémonie n'eut lieu qu'environ douze ans après la construction des rem-

salem, requisierunt levitas de omnibus locis suis, ut adducerent eos in Jerusalem, et facerent dedicationem et lætitiam in actione gratiarum, et cantico, et in cymbalis, psalteriis, et citharis.

Jérusalem, on rechercha les lévites dans toutes leurs résidences pour les faire venir à Jérusalem, afin qu'ils fissent cette dédicace avec joie et action de grâces, en chantant des cantiques, et au son des cymbales, des lyres et des harpes.

28. Congregati sunt autem filii cantorum de campestribus circa Jerusalem, et de villis Nethuphati,

28. Les fils des chantres s'assemblèrent donc de la campagne des environs de Jérusalem et des villages de Néthuphati,

29. et de domo Galgal, et de regionibus Geba, et Azmaveth; quoniam villas ædificaverunt sibi cantores in circuitu Jerusalem.

29. et de la maison de Galgal, et des districts de Géba et d'Azmaveth; car les chantres s'étaient bâti des villages tout autour de Jérusalem.

30. Et mundati sunt sacerdotes et levitæ, et mundaverunt populum, et portas, et murum.

30. Et les prêtres se purifièrent avec les lévites; puis ils purifièrent le peuple, les portes et la muraille.

31. Ascendere autem feci principes Juda super murum; et statui duos magnos choros laudantium. Et ierunt ad dexteram super murum, ad portam Sterquilinii.

31. Je fis monter les princes de Juda sur la muraille, et j'établis deux grands chœurs qui chantaient les louanges *du Seigneur*. Ils marchèrent à main droite sur le mur, vers la porte du Fumier.

32. Et ivit post eos Osaias, et media pars principum Juda,

32. Derrière eux marchait Osaïas, avec la moitié des princes de Juda,

33. et Azarias, Esdras, et Mosollam, Judas, et Benjamin, et Semeia, et Jeremias;

33. Azarias, Esdras, Mosollam, Judas, Benjamin, Séméia et Jérémie,

34. et de filiis sacerdotum in tubis, Zacharias, filius Jonathan, filius Semeiæ, filius Mathaniæ, filius Michaiæ, filius Zechur, filius Asaph;

34. et parmi les fils des prêtres avec leurs trompettes, Zacharie, fils de Jonathan, fils de Séméia, fils de Mathanias, fils de Michaïa, fils de Zéchur, fils d'Asaph,

35. et fratres ejus, Semeia, et Azareel, Malalai, Galalai, Maai, Nathanael, et Judas, et Hanani, in vasis cantici David, viri Dei; et Esdras, scriba, ante eos in porta Fontis.

35. et ses frères, Séméia, Azaréel, Malalaï, Galalaï, Maaï, Nathanaël, Judas et Hanani, avec les instruments ordonnés par David, l'homme de Dieu, pour chanter les *saints* cantiques; et Esdras, le scribe, était devant eux à la porte de la Fontaine.

36. Et contra eos ascenderunt in gradibus civitatis David, in ascensu muri

36. Ils montèrent vis à vis d'eux sur les degrés de la ville de David, à

---

parts. *De omnibus locis :* de toutes leurs résidences sur les territoires de Juda et de Benjamin; cf. XI, 36. — *Et facerent... :* joyeux accents dans le récit. — Vers. 28-29, arrivée des chantres. *De campestribus...* : on ne sait au juste ce qu'il faut entendre par le district ou cercle (*kikkar*) de Jérusalem; vraisemblablement la vallée du Jourdain, qui porte d'ordinaire ce nom de *kikkar*; cf. III, 22, etc. *De villis Nethuphati :* Nétophah était un village des environs de Bethléem; cf. VII, 26; I Par. II, 54; Esdr. II, 22. *Geba :* cf. XI, 31. *Azmaveth :* cf. Esdr. II, 24.

30-42. Célébration de la fête. — *Et mundati sunt...* Cérémonie préparatoire, consistant en sacrifices, ablutions, aspersions, etc. Cf. II Par. XXIX, 15; Esdr. VI, 20. — *Ascendere... fec...* La cérémonie principale, qui consista en une double

procession effectuée sur les remparts, vers. 31-36, 37-41. Nous retrouvons ici l'emploi de la première personne, qui avait cessé à partir de VII, 5. — *Super murum :* d'après le contexte, tout auprès de la porte actuelle de Jaffa, à l'ouest de la ville (voyez l'*Atl. géogr.*, pl. XIV et XV). Les murs des villes antiques étaient généralement larges. — *Et ierunt ad dexteram* (vers. 31b). Description de la marche du premier chœur : d'abord au sud (*ad portam Sterquilinii*; note de II, 13), puis à l'est et au nord (vers. 35 et 36). — *Ivit post eos...* : à la suite des lévites (*laudantium,* vers. 31) qui formaient ce chœur. La procession se composait de la moitié des princes de Juda et d'un certain nombre de prêtres. — *Esdras scriba* (vers. 35) : le grand Esdras marchait en tête de ce premier chœur, de même

l'endroit où le mur s'élève au-dessus de la maison de David, et jusqu'à la porte des Eaux, vers l'orient.

37. Le second chœur de ceux qui rendaient grâces *à Dieu* marchait à l'opposé, et je le suivais avec la moitié du peuple sur le mur, et sur la tour des Fourneaux, jusqu'au mur très large,

38. et sur la porte d'Ephraïm, et sur la porte Ancienne; et sur la porte des Poissons, et sur la tour d'Hananéel, et sur la tour d'Emath, et jusqu'à-la porte du Troupeau; et ils s'arrêtèrent à la porte de la Prison.

39. Et les deux chœurs de ceux qui chantaient les louanges du Seigneur s'arrêtèrent devant la maison de Dieu, et moi aussi, et la moitié des magistrats avec moi;

40. et les prêtres Eliachim, Maasia, Miamin, Michéa, Elioénaï, Zacharie et Hanania, avec leurs trompettes,

41. et Maasia, Séméia, Eléazar, Azzi, Johanan, Melchias, Elam et Ezer. Et les chantres firent retentir bien haut leurs voix avec Jezraïa leur chef.

42. Ils immolèrent en ce jour-là de nombreuses victimes dans des transports de joie; car Dieu les avait remplis d'une joie très grande. Leurs femmes aussi et leurs enfants se réjouirent, et la joie de Jérusalem se fit entendre au loin.

43. On établit aussi, ce jour-là, des prêtres et des lévites sur les chambres du trésor, afin que les chefs de la ville se servissent d'eux pour recueillir avec de dignes actions de grâces les offrandes de liqueurs, les prémices et les dîmes; car Juda se réjouissait de voir les prêtres et les lévites à leur poste.

super domum David, et usque ad portam Aquarum ad orientem.

37. Et chorus secundus gratias referentium ibat ex adverso; et ego post eum, et media pars populi super murum, et super turrim Furnorum, et usque ad murum latissimum,

38. et super portam Ephraim, et super portam Antiquam, et super portam Piscium, et turrim Hananeel, et turrim Emath, et usque ad portam Gregis; et steterunt in porta Custodiæ.

39. Steteruntque duo chori laudantium in domo Dei, et ego, et dimidia pars magistratuum mecum;

40. et sacerdotes Eliachim, Maasia, Miamin, Michea, Elioenai, Zacharia, Hanania, in tubis,

41. et Maasia, et Semeia, et Eleazar, et Azzi, et Johanan, et Melchia, et Ælam, et Ezer. Et clare cecinerunt cantores, et Jezraia præpositus.

42. Et immolaverunt in die illa victimas magnas, et lætati sunt; Deus enim lætificaverat eos lætitia magna; sed et uxores eorum et liberi gavisi sunt; et audita est lætitia Jerusalem procul.

43. Recensuerunt quoque in die illa viros super gazophylacia thesauri, ad libamina, et ad primitias, et ad decimas, ut introferrent per eos principes civitatis in decore gratiarum actionis, sacerdotes et levitas; quia lætificatus est Juda in sacerdotibus et levitis astantibus.

---

que Néhémie en tête du second (cf. vers. 37). — *Ante eos in porta...* Sur la porte de la Fontaine, voyez III, 15 et la note. D'après l'hébreu, il faudrait un point après les mots *ante eos;* une nouvelle phrase commence ensuite. — *In gradibus civitatis..., ad portam Aquarum.* Voyez III, 15 et 25. — *Et chorus secundus,* vers. **37-41.** Marche de la seconde procession, décrite un peu plus en détail. Elle fut au rebours de celle du premier chœur : au nord, puis à l'est et au sud-est, jusqu'en face du temple. Cf. III, 1-11. — *Media pars populi :* c.-à-d. l'autre moitié des chefs du peuple. Cf. vers. **32.** — *Portam Ephraim.* Voyez la note de VIII, 16. — *Portam Antiquam.* Elle n'a pas encore été mentionnée; elle était située vers l'angle nord-ouest du second mur. — *Portam Custodiæ :* près du palais royal et du temple. Cf. III, 25. — Conclusion de la fête, vers. 42, par l'immolation de nombreuses victimes. Tout ce verset respire la joie.

SECTION III. — RÉFORMES DE NÉHÉMIE DURANT SON SECOND SÉJOUR A JÉRUSALEM. XII, 43 — XIII, 31.

Pas de transition, sinon le vague *in die illa* du verset 43, qui ne se rapporte plus à la dédicace des remparts, ainsi qu'il ressort du contexte, mais à l'époque du second voyage de Néhémie à Jérusalem.

1° Introduction : quelques arrangements relatifs au culte. XII, 43-46.

43. On augmente le nombre des trésoriers du temple. — *Recensuerunt.* Hébr. : furent préposés. — *Gazophylacia thesauri :* les chambres qui servaient de magasins pour les dîmes, prémices, etc. Cf. X, 22. — *Ut introferrent...* L'hébreu est plus clair : pour y recueillir du territoire des villes les parts assignées par la loi aux prêtres et aux lévites. — *Lætificatus... Juda...* Fier de ses ministres sacrés, le peuple témoigna sa satisfaction

44. Et custodierunt observationem Dei sui, et observationem expiationis; et cantores, et janitores juxta præceptum David, et Salomonis, filii ejus;

45. quia in diebus David et Asaph, ab exordio, erant principes constituti cantorum in carmine laudantium, et confitentium Deo.

46. Et omnis Israel, in diebus Zorobabel, et in diebus Nehemiæ, dabant partes cantoribus et janitoribus per dies singulos; et sanctificabant levitas, et levitæ sanctificabant filios Aaron.

44. Car ils observèrent l'ordonnance de leur Dieu et celle de l'expiation; et de même les chantres et les portiers, suivant les prescriptions de David et de Salomon, son fils;

45. car dès le commencement, au temps de David et d'Asaph, il y avait des chefs établis sur les chantres, qui louaient Dieu par des cantiques et des hymnes.

46. Et tout Israël, au temps de Zorobabel et de Néhémie, donnait aux chantres et aux portiers leur portion chaque jour. Ils donnaient aux lévites ce qui leur était dû des choses saintes, et les lévites faisaient de même pour les fils d'Aaron.

CHAPITRE XIII

1. In die autem illo lectum est in volumine Moysi, audiente populo; et inventum est scriptum in eo quod non debeant introire Ammonites et Moabites in ecclesiam Dei, usque in æternum,

2. eo quod non occurrerint filiis Israel cum pane et aqua, et conduxerint adversum eos Balaam, ad maledicendum eis; et convertit Deus noster maledictionem in benedictionem.

3. Factum est autem, cum audissent legem, separaverunt omnem alienigenam ab Israel.

4. Et super hoc erat Eliasib sacerdos, qui fuerat præpositus in gazophylacio domus Dei nostri, et proximus Tobiæ.

1. En ce jour-là on lut dans le volume de Moïse en présence du peuple, et on y trouva écrit que les Ammonites et les Moabites ne devaient jamais entrer dans l'église de Dieu,

2. parce qu'ils n'étaient pas venus au-devant des fils d'Israël avec du pain et de l'eau, et qu'ils avaient appelé contre eux, à prix d'argent, Balaam pour les maudire; mais notre Dieu changea la malédiction en bénédiction.

3. Et lorsqu'ils eurent entendu la loi, ils séparèrent d'Israël tous les étrangers.

4. Le pontife Eliasib fut chargé de cette affaire. Il avait été préposé au trésor de la maison de notre Dieu, et il était allié de Tobie.

---

par des offrandes plus généreuses, et voilà pourquoi il devint nécessaire de nommer de nouveaux trésoriers.

44-46. Fidèle observation des préceptes qui concernaient le culte divin. — *Et custodierunt...* Grande solennité dans ces détails, qui contiennent un bel éloge de la nation. — *Sanctificabant...* (vers. 46). Mieux : ils sanctifiaient pour les lévites, et... pour les fils d'Aaron. Manière de dire que le peuple payait régulièrement la dîme et les autres offrandes sacrées, dont les lévites donnaient à leur tour la dixième partie aux prêtres.

2° Toute communion est interdite avec les païens. XIII, 1-3.

CHAP. XIII. — **1-2.** La lecture de la loi rappelle aux Juifs le devoir qui leur est rigoureusement imposé de se séparer des païens. — *In die... illo* a ici, comme au verset 43 et souvent ailleurs, le sens de la formule : en ce temps-là.

— *Lectum est...* Peut-être encore à l'occasion de la fête des Tabernacles, selon la coutume. Cf. VIII, 1 et ss. — *Inventum est scriptum...* Comp. Deut. XXIII, 4-6. — Sur l'allusion à Balaam, voyez Num. XXII-XXIV.

3. On obéit strictement à la loi. — *Separaverunt... alienigenam.* C.-à-d. tous les étrangers d'origine païenne qui vivaient au milieu des Juifs. On avait pris naguère cette résolution (cf. IX, 2 ; X, 31) ; mais on ne l'avait pas encore entièrement tenue.

3° Scandale dans le lieu saint. XIII, 4-9.

4-6. L'abus, en l'absence de Néhémie. — *Eliasib sacerdos :* le grand prêtre d'alors. Cf. III, 1. — *In gazophylacio domus Dei :* les chambres du parvis, d'après le verset 7, et non point celles qui étaient directement attenantes au temple. Voyez l'*Atl. arch.*, pl. XCIX, fig. 1 et 2. — *Proximus Tobiæ.* Parenté qui provenait d'un ma-

5. Or il lui avait préparé une grande chambre, où l'on portait devant lui les offrandes, l'encens, les vases, les dîmes du blé, du vin et de l'huile, la part des lévites, des chantres et des portiers, et les prémices sacerdotales.

6. Quand tout cela eut lieu, je n'étais pas à Jérusalem ; car, la trente-deuxième année d'Artaxercès, roi de Babylone, j'étais retourné auprès du roi, et j'obtins enfin mon congé du roi.

7. Et je revins à Jérusalem, et je reconnus le mal qu'Eliasib avait fait au sujet de Tobie, en lui préparant un trésor dans le vestibule de la maison de Dieu.

8. Le mal me parut extrêmement grand. Je jetai donc les meubles de la maison de Tobie hors du trésor ;

9. et j'ordonnai qu'on purifiât le trésor, ce qui fut fait ; et j'y rapportai les vases de la maison de Dieu, le sacrifice et l'encens.

10. Je reconnus aussi que la part des lévites ne leur avait point été donnée, et que chacun d'eux, des chantres et de ceux qui servaient au temple, s'était retiré dans son district.

11. Alors je parlai avec force aux magistrats, et je leur dis : Pourquoi abandonnons-nous la maison de Dieu ? Et je rassemblai les lévites, et je les rétablis à leur poste.

12. Et tout Juda apportait dans les greniers les dîmes du blé, du vin et de l'huile.

13. Et nous établîmes, pour avoir soin

5. Fecit ergo sibi gazophylacium grande ; et ibi erant ante eum reponentes munera, et thus, et vasa, et decimam frumenti, vini, et olei, partes levitarum, et cantorum, et janitorum, et primitias sacerdotales.

6. In omnibus autem his non fui in Jerusalem, quia anno trigesimo secundo Artaxerxis, regis Babylonis, veni ad regem, et in fine dierum rogavi regem.

7. Et veni in Jerusalem, et intellexi malum quod fecerat Eliasib Tobiæ, ut faceret ei thesaurum in vestibulis domus Dei.

8. Et malum mihi visum est valde ; et projeci vasa domus Tobiæ foras de gazophylacio ;

9. præcepique, et emundaverunt gazophylacia ; et retuli ibi vasa domus Dei, sacrificium, et thus.

10. Et cognovi quod partes levitarum non fuissent datæ, et fugisset unusquisque in regionem suam de levitis, et cantoribus, et de his qui ministrabant ;

11. et egi causam adversus magistratus, et dixi : Quare dereliquimus domum Dei ? Et congregavi eos, et feci stare in stationibus suis.

12. Et omnis Juda apportabat decimam frumenti, vini, et olei, in horrea.

13. Et constituimus super horrea Se-

---

riage, d'après VI, 18. Sur ce Tobie et son hostilité contre les Juifs, voyez II, 10 ; III, 35, etc. La conduite d'Éliasib n'avait absolument aucune excuse. — *Fecit sibi.* Hébr. : il lui fit (à Tobie) une grande chambre. Probablement pour lui servir d'habitation quand il venait à Jérusalem. — *In omnibus... his non fui...* (vers. 6). Parenthèse, pour expliquer comment un tel abus put avoir lieu. — *Anno trigesimo secundo.* L'an 433 avant J.-C. De cette date, rapprochée de II, 1, il résulte que Néhémie était resté douze années consécutives à Jérusalem sans revenir en Perse. — *Regis Babylonis.* Ce titre a paru surprenant à quelques exégètes, qui ont conjecturé que Néhémie l'emploie en ce récit parce qu'il aurait alors rejoint le roi et la cour à Babylone. Il est plus simple et plus vrai de dire qu'Artaxercès était en réalité, comme tous les rois de Perse, le successeur des monarques babyloniens. Comp. Esdr. VI, 22, où Darius, fils d'Hystaspe, est nommé pour un motif semblable « roi d'Assyrie ». — *In fine dierum.* Date très vague : après un certain temps. — *Rogavi regem.* L'objet de la

requête est déterminé par le contexte : Néhémie demanda et obtint un second congé.

7-9. Néhémie, de retour à Jérusalem, fait promptement cesser le scandale. — *Intellexi malum :* il en fut aussitôt frappé. La suite de la description révèle la peine, l'émotion qu'il ressentit : *projeci vasa... foras ; emundaverunt...*

4° Les revenus des lévites. XIII, 10-14.

10. Autre abus. Bien des maux s'étaient glissés dans le peuple pendant l'absence de Néhémie. — *Partes levitarum non... datæ :* contrairement à la loi, si précise sur ce point, et aux engagements formels que l'on avait pris récemment. Cf. X, 39. — Conséquence inévitable pour les lévites : *fugisset unusquisque... ;* ne pouvant plus vivre à Jérusalem, ils avaient dû rentrer dans leurs villes et se mettre à cultiver leurs terres. Cf. XII, 28 et ss. ; Num. XXXV, 2.

11-14. Comment Néhémie mit fin à ce second abus. — *Egi causam...* Il s'adresse d'abord aux plus coupables, aux représentants de la nation (*adversus magistratus*), pour leur reprocher leur faute. — *Congregavi eos.* Il rappelle ensuite

lemiam, sacerdotem, et Sadoc, scribam, et Phadaiam de levitis, et juxta éos Hanan, filium Zachur, filium Mathaniæ, quoniam fideles comprobati sunt ; et ipsis creditæ sunt partes fratrum suorum.

14. Memento mei, Deus meus, pro hoc ; et ne deleas miserationes meas quas feci in domo Dei mei, et in ceremoniis ejus.

15. In diebus illis vidi in Juda calcantes torcularia in sabbato, portantes acervos, et onerantes super asinos vinum, et uvas, et ficus, et omne onus, et inferentes in Jerusalem die sabbati ; et contestatus sum, ut in die qua vendere liceret, venderent.

16. Et Tyrii habitaverunt in ea, inferentes pisces, et omnia venalia ; et vendebant in sabbatis filiis Juda in Jerusalem.

17. Et objurgavi optimates Juda, et dixi eis : Quæ est hæc res mala quam vos facitis, et profanatis diem sabbati?

18. Numquid non hæc fecerunt patres

des greniers, Sélémias le prêtre, Sadoc, docteur de la loi, et Phadaïas d'entre les lévites, et avec eux Hanan, fils de Zachur, fils de Mathanias ; car ils avaient été reconnus fidèles, et la part de leurs frères leur fut confiée.

14. Souvenez-vous de moi, mon Dieu, à cause de cela, et n'effacez pas de votre souvenir les bonnes œuvres que j'ai faites dans la maison de mon Dieu et à l'égard de ses cérémonies.

15. En ce temps-là, je vis dans Juda des hommes qui foulaient le pressoir au jour du sabbat, qui portaient des gerbes et qui chargeaient sur des ânes du vin, des raisins, des figues et toutes sortes de choses, et les apportaient à Jérusalem le jour du sabbat. Et je leur ordonnai de ne vendre qu'au jour où il était permis de vendre.

16. Il y avait aussi des Tyriens domiciliés dans la ville, qui apportaient du poisson et toutes sortes de marchandises, et qui les vendaient dans Jérusalem aux fils de Juda les jours de sabbat.

17. Et je fis des reproches aux grands de Juda, et je leur dis : Quelle est cette mauvaise action que vous faites, et pourquoi profanez-vous le jour du sabbat?

18. N'est-ce pas ainsi qu'ont agi nos

tous les lévites à leur poste. — *Et omnis Juda...* (vers. 12-13). Il réorganise encore une fois ce qui concernait les redevances dues aux lévites, pour rendre sa réforme durable. — *Sadoc, scribam.*

Égyptiens apportant des poissons. (Fresque antique.)

Le même, croit-on, que Sédécias de x, 1. C'était le secrétaire de Néhémie. — *Juxta eos, Hanan...* Membres laïques de la commission. — *Memento met...* (vers. 14). Pieux soupir vers Dieu, entremêlé au récit. Cf. vers. 31, et v, 12. — *Ne deleas.* N'en efface pas le souvenir ; n'oublie pas.

5° Contre les profanateurs du repos sabbatique. XIII, 15-22.

15-16. Les faits. — *Vidi in Juda.* C.-à-d. sur

toute l'étendue du territoire habité par les Juifs. — *Calcantes..., portantes..., onerantes...* On osait en venir jusqu'à ce point de profanation ouverte, flagrante. Sur l'antique manière de pressurer le raisin en le foulant aux pieds, voyez l'*Atl. arch.*, pl. xxxvi, fig. 8. — *Inferentes in Jerusalem :* là même, dans la « ville sainte », dans la résidence du roi théocratique, le sabbat était effrontément violé. — *Tyrii habitaverunt... :* les descendants, peut-être, de ceux qu'on avait autrefois employés à la reconstruction du temple (cf. Esdr. iii, 7) et qui s'étaient fixés à Jérusalem. — *Inferentes pisces :* il leur était aisé de faire venir ce poisson, frais ou salé, des rivages phéniciens et autres. — *In sabbatis, filiis Juda, in Jerusalem.* Chacune de ces expressions est douloureusement soulignée.

17-18. Justes et sévères reproches de Néhémie aux chefs du peuple. — *Objurgavi optimates :* ils étaient responsables de cet abus comme du précédent. Cf. vers. 11. — *Numquid non... patres nostri...?* Comp. Jer. xvii, 21-27 ; prophétie connue de tous, et dont l'accomplissement avait été littéral, terrible.

pères? Et alors notre Dieu a fait tomber tous ces maux sur nous et sur cette ville. Et vous attirez encore sa colère sur Israël en violant le sabbat.

19. Et lorsque les portes de Jérusalem commencèrent à être en repos le jour du sabbat, j'ordonnai qu'on les fermât, et qu'on ne les ouvrît point jusqu'après le sabbat; et j'établis quelques-uns de mes serviteurs auprès des portes, afin que personne n'introduisît de fardeau le jour du sabbat.

20. Alors les marchands et ceux qui vendaient toutes sortes de choses demeurèrent une fois ou deux hors de Jérusalem.

21. Et je les réprimandai, et leur dis: Pourquoi demeurez-vous devant la muraille? Si cela vous arrive encore, je mettrai la main sur vous. Depuis ce temps ils ne vinrent plus le jour du sabbat.

22. J'ordonnai aussi aux lévites de se purifier, et de venir garder les portes, et de sanctifier le jour du sabbat. Souvenez-vous de moi, mon Dieu, pour ces choses aussi, et pardonnez-moi, selon la multitude de vos miséricordes.

23. En ce même temps je vis des Juifs qui épousaient des femmes d'Azot, d'Ammon et de Moab.

24. Et leurs enfants parlaient à demi la langue d'Azot et ne pouvaient parler juif, et leur langage tenait de la langue de ces deux peuples.

25. Je les repris fortement, et je les maudis. J'en frappai quelques-uns, je leur rasai la tête, et je les fis jurer au nom de Dieu qu'ils ne donneraient

nostri, et adduxit Deus noster super nos omne malum hoc, et super civitatem hanc? Et vos additis iracundiam super Israel violando sabbatum.

19. Factum est autem, cum quievissent portæ Jerusalem in die sabbati, dixi, et clauserunt januas, et præcepi ut non aperirent eas usque post sabbatum; et de pueris meis constitui super portas, ut nullus inferret onus in die sabbati.

20. Et manserunt negotiatores, et vendentes universa venalia, foris Jerusalem semel et bis.

21. Et contestatus sum eos, et dixi eis: Quare manetis ex adverso muri? Si secundo hoc feceritis, manum mittam in vos. Itaque ex tempore illo non venerunt in sabbato.

22. Dixi quoque levitis ut mundarentur, et venirent ad custodiendas portas, et sanctificandam diem sabbati. Et pro hoc ergo memento mei, Deus meus, et parce mihi secundum multitudinem miserationum tuarum.

23. Sed et in diebus illis vidi Judæos ducentes uxores Azotidas, Ammonitidas, et Moabitidas.

24. Et filii eorum ex media parte loquebantur azotice, et nesciebant loqui judaice; et loquebantur juxta linguam populi et populi.

25. Et objurgavi eos, et maledixi. Et cecidi ex eis viros, et decalcavi eos; et adjuravi in Deo ut non darent filias suas filiis eorum, et non acciperent de filia-

---

19-22. Mesures prises par Néhémie pour faire cesser le mal. — *Factum est...* Première mesure, radicale: la fermeture des portes de Jérusalem pendant toute la durée du sabbat, vers. 19. — *Quievissent portæ.* Dans l'hébreu: lorsqu'on eut fermé les portes de Jérusalem avant le sabbat. Par conséquent dès le vendredi soir au coucher du soleil, car c'est alors que le sabbat s'ouvrait. — *De pueris meis constitui...* En attendant que des postes réguliers de lévites fussent organisés (cf. vers. 22), Néhémie confie la garde des portes à ses propres serviteurs (cf. IV, 16, 23; V, 16). — *Et manserunt...* Deuxième mesure: menaces aux vendeurs, qui s'obstinaient à se présenter, vers. 20-21. — *Semel et bis...* Ils continuaient de venir quand même, espérant que Néhémie se relâcherait de sa première rigueur. Aussi crut-il devoir les menacer énergiquement. — *Dixi quoque...* (vers. 22*). Troisième mesure: la garde des portes confiée aux lévites, comme il l'avait été déjà décidé autrefois. Cf. VII, 1 et ss. — *Et vro*

hoc... *memento...* : encore l'humble et fervente prière.

6° Nouvelle prohibition des mariages mixtes. XIII, 23-29.

23-24. L'abus. — *Vidi Judæos.* Les transgresseurs paraissent n'avoir été qu'en petit nombre; néanmoins cet autre scandale existait aussi à l'état flagrant. — *Ex media parte loquebantur.* La moitié des enfants issus de ces mariages ne pouvaient donc parler que l'idiome de leurs mères, un idiome païen. — *Azotice:* le dialecte des Philistins, qui avait, paraît-il, beaucoup d'affinité avec celui des Égyptiens. Comp. saint Jérôme, *in Isaiam*, XIX, 18.

25-29. Néhémie réprime aussi cet abus. — Vers. 25, châtiment sévère des coupables. *Maledixi:* conformément aux clauses du récent contrat d'alliance; cf. X, 29-30. *Cecidi... decalcavi:* pour les punir et les humilier en même temps. *Adjuravi:* il leur fit renouveler leur serment au nom de Jéhovah. — Vers. 26-27: exhortations

bus eorum filiis suis, et sibimétipsis, dicens :

26. Numquid non in hujuscemodi re peccavit Salomon, rex Israel? Et certe in gentibus multis non erat rex similis ei, et dilectus Deo suo erat, et posuit eum Deus regem super omnem Israel; et ipsum ergo duxerunt ad peccatum mulieres alienigenæ.

27. Numquid et nos inobedientes faciemus omne malum grande hoc, ut prævaricemur in Deo nostro, et ducamus uxores peregrinas?

28. De filiis autem Joiada, filii Eliasib, sacerdotis magni, gener erat Sanaballat Horonites, quem fugavi a me.

29. Recordare, Domine Deus meus, adversum eos qui polluunt sacerdotium, jusque sacerdotale et leviticum.

30. Igitur mundavi eos ab omnibus alienigenis, et constitui ordines sacerdotum et levitarum, unumquemque in ministerio suo,

31. et in oblatione lignorum in temporibus constitutis, et in primitivis. Memento mei, Deus meus, in bonum. Amen.

point leurs filles aux fils des étrangers, et qu'ils ne prendraient point de leurs filles pour eux-mêmes ou pour leurs fils; et je leur dis :

26. N'est-ce pas ainsi que pécha Salomon, roi d'Israël? Cependant il n'y avait point de roi qui pût l'égaler dans tous les peuples. Il était aimé de son Dieu, et Dieu l'avait établi roi sur tout Israël; et néanmoins des femmes étrangères le firent tomber dans le péché.

27. Serons-nous donc aussi désobéissants, et commettrons-nous un si grand crime, et pécherons-nous contre notre Dieu en épousant des femmes étrangères?

28. Or parmi les fils de Joïada, fils d'Éliasib le grand prêtre, il y en avait un qui était gendre de Sanaballat l'Horonite, et je le chassai.

29. Seigneur mon Dieu, souvenez-vous de ceux qui violent le sacerdoce et la loi des prêtres et des lévites.

30. Je les purifiai donc de tous les étrangers, et je rétablis les prêtres et les lévites chacun dans son ordre et dans son ministère,

31. et ce qui concernait l'offrande des bois aux temps marqués, et les prémices. Souvenez-vous favorablement de moi, mon Dieu. Amen.

---

et reproches. Le funeste exemple de Salomon (cf. III Reg. XI, 4) était capable de produire une grande impression. — Vers. 28-29, un prêtre parmi les transgresseurs. *Gener erat Sanaballat ;* d'après l'hébreu : un des fils de Joïada... était gendre de Sanaballat. *Fugavi a me :* en l'exilant. Le verset 29 contient, à l'occasion de cette triste conduite d'un prêtre qui profanait tout l'ordre sacerdotal (*qui polluunt*...), une prière indignée. *Jus... sacerdotale ;* plutôt : le contrat du sacerdoce, c.-à-d. l'engagement qu'avaient contracté les prêtres de vivre dans une parfaite sainteté.

7° Conclusion du livre. XIII, 30-31.

C'est une récapitulation rapide des heureuses réformes que Néhémie avait pu opérer en Judée — *Igitur mundavi.* Cf. vers. 23-29 ; IX, 2, etc. — *Constitui ordines...* Comp. XI, 10-26. — *In oblatione lignorum.* Cf. X, 34, et le commentaire. — *In primitivis.* Cf. X, 36 et ss. — Le *memento mei* est ici plus modeste et plus touchant que jamais. « Magnam Nehemiæ pietatem spirat, » en a-t-on dit très justement. Et le livre entier dénote une âme vaillante, profondément dévouée à la gloire de Dieu et au bien de la nation juive, et ne reculant devant aucun obstacle pour procurer ce bien et cette gloire. Aussi Néhémie compte-t-il parmi les personnages les plus illustres du judaïsme.

LE LIVRE DE TOBIE

INTRODUCTION

1° *Le nom, le sujet, la division.* — Le nom est celui des deux héros du livre, qui en furent vraisemblablement aussi les auteurs [1]. Le titre varie néanmoins légèrement dans les différentes versions. En grec : Βίβλος λόγων Τοβίτ (ou Τωβείτ), parfois simplement Τοβίτ. Dans la Peschito syriaque : *Liber rerum Tobit*. Dans les traductions latines : *Liber Tobiæ*, ou *Tobias*, ou *Tobit et Tobias* [2], ou, ce qu'il y a de meilleur peut-être, *Liber utriusque Tobiæ*.

Le sujet, charmant et populaire, est bien connu : c'est l'histoire des deux Tobie et des merveilleuses bontés du Seigneur à leur égard. Le père, si saint, si éprouvé, si patient, si récompensé; le fils, bien saint aussi, qui sert d'instrument à Dieu pour faire cesser les malheurs soit de son père, soit de sa cousine Sara, et qui est lui-même étonnamment béni. Tout se résume en ces quelques mots.

La division peut être différemment présentée. Par exemple, « six sections formant autant de tableaux : 1° Vertus et épreuves de Tobie, ɪ, 1-ɪɪɪ, 6; 2° Vertus et épreuves de Sara, ɪɪɪ, 7-23; 3° Voyage du jeune Tobie en Médie, ɪɪɪ, 24-vɪ, 9; 4° Son mariage avec Sara, vɪ, 10-ɪx, 12; 5° Son retour à Ninive, x, 1-xɪ, 21; 6° Conclusion : manifestation de l'ange Raphaël, dernières années de Tobie, xɪɪ, 1-xɪv, 17 [3]. » Nous avons adopté le partage suivant : deux parties, dont la première, ɪ, 1-ɪɪɪ, 25, sert d'introduction au reste du livre, en décrivant, dès l'abord, les épreuves si cruelles de Tobie et de Sara; la seconde, ɪv, 1-xɪv, 17, raconte la façon toute providentielle dont Dieu mit fin à ces épreuves par l'intermédiaire du jeune Tobie. Pour les subdivisions de ces deux parties, nous admettons les sections ou tableaux qui viennent d'être indiqués [4]. Il est certain que ce petit livre « forme un tout parfaitement coordonné, et disposé avec un art admirable [5] ».

2° *Le but du livre de Tobie et son utilité.* — On peut distinguer le but principal et le but secondaire. La fin principale du livre est évidemment de démontrer que Dieu met parfois les justes dans le creuset de l'épreuve, mais qu'il transforme ensuite leurs maux en toute sorte d'avantages, même temporels, quand ils ont fait preuve de constance et de fidélité. Sous ce rapport, le livre de Tobie ne diffère de celui de Job que par la forme [6]. De part et d'autre, c'est

---

[1] Voyez plus bas, p. 334, au 3°.

[2] Sur cette différence de noms, voyez ɪ, 1, et le commentaire.

[3] *Manuel biblique*, t. II, n. 527.

[4] Voyez le commentaire, et notre *Biblia sacra*, p. 468-478.

[5] *Man. bibl.*, l. c.

[6] Comp. ɪɪ, 12 et ss. « Le livre de Tobie nous offre un tableau intime des vertus, des souffrances et des joies de l'exil de Tobie. Ce n'est pas le froid récit d'événements fortuitement rapprochés mais le tableau plein de simplicité et

une justification de la Providence divine; « mais, dans Job, le problème du mal est discuté théoriquement, ici il est résolu, pour ainsi dire, en action, par les incidents de la vie vulgaire [1]. »

Le but secondaire est de fournir « un parfait modèle de la vie domestique ». A ce titre notre livre a été justement appelé « le manuel des époux ». En effet, « l'exemple du jeune Tobie montre comment doivent se contracter et se célébrer les unions agréables à Dieu. L'humanité, l'amour paternel, la piété filiale, la douceur et la probité des deux Tobie sont le développement de la pensée fondamentale... Ainsi, ce livre devient le livre élémentaire des parents qui veulent fonder une famille agréable à Dieu, et marcher courageusement au-devant des épreuves de la vie [2]. »

Il abonde donc en nombreux enseignements moraux, qui ne le rendent pas moins utile qu'intéressant. Au point de vue historique, il nous fournit de très précieux détails sur la vie de famille chez les Hébreux, et sur la situation des Israélites déportés en Assyrie. Son importance n'est pas moindre pour le dogme, puisqu'il développe notablement ce que nous avions appris jusque-là dans l'Ancien Testament sur l'existence et le rôle des anges, bons ou mauvais, et en particulier sur les anges gardiens. Il ouvre enfin, dans le beau cantique du chap. XIII, de grandioses perspectives messianiques.

3° *L'auteur et l'époque.* — Dans le texte grec et la plupart des autres anciennes versions, Tobie l'ancien est mis directement en scène et parle à la première personne aux premières pages du livre (i, 2[b]-iii, 6)[3]. De plus, dans ce même texte grec, il est dit formellement, xii, 20, que l'ange Raphaël, avant de remonter au ciel, engagea les deux Tobie à écrire le récit des merveilles dont ils avaient été l'objet : γράψατε πάντα τὰ συντελεσθέντα εἰς βιβλίον [4]. Or il est tout naturel de supposer que cette recommandation fut religieusement exécutée; les éditions grecques l'insinuent même, en ajoutant, xiii, 1, que « Tobie écrivit une prière de louange », c'est-à-dire son beau cantique, ce qui implique qu'il joignit au chant d'action de grâces la narration des faits qui l'avaient occasionné [5]. Les exégètes catholiques anciens et modernes, s'appuyant sur ces données, ont admis pour la plupart que les deux Tobie sont les auteurs, en même temps que les héros, du livre qui porte leur nom, et ce sentiment n'a rien que de très vraisemblable, d'autant mieux qu'à tout instant de minutieux détails révèlent le témoin oculaire. A coup sûr, il faut faire exception pour les deux derniers versets (xiv, 16-17), qui racontent la mort du jeune Tobie, et qui furent ajoutés par quelqu'un de ses enfants.

L'époque de la composition du livre se trouve déterminée par là même; il remonte aux premiers temps de la déportation des Israélites du Nord en Assyrie, puisque Tobie paraît avoir vécu sous le règne de Salmanasar [6], vers la fin du viii° siècle avant J.-C.

4° *Caractère historique du livre.* — On le nie hautement dans le camp rationaliste, en réalité à cause des miracles qu'il raconte en si grand nombre. La plupart des commentateurs protestants adoptent cette même opinion, quoique

---

de grandeur des épreuves d'un homme juste et miséricordieux. Tobie est un second Job. » Haneberg, *Histoire de la révélation biblique*, t. II, p. 92 de la traduction française.

[1] *Man. bibl.*, t. II, p. 534.

[2] Haneberg, *l. c.*

[3] « Moi, Tobie, je marchais tous les jours de ma vie dans les voies de la vérité et de la justice, et je faisais de nombreuses aumônes à mes

frères, » etc.

[4] « Écrivez dans un livre tout ce qui s'est accompli. » La Vulgate dit *narrate*, au lieu de γράψατε.

[5] L'absence de ces détails dans la Vulgate n'enlève rien de leur importance à ces renseignements, car notre version latine abrège souvent, comme il sera dit plus bas.

[6] Voyez i, 2, et le commentaire.

en alléguant d'autres motifs, et ne voient dans le livre de Tobie qu'une fiction,
qu'un pieux roman.

L'objection tirée des miracles ne prouve absolument rien. Les autres seraient
plus sérieuses si elles étaient fondées; mais elles ne sont qu'apparentes et futiles ·
qu'il suffise de les indiquer ici, car la réfutation sera plus claire et mieux à sa
place dans le commentaire.

Le livre de Tobie contiendrait des erreurs géographiques. Ainsi la ville de
Ragès ne fut bâtie, d'après Strabon [1], que par Séleucus Nicator; elle ne peut
donc avoir existé au temps de Salmanasar. De plus, cette même ville est donnée,
III, 7, comme la résidence de Sara, tandis que, plus loin (IX, 6), Azarias est
envoyé du lieu qu'habitait Sara à Ragès [2].

Le livre de Tobie contiendrait des erreurs historiques. 1° D'après I, 18, Sennachérib serait fils de Salmanasar; ce qui est faux, puisqu'il était fils de Sargon [3].
2° Il est affirmé, I, 2, que Tobie, qui appartenait à la tribu de Nephthali, fut
déporté par Salmanasar, tandis que, d'après IV Reg. XV, 29, c'est Théglathphalasar qui emmena cette tribu en captivité [4].

Le livre de Tobie contiendrait des erreurs dogmatiques, dans ses assertions
relatives soit à l'ange Raphaël, soit au démon Asmodée. Mais, quand on examine
de près les choses sans idée préconçue, l'on voit que ces assertions sont en
parfaite conformité avec les autres passages de la Bible où il est question des
bons et des mauvais anges, et que, si elles ajoutent quelques traits nouveaux,
cela a lieu d'après le développement progressif de la révélation d'un livre à l'autre
de l'Ancien Testament.

Le livre de Tobie contiendrait des détails contraires à la saine morale, notamment le « mensonge » de l'ange (V, 18), des dires exagérés sur l'aumône
(IV, 11), etc.

Preuves bien faibles, auxquelles nous opposons les détails généalogiques [5],
historiques [6], géographiques, chronologiques, par lesquels le livre de Tobie se
présente lui-même à nous comme une réalité vécue, comme une série d'événements objectifs, comme l'opposé de la fiction et de l'allégorie.

5° La *canonicité* du livre de Tobie a été définie successivement par les conciles
de Trente [7] et du Vatican [8], et elle s'appuie sur une tradition irrécusable. Ce
petit volume manque, il est vrai, dans la Bible hébraïque, et c'est pourquoi on
le range parmi les écrits deutérocanoniques [9]; mais il était admis quand même
par les Juifs, puisqu'on le trouve dans la traduction des Septante, et que les
rabbins le citent volontiers [10]. Du reste, c'est des mains des Juifs que l'Église
chrétienne l'a reçu, et l'on ne comprend pas que les protestants le rejettent
comme apocryphe, dès lors que de nombreux Pères le mentionnent ouvertement
comme un livre inspiré, faisant partie intégrante de la Bible [11]. Nous pouvons
tirer un argument semblable des fresques des catacombes, qui reproduisent
presque en entier l'histoire de Tobie. « Ces représentations, si souvent répétées
dans la primitive Église alors que rien ne se faisait en ce genre, soit dans les
cimetières, soit dans les basiliques, sans l'autorité des pasteurs, prouvent jusqu'à
l'évidence que le livre de Tobie fut dès les premiers temps placé dans le canon
des Livres saints [12]. »

---

[1] *Geogr.*, XI, 12, 6.
[2] Voyez la note de III, 7.
[3] Voyez la note de ce passage.
[4] Voyez la note de I, 2.
[5] Voyez I, 1 et II, 22, dans le texte grec.
[6] Cf. I, 2, 5, 18, 24; XIII, 11; XIV, 6.
[7] Sess. IV.

[8] Sess. III, cap. II.
[9] Voyez le tome I, p. 13, et le *Man. bibl.*,
t. I, n. 30.
[10] Surtout dans le *Midraš B'rèšiṭ*.
[11] Voyez le *Man. bibl.*, t. I, nn. 31-33.
[12] Martigny, *Dictionnaire des antiquités chré-
tiennes*, 2e édit., p. 761.

6° *Texte primitif et traductions.* — Saint Jérôme, dans sa *Præfatio in Tobiam*, a écrit ces mots : *librum sermone chaldæo conscriptum ;* d'où l'on a conclu parfois que le livre de Tobie avait été écrit primitivement en chaldéen. Mais le saint docteur voulait dire seulement qu'il avait fait sa traduction sur un texte chaldéen. Aujourd'hui, l'on admet communément, et il est à peu près certain que la langue originale fut l'hébreu [1].

Ce texte primitif est depuis longtemps perdu [2], et les différentes versions anciennes qui en existent diffèrent tellement les unes des autres, qu'il est assez souvent impossible à la critique de reconstituer la leçon originale. Les traducteurs ont agi avec beaucoup de liberté : tel détail contenu dans la version grecque est omis par la Vulgate, ou réciproquement ; le même nom propre revêt les formes les plus multiples, etc. Mais hâtons-nous de dire que ces variantes n'atteignent que la surface, et nullement le fond du livre, qui est partout identiquement le même.

Parmi ces traductions, signalons la syriaque, l'italique, l'arménienne, la chaldéenne, mais surtout la grecque des Septante [3], et celle de saint Jérôme, que la Vulgate nous a transmise. Quoique cette dernière semble avoir fréquemment abrégé et résumé le texte original, c'est elle peut-être qui s'en rapproche le plus, et on la regarde comme excellente à tous les points de vue.

7° *Ouvrages à consulter.* — N. Serarius, *In libros Tobiam, Judith, Esther, Machabæos*, Mayence, 1599 ; F. Justinianus, *Tobias explanationibus historicis et documentis moralibus illustratus*, Rome, 1620 ; G. Sanctius, *In libros Ruth, Esdræ, Nehemiæ, Tobiæ*, etc., Lyon, 1628 ; l'abbé Gillet, *Tobie, Judith et Esther*, Paris, 1879. Pour les questions d'introduction, voyez Cornely, *Historica et critica Introductio in utriusque Testamenti libros sacros*, t. II, pp. 370 et suiv.

---

[1] L'opinion d'après laquelle le livre de Tobie aurait été composé en grec mérite à peine d'être mentionnée.

[2] Les deux textes hébreux que l'on possède sont des traductions, dont la plus ancienne parrait dater du v° siècle après J.-C.

[3] Il en existe trois recensions principales, qui correspondent à d'anciens manuscrits : le *Codex Vaticanus*, le *Sinaiticus* et l'*Alexandrinus*. Voyez le *Man. bibl.*, t. II, n. 523.

TOBIE

CHAPITRE I

1. Tobie, de la tribu et d'une ville de Nephthali, qui est dans la haute Galilée au-dessus de Naasson, derrière le chemin qui conduit à l'occident, ayant à sa gauche la ville de Séphet,

2. fut emmené captif au temps de Salmanasar, roi des Assyriens ; et, même dans sa captivité, il n'abandonna pas la voie de la vérité ;

1. Tobias ex tribu et civitate Nephthali, quæ est in superioribus Galilææ, supra Naasson, post viam quæ ducit ad occidentem, in sinistro habens civitatem Sephet,

2. cum captus esset in diebus Salmanasar, regis Assyriorum, in captivitate tamen positus, viam veritatis non deseruit,

---

PREMIÈRE PARTIE

Introduction : les épreuves de Tobie et de Sara. I, l — III, 25.

§ I. — Les vertus et les épreuves de Tobie.
I, 1 — III, 6.

1° Origine de Tobie, sa précoce piété. I, 1-8.
CHAP. I. — l. L'origine de Tobie. — *Tobias.* Dans le texte grec, Tobie l'ancien est appelé Τωβίτ ou Τωβείτ, et son fils porte le nom de Τωβίας. L'Itala et les Pères latins emploient la forme « Tobis » pour le père, celle de « Tobias » pour le fils. Ces noms diffèrent également dans les autres versions anciennes : seule la Vulgate applique soit au père, soit au fils, la dénomination identique de « Tobias », et elle dit même très expressément au verset 9 que le père « imposa son propre nom » à son fils. En réalité, même avec des variantes légères du texte grec, de l'Itala, etc., les deux noms ne diffèrent pas l'un de l'autre, car l'hébreu *Tôbi*, dont les Grecs ont fait Τωβίτ, est une abréviation de *Tôbiyah* (Τωβίας), dont la forme originale et complète était *l'ôbiyahu*, « bonté de Jéhovah. » Cf. Zach. VI, 16. — Immédiatement après ce nom, le texte grec et les traductions qui en dérivent citent la liste de quelques-uns des ancêtres paternels de Tobie : « Livre de l'histoire de Tobie, fils d'Ananiel, fils d'Aduel, fils de Gabaël, fils de Raphaël, fils de Raguël, de la race d'Asiel, de la tribu de Nephthali. » — *Civitate Nephthali.* C.-à-d. d'une ville du territoire de Nephthali (Jos. XIX, 32-37 ; *Atl. géogr.*, pl. VII). D'après les LXX : ἐκ Θίσβης, de Thesbé, la patrie du prophète Élie. Cf. III Reg. XVII, 1. — Les mots suivants, *quæ est...,* ont pour

but de mieux déterminer l'emplacement de la ville en question. *In superioribus Galilææ :* c.-à-d. la haute Galilée, ainsi nommée à cause de ses montagnes plus élevées ; c'était la partie la plus septentrionale du territoire. Le grec ajoute que Thesbé était située à droite, ce qui signifie, d'après le système d'orientation des Hébreux, au sud, de Κυδίως (Josèphe a Κύδισσα) ; quelques manuscrits de l'Itala, « Cydissus »), vraisemblablement Cadès de Jos. XII, 22 et XIX, 37, aujourd'hui Kédès (*Atl. géogr.*, pl. VII, XII). *Supra Naasson :* le grec porte Ἀσήρ ou Ἀσώρ ; il s'agit peut-être d'Aser, ville de Nephthali que les écrivains sacrés associent en plusieurs endroits à Cadès (cf. Jos. XIX, 36-37 ; IV Reg. XV, 19). *Post viam... ad occidentem :* d'où il résulte que la patrie de Tobie était à l'ouest de Naasson ou d'Aser. *In sinistro habens :* c.-à-d. au nord. La ville de *Sephet* n'est mentionnée qu'en cet endroit de la Bible (encore le grec lit-il « Phogor ») ; aujourd'hui Safed, à environ quatre heures au nord-ouest de Kédès, au sommet d'une haute montagne.

2-3. Tobie est déporté en Assyrie ; sa conduite en exil. — *Captus esset.* Dans le grec : ἠχμαλωτεύθη, lorsqu'il eut été conduit en captivité. — *In diebus Salmanasar.* Sur ce célèbre monarque assyrien, voyez IV Reg. XVII, 3 et ss. — *In diebus Salmanasar.* Tobie, fils d'Aduel, fils de Gabaël, fils de Raphaël, attribue à Théglath-Phalasar, IV Reg. XV, 29, la déportation de « tout le pays de Nephthali » ; mais il n'a nullement voulu dire que les habitants furent tous emmenés captifs d'une manière absolue, et une seconde déportation eut lieu, en effet, sous Salmanasar, après la prise de Samarie par les Assy-

COMMENT. — III.

3. ita ut omnia quæ habere poterat, quotidie concaptivis fratribus, qui erant ex ejus genere, impertiret.

4. Cumque esset junior omnibus in tribu Nephthali, nihil tamen puerile gessit in opere.

5. Denique cum irent omnes ad vitulos aureos quos Jérobam fecerat, rex Israel, hic solus fugiebat consortia omnium ;

6. sed pergebat in Jerusalem ad templum Domini, et ibi adorabat Dominum, Deum Israel, omnia primitiva sua et lecimas suas fideliter offerens,

7. ita ut in tertio anno proselytis et advenis ministraret omnem decimationem.

8. Hæc, et his similia, secundum legem Dei, puerulus observabat.

9. Cum vero factus esset vir, accepit uxorem Annam de tribu sua, genuitque ex ea filium, nomen suum imponens ei.

10. Quem ab infantia timere Deum

---

3. en sorte qu'il distribuait tous les jours ce qu'il pouvait avoir à ses frères, à ceux de sa nation qui étaient captifs avec lui.

4. Et quoiqu'il fût le plus jeune de tous dans la tribu de Nephthali, il ne fit rien paraître de puéril dans ses actes.

5. Car lorsque tous allaient aux veaux d'or que Jéroboam, roi d'Israël, avait faits, il fuyait seul la compagnie de tous.

6. Et il allait à Jérusalem au temple du Seigneur, et il y adorait le Seigneur, le Dieu d'Israël, offrant fidèlement les prémices et les dîmes de tous ses biens,

7. et, la troisième année, il distribuait toute sa dîme aux prosélytes et aux étrangers.

8. Il observait ces choses et d'autres semblables conformément à la loi de Dieu, n'étant encore qu'un enfant.

9. Mais, lorsqu'il fut devenu homme, il épousa une femme de sa tribu, nommée Anne, et en eut un fils auquel il donna son nom.

10. Et il lui apprit dès son enfance

---

riens. Cf. IV Reg. xvii, 6 ; xviii, 9 et ss. — *Viam veritatis :* la voie conforme à la vérité, à la vraie religion. Manière de dire que, même sur la terre d'exil, Tobie demeura en tout point fidèle à la loi théocratique. — *Ita ut omnia...* Le narrateur met surtout en relief, dès le début, la charité de Tobie envers ses frères, trait caractéristique de sa piété. Cf. vers. 15, 19 et ss. Dans le grec : Je donnais beaucoup d'aumônes à mes frères. Et tel est ici le sens des mots *quæ habere poterat :* tout ce qu'il avait de disponible pour ses saintes largesses, non pas toute sa fortune (voyez le vers. 19). — *Ex ejus genere.* Dans le sens large, pour désigner tous les Israélites ; de même au vers. 17, etc.

4-8. Notes rétrospectives sur la piété précoce de Tobie. — *Cumque... junior...* L'écrivain sacré remonte de quelques années en arrière, pour citer quelques beaux traits de la vertu de son héros. Rien d'étonnant que Tobie fût si saint en exil ; il l'avait toujours été. — *Omnibus* n'est pas dans le grec, où nous lisons simplement : lorsque j'étais jeune. L'expression hyperbolique de la Vulgate signifie que Tobie dépassait en vertu tous ses compatriotes, même ceux qui étaient plus âgés que lui, et qu'il ne se laissa pas influencer, à la manière des enfants et des jeunes gens, par leurs mauvais exemples (*nihil... puerile...*). — *Denique* a ici et en d'autres endroits de la Vulgate (cf. vers. 21 ; Deut. ii, 11 ; Judith, xi, 1, etc.) le sens de « etenim », qu'il avait d'ailleurs dans le bas latin des jurisconsultes. — *Cum irent omnes..., hic solus...* Autre hyperbole qu'il ne faut pas prendre absolument à la lettre. Cf. Ps. xiii, 3 ; Phil. ii, 21, etc. De

même aux vers. 11 et 12. Le grec ajoute d'ailleurs plus bas (v, 13 du manuscrit sinaïtique) que deux autres jeunes Galiléens, Ananie et Nathan, allaient avec Tobie à Jérusalem, pour prier dans le temple. — *Ad vitulos... Jeroboam.* Voyez III Reg. xii, 26-33, et le commentaire. — *Pergebat in Jerusalem.* « Aux jours de fête, » comme le disent expressément le grec, l'Itala, etc. ; c.-à-d. à l'occasion des trois grandes solennités de la Pâque, de la Pentecôte et des Tabernacles, comme l'exigeait la loi. Voyez Ex. xxiii, 14, 17. — *Primitiva :* les prémices de divers genres ; cf. Ex. xxiii, 19 ; Num. xviii, 15 ; Deut. xviii, 3-4, etc. — *Decimas :* la dîme en général, qui devait être payée aux lévites, d'après Lev. xxvii, 30 et ss. ; Num. xviii, 21, etc. *Decimationem :* une dîme spéciale, que l'on était tenu de distribuer tous les trois ans aux pauvres et aux étrangers (*proselytis...*). Cf. Deut. xiv, 18 et ss. — Conclusion et récapitulation, vers. 8 : *hæc et... similia...*

2° Mariage de Tobie. I, 9-10.

9-10. *Uxorem de tribu...* Le mariage entre les membres d'une même tribu n'était rigoureusement exigé par la loi que lorsqu'il s'agissait des filles héritières (cf. Num. xxxvi, 6 et ss.) ; mais, dans la pratique, on avait généralisé cette règle, et on regardait même comme une marque de piété, conforme aux traditions patriarcales, de se marier entre parents (bien entendu, en tenant compte des degrés prohibés ; cf. Lev. xviii, 6 et ss., et le commentaire). Aussi le texte grec dit-il formellement qu'Anne était non seulement de la tribu, mais encore de la famille (πατρία) de Tobie. Voyez la note de iv, 13.

à craindre Dieu, et à s'abstenir de tout péché.

11. Lors donc qu'ayant été emmené captif avec sa femme, son fils et toute sa tribu, il fut arrivé dans la ville de Ninive,

12. quoique tous mangeassent des mets des gentils, il garda néanmoins son âme, et il ne se souilla jamais de leurs mets.

13. Et parce qu'il se souvint de Dieu de tout son cœur, Dieu lui fit trouver grâce devant le roi Salmanasar,

14. qui lui donna pouvoir d'aller partout où il voudrait, et la liberté de faire ce qu'il lui plairait.

15. Il allait donc trouver tous ceux qui étaient captifs, et leur donnait des avis salutaires.

16. Or il vint à Ragès, ville des Mèdes, ayant dix talents d'argent qui provenaient des dons qu'il avait reçus du roi.

17. Et parmi le grand nombre de ceux de sa race, voyant que Gabélus, qui était de sa tribu, était dans le besoin, il lui donna sous son seing cette somme d'argent.

docuit, et abstinere ab omni peccato

11. Igitur cum per captivitatem de-venisset cum uxore sua, et filio in ci vitatem Niniven cum omni tribu sua,

12. cum omnes ederent ex cibis gentilium, iste custodivit animam suam, et nunquam contaminatus est in escis eorum.

13. Et quoniam memor fuit Domini in toto corde suo, dedit illi Deus gratiam in conspectu Salmanasar regis,

14. et dedit illi potestatem quocumque vellet ire, habens libertatem quæcumque facere voluisset.

15. Pergebat ergo ad omnes qui erant in captivitate, et monita salutis dabat eis.

16. Cum autem venisset in Rages, ci vitatem Medorum, et ex his quibus honoratus fuerat a rege habuisset decem talenta argenti,

17. et cum in multa turba generis sui Gabelum egentem videret, qui erat ex tribu ejus, sub chirographo dedit illi memoratum pondus argenti.

3° Tobie à Ninive sous le règne de Salmanasar. I, 11-17.

11-12. Il demeure fidèle à la loi en captivité. — *Igitur* renoue le fil interrompu du récit. Cf. vers. 2-3. — *Per captivitatem devenisset.* Locution latine extraordinaire; il en existe un certain nombre dans ce livre, empruntées à l'Itala. Pour la masse d'Israël, l'exil était un châtiment divin (cf. IV Reg. XVII, 7 et ss.); pour Tobie, ce fut une épreuve, destinée à faire briller davantage et à récompenser toutes ses vertus (vers. 12, 13, etc.). — *Cum uxore et filio.* D'après le Codex sinaït., le jeune Tobie ne serait né qu'en exil. — *In Niniven.* Précieux renseignement, qui complète celui de IV Reg. XVII, 6. Tous les Israélites ne furent pas déportés « à Hala, et près du Chabor,... et dans les villes des Mèdes »; Salmanasar en envoya aussi une nombreuse co-'onie à Ninive même. — *Cum omni tribu...* C.-à-d. que Tobie rejoignit dans la capitale assy-rienne ceux de sa tribu qui y avaient été dé-portés avant lui par Théglath-Phalasar ; ou, plus probablement, que les Nephthalites emmenés pri-sonniers par Salmanasar eurent tous leur rési-dence à Ninive (note du vers. 2). — *Ederent ex cibis gentilium.* Trait qui dénote une haute piété et un courage héroïque. Cf. Dan. I, 8. Les autres Juifs se croyaient dispensés d'une loi dont l'exécution était devenue extrêmement difficile au milieu d'un pays païen, et ils ne distinguaient plus entre les mets purs et impurs ; Tobie de-meura fidèle quand même (*contaminatus est*, l'expression technique). Cf. Lev. XXII, 8.

13-14. Faveur singulière accordée à Tobie par Salmanasar. — *Memor fuit Domini.* Expression qui désigne une parfaite obéissance à toutes les lois divines. Cf. XIV, 11. — *Dedit illi gratiam.* Fréquent hébraïsme : il lui fit gagner la faveur du roi. — *Dedit* (Salmanasar) changement de sujet à l'orientale) *illi potestatem...* D'après le grec, Tobie devint l'ἀγοραστής du roi, son four-nisseur attitré. C'est ce que dit très nettement l'Itala : Et le lui achetais pour son usage tout ce qu'il voulait. — *Quocumque... ire* : pour ses emplettes ; ce qui suppose que les autres Israé-lites étaient internés.

15-17. Saint usage que Tobie faisait de sa liberté. — L'idée générale au verset 15. *Ad omnes qui... :* vers les autres Hébreux déportés dans les contrées assyriennes. — *Cum autem...* Vers. 16-17, un fait spécial, d'une grande importance pour la suite du récit. — *Rages* (Ῥαγαί). Ville antique, située dans la Médie orientale, bien loin de Ninive, au sud de la mer Caspienne, à dix jours au nord-est d'Ecbatane (pl. VIII ; voyez le cartouche du bas de la carte). Séleucus Nicator, qui régna de 312 à 280 avant J.-C., l'agrandit et lui donna le nom d'Europe (Stra-bon, l. XII); mais il n'en fut nullement le fon-dateur, comme on l'a parfois prétendu pour at-taquer l'authenticité du livre de Tobie. — *Ex his quibus honoratus...* « Honoré », dans le sens de gratifié. Cf. Num. XXII, 17 ; I Tim. V, 17, etc. Nous disons de même : « honoraires. » — *De-cem talenta argenti.* Somme considérable, puis-que le talent d'argent valait environ 8 500 fr.

18. Post multum vero temporis, mortuo Salmanasar rege, cum regnaret Sennacheriþ, filius ejus, pro eo, et filios Israel exosos haberet in conspectu suo,

19. Tobias quotidie pergebat per omnem cognationem suam, et consolabatur eos, dividebatque unicuique, prout poterat, de facultatibus suis.

20. Esurientes alebat, nudisque vestimenta præbebat, et mortuis atque occisis sepulturam sollicitus exhibebat.

21. Denique cum reversus esset rex Sennacherib, fugiens a Judæa plagam quam circa eum fecerat Deus propter blasphemiam suam, et iratus multos occideret ex filiis Israel, Tobias sepeliebat corpora eorum.

22. At ubi nuntiatum est regi, jussit eum occidi, et tulit omnem substantiam ejus.

23. Tobias vero cum filio suo et cum uxore fugiens, nudus latuit, quia multi diligebant eum.

24. Post dies vero quadraginta quinque occiderunt regem filii ipsius;

25. et reversus est Tobias in domum suam, omnisque facultas ejus restituta est ei.

18. Mais, longtemps après, le roi Salmanasar étant mort, et Sennachérib, son fils, qui régna après lui, ayant une grande haine contre les fils d'Israël,

19. Tobie allait visiter presque tous les jours tous ceux de sa parenté, les consolait, et distribuait de son bien à chacun d'eux selon son pouvoir.

20. Il nourrissait ceux qui avaient faim, il donnait des vêtements à ceux qui étaient nus, et ensevelissait soigneusement ceux qui étaient morts ou qui avaient été tués.

21. Car le roi Sennachérib étant revenu de la Judée, fuyant la plaie dont Dieu l'avait frappé pour ses blasphèmes, il faisait tuer dans sa colère beaucoup des fils d'Israël, et Tobie ensevelissait leurs corps.

22. Mais, lorsque le roi l'apprit, il ordonna de le tuer, et il lui ôta tout son bien.

23. Alors Tobie s'enfuit avec son fils et sa femme, et, dépouillé de tout, il put se cacher, parce qu'un grand nombre l'aimaient.

24. Quarante-cinq jours après, le roi fut tué par ses fils ;

25. et Tobie revint dans sa maison, et on lui rendit tout son bien.

— *Sub chirographo dedit :* à simple titre de dépôt, d'après le texte grec.

4° Tobie à Ninive sous le règne de Sennachérib. I, 18-25.

18-22. Sennachérib persécute les Juifs ; noble conduite de Tobie envers ses frères malheureux. — *Post multum... temporis :* onze ans, si Tobie fut déporté en 722, l'année de la prise de Samarie par Salmanasar, car Sennachérib monta sur le trône en 711. — *Sennacherib.* Sur ce prince, voyez la note de IV Reg. xviii, 13. Il était en réalité fils et successeur de Sargon ; le mot « fils » est donc pris dans l'acception large de l'Orient. — *Exosos haberet :* même avant l'humiliation qu'il reçut en Judée. Cf. vers. 21. Le motif de cette haine fut sans doute l'alliance conclue entre Ézéchias et l'Égypte contre l'Assyrie. Comp. IV Reg. xviii, 21, et le commentaire. — *Quotidie pergebat...* Dans ces circonstances douloureuses, la charité fraternelle de Tobie trouva mille occasions de se manifester. — *Per omnem cognationem.* Ici, tous ses compatriotes et coreligionnaires. — *Consolabatur :* l'aumône spirituelle, pieusement associée aux secours extérieurs et temporels. Cf. vers. 15. — *Mortuis... sepulturam.* Les anciens, et les Hébreux tout particulièrement, en tant que peuple saint, regardaient la privation de sépulture comme une grande ignominie, et c'est là, en effet, une chose qui répugne extrêmement à la dignité humaine.

Cf. xii, 12 ; III Reg. xiv, 11 ; Eccli. xxxviii, 16 ; Jer. xvi, 4, etc. Aussi l'action d'ensevelir les morts était-elle déjà rangée parmi les œuvres de miséricorde les plus méritoires, d'autant mieux, comme s'exprime saint Bernard, qu' « elle ne respire pas moins l'humilité que l'humanité ». Et Tobie l'accomplissait au milieu de réels dangers. Cf. vers. 22. — *Occisis.* Voyez le vers. 21. — *Denique* dans la signification de « car », de même qu'au vers. 5. — *Reversus... Sennacherib... :* fuite honteuse, à la suite de l'anéantissement de son armée par l'ange de Jéhovah. Cf. IV Reg. xix, 35 ; II Par. xxxii ; Is. xxxvi-xxxvii. — *Propter blasphemiam.* Voyez encore IV Reg. xix, 10-13, 29 ; I Mach. vii, 41.

22-25. Tobie est aussi persécuté par le roi d'Assyrie. — *Jussit...* Arrêt de mort, puis confiscation des biens. — . *Nudus* au figuré : dépouillé de sa brillante fortune. — *Quia multi diligebant.* Explication de *latuit.* Tobie ne put échapper aux recherches du roi que grâce à l'assistance des nombreux amis que lui avaient conquis ses bienfaits. — *Post dies... quadraginta quinque :* à compter, non pas depuis le retour de Sennachérib à Ninive, car les monuments assyriens nous apprennent qu'il vécut environ vingt ans encore après sa terrible défaite, mais depuis la fuite de Tobie. Le grec dit quarante jours. — *Reversus... Tobias.* D'après les autres textes, Tobie aurait dû cette faveur à l'influence

CHAPITRE II

1. Or, après cela, comme c'était un jour de fête du Seigneur, un grand repas fut préparé dans la maison de Tobie;

2. et il dit à son fils : Allez, et amenez quelques-uns de notre tribu qui craignent Dieu, afin qu'ils mangent avec nous.

3. Son fils partit, et revint lui annoncer qu'un des fils d'Israël gisait égorgé dans la rue. Tobie se leva aussitôt de table, et laissant là le repas, arriva à jeun auprès du cadavre.

4. Il l'enleva et l'emporta secrètement dans sa maison, afin de l'ensevelir avec précaution lorsque le soleil serait couché.

5. Et après avoir caché le corps, il se mit à manger avec larmes et tremblement,

6. se souvenant de cette parole que le Seigneur avait dite par le prophète Amos : Vos jours de fête se changeront en lamentation et en deuil.

7. Et lorsque le soleil fut couché, il alla l'ensevelir.

8. Or tous ses proches le blâmaient,

1. Post hæc vero, cum esset dies festus Domini, et factum esset prandium bonum in domo Tobiæ,

2. dixit filio suo : Vade et adduc aliquos de tribu nostra, timentes Deum, ut epulentur nobiscum.

3. Cumque abiisset, reversus nuntiavit ei unum ex filiis Israel jugulatum jacere in platea. Statimque exiliens de accubitu suo, relinquens prandium, jejunus pervenit ad corpus;

4. tollensque illud, portavit ad domum suam occulte, ut, dum sol occubuisset, caute sepeliret eum.

5. Cumque occultasset corpus, manducavit panem cum luctu et tremore,

6. memorans illum sermonem quem dixit Dominus per Amos prophetam : Dies festi vestri convertentur in lamentationem et luctum.

7. Cum vero sol occubuisset, abiit et sepelivit eum.

8. Arguebant autem eum omnes proxi-

---

de son cousin Achiacharos (Achior de la Vulgate, XI, 20), qui exerçait les fonctions importantes de grand échanson, de garde des sceaux et de ministre des finances d'Asarhaddon, fils et successeur de Sennachérib. — *Omnisque facultas...* La Vulgate est seule à signaler ce trait d'une manière directe.

5° Zèle de Tobie pour ensevelir les morts. II, 1-10.

Chap. II. — 1-2. Transition : repas solennel chez Tobie à l'occasion d'une fête religieuse. — *Dies festus Domini.* D'après les autres textes, la Pentecôte, fête durant laquelle la loi recommandait (Deut. XVI, 10) de fraternelles agapes célébrées à Jérusalem. Même sur la terre d'exil, Tobie se conformait en tous points à l'esprit de la loi. — *Timentes Deum.* Avant ces mots, le grec et l'Itala intercalent : ἐνδεῆ, « pauperem ex fratribus nostris. » L'invitation devait donc être adressée de préférence à de pauvres et pieux Israélites.

3-7. Tobie se retire du festin pour aller ensevelir un mort. — *Jugulatum.* D'après le grec et l'Itala : étranglé. Quoique meilleure qu'au temps de Sennachérib (cf. I, 18-23), la situation des Israélites déportés en Assyrie fut loin d'être excellente sous le règne d'Asarhaddon : ce trait ne le démontre que trop bien (comp. le vers. 9). La vie des Juifs était regardée comme peu de chose, et on les massacrait sans pitié, soit par ordre supérieur, soit pour satisfaire des senti-

ments de vengeance privée. Aussi Tobie, quoique gracié (I, 25), n'exerçait-il pas sans péril son ministère de charité. Cf. vers. 4, 8-9. — *Statim... exiliens :* expression vivante, qui décrit bien toute la vivacité de son zèle. — *De accubitu... :* du divan sur lequel il était étendu, suivant la coutume orientale. Cf. Cant. I, 4; Luc. XIV, 7, etc., et l'*Atl. arch.,* pl. XXII, fig. 4, 6, etc. — *Portavit ad domum suam.* Mieux, d'après le grec, « dans quelque construction » (εἴς τι οἴκημα), et non pas dans sa propre maison, qu'il aurait par là même rendue impure pendant sept jours (cf. Num. XIX, 4). — *Caute sepeliret :* avec précaution, pendant la nuit, pour accomplir son acte miséricordieux sans être vu. — A la suite des mots *cum... occultasset corpus,* le texte grec ajoute que Tobie « se lavait », pratiquant ainsi tout ce qu'il pouvait des ablutions lévitiques exigées en pareil cas. Cf. Num. XIX, 12 et ss. — *Manducavit panem :* l'hébraïsme accoutumé, pour signifier « prendre de la nourriture ». Cf. Gen. XXXI, 54; XXXVII, 25, etc. — *Cum luctu...* La joie de la fête avait été troublée pour ce cœur délicat et compatissant. Il mangeait seul, pour ne pas communiquer aux autres l'impureté qu'il avait contractée. — *Per Amos prophetam.* Comp. Am. VIII, 10. Le texte cité concerne directement la ruine de tout le peuple juif ; l'application spéciale que s'en faisait Tobie était cependant pleine de vérité.

8-9. Les amis de Tobie, craignant pour sa vie,

mu ejus, dicentes : Jam hujus rei causa interfici jussus es, et vix effugisti mortis imperium ; et iterum sepelis mortuos?

9. Sed Tobias, plus timens Deum quam regem, rapiebat corpora occisorum, et occultabat in domo sua, et mediis noctibus sepeliebat ea.

10. Contigit autem ut quadam die fatigatus a sepultura, veniens in domum suam, jactasset se juxta parietem, et obdormisset,

11. et ex nido hirundinum dormienti illi callida stercora inciderent super oculos ejus, fieretque cæcus.

12. Hànc autem tentationem ideo permisit Dominus evenire illi, ut posteris daretur exemplum patientiæ ejus, sicut et sancti Job.

13. Nam cum ab infantia sua semper Deum timuerit, et mandata ejus custodierit, non est contristatus contra Deum quod plaga cæcitatis evenerit ei ;

en disant : Déjà, pour ce sujet, on a ordonné de vous faire mourir, et vous n'avez échappé qu'avec peine à l'arrêt de mort, et de nouveau vous ensevelissez les morts ?

9. Mais Tobie, craignant plus Dieu que le roi, emportait les corps de ceux qui avaient été tués, les cachait dans sa maison, et les ensevelissait au milieu de la nuit.

10. Or il arriva un jour que, s'étant fatigué à ensevelir les morts, il revint dans sa maison, se coucha près d'une muraille et s'endormit ;

11. et pendant qu'il dormait, il tomba d'un nid d'hirondelle de la fiente chaude sur ses yeux ; ce qui le rendit aveugle.

12. Dieu permit que cette épreuve lui arrivât, pour que sa patience servît d'exemple à la postérité, comme celle du saint homme Job.

13. Car, ayant toujours craint Dieu dès son enfance, et ayant gardé ses commandements, il ne s'attrista pas contre Dieu de ce qu'il l'avait affligé par cette cécité ;

---

lui recommandent, mais en vain, de renoncer à ses saintes pratiques. — *Arguebant*. Cette expression marque des reproches, un vrai blâme, dont Tobie dut être vivement affligé. Cf. vers. 15 et ss. — *Proximi*. Les « parentes et cognati » du vers. 15 ; tous ceux qui voyaient de près la conduite du saint homme. — *Plus timens Deum...* Trait digne de notre humble mais vaillant héros. Ce vers. 9 et la première moitié du 10e manquent dans les autres textes.

6° Tobie devient aveugle ; son admirable patience dans l'adversité. II, 10-18.

10-11. La cécité. — *Quadam die*. D'après le texte grec, ce nouvel incident eut lieu aussi le jour de la Pentecôte (note du vers. 1), à la suite de l'épisode qui vient d'être raconté. — *Fatigatus a sepultura*. Point qu'il est important de noter : le trait le plus remarquable de la vertu de Tobie va devenir l'occasion de son immense malheur. — *Juxta parietem*. Dans le grec, d'une manière plus précise : Je m'en allai dans ma cour, et je dormis près du mur de la cour, et mon visage n'était pas couvert (l'Itala ajoute : à cause de la chaleur). C'est encore à cause de sa souillure légale que Tobie n'entra pas dans l'intérieur de sa maison au retour de sa funèbre fonction, mais qu'il passa le reste de la nuit dans la cour intérieure. — *Ex nido hirundinum*. Στρουθία du grec (Itala : « passeres ») désigne en général les petits oiseaux, comme l'hébreu *çippôrim*, et surtout les passereaux ; les hirondelles ne sont pas exclues. — *Dormienti illi*. Un des textes grecs ajoute que Tobie ouvrit alors les yeux ; la fiente y pénétra donc sans peine, et amena, soit par elle-même, soit par

suite du frottement, une inflammation d'où résulta peu à peu une complète cécité. En effet, les autres versions disent clairement que Tobie ne perdit pas la vue tout à coup, mais d'une façon graduelle, malgré les soins multiples des médecins. « Et ibam ad medicos, ut curarer, et quanto mihi medicamenta imponebant, tanto magis excæcabantur oculi mei maculis, donec perexcæcatus sum » (Itala). Voir dans les anciens exégètes (Serarius, Celada, Calmet, etc.) de nombreuses hypothèses sur la manière dont la cécité put être produite par un accident si léger en apparence : qu'il nous suffise d'affirmer que le fait n'a rien d'impossible. — *Fieret cæcus*. Pour marquer la cécité, le grec emploie le mot λευκώματα (Itala : « albugines ») ; elle aurait donc consisté, suivant les uns, en des taches blanchâtres sur la cornée ; selon d'autres, dont la suite du récit paraît confirmer le sentiment (cf. xi, 14-15), en une petite taie blanche semblable à la membrane intérieure des œufs.

12-18. La patience de Tobie, égale à celle de Job. Ces beaux versets n'ont rien qui leur corresponde dans le grec et l'Itala. — Vers. 12, le plan divin dans les malheurs de Tobie ; *ut... exemplum patientiæ...* ; exemple magnifique, qui continue de produire d'heureux fruits de salut. *Sicut et sancti Job* : voyez Job, I-II ; les vers. 13 et ss. développent cette comparaison. — Vers. 13-14 : Tobie, comme Job, affligé malgré son innocence, et souffrant sans se plaindre (*non est contristatus...*) ; bien plus, souffrant en bénissant Dieu (*agens gratias...*). Cf. Job, I, 21. — Vers. 15-18 : Tobie, comme Job, abandonné et même insulté par ses amis. *Insultabant reges :* les

14. mais il demeura immobile dans la crainte du Seigneur, rendant grâces à Dieu tous les jours de sa vie.

15. Et de même que des rois insultaient au bienheureux Job, ainsi ses parents et ses proches se raillaient de sa conduite, en disant :

16. Où est votre espérance pour laquelle vous faisiez tant d'aumônes et de sépultures?

17. Mais Tobie, les reprenant, leur disait : Ne parlez pas ainsi ;

18. car nous sommes enfants des saints, et nous attendons cette vie que Dieu doit donner à ceux qui ne changent jamais leur foi envers lui.

19. Mais Anne, sa femme, allait tous les jours faire de là toile, et apportait du travail de ses mains ce qu'elle pouvait gagner pour vivre.

20. Il arriva donc qu'ayant reçu un jour un chevreau, elle l'apporta à la maison.

21. Et son mari, l'ayant entendu bêler, dit : Prenez garde qu'il n'ait été dérobé ;

14. sed immobilis in Dei timore permansit, agens gratias Deo omnibus diebus vitæ suæ.

15. Nam sicut beato Job insultabant reges, ita isti parentes et cognati ejus irridebant vitam ejus, dicentes :

16. Ubi est spes tua, pro qua eleemosynas et sepulturas faciebas?

17. Tobias vero increpabat eos, dicens : Nolite ita loqui ;

18. quoniam filii sanctorum sumus, et vitam illam expectamus quam Deus daturus est his qui fidem suam nunquam mutant ab eo.

19. Anna vero, uxor ejus, ibat ad opus textrinum quotidie, et de labore manuum suarum victum quem consequi poterat deferebat.

20. Unde factum est ut hædum caprarum accipiens detulisset domi ;

21. cujus cum vocem balantis vir ejus audisset, dixit : Videte, ne forte furtivus

---

LXX, dans leur traduction de Job, II, 11, donnent ce même titre de roi aux trois amis du saint patriarche ; ils n'étaient sans doute, et lui aussi, que de simples cheïks ou émirs arabes. — *Parentes :* dans le sens large et analogue de notre mot « parents ». — *Irridebant...* Le grec et l'Itala supposent, au contraire, que les proches de Job compatissaient à ses maux (It. : « dolebant pro me ») ; mais l'ensemble du récit favorise la traduction de la Vulgate. — *Vitam ejus :* sa conduite si sainte, qui lui avait attiré tant de malheurs. — *Ubi... spes tua...?* L'espoir d'être béni de Dieu, en échange de toutes ses bonnes œuvres (*eleemosynas...*). — Noble réponse de Tobie, vers. 17-18. *Filii sanctorum :* c.-à-d. descendants des patriarches ; cf. VIII, 6. — *Vitam illam expectamus :* la vie éternelle, évidemment. Passage très fort pour démontrer que les anciens Hébreux admettaient l'immortalité de l'âme, quoi qu'on ait prétendu en sens contraire. Dans sa détresse présente, Tobie se console par le souvenir des promesses infaillibles que Dieu avait faites aux anciens patriarches, et par l'espoir de leur accomplissement dans un monde meilleur. Cf. Hebr. XI, 13, etc. — *Qui fidem... nunquam mutant... :* même parmi les adversités les plus pénibles et les plus imméritées en apparence.

7° Tobie endure également avec patience les reproches de sa femme. II, 19-23.

19-21. L'occasion. — *Anna vero, uxor...* Nou-

veau trait de ressemblance avec Job. Cf. Job, II, 9-10. — *Ibat ad opus...* La pauvreté avait peu à peu envahi la maison de Tobie après sa cécité, qui lui avait rendu toute occupation impossible. Les autres textes racontent que, pendant deux ans, son cousin Achiacharos (note de I, 25) pourvut à son entretien, mais que ce généreux bien-

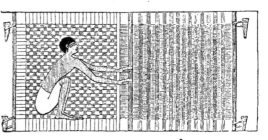

Métier à tisser. (Fresque égyptienne.)

faiteur, banni de Ninive et exilé à Élymaïs, le laissa dans un grand dénuement. — *Hædum accipiens :* ou en payement, ou comme présent gracieux, ainsi que l'affirme la traduction grecque. En tout cas, le récit donne à entendre que c'était là une bonne fortune inespérée, puisque la seule présence du chevreau excita les soupçons de Tobie sur la légitimité de sa possession. — *Ne forte furtivus...* Dans l'Itala : « Je lui dis : Il est volé ; rends-le à ses maîtres. Et je discutai avec elle, et je m'irritai contre elle à ce sujet. Et elle se fâcha parce que je ne la croyais point... » Le

sit ; reddite eum dominis suis, quia non licet nobis aut edere ex furto aliquid, aut contingere.

22. Ad hæc uxor ejus irata respondit : Manifeste vana facta est spes tua, et eleemosynæ tuæ modo apparuerunt.

23. Atque his et aliis hujuscemodi verbis exprobrabat ei.

rendez-le à ses maîtres, car il ne nous est pas permis de manger ou de toucher ce qui a été dérobé.

22. Alors sa femme lui répondit avec colère : Il est évident que votre espérance était vaine, et voilà le résultat de vos aumônes.

23. C'est ainsi, et par d'autres paroles semblables, qu'elle lui insultait.

CHAPITRE III

1. Tunc Tobias ingemuit, et cœpit orare cum lacrymis,

2. dicens : Justus es, Domine, et omnia judicia tua justa sunt, et omnes viæ tuæ misericordia, et veritas, et judicium.

3. Et nunc, Domine, memor esto mei, et ne vindictam sumas de peccatis meis, neque reminiscaris delicta mea, vel parentum meorum:

4. Quoniam non obedivimus præceptis tuis, ideo traditi sumus in direptionem, et captivitatem, et mortem, et in fabulam et in improperium omnibus nationibus in quibus dispersisti nos.

5. Et nunc, Domine, magna judicia tua, quia non egimus secundum præcepta tua, et non ambulavimus sinceriter coram te.

6. Et nunc, Domine, secundum vo-

1. Alors Tobie gémit et commença à prier avec larmes,

2. en disant : Seigneur, vous êtes juste; tous vos jugements sont équitables, et toutes vos voies sont miséricorde, et vérité, et justice.

3. Et maintenant, Seigneur, souvenez-vous de moi, ne prenez point vengeance de mes péchés, et ne vous souvenez pas de mes fautes, ni de celles de mes pères.

4. Nous n'avons point obéi à vos préceptes; c'est pourquoi nous avons été livrés au pillage, à la captivité et à la mort, et nous sommes devenus la risée de toutes les nations parmi lesquelles vous nous avez dispersés.

5. Et maintenant, Seigneur, vos jugements sont grands, parce que nous n'avons pas agi selon vos préceptes, et que nous n'avons pas marché sincèrement devant vous.

6. Et maintenant, Seigneur, traitez-

---

saint zèle de Tobie était justifié par les circonstances ; il démontre sa parfaite délicatesse de conscience, mais aussi à quel degré de dénuement la famille était réduite.

22-23. Les reproches amers. — *Manifeste vana...* : assertion autrement énergique que celle des amis (vers. 16). — *Eleemosynæ... apparuerunt.* Sanglante ironie : voilà le beau résultat de tes folles aumônes. Dans le grec, Anne va jusqu'à accuser son mari d'hypocrisie. — *Atque his et aliis...* Réflexion propre à la Vulgate.

8° Tobie expose humblement à Dieu sa profonde détresse. III, 1-6.

Chap. III. — 1. Introduction. — *Tunc... ingemuit...* Les amères insultes de sa femme avaient été pour Tobie le coup le plus douloureux, et avaient mis le comble à son infortune. — *Cœpit orare.* En dehors de sa maison, dans la cour, d'après l'Itala. Abandonné des hommes, Tobie cherche en Dieu sa consolation et son appui.

2-6. La prière. Elle est vraiment « magnifique » d'humilité, de confiance, de résignation ; aussi mérita-t-elle d'être portée jusqu'au trône de Dieu par l'ange Raphaël, et fut-elle immédiate-

ment exaucée. Cf. III, 24-25 ; XII, 12. — Elle s'ouvre, vers. 2, par l'éloge de la justice divine : *justus es...;* belle accumulation d'expressions synonymes. Cf. Ps. XXIV, 10 ; CXVIII, 137; Dan. III, 27, etc. — Vers. 3-5, application de la vérité qui précède : par leurs péchés, les Israélites ont irrité la divine justice, et mérité les souffrances de l'exil. — *Memor esto mei.* Tobie fait appel à la miséricorde de Dieu, qu'il a vantée en même temps que ses justes rigueurs : votre justice nous a châtiés, que votre bonté nous pardonne! — *Ne vindictam sumas...:* point au delà de ce qui avait eu lieu jusqu'alors. — *Quoniam... ideo...* Frappante description des maux que les Hébreux s'étaient attirés par leurs crimes. Des cinq substantifs *direptionem, captivitatem,* etc., « les trois premiers se rapportent à la ruine du royaume (d'Israël) : *direptio,* c'est le pillage et le ravage de la contrée ; *captivitas,* la déportation sur la terre d'exil ; *mors,* la mort d'un grand nombre des Israélites par la violence de l'ennemi. Les deux autres concernent la situation des Juifs après la ruine du royaume : ils sont si profondément humiliés, qu'ils sont de-

moi selon votre volonté, et commandez
que mon âme soit reçue en paix; car il
vaut mieux pour moi mourir que vivre.

7. En ce même jour, il arriva que
Sara, fille de Raguël, à Ragès, ville des
Mèdes, entendit, elle aussi, les injures
d'une des servantes de son père.

8. Car elle avait été donnée en mariage à sept maris, et un démon, nommé
Asmodée, les avait tués aussitôt qu'ils
s'étaient approchés d'elle.

9. Comme donc elle reprenait cette
servante pour quelque faute, celle-ci
lui répondit : Que jamais nous ne voyons
de toi ni fils ni fille sur la terre, ô meur-
trière de tes maris !

10. Ne veux-tu point me tuer aussi,
comme tu as déjà tué sept maris ? A
cette parole, Sara monta dans une
chambre haute de la maison, *où elle
demeura* trois jours et trois nuits sans
boire ni manger.

luntatem tuam fac mecum, et præcipe
in pace recipi spiritum meum; expedit
enim mihi mori magis quam vivere.

7. Eadem itaque die contigit ut Sara,
filia Raguelis, in Rages, civitate Medorum, et ipsa audiret improperium ab
una ex ancillis patris sui.

8. Quoniam tradita fuerat septem viris, et dæmonium nomine Asmodæus
occiderat eos mox ut ingressi fuissent ad
eam.

9. Ergo cum pro culpa sua increparet
puellam, respondit ei, dicens : Amplius
ex te non videamus filium aut filiam super terram, interfectrix virorum tuorum !

10. Numquid et occidere me vis, sicut
jam occidisti septem viros? Ad hanc
vocem perrexit in superius cubiculum
domus suæ, et tribus diebus et tribus
noctibus non manducavit neque bibit;

---

venus un objet de dérision pour tous les peuples,
in fabulam et... improperium. » — *Judicia tua*
(vers. 5) : ici, les décrets terribles, les châtiments. — Vers. 6, la prière proprement dite. *Secundum voluntatem...* : avant d'exposer son
propre désir, Tobie fait un acte de complet acquiescement à la volonté divine. — *In pace re-
cipe...* Le grec est plus expressif : εἰς τὸν τόπον
αἰώνιον, que mon âme soit reçue au lieu éternel. — *Expedit enim...* : motif pour lequel Tobie
souhaite la mort. « Non est injustum homini
justo optare mortem, quando amarissima est
vita. » S. August., *c. Gard.*, I, 31.

§ II. — *Les épreuves et la prière de Sara.*
III, 7-25.

Changement subit de lieux et de personnes.
Le narrateur nous transporte dans la lointaine
Médie, et nous rend témoins des souffrances d'un
tout autre genre, mais non moins poignantes,
qu'endurait une jeune fille innocente, et, en même
temps, d'une prière également confiante et admirable.

1° Résignation courageuse de Sara dans l'adversité. III, 7-11.

7-8. Introduction. — *Eadem... die* : le jour
où, étant arrivé au comble de l'affliction, Tobie
avait adressé à Dieu sa fervente prière. Coïncidence toute providentielle : l'union d'abord dans
la souffrance, puis dans la prière, finalement
dans le bonheur, de ces deux âmes qui seront
bientôt rapprochées l'une de l'autre. — *Rages,
civitate Medorum.* Comp. I, 16, où cette ville
est mentionnée comme servant de résidence à
Gabélus. Tous les autres textes ont ici « Ecbatane » au lieu de Ragès. Comparez VI, 6, 18;
XIV, 12, dans la traduction grecque. La Vulgate
elle-même suppose très nettement ailleurs (IX, 3
et ss) que Raguël et Gabélus n'habitaient pas

dans la même ville, mais à une très grande distance l'un de l'autre. Les critiques admettent
donc qu'il y a ici dans notre version latine une
erreur de transcription, et qu'il faut lire « Ecbatanis », au lieu de « Rages ». Sur la situation
d'Ecbatane, voyez Esdr. VI, 2, et le commentaire; l'*Atl. géogr.*, pl. VIII. — *Improperium ab
una...* : l'outrage, venu de si bas, n'en était que
plus douloureux. — *Quoniam...* Explication nécessaire pour bien comprendre la portée de l'insulte. — *Tradita... septem viris.* De nouveaux
prétendants s'étaient constamment présentés,
même après le malheur arrivé aux premiers,
attirés tous par la beauté de la jeune fille et
par l'énorme fortune de son père, dont elle était
l'unique héritière. D'autre part, Sara et ses parents avaient consenti à ces mariages successifs
parce qu'ils ne se sentaient en rien coupables, et
qu'ils étaient en droit d'espérer que leurs prières
et leurs jeûnes avaient obtenu, à chaque fois,
la cessation de cette cruelle épreuve. Cf. VII, 13.
— *Dæmonium... Asmodæus.* En hébreu, '*Ašm'daï*
ou '*Ašmodaï*, probablement de la racine *šâmad*,
détruire. Il est souvent question de ce démon
dans les écrits talmudiques et rabbiniques, qui
lui attribuent un rôle tout à fait légendaire. —
Occiderat eos : avec la permission de Dieu (cf.
VI, 17) : trait analogue à Job, I, 12, et II, 6. —
Mox ut ingressi... : d'après VI, 22, Sara avait
conservé sa virginité intacte.

9-10ª. L'insulte grossière. — *Respondit... dicens* : dans le langage de la violente colère qui
ne sait se contenir. — *Amplius* (dans le sens
de « jamais », comme dit l'Itala; cf. Jos. XXII,
11 ; Act. XIII, 34) *ex te... C.-à-d.* : puisses-tu
n'avoir jamais d'enfants, car de toi il ne pourrait sortir qu'une race maudite. — *Interfectrix
virorum.* Le texte grec précise : c'est toi qui
étouffes tes maris.

11. sed in oratione persistens, cum lacrymis deprecabatur Deum, ut ab isto improperio liberaret eam.

12. Factum est autem die tertia, dum compleret orationem, benedicens Dominum,

13. dixit : Benedictum est nomen tuum, Deus patrum nostrorum, qui cum iratus fueris, misericordiam facies, et in tempore tribulationis peccata dimittis his qui invocant te.

14. Ad te, Domine, faciem meam converto, ad te oculos meos dirigo.

15. Peto, Domine, ut de vinculo improperii hujus absolvas me, aut certe desuper terram eripias me.

16. Tu scis, Domine, quia nunquam concupivi virum, et mundam servavi

---

11. Mais, persévérant dans la prière, elle demandait à Dieu avec larmes qu'il la délivrât de cet opprobre.

12. Or il arriva que, le troisième jour, achevant sa prière, et bénissant le Seigneur,

13. elle dit : Que votre nom soit béni, Dieu de nos pères, qui faites miséricorde après vous être irrité, et qui au temps de l'affliction pardonnez les péchés à ceux qui vous invoquent.

14. Vers vous, Seigneur, je tourne mon visage, vers vous je dirige mes yeux.

15. Je vous demande, Seigneur, de me délivrer du lien de cet opprobre, ou de me retirer de dessus la terre.

16. Vous savez, Seigneur, que je n'ai jamais désiré un mari, et que j'ai con-

---

10ᵇ-11. Patience admirable de Sara. — *In superius cubiculum:* l'*'aliyah*, ou chambre haute dont sont munies la plupart des maisons aisées de l'Orient biblique. On y montait parfois pour

Chambre haute d'une maison orientale.

prier, parce qu'elle était plus retirée, plus recueillie. Cf. Judith, ιx, 1 (*Atl. arch.*, pl. xιι, fig. 4, 5, 10, etc.). — *Tribus... non manducavit...* Marque d'une affliction extrême. Les autres textes ne disent pas, il est vrai, que le jeûne se prolongea durant trois jours ; mais ils ajoutent qu'au premier instant Sara éprouva une douleur si cuisante, qu'elle songea à se donner la mort.

(ὥστε ἀπάγξασθαι, dans le grec ; « voluit laqueo vitam finire, » dans l'Itala) ; simple tentation qu'elle rejeta dès qu'elle s'en rendit compte. — *Cum lacrymis :* de même que Tobie ; cf. vers. 1.

2° La prière de Sara. III, 12-23.

Cette prière est plus longue et plus belle dans la Vulgate que dans les autres versions.

12. Transition. — *Die tertia.* Trait propre à la Vulgate (voyez la note du vers. 10). D'après le grec : En ce temps-là, elle étendit les mains vers la fenêtre pour prier. Comp. III Reg. vιιι, 22 ; Ps. xxvιι, 2 ; Dan. vι, 10.

13. Exorde de la prière : sentiment d'une vive confiance en la bonté de Dieu. — *Benedictum* a ici le sens de « digne d'éloges ». — *Cum iratus... misericordiam...* Pensée fréquente dans l'Ancien Testament ; cf. Ps. lιx, 3 ; Is. xιι, 1 ; Hab. ιιι, 2, etc. — *In tempore tribulationis, peccata...* Le pécheur est d'abord châtié ; puis, lorsque le malheur a excité en lui le regret de ses fautes, Dieu accorde un généreux pardon et fait cesser l'épreuve.

14-15. La prière proprement dite : Sara conjure le Seigneur de mettre fin à son opprobre ou de la faire mourir. — *Ad te... faciem..., oculos...* Détails pathétiques, indice d'une grande ferveur.

16-18. Motif que Sara invoque pour être plus sûrement exaucée : elle a gardé son cœur pur de tout mauvais désir. — *Nunquam concupivi... :* d'une manière illicite, comme il résulte du contexte ; cf. vers. 18. Dans l'Itala : « Tu scis, Do-

serve mon âme pure de toute concupiscence.

17. Je ne me suis jamais mêlée avec ceux qui aiment à se divertir, et je n'ai jamais eu aucun commerce avec ceux qui se conduisent avec légèreté.

18. Si j'ai consenti à recevoir un mari, c'est dans votre crainte, et non par passion.

19. Et, ou j'ai été indigne d'eux, ou peut-être n'étaient-ils pas dignes de moi, parce que vous m'avez peut-être réservée pour un autre époux.

20. Car votre conseil n'est pas au pouvoir de l'homme.

21. Mais quiconque vous honore est sûr que, si vous l'éprouvez pendant sa vie, il sera couronné; si vous l'affligez, il sera délivré; et si vous le châtiez, il aura accès auprès de votre miséricorde.

22. Car vous ne prenez pas plaisir à notre perte; mais, après la tempête, vous ramenez le calme; et après les larmes et les pleurs, vous nous comblez de joie.

23. Que votre nom, ô Dieu d'Israël, soit béni dans tous les siècles.

24. Ces prières de tous deux furent exaucées en même temps devant la gloire du Dieu suprême;

25. et le saint ange du Seigneur, Raphaël, fut envoyé pour les guérir tous deux, eux dont les prières avaient été présentées au Seigneur en même temps.

animam meam ab omni concupiscentia.

17. Nunquam cum ludentibus miscui me, neque cum his qui in levitate ambulant participem me præbui.

18. Virum autem cum timore tuo, non cum libidine mea, consensi suscipere.

19. Et, aut ego indigna fui illis, aut illi forsitan me non fuerunt digni, quia forsitan viro alii conservasti me.

20. Non est enim in hominis potestate consilium tuum.

21. Hoc autem pro certo habet omnis qui te colit, quod vita ejus, si in probatione fuerit, coronabitur; si autem in tribulatione fuerit, liberabitur; et si in correptione fuerit, ad misericordiam tuam venire licebit.

22. Non enim delectaris in perditionibus nostris; quia post tempestatem, tranquillum facis; et post lacrymationem et fletum, exultationem infundis.

23. Sit nomen tuum, Deus Israel, benedictum in sæcula.

24. In illo tempore exauditæ sunt preces amborum in conspectu gloriæ summi Dei;

25. et missus est angelus Domini sanctus, Raphael, ut curaret eos ambos, quorum uno tempore sunt orationes in conspectu Domini recitatæ.

---

mine, quia munda sum ab omni immunditia viri, et non coinquinavi corpus meum, neque dehonestavi nomen patris mei in terra captivitatis meæ.» Le grec à peu près le même. — *Cum ludentibus*. Cette expression est expliquée par la suivante, *qui in levitate ambulant;* elles désignent l'une et l'autre, par opposition au sérieux et à la gravité de la conduite, une légèreté de mœurs dangereuse, sinon déjà coupable. — *Cum timore tuo :* selon les intentions du Créateur lorsqu'il institua le mariage.

19-23. Sara exprime la confiance pleine et entière que Dieu, dans sa bonté, lui réserve un avenir meilleur. Passage extrêmement touchant; le saint art de la prière s'y manifeste admirablement. — Au vers. 19, une double supposition : la première, si humble (*aut ego indigna...*); la seconde, si vraie (*quia... viro alii...*). Cf. vii, 12. — *Non... in hominis potestate... :* manière de dire que l'homme est incapable de scruter les secrets de Dieu. Cf. Job, xv, 8; Sap. ix, 13. — *Hoc... pro certo...* (vers. 21). Pensée digne de l'Évangile, et très précieuse encore pour la théologie de la souffrance (cf. ii, 18). Notez

les trois propositions parallèles, qui soulignent si fortement l'idée : *si in probatione...; si autem...* Comp. Jac. i, 12. — Vers. 22, raison de cette confiance, tirée de la conduite habituelle de Dieu. *Tranquillum* est un adjectif employé substantivement, pour « tranquillitatem ». *Lacrymationem* marque une tristesse extrême; *exultationem*, le plus haut degré de la joie. — Conclusion presque joyeuse, vers. 23 : en toute hypothèse, veut-elle dire, Dieu soit béni!

3° Les prières de Tobie et de Sara sont exaucées. III, 24-25.

24-25. *In conspectu gloriæ... Dei.* Périphrase solennelle, qui signifie simplement : « a Deo. » — *Angelus... Raphael.* En hébreu : *R'fá'el*, Dieu guérit. Cf. I Par. xxvi, 7. L'ange des malades, et aussi des voyageurs, comme l'admet la tradition chrétienne d'après ce récit. Cf. Orig., *Hom. IV in Num.*, n. 2; saint Jérôme, *in Dan.* viii, etc. L'Église l'honore comme un archange, bien qu'il ne reçoive dans tout le livre que le nom d'ange; mais il se révélera lui-même, xii, 15, comme « l'un des sept qui se tiennent debout devant Dieu », c.-à-d. comme un des esprits célestes du

CHAPITRE IV

1. Igitur cum Tobias putaret orationem suam exaudiri ut mori potuisset, vocavit ad se Tobiam, filium suum,

2. dixitque ei : Audi, fili mi, verba oris mei, et ea in corde tuo quasi fundamentum construe.

3. Cum acceperit Deus animam meam, corpus meum sepeli ; et honorem habebis matri tuæ omnibus diebus vitæ ejus ;

4. memor enim esse debes quæ et quanta pericula passa sit propter te in utero suo.

5. Cum autem et ipsa compleverit tempus vitæ suæ, sepelies eam circa me.

6. Omnibus autem diebus vitæ tuæ in mente habeto Deum, et cave ne aliquando peccato consentias, et prætermittas præcepta Domini Dei nostri.

1. Tobie, croyant donc que Dieu exaucerait la prière qu'il lui avait faite de pouvoir mourir, appela à lui son fils Tobie,

2. et lui dit : Mon fils, écoutez les paroles de ma bouche, et posez-les dans votre cœur comme un fondement.

3. Lorsque Dieu aura reçu mon âme, ensevelissez mon corps, et honorez votre mère tous les jours de sa vie ;

4. car vous devez vous souvenir des nombreux et grands périls qu'elle a soufferts lorsqu'elle vous portait dans son sein.

5. Et quand elle-même aussi aura achevé le temps de sa vie, ensevelissez-la auprès de moi.

6. Ayez Dieu dans l'esprit tous les jours de votre vie, et gardez-vous de consentir jamais au péché, et de violer les préceptes du Seigneur notre Dieu.

---

rang le plus élevé. Comp. Dan. x, 13, pour saint Michel. Il était donc ange et archange dans le sens large ; mais, en réalité, d'un ordre très supérieur. — *Ut curaret... ambos.* Le mot « guérir » ne convient directement qu'à Tobie ; pour Sara, il signifie « délivrer du démon », ainsi qu'il est dit XII, 14. Les autres textes distinguent ici cette nuance par de plus longs détails.

DEUXIÈME PARTIE

L'exquise bonté du Seigneur envers Tobie et Sara. IV, 1 — XIV, 17.

§ I. — *Voyage du jeune Tobie en Médie.* IV, 1 — VI, 9.

1° Conseils paternels de Tobie à son fils. IV, 1-20.

CHAP. IV. — 1. Introduction historique. — La particule *igitur* nous ramène à la prière de Tobie, III, 6. — *Orationem... exaudiri.* Il avait été exaucé, on vient de nous le dire (III, 24), mais d'une tout autre manière qu'il le pensait. — *Vocavit... filium.* Son but principal était d'envoyer son fils auprès de Gabélus pour recouvrer la somme autrefois prêtée (cf. vers. 21-22) ; mais, s'attendant à mourir pendant l'absence du jeune homme, il lui donna d'abord ses derniers conseils, son testament spirituel. C'est ce que le grec et l'Itala expriment plus nettement en tête de ce chapitre.

2. Petit exorde, pour attirer l'attention du jeune Tobie. Dans les autres textes, ces mots ne viennent qu'à la suite du vers. 20. — *Quasi*

fundamentum. Métaphore expressive : en faire la base de toute sa conduite. Cf. Eccli. XXVI, 24.

3-5. Devoirs du jeune Tobie envers sa mère. Ils sont très délicatement exprimés, et ils paraissent plus beaux encore si l'on se souvient de la peine qu'Anne venait de faire à son mari (II, 19-23). — *Cum acceperit Deus...* Encore le dogme de l'immortalité de l'âme très fortement inculqué. — *Corpus sepeli.* Tobie tenait, par un sentiment de foi vive, à recevoir lui-même cet honneur sacré, qu'il avait rendu si fréquemment aux autres. — *Memor enim... :* un des motifs qui excitent un fils à vénérer et à aimer sa mère. Cf. Eccli. VII, 29 ; II Mach. VII, 27. — *Sepelies circa me.* L'Itala ajoute : « dans un même tombeau. » Cf. XIV, 12. Rien de plus naturel et de plus légitime que le pieux désir de reposer après la mort auprès de ceux qu'on a chéris en Dieu pendant la vie. Les saints l'ont eu et réalisé à toutes les époques de l'histoire. Cf. Gen. XLIX, 29, et ss. « La sœur de saint Benoît fut enterrée dans le tombeau qu'il s'était préparé, afin que la mort ne séparât pas même les corps de ceux qui n'avaient eu qu'une seule âme dans le Seigneur. » (S. Grég.)

6. Fidélité à Dieu et obéissance à ses préceptes. — *Cave ne... peccato...* Exhortation que Tobie adressait à son fils tout jeune enfant. Cf. I, 10. — *Prætermittas præcepta...* Le grec ajoute après le vers. 6 : « Pratique la justice tous les jours de ta vie, et ne marche pas dans les voies de l'impiété ; car, si tu t'exerces à l'intégrité, tu auras du bonheur dans tes œuvres, et tu pratiqueras toute justice. »

7. Faites l'aumône de votre bien, et ne détournez votre visage d'aucun pauvre ; car ainsi il arrivera que le visage du Seigneur ne se détournera pas de vous.

8. Soyez charitable de la manière que vous le pourrez.

9. Si vous avez beaucoup, donnez abondamment ; si vous avez peu, ayez soin de donner de bon cœur de ce peu.

10. Car vous vous amasserez une grande récompense pour le jour de la nécessité.

11. Car l'aumône délivre de tout péché et de la mort, et elle ne laissera pas tomber l'âme dans les ténèbres.

12. L'aumône sera le sujet d'une grande confiance devant le Dieu suprême, pour tous ceux qui l'auront faite.

13. Gardez-vous, mon fils, de toute fornication ; et hors votre épouse, ne vous permettez pas de commettre le crime.

14. Ne souffrez jamais que l'orgueil domine dans vos pensées ou dans vos paroles, car c'est par lui que tous les maux ont commencé.

15. Lorsque quelqu'un aura travaillé pour vous, payez-lui aussitôt son salaire, et que la récompense du mercenaire ne demeure jamais chez vous.

16. Ce que vous seriez fâché qu'on vous fît, prenez garde de jamais le faire à autrui.

7. Ex substantia tua fac eleemosynam, et noli avertere faciem tuam ab ullo paupere ; ita enim fiet, ut nec a te avertatur facies Domini.

8. Quomodo potueris, ita esto misericors.

9. Si multum tibi fuerit, abundanter tribue ; si exiguum tibi fuerit, etiam exiguum libenter impertiri stude.

10. Præmium enim bonum tibi thesaurizas in die necessitatis ;

11. quoniam eleemosyna ab omni peccato et a morte liberat, et non patietur animam ire in tenebras.

12. Fiducia magna erit coram summo Deo eleemosyna, omnibus facientibus eam.

13. Attende tibi, fili mi, ab omni fornicatione ; et præter uxorem tuam, nunquam patiaris crimen scire.

14. Superbiam nunquam in tuo sensu, aut in tuo verbo, dominari permittas ; in ipsa enim initium sumpsit omnis perditio.

15. Quicumque tibi aliquid operatus fuerit, statim ei mercedem restitue, et merces mercenarii tui apud te omnino non remaneat.

16. Quod ab alio oderis fieri tibi, vide ne tu aliquando alteri facias.

7-12. L'aumône. Tobie insiste sur cette œuvre de charité, qui est si importante en elle-même, et à laquelle il s'était livré toute sa vie avec un zèle parfait. Comp. les vers. 17-18, où il y reviendra encore. — A qui faire l'aumône, vers. 7. Avertere faciem est une locution pittoresque, assez fréquente dans l'Ancien Testament ; cf. Ps. LXVIII, 18 ; Eccli. XLI, 26, etc. Ita enim... : précieux encouragement ; Dieu sera miséricordieux pour les miséricordieux (cf. Luc. VI, 37). — Dans quelle mesure doit-on faire l'aumône, vers. 8-12. Quomodo potueris : selon tes moyens ; cf. I, 19. Præmium enim... : encore un motif supérieur, vers. 10 et ss. In die necessitatis : dès ici-bas, si l'on se trouve soi-même dans le besoin, mais surtout au jour terrible du jugement ; cf. Ps. XL, 1 ; Prov. XIX, 17. Les mots ab omni peccato manquent dans les autres textes. A morte : de la mort éternelle, de la damnation, comme l'exprime la suite du verset (ire in tenebras) ; cf. Eccli. III, 33 ; Dan. IV, 24. Non que l'aumône produise directement ces effets, mais elle obtient des grâces de préservation ou de conversion. S. Thom., 2ª 2ᵃᵉ, q. 154, a. 2.

13. La chasteté. — Patiaris crimen scire : locution très énergique. — A ce conseil, les

autres versions en rattachent un autre de même nature : « Prends une femme de la race de tes pères, et non une femme étrangère, qui ne serait pas de la tribu de ton père, car nous sommes les fils des prophètes ; Noé, Abraham, Isaac et Jacob, nos pères de l'ancien temps, souviens-toi qu'ils ont tous épousé des femmes de la race de leurs pères et qu'ils ont été bénis dans leurs enfants. Toi donc aussi, mon fils, aime tes frères, et ne t'élève pas au-dessus des filles des fils de ton peuple, en ne choisissant pas l'une d'elles pour femme. » Cf. VI, 11-12 VII, 14.

14. L'humilité. — In tuo sensu : dans tes pensées. Cf. Gen. VIII, 21. — In ipsa enim... : ce qui ne s'est que trop réalisé pour les autres rebelles et pour les premiers hommes. Le grec exprime une autre idée : l'orgueil produit la ruine.

15-16. La justice. — Vers. 15, une règle de détail, relative au salaire des ouvriers employés à la journée. Statim... mercedem... : la loi l'ordonnait formellement ; cf. Lev. XIX, 13 ; Deut. VII, 10 ; XXIV, 15. — Vers. 16, règle générale, pour toutes sortes de rapports avec le prochain. Vraie « règle d'or », comme on l'a dénommée. Cf. Matth. VII, 12.

17. Panem tuum cum esurientibus et egenis comede, et de vestimentis tuis nudos tege.

18. Panem tuum et vinum tuum super sepulturam justi constitue, et noli ex eo manducare et bibere cum peccatoribus.

19. Consilium semper a sapiente perquire.

20. Omni tempore benedic Deum, et pete ab eo ut vias tuas dirigat, et omnia consilia tua in ipso permaneant.

21. Indico etiam tibi, fili mi, dedisse me decem talenta argenti, dum adhuc infantulus esses, Gabelo, in Rages, civitate Medorum, et chirographum ejus apud me habeo.

22. Et ideo perquire quomodo ad eum pervenias, et recipias ab eo supra memoratum pondus argenti, et restituas ei chirographum suum.

23. Noli timere, fili mi. Pauperem quidem vitam gerimus, sed multa bona habebimus, si timuerimus Deum, et recesserimus ab omni peccato, et fecerimus bene.

17. Mangez votre pain avec les pauvres et avec ceux qui ont faim, et couvrez de vos vêtements ceux qui sont nus.

18. Employez votre pain et votre vin à la sépulture du juste, et gardez-vous d'en manger et d'en boire avec les pécheurs.

19. Demandez toujours conseil à un homme sage.

20. Bénissez Dieu en tout temps, et demandez-lui qu'il dirige vos voies, et que tous vos desseins demeurent fermes en lui.

21. Je vous avertis aussi, mon fils, que lorsque vous n'étiez qu'un petit enfant, j'ai donné dix talents d'argent à Gabélus, de Ragès, ville des Mèdes, et que j'ai sa promesse entre les mains.

22. C'est pourquoi cherchez de quelle manière vous parviendrez jusqu'à lui, pour retirer de lui cette somme d'argent et lui rendre son obligation.

23. Ne craignez point, mon fils : il est vrai que nous menons une vie pauvre ; mais nous aurons beaucoup de biens si nous craignons Dieu; si nous nous écartons de tout péché, et si nous faisons de bonnes œuvres.

17-18. De nouveau l'aumône. — *Panem... cum esurientibus...* Cf. Job, XXXI, 17, 19. — *Panem... super sepulturam...* D'après le grec : sur le tombeau (ἐπὶ τον ταφόν, « super sepulcra » dans l'Itala) ; ce qui paraîtrait supposer, comme l'ont admis divers exégètes, que les Hébreux portaient des vivres sur les tombes de leurs morts, non pas, évidemment, à la manière superstitieuse des païens, mais afin que les indigents vinssent chercher ces mets et prier pour les trépassés. Toutefois rien n'est moins vraisemblable que cette coutume prétendue, puisque de tels mets eussent été légalement impurs, dès lors qu'ils avaient été mis en contact avec une tombe. La Vulgate fournit donc un meilleur sens, quoiqu'elle n'enlève pas toute obscurité. D'après les uns, Tobie ferait allusion à la coutume juive, encore actuellement en usage, de porter pendant quelques jours, par manière de consolation, des vivres chez les proches parents des morts (cf. Jer. XVI, 7). Selon d'autres, il s'agirait d'une distribution d'aliments à faire aux pauvres à l'occasion des funérailles des justes. Suivant d'autres encore, et peut-être est-ce la meilleure interprétation, l'exhortation a en vue les repas qui suivaient les funérailles, et Tobie recommande à son fils de ne point prendre part aux festins de ce genre lorsqu'ils avaient lieu en l'honneur de pé-

cheurs défunts, car c'eût été jusqu'à un certain point approuver leur conduite criminelle.

19-20. Deux règles de sagesse : prendre conseil des hommes prudents (vers. 19) et implorer le secours de Dieu (vers. 20). — *Consilium semper...* Pratique d'une très haute importance dans la vie. — *Benedic :* dans le sens général d'honorer Dieu et de l'invoquer. — *In ipso permaneant.* C.-à-d. : que tes conseils tiennent ferme, grâce à Dieu. Comp. Judith, x, 8. Dans l'Itala, d'après le grec : « cogitationes (tuæ) bene disponantur. »

2° Tobie avertit son fils qu'il a prêté une somme considérable à Gabélus, et il le charge d'aller la recouvrer. IV, 21-23.

21-22. L'argent prêté à Gabélus. — *Dedisse... decem...* Voyez I, 17, et le commentaire. — *Et chirographum...* Ces mots et tout le vers. 22 manquent dans les autres traductions ; mais elles en ont plus bas l'équivalent. Cf. v, 3-4.

23. Conclusion des conseils paternels de Tobie. Paroles touchantes, qui respirent la plus parfaite confiance en Dieu, malgré la détresse de l'heure présente. — *Multa bona habebimus...* : par une abondante compensation dans l'autre vie, suivant les uns. Mieux, ce semble : si nous craignons Dieu, rien ne nous manque, malgré notre pauvreté actuelle. Cf. I Tim. IV, 8; VI, 6,

CHAPITRE V

1. Alors Tobie repondit à son père, et lui dit : Mon père, je ferai tout ce que vous m'avez ordonné.

2. Mais je ne sais comment je retirerai cet argent. Cet homme ne me connaît pas, et je ne le connais pas non plus ; quelle preuve lui donnerai-je ? Je n'ai même jamais connu le chemin par où l'on va là-bas.

3. Alors son père lui répondit, et lui dit : J'ai son obligation entre les mains, et aussitôt que vous la lui aurez montrée, il vous rendra *l'argent.*

4. Mais allez maintenant, et cherchez quelque homme fidèle qui aille avec vous moyennant un salaire, afin que vous receviez cet argent pendant que je vis encore.

5. Alors Tobie, étant sorti, trouva un beau jeune homme debout, ceint et comme prêt à marcher.

6. Et ignorant que c'était un ange de Dieu, il le salua, et dit : D'où venez-vous, bon jeune homme ?

7. Il répondit : D'avec les fils d'Israël. Tobie lui dit : Connaissez-vous le chemin qui conduit au pays des Mèdes ?

8. Et il lui répondit : Je le connais ; j'ai souvent parcouru tous ces chemins, et j'ai demeuré chez Gabélus notre frère, qui demeure à Ragès, ville des Mèdes, qui est située dans la montagne d'Ecbatane.

1. Tunc respondit Tobias patri suo, et dixit : Omnia quæcumque præcepisti mihi, faciam, pater.

2. Quomodo autem pecuniam hanc requiram, ignoro. Ille me nescit, et ego eum ignoro ; quod signum dabo ei ? Sed neque viam per quam pergatur illuc aliquando cognovi.

3. Tunc pater suus respondit illi, et dixit : Chirographum quidem illius penes me habeo ; quod dum illi ostenderis, statim restituet.

4. Sed perge nunc, et inquire tibi aliquem fidelem virum, qui eat tecum salva mercede sua, ut, dum adhuc vivo, recipias eam.

5. Tunc egressus Tobias, invenit juvenem splendidum, stantem præcinctum, et quasi paratum ad ambulandum.

6. Et ignorans quod angelus Dei esset, salutavit eum, et dixit : Unde te habemus, bone juvenis ?

7. At ille respondit : Ex filiis Israel. Et Tobias dixit ci : Nosti viam quæ ducit in regionem Medorum ?

8. Cui respondit : Novi ; et omnia itinera ejus frequenter ambulavi, et mansi apud Gabelum, fratrem nostrum, qui moratur in Rages, civitate Medorum, quæ posita est in monte Ecbatanis.

3° L'ange Raphaël se présente et est accepté pour accompagner le fils de Tobie dans son lointain voyage. V, 1-21.

CHAP. V. — 1-2. Le jeune Tobie objecte à son père les difficultés de l'entreprise que celui-ci lui confiait. — *Omnia... faciam.* Belle parole de complète soumission ; néanmoins, les objections filialement respectueuses aussitôt après, vers. 2. — *Quomodo...* Première objection, qui porte sur la difficulté de recouvrer l'argent, ers. 2ᵃ. — *Quod signum dabo.* L'Itala ajoute : « ut me cognoscat, et credat mihi, et det mihi hanc pecuniam. » Sans doute, il avait la reconnaissance signée par Gabélus, mais il craignait qu'elle ne fût insuffisante, dès lors qu'elle devait être présentée au débiteur par un inconnu. — *Sed neque viam...* Deuxième objection, vers. 2ᵇ : les difficultés du voyage.

3-4. Réponse du père à ces deux objections. — 1° *Chirographum quidem...* Le texte des Septante est plus complet et répond mieux à la première objection ; « Il m'a donné sa reconnais-

sance, et je lui ai donné un billet que j'ai déchiré en deux morceaux, et chacun en a gardé un morceau. » En présentant à Gabélus le morceau de billet conservé par son père, le jeune Tobie se ferait sûrement reconnaître. — 2° *Inquire... fidelem virum... :* la seconde réponse.

5-9. L'ange Raphaël s'offre pour accompagner Tobie à Ecbatane. — *Splendidum :* d'une beauté extraordinaire, toute resplendissante. — *Præcinctum :* ayant sa tunique relevée et maintenue par sa ceinture, pour marcher plus commodément. Voyez l'*Atl. arch.,* pl. i, fig. 6, 7, 10. — *Ex filiis Israel.* Il est de mode, dans le camp rationaliste et protestant, d'accuser dès ici l'ange Raphaël de mensonge, et à plus forte raison au sujet de ses autres réponses (vers. 8, 18). Mais « il n'y eut aucun mensonge de la part de l'ange. Il représentait la personne d'Azarias ; il était envoyé de Dieu sous la forme de ce jeune homme il devait agir et parler comme lui et en son nom. Les anges, dans l'Ancien Testament, qui ont parlé au nom de Dieu et par son ordre, n'ont point

9. Cui Tobias ait : Sustine me, obsecro, donec hæc ipsa nuntiem patri meo.

10. Tunc ingressus Tobias, indicavit
universa hæc patri suo ; super quæ admiratus pater, rogavit ut introiret ad eum.

11. Ingressus itaque salutavit eum,
et dixit : Gaudium tibi sit semper.

12. Et ait Tobias : Quale gaudium
mihi erit, qui in tenebris sedeo, et lumen cæli non video?
13. Cui ait juvenis : Forti animo esto ;
in proximo est ut a Deo cureris.

14. Dixit itaque illi Tobias : Numquid
poteris perducere filium meum ad Gabelum in Rages, civitàtem Medorum? et
cum redieris, restituam tibi mercedem
tuam.
15. Et dixit ci angelus : Ego ducam,
et reducam eum ad te.
16. Cui Tobias respondit : Rogo te,
indica mihi de qua domo, aut de qua
tribu es tu ?
17. Cui Raphael angelus dixit : Genus
quæris mercenarii, an ipsum mercena-
rium, qui cum filio tuo eat?

18. Sed ne forte sollicitum te reddam,
ego sum Azarias, Ananiæ magni filius.

19. Et Tobias respondit : Ex magno
genere es tu ; sed peto ne irascaris quod
voluerim cognoscere genus tuum.

20. Dixit autem illi angelus : Ego sanum ducam, et sanum tibi reducam
filium tuum.

9. Tobie lui dit : Attendez - moi, je
vous prie, jusqu'à ce que j'aie annoncé
ces choses à mon père.
10. Alors Tobie, étant rentré, raconta
tout cela à son père ; sur quoi le père,
saisi d'admiration, demanda que ce
jeune homme entrât auprès de lui.
11. Étant donc entré, il salua Tobie,
et dit : Que la joie soit toujours avec
vous.
12. Tobie répondit : Quelle joie puis-
je avoir, moi qui suis dans les ténèbres,
et qui ne vois point la lumière du ciel?
13. Le jeune homme lui dit : Ayez bon
courage, le temps approche où Dieu doit
vous guérir.
14. Alors Tobie lui dit : Pourrez-vous
conduire mon fils chez Gabélus à Ragès,
ville des Mèdes ? Et quand vous se$_r$e$_z$
de retour, je vous donnerai ce qui vous
sera dû.
15. L'ange lui dit : Je le conduirai, et
le ramènerai auprès de vous.
16. Tobie lui répondit : Indiquez-moi,
je vous prie, de quelle famille vous êtes,
où de quelle tribu.
17. L'ange Raphaël lui dit : Cherchez-
vous la famille du mercenaire qui doit
conduire votre fils, où le mercenaire
lui - même?
18. Mais, de peur que je ne vous donne
de l'inquiétude, je suis Azarias, fils du
grand Ananias.
19. Et Tobie répondit : Vous êtes
d'une race illustre. Mais je vous prie de
ne pas vous fâcher, si j'ai désiré connaître votre race.
20. L'ange lui dit : Je conduirai votre
fils en bonne santé, et le ramènerai de
même.

---

fait difficulté de dire qu'ils étaient Dieu (cf.
Gen. xxxii, 11, 63 ; Ex. vi, 20, etc.). » Calmet, h. l.
— In monte Ecbatanis (vers. 8) : la chaîne de
mòntagnes à laquelle la ville d'Ecbatane avait
donné son nom (Atl. géogr., pl. viii). — Sustine...
donec... (vers. 9). Le grec et l'Itala allongent le
récit en cet endroit, mais par de simples ampli-
fications dénuées d'intérêt.
10-21. L'ange s'engage à conduire et à ramener sain et sauf le jeune Tobie. — Admiratus
pater. Admiration bien motivée, assurément : un
guide aimable et expérimenté, trouvé à point
nommé, sans la moindre recherche, connaissant
jusqu'à Gabélus ; toutes ces circonstances étaient
saisissantes. — Vers. 11-13, les salutations préliminaires entre l'ange et Tobie l'ancien. Gaudium... semper ; dans quelques manuscrits de
l'Itala, on lit : « Pax super te, » ce qui correspond
parfaitement à la salutation habituelle des Hé-

breux, Šalôm l'ka. Douloureuse réponse de Tobie
(vers. 12) : quale gaudium... ? L'angé le console
en excitant sa confiance (vers. 13) : in proximo
est... Dans le texte grec, les vers. 11-15 ne sont
représentés que par ces mots : Et il entra, et ils
se saluèrent. — Vers. 14-21, tout ce qui concerne
le voyage en Médie est réglé entre Tobie et
l'ange. Dialogue très intéressant. — Genus mercenarii... (vers. 17). Plus clairement, d'après un
manuscrit de l'Itala : Qu'as-tu besoin de connaître
ma race ou ma famille ? Tu cherches un mercenaire ; pourquoi demandes - tu ma race et ma
famille ? — Ego Azarias ; en hébreu : 'Azariah,
Jéhovah aide. Ananœ ; en hébreu : Ḥananiah,
Jéhovah a fait grâce. Deux noms très significatifs ; aussi conçoit-on que l'ange les ait adoptés
de préférence. Dans le texte grec, Tobie s'écrie
qu'il a connu Ananias, et qu'ils sont allés autrefois ensemble en pèlerinage à Jérusalem pour les

21. Tobie lui répondit : Faites bon voyage ; que Dieu soit dans votre chemin, et que son ange vous accompagne.

22. Alors, ayant préparé tout ce qu'ils devaient porter dans le voyage, Tobie dit adieu à son père et à sa mère, et ils se mirent en chemin tous deux ensemble.

23. Et lorsqu'ils furent partis, sa mère commença à pleurer et à dire : Vous nous avez ôté le bâton de notre vieillesse, et vous l'avez éloigné de nous.

24. Plût à Dieu que cet argent, pour lequel vous l'avez envoyé, n'eût jamais existé!

25. Car notre pauvreté nous suffisait, et nous pouvions regarder comme une grande richesse de voir notre fils.

26. Et Tobie lui dit : Ne pleurez point; notre fils arrivera sain et sauf, et il reviendra sain et sauf, et vos yeux le verront.

27. Car je crois que le bon ange de Dieu l'accompagne, et qu'il dispose bien tout ce qui le concerne, et qu'ainsi il reviendra vers nous avec joie.

28. A cette parole, sa mère cessa de pleurer, et elle se tut.

21. Respondens autem Tobias, ait : Bene ambuletis, et sit Deus in itinere vestro, et angelus ejus comitetur vobiscum!

22. Tunc, paratis omnibus quæ erant in via portanda, fecit Tobias vale patri suo et matri suæ, et ambulaverunt ambo simul.

23. Cumque profecti essent, cœpit mater ejus flere, et dicere : Baculum senectutis nostræ tulisti et transmisisti a nobis.

24. Numquam fuisset ipsa pecunia, pro qua misisti eum!

25. Sufficiebat enim nobis paupertas nostra, ut divitias computaremus hoc, quod videbamus filium nostrum.

26. Dixitque ci Tobias : Noli flere; salvus perveniet filius noster, et salvus revertetur ad nos, et oculi tui videbunt illum ;

27. credo enim quod angelus Dei bonus comitetur ci, et bene disponat omnia quæ circa eum geruntur, ita ut cum gaudio revertatur ad nos.

28. Ad hanc vocem cessavit mater ejus flere, et tacuit.

---

fêtes. Cf. I, 5, et le commentaire. Le salaire du

Chien assyrien. (D'après une terre cuite.)

guide est ensuite fixé à une drachme par jour, sans compter les frais de voyage et un présent

au retour. — *Angelus... vobiscum.* Tobie ne se doutait pas de la parfaite vérité qu'exprimait cette parole.

4° Le départ ; douleur de la mère du jeune Tobie. V, 22-28.

22. Le départ. — *Quæ... portanda.* Surtout des provisions pour le voyage. Cf. Jos. IX, 5. — *Et ambulaverunt...* Le grec ajoute : et le chien du jeune homme alla avec eux. Cf. VI, 1.

23-25. Violent chagrin d'Anne. Scène très touchante. — *Cumque profecti...* Jusque-là elle avait été assez forte pour contenir sa douleur. Et puis, c'est surtout après le départ que l'on ressent entièrement le vide causé par l'absence de ceux qu'on aime. — *Baculum senectutis.* Métaphore que ce passage a rendue populaire. — *Sufficiebat... paupertas :* c.-à-d. le peu que nous avions. Ce langage est vraiment maternel.

26-28. Tobie essaye de consoler Anne. — *Noli flere.* Il ne souffrait pas moins du départ de son fils : mais il portait plus vaillamment sa peine. — *Credo... quod angelus...* : il avait comme un pressentiment de la réalité. Cf. vers. 21. — *Cum gaudio revertatur.* D'après l'Itala : saip et sauf.

CHAPITRE VI

1. Profectus est autem Tobias, et canis secutus est eum; et mansit prima mansione juxta fluvium Tigris.

2. Et exivit ut lavaret pedes suos, et ecce piscis immanis exivit ad devorandum eum.

3. Quem expavescens Tobias, clamavit voce magna, dicens : Domine, invadit me.

4. Et dixit ei angelus : Apprehende branchiam ejus, et trahe eum ad te. Quod cum fecisset, attraxit eum in siccum; et palpitare cœpit ante pedes ejus.

5. Tunc dixit ei angelus : Exentera hunc piscem, et cor ejus, et fel, et jecur repone tibi; sunt enim hæc necessaria ad medicamenta utiliter.

6. Quod cum fecisset, assavit carnes ejus, et secum tulerunt in via. Cetera salierunt, quæ sufficerent eis quousque

1. Tobie partit donc, et le chien le suivit; et il demeura la première nuit près du fleuve du Tigre.

2. Et il sortit pour se laver les pieds, et voici qu'un énorme poisson s'avança pour le dévorer.

3. Tobie, plein d'effroi, jeta un grand cri, en disant : Seigneur, il va se jeter sur moi.

4. Et l'ange lui dit : Prenez-le par les ouïes, et tirez-le à vous. Ce qu'ayant fait, il le tira à terre, et *le poisson* commença à se débattre à ses pieds.

5. Alors l'ange lui dit : Videz ce poisson, et prenez-en le cœur, le fiel et le foie, car ils *vous* seront nécessaires pour des remèdes très utiles.

6. Ce qu'ayant fait, il fit rôtir *une partie* de la chair, qu'ils emportèrent avec eux en chemin; ils salèrent le

---

5° Le poisson du Tigre. VI, 1-9.

Снар. VI. — La première étape. — *Mansit prima mansione.* D'après le grec : ils arrivèrent le soir près du Tigre, où ils passèrent la nuit. Sans doute dans un caravansérail. — *Juxta fluvium...* Ninive était bâtie sur le Tigre, et les deux voyageurs se dirigeaient vers l'est, en tournant le dos à ce fleuve; d'où il suit que le narrateur donne probablement ici le nom de Tigre au grand ou au petit Zab, en conformité avec la coutume que mentionne Hérodote, v, 52. Voyez l'*Atl. géogr.,* pl. viii et ix.

2-4. Le poisson. — *Et exivit.* D'après les autres textes : il descendit. — *Ut lavaret pedes.* Le grec et le syriaque supposent un plan complet. — *Piscis immanis.* On a étonnamment exagéré au sujet de ce poisson ; par exemple, lorsqu'on a voulu l'identifier au crocodile, au requin, etc.; interprétations ridicules d'après le vers. 4. On a supposé aussi « que ce poisson était un silure, un esturgeon, un callionyme ou un uranoscope : mais, à vrai dire, le moyen de déterminer rigoureusement à quelle espèce il appartenait nous fait défaut. Cependant, si la leçon du Codex sinaïtique était certaine (voir plus bas), ce qui n'est pas, on pourrait affirmer que ce poisson était un brochet, comme l'avait déjà supposé Calmet. Ce poisson atteint souvent la grosseur d'un homme... Il est très vorace ; on a trouvé quelquefois dans ses entrailles des membres humains... On le trouve dans le Tigre : sa chair est excellente... ; il a des nageoires et des écailles, et remplit ainsi les conditions prescrites par la loi pour que les Juifs puissent en manger (Lev. xi, 9-10) ; il a des ouïes, comme le suppose le texte (vi, 4). » *Man. bibl.,* t. II, n. 530. Voyez l'*Atl. d'hist. nat.,* pl. lvi,

fig. 6. — Les mots *ad devorandum* ne signifient pas nécessairement que le poisson pouvait en réalité engloutir un homme. Le texte sinaïtique a d'ailleurs cette intéressante variante : il voulait dévorer le pied du jeune homme. De même

Tobie partant avec l'ange et portant le poisson qu'il vient de prendre. (Fresque des catacombes.)

l'Itala : « et circumplexus est pedes ejus. » Au lieu de *exivit,* il est probable qu'il faut lire d'après les autres traductions : « exilivit, » il s'élança. — *Palpitare cœpit...* Détail vivant et pittoresque.

5-9. Le cœur, le fiel et le foie du poisson sont mis en réserve pour divers usages indiqués par l'ange. — *Ad medicamenta utiliter.* Itala : « ad medicamenta utilia. » — *Assavit carnes :* « une partie des chairs » (Itala), pour la manger immédiatement, et par opposition à *cetera salierunt.* La Vulgate à seule les mots *et secum tulerunt in via.* — *In Rages.* D'après le grec : à Ecbatane. L'Itala dit simplement : en Médic. Voyez la note de iii, 7. — *Tunc interrogavit...*

reste, qui leur devait suffire jusqu'à ce qu'ils arrivassent à Ragès, ville des Mèdes.

7. Alors Tobie interroga l'ange, et lui dit : Mon frère Azarias, je vous supplie de me dire quel remède l'on peut tirer de ce que vous m'avez ordonné de garder du poisson.

8. Et l'ange, lui répondant, lui dit : Si vous mettez sur des charbons une partie de son cœur, sa fumée chasse toute sorte de démons, soit d'un homme, soit d'une femme, en sorte qu'ils ne s'en approchent plus.

9. Et le fiel est bon pour oindre les yeux où il y a quelque taie, et il les guérit.

10. Et Tobie lui dit : Où voulez-vous que nous logions?

11. L'ange lui répondit : Il y a ici un homme du nom de Raguël, votre parent et de votre tribu. Il a une fille nommée Sara; mais il n'a pas de fils, ni d'autre fille que celle-là.

12. Tout son bien vous sera dû, et il faut que vous la preniez pour épouse.

13. Demandez-la donc à son père, et il vous la donnera en mariage.

14. Alors Tobie répondit et dit : J'ai entendu dire qu'elle avait déjà épousé sept maris, et qu'ils sont morts; et j'ai entendu dire aussi qu'un démon les avait tués.

15. Je crains donc que la même chose ne m'arrive à moi-même, et que, comme je suis fils unique de mes parents, je ne précipite de chagrin leur vieillesse au tombeau.

pervenirent in Rages, civitatem Medorum.

7. Tunc interrogavit Tobias angelum, et dixit ci : Obsecro te, Azaria frater, ut dicas mihi quod remedium habebunt ista quæ de pisce servare jussisti?

8. Et respondens angelus, dixit ei : Cordis ejus particulam si super carbones ponas, fumus ejus extricat omne genus dæmoniorum, sive a viro, sive a muliere, ita ut ultra non accedat ad eos.

9. Et fel valet ad ungendos oculos in quibus fuerit albugo, et sanabuntur.

10. Et dixit ei Tobias : Ubi vis ut maneamus?

11. Respondensque angelus, ait : Est hic Raguel nomine, vir propinquus de tribu tua; et hic habet filiam nomine Saram, sed neque masculum, neque feminam ullam habet aliam præter eam.

12. Tibi debetur omnis substantia ejus, et oportet eam te accipere conjugem.

13. Pete ergo eam a patre ejus, et dabit tibi eam in uxorem.

14. Tunc respondit Tobias, et dixit : Audio quia tradita est septem viris, et mortui sunt; sed et hoc audivi, quia dæmonium occidit illos.

15. Timeo ergo ne forte et mihi hæc eveniant, et cum sim unicus parentibus meis, deponam senectutem illorum cum tristitia ad inferos.

Vers. 7-9, l'emploi des membres mis en réserve. — *Cordis... particulam*. Le cœur et le foie, d'après le grec. Comp. le vers. 19 et VIII, 2. — *Extricat :* expression qui n'apparaît qu'en cet endroit de la Vulgate. — *Fel... ad ungendos...* « Les interprètes catholiques sont divisés sur la question de savoir s'il s'agit ici de propriétés naturelles ou surnaturelles de ces organes. » Il nous paraît certain que les membres du poisson, quel qu'il fût, ne possédaient point par eux-mêmes la vertu d'expulser le démon et de guérir la cécité, mais que Dieu leur accorda cette double propriété pour le cas présent, par un véritable miracle.

§ II. — *Mariage du jeune Tobie et de Sara.*
VI, 10 — IX, 12.

1° L'ange Raphaël presse Tobie de demander la main de sa cousine. VI, 10-22.

10. L'occasion. — *Dixit... Tobias.* Cette question fut posée lorsque les voyageurs approchaient d'Ecbatane. Cf. vers. 11.

11-13. Premières ouvertures de l'ange. — *Neque masculum...* Locution assez bizarre, empruntée à l'Itala. Elle est très expressive ; car elle ne signifie pas seulement, comme le dit le grec, que Raguël n'avait pas d'autre enfant que Sara, mais qu'il n'avait pas de parent très proche. Comp. le vers. 12. — *Tibi debetur.* En conformité avec le principe exposé plus haut (note de I, 9-10). Voyez Num. xxvii, 8 et ss.; xxxvi, 8. 14-15. Les craintes du jeune homme. — *Audio quia...* Il distingue fort bien entre les deux choses qu'il a entendu raconter : l'une, consistant en un double fait matériel indubitable, *tradita... septem..., mortui sunt ;* l'autre, basée sur l'opinion populaire, qui, cette fois, avait deviné juste, *dæmonium occidit...* D'après la plupart des autres textes, le vulgaire avait même essayé de motiver davantage cette série de décès extraordinaires : le démon aurait aimé lui-même Sara, et aurait tué par un sentiment de jalousie tous ceux qui voulaient l'épouser. « Et nunc timeo hoc dæmonium, quoniam diligit illam, et ipsam

16. Tunc angelus Raphael dixit ei : Audi me, et ostendam tibi qui sunt, quibus prævalere potest dæmonium.

17. Hi namque qui conjugium ita suscipiunt, ut Deum a se et a sua mente excludant, et suæ libidini ita vacent, sicut equus et mulus quibus non est intellectus, habet potestatem dæmonium super eos.

18. Tu autem, cum acceperis eam, ingressus cubiculum, per tres dies continens esto ab ea, et nihil aliud nisi in orationibus vacabis cum ea

19. Ipsa autem nocte, incenso jecore piscis, fugabitur dæmonium.

20. Secunda vero nocte, in copulatione sanctorum patriarcharum admitteris.

21. Tertia autem nocte, benedictionem consequeris, ut filii ex vobis procreentur incolumes.

22. Transacta autem tertia nocte, accipies virginem cum timore Domini, amore filiorum magis quam libidine ductus, ut in semine Abrahæ benedictionem in filiis consequaris.

16. Alors l'ange Raphaël lui dit : Écoutez-moi, et je vous apprendrai quels sont ceux sur qui le démon a du pouvoir.

17. Ce sont ceux qui s'engagent dans le mariage de manière à bannir Dieu de leur cœur et de leur esprit, et qui ne pensent qu'à leur passion, comme le cheval et le mulet qui sont sans raison ; le démon a du pouvoir sur ceux-là.

18. Mais pour vous, lorsque vous l'aurez épousée, étant entré dans la chambre, vivez avec elle dans la continence pendant trois jours, et ne pensez à autre chose qu'à prier avec elle.

19. Cette même nuit, mettez dans le feu le foie du poisson, et le démon s'enfuira.

20. La seconde nuit, vous serez admis dans la société des saints patriarches.

21. La troisième nuit, vous recevrez la bénédiction de Dieu, afin qu'il naisse de vous des enfants en parfaite santé.

22. La troisième nuit passée, vous prendrez cette jeune fille dans la crainte du Seigneur, et guidé par le désir d'avoir des enfants plutôt que par la passion, afin que vous obteniez la bénédiction de Dieu, en ayant des enfants de la race d'Abraham.

---

quidem non vexat, sed eum qui illi adplicitus fuerit, ipsum occidit. » — *Deponam senectutem...* Cf. Gen. xlii, 38. Réflexion délicate.

16-17. L'ange Raphaël rassure Tobie sur l'issue de ce mariage. — Vers. 16, exorde de ce petit discours. Dans les autres textes, l'ange rappelle d'abord à Tobie le conseil que son père lui avait récemment donné de se choisir une épouse dans sa propre famille. Voyez la note de iv, 13. — *Quibus prævalere... dæmonium.* Confirmation de la croyance populaire que le jeune Tobie venait de signaler. D'après le grec : « Et maintenant écoute-moi, mon frère, ne t'inquiète pas de ce démon, mais demande-la, et je sais que cette nuit même elle te sera donnée comme épouse. » — Le vers. 17, qui est omis par les autres traductions, désigne les hommes sur lesquels Dieu permet au démon d'exercer son terrible pouvoir. *Deum a se... excludant ;* nous lisions, iv, 6, l'expression opposée : « Deum in mente habere. » *Sicut equus et mulus :* conduite tout animale et très coupable désordre ; cf. Ps. xxxi, 9 ; Jer. v, 8 ; Ez. xxiii, 20.

18-22. Comment Tobie expulsera le démon. — *Per tres dies continens...* La Vulgate est seule

à mentionner cette continence de trois jours, qui était tout à fait dans l'ordre, conformément à la parole du divin Maître : « Cette espèce de démon ne sort que par la prière et par le jeûne » (Matth. xvii, 21). Il fallait un moyen extraordinaire pour ce cas extraordinaire. La Vulgate sera seule aussi à signaler les trois degrés de la bénédiction divine, vers. 19-21. — *Nihil aliud nisi...* Pas d'autre union que celle de la prière. — *In copulatione... patriarcharum...* (vers. 20). C.-à-d., d'après le contexte : ton mariage sera béni comme celui des patriarches. — *Cum timore Dei* (vers. 22). Cf. iii, 18. Ou, comme il sera dit plus bas, viii, 9 : « non luxuriæ causa, sed sola posteritatis dilectione. » — *In semine Abrahæ benedictionem...* Allusion à la promesse que le Seigneur avait faite à Abraham de lui accorder une nombreuse postérité. Cf. Gen. xxii, 17-18. Dans les autres textes : « Ne crains point, car elle t'est destinée de toute éternité, et tu la guériras, et elle ira avec toi. Et je crois que tu auras d'elle des fils. Et lorsque Tobie entendit ces choses, il l'aima, et son âme s'attacha vivement à elle. Et ils arrivèrent à Ecbatane. »

Vue des ruines d'Ecbatane.

CHAPITRE VII

1. Ingressi sunt autem ad Raguelem, et suscepit eos Raguel cum gaudio.
2. Intuensque Tobiam Raguel, dixit Annæ, uxori suæ : Quam similis est juvenis iste consobrino meo !
3. Et cum hæc dixisset, ait : Unde estis, juvenes, fratres nostri ? At illi dixerunt : Ex tribu Nephthali sumus, ex captivitate Ninive.

4. Dixitque illis Ráguel : Nostis Tobiam, fratrem meum ? Qui dixerunt : Novimus.
5. Cumque multa bona loqueretur de eo, dixit angelus ad Raguelem : Tobias, de quo interrogas, pater istius est.

6. Et misit se Raguel, et cum lacrymis osculatus est eum ; et plorans supra collum ejus,
7. dixit : Benedictio sit tibi, fili mi, quia boni et optimi viri filius es.

8. Et Anna, uxor ejus, et Sara, ipsorum filia, lacrymatæ sunt.
9. Postquam autem locuti sunt, præcepit Raguel occidi arietem, et parari convivium. Cumque hortaretur eos discumbere ad prandium,
10. Tobias dixit : Hic ego hodie non manducabo, neque bibam, nisi prius pe-

1. Or ils entrèrent chez Raguël, qui les reçut avec joie.
2. Et Raguël, regardant Tobie, dit à Anne sa femme : Que ce jeune homme ressemble à mon cousin !
3. Après cela il leur dit : D'où êtesvous, jeunes gens nos frères ? Ils lui dirent : Nous sommes de la tribu de Nephthali, du nombre des captifs de Ninive.
4. Et Raguël leur dit : Connaissez-vous mon frère Tobie ? Ils lui dirent : Nous le connaissons.
5. Et comme Raguël en disait beaucoup de bien, l'ange lui dit : Tobie, dont vous nous demandez des nouvelles, est le père de ce jeune homme.
6. Et Raguël, s'avançant aussitôt, le baisa avec larmes, et pleurant sur son cou,
7. il dit : Soyez béni, mon fils ; car vous êtes le fils d'un homme de bien, du meilleur des hommes.
8. Et Anne sa femme et Sara leur fille se mirent à pleurer.
9. Et, après cet entretien, Raguël ordonna qu'on tuât un bélier et qu'on préparât le festin. Et comme il les priait de se mettre à table,
10. Tobie dit : Je ne mangerai et ne boirai point ici aujourd'hui, que vous

---

2° Les deux voyageurs sont cordialement accueillis par Raguël. VII, 1-8.

Chap. VII. — 1. Introduction. — *Ingressi ad Raguelem.* D'après le grec : « Ils le trouvèrent assis dans la cour, près de la porte de sa maison, et ils le saluèrent les premiers. Et Raguël dit : La paix soit avec vous, frères ! Entrez sains et saufs. Et il les introduisit dans sa maison. »
2-8. Tobie est reconnu par Raguël. Charmante scène, très bien décrite. — *Dixit Annæ.* Elle porte ce même nom dans l'Itala. Les trois textes grecs l'appellent Ἔδνα (*Ednah*, c.-à-d. délices, dans la traduction hébraïque) ; la véritable dénomination, probablement. — *Consobrino meo :* Tobie l'ancien. — *Ex captivitate Ninive* (vers. 3). L'abstrait pour le concret : nous faisons partie des Israélites déportés à Ninive. Cf. Esdr. II, 1, etc. — *Cumque multa bona* (vers. 5). En réunissant les divers textes grecs, on voit que les voyageurs avaient appris à Raguël la cécité de Tobie l'ancien ; sur quoi Raguël se serait écrié : Quel malheur, que cet homme juste et qui faisait des aumônes, soit devenu aveugle ! — *Misit se...*

(vers. 6). Expression pittoresque : il s'élança (Itala : « exiliit »). — *Anna... et Sara... lacrymatæ sunt.* Raguël, d'après le texte grec, s'était mis le premier à pleurer. La contagion des larmes atteignit Sara elle-même, bien qu'elle n'eût jamais vu Tobie l'ancien. Peut-être, comme on l'a supposé, ressentait-elle déjà pour le jeune homme une inclination analogue à celle qu'il avait immédiatement éprouvée pour elle.
3° Raguël consent à donner sa fille au jeune Tobie. VII, 9-20.
9ᵃ. Transition. — *Postquam... locuti...* Dans l'Itala : « loti sunt » (conformément au grec : ἐλούσαντο), et telle paraît avoir été la leçon primitive de la Vulgate. Il s'agit donc du bain de pieds rafraîchissant, que l'hospitalité orientale offre aux voyageurs dès leur arrivée.
9ᵇ-10. La demande en mariage. — *Arietem :* le mets le plus habituel en pareil cas dans l'Orient ancien et moderne. — *Non manducabo...* Ce trait rappelle la conduite analogue d'Éliézer, quand il vint demander au nom d'Abraham la main de Rébecca pour Isaac. Cf. Gen. XXIV, 32-33. Néanmoins, d'après les autres textes, Tobie

ne m'ayez accordé ma demande, et que vous ne me promettiez de me donner Sara, votre fille.

11. A' ces mots, Raguël fut saisi de frayeur, sachant ce qui était arrivé aux sept maris qui s'étaient approchés d'elle, et il commença à craindre que la même chose n'arrivât aussi à celui-ci. Et comme il hésitait, et ne répondait rien à la demande de Tobie,

12. l'ange lui dit : Ne craignez pas de la donner à ce jeune homme, car il craint Dieu, et c'est à lui que votre fille est due comme épouse ; c'est pourquoi nul autre n'a pu la posséder.

13. Alors Raguël dit : Je ne doute pas que Dieu n'ait admis mes prières et mes larmes en sa présence.

14. Et je crois qu'il vous a fait venir afin que cette fille épousât *quelqu'un* de sa parenté selon la loi de Moïse ; et ainsi ne doutez pas que je ne vous donne ma fille *comme vous le désirez.*

15. Et prenant la main droite de sa fille, il la mit dans la main droite de Tobie, et dit : Que le Dieu d'Abraham, le Dieu d'Isaac et le Dieu de Jacob soit avec vous ; que lui-même vous unisse, et qu'il accomplisse sa bénédiction en vous.

16. Et ayant pris du papier, ils écrivirent l'acte de mariage.

17. Et après cela, ils mangèrent en bénissant Dieu.

18. Et Raguël appela Anne, sa femme,

titionem meam confirmes, et promittas mihi dare Saram, filiam tuam.

11. Quo audito verbo, Raguel expavit, sciens quid evenerit illis septem viris qui ingressi sunt ad eam ; et timere cœpit ne forte et huic similiter contingeret. Et cum nutaret, et non daret petenti ullum responsum,

12. dixit ei angelus : Noli timere dare eam isti, quoniam huic timenti Deum debetur conjux filia tua ; propterea alius non potuit habere illam.

13. Tunc dixit Raguel : Non dubito quod Deus preces et lacrymas meas in conspectu suo admiserit.

14. Et credo quoniam ideo fecit vos venire ad me, ut ista conjungeretur cognationi suæ secundum legem Moysi ; et nunc noli dubium gerere quod tibi eam tradam.

15. Et apprehendens dexteram filiæ suæ, dextræ Tobiæ tradidit, dicens : Deus Abraham, et Deus Isaac, et Deus Jacob vobiscum sit, et ipse conjungat vos, impleatque benedictionem suam in vobis !

16. Et accepta charta, fecerunt conscriptionem conjugii.

17. Et post hæc epulati sunt, benedicentes Deum.

18. Vocavitque Raguel ad se Annam,

---

n'adressa la parole à Raguël qu'après avoir conjuré l'ange de l'assister dans sa demande au sujet de Sara. — *Petitionem... confirmes.* Locution énergique : non seulement promettre, mais garantir solennellement la promesse.

11-14. Raguël, encouragé par l'ange, donne son consentement. — *Expavit.* Terreur bien naturelle, dont le motif est d'ailleurs aussitôt indiqué. — *Cum nutaret et non daret...* Trait pittoresque, qui nous fait lire tout ce qui se passa dans l'âme de Raguël, pris ainsi au dépourvu. Suivant les autres textes, il aurait alors proféré quelques-unes de ces paroles vagues par lesquelles on essaye de se donner une contenance et de gagner un peu de temps pour la réflexion ; puis, finalement, il aurait nettement exposé tout ce qui s'était passé aux précédents mariages de sa fille. — Dans l'encouragement pressant qu'il donne à Raguël (vers. 12), l'ange appuie sur les mots *huic timenti Deum*, opposant ainsi les sentiments religieux du jeune Tobie à l'affection toute profane des premiers prétendants. — *Non dubito.* Ainsi rassuré, le père de Sara cède enfin, sa foi vive reconnaissant le doigt de Dieu dans tout ce qui s'était passé. Indépendamment de la

réflexion de l'ange concernant l'indignité des autres époux, il avait dans la loi même une preuve visible de la *volonté* divine : *ut... secundum legem...* De là la promptitude relative avec laquelle il accorde son consentement.

15-17. La cérémonie du mariage. — *Apprehendens dexteram...* Rite touchant, simple et expressif, qui n'est pas mentionné ailleurs dans la Bible. On ignore s'il avait lieu habituellement pour les mariages israélites. Dans les cimetières juifs, deux mains enlacées sont fréquemment sculptées sur les tombes des personnes mariées. Voyez nos *Essais d'exégèse*, Lyon, 1884, p. 291. — *Deus Abraham...* Formule solennelle de bénédiction, que l'Église catholique a empruntée à ce passage. Comp. IX, 9 et ss.; Gen. XXIV, 60 ; Ruth, IV, 11. D'après le grec et l'Itala, Raguël se serait contenté de dire : Voici, prends-la conformément à la loi de Moïse et conduis-la chez ton père. — *Fecerunt conscriptionem...* : l'acte constatant le mariage, et distinct, sans doute, de celui qui regardait la dot de Sara. Cf. VIII, 24.

18-20. Sara donnée au jeune Tobie. — *Alterum cubiculum :* une chambre distincte de celle qu'avaient occupée les autres maris. — *Intro-*

uxorem suam, et præcepit ei ut præpararet alterum cubiculum. 19. Et introduxit illuc Saram, filiam suam, et lacrymata est. 20. Dixitque ei : Forti animo esto, filia mea. Dominus cæli det tibi gaudium pro tædio quod perpessa es !	et ·lui ordonna de préparer une autre chambre. 19. Et elle y conduisit Sara, sa fille, qui se mit à pleurer. 20. Et elle lui dit : Aie bon courage, ma fille. Que le Seigneur du ciel compense en joie le chagrin · que tu as éprouvé.

CHAPITRE VIII

1. Postquam vero cœnaverunt, introduxeruut juvenem ad eam. 2. Recordatus itaque Tobias sermonum angeli, protulit de cassidili suo partem jecoris, posuitque eam super carbones vivos. 3. Tunc Raphael angelus apprehendit dæmonium, et religavit illud in deserto superioris Ægypti. 4. Tunc hortatus est virginem Tobias, dixitque·ei : Sara, exurge, et deprecemur Deum hodie, et cras, et secundum cras, quia his tribus noctibus Deo jungimur; tertia autem transacta nocte, in nostro erimus conjugio ; 5. filii quippe sanctorum sumus, et non possumus ita conjungi, sicut gentes quæ ignorant Deum. 6. Surgentes autem pariter, instanter orabant ambo simul, ut sanitas daretur eis. 7. Dixitque Tobias : Domine, Deus patrum nostrorum, benedicant te cæli et	· 1. Après qu'ils eurent soupé, ils firent entrer le jeune homme auprès d'elle. 2. Alors Tobie, se souvenant des paroles de l'ange, tira de son sac une partie du foie *du poisson*, et la mit sur des charbons ardents. 3. Alors l'ange Raphaël saisit le démon, et le lia dans le désert de la haute Égypte. 4. Et Tobie exhorta la jeune fille et lui dit : Sara, levez-vous et prions Dieu aujourd'hui, et demain, et après-demain, car durant ces trois nuits nous nous unirons à Dieu; et après la troisième nuit, nous vivrons dans notre mariage. `5· Car nous sommes les enfants des saints, et nous ne pouvons pas nous unir comme des païens, qui ne connaissent pas Dieu. · 6· S'étant donc levés tous deux, ils prièrent Dieu ensemble avec instance, afin qu'il les conservât sains et saufs. 7. Et Tobie·dit : Seigneur, Dieu de nos pères, que les cieux et la terre, la

---

duxit. C'est la mère qui fut l'introductrice d'après les autres traductions. — *·Lacrymata est.* Sara, suivant le contexte (vers. 20), où nous voyons sa mère la rassurer. Détails bien pathétiques. — *Forti animo...* Doux encouragement maternel, accompagné d'un souhait basé sur la foi.

4° Sara est délivrée du démon. VIII, 1-3.

CHAP. VIII. — 1-3. *De cassidili.* Mot rare, qui n'est employé qu'en ce seul endroit de la Vulgate. Il équivaut à « pera », sac de voyage (Itala : « de sacculo quem habebat »).· Voyez l'*Atl. arch.*, pl. ʟxxvɪ, fig. 1 ; pl. ʟxxvɪɪ, fig.'6, 7. — *Partem jecoris :* et aussi le cœur d'après les autres versions. Comp. vɪ, 8, et le commentaire. Simple cause instrumentale, avons-nous dit plus haut (ibid.), à laquelle Dieu rattacha miraculeusement l'expulsion de l'esprit mauvais dont Sara avait été comme infestée jusqu'alors. — *Raphael... apprehendit...* Dans un des textes grecs : et l'odeur du poisson chassa l'esprit impur, et il s'enfuit dans la ·région supérieure de l'Égypte. — *Religavit.* C.-à-d. que l'archange, muni des pleins pouvoirs

de Dieu, mit le démon dans l'impuissance d'agir en dehors du lieu où il l'avait relégué. — *In deserto :* l'endroit qui convient le mieux pour le bannissement des mauvais anges. Cf. Matth. xɪɪ, 43. — *Superioris Ægypti :* la haute Égypte, ou Thébaïde (*Atl. géogr.*, pl. ɪ, ɪv).

5° Chaste prière du jeune Tobie et ᴅᴇ Sara. VIII,·4-10.

4-5.·Allocution du jeune homme à Sara. Elle est remarquable par les idées et par le langage. — *His... noctibus Deo jungimur.* C.-à-d., durant tout ce temps, nous n'appartiendrons qu'à·Dieu ; par opposition aux mots qui suivent : *in nostro erimus...* — *Filii... sanctorum.* Voyez ɪɪ, 18 et la note. — *Conjungi sicut gentes.* Saint Paul exprime une pensée toute semblable, I Thess. ɪv, 4-5.

6-9. La prière de Tobie. Le narrateur n'en donne vraisemblablement qu'un sommaire très concis. — Introduction, vers. 6. *Instanter orabant :* ferveur dont il est aisé de se représenter l'intensité. — Vers. 7, invitation à toutes les créatures de louer leur souverain Maître et Seɪ-

mer, les fontaines et les fleuves, avec toutes vos créatures qu'ils renferment, vous bénissent.

8. Vous avez fait Adam du limon de la terre, et vous lui avez donné Ève pour auxiliaire.

9. Et maintenant, Seigneur, vous savez que ce n'est point pour satisfaire ma passion que je prends ma sœur pour épouse, mais dans le seul désir d'une postérité, par laquelle votre nom soit béni dans tous les siècles.

10. Sara dit aussi : Ayez pitié de nous, Seigneur, ayez pitié de nous, et faites que nous vieillissions tous deux ensemble dans une parfaite santé.

11. Or, vers le chant du coq, Raguël ordonna qu'on fît venir ses serviteurs, et ils s'en allèrent avec lui pour creuser une fosse.

12. Car il disait : Il lui sera peut-être arrivé la même chose qu'à ces sept hommes qui sont entrés auprès d'elle.

13. Et lorsqu'ils eurent préparé la fosse, Raguël, étant revenu près de sa femme, lui dit :

14. Envoyez une de vos servantes pour voir s'il est mort, afin que je l'ensevelisse avant qu'il fasse jour.

15. Et Anne envoya une de ses servantes, qui, étant entrée dans la chambre, les trouva sains et saufs, dormant ensemble.

16. Et elle revint et annonça cette bonne nouvelle. Alors Raguël et Anne, sa femme, bénirent le Seigneur,

terræ, mareque, et fontes, et flumina, et omnes creaturæ tuæ, quæ in eis sunt.

8. Tu fecisti Adam de limo terræ, dedistique ei adjutorium Hevam.

9. Et nunc, Domine, tu scis quia non luxuriæ causa accipio sororem meam conjugem, sed sola posteritatis dilectione, in qua benedicatur nomen tuum in sæcula sæculorum.

10. Dixit quoque Sara : Miserere nobis, Domine, miserere nobis; et consenescamus ambo pariter sani.

11. Et factum est circa pullorum cantum, accersiri jussit Raguel servos suos; et abierunt cum eo pariter ut foderent sepulcrum.

12. Dicebat enim : Ne forte simili modo evenerit ei, quo et ceteris illis septem viris qui sunt ingressi ad eam.

13. Cumque parassent fossam, reversus Raguel ad uxorem suam, dixit ei

14. Mitte unam ex ancillis tuis, et videat si mortuus est, ut sepeliam eum antequam illucescat dies.

15. At illa misit unam ex ancillis suis, quæ ingressa cubiculum, reperit eos salvos et incolumes, secum pariter dormientes.

16. Et reversa, nuntiavit bonum nuntium. Et benedixerunt Dominum, Raguel videlicet, et Anna, uxor ejus,

---

gneur. Comp. Dan. III, 57 et ss. — Le suppliant passe ensuite à la divine institution du mariage, vers. 8, employant à dessein les expressions mêmes de la Genèse (II, 18) : *adjutorium Hevam*. Enfin, vers. 9, il exprime le double motif, en tout conforme au plan divin, pour lequel il a épousé Sara : au point de vue naturel, *posteritatis dilectione;* sous le rapport surnaturel, *in qua benedicatur...,* propager la race sainte de laquelle devait naître le Messie. — *Sororem meam.* Sœur dans le sens large, ainsi qu'il arrive si souvent dans la Bible, pour signifier parente; ou bien, appellation de tendresse ; ou encore, dénomination qui marquait une affection très chaste.

10. La prière de Sara. — *Dixit... Sara.* Cette prière, d'une grande beauté dans son énergique concision, est propre à la Vulgate sous cette forme. Dans les autres textes, c'est encore Tobie qui la profère, en la complétant par ces mots : « et da nobis filios in benedictione; » puis il est ajouté que « la jeune fille dit Amen avec lui ».

6° L'effroi et l'action de grâces de Raguël. VIII, 11-20.

11-16ª. Vaines craintes et précautions intem-

pestives. — *Circa pullorum cantum.* C.-à-d. de grand matin. Cf. Marc. XIII, 35. — *Dicebat enim...* Qu'est devenue la confiance que Raguël manifestait quelques heures auparavant ? Cf. VII, 13 et ss. Mais rien de plus naturel que cette impression de doute et de frayeur. « La nuit porte conseil » en tous sens, même pour les sentiments imparfaits, et l'on excusera Raguël sans trop de peine, après tout ce qu'il avait souffert. — *Ne forte...* Dans le grec : « S'il était mort, je l'enterrerais cette nuit même, sans que personne ne le sache, afin que je ne devienne pas un objet d'opprobre et de raillerie. » Dans ces temps et ces contrées, rien de plus facile que de faire disparaître le cadavre d'un étranger arrivé de la veille, et que personne n'avait remarqué en dehors de la famille de Raguël. — *Unam ex ancillis* (vers. 15) : une personne âgée et de confiance. — *Secum pariter... :* tant leurs pensées étaient chastes, comme le remarquent les anciens exégètes. — *Reversa, nuntiavit...* D'après l'Itala : elle annonça qu'il vivait, et qu'il n'avait souffert aucun mal.

16b-20. L'action de grâces de Raguël et de sa

17. et dixerunt : Benedicimus te, Domine, Deus Israel, quia non contigit quemadmodum putabamus ;

18. fecisti enim nobiscum misericordiam tuam, et exclusisti a nobis inimicum persequentem nos ;

19. misertus es autem duobus unicis. Fac eos, Domine, plenius benedicere te, et sacrificium tibi laudis tuæ et suæ sanitatis offerre, ut cognoscat universitas gentium, quia tu es Deus solus in universa terra.

20. Statimque præcepit servis suis Raguel, ut replerent fossam, quam fecerant, priusquam elucesceret.

21. Uxori autem suæ dixit ut instrueret convivium, et præpararet omnia quæ in cibos erant iter agentibus necessaria.

22. Duas quoque pingues vaccas et quatuor arietes occidi fecit, et parari epulas omnibus vicinis suis, cunctisque amicis.

23. Et adjuravit Raguel Tobiam, ut duas hebdomadas moraretur apud se.

24. De omnibus autem quæ possidebat Raguel, dimidiam partem dedit Tobiæ ; et fecit scripturam, ut pars dimidia quæ supererat, post obitum eorum Tobiæ dominio deveniret.

17. et dirent : Nous vous bénissons, Seigneur, Dieu d'Israël, parce que ce que nous avions pensé ne nous est point arrivé ;

18. car vous nous avez fait miséricordé, et vous avez chassé loin de nous l'ennemi qui nous persécutait,

19. et vous avez eu pitié de ces deux enfants uniques. Faites, Seigneur, qu'ils vous bénissent encore davantage, et qu'ils vous offrent un sacrifice de louange pour leur préservation, afin que toutes les nations connaissent que vous seul êtes Dieu sur toute la terre.

20. Et aussitôt Raguël ordonna à ses serviteurs de remplir avant le jour la fosse qu'ils avaient faite.

21. Il dit aussi à sa femme de préparer un festin, et tous les vivres nécessaires à ceux qui entreprennent un voyage.

22. Et il fit tuer deux vaches grasses et quatre moutons, pour préparer un festin à tous ses voisins et à tous ses amis.

23. Raguël conjura ensuite Tobie de demeurer avec lui pendant deux semaines.

24. Il lui donna la moitié de tout ce qu'il possédait, et déclara par un écrit que l'autre moitié qui restait reviendrait à Tobie après sa mort.

---

femme. — *Raguel... et Anna.* D'après le grec et l'Itala, Raguël seul prit directement la parole. — *Et exclusisti...* Cette seconde partie du vers. 18 manque dans les autres textes. — *Inimicum persequentem.* Ils ne savaient au juste quel était cet ennemi terrible ; du moins ils soupçonnaient, eux aussi, que c'était le démon. Cf. vi, 14. — *Misertus... duobus unicis :* trait pathétique. Tobie et Sara étaient les seuls enfants de leurs parents. Cf. vi, 11. — Belle prière pour conclure, vers. 19b. *Plenius benedicere :* en accordant aux jeunes époux de nouvelles faveurs, Dieu leur donnerait de nouveaux motifs de le bénir à jamais. — *Sacrificium laudis :* de simples louanges (cf. Ps. xlix, 14, 27), et non des sacrifices proprement dits, que l'exil rendait impossibles. — *Ut cognoscat... quia tu solus...* Les bienfaits extraordinaires que le Seigneur répandait sur son peuple, soit d'une manière générale, et en quelque sorte nationale, soit isolément, comme c'était ici le cas, avaient pour résultat ultérieur de manifester aux païens qu'il était l'unique vrai Dieu, car les idoles ne produisaient rien de semblable. — *Statimque præcepit...* (vers. 20). Raguël n'était pas moins pressé, désormais, de faire recou-

vrir la fosse, qu'il ne l'avait été de la faire préparer.

7° La fête des noces. VIII, 21-24.

21-23. Festin somptueux, auquel sont conviés tous les proches et les amis de Raguël. — *Quæ in cibos... iter agentibus :* pour le voyage à Ragès, dont les jeunes gens avaient dû parler comme d'une nécessité pressante ; ou même pour le départ définitif de Tobie et de sa jeune épouse. Dans ce dernier cas surtout, il fallait des provisions considérables, pour une caravane nombreuse ; cf. x, 10 ; xi, 3, 18. Au lieu des vers. 21 et 22 de la Vulgate, le grec A dit seulement : Et il prépara pour eux une fête nuptiale de quatorze jours. La solennité des noces ne durait habituellement qu'une semaine ; cf. Gen. xxix, 27 ; Jud. xiv, 17. — *Adjuravit Raguel...* Plutôt, d'après le grec : Et Raguël jura... Comp. ix, 5, où Tobie fait allusion à ce serment de son beau-père.

24. Raguël dispose de ses biens en faveur du jeune Tobie. — *Fecit scripturam :* une simple promesse orale, au dire des autres versions. — *Post obitum eorum :* la mort du père et de la mère de Sara.

CHAPITRE IX

1. Alors Tobie appela auprès de lui l'ange, qu'il croyait un homme, et il lui dit : Mon frère Azarias, je vous prie d'écouter mes paroles.

2. Quand je me donnerais à vous comme esclave, je ne pourrais pas reconnaître dignement tous vos soins.

3. Néanmoins je vous conjure de prendre avec vous des serviteurs et des montures, et d'aller trouver Gabélus à Ragès, ville des Mèdes, pour lui rendre son obligation et recevoir de lui l'argent, et pour le prier de venir à mes noces.

4. Car vous savez que mon père compte les jours, et si je tarde un jour de plus, son âme sera accablée d'ennui.

5. Vous voyez aussi de quelle manière Raguël m'a conjuré, et que je ne puis résister à ses instances.

6. Raphaël prit donc quatre serviteurs de Raguël et deux chameaux, et s'en alla à Ragès, ville des Mèdes, et ayant trouvé Gabélus, il lui rendit son obligation et reçut de lui tout l'argent.

7. Il lui raconta aussi tout ce qui était arrivé au jeune Tobie, et il le fit venir avec lui aux noces.

8. Et lorsque Gabélus fut entré dans la maison de Raguël, il trouva Tobie à table ; celui-ci se leva, et ils s'embrassèrent l'un l'autre, et Gabélus pleura et bénit Dieu,

1. Tunc vocavit Tobias angelum ad se, quem quidem hominem existimabat, dixitque ei : Azaria frater, peto ut auscultes verba mea.

2. Si meipsum tradam tibi servum, non ero condignus providentiæ tuæ.

3. Tamen obsecro te ut assumas tibi animalia sive servitia, et vadas ad Gabelum in Rages, civitatem Medorum, reddasque ei chirographum suum, et recipias ab eo pecuniam, et roges eum venire ad nuptias meas.

4. Scis enim ipse quoniam numerat pater meus dies ; et si tardavero una die plus, contristatur anima ejus.

5. Et certe vides quomodo adjuravit me Raguel, cujus adjuramentum spernere non possum.

6. Tunc Raphael assumens quatuor ex servis Raguelis, et duos camelos, in Rages, civitatem Medorum, perrexit ; et inveniens Gabelum, reddidit ei chirographum suum, et recepit ab eo omnem pecuniam.

7. Indicavitque ei de Tobia, filio Tobiæ, omnia quæ gesta sunt ; fecitque eum secum venire ad nuptias.

8. Cumque ingressus esset domum Raguelis, invenit Tobiam discumbentem ; et exiliens, osculati sunt se invicem ; et flevit Gabelus, benedixitque Deum,

---

8° L'ange Raphaël reçoit de Gabélus les dix talents prêtés par Tobie. IX, 1-6.

CHAP. IX. — 1-5. Le jeune Tobie prie l'ange d'aller seul à Ragès. — *Tunc vocavit :* dès le lendemain du mariage, ce semble. — *Quem... hominem existimabat.* Ces mots sont une particularité de la Vulgate. Malgré les événements récents, qui auraient pu lui faire soupçonner la nature supérieure de son compagnon, Tobie continuait de le regarder comme un homme. Les dernières paroles du vers. 1er, *peto ut...,* et le vers. 2 tout entier manquent aussi dans les autres textes. — *Si meipsum tradam...* Grande délicatesse de sentiments. Cf. xii, 2 et ss. — *Assumas... servitia :* des serviteurs, au nombre de quatre d'après le vers. 6, et deux chameaux. — *Scis enim...* (vers. 4). Tobie explique à l'ange pourquoi il renonce à aller personnellement à Ragès : d'une part, il ne saurait demeurer longtemps à Ecbatane, craignant de trop inquiéter ses parents (*numerat... dies.... contristatur :*

trait pathétique, bien filial) ; d'autre part, il n'ose contrister Raguël en refusant de passer quelques jours auprès de lui (cf. viii, 23).

6. L'ange Raphaël chez Gabélus. — *In Rages... perrexit.* L'Itala est seule à ajouter que la distance qui séparait Ragès d'Ecbatane pouvait se franchir en deux jours ; détail assez exact, d'après les calculs de Sainte-Croix, *Histoire de l'Académie royale des inscriptions et belles-lettres,* t. XLVII, p. 63 (Paris, 1807). Un bon dromadaire peut franchir 30 lieues en un jour : ce qui donne environ cinq jours pour les 150 lieues que la petite caravane avait à parcourir, l'aller et le retour compris. Gabélus put donc arriver à Ecbatane avant la fin des fêtes nuptiales. Voyez l'*Atl. géogr.,* pl. VIII.

9° Gabélus accompagne l'ange chez Raguël. IX, 7-12.

7-8. L'arrivée. — *Exiliens, osculati...* La scène est dramatiquement exposée.

9. et dixit : Benedicat te Deus Israël, quia filius es optimi viri, et justi, et timentis Deum, et eleemosynas facientis.

10. Et dicatur benedictio super uxorem tuam, et super parentes vestros.

11. Et videatis filios vestros, et filios filiorum vestrorum, usque in tertiam et quartam generationem ! et sit semen vestrum benedictum a Deo Israel, qui regnat in sæcula sæculorum !

12. Cumque omnes dixissent : Amen, accesserunt ad convivium ; sed et cum timore Domini nuptiarum convivium exercebant.

9. en disant : Que le Dieu d'Israël vous bénisse, car vous êtes le fils d'un homme très vertueux et juste, qui craint Dieu et fait beaucoup d'aumônes.

10. Que la bénédiction se répande aussi sur votre femme et sur vos parents.

11. Puissiez-vous voir vos fils, et les fils de vos fils, jusqu'à la troisième et la quatrième génération, et que votre race soit bénie du Dieu d'Israël, qui règne dans les siècles des siècles.

12. Et tous ayant répondu : Amen, ils se mirent à table ; mais dans le festin même des noces ils se conduisirent avec la crainte du Seigneur.

CHAPITRE X

1. Cum vero moras faceret Tobias, causâ nuptiarum, sollicitus erat pater ejus Tobias, dicens : Putas quare moratur filius meus, aut quare detentus est ibi ?

2. Putasne Gabelus mortuus est, et nemo reddet illi pecuniam ?

3. Cœpit autem contristari nimis ipse, et Anna, uxor ejus, cum eo ; et cœperunt ambo simul flere, eo quod die statuto minime reverteretur filius eorum ad eos.

4. Flebat igitur mater ejus irremediabilibus lacrymis, atque dicebat : Heu, heu me, fili mi ! ut quid te misimus peregrinari, lumen oculorum nostrorum,

1. Pendant que Tobie différait son départ à cause de ses noces, son père s'inquiétait et disait : D'où peut venir ce retard de mon fils, et qui peut le retenir là-bas ?

2. Ne serait-ce pas que Gabélus est mort, et qu'il ne se trouve personne pour lui rendre l'argent ?

3. Il commença donc à s'attrister vivement, et Anne, sa femme, avec lui ; et ils se mirent ensemble à pleurer de ce que leur fils n'était pas revenu auprès d'eux au jour marqué.

4. Mais sa mère surtout versait des larmes inconsolables, et elle disait : Hélas ! hélas ! mon fils, pourquoi vous avons-nous envoyé si loin, vous la lu-

---

9-12. Souhaits de Gabélus aux jeunes époux. — *Filius optimi viri...* Beau portrait de Tobie l'ancien. — Les vers. 11-12 sont omis par les autres textes. Pieux détail pour conclure : *cum timore Domini... convivium...;* tout se passa dignement, saintement.

§ III. — *Retour du jeune Tobie à Ninive.* X, 1 — XI, 21.

Le récit est d'une exquise délicatesse et d'un pittoresque achevé.

1º Anxiété de Tobie et d'Anne au sujet de leur fils. X, 1-7.

CHAP. X. — 1-3. Transition. — *Moras... causa nuptiarum.* Cause imprévue de retard, qui n'avait pu entrer dans les calculs du jeune Tobie et de ses parents. — *Sollicitus erat..* D'après l'Itala : Et tous les jours Tobie comptait le temps nécessaire à son fils pour aller et revenir. Et quand ce temps fut écoulé, sans que son fils revînt, il dit... — *Dicens :... Quare..* Il est probable que

le saint vieillard gardait pour lui-même, au début, ses tristes pensées. Les mots *putas* et *putasne* de la Vulgate ne supposent pas nécessairement la présence d'un interlocuteur ; souvent ils ne correspondent qu'à la particule interrogative *ha* des Hébreux (ἆρα du grec). Cf. Gen. XVII, 17 ; II Reg. IX, 1, etc. — *Cœperunt ambo simul...* Détail touchant. — L'expression *die statuto* ne doit pas être prise trop à la lettre ; car alors, pour un si lointain voyage, on ne pouvait déterminer rigoureusement l'époque du retour ; il s'agit du moins d'une date approximative.

4-7. Douleur inconsolable de la mère. — *Heu, heu me...* ! Le père, plus fort, sait encore contenir son chagrin ; mais Anne se laisse complètement envahir par le sentiment de sa douleur, et elle l'exprime en termes passionnés. Les autres traductions sont plus concises en cet endroit : « Malheur à moi, mon fils ; car je t'ai laissé partir, toi la lumière de nos yeux. » — *Lumen...,* *solatium...* Paroles caressantes, comme il en sort

mière de nos yeux, le bâton de notre vieillesse, la consolation de notre vie et l'espérance de notre postérité?

5. Nous ne devions pas vous éloigner de nous, puisque vous seul nous teniez lieu de toutes choses.

6. Tobie lui disait : Taisez-vous, et ne vous troublez pas; notre fils se porte bien; cet homme avec qui nous l'avons envoyé est très fidèle.

7. Mais rien ne pouvait la consoler; et, sortant tous les jours *de sa maison*, elle regardait de tous côtés, et allait dans tous les chemins par lesquels elle espérait qu'il pourrait revenir, pour tâcher de le découvrir de loin quand il reviendrait.

8. Cependant Raguël disait à son gendre : Demeurez ici, et j'enverrai à Tobie votre père des nouvelles de votre santé.

9. Tobie lui répondit : Je sais que mon père et ma mère comptent maintenant les jours, et qu'ils sont accablés de chagrin.

10. Et comme Raguël priait Tobie avec de grandes instances, et que celui-ci refusait de consentir, il lui remit Sara et la moitié de tout ce qu'il possédait en serviteurs, en servantes, en troupeaux, en chameaux, en vaches, et une grande quantité d'argent, et il le laissa partir plein de santé et de joie,

11. en lui disant : Que le saint ange du Seigneur soit en votre chemin; qu'il vous conduise sains et saufs, et puissiez-vous trouver votre père et votre mère en bon état, et que mes yeux voient vos enfants avant que je meure.

baculum senectutis nostræ, solatium vitæ nostræ, spem posteritatis nostræ?

5. Omnia simul in te uno habentes, te non debuimus dimittere a nobis.

6. Cui dicebat Tobias : Tace, et noli turbari ; sanus est filius noster ; satis fidelis est vir ille, cum quo misimus eum.

7. Illa autem nullo modo consolari poterat ; sed quotidie exiliens circumspiciebat, et circuibat vias omnes per quas spes remeandi videbatur, ut procul videret eum, si fieri posset, venientem.

8. At vero Raguel dicebat ad generum suum : Mane hic, et ego mittam nuntium salutis de te ad Tobiam, patrem tuum.

9. Cui Tobias ait : Ego novi quia pater meus et mater mea modo dies computant, et cruciatur spiritus eorum in ipsis.

10. Cumque verbis multis rogaret Raguel Tobiam, et ille eum nulla ratione vellet audire, tradidit ei Saram, et dimidiam partem omnis substantiæ suæ in pueris, in puellis, in pecudibus, in camelis, et in vaccis, et in pecunia multa ; et salvum atque gaudentem dimisit eum a se,

11. dicens : Angelus Domini sanctus sit in itinere vestro, perducatque vos incolumes, et inveniatis omnia recte circa parentes vestros, et videant oculi mei filios vestros priusquam moriar !

---

si aisément du cœur d'une bonne mère. « Lumière : » car, sans leur fils, leur vie était toute sombre, puisqu'il en était le brillant soleil. Les trois autres expressions marquent à quel point ce fils tendrement aimé était nécessaire à ses parents (*spem posteritatis*, puisqu'il était leur unique enfant). — *Omnia simul in te uno...* (vers. 5) : c'est ici, en quelques mots très simples, le comble de l'affection, et, par suite, de la tristesse. — *Cui... Tobias* (vers. 6). Il tâchait de surmonter sa propre angoisse et sa vive inquiétude, pour consoler et rassurer la mère désolée. Mais en vain : *illa... nullo modo...* (vers. 7). — Le verbe *exiliens* décrit fort bien la véhémence avec laquelle Anne se précipitait chaque matin hors de la maison pour aller attendre son fils. « Elle ne mangeait ni ne dormait, » au dire des autres textes. — *Circumspiciebat,... circuibat...* Tous ces détails sont extrêmement touchants.

2° **Adieux du jeune Tobie et de Sara à Raguël.** X, 8-13.

8-9. Vains efforts de Raguël pour retenir son gendre auprès de lui. — *Mane hic...* Non qu'il voulût, comme on l'a dit, le garder toujours à Ecbatane ; il désirait du moins le posséder quelques jours de plus, surtout à cause de Sara, qu'il allait perdre en même temps que lui. — *Ego novi...* Réponse digne de ce bon fils : il connaissait le cœur de son père et de sa mère, et il ne devinait que trop la triste réalité (*cruciatur spiritus...*).

10-13. Les adieux et le départ. Autre scène émouvante. — *Dimidiam partem...* Ainsi qu'il l'avait promis, VIII, 24, Raguël met Tobie en possession immédiate de la moitié de ses biens. — *Angelus Domini...* (vers. 11) : le souhait formulé antérieurement par Tobie l'ancien, V, 21. Le grec dit, avec une variante : Que le Dieu du ciel vous accorde un heureux voyage. — *Appre-*

12. Et apprehendentes parentes filiam suam, osculati sunt eam, et dimiserunt ire,

13. monentes eam honorare soceros, diligere maritum, regere familiam, gubernare domum, et seipsam irreprehensibilem exhibere.

12. Et les parents, prenant leur fille, la baisèrent et la laissèrent aller,

13. l'avertissant d'honorer son beau-père et sa belle-mère, d'aimer son mari, de régler sa famille, de gouverner sa maison, de se conserver elle-même irrépréhensible.

CHAPITRE XI

1. Cumque reverterentur, pervenerunt ad Charan, quæ est in medio itinere contra Niniven, undecimo die.

2. Dixitque angelus : Tobia frater, scis quemadmodum reliquisti patrem tuum.

3. Si placet itaque tibi, præcedamus, et lento gradu sequantur iter nostrum familiæ, simul cum conjuge tua et cum animalibus.

4. Cumque hoc placuisset ut irent, dixit Raphael ad Tobiam : Tolle tecum ex felle piscis, erit enim necessarium. Tulit itaque Tobias ex felle illo, et abierunt.

5 Anna autem sedebat secus viam quotidie in supercilio montis, unde respicere poterat de longinquo.

6. Et dum ex eodem loco specularetur adventum ejus, vidit a longe, et illico agnovit venientem filium suum ; currensque nuntiavit viro suo, dicens : Ecce venit filius tuus.

1. Et comme ils s'en retournaient, ils arrivèrent le onzième jour à Charan, qui est à moitié chemin dans la direction de Ninive.

2. Et l'ange dit : Mon frère Tobie, vous savez en quel état vous avez laissé votre père.

3. Si donc cela vous plaît, allons en avant, et que vos serviteurs suivent lentement avec votre femme et vos troupeaux.

4. Et comme il lui plut d'aller *ainsi*, Raphaël dit à Tobie : Prenez avec vous du fiel du poisson, car vous en aurez besoin. Tobie prit donc de ce fiel, et ils partirent.

5. Anne cependant allait tous les jours s'asseoir près du chemin, sur le haut d'une montagne, d'où elle pouvait découvrir de loin.

6. Et comme elle regardait de ce lieu si son fils arrivait, elle l'aperçut de loin, et elle le reconnut aussitôt, et elle court l'annoncer à son mari, et lui dit : Voilà que votre fils revient.

---

hendentes... (vers. 12). Les autres textes ajoutent un détail pathétique : Anne recommanda Sara à Tobie comme un dépôt sacré. — Les dernières recommandations du père et de la mère à leur fille (vers. 13) sont parfaites dans leur brièveté. On les a nommées le « miroir des jeunes épouses », dont elles résument, en effet, les principaux devoirs. Voyez le *Catech. roman.*, p. II, c. VIII, q. 27. *Regere familiam,... domum :* c.-à-d. les personnes et les choses.

3º Tobie et l'ange se séparent du reste de la caravane, pour arriver plus promptement à Ninive. XI, 1-4.

CHAP. XI. — 1-4. Proposition de l'ange au jeune Tobie, qui l'accepte. — *Charan* ne saurait représenter la ville célèbre de même nom (cf. Gen. XI, 31 ; « Charræ » des Romains), située en Mésopotamie, puisqu'il faut la chercher entre Ninive et Ecbatane, à peu près à mi-chemin entre ces deux cités (*in medio...* ; la Vulgate seule a ce détail). C'est tout ce qu'on en sait ;

d'ailleurs, son nom est écrit très différemment dans les anciens textes : Charan, Charam, Characa, Kosra, Καισάρεια, etc. — *Undecimo die :* depuis le départ d'Ecbatane. — *Scis quemadmodum...* (vers. 2). Motif de la proposition de l'ange : calmer le plus tôt possible les inquiétudes de Tobie l'ancien, et surtout le guérir au plus tôt. — *Familiæ* (vers. 3) : les serviteurs et les servantes. Comp. XI, 18. — *Tolle... ex felle* (vers. 4)...: pour opérer la guérison. Cf. XI, 13.

4º Le jeune Tobie arrive à Ninive avec l'ange, XI, 5-10.

5-6. Anne reconnaît de loin son fils. Joyeux et charmant récit, qui contraste avec les scènes douloureuses que nous avons lues plus haut. — *Sedebat...* Ce trait complète le tableau de x, 7. La Vulgate a seule les mots *in supercilio montis.* — *Illico agnovit.* « L'affection communique aux regards tant de clarté ! » D'après le grec, une circonstance particulière aurait tout d'abord averti la mère du jeune Tobie : « Le chien cou-

7. Et Raphaël dit à Tobie : Dès que vous serez entré dans votre maison, adorez aussitôt le Seigneur votre Dieu ; et lui rendant grâces, approchez-vous de votre père, et baisez-le.

8. Et aussitôt frottez-lui les yeux avec ce fiel de poisson que vous portez sur vous. Car sachez que bientôt ses yeux s'ouvriront, et que votre père verra la lumière du ciel, et se réjouira en vous voyant.

9. Alors le chien, qui les avait suivis durant le voyage, courut devant eux ; et arrivant comme un messager, il témoignait sa joie par le mouvement de sa queue et ses caresses.

10. Et le père aveugle se leva et se mit à courir, trébuchant à chaque pas ; et donnant la main à un serviteur, il s'avança au-devant de son fils.

11. Et le rencontrant, il l'embrassa, et sa mère ensuite ; et ils commencèrent tous deux à pleurer de joie.

12. Puis, lorsqu'ils eurent adoré Dieu et lui eurent rendu grâces, ils s'assirent.

13. Alors Tobie, prenant du fiel du poisson, en frotta les yeux de son père.

14. Et il attendit environ une demi-heure, et une petite peau blanche, semblable à la membrane d'un œuf, commença à sortir de ses yeux.

15. Et Tobie, la prenant, la tira des

7. Dixitque Raphael ad Tobiam : At ubi introieris domum tuam, statim adora Dominum Deum tuum ; et gratias agens ei, accede ad patrem tuum, et osculare eum.

8. Statimque lini super oculos ejus ex felle isto piscis, quod portas tecum ; scias enim quoniam mox aperientur oculi ejus, et videbit pater tuus lumen cæli, et in aspectu tuo gaudebit.

9. Tunc præcucurrit canis, qui simul fuerat in via, et quasi nuntius adveniens, blandimento suæ caudæ gaudebat.

10. Et consurgens cæcus pater ejus, cœpit offendens pedibus currere ; et data manu puero, occurrit obviam filio suo ;

11. et suscipiens, osculatus est eum cum uxore sua ; et cœperunt ambo flere præ gaudio.

12. Cumque adorassent Deum, et gratias egissent, consederunt.

13. Tunc sumens Tobias de felle piscis, linivit oculos patris sui.

14. Et sustinuit quasi dimidiam fere horam. et cœpit albugo ex oculis ejus, quasi membrana ovi, egredi.

15. Quam apprehendens Tobias, tra-

---

rut en avant..., et Anne vit le chien qui courait en avant. » — *Currensque* Elle a hâte de faire partager son bonheur à son mari.

7-8. Instructions de l'ange au jeune Tobie sur la manière dont il guérira la cécité de son père.

Le jeune Tobie rentre à Ninive, tenant dans sa main le fiel du poisson. (Fresque des Catacombes.)

At... Cette particule indique, par la place extraordinaire qu'elle reçoit ici, que le narrateur cite seulement la conclusion des paroles de l'ange. — Les mots *statim adora...* du vers. 7 sont omis par les autres textes, comme aussi le vers. 12, qui leur correspond. Néanmoins leur authenticité ne paraît pas douteuse : il était dans l'ordre que la prière fût associée à la guérison de Tobie comme à la délivrance de Sara. Cf. vi, 18.

9-12. Le jeune Tobie de retour dans la maison paternelle. Délicieuse narration. — *Tunc... canis...* Dans l'*Odyssée*, xvii, 301, détail tout à fait semblable, qu'on trouve à bon droit « charmant », et qu'il fait partie d'un tableau patriarcal ». — Tableau bien autrement émouvant : le vieux père qui s'élance au-devant de son fils, vers. 10, oubliant les difficultés de sa situation douloureuse (*cœpit offendens currere...*). — Entre les vers. 9 et 10, les autres textes intercalent une autre scène intéressante, l'accueil que le jeune Tobie reçut de sa mère. « Et sa mère courut à lui, et se jeta sur son cou, et lui dit : Mon fils, je te vois ; maintenant je mourrai volontiers. Et elle pleura, et le (jeune) Tobie pleura aussi. »

5° Tobie l'ancien recouvre la vue. XI, 13-17.

13-15. La guérison. — *Tunc sumens...* : conformément aux ordres de l'ange. Cf. vers. 7-8. — *Quasi dimidiam horam* est un trait propre à la Vulgate. — *Quasi membrana ovi :* la membrane si ténue qui est au-dessous de la coque de l'œuf. — Ici encore nous admettons un miracle proprement dit, nous rangeant à l'opinion d'Estius : « Angelus supra, cap. vi (vers. 8-9), sicut affirmat jecur piscis valere ad extricandum omne genus dæmoniorum, eodem tractu orationis dicit, fel valere ad sanandos oculos in quibus fuerit albugo. Atqui illud prius valuit tantum virtute supernaturali, ergo et istud. »

xit ab oculis ejus, statimque visum recepit.

16. Et glorificabant Deum, ipse videlicet, et uxor ejus, et omnes qui sciebant eum.

17. Dicebatque Tobias : Benedico te, Domine, Deus Israel, quia tu castigasti me, et tu salvasti me ; et ecce ego video Tobiam, filium meum.

18. Ingressa est etiam post septem dies Sara, uxor filii ejus, et omnis familia sana, et pecora, et cameli, et pecunia multa uxoris, sed et illa pecunia quam receperat a Gabelo.

19. Et narravit parentibus suis omnia beneficia Dei, quæ fecisset circa eum per hominem qui eum duxerat.

20. Veneruntque Achior et Nabath, consobrini Tobiæ, gaudentes ad Tobiam, et congratulantes ei de omnibus bonis quæ circa illum ostenderat Deus.

21. Et per septem dies epulantes, omnes cum gaudio magno gavisi sunt.

yeux de son père, qui recouvra aussitôt la vue.

16. Et ils rendirent gloire à Dieu, lui et sa femme, et tous ceux qui le connaissaient.

17. Et Tobie disait : Je vous bénis, Seigneur, Dieu d'Israël, de ce que vous m'avez châtié et guéri ; et voici que je vois Tobie, mon fils.

18. Sept jours plus tard, Sara, la femme de son fils, arriva aussi avec toute sa famille en parfaite santé, et aussi les troupeaux et les chameaux, et tout l'argent de la femme, et aussi l'argent que Gabélus avait rendu.

19. Et il raconta à ses parents tous les bienfaits dont Dieu l'avait comblé par cet homme qui l'avait conduit.

20. Et Achior et Nabath, cousins de Tobie, vinrent pleins de joie auprès de lui, et le félicitèrent de tous les biens que Dieu lui avait faits.

21. Et tous firent festin durant sept jours, et ils se réjouirent d'une grande joie.

CHAPITRE XII

1. Tunc vocavit ad se Tobias filium suum, dixitque ei : Quid possumus dare viro isti sancto, qui venit tecum ?

2. Respondens Tobias, dixit patri suo : Pater, quam mercedem dabimus ei ? aut quid dignum poterit esse beneficiis ejus ?

3. Me duxit et reduxit sanum, pecuniam a Gabelo ipse recepit, uxorem ipse me habere fecit, et dæmonium ab ea ipse compescuit, gaudium parentibus

1. Alors Tobie appela son fils auprès de lui, et lui dit : Que pouvons-nous donner à ce saint homme qui est venu avec vous ?

2. Tobie répondant à son père, lui dit : Mon père, quelle récompense lui donnerons-nous ? ou que peut-il y avoir de proportionné à ses bienfaits ?

3. Il m'a mené et ramené sain et sauf ; il a lui-même reçu l'argent de Gabélus ; il m'a fait avoir une épouse ; il a éloigné d'elle le démon ; il a rempli de joie ses

---

16-17. L'action de grâces pleine de foi. — *Quia... castigasti et... salvasti.* C.-à-d. de ce que vous m'avez sauvé après m'avoir châtié. — *Et ecce... video.* Trait si naturel ; ce qui le réjouissait le plus dans sa guérison.

6° Sara se présente à son tour avec le reste de la caravane, et occasionne un redoublement de joie. XI, 18-21.

18-19. Arrivée de Sara à Ninive. — *Post septem dies.* L'ange et le jeune Tobie avaient dû mettre trois jours pour achever le voyage à partir de Charan ; ce qui fait dix jours de marche pour la caravane depuis ce même endroit : la Vulgate a donc dit très exactement que Charan était à mi-chemin d'Ecbatane à Ninive. — Les textes grecs ajoutent quelques développements qui n'ont pas une grande importance.

20-21. Grandes réjouissances de famille. —

Achior. Le grec le nomme Achiacharos. Cf. I, 25, et le commentaire. — *Nabath.* Nabal d'après l'Itala ; Laban dans le syriaque ; Ναϐάς ou Ναϐάς dans le grec. — *Consobrini.* D'après le grec, ἐξ᾽ ἀδελφοί. Par conséquent, de vrais cousins germains.

§ IV. — *L'ange se manifeste aux deux Tobie, dont on raconte ensuite les dernières années.* XII, 1 — XIV, 17.

1° Tobie l'ancien offre une récompense au guide de son fils. XII, 1-5.

CHAP. XII. — 1-4. Délibération entre les deux Tobie, au sujet de l'honoraire à offrir à Azarias. — L'initiative vint du père : *vocavit ad se...* — *Viro isti sancto.* Cette épithète manque dans les autres textes ; mais elle est parfaitement justifiée par la conduite du céleste guide, telle que

parents; il m'a délivré du poisson qui allait me dévorer; il vous a fait voir à vous-même la lumière du ciel; et c'est par lui que nous avons été remplis de tous les biens. Que lui donnerons-nous qui égale ce qu'il a fait *pour nous?*

4. Mais je vous prie, mon père, de lui demander s'il daignerait accepter la moitié de tout le bien que nous avons apporté.

5. Alors Tobie le père et son fils l'appelèrent, et l'ayant pris à part, ils le conjurèrent de vouloir bien recevoir la moitié de tout ce qu'ils avaient apporté.

6. Alors l'ange leur dit en secret: Bénissez le Dieu du ciel, et glorifiez-le devant tous les hommes, parce qu'il a fait *éclater* sur vous sa miséricorde.

7. Car il est bon de cacher le secret du roi, mais il est honorable de révéler et de publier les œuvres de Dieu.

8. La prière accompagnée du jeûne est bonne, et l'aumône vaut mieux que d'amasser des monceaux d'or.

9. Car l'aumône délivre de la mort, et c'est elle qui efface les péchés, et qui fait trouver la miséricorde et la vie éternelle.

10. Mais ceux qui commettent le péché et l'iniquité sont les ennemis de leur âme.

11. Je vais donc vous découvrir la vérité, et je ne vous cacherai point une chose qui est secrète.

12. Lorsque vous priiez avec larmes, et que vous ensevelissiez les morts, que vous quittiez votre repas, et que vous cachiez les morts dans votre maison

ejus fecit, meipsum a devoratione piscis eripuit, te quoque videre fecit lumen cæli, et bonis omnibus per eum repleti sumus. Quid illi ad hæc poterimus dignum dare?

4. Sed peto te, pater mi, ut roges eum, si forte dignabitur medietatem de omnibus quæ allata sunt, sibi assumere.

5. Et vocantes eum, pater scilicet et filius, tulerunt eum in partem; et rogare cœperunt ut dignaretur dimidiam partem omnium quæ attulerant, acceptam habere.

6. Tunc dixit eis occulte: Benedicite Deum cæli, et coram omnibus viventibus confitemini ei, quia fecit vobiscum misericordiam suam.

7. Etenim sacramentum regis abscondere bonum est; opera autem Dei revelare et confiteri honorificum est.

8. Bona est oratio cum jejunio et eleemosyna, magis quam thesauros auri recondere;

9. quoniam eleemosyna a morte liberat, et ipsa est quæ purgat peccata, et facit invenire misericordiam et vitam æternam.

10. Qui autem faciunt peccatum et iniquitatem, hostes sunt animæ suæ.

11. Manifesto ergo vobis veritatem, et non abscondam a vobis occultum sermonem.

12. Quando orabas cum lacrymis, et sepeliebas mortuos, et derelinquebas prandium tuum, et mortuos abscondebas per diem in domo tua, et nocte se-

---

va la décrire le jeune Tobie, vers. 2-3. — *Quam mercedem...?* Il reprend à son tour la question, n'étant pas moins embarrassé que son père pour la solution de ce problème pratique. Néanmoins il a une proposition toute prête, vers. 4 : *medietatem de omnibus...*

5. On offre à l'ange la moitié des biens qu'il avait contribué à procurer au jeune Tobie. — *Tulerunt... in partem.* Détail omis par les autres traductions.

2° Manifestation de l'ange Raphaël. XII, 6-20.

6-7. L'ange exhorte les deux Tobie à louer Dieu pour les bienfaits qu'ils en avaient reçus. — *Etenim sacramentum...* Ici commence une série de proverbes (cf. vers. 7-10), où l'on retrouve tout ce qui caractérise la poésie gnomique des Hébreux, c.-à-d. le parallélisme des membres et les métaphores expressives.— *Opera autem Dei...:* par opposition aux secrets du roi. L'ange va révéler bientôt les œuvres merveilleuses de Dieu

à l'égard du jeune Tobie, engageant ainsi le père et son fils à les manifester eux-mêmes.

8-10. Éloge de la prière et des œuvres de miséricorde, comme transition à la conduite mystérieuse du Seigneur envers Tobie l'ancien. — *Thesauros auri...* Allusion à la coutume orientale d'enfouir les richesses, dans l'espoir de les mieux préserver. — *Invenire misericordiam :* aux yeux du Seigneur. Dans le grec, la seconde moitié du vers. 9 est ainsi exprimée : Ceux qui pratiquent la miséricorde et la justice seront remplis de vie (il s'agit aussi de la vie éternelle, évidemment). — *Hostes animæ suæ.* Hébraïsme. O.-à-d. ennemis d'eux-mêmes.

11-15. Les révélations de l'ange. — Le vers. 11 sert de transition. Au lieu de *occultum sermonem,* l'Itala porte « ullum sermonem », conformément au grec (« je ne vous cacherai rien »). — *Quia acceptus...* (vers. 13). Encore la théologie sublime de la souffrance. Comp. Act. XIV, 21 ;

peliebas eos, ego obtuli orationem tuam Domino.

13. Et quia acceptus eras Deo, necesse fuit ut tentatio probaret te.

14. Et nunc misit me Dominus ut curarem te, et Saram, uxorem filii tui, a dæmonio liberarem.

15. Ego enim sum Raphael angelus, unus ex septem qui adstamus ante Dominum.

16. Cumque hæc audissent, turbati sunt; et trementes ceciderunt super terram in faciem suam.

17. Dixitque eis angelus : Pax vobis; nolite timere.

18. Etenim cum essem vobiscum, per voluntatem Dei eram. Ipsum benedicite, et cantate illi.

19. Videbar quidem vobiscum manducare et bibere; sed ego cibo invisibili, et potu qui ab hominibus videri non potest, utor.

20. Tempus est ergo ut revertar ad eum qui me misit; vos autem benedicite Deum, et narrate omnia mirabilia ejus.

21. Et cum hæc dixisset, ab aspectu eorum ablatus est, et ultra eum videre non potuerunt.

22. Tunc prostrati per horas tres in faciem, benedixerunt Deum; et exurgentes, narraverunt omnia mirabilia ejus.

durant le jour pour les ensevelir pendant la nuit, j'ai présenté votre prière au Seigneur.

13. Et parce que vous étiez agréable à Dieu, il a été nécessaire que la tentation vous éprouvât.

14. Et maintenant le Seigneur m'a envoyé pour vous guérir, et pour délivrer du démon Sara, la femme de votre fils.

15. Car je suis l'ange Raphaël, l'un des sept qui nous tenons en la présence du Seigneur.

16. Lorsqu'ils eurent entendu ces paroles, ils furent troublés, et, saisis de frayeur, ils tombèrent le visage contre terre.

17. Et l'ange leur dit : La paix soit avec vous, ne craignez point.

18. Car, lorsque j'étais avec vous, j'y étais par la volonté de Dieu; bénissez-le et chantez-le.

19. Il vous a paru que je mangeais et que je buvais avec vous; mais je me nourris d'un mets invisible, et d'un breuvage qui ne peut être vu des hommes.

20. Il est donc temps que je retourne vers celui qui m'a envoyé; pour vous, bénissez Dieu et publiez toutes ses merveilles.

21. Et lorsqu'il eut ainsi parlé, il disparut de devant eux, et ils ne purent plus le voir.

22. Alors, s'étant prosternés le visage contre terre pendant trois heures, ils bénirent Dieu, et s'étant levés, ils racontèrent toutes ses merveilles.

CHAPITRE XIII

1. Aperiens autem Tobias senior os suum, benedixit Dominum, et dixit : Magnus es, Domine, in æternum, et in omnia sæcula regnum tuum ;

1. Alors Tobie l'ancien, ouvrant la bouche, bénit le Seigneur, et il dit : Vous êtes grand, Seigneur, dans l'éternité; et votre règne s'étend à tous les siècles.

II Tim. III, 12; Jac. I, 2 et ss. — Vers. 14-15 : l'ange instrument de salut pour Tobie l'ancien et pour Sara. *Unus ex septem :* c.-à-d. l'un des esprits célestes les plus élevés en dignité; comp. Apoc. I, 4; V, 6; VIII, 2.

16-20. L'ange rassure les deux Tobie, que sa manifestation avait jetés dans l'effroi. — *Turbati... trementes :* ainsi qu'il arrive d'ordinaire en face d'une apparition surnaturelle. — *Ipsum benedicite.* Le pronom est souligné : c'est à Lui qu'il faut témoigner votre reconnaissance, car je n'ai fait, moi, qu'obéir à sa divine volonté. — *Videbar quidem...* L'ange explique aux deux

Tobie le trait de son apparence humaine qui était le plus de nature à les étonner. — *Cibo invisibili :* la vision béatifique, aliment délicieux des esprits célestes. — *Tempus est... :* sa mission était désormais achevée. — *Narrate...* D'après le grec et l'Itala : Écrivez dans un livre tout ce qui vous est arrivé. Voyez l'Introduction, p. 334.

3° L'ange remonte au ciel. XII, 21-22.

21-22. *Prostrati...* Abîmés dans la reconnaissance et la prière. Le détail *per horas tres* est propre à la Vulgate.

4° Le cantique de Tobie. XIII, 1-23.

CHAP. XIII. — 1°. Introduction historique. —

2. Car vous châtiez **et** vous sauvez, vous conduisez jusqu'au tombeau, et vous en ramenez, et nul ne peut se soustraire à votre main.

3. Rendez grâces au Seigneur, fils d'Israël, et louez-le devant les nations;

4. car il vous a dispersés parmi les peuples qui l'ignorent, afin que vous publiiez ses merveilles, et que vous leur appreniez qu'il n'y a pas d'autre Dieu tout-puissant, si ce n'est lui.

5. C'est lui qui nous a châtiés à cause de nos iniquités; et c'est lui qui nous sauvera à cause de sa miséricorde.

6. Considérez donc la manière dont il nous a traités, et bénissez-le avec crainte et tremblement, et exaltez par vos œuvres le roi des siècles.

7. Pour moi je le bénirai sur cette terre où je suis captif, parce qu'il a fait éclater sa majesté sur une nation criminelle.

8. Convertissez-vous donc, pécheurs, et pratiquez la justice devant Dieu, et croyez qu'il vous fera miséricorde.

9. Mais moi et mon âme, nous nous réjouirons en lui.

10. Bénissez le Seigneur, vous tous ses élus; célébrez des jours de joie, et rendez-lui des actions de grâces.

2. quoniam tu flagellas, et salvas: deducis ad inferos, et reducis; et non est qui effugiat manum tuam.

3. Confitemini Domino, filii Israel, et in conspectu gentium laudate eum;

4. quoniam ideo dispersit vos inter gentes, quæ ignorant eum, ut vos enarretis mirabilia ejus, et faciatis scire eos, quia non est alius Deus omnipotens præter eum.

5. Ipse castigavit nos propter iniquitates nostras; et ipse salvabit nos propter misericordiam suam.

6. Aspicite ergo quæ fecit nobiscum, et cum timore et tremore confitemini illi; regemque sæculorum exaltate in operibus vestris.

7. Ego autem in terra captivitatis meæ confitebor illi, quoniam ostendit majestatem suam in gentem peccatricem.

8. Convertimini itaque, peccatores, et facite justitiam coram Deo, credentes quod faciat vobiscum misericordiam suam.

9. Ego autem et anima mea in eo lætabimur.

10. Benedicite Dominum, omnes electi ejus; agite dies lætitiæ, et confitemini illi.

Aperiens os suum. Dans le grec : Et Tobie écrivit une prière d'allégresse, et il dit... Tel est, en effet, le but de son cantique : louer Dieu dans la joie, pour le remercier de ses bienfaits tout aimables. Comme Jonas (Jon. II, 2 et ss.), comme Marie dans le « Magnificat » (Luc. I, 46 et ss.), Tobie composa en partie notable son chant de louanges à l'aide d'emprunts faits au psautier; rien de plus naturel, car les psaumes étant la prière la plus habituelle des Israélites fervents, leurs formules se présentaient elles-mêmes à l'esprit de quiconque voulait adresser à Dieu une requête nouvelle, dans une circonstance spéciale. Il est remarquable, et c'est une autre ressemblance avec le « Magnificat », que Tobie parle très peu de la faveur personnelle qu'il avait reçue d'en haut; il généralise presque immédiatement, et, des miséricordes divines envers sa propre personne, il passe à celles dont tout Israël devait être l'objet. Ce beau poème va donc bien au delà du temps présent; il prédit et décrit le glorieux avenir du peuple de Dieu, que la pénitence aura transformé, et ses couleurs deviennent tout à fait brillantes à la fin; qui devient idéale et ne peut convenir qu'à l'ère messianique. Deux parties : l'action de grâces, vers. 1ᵇ-10; la prophétie, vers. 11-23.

1ᵇ-10. L'action de grâces. — Première strophe, vers. 1ᵇ-2, servant d'introduction lyrique : éloge de la grandeur et de la toute-puissance de Jé-

hovah. *Flagellas..., salvas...* : vérité générale, mais que Tobie s'applique ici tout spécialement, car il en avait fait la douloureuse, puis joyeuse expérience. *Deducis ad inferos* : au tombeau, aux limbes (le šᵉôl hébreu); cf. Deut. XXXII, 39; I Reg. II, 6; Sap. XVI, 13. — Seconde strophe, vers. 3-4 : les Israélites captifs sont invités à louer leur Dieu, qui les avait dispersés parmi les peuples païens afin de répandre en tous lieux la connaissance de son nom. *Ideo dispersit... ut...* : dans la pensée de Dieu, l'exil était tout d'abord un châtiment (comp. le vers. 5); mais ce premier motif n'exclut pas celui qui est exprimé au vers. 4. — Troisième strophe, vers. 5-7 : promesse de salut. *Salvabit nos...* : les autres textes développent assez longuement ces mots, mais sans rien ajouter d'essentiel à l'idée. *Aspicite... quæ fecit :* ses châtiments aussi bien que ses miséricordes, puisque le tout révélait sa puissance et sa gloire. *In operibus vestris :* d'après le grec, de toute votre bouche. *Ego autem... :* Tobie s'engage à accomplir le premier sa pressante exhortation. *In gentem peccatricem :* Israël, suivant la Vulgate; la leçon des autres textes, « devant la nation coupable, » désigne peut-être les païens. — Quatrième strophe, vers. 8-10 : appel à la conversion, qui produira le salut et le bonheur. *Convertimini... :* le vers. 8 contient l'idée principale de cette strophe. *Ego... et anima mea;* formule abrégée, au lieu de laquelle on lit dans

11. Jerusalem, civitas Dei, castigavit te Dominus in operibus manuum tuarum.

12. Confitere Domino in bonis tuis, et benedic Deum sæculorum, ut reædificet in te tabernaculum suum, et revocet ad te omnes captivos, et gaudeas in omnia sæcula sæculorum.

13. Luce splendida fulgebis, et omnes fines terræ adorabunt te.

14. Nationes ex longinquo ad te venient, et munera deferentes, adorabunt in te Dominum, et terram tuam in sanctificationem habebunt :

15. nomen enim magnum invocabunt in te.

16. Maledicti erunt qui contempserint te ; et condemnati erunt omnes qui blasphemaverint te ; benedictique erunt qui ædificaverint te.

17. Tu autem lætaberis in filiis tuis, quoniam omnes benedicentur, et congregabuntur ad Dominum.

18. Beati omnes qui diligunt te, et qui gaudent super pace tua !

19. Anima mea, benedic Dominum, quoniam liberavit Jerusalem, civitatem suam, a cunctis tribulationibus ejus Dominus Deus noster.

20. Beatus ero si fuerint reliquiæ seminis mei ad videndam claritatem Jerusalem.

21. Portæ Jerusalem ex sapphiro et

---

11. Jérusalem, cité de Dieu, le Seigneur t'a châtiée à cause des œuvres de tes mains.

12. Rends grâces au Seigneur pour les biens qu'il t'a faits, et bénis le Dieu des siècles, afin qu'il rétablisse en toi son tabernacle, et qu'il rappelle à toi tous les captifs, et que tu te réjouisses dans tous les siècles des siècles.

13. Tu brilleras d'une lumière éclatante, et toutes les extrémités de la terre t'adoreront.

14. Les nations viendront à toi des pays lointains, et, t'apportant des présents, elles adoreront en toi le Seigneur, et considéreront ta terre comme un sanctuaire.

15. Car elles invoqueront le grand nom au milieu de toi.

16. Ceux qui te mépriseront seront maudits ; ceux qui te blasphémeront seront condamnés, et ceux qui t'édifieront seront bénis.

17. Mais toi, tu te réjouiras dans tes enfants, parce qu'ils seront tous bénis, et réunis près du Seigneur.

18. Heureux tous ceux qui t'aiment, et qui se réjouissent de ta paix.

19. Mon âme, bénis le Seigneur, parce qu'il a délivré Jérusalem, sa cité, de toutes ses tribulations, lui le Seigneur notre Dieu.

20. Je serai heureux s'il reste quelqu'un de ma race pour voir la splendeur de Jérusalem.

21. Les portes de Jérusalem seront

---

la traduction grecque : Je glorifierai mon Dieu, et mon âme poussera des cris de joie vers le roi du ciel. *Omnes electi :* c.-à-d. toute la nation théocratique ou « peuple choisi » de Jéhovah.

11-23. Prophétie du glorieux avenir de Jérusalem. — Cinquième strophe, vers. 11-12 : Jérusalem a été châtiée à cause de ses péchés ; qu'elle supplie le Seigneur de lui pardonner et de la rétablir plus belle que jamais. *Jerusalem* représente ici la nation entière dont elle était la capitale. *Castigavit te :* déjà elle avait eu à souffrir des Assyriens ; néanmoins elle était encore debout, ainsi que le temple, lorsque Tobie composait son cantique ; il est donc probable que nous avons ici ce qu'on nomme le prétérit prophétique, c.-à-d. que le fait en question, bien qu'il n'ait pas encore eu lieu, est envisagé et placé dans le passé, tant il y a de certitude qu'il arrivera. *Operibus manuum... :* les œuvres mauvaises des Hébreux. *Confitere... in bonis :* par tes bonnes actions ; simplement « bene » dans les autres textes (cf. Ps. XXXII, 3 : « bene psallite »). *Tabernaculum... :* le temple de Jérusalem, appelé par métaphore la tente de Jéhovah.

parce qu'il avait remplacé le tabernacle de Moïse. — Sixième strophe, vers. 13-15 : grandeur et gloire futures de Jérusalem. Les mots *omnes fines...* sont développés et commentés aux vers. 14-15. Comp. Is. XLIX, 18 ; LX, 1 et ss., etc. Ils prédisent la conversion des peuples païens au vrai Dieu, et la catholicité de l'Église du Christ. — Septième strophe, vers. 16-18 : malédiction contre les ennemis de Jérusalem, bénédiction pour ses amis. *Congregabuntur ad Dominum ;* dans le grec : ils seront rassemblés et loueront le Seigneur ; c'est la fin de l'exil qui est ainsi prédite. *Super pace tua :* au sujet de ton bonheur ; hébraïsme fréquent. — Huitième strophe, vers. 19-20 : Tobie loue Dieu du rétablissement futur de Jérusalem, et souhaite que quelques-uns de ses descendants soient témoins de ces jours heureux. *Beatus ero.... :* ces mots expriment la plus parfaite certitude ; à la lumière prophétique, le saint vieillard avait la claire vue des faits qu'il annonçait. — Neuvième strophe, vers. 21-23 : description détaillée de la splendeur de la ville sainte, et louange finale à Dieu. *Portæ... ex sapphiro...* voyez des images sem-

bâties de saphirs et d'émeraudes, et toute l'enceinte de ses murailles de pierres précieuses.

22. Toutes ses places publiques seront pavées de pierres blanches et pures ; et l'on chantera dans ses rues Alléluia.

23. Béni soit le Seigneur qui l'a exaltée, et qu'il règne sur elle dans les siècles des siècles. Amen.

smaragdo ædificabuntur, et ex lapide pretioso omnis circuitus murorum ejus.

22. Ex lapide candido et mundo omnes plateæ ejus sternentur ; et per vicos ejus Alleluia cantabitur.

23. Benedictus Dominus qui exaltavit eam, et sit regnum ejus in sæcula sæculorum super eam. Amen.

CHAPITRE XIV

1. Ainsi finirent les paroles de Tobie. Et après qu'il eut recouvré la vue, il vécut quarante-deux ans, et il vit les enfants de ses petits-enfants.

2. Et après avoir vécu deux cent ans, il fut enseveli honorablement à Ninive.

3. Car il avait cinquante-six ans lorsqu'il perdit la vue, et il la recouvra à soixante.

4. Le reste de sa vie se passa dans la joie ; et ayant beaucoup avancé dans la crainte de Dieu, il mourut en paix.

5. A l'heure de sa mort, il appela Tobie son fils, et sept jeunes enfants qu'il avait, ses petits-fils, et il leur dit :

6. La ruine de Ninive est proche, car la parole de Dieu ne demeure pas sans effet ; et nos frères, qui auront été dispersés hors de la terre d'Israël, y retourneront.

1. Et consummati sunt sermones Tobiæ. Et postquam illuminatus est Tobias, vixit annis quadraginta duobus, et vidit filios nepotum suorum.

2. Completis itaque annis centum duobus, sepultus est honorifice in Ninive.

3. Quinquaginta namque et sex annorum lumen oculorum amisit, sexagenarius vero recepit.

4. Reliquum vero vitæ suæ in gaudio fuit, et cum bono profectu timoris Dei perrexit in pace.

5. In hora autem mortis suæ vocavit ad se Tobiam, filium suum, et septem juvenes filios ejus, nepotes suos, dixitque eis :

6. Prope erit interitus Ninive, non enim excidit verbum Domini ; et fratres nostri, qui dispersi sunt a terra Israel, revertentur ad eam.

---

blables, Is. LIV, 11 et ss. ; Apoc. XXI, 18 et ss. ; les autres textes ajoutent quelques détails à ceux de la Vulgate. *Alleluia cantabitur :* le chant joyeux par excellence ; cf. Apoc. XIX, 1 et ss. *Benedictus Dominus... :* doxologie pour conclure le cantique. *Regnum ejus in sæcula :* ainsi se terminent les prophéties de Joël, III, 17, et d'Abdias, 21, pour désigner également la perpétuité de l'Église, et sa durée sans fin non seulement à travers les siècles, mais pendant toute l'éternité.

5° Sommaire des dernières années de Tobie l'ancien. XIV, 1-4.
Le livre s'achève par quelques données très concises sur la vie des deux héros après le mariage de l'un et la guérison de l'autre.

CHAP. XIV. — 1-4. Heureuse fin de vie et douce mort de Tobie l'ancien. — *Et consummati... Tobiæ.* Cette formule, relative au cantique (*sermones*), aurait été beaucoup mieux rattachée au chap. XIII. — *Illuminatus est.* Mot rare, qui signifie simplement que Tobie recouvra la vue ; comp. le vers. 3. — *Quadraginta duobus* (vers. 2). Le syriaque dit 37 ans ; l'Itala, 54 ; le grec est muet. — *Centum duobus* (vers. 3). Va-

riantes plus nombreuses encore dans les divers textes : l'Itala, 112 ; l'arménien, 150 ; le grec, 154. — *Quinquaginta sex.* Le Codex sinaïticus, 62 ans ; le Codex alexandrinus, 88 ; la plupart des autres traductions, 58 ans. La durée de la cécité aurait été de quatre ans d'après la Vulgate et l'Itala, de sept ans d'après le syriaque, de huit ans suivant le grec. — *Cum bono profectu...* C.-à-d. après avoir fait de grands progrès dans la sainteté. Cf. Eccli. LI, 22. — *Perrexit...* Expression qui désigne sa mort, selon beaucoup d'interprètes (cf. Gen. XV, 15). D'autres traduisent, peut-être avec quelque recherche : à mesure qu'il croissait dans la crainte de Dieu, sa paix, ou son bonheur, croissait pareillement.

6° Les dernières paroles de Tobie l'ancien à ses enfants. XIV, 5-13.
5. Transition. — *Septem juvenes.* L'Itala cite ce même chiffre ; le Codex alex. le diminue d'une unité ; le grec ordinaire ne mentionne pas de nombre.

6-9. Prophétie relative à la ruine de Ninive et au rétablissement du peuple hébreu en Palestine. — *Prope erit...* Ces paroles ne désignent pas nécessairement un avenir rapproché. — *Non...*

7. Omnis autem deserta terra ejus replebitur ; et domus Dei, quæ in ea incensa est, iterum reædificabitur, ibique revertentur omnes timentes Deum.

8. Et relinquent gentes idola sua, et venient in Jerusalem, et inhabitabunt in ea ;

9. et gaudebunt in ea omnes reges terræ, adorantes regem Israel.

10. Audite ergo, filii mei, patrem vestrum : servite Domino in veritate, et inquirite ut faciatis quæ placita sunt illi ;

11. et filiis vestris mandate ut faciant justitias et eleemosynas, ut sint memores Dei, et benedicant eum in omni tempore in veritate, et in tota virtute sua.

12. Nunc ergo, filii, audite me, et nolite manere hic ; sed quacumque die sepelieritis matrem vestram circa me in uno sepulcro, ex eo dirigite gressus vestros ut exeatis hinc ;

7. Tout le pays désert y sera repeuplé ; et la maison de Dieu, qui a été brûlée, sera rebâtie de nouveau, et tous ceux qui craignent Dieu y reviendront.

8. Et les nations abandonneront leurs idoles, et elles viendront à Jérusalem, et elles y habiteront ;

9. et tous les rois de la terre s'y réjouiront en adorant le roi d'Israël.

10. Mes enfants, écoutez donc votre père : servez le Seigneur dans la vérité, et cherchez à faire ce qui lui est agréable.

11. Recommandez à vos enfants de faire des œuvres de justice et des aumônes, de se souvenir de Dieu, et de le bénir en tout temps dans la vérité, et de toutes leurs forces.

12. Écoutez-moi donc maintenant, mes enfants, et ne demeurez point ici. Mais le jour même où vous aurez enseveli votre mère auprès de moi dans un même sépulcre, tournez vos pas afin de sortir d'ici.

---

excidit... : les divins oracles ne tombent jamais à terre, sans s'accomplir. Cf. I Reg. III, 19 ; Rom. IX, 6. Dans les autres textes, Tobie appuie formellement sa prédiction sur les oracles des prophètes antérieurs ; le grec cite même nommément Jonas, dont la prophétie (Jon. III, 4 et ss.), annulée d'abord par la prompte conversion des

Ninivites, reprit ensuite toute sa force, quand les Assyriens eurent repris eux-mêmes leur vie coupable. — *Deserta terra ejus* (vers. 7). Le territoire du royaume schismatique était alors en grande partie désert ; celui du royaume de Juda allait le devenir bientôt. — *Domus Dei... incensa.* Nouvelle anticipation prophétique ; voyez XIII, 11-12 et la note. — *Et relinquent gentes* (vers. 8-9). C'est la reproduction, en termes légèrement modifiés, de l'oracle développé dans la seconde moitié du cantique (XIII, 13 et ss.).

10-11. Première recommandation rattachée à la double prophétie qui précède : servir Dieu

avec fidélité. — *Justitias et eleemosynas...* Tobie ne pouvait manquer de recommander encore, dans cette circonstance solennelle, sa bonne œuvre de prédilection.

12-13. Deuxième recommandation : quitter promptement Ninive et aller chercher un sûr asile en Médie. — *Nunc ergo.* Transition, comme au vers. 10. — *In uno sepulcro.* Voyez IV, 5, et le commentaire. — *Exeatis hinc :* pour aller en Médie, comme l'exprime le grec. Comp. le vers. 14. — Le vers. 15 est omis par les manuscrits grecs, qui ont à sa place tout un petit épisode, que Tobie raconte à ses enfants pour les exciter à faire l'aumône. Voici la traduction du Codex sinaiticus : « Mon fils,

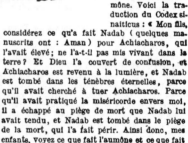

Ruines de Ninive.

considérez ce qu'a fait Nadab (quelques manuscrits ont : Aman) pour Achiacharos, qui l'avait élevé ; ne l'a-t-il pas mis vivant dans la terre ? Et Dieu l'a couvert de confusion, et Achiacharos est revenu à la lumière, et Nadab est tombé dans les ténèbres éternelles, parce qu'il avait cherché à tuer Achiacharos. Parce qu'il avait pratiqué la miséricorde envers moi, il a échappé au piège de mort que Nadab lui avait tendu, et Nadab est tombé dans le piège de la mort, qui l'a fait périr. Ainsi donc, mes enfants, voyez ce que fait l'aumône et ce que fait l'injustice : celle-ci tue. Et voici que mon âme

13. Car je vois que l'iniquité de cette ville la fera périr.

14. Or il arriva qu'après la mort de sa mère Tobie sortit de Ninive avec sa femme, ses enfants et les enfants de ses enfants, et il retourna chez son beau-père et sa belle-mère.

15. Et il les trouva bien portants, dans une heureuse vieillesse, et il eut soin d'eux, et leur ferma les yeux ; il recueillit toute la succession de la maison de Raguël, et il vit les enfants de ses enfants jusqu'à la cinquième génération.

16. Et après qu'il eut vécu quatre-vingt-dix-neuf ans dans la crainte du Seigneur, ses enfants l'ensevelirent avec joie.

17. Et toute sa parenté et toute sa famille persévérèrent dans une bonne vie et dans une conduite sainte, de sorte qu'ils furent aimés de Dieu et des hommes, et de tous les habitants du pays.

13. video enim quia iniquitas ejus finem dabit ei.

14. Factum est autem post obitum matris suæ, Tobias abscessit ex Ninive cum uxore sua, et filiis, et filiorum filiis, et reversus est ad soceros suos ;

15. invenitque eos incolumes in senectute bona ; et curam eorum gessit, et ipse clausit oculos eorum, et omnem hereditatem domus Raguelis ipse percepit, viditque quintam generationem, filios filiorum suorum.

16. Et completis annis nonaginta novem in timore Domini, cum gaudio sepelierunt eum.

17. Omnis autem cognatio ejus, et omnis generatio ejus in bona vita, et in sancta conversatione permansit, ita ut accepti essent tam Deo quam hominibus, et cunctis habitantibus in terra.

---

s'en va. Et ils le placèrent sur le lit, et il mourut, et il fut enterré honorablement. » L'allusion à Nadab est obscure. Achiacharos, nous l'avons vu plus haut (cf. 1, 25, et le commentaire), était venu en aide à Tobie dans son infortune.

7° Les dernières années de la vie du jeune Tobie. XIV, 14-17.

14-15. Après la mort de sa mère, il quitte Ninive avec toute sa famille et va se fixer auprès de Raguël. — *Ad soceros :* par conséquent, à Ecbatane. Voyez la note de VI, 6. — *Clausit oculos...* Détail propre à la Vulgate. Le seul endroit, avec Gen. XLVI, 4, où cette pieuse coutume soit mentionnée dans la Bible.

16-17. Mort du jeune Tobie, sainteté de ses descendants. — *Nonaginta novem.* Encore des variantes pour ce chiffre. L'Itala, 117 ans ; le syriaque, 107 ; le grec, 127. Les autres textes ajoutent que Tobie fut témoin de la ruine de Ninive, ce qui n'est pas impossible, vu le grand âge qu'il atteignit. D'après l'opinion la plus commune, la capitale de l'Assyrie fut prise et détruite en 606 ; selon d'autres, dès 625. — Les mots *cum gaudio* retombent sur *completis annis.* — Le vers. 17 est une particularité de la Vulgate ; il contient un magnifique éloge de la postérité issue du saint mariage qu'un ange du ciel était venu bénir.

LE LIVRE DE JUDITH

INTRODUCTION

1º *Le sujet, la division.* — Comme le faisait remarquer saint Jean Chrysostome, trois femmes célèbres de la Bible, Ruth, Judith et Esther, ont donné leur nom aux trois livres dont elles sont les glorieuses héroïnes. Le nom de Judith (en hébreu, *Yᵉhudiṭ;* en grec, 'Ιουδίθ) est le féminin de Juda; il avait été autrefois porté par l'une des femmes d'Ésaü. Cf. Gen. xxvi, 34. Il convient à merveille pour résumer l'intéressant petit livre qui raconte le remarquable exploit par lequel ce qui restait alors du peuple juif fut sauvé, pour un temps, de la servitude assyrienne.

Un roi d'Assyrie, enorgueilli par la conquête de la Médie, entreprend de soumettre à sa domination toute l'Asie occidentale. Son général en chef, Holoferne, conquiert, en effet, une partie de l'Asie Mineure et la Syrie entière; puis il se prépare à envahir la Palestine par le nord. Alors le grand prêtre Éliachim, animé d'un religieux patriotisme, organise promptement la défense du pays, sans oublier la pénitence et la prière, par lesquelles les Juifs espéraient toucher le cœur du Seigneur et s'attirer sa protection. Le conquérant victorieux est arrêté dans sa marche par la résistance de la ville de Béthulie; il la cerne de toutes parts, pour l'empêcher de se ravitailler et de recevoir des secours. Les habitants, réduits à la dernière extrémité, prennent la douloureuse résolution de se rendre à merci; mais Judith se rend au camp des Assyriens, et en revient bientôt, apportant comme trophée la tête sanglante d'Holoferne. L'armée ennemie, attaquée soudain par les Juifs, est écrasée, dispersée, et le peuple de Jéhovah triomphe. Tel est le sujet dans ses grandes lignes.

Deux parties : la première, qui sert d'introduction et de préparation (i, 1-vi, 21), raconte les événements qui précédèrent et amenèrent le siège de Béthulie; la seconde, qui est la principale (vii, 1-xvi, 31), expose en détail la délivrance de Béthulie et de toute la Palestine par le courageux exploit de Judith [1].

2º *L'auteur et l'époque de la composition.* — On ne sait absolument rien de positif, et l'on en est réduit aux conjectures relativement à l'auteur du livre de Judith. Ces conjectures n'ont pas manqué dans le cours des siècles, et l'on a tour à tour attribué la composition de cette dramatique histoire à Judith elle même, au grand prêtre Éliachim, à l'Ammonite Achior, qui joue un rôle important dans ces pages, et à vingt autres, dont il est inutile de citer les noms,

---

[1] Voyez notre *Biblia sacra*, p. 479 et ss., pour les détails de la division.

puisque ce sont là de pures théories sans fondement solide. Cependant on pourrait dire, d'une manière générale, que l'auteur était un Juif qui habitait la Palestine, car il en connaît à fond le territoire et les localités..

Mêmes divergences entre les critiques lorsqu'il s'agit de déterminer simplement l'époque de la composition : on a désigné presque toutes les périodes possibles entre le vi⁰ siècle avant J.-C. et l'an 117 de notre ère. Ce sont les rationalistes, on le conçoit, qui abaissent la date le plus possible, afin d'enlever au livre toute autorité. Mais ici nous avons quelques points de repère assez précieux, dont nos meilleurs exégètes et ass⁰ ⁰logues catholiques ont tiré un excellent parti. Tout d'abord, nous lisons .⁰ ⁰s la Vulgate, tout à fait à la fin du livre (xvi, 31), que les Juifs instituèr⁰ ⁰t une fête annuelle en l'honneur de l'exploit de Judith et de la délivrance de Béthulie; or cette fête n'existait plus après l'exil de Babylone, d'où il suit que notre écrit est antérieur à la ruine de Jérusalem. Mais voici un autre fait qui nous permet de préciser davantage encore. Aucun roi juif n'est mentionné dans le récit, et, à l'heure du péril national, c'est le grand prêtre qui prend en mains la défense du pays : d'où l'on a conclu à bon droit, d'une part, que le royaume d'Israël n'existait plus; d'autre part, que celui de Juda devait être alors sans chef; ce qui arriva précisément, comme le docte Bellarmin l'avait déjà supposé de la façon la plus heureuse, lorsque Manassé eut été déporté à Babylone pour un temps assez considérable (cf. II Par. xxxiv, 11). Cette époque, nous le dirons bientôt avec une netteté plus grande encore [1], cadre parfaitement avec les données historiques du livre et avec le contrôle que ces données reçoivent des monuments assyriens. Ajoutons enfin que l'histoire de Judith dut être écrite assez peu de temps après les faits dont elle se compose, peu de temps du moins après la mort de l'illustre héroïne [2]; c'est ce qui ressort de la fraîcheur, de la netteté, et de la précision de la plupart des détails.

3° *Le texte original et les principales versions.* — Nous allons nous retrouver ici en face de difficultés semblables à celles que nous avons rencontrées sur ce même point à propos du livre de Tobie [3]. Pour notre livre aussi, le texte original a depuis longtemps disparu; on ne saurait même dire avec certitude quel en était l'idiome. Pour notre livre aussi, les traductions qui nous ont été conservées s'écartent notablement les unes des autres : non pour le fond, qui est partout le même, mais pour la forme et les traits secondaires du tableau.

Saint Jérôme [4] regardait le chaldéen comme la langue primitive : opinion qui a été adoptée par un certain nombre d'exégètes. D'autres se décident en faveur de l'hébreu, peut-être avec plus de vraisemblance. Il est du moins certain que le livre ne fut pas écrit en grec, ainsi qu'on l'a quelquefois prétendu, tant le texte grec abonde en tournures et en expressions qui accusent ouvertement un original sémitique.

Les principales versions sont : 1° celle des Septante, qui est la plus ancienne de toutes, et dont il existe plusieurs recensions assez différentes les unes des autres [5]; 2° et 3° l'Itala et la traduction syriaque, faites toutes deux sur le texte des Septante; 4° la Vulgate. Cette dernière présente des particularités importantes, qui sont dues surtout à la méthode spéciale que suivit saint Jérôme pour traduire le livre de Judith. Prenant pour base le texte chaldéen, il fit ce travail, raconte-t-il lui-même [6], d'une manière rapide et large, en un moment de grande

---

[1] Voyez la page 379, au 4°.

[2] La mort de Judith est en effet racontée à la fin du petit volume, xvi, 25 et ss.

[3] Voyez la page 336 de ce volume.

[4] *Præf. in libr. Judith.*

[5] Moins divergentes cependant que les textes grecs du livre de Tobie (voyez la p. 336, n. 3). Saint Jérôme les signale avec vigueur.

[6] *Præf. in libr. Judith.*

presse.. « Sepositis occupationibus, quibus vehementer arctabar, huic (libro) unam lucubratiunculam dedi. *magis sensum e sensu quam ex verbo verbum transferens*. Multorum codicum varietatem vitiossissimam amputavi ; sola ea quæ intelligentia integra in verbis chaldæis invenire potui, latinis expressi. » Nous ignorons ce qu'était au juste ce texte chaldéen ; du moins le procédé du saint docteur suffit pour expliquer certaines omissions [1] de la Vulgate. En comparant notre version officielle avec l'Itala, on voit en outre que saint Jérôme s'est souvent laissé influencer par l'antique traduction latine, dont il conserve en maint endroit les expressions. Malgré ces imperfections, « il faut considérer la Vulgate, en somme, comme la restitution la plus fidèle du texte original, lors même que le texte grec, en certains endroits, serait plus exact [2]. »

Dans ces différentes traductions du livre de Judith, ce qui ne surprend pas moins que les suppressions, additions et transpositions, et qui déconcerte beaucoup plus l'interprète, c'est l'étonnante divergence qui existe pour la transcription des noms propres [3]; car il en résulte parfois de vraies énigmes historiques et géographiques, qu'il n'a pas été toujours aisé de deviner. Par exemple : I, 6, *Jadason* dans la Vulgate, Ὑδάσπης dans le grec, *'Ulaï* (le fleuve Εὐλαῖος des Grecs) dans le syriaque ; I, 8, *Cedar* dans la Vulgate, Γαλαάδ dans le grec; I, 9, *terra Jesse* dans la Vulgate ; γῆ Γεσέμ (la terre de Gessen), dans le grec; II, 13, *Tharsis* (c.-à-d. Tarse en Cilicie) dans la Vulgate, Ῥασσίς dans le grec ; ' II, 14, *Mambre* dans la Vulgate, Ἀβρῶνα dans le grec ordinaire (II, 24), Χεβρών dans le Codex sinaiticus, etc. [4].

4º *La canonicité et le caractère historique du livre*. — Quoique deutérocanonique comme celui de Tobie, puisqu'il manque également dans la Bible hébraïque [5], le livre de Judith a été regardé de tout temps par l'Église chrétienne comme une portion intégrante de la Bible. Déjà, saint Clément Romain [6] le cite parmi les écrits inspirés, et tous les anciens Pères font de même. Saint Jérôme dit formellement que le premier concile de Nicée « le comptait au nombre des saintes Ecritures ». Du reste, sa présence dans la version des Septante, et l'existence de deux *midrašim* hébreux, qui racontent les mêmes faits d'une manière indépendante, démontrent que les Juifs soit d'Alexandrie, soit de Palestine, lui reconnaissaient aussi une véritable autorité.

Il ne s'est pas élevé le moindre doute, pendant les quinze premiers siècles de l'ère chrétienne, sur le caractère historique du livre de Judith. C'est à la suite de Luther que l'on a commencé a ne voir dans toute cette histoire qu'une simple « fiction religieuse..., qui symbolise la victoire du peuple juif sur tous ses ennemis [7] » ; et tel est aujourd'hui le sentiment unanime des exégètes protestants et rationalistes [8], auquel se sont imprudemment rangés quelques écrivains catholiques. Mais ce sentiment ne repose sur aucune base solide, et nous pouvons lui opposer les preuves extrinsèques et intrinsèques les plus convaincantes.

1º La tradition chrétienne n'est pas moins unanime sur ce point que sur celui

---

[1] Comp. I, 13-16 ; II, 5-6, etc., dans la traduction grecque. Quant aux additions ou autres variantes d'une certaine importance (comp. I, 3 et ss. ; III, 9 ; IV, 8-15 ; V, 11-20, 22-24 ; VI, 13, 15 et ss. ; VII, 2 et ss. ; IX, 6 et ss. ; X, 12 et ss. ; XV, 11 ; XVI, 25), elles proviennent, bien entendu, du document que saint Jérôme avait sous les yeux.

[2] Welte, *Dictionnaire encyclopédique de la théologie catholique*, t. XII, p. 403.

[3] Encore une analogie avec le livre de Tobie ; mais, ici, le fait a lieu plus fréquemment et

crée de plus grandes difficultés.

[4] En pareil cas, la tendance du copiste était de remplacer un nom qu'il ne connaissait point par un nom plus connu.

[5] Voyez le tome I, p. 12 et 13.

[6] I *Cor.* LV.

[7] Paroles de Luther, dans sa préface du livre de Judith.

[8] Quelques-uns, cependant, consentent à reconnaître çà et là des traits vraiment historiques.

de la canonicité. Voici en quels termes elle a été résumée par un auteur contemporain : « Celle que saint Clément Romain nomme· *bienheureuse*, que l'auteur des Constitutions apostoliques appelle *très sage;* Clément d'Alexandrie, *parfaite entre les femmes;* Origène, *magnifique et la plus noble de toutes les femmes;* celle que Tertullien place *au nombre des saintes*, que saint Ambroise proclame *admirable;* saint Augustin, *glorieuse;* saint Fulgence, *une sainte et illustre veuve;* saint Chrysostome, *très sainte :* cette femme n'a certainement pas été regardée comme nulle (et sans réalité historique) par d'aussi grands personnages [1]. » 2º Cette tradition chrétienne, nous venons de le dire, s'appuie sur la tradition juive et la continue; or cette dernière n'a pu se former d'après des événements supposés, ou d'après un « roman historique ». Ajoutons que « les anciennes prières juives pour le premier et le second sabbat de la fête de la Dédicace contiennent un résumé du livre de Judith; ce qui prouve que les Israélites croyaient à la réalité des faits qui y étaient racontés, car ils n'auraient pu remercier Dieu d'une délivrance imaginaire [2] ». 3º Le fond même du livre, si on l'envisage soit dans son ensemble, soit dans les détails, nous garantit que l'écrivain sacré a voulu raconter des faits strictement vrais et objectifs. Notez en particulier les données généalogiques (VIII, 1), géographiques (I, 6-8; II, 12-17; III, 1, 14; IV,.3, 5, etc.), chronologiques (II, 1; VIII, 4; XVI, 28, etc.), historiques (I, 3-10, etc.), dont la narration est parsemée : elles sont toutes saisissantes de vérité. 4º On allègue, il est vrai, des objections multiples contre la véracité des faits contenus dans le livre de Judith. Nous les signalerons et les réfuterons une à une brièvement dans le commentaire, et l'on verra qu'elles ne présentent rien de grave [3]. D'autre part, comme d'éminents assyriologues l'ont récemment démontré, les documents ninivites justifient admirablement le récit sacré dans ses grandes ligneset pour une foule detraits secondaires, à tel point que l'on a pu dire : « Une seule chose manque aux annales cunéiformes, le nom d'Holoferne [4]. » Nous profiterons aussi de ces précieuses découvertes pour l'explication; leur caractère apologétique est manifeste.

5º *Le but et l'utilité du livre de Judith.* — Le but paraît contenu tout entier dans cette réflexion du chef ammonite Achior à Holoferne, v, 24-25 : « Maintenant donc, mon seigneur, prenez des informations; si les Juifs sont coupables de quelque iniquité en présence de leur Dieu, attaquons-les, car leur Dieu vous les livrera, et ils seront assujettis au joug de votre puissance; mais s'il n'existe pas d'offense de ce peuple envers son Dieu, nous ne pourrons leur résister, car leur Dieu les défendra, et nous serons en opprobre à toute la terre. » L'historien a donc voulu démontrer à ses coreligionnaires, par cet épisode remarquable de leur histoire, qu'ils n'avaient rien à craindre aussi longtemps qu'ils demeureraient la nation fidèle de Jéhovah. C'est la pensée exprimée en termes si lyriques au psaume XLV.

Quant à l'utilité de ce beau récit, on peut l'envisager à un triple point de vue. Sous le rapport historique elle est tout évidente, puisque nous avons ici un supplément important à l'histoire juive. Sous le rapport moral, quoi de plus édifiant que les vertus de Judith, si souvent relevées par les Pères, notamment sa foi, son esprit de prière et sa chasteté? Enfin, sous le rapport symbolique, la vaillante héroïne a été regardée comme un type de Marie, la Reine immaculée, Mère de Dieu, à laquelle l'Église applique les beaux textes XIII, 23, et xv, 10.

---

[1] Nickes, *de libro Judithæ*, p. 11.
[2] *Man. bibl.*, t. II, n. 537. Comp. Judith, XVI, 31.
[3] Voyez Cornely, *Historica et critica intro-*

ductio in historicos Vet. Testamenti libros, t. II, pars I, p. 401 - 412.
[4] Vigouroux, *Bible et découvertes*, t. IV, p. 303.

6º *Auteurs à consulter :* Didacus de Celada, *Judith illustris perpetuo commentario litterali et morali,* Lyon, 1637; les commentaires de Serarius, de Cornelius a Lapide, de Calmet; Montfaucon, *la Vérité de l'histoire de Judith,* Paris, 1690; J. de la Neuville, *le Livre de Judith avec des réflexions morales,* Paris, 1728; Gillet, *Tobie, Judith et Esther,* Paris, 1879; F. Robiou, *Deux questions de chronologie et d'histoire éclaircies par les annales d'Assurbanipal,* Paris, 1875; A. Delattre, *le Livre de Judith, étude critique et historique,* Paris, 1884; Palmieri, *De veritate historica libri Judith,* Golpen, 1886. Voyez aussi F. Vigouroux, *la Bible et les découvertes modernes,* t. IV, pp. 275-305 de la 5ᵉ édition.

JUDITH

CHAPITRE I

1. Arphaxad itaque, rex Medorum, subjugaverat multas gentes imperio suo, et ipse ædificavit civitatem potentissimam, quam appellavit Ecbatanis,

2. ex lapidibus quadratis et sectis. Fecit muros ejus in latitudinem cubitorum septuaginta, et in altitudinem cubitorum triginta ; turres vero ejus posuit in altitudinem cubitorum centum.

3. Per quadrum vero earum, latus utrumque vicenorum pedum spatio tendebatur ; posuitque portas ejus in altitudinem turrium.

1. Arphaxad, roi des Mèdes avait assujetti à son empire un grand nombre de nations, et il bâtit lui-même une ville très forte, qu'il appela Ecbatane,

2. en pierres carrées et taillées. Il y fit des murailles de soixante-dix coudées de large et de trente coudées de haut, et des tours qui avaient cent coudées de hauteur.

3. Les tours étaient carrées : chaque côté avait vingt pieds de largeur ; et il fit les portes de la même hauteur que les tours.

PREMIÈRE PARTIE

Événements qui précédèrent et occasionnèrent le siège de Béthulie. I, 1 — VI, 21.

§ I. — *Motif pour lequel les Assyriens envahirent l'Asie occidentale.* I, 1 — II, 6.

1° Puissance d'Arphaxad, roi des Mèdes. I, 1-4.

CHAP. I. — 1-4. Dans le grec, le syriaque et l'Itala, le livre de Judith s'ouvre par les pre-

Place forte. (D'après un bas-relief assyrien.)

miers mots du vers. 5 de la Vulgate : « La douzième année du règne de Nabuchodonosor, qui régna sur les Assyriens dans la grande ville de Ninive. » Le début est ainsi un peu moins brusque. — *Arphaxad.* La liste des rois de Mé-

die ne contient pas ce nom, qui est probablement une erreur de transcription pour Aphraarte, autrement dit, Phraorte. Aphraarte succéda à son père Déjocès sur le trône de Médie en 655 après J.-C. — *Subjugaverat.* Nous savons par Hérodote, I, 102, que ce prince assujettit d'abord les Perses à son empire, et qu'avec les Mèdes et les Perses, il vainquit le reste des peuples de l'Asie, passant successivement d'une nation à une autre, toujours suivi de la victoire. — *Ædificavit* : dans le sens large que les écrivains sacrés donnent souvent à ce mot, car Déjocès fut le vrai fondateur d'Ecbatane ; mais Phraorte l'agrandit et la fortifia de plus en plus. — *Ecbatanis.* Sur la situation de cette grande cité, voyez Esdr. VI, 2, et les notes ; Tob. III, 7, et l'*Atl. géogr.*, pl. VIII. Les vers. 2-3 contiennent quelques détails très précis sur sa force remarquable en tant que place de guerre. Comparez la description d'Hérodote, I, 98. — *Ex lapidibus.* Ces pierres avaient, d'après le texte grec, trois coudées (environ 1m50) de large et six coudées de long (environ 3m). — *Fecit muros* : jusqu'à neuf murs concentriques, ainsi que le raconte Hérodote ; le palais royal était à l'intérieur de la septième enceinte. — *Cubitorum septuaginta,... triginta* : environ 35 et 15 mètres. D'après le grec, les murs avaient cinquante con-

4. Et il se glorifiait comme étant puissant de la puissance de son armée et de la gloire de ses chars.

5. Mais, la douzième année de son règne, Nabuchodonosor, roi des Assyriens, qui régnait dans la grande ville de Ninive, fit la guerre à Arphaxad, et le vainquit

6. dans la grande plaine qui est appelée Ragaü, près de l'Euphrate, du Tigre et du Jadason, dans la plaine d'Erioch, roi des Éliciens.

7. Alors le règne de Nabuchodonosor

4. Et gloriabatur quasi potens in potentia exercitus sui, et in gloria quadrigarum suarum.

5. Anno igitur duodecimo regni sui, Nabuchodonosor, rex Assyriorum, qui regnabat in Ninive, civitate magna, pugnavit contra Arphaxad, et obtinuit eum

6. in campo magno, qui appellatur Ragau, circa Euphraten, et Tigrin, et Jadason, in campo Erioch, regis Elicorum.

7. Tunc exaltatum est regnum Nabu-

---

dées (c.-à-d. 25ᵐ) de largeur, comme ceux de Babylone, sur lesquels, au dire de Ctésias, six chars pouvaient passer de front. — *Cubitorum centum :* environ 50 mètres. — *Latus... vicenorum pedum.* D'après cette donnée de la Vulgate, chaque tour aurait eu vingt coudées (environ 10ᵐ) de côté, c.-à-d. quatre-vingts coudées pour la dimension totale ; le grec dit, avec une nuance, que la largeur des tours était de soixante coudées (ou 30ᵐ) à la base, ce qui suppose qu'elles diminuaient en diamètre à mesure qu'elles s'élevaient. — *Portas... in altitudinem turrium :* par conséquent, de cent coudées ; cf. vers. 2. Dans le grec : soixante-dix coudées de haut et quarante de large ; dans l'Itala et le syriaque : soixante coudées seulement (environ 30ᵐ) pour la hauteur. — Dimensions énormes pour des portes, mais le texte grec ajoute expressément que c'était « pour (faciliter) la sortie des armées puissantes (d'Arphaxad), et pour organiser ses fantassins ». Les troupes pouvaient donc les franchir sans rompre leur ordre de bataille. Au lieu de ce trait, la Vulgate mentionne (vers. 4) l'orgueil qu'inspirait au roi mède sa puissance qu'il croyait invincible.

2° Arphaxad est complètement vaincu par le roi d'Assyrie. I, 5-6.

5-6. *Nabuchodonosor, rex Assyriorum.* Les découvertes faites de nos jours à Ninive permettent d'affirmer d'une manière à peu près sûre que ce prince n'est autre que l'Assurbanipal des inscriptions cunéiformes. « Aucun roi d'Assyrie n'a porté le nom de Nabuchodonosor (c.-à-d. que le dieu Nébo protège la couronne !), parce que le dieu Nébo n'était pas adoré dans ce pays, mais seulement en Babylonie. Cependant, comme Assurbanipal régnait sur ce dernier pays de même que sur le premier, on peut admettre qu'il avait adopté, comme roi de Babylone, un nom qui rendait hommage au dieu de la contrée. Assurbanipal raconte, dans ses inscriptions qu'il a vaincu les Mèdes. Après cette victoire, il voulut rétablir son pouvoir sur l'Asie occidentale qui s'était révoltée, depuis la Lydie, où régnait Gygès, jusqu'à Memphis, en Égypte où régnait Psammétique, fils de Néchao. » (*Man. bibl.,* t. II, n. 541.) — *Civitate magna.* Épithète souvent associée au nom de Ninive. Cf. Jon. I, 1 ; III 2, etc. — *Obtinuit eum.* Hérodote raconte précisément que Phraorte (note du vers. 1) fut

vaincu par les Assyriens. — *In campo... Ragau* (le syriaque a lu « Doura » ; cf. Dan. III, 1, et le commentaire). Cette province n'est autre que la « Rhagiana » de Ptolémée, VI, 2, 6, dans laquelle se trouvait la ville de Ragès. Cf. Tob. I, 16. La « grande plaine » ne diffère probablement pas de l'Irak-Djémi, la « Media magna » des anciens, au sud de la mer Caspienne, entre le mont Elbourz et Koum. Voyez l'*Atl. géogr.,* pl. VIII. — *Circa Euphraten.* La Vulgate semblerait placer la plaine de Ragaü auprès de l'Euphrate et du Tigre, dont elle est, au contraire, très éloignée. Le grec, plus développé, donne un sens très clair et très exact : « En ces jours-là, Nabuchodonosor fit la guerre au roi Arphaxad dans la grande plaine qui est dans les confins de Ragaü ; et se joignirent à lui tous ceux qui habitaient le district montagneux, et tous ceux qui demeuraient près de l'Euphrate, et du Tigre, et de l'Hydaspe, et dans la plaine d'Erioch, roi des Élyméens, et de très nombreuses nations des fils de Chéléoul s'assemblèrent pour la bataille. » Nous avons donc ici la liste des peuples qui s'allièrent avec les Assyriens pour combattre les Mèdes. — *Jadason.* Dans le grec, l'Hydaspe, ainsi qu'on vient de lire. C'est une rivière des Indes, qui se jette dans l'Hydraste, affluent de l'Indus ; par conséquent, il y a là une erreur évidente de transcription, à cause de l'énorme distance qui séparait l'Hydaspe des autres contrées signalées dans le récit. La version syriaque donne la vraie leçon : 'Ulaï (cf. Dan. VIII, 2), le *nâr Ulâa* des inscriptions assyriennes, l'Eulæus de Pline, *Hist. nat.,* VI, 31 ; probablement le « Choaspes » des anciens, le Kerkhân actuel, qui coule à l'ouest de Suse, et se jette dans le Chat-el-Arab légèrement au-dessus du confluent de l'Euphrate et du Tigre (*Atl. géogr.,* pl. VIII). — *Regis Elicorum.* Mieux, d'après le grec, des Élyméens, ou habitants de l'Élymaïde. Les fils de Chéléoul de la traduction grecque sont probablement les Chaldéens ou Babyloniens.

3° Le roi d'Assyrie exige la soumission de toute l'Asie occidentale. I, 7-9.

7-9. *Tunc exaltatum... elevatum.* Cette première partie du vers. 7 est propre à la Vulgate. — *Misit ad omnes...* Voyez l'*Atl. géogr.,* pl. IV, V, VII, VIII, X. D'après le contexte (cf. vers. 10-12), les ambassadeurs assyriens avaient pour mission d'exiger la soumission immédiate de toutes les

chodonosor, et cor ejus elevatum est; et misit ad omnes qui habitabant in Cilicia, et Damasco, et Libano,

8. et ad gentes quæ sunt in Carmelo, et Cedar, et inhabitantes Galilæam in campo magno Esdrelon,

9. et ad omnes qui erant in Samaria, et trans flumen Jordanem usque ad Jerusalem, et omnem terram Jesse quousque perveniatur ad terminos Æthiopiæ.

10. Ad hos omnes misit nuntios Nabuchodonosor, rex Assyriorum;

11. qui omnes uno animo contradixerunt, et remiserunt eos vacuos, et sine honore abjecerunt.

12. Tunc indignatus Nabuchodonosor rex adversus omnem terram illam, juravit per thronum et regnum suum quod defenderet se de omnibus regionibus his.

devint florissant, et son cœur s'éleva; et il envoya *des messagers* à tous ceux qui habitaient dans la Cilicie, à Damas, sur le mont Liban,

8. et aux peuples qui sont sur le Carmel, à Cédar, et à ceux qui habitent dans la Galilée et dans la grande plaine d'Esdrelon,

9. et à tous ceux qui étaient en Samarie et au delà du fleuve du Jourdain jusqu'à Jérusalem, et dans toute la terre de Jessé jusqu'aux confins de l'Éthiopie.

10. Nabuchodonosor, roi des Assyriens, leur envoya à tous des ambassadeurs.

11. Et tous refusèrent d'un commun accord, et ils les renvoyèrent sans présents, et les traitèrent avec mépris.

12. Alors le roi Nabuchodonosor, indigné contre tous ces pays, jura par son trône et par son royaume qu'il se vengerait de toutes ces régions.

---

contrées dont les noms suivent. En effet, les monuments ninivites nous apprennent que les peuples de l'Asie occidentale, subjugués par Assurbanipal durant les premières années de son règne, avaient profité de sa lutte avec les Mèdes (vers. 5, 6) pour se soulever comme un seul homme et reconquérir leur indépendance. Voyez Vigouroux, *Bible et découvertes*, t. IV, p. 280 et ss. — *Qui habitabant*. Le grec intercale ici les mots : « en Perse, et à tous ceux qui habitaient à l'occident, et à tous ceux qui habitaient... » — *Ciliciam :* au sud-est de l'Asie Mineure, la Ḫi-lah-ker-aï des inscriptions assyriennes. — *Libano*. Le grec ajoute : « et l'Antiliban, et à tous ceux qui habitaient sur les bords de la mer, » c.-à-d. les Phéniciens et les Philistins. — *Cedar*. Les Arabes cédarènes (*Atl. géogr.*, pl. III). Le grec a : Galaad; c.-à-d. la Palestine transjordanienne. — *Campo magno Esdrelon :* ou plaine de Jezraël, entre la Galilée et la Samarie; la plus vaste plaine de la Palestine. — Après *Jerusalem*, le texte grec intercale toute une série de noms : « et Bétané, et Chellus, et Cadès, et les bords du fleuve d'Égypte, et Taphnès, et Ramsès. » Βετάνη serait, suivant les uns, la Batanée ou Basan, au nord-ouest de la Palestine transjordanienne; selon d'autres, et plus probablement d'après le contexte, la Βετανίν d'Eusèbe (*Onomastic.*), région montagneuse des environs d'Hébron. Chellus : sans doute Élusa, au sud de Bersabée. Cadès : Cadèsbarné, dans l'Arabie Pétrée; cf. Gen. XIV, 7; Num. XIII, 27, etc. Le fleuve d'Égypte : non pas le Nil, mais le Rhinocolure ou ouadi El Arich; cf. Gen. XV, 18, et Jos. XV, 4. Taphnès : la Daphné des Grecs, près de Péluse, en Égypte; cf. Jer. XLIII, 7-9. Ramsès : la célèbre ville de l'Exode, I, 11, etc. — *Terram Jesse :* erreur de transcription pour « terre de Gessen », comme dit le syriaque. Le grec a « Gésem ». Ce même texte ajoute : « jusqu'au

delà de Tanis et de Memphis, et toute l'Égypte. » — *Ad terminos Æthiopiæ :* au sud de l'Égypte.

4° Ces peuples refusant de se soumettre, Nabuchodonosor jure de les châtier. I, 10-12.

10-11. Le refus de soumission. — *Ad hos omnes misit...* : pour les sommer de rentrer dans l'obéissance, et même, ajoutent les Septante, de lui prêter main forte contre les Mèdes. — *Omnes uno animo...* Par suite d'une entente préalable, évidemment, et s'appuyant les uns sur les autres. Le grec dit cela en termes très significatifs : « ils n'avaient pas peur de lui, mais il était devant eux comme un homme ordinaire » (littéral.: un homme égal, c.-à-d. semblable aux autres hommes). — *Vacuos... abjecerunt :* sans leur offrir les présents qui, dans l'Orient biblique, sont un symbole et un gage de soumission. Cf. IV Reg. XVIII, 31, etc.

12. Serment de vengeance. — *Juravit per thronum...* Serment très solennel : aussi vrai que je suis roi des Assyriens. — *De... regionibus his*. Le grec cite une seconde liste de contrées : « et il jura... qu'il se vengerait de ses territoires de la Cilicie, et de la Damascène, et de la Syrie, et qu'il détruirait par son glaive tous les habitants du pays de Moab, et les fils d'Ammon, et toute la Judée, et tous ceux qui étaient en Égypte jusqu'aux rivages des deux mers » (c.-à-d. la Méditerranée et la mer Rouge; *Atl. géogr.*, pl. v). Les LXX ajoutent ensuite quatre versets, qui racontent en détail la campagne du roi d'Assyrie contre Arphaxad : « Alors il marcha en ordre de bataille contre le roi Arphaxad, la dix-septième année; et il fut victorieux dans le combat, et il renversa toute la puissance d'Arphaxad, et tous ses cavaliers, et tous ses chars, et il s'empara de ses cités, et il vint à Ecbatane, et s'empara des tours, et il pilla toutes ses rues, et il en changea la beauté en ignominie. Et il prit Arphaxad dans les montagnes de

CHAPITRE II

1. La treizième année du règne de Nabuchodonosor, le vingt-deuxième jour du premier mois, dans le palais de Nabuchodonosor, roi des Assyriens, il fut décidé qu'il se vengerait.
2. Et il appela tous les anciens, tous ses généraux et ses guerriers, et il leur communiqua le secret de son dessein ;
3. et il leur dit que sa pensée était d'assujettir toute la terre à son empire.

4. Cette parole ayant plu à tous, le roi Nabuchodonosor fit venir Holoferne, général de son armée,
5. et il lui dit : Allez attaquer tous les royaumes d'occident, et principalement ceux qui ont méprisé mon empire.

6. Que votre œil n'épargne aucun royaume, et vous m'assujettirez toutes les villes fortes.

1. Anno tertio decimo Nabuchodonosor regis, vigesima et secunda die mensis primi, factum est verbūm in domo Nabuchodonosor, regis Assyriorum, ut defenderet se.
2. Vocavitque omnes majores natu, omnesque duces, et bellatores suos, et habuit cum eis mysterium consilii sui ;
3. dixitque cogitationem suam in eo esse, ut omnem terram suo subjugaret imperio.
4. Quod dictum cum placuisset omnibus, vocavit Nabuchodonosor rex Holofernem, principem militiæ suæ,
5. et dixit ei : Egredere adversus omne regnum Occidentis, et contra eos præcipue qui contempserunt imperium meum.
6. Non parcet oculus tuus ulli regno, omnemque urbem munitam subjugabis mihi.

Ragaü, et il le transperça de ses dards, et le détruisit entièrement jusqu'à ce jour. Puis il retourna (à Ninive) avec toute sa suite de nations mêlées, qui formait une multitude énorme de guerriers, et là il prit ses aises et fit des festins, lui et son armée, pendant cent vingt jours. » (Comp. Esth. I, 3-4.)

5° Nabuchodonosor confie à Holoferne la mission de réduire l'Asie occidentale. II, 1-6.

CHAP. II. — 1. Introduction. — *Anno tertio decimo.* Dans le grec : la dix-huitième année. Comp. la note des vers. 1 et 12. — *Mensis primi.* Le mois de nisan, qui va de la fin de mars à celle d'avril. C'était, chez les anciens, le temps des expéditions guerrières ; cf. II Reg. XI, 1. — *Factum... verbum... :* ce qui signifie que l'on parla de cette grave affaire au conseil royal, et que la guerre fut décidée. Voyez les vers. 2-3. -- *Defenderet se.* Dans le grec : qu'il se vengerait de toute la terre.

2-3. Le conseil de guerre dans le palais du roi. — *Majores natu :* les anciens, ou notables. Les LXX : ses serviteurs, c.-à-d. ses ministres. — *Mysterium consilii sui :* ses plans secrets. Il leur révéla le secret de son cœur, dit le syriaque. — *Dixitque... ut omnem...* Dans le grec, d'une manière très énergique : et il décida, de sa bouche, toute sorte de mal contre la terre. Ce même texte ajoute : il décrétèrent de détruire toute chair qui n'obéirait pas à l'ordre de sa bouche.

4-5. Holoferne est nommé général en chef de l'expédition. — *Vocavit... rex...* « Il était dans les habitudes du roi (Assurbanipal)... de placer à la tête de ses corps d'armée les généraux en qui il avait confiance. Ses annales confirment...

ce que le livre de Judith nous raconte d'Holoferne » (Vigouroux, *Bible et découvertes*, t. IV, p. 286). — *Holofernes.* Nom que l'on trouve à plusieurs reprises dans l'histoire de la Cappadoce, sous la forme « Orophernès ». Le général, ou sa famille, était peut-être originaire de ce royaume. — *Principem militiæ :* et le second après le roi, ajoute le texte grec. Cf. I Par. XVI, 5 ; II Par. XXVIII, 7. — *Egredere...* Le discours de Nabuchodonosor à Holoferne est notablement plus long dans la traduction des LXX : « Voici ce que dit le grand roi, le seigneur de toute la terre. Voici que tu vas sortir de ma présence, et tu prendras avec toi des hommes pleins de confiance en leur force, cent vingt mille fantassins, une multitude de chevaux avec douze mille cavaliers, et tu marcheras contre toute la région de l'occident, parce qu'ils ont désobéi à la parole de ma bouche, et tu leur annonceras de préparer la terre et l'eau, parce que je marcherai contre eux dans ma colère, et je couvrirai toute la face de la terre des pieds de mon armée, et je les lui abandonnerai au pillage ; et leurs morts rempliront leurs vallées et leurs torrents, et le fleuve sera rempli de leurs cadavres de manière à déborder. Et je conduirai leurs prisonniers jusqu'aux extrémités de toute la terre. Toi donc, pars, et occupe d'avance pour moi toutes leurs frontières ; et ils se rendront à toi, et tu me les réserveras pour le jour de leur châtiment. Ton œil n'épargnera pas les insoumis, tu les livreras à la mort et au pillage partout où tu iras. Car, par ma vie et par la puissance de mon empire, j'ai dit, et j'exécuterai cela de ma main. Et toi, ne transgresse pas un seul des ordres de ton seigneur, mais exécute-les

7. Tunc Holofernes vocavit duces et magistratus virtutis Assyriorum, et dinumeravit viros in expeditionem, sicut præcepit ei rex, centum viginti millia peditum pugnatorum, et equitum sagittariorum duodecim millia.

8. Omnemque expeditionem suam fecit præire in multitudine innumerabilium camelorum, cum his quæ exercitibus sufficerent copiose, boum quoque armenta, gregesque ovium, quorum non erat numerus.

9. Frumentum ex omni Syria in transitu suo parari constituit.

10. Aurum vero, et argentum de domo regis assumpsit multum nimis.

11. Et profectus est ipse et omnis exercitus cum quadrigis, et equitibus, et sagittariis, qui cooperuerunt faciem terræ sicut locustæ.

12. Cumque pertransisset fines Assyriorum, venit ad magnos montes Ange, qui sunt a sinistro Ciliciæ, ascenditque

7. Alors Holoferne fit venir les chefs et les officiers de l'armée des Assyriens, pour se mettre en campagne selon l'ordre du roi, et il choisit cent vingt mille fantassins et douze mille archers à cheval.

8. Il fit précéder toute son expédition d'une multitude innombrable de chameaux avec toutes les provisions suffisantes pour l'armée, et des troupeaux de bœufs et de moutons qui étaient sans nombre.

9. Et il fit préparer sur son passage du blé de toute la Syrie.

10. Il prit aussi de la maison du roi des sommes immenses d'or et d'argent.

11. Et il partit, lui et toute l'armée, avec les chars, et les cavaliers, et les archers, qui couvrirent la face de la terre, comme des sauterelles.

12. Et lorsqu'il eut passé les frontières de l'Assyrie, il vint aux grandes montagnes d'Angé, qui sont à gauche

avec soin selon que je te l'ai commandé, et ne tarde pas de les accomplir. » Ce langage est bien dans le style des inscriptions assyriennes.

§ II. — *Les expéditions victorieuses d'Holoferne.* II, 7 — III, 15.

1° Préparatifs de la guerre. II, 7-11.

L'armée. — *Duces et magistratus.* D'après

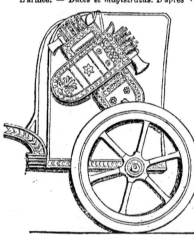

Char de guerre assyrien. (D'après un bas-relief.)

le grec : les princes, et les généraux, et les chefs (inférieurs). — *Viros :* « les hommes d'élite » (ἐκλεκτούς), disent les LXX. Cf. Jud. xx, 16 ; I Reg. xxvi, 2. — *Equitum sagitta-riorum :* des archers à cheval, comme en avaient

les Assyriens. Voyez l'*Atl. arch.,* pl. LXXXIX, fig. 11. Le grec ajoute : Il rangea ses troupes, à la façon dont se range une armée.

8-10. Mesures pour l'approvisionnement des troupes. — *Omnemque expeditionem...* Dans le grec : et il prit des chameaux, et des ânes, et des mulets, pour leurs bagages, en très grand nombre, et des moutons, et des bœufs, et des chèvres... — *Frumentum ex... Syria.* Trait propre à la Vulgate. Dans les LXX : et des vivres pour chaque homme en abondance.

11. Départ d'Holoferne et de son armée. — *Et sagittariis.* Le grec remplace ces archers par des fantassins d'élite. — *Qui cooperue-runt...* Le texte grec est un peu plus développé : Et grande fut la multitude mêlée, semblable à des sauterelles, qui alla avec eux, semblable aussi au sable de la mer ; car ils étaient si nombreux, qu'on ne pouvait les compter. Sur la comparaison *sicut locustæ,* voyez Jud. vii, 12.

2° Première expédition d'Holoferne. II, 12-13.

12-13. Campagne d'Asie Mineure. — *Cum-que pertransisset.* D'après les LXX : « Et ils partirent de Ninive, et après trois jours de marche ils arrivèrent à la plaine de Baictilaith, et de Baictilaith ils campèrent près de la montagne qui est à gauche de la Ciliole. » Baictilaith serait identique, selon les uns, à la ville syrienne de Bactaïallé, mentionnée par Ptolémée, v, 15, 16 ; selon les autres, et plus probablement, à la grande plaine de Bagdania, que Strabon, xii, place dans la Cappadoce. Les trois jours de marche ne sauraient être comptés à partir de Ninive, comme le montrera un coup d'œil jeté sur la carte (*Atl. géogr.,* pl. vii) : une armée si considérable devait mettre un long temps à franchir la dis-

de la Cilicie, et il entra dans tous les châteaux et il s'empara de toutes les places fortes.

13. Il prit aussi d'assaut la célèbre ville de Mélothe, et il pilla tous les habitants de Tharsis, et les fils d'Ismaël qui étaient en face du désert et au midi de la terre de Cellon.

14. Puis il passa l'Euphrate et vint en Mésopotamie, et il força toutes les grandes villes qui étaient là, depuis le torrent de Mambré jusqu'à la mer.

15. Et il s'empara de tous les pays situés entre la Cilicie et les confins de Japheth, qui sont au midi.

16. Et il emmena tous les fils de Madian; il pilla toutes leurs richesses, et fit passer au fil de l'épée tous ceux qui lui résistaient.

---

omnia castella eorum, et obtinuit omnem munitionem.

13. Effregit autem civitatem opimatissimam Melothi, prædavitque omnes filios Tharsis, et filios Ismael, qui erant contra faciem deserti, et ad austrum terræ Cellon.

14. Et transivit Euphraten, et venit in Mesopotamiam; et fregit omnes civitates excelsas, quæ erant ibi, a torrente Mambre usquequo perveniatur ad mare.

15. Et occupavit terminos ejus a Cilicia usque ad fines Japheth, qui sunt ad austrum.

16. Abduxitque omnes filios Madian, et prædavit omnem locupletationem eorum, omnesque resistentes sibi occidit in ore gladii.

---

tance qui sépare la capitale assyrienne des confins de la Cilicie. — *Magnos montes Ange :* le mont Argée des classiques, au nord, ou, selon le système d'orientation des Hébreux, à gauche de la Cilicie; son altitude est de 3 841 mètres; c'est le pic le plus élevé de ces régions (*Atl. géogr.*, pl. II, VIII, XVII). — *Ascenditque...* Le grec a cette variante : Et il prit toute son armée, ses fantassins, et ses cavaliers, et ses chars, et il alla de là dans la région montagneuse. — *Effregit... civitatem... Melothi :* Mélitène, dans la partie orientale de la Cappadoce (*Atl. géogr.*, ibid.). Nouvelle variante dans le grec et le syriaque : « Et il rompit Phud et Lud. » Le premier de ces deux noms désigne vraisemblablement la Pisidie, province d'Asie Mineure située à l'ouest de la Cappadoce; le second représente la Lydie, située encore plus à l'ouest. - *Tarsis :* la ville de Tarse, en Cilicie; Ῥασσίς du texte grec est une faute probable. Le conquérant, après sa pointe à l'ouest, revient maintenant sur ses pas, au sud-est de l'Asie Mineure (*Atl. géogr.*, ibid.). — *Filios Ismael :* des Arabes nomades, issus d'Ismaël. Leur résidence est décrite en quelques mots : *contra faciem* (c.-à-d. à l'orient) *deserti* (le grand désert syrien), *ad austrum... Cellon.* Cellon, ou, d'après le grec, le pays des Chelléens, semble avoir été situé entre Palmyre et l'Euphrate. En somme, ces Ismaélites demeuraient sur la rive droite de l'Euphrate. — Telle fut la première campagne d'Holoferne, qui consista plutôt en une razzia rapide qu'en une conquête durable du pays.

3° Deuxième expédition. II, 14.

14. Campagne d'Holoferne en Mésopotamie. — *Transivit Euphraten ;* pour porter la guerre à l'est de ce fleuve, en Mésopotamie. « La révolte des habitants de Babylone et du Bas-Euphrate, qui ne sont pas mentionnés parmi les rebelles du chap. I, avait obligé Holoferne à modifier ses plans. Une insurrection avait éclaté au sud de l'Assyrie, et la nécessité de la réprimer contraignit Assurbanipal à rappeler Holoferne pour

combattre les insurgés de la Chaldée. Le général assyrien porta donc ses armes depuis le fleuve Chaboras jusqu'au golfe Persique (*ad mare*), et prit ainsi part à la défaite de Babylone et de ses alliés, défaite longuement racontée dans l'histoire d'Assurbanipal. » (*Man. bibl.*, t. II, n. 542.) — *A torrente Mambre :* nom défiguré par les copistes, comme Abrona des LXX. Il s'agit du Chaboras ou Khabour, qui se jette dans l'Euphrate près de Circésium.

4° Troisième expédition. II, 15-18.

15-17. Campagne contre les nomades arabes domiciliés sur la lisière des pays cultivés de l'Asie occidentale. — *Occupavit terminos ejus.* D'après la Vulgate, les limites de la Mésopotamie; ce qui donnerait un sens inexact. Le grec est plus clair ici : Et il occupa le territoire de la Cilicie, et il tua tous ceux qui lui résistaient. La troisième campagne nous ramène donc à la fin de la première, qui avait été interrompue par la révolte des Chaldéens. — *Ad fines Japheth... ad austrum.* « Il est visible que l'Écriture parle ici d'une province opposée à la Cilicie. » (Calmet, *h. l.*) Le contexte nous permet de préciser davantage, surtout dans le grec, qui ajoute : « en face de l'Arabie. » Tout porte à croire que cette terre de Japheth, d'ailleurs inconnue, était située dans l'Arabie Pétrée; car les Madianites, mentionnés comme habitant cette même région, avaient leur résidence sur les deux rives du golfe élanitique de la mer Rouge (*Atl. géogr.*, pl. I, III, V). — *Abduxitque.* Dans les LXX : Il enveloppa (ἐκύκλωσε). — *Prædavit... locupletationem.* D'après le grec : il brûla leurs tentes, et il pilla leurs parcs à brebis. Les Madianites étaient une tribu nomade et pastorale. Cf. Jud. VI, 5; Ps. LXXXII, 7 et ss. — *Post hæc... in campos Damasci.* Holoferne remonte maintenant au sud au nord jusqu'aux riches jardins de Damas. — *In diebus messis :* de la moisson du froment, dit le texte grec. C'était donc en juin. — Après les mots *succendit... sata*, les LXX ajoutent : il détruisit leurs

17. Et post hæc descendit in campos Damasci in diebus messis, et succendit omnia sata, omnesque arbores et vineas fecit incidi.

18. Et cecidit timor illius super omnes inhabitantes terram.

17. Il descendit ensuite dans les champs de Damas, au temps de la moisson ; il brûla toutes les récoltes, et fit couper tous les arbres et toutes les vignes.

18. Et la terreur de ses armes se répandit sur tous les habitants de la terre.

CHAPITRE III

1. Tunc miserunt legatos suos universarum urbium ac provinciarum reges ac principes, Syriæ scilicet Mesopotamiæ, et Syriæ Sobai, et Libyæ atque Ciliciæ, qui venientes ad Holofernem, dixerunt :

2. Desinat indignatio tua circa nos ; melius est enim ut viventes serviamus Nabuchodonosor, regi magno, et subditi simus tibi, quam morientes, cum interitu nostro ipsi servitutis nostræ damna patiamur.

3. Omnis civitas nostra, omnisque possessio, omnes montes, et colles, et campi, et armenta boum, gregesque ovium et caprarum, equorumque et camelorum, et universæ facultates nostræ, atque familiæ, in conspectu tuo sunt.

4. Sint omnia nostra sub lege tua.

1. Alors les rois et les princes de toutes les villes et de toutes les provinces, de la Syrie, de la Mésopotamie, de la Syrie de Sobal, de la Libye et de la Cilicie, envoyèrent leurs ambassadeurs, qui, venant auprès d'Holoferne, lui dirent :

2. Faites cesser votre colère contre nous. Car il vaut mieux que nous vivions en servant le grand roi Nabuchodonosor, et que nous vous soyons soumis, que de périr, et de subir avec la mort tous les maux de la servitude.

3. Toutes nos villes et toutes nos possessions, toutes nos montagnes, nos collines, nos champs, nos troupeaux de bœufs, de moutons et de chèvres, nos chevaux et nos chameaux, toutes nos richesses et nos familles sont en votre pouvoir.

4. Que tout ce que nous avons soit sous votre loi.

---

troupeaux de petit et de gros bétail, et il dépouilla leurs villes, et il dévasta entièrement leurs territoires, et il passa tous leurs jeunes gens au fil de l'épée. — Le trait *omnes... arbores... incidi* est propre à la Vulgate ; il n'est que trop conforme aux mœurs de la guerre chez les Orientaux. Cf. Deut. xx, 19, et le commentaire ; l'*Atl. arch.*, pl. lxxxv, fig. 1. — Cette troisième campagne d'Holoferne ne fut pas menée avec moins de vigueur et de rapidité que la première : elle consista à balayer du nord au sud, puis du sud au nord, le territoire des Arabes nomades. Mention en est faite aussi dans les annales d'Assurbanipal : « Les hommes d'Arabie, tous ceux qui étaient venus avec leur roi, je les fis périr par l'épée ; et lui, de la face des vaillants soldats d'Assyrie s'enfuit, et il s'en alla au loin. Les tentes, les parcs, leurs demeures, on y mit le feu et on les brûla dans les flammes. »

18. L'effet produit par cette série de triomphes : *cecidit timor...* ; tout le pays fut atterré.

5° Soumission spontanée de nombreuses villes et provinces de l'Asie occidentale. III, 1-6.

Chap. III. — 1. Liste des contrées qui se soumirent. — *Tunc miserunt...* ; rompant leur ligue, et renonçant à toute résistance. — *Syriæ... Mesopotamiæ* : l'*Aram naharaïm* de Gen. xxiv, 10, etc. d'après le texte hébreu. — *Syriæ Sobal.* Plutôt : la Syrie de Soba ('*Aram Ṣoba* ; voyez I Reg. xiv, 47, et la note ; *Atl. géogr.*, pl. viii).

— *Libyæ* est une faute évidente, car la Libye est en Afrique et n'avait rien à redouter d'Holoferne pour le moment ; il faut donc lire « Lydiæ » ou « Lyciæ », deux provinces occidentales de l'Asie Mineure (*Atl. géogr.*, pl. xvii). — Dans cette énumération, la Vulgate diffère beaucoup des Septante, où nous lisons : « La frayeur saisit les habitants de la côte maritime, ceux qui étaient à Sidon et à Tyr, et les habitants de Sour, et Ocine, et tous les habitants de Jemnaan, et les habitants d'Azot et d'Ascalon. » Sour est la répétition du nom de Tyr sous sa forme béhraïque, à moins que ce ne soit une erreur de transcription pour Dor (Dora de I Mach. xv, 11), aujourd'hui Tantourah, au sud du Carmel (*Atl. géogr.*, pl. vii, xii). Ocine ne diffère pas d'Acco ou Saint-Jean-d'Acre, au nord de cette même montagne ; cf. Jud. i, 31. Jemnaan est la Jamnia de II Par. xxvi, 6. Azot et Ascalon étaient deux capitales de la Pentapole philistine.

2-6. Humbles paroles de soumission. — *Desinat indignatio...* Terrorisés, les habitants de ces contrées se jettent aux pieds d'Holoferne et se rendent à discrétion, avec tous leurs biens. — *Melius... ut viventes... quam morientes...* Antithèse frappante : ils ne tiennent désormais qu'à la vie ; l'honneur et la liberté ne comptent plus pour eux. Le grec dit plus simplement : Voici, nous, les serviteurs de Nabuchodonosor, le grand roi, nous sommes prosternés devant toi ; traite-

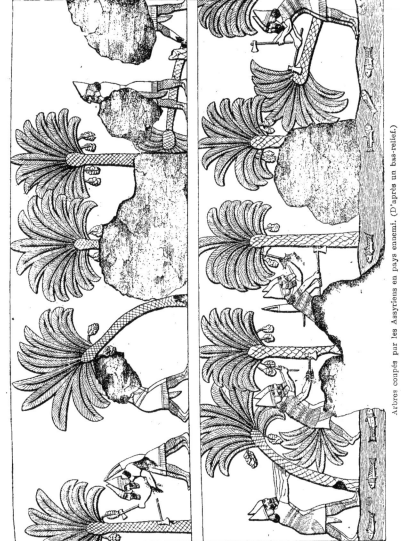

Arbres coupés par les Assyriens en pays ennemi. (D'après un bas-relief.)

5. Nos, et filii nostri, servi tui sumus.

6. Veni nobis pacificus dominus, et utere servitio nostro, sicut placuerit tibi.

7. Tunc descendit de montibus cum equitibus in virtute magna, et obtinuit omnem civitatem et omnem inhabitantem terram.

8. De universis autem urbibus assumpsit sibi auxiliarios viros fortes, et electos ad bellum.

9. Tantusque metus provincus illis incubuit, ut universarum urbium habitatores principes, et honorati simul cum populis, exirent obviam venienti,

10. excipientes eum cum coronis, et

5. Nous serons vos esclaves, nous et nos enfants.

6. Venez à nous comme un maître pacifique, et faites usage de nos services comme il vous plaira.

7. Alors il descendit des montagnes avec ses cavaliers en grande force, et il se rendit maître de toutes les villes et de tous les habitants du pays.

8. Et il prit de toutes les villes, pour auxiliaires, les hommes vaillants et propres à la guerre.

9. Et ces provinces furent saisies d'une telle frayeur, que les princes et les personnes les plus honorables de toutes les villes sortaient au-devant de lui avec les peuples,

10. et le recevaient avec des cou-

---

nous comme il paraîtra bon à tes yeux. — *Omnis civitas..., possessio...* Longue liste des

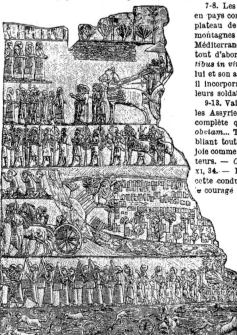

Les habitants d'une ville se soumettent au roi d'Assyrie, et le reçoivent triomphalement. (Bas-relief de Ninive.)

biens qu'ils abandonnent au vainqueur, vers. 3 (elle est moins complète dans les LXX). — *Veni nobis pacificus...* Conclusion au vers. 6.

6° Holoferne envahit sans aucun ménagement toutes ces contrées. III, 7-15.

7-8. Les pays qui se soumettaient sont traités en pays conquis. — *Descendit de montibus :* du plateau de Damas, II, 17, en franchissant les montagnes qui le séparent des rivages de la Méditerranée, vers lesquels Holoferne se dirigea tout d'abord d'après le texte grec. — *Cum equitibus in virtute...* Plus clairement dans les LXX : lui et son armée.— *Assumpsit sibi auxiliarios...:* il incorpora de force parmi ses troupes les meilleurs soldats de ces contrées.

9-13. Vains efforts des habitants pour se rendre les Assyriens propices. La Vulgate est ici plus complète que les autres versions. — *Exirent obviam...* Triste effet d'une crainte servile : oubliant toute dignité, ils vont jusqu'à simuler la joie comme s'ils étaient eux-mêmes des triomphateurs. — *Cum coronis... tympanis.* Comp. Jud. XI, 34. — Les vers. 11-13 relèvent l'inutilité de cette conduite abjecte, qui contraste si fort avec le courage des Juifs. Cf. IV, 1 et ss. — *Lucos... excidit :* tous les bois idolâtriques. Peut-être ce mot désigne-t-il ici, comme en d'autres endroits de la Vulgate, les statues grossièrement sculptées qui symbolisaient Astarté. Cf. Jud. II, 13 ; I Reg. VII, 3, etc. — *Deos... exterminaret.* Trait bien conforme aux usages des Assyriens, qui aimaient à emporter comme trophées les idoles des peuples vaincus par eux. Cf. IV Reg. XVIII, 33 et ss.; XIX, 12-13. Assurbanipal se vante précisément dans ses annales d'avoir ainsi traité les Arabes : « Je me suis emparé de ses dieux, j'ai emporté ses dieux, » dit-il en parlant d'un roi et d'une ville de cette contrée. — *Ut ipse solus... deus :* à la façon orgueilleuse et impie des monarques orientaux, comme nous l'apprennent les écrivains sacrés

ronnes et des lampes, en dansant au son des tambours et des flûtes.

11. Et .néanmoins, quoiqu'ils fissent toutes ces choses, ils ne purent adoucir la férocité de son cœur.

12. Car il détruisit leurs villes et coupa leurs bois *sacrés*,

13. -parce que le roi Nabuchodonosor lui avait commandé d'exterminer tous les dieux de la terre, afin que seul il fût appelé dieu par toutes les nations qu'Holoferne aurait pu assujettir à sa puissance.

14. Il traversa ensuite la Syrie de Sobal, toute l'Apamée et toute la Mésopotamie, et vint chez les Iduméens dans la terre de Gabaa;

15. et il prit leurs villes, et il demeura là trente jours, pendant lesquels il commanda qu'on rassemblât toutes les troupes de son armée.

lampadibus, ducentes choros in tympanis et tibiis.

11. Nec ista tamen facientes, ferocitatem ejus pectoris mitigare potuerunt;

12. nam et civitates eorum destruxit, et lucos eorum excidit;

13. præceperat enim illi Nabuchodonosor rex, ut omnes deos terræ exterminaret, videlicet ut ipse solus diceretur Deus ab his nationibus quæ potuissent Holofernis potentia subjugari.

14. Pertransiens autem Syriam Sobal, et omnem Apameam, omnemque Mesopotamiam, venit ad Idumæos in terram Gabaa,

15. accepitque civitates eorum, et sedit ibi per triginta dies, in quibus diebus adunari præcepit universum exercitum virtutis suæ.

CHAPITRE IV

1. Les fils d'Israël qui demeuraient dans la terre de Juda, ayant alors appris toutes ces choses, redoutèrent vivement sa présence.

2. La crainte et la frayeur envahirent

1. Tunc audientes hæc filii Israel, qui habitabant in terra Juda, timuerunt valde a facie ejus.

2. Tremor et horror invasit sensus eo-

---

et profanes. Cf. Is. XIV, 12-14; Ez. XXVIII, 2, 9; Dan. VII, 25; Act. XII, 22, etc.

14-15. Holoferne achève de prendre possession des pays qui lui avaient fait leur soumission. — *Syriam Sobal*. Voyez la note du vers. 1. — *Apameam :* province syrienne, qui avait pour capitale la ville du même nom, bâtie sur l'Oronte (*Atl. géogr.*, pl. VIII, XVII). — *In terram Gabaa*. Ce district de l'Idumée n'est mentionné nulle part ailleurs; au reste, beaucoup de localités palestiniennes et autres portaient le nom de Gabaa, qui signifie hauteur. Ici, comme au vers. 1, la liste de la Vulgate diffère étonnamment de celle des LXX, où nous lisons : « Et il vint devant Esdrelon, près de Dothaïa, qui est en face de la grande Scie de la Judée, et il se porta entre Gaba et Scythopolis. » C'est donc la Palestine cisjordanienne qui est maintenant envahie du nord au sud par les Assyriens, d'après le texte grec : d'abord Esdrelon ou Jezraël, par la plaine du même nom (cf. Jos. XVII, 16; Jud. VI, 33, etc.); puis Dothaïn ou Dothân, au sud de cette plaine, puis Géba, légèrement au sud de Dothân. Scythopolis n'est autre que Bethsan (Jos. XVII, 11; voyez l'*Atl. géogr.*, pl. VII, X, XII). La Vulgate, complétant ce récit, ajoute une autre série de pays occupés par Holoferne sans coup férir, au nord, à l'est et au sud de la Palestine. — *Per triginta dies :* trait propre à notre version latine. — *In quibus... adunari...*

A la suite de ces marches et contremarches, et avant d'envahir le reste des pays juifs, Holoferne voulait permettre à ses troupes de se concentrer et de se reposer.

§ III. — *Les Juifs se préparent à opposer une vive résistance aux Assyriens.* IV, 1 — V, 20.

1° Frayeur des Israélites, suivie bientôt de leurs courageux préparatifs de défense. IV, 1-7.

CHAP. IV. — 1-2. Le sentiment d'effroi. — *Audientes hæc...* Le grec développe davantage cette pensée : « Et les fils d'Israël qui habitaient en Judée apprirent tout ce qu'avait fait aux nations païennes Holoferne, le généralissime de Nabuchodonosor, roi des Assyriens, et la manière dont il avait dépouillé tous leurs temples et dont il les avait ruinés, et ils éprouvèrent de lui une très grande crainte. » — *Ne hoc... Jerusalem et templo.* C'était l'objet principal de leur frayeur : sentiment religieux qui ne les honore pas moins que la vaillance dont ils vont faire preuve. Jérusalem et le temple étaient avant tout, pour un Israélite fidèle, la résidence et le palais de Jéhovah. — Le grec ajoute à la suite du vers. 2 : « Tout récemment, ils étaient revenus de la captivité, et depuis peu le peuple de la Judée s'était rassemblé, et les vases (sacrés), et l'autel, et le temple, avaient été sanctifiés de leur souillure. » Détails qui, à première vue, paraissent contredire le sentiment que nous

rum, ne hoc faceret Jerusalem et templo Domini, quod fecerat ceteris civitatibus et templis earum.

3. Et miserunt in omnem Samariam per circuitum usque Jericho, et præoccupaverunt omnes vertices montium ;

4. et muris circumdederunt vicos suos, et congregaverunt frumenta in præparationem pugnæ.

5. Sacerdos etiam Eliachim scripsit ad universos qui erant contra Esdrelon, quæ est contra faciem campi magni juxta Dothain, et universos per quos viæ transitus esse poterat,

6. ut obtinerent ascensus montium, per quos via esse poterat ad Jerusalem, et illic custodirent ubi angustum iter esse poterat inter montes.

7. Et fecerunt filii Israel secundum

leurs esprits, appréhendant qu'il ne fît à Jérusalem et au temple du Seigneur ce qu'il avait fait aux autres villes et à leurs temples.

3. C'est pourquoi ils envoyèrent dans toute la Samarie et aux alentours jusqu'à Jéricho, et occupèrent tous les sommets des montagnes ;

4. et ils environnèrent leurs bourgs de murailles, et amassèrent du blé pour se préparer au combat.

5. Le grand prêtre Éliachim écrivit aussi à tous ceux qui demeuraient en face d'Esdrelon, qui est vis-à-vis de la grande plaine, près de Dothaïn, et à tous ceux qui étaient sur le passage,

6. afin qu'ils occupassent les défilés des montagnes par où l'on pouvait aller à Jérusalem, et qu'ils gardassent les endroits resserrés par où l'on pourrait passer entre les montagnes.

7. Et les fils d'Israël firent ce que leur

---

avons adopté touchant l'époque de la composition du livre de Judith (voyez l'Introduction, p. 378) : ne dirait-on pas, en effet, que tout cela désigne le retour du grand exil babylonien ? Cf. v, 23. « On peut répondre... que la captivité, la dispersion, la profanation, le rétablissement du temple (dont il est ici question) doivent s'entendre, non pas de la grande captivité de Babylone, et de ce qui la suivit, mais d'une dispersion passagère, qui arriva dans le pays lorsque Manassé fut pris par les Chaldéens (II Par. XXXIII, 12 et ss.). L'Écriture nous apprend que ce prince s'étant abandonné aux dernières abominations, jusqu'à ériger des autels aux idoles dans le temple du Seigneur, Dieu le livra aux généraux des Assyriens, qui le prirent, l'enchaînèrent et le menèrent à Babylone. Ce fut dans cette occasion que le pays fut désolé, le peuple dispersé, et le temple profané ; mais cette disgrâce ne fut pas longue : Manassé... reconnut sa faute, et en fit pénitence ; Dieu le fit revenir dans ses États ; il y répara, autant qu'il put, le scandale qu'il y avait causé ; il abattit les autels qu'il avait fait bâtir dans le temple de Jérusalem (et, comme le dit formellement le texte sacré), rétablit l'autel du Seigneur, et y fit immoler des victimes comme auparavant. Voilà ce que le grec veut dire. » (Calmet, h. l.)

3-4. Les Juifs mettent activement le pays en état de défense. — In omnem Samariam : le territoire de l'ancien royaume schismatique du nord (Atl. géogr., pl. VII). — Usque Jericho. A l'est du royaume de Juda. Les LXX mentionnent plusieurs autres villes : « et à Côna, et à Béthoron, et à Belmen, et à Jéricho, et à Choba, et à Esora, et à la vallée de Salem. » Côna est inconnue ; peut-être la leçon primitive était-elle χῶμας, les bourgades, au lieu de Κωνάς. Sur Béthoron, voyez Jos. x, 11 ; I Par. VII, 24, et les notes. Au lieu de Belmen, le syriaque a la

variante Abel-Meholah, qui pourrait bien reproduire le vrai texte : cette ville était située près de Dothân d'après VII, 3 (« Belma » dans la Vulgate). Choba n'a pas été identifié ; Esora non plus, à moins que ce ne soit quelqu'une des localités désignées sous le nom d'Asor. La vallée de Salem est peut-être représentée par la plaine actuelle d'El-Mokna, près de Naplouse, car on y trouve encore un village nommé Salim (voyez l'Atl. géogr., pl. XII, le cartouche à droite). — Première mesure de défense : præoccupaverunt... Seconde mesure : muris circumdederunt... Troisième mesure : congregaverunt frumenta... ; le grec ajoute : car leurs champs avaient été récemment moissonnés.

5-7. Noble conduite du grand prêtre Éliachim. — Sacerdos a ici la signification de grand prêtre. Cf. vers. 11. — Eliachim correspond au nom hébreu 'Elyâqîm, « Dieu établit, » que l'on rencontre en d'autres passages de l'Ancien Testament. Cf. IV Reg. XXIII, 34 ; II Par. XXXVI, 4. A sa place, le grec emploie l'appellation « Joakim », qui apparaîtra aussi plus loin dans la Vulgate (XV, 9), et qui est identique à l'hébreu Iôyâkim, « Jéhovah établit. » Cf. Neh. XII, 10, 26 ; Bar. I, 7. C'est donc une simple variante d'un seul et même nom. — Ad universos... Esdrelon. Dans le grec : aux habitants de Béthulie, et de Béthomesthaïm, qui est en face de Béthulie. Sur Béthulie, voyez la note de VI, 7. De Béthomesthaïm on ne connaît que sa situation générale près de Béthulie, d'Esdrelon et de Dothaïn : peut-être était-ce la Bethsamès de la tribu d'Issachar (Jos. XIX, 22). — Contra faciem... : c.-à-d. à l'est. — Ubi angustum iter... D'après le grec et le syriaque : car le passage était étroit, pas plus (d'espace) que pour deux hommes. — Et fecerunt... Prompte obéissance du peuple, qui avait d'ailleurs pris l'initiative pour la défense du pays (vers. 3-4). — Quod constituerat... sacerdos. En l'absence du

avait ordonné Éliachim, prêtre du Seigneur.

8. Et tout le peuple cria vers le Seigneur avec grande instance, et ils humilièrent leurs âmes dans les jeûnes et les prières, eux et leurs femmes.

9. Et les prêtres se revêtirent de cilices, et les enfants se prosternèrent devant le temple du Seigneur, et on couvrit d'un cilice l'autel du Seigneur.

10. Et ils crièrent tous d'un même cœur vers le Seigneur, le Dieu d'Israël, pour que leurs enfants ne fussent pas donnés en proie, leurs femmes enlevées et dispersées, leurs villes détruites, leur sanctuaire profané, et qu'eux-mêmes ne devinssent pas l'opprobre des nations.

11. Alors Éliachim, le grand prêtre du Seigneur, parcourut tout le pays d'Israël, et il parla au peuple,

12. en disant : Sachez que le Seigneur exaucera vos prières, si vous persévérez toujours dans les jeûnes et les prières devant le Seigneur.

13. Souvenez-vous de Moïse, serviteur de Dieu, qui vainquit Amalec, qui se confiait en sa force et en sa puissance, en son armée, en ses boucliers, en ses chars et en ses chevaux, en le combattant non avec le fer, mais avec l'ardeur et la sainteté de sa prière.

14. Il en sera ainsi de tous les ennemis d'Israël, si vous persévérez dans cette œuvre que vous avez commencée.

15. Après cette exhortation, ils priè-

quod constituerat eis sacerdos Domini, Eliachim.

8. Et clamavit omnis populus ad Dominum instantia magna, et humiliaverunt animas suas in jejuniis et orationibus, ipsi et mulieres eorum.

9. Et induerunt se sacerdotes ciliciis, et infantes prostraverunt contra faciem templi Domini, et altare Domini operuerunt cilicio ;

10. et clamaverunt ad Dominum, Deum Israel, unanimiter, ne darentur in prædam infantes eorum, et uxores eorum in divisionem, et civitates eorum in exterminium, et sancta eorum in pollutionem, et fierent opprobrium gentibus.

11. Tunc Eliachim, sacerdos Domini magnus, circuivit omnem Israel, allocutusque est eos,

12. dicens : Scitote quoniam exaudiet Dominus preces vestras, si manentes permanseritis in jejuniis et orationibus in conspectu Domini.

13. Memores estote Moysi, servi Domini, qui Amalec confidentem in virtute sua, et in potentia sua, et in exercitu suo, et in clypeis suis, et in curribus suis, et in equitibus suis, non ferro pugnando, sed precibus sanctis orando dejecit.

14. Sic erunt universi hostes Israel, si perseveraveritis in hoc opere quod cœpistis.

15. Ad hanc igitur exhortationem ejus

---

roi, le grand prêtre, « avec les anciens d'Israël qui habitaient à Jérusalem » (ajoutent les LXX), s'était mis à la tête de la nation, comme ses fonctions l'y conviaient en ce temps de pressant danger. Voyez l'Introduction, p. 378.

2° Les Juifs ont recours à la prière et au jeûne pour obtenir la protection du Seigneur. IV, 8-17.

Beau tableau, qui dépeint le peuple théocratique dans une attitude digne de sa haute vocation. Comme plus haut, vers. 3 et ss., l'initiative part des rangs mêmes de la nation ; puis le pieux mouvement continue à la demande du grand prêtre.

8-10. Prières et jeûne du peuple. — *Clamavit... instantia magna*. Locution énergique. Comp. Ex. XIV, 10 ; II Mach. XI, 6, etc. — *Induerunt se sacerdotes...* Toute la nation fit de même d'après le grec, et l'on alla jusqu'à recouvrir les animaux de cilices, comme les Ninivites l'avaient fait au temps de Jonas. Cf. Jon. III, 7-8. C'était un signe de deuil très expressif ; cf. Gen. XXXVII, 34 ; III Reg. XX, 31, etc. — *Infantes prostraverunt...* Trait émouvant, dramatique. Le grec

suppose que cette prostration fut faite par tous les habitants de Jérusalem, qui, en outre, « jetaient des cendres sur leur tête. » Comp. II Reg. XIII, 19 ; Ez. XXVII, 30. — *Altare... cilicio.* L'autel même était en deuil. Le grec dit, avec une variante : « et ils étalaient leurs cilices devant la face du Seigneur ; » geste pathétique, comme pour attirer l'attention divine. Cf. IV Reg. XIX, 14. — Au vers. 10, beau résumé, en gradation ascendante, des grâces demandées à cette heure de péril extrême. Le grec ajoute que Dieu exauça ces ferventes supplications.

11-14. Éliachim parcourt le pays, exhortant le peuple à persévérer dans la prière et la pénitence. Tout ce passage est propre à la Vulgate. — L'allocution du grand prêtre est parfaitement appropriée aux circonstances ; notez surtout le beau trait *memores... Moysi...* (vers. 13), emprunté à l'histoire de la sortie d'Égypte, Ex. XVIII, 9-13.

15-17. Pieuse persévérance du peuple dans ses saints exercices. — Le vers. 15 est aussi une particularité de la Vulgate. — *Etiam hi qui offerebant* : autre trait saisissant, qui n'est meu-

deprecantes Dominum, permanebant in conspectu Domini,

16. ita ut etiam hi qui offerebant Domino holocausta, præcincti ciliciis offerrent sacrificia Domino, et erat cinis super capita eorum.

17. Et ex toto corde suo omnes orabant Deum, ut visitaret populum suum Israel.

rent le Seigneur, et persévérèrent en la présence du Seigneur ;

16. en sorte que ceux même qui offraient des holocaustes au Seigneur, lui présentaient les victimes revêtus de cilices, et ayant la tête couverte de cendre.

17. Et tous priaient Dieu de tout leur cœur, qu'il lui plût de visiter son peuple Israël.

CHAPITRE V

1. Nuntiatumque est Holoferni, principi militiæ Assyriorum, quod filii Israel præpararent se ad resistendum, ac montium itinera conclusissent;

2. et furore nimio exarsit in iracundia magna, vocavitque omnes principes Moab et duces Ammon,

3. et dixit eis : Dicite mihi quis sit populus iste, qui montana obsidet, aut quæ, et quales, et quantæ sint civitates eorum; quæ etiam sit virtus eorum, aut quæ sit multitudo eorum, vel quis rex militiæ illorum;

4. et quare præ omnibus qui habitant in Oriente, isti contempserunt nos, et non exierunt obviam nobis, ut susciperent nos cum pace?

5. Tunc Achior, dux omnium filiorum

1. Or on annonça à Holoferne, chef de l'armée des Assyriens, que les fils d'Israël se préparaient à résister, et qu'ils avaient fermé les passages des montagnes.

2. Et transporté de colère et tout embrasé de fureur, il fit venir tous les princes de Moab et les chefs des Ammonites,

3. et il leur dit : Dites-moi quel est ce peuple qui occupe les montagnes, quelles sont leurs villes, et quelle est la force et le nombre *de ces villes;* quelle est aussi leur puissance et leur multitude, et quel est le chef de leur armée ;

4. et pourquoi, entre tous les peuples qui habitent l'Orient, eux *seuls* nous ont méprisés et ne sont point venus audevant de nous pour nous recevoir en paix.

5. Alors Achior, chef de tous les fils

---

tionné nulle part ailleurs. D'après les LXX, le grand prêtre lui-même portait cette marque de deuil, contre tous les usages liturgiques. — *Cinis super capita :* sur leurs mitres, dit le grec. Cf. Ex. xxviii, 40, et la note (*Atl. arch.*, pl. xxvii, fig. 5 ; pl. xxviii, fig. 7, etc.).

3° Holoferne, étonné de la conduite si courageuse des Israélites, demande des renseignements sur leur origine et leur histoire. V, 1-4.

CHAP. V. — 1-2ᵃ. Colère du général assyrien, en apprenant les préparatifs des Juifs. — *Ac... conclusissent.* Le grec ajoute : et qu'ils avaient fortifié tous les sommets des montagnes élevées, et qu'ils avaient placé des pièges (σκάνδαλα, « offendicula, » dit l'Itala) dans les plaines.

2ᵇ-4. Holoferne demande des informations sur l'histoire et l'état actuel des Juifs. — *Principes Moab et... Ammon.* Holoferne savait que les Moabites et les Ammonites, dont les contingents avaient été incorporés de gré ou de force à son armée, étaient proches voisins des Hébreux ; personne ne pourrait mieux les renseigner, supposait-il. Quant à son ignorance personnelle relativement à la nation sainte, elle est tout à fait naturelle. « Avant le christianisme, Israël n'occu-

pait qu'une place imperceptible, aux yeux des étrangers, dans l'histoire du monde. L'Assyrie avait vaincu Samarie, il est vrai, et fait la guerre à Juda ; mais, d'après les inscriptions cunéiformes, ce pays était insignifiant, la vingt-deuxième partie seulement des royaumes de l'Asie occidentale. De plus, Holoferne était, comme l'indique son nom, d'origine aryenne et non sémitique, et, par conséquent, encore moins au courant que le reste des Assyriens de ce qui touchait aux Israélites » (*Man. bibl.*, t. II, n. 544). — *Dicite mihi...* Ses questions sont multiples et pressantes ; ainsi qu'il convenait dans la circonstance ; elles portent spécialement sur la force guerrière des Hébreux. — *Quare præ omnibus...* (vers. 4). Cet exemple unique de courage au milieu de l'envahissement universel avait frappé le général assyrien. — *In Oriente.* Le grec, l'Itala, le syriaque, ont au contraire, et plus justement, à l'ouest.

4° Le chef ammonite Achior raconte à Holoferne la merveilleuse histoire des Hébreux. V, 5-23.

5. Transition et court exorde. — *Dicam véritatem.* Achior insiste à deux reprises su. ce

d'Ammon, lui répondit : Si vous daignez m'écouter, mon seigneur, je vous dirai la vérité touchant ce peuple qui habite dans les montagnes, et nulle parole fausse ne sortira de ma bouche.

6. Ce peuple est de la race des Chaldéens.

7. Il habita d'abord en Mésopotamie, parce qu'il ne voulait pas suivre les dieux de ses pères qui étaient dans la terre des Chaldéens.

8. Ayant donc abandonné les cérémonies de leurs pères, qui adoraient une multitude de dieux,

9. ils adorèrent un seul Dieu du ciel, qui leur commanda de sortir de ce pays-là et de demeurer à Charan. Et lorsque la famine eut envahi tout le pays, ils descendirent en Égypte, et là, pendant quatre cents ans, ils se multiplièrent de telle sorte, que leur armée était innombrable.

10. Alors le roi d'Égypte les opprima et les obligea de bâtir ses villes avec de la terre et des briques, et ils crièrent à leur Dieu, qui frappa de différentes plaies toute la terre d'Égypte.

11. Les Égyptiens les chassèrent donc de chez eux, et ils se délivrèrent de ces plaies; mais comme ils voulurent les prendre de nouveau et les remettre sous leur esclavage,

12. le Dieu du ciel leur ouvrit la mer pendant qu'ils fuyaient; et les eaux

Ammon, respondens, ait : Si digneris audire, domine mi, dicam veritatem in conspectu tuo, de populo isto qui in montanis habitat, et non egredietur verbum falsum ex ore meo.

6. Populus iste ex progenie Chaldæorum est.

7. Hic primum in Mesopotamia habitavit, quoniam noluerunt sequi deos patrum suorum qui erant in terra Chaldæorum.

8. Deserentes itaque ceremonias patrum suorum, quæ in multitudine deorum erant,

9. unum Deum cæli coluerunt, qui et præcepit eis ut exirent inde, et habitarent in Charan. Cumque operuisset omnem terram fames, descenderunt in Ægyptum, illicque per quadringentos annos sic multiplicati sunt, ut dinumerari eorum non posset exercitus.

10. Cumque gravaret eos rex Ægypti, atque in ædificationibus urbium suarum in luto et latere subjugasset eos, clamaverunt ad Dominum suum, et percussit totam terram Ægypti plagis variis.

11. Cumque ejecissent eos Ægyptii a se, et cessasset plaga ab eis, et iterum eos vellent capere, et ad suum servitium revocare,

12. fugientibus his Deus cæli mare aperuit, ita ut hinc inde aquæ quasi

---

point, car il sait que son récit sera d'une part difficile à croire, d'autre part pénible à l'orgueil assyrien. Son résumé de l'histoire juive est remarquablement bien fait.

6-9. Les origines du peuple hébreu jusqu'au temps de la sortie d'Égypte. — *Ex progenie Chaldæorum.* Abraham, en effet, était né à Ur, en Chaldée. Cf. Gen. XI, 28; XII, 6. — *In Mesopotamia habitavit :* après avoir quitté la Chaldée. Le verbe grec παρῴκησαν marque un séjour transitoire, et en réalité Abraham ne demeura que quelque temps à Charan. Cf. Gen. XI, 31 et ss.; XII, 1-4. — *Noluerunt sequi deos...* Les Chaldéens étaient plongés dans l'idolâtrie ; on a trouvé à Ur les restes d'un temple considérable consacré au dieu Sin, la divinité lunaire. — *Deserentes... ceremonias...* C'est le sens. L'ancienne Itala se rapproche davantage du grec, et traduit : « declinaverunt de via patrum suorum. » Sur cette acception religieuse du mot « voie », comparez IV Reg. XVI, 3 ; Act. IX, 2, etc. — *Deum cæli.* Titre fréquemment usité dans quelques livres historiques de l'Ancien Testament ; cf. II Par. XXXVI, 23 ; Esdr. I, 2, 5, 11 ; Tob. X, 12, etc. — *Præcepit... ut exirent.* D'après les Septante, ce furent les Chaldéens qui chassèrent

Abraham et les siens de devant leurs dieux. La tradition juive raconte qu'Abraham fut, en effet, persécuté par ses compatriotes lorsqu'il abandonna le culte des idoles. Cf. Josèphe, *Ant.,* I, 6, 5. — *In Charan.* D'après les LXX s'y établirent la terre de Chanaan. Et il ajoutent : Ils s'y établirent, et y devinrent riches en or, en argent et en bétail. Sur les richesses d'Abraham, comp. Gen. XIII, 2. — *Cumque fames...* Nous passons à l'histoire du patriarche Jacob. — *Descenderunt in Ægyptum :* cf. Gen. XLII, 2 ; XLVI, 6. — *Per quadringentos annos.* Trait propre à la Vulgate. D'après Ex. XII, 40, quatre cent trente ans ; on donne ici le chiffre rond. — *Sic multiplicati...* Comp. Ex. I, 7.

10-19. La sortie d'Égypte et le séjour au désert. — *Cumque gravaret...* Comp. Ex. I, 8-14. — *Clamaverunt...* Cf. Ex. II, 23. — *Percussit... plagis :* de plaies incurables, dit le grec. Comp. Ex. VIII-XII. — *Cumque ejecissent.* Cf. Ex. XII, 31, 33. — *Et iterum eos vellent...* Ce détail (vers. 11ᵇ) et les suivants jusqu'à la fin du vers. 13 sont une particularité de la Vulgate. Les LXX disent simplement : Et Dieu sécha la mer Rouge devant eux. Comp. Ex. XIV-XV. — *Deserta Sina... occupaverunt* (vers. 14). Cf. Ex.

murus solidarentur, et isti pede sicco fundum maris perambulando transirent.

13. In quo loco dum innumerabilis exercitus Ægyptiorum eos persequeretur, ita aquis coopertus est, ut non remaneret vel unus qui factum posteris nuntiaret.

14. Egressi vero mare Rubrum, deserta Sina montis occupaverunt, in quibus nunquam homo habitare potuit, vel filius hominis requievit.

15. Illic fontes amari obdulcati sunt eis ad bibendum, et per annos quadraginta annonam de cælo consecuti sunt.

16. Ubicumque ingressi sunt sine arcu et sagitta, et absque scuto et gladio, Deus eorum pugnavit pro eis, et vicit.

17. Et non fuit qui insultaret populo isti, nisi quando recessit a cultu Domini Dei sui.

18. Quotiescumque autem præter ipsum Deum suum, alterum coluerunt, dati sunt in prædam, et in gladium, et in opprobrium.

19. Quotiescumque autem pœnituerunt se recessisse a cultura Dei sui, dedit eis Deus cæli virtutem resistendi.

20. Denique Chananæum regem, et Jebusæum, et Pherezæum, et Hethæum, et Hevæum, et Amorrhæum, et omnes potentes in Hesebon prostraverunt, et terras eorum, et civitates eorum ipsi possederunt.

21. Et usquedum non peccarent in conspectu Dei sui, erant cum illis bona; Deus enim illorum odit iniquitatem.

s'étant affermies de côté et d'autre comme un mur, ils passèrent à pied sec en marchant au fond de la mer.

13. Et comme l'armée innombrable des Égyptiens les poursuivait, elle fut tellement ensevelie dans les eaux, qu'il n'en resta pas un seul pour annoncer cet événement à leurs descendants.

14. Après qu'ils furent sortis de la mer Rouge, ils occupèrent les déserts de la montagne de Sina, dans lesquels personne n'avait jamais pu habiter, et où nul homme n'avait jamais reposé.

15. Là les fontaines amères devinrent douces pour les désaltérer, et durant quarante ans ils reçurent leur nourriture du ciel.

16. Partout où ils entraient, sans arc et sans flèche, sans bouclier et sans épée, leur Dieu combattait pour eux, et il demeurait vainqueur.

17. Nul n'a insulté ce peuple, sinon lorsqu'il s'est retiré du culte du Seigneur son Dieu.

18. Car toutes les fois qu'ils ont adoré un autre Dieu que le leur, ils ont été livrés au pillage, et au glaive, et à l'opprobre.

19. Et toutes les fois qu'ils se sont repentis d'avoir abandonné le culte de leur Dieu, le Dieu du ciel leur a donné la force de résister.

20. Enfin ils ont vaincu les rois des Chananéens, des Jébuséens, des Phérézéens, des Héthéens, des Hévéens, des Amorrhéens, et tous les puissants d'Hésébon, et ils possèdent leurs terres et leurs villes.

21. Et tant qu'ils n'ont point péché contre leur Dieu, ils ont été heureux, car leur Dieu hait l'iniquité.

XIX, 1 et ss. — *In quibus nunquam...* Hyperbole poétique, pour mettre en relief les prodiges opérés par Jéhovah en faveur de son peuple. A partir de ces mots jusqu'à la fin du vers. 19, tout est propre à notre version latine. Le grec a quelques autres traits : (Dieu les conduisit) à Cadèsbarné (cf. Num. xx, 1), et ils chassèrent tous ceux qui habitaient le désert. — *Fontes amari* (vers. 15). Voyez Ex. xv, 23 et ss. — *Annonam* : la manne. Cf. Ex. xvi, 1 et ss. — *Ubicumque... sine arcu...* (vers. 16). Manière de dire que les armes des Hébreux eussent été insuffisantes à elles seules pour les sauver en de telles circonstances; leur vraie force venait de Dieu. — *Et non fuit...* Comp. vers. 17-19. Sommaire admirablement exact de la « philosophie de l'histoire » juive

2c-23. Les Juifs depuis la conquête de la

Terre sainte jusqu'à l'époque d'Holoferne. — *Chananæum... Hevæum.* Ces mots décrivent la conquête de la Palestine cisjordanienne ; les suivants, *et Amorrhæum...,* se rapportent à celle de la Palestine transjordanienne. L'ordre chronologique est ainsi renversé dans la Vulgate. Cf. Num. xxi, 21-35, et les premiers chapitres du livre de Josué. Le grec se conforme davantage à la suite historique des événements, et mentionne le passage du Jourdain entre les deux conquêtes. — *Et usquedum...* (verset 21). Réflexion semblable à celle des versets 17-19, avec des faits à l'appui (versets 22-23). — *Exterminati... a multis...* : les Égyptiens, les Philistins, les Iduméens, les Syriens, etc., et tout récemment les Assyriens. — *Plurimi eorum captivi :* allusion aux diverses captivités partielles mentionnées par les prophètes Joel (iii, 2-3),

22. Aussi, avant ces dernières années, comme ils s'étaient retirés de la voie que leur Dieu leur avait marquée pour y marcher, ils ont été exterminés dans les combats par diverses nations, et beaucoup d'entre eux ont été emmenés captifs dans une terre étrangère

23. Mais depuis peu, étant revenus vers le Seigneur leur Dieu, ils se sont réunis après cette dispersion, ils ont gravi toutes ces montagnes, et ils possèdent de nouveau Jérusalem, où est leur sanctuaire.

24. Maintenant donc, mon seigneur, informez-vous s'ils ont commis quelque faute contre leur Dieu ; *si cela est*, attaquons-les, car leur Dieu vous les livrera, et ils seront assujettis sous le joug de votre puissance.

25. Mais si ce peuple n'a point offensé son Dieu, nous ne pourrons leur résister, parce que leur Dieu les défendra, et nous deviendrons l'opprobre de toute la terre.

26. Or il arriva que lorsqu'Achior eut achevé de parler, tous les grands d'Holoferne furent irrités, et ils songeaient à le tuer, se disant l'un à l'autre :

27. Quel est celui-ci, qui ose dire que les fils d'Israël peuvent résister au roi Nabuchodonosor et à ses troupes, eux qui sont sans armes et sans force, et sans connaissance de la guerre ?

28. Afin donc qu'Achior sache qu'il nous trompe, gravissons ces montagnes, et lorsque nous aurons pris les plus forts d'entre eux, alors avec eux il sera transpercé du glaive,

22. Nam et ante hos annos cum recessissent a via, quam dederat illis Deus, ut ambularent in ea, exterminati sunt præliis a multis nationibus ; et plurimi eorum captivi abducti sunt in terram non suam.

23. Nuper autem reversi ad Dominum Deum suum, ex dispersione qua dispersi fuerant, adunati sunt, et ascenderunt montana hæc omnia, et iterum possident Jerusalem, ubi sunt sancta eorum.

24. Nunc ergo, mi domine, perquire si est aliqua iniquitas eorum in conspectu Dei eorum ; ascendamus ad illos, quoniam tradens tradet illos Deus eorum tibi, et subjugati erunt sub jugo potentiæ tuæ.

25. Si vero non est offensio populi hujus coram Deo suo, non poterimus resistere illis, quoniam Deus eorum defendet illos, et erimus in opprobrium universæ terræ.

26. Et factum est, cum cessasset loqui Achior verba hæc, irati sunt omnes magnates Holofernis, et cogitabant interficere eum, dicentes ad alterutrum :

27. Quis est iste, qui filios Israel posse dicat resistere regi Nabuchodonosor et exercitibus ejus, homines inermes, et sine virtute, et sine peritia artis pugnæ ?

28. Ut ergo agnoscat Achior quoniam fallit nos, ascendamus in montana ; et cum capti fuerint potentes eorum, tunc cum eisdem gladio transverberabitur,

---

Amos (I, 6, 9), Abdias (vers. 14, 20), et aussi à la déportation de la plupart des Israélites du nord après la ruine de Samarie (cf. IV Reg. XVII, 6 ; Tob. I, 2-3, 11), enfin à l'exil tout récent de Manassé et d'un certain nombre de ses sujets ; mais il n'est point question ici de la grande captivité babylonienne. Le grec ajoute, il est vrai : « et le temple de leur dieu a été égalé au sol. » Toutefois ces mots peuvent s'entendre de la profanation que le temple avait subie de la part de Manassé. Voyez la note de IV, 2, et Calmet, *Commentaire littéral*, h. l. — *Nuper... adunati sunt* (vers. 23) : retour de l'exil partiel qui vient d'être mentionné en dernier lieu ; le roi, néanmoins, n'avait pas encore recouvré sa liberté. — *Ubi sancta eorum.* Calmet fait observer d'une manière très judicieuse que ce trait ne saurait convenir à la cessation de l'exil babylonien, attendu qu'il fallut aux Juifs un temps relativement considérable pour rebâtir leur temple, tandis qu'ici ils trouvent le sanctuaire tout prêt dès leur retour. Le grec ajoute : « et ils se

sont établis dans la contrée montagneuse, car elle était déserte. »

24-25. Conclusion d'Achior. — *Mi domine.* Dans le grec, δέσποτα κύριε : deux titres réunis pour marquer un très profond respect. — *Si est... ; si vero...* (vers. 25). La double hypothèse qui se dégage des faits cités par Achior. Cf. vers. 17-19, 21-23. Dans le second cas, *non poterimus resistere :* le chef ammonite prévoit la possibilité d'une défaite, et il avertit très simplement Holoferne de prendre garde.

5° Indignation des magnats assyriens. V, 26-29.

26-29. Les LXX donnent des développements plus complets sur le vers. 26 ; en revanche, la Vulgate a mieux cité les paroles des Assyriens irrités. — *Irati magnates.* D'après le grec : Tout le peuple qui, debout, entourait la tente (d'Holoferne) murmura, et les grands d'Holoferne, et tous ceux qui habitaient le pays maritime et Moab, disaient qu'il fallait le tuer. — *Quis... iste ?* Expression de profond dédain. — *Filios Israel... inermes...* Description non moins mépri-

29. ut sciat omnis gens quoniam Nabuchodonosor deus terræ est, et præter ipsum alius non est.

29. afin que toutes les nations sachent que Nabuchodonosor est le dieu de la terre, et qu'il n'y en a point d'autre que lui.

CHAPITRE VI

1. Factum est autem cum cessassent loqui, indignatus Holofernes vehementer, dixit ad Achior :

2. Quoniam prophetasti nobis, dicens quòd gens Israel defendatur a Deo suo, ut ostendam tibi quoniam non est Deus, nisi Nabuchodonosor,

3. cum percusserimus eos omnes, sicut hominem unum, tunc et ipse cum illis Assyriorum gladio interibis, et omnis Israel tecum perditione disperiet.

4. Et probabis quoniam Nabuchodonosor dominus sit universæ terræ; tuncque gladius militiæ meæ transiet per latera tua, et confixus cades inter vulneratos Israel, et non respirabis ultra, donec extermineris cum illis.

5. Porro autem si prophetiam tuam veram existimas, non concidat vultus tuus ; et pallor qui faciem tuam obtinet, abscedat a te, si verba mea hæc putas impleri non posse.

6. Ut autem noveris quia simul cum illis hæc experieris, ecce ex hac hora illorum populo sociaberis, ut dum di-

1. Or, lorsqu'ils eurent cessé de parler, Holoferne, transporté de fureur, dit à Achior :

2. Parce que tu as fait le prophète, en nous disant que le peuple d'Israël sera défendu par son Dieu ; pour que je te montre qu'il n'y a pas d'autre dieu que Nabuchodonosor,

3. lorsque nous les aurons tous frappés comme un seul homme, alors tu périras toi-même avec eux par le fer des Assyriens, et tout Israël périra avec toi.

4. Et tu connaîtras ainsi que Nabuchodonosor est le seigneur de toute la terre ; et alors le glaive de mes soldats traversera tes chairs, et tu tomberas percé de coups parmi les blessés d'Israël, et tu n'en échapperas pas, mais tu périras avec eux.

5. Si tu crois que ta prophétie est véritable, que ton visage ne soit pas abattu, et que la pâleur dont il est couvert disparaisse de toi, si tu penses que mes paroles ne peuvent s'accomplir.

6. Et pour que tu saches que tu subiras ce sort avec eux, voici que, dès cette heure, tu seras joint à ce peuple,

---

sante des Israélites, dont ils opposent la faiblesse à leur propre puissance, qu'ils croient invincible ; aussi supposent-ils qu'il leur suffira de se présenter (*ascendamus*) pour réduire les Juifs à néant. — *Nabuchodonosor deus.* Voyez III, 13 et la note.

6° Colère d'Holoferne contre Achior. VI, 1-6.

CHAP. VI. — 1. Introduction solennelle.

2-6. La sentence d'Achior. — *Quoniam prophetasti.* Expression pleine d'ironie. Dans les LXX, Holoferne débute par ces mots : « Et qui es-tu, Achior, et les mercenaires d'Éphraïm ? » Mais la leçon primitive a dû être, d'après le syriaque et quelques manuscrits grecs : « Et qui es-tu..., et tous les fils de Moab, et les Ammonites mercenaires ? » Par ces outrageantes paroles, le généralissime assyrien atteignait, en même temps qu'Achior, les deux peuples dont il avait interrogé les chefs au sujet des Israélites (cf. V, 2). — *Percusserimus... sicut... unum.* Cf. Num. XXIV, 15. Holoferne n'a pas le moindre doute sur l'issue de la lutte : il fera tomber la tête d'Israël comme si c'était celle d'un seul homme. Le grec ajoute quelques détails pleins d'emphase :

« Car ils ne soutiendront pas la force de nos chevaux ; nous les écraserons sous leurs pieds, et leurs montagnes seront enivrées de leur sang, et leurs champs seront remplis de leurs morts, et la plante de leurs pieds ne se tiendra pas ferme devant nous (c.-à-d. qu'ils prendront la fuite), et ils périront certainement. Ainsi l'a dit Nabuchodonosor, seigneur de toute la terre ; car il a dit, et les paroles de sa bouche ne sortent pas sans effet. Et toi, Achior, mercenaire d'Ammon, qui as proféré ces paroles au jour de ton iniquité, tu ne verras plus mon visage à partir de ce jour, jusqu'à ce que je me venge de cette nation sortie d'Égypte. » Après le vers. 5 les LXX intercalent ces autres détails : « Mes serviteurs vont te conduire dans le district montagneux, et ils te placeront dans une des villes des hauteurs, et tu ne périras point, jusqu'à ce que tu sois détruit avec eux. » *Si prophetiam... veram...* (vers. 5). Mordante ironie, et allusion à l'effroi qui se peignait sur les traits d'Achior. La Vulgate a seule les détails *et pallor... jusqu'à la fin du vers. 6.* Holoferne se donne la satisfaction superbe de ne pas punir Achior

Sanoûr. (D'après une photographie.)

gnas mei gladii pœnas exceperint, ipse
simul ultioni subjaceas

7. Tunc Holofernes præcepit servis
suis ut comprehenderent Achior, et per-
ducerent eum in Bethuliam, et traderent
eum in manus filiorum Israel.

8. Et accipientes eum servi Holofernis,
profecti sunt per campestria; sed cum
appropinquassent ad montana, exierunt
contra eos fundibularii.

9. Illi autem, divertentes a latere
montis, ligaverunt Achior ad arborem
manibus et pedibus; et sic vinctum re-
stibus dimiserunt eum, et reversi sunt
ad dominum suum.

10. Porro filii Israel descendentes de
Bethulia, venerunt ad eum; quem sol-
ventes duxerunt ad Bethuliam, atque in
medium populi illum statuentes, per-
cunctati sunt quid rerum esset, quod
illum vinctum Assyrii reliquissent.

11. In diebus illis erant illic principes,
Ozias, filius Micha, de tribu Simeon, et
Charmi, qui et Gothoniel.

12. In medio itaque seniorum, et in
conspectu omnium, Achior dixit omnia
quæ locutus ipse fuerat, ab Holoferne
interrogatus; et qualiter populus Holofernis voluisset propter hoc verbum interficere eum;

---

afin que, lorsque mon glaive leur fera
souffrir la peine qu'ils méritent, tu sois
soumis à la même vengeance.

7. Alors Holoferne ordonna à ses serviteurs de prendre Achior, de le. mener
vers Béthulie, et de le livrer aux mains
des fils d'Israël.

8. Et les serviteurs d'Holoferne,
s'étant saisis de lui, s'en allèrent dans
la plaine; mais lorsqu'ils se furent approchés des montagnes, les frondeurs
de la ville sortirent contre-eux.

9. Et eux, se détournant du côté de
la montagne, lièrent Achior à un arbre
par les mains et par les pieds; et l'ayant
ainsi attaché-avec des cordes, ils le laissèrent là, et revinrent vers leur maître.

10. Or les fils d'Israël, étant descendus
de Béthulie, vinrent à lui, le délièrent
et le conduisirent dans la ville, et, l'ame-
nant au milieu du peuple, ils lui deman-
dèrent pourquoi les Assyriens l'avaient
abandonné lié *de la sorte.*

11. En ce temps-là Ozias, fils de
Micha, de la tribu de Siméon, et Charmi
qui s'appelait aussi ·Gothoniel, étaient
les chefs de Béthulie. .

12. Et Achior, au milieu des anciens
et en présence de tous, raconta·tout ce
qu'il avait répondu à Holoferne lorsqu'il en avait été interrogé, et comment
les gens d'Holoferne avaient voulu le
tuer parce qu'il avait ainsi parlé,

---

sur-le-champ; il est sûr de l'atteindre bientôt
avec ses amis les Hébreux, et alors le plaisir de
la vengeance sera double. Dans le grec, Holoferne conclut ainsi son discours : « J'ai dit, et aucune de mes paroles ne tombera à terre. »
7º Achior est livré aux Juifs. VI, 7-9.
7. L'ordre d'Holoferne. — *In Bethuliam.*
« La question de l'emplacement de Béthulie est
une des plus débattues en Europe et en Palestine, et elle ne nous paraît pas encore résolue
d'une manière véritablement satisfaisante. » Du
moins « l'auteur sacré nous apprend expressément qu'elle était dans les environs de Dothaïn,
sur la route qui menait de la plaine d'Esdrelon
au cœur de la Terre promise : elle était donc la
clef de la Samarie et de Juda, le boulevard de
l'indépendance du peuple de Dieu » (Vigouroux,
Bible et découvertes, t. IV, p. 301). Deux localités principales se disputent, de ces parages,
l'honneur de représenter l'antique Béthulie : d'une
part, le gros village de Sânour, bâti au sommet
d'une colline isolée, dans une situation très forte,
et muni d'une enceinte flanquée de tours ; d'autre
part, Méthéïloûn, où le célèbre palestinologue
français M. V. Guérin « a retrouvé une colline
nommée Tell-Khâbar, couverte de ruines, et défendue par deux murs d'enceinte, dont l'un est

construit en gros blocs presque bruts. On y
trouve plusieurs citernes pratiquées dans le roc,
et les fondations d'une tour. Le nom de Méthéïloûn, dans lequel on pourrait voir une corruption de Bétyloua (Béthulie), et la proximité des
sources du Merdj el Ghâriq (la prairie submergée)
paraissent assez bien convenir aux données de
Josèphe » (Chauvet et Isambert, *Syrie, Palestine,* p. 407). Nous préférons aussi cette seconde
opinion ; voyez l'*Atl. géogr.,* pl. VII, X, XII.
8-9. Achior est lié par les Assyriens et abandonné aux Juifs. — *Appropinquassent...* Le
grec ajoute qu'ils vinrent jusqu'à la fontaine
qui était sous Béthulie. — *Exierunt :.* de la
ville, « lançant des pierres contre eux » (les LXX).
Voyez l'*Atl. arch.,* pl. LXXXVII, fig. 1-4, 6. — Le
détail *ad arborem* est propre à la Vulgate.
8º Les habitants de Béthulie accueillent Achior
avec une grande bonté. VI, 10-21.
10-13. Achior, interrogé par les Juifs, leur
raconte pourquoi il avait été ainsi maltraité par
les Assyriens. — *Principes* (vers. 11) : les gouverneurs de la ville, comme le disent implicitement les Septante. — *Ozias... et Charmi.* Le grec
et le syriaque en mentionnent un troisième,
nommé Chabris, que nous retrouverons d'ailleurs
dans la Vulgate. Cf. VIII, 9. — *In conspectu*

13. et comment Holoferne lui-même, irrité, avait commandé qu'on le livrât pour ce motif aux Israélites, afin qu'après avoir vaincu les fils d'Israël, il fît aussi mourir Achior de divers supplices, parce qu'il avait dit : Le Dieu du ciel est leur défenseur.

14. Et lorsqu'Achior eut rapporté toutes ces choses, tout le peuple se prosterna le visage contre terre, adorant le Seigneur ; et mêlant ensemble leurs lamentations et leurs pleurs, ils répandirent d'un même cœur leurs prières devant le Seigneur,

15. en disant : Seigneur, Dieu du ciel et de la terre, contemplez leur orgueil, et voyez notre abaissement, et considérez la face de vos saints, et faites voir que vous n'abandonnez pas ceux qui présument de votre bonté, et que vous humiliez ceux qui présument d'eux-mêmes et se glorifient de leurs propres forces.

16. Après ces pleurs, et après la prière du peuple pendant tout le jour, ils consolèrent Achior,

17. en disant : Le Dieu de nos pères, dont vous avez relevé la puissance, vous récompensera, et vous fera cette grâce de voir vous-même leur ruine.

18. Et lorsque le Seigneur notre Dieu aura mis ainsi ses serviteurs en liberté, qu'il soit aussi votre Dieu au milieu de nous, afin que, selon qu'il vous plaira, vous viviez avec nous, vous et tous les vôtres.

19. L'assemblée étant finie, Ozias le reçut dans sa maison, et lui donna un grand festin.

20. Il avait invité tous les anciens, et, le jeûne étant terminé, ils prirent ensemble leur nourriture.

13. et quemadmodum ipse Holofernes iratus jusserit eum Israelitis hac de causa tradi, ut dum vicerit filios Israel, tunc et ipsum Achior diversis jubeat interire suppliciis, propter hoc quod dixisset : Deus cæli defensor eorum est.

14. Cumque Achior universa hæc exposuisset, omnis populus cecidit in faciem, adorantes Dominum, et communi lamentatione et fletu unanimes preces suas Domino effuderunt,

15. dicentes : Domine, Deus cæli et terræ, intuere superbiam eorum, et respice ad nostram humilitatem, et faciem sanctorum tuorum attende ; et ostende quoniam non derelinquis præsumentes de te, et præsumentes de se, et de sua virtute gloriantes, humilias.

16. Finito itaque fletu, et per totam diem oratione populorum completa, consolati sunt Achior,

17. dicentes : Deus patrum nostrorum, cujus tu virtutem prædicasti, ipse tibi hanc dabit vicissitudinem, ut eorum magis tu interitum videas.

18. Cum vero Dominus Deus noster dederit hanc libertatem servis suis, sit et tecum Deus in medio nostri, ut sicut placuerit tibi, ita cum tuis omnibus converseris nobiscum.

19. Tunc Ozias, finito consilio, suscepit eum in domum suam, et fecit ei cœnam magnam.

20. Et vocatis omnibus presbyteris, simul expleto jejunio refecerunt.

---

omnium : car la population entière était accourue, hommes et femmes, ainsi que le racontent les autres versions, qui ajoutent que le chef ammonite fut interrogé par Ozias. — Les mots *ut dum vicerit... eorum est* (vers. 13ᵇ) sont une particularité de la Vulgate.

14-15. Pressante prière des habitants de Béthulie. — *Populus cecidit...* Le récit d'Achior avait révélé de plus en plus aux Juifs l'étendue du péril qu'ils couraient ; ils comprennent mieux que jamais que Dieu seul peut les sauver. La Vulgate fait mieux ressortir que les autres versions, par les détails du vers. 15, la ferveur avec laquelle tout le peuple se mit en prière. — *Domine, Deus...* Supplication ardente et pleine de foi dans sa brièveté. — *Intuere superbiam... humilitatem...* Belle antithèse, surtout en face du Dieu « qui résiste aux superbes et qui donne sa

grâce aux humbles ». L'orgueil brutal des Assyriens s'était manifesté de la façon la plus ouverte dans le récit d'Achior. — *Sanctorum.* Plutôt ; de ceux qui te sont sanctifiés, consacrés. C'est le peuple juif qui est désigné par ce nom magnifique. — *Et ostende...* Cette seconde moitié du vers. 15 est propre à la Vulgate. Remarquez cette autre antithèse : *præsumentes de te, de se.*

16-21. Achior est comblé d'honneurs par les Juifs. — *Finito... fletu, per totam diem.* Nouvelles particularités de la Vulgate, comme aussi les paroles des vers. 17-18, au lieu desquelles on lit cette simple phrase dans le grec : et ils le louèrent beaucoup. — *Sit et tecum Deus* (vers. 18): de même que tu as été avec lui, toi étranger, pour vanter sa puissance en face des Assyriens. — *Cum tuis... converseris... :* le droit de cité

21. Postea vero convocatus est omnis populus, et per totam noctem intra ecclesiam oraverunt, petentes auxilium a Deo Israel.

21. On réunit ensuite tout le peuple, et toute la nuit ils prièrent dans le lieu de leur assemblée, demandant du secours au Dieu d'Israël.

CHAPITRE VII

1. Holofernes autem altera die praecepit exercitibus suis, ut ascenderent contra Bethuliam.
2. Erant autem pedites. bellatorum centum viginti millia, et equites viginti duo millia, praeter praeparationes virorum illorum, quos occupaverat captivitas, et abducti fuerant de provinciis et urbibus universae juventutis.
3. Omnes paraverunt se pariter ad pugnam contra filios Israel, et venerunt per crepidinem montis usque ad apicem qui respicit super Dothain, a loco qui dicitur Belma, usque ad Chelmon qui est contra Esdrelon.
4. Filii autem Israel, ut viderunt multitudinem illorum, prostraverunt se super terram, mittentes cinerem super capita sua, unanimes orantes ut Deus Israel misericordiam suam ostenderet super populum suum.
5. Et assumentes arma sua bellica,

1. Le lendemain, Holoferne ordonna à toutes ses troupes de marcher contre Béthulie.
2. Or son armée était de cent vingt mille fantassins et de vingt-deux mille cavaliers, sans compter tous les hommes qu'il avait faits captifs, et tous les jeunes gens amenés des provinces et des villes.
3. Ils se mirent tous ensemble en état de combattre les Israélites, et ils vinrent le long de la montagne jusqu'au sommet qui regarde Dothaïn, depuis le lieu appelé Belma jusqu'à Chelmon, qui est vis-à-vis d'Esdrelon.
4. Les fils d'Israël, lorsqu'ils virent cette multitude, se prosternèrent en terre; et, se couvrant la tête de cendre, ils prièrent d'un même cœur le Dieu d'Israël de faire éclater sa miséricorde sur son peuple.
5. Et, prenant leurs armes, ils se pos-

pour Achior et pour toute sa famille. — Vers. 19-20, grand repas donné par Ozias en l'honneur du chef ammonite. — Vers. 21, encore la prière en commun, très solennelle. Le détail *intra ecclesiam* est propre à la Vulgate.

DEUXIÈME PARTIE

Béthulie délivrée par Judith
VII, 1 — XVI, 31.

§ I. — *Béthulie est assiégée par les Assyriens, et réduite à la dernière extrémité.* VII, 1-25.

1° Le siège de Béthulie. VII, 1-10.

CHAP. VII. — 1-3. Holoferne fait avancer son armée contre la ville. — *Altera die praecepit.* Après ce qui s'était passé (cf. VI, 1-6), « la capitulation de Béthulie était devenue un point d'honneur » pour Holoferne; il se hâta donc d'exécuter ses menaces. — *Ut ascenderent.* La Vulgate abrège; on lit dans le grec : de lever le camp et de marcher contre Béthulie, et d'occuper les défilés de la contrée montagneuse, et de faire la guerre aux fils d'Israël. — *Centum viginti millia :* d'après le grec, 170 000 hommes; 172 000 d'après le syriaque. *Viginti duo... :* de même le syriaque et l'Itala; le grec n'a ici que 12 000. Les chiffres les plus élevés paraissent en cet endroit les plus vraisemblables; car l'armée d'Holoferne avait grossi considérablement, grâce aux troupes qu'il y avait incorporées après ses

récentes conquêtes (*praeparationes...*). Comp. II, 7, et III, 8. Au lieu des derniers mots de la Vulgate, *praeter...*, le grec porte au vers. 2^b : sans compter les bagages, et ceux qui suivaient l'armée à pied, lesquels étaient en très grand nombre. — *Omnes paraverunt...* (vers. 3). Dans les LXX : « et ils campèrent dans la vallée, près de Béthulie, à côté de la fontaine. » Voyez le vers. 6. — *Ad apicem... super Dothain.* Le grec dit que l'armée assyrienne s'étendait en largeur de Dothaïn à Belmaïm (Vulg. : *Belma*), et en longueur de Béthulie à Kyamôn (Vulg. : *Chelmon*). Sur Dothaïn et Belma, voyez les notes de III, 14-15, et IV, 3-4. On ignore la situation de Chelmon; quelques-uns ont identifié cette localité avec Kounieh, village construit sur le versant méridional du petit Hermon (*Atl. géogr.*, pl. XII).

4-5. Les Juifs ont de nouveau recours à Dieu et achèvent leurs opérations de défense. — *Prostraverunt se...* Ce trait et les suivants jusqu'à la fin du vers. 4 sont propres à la Vulgate. Le grec contient d'autres détails qui ne manquent pas non plus d'intérêt : « Ils furent grandement troublés, et ils se dirent l'un à l'autre : Maintenant ces hommes vont lécher la surface de toute la terre, et ni les montagnes élevées, ni les vallées, ni les hauteurs ne pourront supporter leur poids. » Sur l'expression pittoresque « lécher la surface de la terre », voyez Num. XXII, 4, et l'explication. — *Et assumentes...* Quoique troublés, les

tèrent dans les lieux où il y avait de petits sentiers qui servaient de chemin entre les montagnes, et ils les gardaient tout le jour et toute la nuit.

6. Or Holoferne, parcourant les environs, trouva que la fontaine qui coulait *dans la ville* avait du côté du midi un aqueduc qui était hors des remparts; et il ordonna qu'on coupât l'aqueduc.

7. Il y avait cependant, non loin des murs, des fontaines où l'on voyait *les assiégés* puiser furtivement de l'eau, plutôt pour soulager leur soif que pour l'apaiser.

8. Alors les fils d'Ammon et de Moab vinrent trouver Holoferne, en disant : Les fils d'Israël n'espèrent ni en leurs lances ni en leurs flèches ; mais les montagnes les défendent, et ces collines escarpées et ces précipices sont leur force.

9. Si donc vous voulez les vaincre sans combat, mettez des gardes aux fontaines; pour les empêcher d'y puiser de l'eau, et vous les ferez périr sans *tirer* l'épée; ou bien, découragés, ils rendront leur ville, qu'ils croient imprenable, parce qu'elle est placée sur les montagnes.

10. Ces paroles plurent à Holoferne et à ses officiers; et il plaça cent hommes de garde autour de chaque fontaine.

sederunt per loca quæ ad angusti itineris tramitem dirigunt inter montosa, et erant custodientes ea tota die et nocte.

6. Porro Holofernes, dum circuit pegyrum, reperit quod fons qui influebat, aquæductum illorum a parte australi extra civitatem dirigeret; et incidi præcepit aquæductum illorum.

7. Erant tamen non longe a muris fontes, ex quibus furtim videbantur haurire aquam, ad refocillandum potius quam ad potandum.

8. Sed filii Ammon et Moab accesserunt ad Holofernem, dicentes : Filii Israel non in lancea nec in sagitta confidunt, sed montes defendunt illos, et muniunt illos colles in præcipitio constituti.

9. Ut ergo sine congressione pugnæ possis superare eos, pone custodes fontium, ut non hauriant aquam ex eis, et sine gladio interficies eos, vel certe fatigati tradent civitatem suam, quam putant in montibus positam superari non posse.

10. Et placuerunt verba hæc coram Holoferne et coram satellitibus ejus, et constituit per gyrum centenarios per singulos fontes.

Juifs ne perdent point courage, et ils font en toute hâte leurs derniers préparatifs pour résister à Holoferne. — *Sederunt per loca...* Variante du texte grec : « et lorsqu'ils eurent allumé des feux sur leurs tours, ils sortirent et veillèrent toute la nuit. » Ces feux avaient pour but d'éclairer les alentours de la ville, et d'éviter ainsi une surprise de la part des ennemis. Cf. I Mach. XII, 28-29. Les LXX ajoutent que « le second jour Holoferne amena toute sa cavalerie en face des enfants d'Israël qui étaient dans Béthulie. »

6-10. Mesures d'Holoferne, pour réduire les habitants de Béthulie par la soif. — Première mesure, vers. 6. *Dum circuit :* en faisant une reconnaissance autour des remparts. — *Fons..., aquæductum...* Détails importants, que la Vulgate est seule à mentionner ici. Le grec parle seulement de « fontaines » (au pluriel) qu'Holoferne avait fait garder ; il est vrai qu'il a signalé plus haut (note du vers. 3) cette source principale, dont les eaux étaient amenées à Béthulie par l'aqueduc que le général assyrien fit couper. — Deuxième mesure, vers. 7-10. *Fontes ex quibus furtim...* Trait pittoresque d'abord, qui devient bientôt pathétique : *ad refocillandum potius...* Il s'agit donc de quelques autres

sources secondaires, qui, bien qu'insuffisantes pour alimenter la ville, auraient pu néanmoins l'aider à supporter plus longtemps le siège. Rien, dans les LXX, ne correspond à ces détails du vers. 7. — *Filii Ammon et Moab :* deux peuples constamment hostiles à Israël dans le cours de leur histoire commune. Au lieu des Ammonites, le grec nomme les « fils d'Ésaü », c.-à-d. les Iduméens, auxquels il associe les chefs des pays maritimes (les Phéniciens et les Philistins). — *Israel non in lancea...* Petit discours habile (vers. 8-9), pour obtenir qu'Holoferne, au lieu de tenter un assaut immédiat comme il en avait le dessein, consente à réduire Béthulie par la soif et sans coup férir. Les Israélites savaient être de très vaillants guerriers à l'occasion ; mais leurs montagnes étaient réellement pour eux, ainsi que l'affirment leurs adversaires, une protection très sûre. — *Custodes fontium* (vers. 9). Le grec parle une seconde fois ici de « la fontaine » principale, qui sortait « du pied de la montagne » et qui abreuvait toute la ville ; il ajoute aussi quelques autres détails : Pour nous (continuent les chefs ammonites, etc.), nous monterons avec nos gens sur les hauteurs voisines, afin de les observer et d'empêcher qu'il n'en sorte pas un seul de la ville. Ils sécheront de faim (et de soif,

11. Cumque ista custodia per dies viginti fuisset expleta, defecerunt cisternæ, et collectiones aquarum, omnibus habitantibus Bethuliam, ita ut non esset intra civitatem unde satiarentur vel una die, quoniam ad mensuram dabatur populis aqua quotidie.

12. Tunc ad Oziam congregati omnes viri feminæque, juvenes et parvuli, omnes simul una voce

13. dixerunt : Judicet Deus inter nos et te, quoniam fecisti in nos mala, nolens loqui pacifice cum Assyriis ; et propter hoc vendidit nos Deus in manibus eorum.

14. Et ideo non est qui adjuvet, cum prosternamur ante oculos eorum in siti et perditione magna.

15. Et nunc congregate universos qui in civitate sunt, ut sponte tradamus nos omnes populo Holofernis.

16. Melius est enim ut captivi benedicamus Dominum viventes, quam moriamur, et simus opprobrium omni carni, cum viderimus uxores nostras et infantes nostros mori ante oculos nostros.

17. Contestamur hodie cælum et ter-

11. Cette garde ayant été faite pendant vingt jours, les citernes et les réservoirs d'eau manquèrent à tous les habitants de Béthulie, et il ne restait pas dans la ville de quoi donner suffisamment à boire même un seul jour ; car on distribuait chaque jour au peuple l'eau par mesure.

12. Alors les hommes, les femmes, les jeunes gens et les petits enfants vinrent en foule trouver Ozias, et tous d'une seule voix

13. lui dirent : Que Dieu soit juge entre vous et nous ; car c'est vous qui nous avez attiré ces maux, n'ayant pas voulu parler de paix avec les Assyriens ; et c'est pour cela que Dieu nous a livrés entre leurs mains.

14. Et c'est pourquoi nous demeurons sans secours, et la soif nous fait périr misérablement devant leurs yeux.

15. Maintenant donc assemblez tous ceux qui sont dans la ville, afin que nous nous rendions tous volontairement au peuple d'Holoferne.

16. Car il vaut mieux qu'étant captifs, nous vivions et bénissions le Seigneur, que de mourir et d'être en opprobre à toute chair, en voyant nos femmes et nos enfants périr ainsi sous nos yeux.

17. Nous vous conjurons aujourd'hui,

---

d'après le syriaque), eux, leurs femmes et leurs enfants, et avant que l'épée vienne sur eux, ils périront dans les rues de leur ville. — *Et placuerunt...* (vers. 10). Le conseil était très judicieux ; Holoferne le suit sans hésiter.

2° Les habitants de Béthulie, mourant de soif, demandent à leurs chefs la reddition de la ville. VII, 11-21.

11. La disette d'eau. — *Cumque ista custodia...* Les LXX donnent sur cette garde des fontaines d'assez longs développements, qui ne sont pas dénués d'intérêt : « Alors le camp des Ammonites s'avança, et avec eux cinq mille Assyriens, et ils campèrent dans la vallée, et se saisirent des eaux et des fontaines des fils d'Israël. Alors les fils d'Ésaü et les fils d'Ammon allèrent camper dans la région montagneuse, en face de Dothaïn ; et ils envoyèrent quelques-uns de leurs hommes au sud et à l'est, en face d'Écrébel, qui est près de Chusi, sur le torrent de Mochmur ; et le reste de l'armée des Assyriens campa dans la plaine et couvrit la face de toute la contrée. Alors les fils d'Israël crièrent au Seigneur leur Dieu, parce que leur courage faiblissait ; car tous leurs ennemis les avaient enveloppés, et il n'était pas possible d'échapper du milieu d'eux. » Écrébel est probablement l'Ἀκραβαττά de Josèphe, *Bell. jud.*, III, 3, 5, l' « Acrabi » d'Eusèbe et de saint Jérôme, le village actuel d'Akraba, situé au sud-est de Na-

plouse (*Atl. géogr.*, pl. XII). Le nom de Chusi représente peut-être les Samaritains, appelés Cuthéens à cause de leur origine mentionnée IV Reg. XVII, 24, 30. Le torrent de Mochmur (Machur dans l'Itala) est inconnu. — *Dies viginti.* Trente-sept jours d'après le grec ; deux mois quatre jours suivant le syriaque et l'Itala. Il est possible que les LXX marquent la durée totale de l'investissement, tandis que la Vulgate compterait seulement les jours écoulés depuis l'occupation des sources par les assiégeants. — *Cisternæ.* La dernière ressource des Juifs. Les villes d'Orient possèdent de nombreuses citernes, dans lesquelles on recueille l'eau des pluies. — *Unde satiarentur... :* s'ils avaient pu boire à leur soif, sans être rationnés. — Détails tragiques ajoutés dans le grec : « Leurs petits enfants, leurs femmes et leurs jeunes gens mouraient de soif, et tombaient sur les places et à l'entrée des portes, et ils étaient sans vigueur. »

12-17. La population, découragée, demande la reddition immédiate de la ville. — *Ad Oziam.* « Et auprès des chefs de la ville » (les LXX). — *Dixerunt* (vers. 13). Petit discours bien pathétique, et dont les plaintes amères (*vendidit nos Deus...*), les injustes reproches à l'adresse des chefs (*fecisti in nos mala...*), les contradictions apparentes, sont très naturels dans la circonstance (*captivi benedicamus...* vers. 16, et *finis noster brevis...*, vers. 17 : ils supposent tour à

devant le ciel et la terre, et devant le Dieu de nos pères, qui se venge de nous selon nos péchés, de livrer incessamment la ville entre les mains des soldats d'Holoferne, afin que notre mort soit prompte par le tranchant du glaive, car elle est trop longue par les ardeurs de la soif.

18. Et lorsqu'ils eurent ainsi parlé, il se fit de grands cris et des lamentations dans toute l'assemblée, et tous d'une seule voix, pendant plusieurs heures, crièrent vers Dieu, en disant :

19. Nous avons péché avec nos pères, nous avons agi injustement, nous avons commis l'iniquité.

20. Ayez pitié de nous, parce que vous êtes bon, ou vengez nos crimes en nous châtiant vous-même ; et ne livrez pas ceux qui vous bénissent à un peuple qui ne vous connaît point,

21. afin qu'on ne dise point parmi les nations : Où est leur Dieu?

22. Et lorsque, fatigués par ces cris et las de ces pleurs, ils se turent,

23. Ozias se levant, baigné de larmes, leur dit : Ayez bon courage, mes frères, et attendons pendant cinq jours la miséricorde du Seigneur.

24. Car peut-être apaisera-t-il sa colère, et fera-t-il éclater la gloire de son nom.

25. Mais si, ces cinq jours étant passés, il ne nous vient pas de secours, nous ferons ce que vous nous avez proposé.

ram, et Deum patrum nostrorum, qui ulciscitur nos secundum peccata nostra, ut jam tradatis civitatem in manu militiæ Holofernis, et sit finis noster brevis in ore gladii, qui longior. efficitur in ariditate sitis.

18. Et cum hæc dixissent, factus est fletus et ululatus magnus in ecclesia ab omnibus, et per multas horas una voce clamaverunt ad Deum, dicentes :

19. Peccavimus cum patribus nostris, injuste egimus, iniquitatem fecimus.

20. Tu, quia pius es, miserere nostri, aut in tuo flagello vindica iniquitates nostras ; et noli tradere confitentes te populo qui ignorat te,

21. ut non dicant inter gentes : Ubi est Deus eorum?

22. Et cum, fatigati his clamoribus, et his fletibus lassati, siluissent,

23. exurgens Ozias infusus lacrymis, dixit : Æquo animo estote, fratres, et hos quinque dies expectemus a Domino misericordiam.

24. Forsitan enim indignationem suam abscindet, et dabit gloriam nomini suo.

25. Si autem, transactis quinque diebus, non venerit adjutorium, faciemus hæc verba, quæ locuti estis.

---

tour que les Assyriens leur laisseront la vie sauve, et qu'ils les feront aussitôt périr). C'est bien ainsi que s'exprime une foule surexcitée par de vives et longues souffrances. — Congregate universos... (vers. 15). Dans le grec : Appelez-les (les Assyriens) et rendez la ville. - Contestamur hodie : contre vous, ajoutent les Septante. Cf. Deut. IV, 26. — Les derniers mots du vers. 17, et sit finis..., sont une particularité de la Vulgate.

18-21. Scène de désolation. Ces détails sont en grande partie propres à notre version latine ; le grec ne cite pas la prière du peuple. — In ecclesia : au lieu où se tenaient les assemblées religieuses, l'équivalent de ce qui fut plus tard nommé synagogue. Cf. VI, 21. — Peccavimus... Humble confession (vers. 19), suivie d'une touchante prière (vers. 20-21). Les expressions sont empruntées à II Reg. XXIV, 14 ; Ps. CV, 6 ; Joel,

II, 17, etc.

3° Ozias obtient du peuple un délai de cinq jours. VII. 22-25.

22-23ª. Transition. — Fatigati..., lassati..., infusus... Autres traits dramatiques, qui sont propres à la Vulgate.

23ᵇ-25. La proposition d'Ozias. — Il encourage les habitants (æquo animo...) et leur demande de prendre patience pendant quelques jours encore (et hos quinque...), dans l'espoir que d'ici là Dieu leur enverra le salut (sous forme de pluie, comme il est dit plus loin, VIII, 31, dans le texte grec). Les LXX ajoutent, à la suite des paroles d'Ozias : « Et il les renvoya chacun dans ses quartiers, et ils allèrent sur les remparts et dans les tours de la ville, et il envoya les femmes et les enfants dans leurs maisons ; et la ville était dans une grande affliction. »

CHAPITRE VIII

1. Et factum est cum audisset hæc verba Judith vidua, quæ erat filia Merari, filii Idox, filii Joseph, filii Oziæ, filii Elai, filii Jamnor, filii Gedeon, filii Raphaim, filii Achitob, filii Melchiæ, filii Enan, filii Nathaniæ, filii Salathiel, filii Simeon, filii Ruben.

2. Et vir ejus fuit Manasses, qui mortuus est in diebus messis hordeaceæ;

3. instabat enim super alligantes manipulos in campo, et venit æstus super caput ejus, et mortuus est in Bethulia, civitate sua, et sepultus est illic cum patribus suis.

4. Erat autem Judith relicta ejus vidua jam annis tribus, et mensibus sex.

5. Et in superioribus domus suæ fecit sibi secretum cubiculum, in quo cum puellis suis clausa morabatur.

1. Or ces paroles d'Ozias furent rapportées à Judith, veuve, qui était fille de Mérari, fils d'Idox, fils de Joseph, fils d'Ozias, fils d'Élaï, fils de Jamnor, fils de Gédéon, fils de Raphaïm, fils d'Achitob, fils de Melchia, fils d'Énan, fils de Nathania, fils de Salathiel, fils de Siméon, fils de Ruben.

2. Et son mari fut Manassès, qui mourut au temps de la moisson de l'orge;

3. car tandis qu'il faisait travailler ceux qui liaient les gerbes dans les champs, l'ardeur *du soleil* frappa sa tête, et il mourut dans Béthulie sa ville, où il fut enseveli avec ses pères.

4. Or il y avait déjà trois ans et demi que Judith était demeurée veuve.

5. Et elle s'était fait au haut de sa maison une chambre secrète, où elle demeurait enfermée avec ses servantes.

---

§ II. — *Judith forme le dessein de sauver Béthulie.* VIII, 1 — IX, 19.

1° Origine et éloge de Judith. VIII, 1-8.
CHAP. VIII. — 1-4. Les ancêtres de Judith, son mariage, son veuvage. — *Cum audisset...* La phrase ainsi commencée demeurera suspendue jusqu'au vers. 9, l'écrivain sacré intercalant ici

de Siméon. Cf. IX, 2. — *Vir ejus... Manasses.* Le grec ajoute : qui était de sa race et de sa parenté. Voyez la note de Tob. I, 9. — *Mortuus est...* Le récit donne quelques détails intéressants sur la mort de Manassé. *Æstus,* ὁ καύσων, une insolation; cf. IV Reg. IV, 18 et ss. La mort fut très prompte d'après le grec : « et il tomba sur son lit, et il mourut. » — *Sepultus est :*

Lieurs de gerbes. (Fresque égyptienne.)

quelques détails relatifs à la vie antérieure de son héroïne. — *Judith.* Première apparition de cette sainte et glorieuse femme sur la scène historique. Nous sommes au nœud du drame, et c'est elle qui opérera le dénouement par sa vaillante et providentielle intervention. Sur son nom, voyez l'Introduction, p. 377. — *Filia Merari,... Idox...* Les autres versions contiennent à peu près la même liste, mais avec les variantes inévitables. — *Filii Simeon, filii Ruben.* Plutôt, d'après le syriaque : fils de Siméon, fils d'Israël ou Jacob). Judith appartenait donc à la tribu

« dans le champ qui est entre Dothaïn et Bélamon » (LXX). Bélamon ne diffère probablement pas de Belma ou Belmen de IV, 4. — *Mensibus sex :* quatre mois d'après la traduction grecque.

5-8. Judith depuis son veuvage ; ses qualités morales, ses avantages temporels. — Sa vie retirée, vers. 5. *In superioribus domus :* une *'altyah* ou chambre haute sur le toit plat. Cf. II Reg. XVIII, 23; IV Reg. IV, 10 ; Prov. XXI, 9, etc., et l'*Atl. arch.*, pl. XII, fig. 4, 5, 10. *In quo cum puellis... :* trait propre à la Vulgate.

6. Et ayant un cilice sur ses reins, elle jeûnait tous les jours de sa vie, excepté les sabbats, les premiers jours du mois et les fêtes de la maison d'Israël.

7. Elle était d'un élégant aspect, et son mari lui avait laissé de grandes richesses, un grand nombre de serviteurs, et des héritages où elle avait de nombreux troupeaux de bœufs et de moutons.

8. Elle était très estimée de tous, parce qu'elle avait une grande crainte du Seigneur; et il n'y avait personne qui dît une seule parole à son désavantage.

9. Ayant donc appris qu'Ozias avait promis de livrer la ville dans cinq jours, elle envoya chercher Chabri et Charmi, anciens du peuple.

10. Ils vinrent auprès d'elle, et elle leur dit : Comment donc Ozias a-t-il consenti de livrer la ville aux Assyriens, s'il ne vous venait du secours dans cinq jours?

11. Et qui êtes-vous, vous qui tentez le Seigneur?

12. Ce n'est pas là le moyen d'attirer sa miséricorde, mais plutôt d'exciter sa colère et d'allumer sa fureur.

13. Vous avez prescrit un terme à la miséricorde du Seigneur selon qu'il vous a plû, et vous lui avez marqué un jour.

6. Et habens super lumbos suos cilicium, jejunabat omnibus diebus vitæ suæ, præter sabbata, et neomenias, et festa domus Israel.

7. Erat autem eleganti aspectu nimis; cui vir suus reliquerat divitias multas et familiam copiosam, ac possessiones armentis boum et gregibus ovium plenas.

8. Et erat hæc in omnibus famosissima, quoniam timebat Dominum valde; nec erat qui loqueretur de illa verbum malum.

9. Hæc itaque cum audisset quoniam Ozias promisisset quod, transacto quinto die, traderet civitatem, misit ad presbyteros Chabri et Charmi.

10. Et venerunt ad illam, et dixit illis : Quod est hoc verbum, in quo consensit Ozias, ut tradat civitatem Assyriis, si intra quinque dies non venerit vobis adjutorium?

11. Et qui estis vos, qui tentatis Dominum?

12. Non est iste sermo qui misericordiam provocet, sed potius qui iram excitet, et furorem accendat.

13. Posuistis vos tempus miserationis Domini, et in arbitrium vestrum diem constituistis ei.

— Ses austérités, vers. 6. *Cilicium :* d'après le grec et le syriaque, ses vêtements de veuve, c.-à-d. le sévère costume du deuil ; c'est la même pensée. — *Præter sabbata...* Dans les LXX : « excepté les veilles de sabbat et les sabbats, et les veilles de néoménie et les néoménies, et les fêtes, et les jours solennels... » Jeûner aux jours de fête eût été une pratique contraire à l'intention du divin législateur, qui voulait qu'une sainte joie les animât. Comp. Neh. VIII, 9-12. Par esprit de foi, Judith arrêtait son jeûne dès la veille des solennités religieuses. — Sa beauté, ses richesses, vers. 7. Après les mots *eleganti aspectu,* le grec et le syriaque ajoutent : et sage de cœur, et bonne d'intelligence. — *Familiam :* c.-à-d. « des serviteurs et des servantes » (LXX). — Sa piété, sa parfaite vertu, vers. 8. *In omnibus famosissima* est une particularité de la Vulgate. *Timebat Deum :* l'expression habituelle de l'Ancien Testament pour marquer la piété. *Nec erat qui... :* tant la vertu de Judith était à l'abri de tout soupçon.

2° Judith mande auprès d'elle les chefs de la ville, auxquels elle reproche d'avoir consenti en principe à rendre la ville. VIII, 9-27.

9-10ᵃ. Transition. — *Hæc itaque...* Voyez la note du vers. 1. — *Cum audisset.* Les LXX sont moins concis : « Elle apprit les mauvais discours que le peuple avait tenus au gouverneur..., le serment qu'avait fait Ozias de rendre la ville aux Assyriens dans cinq jours. » Ce serment n'a pas été mentionné plus haut, même dans le grec. — *Misit...* D'après le grec : Elle envoya sa servante, qui avait la direction de tout ce qu'elle possédait, pour appeler Ozias... — *Venerunt.* Ils accoururent sur son simple désir, preuve du respect universel qu'on lui portait.

10ᵇ-13. Graves reproches. — *Quod est... verbum...?* L'exorde de Judith est moins abrupt dans les LXX : Écoutez-moi, chefs des habitants de Béthulie, car elle n'est point vraie, la parole que vous avez prononcée aujourd'hui devant le peuple, et vous avez proféré un serment entre Dieu et vous, et vous vous êtes engagés à rendre la ville à nos ennemis, si dans l'intervalle Dieu ne venait pas nous secourir. — *Tentatis Dominum :* en lui fixant une période durant laquelle il serait tenu de secourir la ville; comme si, ce temps écoulé, le salut devait être impossible même pour lui. Comp. le vers. 13, et Ps. LXXVII, 41; Matth. IV, 7. Aussi Judith dit-elle encore d'après le texte grec : « Êtes-vous donc des dieux parmi les fils des hommes? » — *Non est iste sermo...* Les vers. 12-13 sont propres à

14. Sed quia patiens Dominus est, in hoc ipso pœniteamus, et indulgentiam ejus fusis lacrymis postulemus ;

15. non enim quasi homo, sic Deus comminabitur, neque sicut filius hominis ad iracundiam inflammabitur.

16. Et ideo humiliemus illi animas nostras, et in spiritu constituti humiliato, servientes illi,

17. dicamus fientes Domino, ut secundum voluntatem suam, sic faciat nobiscum misericordiam suam, ut sicut conturbatum est cor nostrum in superbia eorum, ita etiam de nostra humilitate gloriemur ;

18. quoniam non sumus secuti peccata patrum nostrorum, qui dereliquerunt Deum suum, et adoraverunt deos alienos.

19. Pro quo scelere dati sunt in gladium, et in rapinam, et in confusionem inimicis suis ; nos autem alterum Deum nescimus præter ipsum.

20. Expectemus humiles consolationem ejus, et exquiret sanguinem nostrum de afflictionibus inimicorum nostrorum, et humiliabit omnes gentes quæcumque insurgunt contra nos, et faciet illas sine honore Dominus Deus noster.

21. Et nunc, fratres, quoniam vos estis presbyteri in populo Dei, et ex vobis pendet anima illorum, ad eloquium vestrum corda eorum erigite, ut memores sint quia tentati sunt patres nostri, ut probarentur si vere colerent Deum suum.

22. Memores esse debent quomodo pater noster Abraham tentatus est, et per multas tribulationes probatus, Dei amicus effectus est.

23. Sic Isaac, sic Jacob, sic Moyses,

14. Mais, parce que le Seigneur est patient, faisons pénitence de cette faute, et implorons son pardon avec beaucoup de larmes.

15. Car Dieu ne menace point comme un homme, et il ne s'enflamme pas de colère comme les fils des hommes.

16. C'est pourquoi humilions nos âmes devant lui, et servons-le en demeurant dans un esprit d'abaissement,

17. et prions le Seigneur avec larmes de nous faire sentir sa miséricorde en la manière qu'il lui plaira, afin que, comme l'orgueil de nos ennemis a troublé notre cœur, ainsi notre humilité devienne pour nous un sujet de gloire.

18. Car nous n'avons point suivi les péchés de nos pères, qui ont abandonné leur Dieu, et qui ont adoré des dieux étrangers.

19. A cause de ce crime ils ont été abandonnés à leurs ennemis, au glaive, au pillage et à la confusion. Mais, pour nous, nous ne connaissons pas d'autre Dieu que lui.

20. Attendons humblement ses consolations, et il sauvera notre vie des afflictions que nos ennemis nous font souffrir ; il humiliera toutes les nations qui s'élèvent contre nous, et il les couvrira de honte, lui, le Seigneur notre Dieu.

21. Et maintenant, mes frères, puisque vous êtes les anciens du peuple de Dieu, et que leur vie dépend de vous, relevez leur cœur par vos paroles, afin qu'ils se souviennent que nos pères ont été tentés, pour éprouver s'ils servaient véritablement leur Dieu.

22. Ils doivent se souvenir qu'Abraham notre père a été tenté, et qu'ayant été éprouvé par beaucoup d'afflictions, il est devenu l'ami de Dieu.

23. C'est ainsi qu'Isaac, que Jacob,

---

la Vulgate : le grec exprime des pensées analogues, mais avec une divergence notable dans la forme ; de même jusqu'à la fin du discours de Judith.

14-20. Exhortation au repentir et à l'humble attente du secours d'en haut. — *Sed quia patiens :* et non moins miséricordieux que patient. — *Secundum voluntatem suam...* (vers. 17). Mots soulignés par Judith : le temps précis auquel il conviendra à Dieu de sauver Béthulie. — *Quoniam non sumus...* Vers. 18-19, motif de confiance en la protection divine. — *Expectemus humiles* (vers. 20). Judith revient sur ce sentiment de l'humble attente, qui convenait si bien à la situation.

21-27. Comment les chefs de Béthulie devront

encourager et consoler les habitants. — *Et nunc, fratres.* Transition, et titre de sainte affection. — *Ex vobis pendet anima...* Belle expression. Le grec ajoute : et la conservation des choses saintes, et du temple, et de l'autel. — *Ut memores... quia tentati...* Grande pensée par laquelle Ozias et ses collègues réussiront à consoler le peuple et à lui faire prendre patience sous le regard de Dieu : Judith la développe ensuite (vers. 22 et ss.) par divers exemples empruntés à l'histoire d'Israël. Beau passage pour la théologie de la souffrance. — *Abraham tentatus.* Cf. Gen. XVI, 1, et surtout XXII, 1 et ss. (le sacrifice d'Isaac). — *Sic Isaac.* Cf. Gen. XXV, 21 ; XXVI, 1-11, 34-35, etc. — *Sic Jacob.* Le grec restreint ici l'exemple : ce qui ar-

que Moïse, et que tous ceux qui ont plu à Dieu, ont passé par de nombreuses afflictions, et sont demeurés fidèles.

24. Quant à ceux qui n'ont pas reçu ces épreuves dans la crainte du Seigneur, qui ont témoigné leur impatience, leurs reproches et leurs murmures contre le Seigneur,

25. ils ont été exterminés par l'*ange* exterminateur, et ils ont péri par les serpents.

26. Ne témoignons donc pas d'impatience dans ces maux que nous souffrons;

27. mais, considérant que ces peines sont moindres que nos péchés, croyons que ces fléaux, dont Dieu nous châtie comme ses serviteurs, nous sont envoyés pour nous corriger, et non pour nous perdre.

28. Alors Ozias et les anciens lui répondirent : Tout ce que vous avez dit est vrai, et il n'y a rien à reprendre dans vos paroles.

29. Maintenant donc priez pour nous, parce que vous êtes une femme sainte et craignant Dieu.

30. Et Judith leur dit : Comme vous reconnaissez que ce que j'ai pu vous dire est de Dieu,

31. éprouvez aussi si ce que j'ai résolu de faire vient de lui, et priez-le, afin qu'il affermisse mon dessein.

32. Vous vous tiendrez cette nuit à la porte *de la ville*, et je sortirai avec ma servante; et priez pour que le Seigneur, comme vous l'avez dit, regarde son peuple d'Israël dans ces cinq jours.

et omnes qui placuerunt Deo, per multas tribulationes transierunt fideles

24. Illi autem qui tentationes non susceperunt cum timore Domini, et impatientiam suam, et improperium murmurationis suæ contra Dominum protulerunt,

25. exterminati sunt ab exterminatore, et a serpentibus perierunt.

26. Et nos ergo non ulciscamur nos pro his quæ patimur ;

27. sed reputantes peccatis nostris hæc ipsa supplicia minora esse flagella Domini, quibus quasi servi corripimur, ad emendationem, et non ad perditionem nostram evenisse credamus.

28. Et dixerunt illi Ozias et presbyteri : Omnia quæ locuta es vera sunt, et non est in sermonibus tuis ulla reprehensio.

29. Nunc ergo ora pro nobis, quoniam mulier sancta es, et timens Deum.

30. Et dixit illis Judith : Sicut quod potui loqui Dei esse cognoscitis,

31. ita quod facere disposui probate si ex Deo est, et orate ut firmum faciat Deus consilium meum.

32. Stabitis vos ad portam nocte ista, et ego exeam cum abra mea ; et orate, ut sicut dixistis, in diebus quinque respiciat Dominus populum suum Israel.

---

riva à Jacob en Mésopotamie, lorsqu'il gardait les brebis de Laban, frère de sa mère. Cf. Gen. xxviii, 7 et ss. — *Sic Moyses.* Ce trait et les suivants ne sont cités que par la Vulgate. Que d'épreuves dans la vie de Moïse! Les livres de l'Exode, des Nombres et du Deutéronome en font foi à tout instant. — *Et omnes qui placuerunt...* C'est une loi constante, comme le redisent d'autres passages bibliques; cf. Eccli. ii, 1 ; Jac. i, 2-12, etc. — *Illi autem...* (vers. 24). Restriction importante : si l'épreuve courageusement et saintement supportée est très avantageuse (vers. 21-23), elle crée de graves périls pour quiconque ne sait pas la subir (vers. 24-25). — *Exterminati ab exterminatore.* Allusion à Num. xi, 1 ; xiv, 12. Comp. I Cor. x, 10. — *A serpentibus...* Voyez Num. xx, 4-6. — *Et nos ergo...* Vers. 26-27, conclusion du discours de Judith.

3° Judith manifeste son dessein d'une manière générale aux gouverneurs de Béthulie. VIII, 28-34.

28-29. Réponse d'Ozias. — *Omnia quæ... vera...* Dans le grec : Tout ce que tu as dit, tu l'as dit avec un bon cœur; c.-à-d. avec d'excellentes in-

tentions. — *Ulla reprehensio :* rien qui soit digne de blâme. Ils acceptent donc les reproches de Judith, non toutefois, d'après le texte grec, sans s'excuser de la violence que le peuple leur avait faite. — Au lieu des mots *et timens Deum,* nous lisons dans les LXX : Et le Seigneur nous enverra de la pluie pour remplir nos citernes, et nous ne serons plus épuisés.

30-33. Le plan de Judith. — *Quod potui loqui :* les graves observations qu'elle venait de leur présenter (vers. 10-27). — *Probate si ex Deo :* ils mettront son projet à l'épreuve en l'aidant, comme il est marqué au vers. 32, à le réaliser ; si ensuite il échoue, c'est qu'il ne viendra pas de Dieu. Dans le grec, les paroles de Judith aux vers. 30b-31 sont remplacées par celles-ci : Écoutez-moi, et je ferai une chose qui passera de générations en générations aux fils de mon peuple. — *Stabitis ad portam :* pour lui faire ouvrir les portes et faciliter son départ. — *Abra mea :* sans doute la servante de confiance qui a été mentionnée au vers. 9. — *Et orate ut...* La triple demande de prières (comp. les vers. 30 et 33) adressée par Judith aux gouverneurs de Béthulie est une

33. Vos autem nolo ut scrutemini a-
ctum meum ; et usque dum renuntiem
vobis, nihil aliud fiat, nisi oratio pro me
ad Dominum Deum nostrum.

34. Et dixit ad eam Ozias, princeps
Juda : Vade in pace ; et Dominus sit
tecum in ultionem inimicorum nostrorum. Et revertentes, abierunt.

33. Mais je ne veux point que vous
scrutiez mon dessein ; et jusqu'à ce que
je vous apporte des nouvelles, qu'on ne
fasse autre chose que de prier pour moi
le Seigneur notre Dieu.

34. Et Ozias, prince de Juda, lui dit :
Allez en paix, et que le Seigneur soit
avec vous pour se venger de nos ennemis. Et l'ayant quittée, ils s'en allèrent.

CHAPITRE IX

1. Quibus abscedentibus, Judith ingressa est oratorium suum ; et induens
se cilicio, posuit cinerem super caput
suum ; et prosternens se Domino, clamabat ad Dominum, dicens :
2. Domine, Deus patris mei Simeon,
qui dedisti illi gladium in defensionem
alienigenarum, qui violatores extiterunt
in coinquinatione sua, et denudaverunt
femur virginis in confusionem ;

3. et dedisti mulieres illorum in prædam, et filias illorum in captivitatem,
et omnem prædam in divisionem servis
tuis qui zelaverunt zelum tuum ; subveni,
quæso te, Domine Deus meus, mihi
viduæ.
4. Tu enim fecisti priora, et illa post
illa cogitasti, et hoc factum est quod
ipse voluisti.

1. Après qu'ils furent partis, Judith
entra dans son oratoire, et se revêtant
d'un cilice, elle se mit de la cendre sur
la tête, et se prosternant devant le Seigneur, elle criait vers lui, en disant :
2. Seigneur, Dieu de mon père Siméon, qui lui avez donné un glaive
pour se défendre des étrangers, qui
transportés d'une passion impure avaient
violé une vierge, et l'avaient couverte
de confusion en lui faisant outrage ;
3. vous qui avez livré leurs femmes en
proie, et leurs filles en captivité, et
toutes leurs dépouilles en partage à vos
serviteurs qui ont brûlé de zèle pour
vous : assistez, je vous prie, Seigneur
mon Dieu, cette veuve.
4. Car c'est vous qui avez fait ces
anciennes *merveilles*, et qui avez résolu
celles qui sont venues après ; et ce que
vous avez voulu s'est fait.

---

particularité de la Vulgate. On lit ici dans les
LXX : et durant les jours après lesquels vous
avez promis de livrer la ville, le Seigneur visitera
Israël par ma main. — *Vos autem...* (vers. 33).
On conçoit que Judith tint à garder sa résolution secrète jusqu'à la fin pour en mieux assurer
l'exécution.
34. Ozias approuve Judith et lui offre ses souhaits de réussite.
4° Prière solennelle de Judith pour attirer sur
elle la protection divine. IX, 1-19.
CHAP. IX. — 1. Introduction. — La première
ligne de ce verset, *quibus abscedentibus... oratorium...,* manque dans le grec. — *Induens se
cilicio.* D'après les LXX : elle découvrit le cilice
dont elle était vêtue ; c.-à-d. qu'elle le rendit
visible, en écartant, ou même en déchirant, comme
le dit le syriaque, le vêtement qu'elle portait par
dessus. — *Prosternens se :* l'attitude de l'humble
et pressante supplication. Cf. Num. XVI, 4, etc.
— *Clamabat ad Dominum.* Elle s'arme de la
prière comme Esther (Esth. XIV, 3 et ss.) et
Judas Machabée (I Mach. III, 50, etc.) en des
circonstances analogues. Le grec ajoute que c'était
alors « environ le temps où l'encens était offert

ce soir-là à Jérusalem dans la maison du Seigneur ». Coïncidence touchante (cf. Ex. XXX, 7-8).
2-5. Prélude de la prière. — *Deus patris mei
Simeon.* Voyez VIII, 1, et la note. — *Dedisti illi
gladium.* Allusion très évidente à la vengeance
terrible que Siméon et Lévi avaient tirée du roi
de Sichem et de son peuple, après l'outrage fait
à leur sœur Dina. Voyez Gen. XXXIV, 2, 25, et
le commentaire. Jacob avait blâmé ouvertement
et immédiatement (Gen. XXXIV, 30) l'acte de ses
deux fils, qu'il taxa ensuite, sur son lit de mort,
de « frères dans le crime » et d'« instruments de
violence » (Gen. XLIX, 5-7) ; Judith ne le loue donc
pas en lui-même, et n'en examine point la valeur
morale : ce qu'elle demande à Dieu, c'est le mâle
courage dont son aïeul avait fait preuve dans
cette circonstance. — *Servis tuis qui... :* à savoir,
Siméon et Lévi, qui avaient voulu laver dans le
sang l'honneur de la race théocratique si indi-
gnement outragé. — *Mihi viduæ.* Trait saisissant.
Les veuves apparaissent dans toute la Bible comme
l'emblème de la faiblesse, du dénuement impuissant. — Les vers. 4-5 expriment admirablement
cette belle pensée : l'activité divine envahit toute
l'histoire du monde. C'est un motif irrésistible

5. Car toutes vos voies sont préparées, et vous avez établi vos jugements dans *l'ordre de* votre providence.

6. Regardez maintenant le camp des Assyriens, comme alors vous avez daigné regarder le camp des Égyptiens, lorsque leurs troupes armées poursuivaient vos serviteurs, se fiant en leurs chars, en leur cavalerie et dans la multitude de leurs soldats.

7. Mais vous avez regardé leur camp, et ils furent enveloppés de ténèbres.

8. L'abîme saisit leurs pieds, et les eaux les submergèrent.

9. Seigneur, qu'il en soit de même de ceux-ci, qui se confient dans leur multitude et dans leurs chars, dans leurs dards, dans leurs boucliers, dans leurs flèches et dans leurs lances,

10. et qui ne savent pas que vous êtes notre Dieu, vous qui dès le commencement écrasez les guerres; et votre nom est le Seigneur.

11. Élevez votre bras comme autrefois, et brisez leur force par votre force; que votre colère renverse la puissance de ceux qui se promettent de violer votre sanctuaire, de profaner le tabernacle de votre nom, et de renverser avec leur épée la corne de votre autel.

12. Faites, Seigneur, que son orgueil soit abattu par son propre glaive.

13. Qu'il soit pris par ses yeux comme par un piège en me *regardant;* et frappez-le par la suavité de mes lèvres.

14. Donnez-moi la constance dans le cœur pour le mépriser, et la force pour le perdre.

15. Ce sera un monument pour votre

5. Omnes enim viæ tuæ paratæ sunt, et tua judicia in tua providentia posuisti.

6. Respice castra Assyriorum nunc, sicut tunc castra Ægyptiorum videre dignatus es, quando post servos tuos armati currebant, confidentes in quadrigis, et in equitatu suo, et in multitudine bellatorum.

7. Sed aspexisti super castra eorum, et tenebræ fatigaverunt eos.

8. Tenuit pedes eorum abyssus, et aquæ operuerunt eos.

9. Sic fiant et isti, Domine, qui confidunt in multitudine sua, et in curribus suis, et in contis, et in scutis, et in sagittis suis, et in lanceis gloriantur,

10. et nesciunt quia tu ipse es Deus noster, qui conteris bella ab initio, et Dominus nomen est tibi.

11. Erige brachium tuum, sicut ab initio, et allide virtutem illorum in virtute tua; cadat virtus eorum in iracundia tua, qui promittunt se violare sancta tua, et polluere tabernaculum nominis tui, et dejicere gladio suo cornu altaris tui.

12. Fac, Domine, ut gladio proprio ejus superbia amputetur.

13. Capiatur laqueo oculorum suorum in me; et percuties eum ex labiis caritatis meæ.

14. Da mihi in animo constantiam ut contemnam illum, et virtutem ut evertam illum.

15. Erit enim hoc memoriale nominis

---

sur lequel Judith appuie sa demande : Aidez-moi, vous qui faites tout, vous de qui tout dépend. — *Priora :* les événements antérieurs à l'épisode de Sichem (vers. 2-3). *Illa :* les détails mêmes de cet épisode. *Post illa :* tous les faits postérieurs. — *Hoc... quod ipse...* Rien de plus vrai : le dogme « Credo in Deum providum » est l'un des plus frappants et retentit partout.

6-16. La prière proprement dite. — Vers. 6-11 : que Dieu écrase les Assyriens, comme il a écrasé autrefois les Égyptiens, lorsqu'ils voulaient anéantir son peuple au bord de la mer Rouge. Très beau rapprochement, qui est propre à la Vulgate. — *Sicut tunc castra...* Cf. Ex. XIV-XV. L'antithèse établie aux vers. 9 et 10 entre l'orgueil des Assyriens, leur confiance tout humaine en leur propre force et la puissance invincible du Dieu des Juifs, constitue un magnifique acte de foi. — *Erige brachium...* (vers. 11). La prière devient ici vraiment lyrique, comme le sera l'hymne triomphal du chap. XVI. — *Promittunt se violare...* Judith

relève d'une façon très insinuante ce péril que courait le divin honneur. — *Dejicere... cornu altaris :* par conséquent, profaner l'autel, dont les cornes, fixées à ses quatre angles, étaient une des parties les plus sacrées. Cf. Ex. XXVII, 2 ; Ez. XLIII, 15, et l'*Atl. arch.,* pl. XCVIII, fig. 6 ; pl. CIV, fig. 2. — Vers. 12-16 : que Dieu daigne se servir du bras d'une humble femme pour humilier l'orgueil d'Holoferne. — *Gladio proprio :* le glaive même dont le général assyrien voulait se servir pour abattre les cornes de l'autel (vers. 11). On voit, par ce trait et les suivants, que Judith avait mûri son plan dans les plus petits détails : elle voulait séduire Holoferne par l'éclat de sa beauté, et le frapper au moment où il serait sans défiance auprès d'elle, aveuglé par la passion (*capiatur laqueo..., percuties labiis...:* figures très expressives; dans le grec : par les lèvres de ma tromperie, c.-à-d. par mes flatteries insidieuses). — *Memoriale nominis tui* (vers. 15) : un monument plus glorieux pour le nom du Sei-

tui, cum manus feminæ dejecerit eum.

16. Non enim in multitudine est virtus tua, Domine ; neque in equorum viribus voluntas tua est, nec superbi ab initio placuerunt tibi ; sed humilium et mansuetorum semper tibi placuit deprecatio.

17. Deus cælorum, creator aquarum, et Dominus totius creaturæ, exaudi me miseram deprecantem, et de tua misericordia præsumentem.

18. Memento, Domine, testamenti tui, et da verbum in ore meo, et in corde meo consilium corrobora, ut domus tua in sanctificatione tua permaneat,

19. et omnes gentes agnoscant quia tu es Deus, et non est alius præter te.

nom, que la main d'une femme l'ait renversé.

16. Car votre puissance, Seigneur, n'est point dans la multitude, ni votre volonté dans la force des chevaux, et dès le commencement les superbes ne vous ont point plu ; mais vous avez toujours agréé la prière des humbles et des doux.

17. Dieu des cieux, créateur des eaux, Seigneur de toute créature, exaucez-moi, moi qui vous invoque dans ma misère, et qui présume de votre miséricorde.

18. Souvenez-vous, Seigneur, de votre alliance ; mettez les paroles dans ma bouche, et fortifiez la résolution de mon cœur, afin que votre maison demeure toujours dans la sainteté,

19. et que toutes les nations connaissent que vous êtes Dieu, et qu'il n'y en a point d'autre que vous.

---

gueur que pour celui de Judith, car on ne pourra, en dernier ressort, attribuer qu'à Dieu la réussite d'un plan si hardi. — *Cum manus feminæ...:* le déshonneur en même temps que la ruine pour Holoferne. Cf. Jud. IX, 54. — *Non... in multitudine...* (vers. 16). Pensée qui revient fréquemment dans l'Ancien Testament : cf. Jud. VII, 2 ; I Reg. XVII, 47 ; II Par. XIV, 11 ; XVI, 8, etc. — C'est ici le lieu de juger rapidement la moralité de l'acte de Judith, puisqu'elle vient de mettre tout son projet sous nos yeux. Notons d'abord que l'auteur loue l'héroïsme de Judith, et qu'il va jusqu'à dire, X, 4, malgré la manière dont elle trompa Holoferne : « Cui etiam Dominus contulit splendorem, quoniam omnis ista compositio... ex virtute pendebat. » Cf. XIII, 23-25 ; XV, 10-11 ; XVI, 26. Les saints Pères, nous l'avons vu (Introd., p. 380), prodiguent aussi sans réserve les éloges à Judith. Sa bonne foi était parfaite, et elle a avoué simplement devant Dieu son intention, IX, 13. Sans doute elle exposait sa vertu à un grave péril, qu'elle aurait dû absolument éviter en des circonstances ordinaires ; mais il s'agissait, comme elle le dit elle-même, de sauvegarder l'honneur de Juives nombreuses, de sauver sa patrie, de préserver le temple et l'autel du Seigneur ; de plus, elle se sentait forte contre le mal et s'appuyait fermement sur Dieu (cf. IX, 14). Pour ce qui est du meurtre d'Holoferne, il faut le juger d'après les principes alors en vigueur ; or il est certain que les peuples de l'antiquité regardaient tous la mort d'un ennemi comme licite, de quelque ruse qu'on se servit pour la procurer. On remarquera que les paroles dont Judith se servit pour tromper le général assyrien sont tellement combinées, qu'elles ont d'ordinaire un côté vrai ; ce ne sont donc pas des mensonges proprement dits. Si l'on veut être plus sévère et y voir des mensonges réels, nous redirons que les anciens étaient très

larges pour ce qu'ils appelaient les ruses de guerre. Le point le plus délicat consiste certainement dans le moyen auquel Judith eut recours pour gagner là confiance du général assyrien ; mais, comme le disent les moralistes en parlant de la coopération au mal, « aliud est inducere, aliud præbere occasionem » (cf. S. Thom. 2ᵃ 2ᵐ, q. LXXVIII. a. 4). Judith ne voulait autre chose que la défaite des ennemis de son peuple ; le péché d'Holoferne n'était point son péché à elle, car ses charmes n'étaient pas une faute. Ainsi raisonnent plusieurs des meilleurs interprètes catholiques. Resterait encore, au besoin, l'argument de saint Thomas d'Aquin : « Quidam commendantur in Scriptura, non propter perfectam virtutem, sed propter quamdam virtutis indolem, scilicet quia apparebat in eis aliquis laudabilis affectus, ex quo movebantur ad quædam indebita facienda ; et hoc modo Judith laudatur, non quia mentita est Holoferni, sed propter affectum quem habuit ad salutem populi, pro qua periculis sese exposuit » (*l. c.*, q. CX, a. 3, ad 3ᵘᵐ).

17-19. Ardente conclusion de la prière. — *Deus cælorum...* Dans le grec, avec beaucoup d'emphase : « Oui, oui, ô Dieu mon père, Dieu de l'héritage d'Israël, maître des cieux et de la terre, » etc. Les beaux titres *creator aquarum* et *Dominus totius creaturæ* ne sont employés qu'en cet endroit de la Bible. — *Exaudi... deprecantem...* Le grec dit simplement : exauce ma prière. — *Memento, Domine...* D'après les LXX : Et faites que mon langage et ma séduction soient une blessure et une plaie pour ceux qui se proposent des choses cruelles contre votre alliance, contre votre maison sainte, contre la colline de Sion et contre l'héritage de vos enfants. — *Et omnes gentes agnoscant... :* le but suprême, qu'Ézéchias mentionne aussi dans sa prière, IV Reg. XIX, 19.

CHAPITRE X

1. Or il arriva que Judith, ayant cessé de crier vers le Seigneur, se leva du lieu où elle était prosternée contre terre devant le Seigneur.

2. Et elle appela sa servante, et descendant dans sa maison, elle ôta son cilice, quitta ses vêtements de veuve,

3. se lava le corps, répandit sur elle un parfum précieux, sépara en deux les cheveux de sa tête, et mit un turban sur sa tête, se revêtit des vêtements de sa joie, mit des sandales à ses pieds, prit des bracelets, des lis *d'or*, des pendants d'oreilles, des anneaux, et se para de tous ses ornements.

4. Le Seigneur même lui ajouta un *nouvel* éclat, parce que tout cet ajustement avait pour principe non la passion, mais la vertu. C'est pourquoi le Seigneur lui augmenta sa beauté, afin qu'elle apparût aux yeux de tous avec un éclat incomparable.

5. Elle confia ensuite à sa servante une outre de vin, un vase d'huile, de la farine, des figues sèches, du pain et du fromage, et elle partit.

6. Et lorsqu'elles furent arrivées à la

1. Factum est autem, cum cessasset clamare ad Dominum, surrexit de loco in quo jacuerat prostrata ad Dominum ;

2. vocavitque abram suam, et descendens in domum suam, abstulit a se cilicium, et exuit se vestimentis viduitatis suæ,

3. et lavit corpus suum, et unxit se myro optimo, et discriminavit crinem capitis sui, et imposuit mitram super caput suum, et induit se vestimentis jucunditatis suæ, induitque sandalia pedibus suis, assumpsitque dextraliola, et lilia, et inaures, et annulos, et omnibus ornamentis suis ornavit se.

4. Cui etiam Dominus contulit splendorem, quoniam omnis ista compositio, non ex libidine, sed ex virtute pendebat ; et ideo Dominus hanc in illam pulchritudinem ampliavit, ut incomparabili decore omnium oculis appareret.

5. Imposuit itaque abræ suæ ascoperam vini, et vas olei, et polentam, et palathas, et panes, et caseum, et profecta est.

6. Cumque venissent ad portam civi-

§ III. — *Judith réussit à tuer Holopherne.* X, 1 — XIII, 31.

1° La courageuse veuve de Béthulie, magnifiquement parée. X, 1-10.

CHAP. X. — 1. Transition. — Comp. IX, 1. Les mots *de loco... prostrata...* sont propres à la Vulgate.

2-5. Préparatifs de Judith. — *Descendens :* de la chambre haute qui lui servait de retraite et d'oratoire ; cf. VIII, 5 ; IX, 1. — *In domum suam.* Le grec ajoute : où elle habitait les jours de sabbat et de fête. — *Unxit se myro... :* à la manière orientale. La myrrhe entrait dans la composition des huiles parfumées les plus précieuses ; cf. Esth. II, 12 ; Cant. v, 5. — *Imposuit mitram :* le gracieux turban des femmes de l'Orient. Cf. Is. III, 20, et l'*Atl. archéol.*, pl. III, fig. 3 ; pl. V, fig. 5, 1). — *Vestimentis jucunditatis... :* des vêtements de fête, ses plus belles parures, par opposition aux vêtements de son veuvage. — *Sandalia.* On en faisait de magnifiques ; cf. XVI, 11, et l'*Atl. arch.*,

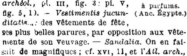

Vase à parfums. (Anc. Égypte.)

pl. III, fig. 10 ; pl. VI, fig. 12. — *Dextraliola.* Dans l'Itala, « periscelides, » les anneaux que l'on portait au bas de la jambe. Voyez l'*Atl. arch.*, pl. VI, fig. 15-17. — *Lilia :* des bijoux en forme de lis. — *Inaures.* Le mot grec peut désigner le *nézem* hébreu, anneau porté à l'une des parois du nez. Cf. Gen. XXIV, 47 ; Is. III, 21, et l'*Atl. arch.*, pl. VI, fig. 6, 7. — *Cui etiam Dominus...* (vers. 4). Trait propre à la Vulgate sous cette forme ; les LXX relèvent simplement l'éclat de la beauté de Judith ainsi parée. — Le vers. 5 mentionne la petite provision de vivres que la vertueuse héroïne prit avec elle pour ne pas se souiller en mangeant les mets préparés par des païens. Cf. Tob. I, 11 ; Dan. I, 8, etc. — *Polentam :* du blé grillé, le *qâli* hébreu. — *Caseum* manque dans le grec, non toutefois dans l'Itala et le syriaque.

Assyrienne coiffée de la mitre. (D'après un bas-relief.)

6-10. Les gouverneurs de Béthulie ouvrent les portes à Judith et l'accompagnent de leurs vœux et de leurs prières. — *Invenerunt expe-*

tatis, invenerunt expectantem Oziam et presbyteros civitatis.

7. Qui cum vidissent eam, stupentes mirati sunt nimis pulchritudinem ejus.

8. Nihil tamen interrogantes eam, dimiserunt transire, dicentes : Deus patrum nostrorum det tibi gratiam, et omne consilium tui cordis sua virtute corroboret, ut glorietur super te Jerusalem, et sit nomen tuum in numero sanctorum et justorum.

9. Et dixerunt hi qui illic erant, omnes una voce : Fiat! fiat!

10. Judith vero, orans Dominum, transivit per portas, ipsa et abra ejus.

11. Factum est autem, cum descenderet montem circa ortum diei, occurrerunt ei exploratores Assyriorum, et tenuerunt eam, dicentes : Unde venis, aut quo vadis?

12. Quæ respondit : Filia sum Hebræorum ; ideo ego fugi a facie eorum, quoniam futurum agnovi quod dentur vobis in deprædationem, pro eo quod contemnentes vos, noluerunt ultro tradere seipsos, ut invenirent misericordiam in conspectu vestro.

13. Hac de causa cogitavi mecum, dicens : Vadam ad faciem principis Holofernis, ut indicem illi secreta illorum, et ostendam illi quo aditu possit obtinere eos, ita ut non cadat vir unus de exercitu ejus.

14. Et cum audissent viri illi verba ejus, considerabant faciem ejus ; et erat in oculis eorum stupor, quoniam pulchritudinem ejus mirabantur nimis.

15. Et dixerunt ad eam : Conservasti animam tuam, eo quod tale reperisti consilium, ut descenderes ad dominum nostrum.

porte de la ville, elles trouvèrent Ozias et les anciens de la ville qui l'attendaïent.

7. Quand ils la virent, ils furent dans le dernier étonnement, et admirèrent sa beauté.

8. Ils ne lui firent néanmoins aucune demande, mais ils la laissèrent passer, en disant : Que le Dieu de nos pères vous donne sa grâce, et qu'il affermisse par sa force toutes les résolutions de votre cœur, afin que Jérusalem se glorifie en vous, et que votre nom soit au nombre des saints et des justes.

9. Et ceux qui étaient présents répondirent tous d'une seule voix : Ainsi soit-il, ainsi soit-il.

10. Cependant Judith, priant le Seigneur, franchit les portes, elle et sa servante.

11. Or comme elle descendait de la montagne vers le point du jour, les gardes avancées des Assyriens la rencontrèrent et l'arrêtèrent, en lui disant : D'où venez-vous, et où allez-vous?

12. Elle répondit : Je suis fille des Hébreux ; je me suis enfuie d'auprès d'eux, parce que j'ai reconnu qu'ils vous seront livrés comme une proie, parce qu'ils vous ont méprisés, et qu'ils n'ont pas voulu se rendre à vous spontanément afin de trouver miséricorde devant vous.

13. C'est pourquoi j'ai réfléchi en moi-même, disant : J'irai trouver le prince Holoferne, pour lui découvrir leurs secrets, et pour lui indiquer un moyen de les prendre sans perdre un seul homme de son armée.

14. Et lorsque ces hommes eurent entendu ses paroles, ils contemplèrent son visage, et la stupeur était dans leurs yeux, tant ils admiraient sa beauté.

15. Et ils lui dirent : Vous avez sauvé votre vie en prenant cette résolution de descendre auprès de notre maître.

---

dantem... : en vertu de la convention précédemment conclue. Cf. VIII, 32. — *Stupentes mirati...* Comp. le vers. 4. Judith était comme transfigurée. — *Nihil interrogantes* : par un sentiment de délicate réserve. Ce détail est propre à la Vulgate, comme aussi le vers. 9, et *orans Dominum* au vers. 10. — *Transivit...* Les LXX et le syriaque ont une ligne dramatique pour dépeindre l'impression produite sur la foule par ce mystérieux départ : « et les hommes de la ville la suivirent des yeux pendant qu'elle descendait la montagne et jusqu'à ce qu'elle eut franchi la vallée ; alors ils la perdirent de vue. »

2° Judith est arrêtée par les Assyriens, qui la conduisent à Holoferne. X, 11-20.

11-16. Aux avant-postes. — *Circa ortum diei* est une particularité de la Vulgate. — *Exploratores.* D'après le grec, la garde avancée. — *Filia sum...* Réponse habile (vers. 12-13), qu'elle tenait toute prête, et qui produisit immédiatement l'effet désiré. — *Considerabant faciem...* (vers. 14) : grande emphase encore dans cette description. Cf. vers. 4 et 7. — *Steterit in conspectu...* (vers. 15). Les LXX ajoutent : ne sois pas effrayée dans ton cœur. — *Duxeruntque...* Le grec est plus complet : « Et ils détachèrent cent hommes, pour l'ac-

16. Et sachez que, lorsque vous paraîtrez devant lui, il vous traitera bien, et que vous serez très agréable à son cœur. Ils la conduisirent donc à la tente d'Holoferne, et la lui annoncèrent.

17. Et lorsqu'elle fut entrée devant Holoferne, il fut aussitôt séduit par ses regards.

18. Et ses officiers lui dirent : Qui pourrait mépriser le peuple des Hébreux, qui ont des femmes si belles, qu'elles méritent bien que nous combattions contre eux pour elles ?

19. Or Judith, voyant Holoferne assis sous son pavillon, qui était de pourpre et d'or, et d'émeraudes et de pierres précieuses,

20. jeta les yeux sur son visage, et l'adora en se prosternant jusqu'à terre. Et les serviteurs d'Holoferne la relevèrent par ordre de leur maître.

16. Hoc autem scias, quoniam cum steteris in conspectu ejus, bene tibi faciet, et eris gratissima in corde ejus. Duxeruntque illam ad tabernaculum Holofernis, annuntiantes eam.

17. Cumque intrasset ante faciem ejus, statim captus est in suis oculis Holofernes.

18. Dixeruntque ad eum satellites ejus : Quis contemnat populum Hebræorum, qui tam decoras mulieres habent, ut non pro his merito pugnare contra eos debeamus ?

19. Videns itaque Judith Holofernem sedentem in conopeo, quod erat ex purpura, et auro, et smaragdo, et lapidibus pretiosis intextum,

20. et cum in faciem ejus intendisset, adoravit eum, prosternens se super terram ; et elevaverunt eam servi Holofernis, jubente domino suo.

CHAPITRE XI.

1. Alors Holoferne lui dit : Ayez bon courage, et n'ayez aucune crainte dans votre cœur, car je n'ai jamais fait de mal à quiconque a voulu servir le roi Nabuchodonosor.

2. Si votre peuple ne m'avait pas méprisé, je n'aurais point levé ma lance contre lui.

3. Mais maintenant, dites-moi pourquoi vous les avez quittés, et pourquoi il vous a plu de venir vers nous.

4. Et Judith lui dit : Recevez les pa-

1. Tunc Holofernes dixit ei : Æquo animo esto, et noli pavere in corde tuo, quoniam ego nunquam nocui viro qui voluit servire Nabuchodonosor regi.

2. Populus autem tuus si non contempsisset me, non levassem lanceam meam super eum.

3. Nunc autem dic mihi qua ex causa recessisti ab illis, et placuit tibi ut venires ad nos.

4. Et dixit illi Judith : Sume verba

---

compagner, ainsi que sa servante, et ils la conduisirent à la tente d'Holoferne. Alors on s'assembla de tout le camp, car le bruit de sa venue retentit à travers les tentes, et ils l'environnèrent tandis qu'elle se tenait en dehors de la tente d'Holoferne, jusqu'à ce qu'on la lui amenât. »

17-20. Judith en présence d'Holoferne. — *Statim captus...* Trait propre à la Vulgate. D'après le grec, les admirateurs furent les nombreux soldats qui étaient accourus de tout le camp. — *Ut non pro his...*. Les LXX, avec une nuance : Il ne faut pas laisser en vie un seul d'entre eux (les Hébreux), car ils pourraient surprendre toute la terre (par la beauté de leurs femmes). C'est alors seulement, d'après le grec, que l'on introduisit Judith auprès d'Holoferne. — *Sedentem in conopeo.* Mieux, d'après les LXX : « assis sur son lit, dans (sous) la moustiquaire. » Ce léger voile était du plus grand luxe (*ex purpura, et auro...*) à la manière de l'Orient. — *Et cum in faciem...* (vers. 20). Dans le grec : « On la lui amena, et il sortit dans le vestibule de la tente, et l'on portait de-

vant lui des lampes d'or. » La nuit n'était pas encore passée. Voyez XI, 1, 3, et les notes. — *Adoravit... :* la prostration entière, telle qu'on la fait en Orient devant les grands personnages. Voyez l'*Atl. arch.*, pl. LXXIX, fig. 4, 9.

3º Holoferne interroge Judith avec bonté. XI, 1-3.

CHAP. XI. — 1-3. *Tunc Holofernes...* Il commence (vers. 1-2) par la rassurer doucement. — *Ego nunquam nocui...* Holoferne se flatte lui-même ; ce n'est pas sous cet aspect bienveillant que le récit nous l'a présenté. Cf. III, 9 et ss. — *Nunc autem...* (vers. 3) : l'interrogatoire proprement dit. Le grec ajoute quelques autres paroles encourageantes du général assyrien : Aie confiance ; tu vivras cette nuit, et au delà, car personne ne te fera de mal, mais on te traitera bien, comme l'on traite les serviteurs de mon maître, le roi Nabuchodonosor.

4º Judith flatte Holoferne et lui promet une facile victoire. XI, 4-17.

4-6. Introduction. — *Si secutus fueris...* « Car,

ancillæ tuæ, quoniam si secutus fueris verba ancillæ tuæ, perfectam rem faciet Dominus tecum.

5. Vivit enim Nabuchodonosor, rex terræ, et vivit virtus ejus, quæ est in te ad correptionem omnium animarum errantium ; quoniam non solum homines serviunt illi per te, sed et bestiæ agri obtemperant illi.

6. Nuntiatur enim animi tui industria universis gentibus, et indicatum est omni sæculo, quoniam tu solus bonus et potens es in omni regno ejus, et disciplina tua omnibus provinciis prædicatur.

7. Nec hoc latet quod locutus est Achior, nec illud ignoratur quod ei jusseris evenire ;

· 8. constat enim Deum nostrum sic peccatis offensum, ut mandaverit per prophetas suos ad populum, quod tradat eum pro peccatis suis.

9. Et quoniam sciunt se offendisse Deum suum filii Israel, tremor tuus super ipsos est.

10. Insuper etiam fames invasit eos ; et ab ariditate aquæ jam inter mortuos computantur.

11. Denique hoc ordinant, ut interficiant pecora sua, et bibant sanguinem eorum ;

12. et sancta Domini Dei sui, quæ præcepit Deus non contingi, in frumento, vino, et oleo, hæc cogitaverunt impendere, et volunt consumere quæ nec manibus deberent contingere. Ergo quo-

roles de votre servante ; car, si vous ajoutez foi à ce que votre servante vous dira, Dieu achèvera d'accomplir envers vous ses desseins.

5. Vive Nabuchodonosor, roi de la terre, et sa puissance qui est en vous pour châtier toutes les âmes égarées ; car non seulement les hommes lui sont asservis par vous, mais même les bêtes des champs lui obéissent.

6. Car la sagesse de votre esprit est célèbre dans toutes les nations, et le monde entier publie que vous êtes seul bon et puissant dans tout son royaume, et votre discipline *militaire* est louée dans toutes les provinces.

7. On sait aussi ce qu'a dit Achior, et on n'ignore pas de quelle manière vous avez voulu qu'il fût traité.

8. Car il est certain que notre Dieu est tellement irrité par les péchés de son peuple, qu'il lui a fait dire par ses prophètes qu'il le livrerait à cause de ses offenses.

9. Et parce que les fils d'Israël savent qu'ils ont offensé leur Dieu, la terreur de vos armes les a saisis.

10. De plus, la famine les a envahis, et le manque d'eau les fait déjà compter parmi les morts.

11. Ils ont même résolu de tuer leurs bestiaux, pour en boire le sang.

12. Et ayant du blé, du vin et de l'huile qui sont consacrés au Seigneur leur Dieu, et auxquels Dieu leur a défendu de toucher, ils sont résolus de les employer à leur usage, et ils veulent

---

lisons-nous ensuite dans les LXX, je ne dirai aucun mensonge à mon seigneur cette nuit.» — *Perfectam rem...* C.-à-d. : tu réussiras à merveille dans cette entreprise. — *Vivit enim...* Judith atteste la vérité de ses paroles par un serment prêté au nom de Nabuchodonosor. C'est ainsi que Joseph avait juré par la vie du Pharaon, Gen. XLII, 15, et Éthaï par celle de David, II Reg. XV, 21. Notre héroïne adopte ainsi les idées et le langage des Assyriens, flattant, comme elle se l'était promis, pour mieux arriver à ses fins. — *Omnium animarum :* de tout ce qui a vie (*errantium* manque dans le grec). — *Sed et bestiæ agri :* et les oiseaux de l'air, d'après les LXX. Voyez des hyperboles semblables, Dan. II, 38, et Bar. III, 16-17. — *Nuntiatur enim...* (vers. 6). Du monarque assyrien, la flatterie passe au premier de ses serviteurs, Holoferne. — *Disciplina tua.* Le grec est plus clair : tes exploits guerriers.

7-9. Les Israélites abandonnés de leur Dieu

à cause de leurs péchés. — *Hoc... quod... Achior.* Comparez v, 5-VI, 6. Judith va tirer un admirable parti de cet incident. — *Nec illud ignoratur :* car, continue le grec, les hommes de Béthulie l'ont sauvé, et il leur a déclaré ce qu'il avait dit. — Le trait *ut mandaverit per prophetas* est propre à la Vulgate.

10-12. Fautes récentes par lesquelles les Juifs se sont de plus en plus aliéné leur Dieu. — *Bibant sanguinem :* ce qui était un crime énorme d'après la loi théocratique. Cf. Lev. XVII, 10-14: I Reg. XIV, 31-34. — *Sancta Domini...* (vers. 12). Crime encore plus grand, vrai sacrilège ; puisque c'était s'approprier les choses saintes. Cf. Lev. XXII, 1-16 ; I Reg. XXI, 4-6, etc. Le grec ajoute : et ils ont envoyé à Jérusalem, car ceux qui y demeurent ont agi de même, afin d'obtenir cette permission des anciens pour les habitants de Béthulie ; et dès qu'ils l'auront reçue et qu'ils en profiteront, en ce jour-là ils te seront livrés pour leur ruine.

consumer des choses qu'il ne leur est pas même permis de toucher des mains. Puis donc qu'ils font cela, il est certain qu'ils seront livrés à la ruine.

13. Et moi, votre servante, connaissant cela, je me suis enfuie d'auprès d'eux; et le Seigneur m'a envoyée vous annoncer moi-même ces choses.

14. Car votre servante adore son Dieu, même maintenant auprès de vous; et je sortirai, et je prierai Dieu,

15. et il me dira quand il les châtiera pour leurs péchés, et je viendrai vous l'annoncer. Je vous conduirai alors au milieu de Jérusalem, et tout le peuple d'Israël sera devant vous comme des brebis sans pasteur, et il n'y aura pas même un chien qui aboie contre vous,

16. car toutes ces choses m'ont été révélées par la providence de Dieu.

17. Et parce que Dieu est irrité contre eux, il m'a envoyée pour vous les annoncer.

18. Or toutes ces paroles plurent à Holoferne et à ses gens; et ils admiraient la sagesse de Judith, et ils se disaient l'un à l'autre :

19. Il n'y a pas sur la terre une femme semblable à celle-ci pour l'aspect, la beauté, ou pour la sagesse des paroles.

20. Alors Holoferne lui dit : Dieu a bien fait de vous envoyer devant ce peuple, pour nous le livrer entre les mains.

21. Et parce que vos promesses sont bonnes, si votre Dieu fait cela pour moi, il sera aussi mon Dieu; et vous serez grande dans la maison de Nabuchodonosor, et votre nom sera cité dans toute la terre.

niam hæc faciunt, certum est quod in perditionem dabuntur.

13. Quod ego, ancilla tua, cognoscens, fugi ab illis; et misit me Dominus hæc ipsa nuntiare tibi.

14. Ego enim, ancilla tua, Deum colo, etiam nunc apud te; et exiet ancilla tua, et orabo Deum,

15. et dicet mihi quando eis reddat peccatum suum; et veniens nuntiabo tibi, ita ut ego adducam te per mediam Jerusalem, et habebis omnem populum Israel, sicut oves quibus non est pastor; et non latrabit vel unus canis contra te,

16. quoniam hæc mihi dicta sunt per providentiam Dei.

17. Et quoniam iratus est illis Deus, hæc ipsa missa sum nuntiare tibi.

18. Placuerunt autem omnia verba hæc coram Holoferne et coram pueris ejus; et mirabantur sapientiam ejus, et dicebant alter ad alterum :

19. Non est talis mulier super terram in aspectu, in pulchritudine, et in sensu verborum.

20. Et dixit ad illam Holofernes : Benefecit Deus, qui misit te ante populum, ut des illum tu in manibus nostris.

21. Et quoniam bona est promissio tua, si fecerit mihi hoc Deus tuus, erit et Deus meus; et tu in domo Nabuchodonosor magna eris, et nomen tuum nominabitur in universa terra.

13-17. La mission de Judith. — *Quod ego... cognoscens*. Après ces préliminaires, la sainte veuve passe à son propre rôle, qu'elle dit tenir du ciel même. Mais il faut qu'elle demeure en communication avec son Dieu par la prière, et cette communication intime ne peut avoir lieu qu'en dehors du camp, et la nuit (LXX). Judith se ménageait ainsi la liberté de sortir et de rentrer à son gré, sans exciter les soupçons; cela était nécessaire pour la réussite de son plan. — *Per mediam Jerusalem.* « Et je mettrai ton trône au milieu d'elle, » est-il suppléé dans les autres versions. — *Sicut oves...* Expression proverbiale, pour désigner un peuple sans chef, sans défense. Cf. III Reg. xxii, 17. — *Et non latrabit...* Autre proverbe oriental, qui signifie qu'Holoferne ne rencontrera pas la moindre résistance. Cf. Ex. xi, 7; Jos. x, 21.

5° Grande joie des Assyriens. XI, 18-21.

18-19. Impression produite sur l'assemblée par les paroles de Judith. — *Placuerunt...* Ils crurent tout sans hésiter, tant Judith leur avait paru sincère, et aussi, comme le dit l'historien sacré, tant ils étaient impressionnés par sa beauté.

20-21. Promesse d'Holoferne à Judith. — *Ut des illum...* Dans le grec : afin de mettre dans nos mains la force, pour la ruine de ceux qui ont méprisé mon maître. — *Bona...promissio tua.* D'après les LXX : « Et maintenant, tu es belle de visage et agréable dans tes paroles. » Fade compliment. — *Erit et Deus meus.* Cf. Gen. xxviii, 21; Ruth, i, 16; IV Reg. v, 17. Promesse fallacieuse, suivant les uns; peut-être sincère au moment où elle était faite, comme d'autres l'ont pensé.

CHAPITRE XII

1. Tunc jussit eam introire ubi reposiri erant thesauri ejus, et jussit illic manere eam ; et constituit quid daretur illi de convivio suo.

2. Cui respondit Judith, et dixit : Nunc non potero manducare ex his quæ mihi præcipis tribui, ne veniat super me offensio ; ex his autem quæ mihi detuli, manducabo.

3. Cui Holofernes ait : Si defecerint tibi ista quæ tecum detulisti, quid faciemus tibi ?

4. Et dixit Judith : Vivit anima tua, domine meus, quoniam non expendet omnia hæc ancilla tua, donec faciat Deus in manu mea hæc quæ cogitavi. Et induxerunt illam servi ejus in tabernaculum quod præceperat.

5. Et petiit, cum introiret, ut daretur ei copia nocte, et ante lucem, egrediendi foras ad orationem, et deprecandi Dominum.

6. Et præcepit cubiculariis suis, ut sicut placeret illi, exiret et introiret ad adorandum Deum suum, per triduum.

7. Et exibat noctibus in vallem Bethuliæ, et baptizabat se in fonte aquæ.

8. Et ut ascendebat, orabat Dominum, Deum Israel, ut dirigeret viam ejus ad liberationem populi sui.

9. Et introiens, munda manebat in tabernaculo, usque dum acciperet escam suam in vespere.

10. Et factum est, in quarto die Ho-

1. Alors il commanda qu'on la fît entrer au lieu où étaient ses trésors, et qu'elle y demeurât, et il régla ce qu'on lui donnerait de sa table.

2. Judith lui répondit et dit : Je ne pourrai pas manger maintenant des choses que vous commandez qu'on me donne, de peur d'attirer l'indignation *de Dieu* sur moi ; mais je mangerai de ce que j'ai apporté avec moi.

3. Holoferne lui dit : Si ce que vous avez apporté avec vous vient à manquer, que ferons-nous pour vous ?

4. Et Judith lui dit : Je jure par votre vie, mon seigneur, qu'avant que votre servante ait consommé toutes ces choses, Dieu fera par ma main ce que j'ai pensé. Alors ses serviteurs la firent entrer dans la tente qu'il avait indiquée.

5. Et elle demanda, en y entrant, qu'on lui permît de sortir la nuit et avant le jour, pour aller prier et invoquer le Seigneur.

6. Et il ordonna à ses serviteurs de la laisser entrer et sortir selon qu'elle le voudrait, pendant trois jours, pour adorer son Dieu.

7. Elle sortait donc durant les nuits dans la vallée de Béthulie, et elle se plongeait dans une fontaine.

8. Et, en remontant, elle priait le Seigneur, le Dieu d'Israël, afin qu'il dirigeât ses voies pour la délivrance de son peuple.

9. Puis, rentrant dans sa tente, elle y demeurait purifiée, jusqu'à ce qu'elle prît sa nourriture vers le soir.

10. Or il arriva qu'au quatrième jour

6° Judith séjourne quatre jours dans le camp assyrien. XII, 1-9.

CHAP. XII. — 1-4. Elle refuse de manger d'autres mets que ceux dont elle s'était munie. — *Thesauri ejus :* τὰ ἀργυρώματα, l'argenterie. — *Et constituit...* Les LXX : et il ordonna qu'on lui servirait de ses (propres) mets, et qu'on lui ferait boire de son vin. — Refus poli de Judith (vers. 2); objection d'Holoferne (vers. 3). *Quid faciemus...;* d'après le grec : Où prendrons-nous des choses semblables pour te les donner, car il n'y a personne de ta nation parmi nous ? — *Non expendet...* (vers. 4). Judith espérait pouvoir exécuter son dessein avant d'avoir consommé sa petite provision de vivres ; Holoferne, aveuglé, prit les paroles dans un autre sens.

5-9. Ce que fit Judith durant ces quatre pre-

miers jours. — *Et petiit...* Dans le grec : Et elle dormit jusqu'au milieu de la nuit, et elle se leva de grand matin, et envoya dire à Holoferne . Que mon seigneur ordonne qu'il soit permis à sa servante de sortir pour prier. — *Baptizabat se :* rite par lequel elle se purifiait avant de prier selon la coutume juive et païenne. Cf. Ex. xxx, 17-21; Homère, *Odyss.*, I, 260, etc. — *In fonte...:* près du camp, ajoute le grec. — *Munda manebat :* pure sous le rapport légal, sans avoir aucune communication avec les Assyriens. — *Escam... in vespere :* par conséquent, Judith joignait le jeûne à la prière, comme Esther, cette autre héroïne juive. Cf. Esth. iv, 16.

7° Le soir du quatrième jour, Judith consent à dîner avec Holoferne. XII, 10-20.

10-11. Holoferne et l'eunuque Vagao. — Co-

Holoferne fit un festin à ses serviteurs, et il dit à Vagao, son eunuque : Allez, et persuadez à cette Juive qu'elle consente d'elle-même à habiter avec moi.

11. Car, chez les Assyriens, il est honteux qu'une femme se raille d'un homme, en agissant de telle sorte qu'elle s'éloigne pure d'auprès de lui.

12. Alors Vagao entra chez Judith, et dit : Pourquoi cette bonne fille craindrait-elle d'entrer chez mon seigneur, pour être honorée en sa présence, pour manger avec lui et pour boire du vin avec joie?

13. Judith lui répondit : Qui suis-je, moi, pour m'opposer à la volonté de mon seigneur?

14. Je ferai tout ce qui sera bon et parfait à ses yeux ; car ce qui lui sera agréable, sera aussi le plus grand bien qui puisse m'arriver dans toute ma vie.

15. Elle se leva ensuite, et elle se para de ses ornements ; et étant entrée, elle parut devant lui.

16. Or le cœur d'Holoferne fut saisi ; car il brûlait de passion pour elle.

17. Et il lui dit : Buvez maintenant et mangez avec joie, car vous avez trouvé grâce devant moi.

18. Et Judith lui dit : Je boirai, seigneur, car mon âme reçoit aujourd'hui plus de gloire que dans toute ma vie.

19. Elle prit ensuite ce que sa servante lui avait préparé, et elle mangea et but devant lui.

20. Et Holoferne fut transporté de joie auprès d'elle, et but beaucoup de vin, plus qu'il n'en avait jamais bu dans toute sa vie.

lofernes fecit cœnam servis suis, et dixit ad Vagao, eunuchum suum : Vade, et suade Hebræam illam ut sponte consentiat habitare mecum.

11. Fœdum est enim apud Assyrios si femina irrideat virum, agendo ut immunis ab eo transeat.

12. Tunc introivit Vagao ad Judith, et dixit : Non vereatur bona puella introire ad dominum meum, ut honorificetur ante faciem ejus, ut manducet cum eo, et bibat vinum in jucunditate.

13. Cui Judith respondit : Quæ ego sum, ut contradicam domino meo?

14. Omne quod erit ante oculos ejus bonum et optimum, faciam ; quidquid autem illi placuerit, hoc mihi erit optimum ómnibus diebus vitæ meæ.

15. Et surrexit, et ornavit se vestimento suo ; et ingressa stetit ante faciem ejus.

16. Cor autem Holofernis concussum est ; erat enim ardens in concupiscentia ejus.

17. Et dixit ad eam Holofernes : Bibe nunc, et accumbe in jucunditate, quoniam invenisti gratiam coram me.

18. Et dixit Judith : Bibam, domine, quoniam magnificata est anima mea hodie præ omnibus diebus meis.

19. Et accepit, et manducavit, et bibit coram ipso, ea quæ paraverat illi ancilla ejus.

20. Et jucundus factus est Holofernes ad eam, bibitque vinum multum nimis, quantum nunquam biberat in vita sua.

---

nam servis suis. Le grec est plus précis : « seulement pour ses serviteurs, et il n'invita aucun des officiers au banquet. » Le repas fut donc tout intime. L'entourage personnel et immédiat du général fut seul invité. Les chefs de l'armée n'y assistaient pas, car ils eussent été des témoins gênants. — *Vagao*. Bagoas dans le grec ; nom qui paraît avoir été donné dans l'antiquité à tous les eunuques. Cf. Pline, *Hist. nat.*, XIII, 4, 9 ; Quintilien, V, 12, 21 ; Plutarque, *Vit. Alex.*, 67, etc. Les eunuques ont toujours joué un grand rôle dans l'histoire assyrienne. — *Sponte consentiat...* Le grec dit simplement : qu'elle vienne parmi nous, et qu'elle mange et boive avec nous. — *Fœdum est enim...* Langage qui révèle toute la corruption des mœurs assyriennes, attestée d'ailleurs par les auteurs profanes. — *Ut immunis...* D'après les LXX : car si nous ne l'attirons pas à nous, elle se rira de nous.

12-14. Judith accepte l'invitation d'Holoferne. — *Bibat... in jucunditate*. Le grec ajoute : et qu'elle devienne aujourd'hui comme l'une des filles des Assyriens qui servent dans la maison de Nabuchodonosor. — *Quæ ego sum...* (vers. 13)? L'invitation entrait trop bien dans les plans de Judith, maintenant qu'elle avait écarté toute défiance, pour qu'elle ne l'acceptât pas aussitôt. Le vil tentateur dut être satisfait de cette réponse.

15-20. Le festin. — *Ornavit se*. Les autres versions disent ensuite : Et sa servante vint, et étendit par terre, en face d'Holoferne, les peaux de mouton qu'elle avait reçues de Bagoas pour son usage journalier, afin de manger couchée sur elles. — *Cor autem Holofernis* (vers. 16). Saisissant tableau, en quelques mots. — *Magnificata est...* (vers. 18). Parole ambiguë, comme presque toutes celles que Judith prononça devant Holo

CHAPITRE XIII

1. Ut autem sero factum est, festinaverunt servi illius ad hospitia sua; et conclusit Vagao ostia cubiculi, et abiit.

2. Erant autem omnes fatigati a vino,
3. eratque Judith sola in cubiculo.

4. Porro Holofernes jacebat in lecto, nimia ebrietate sopitus.
5. Dixitque Judith puellæ suæ ut staret foris ante cubiculum, et observaret.

6. Stetitque Judith ante lectum, orans cum lacrymis, et labiorum motu in silentio,
7. dicens : Confirma me, Domine, Deus Israel, et respice in hac hora ad opera manuum meorum, ut, sicut promisisti, Jerusalem civitatem tuam erigas, et hoc quod credens per te posse fieri cogitavi, perficiam.

8. Et cum hæc dixisset, accessit ad

---

1. Or, quand le soir fut venu, ses serviteurs se hâtèrent de se retirer chacun chez soi, et Vagao ferma les portes de la chambre et s'en alla.

2. Or tous étaient appesantis par le vin,
3. et Judith était seule dans la chambre.

4. Holoferne était étendu sur son lit, accablé de sommeil par l'excès du vin.

5. Et Judith dit à sa servante de se tenir dehors, devant la chambre, et d'y faire le guet.

6. Et Judith se tint debout devant le lit, priant avec larmes, et remuant les lèvres en silence,
7. disant : Seigneur, Dieu d'Israël, fortifiez-moi, et regardez à cette heure l'œuvre de mes mains, afin que vous releviez, selon votre promesse, votre ville de Jérusalem, et que j'achève ce que j'ai cru pouvoir faire par votre assistance.

8. Ayant ainsi parlé, elle s'approcha

---

ferne et les Assyriens. L'héroïne pensait à son prochain exploit, tout en paraissant flatter le général. — *Bibitque... multum :* sous l'empire de son infâme joie.

8° Judith tranche la tête d'Holoferne. XIII, 1-10.

CHAP. XIII. — 1-5. Transition. — *Conclusit... ostia :* du dehors, est-il ajouté dans le grec. Mais sur l'ordre de Judith, la servante était restée à la porte (vers. 5); autrement il eût été impossible de sortir. — *Fatigati a vino :* « la fête avait été longue, » disent encore les LXX. — *Jacebat.* Le grec est très expressif : il était tombé en avant (προπεπτωκώς) sur son lit. — *Nimia ebrietate...* Bonne traduction du texte grec, qui signifie littéralement que « le vin avait été versé sur lui tout autour ». Holoferne était *a vino madidus* », comme disaient les Latins : circonstance qui aida singulièrement Judith. — *Dixitque...* Dans le sens du plus-que-parfait : elle avait dit, avant le banquet. Le grec ajoute : car elle avait dit qu'elle sortirait pour ses prières, et elle avait parlé à Bagoas dans le même sens.

6-7. La prière suprême de Judith. Passage extrêmement dramatique. — *Cum lacrymis, et labiorum... :* comme autrefois Anne, l'épouse d'Elcana, lorsqu'elle demandait un fils au Seigneur. Cf. I Reg. I, 13. Ce trait est une particularité de la Vulgate. — *Confirma me...* Prière rapide, car l'heure était décisive (*in hac hora*), et il fallait agir au plus tôt. C'est un pressant appel à Dieu, au nom de Jérusalem, la cité sainte, et au nom de la foi courageuse de la suppliante (*hoc quod credens...*).

8-10. Mort d'Holoferne. Scène encore plus vivante et vraiment tragique. — *Ad columnam :* le pilier qui soutenait la tente ou la moustiquaire (*Atl. archéol.,* pl. XI, fig. 3, 6; pl. CXIV, fig. 5). — *Pugionem :* elle va frapper Holoferne avec son propre glaive, comme David avait fait pour Goliath. Cf. I Reg. XVIII, 51. — *Apprehendit comam :* pour que le coup fût plus sûr. Les Assyriens portaient de longs cheveux (*Atl. arch.,* pl. IV, fig. 2, 3; pl. LXXXI, fig. 4, 7-13). — *Abstulit conopeum :* pour l'emporter comme un trophée, car c'était un objet de grand prix. Cf. x, 19. — *Evolvit corpus :* elle le roula hors du lit. Cf. XIV, 14.

9° Judith revient à Béthulie. XIII, 11-13.

11-13. *In peram :* dans le sac qui lui avait servi pour apporter ses vivres. Cf. x, 5. — *Transierunt :* sans encombre, comme aux jours

Glaive assyrien.
(D'après les monuments.)

de la colonne qui était au chevet de son lit, et elle détacha son épée qui y était suspendue.

9. Puis, l'ayant tirée du fourreau, elle saisit les cheveux de sa tête, et dit : Seigneur Dieu, fortifiez - moi à cette heure.

10. Et elle le frappa sur le cou par deux fois et lui coupa la tête ; et ayant tiré le rideau hors des colonnes, elle jeta par terre son corps décapité.

11. Et peu de temps après elle sortit, et donna à sa servante la tête d'Holoferne, lui commandant de la mettre dans son sac.

12. Puis elles sortirent toutes deux selon leur coutume, comme pour aller prier, et elles traversèrent le camp, et, tournant la vallée, elles arrivèrent à la porte de la ville.

13. Et Judith dit de loin aux gardiens des murailles : Ouvrez les portes, car Dieu est avec nous, et il a signalé sa puissance dans Israël.

14. Et lorsque les gardes eurent entendu sa voix, ils appelèrent les anciens de la ville.

15. Et tous coururent à elle, depuis le plus petit jusqu'au plus grand, car ils n'espéraient déjà plus qu'elle reviendrait.

16. Et allumant des flambeaux, ils s'assemblèrent tous autour d'elle. Et elle, montant sur un lieu plus élevé, ordonna qu'on fît silence. Et lorsque tous se furent tus, elle dit :

17. Louez le Seigneur notre Dieu, qui n'a point abandonné ceux qui espéraient en lui,

18. et qui a accompli par moi, sa servante, la miséricorde qu'il avait promise à la maison d'Israël ; et qui a tué cette nuit par ma main l'ennemi de son peuple.

19. Puis, tirant de son sac la tête d'Holoferne, elle la leur montra, en disant : Voici la tête d'Holoferne, chef de l'armée des Assyriens, et voici le

columnam quæ erat ad caput lectuli ejus, et pugionem ejus, qui in ea ligatus pendebat, exsolvit.

9. Cumque evaginasset illum, apprehendit comam capitis ejus, et ait : Confirma me, Domine Deus, in hac hora.

10. Et percussit bis in cervicem ejus, et abscidit caput ejus, et abstulit conopeum ejus a columnis, et evolvit corpus ejus truncum.

11. Et post pusillum exivit, et tradidit caput Holofernis ancillæ suæ, et jussit ut mitteret illud in peram suam.

12. Et exierunt duæ, secundum consuetudinem suam, quasi ad orationem, et transierunt castra ; et gyrantes vallem, venerunt ad portam civitatis.

13. Et dixit Judith a longe custodibus murorum : Aperite portas, quoniam nobiscum est Deus, qui fecit virtutem in Israel.

14. Et factum est, cum audissent viri vocem ejus, vocaverunt presbyteros civitatis ;

15. et concurrerunt ad eam omnes, a minimo usque ad maximum, quoniam sperabant eam jam non esse venturam.

16. Et accendentes luminaria, congyraverunt circa eam universi ; illa autem ascendens in eminentiorem locum, jussit fieri silentium. Cumque omnes tacuissent,

17. dixit Judith : Laudate Dominum Deum nostrum, qui non deseruit sperantes in se ;

18. et in me ancilla sua adimplevit misericordiam suam, quam promisit domui Israel, et interfecit in manu mea hostem populi sui hac nocte.

19. Et proferens de pera caput Holofernis, ostendit illis, dicens : Ecce caput Holofernis, principis militiæ Assyriorum ; et ecce conopeum illius in quo

---

précédents, en vertu de l'autorisation accordée par Holoferne. — *Dixit... a longe* (vers. 13). Dans sa joie, elle annonce du plus loin qu'elle peut la bonne nouvelle.

10° L'héroïne est reçue avec allégresse par les habitants de Béthulie. XIII, 14-26.

14-16ª. Concours de tout le peuple autour de Judith. — *Vocaverunt presbyteros :* les gouverneurs étaient seuls dépositaires des clefs de la cité. — *Concurrerunt..., accendentes...* Détails très pittoresques.

16ᵇ-21. Judith montre la tête d'Holoferne à ses concitoyens et les exhorte à remercier le Seigneur. — *Ascendens in eminentiorem..., jussit... silentium :* autres traits graphiques, propres à la Vulgate. — *Dixit :* d'une voix forte, d'après le grec. — Sa première parole, vers. 17-18, est une exhortation à louer Dieu, le vrai libérateur d'Israël ; Judith ne se regarde que comme un humble instrument. — Seconde parole, vers. 19 ; et, en même temps qu'elle la prononçait, Judith montrait au peuple la tête sanglante d'Holoferne. — Troisième

recumbebat in ebrietate sua, ubi per manum feminæ percussit ilium Dominus Deus noster.

20˙ Vivit autem ipse Dominus, quoniam custodivit me angelus ejus, et hinc euntem, et ibi commorantem, et inde huc revertentem, et non permisit me Dominus ancillam suam coinquinari, sed sine pollutione peccati revocavit me vobis, gaudentem in victoria sua, in evasione mea, et in liberatione vestra.

21. Confitemini illi omnes, quoniam bonus, quoniam in sæculum misericordia ejus.

22. Universi autem adorantes Dominum, dixerunt ad eam : Benedixit te Dominus in virtute sua; quia per te ad nihilum redegit inimicos nostros.

23. Porro Ozias, princeps populi Israel, dixit ad eam : Benedicta es tu, filia, a Domino, Deo excelso, præ omnibus mulieribus super terram.

24. Benedictus Dominus qui creavit cælum et terram, qui te direxit in vulnera capitis principis inimicorum nostrorum;

25. quia hodie nomen tuum ita magnificavit, ut non recedat laus tua de ore hominum qui memores fuerint virtutis Domini in æternum, pro quibus non pepercisti animæ tuæ, propter angustias et tribulationem generis tui, sed subvenisti ruinæ ante conspectum Dei nostri.

26. Et dixit omnis populus : Fiat! fiat!

27. Porro Achior vocatus venit, et dixit ei Judith : Deus Israel, cui tu te-

rideau sous lequel il était couché dans son ivresse, et où le Seigneur notre Dieu l'a frappé par la main d'une femme.

20. Le Dieu vivant m'est témoin que son ange m'a gardée, quand je suis sortie d'ici, et que je demeurais là-bas, et quand je suis revenue ici, et que le Seigneur n'a point permis que sa servante fût souillée; mais qu'il m'a fait revenir auprès de vous sans aucune tache de péché, joyeuse de sa victoire, de mon salut et de votre délivrance.

21. Rendez-lui tous vos actions de grâces, parce qu'il est bon, parce que sa miséricorde s'étend dans tous les siècles.

22. Alors tous, adorant le Seigneur, dirent à Judith : Le Seigneur vous a bénie de sa force, et il a anéanti par vous nos ennemis.

23. Or Ozias, prince du peuple d'Israël, lui dit : Vous êtes bénie, ma fille, par le Seigneur, le Très Haut, plus que toutes les femmes *qui sont* sur la terre.

24. Béni soit le Seigneur qui a créé le ciel et la terre, qui vous a conduite pour trancher la tête au chef de nos ennemis.

25. Car il a rendu aujourd'hui votre nom si célèbre, que les hommes, se souvenant à jamais de la puissance du Seigneur, ne cesseront jamais de vous louer, parce que vous n'avez pas épargné votre vie pour eux, en voyant les angoisses et les tribulations de votre peuple; mais vous avez empêché sa ruine en présence de notre Dieu.

26. Et tout le peuple répondit : Ainsi soit-il, ainsi soit-il.

27. On fit venir ensuite Achior, et Judith lui dit : Le Dieu d'Israël, à qui

---

parole, vers. 20, attestant que Judith n'a rien eu à sacrifier de son honneur pour accomplir ce grand triomphe. La Vulgate est plus complète ici que les autres versions, et la mention de l'ange protecteur lui appartient en propre. — Quatrième parole, vers. 21 : Judith finit comme elle avait commencé, par une invitation à louer Dieu.

22-26. Le peuple rend grâces au Seigneur et à Judith. — *Adorantes :* en se prosternant jusqu'à terre. — Vers. 23-25, Ozias, en tant que premier gouverneur de la ville, prend la parole au nom de tous pour remercier Dieu et Judith. La Vulgate seule le nomme *princeps populi...;* en réalité, il n'était chef que de Béthulie. — *Benedicta... præ omnibus...* Débora avait chanté Jaël dans les mêmes termes, après que celle-ci eut donné la mort à Sisara (cf. Jud. v, 24); ainsi chante l'Église au sujet de Marie, la Vierge-Mère,

qui seule mérite cet éloge dans toute son étendue. Comp. le vers. 22. — *Subvenisti ruinæ...* Plus explicitement, dans le grec : « Tu es sortie pour empêcher notre ruine, marchant sur un droit chemin en présence de notre Dieu. » Ozias, par ces mots, approuvait hautement la conduite de Judith. — Vers. 26, approbation et acclamation du peuple entier.

11° La stupéfaction d'Achior. XIII, 27-31.

Dans le texte grec, cet épisode est placé après XIV, 5 ; l'ordre suivi par la Vulgate semble plus naturel.

27-28. Judith montre la tête d'Holoferne au chef ammonite. — *Achior vocatus :* sur la demande expresse de Judith, d'après les LXX. Il n'était pas accouru avec la foule (vers. 15), soit parce qu'il ignorait le motif de ce rassemblement, soit peut-être parce qu'il ne jouissait pas

vous avez rendu ce témoignage, qu'il a le pouvoir de se venger de ses ennemis, a coupé lui-même cette nuit par ma main la tête de tous les infidèles.

28. Et pour que vous soyez sûr qu'il en est ainsi, voici la tête d'Holoferne, qui, dans l'insolence de son orgueil, méprisait le Dieu d'Israël, et qui menaçait de vous faire mourir, en disant : Lorsque j'aurai vaincu le peuple d'Israël, je vous ferai passer l'épée au travers du corps.

29. Or Achior, voyant la tête d'Holoferne, fut saisi de frayeur, et il tomba le visage contre terre et s'évanouit.

30. Mais ensuite, lorsqu'il fut revenu à lui, il se jeta aux pieds de Judith et l'adora, en lui disant :

31. Vous êtes bénie de votre Dieu dans toutes les tentes de Jacob, parce que le Dieu d'Israël sera glorifié en vous, parmi tous les peuples qui entendront votre nom.

stimonium dedisti quod ulciscatur se de inimicis suis, ipse caput omnium incredulorum incidit hac nocte in manu mea.

28. Et ut probes quia ita est, ecce caput Holofernis qui in contemptu superbiæ suæ Deum Israel contempsit, et tibi interitum minabatur, dicens : Cum captus fuerit populus Israel, gladio perforari præcipiam latera tua.

29. Videns autem Achior caput Holofernis, angustiatus præ pavore, cecidit in faciem suam super terram, et æstuavit anima ejus.

30. Postea vero quam resumpto spiritu recreatus est, procidit ad pedes ejus, et adoravit eam, et dixit :

31. Benedicta tu a Deo tuo in omni tabernaculo Jacob, quoniam in omni gente quæ audierit nomen tuum, magnificabitur super te Deus Israel.

CHAPITRE XIV

1. Alors Judith dit à tout le peuple : Écoutez-moi, mes frères ; suspendez cette tête en haut de nos murailles ;

2. et quand le soleil sera levé, que chacun prenne les armes, et sortez avec impétuosité, sans descendre, mais comme si vous faisiez une sortie.

3. Alors il faudra nécessairement que les gardes avancées fuient vers leur général, afin de le réveiller pour le combat.

4. Et lorsque leurs chefs auront couru à la tente d'Holoferne, et qu'ils l'auront trouvé décapité, nageant dans son sang, la frayeur les saisira.

5. Et lorsque vous les verrez fuir,

1. Dixit autem Judith ad omnem populum : Audite me, fratres ; suspendite caput hoc super muros nostros.

2. Et erit, cum exierit sol, accipiat unusquisque arma sua, et exite cum impetu, non ut descendatis deorsum, sed quasi impetum facientes.

3. Tunc exploratores necesse erit ut fugiant ad principem suum excitandum ad pugnam.

4. Cumque duces eorum cucurrerint ad tabernaculum Holofernis, et invenerint eum truncum in suo sanguine volutatum, decidet super eos timor.

5. Cum cognoveritis fugere eos, ite

---

entièrement de sa liberté. — *Deus Israel...* Ces paroles de Judith (vers. 27b-28) ne sont citées que par la Vulgate. — *Caput omnium incredulorum* : une seule tête avait été tranchée, mais c'était celle du généralissime, et Judith prévoyait que la ruine de l'armée assyrienne était désormais certaine.

29-31. Vive impression d'Achior à ce spectacle. — *Angustiatus...* Encore un beau tableau. On conçoit sans peine l'émotion violente d'Achior devant la tête pâle et sanglante de celui qui jurait naguère de le faire périr. — *Benedicta tu...* : ses sentiments sont les mêmes que ceux des Juifs, et exprimés dans les mêmes termes. Cf. vers. 23-26.

§ IV. — *Déroute complète des Assyriens.*
XIV, 1 — XV, 8.

1° Judith engage les habitants de Béthulie à tomber en masse et à l'improviste sur leurs ennemis. XIV, 1-5.

CHAP. XIV. — 1-5. *Dixit autem... :* profitant de l'enthousiasme du peuple et de l'influence qu'elle venait d'acquérir, elle demande une action rapide, de manière à anéantir l'armée assyrienne. — *Suspendite :* comme fit plus tard Judas Machabée pour la tête de Nicanor. Cf. I Mach. xv, 35. — *Exite... non ut descendatis...* Tout d'abord, cette sortie ne devait être qu'une feinte habile, des-

post illos securi, quoniam Dominus conteret illos sub pedibus vestris.

6. Tunc Achior, videns virtutem quam fecit Deus Israel, relicto gentilitatis ritu, credidit Deo, et circumcidit carnem præputii sui, et appositus est ad populum Israel, et omnis successio generis ejus usque in hodiernum diem.

7. Mox autem ut ortus est dies, suspenderunt super muros caput Holofernis ; accepitque unusquisque vir arma sua, et egressi sunt cum grandi strepitu et ululatu.

8. Quod videntes exploratores, ad tabernaculum Holofernis cucurrerunt.

9. Porro hi qui in tabernaculo erant, venientes, et ante ingressum cubiculi perstrepentes, excitandi gratia, inquietudinem arte moliebantur, ut non ab excitantibus, sed a sonantibus Holofernes evigilaret

10. Nullus enim audebat cubiculum virtutis Assyriorum pulsando aut intrando aperire.

11. Sed cum venissent ejus duces ac tribuni, et universi majores exercitus regis Assyriorum, dixerunt cubiculariis :

12. Intrate, et excitate illum, quoniam egressi mures de cavernis suis ausi sunt provocare nos ad prælium.

13. Tunc ingressus Vagao cubiculum ejus, stetit ante cortinam, et plausum fecit manibus suis; suspicabatur enim illum cum Judith dormire.

---

allez hardiment après eux, car le Seigneur les écrasera sous vos pieds.

6. Alors Achior, voyant la puissance qu'avait manifestée le Dieu d'Israël, abandonna les superstitions païennes, crut en Dieu, circoncit sa chair, et fut associé au peuple d'Israël, ainsi que toute sa race jusqu'à ce jour.

7. Aussitôt donc que le jour parut, ils suspendirent sur les murs la tête d'Holoferne, et chacun ayant pris ses armes, ils sortirent tous avec grand bruit et de grands cris.

8. Les sentinelles, voyant cela, coururent à la tente d'Holoferne.

9. Or ceux qui étaient dans la tente vinrent à la porte de sa chambre, en y faisant du bruit pour l'éveiller, et ils tâchaient qu'Holoferne fût plutôt éveillé par ce bruit confus que directement par les siens.

10. Car nul n'osait ni frapper à la porte, ni entrer dans la chambre du général des Assyriens.

11. Mais lorsque les chefs, les commandants et tous les principaux officiers de l'armée d'Assyrie furent venus, ils dirent aux serviteurs :

12. Entrez et éveillez-le, parce que ces rats sont sortis de leurs trous, et ont osé nous provoquer au combat.

13. Alors Vagao, étant entré dans la chambre, s'arrêta devant le rideau, et il frappa des mains, s'imaginant qu'il dormait avec Judith.

---

tinée, d'après les prévisions de Judith, à jeter la panique dans les rangs des Assyriens. Il serait alors aisé de tomber sur eux et de les anéantir (vers. 5). — *Exploratores :* les avant-postes, les grand'gardes.

2º Achior demande à être entièrement incorporé au peuple israélite. XIV, 6.

6. La circoncision d'Achior. — *Relicto... ritu.* Détail propre à la Vulgate. — *Credidit Deo.* « Il crut grandement, » dit le texte grec, pour marquer la vivacité de cette foi. — *Circumcidit... :* le signe de l'alliance théocratique, depuis l'époque d'Abraham. Cf. Gen. XVII, 9 et ss. Les étrangers pouvaient le recevoir, et se faire incorporer ainsi au peuple du vrai Dieu (Gen. XVII, 23 ; comp. Is. XIV, 1). Il est vrai que, d'après Deut. XXIII, 3 et ss., les Ammonites ne pouvaient pas jouir de ce privilège, à cause de la haine qu'ils avaient autrefois témoignée aux Hébreux ; mais on crut pouvoir faire une exception en faveur d'Achior, qui s'était si noblement conduit envers les Juifs.

3º Effroi des Assyriens lorsqu'ils apprirent la mort d'Holoferne. XIV, 7-18.

7. Sortie des habitants de Béthulie. — *Mox... ut ortus...* On suit à la lettre le sage conseil de Judith. Cf. vers. 2 et ss. — *Cum grandi... ululatu.* D'après les LXX : et ils sortirent par bandes dans les passages de la montagne.

8-12. Les chefs assyriens à l'entrée de la tente d'Holoferne. Scène tout à fait pittoresque. — *Ad tabernaculum... cucurrerunt.* Variante dans le grec : Les enfants d'Assur, les voyant venir, envoyèrent à leurs chefs, et ceux-ci allèrent trouver leurs commandants, leurs capitaines de mille et leurs princes ; et ils vinrent à la tente d'Holoferne. — *Porro... qui in tabernaculo...* Les détails du vers. 9-10 ne sont racontés que par la Vulgate ; ils expriment très bien le profond respect que les Orientaux témoignent aux grands personnages. — *Intrate et excitate...* (vers. 12). A la fin cependant les chefs perdent patience, car le péril devenait de plus en plus pressant, et il n'y avait pas un moment à perdre. — *Egressi mures...* Expression extrêmement méprisante pour désigner les Hébreux ; les Philistins l'avaient déjà employée autrefois, I Reg. XIV, 11. Elle est propre à la Vulgate en cet endroit, car les LXX ont le mot δοῦλοι, esclaves. — *Ausi... provocare... :* pour être entièrement détruits, ajoutent orgueilleusement les chefs assyriens d'après le texte grec.

13-18. On découvre le cadavre d'Holoferne.

14. Mais prêtant l'oreille, et n'entendant aucun bruit, tel qu'en fait un homme qui dort, il s'approcha plus près du rideau, et, le soulevant, il vit le cadavre d'Holoferne étendu à terre, sans tête, et tout souillé de son sang; aussitôt il poussa un grand cri en pleurant, et il déchira ses vêtements.

15. Puis étant entré dans la tente de Judith, et ne l'ayant point trouvée, il s'élança devant le peuple,

16. et il dit : Une seule femme juive a mis la confusion dans la maison du roi Nabuchodonosor; car voici qu'Holoferne est étendu à terre, et sa tête n'est plus avec son corps.

17. Lorsque les chefs de l'armée des Assyriens eurent entendu ces paroles, ils déchirèrent tous leurs vêtements, et ils furent surpris d'une crainte et d'une frayeur extrêmes, et le trouble saisit vivement leurs esprits,

18. et des cris effroyables retentirent dans tout le camp.

14. Sed cum nullum motum jacentis sensu aurium caperet, accessit proximans ad cortinam, et elevans eam, vidensque cadaver absque capite Holofernis in suo sanguine tabefactum jacere super terram, exclamavit voce magna cum fletu, et scidit vestimenta sua.

15. Et ingressus tabernaculum Judith, non invenit eam, et exiliit foras ad populum,

16. et dixit : Una mulier hebræa fecit confusionem in domo regis Nabuchodonosor; ecce enim Holofernes jacet in terra, et caput ejus non est in illo.

17. Quod cum audissent principes virtutis Assyriorum, sciderunt omnes vestimenta sua; et intolerabilis timor et tremor cecidit super eos, et turbati sunt animi eorum valde;

18. et factus est clamor incomparabilis in medio castrorum eorum.

CHAPITRE XV

1. Et lorsque toute l'armée apprit qu'Holoferne avait été décapité, tout sang-froid et toute sagesse les abandonna, et, poussés par la frayeur et la crainte, ils cherchèrent leur salut dans la fuite;

2. de sorte que nul ne parlait à son compagnon, mais, baissant la tête et abandonnant tout, ils se hâtaient d'échapper aux Hébreux, qu'ils entendaient venir sur eux les armes à la main, et ils fuyaient par les chemins de la campagne et par les sentiers des collines.

3. Les fils d'Israël, les voyant donc s'enfuir, les poursuivirent, et ils descen-

1. Cumque omnis exercitus decollatum Holofernem audisset, fugit mens et consilium ab eis, et solo tremore et metu agitati, fugæ præsidium sumunt,

2. ita ut nullus loqueretur cum proximo suo, sed inclinato capite, relictis omnibus, evadere festinabant Hebræos, quos armatos super se venire audiebant, fugientes per vias camporum et semitas collium.

3. Videntes itaque filii Israel fugientes, secuti sunt illos, descenderuntque

---

Encore une scène dramatique, surtout au début. — *Ad cortinam* (vers. 14) : la portière en étoffe qui fermait l'entrée de la tente. — *Ingressus tabernaculum Judith* (vers. 15) : ce fut son premier mouvement, bien naturel, car la vue du cadavre lui avait révélé tout ce qui s'était passé. — *Quod cum audissent...* (vers. 17 et 18). Effroi, douleur et confusion.

4° L'armée assyrienne est mise en déroute par les Juifs. XV, 1-4.

CHAP. XV. — 1-2. Fuite honteuse ⸻ Assyriens. — *Fugit mens...* L'effet produit par la terrible nouvelle est admirablement décrit. La Bible nous présente çà et là des tableaux de pa-

nique dans les armées orientales ; celui-ci est un des plus frappants, surtout dans notre version latine, qui a plusieurs traits spéciaux : *nullus loqueretur, inclinato capite, relictis omnibus.* Le grec ajoute : « ceux qui s'étaient campés dans la région montagneuse-autour de Béthulie prirent aussi la fuite. » Il s'agit des Moabites et des Iduméens, qui avaient cerné la ville, comme il a été dit plus haut d'après les LXX (note de VII, 7 et ss.).

3-4. Les Hébreux poursuivent l'ennemi, dont ils font un grand carnage. Presque tout est propre à la Vulgate.

clangentes tubis, et ululantes post ipsos.

4. Et quoniam Assyrii non adunati, in fugam ibant præcipites; filii autem Israel uno agmine persequentes, debilitabant omnes quos invenire potuissent.

5. Misit itaque Ozias nuntios per omnes civitates et regiones Israel.

6. Omnis itaque regio omnisque urbs electam juventutem armatam misit post eos; et persecuti sunt eos in ore gladii, quousque pervenirent ad extremitatem finium suorum.

7. Reliqui autem qui erant in Bethulia ingressi sunt castra Assyriorum, et prædam quam fugientes Assyrii reliquerant, abstulerunt, et onustati sunt valde.

8. Hi vero qui victores reversi sunt ad Bethuliam, omnia quæ erant illorum attulerunt secum, ita ut non esset numerus in pecoribus et jumentis, et universis mobilibus eorum, ut a minimo usque ad maximum omnes divites fierent de prædationibus eorum.

9. Joacim autem, summus pontifex, de Jerusalem venit in Bethuliam cum universis presbyteris suis, ut videret Judith.

10. Quæ cum exiisset ad illum, benedixeruut eam omnes una voce, dicentes :

dirent sonnant des trompettes et poussant de grands cris derrière eux.

4. Et comme les Assyriens ne fuyaient point en corps, mais qu'ils se précipitalent *isolément*, les Israélites, au contraire, les poursuivaient groupés tous ensemble, et ils tuaient tous ceux qu'ils rencontraient.

5. En même temps Ozias envoya des messagers dans toutes les villes et dans toutes les provinces d'Israël.

6. Aussitôt chaque ville et chaque province, ayant armé l'élite des jeunes gens, les envoya après les Assyriens, et ils les poursuivirent l'épée à la main jusqu'à ce qu'ils arrivassent aux extrêmes frontières de leur pays.

7. Cependant ceux qui étaient restés à Béthulie entrèrent dans le camp des Assyriens, d'où ils remportèrent tout le butin que les Assyriens avaient laissé dans leur fuite, et ils revinrent tout chargés.

8. Mais ceux qui rentrèrent vainqueurs à Béthulie apportèrent avec eux tout ce qui avait été aux Assyriens. De sorte qu'il y avait une quantité innombrable de troupeaux, de bestiaux et de bagages, et que tous s'enrichirent de leurs dépouilles, depuis le plus petit jusqu'au plus grand.

9. Or Joacim, le grand prêtre, vint de Jérusalem à Béthulie avec tous les anciens, pour voir Judith.

10. Et elle sortit au-devant de lui; et ils la bénirent tous d'une seule voix,

---

5° Mesures d'Ozias pour rendre le triomphe plus parfait ; on recueille les dépouilles des Assyriens. XV, 5-8.

5-6. La victoire est complétée grâce au concours des habitants des contrées voisines. — *Per... civitates et regiones*. Les LXX citent les noms de quelques-unes de ces villes et de ces provinces : Bétomasthem et Choba (note de IV, 4 et 6), Bébaï et Chola (localités inconnues), la Galilée et Galaad.

7-8. Le butin. — Au vers. 7, pillage du camp des Assyriens auprès de Béthulie ; au vers. 8, dépouilles rapportées par ceux qui avaient poursuivi les fuyards. La Vulgate marque beaucoup mieux cette distinction que les autres textes.

§ V. — *Le triomphe et le cantique de Judith, ses dernières années et sa mort.* XV, 9 — XVI, 31.

1° Judith reçoit les félicitations du grand prêtre. XV, 9-12.

9. Le pontife Joacim vient à Béthulie pour

voir Judith. — *Joacim.* « Éliachim » au chap. IV, vers. 11 (voyez la note). — *Cum presbyteris suis.* D'après le grec : les anciens des fils d'Israël qui habitaient à Jérusalem. — *Ut videret Judith.* Et aussi « pour contempler les bonnes choses que Dieu avait montrées à Israël » (les LXX).

10-12. Magnifique éloge de Judith. — *Cum exiisset...* D'après le syriaque, l'Itala et la plupart des manuscrits grecs, ce fut Joacim qui vint au-devant de Judith. — *Tu gloria...* La gloire de la capitale, du royaume d'Israël dont Béthulie faisait partie, du peuple entier (*populi nostri*) : gradation ascendante. Beau texte que l'Église applique aussi à Marie, qui en réalisa le sens bien mieux que Judith. — *Quia fecisti...* Motif de cet éloge grandiose (vers. 11). La Vulgate signale la chasteté de l'héroïne comme la source de sa force inébranlable. — *Et post virum.* Les secondes noces à la suite du veuvage ont toujours été fréquentes chez les Juifs.

en disant : Vous êtes la gloire de Jérusalem ; vous êtes la joie d'Israël ; vous êtes l'honneur de notre peuple.

11. Car vous avez agi avec un mâle courage ; et votre cœur s'est affermi, parce que vous avez aimé la chasteté, et qu'après avoir perdu votre mari, vous n'en avez pas connu d'autre. C'est pour cela que la main du Seigneur vous a fortifiée, et que vous serez bénie éternellement.

12. Et tout le peuple dit : Ainsi soit-il, ainsi soit-il.

13. Trente jours suffirent à peine au peuple d'Israël pour recueillir les dépouilles des Assyriens.

14. Et tout ce qu'on reconnut avoir appartenu à Holoferne, en or, en argent, en vêtements, en pierreries et en toute sorte de meubles, fut donné à Judith par le peuple.

15. Et tous les hommes, les femmes, les jeunes filles et les jeunes gens, se réjouirent au son des guitares et des *autres* instruments de musique.

Tu gloria Jerusalem, tu lætitia Israel, tu honorificentia populi nostri ;

11. quia fecisti viriliter, et confortatum est cor tuum, eo quod castitatem amaveris, et post virum tuum alterum nescieris. Ideo et manus Domini confortavit te, et ideo eris benedicta in æternum.

12. Et dixit omnis populus : Fiat ! fiat !

13. Per dies autem triginta, vix collecta sunt spolia Assyriorum a populo Israel.

14. Porro autem universa quæ Holofernis peculiaria fuisse probata sunt, dederunt Judith, in auro et argento, et vestibus et gemmis, et omni supellectili, et tradita sunt omnia illi a populo.

15. Et omnes populi gaudebant, cum mulieribus et virginibus et juvenibus, in organis et citharis.

CHAPITRE XVI

1. Alors Judith chanta ce cantique au Seigneur, et dit ·

2. Chantez le Seigneur au son des tambours ; chantez le Seigneur au bruit des cymbales ; modulez-lui un chant nouveau ; glorifiez et invoquez son nom.

3. Le Seigneur anéantit les guerres ; le Seigneur est son nom.

4. Il a mis son camp au milieu de son peuple, pour nous délivrer de la main de tous nos ennemis.

1. Tunc cantavit canticum hoc Domino Judith, dicens ·

2. Incipite Domino in tympanis, cantate Domino in cymbalis, modulamini illi psalmum novum ; exaltate et invocate nomen ejus.

3. Dominus conterens bella, Dominus nomen est illi.

4. Qui posuit castra sua in medio populi sui, ut eriperet nos de manu omnium inimicorum nostrorum.

2° On donne en présent à Judith les dépouilles personnelles d'Holoferne. XV, 3-15.

13-14. Le glorieux présent. — *Per dies... triginta :* tant le butin était énorme. — *Universa quæ Holofernis...* Il était naturel et juste que tout cela devînt la part spéciale de Judith. Le grec ajoute un détail intéressant : Et avant pris ces objets, elle les mit sur sa mule, et elle fit atteler ses chariots, où elle les amoncela.

15. Grandes réjouissances dans Israël, pour célébrer la victoire de Judith. La Vulgate abrège ; le grec développe un peu plus ce joyeux tableau. — *Cum mulieribus...* Sur la participation des femmes et des jeunes filles à ces fêtes triomphales, voyez Ex. xv, 20-21 ; Jud. xi, 34 ; I Reg. xviii, 6, et l'*Atl. arch.,* pl. lxxxix, fig. 2.

3° Le cantique de Judith. XVI, 1-21.

CHAP XVI. — 1. Transition. — *Canticum*

hoc. Dans les LXX : cet hymne d'action de grâces. Et ils ajoutent : « et tout le peuple chanta avec elle ce chant de louange. » Ce cantique fait honneur à Judith, « car c'est une des meilleures productions poétiques de l'esprit hébreu ; l'expression est concise, serrée, vivante, pittoresque, tout à fait appropriée au sujet, et le sujet même est entièrement emprunté aux circonstances, » sans rien de rapporté ni de forcé. L'élan lyrique y est admirable.

2-4. Prélude : Judith invite son peuple à chanter avec elle les louanges du Dieu des armées, leur libérateur. — *In tympanis..., cymbalis :* deux instruments de musique qui accompagnaient souvent les chants sacrés chez les anciens. Cf. Ex. xv, 20-21 ; Ps. cl, 4-5 ; l'*Atl. arch.,* pl. lx, fig. 13-16 ; pl. lxi, fig. 4-10. — *Modulamini* (expression très délicate, comme le grec ἐναρμό-

5. Venit Assur ex montibus ab aquilone, in multitudine fortitudinis suæ; cujus multitudo obturavit torrentes, et equi eorum cooperuerunt valles.

6. Dixit se incensurum fines meos, et juvenes meos occisurum gladio, infantes meos dare in prædam, et virgines in captivitatem.

7. Dominus autem omnipotens nocuit eum, et tradidit eum in manus feminæ, et confodit eum.

8. Non enim cecidit potens eorum a juvenibus; nec filii Titan percusserunt eum, nec excelsi gigantes opposuerunt se illi; sed Judith, filia Merari, in specie faciei suæ dissolvit eum.

9. Exult enim se vestimento viduitatis, et induit se vestimento lætitiæ, in exultatione filiorum Israel.

10. Unxit faciem suam unguento, et colligavit cincinnos suos mitra, accepit stolam novam ad decipiendum illum.

11. Sandalia ejus rapuerunt oculos ejus, pulchritudo ejus captivam fecit animam ejus; amputavit pugione cervicem ejus.

12. Horruerunt Persæ constantiam ejus; et Medi, audaciam ejus.

---

5. Assur est venu des montagnes, du côté de l'aquillon, avec la multitude de son armée; ses troupes sans nombre ont rempli les torrents, et leurs chevaux ont couvert les vallées.

6. Il avait dit qu'il brûlerait mes terres, qu'il passerait mes jeunes gens au fil de l'épée, qu'il donnerait en proie mes enfants et mes vierges en captivité.

7. Mais le Seigneur tout-puissant l'a frappé; il l'a livré entre les mains d'une femme, et il l'a transpercé.

8. Car celui qui était puissant parmi eux n'a point été renversé par les jeunes hommes; il n'a point été frappé par les fils de Titan, et d'immenses géants ne se sont point opposés à lui; mais Judith, fille de Mérari, l'a renversé par la beauté de son visage.

9. Elle a quitté ses vêtements de veuve, et s'est parée de ses vêtements de joie, pour l'allégresse des fils d'Israël.

10. Elle a oint son visage de parfums, elle a ajusté ses cheveux sous un turban, elle s'est parée d'un vêtement neuf pour le séduire.

11. Ses sandales ont ébloui ses yeux, sa beauté a rendu son âme captive; elle lui a coupé la tête avec le glaive.

12. Les Perses ont été épouvantés de sa vaillance, et les Mèdes de sa hardiesse.

σασθε) *psalmum novum...* Il fallait un cantique nouveau pour célébrer une délivrance si nouvelle. — *Dominus conterens bella.* Judith avait déjà donné à Dieu ce beau nom dans sa première prière, IX, 10; cf. Ex. xv, 3, etc.

5-6. L'invasion assyrienne. Magnifique description. — *Venit... ab aquilone...* C'était le chemin de tous ceux qui envahissaient la Palestine en venant de l'est et du nord-est; ils pénétraient par la Cœlésyrie. Voyez l'*Atl. géogr.*, pl. VII, VIII, x. — *In multitudine...* Dans le grec et le syriaque : avec les myriades (Itala : « in millibus exercitus sui »). — *Obturavit torrentes.* Hyperbole très expressive. Comp. Is. XXXVII, 25. — *Dixit se...* Confiance superbe des Assyriens dans leur propre puissance. Cf. V, 27 et ss.; VI, 2 et ss.; IX, 9; xIV, 12. — *Fines meos.* Judith dira de même : « mes jeunes gens, mes enfants; » transportée par l'émotion lyrique, elle s'identifie avec son pays. — *Infantes... in prædam.* « Et il broiera mes nourrissons contre le sol, » ajoutent les LXX. Cf. Ps. cxxxvI, 9; Os. xIV, 1; Nah. III, 10.

7-11. L'exploit de Judith. Il est raconté avec complaisance; c'est, pour ainsi dire, le cœur du poème. — *Dominus autem...* Jéhovah a été le vrai triomphateur; Judith ne se lasse pas de le

redire. — *In manus feminæ.* Frappant contraste avec les vers. 5-6. — *Tradidit, confodit.* Le grec n'a qu'un seul verbe : l'a frustré. — *Non enim...* L'idée générale, exprimée au vers. 7, est ensuite poétiquement développée (vers. 8 et ss.). — *Juventibus.* C'eût été une gloire de tomber en soldat sur le champ de bataille; Holoferne périt honteusement de la main d'une femme. Voyez la note de IX, 15. — *Filii Titan.* « On peut s'étonner de rencontrer le nom des Titans dans la bouche de Judith; mais le grec, d'où il vient, a rendu par ce mot, très vraisemblablement, l'hébreu *gibbôrim*, qui veut dire forts, héros, de même qu'il a rendu *r'fâ'im* par géants dans le même verset » (*Man. bibl.*, t. II, n. 547, note). — *Dissolvit.* Littéralement, dans le grec : l'a paralysé. — Les vers. 9-11 commentent les mots *in specie faciei suæ dissolvit* du vers. 8. Très belle description. Voyez x, 1 et ss. — *Amputavit pugione.* Le grec dit à la lettre : et le glaive passa à travers son cou. Concision remarquable, surtout après les longs détails qui précèdent, pour marquer le résultat décisif; ce trait unique est d'un effet grandiose.

12-14. La fuite et la déroute des Assyriens. — *Persæ, Medi.* Ils sont cités comme des types de vaillants guerriers; d'ailleurs, il y avait d..

13. Alors le camp des Assyriens a été rempli de hurlements, lorsque sont apparus les miens, affaiblis, mourant de soif. ;

14. Les enfants des jeunes femmes les ont percés de coups, et les ont tués comme des enfants qui s'enfuient; ils ont péri dans le combat devant la face du Seigneur mon Dieu.

15. Chantons un hymne au Seigneur, chantons à notre Dieu un hymne nouveau.

16. Seigneur tout-puissant, vous êtes grand et magnifique dans votre puissance, et nul ne peut vous surpasser.

17. Que toutes vos créatures vous obéissent; car vous avez parlé, et elles ont été faites; vous avez envoyé votre esprit, et elles ont été créées, et nul ne résiste à votre voix.

18. Les montagnes seront ébranlées avec les eaux jusqu'aux fondements, les pierres se fondront comme la cire devant votre face.

19. Mais ceux qui vous craignent seront grands devant vous en toutes choses.

20. Malheur à la nation qui s'élèvera contre mon peuple; car le Seigneur tout-puissant se vengera d'elle, il la visitera au jour du jugement.

21. Il répandra dans leur chair le feu et les vers, afin qu'ils brûlent et qu'ils *se* sentent *déchirer* éternellement.

13. Tunc ululaverunt castra Assyriorum, quando apparuerunt humiles mei, arescentes in siti.

14. Filii puellarum compunxerunt eos, et sicut pueros fugientes occiderunt eos; perierunt in prælio a facie Domini Dei mei.

15. Hymnum cantemus Domino; hymnum novum cantemus Deo nostro.

16. Adonai Domine, magnus es tu, et præclarus in virtute tua, et quem superare nemo potest.

17. Tibi serviat omnis creatura tua: quia dixisti, et facta sunt; misisti spiritum tuum, et creata sunt; et non est qui resistat voci tuæ.

18. Montes a fundamentis movebuntur cum aquis; petræ, sicut cera, liquescent ante faciem tuam.

19. Qui autem timent te, magni erunt apud te per omnia

20. Væ genti insurgenti super genus meum! Dominus enim omnipotens vindicabit in eis, in die judicii visitabit illos.

21. Dabit enim ignem et vermes in carnes eorum, ut urantur, et sentiant usque in sempiternum.

Perses et des Mèdes incorporés à l'armée d'Holoferne. — *Humiles mei :* les concitoyens de Judith, qui avaient été si affligés, si humiliés pendant le siège récent. — *Filii puellarum*, c.-à-d. des enfants délicats, sans vigueur. Ironie très mordante, surtout si l'on rapproche ce passage des vers. 5-6. — *Sicut pueros fugientes.* Autre image hardie, pittoresque. Dans le grec : des fils de transfuges ; par conséquent, des esclaves déserteurs, que l'on traitait sans pitié lorsqu'on réussissait à les reprendre.

15-19. Louange à Dieu. — *Hymnum cantemus.* Les LXX : « Je veux chanter au Seigneur un cantique nouveau. » Et aussitôt, en effet, Judith chante en termes magnifiques la toute-puissance du Dieu créateur (vers. 16 et ss.). — *Adonai :* l'un des noms divins en hébreu; il signifie « tout-puissant ». — *Dixisti, et facta sunt* (vers. 17). D'un mot de sa bouche, Dieu avait créé des mondes parfaits. Cf. Gen. I, 3, 7, etc. ; Ps. XXXII, 6, etc. — *Misisti spiritum :* son souffle créateur. — *Montes..., petræ...* (vers. 18). Les créatures qui semblent offrir le plus de résistance par leur masse, leur dureté, sont obligées elles-mêmes d'obéir aux ordres du Seigneur. *Cum aquis :* les eaux des mers. — *Qui autem...*

(vers. 19). Beau contraste, dont l'application est aisée : les plus humbles, les plus faibles, tels qu'étaient Judith et les Juifs, non seulement n'ont pas à redouter la toute-puissance divine, mais sont au contraire agrandis et sauvés par elle. Le grec ajoute, à la suite du vers. 19 : « Car tous les parfums sont peu de chose pour vous récréer par leur suavité ; de même les holocaustes avec toute leur graisse, pour vous être offerts en sacrifice ; mais celui qui craint le Seigneur est toujours grand devant vous. »

20-21. Conclusion du cantique : malédiction contre les ennemis du peuple juif. — *Væ... Dominus enim... :* attaquer la nation sainte, c'est s'en prendre à Jéhovah lui-même, qui saura bien défendre les siens. — *Dabit... ignem et vermes...* (vers. 21). Manière dont Dieu châtiera les ennemis de son peuple. Un premier sens est qu'il leur réserve de terribles supplices, tels que le feu, des maladies horribles, etc. Mais « il est évident que la pensée de l'écrivain s'étend plus loin que la scène visible (de ce monde), et que, sous une figure de langage déjà usitée de son temps, il fait allusion aux souffrances pénales de l'autre monde », c.-à-d. aux peines éternelles de l'enfer (*in sempiternum*). Comp. Eccli. VII, 19,

22. Et factum est post hæc, omnis populus post victoriam venit in Jerusalem adorare Dominum ; et mox ut purificati sunt, obtulerunt omnes holocausta, et vota, et repromissiones suas.

23. Porro Judith universa vasa bellica Holofernis, quæ dedit illi populus, et conopeum, quod ipsa sustulerat de cubili ipsius, obtulit in anathema oblivionis.

24. Erat autem populus jucundus secundum faciem sanctorum ; et per tres menses gaudium hujus victoriæ celebratum est cum Judith.

25. Post dies autem illos, unusquisque rediit in domum suam ; et Judith magna facta est in Bethulia, et præclarior erat universæ terræ Israel.

26. Erat etiam virtuti castitas adjuncta, ita ut non cognosceret virum omnibus diebus vitæ suæ, ex quo defunctus est Manasses, vir ejus.

27. Erat autem, diebus festis, procedens cum magna gloria.

28. Mansit autem in domo viri sui annos centum quinque, et dimisit abram suam liberam, et defuncta est ac sepulta cum viro suo in Bethulia.

29. Luxitque illam omnis populus diebus septem.

30. In omni autem spatio vitæ ejus

22. Et il arriva ensuite qu'après cette victoire, tout le peuple vint à Jérusalem pour adorer le Seigneur ; et dès qu'ils furent purifiés, ils offrirent tous des holocaustes, et leurs vœux, et leurs promesses.

23. Or Judith offrit toutes les armes d'Holoferne que le peuple lui avait données, et le rideau de son lit qu'elle avait elle-même enlevé, comme un don d'oubli.

24. Et tout le peuple se réjouit en présence des lieux saints, et la joie de cette victoire fut célébrée avec Judith pendant trois mois.

25. Puis, après ces jours, chacun retourna dans sa maison ; et Judith devint célèbre dans Béthulie, et elle était la plus illustre dans toute la terre d'Israël.

26. Car la chasteté était jointe à son courage, et depuis la mort de Manassé, son mari, elle ne connut point d'homme tout le reste de sa vie.

27. Et les jours de fêtes, elle paraissait en public avec une grande gloire.

28. Et elle demeura cent cinq ans dans la maison de son mari, et elle donna la liberté à sa servante, et elle mourut, et fut enterrée dans Béthulie auprès de son mari.

29. Et tout le peuple la pleura pendant sept jours.

30. Tant qu'elle vécut, et de nom-

---

et x, 13 ; Is. LXVI, 24 ; Marc. IX, 43 et 45. Telle est l'interprétation fréquente des Pères et des exégètes catholiques.
4º Fête solennelle d'action de grâces à Jérusalem. XVI, 22-24.
22. Offrandes du peuple au Seigneur. — *Venit in Jerusalem* : au centre politique et religieux de la nation. — *Mox ut purificati...* : ils avaient contracté des souillures légales en touchant les cadavres des Assyriens. Cf. Num. XXXI, 19 et ss.
23. Les offrandes de Judith. — *Vasa bellica*. Hébraïsme : les armes. — *In anathema oblivionis*. Expression un peu obscure. D'après quelques auteurs : comme un monument qui ferait oublier les premières victoires d'Holoferne. Selon d'autres : pour empêcher d'oublier l'exploit de Judith. L'idée est au fond la même. Les LXX disent, plus simplement : comme une chose dévouée à Dieu.
24. La fête, toute pieuse (*secundum faciem sanctorum ;* d'après le grec : devant le sanctuaire, ou devant le temple), et toute joyeuse (*gaudium... victoriæ...*). — *Per tres menses :* un mois seulement, d'après le syriaque. — *Cum Judith :* l'héroïne demeura donc tout ce temps à Jérusalem.
5º Les dernières années et la mort de Judith. XVI, 25-31.

25-27ª. Quelques détails sur la vie de Judith depuis son triomphe. — *Et Judith.* Le grec intercale ici les mots suivants : Elle revint à Béthulie et demeura sur ses propriétés. — *Erat etiam... castitas.* Variante des LXX : et elle eut beaucoup de prétendants. — *Erat... diebus festis...* (vers. 27). Autre nuance dans le grec : elle croissait beaucoup en gloire. — *Annos centum quinque :* ce fut la durée totale de sa vie. — *Dimisit abram :* celle qui l'avait accompagnée au camp des Assyriens.
28ᵇ-29. Mort et sépulture de Judith. — *Sepulta... cum viro.* Les LXX : dans le sépulcre de son mari. Cf. Tob. IV, 5. — *Luxit... diebus septem.* Les Juifs consacraient d'ordinaire toute une semaine au deuil de leurs morts ; cf. Gen. L, 10 ; I Reg. XXXI, 13 ; Eccli. XXII, 10. — « Le grec et le syriaque ajoutent ici que Judith partagea, avant sa mort, tous ses biens aux parents de son mari et aux siens, suivant en cela les règles de la justice et de la reconnaissance, qui veulent que les biens qui viennent de la famille de la femme et de celle du mari retournent, après leur mort, à leur origine, et à leurs légitimes héritiers » (Calmet, *h. l.*).
30-31. Prospérité des Juifs du vivant et après la mort de Judith ; fête commémorative en l'honneur de l'héroïne. — *Annis multis.* D'après les

breuses années après sa mort, il n'y
eut personne qui troublât Israël.

31. Or le jour de cette victoire a été
mis par les Hébreux au nombre des
saints jours; et depuis ce temps-là jusqu'aujourd'hui, il est célébré par les
Juifs.

non fuit qui perturbaret Israel, et post
mortem ejus annis multis.

31. Dies autem victoriæ hujus festivitatis ab Hebræis in numero sanctorum
dierum accipitur, et colitur a Judæis ex
illo tempore usque in præsentem diem.

LXX : des jours nombreux ; expression moins
forte, et peut-être préférable. — *Dies autem...*
Ce dernier verset du livre est entièrement propre à la Vulgate ; les autres traductions ne mentionnent pas l'institution de la fête. — *Hujus
festivitatis...* Cette solennité, qui subsistait encore au moment où notre livre fut écrit (*usque
in præsentem...*), a disparu depuis longtemps du
calendrier israélite, avec plusieurs autres qui
étaient aussi de simple institution humaine. Le
célèbre rabbin Léon de Modène, dans son livre
intitulé *Cérémonies et coutumes qui s'observent
aujourd'hui parmi les Juifs*, Ire partie, chap.
IX, suppose qu'on la célébrait le 25 casleu (en
décembre).

LE LIVRE D'ESTHER

INTRODUCTION

1º *Le nom, le sujet et la division du livre.* — Comme pour les livres de Ruth et de Judith, le nom est celui de l'héroïne elle-même. Les Juifs disent : *Mᵉgillaṭ 'Esṭer,* le rouleau d'Esther [1], ou simplement *'Esṭer* [2].

Grand drame qui se passe en Perse, surtout dans la ville de Suse, sous le règne d'Assuérus. Les mystérieux desseins de la Providence confèrent le titre de reine à la pieuse Juive Esther, élevée par son proche parent, Mardochée. Celui-ci s'attire la haine d'Aman, le premier ministre, qui, pour se venger, obtient du roi un édit de mort contre tous les Israélites domiciliés dans l'empire perse. Mais Esther est assez puissante pour faire révoquer ce décret terrible : Aman, ses fils, et tous les ennemis des Juifs, sont mis à mort ; Mardochée devient premier ministre, et le peuple de Dieu, merveilleusement sauvé, célèbre ses actions de grâces.

Trois parties principales : 1º les Juifs dans un péril extrême, i, 1-v, 14 ; 2º les Juifs sauvés par Esther et Mardochée, vi, 1-x, 3 ; 3º appendices deutéro-canoniques, qui complètent les deux premières parties, x, 4-xvi, 24 [3]

2º *La date des faits, l'auteur. ia date de ta composition.* — Pour préciser exactement la date des faits racontés dans le livre d'Esther, il suffit de savoir quel est ce roi de Perse, Assuérus, sous le regne duquel tout s'est passé. Pendant longtemps, les meilleurs exégètes ont été en désaccord sur ce point important ; mais, « un des premiers résultats de la lecture des inscriptions perses fut l'identification d'Assuérus à Xercès... ; cette conquête de la science ne fait plus l'ombre d'un doute [4] ». Assuérus est donc « Xercès Iᵉʳ, fils de Darius Iᵉʳ, fils d'Hystaspe. La forme hébraïque *'Aḥašvéroš* correspond à la forme perse *Kchayarcha*, en la faisant précéder de l'aleph prosthétique. Ce qui est dit de l'étendue de l'empire perse (i, 1, et x, 1), des usages de la cour et de l'humeur capricieuse d'Assuérus convient parfaitement à Xercès. Les auteurs grecs et latins, en citant d'autres traits de son caractère, nous le présentent sous le même jour que l'écrivain hébreu : sensuel, vindicatif, cruel, extravagant. Le Lydien Pythius lui donne de grosses sommes pour la guerre contre la Grèce, traite très bien son armée, et lui demande seulement de garder l'aîné de ses cinq fils, qui servaient dans ses troupes : Xercès fait aussitôt couper le jeune homme en mor-

---

[1] Voyez le 3º de cette Introduction, p. 434.

[2] Parfois aussi, *Mᵉgillaṭ* tout court, le rouleau par excellence.

[3] Voyez les subdivisions dans le commentaire, et dans notre *Biblia sacra*, p. 493-504.

[4] Oppert, *l. c.,* p. 7. Tout le long du livre, les LXX emploient le nom d'Artaxercès, que nous trouverons, dans notre version latine, aux appendices deutérocanoniques (cf. xi, 2 et sᶜ.); mais il est identique à celui de Xercès.

eaux et passer ses soldats au milieu de ses débris sanglants (Hérod., vii, 37-39;
Séneque, *de Ira*, vii, 17). Parce qu'une tempête a emporté le pont de bateaux
construit sur l'Hellespont pour le passage de ses bataillons, ce même roi condamne à mort le constructeur, et ordonne de fouetter la mer et de la charger
de chaînes (Hérod., vii, 31). A la bataille des Thermopyles, il fait placer au premier rang, si on en croit Diodore de Sicile, les soldats mèdes, afin de les faire
tous tuer. Après son échec en Grèce, il oublie ses désastres en se plongeant
dans toutes sortes de débauches (Hérod., ix, 108 et ss.). Tel était Xercès, tel
était Assuérus [1]. » Or Xercès Ier régna de 485 à 464 avant J.-C.; en outre, comme
le livre d'Esther s'ouvre à la troisième année d'Assuérus pour s'achever à
la treizième [2], la date des événements est ainsi limitée aux années 482-472
avant J.-C.

Au sujet de l'auteur, il existe différentes hypothèses, mais pas de tradition
proprement dite qui s'impose. Saint Augustin et d'autres attribuent la composition du livre à Esdras ; le Talmud, aux « hommes de la Grande Synagogue » ;
Clément d'Alexandrie et divers auteurs après lui, à Mardochée en personne.
Sans être certaine, cette dernière conjecture est la plus plausible des trois ; du
moins, elle ne présente rien d'impossible [3]. Si quelques traits de la fin paraissent un peu plus récents, notamment ix, 22-x, 1, rien n'empêche qu'ils n'aient
été ajoutés par une autre main.

Le lieu et l'époque de la composition sont plus faciles à fixer avec certitude.
L'auteur cite des documents qu'il n'a pu consulter que dans les archives persanes [4] ; il est vraisemblable qu'il aura écrit à Suse même. Un nombre considérable de détails ne peuvent guère provenir que d'un témoin oculaire [5] ; en tout
cas, la fraîcheur et la précision du récit font penser à un contemporain d'Esther.
Le style indique à peu près la même époque que celle des Paralipomènes, d'Esdras et de Néhémie.

3° *But et caractère du livre d'Esther*. — Le but n'est pas seulement, comme
l'affirment quelques auteurs contemporains, de raconter l'origine de la fête de
Purim ou des Sorts, instituée en souvenir de la délivrance des Juifs [6]. Il est,
au fond, le même qu'au livre de Judith [7], et consiste à donner une nouvelle preuve
éclatante du soin avec lequel Jéhovah veillait sur son peuple, pour écarter de
lui tout péril, et le préserver en vue du Messie promis. Voyez x, 12-13; xi,
9 et ss.; xiii, 15 et ss.; xiv, 5 et ss.

Les Juifs ont attaché de tout temps « une importance particulière à cet opus-
cule, le seul ouvrage complet, avec le Pentateuque, qui se lise obligatoirement
au temple ; le seul qui, avec le Pentateuque, ait conservé sa forme antique de
rouleau [8] ». Aussi le Talmud contient-il cette assertion : « Les Prophètes et les
Hagiographes pourront être anéantis ; mais le Pentateuque ne périra point ;
pareillement, le volume d'Esther est impérissable [9]. » Il respire un ardent et
courageux patriotisme.

La forme est claire et simple, pittoresque et vivante ; les tableaux dramatiques se présentent presque à toutes les pages ; les portraits des quatre principaux personnages (Esther, Mardochée, Assuérus, Aman) sont d'une vérité

---

[1] *Man. bibl.*, t. II, n. 552, 1°.

[2] Cf. i, 3; iii, 7; x, 1 et ss.

[3] Les passages ix, 20 et 32, tels qu'on les lit
dans la Vulgate, semblent attribuer la composition du livre entier à Mardochée ; mais, d'après
l'hébreu, ils peuvent bien ne désigner que la
lettre du premier ministre aux gouverneurs des
provinces, et les annales des rois perses et mèdes.

[4] Cf. ix, 32; x, 2; xiii, 1-7; xvi, 1-24.

[5] Cf. i, 6; viii, 10, 14-15, etc.

[6] Cf. ix, 20-32; xvi, 22-24.

[7] Voyez la page 380.

[8] Lazare Wogue, *Histoire de la Bible et de
l'exégèse biblique jusqu'à nos jours*; Paris, 1881,
p. 70-71.

[9] Traité *Megilloth*, i, 7.

saisissante. Les mots d'origine persane sont relativement fréquents ; de même les expressions hébraïques de date plus récente et les aramaïsmes : ce qui s'explique par le lieu et l'époque de la composition.

4° *Le caractère historique et la canonicité du livre.* — On s'est plu, de nos jours, à attaquer la véracité de certains détails, que l'on a affecté de regarder comme invraisemblables. Ces détails, relatifs surtout au roi Assuérus, s'expliquent sans peine par ce que l'histoire nous révèle des mœurs et de la nature de ce prince despotique [1]. Bien plus, des traits nombreux du livre sont en parfaite conformité avec les usages persans, tels qu'ils nous sont connus par les auteurs classiques [2]. La fête des Sorts, célébrée de tout temps dans Israël depuis le règne de Xercès Ier [3], atteste la croyance de la nation théocratique à la vérité des faits sur lesquels cette solennité était fondée.

Sous le rapport de la canonicité, il faut distinguer deux parties dans le livre d'Esther : les deux premiers tiers, i, 1-x, 3, existent seuls dans la Bible hébraïque ; le reste, x, 4-xvi, 24, en est absent. La première partie est donc protocanonique, comme l'on dit ; la seconde, deutérocanonique [4], c'est-à-dire égale à l'autre au point de vue de l'inspiration, mais reçue plus tard dans le canon sacré. Cette seconde partie se compose de sept fragments distincts, qui sont entremêlés au récit dans la traduction des Septante, mais que saint Jérôme a groupés ensemble dans la Vulgate, et placés à la fin du livre : 1° prologue, qui contient le songe de Mardochée (Vulg., xi, 2-xii, 6 ; dans les LXX, avant i, 1) ; 2° l'édit d'Assuérus contre les Juifs (Vulg., xiii, 1-7 ; LXX, à la suite de iii, 13) ; 3° le message pressant de Mardochée à Esther pour l'inviter à se présenter devant Assuérus (Vulg., xv, 1-3 ; LXX, après iv, 8) ; 4° les prières de Mardochée et d'Esther (Vulg., xiii, 8-xiv, 19 ; LXX, après iv, 17) ; 5° la description de la visite d'Esther au roi (Vulg., xv, 4-19 ; LXX, à la suite de v, 1-2) ; 6° le décret d'Assuérus en faveur des Juifs (Vulg., xvi, 1-24 ; LXX, après viii, 13) ; 7° épilogue, qui donne l'interprétation du songe de Mardochée (Vulg., x, 4-xi, 1 ; LXX, après x, 3).

Il est certain que ces fragments firent primitivement partie du texte du livre. Il existe plusieurs anciens *midrasim* (commentaires) juifs qui les contiennent ; l'historien Josèphe les a connus [5] ; la paraphrase chaldaïque les renferme, aussi bien que les Septante ; les traducteurs alexandrins, dans les dernières lignes du livre (Vulg., xi, 1 [6]), affirment clairement qu'ils les ont reçus de Jérusalem environ deux siècles avant l'ère chrétienne : que faut-il de plus, en fait de témoignages, pour une démonstration solide ? Les preuves intrinsèques viennent aussi corroborer l'argument extrinsèque et attester que, sans ces passages, le livre d'Esther serait mutilé, incomplet. On a remarqué depuis longtemps que la partie protocanonique ne contient pas une seule fois le nom de Dieu, qu'il n'y est question ni du choix spécial que le Seigneur avait fait des Juifs pour qu'ils fussent sa nation sainte, ni de leur histoire antérieure, tandis que ces détails, qui caractérisent si bien tous les écrits inspirés, abondent dans les fragments deutérocanoniques. Qu'on remette ces derniers à leur place, ce fait bizarre et anormal disparaît ; ils complètent admirablement le livre, et lui donnent sa vraie couleur théocratique. Ils en devaient donc faire partie intégrante à l'origine ; mais il est probable, comme le supposait Aben-Esra, que le petit volume d'Esther fut traduit aussitôt en persan, pour être annexé aux annales de l'em-

---

[1] Voyez le 2°, page 434, et le commentaire, *passim.*

[2] Notamment par Hérodote, qui sera souvent cité dans les notes exégétiques.

[3] Cf. II Mach. xv, 37 ; Josèphe, *Ant.,* xi, 6, 13.

[4] Voyez le tome I, p. 12 et 13, et le *Man. bibl.,* t. I, n. 35.

[5] Cf. *Ant.,* xi, 6, 1 et ss.

[6] Voyez le commentaire.

pire ; or évidemment, cette rédaction officielle, purement historique, omit tout
ce qui eût été en opposition avec la religion de la plupart des sujets de l'empire :
étant la plus répandue, elle a pris place de préférence à l'autre dans la Bible
hébraïque. Notons encore que, le plus souvent, le style des morceaux deutérocanoniques annonce visiblement un original hébreu ; si les deux édits [1] ont un
cachet grec assez accentué, cela tient ou au genre plus large qu'y a adopté le
traducteur, ou mieux encore à ce qu'il les aura reproduits tels qu'ils furent publiés dans les provinces persanes de langue grecque.

Dans la Bible hébraïque, le livre d'Esther n'occupe point la même place que
dans les Septante et la Vulgate ; il est rangé, avec les quatre autres *m^egillot*,
parmi les hagiographes, entre Job et Daniel [2].

5° *Ouvrages à consulter :* les commentaires de Serarius, Calmet, Cornelius
a Lapide ; J.-A. Nickles, *de Estheræ libro*, Rome, 1856 ; J. Oppert, *Commentaire historique et philologique du livre d'Esther, d'après la lecture des inscriptions perses*, Paris, 1864 ; B. Neteler, *Die Bücher Esdras, Nehemias und
Esther*, Münster, 1877 ; Gillet, *Tobie, Judith et Esdras*, Paris, 1879.

---

[1] Cf. XIII, 1-7 ; XVI, 1-24.
Voyez le tome **I, p.** 13.

ESTHER

CHAPITRE I

1. Au temps d'Assuérus, qui régna depuis les Indes jusqu'à l'Éthiopie, sur cent vingt-sept provinces,

2. lorsqu'il s'assit sur le trône de son royaume, Suse était la capitale dé son empire.

3. La troisième année de son règne il fit un festin magnifique à tous les princes et à ses serviteurs, aux plus braves d'entre

1. In diebus Assueri, qui regnavit ab India usque Æthiopiam, super centum viginti septem provincias,

2. quando sedit in solio regni sui, Susan civitas regni ejus exordium fuit.

3. Tertio igitur anno imperii sui, fecit grande convivium cunctis principibus et pueris suis, fortissimis Persarum, et Me-

---

PREMIÈRE PARTIE

La haine d'Aman met les Juifs dans un péril extrême. I, 1 — V, 14.

§ I. — *La reine Vasthi est répudiée par Assuérus.* I, 1-22.

1° Le grand festin donné à Suse par le roi Assuérus. I, 1-8.

CHAP. I. — 1-2. Introduction. — *Assueri.* En hébreu, 'Aḥašvéroš, qui est une transcription du persan *Kšayarša*. Les saints livres mentionnent trois princes de ce nom : le premier, Esdr. IV, 6 (voyez la note), est vraisemblablement Cambyse, fils de Cyrus ; le second, Dan. IX, 1, est expressément désigné comme étant le père de Darius le Mède ; le troisième, celui de notre livre, ne diffère pas de Xercès Ier, fils de Darius Ier, fils d'Hystaspe. Voyez l'Introduction, p. 433. Les LXX ont à tort traduit ce nom par Artaxercès dans tout le cours de l'histoire d'Esther. — *Ab India.* La limite du royaume d'Assuérus à l'est. Hébr., *Hôddu ; Hidhu* des inscriptions perses, *Hendu* en langue zend, *Sindhu* en sanscrit. — *Usque Æthiopiam.* Limite au sud-ouest. On voit combien ce royaume était immense (*Atl. géogr.*, pl. I). L'Éthiopie n'était pas soumise au même titre que les autres provinces de l'empire persan, car elle possédait encore une certaine liberté ; du moins elle était tributaire, ce qui suffit pour justifier l'indication de l'écrivain sacré. Comp.

Hérodote, III, 37 ; VIII, 68. — *Centum viginti septem provincias.* Ces provinces, ou *m'dinôt* (hébr. : cf. VIII, 9 ; Dan. VI, 2), différaient des satrapies (σατραπηῖαι) proprement dites, qui étaient plus vastes et beaucoup moins nombreuses (vingt seulement sous Darius, fils d'Hystaspe ; cf. Hérod., III, 89 et ss.). « Les provinces étaient les subdivisions géographiques et ethnographiques de l'empire ; les satrapies étaient une division administrative plus générale, faite en vue du prélèvement des tributs. » (*Man. bibl.*, t. II, n. 552, 2°.) — *Quando sedit...* Xercès Ier inaugura son règne l'an 485 avant J.-C. ; il mourut en 464, assassiné par deux de ses officiers, Mithridate et Artaban. — *In solio regni...* Les anciens monuments représentent toujours les rois de Perse assis sur leur trône, même en voyage et dans leurs expéditions guerrières. D'après Hérodote, VII, 102, c'est assis sur son trône que Xercès assista à la bataille des Thermopyles, et Plutarque, *Thémist.*, XIII, raconte de lui un trait identique pour la bataille de Salamine. — *Susan.* C'est presque le nom hébreu (*Šušân*) de la célèbre ville de Suse, où les rois de Perse avaient leur palais d'hiver. Comp. Neh. I, 1, et le commentaire. L'équivalent hébreu de *civitas* est *birah*, forteresse.

3-4. Le but et la durée du royal festin. — *Tertio... anno.* De 483 à 482 avant J.-C. Hérodote, VII, 8, mentionne, dans cette même année, une assemblée des gouverneurs des provinces,

Archers sussiens en briques émaillées. (D'après l'original, au musée du Louvre.)

les Perses et les Mèdes, et aux gouverneurs des provinces, étant lui-même présent,

4· pour montrer la gloire et les richesses de son empire, et la grandeur et l'éclat de sa puissance. Ce festin *dura* longtemps, pendant cent quatre-vingt jours.

5. Et lorsque les jours de ce festin s'achevaient, le roi invita tout le peuple qui se trouva dans Suse, depuis le plus grand jusqu'au plus petit ; et il ordonna qu'on préparât un festin pendant sept jours dans le vestibule de son jardin, et d'un parc qui avait été planté de la main des rois, avec une magnificence royale.

6. On avait tendu de tous côtés des tapisseries de fin lin, de couleur de bleu céleste et d'hyacinthe, qui étaient soutenues par des cordons de lin et de pourpre, passés dans des anneaux d'ivoire, et attachés à des colonnes de marbre. Des lits d'or et d'argent étaient rangés en ordre sur un pavé de porphyre et de marbre blanc, qui était embelli de plusieurs figures avec une admirable variété.

7. Ceux qui avaient été invités buvaient dans des coupes d'or, et les mets

---

dorum inclytis, et præfectis provinciarum, coram se,

4. ut ostenderet divitias gloriæ regni sui; ac magnitudinem, atque jactantiam potentiæ suæ, multo tempore, centum videlicet et octoginta diebus.

5. Cumque implerentur dies convivii, invitavit omnem populum qui inventus est in Susan, a maximo usque ad minimum ; et jussit septem diebus convivium præparari in vestibulo horti, et nemoris, quod regio cultu et manu consitum erat.

6. Et pendebant ex omni parte tentoria aerii coloris, et carbasini ac hyacinthini, sustentata funibus byssinis, atque purpureis, qui eburneis circulis inserti erant, et columnis marmoreis fulciebantur. Lectuli quoque aurei et argentei super pavimentum smaragdino et pario stratum lapide, dispositi erant ; quod mira varietate pictura decorabat.

7. Bibebant autem qui invitati erant, aureis poculis, et aliis atque aliis vasis

---

tenue à Suse par Xercès, en vue de la guerre qu'il projetait contre la Grèce. — *Pueris suis :* ses serviteurs, c.-à-d. les officiers attachés à sa personne. — *Persarum, Medorum.* Les deux peuples étaient alors réunis en un seul, et les Mèdes n'occupaient que le second rang. Comparez Dan. VI, 9 et 16, où ils sont placés avant les Perses. — *Inclytis.* Le mot hébreu *part'mim* dérive du persan et signifie « premiers » ; on le retrouve VI, 9, et Dan. I, 3. — *Ut ostenderet...* Trait digne d'une cour orientale, et surtout de ce monarque extravagant. Ce but s'associait fort bien avec celui qui est marqué par Hérodote. — *Centum... octoginta diebus.* Il n'est nullement nécessaire de supposer que tous les gouverneurs des provinces demeurèrent à Suse pendant six mois entiers ; ils durent être invités tour à tour, par groupes.

5. L'invitation adressée, aux derniers jours, à tous les habitants de Suse. — *Omnem populum... :* banquet gigantesque pour conclure. Ce détail aussi est parfaitement conforme aux mœurs de ce temps et de ce pays. Cyrus invita un jour « tous les Perses » (Hérod., I, 126); les derniers rois persans avaient habituellement à leur table jusqu'à 15 000 convives (Athén.). — *In vestibulo horti.* Les palais royaux de l'Orient biblique étaient entourés de vastes jardins. *Nemoris* n'est pas dans l'hébreu.

6-7. Le luxe déployé. — Vers. 6 les tentes qui abritaient les convives et les lits d'apparat. *Aerii..., carbasini, hyacinthini ;* hébr. : une tente de coton blanc (*harpas*, mot employé en ce seul

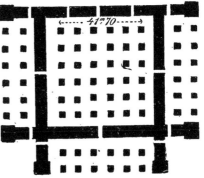

Galerie aux colonnes. (Palais royal de Persépolis.)

endroit) et de violet. Le blanc et le bleu (ou le violet) étaient les couleurs des rois de Perse; comp. Quinte-Curce, VI, 6, 4. — *Byssinis,... purpureis ;* blanc et pourpre. — *Columnis marmoreis :* les galeries du palais royal de Suse étaient

cibi inferebantur. Vinum quoque, ut magnificentia regia dignum erat, abundans et præcipuum ponebatur.

8. Nec erat qui nolentes cogeret ad bibendum, sed, sicut rex statuerat, præponens mensis singulos de principibus suis, ut sumeret unusquisque quod vellet.

9. Vasthi quoque regina fecit convivium feminarum in palatio, ubi rex Assuerus manere consueverat.

10. Itaque, die septimo, cum rex esset hilarior, et post nimiam potationem incaluisset mero, præcepit Maumam, et Bazatha, et Harbona, et Bagatha, et Abgatha, et Zethar et Charchas, septem eunuchis, qui in conspectu ejus ministrabant,

11. ut introducerent reginam Vasthi coram rege, posito super caput ejus diademate, ut ostenderet cunctis populis et principibus pulchritudinem illius : erat enim pulchra valde.

étaient servis dans des vases de différentes formes. On y présentait aussi d'excellent vin, et en grande abondance, comme il convenait à la magnificence royale.

8. Nul ne contraignait à boire ceux qui ne le voulaient pas, mais le roi avait ordonné que l'un des grands de sa cour présidât à chaque table, afin que chacun prît ce qu'il lui plairait.

9. La reine Vasthi fit aussi un festin aux femmes dans le palais que le roi Assuérus avait coutume d'habiter.

10· Le septième jour, lorsque le roi était plus gai *qu'à l'ordinaire*, et dans la chaleur du vin qu'il avait bu avec excès, il commanda à Maümam, Bazatha, Harbona, Bagatha, Abgatha, Zéthar et Charchas, les sept eunuques qui servaient en sa présence.

11. de faire venir devant le roi la reine Vasthi, avec le diadème sur sa tête, pour montrer sa beauté à tous ses peuples et aux princes, car elle était extrêmement belle.

---

soutenues par des colonnes multiples, comme celles de Persépolis. Voyez l'*Atl. arch.*, pl. LIV, fig. 8, 9 et 10. — *Lectuli :* les divans sur les-

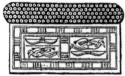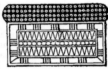

Divans egyptiens. (Fresque antique.)

quels les hôtes se couchaient à demi devant les tables. — *Pavimentum...* L'hébreu cite quatre sortes de pierres : *bahat*, que la Vulgate traduit par *smaragdino* à la suite des LXX, le vert émeraude ; *šeš*, le marbre blanc (*parto*) ; *dar*, πίννος λίθος des LXX, la couleur perle ; *soḥéret*, peut-être le noir. Les pavés en mosaïque ont toujours été très goûtés des Orientaux (*Atl. arch.*, pl. LIV, fig. 12, 15, etc.). — *Vers. 7-8*, richesse de la vaisselle, abondance du vin. *Aureis poculis :* telle était la coutume assez générale des Perses, d'après Hérodote, IX, 80, et Xénophon, VIII, 8, 18, etc. — *Aliis aliisque...* Le mot *cibi* n'est pas dans l'hébreu, où ce trait sert seulement à caractériser la variété de formes des vases d'or qui viennent d'être mentionnés. La possibilité de fournir des coupes d'or à tant de convives suppose une richesse immense. — *Vinum... præcipuum :* d'après l'hébreu, du vin royal, c.-à-d. provenant des celliers du roi. Suivant d'assez nombreux interprètes, cette locution désignerait le vin d'Helbon, qui était le breuvage ordinaire des rois de Perse. Cf. Ez. XXVII, 15

(dans l'hébreu), et la note. — *Nec erat qui nolentes...* Ce détail suppose qu'habituellement, les convives étaient forcés de boire dans telle et telle mesure. Nous savons par les auteurs classiques que les Perses se livraient sous ce rapport à de grands désordres dans leurs festins. Cf. Xénoph., *Cyrop.*, VIII ; Athén., x, 9 ; Plutarque, *Artax.*; Horace, *Ep. ad Pison.*, etc.

2° La reine Vasthi refuse, malgré l'ordre pressant du roi, de se présenter devant les convives. I, 9-12ᵃ.

9. Transition. — *Vasthi* est évidemment l'ancien persan *vahista*, excellent. — *Regina.* Chez les Perses, l'une des femmes du roi, choisie par lui, recevait le titre de reine et jouissait parfois d'une autorité considérable. Hérodote, VII, 39, 6, etc., cite Amestris comme ayant été la reine de Xercès ; il ajoute que c'était avant l'expédition en Grèce, ce qui a poussé quelques exégètes à identifier cette princesse à Vasthi ; mais cette conjecture est peu fondée, car il paraît ressortir du texte d'Hérodote qu'Amestris avait été la femme du roi avant Vasthi. — *Convivium feminarum :* en conformité avec la coutume orientale, qui isole le plus possible les deux sexes pour ce qui est des relations publiques.

10-11. L'ordre d'Assuérus. — *Die septimo.* C'était le dernier jour du banquet. Cf. vers. 5. — *Septem eunuchis.* Leurs noms, autant qu'on en peut juger sous leur forme hébraïque, ne sont point persans ; ce qui n'a rien d'étonnant, puisque les eunuques étaient presque toujours des étrangers. — *Posito... diademate :* dans toute la splendeur royale.

12. Mais elle refusa, et dédaigna de venir selon le commandement que le roi lui en avait fait par ses eunuques. Alors le roi, irrité et tout transporté de fureur,

13. consulta les sages qui étaient toujours auprès de lui, selon la coutume royale, et par le conseil desquels il faisait toutes choses, parce qu'ils savaient les lois et les ordonnances anciennes.

14. Les premiers et les plus proches du roi étaient Charséna, Séthar, Admatha, Tharsis, Marès, Marsana et Mamuchan, sept princes des Perses et des Mèdes, qui voyaient la face du roi, et qui avaient coutume de s'asseoir les premiers après lui. .

15. *Il leur demanda* quelle peine méritait la reine Vasthi, qui n'avait point obéi à l'ordre que le roi lui avait transmis par ses eunuques.

16. Et Mamuchan répondit en présence du roi et des princes : La reine Vasthi n'a pas seulement offensé le roi, mais encore tous les peuples, et tous les princes qui sont dans toutes les provinces du roi Assuérus.

17· Car cette conduite de la reine sera connue de toutes les femmes, qui mépriseront leurs maris, en disant : Le roi Assuérus a commandé à la reine Vasthi de se présenter devant lui, et elle s'y est refusée.

18. Et à son imitation les femmes de tous les princes des Perses et des Mèdes mépriseront les ordres de leurs maris. Ainsi la colère du roi est juste.

19. Si *donc* vous l'agréez, qu'il se fasse un édit par votre ordre, et qu'il soit écrit,

12. Quæ renuit, et ad regis imperium, quod per eunuchos mandaverat, venire contempsit. Unde iratus rex, et nimio furore succensus,

13. interrogavit sapientes, qui ex more regio semper ei aderant, et illorum faciebat cuncta consilio, scientium leges ac jura majorùm.

14. (erant autem primi et proximi, Charsena, et Sethar, et Admatha, et Tharsis, et Mares, et Marsana, et Mamuchan, septem duces Persarum atque Medorum, qui videbant faciem regis, et primi post eum residere soliti erant),

15. cui sententiæ Vasthi regina subjaceret, quæ Assueri regis imperium, quod per eunuchos mandaverat, facere noluisset.

16. Responditque Mamuchan, audiente rege, atque principibus : Non solum regem læsit regina Vasthi, sed et omnes populos, et principes, qui sunt in cunctis provinciis regis Assueri.

17. Egredietur enim sermo reginæ ad omnes mulieres, ut contemnant viros suos, et dicant : Rex Assuerus jussit ut regina Vasthi intraret ad eum, et illa noluit.

18. Atque hoc exemplo omnes principum conjuges Persarum atque Medorum parvipendent imperia maritorum ; unde regis justa est indignatio.

19. Si tibi placet, egrediatur edictum a facie tua, et scribatur juxta legem

---

12ᵃ. Refus de la reine. — *Quæ renuit...* Sa dignité de reine et de femme ne lui permettait point de se montrer sans voile devant une assemblée de gens ivres. Plutarque, *Conjug. præcept.,* c. xvi, et Hérodote, v, 18, racontent que les femmes légitimes des rois de Perse assistaient souvent aux grands festins, mais qu'on les renvoyait par respect au moment où le repas dégénérait en licence. Xercès fait ici le contraire.

3° Vasthi est répudiée par Assuérus. I, 12ᵇ-22.

12ᵇ-15. Le roi consulte ses sages pour savoir quel châtiment il doit infliger à la reine. — *Qui ex more...* Dans l'hébreu : qui avaient la connaissance des temps ; locution expliquée par les mots suivants : *scientium leges... majorum.* — *Charsena, Sethar....* Noms bien persans. On a proposé parfois de voir, dans *Marsana,* le fameux Mardonius, qui commandait les Perses à Marathon. — *Septem duces.* Encore le nombre sept (cf. vers. 10, et II, 9), probablement en l'honneur des sept amschaspands. Ces personnages ne doivent pas différer des sept conseillers in-

times mentionnés par Esdras, VII, 14. Hérodote, III, 84, parle aussi de sept familles nobles qui primaient toutes les autres en Perse : c'étaient sans doute celles de ces chefs. — *Videbant faciem... :* manière de dire qu'ils entretenaient avec le roi des relations fréquentes et familières.

16-20. Proposition de Mamuchan. — *Responditque...* Il condamne Vasthi sans hésiter. Personne n'osait s'opposer aux caprices de ces despotes couronnés, et l'intention d'Assuérus par rapport à la reine était très visible. — Mamuchan présente d'abord ses motifs, ces considérants, vers. 16ᵇ-18. Pour lui, la reine a commis un crime non seulement de lèse-majesté (*non solum regem...*), mais aussi de lèse-nation (*sed et omnes populos :* les soixante races différentes qui subissaient les lois de la Perse, d'après Hérodote). — *Omnes principum conjuges* (vers. 18). Les « princesses », comme les nomme l'hébreu, sont signalées à part (*omnes mulieres* au vers. 17), à cause du péril spécial que l'on redoutait d'elles si elles imitaient l'exemple de la reine. — *Unde*

Persarum atque Medorum, quam præteriri illicitum est, ut nequaquam ultra Vasthi ingrediatur ad regem, sed regnum illius altera, quæ melior est illa, accipiat ;

20. et hoc in omne (quod latissimum est) provinciarum tuarum divulgetur imperium, et cunctæ uxores, tam majorum quam minorum, deferant maritis suis honorem.

21. Placuit consilium ejus regi et principibus ; fecitque rex juxta consilium Mamuchan,

22. et misit epistolas ad universas provincias regni sui, ut quæque gens audire et legere poterat, diversis linguis et litteris, esse viros principes ac majores in domibus suis, et hoc per cunctos populos divulgari.

selon la loi des Perses et des Mèdes, qu'il n'est pas permis de violer, que la reine Vasthi ne paraîtra plus devant le roi ; mais qu'une autre, qui en sera plus digne qu'elle, recevra sa dignité de reine.

20. Et que cet édit soit publié dans toute l'étendue des provinces de votre empire, afin que toutes les femmes, tant des grands que des petits, rendent honneur à leurs maris.

21. Ce conseil plut au roi et aux princes ; et le roi se conforma à l'avis de Mamuchan.

22. Et il envoya des lettres à toutes les provinces de son royaume en diverses langues et écritures, selon que les divers peuples pouvaient les comprendre et les lire, ordonnant que les maris fussent les maîtres et les chefs dans leurs maisons, et que cet édit fût publié parmi tous les peuples

CHAPITRE II

1. His ita gestis, postquam regis Assueri indignatio deferbuerat, recordatus est Vasthi, et quæ fecisset vel quæ passa esset.

2. Dixeruntque pueri regis ac ministri ejus : Quærantur regi puellæ virgines ac speciosæ ;

3. et mittantur qui considerent per universas provincias puellas speciosas et virgines, et adducant eas ad civita-

1. Ces choses s'étant ainsi passées, lorsque la colère du roi Assuérus se fut calmée, il se ressouvint de Vasthi, et de ce qu'elle avait fait, et de ce qu'elle avait souffert.

2. Alors les serviteurs et les ministres du roi lui dirent : Qu'on cherche pour le roi des jeunes filles, vierges et belles,

3. et qu'on envoie dans toutes les provinces des officiers qui découvriront les plus belles d'entre les jeunes filles vierges,

---

regis justa... D'après l'hébreu : de là beaucoup de mépris et de colère. Le mépris des femmes, la colère des maris. — La sentence, vers. 19-20. *Juxta legem... quam præteriri :* comp. viii, 8, et Dan. vi, 8. Les ordres écrits des rois perses étaient donc inviolables et incommutables en principe ; les écrivains grecs le rapportent aussi. Mais nous verrons bientôt qu'en pratique il n'était pas impossible de les révoquer, ou de les modifier sensiblement.

21-22. Le conseil de Mamuchan est mis à exécution. — *Misit epistolas.* Personne n'ignore que la Perse est le premier empire qui organisa le service postal. Comp. Hérodote, iii, 12-15 ; vii, 98 ; viii, 9-14. — *Diversis linguis.* Les inscriptions bilingues et trilingues laissées par les princes Achéménides démontrent que les rois de Perse adressaient leurs décrets à leurs peuples dans la propre langue de chacun d'eux. — *Esse viros principes :* réaction contre l'influence prépondérante que les femmes semblent avoir exercée en Perse à cette époque. — *Et hoc per cunctos...* Dans l'hébreu : et tout homme parlera la langue

de son peuple. Ordre que l'on ne peut guère expliquer, sous cette forme, que par la capricieuse nature de Xercès.

§ II. — *La Juive Esther prend la place de Vasthi.* II, 1-23.

1° Moyen proposé au roi pour remplacer la reine répudiée. II, 1-4.

Chap. II. — 1. Introduction. — *His... gestis.* Date assez vague, qui représente un intervalle de plusieurs années. Comp. les vers. 8, 12, 16, et i, 3. — *Postquam... deferbuerat.* On croirait voir, dans ces mots et les suivants (*recordatus est...*), un regret de l'injure faite à Vasthi et un désir de reprendre la reine répudiée. Aussi les ministres du roi se hâtent-ils de lui suggérer un projet qui le détournera de son dessein, sachant quelles vengeances ils auraient à redouter de Vasthi rentrée en faveur.

2-4ᵃ. Le conseil des officiers royaux. — *Quærantur... puellæ...* Détails qui donnent la plus triste idée du monde païen sous le rapport moral, et qui rappellent la douloureuse condition de

pour les amener dans la ville de Suse, et les mettre dans le palais des femmes sous la conduite de l'eunuque Égée, qui est chargé de garder les femmes du roi; là elles recevront tout ce qui leur est nécessaire, tant pour leur parure que pour leurs autres besoins;

4. et celle qui plaira davantage aux yeux du roi sera reine à la place de Vasthi. Cet avis plut au roi, et il leur ordonna de faire ce qu'ils lui avaient conseillé.

5. Il y avait alors dans la ville de Suse un Juif, nommé Mardochée, fils de Jaïr, fils de Séméi, fils de Cis, de la race de Jémini,

6. qui avait été emmené de Jérusalem au temps où Nabuchodonosor, roi de Babylone, avait déporté Jéchonias, roi de Juda.

7. Il avait élevé auprès de lui la fille de son frère, Édissa, qui portait aussi le nom d'Esther. Elle avait perdu son père et sa mère. Elle était parfaitement belle et avait un visage très gracieux. Après la mort de son père et de sa mère, Mardochée l'avait adoptée pour sa fille.

8. Lorsqu'on eut publié cette ordon-

tem Susan, et tradant eas in domum feminarum sub manu Egei eunuchi, qui est præpositus et custos mulierum regiarum; et accipiant mundum muliebrem, et cetera ad usus necessaria.

4. Et quæcumque inter omnes oculis regis placuerit, ipsa regnet pro Vasthi. Placuit sermo regi; et ita, ut suggesserant, jussit fieri.

5. Erat vir Judæus in Susan civitate, vocabulo Mardochæus, filius Jair, filii Semei, filii Cis, de stirpe Jemini,

6. qui translatus fuerat de Jerusalem eo tempore quo Jechoniam, regem Juda, Nabuchodonosor, rex Babylonis, transtulerat.

7. Qui fuit nutritius filiæ fratris sui, Edissæ, quæ altero nomine vocabatur Esther, et utrumque parentem amiserat; pulchra nimis, et decora facie. Mortuisque patre ejus ac matre, Mardochæus sibi eam adoptavit in filiam.

8. Cumque percrebuisset regis impe-

rium, et juxta mandatum illius multæ pulchræ virgines adducerentur Susan, et Egeo traderentur eunucho, Esther quoque inter ceteras puellas ei tradita est, ut servaretur in numero feminarum.

9. Quæ placuit ei, et invenit gratiam in conspectu illius ; et præcepit eunucho ut accelararet mundum muliebrem, et traderet ei partes suas, et septem puellas speciosissimas de domo regis, et tam ipsam quam pedissequas ejus ornaret atque excoleret.

10. Quæ noluit indicare ei populum et patriam suam ; Mardochæus enim præceperat ei, ut de hac re omnino reticeret.

11. Qui deambulabat quotidie ante vestibulum domus, in qua electæ virgines servabantur, curam agens salutis Esther, et scire volens quid ei accideret.

12. Cum autem venisset tempus singularum per ordinem puellarum, ut intrarent ad regem, expletis omnibus quæ ad cultum muliebrem pertinebant, mensis duodecimus vertebatur ; ita duntaxat, ut sex mensibus oleo ungerentur myrrhino, et aliis sex, quibusdam pigmentis et aromatibus uterentur.

13. Ingredientesque ad regem, quidquid postulassent ad ornatum pertinens, accipiebant, et ut eis placuerat, compositæ de triclinio feminarum ad regis cubiculum transibant.

14. Et quæ intraverat vespere, egrediebatur mane, atqué inde in secundas ædes deducebatur, quæ sub manu Susa-

nance du roi, et que, d'après cet édit, beaucoup de belles jeunes filles eussent été amenées à Suse et confiées à l'eunuque Égée, Esther lui fut aussi confiée avec les autres jeunes filles, afin qu'elle fût mise au nombre des femmes *destinées au roi*.

9. Elle lui plut, et trouva grâce devant lui. Et il ordonna à l'eunuque de lui préparer promptement sa parure, et de lui donner sa part d'aliments et sept jeunes filles très belles de la maison du roi, et de la parer et de la soigner, elle et ses suivantes.

10. Elle ne voulut point lui indiquer son pays et sa patrie, parce que Mardochée lui avait ordonné de tenir ces détails très secrets.

11. Il se promenait tous les jours devant le vestibule de la maison où étaient gardées les vierges choisies, se mettant en peine de l'état d'Esther, et voulant savoir ce qui lui arriverait.

12. Or, lorsque le temps de ces jeunes filles était venu, elles étaient présentées au roi chacune à son tour, après avoir accompli, pendant l'espace de douze mois, tout ce qui concernait leur parure ; durant les six *premiers* mois elles employaient une onction d'huile de myrrhe, et pendant les six autres, divers parfums et aromates.

13. Et lorsqu'elles entraient auprès du roi, on leur donnait tout ce qu'elles demandaient pour se parer, et elles passaient de l'appartement des femmes à la chambre du roi ornées comme elles l'avaient désiré.

14. Celle qui y était entrée le soir en sortait le matin, et, de là, elle était conduite dans d'autres appartements, ou

---

(vers. 9), à cause de sa rare beauté (vers. 7), et aussi pour ses nobles qualités morales. — *Accelereret mundum...* Voyez les vers. 3 et 12. — *Traderet ei partes...* : c.-à-d. sa nourriture. — *Septem puellas...* Il est probable que chacune des jeunes filles destinées au roi recevait ce même nombre de suivantes ; mais celles d'Esther furent l'objet d'un choix tout particulier. — *Ornaret atque...* L'hébreu exprime un sens moins général : il la plaça avec ses suivantes dans le meilleur appartement de la maison des femmes.

10. Esther dissimule son origine juive. — *Præceperat enim...* Mardochée craignait évidemment qu'Esther ne perdît ses chances de fortune, si elle faisait connaître sa nationalité ; car il avait son but, ses espérances, qui lui avaient été inspirés par sa foi : il désirait que sa fille adoptive acquît de l'influence et parvint même au plus

haut rang, pour se rendre utile à la nation sainte dont elle faisait partie. Le secret fut bien gardé, car Assuérus lui-même ne connut qu'assez tard l'origine de la reine. Cf. VII, 3 et 4.

11. Mardochée veille paternellement sur Esther. — *Deambulabat quotidie...* Était-il attaché au service du palais ? On l'a supposé d'après ce passage (comp. XII, 1), et la tradition juive est conforme à ce sentiment. Ce n'est cependant qu'une hypothèse.

4° Esther plaît à Assuérus, qui lui confère le titre de reine. II, 12-18.

12-14. Les vierges au palais, avant leur admission auprès du roi. — *Mensis duodecimus :* à compter depuis l'arrivée de chacune d'elles au palais. — *Oleo... myrrhino.* Voyez Judith, X, 3 et la note. — *Quibusdam pigmentis... :* d'autres parfums précieux, tel qu'on les aime en Orient

demeuraient les concubines du roi, sous la surveillance de l'eunuque Susagazi ; et elle ne pouvait plus revenir auprès du roi, à moins que lui-même ne le voulût, et qu'il ne l'eût demandée nommément.

15. Après donc qu'il se fut écoulé quelque temps, le jour vint où Esther, fille d'Abihaïl, frère de Mardochée, que celui-ci avait adoptée pour sa fille, devait être à son tour présentée au roi. Elle ne demanda rien pour se parer ; mais l'eunuque Égée, gardien des jeunes filles, lui donna comme parure tout ce qu'il voulut. Car elle était très bien faite, et son incroyable beauté la rendait aimable et agréable aux yeux de tous.

16. Elle fut donc conduite à la chambre du roi Assuérus, au dixième mois, nommé tébeth, la septième année de son règne.

17. Et le roi l'aima plus que toutes ses femmes, et elle obtint grâce et faveur devant lui plus que toutes ses femmes. Et il mit sur sa tête le diadème royal, et il la fit reine à la place de Vasthi.

18. Et le roi ordonna qu'on fît un festin très magnifique à tous les princes et à tous ses serviteurs pour le mariage et les noces d'Esther. Et il accorda du repos à toutes ses provinces, et il fit des présents d'une magnificence princière.

19. Et lorsqu'on chercha et qu'on rassembla pour la seconde fois des jeunes filles, Mardochée était encore à la porte du roi.

20. Et Esther n'avait révélé ni son pays ni son peuple, selon l'ordre de Mardochée. Car Esther observait tout ce qu'il lui ordonnait, et elle agissait en

gazi eunuchi erant, qui concubinis regis præsidebat ; nec habebat potestatem ad regem ultra redeundi, nisi voluisset rex, et eam venire jussisset ex nomine.

15. Evoluto autem tempore per ordinem, instabat dies quo Esther, filia Abihail, fratris Mardochæi, quam sibi adoptaverat in filiam, deberet intrare ad regem. Quæ non quæsivit muliebrem cultum, sed quæcumque voluit Egeus eunuchus, custos virginum, hæc ei ad ornatum dedit ; erat enim formosa valde, et incredibili pulchritudine, omnium oculis gratiosa et amabilis videbatur.

16. Ducta est itaque ad cubiculum regis Assueri, mense decimo, qui vocatur tebeth, septimo anno regni ejus.

17. Et adamavit eam rex plus quam omnes mulieres, habuitque gratiam et misericordiam coram se super omnes mulieres, et posuit diadema regni in capite ejus, fecitque eam regnare in loco Vasthi.

18. Et jussit convivium præparari permagnificum cunctis principibus et servis suis, pro conjunctione et nuptiis Esther. Et dedit requiem universis provinciis, ac dona largitus est juxta magnificentiam principalem.

19. Cumque secundo quærerentur virgines, et congregarentur, Mardochæus manebat ad januam regis.

20. Necdum prodiderat Esther patriam, et populum suum, juxta mandatum ejus ; quidquid enim ille præcipiebat, observabat Esther, et ita cuncta

---

— *Quidquid postulassent* (vers. 13)... : en fait de bijoux, de vêtements, etc. — *In secundas ædes* (vers. 14) : dans une autre partie du gynécée. Cf. vers. 3.

15. Modestie et simplicité d'Esther au moment d'être introduite chez le roi. — *Esther, filia Abihail... quam...* Notez la solennité des expressions, pour décrire cet instant gros de conséquences pour l'histoire du peuple de Dieu. De même plus loin : *erat enim formosa...*

16-17. Esther plaît au roi, qui lui donne la place de Vasthi. — *Mense... tebeth.* Ce dixième mois de l'année juive n'est nommé qu'en ce seul endroit. Il allait de la nouvelle lune de janvier à celle de février. — *Anno septimo.* C.-à-d. en 478 avant J.-C. Voyez i, 2 et la note. C'était donc quelque temps après la désastreuse expédition de Xercès contre les Grecs. Ses préparatifs et son absence expliquent cet intervalle de quatre an-

nées entre la déchéance de Vasthi et son remplacement par Esther. Cf. i, 3, 9 et ss. ; ii, 1.

18. Fêtes en l'honneur de la nouvelle reine. — *Dedit requiem... provinciis :* probablement par la diminution des impôts. Cf. Hérod., iii, 67. — *Dona largitus est :* c'est là coutume orientale en pareil cas.

5° Mardochée découvre et dévoile la conspiration de deux eunuques contre le roi. II, 19-23.

19-20. Transition : Mardochée continue de veiller sur Esther, qui lui demeure filialement soumise comme par le passé. — *Cumque secundo...* L'époque n'est pas indiquée : c'était, d'après le vers. 16 et iii, 7, entre la septième et la treizième année du règne de Xercès. — *Quærerentur virgines :* comme précédemment, vers. 2 et 8. On voit ce qu'était l' « affection » (vers. 17) d'Assuérus. Le fait est malheureusement trop conforme aux usages orientaux. — *Mardochæus*

faciebat, ut eo tempore solita erat, quo eam parvulam nutriebat.

21. Eo igitur tempore quo Mardochæus ad regis januam morabatur, irati sunt Bagathan et Thares, duo eunuchi regis, qui janitores erant, et in primo palatii limine præsidebant, volueruntque insurgere in regem, et occidere eum.

22. Quod Mardochæum non latuit, statimque nuntiavit reginæ Esther, et illa regi, ex nomine Mardochæi, qui ad se rem detulerat.

23. Quæsitum est, et inventum; et appensus est uterque eorum in patibulo; mandatumque est historiis, et annalibus traditum coram rege.

tout comme elle avait coutume de faire au temps où il la nourrissait petite enfant.

21. Au temps donc où Mardochée demeurait à la porte du roi, Bagathan et Tharès, deux eunuques du roi, gardiens des portes et qui commandaient à la première entrée du palais, voulurent, dans un mouvement de colère, s'insurger contre le roi et le tuer.

22. Mardochée en eut connaissance, et il l'annonça aussitôt à la reine Esther, et celle-ci au roi, au nom de Mardochée, de qui elle l'avait appris.

23. On fit l'instruction, et la chose fut prouvée; et ils furent l'un et l'autre pendus à la potence, et ceci fut écrit dans les histoires et marqué dans les annales en présence du roi.

CHAPITRE III

1. Post hæc rex Assuerus exaltavit Aman, filium Amadathi, qui erat de stirpe Agag, et posuit solium ejus super omnes principes, quos habebat.

1. Après cela le roi Assuérus éleva Aman, fils d'Amadathi, qui était de la race d'Agag; et il plaça son trône au-dessus de tous ceux des princes qu'il avait *auprès de lui.*

---

manebat... Ce trait est répété (cf. vers 11), pour préparer l'incident qui va suivre (vers. 21-22). — *Ita cuncta faciebat* (vers. 20) Détail bien touchant : la grandeur n'avait pas changé

Portique du palais de Xercès à Persépolis.

cette belle âme. Les relations entre Esther et son père adoptif ne pouvaient être qu'indirectes, par l'intermédiaire des eunuques.

21-23. La conjuration des deux eunuques. — *Bagathan* a été mentionné plus haut, I, 10, sous

le nom de Bagatha. — *Voluerunt... insurgere.* Les révoltes de palais n'étaient pas chose rare en Orient, et surtout en Perse. — *Et illa regi* (vers. 22). Ce fait ne dut pas peu contribuer à accroître l'influence, déjà si grande, de la jeune reine. Il était providentiel, pour préparer le salut des Juifs dans un prochain avenir. — *Appensus... in patibulo.* C.-à-d. qu'ils furent crucifiés (comp. VI, 14) Ce supplice était d'un fréquent usage en Perse, surtout pour les traîtres et les rebelles. Cf. Hérodote, III, 120, 125, etc. Xercès fit mettre en croix le cadavre de Léonidas après la bataille des Thermopyles. — *Historiis... traditum.* Hérodote cite souvent ces annales persanes, qui étaient très régulièrement tenues. Cf. VII, 109 ; VIII, 85, 90, etc.

§ III. — *Aman prépare la ruine de tous les Juifs domiciliés sur le territoire persan.* III, 1 — IV, 17.

1° Haine d'Aman contre Mardochée. III, 1-6.

CHAP. III. — 1-2ª. Honneurs conférés à Aman par Assuérus. — *Aman* et *Amadathi* sont des noms persans, de même que ceux des dix fils d'Aman (IX, 7-9). — *De stirpe Agag.* Ces mots

2. Et tous les serviteurs du roi qui se tenaient à la porte du palais fléchissaient les genoux et adoraient Aman, car le roi le leur avait commandé. Seul, Mardochée ne fléchissait point le genou et ne l'adorait pas.

3. Et les serviteurs du roi qui commandaient à la porte du palais lui dirent : Pourquoi n'observez-vous pas l'ordre du roi comme les autres?

4. Et comme ils lui disaient cela souvent, et qu'il ne voulait pas les écouter, ils en avertirent Aman, voulant savoir s'il persévérerait dans sa résolution; car il leur avait dit qu'il était Juif.

5. Lorsqu'Aman eut entendu cela, et qu'il eut reconnu par expérience que Mardochée ne fléchissait point le genou devant lui et ne l'adorait point, il entra dans une violente colère ;

6. mais il compta pour rien de porter la main seulement sur Mardochée; et ayant su qu'il était Juif, il aima mieux perdre la nation entière des Juifs qui étaient dans le royaume d'Assuérus.

7. La douzième année du règne d'Assuérus, au premier mois nommé nisan, le sort, qui s'appelle en hébreu phur, fut jeté dans l'urne en présence d'Aman,

2. Cunctique servi regis, qui in foribus palatii versabantur, flectebant genua, et adorabant Aman; sic enim præceperat eis imperator. Solus Mardochæus non flectebat genu, neque adorabat eum.

3. Cui dixerunt pueri regis, qui ad fores palatii præsidebant : Cur præter ceteros non observas mandatum regis?

4. Cumque hoc crebrius dicerent, et ille nollet audire, nuntiaverunt Aman, scire cupientes utrum perseveraret in sententia ; dixerat enim eis se esse Judæum.

5. Quod cum audisset Aman, et experimento probasset quod Mardochæus non flecteret sibi genu, nec se adoraret, iratus est valde,

6. et pro nihilo duxit in unum Mardochæum mittere manus suas; audierat enim quod esset gentis Judææ, magisque voluit omnem Judæorum, qui erant in regno Assueri, perdere nationem.

7. Mense primo, cujus vocabulum est nisan, anno duodecimo regni Assueri, missa est sors in urnam, quæ hebraice dicitur phur, coram Aman, quo die et

---

ont beaucoup embarrassé les anciens exégètes, en leur donnant à croire, d'après Num. XXIV, 7, et I Reg. XV, 8, qu'Aman était Amalécite et de la race royale de ce peuple. Comp. le Targum chaldéen, h. l., et Josèphe, Ant., XI, 6, 5. La question est aujourd'hui très simplifiée, car « nous savons,... par les inscriptions de Khorsabad (Ninive), que le pays d'Agag composait... une partie de la Médie » (Oppert, Commentaire historique et philologique du livre d'Esther, p. 14). — Solium ejus super omnes... C.-à-d. qu'Assuérus fit d'Aman son grand vizir, son premier ministre. — Flectebant genua..., adorabant : comme l'on a toujours fait en Orient devant les grands personnages. Voyez l'Atl. arch., pl. LXXIX, fig. 3, 4, 9, et Hérodote, III, 86 ; VII, 134, 136, etc. — Imperator. Dans l'hébreu : le roi.

2b-4. Mardochée refuse de fléchir le genou devant Aman. — Solus... non flectebat. Son refus était évidemment basé sur un motif religieux : cela ressort des versets 3-4, où nous voyons Mardochée justifier sa conduite en avouant qu'il était Juif, c.-à-d. que sa religion ne lui permettait pas un acte de ce genre ; mais sa prière, XIII, 12-14, l'exprimera plus nettement encore. Et cependant divers passages de la Bible nous montrent des Israélites prosternés devant des rois (cf. II Reg. XIV, 4 ; XVIII, 28 ; III Reg. I, 16, etc.) ; mais ce n'était là qu'un hommage humain, tandis qu'en Perse le roi était vraiment l'objet d'un culte idolâtrique, dont Aman recevait sa part en tant que représentant d'Assuérus. Comp. Plu-

tarque, Thémist., c. 27 ; Q. Source, VIII, 5, 5, etc. Ainsi, rien de plus légitime que les scrupules de Mardochée.

5-6. Fureur d'Aman. — Experimento probasset. Il voulut se rendre compte par lui-même du fait, qu'il n'avait pas remarqué jusqu'alors. — Pro nihilo duxit... Trait qui nous révèle l'âme tout entière de l'orgueilleux ministre. Sa vérité psychologique est confirmée par l'histoire des peuples de l'Orient. « Là, des massacres de tout un peuple, d'une race, d'une classe de citoyens, ont compté de tout temps parmi les incidents de l'histoire... La Magophonie, ou le grand massacre des Mages à l'accession de Darius, fils d'Hystaspe, au trône de Perse, ne datait pas de cinquante ans lors de la douzième année de Xercès, et on en célébrait annuellement le souvenir. Un massacre des Scythes avait eu lieu environ cent ans auparavant. » Voyez Hérodote, I, 106. Aman voulut donc s'illustrer par une boucherie semblable.

2º Aman obtient du roi l'autorisation de mettre à mort tous les Juifs. III, 7-11.

7. L'époque du massacre est désignée par le sort. — Nisan : le premier mois de l'année religieuse des Juifs. Cf. Ex. XII, 2 et la note. — Anno duodecimo : l'an 473 avant J.-C. — Sors... quæ hebraice... phur. La traduction est inexacte, car 'ur est un mot persan, dont la racine est la même que celle des substantifs latins « pars, portio ». L'hébreu dit : « on jeta le fur ; c'est-à-dire le sort (gôral). » — Quo die et quo mense...

quo mense gens Judæorum deberet interfici ; et exivit mensis duodecimus, qui vocatur adar.

8. Dixitque Aman regi Assuero : Est populus per omnes provincias regni tui dispersus, et a se mutuo separatus, novis utens legibus et ceremoniis, insuper et regis scita contemnens ; et optime nosti quod non expediat regno tuo ut insolescat per licentiam.

9. Si tibi placet, decerne ut pereat, et decem millia talentorum appendam arcariis gazæ tuæ.

10. Tulit ergo rex annulum quo utebatur, de manu sua, et dedit eum Aman, filio Amadathi, de progenie Agag, hosti Judæorum ;

11. dixitque ad eum : Argentum quod tu polliceris, tuum sit ; de populo age quod tibi placet.

12. Vocatique sunt scribæ regis mense primo nisan, tertia decima die ejusdem mensis, et scriptum est, ut jusserat Aman, ad omnes satrapas regis et judices provinciarum, diversarumque gentium, ut quæque gens legere poterat, et audire pro varietate linguarum, ex no-

pour tirer le mois et le jour où l'on devait faire périr la nation juive ; et c'est le douzième mois appelé adar qui sortit.

8. Et Aman dit au roi Assuérus : Il y a un peuple dispersé par toutes les provinces de votre royaume, et divisé lui-même, usant de lois et de cérémonies nouvelles, et, de plus, méprisant les ordres du roi. Et vous savez très bien qu'il est de l'intérêt de votre royaume que la licence ne le rende pas plus insolent encore.

9. Ordonnez donc, s'il vous plaît, qu'il périsse, et je payerai dix mille talents aux officiers de votre trésor.

10. Alors le roi tira de son doigt l'anneau dont il se servait, et il le donna à Aman, fils d'Amadathi, de la race d'Agag, ennemi des Juifs,

11. et il lui dit : Que l'argent que vous me promettez soit pour vous ; faites du peuple ce qu'il vous plaira.

12. Au premier mois, appelé nisan, le treizième jour de ce même mois, on fit venir les secrétaires du roi, et l'on écrivit au nom du roi Assuérus, selon qu'Aman l'avait ordonné, à tous les satrapes du roi et aux juges des provinces et des diverses nations, de sorte que

---

L'une de ces idées superstitieuses qui fourmillent en Orient ; on y croit aux bons et aux mauvais jours, et Aman voulait naturellement en désigner un qui réunit les circonstances les plus favorables à l'exécution de son cruel dessein : de là le recours au sort, dans lequel on voyait la main de la divinité. Voyez, pour ce qui concerne les Perses en cette matière, Hérodote, III, 128, et Xénophon, Cyrop., I, 6, 46. — Mensis... adar : le douzième mois de l'année juive ; il correspond à la plus grande partie de mars. Il devait donc s'écouler près d'une année entière avant le massacre des Juifs. C'est bien la main de Dieu qui dirigea le sort, pour ménager à son peuple, par ce retard, des moyens de salut.
8-11. Assuérus donne son consentement à l'infâme projet du premier ministre. — Populus... dispersus. C'était vrai : Zorobabel et Esdras n'avaient réussi à ramener avec eux en Judée qu'une minime partie des Juifs (cf. Esdr. II, 64 ; VII, 6 ; VIII, 17, etc.) ; la grande masse de la nation avait préféré demeurer dans les différentes provinces de l'empire où l'avaient antérieurement conduite les vicissitudes de la captivité. — Novis utens... D'après l'hébreu : ayant des lois différentes de celles de tous les peuples. — Regis scita contemnens. Cette accusation avait déjà été lancée précédemment contre les Israélites par la malice de leurs ennemis. Cf. Esdr. IV, 13-16. — Ut insolescat per licentiam. L'hébreu est plus simple et moins expressif : il n'est pas dans l'intérêt du

roi de le laisser (ce peuple) en repos. — Si tibi placet (vers. 9). Après ce début non moins habile que haineux (vers. 8), la conclusion sanglante : pereat (dans l'hébreu : qu'on écrive l'ordre de les faire périr). Le vizir ajoute un argument qui a toujours en sa force dans ces contrées où la justice est vénale : decem millia talentorum... Il s'agit de talents d'argent, comme le dit formellement le texte original ; la somme offerte au roi était donc de 85 000 000 de fr., chiffre énorme à cette époque, et qui équivalait aux deux tiers des revenus annuels de tout l'empire persan. Comp. Hérodote, III, 195. Aman savait que les dépouilles des Juifs lui fourniraient bien au delà de cette somme. — Tulit rex annulum... (vers. 10). C'était donner carte blanche au ministre, et lui permettre de décréter, au nom du roi, tout ce qu'il voudrait contre les Juifs. Cf. vers. 12, et VIII, 8. — Argentum... tuum sit. Il y a une certaine dignité dans ce refus. — De populo age... Indifférence froidement cruelle, qui paraîtrait invraisemblable ailleurs qu'en Orient et qu'en un Xercès. D'ailleurs, on avait représenté les Israélites au roi comme un peuple de révoltés ; cela suffisait pour qu'il les livrât à la mort sans la moindre hésitation.
3° Promulgation du décret de mort. III, 12-15.
12. L'édit est préparé et signé au nom d'Assuérus. — Scribæ regis. Hérodote (VII, 100 ; VIII, 90, etc.) mentionne à diverses reprises les « scribes » de Xercès. — Tertia decima die...

chaque peuple pût lire et comprendre selon la variété de son langage; et les lettres furent scellées de l'anneau du roi,

13. et envoyées par les courriers du roi dans toutes les provinces, afin qu'on tuât et qu'on exterminât tous les Juifs, depuis l'enfant jusqu'au vieillard, les petits enfants et les femmes, en un même jour, c'est-à-dire le treizième jour du douzième mois, appelé adar, et qu'on pillât leurs biens.

14. C'est ce que contenaient ces lettres, afin que toutes les provinces fussent averties, et qu'elles se tinssent prêtes pour ce jour-là.

15. Les courriers qui avaient été envoyés allaient en toute hâte pour exécuter les ordres du roi. Et aussitôt l'édit fut affiché dans Suse; et le roi et Aman étaient en festin, et tous les Juifs qui étaient dans la ville pleuraient.

mine regis Assueri ; et litteræ, signatæ ipsius annulo,

13. missæ sunt per cursores regis ad universas provincias, ut occiderent atque delerent omnes Judæos, a puero usque ad senem, parvulos et mulieres, uno die, hoc est, tertio decimo mensis duodecimi, qui vocatur adar, et bona eorum diriperent.

14. Summa autem epistolarum hæc fuit, ut omnes provinciæ scirent, et pararent se ad prædictam diem.

15. Festinabant cursores qui missi erant, regis imperium explere. Statimque in Susan pependit edictum, rege et Aman celebrante convivium, et cunctis Judæis, qui in urbe erant, flentibus.

CHAPITRE IV

1. Mardochée, ayant appris ces choses, déchira ses vêtements, se revêtit d'un sac, et se couvrit la tête de cendres; et il

1. Quæ cum audisset Mardochæus, scidit vestimenta sua, et indutus est sacco, spargens cinerem capiti; et in platea

---

Aman n'a pas perdu de temps pour agir (cf.

Vase d'albâtre avec le nom de Xercès écrit en persan, en susien, en babylonien et en égyptien.

vers. 7). — *Satrapas.* Le mot hébreu *'aḥašdarpán* a été calqué sur le persan *khšatrova* : il n'est

employé, dans la Bible, qu'aux livres d'Esdras, d'Esther et de Daniel. — *Judices.* Hébr. : les *paḥôṭ*, ou pachas. Cf. Esdr. VIII, 36 et la note. — *Diversarumque gentium.* Dans l'hébreu : et aux princes des différentes nations. C.-à-d. aux chefs indigènes que les Perses avaient laissés çà et là à la tête de leurs peuples.

13-15. Les courriers royaux portent l'édit dans toutes les provinces de l'empire. — *Cursores regis.* C'est Cyrus qui avait institué ces courriers, et on les trouvait à travers l'empire entier. Ils portaient avec une vitesse proverbiale les ordres et messages royaux. Cf. vers. 15. — *Ut occiderent...* Bref résumé de l'édit, dont nous aurons plus loin, XIII, 1-7, le texte authentique. — *Summa...epistolarum.* Dans le texte : *paṭšégèn*, mot d'origine persane, que l'on retrouve encore IV, 8, et VIII, 13. — *Convivium..., flentibus* (vers. 15) : contraste saisissant. Mais, d'après l'hébreu, ce ne sont pas seulement les Juifs, c'est « toute la ville de Suse » qui « fut dans la consternation ». Ce cruel décret, dont on ne comprenait pas la raison, effraya et désola tout le monde. Comp. VIII, 15, où la joie fut au contraire générale, quand on apprit le salut des Israélites.

4° Deuil de Mardochée et des Juifs. IV, 1-3. CHAP. IV. — 1-2. Désolation de Mardochée. Tableau pathétique. — *Quæ cum audisset.* D'après le vers. 7, il fut aussitôt mis au courant de tout ce qui s'était passé entre Aman et le roi. — *Scidit vestimenta.* Signe de deuil usité chez

mediæ civitatis voce magna clamabat
ostendens amaritudinem animi sui,

2. et hoc ejulatu usque ad fores palatii gradiens ; non enim erat licitum in-
dutum sacco aulam regis intrare.

3. In omnibus quoque provinciis, oppidis, ac locis, ad quæ crudele regis do-
gma pervenerat, planctus ingens erat
apud Judæos, jejunium, ululatus, et fletus, sacco et cinere multis pro strato
utentibus.

4. Ingressæ autem sunt puellæ Esther
et eunuchi, nuntiaveruntque ei. Quod
audiens consternata est ; et vestem misit, ut ablato sacco induerent eum ; quam
accipere noluit.

5. Accitoque Athach eunucho, quem
rex ministrum ei dederat, præcepit ei ut
iret ad Mardochæum, et disceret ab eo
cur hoc faceret.

6. Egressusque Athach, ivit ad Mardochæum stantem in platea civitatis,
ante ostium palatii.

7. Qui indicavit ei omnia quæ accide-
rant, quomodo Aman promisisset, ut in
thesauros regis pro Judæorum nece inferret argentum.

8. Exemplar quoque edicti, quod pendebat in Susan, dedit ei, ut reginæ ostenderet, et moneret eam ut intraret ad
regem, et deprecaret eum pro populo
suo.

9. Regressus Athach, nuntiavit Esther
omnia quæ Mardochæus dixerat.

10. Quæ respondit ei, et jussit ut diceret Mardochæo :

poussait de grands cris dans la place du
milieu de la ville, manifestant l'amertume de son cœur.

2. Il vint donc, en se lamentant ainsi,
jusqu'à la porte du palais ; car il n'était
pas permis d'entrer revêtu d'un sac dans
le palais du roi.

3. Dans toutes les provinces et les
villes, et dans tous les lieux où était parvenu le cruel édit du roi, il y avait aussi,
chez les Juifs, un deuil extrême et des
jeûnes, des lamentations et des pleurs,
et beaucoup se servaient de sac et de
cendre au lieu de lit.

4. Or les suivantes d'Esther et ses eunuques vinrent lui apporter ces nouvelles.
Elle fut consternée en les apprenant, et
elle envoya un vêtement à Mardochée,
afin qu'il ôtât son sac et s'en revêtît ;
mais il ne voulut pas le recevoir.

5. Et elle appela Athach, l'eunuque
que le roi lui avait donné pour la servir,
et elle lui commanda d'aller auprès de
Mardochée, et de savoir de lui pourquoi
il agissait ainsi.

6. Et Athach alla aussitôt vers Mardochée, qui était sur la place de la ville,
devant la porte du palais.

7. Mardochée lui indiqua tout ce qui
était arrivé, et comment Aman avait
promis de livrer beaucoup d'argent au
trésor du roi pour le massacre des Juifs.

8. Il lui donna aussi une copie de l'é-
dit qui était affiché dans Suse, pour qu'il
la fît voir à la reine, et pour qu'il l'aver-
tît d'entrer chez le roi, et d'intercéder
pour son peuple.

9. Athach revint, et rapporta à Esther
tout ce qu'avait dit Mardochée.

10. Elle lui répondit et lui ordonna
de dire à Mardochée : -

---

les Perses non moins que chez les Juifs. Voyez
Hérodote, VIII, 99. — *Cinerem capiti.* Comp.
Judith, VII, 4 ; IX, 1, etc. — *In platea... clamabat.* Mardochée n'avait aucun motif de cacher
la douleur de son âme ; au contraire, il était
désireux d'attirer ainsi l'attention des serviteurs
d'Esther (*hoc ejulatu... ad fores...,* vers. 2). Hérodote signale également, VIII, 99, et IX, 24, les
violentes manifestations de la douleur chez les
Orientaux. — *Non enim... licitum...* En Orient,
on tient à écarter de la personne du roi tout ce
qui peut être regardé comme un fâcheux présage.
　3. Le deuil de toute la nation juive, très bien
dépeint.
　5° Mardochée presse Esther d'aller demander
au roi la grâce des Juifs. IV, 4-14.
　4. La reine est informée de l'extrême douleur
de Mardochée. — *Puellæ Esther.* Elles connais-

saient alors l'origine de leur maîtresse et les
liens qui l'unissaient à Mardochée, quoique ce
fût encore un secret pour Assuérus. — *Vestem
misit :* afin qu'il pût pénétrer dans le palais
(comp. le vers. 2), et faire connaître la cause de
sa tristesse.
　5-9. L'eunuque Athach apprend de Mardochée
et rapporte à Esther tout ce qui s'était passé.
— *Exemplar quoque* (vers. 8)... : la reine pourrait ainsi se convaincre de ses propres yeux et
voir combien le danger était pressant. — *Et moneret eam...* Mardochée ne voyait pas d'autre
moyen de salut pour son peuple en dehors de
l'influence personnelle d'Esther.
　10-11. La reine ne croit d'abord pas pouvoir se
prêter à l'exécution de ce plan. — *Omnes... norunt...* Hérodote, III, 84 et 118, dit expressément,
de son côté, qu'il était interdit sous peine de

11. Tous les serviteurs du roi et toutes les provinces de son empire savent que qui que ce soit, homme ou femme, qui entre dans la cour intérieure du roi sans y avoir été appelé, est aussitôt mis à mort sans aucun délai, à moins que le roi n'étende vers lui son sceptre d'or en signe de clémence, et qu'il ne lui sauve ainsi la vie. Comment donc pourrais-je entrer chez le roi, moi qui, depuis déjà trente jours, n'ai pas été appelée auprès de lui?

12. Lorsque Mardochée eut entendu cette réponse,

13. il envoya dire encore à Esther : Ne croyez pas que vous sauverez seule votre vie d'entre tous les Juifs, parce que vous êtes dans la maison du roi.

14. Car si vous vous taisez maintenant, les Juifs seront délivrés par quelque autre moyen, et vous périrez, vous et la maison de votre père. Et qui sait si ce n'est point pour cela même que vous êtes parvenue à la royauté, afin de pouvoir agir en de tels temps que celui-ci?

15. Alors Esther fit faire de nouveau cette réponse à Mardochée :

16. Allez, assemblez tous les Juifs que vous trouverez dans Suse, et priez pour moi. Ne mangez point et ne buvez point pendant trois jours et trois nuits, et je jeûnerai de même avec mes servantes, et ensuite j'entrerai chez le roi

11. Omnes servi regis, et cunctæ, quæ sub ditione ejus sunt, norunt provinciæ, quod sive vir, sive mulier, non vocatus, interius atrium regis intraverit, absque ulla cunctatione statim interficiatur, nisi forte rex auream virgam ad eum tetenderit pro signo clementiæ, atque ita possit vivere. Ego igitur quomodo ad regem intrare potero, quæ triginta jam diebus non sum vocata ad eum?

12. Quod cum audisset Mardochæus,

13. rursum mandavit Esther, dicens : Ne putes quod animam tuam tantum liberes, quia in domo regis es, præ cunctis Judæis.

14. Si enim nunc silueris, per aliam occasionem liberabuntur Judæi ; et tu, et domus patris tui, peribitis. Et quis novit utrum idcirco ad regnum veneris, ut in tali tempore parareris ?

15. Rursumque Esther hæc Mardochæo verba mandavit

16. Vade, et congrega omnes Judæos quos in Susan repereris, et orate pro me. Non comedatis et non bibatis tribus diebus et tribus noctibus ; et ego cum ancillis meis similiter jejunabo ; et tunc ingrediar ad regem, contra legem faciens,

---

mort de pénétrer auprès du roi de Perse, à moins d'avoir été mandé directement. Mais pourquoi Esther ne demandait-elle pas une audience, ainsi que les usages de la cour l'y autorisaient ? Elle semble l'indiquer, en ajoutant : *triginta jam diebus...* Connaissant la nature capricieuse d'Assuérus, elle pouvait conclure du fait signalé qu'elle était en défaveur, et comment obtenir, en de telles circonstances, une grâce si extraordinaire ? — *Auream virgam :* le sceptre royal. « Parmi les nombreuses représentations des rois persans à Persépolis, il n'en est pas une seule sur laquelle le monarque ne tienne dans sa main droite un long bâton effilé : » c'est le sceptre en question dans ce passage. Voyez l'*Atl. arch.*, pl. LXXX, fig. 4, 9 ; pl. LXXXI, fig. 8.

12-14. Instances de Mardochée. — *Rursum mandavit...* C'était pour lui un moment dramatique, car le sort de la nation sainte était en jeu ; aussi cherche-t-il, dans un langage énergique, à vaincre la résistance de la reine. — *Ne putes...* Premier argument, vers. 13ᵇ-14ᵃ. Esther paraît vouloir avant tout sauver sa propre vie ; mais, quoique reine, elle n'échappera pas à la mort. — *Per aliam occasionem...* C'est la foi

vive de Mardochée, appuyée sur les nombreuses promesses du Seigneur dans le passé, qui lui inspirait cette ferme confiance : la délivrance surgirait de quelque lieu inconnu, infailliblement. — *Tu, et domus patris...* Ces mots expliquent le vers. 13 et montrent comment Esther ne saurait éviter la mort : en négligeant un devoir si grave et si manifeste, elle attirerait sur elle-même et sur sa famille les vengeances inexorables du Seigneur. — *Et quis novit...* Second argument, vers. 14ᵇ. L'élévation d'Esther avait été merveilleuse ; mais les événements actuels rendaient très visible le but que Dieu s'était proposé en l'effectuant.

6º Esther consent à aller implorer du roi le salut des Juifs. IV, 15-17.

15-16. Résolution courageuse et demande de prières. — *Hæc... mandavit :* gagnée par les paroles de Mardochée, et entrant pleinement dans ses vues. — *Orate pro me.* Dans l'hébreu : jeûnez pour moi ; ce qui revient à peu près au même. La reine fixe elle-même la durée de ce jeûne : *tribus diebus...* — *Tradens... me morti.* Elle envisage froidement et vaillamment les conséquences possibles de sa démarche.

non vocata, tradensque me morti et periculo.

17. Ivit itaque Mardochæus, et fecit omnia quæ ei Esther præceperat.

malgré la loi et sans être appelée, m'abandonnant au péril et à la mort.

17. Mardochée s'en alla donc, et il fit tout ce qu'Esther lui avait ordonné.

CHAPITRE V

1. Die autem tertio induta est Esther regalibus vestimentis,. et stetit in atrio domus regiæ, quod erat interius, contra basilicam regis. At ille sedebat super solium suum in consistorio palatii, contra ostium domus.

2. Cumque vidisset Esther reginam stantem, placuit oculis ejus, et extendit contra eam virgam auream, quam tenebat manu. Quæ accedens, osculata est summitatem virgæ ejus;

3. dixitque ad eam rex: Quid vis, Esther regina ? Quæ est petitio tua? Etiamsi dimidiam partem regni petieris, dabitur tibi.

4. At illa respondit : Si regi placet, obsecro ut venias ad me hodie, et Aman tecum, ad convivium quod paravi.

5. Statimque rex: Vocate, inquit, cito Aman, ut Esther obediat voluntati. Venerunt itaque rex et Aman ad convivium, quod eis regina paraverat.

6. Dixitque ei rex, postquam vinum biberat abundanter : Quid petis ut detur tibi, et pro qua re postulas? Etiamsi dimidiam partem regni mei petieris, impetrabis.

1. Et le troisième jour, Esther se revêtit de ses habits royaux et se présenta dans la cour intérieure de la maison du roi, en face de la chambre du roi. Il était assis sur son trône dans la salle d'audience du palais, en face de la porte de la maison.

2. Et lorsqu'il vit la reine Esther debout, elle plut à ses yeux, et il étendit vers elle le sceptre d'or qu'il avait à la main. Esther, s'approchant, baisa l'extrémité du sceptre.

3. Et le roi lui dit : Que voulez-vous, reine Esther? que demandez-vous? Quand vous me demanderiez la moitié de mon royaume, je vous la donnerais.

4. Et elle répondit : S'il plaît au roi, je le supplie de venir aujourd'hui au festin que je lui ai préparé, et Aman avec lui.

5. Et le roi dit aussitôt : Qu'on appelle Aman, afin qu'il obéisse à la volonté d'Esther. Le roi et Aman vinrent donc au festin que la reine leur avait préparé.

6. Et le roi lui dit après avoir bu beaucoup de vin : Que désirez-vous que je vous donne, et que demandez-vous? Quand vous me demanderiez la moitié de mon royaume, je vous la donnerais.

---

17. Mardochée fait exécuter les ordres d'Esther.

§ IV. — *Esther auprès d'Assuérus ; Aman fait préparer un gibet pour Mardochée.* V, 1-14.

1° La reine se présente devant le roi, qui l'accueille avec bonté. V, 1-5ᵃ.

CHAP. V. — 1-2. Entrée soudaine d'Esther dans la salle du trône. Belle description. Comp. xv, 4-19. — *Die... tertio :* le troisième jour du jeûne général des Juifs en Perse. Cf. iv, 16. — *Regalibus vestimentis.* Dans l'hébreu, littéralement : elle se revêtit de la royauté. Expression elliptique. — *Super solium... contra ostium.* Dans les palais orientaux, le trône royal est d'ordinaire placé en face de l'entrée : « de sa position élevée, le monarque peut voir dans la cour, à travers la porte qu'on laisse ouverte. » — *Osculata est.* L'hébreu dit seulement : elle toucha.

3-5ᵃ. Assuérus accepte d'aller dîner chez la reine avec Aman. — *Quæ... petitio...?* Le roi suppose naturellement qu'Esther n'a pu se présenter ainsi au palais, en violant l'étiquette, que pour lui adresser une requête très pressante. — *Etiamsi dimidiam...* Cf. vers. 6 ; vii, 2 ; Marc. vi, 23. Hérodote raconte, ix, 109, que Xercès offrit un jour à l'une de ses femmes de lui accorder tout ce qu'elle demanderait, sans faire la moindre réserve. — *Venias ad me...* Au lieu d'exposer immédiatement sa vraie supplique, Esther temporise, dans l'espoir de rencontrer bientôt une occasion plus favorable encore. — *Aman tecum.* Elle voulait que le ministre fût présent lorsqu'elle l'accuserait, pour le perdre immédiatement, sans ressource, et l'empêcher de recouvrer la faveur du roi par quelque habile manœuvre.

2° Assuérus et Aman au festin de la reine. V, 5ᵇ-8.

5ᵇ-6. Nouvelle offre gracieuse du roi. — *Postquam vinum...* Dans l'hébreu : au festin du vin ; c.-à-d. à la fin du repas, au dessert. En effet, Hérodote, i, 133, mentionne l'usage persan de

Roi et reine d'Assyrie prenant ensemble leur repas dans un jardin. (Bas-relief de Ninive.)

7. Cui respondit Esther : Petitio mea et preces sunt istæ :

8. `Si inveni in conspectu regis gratiam, et si regi placet ut det mihi quod postulo, et meam impleat petitionem, veniat rex et Aman ad convivium quod paravi eis, et cras aperiam regi voluntatem meam.

9. Egressus est itaque illo die Aman lætus et alacer, cumque vidisset Mardochæum sedentem ante fores palatii, et non solum non assurrexisse sibi, sed nec motum quidem de loco sessionis suæ, indignatus est valde ;

10. et dissimulata ira, reversus in domum suam, convocavit ad se amicos suos, et Zares uxorem suam ;

11. et exposuit illis magnitudinem divitiarum suarum, filiorumque turbàm, et quanta eum ˉgloria super omnes principes et servos suos rex elevasset.

12. Et post hæc ait : Regina quoque Esther nullum alium vocavit ad convivium cum rege, præter me, apud quam etiam cras cum rege pransurus sum ;

13. et cum hæc omnia habeam, nihil me habere puto, quamdiu videro Mardochæum Judæum sedentem ante fores regias.

14. Responderuntque ei Zares, uxor ejus, et ceteri amici : Jube parari excelsam trabem, habentem altitudinis quinquaginta cubitos, et dic mane regi ut ap-

7. Esther lui répondit : Voici ma demande et ma prière :

8. Si j'ai trouvé grâce devant le roi, et s'il lui plaît de m'accorder ce que je demande, et de réaliser ma prière, que le roi et Aman viennent au festin que je leur ai préparé, et demain je déclarerai au roi ce que je souhaite.

9. Aman sortit donc ce jour-là content et plein de joie. Mais lorsqu'il vit que Mardochée, qui était assis devant la porte du palais, non seulement ne s'était pas levé devant lui, mais ne s'était pas même remué de la place où il était, il en fut vivement indigné ;

10. et, dissimulant sa colère, il retourna chez lui, et convoqua auprès de lui ses amis et Zarès, sa femme.

11. Et il leur exposa la grandeur de ses richesses, le grand nombre de ses enfants, et la haute gloire à laquelle le roi l'avait élevé au-dessus de tous ses princes et de ses serviteurs ;

12. et il dit ensuite : La reine Esther n'a invité personne autre que moi au festin qu'elle a fait au roi, et je dois encore dîner demain chez elle avec le roi.

13. Mais, quoique j'aie tout cela, je croirai n'avoir rien tant que je verrai le Juif Mardochée assis devant la porte du roi.

14. Zarès, sa femme, et tous ses amis lui répondirent : Ordonnez qu'on dresse une potence élevée de cinquante coudées de haut, et demandez demain matin au

---

boire du vin après le repas proprement dit, en mangeant des fruits. — *Quid petis...?* Assuérus avait compris qu'Esther ne lui avait pas exprimé toute sa pensée en l'invitant à dîner.

7-8. Esther invite une seconde fois le roi et son premier ministre. — *Cras aperiam...* Elle espérait qu'Assuérus serait encore mieux disposé en sa faveur le lendemain. Cette hésitation n'a rien d'étonnant en de si graves circonstances.

3° Aman fait préparer une croix pour y suspendre Mardochée. V, 9-14.

9. Colère de plus en plus vive du vizir contre son ennemi. — *Lætus et alacer :* tout se réunissait pour le réjouir, la reine ne l'honorant pas moins que le roi. Voyez le vers. 12. — *Non solum... sed nec motum :* pas même un léger salut. Mardochée ne se croyait plus redevable de rien au bourreau de son peuple.

10-13. Aman raconte à ses amis ses gloires et son chagrin. — *Exposuit... :* en premier lieu, vers. 11, d'une manière générale, les divers éléments qui composaient sa gloire et sa fortune ; ensuite, vers. 12, plus spécialement, les distinctions dont la reine le comblait ; enfin, vers. 13,

le noir souci qui le mordait au cœur, et qui suffisait pour anéantir toute sa joie. — *Filiorum... turbam* (vers. 11). Aman avait jusqu'à dix fils (cf. ix, 10). Or le grand nombre des fils était regardé chez les Perses « comme la plus grande preuve de l'excellence virile » (Hérodote, i, 136). — *Nullum alium...* (vers. 12) : circonstance qui rehaussait singulièrement l'honneur. — *Et cum hæc omnia...* (vers. 13). Grande vérité psychologique. Ici encore, nous lisons jusqu'au fond du cœur d'Aman.

14. Le projet de vengeance. — *Parari... trabem :* pour crucifier Mardochée. Voyez ii, 23 et la note. La hauteur du gibet était relativement énorme (*quinquaginta cubitos*, un peu plus de 25ᵐ) ; c'était afin de rendre le supplice plus humiliant, plus frappant. — *Dic... regi...* Assuérus, qui avait accordé si aisément l'autorisation de massacrer le peuple entier, ne ferait aucune difficulté d'avancer le supplice d'un Juif isolé. — *Ibis... lætus.* Encore un trait profond de psychologie. Rien de plus savoureux que la vengeance pour les Orientaux.

roi que Mardochée y soit pendu, et vous irez ainsi plein de joie au festin avec le roi. Ce conseil lui plut, et il ordonna de préparer une croix gigantesque.

pendatur super eam Mardochæus; et sic ibis cum rege lætus ad convivium. Placuit ei consilium, et jussit excelsam parari crucem.

CHAPITRE VI

1. Le roi passa cette nuit-là sans dormir, et il ordonna qu'on lui apportât les histoires et les annales des temps précédents. Et comme on les lisait devant lui,

2. on en vint à ce passage où il était écrit de quelle manière Mardochée avait révélé la conspiration des eunuques Bagathan et Tharès, qui avaient voulu assassiner le roi Assuérus.

3. Lorsque le roi eut entendu ces choses, il dit : Quel honneur et quelle récompense Mardochée a-t-il reçus pour cette fidélité? Ses serviteurs et ses officiers lui dirent : Il n'a reçu absolument aucune récompense.

4. Et le roi dit aussitôt : Qui est dans le parvis? Or Aman était entré dans la cour intérieure de la maison royale, pour suggérer au roi d'ordonner que Mardochée fût attaché à la potence qui lui avait été préparée.

5. Les serviteurs répondirent : Aman est dans le parvis. Et le roi dit : Qu'il entre.

6. Et, lorsqu'il fut entré, le roi lui dit : Que doit-on faire à un homme que le roi désire honorer? Aman, pensant en lui-même et s'imaginant que le roi n'en voulait point honorer d'autre que lui,

7. répondit : L'homme que le roi veut honorer

8. doit être revêtu des habits royaux, placé sur le cheval que le roi monte, et

1. Noctem illam duxit rex insomnem, jussitque sibi afferri historias et annales priorum temporum. Quæ cum illo præsente legerentur,

2. ventum est ad illum locum ubi scriptum erat quomodo nuntiasset Mardochæus insidias Bagathan et Thares, eunuchorum, regem Assuerum jugulare cupientium.

3. Quod cum audisset rex, ait : Quid pro hac fide honoris ac præmii Mardochæus consecutus est? Dixerunt ei servi illius ac ministri : Nihil omnino mercedis accepit.

4. Statimque rex : Quis est, inquit, in atrio? Aman quippe interius atrium domus regiæ intraverat, ut suggereret regi, et juberet Mardochæum affigi patibulo quod ei fuerat præparatum.

5. Responderunt pueri : Aman stat in atrio. Dixitque rex : Ingrediatur.

6. Cumque esset ingressus, ait illi : Quid debet fieri viro quem rex honorare desiderat? Cogitans autem in corde suo Aman, et reputans quod nullum alium rex, nisi se, vellet honorare,

7. respondit : Homo quem rex honorare cupit

8. debet indui vestibus regiis, et imponi super equum, qui de sella regis est,

---

DEUXIÈME PARTIE

Les Juifs échappent au grave péril qui les menaçait. VI, 1 — X, 3.

§ I. — *La ruine d'Aman.* VI, 1 — VII, 10.

1° Le roi se souvient que Mardochée lui avait autrefois sauvé la vie. VI, 1-5.

CHAP. VI. — 1-2. Lecture des annales persanes devant le roi. — *Noctem... insomnem.* L'hébreu dit, en termes pittoresques : le sommeil du roi s'enfuit. Incident futile en apparence, dont Dieu va tirer en grande partie le salut de son peuple. — *Ubi scriptum...* Voyez II, 21-23.

3-5. Assuérus apprend que son sauveur n'avait reçu aucune récompense. — *Quid... honoris...?* Chez les Perses, les noms de ceux qui étaient

regardés comme des « bienfaiteurs royaux » étaient écrits sur une liste d'honneur, sans préjudice d'une récompense qui demeurait due, mais que l'on ne recevait souvent que très tard. Comp. Hérodote, III, 140; VIII, 85, etc. — *Quis... in atrio?* Les ministres venaient le matin au palais, et ils attendaient le bon plaisir du roi dans le vestibule de sa chambre. — *Juberet Mardochæum... :* rapprochement étrange, comme la vie en présente parfois.

2° Honneurs insignes conférés à Mardochée. VI, 6-11.

6-9. La proposition d'Aman. — *Cogitans... in corde...* De nouveau, la nature prise sur le fait et dépeinte au vif. — *Homo quem rex...* (vers. 7). Croyant parler pour lui-même, Aman propose

et accipere regium diadema super caput suum ;

9. et primus de regiis principibus ac tyrannis teneat equum ejus, et per plateam civitatis incedens clamet, et dicat: Sic honorabitur quemcumque voluerit rex honorare.

10. Dixitque ei rex: Festina ; et sumpta stola et equo, fac ut locutus es, Mardochæo Judæo, qui sedet ante fores palatii. Cave ne quidquam de his quæ locutus es prætermittas.

11. Tulit itaque Aman stolam et equum ; indutumque Mardochæum in platea civitatis, et impositum equo, præcedebat, atque clamabat : Hoc honore condignus est quemcumque rex voluerit honorare.

12. Reversusque est Mardochæus ad januam palatii ; et Aman festinavit ire in domum suam, lugens, et operto capite.

13. Narravitque Zares uxori suæ, et amicis, omnia quæ evenissent sibi. Cui responderunt sapientes, quos habebat

recevoir le diadème royal sur sa tête,

9. et *il faut* que le premier des princes et des dignitaires royaux tienne son cheval, et que, marchant *devant lui* à travers la place de la ville, il crie : Ainsi sera honoré celui qu'il plaira au roi d'honorer.

10. Et le roi lui dit : Hâtez-vous, prenez le vêtement *royal* et le cheval, et ce que vous avez dit, faites-le au Juif Mardochée qui est assis à la porte du palais. Prenez garde de ne rien omettre de tout ce que vous venez de dire.

11. Aman prit donc le vêtement et le cheval. Et ayant revêtu Mardochée dans la place de la ville, et l'ayant fait monter sur le cheval, il marchait devant lui, et criait : C'est ainsi que mérite d'être honoré celui qu'il plaira au roi d'honorer.

12. Et Mardochée revint à la porte du palais, et Aman se hâta d'aller à sa maison, désolé et la tête voilée.

13. Et il raconta à Zarès, sa femme, et à ses amis tout ce qui lui était arrivé. Les sages dont il prenait conseil et sa

---

toute une série de distinctions, dont une seule

Soldat susien montant la garde à la porte du palais de Xercès à Persépolis. (D'après les monuments.)

eût fait époque dans la vie d'un homme. — *Su-*

per equum… : un des coursiers royaux. Comp. Gen. XLI, 43 ; III Reg. I, 33-34. — *Et accipere… diadema*. L'hébreu suppose que cette couronne devait être placée sur la tête du cheval ; on voit des ornements de ce genre sur les monuments assyriens (*Atl. arch.*, pl. LXXVIII, fig. 6, 9, 11). La suite du récit ne dit pas que Mardochée ait porté le diadème royal (cf. vers. 11).

10-11. Mardochée reçoit les honneurs royaux de la main de son ennemi. — *Mardochæo Judæo*. Ce nom de Juif produit ici un effet saisissant. Les annales avaient fait connaître au roi la nationalité de Mardochée ; les officiers de service avaient ajouté le détail suivant, *qui sedet ante fores…* Cf. II, 19 ; v, 9. — *Tulit… Aman*. Profonde humiliation, qui n'est que le prélude d'une ruine complète.

3° Confusion et rage d'Aman. VI, 12-14.

12. Transition. — *Mardochæus ad januam*. Il revient simplement et modestement à sa place accoutumée. Pour les Orientaux, cette conduite n'a rien que de très naturel. — *Operto capite :* un signe de deuil, ou par un sentiment de honte, désirant n'être pas reconnu. Cf. II Reg. XV, 30 ; Jer. XIV, 4.

13-14. Craintes des amis d'Aman. — *Narravit… Zares… et amicis :* c'était une assemblée intime, comme plus haut, v, 11. — *Sapientes*. Des mages, sans doute. Aucun d'eux ne put lui adresser de paroles consolantes ; tout au contraire : *si de semine Judæorum…* Le présage, en effet, n'était pas d'heureux augure.

femme lui répondirent : Si ce Mardochée devant lequel vous avez commencé de tomber est de la race des Juifs, vous ne pourrez lui résister ; mais vous tomberez devant lui.

14. Tandis qu'ils parlaient encore, les eunuques du roi survinrent, et l'obligèrent d'aller aussitôt au festin que la reine avait préparé.

in consilio, et uxor ejus : Si de semine Judæorum est Mardochæus, ante quem cadere cœpisti, non poteris ei resistere, sed cades in conspectu ejus.

14. Adhuc illis loquentibus, venerunt eunuchi regis, et cito eum ad convivium, quod regina paraverat, pergere compulerunt.

CHAPITRE VII

1. Le roi et Aman entrèrent donc pour boire avec la reine.

2. Et le roi lui dit encore ce second jour, dans la chaleur du vin : Que me demandez-vous, Esther, et que voulez-vous que je fasse ? Quand vous me demanderiez la moitié de mon royaume, je vous la donnerais.

3. Esther lui répondit : Si j'ai trouvé grâce à vos yeux, ô roi, accordez-moi, s'il vous plaît, ma propre vie, pour laquelle je vous supplie, et celle de mon peuple, pour lequel j'intercède.

4. Car nous avons été livrés, moi et mon peuple, pour être foulés aux pieds, pour être égorgés et exterminés. Et plût à Dieu qu'on nous vendît comme esclaves et servantes ! ce serait un mal supportable, et je me tairais en gémissant ; mais maintenant nous avons un ennemi dont la cruauté retombe sur le roi même.

5. Et le roi Assuérus lui répondit : Qui est celui-là, et quelle est sa puissance pour qu'il ose faire cela ?

6. Et Esther dit : Notre adversaire et notre ennemi, c'est ce cruel Aman. En entendant cela, Aman fut tout interdit, ne pouvant supporter les regards du roi et de la reine.

7. Mais le roi se leva irrité, et il alla du lieu du festin dans le jardin planté

1. Intravit itaque rex et Aman, ut biberent cum regina.

2. Dixitque ei rex etiam secunda die, postquam vino incaluerat : Quæ est petitio tua, Esther, ut detur tibi, et quid vis fieri ? Etiamsi dimidiam partem regni mei petieris, impetrabis.

3. Ad quem illa respondit : Si inveni gratiam in oculis tuis, o rex, et si tibi placet, dona mihi animam meam, pro qua rogo, et populum meum pro quo obsecro.

4. Traditi enim sumus ego et populus meus, ut conteramur, jugulemur, et pereamus. Atque utinam in servos et famulas venderemur ! esset tolerabile malum, et gemens tacerem ; nunc autem hostis noster est cujus crudelitas redundat in regem.

5. Respondensque rex Assuerus, ait : Quis est iste, et cujus potentiæ ut hæc audeat facere ?

6. Dixitque Esther : Hostis et inimicus noster pessimus iste est Aman. Quod ille audiens, illico obstupuit, vultum regis ac reginæ ferre non sustinens.

7. Rex autem iratus surrexit, et de loco convivii intravit in hortum arbori-

---

4° Esther demande au roi la délivrance des Juifs. VII, 1-6.

CHAP. VII. — 1-2. Le roi réitère son offre gracieuse. Cf. v, 3 et 6

3-4. La prière d'Esther. — Cette fois, la reine va droit au fait, de manière à impressionner vivement Assuérus : *dona... animam meam..., populum meum.* — *Tradit enim...* Dans l'hébreu : Nous avons été vendus ; allusion à la somme offerte au prince par Aman, III, 9. — *Conteramur, jugulemur, pereamus.* Accumulation énergique de synonymes. Dans l'hébreu, ce sont les expressions mêmes de l'édit de mort, III, 13. — *Hostis noster est cujus...* Pensée qui sera déve-

loppée assez longuement dans le second édit d'Assuérus. Cf. xvi, 2 et ss. L'hébreu est un peu obscur en cet endroit ; il semble signifier : l'ennemi n'est pas digne que le roi soit troublé à son sujet.

5-6. Esther désigne au roi, sur sa demande, Aman comme le coupable. — *Quis est iste...?* La colère d'Assuérus éclate dans ces paroles sévères et saccadées. Le vers. 6 est encore plus dramatique.

5° Le supplice d'Aman. VII, 7-10.

7-9. L'arrêt de mort. — *In hortum.* L'appartement d'Esther était sans doute en communication directe avec le jardin : le roi sort un

bus consitum. Aman quoque surrexit ut
rogaret Esther reginam pro anima sua;
intellexit enim a rege sibi paratum malum.

8. Qui cum reversus esset de horto ne-
moribus consito, et intrasset convivii
locum, reperit Aman super lectulum cor-
ruisse, in quo jacebat Esther, et ait:
Etiam reginam vult opprimere, me præsente, in domo mea! Necdum verbum
de ore regis exierat, et statim operuerunt
faciem ejus.

9. Dixitque Harbona, unus de eunuchis
qui stabant in ministerio regis: En lignum quod paraverat Mardochæo, qui
locutus est pro rege, stat in domo Aman,
habens altitudinis quinquaginta cubitos.
Cui dixit rex: Appendite eum in eo.

10. Suspensus est itaque Aman in patibulo quod paraverat Mardochæo; et
regis ira quievit.

d'arbres. Aman se leva aussi pour supplier la reine Esther de lui sauver la vie;
car il avait compris que le roi était résolu de le perdre.

8. Lorsqu'Assuérus revint du jardin
planté d'arbres, et rentra dans le lieu du
festin, il trouva qu'Aman s'était jeté sur
le lit où était Esther, et il dit: Comment! il veut faire violence à la reine
elle-même, en ma présence, dans ma
maison! A peine cette parole était-elle
sortie de la bouche du roi, qu'on couvrit aussitôt le visage d'Aman.

9. Et Harbona, l'un des eunuques qui
étaient au service du roi, lui dit: Voici,
le bois qu'il avait préparé pour Mardochée, qui a donné un avis salutaire au
roi, est dans la maison d'Aman, haut de
cinquante coudées. Le roi lui dit: Qu'il
y soit pendu.

10. Aman fut donc pendu à la potence
qu'il avait préparée pour Mardochée. Et
la colère du roi s'apaisa.

CHAPITRE VIII

1. Die illo dedit rex Assuerus Esther
reginæ domum Aman, adversarii Judæorum, et Mardochæus ingressus est ante
faciem regis; confessa est enim ei Esther
quod esset patruus suus.

2. Tulitque rex annulum quem ab
Aman recipi jusserat, et tradidit Mardochæo. Esther autem constituit Mardochæum super domum suam.

1. Le même jour, le roi Assuérus
donna à la reine Esther la maison d'A-
man, ennemi des Juifs, et Mardochée
fut présenté au roi. Car Esther lui avait
avoué qu'il était son oncle.

2. Et le roi ôta son anneau, qu'il avait
fait reprendre à Aman, et le donna à
Mardochée. Esther, de son côté, fit Mardochée intendant de sa maison.

---

instant, tout bouillant de colère. — *Super lectulum* (vers. 8): agenouillé devant la reine, qui
reposait sur le divan. — *Etiam reginam...* Supposition entièrement gratuite, Assuérus ne l'ignorait pas; mais, dans sa fureur, il aggrave à dessein la faute de celui qu'il allait condamner. —
Operuerunt faciem ejus : comme étant indigne
de contempler le visage du roi (cf. i, 13); ou
bien, usage semblable à celui des Romains, qui
voilaient la face des condamnés au moment du
supplice. — *Dixitque Harbona.* L'un des sept
eunuques cités plus haut, i, 10. — *En lignum...*
Cf. v, 14. Exemple de la versatilité humaine en
général, et orientale en particulier : le favori
tout-puissant de la veille n'a que des ennemis
dès qu'on le voit perdu. — *Locutus... pro rege :*
en dévoilant le secret de la conspiration. Cf. ii,
22; vi, 2.

10. Aman périt sur la croix. — *Quod paraverat... :* le narrateur souligne à dessein ce détail si frappant.

§ II. — *L'élévation de Mardochée; édit en
faveur des Juifs.* VIII, 1-17.

1° Mardochée devient le premier ministre
d'Assuérus. VIII, 1-2.

CHAP. VIII. — 1-2. Honneurs conférés à Mardochée par le roi et la reine. — *Dedit... domum
Aman.* Non seulement les bâtiments, mais les
biens considérables qui en dépendaient (voyez
le vers. 2). En Perse, les biens des condamnés à
mort étaient confisqués au profit de la couronne.
Cf. iii, 11, et Hérodote, iii, 129. — *Confessa...
Esther.* La reine n'avait désormais aucun motif
de dissimuler ses relations de parenté avec Mardochée; tout au contraire. — *Tulitque annulum...* Voyez iii, 10 et la note. Mardochée était
institué par là même grand vizir. — *Esther...
super domum suam.* Dans l'hebreu : sur la
maison d'Aman (que la reine venait de recevoir
en présent, vers. 1).

. 3. Et non contente de cela, elle se jeta aux pieds du roi, et le conjura avec larmes d'arrêter les effets de la malice d'Aman l'Agagite, et de ses machinations odieuses qu'il avait ourdies contre les Juifs.

4. Et le roi lui tendit de sa main son sceptre d'or, pour lui donner, selon la coutume, son signe de clémence. Et elle, se levant, se tint devant lui

5. et dit : S'il plaît au roi, et si j'ai trouvé grâce devant ses yeux, et si ma prière ne lui paraît pas inconvenante, je le conjure de révoquer par de nouvelles lettres les anciennes lettres d'Aman, persécuteur et ennemi des Juifs, par lesquelles il avait ordonné de les faire périr dans toutes les provinces du roi.

6. Car comment pourrais-je souffrir la mort et le carnage de mon peuple?

7. Et le roi Assuérus répondit à la reine Esther et au Juif Mardochée : J'ai donné à Esther la maison d'Aman, et je l'ai fait attacher lui-même à une croix, parce qu'il avait osé porter la main sur les Juifs.

8. Écrivez donc aux Juifs comme il vous plaira, au nom du roi, et scellez les lettres de mon anneau. Car c'était la coutume que nul n'osait s'opposer aux lettres qui étaient envoyées au nom du roi, et scellées de son anneau.

9. On fit donc venir les scribes et les écrivains du roi (c'était alors le troisième mois, appelé siban); le vingt-troisième jour de ce même mois les lettres furent écrites, comme Mardochée le voulut, aux Juifs, aux princes, aux gouverneurs et aux juges qui commandaient aux cent vingt-sept provinces du royaume, depuis les Indes jusqu'en

3. Nec his contenta, procidit ad pedes regis, flevitque, et locuta ad eum oravit ut malitiam Aman Agagitæ, et machinationes ejus pessimas quas excogitaverat contra Judæos, juberet irritas fieri.

4. At ille ex more sceptrum aureum protendit manu, quo signum clementiæ monstrabàtur. Illaque consurgens, stetit ante eum,

5. et ait : Si placet regi, et si inveni gratiam in oculis ejus, et deprecatio mea non ei videtur esse contraria, obsecro ut novis epistolis veteres Aman litteræ, insidiatoris et hostis Judæorum, quibus eos in cunctis regis provinciis perire præceperat, corrigantur.

6. Quomodo enim potero sustinere necem et interfectionem populi mei?

7. Respondítque rex Assuerus Esther reginæ et Mardochæo Judæo : Domum Aman concessi Esther, et ipsum jussi affigi cruci, quia ausus est manum mittere in Judæos.

8. Scribite ergo Judæis, sicut vobis placet, regis nomine, signantes litteras annulo meo. Hæc enim consuetudo erat, ut epistolis quæ ex regis nomine mittebantur, et illius annulo signatæ erant, nemo auderet contradicere.

9. Accitisque scribis et librariis regis (erat autem tempus tertii mensis, qui appellatur siban), vigesima et tertia die illius, scriptæ sunt epistolæ, ut Mardochæus voluerat, ad Judæos, et ad principes, procuratoresque et judices qui centum viginti septem provinciis ab India usque ad Æthiopiam præsidebant, provinciæ atque provinciæ, populo et popu-

---

2° Esther obtient du roi l'annulation indirecte du premier édit. VIII, 3-8.

3-6. Pressante demande de la reine en faveur de son peuple. — Nec his contenta. Esther n'avait accompli jusqu'ici qu'une partie de son œuvre de délivrance. Si l'ennemi acharné des Juifs avait péri, le décret de mort subsistait, et il fallait en obtenir au plus tôt le retrait. — Procidit... flevitque... Scène vivante et pathétique. — Sceptrum... protendit (vers. 4). Comme précédemment, IV, 11. Il ressort de ce détail qu'Esther s'était de nouveau présentée devant Assuérus sans avoir été mandée. — Si placet... et si... (vers. 5ª). Formule d'introduction plus insinuante que jamais (comp. V, 4, 8; VII, 3), la faveur à obtenir étant plus importante et plus difficile. — Veteres Aman litteræ. La reine présente très·habilement l'an-

cien édit comme étant l'œuvre personnelle de l'odieux Aman plutôt que celle du roi.

7-8. Assuérus accède à la demande d'Esther. — Domum... concessi. Le roi commence par rappeler le gage récent qu'il avait donné de sa bienveillance dans toute cette affaire. Pour le reste, il ne veut pas prendre d'initiative directe, à cause du caractère inviolable du décret antérieur (hæc enim consuetudo...); du moins, il donne toute latitude à Esther et à Mardochée pour annuler l'édit d'Aman d'une manière indirecte (scribite... sicut vobis placet).

3° On substitue à l'édit d'Aman un autre décret, favorable aux Juifs. VIII, 9-14.

9-10. La nouvelle lettre est écrite et expédiée dans tout l'empire: — Accitisque scribis : comme pour le premier édit, III, 12-15. — Mensis... si-

lo, juxta linguas et litteras suas, et Judæis, prout legere poterant, et audire.

10. Ipsæque epistolæ, quæ regis nomine mittebantur, annuio ipsius obsignatæ sunt, et missæ per veredarios, qui per omnes provincias discurrentes, veteres litteras novis nuntiis prævenirent.

11. Quibus imperavit rex ut convenirent Judæos per singulas civitates, et in unum præciperent congregari, ut starent pro animabus suis, et omnes inimicos suos, cum conjugibus, ac liberis, et universis domibus, interficerent atque delerent, et spolia eorum diriperent.

12. Et constituta est per omnes provincias una ultionis dies, id est tertia decima mensis duodecimi, adar.

13. Summaque epistolæ hæc fuit, ut in omnibus terris ac populis, qui regis Assueri subjacebant imperio, notum fieret paratos esse Judæos ad capiendam vindictam de hostibus suis.

14. Egressique sunt veredarii celeres, nuntia perferentes, et edictum regis pependit in Susan.

15. Mardochæus autem de palatio et de conspectu regis egrediens, fulgebat vestibus regiis, hyacinthinis videlicet, et aereis, coronam auream portans in capite, et amictus serico pallio atque purpureo. Omnisque civitas exultavit atque lætata est.

Éthiopie; à chaque province et à chaque peuple dans sa langue et dans son écriture, et aux Juifs, afin qu'ils pussent lire et comprendre.

10. Ces lettres, qui étaient envoyées au nom du roi, furent scellées de son anneau et expédiées par les courriers, afin que, parcourant toutes les provinces, ils prévinssent les anciennes lettres par ces nouveaux messages.

11. Le roi leur ordonna d'aller trouver les Juifs en chaque ville, et de leur prescrire de s'assembler pour défendre leur vie, et pour tuer et exterminer tous leurs ennemis, avec leurs femmes, leurs enfants et toutes leurs maisons, et pour piller leurs dépouilles.

12. Et dans toutes les provinces un même jour fut fixé pour la vengeance, savoir le treizième jour du douzième mois, appelé adar.

13. La substance de cette lettre était qu'on fît savoir, dans toutes les provinces et aux peuples qui étaient soumis à l'empire du roi Assuérus, que les Juifs étaient prêts à se venger de leurs ennemis.

14. Et les courriers partirent en grande hâte, portant la nouvelle, et l'édit fut affiché dans Suse.

15. Et Mardochée, sortant du palais et de la présence du roi, parut avec éclat, dans ses vêtements royaux de couleur d'hyacinthe et de blanc, portant une couronne d'or sur la tête, et couvert d'un manteau de soie et de pourpre. Et toute la ville fut transportée d'allégresse et de joie.

---

ban. Ou plutôt, sivan; mois qui est également cité par Baruch, I, 8, et qui correspond à peu près à juin. Deux mois et plus s'étaient écoulés depuis la première lettre. Comp. III, 12 et la note. — Ad Judæos : ils étaient intéressés plus que personne au nouvel édit. — Principes... judices. Les satrapes et autres gouverneurs des provinces. Cf. III, 12. — Per veredarios (vers. 10). Dans l'hébreu : 'aḥašťrânim ; mot d'origine persane, qui désigne probablement les courriers royaux.
11-13. Sommaire du second édit. — Starent pro animabus : le droit de se défendre à main armée, si on les attaquait, et de traiter leurs ennemis sans pitié, est accordé ouvertement aux Juifs. Il fallait cela pour intimider des adversaires préparés à commettre tous les excès. Cf. vers. 13. — Spolia diriperent. Les Israélites refusèrent de mettre à profit cette concession. Cf. IX, 10, 16. — Tertia decima... adar. Le jour même où devait avoir lieu le massacre des Juifs d'après l'ancien édit. Cf. III, 13.

14. Promulgation du nouveau décret. — Egressi... celeres. Quoique l'on eût encore neuf mois de répit, il importait de se hâter, pour permettre aux Juifs de prendre toutes leurs mesures, et aussi pour modifier en leur faveur l'esprit de la population : ce qui réussit à merveille d'après le contexte. Cf. vers. 17; IX, 2-3.
4° Joie des Juifs, honneurs qu'ils reçoivent en tous lieux. VIII, 15-17.
15. Splendeur de Mardochée. — Mardochæus.., fulgebat... Appareil magnifique; son costume de grand vizir, dont il venait d'être revêtu. — Hyacinthinis... et aereis. D'après l'hébreu : bleus et blancs. Voyez I, 6 et la note. — Coronam. Dans l'hébreu : 'atârah ; simple bande d'or (Atl. arch., pl. LXXXI, fig. 1). Pour le roi, on avait employé le mot kéter, qui désigne la couronne proprement dite. Cf. VIII, 8. — Serico. Plutôt : de lin. — Omnisque civitas... La ville de Suse n'avait vu qu'avec peine la promulgation de l'édit d'Aman. Voyez III, 15 et la note.

16. Et sur les Juifs sembla se lever une nouvelle lumière, la joie, l'honneur et les transports.

17. Parmi toutes les nations, dans les villes et les provinces où l'ordonnance du roi était portée, il y avait une joie extraordinaire, des banquets, des festins et des jours de fêtes ; à ce point que plusieurs des autres nations, et d'autres cultes, embrassèrent leur religion et leurs cérémonies. Car une grande terreur du nom juif s'était répandue sur tous.

16. Judæis autem nova lux oriri visa est, gaudium, honor, et tripudium.

17. Apud omnes populos, urbes atque provincias, quocumque regis jussa veniebant, mira exultatio, epulæ atque convivia, et festus dies, in tantum ut plures alterius gentis et sectæ, eorum religioni et ceremoniis jungerentur ; grandis enim cunctos judaici nominis terror invaserat.

CHAPITRE IX

1. Ainsi, le treizième jour du douzième mois, que nous avons déjà dit auparavant se nommer adar, lorsqu'on se préparait à tuer tous les Juifs, et que leurs ennemis aspiraient à verser leur sang, les Juifs, au contraire, commencèrent à être les plus forts, et à se venger de leurs adversaires.

2. Ils s'assemblèrent dans toutes les villes, les bourgs et les autres lieux, pour étendre la main sur leurs ennemis et leurs persécuteurs ; et nul n'osa résister, parce que la crainte de leur puissance avait pénétré dans tous les peuples.

3. Car les juges des provinces, les gouverneurs et les intendants, et tous les dignitaires qui présidaient à chaque localité et aux affaires, soutenaient les Juifs par crainte de Mardochée,

4. qu'ils savaient être prince du palais et avoir beaucoup de pouvoir. La renommée de son nom croissait aussi de jour en jour, et volait par toutes les bouches.

5. Les Juifs firent donc un grand carnage de leurs ennemis, et ils les tuèrent,

1 Igitur duodecimi mensis, quem adar vocari ante jam diximus, tertia decima die, quando cunctis Judæis interfectio parabatur, et hostes eorum inhiabant sanguini, versa vice Judæi superiores esse cœperunt, et se de adversariis vindicare.

2. Congregatique sunt per singulas civitates, oppida et loca, ut extenderent manum contra inimicos et persecutores suos ; nullusque ausus est resistere, eo quod omnes populos magnitudinis eorum formido penetrarat.

3. Nam et provinciarum judices, et duces, et procuratores, omnisque dignitas quæ singulis locis ac operibus præerat, extollebant Judæos, timore Mardochæi,

4. quem principem esse palatii et, plurimum posse cognoverant. Fama quoque nominis ejus crescebat quotidie, et per cunctorum ora volitabat.

5. Itaque percusserunt Judæi inimicos suos plaga magna, et occiderunt eos, red-

16-17. Les Juifs honorés et redoutés par tout l'empire. Remarquez l'emphase et la solennité du récit. — *Eorum religioni...* (vers. 17ᵇ). C'est le sens. L'hébreu dit plus simplement et plus énergiquement : devenaient Juifs, c.-à-d. prosélytes. Pour un grand nombre, cette conversion était assurément un effet de la crainte qu'inspiraient maintenant les Juifs ; mais beaucoup durent accepter la vraie foi pour un motif supérieur, car la main de Dieu s'était montrée très visible et toute-puissante pour protéger son peuple.

§ III. — *La ruine des ennemis d'Israël ; institution de la fête des Sorts.* IX, 1 — X, 3.

1° Les Juifs se vengent de leurs ennemis. IX, 1-19.

CHAP. IX. — 1. Transition et introduction.

— *Hostes... inhiabant...* Le second édit n'avait pas fait cesser toutes les haines. — *Superiores esse...* C'est l'idée qui va être développée aux versets suivants.

2-4. Les Israélites prêts à résister avec avantage à leurs adversaires. — L'écrivain sacré marque très bien ce qui faisait la force des Juifs. Ils étaient d'abord eux-mêmes parfaitement en mesure de se défendre, et décidés à repousser la force par la force (vers. 2) ; attitude vaillante, qui arrêta un grand nombre de leurs adversaires. De plus (vers. 3 et 4), ils avaient pour eux les autorités, aux divers degrés de la hiérarchie, et surtout le tout-puissant Mardochée.

5-9. La vengeance à Suse. — *In Susan.* D'après l'hébreu : dans Suse la forteresse. Voyez Nch. I, 1 et la note. Expression qui désigne en cet endroit la ville haute, la partie la plus voi-

dentes eis quod sibi paraverant facere ;

6. in tantum ut etiam in Susan quingentos viros interficerent, extra decem filios Aman Agagitæ, hostis Judæorum, quorum ista sunt nomina :

7. Pharsandatha, et Delphon, et Esphatha,

8. et Phoratha, et Adalia, et Aridatha,

9. et Phermestha, et Arisai, et Aridai, et Jezatha.

10. Quos cum occidissent, prædas de substantiis eorum tangere noluerunt.

11. Statimque numerus eorum qui occisi erant in Susan ad regem relatus est.

12. Qui dixit reginæ : In urbe Susan interfecerunt Judæi quingentos viros, et alios decem filios Aman. Quantam putas eos exercere cædem in universis provinciis? Quid ultra postulas, et quid vis ut fieri jubeam?

13. Cui illa respondit : Si regi placet, detur potestas Judæis, ut sicut fecerunt hodie in Susan, sic et cras faciant, et decem filii Aman in patibulis suspendantur.

14. Præcipitque rex ut ita fieret. Statimque in Susan pependit edictum, et decem filii Aman suspensi sunt.

15. Congregatis Judæis quarta decima die mensis adar, interfecti sunt in Susan trecenti viri, nec eorum ab illis direpta substantia est.

leur rendant le mal qu'ils s'étaient préparés à leur faire ;

6. à ce point, qu'ils tuèrent dans Suse même jusqu'à cinq cents hommes, outre les dix fils d'Aman l'Agagite, ennemi des Juifs, dont voici les noms :

7. Pharsandatha, Delphon, Esphatha,

8. Phoratha, Adalia, Aridatha,

9. Phermestha, Arisaï, Aridaï, et Jézatha.

10. Lorsqu'ils les eurent tués, ils ne voulurent pas toucher à leurs dépouilles et à leurs biens.

11. On rapporta aussitôt au roi le nombre de ceux qui avaient été tués dans Suse.

12. Et il dit à la reine : Les Juifs ont tué cinq cents hommes dans la ville de Suse, outre les dix fils d'Aman. Combien grand, croyez-vous, sera le carnage qu'ils font dans toutes les provinces? Que demandez-vous encore, et que voulez-vous que j'ordonne?

13. Elle lui répondit : S'il plaît au roi, que les Juifs reçoivent le pouvoir de faire encore demain dans Suse ce qu'ils ont fait aujourd'hui, et que les dix fils d'Aman soient pendus à des gibets.

14. Et le roi ordonna que cela fût fait, et aussitôt l'édit fut affiché dans Suse, et les dix fils d'Aman furent pendus.

15. Les Juifs, s'étant assemblés le quatorzième jour du mois d'adar, ils tuèrent trois cents hommes dans Suse, sans vouloir piller leur bien.

---

sine du château fort royal. — *Quorum... nomina...* Ces noms sont tous d'origine persane, à

Habitants de la Susiane. (D'après les monuments.)

part celui d'Adalia. Dans les Bibles hébraïques, ils sont ordinairement écrits les uns au-dessus

des autres, en une seule ligne verticale, et le Targum chaldéen dit que c'est un genre de mort des fils d'Aman : ils auraient été suspendus verticalement à une même potence, à quelque distance seulement les uns des autres. — *Prædas... noluerunt.* Par dignité, attestant ainsi que le désir du lucre n'entrait pour rien dans leur vengeance, et qu'ils se proposaient seulement de défendre leur vie et leurs propriétés.

11-15. Assuérus prolonge d'un jour le temps auquel les Juifs pourraient se venger de leurs ennemis à Suse. — *Quantam putas...?* Manière de dire que si, uniquement dans la capitale, cinq cents ennemis d'Israël avaient perdu la vie, le nombre des morts devait être très considérable dans tout l'empire. — *Quid ultra...* Toujours les mêmes dispositions bienveillantes du roi, depuis qu'Esther s'était présentée devant lui. Cf. v, 3, 6 ; vii, 2 ; viii, 7-8. — *Si regi placet...* Double requête de la reine (vers. 13). La première, *sicut hodie... sic et cras*, paraît de prime abord surprenante ; mais Esther savait, évidemment, qu'une nouvelle agression était à re-

16 Les Juifs se tinrent aussi prêts pour la défense de leur vie dans toutes les provinces qui étaient soumises à l'empire du roi, et ils tuèrent leurs ennemis et leurs persécuteurs, de sorte qu'il y eut soixante-quinze mille morts, et personne ne toucha à leurs biens.

. 17. Or le treizième jour du mois d'adar fut pour tous le premier du massacre, et ils cessèrent le quatorzième jour ; ils ordonnèrent que celui-ci serait un jour de fête où on se livrerait désormais en tout temps aux banquets, à la joie et aux festins.

18. Mais ceux qui étaient dans la ville de Suse avaient fait le carnage pendant le treizième et le quatorzième jour de ce même mois, et n'avaient cessé qu'au quinzième. C'est pourquoi ils le choisirent pour en faire une fête solennelle de festins et de réjouissances. ·

19. Les Juifs qui demeuraient dans les bourgs sans murailles et dans les villages choisirent le quatorzième jour du mois d'adar, comme jour de festins et de joie, où ils se livrent à l'allégresse, et s'envoient mutuellement des portions de leurs repas et de leurs mets.

20. Mardochée écrivit donc toutes ces choses, et il les envoya sous forme de lettres aux Juifs qui demeuraient dans toutes les provinces du roi, dans des plus proches et dans les plus éloignées,

· 21. afin qu'ils acceptassent comme jours de fête le quatorzième et le quinzième jour du mois d'adar et qu'ils les célébrassent tous les ans à perpétuité par des honneurs solennels.

22. Parce que, en ces jours-là, les Juifs s'étaient vengés de leurs ennemis, et que leur deuil et leur tristesse avaient été changés en allégresse et en joie, ces jours devaient être à la joie et aux fes-

16. Sed et per omnes provincias quæ ditioni regis subjacebant, pro animabus suis steterunt Judæi, interfectis hostibus ac persecutoribus suis, in tantum ut septuaginta quinque millia occisorum implerentur, et nullus de substantiis eorum quidquam contingeret. ·

17. Dies autem tertius decimus mensis adar, primus apud omnes interfectionis fuit, et quarta decima die cædere desierunt. Quem constituerunt esse solemnem, ut in eo omni tempore deinceps vacarent epulis, gaudio atque conviviis.

18. At hi qui in urbe Susan cædem exercuerant, tertio decimo et quarto decimo die ejusdem mensis in cæde versati sunt; quinto decimo autem die percutere desierunt. Et idcirco eumdem diem constituerunt solemnem epularum atque lætitiæ.

· 19. Hi vero Judæi qui in oppidis non muratis ac villis morabantur, quartum decimum diem mensis adar conviviorum et gaudii decreverunt, ita ut exultent in eo, et mittant sibi mutuo partes epularum et ciborum.

20. Scripsit itaque Mardochæus omnia hæc, et litteris comprehensa misit ad Judæos qui in omnibus regis provinciis morabantur, tam in vicino positis quam procul,

21. ut quartam decimam et quintam decimam diem mensis adar pro festis susciperent, et revertente semper anno, solemni celebrarent honore,

· 22. quia in ipsis diebus se ulti sunt Judæi de inimicis suis, et luctus atque tristitia in hilaritatem gaudiumque conversa sunt; essentque dies isti epularum atque lætitiæ, et mitterent sibi invicem

---

douter de la part des ennemis de son peuple. La seconde, *decem filii Aman...*, était un procédé d'intimidation bien légitime. — *Trecenti* (vers. 15) : ce qui fait huit cents morts à Suse durant les deux journées.

16. Nombre des morts dans tout l'empire persan. — *Pro animabus... steterunt.* Comp. VIII, 11. Ces mots donnent au récit sa vraie couleur : les Israélites n'exercèrent pas de vengeance proprement dite ; ils ne frappèrent que ceux qui en voulaient ostensiblement à leur vie. — *Septuaginta quinque millia.* D'après les Septante, seulement 15 000 ; mais ce doit être une erreur de transcription. — *Nullus de substantiis... :* trait répété trois fois de suite en quelques lignes. Cf. vers. 10 et 15.

17-19. Le lendemain du triomphe. — On raconte que ce jour fut joyeusement fêté par tout Israël ; c'est une transition à l'institution de la solennité des Purim (vers. 20 et ss.). Le narrateur distingue entre les Juifs domiciliés à Suse et ceux du reste de l'empire. Il est question de ces derniers aux vers. 17 et 19, et des autres au vers. 18, et l'on indique pourquoi la fête triomphale ne fut point célébrée par eux le même jour. — *Mittant sibi... partes* (vers. 19). Voyez la note de Néh. VIII, 10-12.

2° Institution de la fête des Purim ou des Sorts. IX, 20-32.

20-23. Lettre de Mardochée aux Juifs de l'empire persan, pour ordonner la célébration de cette solennité. — *Quartam decimam et quintam...*

ciborum partes, et pauperibus munuscula largirentur.

23. Susceperuntque Judæi in solemnem ritum cuncta quæ eo tempore facere cœperant, et quæ Mardochæus litteris facienda mandaverat.

24. Aman enim, filius Amadathi, stirpis Agag. hostis et adversarius Judæorum, cogitavit contra eos malum, ut occideret illos, atque deleret; et misit phur, quod nostra lingua vertitur in sortem.

25. Et postea ingressa est Esther ad regem, obsecrans ut conatus ejus litteris regis irriti fierent, et malum quod contra Judæos cogitaverat, reverteretur in caput ejus. Denique et ipsum et filios ejus affixerunt cruci.

26. Atque ex illo tempore dies isti appellati sunt Phurim, id est Sortium, eo quod phur, id est sors, in urnam missa fuerit. Et cuncta quæ gesta sunt, epistolæ, id est libri hujus volumine, continentur.

27. Quæque sustinuerunt, et quæ deinceps immutata sunt, susceperunt Judæi super se et semen suum, et super cunctos qui religioni eorum voluerunt copulari, ut nulli liceat duos hos dies absque solemnitate transigere; quos scriptura testatur, et certa expetunt tempora, annis sibi jugiter succedentibus.

28. Isti sunt dies quos nulla unquam delebit oblivio, et per singulas generationes cunctæ in toto orbe provinciæ celebrabunt; nec est ulla civitas in qua dies Phurim, id est Sortium, non observentur a Judæis et ab eorum progenie, quæ his ceremoniis obligata est.

29. Scripseruntque Esther regina, filia Abihail, et Mardochæus, Judæus, etiam secundam epistolam, ut omni studio dies ista solemnis sanciretur in posterum.

30. Et miserunt ad omnes Judæos, qui in centum viginti septem provinciis regis

tins, et on devait s'envoyer mutuellement des portions de mets et donner aux pauvres de petits présents.

23. Les Juifs établirent donc comme un rite solennel tout ce qu'ils avaient commencé de faire en ce temps-là, et ce que Mardochée leur avait ordonné de faire par ses lettres.

24. Car Aman, fils d'Amadathi, de la race d'Agag, ennemi déclaré des Juifs, avait médité du mal contre eux, pour les tuer et les exterminer; et il avait jeté le phur, ce qui, dans notre langue, se traduit par le sort.

25. Mais Esther entra ensuite auprès du roi, le suppliant de rendre inutiles les efforts d'Aman par une *nouvelle* lettre, et de faire retomber sur sa tête le mal qu'il avait résolu de faire aux Juifs. En effet, on l'attacha à une croix, lui et ses fils.

26. Et, depuis ce temps-là, ces jours ont été appelés Phurim, c'est-à-dire les Sorts, parce que le phur, c'est-à-dire le sort, avait été jeté dans l'urne. Et tout ce qui se passa alors est contenu dans cette lettre, c'est-à-dire dans ce livre.

27. Les Juifs donc, en mémoire de ce qu'ils avaient souffert, et des changements survenus ensuite, s'obligèrent, eux et leurs enfants, et tous ceux qui voudraient se joindre à leur religion, à ne promettre à personne de passer ces deux jours sans solennité, selon ce qui est adressé dans cet écrit, et ce qui s'observe exactement chaque année aux temps destinés à cette fête.

28. Ce sont ces jours que n'effacera jamais l'oubli, et que toutes les provinces, d'âge en âge, célébreront par toute la terre. Et il n'y a point de ville en laquelle les jours de Phurim, c'est-à-dire des Sorts, ne soient observés par les Juifs, et par leurs enfants qui sont obligés de pratiquer ces cérémonies.

29. La reine Esther, fille d'Abihaïl, et le Juif Mardochée écrivirent encore une seconde lettre, afin qu'on eût tout le soin possible d'établir ce jour comme une fête solennelle à l'avenir.

30. Et ils l'envoyèrent à tous les Juifs qui demeuraient dans les cent vingt-sept

---

(vers. 21). On réunit ainsi les deux jours qui avaient été fétés tout d'abord. Comp. les vers. 17-19.

24-28. Motif pour lequel la fête reçut le nom de Purim. — *Susceperuntque...* Réflexions de l'auteur inspiré, à propos de l'établissement de la fête des Sorts. — *Phurim, Phur* (vers. 26). En hébreu : *Purim, Fur.* Voyez III, 7 et la note.

— *Isti sunt dies...* (vers. 28). Le 14 et le 15 adar sont encore joyeusement célébrés aujourd'hui chez les Juifs. Voyez Léon de Modène, *Cérémonies et coutumes qui s'observent aujourd'hui parmi les Juifs,* 3ᵉ partie, chap. x; D. Stauben, *Scènes de la vie juive en Alsace,* Paris, 1860, p. 195 et ss.

29-32. La seconde lettre d'Esther et de Mar-

provinces du roi Assuérus, afin qu'ils eussent la paix et qu'ils reçussent la vérité,

31. en observant ces jours des Sorts, et en les célébrant en leur temps avec joie. Les Juifs s'engagèrent donc, selon que Mardochée et Esther l'avaient ordonné, à observer, eux et leur postérité, les jeûnes, les cris et les jours des Sorts,

32. et tout ce qui est contenu dans ce livre, qui porte le nom d'Esther.

Assueri versabantur, ut haberent pacem, et susciperent veritatem,

31. observantes dies Sortium, et suo tempore cum gaudio celebrarent. Sicut constituerunt Mardochæus et Esther, et illi observanda susceperunt a se, et a semine suo, jejunia, et clamores, et Sortium dies,

32. et omnia quæ libri hujus, qui vocatur Esther, historia continentur.

CHAPITRE X

1. Or le roi Assuérus se rendit toute la terre et toutes les îles de la mer tributaires.

2. Et sa puissance et son empire, et le haut point de grandeur auquel il avait

1. Rex vero Assuerus omnem terram et cunctas maris insulas fecit tributarias;

2. cujus fortitudo et imperium, et dignitas atque sublimitas, qua exaltavit

---

dochée relative à la fête des Purim. — *Secundam epistolam.* La première est celle qui a été mentionnée aux vers. 20 et ss. — *Illi observanda...* Les vers. 31b et 32 relèvent l'obéissance des Juifs aux prescriptions de la reine et du premier ministre. — *Jejunia.* En souvenir du jeûne des Juifs de Suse et d'Esther. Cf. iv, 16. On jeûne encore aujourd'hui le 13 adar, avant de commencer la fête proprement dite, et ce jour est appelé *ta'anit 'Ester,* ou jeûne d'Esther. — *Clamores :* cris de deuil et lamentations qui devaient rappeler l'angoisse des Israélites après la promulgation du décret d'Aman. — *Omnia quæ libri hujus...* L'hébreu dit seulement : et cela a été écrit dans le livre ; probablement, d'après x, 2, les annales des Perses et des Mèdes.

3° La puissance d'Assuérus et de Mardochée. X, 1-3.

CHAP. X. — 1. Tribut imposé par Assuérus à ses sujets. — *Omnem terram :* les provinces de son vaste empire. Voyez l'*Atl. géogr.,* pl. L. — *Maris insulas (cunctas* n'est pas dans l'hébreu). Les rois de Perse avaient naguère possédé les îles de l'Archipel ; les Grecs les leur ayant reprises, ils ne possédaient plus guère que celles de Chypre, d'Aradus et de Tyr. — *Fecit tributarias.* La désastreuse expédition de Xercès contre la Grèce avait complètement vidé le trésor, et nécessité de nouveaux impôts. Tel est le sens de ce passage.

2-3. La grandeur d'Assuérus et de Mardochée décrite dans les annales de l'empire. — *Fortitudo,... dignitas.* Après l'expédition grecque, Xercès ne manifesta plus ces qualités royales

Chapiteau d'une colonne du palais royal de Persépolis.

Mardochæum, scripta sunt in libro Medorum atque Persarum,

3. et quo modo Mardochæus, judaici generis, secundus a rege Assuero fuerit; et magnus apud Judæos, et acceptabilis plebi fratrum suorum, quærens bona populo suo, et loquens ea quæ ad pacem seminis sui pertinerent.

Quæ habentur in hebræo, plena fide expressi. Hæc autem quæ sequuntur scripta reperi in editione vulgata, quæ Græcorum lingua et litteris continentur; et interim post finem libri hoc capitulum ferebatur; quod juxta consuetudinem nostram obelo, id est veru prænotavimus.

4. Dixitque Mardochæus : A Deo facta sunt ista.

5. Recordatus sum somnii, quod videram, hæc eadem significantis, nec eorum quidquam irritum fuit.

6. Parvus fons qui crevit in fluvium, et in lucem solemque conversus est, et in aquas plurimas redundavit, Esther est, quam rex accepit uxorem, et voluit esse reginam.

7. Duo autem dracones : ego sum, et Aman.

8. Gentes quæ convenerant : hi sunt qui conati sunt delere nomen Judæorum.

élevé Mardochée, sont écrits dans les livres des Mèdes et des Perses,

3. et comment Mardochée, Juif de nation, devint le second après le roi Assuérus, et comment il fut grand parmi les Juifs, et aimé généralement de ses frères, cherchant le bien de sa nation et ne parlant que pour procurer la paix de son peuple.

J'ai traduit fidèlement jusqu'ici ce qui se trouve dans le texte hébreu. Mais ce qui suit, je l'ai trouvé écrit dans l'édition Vulgate, où il est contenu en langue grecque et en caractères grecs. Cependant il y avait, après la fin du livre, le chapitre qui suit, que nous avons marqué selon notre coutume d'un obèle, c'est-à-dire d'une petite broche.

4. Alors Mardochée dit : C'est Dieu qui a fait ces choses.

5. Je me souviens d'un songe que j'avais vu, qui signifiait toutes ces choses, dont rien n'est resté sans accomplissement.

6. La petite fontaine qui s'accrut *et devint* un fleuve, et qui se changea en lumière et en soleil, et se répandit en eaux abondantes, c'est Esther, que le roi épousa, et qu'il voulut faire reine.

7. Et les deux dragons, c'est moi et Aman.

8. Les peuples qui s'assemblèrent, ce sont ceux qui ont tâché d'exterminer le nom des Juifs.

---

par de nouvelles guerres, mais par l'érection de divers monuments, et surtout par ses grandioses constructions de Persépolis. — *In libro Medorum...* Cf. VI, 1. Annales semblables à celles qui ont été fréquemment signalées pour les royaumes de Juda et d'Israël. Cf. III Reg. XIV, 30 ; XV, 7, 23, 32, etc. — *Secundus a rege.* Plus bel éloge encore dans les mots qui suivent, *acceptabilis plebi suo...,* et par lesquels le livre d'Esther se termine dans la Bible hébraïque.

TROISIÈME PARTIE
Les appendices deutérocanoniques.
X, 4 — XVI, 24.

Sur l'origine, l'authenticité et la canonicité de ces fragments, voyez l'Introduction, p. 435. Les réflexions insérées à sept reprises dans le texte (entre x, 3 et 4 ; XI, 1 et 2 ; XII, 6 et XIII, 1 ; XIII, 7 et 8 ; XIV, 19 et XV, 1 ; x̃v, 3 et 4 ; XV, 19 et XVI, 1), et imprimées en caractères italiques, sont des notes critiques ajoutées par saint Jérôme comme autant de petites préfaces. Ce qu'il nomme *editio vulgata* représente l'ancienne Vulgate latine, faite sur la version des Septante. Il n'a donc pas lui-même traduit ces divers fragments.

1° Interprétation du songe de Mardochée. X, 4 — XI, 1.

Le songe même ne sera relaté que plus loin, XI, 2-12.

4-5. Introduction. — *Dixitque...* Entrée en matière qui paraît très abrupte si l'on étudie ce fragment à part ; mais il faut le rattacher à ce qui précède, car il est ici à sa vraie place originale. Voyez l'Introduction, p. 435. — *A Deo facta... ista.* Le pronom représente tous les événements racontés jusqu'alors dans le livre d'Esther. En réfléchissant sur ce qu'ils avaient eu de merveilleusement providentiel pour les Juifs, Mardochée se souvient tout à coup d'un songe énigmatique qu'il avait eu autrefois, mais qu'il n'avait pu comprendre (cf. XI, 12) ; il en possède maintenant la clef, explique sans peine chaque détail, et voit que les moindres traits se sont accomplis (*nec... quidquam irritum...*). — *Recordatus sum.* Mieux : je me souviens.

6-12. Explication du songe. — *Parvus fons.* Cf. XI, 10-11. — *Esther est.* En effet, rien de plus humble et de plus ignoré qu'Édissa dans la première période de sa vie ; mais elle s'était presque subitement transformée *in fluvium, in aquas plurimas,* possédant de ces masses d'eaux,

9. Israël est mon peuple, qui cria au Seigneur, et le Seigneur sauva son peuple, et il nous délivra de tous nos maux, et il fit des miracles et de grands prodiges parmi les nations ;

10. et il ordonna qu'il y eût deux sorts, l'un du peuple de Dieu, et l'autre de toutes les nations.

11. Et ce double sort vint au jour marqué dès ce temps-là devant Dieu pour toutes les nations.

12. Et le Seigneur se ressouvint de son peuple, et il eut compassion de son héritage.

13. Et ces jours seront célébrés au mois d'adar, le quatorzième et le quinzième jour de ce même mois, avec zèle et avec joie, par le peuple réuni en assemblée, dans toutes les générations futures du peuple d'Israël:

9. Gens autem mea, Israel est, quœ clamavit ad Dominum, et salvum fecit Dominus populum suum ; liberavitque nos ab omnibus malis, et fecit signa magna atque portenta inter gentes ;

10. et duas sortes esse præcepit, unam populi Dei, et alteram cunctarum gentium.

11. Venitque utraque sors in statutum ex illo jam tempore diem coram Deo universis gentibus.

12. Et recordatus est Dominus populi sui, ac misertus est hereditatis suæ.

13. Et observabuntur dies isti in mense adar, quarta decima et quinta decima die ejusdem mensis, cum omni studio et gaudio in unum cœtum populi congregati, in cunctas deinceps generationes populi Israel.

CHAPITRE XI

1. La quatrième année du règne de Ptolémée et de Cléopâtre, Dosithée, qui se disait prêtre et de la race de Lévi, et Ptolémée, son fils, apportèrent cette

1. Anno quarto, regnantibus Ptolemæo et Cleopatra, attulerunt Dosithæus, qui se sacerdotem et levitici generis ferebat, et Ptolemæus, filius ejus, hanc

---

la puissance irrésistible. — *In lucem solemque...* « Le grec ne dit pas expressément que la fontaine se soit changée en lumière et en soleil, mais seulement qu'il y eut une grande lumière ; que le soleil parut, et qu'on vit beaucoup d'eau se répandre de cette petite fontaine. Ce sens paraît plus naturel et plus simple. » (Calmet, *h. l.*) Il est bon de se rappeler ici que le nom d'Esther signifie astre (note de II, 7). Comp. aussi VIII, 16. — *Duo... dracones* (vers. 7). Cf. XI, 6-7. Ces crocodiles, ou serpents gigantesques, prêts à s'élancer l'un contre l'autre, représentaient fort bien la lutte terrible qui devait s'engager entre Aman et Mardochée. — *Gentes quæ convenerant* (vers. 8). Cf. XI, 7. Les ennemis des Juifs dans toute l'étendue de l'empire persan. Voyez III, 6-9. — *Gens... mea* (vers. 9). Cf. XI, 7, 9-10. — *Duas sortes* (vers. 10). Allusion au sort qu'Aman avait consulté pour connaître le jour où il ferait massacrer les Juifs. Cf. III, 7 et IX, 24. — *In statutum... diem* (vers. 11). D'après le grec : le jour du jugement (κρίσεως) ; expression plus énergique. — *Misertus est*. Dans le grec : il a fait justice ; ce qui est également plus significatif. — *Hereditatis suæ* (vers. 12) : le peuple théocratique, si souvent appelé l'héritage du Seigneur. Cf. XIII, 15 ; XIV, 9, etc.

13. La fête des Sorts. Voyez IX, 17-22.

CHAP. XI. — 1. Le prêtre Dosithée apporte le livre d'Esther de Jérusalem en Égypte. — Ce verset termine la livre d'Esther dans la version

des Septante. — *Ptolemæo et Cleopatra.* Quatre rois égyptiens du nom de Ptolémée eurent une mère régente ou une femme appelée Cléopâtre. Ce sont : Ptolémée Épiphane, Ptolémée Philométor, Ptolémée Physkon, et Ptolémée Soter II. Leurs règnes s'étendirent, avec des intervalles, de 205 à 81 avant J.-C. D'après le sentiment commun, qui est de beaucoup le plus probable, il s'agit ici de Philométor (181-146), qui se montra toujours extrêmement sympathique aux Juifs. C'est sous son règne que fut construit le célèbre temple de Léontopolis, sur le plan du temple de Jérusalem. Cléopâtre, sa femme, témoigna aussi un grand dévouement aux Israélites. La quatrième année de son règne coïncide avec l'an 177 avant J.-C. — *Dosithæus... et Ptolemæus :* deux Juifs demeurés inconnus, à part ce trait de leur vie. — *Hanc epistolam phurim.* C.-à-d. le livre entier d'Esther, tel qu'il existe dans les LXX, et pas seulement les lettres de Mardochée et d'Esther qui ont été mentionnées ci-dessus, IX, 20 et 29. — *Interpretatum :* de l'hébreu en grec ; d'où il suit que le texte hébreu qu'on lisait à Jérusalem contenait alors tous les fragments deutérocanoniques. Voyez l'Introduction, p. 435. « Toutefois il est bien évident que cette remarque (c.-à-d. ce verset 1er) n'est ni de l'original, ni même du traducteur, mais des Juifs d'Alexandrie, qui, par reconnaissance du présent que leur faisaient ceux de Jérusalem, marquèrent l'année dans laquelle ils l'avaient reçu, et le nom

epistolam Phurim, quam dixerunt interpretatum esse Lysimachum, Ptolemæi
filium, in Jerusalem.

*Hoc quoque principium erat in editione
vulgata, quod nec in hebræo, nec apud
ullum fertur interpretum.*

2. Anno secundo, regnante Artaxerxe
maximo, prima die mensis nisan, vidit
somnium Mardochæus, filius Jairi, filii
Semei, filii Cis, de tribu Benjamin,

3. homo Judæus, qui habitabat in urbe
Susis, vir magnus, et inter primos aulæ
regiæ.

4. Erat autem de eo numero captivorum quos transtulerat Nabuchodonosor,
rex Babylonis, de Jerusalem cum Jecho-
nia, rege Juda.

5. Et hoc ejus somnium fuit. Apparuerunt voces et tumultus, et tonitrua,
et terræmotus, et conturbatio super terram.

6. Et ecce duo dracones magni, para-
tique contra se in prælium.

7. Ad quorum clamorem cunctæ con-
citatæ sunt nationes, ut pugnarent contra gentem justorum.

8. Fuitque dies illa tenebrarum et discriminis, tribulationis et angustiæ, et
ingens formido super terram.

9. Conturbataque est gens justorum
timentium mala sua, et præparata ad
mortem.

10. Clamaveruntque ad Deum; et illis
vociferantibus, fons parvus crevit in fluvium maximum, et in aquas plurimas redundavit.

11. Lux et sol ortus est; et humiles
exaltati sunt, et devoraverunt inclytos.

---

lettre des Phurim, qu'ils disaient avoir
été traduite à Jérusalem par Lysimaque,
fils de Ptolémée.

*Ce qui suit était le commencement de
ce livre dans l'édition Vulgate, mais il
ne se trouve point dans l'hébreu ni dans
aucun autre interprète.*

2. La seconde année du règne du très
grand Artaxercès, le premier jour du
mois de nisan, Mardochée, fils de Jaïr,
fils de Séméi, fils de Cis, de la tribu de
Benjamin, eut un songe.

3. C'était un Juif qui demeurait dans
la ville de Suse, homme puissant et des
premiers de la cour du roi.

4. Il était du nombre des captifs que
Nabuchodonosor, roi de Babylone, avait
transportés de Jérusalem avec Jéchonias,
roi de Juda.

5. Et voici le songe qu'il eut. Il apparut des voix, et du tumulte, et des tonnerres, et des tremblements de terre, et
des troubles sur la terre.

6. Et voici deux grands dragons, prêts
à combattre l'un contre l'autre.

7. A leur cri, toutes les nations se soulevèrent pour combattre contre la nation
des justes.

8. Et ce jour fut un jour de ténèbres
et de périls, d'affliction et d'angoisses,
et de grande épouvante sur la terre.

9. Et la nation des justes fut troublée,
redoutant ses malheurs, et se disposant
à la mort.

10. Et ils crièrent vers Dieu, et, au
bruit de ces cris, une petite fontaine devint un grand fleuve, et répandit une
grande abondance d'eaux.

11. La lumière et le soleil parurent,
et ceux qui étaient humiliés furent élevés, et ils dévorèrent ceux qui étaient
dans l'éclat.

---

de ceux qui le leur avaient apporté. » (Calmet,
h. l.)

2° Le songe de Mardochée. XI, 2-12.

2-4. Introduction. — *Regnante Artaxerxe.*
Erreur de traduction, pour Xercès (comparez
I, 1, et la note). Un des textes grecs a la
leçon Ἀσυήρος. — *Anno secundo.* L'an 484
avant J.-C. Voyez I, 3 et le commentaire. Le
songe de Mardochée fut donc antérieur à tous
les événements racontés dans ce livre. — *Prima
die... nisan.* Le premier jour de l'année, puisque
nisan était le premier mois. — *Inter primos
aulæ.* Il est probable que Mardochée reçoit ici
ce titre par anticipation, et qu'il n'exerça au
palais aucun emploi supérieur avant la mort
d'Aman. — *De numero captivorum...* (vers. 4).
Pas lui-même personnellement, mais son arrière-

grand-père et d'autres membres de sa famille.
Voyez II; 6 et la note.

5-11. Récit du songe, très dramatique. — *Duo
dracones :* Aman et Mardochée, comme nous
l'a déjà dit l'interprétation. Cf. x, 7. — *Ad quorum clamorem.* Leur lutte individuelle fut le
signal du combat formidable que tous les païens
de l'empire perse coalisés se préparèrent à livrer
à la nation théocratique (*gentem justorum*). Cf.
x, 10; Sap. x, 15; xvii, 2. — *Dies tenebrarum...*
(vers. 8). Énumération et images qui rappellent
Joel, II, 2; Soph. I, 15; Matth. xxiv, 29, etc. —
Discriminis : « obscurité » d'après le texte grec.
— *Lux et sol* (vers. 11) : par opposition aux
ténèbres qui viennent d'être mentionnées. — *Humiles :* les Israélites. *Inclytos :* Aman, ses fils,
et tous les autres ennemis des Juifs.

12. Mardochée ayant eu cette vision, et s'étant levé de son lit, pensait en lui-même ce que Dieu voulait faire ; et elle lui demeura gravée dans son esprit, et il désirait savoir ce que ce songe signifiait.

12. Quod cum vidisset Mardochæus, et surrexisset de strato, cogitabat quid Deus facere vellet; et fixum habebat in animo, scire cupiens quid significaret somnium.

CHAPITRE XII

1. Or, en ce temps-là, Mardochée était à la cour du roi avec Bagatha et Thara, eunuques du roi, qui étaient les gardes de la porte du palais.

2. Et ayant compris leurs pensées, et reconnu par une exacte recherche ce qu'ils machinaient, il découvrit qu'ils avaient entrepris de porter la main sur le roi Artaxercès, et il en donna avis au roi.

3. Celui-ci, les ayant fait interroger tous deux, après qu'ils eurent confessé leur crime, les fit mener au supplice.

4. Or le roi fit écrire dans les annales ce qui s'était passé, et Mardochée le mit aussi par écrit pour en conserver le souvenir.

5. Et le roi lui ordonna de demeurer dans son palais, et il lui fit des présents pour sa dénonciation.

6. Mais Aman, fils d'Amadathi, Bugée, avait été élevé par le roi à une grande gloire, et il voulut perdre Mardochée et

1. Morabatur autem eo tempore in aula regis, cum Bagatha et Thara, eunuchis regis, qui janitores erant palatii.

2. Cumque intellexisset cogitationes eorum, et curas diligentius pervidisset didicit quod conarentur in regem Artaxerxem manus mittere, et nuntiavit super eo regi.

3. Qui, de utroque habita quæstione, confessos jussit duci ad mortem.

4. Rex autem quod gestum erat scripsit in commentariis ; sed et Mardochæus rei memoriam litteris tradidit.

5. Præcepitque ei rex ut in aula palatii moraretur, datis ei pro delatione muneribus.

6. Aman vero, filius Amadathi, Bugæus, erat gloriosissimus coram rege, et voluit nocere Mardochæo et populo ejus,

---

12. Vive impression produite par ce songe sur Mardochée. — *Cogitabat...* Il avait compris que c'était là un avertissement divin ; mais il lui fut impossible d'en déterminer le sens, qui ne lui fut révélé que par les faits. Cf. x, 4.

3° Mardochée découvre et manifeste au roi la conjuration des deux eunuques. XII, 1-6.

Comparez II, 21-23 ; les deux récits se complètent mutuellement.

CHAP. XII. — 1. Introduction. — *Morabatur... eo tempore.* Non plus à l'époque du songe, la seconde année du règne de Xercès (cf. XI, 2) ; mais plus tard, après qu'Esther fut devenue reine à la place de Vasthi. Cf. II, 21 et ss. — *Janitores... palatii.* Fonction importante, et toute de confiance, dans les palais de l'ancien Orient.

2-5. Le complot découvert et dévoilé. — *Cogitationes, curas :* le second de ces substantifs explique fort bien la signification spéciale du premier, et la manière dont les soupçons de Mardochée furent éveillés. — *In regem... manus...* Au dire des commentateurs rabbiniques, le mécontentement causé par l'élévation d'Esther aurait été la cause principale du complot ; aussi, ajoutent-ils, la reine devait elle-même périr empoisonnée, tandis que le roi serait égorgé. — *Nun-*

tiavit... regi : par l'intermédiaire d'Esther, comme il a été dit plus haut, II, 22. — *Duci ad mortem.* Un des textes grecs suppose qu'on les étrangla, après les avoir torturés pour leur arracher des aveux. Il est certain du moins que leurs cadavres furent crucifiés. Cf. II, 23. — *Rex... scripsit...* Comp. II, 23 ; VI, 1 et ss. — *In aula... moraretur :* entretenu aux frais du roi, et muni peut-être de quelque fonction officielle. — *Datis... muneribus :* présents peu considérables d'après VI, 3, puisque les annales de l'empire n'en firent pas même mention.

6. Haine d'Aman contre Mardochée. — *Bugæus,* calqué sur le grec Βουγαῖος, est selon toute vraisemblance une erreur de transcription pour « Agagæus ». Voyez III, 1 et la note. — *Pro duobus eunuchis... :* ces deux traîtres étaient les amis personnels d'Aman, qui avait lui-même trempé secrètement dans le complot, ainsi qu'il sera dit plus bas en propres termes. Cf. XVI, 12. La haine du premier ministre fut encore avivée par le refus de Mardochée de se prosterner devant lui (III, 1 et ss.). — *Hucusque prœmium :* dans le texte grec et l'ancienne Vulgate. Voyez l'Introduction, p. 435. — *In eo loco posita.* Comp. III, 1?.

pro duobus eunuchis regis qui fuerant interfecti.

Hucusque prœmium. Quæ sequuntur, in eo loco posita erant, ubi scriptum est in volumine : Et diripuerunt bona, vel substantias eorum. *Quæ in sola vulgata editione reperimus.*

Epistolæ autem hoc exemplar fuit.

son peuple, à cause des deux eunuques du roi qui avaient été mis à mort.

Jusqu'ici l'avant-propos. Ce qui suit était mis à l'endroit du livre où il est écrit : Et ils pillèrent leurs biens ou leurs richesses. *Ce que nous avons trouvé dans la seule édition Vulgate.*

Or voici la teneur de la lettre.

CHAPITRE XIII

1. Rex maximus Artaxerxes ab India usque Æthiopiam, centum viginti septem provinciarum principibus, et ducibus qui ejus imperio subjecti sunt, salutem.

2. Cum plurimis gentibus imperarem, et univérsum orbem meæ ditioni subjugassem, volui nequaquam abuti potentiæ magnitudine, sed clementia et lenitate gubernare subjectos, ut absque ullo terrore vitam silentio transigentes, optata cunctis mortalibus pace fruerentur.

3. Quærente autem me a consiliariis meis quomodo posset hoc impleri, unus qui sapientia et fide ceteros præcellebat, et erat post regem secundus, Aman nomine,

4. indicavit mihi in toto orbe terrarum populum esse dispersum, qui novis uteretur legibus, et contra omnium gentium consuetudinem faciens, regum jussa contemneret, et universarum concordiam nationum sua dissensione violaret.

5. Quod cum didicissemus, videntes

1. Le grand roi Artaxercès, *qui règne* depuis les Indes jusqu'en Ethiopie, aux princes et aux gouverneurs des cent vingt-sept provinces qui sont soumises à son empire, salut.

2. Quoique je commandasse à tant de nations, et que j'eusse soumis tout l'univers à mon empire, je n'ai pas voulu abuser de la grandeur de ma puissance, mais j'ai gouverné mes sujets avec clémence et avec bonté, afin que, passant leur vie doucement et sans aucune crainte, ils jouissent de la paix qui est désirée de tous les hommes.

3. Et ayant demandé à mes conseillers de quelle manière je pourrais accomplir ce dessein, l'un d'eux, nommé Aman, élevé par sa sagesse et sa fidélité au-dessus des autres, et le second après le roi,

4. m'a informé qu'il y a un peuple dispersé dans toute la terre, qui suit de nouvelles lois, et qui, s'opposant aux coutumes des autres nations, méprise les commandements du roi, et trouble par la contrariété de ses sentiments la concorde de tous les peuples.

5. Ce qu'ayant appris, et voyant

4* Copie de l'édit par lequel Assuérus ordonnait le massacre général des Juifs dans son empire. XIII, 1-7.

Sur l'origine et la préparation du décret, voyez III, 8-15.

CHAP. XIII. — 1, Introduction. — *Ab India...* Voyez I, 1, et l'explication.

2-7. Les ordres royaux. — *Universum orbem...* Sur le monument de Béhistoûn, Darius, fils d'Hystaspe, père de Xercès, est nommé « le grand roi des provinces »; Artaxercès, fils de Xercès, est appelé « le roi des pays où toutes les langues sont parlées, le roi de cette grande vaste terre ». Le décret est donc bien dans le style du temps. — *Ut... vitam silentio...* Dans le grec, ἀκυμάντους, non agités par les vagues; expression qui fait image. Le texte grec ajoute qu'Assuérus

avait rendu son empire « ouvert pour le passage jusqu'aux extrêmes limites »; c.-à-d. qu'il avait créé partout des routes qui facilitaient les communications. — *Consiliariis meis* (vers. 3) : surtout les sept princes mentionnés I, 14. — *Unus qui sapientia et fide.* Le grec cite encore un troisième substantif, εὐνοία : la bonne volonté. Éloge magnifique d'Aman, mais dicté aux scribes par l'orgueilleux ministre lui-même. — *Populum... dispersum...* (vers. 4). Description semblable à celle qui a été donnée des Juifs dans le corps du livre (III, 8); mais elle est ici plus développée. Le grec dit : certain peuple méchant; locution très dédaigneuse. Il est à noter que le nom des Juifs n'est pas mentionné dans l'édit. — *Unam gentem... adversus omne.* (vers. 5). Saisissant contraste, mais accusation d'une fausseté évi-

qù'une seule nation se révolte contre tout le genre humain, suit des lois perverses, désobéit à nos ordonnances, et trouble la paix et la concorde des provinces qui nous sont soumises,

6. nous avons ordonné que tous ceux qu'Aman, qui commande à toutes les provinces, qui est le second après le roi, et que nous honorons comme un père, aura désignés, soient tués par leurs ennemis, avec leurs femmes et leurs enfants, le quatorzième jour d'adar, douzième mois de cette année, sans que personne en ait compassion ;

7. afin que ces scélérats, descendant tous aux enfers en un même jour, rendent à notre empire la paix qu'ils avaient troublée.

Jusqu'ici la teneur de la lettre. Ce qui suit, je l'ai trouvé écrit après l'endroit où on lit : Et Mardochée, s'en allant, fit tout ce que Esther lui avait marqué. *Toutefois cela ne se trouve pas dans l'hébreu, et on n'en voit rien non plus dans aucun interprète.*

8. Or Mardochée pria le Seigneur, se souvenant de toutes ses œuvres,

9. et il dit : Seigneur, Seigneur, roi tout-puissant, toutes choses sont soumises à votre pouvoir, et nul ne peut résister à votre volonté, si vous avez résolu de sauver Israël.

10. Vous avez fait le ciel et la terre, et tout ce qui est contenu dans l'enceinte du ciel.

11. Vous êtes le Seigneur de toutes choses, et nul ne peut résister à votre majesté.

12. Vous connaissez tout, et vous savez que si je n'ai point adoré le superbe Aman, ce n'a été ni par orgueil, ni par mépris, ni par quelque désir de gloire ;

13 car volontiers, pour le salut d'Israël, j'aurais été disposé à baiser les traces mêmes de ses pieds.

14. Mais j'ai craint de transférer à un

unam gentem rebellem adversus omne hominum genus perversis uti legibus, nostrisque jussionibus contraire, et turbare subjectarum nobis provinciarum pacem atque concordiam,

6. jussimus ut quoscumque Aman, qui omnibus provinciis præpositus est, et secundus a rege, et quem patris loco colimus, monstraverit, cum conjugibus ac liberis deleantur ab inimicis suis, nullusque eorum misereatur, quarta decima die duodecimi mensis adar anni præsentis ;

7. ut nefarii homines uno die ad inferos descendentes, reddant imperio nostro pacem quam turbaverant.

Hucusque exemplar epistolæ. Quæ sequuntur, post eum locum scripta reperi, ubi legitur : Pergensque Mardochæus fecit omnia quæ ei mandaverat Esther. *Nec tamen habentur in hebraico, et apud nullum penitus feruntur interpretum.*

8. Mardochæus autem deprecatus est Dominum, memor omnium operum ejus ;

9. et dixit : Domine, Domine, rex omnipotens, in ditione enim tua cuncta sunt posita, et non est qui possit tuæ resistere voluntati, si decreveris salvare Israel.

10. Tu fecisti cælum et terram, et quidquid cæli ambitu continetur

11. Dominus omnium es, nec est qui resistat majestati tuæ.

12. Cuncta nosti, et scis quia non pro superbia, et contumelia, et aliqua gloriæ cupiditate, fecerim hoc, ut non adorarem Aman superbissimum ;

13. libenter enim pro salute Israel etiam vestigia pedum ejus deosculari paratus essem ;

14. sed timui ne honorem Dei mei

---

dente. — *Jussimus...* (vers. 6). Les vers. 2-5 contenaient, pour ainsi dire, les considérants de l'arrêt ; voici maintenant la sentence même, terrible, sans pitié, vers. 6-7. — *Patris loco.* Sur ce titre honorifique, voyez II Par. II, 13, et IV, 16. — *Deleantur.* Dans le grec : qu'ils soient détruits jusqu'à la racine par le glaive de leurs ennemis. — *Quarta decima die... adar.* Partout ailleurs il est dit expressément que le massacre des Juifs devait avoir lieu le 13 adar. Comp. III, 12 ; IX, 1, 17 ; et VI, 20. Il faut donc « avouer que le texte grec (sur lequel est calqué ce passage) a été corrompu en cet endroit-ci. » (Calmet, *h. l.*)

5° Prière de Mardochée pour obtenir le salut des Juifs. XIII, 8-18.
Quæ sequuntur... post... locum... : c.-à-d. à la suite de IV, 17.
8. Introduction.
9-17. La fervente prière. — Vers. 9-11 : prélude général, qui oppose à la puissance d'Aman la toute-puissance irrésistible du Seigneur. Belle et pressante répétition de *Domine.* — Vers. 12-14 : transition. Mardochée, épanchant son âme devant Dieu, explique pourquoi il a refusé de fléchir le genou devant le premier ministre : il a agi par un motif de religion, nullement par un vain mou-

transferrem ad hominem, et ne quemquam adorarem, excepto Deo meo.

15. Et nunc, Domine rex, Deus Abraham, miserere populi tui, quia volunt
nos inimici nostri perdere, et hereditatem tuam delere.

16. Ne despicias partem tuam, quam
redemisti tibi de Ægypto.

17. Exaudi deprecationem meam, et
propitius esto sorti et funiculo tuo; et
converte luctum nostrum in gaudium,
ut viventes laudemus nomen tuum, Domine, et ne'claudas ora te canentium.

18. Omnis quoque Israel pari mente
et obsecratione clamavit ad Dominum,
eo quod eis certa mors impenderet.

homme l'honneur de mon Dieu, et d'adorer quelqu'un en dehors de mon Dieu.

15. Maintenant donc, Seigneur roi,
Dieu d'Abraham, ayez pitié de votre
peuple, parce que nos ennemis veulent
nous perdre et détruire votre héritage.

16. Ne méprisez pas *ce peuple qui est*
votre partage, que vous avez racheté de
l'Égypte pour vous.

17. Exaucez ma prière, et soyez propice à *une nation qui est* votre part et
votre héritage, et changez, Seigneur,
notre deuil en joie, afin que pendant
notre vie nous glorifiions votre nom, et
ne fermez pas la bouche de ceux qui
vous louent.

18. Tout Israël cria aussi au Seigneur,
dans un même esprit et une même supplication, parce qu'une mort certaine les
menaçait.

CHAPITRE XIV

1. Esther quoque regina confugit ad
Dominum, pavens periculum quod im-
minebat;

2. cumque deposuisset vestes regias,
fletibus et luctui apta indumenta suscepit, et, pro unguentis variis, cinere et
stercore implevit caput, et corpus suum
humiliavit jejuniis; omnia loca, in quibus antea lætari consueverat, crinium
laceratione complevit.

3. Et deprecabatur Dominum, Deum
Israel, dicens : Domine mi, qui rex no-

1. La reine Esther eut aussi recours
au Seigneur, épouvantée du péril qui
était proche;

2. et ayant quitté tous ses vêtements
royaux, elle en prit de conformes à son
affliction; et elle se couvrit la tête de
cendres et d'ordure, au lieu de parfums
variés, et elle humilia son corps par les
jeûnes; et elle remplit de ses cheveux,
qu'elle s'arrachait, tous les endroits où
elle avait coutume de se réjouir auparavant.

3. Et elle suppliait le Seigneur, le
Dieu d'Israël, en disant : Mon Seigneur,

---

vement d'orgueil. *Libenter... vestigia pedum...:*
marque de la plus profonde humilité. *Sed timui...:*
voyez la note de III, 3-4; Dan. III, 18; II Mach.
VII, 2. — Vers. 15-17 : la requête proprement
dite. Remarquez les cinq expressions très significatives par lesquelles Mardochée désigne les
Juifs, pour apitoyer davantage sur eux leur divin
Roi, le Dieu de leurs pères : *populi tui, hereditatem tuam, partem, sorti, funiculo ;* les quatre
dernières sont synonymes. *Ut viventes laudemus...*
(vers. 17) : raison délicate, alléguée par d'autres
suppliants des saints livres. Cf. Ps. VI, 6 ; Is.
XXXVIII, 18-19, etc.

18. Tous les Juifs se mettent également en
prière. — *Omnis... Israel.* Le *midras* contient
ce trait gracieux : « Que fit ensuite Mardochée ?
Il réunit les enfants, leur ordonna de s'abstenir
de pain et de vin, les revêtit de cilices, et les
fit asseoir sur la cendre. Et ils pleurèrent, et
crièrent, et s'occupèrent de la Loi. »

6° Pénitence et prière d'Esther. XIV, 1-19.
CHAP. XIV. — 1-2. La douleur et le deuil de
la reine en apprenant le danger que courait son
peuple. — *Pavens periculum.* Dans le grec, avec
beaucoup de vigueur : se trouvant placée dans
un combat de mort. — *Vestes regias :* vêtements d'une grande magnificence pour les reines
de Perse. Cf. I, 11; II, 17. — *Luctui apta... :* le
cilice, habit de deuil et de pénitence, fait d'étoffe
grossière. — *Pro unguentis... :* les parfums si
chers aux Orientaux, et notamment aux Perses
des classes supérieures. — *Jejuniis* est un trait
propre à la Vulgate. — *Crinium laceratione.*
Marque d'une affliction extrême. Cf. Esdr. IX, 2 ;
Job, I, 20. Le grec parle de cheveux frisés ; trait
conforme aux anciens usages de l'Orient biblique. Voyez l'*Atl. arch.*, pl. III, fig. 3 ; pl. IV,
fig. 9 ; pl. VI, fig. 8 ; pl. LXXXI, fig. 1.
3-19. La prière de la reine. — Le verset 3ᵃ
sert de transition. Vient ensuite, vers. 3ᵇ-4, un

qui êtes seul notre roi, assistez-moi dans l'abandon où je suis, puisque vous êtes le seul qui puissiez me secourir.

4. Mon péril est présent et inévitable.

5. J'ai appris de mon père, Seigneur, que vous avez pris Israël d'entre toutes les nations, et nos pères d'entre tous leurs ancêtres qui les avaient devancés, pour les posséder *comme* un héritage éternel; et vous leur avez fait ce que vous leur aviez promis.

6. Nous avons péché devant vous, et c'est pour cela que vous nous avez livrés entre les mains de nos ennemis :

7. car nous avons adoré leurs dieux. Vous êtes juste, Seigneur; .

8. et maintenant ils ne se contentent pas de nous opprimer par une très dure servitude; mais, attribuant la force de leurs mains à la puissance de leurs idoles,

9. ils veulent renverser vos promesses, détruire votre héritage, fermer la bouche à ceux qui vous louent, et éteindre la gloire de votre temple et de votre autel,

10. pour ouvrir la bouche des nations, pour louer la puissance des idoles, et pour célébrer à jamais un roi de chair.

11. Seigneur, ne livrez pas votre sceptre à ceux qui ne sont rien, de peur qu'ils ne se rient de notre ruine : mais faites retomber sur eux leurs desseins, et perdez celui qui a commencé à sévir contre nous.

12. Souvenez-vous, Seigneur, et montrez-vous à nous dans le temps de notre affliction ; et donnez-moi de la fermeté, Seigneur, roi des dieux et de toute puissance.

ster es solus, adjuva me solitariam, et cujus præter te nullus est auxiliator alius.

4. Periculum meum in manibus meis est.

5. Audivi a patre meo quod tu, Domine, tulisses Israel de cunctis gentibus, et patres nostros ex omnibus retro majoribus suis, ut possideres hereditatem sempiternam ; fecistique eis sicut locutus es.

6. Peccavimus in conspectu tuo, et idcirco tradidisti nos in manus inimicorum nostrorum;

7. coluimus enim deos corum. Justus es, Domine ;

8. et nunc non eis sufficit quod durissima nos opprimunt servitute; sed robur manuum suarum idolorum potentiæ deputantes,

9. volunt tua mutare promissa, et delere hereditatem tuam, et claudere ora laudantium te, atque extinguere gloriam templi et altaris tui,

10. ut aperiant ora gentium, et laudent idolorum fortitudinem, et prædicent carnalem regem in sempiternum.

11. Ne tradas, Domine, sceptrum tuum his qui non sunt, ne rideant ad ruinam nostram; sed converte consilium eorum super eos, et eum qui in nos cœpit sævire disperde.

12. Memento, Domine, et ostende te nobis in tempore tribulationis nostræ ; et da mihi fiduciam, Domine, rex deorum et universæ potestatis.

---

touchant prélude. — *Me solitariam :* trait pathétique; Esther, en effet, était seule pour affronter le danger (cf. IV, 15). *Periculum... in manibus :* c.-à-d. un péril tout à fait pressant, que l'on peut en quelque sorte toucher de la main (cf. I Reg. XXVIII, 21; Job, XIII, 14; Ps. CXVIII, 109). — Vers. 5, les bienfaits accordés par le Seigneur aux Israélites dans le passé, gage de son amour pour eux. *Audivi a patre* est d'une exquise délicatesse. Le grec ordinaire porte : dès ma jeunesse. Un autre texte grec : du livre de mes pères; ce qui désignerait la Bible. — Vers. 6-7, humble confession : les péchés d'Israël, cause de ses souffrances. *Coluimus... deos :* allusion à tous les actes idolâtriques dont Israël s'était rendu coupable pendant la durée de son histoire; mais il est possible qu'Esther eût aussi en vue des apostasies récentes, dont elle avait été témoin en Perse. — Vers. 8-10, le projet des ennemis des Juifs; œuvre d'anéantissement qui est très bien décrite, et présentée

à Dieu comme un pressant motif d'intervention. *Robur manuum...;* littéralement dans le grec : ils ont mis leurs mains sur les mains de leurs idoles; c.-à-d. qu'ils ont contracté avec elles une intime alliance en leur touchant la main, comme font les hommes entre eux. *Mutare promissa :* anéantir les divines promesses relatives à la nation sainte, et surtout les principales d'entre elles, qui concernaient le Messie. *Carnalem regem :* le roi mortel des Perses, par opposition au « roi immortel des siècles ». — Vers. 11-18 : la prière proprement dite, qui est d'abord générale, nationale (vers. 11-12ᵃ), et qui devient ensuite personnelle et spéciale (vers. 12ᵇ et ss.). — *Sceptrum tuum :* l'emblème de l'autorité royale; cf. Gen. XLIX, 10; Num. XXIV, 17. Cette expression pourrait aussi désigner Israël, qui est appelé parfois (Num. XVIII, 2; Jer. XI, 19, etc.) le « sceptre de Jéhovah ». — *His qui non sunt :* les faux dieux, qui ne sont que néant. Cf. I Cor. VIII, 4, 10. — *Eum qui in nos cœpit...* C.-à-d.

13. Tribue sermonem compositum in ore meo in conspectu leonis, et transfer cor illius in odium hostis nostri, ut et ipse pereat, et ceteri qui ci consentiunt.

14. Nos autem libera manu tua, et adjuva me nullum aliud auxilium habentem nisi te, Domine, qui habes omnium scientiam,

15. et nosti quia oderim gloriam iniquorum, et detester cubile incircumcisorum et omnis alienigenæ.

16. Tu scis necessitatem meam, quod abominer signum superbiæ et gloriæ meæ, quod est super caput meum in diebus ostentationis meæ, et detester illud quasi pannum menstruatæ, et non portem in diebus silentii mei ;

17. et quod non comederim in mensa Aman, nec mihi placuerit convivium regis, et non biberim vinum libaminum,

18. et nunquam lætata sit ancilla tua, ex quo huc translata sum usque in præsentem diem, nisi in te, Domine, Deus Abraham.

19. Deus fortis super omnes, exaudi vocem eorum qui nullam aliam spem habent, et libera nos de manu iniquorum, et erue me a timore meo.

13. Mettez dans ma bouche des paroles habiles en présence du lion, et portez son cœur à haïr notre ennemi, afin qu'il périsse lui-même, avec tous ceux qui conspirent avec lui.

14. Pour nous, délivrez-nous par votre main, et aidez-moi, Seigneur, vous qui êtes mon unique secours, vous qui connaissez toutes choses,

15. et qui savez que je hais la gloire des impies, et que je déteste la couche des incirconcis et de tout étranger.

16. Vous savez la nécessité où je me trouve, et que j'ai en abomination la marque superbe de ma gloire qui est sur ma tête aux jours de ma magnificence, et que je la déteste comme un linge souillé, et que je ne la porte point aux jours de mon silence;

17. et que je n'ai point mangé à la table d'Aman, ni pris plaisir au festin du roi; que je n'ai pas bu le vin des libations,

18. et que depuis l'instant où j'ai été amenée ici au palais jusqu'à ce jour, jamais votre servante ne s'est réjouie qu'en vous seul, Seigneur, Dieu d'Abraham.

19. Dieu fort au-dessus de tous, exaucez la voix de ceux qui n'ont aucune autre espérance, sauvez-nous de la main des méchants, et délivrez-moi de ma crainte.

Aman, dont les plans sanguinaires avaient reçu un commencement d'exécution. — *Rex deorum* (vers. 12). D'après le grec : roi des nations. — — *Sermonem compositum*. Excellente traduction du grec εὔρυθμον : de gracieuses pensées, capables de produire les plus heureux effets de persuasion. — *Leonis :* le roi Assuérus. Cette comparaison est fréquente dans la Bible pour représenter des personnages puissants ou redoutables. Cf. Ps. VIII, 3 ; x, 8; XVI, 2 ; XXI, 11, 12; Jer. XLIX, 19 ; Prov. XIX, 12 ; xx, 2 ; II Tim. IV, 17. — *Cor illius in odium...* Esther demande que les bonnes grâces du roi pour son favori Aman se transforment en une juste haine. — *Ipse pereat, et ceteri...* Le salut des Juifs ne pouvait être obtenu qu'à cette condition. — *Me nullum aliud...* (vers. 14). La reine insiste sur sa faiblesse et son isolement. Comp. le vers. 3. Dans le grec, avec une concision énergique : μοὶ τῇ μόνῃ. — *Nosti quia oderim...* (vers. 15). A partir de cet endroit, Esther, pour obtenir plus sûrement d'être exaucée, insiste sur ce fait, qu'elle a toujours été fidèle à son Dieu dans la

plus délicate des situations, qu'elle n'a aimé que lui, et qu'elle a subi les honneurs par nécessité, sans y attacher son cœur. « Rien ne donne une plus belle idée de son mérite et de la solide grandeur de son âme que les sentiments qu'elle fait paraître ici. » Les détails sont saisissants, empreints d'une profonde tristesse. — *Incircumcisorum.* Nom par lequel les Juifs désignaient souvent les païens. Cf. Jud. XIV, 3 ; I Reg. XIV, 6 ; II Reg. I, 20; I Par. x, 4, etc. — *Signum superbiæ...* (vers. 16) : la couronne royale ; cf. I, 11 ; II, 37. — *In diebus silentii...* C.-à-d. lorsqu'elle vivait retirée dans ses appartements, par contraste avec les apparitions qu'elle était forcée de faire en public, aux heures de fête et de pompe royale. — *Vinum libaminum* (vers. 17) : du vin offert aux idoles et en partie répandu devant elles. Cf. Deut. XXXII, 38; Dan. I, 8. — Vers. 19, conclusion de la prière d'Esther. *Eorum qui nullam... spem...;* un seul mot énergique dans le grec pour représenter tout cela : ἀπηλπισμένων, les désespérés.

CHAPITRE XV

*J'ai trouvé aussi ce qui suit dans l'é-
dition Vulgate.*

1. Et il lui manda (c'était évidemment
Mardochée) d'entrer chez le roi, et de
prier pour son peuple et pour sa patrie.

2. Souvenez-vous, lui dit-il, des jours
de votre abaissement, et comment vous
avez été nourrie par mes mains; car
Aman, qui est le second après le roi, a
parlé contre nous pour nous perdre.

3. Et vous, invoquez le Seigneur; parlez pour nous au roi, et délivrez-nous de
la mort.

J'ai trouvé pareillement ce qui suit.

4. Le troisième jour, Esther quitta les
habits *de deuil* dont elle s'était revêtue,
et s'environna de sa gloire.

5. Et lorsqu'elle brilla dans cette parure royale, ayant invoqué Dieu, qui est
le guide et le sauveur de tous, elle prit
deux de ses suivantes;

6. et elle s'appuyait sur l'une d'elles,
comme ayant peine à soutenir son corps,
à cause de sa délicatesse et de sa faiblesse extrême;

7. l'autre servante suivait sa maîtresse,
portant ses vêtements qui traînaient par
terre.

8. Elle cependant, une couleur de
rose répandue sur son visage, et les yeux
pleins d'agréments et d'éclats, cachait
la tristesse de son âme qui était toute
contractée par une crainte violente.

9. Et ayant passé toutes les portes
l'une après l'autre, elle se présenta de-

*Hæc quoque addita reperi in editione
Vulgata.*

1. Et mandavit ei (haud dubium quin
esset Mardochæus) ut ingrederetur ad
regem, et rogaret pro populo suo et pro
patria sua.

2. Memorare, inquit, dierum humilitatis tuæ, quomodo nutrita sis in manu
mea, quia Aman, secundus a rege, locutus
est contra nos in mortem;

3. et tu invoca Dominum, et loquere
regi pro nobis, et libera nos de morte.

Necnon et ista quæ subdita sunt.

4. Die autem tertio deposuit vestimenta
ornatus sui, et circumdata est gloria sua.

5. Cumque regio fulgeret habitu, et
invocasset omnium rectorem et salvato-
rem Deum, assumpsit duas famulas,

6. et super unam quidem innitebatur,
quasi præ deliciis et nimia teneritudine
corpus suum ferre non sustinens;

7. altera autem famularum sequebatur
dominam, defluentia in humum indumenta sustentans.

8. Ipsa autem roseo colore vultum
perfusa, et gratis ac nitentibus oculis,
tristem celabat animum, et nimio timore
contractum.

9. Ingressa igitur cuncta per ordinem
ostia, stetit contra regem, ubi ille resi-

7° Mardochée ordonne à Esther de se présenter devant le roi pour obtenir le salut de son
peuple. XV, 1-3.

Ce passage est parallèle à IV, 13-14; il sert ici
de préambule à la scène racontée aux vers. 4-19.
Il est propre à l'ancienne Vulgate sous cette
forme.

Chap. XV. — 1. Introduction.

2-3. Les paroles de Mardochée à la reine. —
Dierum humilitatis : alors qu'Esther n'était
qu'une pauvre orpheline. — *Nutrita... in manu
mea :* locution pittoresque, touchante. — *Invoca
Dominum :* le secours divin à obtenir tout
d'abord ; puis le secours humain : *loquere regi*.
Le résultat : *libera nos...*

8° Esther vient chez le roi sans avoir été
mandée par lui. XV, 4-19.

C'est un développement de v, 1-2. Josèphe,
Ant., XI, 6, 9, et d'autres écrivains juifs connaissent aussi ces divers détails.

4-8. Préparatifs de la reine. — *Die... tertio :*
à compter du jour où elle avait consenti à suivre
le conseil de Mardochée. Cf. IV, 16; v, 1. — *Vestimenta ornatus..* Dans le grec, littéralement :
ses vêtements de service (τῆς θεραπείας, « ope-
rationis » dans l'Itala). De part et d'autre l'expression est obscure, et l'on a conjecturé que,
dans la Vulgate, il y a une erreur de transcription pour « oratus ». En tout cas, le sens est
clair ; il s'agit des vêtements de deuil et de pénitence dont la reine s'était momentanément
couverte. Cf. XIV, 2. — *Super unam innieba-
tur...* (vers. 6 et ss.). Description toute dramatique et vivante.

9-10. Entrée d'Esther dans la royale chambre
d'audience ; elle s'évanouit en voyant l'air irrité
d'Assuérus. — *Ille residebat super solium...* Une
sculpture de Persépolis commente parfaitement
ce verset. « Le roi est assis sur son trône, la
tête couverte du *kidaris*, sorte de bonnet aux

debat super solium regni sui, indutus vestibus regiis, auroque fulgens et pretiosis lapidibus ; eratque terribilis aspectu.

10. Cumque elevasset faciem, et ardentibus oculis furorem pectoris indicasset, regina corruit, et in pallorem colore mutato, lassum super ancillulam reclinavit caput.

11. Convertitque Deus spiritum regis in mansuetudinem ; et festinus ac metuens exilivit de solio, et sustentans eam ulnis suis, donec rediret ad se, his verbis blandiebatur :

12. Quid habes, Esther? Ego sum frater tuus ; noli metuere.

13. Non morieris ; non enim pro te, sed pro omnibus hæc lex constituta est.

14. Accede igitur, et tange sceptrum.

15. Cumque illa reticeret, tulit auream virgam et posuit super collum ejus, et osculatus est eam, et ait : Cur mihi non loqueris?

16. Quæ respondit : Vidi te, Domine, quasi angelum Dei, et conturbatum est cor meum præ timore gloriæ tuæ.

17. Valde enim mirabilis es, Domine, et facies tua plena est gratiarum

18. Cumque loqueretur, rursus corruit, et pæne exanimata est.

19. Rex autem turbabatur, et omnes ministri ejus consolabantur eam.

---

vant le roi au lieu où il était assis sur son trône, couvert de ses vêtements royaux, tout brillant d'or et de pierres précieuses ; et il était terrible á voir.

10. Et lorsqu'il eut levé la tête, et que par ses yeux étincelants il eut manifesté la fureur de son cœur, la reine s'affaissa, et la couleur de son teint se changeant en pâleur, elle laissa tomber sa tête fatiguée sur sa jeune servante.

11. Et Dieu changea le cœur du roi et l'adoucit. Et aussitôt, tremblant, il s'élança de son trône, et la soutenant entre ses bras jusqu'à ce qu'elle fût revenue à elle, il la caressait en lui disant :

12. Qu'avez-vous, Esther? Je suis votre frère, ne craignez point.

13. Vous ne mourrez pas, car cette loi n'a pas été faite pour vous, mais pour tous les autres.

14. Approchez-vous donc, et touchez mon sceptre.

15. Et comme elle se taisait, il prit son sceptre d'or, et le lui posa sur le cou, et il la baisa et lui dit : Pourquoi ne me parlez-vous point?

16. Elle lui répondit : Seigneur, je vous ai vu comme un ange de Dieu, et mon cœur a été troublé par la crainte de votre gloire.

17. Car, Seigneur, vous êtes admirable, et votre visage est plein de grâces.

18. En disant ces paroles, elle retomba encore, et elle était sur le point de s'évanouir.

19. Le roi en était tout troublé, et ses ministres la consolaient.

---

formes raides, dont la base était entourée d'un diadème bleu et blanc. La robe royale, longue et flottante, mais retenue à la taille par une ceinture, munie de longues manches et fermée étroitement près du cou, était de couleur pourpre... Il portait de nombreux ornements d'or. A ses oreilles étaient attachées des boucles d'or ; il avait autour de son cou un collier d'or, et des bracelets d'or aux poignets. A sa ceinture d'or était suspendu un glaive droit, très court, dont la simplicité contrastait avec la magnificence du fourreau... Le roi, ainsi paré, tenant dans sa main le sceptre d'or, et assis sur son trône, était terrible à contempler. » Hérodote, VII, 187, traçant le portrait de Xercès, signale formellement l'impression extraordinaire que produisait son aspect imposant. — *Ardentibus oculis...* (vers. 10). « Comme un taureau dans la force de sa rage, » ajoute un des textes grecs. La colère du roi provenait de ce qu'Esther se présentait sans avoir obtenu préalablement une audience. Cf. IV, 10-11.

11-17, Assuérus se calme et fait à la reine

l'accueil le plus gracieux. Scène très vivante aussi. — *Convertitque Deus...* Le narrateur relève ce trait d'intervention divine, pour montrer d'où vint en réalité le salut des Juifs. Cf. Prov. XXI, 2. L'affection du roi pour Esther ne fut donc qu'un facteur secondaire en tout cela. — *Exilivit :* par un mouvement rapide. — *Ego frater tuus.* Appellation de tendresse, qui marque en même temps la protection. Cf. Tob. VIII, 9 ; Cant. VIII, 1. — *Hæc lex* (vers. 13) : la loi qui interdisait sous les peines les plus sévères de s'approcher du roi sans une permission spéciale. — *Cur mihi non...* (vers. 15) : locution plus délicate que le « Parle-moi » du texte grec. — *Quasi angelum Dei* (vers. 16). Cette comparaison exprime très vivement l'impression produite sur Esther par la majesté royale d'Assuérus. On l'avait autrefois employée au sujet de David (I Reg. XXIX, 9 ; II Reg. XIV, 17, 20), et Jacob avait aussi complimenté Ésaü en des termes analogues. Cf. Gen. XXXIII, 10.

18-19. Esther s'évanouit une seconde fois.

CHAPITRE XVI

Copie de la lettre que le roi Artaxercès envoya en faveur des Juifs dans toutes les provinces de son royaume, laquelle lettre ne se trouve point non plus dans le texte hébreu.

·1. Le grand roi Artaxercès, *qui règne* depuis les Indes jusqu'en Éthiopie, aux chefs et aux gouverneurs des cent vingt-sept provinces qui sont soumises à notre empire, salut.

2. Plusieurs ont abusé insolemment de la bonté des princes, et de l'honneur qu'ils en ont reçu;

3. et non seulement ils s'efforcent d'opprimer les sujets des rois, mais, ne pouvant supporter la gloire dont ils ont été comblés, ils tendent des pièges à ceux mêmes qui la leur ont accordée.

4. Et ils ne se contentent pas de méconnaître les grâces qu'on leur a faites, et de violer eux-mêmes les droits de l'humanité; mais ils s'imaginent aussi qu'ils pourront se soustraire à la justice de Dieu qui voit tout.

·5. Et leur présomption passe à un tel excès, que, s'élevant contre ceux qui s'acquittent avec soin de leurs fonctions, et se conduisent de telle sorte qu'ils méritent la louange de tous, ils tâchent de les perdre par les artifices de leurs mensonges,

6. surprenant par leurs déguisements

Exemplar epistolæ regis Artaxerxis, quam pro Judæis ad totas regni sui provincias misit; quod et ipsum in hebraico volumine non habetur.

1. Rex magnus Artaxerxes ab India usque Æthiopiam, centum viginti septem provinciarum ducibus ac principibus qui nostræ jussioni obediunt, salutem dicit.

2. Multi bonitate principum, et honore qui in eos collatus est, abusi sunt in superbiam;

3. et non solum subjectos regibus nituntur opprimere, sed datam sibi gloriam non ferentes, in ipsos qui dederunt moliuntur insidias.

4. Nec contenti sunt gratias non agere beneficiis, et humanitatis in se jura violare, sed Dei quoque cuncta cernentis arbitrantur se posse fugere sententiam.

5. Et in tantum vesaniæ proruperunt, ut eos qui credita sibi officia diligenter observant, et ita cuncta agunt ut omnium laude digni sint, mendaciorum cuniculis conentur subvertere,

6. dum aures principum simplices, et

. 9° L'édit d'Assuérus en faveur des Juifs. **XVI, 1-24.**

Dans les LXX, cette lettre est insérée à la suite de VIII, 13. Elle est « d'un style brillant et fleuri »; son coloris juif n'a rien de surprenant, dès là qu'elle a eu Mardochée et Esther pour auteurs.

CHAP. XVI. — 1. La salutation royale. Cf. I, 1; XIII, 1.

2-9. Préambule : excuses à peine déguisées au sujet de l'édit antérieur. — *Multi bonitate...* Vers. 2-8, comment l'on abuse parfois de la confiance des rois, au grand détriment de leurs sujets. Passage rempli d'allusions très évidentes à la conduite d'Aman, en attendant que le ministre déchu soit désigné par son propre nom, vers. 10 et ss. — Au lieu de *principum,* le texte grec emploie le mot εὐεργέτης, bienfaiteur, bienfaisant, rendu célèbre par l'association qui en fut faite au nom de plusieurs princes. — *Datam... gloriam non ferentes* (vers. 3). Cette gloire et ces honneurs ne leur suffisent point, et ne peuvent qu'aiguiser leur ambition, qui les trans-

forme bientôt en ingrats et en rebelles. — *Humanitatis... jura violare :* par leur ingratitude, sentiment de lèse-nature. « Il n'y a point de nation qui se soit plus piquée d'honneur dans la reconnaissance des bienfaits, ni qui ait témoigné plus d'horreur pour l'ingratitude, que les Perses. Les rois de cette nation ont laissé cent beaux exemples de leur attention à récompenser tous les services qu'on leur rendait, et ils l'ont toujours fait d'une manière noble et magnifique. C'était une coutume autorisée par les lois, d'accuser en justice, et d'intenter procès à ceux qui manquaient à ce que la reconnaissance demandait d'eux. De là vient qu'Assuérus insiste si fort sur la lâcheté et sur l'ingratitude d'Aman. » (Calmet, *h. l.*) — *Fugere sententiam* (vers. 4). Dans le grec : la justice de Dieu, qui voit toutes choses et qui déteste le mal. — *Et in tantum...* Ce verset 5 est propre à la Vulgate sous sa forme actuelle; les mots *eos qui credita...* désignent ouvertement les Juifs, par opposition à Aman, comme de fidèles sujets. Le grec a ici une phrase assez obscure et embarrassée, qui exprime là

ex sua natura alios æstimantes, callida fraude decipiunt.

7. Quæ res et ex veteribus probatur historiis, et ex his quæ geruntur quotidie, quomodo quorumdam suggestionibus regum studia depraventur.

8. Unde providendum est paci omnium provinciarum.

9. Nec putare debetis, si diversa jubeamus, ex animi nostri venire·levitate, sed pro qualitate et necessitate temporum, ut reipublicæ poscit utilitas, ferre sententiam.

10. Et ut manifestius quod dicimus intelligatis : Aman, filius Amadathi, et animo et gente Macedo, alienusque a Persarum sanguine, et pietatem nostram sua crudelitate commaculans, peregrinus a nobis susceptus est;

11. et tantam in se expertus humanitatem, ut pater noster vocaretur, et adoraretur ab omnibus post regem secundus,

12. qui in tantum arrogantiæ tumorem sublatus est, ut regno privare nos niteretur et spiritu.

13. Nam Mardochæum, cujus fide et beneficiis vivimus, et consortem regni nostri, Esther, cum omni gente sua, no-

et par leur adresse la bonté des princes, qui jugent les autres d'après leur propre nature.

7. Ceci est confirmé par les anciennes histoires, et on voit encore tous les jours combien les bonnes inclinations des rois sont souvent altérées par de faux rapports.

8. C'est pourquoi nous devons pourvoir à la paix de toutes les provinces.

9. Et, si nous ordonnons des choses différentes, vous ne devez pas croire que cela vienne de la légèreté de notre esprit ; mais plutôt que nous formulons nos ordonnances selon la diversité et la nécessité des temps, suivant que le demande le bien public.

10. Et pour vous faire connaître ceci plus clairement, nous avions auprès de nous l'étranger Aman, fils d'Amadathi, Macédonien d'inclination et d'origine, qui n'avait rien de commun avec le sang des Perses, et qui a voulu déshonorer notre clémence par sa cruauté;

11. et après que nous lui avions donné tant de marques de notre bienveillance, jusqu'à le faire appeler notre père et à le faire adorer de tous, comme le second après le roi,

12. il s'est élevé à un tel excès d'insolence, qu'il a tâché de nous faire perdre la couronne et la vie.

13. Car, par des machinations nouvelles et inouïes, il avait tenté de perdre Mardochée, grâce à la fidélité et aux bons

---

pensée suivante : le langage habile et persuasif (παραμυθία) de ceux auxquels les rois ont donné leur confiance peut devenir extrêmement funeste, lorsque ces favoris sont des hommes sans conscience, et il peut en résulter des flots de sang, injustement versé par les meilleurs monarques. — *Dum aures simplices...* (vers. 6). Il est aisé de voir, par ces détails pleins d'emphase, que le nouvel édit tend tout d'abord à décharger Assuérus, et à rejeter sur Aman l'odieux du premier décret. Voyez surtout le vers. 9. — *Quæ res...* (vers. 7). Les allégations qui précèdent sont justifiées rapidement par l'histoire soit du passé (*ex veteribus...*), soit du présent (*ex his quæ... quotidie;* locution très pittoresque dans le grec : ὅσα ἐστὶ παρὰ πόδας). Cf. vers. 13-14; ii, 23; iii, 4; vi, 1.

10-16. L'infâme conduite d'Aman contre les Juifs est ouvertement dévoilée et stigmatisée (vers. 10-11, les crimes d'Aman d'une manière générale; vers. 12-16, ses crimes spéciaux envers le roi, Esther et Mardochée, les Juifs et tout l'empire persan). — Les premiers mots du vers. 10, *et ut... intelligatis,* sont propres à la Vulgate. — L'épithète de *Macedo,* appliquée à Aman, crée

quelque embarras aux commentateurs. En réalité, ainsi qu'il a été dit plus haut (iii, 1 ; voyez la note), Aman était originaire du pays d'Agag, et nullement Macédonien. On a donné diverses solutions de cette antilogie apparente. Le surnom de « Macedo » aurait pour but d'exprimer les intentions malignes d'Aman, sa perfidie semblable à celle d'un Grec. Ou bien, il serait simplement synonyme d'étranger. Il vaut mieux reconnaître que les traducteurs grecs se sont de nouveau trompés comme pour le nom d'Artaxercès (voyez xi, 2, et la note), et qu' « ils ont rendu à tort le mot Agagite par Macédonien ». (*Man. bibl.,* t. II, n. 553.) Cette traduction erronée a pour base une autre erreur qui a été notée plus haut (voyez iii, 1, et le commentaire) : on croyait qu'Aman descendait des Amalécites, et ce peuple, de même que ceux de Moab et d'Édom, était regardé par les Juifs comme le représentant des païens de l'Europe ; Macédonien équivaut donc ici à Amalécite, ou à païen. — *Alienus... a Persarum...* Le pays d'Agag était en Médie, et les Mèdes étaient bien distincts des Perses, qui les tenaient alors au second rang. — *Regno privare nos...* Après la mort d'Aman,

services duquel nous vivons, et Esther, la compagne de notre royaume, avec tout leur peuple,

14. pensant qu'après les avoir tués, il nous tendrait des embûches dans notre isolement, et ferait passer aux Macédoniens l'empire des Perses.

15. Mais nous avons reconnu que les Juifs, qui étaient destinés à la mort par le plus méchant des hommes, n'étaient coupables d'aucune faute; mais qu'au contraire ils se conduisent par des lois justes,

16. et qu'ils sont les enfants du Dieu très haut, très puissant et éternel, par la grâce duquel ce royaume a été donné à nos pères et à nous-mêmes, et se conserve encore aujourd'hui.

17. C'est pourquoi sachez que les lettres qu'il vous avait envoyées en notre nom sont nulles.

18. A cause de ce crime dont il a été l'instigateur, il a été pendu avec tous ses proches, devant la porte de cette ville, c'est-à-dire de Suse, Dieu lui-même, et non pas nous, l'ayant traité comme il l'a mérité.

19. Que cet édit, que nous vous envoyons maintenant, soit affiché dans toutes les villes, afin qu'il soit permis aux Juifs de garder leurs lois.

20. Et vous devrez leur prêter secours, afin qu'ils puissent tuer ceux qui se pré-

vis quibusdam atque inauditis machinis expetivit in mortem;

14. hoc cogitans ut, illis interfectis, insidiaretur nostræ solitudini, et regnum Persarum transferret in Macedonas.

15. Nos autem, a pessimo mortalium Judæos neci destinatos, in nulla penitus culpa reperimus, sed e contrario justis utentes legibus,

16. et filios altissimi, et maximi, semperque viventis Dei, cujus beneficio et patribus nostris et nobis regnum est traditum, et usque hodie custoditur.

17. Unde eas litteras, quas sub nomine nostro ille direxerat, sciatis esse irritas.

18. Pro quo scelere ante portas hujus urbis, id est Susan, et ipse qui machinatus est, et omnis cognatio ejus, pendet in patibulis; non nobis, sed Deo reddente ei quod meruit.

19. Hoc autem edictum, quod nunc mittimus, in cunctis urbibus proponatur, ut liceat Judæis uti legibus suis.

20. Quibus debetis esse adminiculo, ut eos, qui se ad necem eorum paraverant,

---

on avait découvert des machinations secrètes qu'il avait tramées contre la personne du roi et contre l'indépendance de l'empire. Cf. vers. 14, et la note de xII, 6. — *Nostræ solitudini* (vers. 14). Dans le grec, ἐρημοῖς, solitaire, sans amis. — *Regnum... in Macedonas.* C.-à-d. aux Grecs, qui avaient tout récemment battu les Perses. Ce trait n'a donc rien que de très vraisemblable. — Bel éloge des Juifs et du vrai Dieu aux vers. 15-16; cf. Esdr. I, 3 et vII, 21; Dan. vI, 23. *Pessimo mortalium;* dans le grec, ὁ τρισαλιτήριος, le trois fois pervers; épithète employée aussi II Mach. vIII, 34, et xV, 3, pour caractériser Nicanor. — *Patribus nostris* (vers. 16) : les rois prédécesseurs d'Assuérus. Cyrus tenait la royauté des mains du Dieu des Juifs (cf. Is. xLV, 1), et il le reconnaissait (Esdr. I, 1).

17-21. Révocation du premier édit. — *Unde eas litteras.* Après tous ces préliminaires de différente nature (vers. 1-16), nous arrivons au décret proprement dit. Les mots *quas sub nomine nostro* sont une particularité de la Vulgate. —

Irritas. Le grec est moins formel et se contente de dire : c'est pourquoi vous ferez bien de ne pas mettre à exécution les lettres qui vous ont été envoyées par Aman. — *Omnis cognatio*

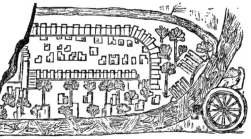

Représentation de la ville de Suse sur un antique bas-relief persan.

ejus : non pas ses fils, qui ne périrent que le 13 adar suivant (cf. Ix, 13), mais d'autres membres de sa famille. Trait bien conforme aux usages de la Perse, où il était inouï qu'un coupable, et surtout qu'un rebelle, n'entraînât point dans son châtiment une partie de ses proches. Cf. Dan.

possint interficere tertia decima die mensis duodecimi, qui vocatur adar ;

21. hanc enim diem, Deus omnipotens,
mœroris et luctus, eis vertit in gaudium.

22. Unde et vos inter ceteros festos
dies hanc habetote diem,. et celebrate
eam cum omni lætitia, ut et in posterum
cognoscatur

23. omnes, qui fideliter Persis obediunt, dignam pro fide recipere mercedem ; qui autem insidiantur regno eorum, perire pro scelere. .

24. Omnis autem provincia et civitas,
quæ noluerit solemnitatis hujus esse
particeps, gladio et igne pereat, et sic
deleatur, ut non solum hominibus, sed
etiam bestiis invia sit in sempiternum,
pro exemplo contemptus, et inobedien-
tiæ.

paraient à les perdre le treizième jour
du douzième mois, appelé adar. _

21· Car le Dieu tout-puissant a changé
pour eux cé jour de tristesse et de deuil
en un jour de joie.

22. C'est pourquoi mettez aussi ce jour
au rang des jours de fêtes, et célébrez-
le avec toute sorte de réjouissances, afin
que l'on sache à l'avenir

23. que tous ceux qui obéissent fidèlement aux Perses reçoivent une récompense digne de leur fidélité, mais que
ceux qui conspirent contre le royaume
périssent pour leurs crimes.

24. Et que toute province et toute
ville qui refùserait de prendre part à cette
solennité périsse par le glaive et par le
feu, et qu'elle soit tellement détruite,
qu'elle demeure inaccessible à jamais,
non seulement aux hommes, mais aux
bêtes même, comme un exemple de désobéissance et de mépris.

---

vi, 24. — *Liceat Judæis...* (vers. 19). Artaxercès
Longue-Main avait autrefois accordé cette même
faveur aux Juifs (Esdr. vii, 25-26). — *Quibus...
adminiculo...* (vers. 20). Ainsi, non seulement les
Israélites recevaient de pleins pouvoirs pour se
défendre, mais on enjoignait aux autres sujets
de l'empire de les protéger contre leurs ennemis.

22-24. Obligation imposée à tous les habitants
des provinces perses de fêter le 13 adar avec les
Juifs. — *Unde et vos :* pas d'exception ; les

Juifs célébraient ce jour-là leur propre délivrance ; les autres citoyens, celle.du roi, que
Mardochée avait sauvé. — *Omnis autem provincia...* (vers. 24). Sanction terrible contre ceux
qui désobéiraient aux ordres royaux. — *Sed
etiam bestiis :* manière d'exprimer une totale
destruction. Cf. Jer. ix, 10 et xii, 4 ; Ez. xiv,
13, etc. — Les derniers mots, *pro exemplo contemptus...,* manquent dans le texte grec.

LES LIVRES POÉTIQUES

1º *Leurs noms et leur nombre.* — Nous abordons ici le second groupe des livres de l'Ancien Testament [1]. Il comprend les écrits auxquels on donne, d'après l'élément qui y prédomine, les noms de poétiques, de didactiques, de sapientiaux ou de moraux. La première de ces épithètes est aujourd'hui la plus communément usitée; elle s'applique surtout à la forme extérieure. Les autres visent le sujet traité, et les anciens auteurs les employaient de préférence [2]; elles expriment très bien le but et le caractère général de cette partie de la Bible, dans laquelle l'enseignement moral reçoit une si large part, et où les règles de la vraie sagesse, d'une vie sainte et selon le cœur de Dieu, sont si fréquemment inculquées. Dans la Bible hébraïque, les livres poétiques ou sapientiaux sont rangés dans la catégorie des *Kᵉṯubim* ou Hagiographes, avec plusieurs autres écrits inspirés [3].

Parmi les quarante-six livres qui forment l'Ancien Testament, huit seulement sont poétiques dans le sens strict de cette expression : 1º Job, 2º les Psaumes, 3º les Proverbes, 4º l'Ecclésiaste, 5º le Cantique des cantiques, 6º la Sagesse, 7º l'Ecclésiastique ; 8º les Thrènes ou Lamentations de Jérémie. Dans les Septante et la Vulgate, les Thrènes ont été rattachées à la Prophétie de Jérémie. La Sagesse et l'Ecclésiastique, qui manquent dans le canon des Juifs, sont des écrits deutérocanoniques.

2º *Caractère poétique de la Bible considérée dans son ensemble.* — Si l'on prend le mot poésie dans un sens large, il est certain que la Bible entière est un vaste et magnifique poème, et que les beautés poétiques s'y rencontrent presque à chaque page. A tout instant, même dans les livres historiques, et beaucoup plus encore dans les écrits des prophètes, on admire, sous le simple vêtement de la prose, des morceaux qui, tantôt par la force et l'élévation des sentiments, tantôt par leurs images frappantes, magnifiques, s'élèvent jusqu'aux sphères de la poésie. William Jones, célèbre par ses travaux sur la poésie asiatique [4], pouvait dire en toute vérité : « J'ai lu avec beaucoup d'attention les saintes Ecritures, et je pense que ce volume, indépendamment de sa céleste origine, contient plus d'éloquence,... plus de morale, plus de richesses poétiques, en un mot, plus de beautés de tous les genres, qu'on n'en pourrait recueillir de tous les autres livres ensemble, dans quelque siècle et dans quelque langue

---

[1] Voyez le tome I, p. 12-13.

[2] Saint Jean Chrysostome, dans sa *Synopsis S. Script.*, distingue trois parties dans l'Ancien Testament · τὸ ἱστορικόν, τὸ προφητικόν, τὸ συμβουλευτικόν. Cette dernière, celle qui « conseille », équivaut aux livres sapientiaux.

[3] Voyez le tome I, p. 13.

[4] *Poeseos asiaticæ commentarii,* Oxford, 1774.

qu'ils aient été composés [1]. » Un souffle poétique plane donc sur toute la Bible.

Mais ce n'est pas dire assez, car très souvent on trouve, mêlés à la prose, des passages qui sont poétiques dans le sens strict. La liste complète en serait longue ; voici du moins les principaux : Gen. i, 26 ; iv, 23-24 ; v, 29 ; ix, 25-27 ; xiv, 19 ; xxiv, 60 ; xxvii, 28-29, 39-40 ; xlix, 1-27 ; Ex. xv, 1-21 ; Num. vi, 24-26 ; x, 35 ; xxi, 14-15, 17-18, 27-30 ; xxiii, 7 et ss. ; Deut. xxxii, 1 et ss. ; xxxiii, 1 et ss. ; Jos. x, 12 ; Jud. v, 1 et ss. ; xiv, 14, 18 ; xv, 16 ; I Reg. ii, 1-10 ; xviii, 7 ; II Reg. i, 18-27 ; iii, 33-34 ; xxii, 1-51 ; xxiii, 1-7 ; III Reg. xii, 16 ; I Par. xvi, 8-36 ; Tob. xiii, 1-23 ; Judith, xvi, 2-21 ; Is. v, 1-2 ; xii, 1-6 ; xiv, 4-23 ; xxv, 1-5, 9 ; xxvi, 1-19 ; xxvii, 2-5 ; xxxviii, 10-20 ; Dan. iii, 52-90 ; Jon. ii, 3-10 ; Hab. iii, 1 et ss. Et combien d'autres pages des prophètes nous aurions pu citer !

3° *Quelques traits généraux de la poésie biblique.* — Supérieure à toutes les autres par son but, qui est un but de sanctification, et par son origine, qui est toute divine, la poésie de la Bible n'est pas inférieure, sous le rapport de la beauté esthétique, à ce que les littératures humaines ont produit de plus parfait. Les meilleurs maîtres, fussent-ils rationalistes, n'hésitent pas à le reconnaître : « elle est unique en son genre, et supérieure à toutes les autres à bien des points de vue » (Ewald). On vante en particulier sa simplicité et sa lucidité, « qu'on ne trouve que difficilement ailleurs ; » ses grâces si naturelles, quoique sublimes et exquises ; son « indépendance merveilleuse à l'égard des attraits de la forme », alors même qu'elle est le plus éclatante ; son admirable plénitude qui coule « à pleins bords » [2]

Quoique si relevée, et provenant d'un seul et même peuple, la poésie des Hébreux se fait en outre remarquer par son caractère universel, qui convient à la nouvelle Alliance comme à l'ancienne, aux nations de l'Occident comme à celles de l'Orient, à toutes les parties et à tous les âges de l'humanité. Elle est catholique comme le livre qui la renferme. A ce point de vue, il y a une distance incommensurable entre elle et les poésies des Indes, de l'Égypte, de l'Assyrie, des Arabes, etc., qui sont tout à fait particulières, et pour ainsi dire étroites, par leur genre.

Autre trait important à signaler : la poésie de la Bible est exclusivement religieuse et sacrée. Dans sa naissance même, indépendamment de l'inspiration divine, elle est toujours un fruit de la religion : ce ne sont pas les événements historiques, les faits militaires, les vues grandioses de la nature qui lui ont directement donné le jour, mais les impressions religieuses ; aussi les révélations divines et les vérités morales y occupent-elles la principale place ; tout le reste y est ramené à la religion. Les Hébreux possédèrent cependant une poésie profane, comme le démontrent divers textes des prophètes [3] ; mais on s'accorde à reconnaître qu'elle ne dut point parvenir à un grand développement, soit parce qu'il n'en est resté aucun fragment, soit parce que, dans Israël, « la formation intellectuelle et la formation littéraire ne s'accomplirent qu'en union avec la vie religieuse. »

Un autre caractère général de la poésie hébraïque consiste dans cet ensemble de traits, communs à toutes les littératures, qu'on résume sous le nom d'ex-

---

[1] Cité par Sicard, *Leçons sur la poésie sacrée des Hébreux, traduites... en français du latin du Dr Lowth*, t. I, p. x de la 2e édition.

Voyez Lowth, *De sacra poesi Hebræorum*, Oxford, 1753 ; Herder, *Histoire de la poésie des*

Hébreux, traduite par Mme de Carlowitz, Paris, 1845 ; Mgr Plantier, *Études littéraires sur les poètes bibliques*, Paris, 1842.

[3] Voyez Is. xxiii, 16 ; xxiv, 9 ; Am. vi, 5 ; viii, 10.

pression poétique. C'est un langage plus orné, plus éclatant, plus distingué que celui de la simple prose ; par conséquent, des mots plus choisis et plus sonores, des constructions et des combinaisons extraordinaires, surtout l'emploi fréquent des figures et des comparaisons. « Les poètes orientaux ne diffèrent, sous ce rapport, de nos poètes occidentaux que par une plus grande hardiesse, une profusion plus abondante de métaphores, des hyperboles plus fortes, un coloris plus riche, dont la vivacité égale celle de leur soleil [1]. »

A cause de l'unité de sa nature, qui ne lui a permis de chanter que Dieu et les choses de Dieu, la poésie biblique n'a jamais eu des allures aussi variées, aussi multiples, que la poésie profane chez les autres peuples. Elle se ramène à deux genres seulement : le genre *šir* [2], ou lyrique, et le genre *mašal* [3], ou didactique. Dans la catégorie du *šir* rentrent tous les psaumes, le Cantique des cantiques et les Thrènes [4]. Au genre *mašal* appartiennent les discours du livre de Job, malgré l'élan lyrique qui les soulève habituellement, les Proverbes, l'Ecclésiaste, la Sagesse et l'Ecclésiastique.

4° Le rythme dans la poésie des Hébreux, et spécialement le parallélisme, qui forme son caractère distinctif. — Pas de poésie sans rythme, c'est-à-dire sans un mouvement mesuré, cadencé, des mots et des phrases, qui corresponde à la cadence des sentiments de l'âme, et en l'absence duquel il n'y aurait ni harmonie ni beauté. Mais le rythme peut revêtir bien des formes, et c'est ici que va se manifester la différence de la poésie biblique avec les autres poésies. Rien de bien extraordinaire en ce qui concerne le rythme des mots, ou cadence produite par le mélange des syllabes brèves et longues, accentuées et non accentuées : néanmoins l'existence d'une troisième classe de syllabes en hébreu, les très brèves, communique à la poésie sacrée une souplesse et un charme remarquables, dont Moïse, David et Isaïe ont tiré de très beaux effets [5].

Ce qui caractérise réellement la poésie biblique et lui donne son cachet propre et distinctif, c'est ce qu'on nomme le parallélisme des membres. Il consiste, comme son nom l'indique, en plusieurs propositions ou membres de phrase, qui se juxtaposent les uns aux autres comme le font en géométrie les lignes parallèles, et qui expriment une seule et même pensée [6]. Car le poète hébreu ne renferme pas dans une proposition unique le sentiment qui s'échappe de son esprit ému ; il le partage entre deux ou plusieurs membres de phrase qui se complètent mutuellement, et qui expriment l'idée dans toute son ampleur. Par exemple, Gen. iv, 23, d'après l'hébreu :

> Ada et Sella, écoutez ma voix ;
> femmes de Lamech, écoutez ma parole.
> Je tue un homme pour ma blessure,
> et un jeune homme pour ma meurtrissure.

[1] *Man. biblique*, t. II, n. 588.
[2] C.-à-d. : cantique.
[3] Littéralement : proverbe.
[4] Et aussi la plupart des morceaux poétiques disséminés à travers la Bible, et signalés plus haut.
[5] Il n'entre pas dans notre plan de discuter la *quæstio vexata* : Jusqu'à quel point le vers hébreu était-il soumis à une mesure prosodique, à un mètre proprement dit ? Voyez quelques indications instructives dans le *Manuel biblique*, t. II, nn. 597-599, et dans Cornely, *Historica et critica introductio in utriusque Testamenti libros sacros*, t. II, pars 2, p. 14-20. Nous croyons,

avec le P. Cornely, qu'il règne beaucoup d'arbitraire dans les systèmes les plus récents, et qu'aucune solution ne paraît mûre. Pour la discussion même du problème, comparez Le Hir, *Le livre de Job*, Paris, p. 183-215 ; Bickell, *Metrices biblicæ regulæ exemplis illustratæ*, Insprück, 1879, et *Carmina Veteris Testamenti metrica*, Insprück, 1882 ; Gietmann, *De re metrica Hebræorum*, Fribourg-en-Brisgau, 1880.
[6] C'est l'Anglais Lowth qui a inventé ce nom de *parallelismus membrorum ;* c'est lui aussi qui a découvert et le plus complètement exposé la loi du parallélisme dans son célèbre ouvrage *De sacra poesi Hebræorum*, déjà cité plus haut.

Ou bien, au premier cantique de Moïse, Ex. xv, 6 et **8** :

> Ta droite, Jéhovah, a signalé sa force;
> ta droite, Jéhovah, a écrasé l'ennemi...
> Au souffle de ta colère les eaux se sont amoncelées,
> les courants se sont dressés comme une muraille,
> les flots se sont durcis au milieu de la mer.

Dans ces exemples, nous avons à trois reprises le parallélisme à deux membres, et une fois le parallélisme à trois membres. L'emploi du parallélisme à deux membres est de beaucoup le plus fréquent : de là le nom de *kappul*, « redoublement, » par lequel le désignaient d'anciens rabbins ; mais les tristiques, et même les tétrastiques, ne sont pas une rareté dans la Bible. En voici quelques exemples

> Heureux l'homme qui ne marche point dans le conseil des impies,
> et qui ne s'arrête pas dans la voie des pécheurs,
> et qui ne s'assied pas dans la chaire des moqueurs.
> Ps. I, 1.

> Que l'ennemi me poursuive et m'attaque,
> qu'il foule ma vie à terre,
> et qu'il fasse descendre ma gloire dans la poussière.
> Ps. VII, 6.

> Je l'ai aimée (la sagesse) et recherchée dès ma jeunesse,
> et j'ai cherché à la prendre pour mon épouse,
> et j'ai été épris de sa beauté.
> Sap. VIII, **2**.

> Tu ne craindras pas les frayeurs nocturnes,
> ni la flèche qui vole durant le jour,
> ni les choses qui marchent dans les ténèbres,
> ni les attaques du démon en plein midi.
> Ps. XC, 5-6.

On a dit assez justement du parallélisme qu'il est comme la rime des pensées et des sentiments ; on l'a comparé, à bon droit aussi, à des coups d'aile réitérés, au mouvement cadencé du balancier qui va et vient. Pour en rompre la monotonie, les poètes hébreux lui avaient donné différentes formes, que les modernes ont groupées sous quatre chefs divers : le parallélisme de synonymie, le parallélisme de synthèse, le parallélisme d'antithèse, et le parallélisme simplement rythmique.

Le parallélisme est synonymique, lorsque les divers membres de phrase expriment une pensée identique, les mots seuls variant plus ou moins. Cf. Ps. I, 1 ; II, 1, 2, 4, 5 ; III, 2 ; VIII, 4, et cent passages analogues. La symétrie des propositions est quelquefois complète ; d'ordinaire des nuances sont introduites à dessein ; presque toujours il y a une certaine gradation dans l'idée. C'est un écho répercuté.

> Cieux, prêtez l'oreille, car je vais parler.
> Terre, écoute les paroles de ma bouche.
> Que ma doctrine se répande comme la pluie,
> que ma parole coule comme la rosée ;
> comme une ondée sur la verdure,
> comme une averse sur le gazon.
> Deut. XXXII, 1-2.

> Seigneur, ne me punis pas dans ta colère,
> et ne me châtie pas dans ta fureur.
> Ps. VI, 1.

> La voix du Seigneur brise les cèdres,
>   le Seigneur brise les cèdres du Liban...
> Le Seigneur donne la force à son peuple,
>   le Seigneur bénit son peuple dans la paix.
>   Ps. XXVIII, 5-11.

Tandis que le parallélisme de synonymie est plus fréquent dans les psaumes, celui d'antithèse est plus communément employé aux livres des Proverbes et de l'Ecclésiastique, car, par sa forme même, il convient très bien à l'énoncé des préceptes moraux : il consiste, comme son nom l'indique, en ce qu'un des membres de phrase est en opposition de sentiments ou de langage avec l'autre membre. Cf. Ps. XIX, 8-9; Prov. XI, 1, 3, 4, etc.

> Un fils sage fait la joie de son père,
>   et un fils insensé, le chagrin de sa mère...
> La haine excite les querelles,
>   mais l'amour excuse toutes les fautes...
> La langue du juste est un argent choisi,
>   le cœur des méchants est peu de chose.
>   Prov. X, 1, 12, 20.

Le parallélisme est synthétique, quand la pensée qui est exprimée dans un membre est continuée, complétée, démontrée, éclaircie de différentes façons dans l'autre membre ; il consiste donc seulement dans une similitude de construction, et non dans la ressemblance ou l'opposition des expressions et des pensées. Cf. Ps. XVIII, 8-10; Prov. XXX, 17, etc.

> De ma voix je crie au Seigneur,
>   et il m'exauce de sa montagne sainte.
> Je me couche, et je m'endors, et je me réveille,
>   car le Seigneur est mon soutien.
>   Ps. III, 5-6.
> J'enseignerai tes voies aux pécheurs
>   et les impies reviendront à toi.
>   Ps. L, 15.

On rencontre enfin des vers où l'idée est exprimée par une phrase simple, qui peut cependant se diviser en deux membres sous le rapport du rythme, quoique pas au point de vue du sujet : c'est alors le parallélisme rythmique.

> Seigneur, je vous louerai de tout mon cœur
>   dans la réunion et dans l'assemblée des justes.
> Les œuvres du Seigneur sont grandes,
>   exquises selon toutes ses volontés.
>   Ps. CX, 1-2.
> Je suis l'homme qui ai éprouvé la misère
>   par la verge de sa colère.
> Il m'a poussé et conduit
>   dans les ténèbres et non à la lumière.
>   Thren. III, 1-2.

Le mélange de ces différentes espèces de parallélisme produit des effets remarquables, dont les poètes sacrés ont su admirablement profiter [1]

---

[1] Sur les développements multiples du parallélisme chez les Hébreux, et sur les procédés auxquels on avait recours pour l'orner et l'agrémenter, voyez le *Man. bibl.*, t. II, n. 594. Nous avons essayé, dans notre *Biblia sacra* (Paris, 1887), de le rendre sensible aux regards, en imprimant sur des lignes parallèles les membres de phrase qui se correspondent.

Habituellement, les membres de phrase sont à peu près de même longueur. Çà et là, cependant, une proposition très courte succède tout à coup à une autre de moyenne étendue, pour produire plus d'effet.

> Qui fera pur d'impur ?
> Pas un.
>
> Job, xiv, 4, d'après l'hébreu.
>
> L'insensé a dit dans son cœur ·
> Dieu n'est pas.
> Ses œuvres sont corrompues, abominables ;
> nul n'agit bien.
>
> Ps. xiii, 1-2.

Il arrive aussi que des vers relativement longs sont coupés par une harmonieuse césure :

> La loi du Seigneur est parfaite,   récréant l'âme ;
> le précepte du Seigneur est fidèle,   instruisant le simple.
> les ordres du Seigneur sont justes,   réjouissant le cœur.
> le décret du Seigneur est pur,   éclairant les yeux.
>
> Ps. xviii, 8-10 [1].

Terminons ces rapides détails sur la poésie hébraïque par ce qui regarde les strophes. C'est le partage et l'enchaînement symétrique des groupes de pensées, par conséquent des groupes de vers. De même que le rythme des mots règle le flux et le reflux des syllabes, et que le rythme des vers règle la coupe, l'allure variée des membres de phrase, de même le rythme des strophes règle la liaison ou la séparation harmonieuse des vers d'après les lois de la pensée. Quelquefois les strophes des poèmes bibliques sont clairement indiquées par un refrain. C'est le cas aux Ps. xli et xlii, où les lignes suivantes sont répétées quatre fois, à intervalles à peu près égaux :

> Pourquoi t'affliges-tu, mon âme,
> et pourquoi te troubles-tu ?
> Espère en Dieu, car je le louerai encore ;
> il est le salut de ma face et mon Dieu [2].

Ailleurs, un début identique marque le commencement des strophes [3] ; ou bien l'expression un peu obscure *sélah* [4], omise dans la Vulgate, en indique la fin. Mais, le plus souvent, c'est le sens seul qui les détermine, et s'il le fait de temps en temps avec beaucoup de clarté, comme aux psaumes i, ii, etc., d'ordinaire il règne quelque incertitude pour le partage des stances. Elles sont d'ailleurs loin d'être toujours composées d'un même nombre de vers [5].

La rime, qui joue un si grand rôle dans les poésies des langues occidentales, se rencontre à plusieurs reprises dans les poèmes bibliques, et l'hébreu, par sa nature même, offre sous ce rapport des facilités étonnantes [6] ; mais elle n'est qu'une très rare exception [7].

---

[1] Voyez aussi le Ps. c, et les chap. i et ii des Thrènes, dans notre *Biblia sacra*.

[2] Cf. Ps. xxxix, 6, 12 ; xlv, 8, 12 ; lvi, 6, 12 ; Is. ix, 12, 17, 21, et x, 4, etc.

[3] Par exemple, au Ps. lxii (hébr.), où chaque strophe s'ouvre par la particule '*ak* (vers. 2, 6, 10).

[4] Voyez le commentaire du Ps. iii, vers. 3.

[5] Le commentaire les marquera autant qu'il sera possible. Nous noterons à l'occasion les poèmes dits alphabétiques, dont les différents vers ou les strophes sont marqués par la suite des lettres de l'alphabet.

[6] La littérature juive du moyen âge et des siècles plus récents le démontre amplement.

[7] Quelques-uns des exemples les plus frappants sont : Gen. iv, 23 ; Jud. xiv, 18, et xvi, 23-24 ; I Reg. xviii, 7 ; Ps. vi, 2 ; viii, 5 ; Prov. xxxi, 17 ; Cant. iii, 11.

LE LIVRE DE JOB

1° *Le sujet et la division du livre*. — Le nom du premier des écrits didactiques et poétiques de l'Ancien Testament, d'après l'ordre suivi par la Vulgate, est, comme pour plusieurs des livres historiques, celui même du héros principal. Job, pieux et riche personnage du pays de Hus, jusqu'alors comblé de toutes les consolations humaines, est accablé soudain des maux les plus affreux qu'on puisse endurer ici-bas, Dieu le permettant pour l'éprouver. Il supporte d'abord son infortune avec une admirable patience, jusqu'à ce qu'une visite de ses trois amis, Éliphaz, Baldad et Sophar, occasionne entre eux et lui une vive discussion sur la cause de ses malheurs : ils prétendent, eux, qu'il a dû se les attirer par ses fautes, et ils l'engagent à faire pénitence pour obtenir que Dieu lui fasse miséricorde ; il proteste au contraire avec énergie qu'il est innocent, mais il lui échappe, dans la chaleur du débat, quelques paroles inconsidérées sur Dieu. A bout d'arguments, les trois amis se taisent, et Job affirme plus vigoureusement que jamais son innocence, lorsque se présente un nouveau personnage, Éliu, qui, envisageant le problème à un point de vue plus exact, montre que Dieu est juste, alors même qu'il frappe des hommes qui n'ont pas conscience de l'avoir gravement offensé. Le Seigneur lui-même intervient, et tranche indirectement la question par une description magnifique de sa toute-puissance et des mystères insondables de sa sagesse. Job déplore humblement la témérité avec laquelle il s'est permis de parler de la conduite de Dieu à son égard, et il obtient non seulement son pardon, mais la récompense de sa patience.

Le livre se divise de lui-même et très naturellement en trois parties, marquées de la façon la plus nette par la forme extérieure, comme le faisait observer saint Jérôme [1] : *prosa incipit, versu labitur, pedestri sermone finitur.* Il y a le prologue, écrit en prose, ı, 1-ıı, 13, qui raconte brièvement la vie antérieure de Job et l'histoire de ses malheurs ; puis, vient le corps du livre, ııı, 1-xlıı, 6, écrit en vers, et exposant tout au long la discussion du problème signalé plus haut ; il y a enfin le rapide épilogue, xlıı, 7-16, écrit en prose comme le prologue, et où nous prenons congé du héros après l'avoir vu heureux comme aux premiers jours.

Le poème proprement dit se subdivise à son tour en trois parties : 1° l'ardent débat de Job avec ses trois amis sur l'origine de ses souffrances, ııı, 1-xxxı, 40 (quatre sections : la première phase du débat, chap. ııı-xıv ; la seconde phase, chap. xv-xxı ; la troisième phase, chap. xxıı-xxvı ; un monologue triomphant de Job, chap. xxvıı-xxxı) ; 2° l'intervention et les discours d'Éliu, xxxıı, 1-xxxvıı, 24 ; 3° l'intervention divine, xxxvııı, 1-xlıı, 6 [2].

---

[1] *Præfat. in libr. Job.*

[2] Pour les détails de cette division, voyez le commentaire, et notre *Biblia sacra*, p 505-546.

2º *Unité et beauté du plan ; l'intégrité de toutes les parties du livre.* — L'analyse qui précède suffit, malgré sa brièveté, pour montrer, dans le livre de Job, l'existence d'un plan et d'un enchaînement parfaits. Par le prologue, le lecteur est d'abord orienté sur la situation générale des choses ; il est surtout initié aux décrets divins relativement à Job, et au but que se propose le Seigneur en permettant les malheurs du saint homme. Grâce à ces données préliminaires, il a dans la main, pour parcourir le labyrinthe des trente-neuf chapitres qui suivent, un fil conducteur qui n'est pas inutile ; il n'a pas à résoudre péniblement le problème, puisqu'il en possède déjà la solution et qu'il n'aura qu'à contrôler les opérations successives. La discussion commence entre Job et ses amis, et ils ne tardent point à arriver au nœud de la question, et ce nœud va se serrant et se compliquant de plus en plus sous l'effet de leurs discours passionnés : les interlocuteurs doivent se séparer sans avoir pu se mettre d'accord. Éliu, sortant du groupe des auditeurs qui avaient assisté au débat, apporte son contingent de lumière ; il donne à la question une direction nouvelle, qui prépare et fait entrevoir le dénouement, mais qui est encore bien loin de le fournir. C'est à ce moment même, tandis que les hommes sont à bout d'efforts et de connaissances, que le Seigneur apparaît, non toutefois pour donner en termes directs la solution tant cherchée, mais pour décrire ses attributs divins, tout incommensurables, qui dépassent l'intelligence et les jugements des hommes. L'épilogue achève de fournir le dénouement complet.

Tout se suit donc et s'enchaîne admirablement à travers chacune des pages du livre de Job, et tout y avance d'une manière très régulière, quoique à pas lents. On voit par là qu'il n'est pas possible de supprimer une seule des parties dont se compose cet admirable écrit, sans rendre aussitôt les autres très obscures ou incompréhensibles, sans rompre cette unité si harmonieuse et briser les anneaux de la chaîne. De soi-disant critiques, rationalistes ou protestants, n'ont pas craint cependant de rayer d'un trait de plume des passages considérables : tantôt le prologue et l'épilogue, de façon à ne laisser qu'un torse incomplet [1] ; tantôt les pages xxvii, 11-xxviii, 28, que l'on prétend être incompatibles avec les discours antérieurs de Job sur la justice rétributive du Seigneur, comme si la pensée du saint homme était condamnée à n'avancer jamais ; tantôt, et plus particulièrement, les discours d'Éliu, sous prétexte que leur genre diffère de tout le reste (différence réelle, mais attribuable au caractère même de ce nouvel interlocuteur) [2] ; tantôt la dernière partie des discours de Dieu, xl, 10-xli, 25 [3], quoique, de l'avis d'autres rationalistes, le style « soit celui des meilleurs endroits du poème », et ne manifeste rien moins qu'une interpolation. Vraiment, a-t-on dit à bon droit, il faut avoir perdu le goût de la beauté esthétique pour avancer de pareilles théories. Et nous pourrions citer les preuves extrinsèques, c'est-à-dire les témoignages multiples de la tradition, qui démontrent que le livre de Job nous a été transmis tel qu'il a été composé, sans changement essentiel.

3º *Le but du livre de Job.* — L'idée principale et dominante de ce sublime poème n'est pas moins consolante qu'importante. C'est le grand et douloureux problème qui occupe et qui trouble si souvent le cœur de l'homme, même parmi les clartés du Nouveau Testament : l'origine de la souffrance ici-bas, la cause des misères multiples qui atteignent le genre humain, et, plus spécialement, la cause des souffrances du juste [4]. Ce mystérieux problème ne se déroule pas d'une

---

[1] Le prologue est visiblement supposé dans le corps du poème ; cf. viii, 4 ; xxix, 5, 18, etc. De même l'épilogue ; cf. xiii, 10 ; xvi, 21 ; xxii, 30.

[2] Voyez la note de xxxii, 1.

[3] Les descriptions de l'hippopotame et du crocodile.

[4] Voyez les psaumes xxxvi et lxxii, qui traitent également ce thème.

façon abstraite, sous forme de dissertation philosophique ; il est discuté à propos d'un cas très concret, ce qui lui communique beaucoup plus de vie, d'intérêt, de clarté. On recherche donc, au fond, les principes qui dirigent le Seigneur dans sa conduite envers les hommes soumis au feu de l'épreuve, et l'on arrive, comme conclusion, à une complète justification de sa Providence. Les trois amis de Job n'ont qu'une théorie étroite relativement à la distribution des biens et des maux en ce monde : pour eux, la souffrance est toujours et uniquement le résultat du péché. Éliu soupçonne qu'elle peut avoir un caractère pédagogique et être infligée aux justes eux-mêmes ; le prologue et l'épilogue la montrent clairement, dans le cas spécial de Job, comme une épreuve destinée à sanctifier davantage un homme déjà très vertueux. La conclusion est donc qu'il faut adorer et se taire, la dernière raison de nos souffrances n'étant autre que la sagesse infaillible de Dieu.

A côté de ce but dogmatique, il y a aussi le but moral, qui consiste à fournir, dans la patience de Job, un exemple perpétuel de courage aux âmes éprouvées. C'est ce qu'exprime parfaitement saint Jacques [1] : « Prenez, mes frères, pour modèles de souffrance et de patience les prophètes qui ont parlé au nom du Seigneur. Voici, nous dirons bienheureux ceux qui ont souffert patiemment. Vous avez entendu parler de la patience de Job, et vous avez vu la fin que le Seigneur lui accorde, car le Seigneur est plein de miséricorde et de compassion. » Sous ce rapport, Job a eu le grand honneur d'être regardé comme le type et la figure de Jésus-Christ, l'auguste et innocente victime, qui a tant souffert sans se plaindre [2].

4º *Caractère historique du livre.* — Depuis longtemps on a prétendu que le poème de Job est une fiction pure et simple, inventée de toutes pièces, le héros lui-même n'ayant jamais existé ; ce serait donc « d'un bout à l'autre un poème purement allégorique, un roman religieux et philosophique ». Selon d'autres, ce serait « un poème mixte, c'est-à-dire une œuvre d'imagination brodée sur un fond historique ». Il est aisé de démontrer que toute la série des faits racontés correspond vraiment à une réalité objective.

Job est un personnage historique très réel. Rien de plus évident à la manière dont plusieurs écrivains sacrés parlent de lui ; Ézéchiel surtout, qui le rapproche d'autres hommes célèbres, Noé et Daniel, dont l'existence ne fait pas l'ombre d'un doute [3]. Les traditions juive et chrétienne l'affirment très expressément aussi ; et l'on y trouve à peine çà et là une voix discordante : par exemple, chez les Juifs, ce docteur qui prétendait que « Job n'a pas existé et n'a pas été créé (par Dieu), mais n'est qu'une parabole » [4], et, chez les chrétiens, l'audacieux Théodore de Mopsueste, qui fut condamné par le vº concile général, pour avoir soutenu une erreur semblable [5]. Le ton du livre nous conduit à la même conclusion, car partout « le lecteur éprouve irrésistiblement l'impression que les faits sont réels ». Si l'on objecte la perfection de la forme, et l'invraisemblance que des discours admirables jusque dans leurs moindres détails aient pu être improvisés sur place, nous répondrons à la suite de M. Le Hir : « On peut croire avec le plus grand nombre des interprètes que Job et ses amis n'ont prononcé que le fond des discours qu'on leur met à la bouche, et que la diction appartient à l'auteur sacré, sans être autorisé pour cela à ne voir dans tout l'ouvrage qu'une fiction poétique [6]. »

---

[1] v, 10-11.
[2] Cf. saint Grégoire le Grand, *Moralium libri*, préface, vi, 14. Sur le célèbre passage messianique du chap. xix, vers, 21 et 24., voyez le commentaire.

[3] Ez. xiv, 14, 20 ; cf. Tob. ii, 12, 15 ; Jac. v, 11.
[4] Talmud, traité *Baba bathra*, fol. 15, a.
[5] L'Église latine célèbre la fête de Job le 10 mai ; l'Église grecque, le 6 mai.
[6] *Le livre de Job*, p. 232-233.

Il est dit très formellement, dès le début du prologue, que Job était originaire du pays de Hus [1] ; par conséquent, il ne faisait point partie du peuple hébreu. A quelle époque vivait-il ? Très vraisemblablement sous l'ère nommée patriarcale, antérieure à Moïse et à la sortie d'Égypte. C'est ce qu'indiquent avec beaucoup de clarté les principaux traits du livre et ses principales omissions. Le caractère général de Job et de son temps dénote des mœurs très antiques. Sa longévité [2] nous fait remonter aussi bien haut dans l'histoire. De même sa religion, car il pratique un monothéisme parfait [3] ; or, depuis les temps mosaïques, le culte de l'unique vrai Dieu semble avoir été la part exclusive des Hébreux. Job exerce dans sa famille les fonctions de prêtre [4], à la manière des patriarches. De plus, le livre, qui contient plus d'une allusion aux premiers événements de l'histoire du monde (la création, la chute, les géants et leurs crimes, le déluge), n'en fait aucune à la législation du Sinaï et à la nation théocratique. D'autre part, Job est plus récent qu'Abraham et qu'Ésaü, puisque deux de ses amis en descendaient [5]. Mais on ne peut pas préciser davantage.

5° *L'auteur et l'époque de la composition.* — Pour ce qui regarde ce double point, les plus savants auteurs en sont réduits à mentionner des séries plus ou moins longues de conjectures, et à avouer ensuite qu' « il est impossible de dire *qu* juste par qui et à quel temps le livre de Job a été rédigé » [6]. Telle était déjà la conclusion de saint Grégoire le Grand : « Quis hæc scripserit, valde supervacue quæsitur [7]. » La composition a été attribuée tour à tour à Job lui-même, à l'un de ses amis, à Eliü, à Moïse ou à quelqu'un de ses contemporains, à Salomon ou à son époque, à Isaïe, à Daniel et à bien d'autres. On voit qu'aucune tradition ne s'est formée à ce sujet. Quant au style, on s'en est servi pour appuyer toute sorte d'opinions. Il est parfait, et révèle un maître, un génie : voilà pourquoi on l'a cru digne de Moïse et de Salomon ; mais, tantôt il contient des expressions très anciennes, employées seulement dans le Pentateuque [8], et tantôt il en présente d'autres qui paraissent relativement récentes. Il est certain que la composition remonte plus haut que Jérémie, puisque ce prophète a fait divers emprunts au poème [9]. Aujourd'hui l'on admet plus communément que ce magnifique poème appartient à l'époque de Salomon, l'âge d'or de la littérature sacrée.

6° *La forme poétique du livre de Job ; ses beautés littéraires.* — Les Hébreux n'ayant jamais eu de drame ni d'épopée [10], c'est d'une manière inexacte que l'on a essayé parfois de ranger le livre de Job dans l'un ou l'autre de ces grands genres classiques. Le drame, auquel on l'a le plus souvent rattaché, « demande une action extérieure ; il n'y a qu'une lutte intérieure dans le livre de Job. » Ce poème, quoique clairement didactique par son but, est avant tout lyrique par sa forme, son élan, ses mouvements. Le parallélisme est presque partout à deux membres d'une longueur à peu près uniforme.

Les beautés sont de premier ordre, et vantées universellement. « Poème si parfait dans son plan, et si grandiose dans son exécution ! Un des plus grands chefs-d'œuvre littéraires du monde entier. Art admirable dans l'ensemble comme dans les détails. Style majestueux, sonore, lapidaire. Portraits des divers per-

---

[1] i, 1 ; voyez le commentaire.
[2] Job vécut au moins 180 ans d'après xlii, 16 ; 240 ans d'après les Septante.
[3] Cf. xxxiv, 26-27, etc.
[4] Cf. i, 5.
[5] Voyez ii, 11 et la note.
[6] *Man. bibl.*, t. II, n. 610.
[7] *L. c.*, c. i.

[8] Notamment la monnaie appelée *q'sitah* ; voyez la note de Gen. xxxiii, 19.
[9] Cf. Jer. xii, 1, et Job, xxi, 7 ; Jer. xvii, 1, et Job, xix, 23 ; Jer. xx, 14-18, et Job, iii, 3-10 ; Jer. xx, 17, et Job, iii, 11 ; etc.
[10] Voyez l'Introduction aux livres poétiques, p. 483 de ce volume.

sonnages gravés comme par un artiste, en traits vigoureux et délicats. La narration historique est claire et rapide ; elle offre la simplicité et la grâce des lettres antiques ; les dialogues abondent en sorties véhémentes, en images vivantes, en soudains contrastes entre la lutte passionnée et la contemplation calme, profonde et grave des vérités spirituelles. L'intérêt va grandissant jusqu'à la fin. Il n'y a point de poésie que l'on puisse comparer au livre de Job. » Voilà le résumé concis des appréciations portées sur le livre de Job par les poètes, les critiques et les commentateurs.

7º *Les difficultés d'interprétation et leurs causes.* — Les pages de cet incomparable poème comptent sans contredit, presque dans toute leur étendue, parmi les plus difficiles de toute la Bible. Saint Jérôme dit que c'est « un livre figuré, glissant ; une anguille ou une murène » qui s'échappe à l'instant même où l'on croit la mieux saisir. En effet, nulle part on ne trouve un style si relevé, des expressions si rares, des images aussi hardies, des réticences plus fréquentes. Et si cela est vrai du texte hébreu, on doit l'affirmer davantage encore des versions, et surtout de celle des Septante, qui a maltraité d'une manière étonnante le livre de Job. La Vulgate n'est pas sans défaut, comme l'avoue saint Jérôme avec candeur ; néanmoins on s'accorde à reconnaître que « c'est un travail excellent pour son époque », que « le traducteur n'y a épargné ni temps, ni peine, ni argent, procédant avec indépendance et avec goût ». Elle est supérieure à toutes les traductions anciennes.

8º *Ouvrages à consulter.* — Peu d'écrits bibliques ont été autant étudiés et commentés que celui qui porte le nom de Job ; mais il n'entre dans notre plan de citer que les meilleurs travaux publiés par des exégètes catholiques. Ce sont · *Moralium libri, sive Expositio in librum B. Job,* de saint Grégoire le Grand, « étude gigantesque, qui laisse à peine passer sans le toucher un point de dogme ou de morale ; » le commentaire de saint Thomas d'Aquin, Venise, 1505 ; *Commentariorum in librum Job libri tredecim,* de Jean de Pineda, Madrid, 1597 à 1601 ; le commentaire de Sanctius (Sanchez), Lyon, 1625 ; *Job elucidatus,* de B. Cordier, Anvers, 1646 ; F. Vavassor, *Jobus brevi commentario et metaphrasi poetica illustratus,* Paris, 1638 ; les commentaires de Tirin, de Ménochius et de Calmet ; *das Buch Job übersetzt und erklært,* de Welte, Fribourg-en-Brisgau, 1849 ; Lesêtre, *le Livre de Job,* Paris, 1886 ; surtout, *Commentarius in librum Job,* du P. J. Knabenbauer, Paris, 1886.

JOB

CHAPITRE I

1. Vir erat in terra Hus, nomine Job; et erat vir ille simplex, et rectus, ac timens Deum, et recedens a malo.

2. Natique sunt ei septem filii, et tres filiæ.

3. Et fuit possessio ejus, septem millia ovium, et tria millia camelorum, quingenta quoque juga boum, et quin-

1. Il y avait dans la terre de Hus un homme qui s'appelait Job. Et cet homme était simple et droit; et il craignait Dieu, et fuyait le mal

2. Et il lui naquit sept fils et trois filles.

3. Il possédait sept mille brebis, trois mille chameaux, cinq cents paires de bœufs, et cinq cents ânesses, et un très

---

PROLOGUE

L'histoire de Job jusqu'au moment où s'ouvrit le débat entre lui et ses amis. I, 1 — II, 13.

Ces deux petites pages, écrites en une prose simple quoique élégante, nous mettent d'une manière rapide, mais suffisante, au courant de la situation du héros.

1° La piété admirable de Job dans la prospérité. I, 1-5.

CHAP. I. — 1-3. Le héros du livre, son pays et son portrait moral. — *In terra Hus.* Hébr. : 'Uṣ ; Αὐσῖτις dans les LXX. Cette province, mentionnée encore Jer. xxv, 20, et Thren. iv, 21, était probablement située à l'est du Jourdain, dans la partie occidentale de l'Haourân. D'anciennes traditions locales, confirmées tout le long du livre par des traits nombreux que nous relèverons à l'occasion, placent le pays de Job dans le district actuel de Nukra, au sud-ouest de Damas, non loin de la ville de Naouâ. C'est là, à peu près à la même latitude que l'extrémité septentrionale du lac de Tibériade, que l'on voit le Deïr-Eyoub ou monastère de Job, avec ses souvenirs intéressants (*Atl. géogr.*, pl. xii). — *Nomine Job.* Ἰγγώβ dans l'hébreu ; nom dont la signification est incertaine, et qui avait été autrefois porté par un descendant d'Issachar, Gen. xlvi, 13. Les LXX, le rapprochant de l'appellation analogue de Jobab, qui avait désigné un ancien roi d'Idumée, Gen. xxxvi, 33, identifient d'une manière étrange le saint patriarche avec ce roi. — Quatre glorieuses épithètes, qui sont au fond synonymes, caractérisent Job sous

le rapport moral. *Simplex : tâm* en hébreu, c.-à-d. complet, sans défaut, parfait; ἄμεμπτος, disent de même les Septante ; Aquila traduit par ἁπλοῦς, comme la Vulgate. *Rectus :* qui suit, sans dévier, le chemin de la vertu. *Timens Deum :* la source de la perfection de Job. *Recedens a malo :* conséquence de sa crainte de Dieu ; il évitait tout ce qui pouvait déplaire à son céleste Maître. Magnifique éloge, qui sera bientôt ratifié à deux reprises par Dieu lui-même (vers. 8, et ii, 3), et qui gagne immédiatement à Job les sympathies du lecteur.

2-3. La famille et les richesses de Job. — *Natique sunt...* De nombreux enfants, et surtout des fils, première récompense temporelle de sa piété. Cf. Lev. xxvi, 9; Deut. xxviii, 4, 11, etc. — *Et fuit possessio* (plutôt : son bétail, d'après l'hébreu)... Des richesses considérables, autre récompense temporelle. Par leur nature, elles rappellent celles d'Abraham et des autres patriarches. — *Quingenta... juga... :* donc 1 000 bœufs. — *Asinæ :* elles sont plus précieuses, à cause de leur lait, et valent trois fois le prix d'un âne dans ces contrées. — *Familia multa... :* des troupeaux si nombreux nécessitaient beaucoup de serviteurs; cf. vers. 15, 16, 17. — *Vir ille magnus.* Les Septante ont εὐγενής, comme si le mot « grand » contenait ici une allusion à l'illustre origine de Job; mais *gadôl* se rapporte plutôt à la considération et à l'influence qui provenaient de richesses si considérables. Aujourd'hui, dans l'Haourân, on mesure la fortune des habitants au nombre de feddâns qu'ils possèdent, et l'on nomme ainsi l'espace de terrain qu'une paire de bœufs peut labourer en un jour ; on est

grand nombre de serviteurs. Et cet homme était grand parmi tous les Orientaux.

4. Et ses fils allaient les uns chez les autres, et donnaient un festin chacun à leur jour. Et ils envoyaient prier leurs trois sœurs de venir manger et boire avec eux.

5. Et lorsque ce cercle des jours de festin était achevé, Job envoyait chercher ses enfants, et les purifiait; et, se levant de grand matin, il offrait des holocaustes pour chacun d'eux. Car il disait : Peut-être mes enfants ont-ils péché, et ont-ils offensé Dieu dans leur cœur. C'est ainsi que Job faisait tous les jours.

6. Or les fils de Dieu étant venus un jour se présenter devant le Seigneur, Satan se trouva aussi parmi eux.

gentæ asinæ, ac familia multa nimis, eratque vir ille magnus inter omnes Orientales.

4. Et ibant filii ejus, et faciebant convivium per domos, unusquisque in die suo. Et mittentes vocabant tres sorores suas, ut comederent et biberent cum eis.

5. Cumque in orbem transissent dies convivii, mittebat ad eos Job, et sanctificabat illos; consurgensque diluculo, offerebat holocausta pro singulis. Dicebat enim : Ne forte peccaverint filii mei, et benedixerint Deo in cordibus suis. Sic faciebat Job cunctis diebus.

6. Quadam autem die, cum venissent filii Dei ut assisterent coram Domino, affuit inter eos etiam Satan.

---

ricne avec cinq feddâns, un vrai prince avec cinq cents ; or Job possédait cinq cents paires de bœufs et des terres arables en proportion. — *Inter... Orientales.* Dans l'hébreu : parmi les fils de l'Orient ; nom donné dans la Bible aux tribus arabes qui habitaient entre l'Euphrate et la Palestine. Cf. Gen. XXIX, 1 ; Jud. VI, 3 ; VII, 12, etc. **4-5.** Un frappant exemple de la piété habituelle de Job. — *Ibant et... :* hébraïsme, pour marquer une coutume constante. — *Per domos :* ce trait suppose que chacun des fils de Job était établi dans sa propre maison. — *In die suo :* à tour de rôle un jour de chaque semaine ; « quotidie, » disait la version latine primitive. C'était donc une série non interrompue d'agapes fraternelles, tant il régnait d'union et d'intimité dans la famille. Divers commentateurs ont restreint sans raison suffisante la signification du mot jour, comme s'il ne s'agissait ici que des anniversaires de la naissance des fils de Job. — *Vocabant sorores :* elles demeuraient avec leurs parents. — *Cumque... transissent...* Après sept jours révolus, et une fois par semaine. — *Mittebat... :* c'est dans la maison paternelle qu'avait lieu la cérémonie propitiatoire. — *Sanctificabat... :* en vue des sacrifices qui allaient être immolés ; cf. I Reg. XVI, 5. Cette sanctification consistait sans doute en ablutions et lustrations, à la manière antique. Cf. Gen. XXXV, 2, etc. — *Consurgens... diluculo :* le matin du huitième jour. — *Offerebat holocausta.* En ces temps reculés, chaque père de famille exerçait les fonctions sacerdotales. L'holocauste est l'unique forme de sacrifice signalée durant l'ère patriarcale : la victime entière était brûlée en l'honneur de Dieu. — *Dicebat enim...* Motif de cette conduite de Job : quoique ces réunions de famille fussent si honnêtes et si légitimes en elles-mêmes, il craignait, tant son âme était sainte et délicate, que le péché ne s'y fût glissé comme un hôte admis plus ou moins volontairement. On voit par là que Job n'assistait pas lui-même aux festins quo-

tidiens. — *Benedixerint Deo.* Le verbe « bénir » est employé quelquefois par antiphrase, ou comme euphémisme, pour signifier maudire. Cf. vers. 11, et II, 5 ; III Reg. XXI, 10 (même usage chez les classiques) ; ici, on admet généralement qu'une telle acception serait exagérée, et que Job ne pouvait supposer de la part de ses enfants un crime si grossier. Mais bénir a aussi parfois le sens de « valedicere », congédier, et sert à désigner un oubli pratique de Dieu, chose qui n'est que trop aisée parmi les joies des festins : c'est ce genre de faute que Job voulait expier. — *Cunctis diebus.* C.-à-d. constamment, et, d'après le contexte, tous les sept jours. Bel exemple soit de piété envers Dieu, soit de sollicitude paternelle.

2° L'envie de Satan contre Job. I, 6-12.

Scène du ciel après celle de la terre. Dieu et les anges sont réunis en assemblée, comme un roi et ses ministres ; Satan se présente et obtient l'autorisation d'affliger le saint patriarche. On le voit par ce dernier trait, nous avons ici un tableau symbolique, dont les couleurs sont empruntées à la vie humaine pour qu'il devienne plus facilement saisissable. Voyez, III Reg. XXII, 22, une scène analogue.

6. Transition. — *Quadam... die.* Il n'y a pas de jours dans le ciel ; c'est donc là, dès le début, une image empruntée à la terre. — *Filii Dei :* les anges. Ce nom, qui leur convient si bien, leur est encore appliqué plus bas, XXXVIII, 7. Cf. Ps. XXVIII, 1 ; LXXXVIII, 7. La Bible le donne aussi parfois aux hommes. — *Ut assisterent.* Littéralement : pour se présenter. D'après l'ensemble de la scène, il s'agit surtout des anges gardiens de différente nature, qui viennent prendre les ordres de Dieu ou lui rendre compte de leur mission. — *Satan.* Mot hébreu qui signifie « adversaire », et qui caractérise parfaitement l'œuvre incessante du prince des démons. Cf. I Par. XXI, 1. Lui aussi, il est un ange par sa nature (*inter eos*), et il dépend de Dieu, même

7. Cui dixit Dominus : Unde venis ? Qui respondens, ait : Circuivi terram, et perambulavi eam.

8. Dixitque Dominus ad eum : Numquid considerasti servum meum Job, quod non sit ei similis in terra, homo simplex et rectus, ac timens Deum, et recedens a malo ?

9. Cui respondens Satan, ait : Numquid Job frustra timet Deum ?

10. Nonne tu vallasti eum, ac domum ejus, universamque substantiam per circuitum, operibus manuum ejus benedixisti, et possessio ejus crevit in terra ?

11. Sed extende paululum manum tuam, et tange cuncta quæ possidet, nisi in faciem benedixerit tibi.

12. Dixit ergo Dominus ad Satan : Ecce universa quæ habet in manu tua sunt ; tantum in eum ne extendas manum tuam. Egressusque est Satan a facie Domini.

13. Cum autem quadam die filii et filiæ ejus comederent et biberent vinum in domo fratris sui primogeniti,

14. nuntius venit ad Job, qui diceret: Boves arabant, et asinæ pascebantur juxta eos ;

7. Le Seigneur lui dit : D'où viens-tu ? Il lui répondit : J'ai fait le tour de la terre, et je l'ai parcourue tout entière.

8. Et le Seigneur lui dit : As-tu considéré mon serviteur Job, qui n'a point d'égal sur la terre, qui est un homme simple et droit, qui craint Dieu et fuit le mal ?

9. Satan lui répondit : Est-ce pour rien que Job craint Dieu ?

10. N'avez-vous pas protégé de toutes parts sa personne, et sa maison, et tous ses biens ? Vous avez béni les œuvres de ses mains, et ses possessions se sont multipliées sur la terre.

11. Mais étendez un peu votre main, et touchez tout ce qui est à lui, *et vous verrez s'il ne vous maudira pas en face.*

12. Le Seigneur répondit à Satan : Va, tout ce qu'il a est en ton pouvoir ; seulement, ne porte pas la main sur lui. Et Satan sortit aussitôt de devant le Seigneur.

13. Un jour donc que les fils et les filles de Job mangeaient et buvaient dans la maison de leur frère aîné,

14. un messager vint à Job et lui dit : Les bœufs labouraient, et les ânesses paissaient auprès d'eux,

---

depuis qu'il s'est violemment séparé de lui ; ne pouvant rien sans l'autorisation du Maître, il vient précisément (*affuit*) demander des pouvoirs pour agir contre Job.

7-8. Dieu lui-même loue la vertu de Job. — *Unde venis?* Dieu sait tout : cette question fait donc aussi partie du coloris humain répandu sur la scène entière. Ou bien, disent finement plusieurs interprètes, en interrogeant le démon sur ses œuvres comme s'il les ignorait, le Seigneur veut montrer qu'il les réprouve et les condamne. — *Circuivi... et perambulavi.* Dans l'hébreu comme dans le latin, le premier de ces verbes exprime une marche rapide ; le second, le mouvement plus lent d'un observateur. — *Numquid considerasti...?* D'après l'hébreu : as-tu mis ton cœur sur mon serviteur Job ? Locution orientale qui dénote un examen attentif. *Servum meum :* beau et noble titre. — *Quod non sit ei similis...* Éloge général, immédiatement suivi d'une louange plus spéciale (*simplex et rectus...*), qui reproduit à la lettre celle du narrateur, vers. 1.

9-11. Satan accuse Job de n'être vertueux que parce qu'il est comblé de biens temporels. — *Numquid frustra...?* C.-à-d. gratuitement, pour rien. La réponse est digne de Satan. Il ne nie pas la piété de Job, mais il prétend qu'elle est égoïste et intéressée. — *Nonne tu...* (vers. 10) ? Développement du vers. 9. *Vallasti* fait image. Dans l'hébreu : « sepisti ; » tu as entouré sa vertu comme d'une haie protectrice. Insinuation per-

fide : il est aisé au premier venu d'être saint à ce prix. — *Sed extende...* (vers. 11) : pour le frapper rudement. *Paululum* a été ajouté par la Vulgate. — *Tange :* dans le sens de détruire, d'enlever. — *Nisi* est un hébraïsme et une formule abrégée de serment : que telle chose m'arrive si... — *Benedixerit :* par antiphrase, pour signifier maudire ; voyez la note du vers. 5[b]. *In faciem :* de la façon la plus insolente et la plus criminelle.

12. Dieu permet à Satan de tenter Job. — *Universa quæ habet :* tous ses biens extérieurs, par opposition à sa propre personne, qui est l'objet d'une exception formelle (*tantum in eum...*). — *In manu tua :* à ta discrétion, en ton pouvoir. — *Egressusque...* Le tentateur se hâte de mettre à profit l'autorisation qu'il avait reçue.

3° Les premières épreuves de Job. I, 13-19.

Elles fondent coup sur coup, au nombre de quatre, introduites et terminées dans le récit par des formules identiques, d'un effet saisissant. Les tableaux sont courts, mais dramatiques. Satan n'est pas nommé ; mais on comprend, d'après ce qui précède, que tous ces maux viennent de lui.

13-15. Les Sabéens enlèvent les bœufs et les ânesses. — *Cum comederent...* Circonstance relevée à dessein : le malheur va les frapper tous au moment où ils étaient le plus heureux. — *In domo... primogeniti.* Le tour des fraternelles agapes recommençait donc ce jour-là, et le matin même avaient eu lieu les sacrifices propitiatoires

15. et les Sabéens se sont précipités, ont tout enlevé, et ont passé les serviteurs au fil de l'épée; et je me suis échappé moi seul pour vous en apporter la nouvelle.

16. Il parlait encore, lorsqu'un autre vint et dit : Le feu de Dieu est tombé du ciel sur les brebis et sur les serviteurs, et les a consumés, et je me suis échappé seul pour vous en apporter la nouvelle.

17. Il parlait encore, lorsqu'un autre vint et dit : Les Chaldéens ont formé trois bandes, se sont jetés sur les chameaux et les ont enlevés, et ils ont passé les serviteurs au fil de l'épée, et je me suis échappé seul pour vous en apporter la nouvelle.

18. Il parlait encore, quand un autre se présenta et dit : Vos fils et vos filles mangeaient et buvaient dans la maison de leur frère aîné,

19. lorsqu'un vent impétueux s'est levé tout à coup du côté du désert, et a ébranlé les quatre coins de la maison, qui, s'écroulant, a écrasé vos enfants, et ils sont morts. Et je me suis échappé seul pour vous en apporter la nouvelle.

20. Alors Job se leva et déchira ses vêtements, et, s'étant rasé la tête, il se jeta par terre, et adora,

21. et dit : Je suis sorti nu du sein de

15. et irruerunt Sabæi, tuleruntque omnia, et pueros percusserunt gladio; et evasi ego solus, ut nuntiarem tibi.

16. Cumque adhuc ille loqueretur, venit alter, et dixit : Ignis Dei cecidit e cælo, et tactas oves puerosque consumpsit ; et effugi ego solus, ut nuntiarem tibi.

17. Sed et illo adhuc loquente, venit alius, et dixit : Chaldæi fecerunt tres turmas, et invaserunt camelos, et tulerunt eos, necnon et pueros percusserunt gladio ; et ego fugi solus, ut nuntiarem tibi.

18. Adhuc loquebatur ille, et ecce alius intravit, et dixit : Filiis tuis et filiabus vescentibus et bibentibus vinum in domo fratris sui primogeniti,

19. repente ventus vehemens irruit a regione deserti, et concussit quatuor angulos domus, quæ corruens oppressit liberos tuos, et mortui sunt ; et effugi ego solus, ut nuntiarem tibi.

20. Tunc surrexit Job, et scidit vestimenta sua ; et tonso capite, corruens in terram, adoravit,

21. et dixit : Nudus egressus sum de

---

accoutumés (note du vers. 5ᵃ). Job devait jouir d'une confiance toute particulière, et croire sa famille à l'abri du danger. C'est là un autre trait caractéristique. — *Boves arabant.* Opération qui a lieu au mois de janvier dans l'Haourân. — *Sabæi.* Hébr. : *Šᵉba'*. La Genèse mentionne trois races de ce nom : x, 7 et 28; xxv, 3. Il s'agit plutôt de l'une des deux dernières, issues de Sem et d'Abraham, et domiciliées en Arabie (*Atl. géogr.*, pl. I, III). — *Pueros percusserunt... :* les serviteurs résistèrent sans doute, car les pillards orientaux versent le moins possible le sang humain.

16. La foudre détruit les brebis. — *Cumque adhuc ille...* Ce trait met en relief la rapidité avec laquelle se succédèrent les quatre messages de malheur. Comp. les vers. 17 et 18. — *Ignis Dei.* Des coups réitérés de la foudre, qui accompagnaient quelque orage terrible.

17. Les Chaldéens enlèvent les chameaux. — *Chaldæi.* En hébr., *Kasdim.* Ils venaient du nord, de même que les Sabéens arrivaient du sud (*Atl. géogr.*, pl. I, III, VIII). — *Tres turmas :* stratagème si fréquemment usité en Orient. Cf. Gen. xiv, 15 ; Jud. vii, 16 ; ix, 34 ; I Reg. ii, 11.

18. Les enfants de Job périssent dans un tourbillon. Le troisième malheur était analogue au premier ; le quatrième l'est, à son tour, au second. — *Filiis... et filiabus...* Cf. vers. 13. Il

suit de là que les quatre épreuves eurent lieu en un seul et même jour. — *Ventus vehemens :* il coïncidait sans doute avec l'orage par lequel les brebis avaient été détruites (vers. 16). — *A regione deserti.* C.-à-d. de l'est. Des tempêtes viennent fréquemment de cette direction. Cf. Is. xxi, 1 ; Jer. iv, 11 ; xiii, 24 ; Os. xiii, 15, etc. — *Concussit quatuor angulos.* C'était donc un cyclone, un tourbillon irrésistible. — *Oppressit liberos...* Ainsi, Job avait été privé en quelques instants de tous ses biens ; la plus cruelle épreuve lui fut annoncée en dernier lieu, mettant le comble à sa désolation.

4° La piété de Job dans l'adversité. I, 20-22.

20-21. Son admirable résignation. — *Tunc surrexit...* Il avait écouté en silence et immobile les trois premiers messages : au quatrième sa douleur éclate, violente, et elle se traduit aussitôt par les marques accoutumées de l'Orient : *scidit vestimenta* (dans l'hébr. : son *mᵉʿil*, ou ample manteau ; cf. Lev. viii, 7 ; I Reg. xviii, 4 et xxviii, 14 ; II Reg. xiii, 18, etc.)..., *tonso capite.* Voyez Gen. xxxvii, 34 ; II Reg. i, 11 ; Esdr. ix, 3 ; Is. xxii, 12 ; Jer. vii, 29, etc. — *Corruens... adoravit.* La piété de Job n'est pas moins prompte à se manifester ; il s'humilie devant Dieu, et adore ses desseins en toute soumission, comme l'expriment ses sublimes paroles (vers. 21). — *Nudus egressus...* Premier motif de résignation :

utero matris meæ, et nudus revertar illuc. Dominus dedit, Dominus abstulit;
sicut Domino placuit, ita factum est. Sit
nomen Domini benedictum

22. In omnibus his non peccavit Job
labiis suis, neque stultum quid contra
Deum locutus est.

ma mère, et j'y retournerai nu. Le Seigneur a donné, le Seigneur a ôté; il est
arrivé ce qui a plu au Seigneur; que le
nom du Seigneur soit béni!

22. En tout cela Job ne pécha point
par ses lèvres, et il ne dit rien d'insensé
contre Dieu.

CHAPITRE II

1. Factum est autem, cum quadam die
venissent filii Dei, et starent coram Domino, venisset quoque Satan inter eos,
et staret in conspectu ejus,

2. ut diceret Dominus ad Satan : Unde
venis? Qui respondens, ait: Circuivi terram, et perambulavi eam.

3. Et dixit Dominus ad Satan : Numquid considerasti servum meum Job,
quod non sit ei similis in terra, vir simplex et rectus, ac timens Deum, et recedens a malo, et adhuc retinens in-
nocentiam? Tu autem commovisti me
adversus eum, ut affligerem eum frustra.

4. Cui respondens Satan, ait : Pellem
pro pelle, et cuncta quæ habet homo dabit pro anima sua ;

1. Or il arriva que les fils de Dieu
étant venus un jour se présenter devant
le Seigneur, et Satan étant aussi venu
parmi eux se présenter devant le Seigneur,

2. le Seigneur lui dit : D'où viens-tu?
Il répondit : J'ai fait le tour de la terre,
et je l'ai parcourue tout entière.

3. Le Seigneur dit encore à Satan :
As-tu considéré mon serviteur Job, qui
n'a point d'égal sur la terre, qui est un
homme simple et droit, qui craint Dieu
et fuit le mal, et qui maintient encore
son innocence? Cependant tu m'as porté
à agir contre lui pour l'affliger sans motif.

4. Satan lui répondit : L'homme donnera peau pour peau, et tout ce qu'il a
pour *sauver* sa vie;

---

le néant des biens terrestres, qui ne nous sont
pas donnés, mais simplement prêtés. Job n'avait
rien en naissant, ne peut-il pas mourir dépouillé
de tout ? *Illuc* représente un autre sein maternel,
celui de la terre, d'où l'homme a été extrait et
où il retourne après sa mort. Cf. Gen. III, 19 ;
Ps. CXXXVIII, 15 ; Eccli. XL, 1. — *Dominus*
(*Y'hovah*) *dedit*... Second motif : la sainte volonté de Dieu. Le Seigneur est le maître absolu
de tout : il donne et reprend selon son bon plaisir ; quoi qu'il fasse, qu'il soit béni. Les mots
sicut Domino... factum est manquent dans l'hébreu ; la Vulgate les a empruntés aux Septante.
L'emploi du nom de Jéhovah par Job est à noter ; nous ne le retrouverons qu'une seule autre
fois sur ses lèvres, XII, 9 : d'ordinaire, il dit
'Eloah (forme poétique d''*Elohim*) ou *Śaddaï*
(le Tout-Puissant). — *Sit... benedictum.* Satan
était si sûr (vers. 11) que Job maudirait Dieu
à la première épreuve !

22. Éloge de la conduite de Job. — *In his
omnibus.* C.-à-d. dans tout ce qui lui était survenu jusque-là, selon la leçon plus explicite
des LXX. — *Non peccavit Job.* L'hébreu s'arrête ici ; les mots *labiis suis* ne viendront que
plus bas, II, 10, pour établir une distinction. —
Neque stultum quid... Littéralement : il n'at-
breu : il n'attribua rien de fade (par conséquent
d'inconvenant, d'injuste) à Dieu. Cet éloge négatif du saint homme est assurément une litote
expressive.

5° Job est encore accusé par Satan, qui obtient
de nouveaux pouvoirs contre lui. II, 1-6.

CHAP. II. — 1-2. Transition. — *Cum quadam
die...* Même début qu'à la première assemblée
céleste, I, 6-7. On ignore quelle période de temps
s'était écoulée depuis lors.

3. Le Seigneur loue hautement la conduite si
parfaite de son serviteur. — *Numquid considerasti...?* Même formule encore que plus haut,
I, 8 ; mais ici Dieu complète le portrait d'après
les circonstances nouvelles qui s'étaient produites :
et adhuc retinens (mot très fort en hébreu) *in-
nocentiam* (littéral. : son intégrité, sa perfection,
tummâtô; voyez I, 1 et la note). — *Tu... commovisti.* Anthropomorphisme énergique, pour dire
d'une manière figurée qu'il avait plu à Dieu de
rattacher à la demande exprimée par Satan les
épreuves au moyen desquelles il se proposait de
fortifier et de manifester la vertu de Job. —
Affligerem... frustra. Comme plus haut (I, 9) :
sans motif ; c.-à-d. sans que Job eût rien fait
qui méritât directement ces souffrances.

4-5. Accusation cynique de Satan. — *Pellem
pro pelle* est une locution proverbiale, un peu
obscure en elle-même et interprétée de différentes
manières, mais dont le contexte détermine assez
bien le sens. Saint Éphrem et d'autres à sa
suite, complètent ainsi la pensée : « Pellem scilicet pecorum, quin et filiorum, dabit quis pro
pelle propria; » c.-à-d. qu'on donne la vie d'un
autre sans hésiter, pour garantir la sienne. Ou

5. mais étendez votre main, et frappez ses os et sa chair, et vous verrez s'il ne vous maudira pas en face.

6. Le Seigneur dit donc à Satan : Va, il est en ta main ; mais ne touche point à sa vie.

7. Satan, étant sorti de devant le Seigneur, frappa Job d'un ulcère malin, depuis la plante des pieds jusqu'à la tête.

8. Et Job, assis sur un fumier, ôtait avec un tesson la pourriture de ses ulcères.

5. alioquin mitte manum tuam, et tange os ejus et carnem ; et tunc videbis quod in faciem benedicat tibi.

6. Dixit ergo Dominus ad Satan : Ecce in manu tua est ; verumtamen animam illius serva.

7. Egressus igitur Satan a facie Domini, percussit Job ulcere pessimo, a planta pedis usque ad verticem ejus ;

8. qui testa saniem radebat, sedens in sterquilinio.

---

bien, on peut traduire avec le chaldéen : « membre pour membre ; mais pour la vie, l'homme donnera tout. » Ce qui signifie que l'on est prêt à sacrifier un bras, par exemple, pour sauver un œil ; un pied, pour préserver la tête d'une grave blessure ; que s'il s'agit de la vie (*pro anima*), le plus grand de tous les biens temporels, on est prêt à tout risquer pour la conserver. « Vous avez ôté les biens à Job ; mais vous n'avez touché ni à son corps, ni à sa santé, ni à sa vie. Quel miracle qu'il vous fasse le sacrifice de ces autres biens qu'il tenait de vous, et qui sont si peu de chose, comparés à ceux que vous lui laissez ? » (Calmet, *h. l.*) — *Tange os..., et tunc...* Audace de plus en plus impudente. « Satan ne peut reconnaître d'autre principe d'action que l'égoïsme, et là seulement il trouve le secret de la vertu de Job. »

6. La nouvelle autorisation. — *In manu tua est :* Job en personne, et pas seulement ses biens comme plus haut, I, 12. — *Verumtamen... :* grave réserve, cependant.

6° Job est frappé d'une maladie horrible. II, 7-8.

7-8. *Egressus... Satan.* C'est pour la dernière fois qu'il est mentionné dans ce livre ; son œuvre sera désormais accomplie. — *Ulcere pessimo* (hébr.: *š'ḥin ra'*) : dénomination qui ne désigne pas directement la nature du mal (cf. Deut. XXVIII, 35, où elle est également employée) ; mais divers détails insérés dans le dialogue montrent assez clairement que la maladie de Job était celle qui portait chez les anciens les noms d' « elephantiasis » et de « lepra nodosa », car c'est réellement une sorte de lèpre, la plus affreuse et la plus redoutée de toutes. Cf. VII, 4-6 ; XIII, 14, 28 ; XVI, 14-16 ; XVII, 1 ; XVIII, 13 ; XIX, 17, 19-20, 26 ; XXIII, 17 ; XXX, 10, 17-19, 27-30. Tel est aujourd'hui le sentiment très commun des interprètes. Cette maladie « commence par l'éruption de pustules, qui ont comme la forme de nœuds... ; elle couvre ensuite comme un chancre toute la surface du corps, et le ronge de telle façon que tous les membres semblent s'en détacher. Les pieds et les jambes s'enflent et se couvrent de croûtes, au point d'être pareils à ceux de l'éléphant, d'où le nom d'éléphantiasis. Le visage est boursouflé et luisant, comme si on l'avait oint avec du suif, le regard est fixe et hagard, la voix faible ; le malade finit quelquefois par tomber dans un mutisme complet. En proie à d'atroces douleurs, objet de dégoût pour lui-même et pour les autres, éprouvant une faim insatiable, accablé de tristesse, ne pouvant dormir, ou bien tourmenté par d'affreux cauchemars, il ne trouve aucun remède au mal qui le ronge. Son état peut durer vingt ans et plus. Il meurt quelquefois subitement, après une faible fièvre ou étouffé par la maladie. » (*Man. bibl.*, t. II, n. 617, note.) Voyez Danielssen et Boeck, *Traité de la spédalsked ou éléphantiasis des Grecs*, Paris, 1848. — *A planta... usque... :* pas une partie du corps qui ne fût atteinte. — *Testa... radebat.* Des démangeaisons très vives apparaissent avec le mal ; d'autre part, les extrémités des doigts sont atteintes de bonne heure : de là l'emploi d'un tesson pour se gratter. — *Sedebat in sterquilinio.* D'après l'hébreu : dans la cendre. La Vulgate a suivi les LXX, qui ont : ἐπὶ τῆς κοπρίας. « Un usage adopté dans quelques pays de l'Orient lève facilement cette contradiction apparente, et nous explique comment on a pu dire indifféremment que Job était couché sur la cendre et sur le fumier... A l'entrée de tous les villages du Hauran, il y a un endroit où l'on dépose les immondices enlevées des étables. Ces immondices forment à la longue un monceau, qu'on appelle un *mezbelé*... Le fumier qu'on porte au mezbelé n'est point mélangé avec de la paille ; dans ces pays brûlants, sans humidité, la litière est inutile pour les chevaux et les ânes, qui sont les principaux habitants des étables, parce que le menu bétail et les taureaux passent habituellement la nuit dans les pâturages. Ce fumier est donc desséché ; on le transporte dans des corbeilles à l'endroit qui sert de dépôt, à l'entrée du village. On l'y brûle ordinairement tous les mois... Comme la terre chaude et fertile de ces contrées n'a pas besoin d'engrais,... les cendres produites par la combustion de ces immondices restent là entassées et s'y accumulent pendant des siècles. Les mezbelé finissent ainsi par atteindre une grande hauteur... C'est là que se réunissent les habitants du village, pendant les soirées étouffantes d'été, pour respirer un peu d'air frais sur cette hauteur. Les enfants s'y rendent pour jouer ; le malheureux qui, frappé d'une maladie repoussante, n'est plus supporté dans l'intérieur du village, s'y retire pour demander, le jour,

9. Dixit autem illi uxor sua : Adhuc tu permanes in simplicitate tua? Benedic Deo, et morere.
10. Qui ait ad illam : Quasi una de stultis mulieribus locuta es ; si bona suscepimus de manu Dei, mala quare non suscipiamus? In omnibus his non peccavit Job labiis suis.

11. Igitur audientes tres amici Job omne malum quod accidisset ci ; vene-

9. Alors sa femme lui dit : Vous demeurez encore dans votre simplicité? Maudissez Dieu, et mourez.
10. Il lui dit : Vous parlez comme une femme qui n'a point de sens. Si nous avons reçu les biens de la main du Seigneur, pourquoi n'en recevrons-nous pas les maux? Dans toutes ces choses Job ne pécha point par ses lèvres.

11. Cependant trois amis de Job apprirent tous les maux qui lui étaient

---

l'aumône aux passants, et se coucher, la nuit, dans les cendres échauffées par le soleil. » (Le Hir, *le Livre de Job*, p. 252-253, note.)

7° Job supporte avec patience les sarcasmes outrageants de sa femme. II, 9-10.

9. La tentatrice. — *Uxor sua.* Une tradition légendaire, qui a pénétré dans le Targum chaldéen, l'identifie à Dina, fille du patriarche Jacob. C'était l'unique bien que le démon eût laissé à Job ; mais ce bien devient presque aussitôt pour

Au lieu de ces quelques mots caractéristiques, les LXX mettent sur les lèvres de la femme de Job un petit discours qui est loin de valoir la simple phrase du texte primitif.

10. Réponse de Job, non moins admirable que sa première parole, I, 21. — Le début en est sévère, il est vrai, mais il devait l'être : *quasi una de stultis...* (l'hébreu *nabal* désigne souvent dans la Bible la folie morale du péché). — *Si bona... mala quare non...?* Job croyait donc que ses maux venaient de Dieu, en fin de compte ; sa résignation n'en est que plus complète, le Seigneur, dit-il, ayant le droit souverain de frapper, aussi bien que de bénir. — *In omnibus his...* Le narrateur répète cette réflexion comme un refrain ; cf. I, 22. Le Targum ajoute, par opposition à *in labiis suis :* « mais il pécha dans ses pensées. » Ce commentaire semble exagéré ; du moins, l'écrivain sacré paraît insinuer réellement que Job ne serait pas toujours aussi parfait dans ses paroles.

8° Job reçoit la visite de ses trois amis. II, 11-13.

Types d'Arabes du désert.

11. Les amis et leur entente réciproque pour venir auprès de Job. — *Audientes...* Un certain temps dut s'écouler entre cette visite et le commencement de la maladie de Job ; plusieurs mois d'après VII, 3. Ces trois amis demeuraient à une distance assez considérable, les uns des autres, et il leur fallut se concerter après que la douloureuse nouvelle leur fut parvenue. — *Eliphaz Themanites.* C.-à-d. du district iduméen de Théman, renommé pour la sagesse de ses habitants. Cf. Gen. XXXVI, 4 ; I Par. I, 45 ; Jer. XLIX, 7, etc. (*Atl. géogr.*, pl. V). Le nom d'Éliphaz avait été porté dans cette même contrée par un fils d'Ésaü. Cf. Gen. XXXVI, 10. — *Baldad Suhites.* Dans l'hébreu : *Bildad haššuḥi*, de *Šuaḥ*, contrée qui n'a pas été identifiée avec certitude ; peut-être ne diffère-t-elle pas de la Σαχχαία de Ptolémée, v, 15, 25, située dans la partie orientale de la Batanée, à l'est du Haourân (*Atl. géogr.*, pl. I, XII). Un des fils d'Abraham et de Céthura se nommait aussi Bildad. — *Sophar Naamathites.*

lui un mal et un grand péril, aggravant ses souffrances et se faisant, d'après l'énergique expression de saint Augustin, « l'auxiliaire du diable » pour le tenter. Elle aussi, elle avait vivement souffert, mais elle avait eu le tort de se laisser aigrir et briser par l'épreuve. La suite du livre ne la mentionnera qu'une seule fois, XIX, 17, d'une manière qui ne fait pas honneur à son affection conjugale. Elle a pour « copie », dans la Bible, Anne, femme de Tobie (cf. Tob. II, 19-22). — *In simplicitate tua.* D'après l'hébreu : dans ton intégrité ; c.-à-d. dans ta perfection. Voyez la note du vers. 3. Cette femme ne pouvait comprendre que son mari demeurât soumis au Seigneur, malgré tant de souffrances imméritées. — *Benedic Deo.* C'est à maudire Dieu qu'elle le provoque, à se donner cette satisfaction impie avant de mourir, et à se venger ainsi de celui qui n'avait pas empêché ses malheurs.

arrivés, et ils vinrent chacun de leur pays : Éliphaz de Théman, Baldad de Suha, et Sophar de Naamath. Car ils s'étaient concertés pour venir le voir ensemble, et le consoler.

12. Et ayant levé de loin les yeux, ils ne le reconnurent point ; et ils pleurèrent à haute voix, déchirèrent leurs vêtements, et jetèrent de la poussière en l'air au-dessus de leur tête.

13. Et ils se tinrent assis à terre avec lui sept jours et sept nuits, et nul ne lui dit une parole, car ils voyaient que sa douleur était extrême.

runt singuli de loco suo, Eliphaz Themanites, et Baldad Subites, et Sophar Naamathites. Condixerant enim ut pariter venientes visitarent eum, et consolarentur.

12. Cumque elevassent procul oculos suos, non cognoverunt eum, et exclamantes ploraverunt, scissisque vestibus, sparserunt pulverem super caput suum in cælum.

13. Et sederunt cum eo in terra septem diebus et septem noctibus ; et nemo loquebatur ei verbum, videbant enim dolorem esse vehementem.

CHAPITRE III

1. Après cela Job ouvrit la bouche, et maudit le jour de sa naissance,

2. et il parla ainsi :

1. Post hæc aperuit Job os suum, et maledixit diei suo ;

2. et locutus est :

On ignore également la situation de *Na'amah.* Le livre de Josué, xv, 21, 41, mentionne une ville de ce nom dans la tribu de Juda. Si telle était la patrie de Sophar, il venait du sud-ouest, tandis qu'Éliphaz venait du sud, et Baldad probablement du nord-est. — *Pariter venientes :* ils pensaient qu'une visite simultanée consolerait davantage leur ami.

12-13. La visite muette. — *Cumque... procul.* Ce trait suppose que Job était maintenant ἔξω τῆς πόλεως (hors de la ville), comme l'ajoutent les LXX à la fin du vers. 8. Telle était la règle relativement aux lépreux. — *Non cognoverunt...:* tant le mal avait déjà défiguré Job. Voyez l'*Atl. arch.*, pl. XXVI, fig. 1-3. — *Et exclamantes...* Saisis de douleur à cet aspect navrant, les trois amis manifestent leur compassion à la manière bruyante et symbolique de l'Orient. Cf. I, 20 ; I Reg. IV, 12, etc. — *Septem diebus... nemo loquebatur.* Il faut prendre cette date à la lettre, quelque étonnante qu'elle paraisse à nos mœurs. Elle est conforme au caractère des Orientaux, qui est exagéré dans les témoignages de la douleur comme dans ceux de la joie, et qui opère des choses dont nous serions incapables en Occident. — Motif de ce long silence : *videbant enim...* Écrasés, pour ainsi dire, et atterrés par le terrible spectacle qu'ils avaient sous les yeux, ils ne peuvent trouver un seul mot de consolation. Ce fut une nouvelle épreuve pour Job, qui comprit mieux encore l'étendue de sa détresse, et qui vit ainsi jusqu'à quel point son état était désespéré. Comme on l'a dit, ses amis n'étaient pas à la hauteur de la situation.

PREMIÈRE PARTIE DU POÈME

La discussion de Job et de ses amis sur la cause de ses souffrances. III, 1 — XXXI, 40.

« Le calme épique avec lequel le héros a souffert jusqu'ici fait place désormais à la passion dramatique ; Job et ses amis expriment leurs sentiments et leurs pensées par des discours ardents. C'est le langage relevé de la poésie qu'ils parlent, conformément à leur disposition d'âme émue et relevée. »

SECTION I. —. PREMIÈRE PHASE DU DÉBAT. III, 1 — XIV, 22.

Elle s'ouvre par un monologue de Job ; les trois amis prendront ensuite tour à tour la parole, et Job répondra successivement à chacun d'eux.

§ I. — *Monologue de Job, servant de préambule et d'occasion au débat.* III, 1-26.

1° Introduction historique. III, 1-2.

CHAP. III. — 1-2. Ces versets sont écrits en prose. Tous les discours seront précédés, jusqu'à la fin, d'une petite formule analogue à celle-ci. Cf. IV, 1 ; VI, 1 ; VIII, 1 ; IX, 1, etc. — *Aperuit... os suum.* Expression toujours solennelle dans les saints livres. Cf. Matth. V, 2, etc. — *Maledixit.* Le verbe hébreu *qillel* marque de vraies malédictions et imprécations. Cf. Ex. XXII, 27 ; II Reg. XIX, 22, etc. — *Diei suo :* le jour de sa naissance, d'après les vers. 3 et 10. — *Et locutus est.* Dans l'hébreu : et il répondit. Ses paroles contiennent, en effet, une réponse aux pensées secrètes de ses amis. Nous verrons bientôt qu'ils le croyaient coupable dès là qu'il était malheureux, et lui, qui avait intimement conscience de son innocence, ne peut contenir davantage sa douleur, si longtemps comprimée. Elle éclate véhémente, comme un cri passionné, après les sept jours de silence qui avaient peu à peu exaspéré son âme. Trois pensées dans cet éloquent monologue : 1° Vers. 6-10, Pourquoi suis-je né ? 2° Vers. 11-19, Si je devais naître, pourquoi ne suis-je pas mort aussitôt après ma naissance ? 3° Vers. 20-26, Si je devais vivre, pourquoi l'existence m'est-elle conservée maintenant.

3. Pereat dies in qua natus sum, et nox in qua dictum est : Conceptus est homo.

4. Dies ille vertatur in tenebras; non requirat eum Deus desuper, et non illustretur lumine.

5. Obscurent eum tenebræ et umbra mortis ; occupet eum caligo, et involvatur amaritudine.

6. Noctem illam tenebrosus turbo possideat ; non computetur in diebus anni, nec numeretur in mensibus.

7. Sit nox illa solitaria, nec laude digna.

8. Maledicant ei qui maledicunt diei, qui parati sunt suscitare leviathan.

9. Obtenebrentur stellæ caligine ejus ; expectet lucem, et non videat, nec ortum surgentis auroræ.

10. Quia non conclusit ostia ventris

---

3. Périsse le jour où je suis né, et la nuit dans laquelle il a été dit : Un homme est conçu.

4. Ce jour, qu'il se change en ténèbres; que Dieu ne le regarde pas du ciel; qu'il ne soit point éclairé de la lumière.

5. Que les ténèbres et l'ombre de la mort l'obscurcissent, qu'une noire obscurité l'environne, et qu'il soit plongé dans l'amertume.

6. Cette nuit, qu'un tourbillon ténébreux s'en empare; qu'elle ne soit point comptée parmi les jours de l'année, ni mise au nombre des mois.

7. Que cette nuit soit désolée et indigne de louanges.

8. Que ceux qui maudissent le jour la maudissent, ceux qui sont prêts à susciter léviathan.

9. Que les étoiles soient obscurcies par sa noirceur; qu'elle attende la lumière, et qu'elle ne la voie point, non plus que l'aurore, lorsqu'elle commence à poindre,

10. parce qu'elle n'a pas fermé le sein

---

malgré mes violentes souffrances ? Cet enchaînement d'hypothèses a quelque chose de saisissant. C'est ainsi que la douleur raisonne fréquemment. La plainte, d'abord toute brûlante, va se calmant peu à peu ; vers la fin, épuisée pour ainsi dire, elle fait place à des accents mélancoliques, et s'achève par des soupirs et des gémissements. Job ne s'adresse pas directement à Dieu, auquel il se contente de faire une simple allusion (au vers. 20, d'après le texte original).

2° Première partie du monologue : Job maudit le jour de sa naissance. III, 3-10.

3. L'idée générale. — *Pereat dies..., nox.* Très belles personnifications. Elles abondent, d'ailleurs, dans tout ce chapitre. Job maudit d'abord simultanément le jour de sa naissance et la nuit de sa conception ; puis il a des malédictions spéciales pour ce jour (vers. 4-5) et pour cette nuit (vers. 6-10). — *In qua dictum...* D'après l'hébreu : la nuit qui a dit...

4-5. Le jour de la naissance de Job. — *Vertatur...* Littéralement : que ce jour soit ténèbres. Pensée unique de ces deux versets, où elle est énergiquement développée. C'est la lumière qui établit une différence entre le jour et la nuit : Job, voulant que le jour de sa naissance soit anéanti, souhaite qu'il manque de cet élément essentiel. — *Non requirat... Deus :* c.-à-d. que le Créateur ne manifeste aucun intérêt pour ce jour, et qu'il le laisse dans le néant. *Desuper :* de sa résidence céleste. — *Obscurent eum.* D'après l'hébreu : que les ténèbres... le revendiquent comme leur appartenant à titre de parenté ; par conséquent, qu'il soit leur propriété perpétuelle. Très forte image. Par *umbra mortis* il faut entendre des ténèbres très épaisses, comme celles qui règnent dans la tombe ou dans le séjour des

morts. — *Involvatur amaritudine.* Littéralement, suivant l'hébreu : que les obscurcissements du jour l'épouvantent ; ce qui désigne vraisemblablement les éclipses. D'après la Vulgate, Job souhaite toute sorte de malheurs au jour de sa naissance.

6-10. La nuit de la conception est maudite à son tour. — *Noctem illam...* La nuit, en Orient surtout, n'est jamais complète. Ce n'est d'ordinaire qu'une demi-obscurité ; c'est même parfois, grâce à l'éclat des astres, une demi-clarté : Job désire que celle où il a été conçu soit ténèbres absolues. — *Turbo possideat :* de façon à l'empêcher de se transformer en jour. — *Non computetur.* Hébr. : qu'elle ne se réjouisse point parmi les jours. C.-à-d. qu'elle soit anéantie. Les mois sont mentionnés parce qu'ils étaient alors lunaires en Orient, et que la lune est l'astre des nuits. — *Solitaria* (vers. 7) : seule, abandonnée ; désolation, disent les LXX. L'hébreu peut-être : inféconde ; que jamais rien n'y reçoive la vie. — *Laude digna.* Plutôt : sans allégresse. — *Qui maledicunt diei* (vers. 8) : les sorciers et les magiciens, qui avaient le pouvoir vrai ou supposé de rendre les jours néfastes. Cf. Num. xxii, 6. C'est toujours la même pensée : que toutes les puissances s'associent pour maudire cette nuit abhorrée. — *Parati... suscitare.* Ces mots désignent encore les sorciers, et leur art magique d'évoquer soit les serpents (*leviathan* ; voyez la note de xl, 20), soit, d'après quelques auteurs, les démons dont ce reptile est l'emblème. — *Stellæ caligine...* (vers. 9). Dans l'hébreu : les étoiles de son crépuscule ; c.-à-d. les étoiles qui se mettent à briller dès le soir et qui font l'ornement des nuits. — *Ortum auroræ.* Admirable et toute classique métaphore dans le

Pyramides de Ghizeh.

qui portavit me, nec abstulit mala ab oculis meis.

11. Quare non in vulva mortuus sum? egressus ex utero non statim perii ?

12. Quare exceptus genibus? cur lactatus uberibus ?

13. Nunc enim dormiens silerem, et somno meo requiescerem,

14. cum regibus et consulibus terræ, qui ædificant sibi solitudines ;

15. aut cum principibus qui possident aurum, et replent domos suas argento ;

16. aut sicut abortivum absconditum non subsisterem, vel qui concepti non viderunt lucem.

---

qui m'a porté, ni dérobé les souffrances à mes regards.

11. Pourquoi ne suis-je pas mort dans le sein de ma mère? Pourquoi n'ai-je pas expiré aussitôt que j'en suis sorti?

12. Pourquoi ai-je été reçu sur des genoux, allaité par des mamelles?

13. Car je dormirais maintenant dans le silence, et je me reposerais dans mon sommeil,

14. avec les rois et les consuls de la terre, qui se bâtissent des solitudes ;

15. ou avec les princes qui possèdent l'or, et qui remplissent d'argent leurs maisons.

16. Ou, comme un avorton caché, je n'existerais plus ; ou comme ceux qui, ayant été conçus, n'ont pas vu la lumière.

---

texte primitif : les paupières de l'aurore. Cf. Sophocle, Antig., 103. C'est le soleil qui est l'œil d'or. — Quia non conclusit... (vers. 10). Motif pour lequel cette nuit est maudite. Elle est comme responsable des malheurs de Job, dès là qu'elle ne l'a pas empêché de naître.

que l'enfant se développe en puisant la nourriture aux mamelles de sa mère. Job calcule douloureusement les quatre chances qu'il avait perdues de mourir dès le début de son existence.

13-16. Paix qui eût suivi l'accomplissement du souhait. Nunc enim... « Écrasé par la douleur, il s'attarde avec une sorte de volupté à décrire le repos que procure la mort. » — Dormiens silerem..., requiescerem. Dans l'hébreu : Je serais étendu et je serais tranquille ; je dormirais et je me reposerais. — Consulibus... Hébr. : les conseillers de la terre ; c.-à-d. les grands. — Qui ædificant... Trait destiné à mettre en relief la grandeur des personnages en question. De même au vers. 15. — Solitudines. Le substantif hébreu ḥarabôt désigne probablement des mausolées ; peut-être même des pyramides, ces tombeaux gigantesques, que les Égyptiens nommaient ΠΙ (l'article) XPAM. D'autres le traduisent par ruines, ce qui marquerait d'avance le sort futur des constructions splendides élevées à grands frais par ces rois et ces princes ; ou bien, l'allusion porterait sur les monarques puissants et superbes qui rebâtissent d'antiques cités ruinées, afin d'y attacher leur nom. — Possident..., replent... Mieux vaudrait l'imparfait : qui possédaient, qui remplissaient. Il s'agit de très riches personnages. — Sicut abortivum. Brusque et frappant contraste, pour montrer comment la mort égalise toutes les situations et donne à tous les hommes un sort semblable. — Vel qui concepti. Dans l'hébreu, avec une nuance : comme des enfants qui n'ont pas vu le jour.

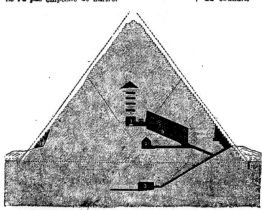

Coupe d'une pyramide, pour montrer l'agencement intérieur du tombeau.

3° Job souhaite ardemment le calme du tombeau. III, 11-19.

11-12. Le souhait, réitéré. — Quare... Quatre hypothèses en gradations, qui correspondent aux quatre premiers degrés de la vie naissante : in vulva, à l'état d'embryon ; egressus ex utero, aussitôt après la naissance ; exceptus genibus, quelques instants plus tard, lorsque le père recevait l'enfant sur ses genoux, suivant la coutume antique (cf. Gen. L, 23), le reconnaissant comme sien ; lactatus..., plus tard encore, tandis

17. Là les impies ont cessé leur tumulte ; là se reposent ceux qui sont épuisés, sans force.

18. Et ceux qui étaient autrefois enchaînés ensemble ne souffrent plus aucun mal, et ils n'entendent plus la voix du maître de corvées.

19. Là sont le grand et le petit, et l'esclave est affranchi de son maître.

20. Pourquoi la lumière a-t-elle été donnée au misérable, et la vie à ceux qui sont dans l'amertume du cœur ;

21. qui attendent la mort, et elle ne vient point ; *qui la cherchent* comme s'ils creusaient *pour trouver* un trésor,

22. et qui sont ravis de joie lorsqu'ils ont trouvé le tombeau ?

23. *Pourquoi la vie a-t-elle été donnée* à l'homme dont la voie est cachée, et que Dieu a environné de ténèbres ?

24. Avant de manger je soupire, et mes cris sont comme des eaux qui débordent.

25. Car ce qui faisait le sujet de ma crainte m'est arrivé, et ce que je redoutais est tombé sur moi.

26. Ne me suis-je pas tenu dans la réserve ? N'ai-je pas gardé le silence, le repos ? Et la colère *divine* est tombée sur moi.

17. Ibi impii cessaverunt a tumultu, et ibi requieverunt fessi robore.

18. Et quondam vincti pariter sine molestia, non audierunt vocem exactoris.

19. Parvus et magnus ibi sunt, et servus liber a domino suo.

20. Quare misero data est lux, et vita his qui in amaritudine animæ sunt ;

21. qui expectant mortem, et non venit, quasi effodientes thesaurum ;

22. gaudentque vehementer cum invenerint sepulcrum ?

23. Viro cujus abscondita est via, et circumdedit eum Deus tenebris ?

24. Antequam comedam, suspiro ; et tanquam inundantes aquæ, sic rugitus meus.

25. Quia timor quem timebam evenit mihi, et quod verebar accidit.

26. Nonne dissimulavi ? nonne silui ? nonne quievi ? et venit super me indignatio.

17-19. La mort met fin à toutes les douleurs et à tous les troubles de la vie. — *Ibi :* au tombeau, dans le séjour des morts. — *Impii... :* les tyrans et les oppresseurs qui s'agitaient (*tumultu*) pour tourmenter les autres. — *Fessi robore :* les opprimés, les persécutés. — *Quondam vincti :* les captifs, que l'on condamnait à de rudes travaux. — *Exactoris :* les maîtres de corvée, habituellement si cruels. Cf. Ex. III, 7. Ils sont souvent représentés, sur les monuments égyptiens et assyriens, le bâton à la main, et frappant sans pitié. Voyez l'*Atl. arch.*, pl. XLIX, fig. 6 ; pl. LII, fig. 7 ; pl. LVII, fig. 2-3. — *Parvus et magnus ibi... :* sur le pied d'une entière égalité, comme l'ajoute l'hébreu. Dans cette belle et mélancolique description, Job ne parle de la mort que d'après son aspect purement extérieur, en tant qu'elle fait cesser les misères de la vie présente ; il laisse entièrement de côté le jugement d'outre-tombe et la diversité des destinées éternelles, ces points étant inutiles pour le but qu'il se proposait.

3° Pourquoi la vie est-elle accordée aux malheureux ? III, 20-26.

20-22. Cette pensée est exprimée d'une manière générale. — *Misero data... lux :* la vie, qui ne lui sert que pour souffrir. Dans l'hébreu, au lieu de la forme vague *quare... data est*, on lit : Pourquoi donne-t-il la lumière ? et c'est Dieu qui paraît être le sujet sous-entendu. — *Qui expectant mortem :* d'une vive et perpétuelle

attente, mais toujours frustrée (*non venit*). — La comparaison qui suit est d'une énergie remarquable. *Effodientes... ;* littéralement dans l'hébreu : ils creusent (pour trouver la mort) plus que (l'on ne fait) pour (trouver) des trésors.

23-26. Job s'applique personnellement cette même pensée. Le datif dépend encore de *quare data est* (vers. 20), et l'homme dont il est parlé n'est autre que Job, comme l'indiquent nettement les vers. 24-26. — *Cujus abscondita... via.* Belle et forte image : il est, pour ainsi dire, égaré ; sa voie de souffrances est tout énigmatique. — *Circumdedit... tenebris.* D'après l'hébreu : « et Dieu a mis une haie autour de lui » pour lui barrer sa route et l'empêcher de s'échapper. — *Antequam comedam... C.-à-d. :* pas un instant de relâche à mes maux. Peut-être vaut-il mieux traduire : mes soupirs sont ma nourriture. — *Rugitus meus :* les cris violents que lui arrachait la douleur. — *Timor quem... evenit...* Il est préférable d'employer le temps présent (« ce que je crains c'est ce qui m'arrive »), et d'appliquer cette pensée à la vie actuelle de Job ; la maladie dont il souffrait était précisément accompagnée d'imaginations sombres comme des cauchemars. Appliquée à son heureux passé, elle n'aurait guère de sens. — *Nonne dissimulavi ?...* Dans l'hébreu, pas d'interrogation, et une accumulation très énergique de synonymes, pour décrire un état affreux : Je n'ai ni tranquillité, ni paix, ni repos, et le trouble (Vulg. : *indignatio*)

CHAPITRE IV

1. Respondeus autem Eliphaz Themanites, dixit :

2. Si cœperimus loqui tibi, forsitan moleste accipies ; sed conceptum sermonem tenere quis poterit ?

3. Ecce docuisti multos, et manus lassas roborasti ;

4. vacillantes confirmaverunt sermones tui, et genua trementia confortasti.

5. Nunc autem venit super te plaga, et defecisti ; tetigit te, et conturbatus es.

6. Ubi est timor tuus, fortitudo tua, patientia tua et perfectio viarum tuarum ?

1. Alors Eliphaz de Théman prit la parole et dit :

2. Si nous nous mettons à te parler, tu le trouveras peut-être mauvais ; mais qui pourrait retenir la parole qu'il a conçue ?

3. Voici, tu en as instruit un grand nombre, et tu as fortifié les mains fatiguées.

4. Tes paroles ont affermi ceux qui chancelaient, et tu as fortifié les genoux tremblants.

5. Mais maintenant que le malheur est venu sur toi, tu perds courage ; il t'a touché, et tu es dans le trouble.

6. Où est ta crainte *de Dieu*, ta force, ta patience, et la perfection de tes voies ?

---

m'a saisi. — On a dit avec justesse que « ce chapitre épuise toutes les expressions de l'agonie », que le cœur de Job « y est tout écrasé », mais que néanmoins « le héros ne succombe pas, et ne renonce ni à son innocence, ni à sa soumission envers Dieu. » Assurément il y a de l'imperfection dans ses paroles ; mais cette imperfection est due à la faiblesse de la nature humaine, et nullement à un vrai désespoir. Il ne faut pas demander à l'Ancien Testament le genre de résignation que le Nouveau seul devait nous apporter. Sans compter que l'on doit faire encore la part du caractère oriental en tout cela (voyez la note de ii, 13).

§ II. — *Premier discours d'Éliphaz.*
IV, 1 — V, 27.

Les paroles si véhémentes de Job ouvrent enfin les lèvres des trois amis, qui étaient demeurées si longtemps muettes. Mais ce hardi monologue n'avait fait que confirmer les visiteurs dans la pensée qui leur était venue immédiatement à l'esprit, savoir, qu'un homme sur lequel Dieu semblait avoir épuisé tous ses châtiments devait être grièvement coupable. Ils partent de là pour donner à Job, non point les consolations qui l'eussent calmé, fortifié, mais de vertes leçons, qui ne feront qu'accroître ses souffrances. Chacun d'eux a son individualité bien marquée. Éliphaz est le plus digne, le plus calme et le plus réfléchi des trois ; il parle « avec l'autorité et le clair regard d'un prophète qui a reçu des messages du ciel » : c'est lui qui donne le ton au débat à chacune de ses phases. Baldad représente les sages de l'antiquité : il a observé les événements de la vie, connaît les dires des anciens et s'appuie sur l'expérience du passé ; mais ses arguments et son langage sont moins riches que ceux d'Éliphaz, de même que sa sympathie pour Job est moins vive. Sophar est ardent, sans modération,

prompt aux invectives et aux personnalités blessantes, qui lui tiennent parfois lieu de preuves ; c'est lui qui sera réduit au silence le premier.

Éliphaz ouvrira la discussion à trois reprises ; il était probablement le plus âgé des visiteurs de Job. Son premier discours est magnifique, et l'un des plus beaux du livre entier. Mais il révèle immédiatement la théorie des trois amis : là où il y a souffrance, il y a péché ; si l'on se repent, on peut obtenir miséricorde et redevenir heureux ; si l'on se révolte, des maux de plus en plus terribles seront l'unique résultat produit. Ici, Éliphaz suppose clairement que ses paroles renfermeront des vérités dures à entendre ; mais cela est présenté avec urbanité et non sans délicatesse. — *Sed conceptum sermonem...* Autre reproche indirect : comment retenir les réflexions suggérées par ton langage si violent ? — *Ecce docuisti...* Bel éloge de la conduite antérieure de Job, et de la sympathie qu'il avait témoignée aux malheureux à l'époque de sa prospérité (vers. 3-4). Cf. xxix, 15-16, 25 ; xxxi, 16-21, 29-32. Notez les métaphores expressives *manus lassas, vacillantes, genua trementia* (comp. II Reg. iv, 1 ; Is. xiii, 7 et xxxv, 3-4 ; Hebr. xii, 12, etc.). — *Nunc autem...* (vers. 5). Le blâme suit de près la louange. On voit bien qu'Éliphaz n'avait

Ici, Éliphaz ouvrira la discussion à trois reprises ; il était probablement le plus âgé des visiteurs de Job.

1° L'expérience démontre que les impies sont toujours punis. IV, 1-11.

CHAP. IV. — Formule d'introduction.

2-6. Court exorde : Éliphaz s'excuse de prendre la parole, et oppose la conduite antérieure de Job à sa conduite actuelle. — *Si cœperimus* (hébr. : si l'on tente) *loqui..., forsitan...* Il y a déjà de la dureté dans cette première ligne, puisque Éliphaz suppose clairement que ses paroles

7. Rappelle-toi, je te prie, quel innocent a jamais péri; ou quand les hommes droits ont-ils été exterminés?

8. J'ai vu, au contraire, que ceux qui commettent l'iniquité, qui sèment les maux et les moissonnent,

9. sont renversés par le souffle de Dieu, et consumés par le vent de sa colère.

10. Le rugissement du lion, et la voix de la lionne, et les dents des lionceaux ont été broyés.

11. Le tigre a péri parce qu'il n'avait point de proie, et les petits du lion ont été dispersés.

12. Une parole m'a été dite en secret, et mon oreille a recueilli comme à la dérobée ses faibles sons.

13. Dans l'horreur d'une vision de nuit, lorsqu'un profond sommeil a coutume de s'emparer des hommes,

14. je fus saisi de crainte et d'épouvante, et la frayeur pénétra jusque dans mes os.

15. Un esprit passa devant moi; les poils de ma chair se hérissèrent.

16. Quelqu'un se tint là, dont je ne connaissais pas le visage; un spectre *parut* devant mes yeux, et j'entendis une voix semblable à un souffle léger.

17. L'homme sera-t-il trouvé juste en

7. Recordare, obsecro te, quis unquam innocens periit; aut quando recti deleti sunt?

8. Quin potius vidi eos qui operantur iniquitatem, et seminant dolores, et metunt eos,

9. flante Deo periisse, et spiritu iræ ejus esse consumptos.

10. Rugitus leonis, et vox leænæ, et dentes catulorum leonum contriti sunt.

11. Tigris periit, eo quod non haberet prædam, et catuli leonis dissipati sunt.

12. Porro ad me dictum est verbum absconditum, et quasi furtive suscepit auris mea venas susurri ejus.

13. In horrore visionis nocturnæ, quando solet sopor occupare homines,

14. pavor tenuit me, et tremor. et omnia ossa mea perterrita sunt;

15. et cum spiritus, me præsente, transiret, inhorruerunt pili carnis meæ.

16. Stetit quidam, cujus non agnoscebam vultum, imago coram oculis meis, et vocem quasi auræ lenis audivi.

17. Numquid homo, Dei compara-

---

pas souffert; autrement il aurait compris cette contradiction apparente. — *Ubi timor...?* Soupçons jetés sur la vertu de Job. La traduction littérale de l'hébreu serait : Ta crainte (de Dieu) n'est-elle pas ton soutien? Ton espérance, n'est-ce pas ton intégrité?

7-11. L'innocence toujours récompensée dès ici-bas, les impies toujours châtiés. — *Recordare.* Grave appel à l'expérience de Job. — *Quis... innocens pertit.* Éliphaz suppose un fait constant, connu de tous, indiscutable : la parfaite sécurité des hommes pieux est pour lui un dogme de foi. — *Quin potius...* C'est le fait contraire, non moins visible et non moins certain. — *Operantur iniquitatem.* D'après l'hébreu : ceux qui labourent l'iniquité. Puis l'image continue : *seminant, metunt.* Cf. Os. vIII, 7; x, 13. On laboure l'iniquité quand on forme le dessein de la commettre ; on la sème quand on exécute ce dessein mauvais ; on la récolte ensuite en gerbes de châtiments. — *Flante Deo :* l'haleine brûlante de la colère divine. Anthropomorphisme hardi. — *Rugitus leonis...* Autre genre de métaphore, pour représenter la ruine de l'impie : il disparaîtra violemment avec les siens, comme une famille de lions que l'on disperse ou que l'on détruit. Allusion indirecte, mais assez claire, au malheureux sort de Job et de ses enfants. L'hébreu emploie ici cinq noms distincts pour désigner le lion (*tigris* est une traduction inexacte).

2° Démonstration de la même théorie à l'aide de la révélation. IV, 12-21.

Description extrêmement dramatique, de tout temps admirée.

12-16. La vision. — *Porro ad me...* Le verset 12 sert d'introduction. C'est un début déjà saisissant. — *Dictum est... absconditum.* Hebr. : une parole m'a été dite à la dérobée. — *Susurri.* L'oreille d'Éliphaz perçut distinctement les sons ; mais ce n'était qu'un léger murmure. — *In horrore...* Hébr. : dans le vague des visions nocturnes. L'apparition eut donc lieu au milieu de la nuit. Éliphaz, après s'être endormi, s'était éveillé l'âme troublée par des pensées inquiètes, qui roulaient probablement sur le problème de la souffrance humaine, puisque l'apparition va lui apporter une réponse à ce sujet. — *Pavor tenuit...* (vers. 14). Les préliminaires de la vision : une vive terreur surnaturelle, une profonde émotion, une impressionnabilité intense. — Versets 15-16, la vision même. *Et cum spiritus... :* un esprit passa devant lui. *Inhorruerunt pili... :* phénomène que produit parfois une crainte violente. — *Stetit quidam...* Scène terrible, en effet, dont les moindres détails sont parfaitement exposés. Ce fait que raconte Éliphaz est très réel, et consista vraiment en une vision divine ; mais l'ami de Job en tirera une conclusion qui n'y était pas renfermée.

17-21. La révélation. D'après divers auteurs,

tione, justificabitur? aut factore suo purior erit vir?

18. Ecce qui serviunt ei non sunt stabiles, et in angelis suis reperit pravitatem;

19. quanto magis hi qui habitant domos luteas, qui terrenum habent fundamentum, consumentur velut a tinea?

20. De mane usque ad vesperam succidentur; et quia nullus intelligit, in æternum peribunt.

21. Qui autem reliqui fuerint, auferentur ex eis; morientur, et non in sapientia.

comparaison de Dieu? et sera-t-il plus pur que son créateur?

18. Ceux même qui le servent n'ont pas été stables, et il a trouvé le péché dans ses anges.

19. Combien plus ceux qui habitent des maisons d'argile, qui n'ont qu'un fondement de terre, seront-ils consumés comme par les vers?

20. Du matin au soir ils seront retranchés; et, parce que nul n'a d'intelligence, ils périront à jamais.

21. Ceux qui seront restés de leur race seront emportés; ils mourront, et non dans la sagesse.

CHAPITRE V

1. Voca ergo, si est qui tibi respondeat, et ad aliquem sanctorum convertere.

2. Vere stultum interficit iracundia, et parvulum occidit invidia.

1. Appelle donc *à ton secours*, s'il y a quelqu'un qui te réponde, et adresse-toi à quelqu'un des saints.

2. Certes, la colère fait mourir l'insensé, et l'envie tue les petits *esprits*.

---

les paroles révélées à Éliphaz par l'esprit céleste n'iraient pas au delà du verset 17; nous croyons, avec beaucoup d'autres interprètes, qu'elles vont jusqu'à la fin du chapitre IV. — *Numquid homo...?* Réponse à une question intime qu'Éliphaz s'était posée, en méditant sur les mystères de la conduite de Dieu envers les hommes. Dieu est infiniment saint et parfait; l'homme, même le plus pur, est pécheur en face de son créateur, et, par suite, digne de châtiments. — *Ecce qui serviunt ei...* (vers. 18): les anges, ainsi qu'il est ajouté immédiatement. — *Non sunt stabiles.* Hébr.: Dieu ne se fie pas à ses serviteurs; c.-à-d. à leur parfaite stabilité dans le bien. La Vulgate donne exactement le sens. Les anges sont envisagés ici au temps où Dieu avait soumis leur sainteté à une épreuve transitoire; car ils sont désormais impeccables. — *Pravitatem.* Le mot hébreu correspondant n'est employé qu'en cet endroit; il signifie probablement erreur, au moral; par conséquent, péché. Allusion à la chute d'un grand nombre des anges. — *Quanto magis...* (vers. 19). Conclusion à fortiori: si les esprits célestes ont pu pécher et être punis, combien plus l'homme, créature d'un ordre inférieur! — *Domos luteas.* Métaphore élégante, pour désigner le corps humain. Cf. Gen. II, 7; II Cor. IV, 7; V, 1, etc. — *Terrenum habent fundamentum.* Littéral.: dont les fondements sont dans la poussière. Trait que commente clairement l'histoire de la création du premier homme. — *Consumentur velut...* C.-à-d., d'après la Vulgate, de la même manière que les vêtements sont dévorés par les mites. Cf. XIII, 28; XXVII, 18, etc. D'après l'hébreu: ils sont écrasés plus facilement qu'un ver. — *De mane...* (vers. 20). Encore

le néant de l'homme, qui périt en quelques heures, comme l'éphémère. Cf. Is. XXXVIII, 12. — *Quia nullus intelligit...* Plutôt: sans que personne y fasse attention, tant l'homme est peu de chose et tant sa fin est rapide. — Les mots *in æternum peribunt* ne se rapportent nullement à l'âme, mais seulement à la vie humaine sur la terre dans ses conditions présentes: on ne revient pas du tombeau. — *Qui autem reliqui...* (vers. 21). Les pécheurs ne seront pas tous punis et enlevés à la fois, mais aucun d'eux n'échappera: tel est le sens de la Vulgate. D'après l'hébreu: tout ce qu'ils laissaient disparaît avec eux; ou, suivant une autre traduction: leur corde (la corde de leur tente, vers. 19, c.-à-d. leur vie) est enlevée. — *Non in sapientia:* le comble du malheur pour eux.

3° L'impatience même de Job démontre sa culpabilité. V, 1-7.

CHAP. V. — 1-2. Application à Job du principe qui précède. — *Voca ergo...* Exhortation pleine d'ironie: recommence tes cris et tes plaintes, appelle les saints à ton secours contre Dieu qui t'afflige; tu ne trouveras aucune sympathie. Le mot *sanctorum* désigne ici les anges; cf. XV, 15; Dan. VIII, 13. L'hébreu dit, avec un ton interrogatif: Vers lequel des saints te tourneras-tu? Ce texte prouve que l'invocation des anges et des saints remonte à une très haute antiquité. — *Vere stultum...* (vers. 2). Quoique énonçant en apparence un axiome général, ce verset retombait directement sur Job dans l'intention d'Éliphaz. Il s'agit de la folie morale, qui est le péché, et par *iracundia* il faut entendre l'impatience que manifeste l'impie sous le coup des châtiments divins. Cf. Prov. XII, 16. Le second

3. J'ai vu l'insensé aux solides racines, et j'ai maudit aussitôt son éclat.

4. Ses enfants, loin de trouver le salut, seront foulés à la porte, et il n'y aura personne pour les délivrer.

5. L'affamé dévorera sa moisson, l'homme armé l'enlèvera lui-même, et ceux qui séchaient de soif boiront ses richesses.

6. Rien sur la terre ne se fait sans sujet, et ce n'est point de la terre que germe la douleur.

7. L'homme est né pour la peine, comme l'oiseau pour voler.

8. C'est pourquoi je supplierai le Seigneur, et j'adresserai ma parole à Dieu,

9. qui fait des choses grandes et impénétrables, et des merveilles sans nombre;

10. qui répand la pluie sur la face de la terre, et qui arrose d'eau tout l'univers;

11. qui exalte ceux qui sont abaissés; qui relève et guérit les affligés;

12. qui dissipe les pensées des méchants, et empêche leurs mains d'achever ce qu'elles avaient commencé;

13. qui prend les sages dans leur

---

3. Ego vidi stultum firma radice et maledixi pulchritudini ejus statim.

4. Longe fient filii ejus a salute, et conterentur in porta, et non erit qui eruat.

5. Cujus messem famelicus comedet, et ipsum rapiet armatus, et bibent sitientes divitias ejus.

6. Nihil in terra sine causa fit, et de humo non oritur dolor.

7. Homo nascitur ad laborem, et avis ad volatum.

8. Quamobrem ego deprecabor Dominum, et ad Deum ponam eloquium meum,

9. qui facit magna et inscrutabilia, et mirabilia absque numero;

10. qui dat pluviam super faciem terræ, et irrigat aquis universa;

11. qui ponit humiles in sublime, et mœrentes erigit sospitate;

12. qui dissipat cogitationes malignorum, ne possint implere manus eorum quod cœperant;

13. qui apprehendit sapientes in as-

---

hémistiche, *et parvulum... invidia*, est tout à fait parallèle au premier dans l'hébreu : et la passion tue l'insensé.

3-5. Un exemple, pour confirmer la théorie. — *Ego vidi...* : fait emprunté à l'expérience personnelle d'Éliphaz. — *Firma radice.* Belle comparaison : un arbre dont les racines semblaient inébranlables, et qui promettait une vie longue et féconde. — *Maledixi... statim.* Éliphaz veut dire que, voyant bientôt l'impie frappé pour ses crimes, il reconnut que Dieu l'avait maudit, et s'associa lui-même à cette malédiction. Cf. Ps. xxxvi, 35-36. Au lieu de *pulchritudint ejus*, on lit dans l'hébreu : son habitation. — *Longe fient...* Description des effets de la malédiction divine sur tous les biens du coupable (sa famille, vers. 4; ses richesses, vers. 5). — *In porta.* C'est à la porte des villes que la justice se rend en Orient. Cf. xxix, 7; xxxi, 21; Gen. xxxiv, 20, etc. N'ayant plus ni biens ni amis, la famille en question ne trouvera que des juges sévères. — *Cujus messem...* Les biens de l'impie mis au pillage par tout le monde. Au lieu de *ipsum... armatus,* l'hébreu porte : et il l'enlève (la moisson) même des épines, c.-à-d. malgré les haies épineuses qui la protègent. *Sitientes :* les pauvres, les misérables.

6-7. Il n'y a rien d'accidentel ici-bas, et l'affliction retombe tout naturellement sur le pécheur. — *Nihil... sine causa.* Hébr. : le malheur ne sort pas de la poussière, et la souffrance ne germe pas du sol. Pour le malheur, il n'y a pas de génération spontanée; c'est l'homme lui-

même qui se l'attire par sa conduite. — *Homo nascitur...* Dans l'hébreu : l'homme naît pour souffrir, comme les étincelles (littéralement : les fils de la flamme) pour voler.

5° Job devrait se tourner humblement et avec confiance vers Dieu, qui est le refuge des malheureux. V, 8-16.

Cette dernière partie du discours est plus humaine et plus juste, mais elle suppose encore la culpabilité de Job.

8-11. Éliphaz exhorte son ami à revenir à de meilleurs sentiments, de manière à toucher le cœur de Dieu. — *Quamobrem ego...* Ce qu'Éliphaz ferait à la place de Job. — *Deprecabor, ponam.* Mieux vaudrait le conditionnel : je prierais... Littéralement dans l'hébreu : Je chercherais Dieu et je lui exposerais ma cause. — *Qui facit...* Aux vers. 9-11, magnifique description de la puissance et de la bonté de Dieu, pour montrer à Job tout l'avantage qu'il y aurait pour lui à prier au lieu de s'irriter. La puissance divine, vers. 9 : *qui facit... Inscrutabilia* est ici un mot important. La divine bonté, vers. 10-11 : *qui dat pluviam...;* dans cet Orient desséché, la pluie est un excellent symbole des miséricordes du Seigneur envers les malheureux. *Qui ponit humiles...* : la réalité après le langage figuré.

12-14. Dieu est, au contraire, terrible pour les méchants. — *Qui dissipat...* : il frustre et désappointe leurs projets. — *Ne possint implere...* Hébr. : leurs mains ne feront rien de stable. — *Qui apprehendit...* Texte cité par saint Paul

tutia eorum, et consilium pravorum dissipat.

14. Per diem incurrent tenebras, et quasi in nocte, sic palpabunt in meridie.

15. Porro salvum faciet egenum a gladio oris eorum, et de manu violenti pauperem.

16. Et erit egeno spes; iniquitas autem contrahet os suum.

17. Beatus homo qui corripitur a Deo. Increpationem ergo Domini ne reprobes ;

18. quia ipse vulnerat, et medetur; percutit, et manus ejus sanabunt.

19. In sex tribulationibus liberabit te; et in septima non tanget te malum.

20. In fame eruet te de morte, et in bello de manu gladii.

21. A flagello linguæ absconderis, et non timebis calamitatem cum venerit.

22. In vastitate et fame ridebis, et bestias terræ non formidabis.

23. Sed cum lapidibus regionum pactum tuum, et bestiæ terræ pacificæ erunt tibi.

24. Et scies quod pacem habeat tabernaculum tuum ; et visitans speciem tuam, non peccabis.

---

propre ruse, et qui renverse les desseins des injustes.

14. Durant le jour ils trouveront les ténèbres, et, comme si c'était la nuit, ils tâtonneront en plein midi.

15. Mais Dieu sauvera le pauvre du glaive de leur langue, il le sauvera de la main du violent.

16. Et il y aura de l'espérance pour le pauvre, et l'iniquité fermera sa bouche.

17. Heureux l'homme qui est châtié par Dieu. Ne rejette donc point la correction du Seigneur.

18. Car c'est lui qui blesse et qui donne le remède ; il frappe, et ses mains guérissent.

19. Il te délivrera dans six tribulations, et à la septième le mal ne te touchera pas.

20. Pendant la famine, il te sauvera de la mort, et, dans la guerre, du tranchant du glaive.

21. Il te mettra à couvert du fléau de la langue, et si l'affliction survient, tu ne la craindras pas.

22. Tu riras des ravages et de la disette, et tu ne redouteras pas les bêtes de la terre.

23. Mais tu feras alliance avec les pierres des champs, et les bêtes sauvages seront pacifiques pour toi.

24. Tu verras la paix régner dans ta tente, et, contemplant ta prospérité, tu la trouveras au complet.

I Cor. III, 19. Les impies sont pris par leurs propres ruses. — Per diem... (vers. 14). Petit tableau très dramatique, pour montrer la perplexité dans laquelle Dieu jettera les méchants.

15-16. Récapitulation des vers. 8-14. — A gladio oris. Fréquente métaphore. Cf. Ps. XLIII, 4; LVI, 5 ; Jer. IX, 8, etc. — Iniquitas... contrahet... : elle sera réduite à un honteux silence.

6° Si Job revient à Dieu, il retrouvera l'abondance de tous les biens. V, 17-27.

Conclusion toute pacifique, remplie de splendides promesses, mais avec les mêmes sous-entendus amers que dans le reste du discours.

17-21. Bonheur de l'homme qui se laisse patiemment châtier par le Seigneur. Le principe au vers. 17 ; ensuite, vers. 18-21, l'application du principe sous le rapport négatif. — Beatus... qui corripitur...: il est bienheureux, puisque l'épreuve et la correction le ramènent de son état de péché. Prov. III, 11 ; Hebr. XII, 5, etc. — Ipse vulnerat... Fait général, qui sera développé dans les lignes suivantes. Cf. Deut. XXXII, 39 ; Os. VI, 1, etc. — In sex..., in septima... (vers. 19). Manière hébraïque de désigner un nombre de fois illimité. Cf. Am. I, 3, 6, 9, 11 ; Mich. V, 5 ; Prov. VI, 16; XXX, 18, etc. — In fame... Quelques

exemples concrets de dangers dont Job sera délivré par le Seigneur, vers. 20-21. — A flagello linguæ : ce fouet dont Éliphaz et ses deux amis vont se servir pour infliger à Job un si cruel supplice.

22-27. Continuation de la description qui précède. Elle présente le bonheur du pécheur repentant sous des couleurs positives, après l'avoir dépeint auparavant d'une manière négative. — In vastitate... ridebis. Forte image, pour dire que Job n'aura absolument rien à redouter de ces fléaux. — Bestias terræ: les bêtes féroces, très nombreuses dans la Palestine antique. Cf. Lev. XXVI, 6, etc. — Cum lapidibus regionum. Mieux : les pierres des champs. Job est censé avoir fait alliance avec elles (pactum...) et obtenu qu'elles ne nuisent point à ses récoltes. Cf. IV Reg. III, 19 ; Is. V, 2, etc. — Visitans speciem... (vers. 24). La Vulgate est obscure en cet endroit. D'après l'hébreu : Tu visiteras ta demeure, et il n'y manquera rien. — Multiplex... semen tuum (vers. 25). Promettre à Job de nombreux enfants alors qu'il venait de perdre si douloureusement tous les siens, était souverainement indélicat. — Quasi herba. Symbole d'une grande fécondité. Cf. Ps. CXXVII, 3 ; CXLIII, 12.

25. Tu verras aussi ta race se multiplier, et ta postérité *croître* comme l'herbe de la terre.

26. Tu entreras dans le sépulcre comblé de biens, comme un monceau de blé qu'on emporte en son temps.

27. Voilà le résultat de nos recherches, il en est ainsi ; écoute-le, et repasse-le dans ton esprit.

25. Scies quoque quoniam multiplex erit semen tuum, et progenies tua quasi herba terræ.

26. Ingredieris in abundantia sepulcrum, sicut infertur acervus tritici in tempore suo.

27. Ecce hoc, ut investigavimus, ita est. Quod auditum, mente pertracta.

CHAPITRE VI

1. Job répondit en ces termes :

2. Plût à Dieu que les péchés par lesquels j'ai mérité la colère *de Dieu,* et les maux que je souffre, fussent pesés dans une balance!

3. Ceux-ci apparaîtraient plus lourds que le sable de la mer. C'est pourquoi mes paroles sont pleines de douleur,

. 4. car les flèches du Seigneur m'ont percé. La douleur qu'elles me causent épuise mon esprit, et les terreurs de Dieu m'assiègent.

5. L'âne sauvage crie-t-il lorsqu'il a de l'herbe? ou le bœuf mugit-il lorsqu'il est devant une auge pleine?

6. Peut-on manger d'un mets fade,

1. Respondens autem Job, dixit :

2· Utinam appenderentur peccata mea quibus iram merui, et calamitas quam patior, in statera !

3. Quasi arena maris hæc gravior appareret; unde et verba mea dolore sunt plena ;

4. quia sagittæ Domini in me sunt, quarum indignatio ebibit spiritum meum, et terrores Domini militant contra me.

5. Numquid rugiet onager cum habuerit herbam? aut mugiet bos cum ante præsepe plenum steterit ?

6. Aut poterit comedi insulsum, quod

— *Ingredieris in abundantia...* (vers. 26). Hébr. : dans la vieillesse. C'est la bénédiction d'une longue vie ; cf. Num. XXIII, 10 ; Is. XXXVIII, 10, etc. — *Sicut infertur...* Hébr. : comme une gerbe qu'on enlève en son temps. Gracieuse image, qui exprime bien l'idée de la maturité. — *Ecce hoc...* (vers. 27). Conclusion rapide, qui ne manque pas de raideur. —' *Ut investigavimus.* Éliphaz veut dire qu'il n'a pas proposé ces vérités à la légère, mais qu'elles sont le fruit de la réflexion et de l'observation.

§ III. — *Réponse de Job à Éliphaz.* VI, 1 — VII, 21.

Non seulement les paroles d'Éliphaz n'ont point apaisé Job, mais elles n'ont fait que l'aigrir et le troubler davantage. Aussi répond-il avec une âpre vigueur, maintenant le droit qu'il avait de se plaindre, affirmant son innocence, reprochant à ses amis d'être sans pitié pour lui. Telle est l'idée principale de ce discours, qui exprime une pénible surprise : au lieu de me consoler, vous avez rendu ma douleur plus cuisante ; je suis désillusionné à votre sujet.

1º Job explique la vivacité de sa plainte par la violence de ses souffrances. VI, 1-10.

CHAP. VI. — 1. Introduction.

2-4. La plainte de Job n'est pas plus forte que sa peine. — *Peccata mea.* Dans l'hébreu, *ka"si,* mon emportement, mon impatience. Cf. V, 2. Les mots *quibus iram merui* ont été

ajoutés par saint Jérôme. — *In statera :* d'un côté, sa douleur ; dans l'autre plateau, ses plaintes, dont il ne nie pas la vivacité extérieure. — *Quasi arena... gravior.* Le sable est très lourd ; en outre, il est souvent cité comme l'emblème de ce que l'on ne peut ni compter ni mesurer. Cf. Prov. XXVII, 3 ; Eccli. XXII, 15 ; Jer. XXXIII, 22. — *Verba... dolore plena.* Dans les LXX, φαύλα, mauvaises. Selon d'autres : insensées, audacieuses. Le sens du mot hébreu n'est pas absolument certain. — *Sagittæ Domini.* Job désigne par ce nom les maux nombreux dont il avait été frappé. — *Quarum indignatio.* En hébreu : leur poison. Allusion à la coutume très ancienne d'empoisonner les flèches, pour rendre leurs blessures toujours mortelles. — *Ebibit spiritum meum :* c.-à-d. en absorbe toutes les puissances, le paralyse. — *Militant contra me.* Comparaison très expressive.

5-7. Il ne songerait pas à se lamenter si tout allait bien pour lui, mais il souffre horriblement. — *Numquid rugiet...?* Double rapprochement pour montrer qu'en se plaignant Job ne fait qu'user d'un droit de la nature : les animaux eux-mêmes ne poussent pas des cris lugubres lorsqu'ils ont tout en abondance. — *Onager :* l'âne sauvage, qui sera décrit plus loin, XXXIX, 5-8. — *Aut poterit... insulsum...?* Autre locution proverbiale. Si personne ne goûte volontiers d'un mets insipide, à plus forte raison éprouve-t-on de la répugnance pour ce qui est mauvais

non est sale conditum ? aut potest aliquis gustare quod gustatum affert mortem ?

7. Quæ prius nolebat tangere anima mea, nunc, præ angustia, cibi mei sunt.

8. Quis det ut veniat petitio mea, et quod expecto tribuat mihi Deus ?

9. Et qui cœpit, ipse me conterat; solvat manum suam, et succidat me ?

10. Et hæc mihi sit consolatio, ut affligens me dolore, non parcat, nec contradicam sermonibus Sancti.

11. Quæ est enim fortitudo mea, ut sustineam ? aut quis finis meus, ut patienter agam ?

12. Nec fortitudo lapidum fortitudo mea, nec caro mea ænea est.

13. Ecce non est auxilium mihi in me ; et necessarii quoque mei recesserunt a me.

14. Qui tollit ab amico suo misericordiam, timorem Domini derelinquit.

15. Fratres mei præterierunt me, sicut torrens qui raptim transit in convallibus.

---

qui n'est point assaisonné avec le sel? ou quelqu'un peut-il goûter ce qui fait mourir celui qui en goûte ?

7. Ce qu'auparavant je n'eusse pas voulu toucher, c'est là maintenant ma nourriture, à cause de mon angoisse.

8. Qui m'accordera que ma prière soit reçue, et que Dieu me donne ce que j'attends ;

9. que celui qui a commencé achève de me briser; qu'il laisse aller sa main et qu'il tranche ma vie?

10. Qu'il me reste au moins cette consolation, dans ces douleurs dont il m'afflige sans m'épargner, que je ne contredise en rien les ordres du Dieu saint.

11. Car quelle est ma force pour que je supporte ces maux? ou quelle est ma fin pour que je conserve la patience ?

12. Ma force n'est point la force des pierres, et ma chair n'est pas de bronze.

13. Voici que je ne trouve en moi aucun secours, et mes amis intimes m'ont abandonné.

14. Celui qui n'a pas compassion de son ami a perdu la crainte du Seigneur.

15. Mes frères ont passé devant moi, comme un torrent qui s'écoule avec rapidité dans les vallées.

---

et nuisible. D'après l'hébreu : Peut-on manger ce qui est fade et sans sel ? Y a-t-il de la saveur dans le blanc d'un œuf (selon d'autres : dans le suc d'une herbe fade) ? — *Quæ prius...* (vers. 7). Job désigne ainsi ses maux affreux. — *Nunc, præ angustia...* Littéralement, dans l'hébreu : Ces choses sont comme les souillures de mon pain ; c.-à-d. un mets dégoûtant.

8-10. Dans son angoisse, Job souhaite ardemment la mort, et il a conscience de mourir dans l'amitié de Dieu. — *Petitio mea, quod expecto :* la mort, comme le dit très explicitement le verset 9. Job n'avait pas d'autre espoir de délivrance. Cf. III, 13, 21. — *Qui cœpit :* Dieu, qui avait déjà commencé de le faire lentement mourir. Dans l'hébreu: qu'il veuille, et qu'il me brise ; c.-à-d. qu'il lui plaise de me briser. — *Succidat me :* qu'il tranche le fil de mes jours. Image toute classique. — *Et hæc... ut affligens...* (vers. 10). Admirable parole, qui nous dévoile les vrais sentiments de Job. L'hébreu est encore plus énergique : Et qu'il me reste cette consolation, que j'en tressaille parmi les peines qu'il ne m'épargne pas, de n'avoir pas contredit les paroles du Saint.

2° Job reproche à ses amis d'être sans pitié pour lui. VI, 11-20.

11-13. Seul, sans secours, il lui est impossible de supporter tant de maux. — *Quæ est enim...?* Paroles de transition : la force de Job est-elle donc infinie, puisqu'on lui ordonne de tant souffrir sans se plaindre ? — *Finis meus.* Selon les

uns : la fin de ses malheurs ; ne voyant aucune issue à sa détresse, comment peut-il être patient ? Selon d'autres : la fin de sa vie ; sa vie est si courte, peut-il espérer jouir longtemps des consolations qu'on lui promet ? La première interprétation est la plus simple et la plus naturelle. — *Nec fortitudo...* Il y a dans l'hébreu un tour interrogatif qui rend la pensée plus belle encore : Ma force est-elle la force des pierres ? ma chair est-elle d'airain ? — *Ecce non est...* (vers. 13). Hébr. : Ne suis-je pas seul, et toute ressource ne m'est-elle pas ôtée ?

14-17. Ses amis les plus intimes ont frustré ses espérances, à la façon d'un torrent qui se dessèche. — *Qui tollit...* En avant, vers. 14, une sorte de principe, d'axiome, dont le sens a été différemment interprété. L'hébreu paraît signifier : A l'affligé (est due) de la part de son ami l'affection, autrement il abandonnera la crainte du Seigneur ; c.-à-d. que l'affligé, si ses amis le délaissent, pourra bien tomber dans le désespoir. Ou bien : Au malheureux (est due) de la part de son ami l'affection, quand même il aurait abandonné la crainte du Seigneur ; c.-à-d. fût-il réellement coupable. La Vulgate donne aussi un sens excellent : ne témoigner aucune sympathie à un ami qui souffre, c'est montrer qu'on a perdu la crainte du Seigneur ; car qui aime Dieu aime le prochain. — Vers. 15-17, comparaison saisissante, empruntée aux torrents des montagnes, dont le lit coule à pleins bords au printemps, mais qui est complètement à sec en

Troupeau d'ânes sauvages.

16. Qui timent pruinam, irruet super eos nix.

17. Tempore quo fuerint dissipati, peribunt ; et ut incaluerit, solventur de loco suo.

18. Involutæ sunt semitæ gressuum eorum ; ambulabunt in vacuum, et peribunt.

19. Considerate semitas Thema, itinera Saba, et expectate paulisper.

20. Confusi sunt, quia speravi ; venerunt quoque usque ad me, et pudore cooperti sunt.

21. Nunc venistis, et modo videntes plagam meam, timetis.

22. Numquid dixi : Afferte mihi, et de substantia vestra donate mihi ?

23. vel : Liberate me de manu hostis, et de manu robustorum eruite me ?

24. Docete me, et ego tacebo ; et si quid forte ignoravi, instruite me.

25. Quare detraxistis sermonibus ve-

---

16. Ceux qui craignent la gelée seront accablés par la neige.

17. Au temps où ils commenceront à s'écouler, ils périront ; dès que la chaleur viendra, ils disparaîtront de leur lieu.

18. Ils vont par des sentiers embarrassés ; ils marchent sur le vide, et ils périront.

19. Considérez les sentiers de Théma, les chemins de Saba, et attendez un peu.

20. Ils sont confus, parce que j'ai espéré ; ils sont venus aussi jusqu'à moi, et ils ont été couverts de honte.

21. Vous ne faites que venir, et aussitôt que vous voyez ma plaie, vous en avez horreur.

22. Ai-je dit : Apportez-moi *quelque chose,* ou donnez-moi de votre bien ?

23. ou : Délivrez-moi de la main de l'ennemi, et arrachez-moi de la main des forts ?

24. Enseignez-moi, et je me tairai ; et si j'ai ignoré quelque chose, instruisez moi.

25. Pourquoi attaquez-vous des paroles

été, lorsqu'on aurait le plus besoin d'eau. *Fratres mei :* expression affectueuse, employée à dessein pour mieux relever la dureté des amis de Job. — *Præterierunt me.* Hébr. : m'ont trompé. Jer. **xv**, 18, un torrent de même nature est appelé *'Akzab,* trompeur. Cf. Is. **LVIII**, 11. — *Sicut torrens.* Le χειμάρρους des Grecs, ou torrent d'hiver. Plusieurs ouadis de ce genre traversent le Hauran (*Atl. géogr.,* pl. **VII, X, XII**). — *Qui raptim...* Hébr. : comme le lit des torrents qui s'écoulent. C'est un développement du mot « torrens ». — *Qui... pruinam, irruet...* L'hébreu est beaucoup plus clair, et continue la comparaison : ils sont (ces torrents) noircis par la glace, en eux se cache la neige. Allusion à la fonte des neiges au printemps, et à la manière dont les torrents coulent alors gonflés et troublés. La Vulgate peut se ramener au même sens (*qui* représenterait dans ce cas les torrents où la neige se précipite et se dissout). Ou bien, elle énonce une sorte de proverbe : Quiconque redoute de petits malheurs en rencontrera de plus grands. — *Tempore quo...* (vers. 17). Contraste : en été, le lit de ces rivières est tout à fait à sec. L'hébreu porte : Quand ils sont atteints de la chaleur, ils tarissent ; lorsqu'il fait chaud, ils disparaissent de leur place. **18-20.** Les caravanes qui comptaient sur ce torrent périssent de soif sur ses bords. — *Involutæ sunt...* C'est l'idée générale, qui est ensuite reprise et développée aux vers. 19-20. *Semitæ :* les caravanes ; de même au vers.19. *In vacuum :* dans le *tohu,* dit l'hébreu ; dans le vide. D'après plusieurs interprètes, ce vers. 18 se rapporterait encore au torrent trompeur et à sa disparition

au temps de la chaleur. Nous préférons ici notre traduction latine, qui donne bien le sens de l'hébreu. — *Considerate semitas...* Mieux : les caravanes de Théma l'ont aperçu. *Thema* était une race israélite domiciliée dans l'Arabie septentrionale (*Atl. géogr.,* pl. **I, III**), et qui faisait un commerce actif avec l'Égypte. Cf. Gen **XXV**, 15 ; **XXXVII**, 25 ; Is. **XXI**, 14, etc. — *Itinera Saba...* Autre tribu arabe. Voyez **I**, 15 et la note. Dans l'hébreu : les voyageurs de Saba attendaient (pleins d'espoir). — *Confusi sunt...* : cruellement déçus. — *Speravi.* D'après l'hébreu : parce qu'ils espéraient.

3° Non seulement Job n'a pas été consolé par ses amis, mais il les a trouvés injustes envers lui. VI, 21-30.

21-23. Leur embarras en sa présence, quoiqu'il ne leur demandât rien de coûteux. — *Nunc venistis.* Dans l'hébreu : Car maintenant vous êtes un rien ! Phrase très expressive pour signifier qu'ils lui font totalement défaut. Job applique à ses amis la comparaison du torrent. — *Videntes plagam...* Littéral. : vous voyez ma terreur. Il nomme ainsi sa terrible affliction, qui avait comme paralysé leurs sympathies. — *Numquid dixi...?* Plainte très ironique (vers. 22-23) : Job n'a demandé à ses amis ni leur argent ni le moindre effort coûteux ; il se serait contenté de quelques consolantes paroles, qu'ils n'ont pas su lui offrir. *De manu hostis :* quelque ennemi puissant et menaçant.

24-27. Ils ont insinué qu'il avait mérité ses souffrances, lui faisant ainsi une injustice suprême ; qu'ils prouvent leur dire, s'ils le peuvent. — *Docete me.* Job est prêt à recevoir leurs ins-

de vérité, puisque nul d'entre vous ne peut m'accuser?

26. Vous n'étudiez dans vos discours qu'à jeter du blâme, et vous ne faites que parler en l'air.

27. Vous vous précipitez sur un orphelin, et vous vous efforcez d'accabler votre ami.

28. Mais achevez ce que vous avez commencé; prêtez l'oreille, et voyez si je mens.

29. Répondez, je vous prie, sans contention; et, en parlant, jugez des choses selon la justice.

30. Alors vous ne trouverez point d'iniquité sur ma langue, et la folie ne retentira point dans ma bouche.

ritatis, cum e vobis nullus sit qui possit arguere me?

26. Ad increpandum tantum eloquia concinnatis, et in ventum verba profertis.

27. Super pupillum irruitis, et subvertere nitimini amicum vestrum.

28. Verumtamen quod cœpistis explete; præbete aurem, et videte an mentiar.

29. Respondete, obsecro, absque contentione; et loquentes id quod justum est, judicate.

30. Et non invenietis in lingua mea iniquitatem, nec in faucibus meis stultitia personabit.

CHAPITRE VII

1. La vie de l'homme sur la terre est celle du soldat, et ses jours sont comme les jours d'un mercenaire.

2. Comme un esclave soupire après l'ombre, et comme un mercenaire attend la fin de son travail,

3. ainsi je n'ai eu que des mois vides, et je ne compte que des nuits douloureuses.

1. Militia est vita hominis super terram; et sicut dies mercenarii, dies ejus.

2. Sicut servus desiderat umbram, et sicut mercenarius præstolatur finem operis sui,

3. sic et ego habui menses vacuos, et noctes laboriosas enumeravi mihi.

---

tructions; voilà tout ce qu'il désire d'eux, puisqu'ils n'ont pas voulu le consoler. — *Quare detraxistis...?* Variante dans l'hébreu : Que les paroles vraies sont persuasives ! mais que prouvent vos remontrances ? — *Ad increpandum...* (vers. 26). Autre variante dans le texte original : Pensez-vous me faire un crime de quelques mots, et de paroles en l'air, échappées au désespoir (Le Hir)? Allusion au monologue qui avait donné occasion au débat (chap. III). Job est le premier à reconnaître que son langage avait été trop ardent; mais doit-on attacher tant d'importance, ajoute-t-il, aux paroles d'un désespéré, qui sont évidemment exagérées ? — *Super pupillum...* (vers. 27). Hébr. : Vous jetez le sort sur un orphelin. Il compare ses amis à des créanciers sans pitié, qui, après la mort d'un débiteur insolvable, s'emparent de son jeune enfant, et tirent au sort pour savoir à qui d'entre eux il appartiendra. — *Subvertere nitimini.* L'hébreu est plus expressif : Vous creusez une fosse à votre ami (pour l'y faire tomber).

28-30. Job conjure ses amis de le juger avec équité et d'écouter sa justification. — *Respondete.* Hébr. : Revenez ! C.-à-d. changez de conduite à mon égard. — *Et non invenietis...* Job est si parfaitement sûr de son innocence ! — *Nec in faucibus...* Nuance dans l'hébreu : Est-ce que mon goût est incapable de discerner ce qui est

mal? Job veut dire qu'il a encore assez de sens moral pour connaître ce qui déplaît à Dieu.

4° Job expose à Dieu sa profonde misère. VII, 1-10.

Après avoir dit nettement leur fait à ses amis et s'être plaint à bon droit de leur conduite, il revient à ses sombres pensées du chap. III. La prière ne tarde point à se faire jour (vers. 7); mais elle est presque immédiatement étouffée par la souffrance, qui suscite de nouveau des plaintes amères.

CHAP. VII. — 1-3. Les misères de l'homme ici-bas. Job, jetant ses regards sur toute l'humanité, la voit condamnée à une existence éphémère et remplie d'ennuis. — *Militia* : la rude et périlleuse existence du soldat. Cf. Is. XL, 2. — *Dies mercenarii* : autre existence privée de liberté et remplie de fatigues. — *Desiderat umbram* : la fraîcheur et le repos du soir, bien que désire ardemment l'esclave, pendant ses pénibles travaux, accomplis sous les feux brûlants du soleil. — *Præstolatur finem...* Dans l'hébreu : il attend son salaire. C'est la même pensée, car les journaliers étaient payés chaque soir. Cf. Prov. XXI, 6. — *Sic et ego.* Job n'a pu échapper au sort commun ; sa part est même extraordinairement pénible. — *Menses vacuos.* Littér. : des mois de vanité; c.-à-d. des mois d'illusion, de déception, durant lesquels il espérait cons-

4. Si dormiero, dicam : Quando consurgam? Et rursum expectabo vesperam, et replebor doloribus usque ad tenebras.

5. Induta est caro mea putredine; et sordibus pulveris cutis mea aruit et contracta est.

6. Dies mei velocius transierunt quam a texente tela succiditur, et consumpti sunt absque ulla spe.

7. Memento quia ventus est vita mea, et non revertetur oculus meus ut videat bona.

8. Nec aspiciet me visus hominis; oculi tui in me, et non subsistam.

9. Sicut consumitur nubes, et pertransit, sic qui descenderit ad inferos, non ascendet.

10. Nec revertetur ultra in domum suam, neque cognoscet eum amplius locus ejus.

11. Quapropter et ego non parcam ori meo; loquar in tribulatione spiritus mei, confabulabor cum amaritudine animæ meæ.

12. Numquid mare ego sum, aut cetus, quia circumdedisti me carcere?

13. Si dixero : Consolabitur me lectu-

4. Si je m'endors, je dis : Quand me lèverai-je? et j'attends de nouveau le soir, et je suis rempli de douleurs jusqu'à la nuit.

5. Ma chair est couverte de pourriture et d'une sale poussière; ma peau est toute sèche et retirée.

6. Mes jours ont passé plus vite que la toile n'est coupée par le tisserand, et ils se sont consumés sans aucune espérance.

7. Souvenez-vous que ma vie n'est qu'un souffle, et que mes yeux ne verront plus le bonheur.

8. Le regard de l'homme ne m'apercevra plus. Vos yeux sont sur moi, et je ne pourrai subsister.

9. Comme une nuée se dissipe et passe, ainsi celui qui descend au séjour des morts ne remontera plus.

10. Il ne reviendra plus dans sa maison, et le lieu où il était ne le reconnaîtra plus.

11. C'est pourquoi je ne retiendrai pas ma langue; je parlerai dans l'affliction de mon esprit, je m'entretiendrai dans l'amertume de mon âme.

12. Suis-je une mer, ou un monstre marin, pour que vous m'ayez renfermé dans une prison?

13. Si je dis : Mon lit me consolera,

---

tamment que son sort serait amélioré, tandis qu'il s'empirait. De ce passage on a conclu que la maladie de Job durait alors depuis plusieurs mois. — *Noctes laboriosas :* des nuits d'insomnie et de douleur. Comp. le vers. 4.

4-6. Quelques traits spéciaux des souffrances de Job. — *Si dormiero...* Dans l'hébreu : Si je me couche, je dis... Les nuits sont très pénibles pour les malades atteints de l'éléphantiasis. — *Rursum expectabo...* Jamais de calme. La nuit, il espère que le jour lui apportera quelque soulagement ; trompé dans son attente, il compte sur la nuit pour trouver du repos ; mais en vain toujours. — *Induta...putredine.* Plutôt : de vers. Il s'en forme dans les chairs ulcérées des lépreux. — *Sordibus pulveris.* Hébr. : d'une croûte terreuse. Tel est l'aspect extérieur de l'éléphantiasis. La chair, durcie, boursouflée, crevassée, prend une teinte terreuse. — *Contracta est.* Littéralement : se dissout, par la suppuration. — *Dies mei velocius...* (vers. 6). C'est la comparaison classique. Dans l'hébreu : plus rapides que la navette du tisserand (qui va et vient à travers la trame). Cf. Is. xxxviii, 12. Job ne saurait donc compter sur le bonheur qu'Éliphaz lui a promis avec tant d'emphase. — *Absque ulla spe.* Pas d'autre perspective que le tombeau.

7 1°. Job conjure humblement le Seigneur d'avoir égard à cette brièveté de sa vie, de lui procurer quelque soulagement avant sa mort. — *Memento...* Malgré tout, cette âme si pieuse

n'a point oublié la prière, ni abandonné son Dieu. — *Non revertetur oculus...* Hébraïsme, pour signifier que le suppliant ne compte plus revoir la prospérité ici-bas. — *Nec aspiciet me...* Hébr. : L'œil qui me voit ne me verra plus. Pas plus dans ce passage qu'en divers autres de même nature, Job ne touche à la question de l'immortalité de l'âme. Il veut dire simplement qu'une fois mort, il ne reviendra plus sur la terre dans les conditions de la vie présente. — *Oculi tui in me...* Quand Dieu lui-même le chercherait du regard parmi les vivants, il ne le trouvera plus. — *Sicut... nubes* (vers. 9). Autre image très expressive, pour représenter les effets de la mort. — *Ad inferos.* Hébr. : le *š'ôl* ou séjour des morts. — *Locus ejus* (vers. 10) : le lieu qu'il habitait.

5° Plaintes véhémentes sur la terrible destinée que Dieu a faite à Job. VII, 11-21.

11-16. Job annonce qu'il va dire à Dieu toute sa pensée sur les maux qu'il endure, et il lui pose, en effet, des questions hardies sur l'état affreux auquel il se trouve réduit, le conjurant d'y mettre fin. — *Quapropter :* puisque le Seigneur semble ne faire attention ni à la brièveté de ma vie, ni à la grandeur de mes souffrances. — *Loquar in tribulatione...* Il est bon de remarquer ces mots et les suivants, *cum amaritudine...,* car ils donnent le ton à ce passage, auquel il faut appliquer la règle posée plus haut par Job lui-même (note de vi, 26). — *Numquid mare..., cetus ?* La mer aux vagues terribles, dont

et en m'entretenant avec moi-même je me reposerai sur ma couche,

14. vous me tourmentez par des songes, et vous me troublez par d'horribles visions.

15. C'est pourquoi mon âme préfère une mort violente, et mes os appellent le trépas.

16. J'ai perdu tout espoir; la vie m'échappe à jamais. Epargnez-moi, car mes jours ne sont que néant.

17. Qu'est-ce que l'homme pour que vous en fassiez tant de cas? Et comment daignez-vous appliquer sur lui votre cœur?

18. Vous le visitez le matin, et aussitôt vous l'éprouvez.

19. Jusques à quand ne m'épargnerez-vous pas, et ne me laisserez-vous pas même avaler ma salive?

20. J'ai péché, que vous ferai-je, ô gardien des hommes? Pourquoi m'avez-vous mis en butte à vos coups, et m'avez-vous rendu insupportable à moi-même?

21. Pourquoi n'enlevez-vous pas mon péché, et ne me pardonnez-vous pas mon iniquité? Je vais bientôt dormir dans la poussière, et quand vous me chercherez le matin, je ne serai plus.

lus meus, et relevabor loquens mecum in strato meo;

14. terrebis me per somnia, et per visiones horrore concuties.

15. Quamobrem elegit suspendium anima mea, et mortem ossa mea.

16. Desperavi, nequaquam ultra jam vivam; parce mihi, nihil enim sunt dies mei.

17. Quid est homo, quia magnificas eum? aut quid apponis erga eum cor tuum?

18. Visitas eum diluculo, et subito probas illum.

19. Usquequo non parcis mihi, nec dimittis me ut glutiam salivam meam?

20. Peccavi; quid faciam tibi, o custos hominum? Quare posuisti me contrarium tibi, et factus sum mihimetipsi gravis?

21. Cur non tollis peccatum meum, et quare non aufers iniquitatem meam? Ecce nunc in pulvere dormiam; et si mane me quæsieris, non subsistam.

---

on limite les destructives invasions (cf. xxxviii, 8; Jer. v, 22); les monstres marins dont on se défie et que l'on surveille. Grande ironie dans cette question : comme si Job était dangereux pour l'univers ! — *Quia circumdedisti...* Hébr. : pour que tu établisses une garde contre moi. — *Si dixero...* (vers. 13-14). Comp. le vers. 4. Job est déçu dans ses moindres désirs et dans ses plus légitimes aspirations. — *Relevabor loquens...* Dans l'hébreu : ma couche m'aidera à supporter ma plainte. — *Somnia, visiones :* les cauchemars horribles qui alternent avec l'insomnie dans l'éléphantiasis. — *Elegit suspendium...* (vers. 15). L'hébreu parle de suffocation : allusion, non pas à des pensées de suicide qui auraient hanté l'esprit de Job, comme on l'a parfois supposé, mais aux crises de suffocation qui sont fréquentes dans la maladie dont il souffrait. Job appelle donc la mort, comme la seule issue de ses maux. — *Mortem ossa mea.* C.-à-d. mon corps désire le trépas. — *Parce mihi* (vers. 16). Dans l'hébreu, avec énergie : Laisse-moi !

17-21. L'homme n'est-il pas trop insignifiant pour que Dieu s'occupe de le tourmenter ? Si Job est coupable, pourquoi le Seigneur ne lui pardonne-t-il pas avant sa mort ? — *Quid est homo, quia...?* Encore de l'ironie amère. Il n'y a pas de proportion entre la petitesse de l'homme et la manière anxieuse dont Dieu paraît s'occuper de lui. Grande ressemblance entre ce passage

(vers. 17-18) et le Ps. viii, 5; mais, ici, Dieu pense à l'homme pour le faire souffrir; là, pour le combler de dons. — *Apponis... cor.* Locution hébraïque pour marquer une vive attention. — *Subito probas.* D'après l'hébreu : tu l'éprouves à tout instant. — *Usquequo non parcis...* (vers. 19)? Hébr. : jusques à quand ne détourneras-tu pas de moi ton regard? — *Ut glutiam salivam.* Expression proverbiale, encore en usage chez les Arabes, pour marquer un moment extrêmement rapide ; c'est l'équivalent de notre « en un clin d'œil ». — *Peccavi* (vers. 20). Concession purement hypothétique : Si j'ai péché ! Job passe à une autre pensée, toujours pour se plaindre d'avoir tant à souffrir. — *Quid faciam tibi ?* C.-à-d. : Que faire pour obtenir mon pardon ? Mieux : Qu'ai-je pu te faire, même au cas où j'aurais péché ? en quoi ma faute a-t-elle atteint ton être divin ? — *O custos... :* toi qui observes l'homme attentivement, afin de trouver en lui de quoi le châtier. — *Contrarium tibi.* Dans l'hébreu : un but à tes traits. Cf. vi, 4. — *Cur non tollis...* (vers. 21)? S'il a péché, pourquoi Dieu ne pardonne-t-il pas à une créature infirme et misérable, qui va bientôt mourir ? — Combien Job devait souffrir pour tenir un tel langage ! Mais sa foi héroïque subsiste : on la voit scintiller à travers le nuage de poussière que la lutte a répandu tout autour d'elle ; elle ne tardera pas à triompher pleinement.

CHAPITRE VIII

1. Respondens autem Baldad Suhites, dixit :
2. Usquequo loqueris talia, et spiritus multiplex sermones oris tui? •
3. Numquid Deus supplantat judicium? aut Omnipotens subvertit quod justum est?
4. Etiamsi filii tui peccaverunt ei, et dimisit eos in manu iniquitatis suæ,

5. tu tamen si diluculo consurrexeris ad Deum, et Omnipotentem fueris deprecatus,
6. si mundus et rectus incesseris, statim evigilabit ad te, et pacatum reddet habitaculum justitiæ tuæ;
7. in tantum, ut si priora tua fuerint parva, et novissima tua multiplicentur nimis.
8. Interroga enim generationem pristinam, et diligenter investiga patrum memoriam;

1. Alors Baldad le Subite prit la parole et dit :
2. Jusques à quand tiendras-tu ce langage, et les paroles de ta bouche seront-elles un vent impétueux?
3. Dieu refuse-t-il la justice? et le Tout-Puissant renverse-t-il l'équité?

4. Quand tes enfants auraient péché contre lui, et qu'il les aurait abandonnés au pouvoir de leur iniquité,
5. si néanmoins tu t'empresses d'aller à Dieu, et si tu implores le Tout-Puissant,
6. si tu marches pur et droit, il sera prompt à te secourir, et il rendra la paix à ton habitation innocente;
7. de sorte que si tes biens étaient autrefois médiocres, ils se multiplieront désormais étonnamment.
8. Interroge la génération passée, et consulte avec soin les histoires de nos pères;

§ IV. — *Discours de Baldad.* VI.I, 1-22.

Job avait conjuré ses amis de prendre une autre attitude à son égard (VI, 28-30). Baldad ne tient aucun compte de cette prière, mais il se place tout à fait au même point de vue qu'Éliphaz et répète, comme le fera ensuite Sophar, que les souffrances sont la suite et la preuve du péché. Il insiste pourtant davantage sur la justice de Dieu : c'est là le centre de son discours. De plus, il s'appuie, lui, sur l'autorité et sur la sagesse des anciens, c.-à-d. sur l'argument de tradition, de même qu'Éliphaz avait tiré de la révélation sa preuve principale. Son langage est « fleuri et sentencieux » ; ses pensées sont vigoureusement énoncées, et vraies en elles-mêmes; elles ont le tort, comme celles d'Éliphaz, d'être trop générales et de ne pas s'appliquer au cas présent.
1º Dieu est strictement juste dans la distribution des peines et des joies. VIII, 1-7.
Chap. VIII. — 1. Introduction.
2-3. Le principe : que Job cesse d'accuser Dieu, qui agit toujours avec une parfaite justice. — *Usquequo...* Petit exorde « ab irato » et sans pitié (vers. 2). Éliphaz avait au moins su dire quelques paroles d'urbanité. — *Spiritus multiplex.* Hébr. : un vent violent. C'était affirmer que le discours de Job n'était pas moins creux que véhément. — *Numquid Deus...* (vers. 3)? Telle est la thèse que Baldad se propose de soutenir.
4-7. Application du principe aux enfants de

Job et à Job lui-même. — *Si filii tui...* Langage cruel, malgré l'emploi de la formule hypothétique. Baldad ne doutait pas que les fils de Job n'eussent grièvement péché. — *In manu iniquitatis.* Métaphore énergique : ce sont leurs crimes eux-mêmes qui les ont saisis et châtiés; Dieu n'a eu qu'à laisser faire. — *Tu tamen...* Avec emphase. Malgré la culpabilité de ses enfants, Job n'a qu'à se soumettre humblement à Dieu, et il redeviendra heureux comme autrefois. — *Diluculo consurrexeris.* Hébraïsme très fréquent, pour marquer la promptitude et le soin avec lesquels on accomplit un acte. — *Evigilabit ad te.* Autre belle métaphore : Dieu fera pour Job ce que Job aura fait lui-même pour Dieu. — *Habitaculum justitiæ.* C.-à-d. la demeure où l'on aura vécu saintement, ou dont on aura écarté les iniquités des anciens jours. — *In tantum...* (vers. 7). Promesse d'un bonheur beaucoup plus grand encore que le premier. Ainsi donc, le crime toujours puni et la vertu toujours récompensée sur cette terre : les trois amis ne sortent pas de là.
2º Ce qu'enseignait la sagesse antique sur le point en question. VIII, 8-19.
Après avoir exposé son principe et s'en être permis une application rapide, Baldad entreprend de le démontrer par le témoignage de la tradition.
8-10. Entrée en matière : force de l'argument qui va être présenté. — *Patrum.* Hébr. : de leurs pères ; les pères de la *generatio pristina,* les fondateurs de l'humanité. Plus la tradition

9. (car nous ne sommes que d'hier, et nous ne savons rien, parce que nos jours s'écoulent sur la terre comme l'ombre ;)

10. et ils t'instruiront ; ils te parleront, et ils puiseront ces leçons dans leur cœur.

11. Le jonc peut-il verdir sans humidité, ou le roseau peut-il croître sans eau ?

12. Encore en fleur, et sans qu'on le cueille, il sèche avant toutes les herbes.

13. Telle est la voie de tous ceux qui oublient Dieu, et l'espérance de l'hypocrite périra.

14. Il condamnera lui-même sa folie, et sa confiance sera comme une toile d'araignée.

15. Il s'appuiera sur sa maison, et elle ne tiendra pas ; il l'étayera, et elle ne subsistera point.

16. C'est une plante qui paraît verte avant que le soleil se lève, et qui pousse sa tige aussitôt qu'il est levé.

17. Ses racines se multiplient sur un monceau de pierres, et elle s'établit parmi les cailloux.

18. Si on l'arrache de sa place, ce lieu la reniera, et dira : Je ne te connais pas.

19. Car telle est toute la joie de sa voie, que d'autres germent de terre à sa place.

9. (hesterni quippe sumus, et ignoramus, quoniam sicut umbra dies nostri sunt super terram ;)

10. et ipsi docebunt te ; loquentur tibi, et de corde suo proferent eloquia.

11. Numquid virere potest scirpus absque humore? aut crescere carectum sine aqua?

12. Cum adhuc sit in flore, nec carpatur manu, ante omnes herbas arescit.

13. Sic viæ omnium qui obliviscuntur Deum, et spes hypocritæ peribit.

14. Non ei placebit vecordia sua, et sicut tela aranearum fiducia ejus.

15. Innitetur super domum suam, et non stabit ; fulciet eam, et non consurget.

16. Humectus videtur antequam veniat sol, et in ortu suo germen ejus egredietur.

17. Super acervum petrarum radices ejus densabuntur, et inter lapides commorabitur.

18. Si absorbuerit eum de loco suo, negabit eum, et dicet : Non novi te.

19. Hæc est enim lætitia viæ ejus, ut rursum de terra alii germinentur.

---

a d'antiquité, plus elle a de valeur ; or Baldad va la prendre à sa première source. — Memoriam. D'après l'hébreu : l'expérience des pères ; les résultats de leurs recherches, transmis de bouche en bouche. — Hesterni quippe... (vers. 9). Contraste destiné à mieux mettre en relief la force de la tradition. La science des anciens était plus vaste et plus sûre, parce qu'ils vivaient longuement ; les générations présentes n'ont qu'une existence rapide (sicut umbra...). — Et ipsi docebunt... (vers. 10). Le pronom est accentué : Ce sont eux qui t'instruiront. Plus fortement encore dans l'hébreu : N'est-ce pas eux qui...? — De corde suo : de la partie la plus intime de leur être.

11-15. Un premier dire des anciens sur le problème de la souffrance : l'exemple de deux plantes fraîches et verdoyantes, qui tout à coup se fanent et périssent. — Scirpus. Dans l'hébreu : gômé ; vraisemblablement le papyrus, qui abonde en Égypte et que l'on trouvait aussi en Palestine. Cf. Ex. II, 3 ; Is. XVIII, 2 et XXXV, 7 ; l'Atl. d'hist. nat., pl. VII, fig. 4 ; pl. VIII, fig. 1, 3. — Carectum. Le nom hébreu 'âḥu, employé seulement ici et Gen. XLI, 2, parait désigner les roseaux en général. — Sine aqua. Ce genre de plante a besoin de beaucoup d'humidité. — In flore (verset 12). L'hébreu dit seulement : encore vert. — Ante omnes... arescit. A plus forte raison s'il vient à manquer d'eau. — Sic viæ... Aux vers.

13-15, application de la comparaison. Dès que les impies sont privés, par leur faute, de la grâce divine, le malheur les frappe sans tarder. — Non ei placebit... : alors ils regretteront, mais trop tard, la folie qui les aura conduits au péché. L'hébreu signifie probablement : son assurance est brisée. — Tela aranearum. Littéralement, dans l'hébreu : la maison de l'araignée. Édifice si fragile, comme l'exprime le vers. 15. Cf. Is. LIX, 5.

16-19. Autre exemple : la liane qui croît d'abord vigoureusement, puis qui se dessèche promptement aussi, et dont les traces mêmes disparaissent. — Humectus... Hébr. : il est verdoyant aux rayons du soleil. C.-à-d. que, sous cette influence bienfaisante, la liane développe très vite ses rameaux. — In ortu suo... Mieux : dans le jardin (où elle est plantée). — Super acervum... Manière dont cette plante, si elle rencontre un monceau de pierres, l'enlace de ses bras multiples et le recouvre. Autre marque d'une vigueur luxuriante. — Si absorbuerit... (vers. 18). Si on l'arrache de sa place, celle-ci, qui est personnifiée poétiquement, oublie aussitôt la belle liane, qu'elle prétend n'avoir jamais connue. — Hæc est enim... L'application (vers. 19). Tel est le résultat final de la vie d'abord toute florissante de l'impie. — Ut rursum... : il est remplacé par d'autres hommes, qui valent mieux que lui.

20. Deus non projiciet simplicem, nec porriget manum malignis,

21. donec impleatur risu os tuum, et labia tua jubilo.

22. Qui oderunt te induentur confusione et tabernaculum impiorum non subsistet.

---

20. Dieu ne rejettera pas le simple, et il ne tendra pas la main aux méchants,

21. jusqu'à ce que le rire remplisse ta bouche, et que la jubilation soit sur tes lèvres.

22. Ceux qui te haïssent seront couverts de confusion, et la tente des impies ne subsistera plus.

CHAPITRE IX

1. Et respondens Job, ait :
2. Vere scio quod ita sit, et quod non justificetur homo compositus Deo.

3. Si voluerit contendere cum eo, non poterit ei respondere unum pro mille.

4. Sapiens corde est, et fortis robore : quis restitit ei, et pacem habuit ?
5. Qui transtulit montes, et nescierunt hi quos subvertit in furore suo.

---

1. Job prit la parole et dit :
2. Assurément je sais qu'il en est ainsi, et que l'homme, si on le compare à Dieu, n'est pas trouvé juste.
3. S'il veut disputer avec lui, il ne pourra pas lui répondre sur une chose entre mille.
4. Dieu est sage, il est tout-puissant : qui lui a résisté, et est demeuré en paix ?
5. Il transporte les montagnes, et ceux qu'il renverse dans sa fureur ne s'en aperçoivent pas.

3° Conclusion du discours. VIII, 20-22.

20-22. Résumé de la doctrine des sages antiques, que Baldad avait exposée dans les versets précédents. — *Simplicem*. Dans l'hébreu, *tâm*, l'homme droit et parfait. Voyez I, 1 et la note. — *Nec porriget... :* une main protectrice et tutélaire. — *Donec... risu... jubilo.* Expressions pittoresques, qui désignent une joie très vive et très complète. — *Qui oderunt te...* Les ennemis de Job, censés pécheurs, tandis qu'il sera lui-même rentré en grâce avec Dieu. Ce trait final n'est pas dénué de délicatesse.

§ V. — *Réponse de Job à Baldad.* IX, 1 — X, 22.

Discours ardent, passionné ; ce qui s'explique sans peine après les attaques de Baldad, dont plusieurs étaient presque directes. Job y passe souvent d'une idée à une autre. Néanmoins on peut le résumer ainsi : 1° quand même l'homme essayerait de se justifier devant son Créateur, la terreur que lui inspirerait la majesté divine l'empêcherait de démontrer son innocence (chap. IX) ; 2° efforts de Job en divers sens pour découvrir le secret de ses redoutables épreuves (ch. X). En dehors des premiers mots Job ne s'adresse pas directement à ses amis ; sa parole ressemble plutôt ici à une contemplation solitaire.

1° Job n'ignore pas que Dieu est tout-puissant. IX, 1-12.

Chap. IX. — 1. Formule d'introduction.

2-4. Il est de toute évidence qu'aucun homme n'est complètement juste devant Dieu. — *Vere scio...* Assertion où perce l'ironie. — *Et quod non...* Avec un tour interrogatif dans l'hébreu : Et comment un mortel serait-il juste devant Dieu ? Pensée semblable à celle de Ps. CXLII, 2. Comp.

aussi IV, 17. — *Si voluerit...* Si l'homme entreprend de plaider contre Dieu pour lui démontrer son innocence. L'équivalent hébreu de *contendere* est un terme légal, qui marque une vraie procédure en cour de justice. — *Non poterit ei...* L'homme ne pourra faire à Dieu une seule réponse sur mille questions que celui-ci lui posera. — *Sapiens..., fortis...* Motif de ce silence forcé (vers. 4) : le plaideur serait écrasé par la sagesse et la puissance infinies de son divin adversaire. — *Quis restitit...?* L'expérience pour confirmer la théorie : qui a jamais bravé le Seigneur avec immunité (*pacem habuit*) ?

5-10. Description de la toute-puissance de Dieu

La Grande-Ourse.

telle qu'elle se manifeste dans le monde physique. Fort beau passage : quelques exemples, admirablement choisis, montrent avec quelle

6. Il remue la terre de sa place, et ses colonnes sont ébranlées.

7. Il commande au soleil, et le soleil ne se lève point, et il tient les étoiles enfermées comme sous le sceau.

8. Il étend seul les cieux, et il marche sur les flots de la mer.

9. Il a créé la Grande-Ourse, Orion, les Hyades, et les constellations australes.

10. Il fait des merveilles incompréhensibles, et des prodiges sans nombre.

11. S'il vient à moi, je ne le verrai pas; et s'il s'en va, je ne m'en apercevrai pas.

12. S'il interroge tout à coup, qui lui répondra? ou qui pourra lui dire : Pourquoi faites-vous ainsi?

13. Dieu, personne ne peut résister à sa colère; et ceux mêmes qui portent le monde fléchissent sous lui.

. 14. Qui suis-je donc, moi, pour lui

6. Qui commovet terram de loco suo, et columnæ ejus concutiuntur.

7. Qui præcipit soli, et non oritur; et stellas claudit quasi sub signaculo.

8. Qui extendit cælos solus, et graditur super fluctus maris.

9. Qui facit Arcturum et Oriona, et Hyadas et interiora Austri.

10. Qui facit magna, et incomprehensibilia, et mirabilia, quorum non est numerus.

11. Si venerit ad me, non videbo eum; si abierit, non intelligam.

12. Si repente interroget, quis respondebit ei? vel quis dicere potest : Cur ita facis?

13. Deus, cujus iræ nemo resistere potest, et sub quo curvantur qui portant orbem.

14. Quantus ergo sum ego, ut respon-

---

facilité le Seigneur sait diriger les masses les plus gigantesques de l'univers. — *Transtulit...*, *nescierunt :* tant cette translation est rapide et inattendue. Cf. Jer. L, 24. — *Commovet...* (verset 6). Les tremblements de terre. — *Columnæ ejus.* Notre globe est comparé à une construction immense, qui reposerait sur des piliers solides (les bases des montagnes). Cf. XXXVIII, 6; Ps. CIII, 5. — *Præcipit soli...* (vers. 7). Allusion aux éclipses, ou aux nuages qui empêchent le soleil de paraître. — *Stellas... sub signaculo.* Image hardie : les étoiles enfermées sous le sceau. — *Extendit cælos solus* (vers. 8). Cf. Is. XL, 22 et XLIV, 24; Ps. CIII, 2. Les écrivains sacrés aimaient à se représenter le ciel comme un immense rou-

Orion.

leau, que Dieu avait seul déployé. — *Graditur super fluctus.* Hébr. : il marche sur les hauteurs de la mer (les vagues); comme sur le sol, ajoutent les LXX. — *Facit Arcturum.* Arcturus est une

étoile de la constellation du Bouvier ; mais le mot hébreu *'aš* désigne plus probablement la Grande-Ourse. — *Oriona.* C'est bien cette magnifique constellation qui est représentée par le nom *Kᵉsil.* — *Hyadas.* Les Hyades sont des étoiles situées à la tête du Taureau. L'hébreu *Kîmah*, qui signifie monceau, désigne plutôt les Pléiades, ce gracieux « bouquet de joyaux » des écrivains persans. — *Interiora Austri.* Littér. : les chambres du sud ; c.-à-d. la partie australe du ciel, avec les astres qu'elle renferme. Les trois groupes d'étoiles signalés auparavant appartiennent à l'hémisphère boréal. — *Qui facit magna...* (vers. 10). Pensée générale pour achever la description ; elle est empruntée presque mot pour mot au premier discours d'Éliphaz (V, 9).

11-12. Dieu étant si puissant, comment Job pourrait-il faire valoir son droit devant lui? — *Si venerit ad me...* Conclusion très naturelle de la description qui précède, et qui nous ramène au vers. 3. — Job relève tour à tour son ignorance (vers. 11) et sa faiblesse (vers. 12) en face de Dieu. La présence du Seigneur est imperceptible en elle-même ; sa puissance est écrasante, irrésistible. Au lieu de *quis interroget...*, l'hébreu porte : S'il ravit une proie, qui s'y opposera? C'est un autre exemple de la toute-puissance du Seigneur.

2° Job ne saurait donc plaider avec Dieu. IX, 13-24.

13-16. Les créatures les plus robustes n'ont pu résister au Seigneur ; Job le pourrait beaucoup moins encore. — *Qui portant orbem.* Ces mots de la Vulgate ont été appliqués tour à tour aux bons anges, aux démons, aux rois et aux princes, aux héros vaillants. L'hébreu a simplement : les soutiens de l'orgueil ; c.-à-d. les hommes arrogants et superbes qui veulent tenir tête au Très-Haut. Le mot *rahab,* orgueil, ser-

deam ei, et loquar verbis meis cum eo?

15. Qui, etiam si habuero quippiam justum, non respondebo, sed meum judicem deprecabor.

16. Et cum invocantem exaudierit me, non credo quod audierit vocem meam.

17. In turbine enim conteret me, et multiplicabit vulnera mea, etiam sine causa.

18. Non concedit requiescere spiritum meum, et implet me amaritudinibus.

19. Si fortitudo quæritur; robustissimus est ; si æquitas judicii, nemo audet pro me testimonium dicere.

20. Si justificare me voluero, os meum condemnabit me ; si innocentem · ostendero, pravum me comprobabit.

21. Etiamsi simplex fuero, hoc ipsum ignorabit anima mea, et tædebit me vitæ meæ.

22. Unum est quod locutus sum : Et innocentem et impium ipse.consumit.

23. Si flagellat, occidat semel, et non de pœnis innocentum rideat.

24. Terra data est in manus impii,

répondre, et pour avoir un entretien avec lui?

.. 15. Quand même j'aurais quelque justice, je ne répondrais pas, mais j'implorerais mon juge.

16. Et lors même qu'il aurait exaucé ma prière, je ne croirais pas qu'il eût *daigné* écouter ma voix.

17. Car il me brisera dans un tourbillon, et il multipliera mes blessures, même sans raison.

18. Il ne me laisse pas respirer, et il me remplit d'amertume.

19. Si l'on fait appel à la force, il est tout-puissant ; à la justice du jugement, personne n'osera rendre témoignage en ma faveur.

20. Si j'entreprends de me justifier, ma propre bouche me condamnera ; si je démontre mon innocence, il me convaincra d'être coupable.

21. Quand je serais juste, cela même me serait caché, et ma vie me serait à charge à moi-même.

22. Tout ce que j'ai dit se ramène à ceci : Dieu détruit le juste aussi bien que l'impie.

23. S'il frappe, qu'il tue tout d'un coup, et qu'il ne se rie pas des peines des innocents.

24. La terre est livrée aux mains de

---

vant aussi parfois à désigner les monstres marins, on s'explique la traduction des LXX : les monstres marins qui sont sous le ciel. Quelques interprètes modernes voient dans cette expression, mais sans raison suffisante, une allusion mythologique à quelque monstre terrassé par Dieu. — *Etiam si habuero...* (vers. 15). Même dans l'hypothèse la plus favorable, celle de sa parfaite justice, Job, lorsqu'il se verrait en face du souverain Juge, ne saurait que se jeter à ses pieds pour implorer sa miséricorde, bien loin de pouvoir se défendre. — *Non credo...* (vers. 16). Mieux : Je ne croirais pas... Continuation de la même hypothèse, et admirable parole d'humilité, qui montre quels étaient alors les vrais sentiments de Job envers Dieu.

17-21. Impossibilité pour Job de faire valoir son innocence devant un maître si terrible. — *In turbine :* dans un violent ouragan. Job décrit ce qui se passerait si Dieu acceptait sa citation en justice. — *Multiplicabit... sine causa :* sans cause manifeste, et quoique Job ne soit pas coupable. — *Implet me...* (vers. 18). Dans l'hébreu : il me rassasie. — *Si fortitudo..., si equitas...* (vers. 19). C'est toujours la même pensée, qui devient plus forte par ces répétitions. Beauté dramatique dans l'hébreu, où Dieu est censé répondre directement à son adversaire : Si j'en appelle à la force : Me voici ! (dira-t-il) ; si c'est à la justice (il dira) : Qui me cite ? — *Os meum*

condemnabit... (vers. 20). Job sera tellement intimidé par la divine présence et la divine sainteté, qu'il s'accusera au lieu de se défendre. — *Etiamsi simplex...* (vers. 21). L'hébreu emploie encore l'adjectif *țam*, parfait. — *Hoc ipsum ignorabit... :* il l'ignorerait d'une manière pratique et utile pour sa défense, et il se laisserait condamner sans résistance.

22-24. Malgré cela, Job atteste énergiquement son innocence, et il affirme que les bons ne sont pas moins châtiés que les méchants. — *Unum... locutus sum.* Dans l'hébreu : Il n'importe ; c'est pourquoi je dis... Peu importe qu'il soit juste ou coupable ; ce qui importe davantage, c'est le fait qu'il signale aussitôt (*et innocentem et impium...*), car ce fait jette un grand jour, selon lui, sur l'objet du débat. Le malheur ne prouve donc pas à lui seul qu'un homme est coupable devant Dieu. Et là-dessus, troublé de plus en plus, et ne trouvant pas encore d'issue consolante, Job profère quelques-unes de ses paroles les plus hardies (« nihil asperius », disait saint Jérôme). — *Si flagellat...* (vers. 23). D'après l'hébreu : Si (du moins) le fléau donnait soudain la mort ! — *Non... rideat :* comme si Dieu prenait plaisir à prolonger les souffrances des malheureux. L'hébreu dit, sans négation : Il se rit des épreuves de l'innocent. — *Terra... in manus impii.* Non seulement les pécheurs ne sont pas toujours punis, mais ils sont souvent honorés, exaltés ; ils

l'impie; Dieu couvre d'un voile la face des juges. Si ce n'est lui, qui est-ce donc?

25. Mes jours ont passé plus vite qu'un courrier; ils ont fui sans avoir vu le bonheur.

26. Ils ont passé comme des vaisseaux qui portent des fruits, comme un aigle qui fond sur sa proie.

27. Quand je dis : Je ne parlerai plus ainsi, mon visage se change aussitôt, et la douleur me déchire.

28. Je tremblais à chacune de mes œuvres, sachant que vous ne pardonnez pas au coupable.

29. Que si, après cela, je passe pour impie, pourquoi aurais-je travaillé en vain?

30. Quand je me laverais dans l'eau de neige, et que la pureté de mes mains éclaterait,

vultum judicum ejus operit. Quod si non ille est, quis ergo est?

25. Dies mei velociores fuerunt cursore; fugerunt, et non viderunt bonum.

26. Pertransierunt quasi naves poma portantes, sicut aquila volans ad escam.

27. Cum dixero : Nequaquam ita loquar, commuto faciem meam, et dolore torqueor.

28. Verebar omnia opera mea, sciens quod non parceres delinquenti.

29. Si autem et sic impius sum, quare frustra laboravi?

30. Si lotus fuero quasi aquis nivis, et fulserint velut mundissimæ manus meæ,

---

possèdent des contrées entières, qu'ils font souffrir. — *Vultum... operit.* C'est Dieu lui-même qui fait cela, semblant protéger ses plus grands ennemis. — *Quod si non ille...* Expression d'une énergie étrange.

3° Job est effrayé par la majesté et la sainteté de Dieu. IX, 25-35.

25-28. Sa vie s'écoule rapidement, et les dou-

barques de papyrus. Cf. Is. XVIII, 2, et l'*Atl. arch.,* pl. LXXIII, fig. 5, 12. Ces esquifs étaient extrêmement légers. — *Aquila volans,* et volant *ad escam.* L'aigle fond sur sa proie comme l'éclair. — *Nequaquam ita loquar* (vers. 27). Dans l'hébreu : Je veux oublier (faire cesser) ma plainte. — *Commuto faciem...* C.-à-d. qu'il prend aussi la résolution de chasser de sa physionomie tout

Égyptiens fabriquant une barque de papyrus. (D'après une fresque antique.)

leurs par lesquelles Dieu l'afflige lui montrent qu'il ne lui reste aucun espoir. — *Dies mei...* Job revient à lui-même et à ses misères personnelles, après les considérations générales des vers. 22-24. — *Velociores... cursore.* Trois comparaisons frappantes (vers. 25-26), pour décrire la brièveté de la vie : ce qu'il y avait alors de plus rapide sur la terre, sur l'onde et dans les airs. — *Non viderunt bonum.* Job avait joui autrefois d'un très rare bonheur; mais ses joies passées ne comptent plus, tant ses maux actuels sont violents. — *Naves poma portantes :* c.-à-d. de petites barques très agiles, permettant de porter au plus tôt ces fruits sur le marché. L'idée est la même au fond dans l'hébreu. Littéral. : des

air de tristesse ; mais alors survient un nouvel accès de son mal, et de nouveau il devient sombre et gémit. — Au lieu de *dolore torqueor,* l'hébreu porte : Je prends un air serein ; mais la phrase y est autrement construite, et la pensée est identique en réalité. Si je dis : Je veux oublier ma plainte, bannir la tristesse et prendre un air serein, je suis effrayé de toutes mes douleurs, sachant que tu ne me pardonnes rien.

29-31. Tous les efforts de Job pour démontrer son innocence sont inutiles, il faut qu'il se résigne à paraître coupable. — *Si... sic impius...* Plus fortement dans l'hébreu : Je suis impie ; c.-à-d. je suis déjà jugé par Dieu et déclaré coupable. Pourquoi donc, continue le texte original, me

31. tamen sordibus intinges me, et abominabuntur me vestimenta mea.

31. vous me plongeriez dans la fange, et mes vêtements m'auraient en horreur.

32. Neque enim viro qui similis mei est respondebo ; nec qui mecum in judicio ex æquo possit audiri.

32. Car ce n'est point à un homme semblable à moi que j'aurai à répondre, ni à quelqu'un qui puisse d'égal à égal plaider avec moi.

33. Non est qui utrumque valeat arguere, et ponere manum suam in ambobus.

33. Il n'y a personne qui puisse reprendre les deux parties, et mettre sa main sur l'un et l'autre.

34. Auferat a me virgam suam, et pavor ejus non me terreat.

34. Qu'il retire sa verge de dessus moi, et que sa terreur ne m'épouvante pas.

35. Loquar, et non timebo eum ; neque enim possum metuens respondere.

35. Alors je parlerai sans le craindre ; car, dans la crainte où je suis, je ne puis répondre.

CHAPITRE X

1. Tædet animam meam vitæ meæ ; dimittam adversum me eloquium meum, loquar in amaritudine animæ meæ.

1. Mon âme est dégoûtée de la vie ; je m'abandonnerai aux plaintes contre moi-même, je parlerai dans l'amertume de mon âme.

2. Dicam Deo : Noli me condemnare ; indica mihi cur me ita judices.

2. Je dirai à Dieu : Ne me condamnez pas ; indiquez-moi pourquoi vous me traitez ainsi.

3. Numquid bonum tibi videtur, si calumnieris me, et opprimas me opus manuum tuarum, et consilium impiorum adjuves ?

3. Vous paraîtrait-il bon de me calomnier et de m'accabler, moi l'œuvre de vos mains ? Favoriserez-vous les desseins des impies ?

---

fatiguerais-je en vain (à démontrer mon innocence, ou à contenir ma plainte) ? D'après la Vulgate : à quoi m'ont servi mes bonnes œuvres d'autrefois ? — *Si lotus... aquis nivis* (vers. 30). *Quasi* n'est pas dans l'hébreu. La neige est l'emblème de la pureté parfaite ; cf. Ps. L, 7 ; Is. I, 18. — *Et fulserint... mundissimæ...* Hébr. : Quand je blanchirais mes mains avec le savon (littéral.: la potasse). — *Tamen sordibus intinges...* (verset 31). Vains efforts ; en présence de la sainteté divine, il paraîtra toujours souillé. Langage d'une énergie étonnante : Dieu lui-même est censé le plonger dans la boue, et ses vêtements auront de la répugnance à le couvrir.

32-35. Le Seigneur est trop au-dessus de Job pour que celui-ci puisse se disculper devant lui. — *Neque enim viro...* Si Dieu était mon égal, je saurais me défendre en me servant des ressources humaines ; mais il me dépasse trop en grandeur. — *Non est qui utrumque...* (vers. 33). L'hébreu est plus clair : Il n'y a pas d'arbitre entre nous, qui mette sa main sur chacun de nous ; c.-à-d. qui puisse nous imposer son autorité et sa décision. — *Auferat a me...* (vers. 34). Néanmoins Job est tellement sûr de son innocence, qu'il se croit capable de la démontrer même à Dieu, dans le cas où l'énorme poids de ses douleurs (*virgam, pavor*) cesserait pour un temps de l'écraser, et de lui enlever sa liberté d'esprit et de langage.

4° Job se demande d'une manière amère et plaintive pourquoi Dieu, quoique juste, afflige les innocents. X, 1-12.

CHAP. X. — 1-2. Ne tenant pas à la vie, il questionnera sans crainte le Seigneur sur ce point délicat. — *Tædet...* Va-et-vient remarquable dans l'âme agitée de Job : il affirmait naguère qu'il ne pourrait plaider avec Dieu aussi longtemps qu'il serait accablé par la souffrance, et voici qu'il entreprend son plaidoyer quand même. C'est ce qu'on a fort bien dénommé « la psychologie de la douleur » ; l'âme se contredit rapidement sous l'impression du mal qui la broie. — *Dimittam... eloquium...* Hébr. : Je donnerai un libre cours à ma plainte. Remarquons que cette plainte sera accompagnée de pressantes prières. — *Loquar in amaritudine... :* il fait un effort pour rechercher ce qui, dans le plan divin, peut éclaircir le douloureux problème dont il cherche la solution.

3-7. Trois causes possibles du traitement que Dieu inflige à Job. Beau passage : le saint homme, aux abois, hasarde différentes hypothèses, dans l'espoir de découvrir pourquoi Dieu le châtie, et il les rejette toutes, parce qu'elles seraient contraires à la perfection de la nature divine. — Première hypothèse, vers. 3 : le Seigneur se réjouirait-il de faire souffrir un innocent et de favoriser les impies ? *Si calumnieris... ;* plutôt : si tu m'opprimes. *Et opprimas ;* hébr. : et si tu

4. Avez-vous des yeux de chair, et regardez-vous les choses comme l'homme les regarde ?

5. Vos jours sont-ils comme les jours de l'homme, et vos années comme ses années,

6. pour que vous recherchiez mes iniquités, et que vous scrutiez mon péché,

7. quand vous savez que je n'ai rien fait d'impie, et que personne ne peut me délivrer de votre main ?

8. Vos mains m'ont formé ; elles ont façonné toutes les parties de mon corps, et vous voudriez me perdre en un instant ?

9. Souvenez-vous, je vous prie, que

4. Numquid oculi carnei tibi sunt ? aut sicut videt homo, et tu videbis ?

5. Numquid sicut dies hominis dies tui, et anni tui sicut humana sunt tempora,

6. ut quæras iniquitatem meam, et peccatum meum scruteris,

7. et scias quia nihil impium fecerim, cum sit nemo qui de manu tua possit eruere ?

8. Manus tuæ fecerunt me, et plasmaverunt me totum in circuitu ; et sic repente præcipitas me ?

9. Memento, quæso, quod sicut lutum

---

répudies. *Me opus manuum...* : pensée délicate, qui sera développée plus bas, vers. 8 et ss. *Et consilium...* ; littéralement : et que tu resplendisses (que tu fasses briller ta faveur) sur les conseils des méchants. — Seconde hypothèse,

une existence aussi brève que celle des hommes, et voudrait-il les trouver coupables et les châtier au plus vite, comme s'il craignait qu'ils ne lui échappent ? *Et scias...* (vers. 7) ; hébr. : quand même tu sais... *Cum sit nemo...* : Dieu n'a

Le premier homme, après avoir été formé sur un tour à potier, reçoit le souffle vital. (Fresque égyptienne.)

vers. 4 : Dieu pourrait-il se tromper, à la façon d'un juge terrestre ? *Oculi carnei* : des yeux semblables à ceux des hommes, qui ne voient que l'extérieur, et qui souvent le voient très mal. — Troisième hypothèse, vers. 5-7 : Dieu aurait-il

pas à craindre qu'on lui arrache ses prisonniers. Dans ce dernier verset, Job renverse lui-même les trois hypothèses qu'il avait faites.

8-12. Il n'est pas possible que Dieu, après avoir manifesté tant d'amour pour Job en le créant

receris me, et in pulverem reduces me.

10. Nonne sicut lac mulsisti me, et sicut caseum me coagulasti?

11. Pelle et carnibus vestisti me; ossibus et nervis compegisti me.

12. Vitam et misericordiam tribuisti mihi, et visitatio tua custodivit spiritum meum

13. Licet hæc celes in corde tuo, tamen scio quia universorum memineris.

14. Si peccavi, et ad horam pepercisti mihi, cur ab iniquitate mea mundum me esse non patieris?

15. Et si impius fuero, væ mihi est; et si justus, non levabo caput, saturatus afflictione et miseria.

16. Et propter superbiam quasi leænam capies me, reversusque mirabiliter me crucias.

17. Instauras testes tuos contra me, et multiplicas iram tuam adversum me, et pœnæ militant in me.

18. Quare de vulva eduxisti me? Qui

vous m'avez façonné comme de l'argile, et que vous me réduirez en poussière.

10. Ne m'avez-vous pas fait couler comme le lait, et coagulé comme un laitage pressé?

11. Vous m'avez revêtu de peau et de chairs; vous m'avez affermi d'os et de nerfs.

12. Vous m'avez donné la vie et comblé de bienfaits; et c'est votre providence qui a gardé mon âme.

13. Quoique vous cachiez ces choses dans votre cœur, je sais néanmoins que vous vous souvenez de tout.

14. Si j'ai péché, et si vous m'avez épargné pour un instant, pourquoi ne permettez-vous pas que je sois purifié de mon iniquité?

15. Si j'ai été impie, malheur à moi; et si je suis juste, je n'ose lever la tête, abreuvé d'affliction et de misère.

16. A cause de mon orgueil, vous me saisirez comme une lionne, et de nouveau vous me tourmenterez étrangement.

17. Vous produisez encore contre moi vos témoins, vous multipliez sur moi les effets de votre colère, et les maux m'assiègent comme une armée.

18. Pourquoi m'avez-vous tiré du sein

et en le conservant, anéantisse son œuvre sans pitié. Magnifique tableau, qui a son parallèle au Ps. cxxxviii, 13-16. « On ne pouvait parler avec plus de délicatesse des tendresses de Dieu pour sa créature humaine. » — *Manus tuæ fecerunt...* Allusion à la création du premier homme, en qui tous les autres étaient contenus comme en germe, Gen. ii, 7. — *Totum in circuitu :* ses divers membres l'un après l'autre. — *Sic repente præcipitas...?* Simplement, dans l'hébreu : Et tu me déchirerais? Le divin artiste ne saurait traiter ainsi le chef-d'œuvre préparé avec tant de soin. — *Sicut lutum...* Autre allusion à la création d'Adam. La comparaison est empruntée à l'art du potier. — *Et in pulverem...* Avec interrogation, comme au vers. 8 : Et tu me changerais de nouveau en poussière? — *Nonne sicut lac...?* Les débuts de l'existence de l'homme depuis sa conception, puis son complet développement (versets 10-12). Les divers traits de la description sont très exacts. — *Vitam et misericordiam... :* la bonté de Dieu a saisi Job après sa naissance, pour le conduire heureusement jusqu'à l'âge mûr. — *Visitatio tua.* Hébr. : ta vigilance ; c.-à-d. des soins providentiels prodigués sans cesse.
5° Job conjure le Seigneur de lui accorder quelque soulagement avant sa mort. X, 13-22.
13-17. Aux bontés de Dieu dans le passé, il oppose sa sévérité actuelle. — *Licet hæc celes.* Ces choses ; c.-à-d., d'après le contexte, le dessein de faire souffrir Job. — *Universorum memineris.* Hébr. : Ceci était avec toi (dans tes pen-

sées, dans tes projets ; tu l'as résolu depuis longtemps). La Vulgate exprime une autre idée, bien digne de Dieu : Quoique vous paraissiez retirer vos anciennes faveurs, je sais que vous êtes bon et que vous n'oubliez pas vos créatures. — *Si peccavi...* (vers. 14). Dans l'hébreu, encore avec une nuance : Si je pèche, tu l'observes, et tu ne m'acquittes pas de mon iniquité. — *Si impius...* (vers. 15). Seconde supposition. Dans la précédente, Job parlait seulement de fautes ordinaires, sans gravité ; il s'agit maintenant de grands crimes, qui amèneront de terribles représailles : *væ mihi!* — *Si justus...* Même dans cette dernière supposition, Job ne serait pas sans frayeur devant son juge, ainsi qu'il l'a déjà affirmé à plusieurs reprises : *non lavabo...* — *Propter superbiam...* (vers. 16). D'après l'hébreu : et si elle se levait (ma tête), tu me poursuivrais comme un lion. C'est Dieu qui est ici comparé à un lion dévorant. — *Testes tuos* (vers. 17) : les afflictions de Job, ainsi nommées parce que, dans l'hypothèse, elles témoignaient de sa culpabilité. Cf. xvi, 8. — *Pœnæ militant.* Hébr. : et tu redoubles tes assauts. Littéralement : des troupes de rechange et une armée ; c.-à-d. une armée de troupes fraîches. Autre figure expressive pour désigner les épreuves multiples de Job, sans cesse réitérées.
18-22. Ne trouvant que désolation en tous sens, Job souhaite, comme antérieurement, de n'avoir jamais vu le jour ; il prie Dieu de lui accorder quelque relâche. — *Quare de vulva...* Vers. 18-19,

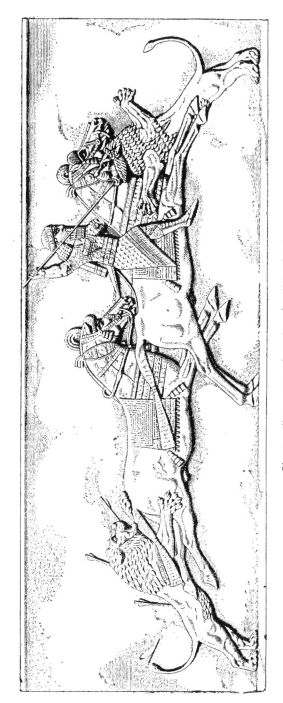

Lion qui s'élance sur un roi assyrien. (Bas-relief antique.)

utinam consumptus essem, ne oculus me videret!
19. Fuissem quasi non essem, de utero translatus ad tumulum.

20. Numquid non paucitas dierum meorum finietur brevi? Dimitte ergo me, ut plangam paululum dolorem meum ; ·
21. antequam vadam, et non revertar, ad terram tenebrosam, et opertam mortis caligine :
22. terram miseriæ et tenebrarum, ubi umbra mortis et nullus ordo, sed sempiternus horror inhabitat.

de ma mère? Que n'ai-je péri sans qu'un œil pût me voir !
19. J'aurais été comme si je n'avais point existé, n'ayant fait que passer du sein de ma mère au tombeau.
20. Les quelques jours qui me restent ne finiront-ils pas bientôt? Laissez-moi donc pleurer un instant ma douleur,
21. avant que je m'en aille sans retour dans cette région ténébreuse et couverte de l'obscurité de la mort :
22. région de misère et de ténèbres, où habite l'ombre de la mort, où il n'y a pas d'ordre, mais une éternelle horreur.

CHAPITRE XI

1. Respondens autem Sophar Naamathites, dixit :·
2. Numquid qui multa loquitur, non et audiet? aut vir verbosus justificabitur? ·
3. Tibi soli tacebunt homines? et cum ceteros irriseris, a nullo confutaberis? ·

4. Dixisti enim : Purus est sermo meus, et mundus sum in conspectu tuo.
5. Atque utinam Deus loqueretur tecum, et aperiret labia sua tibi,
6. ut ostenderet tibi secreta sapientiæ,

1. Sophar de Naama prit la parole et dit :
2. Celui qui parle tant n'écoutera-t-il pas à son tour? et suffira-t-il d'être un grand parleur pour paraître juste?
3. Les hommes se tairont-ils pour toi seul? et après t'être moqué des autres, ne seras-tu confondu par personne?
4. Car tu as dit : Ma doctrine est pure, et je suis sans tache en votre présence.
5. Qu'il serait à souhaiter que Dieu te parlât, et qu'il ouvrît pour toi sa bouche,
6. pour te découvrir les secrets de sa

---

souhaits analogues à ceux de III, 11 et ss. — *Numquid non...?* Vers. 20-22, désir de quelques instants de paix avant de mourir. — *Ut plangam paululum...* Dans l'hébreu : afin que je prenne un peu de repos. — *Ad terram tenebrosam...* (vers. 21b-22). Sombre description du séjour des morts (les limbes, et non l'enfer, ainsi qu'on l'a parfois pensé) : les expressions synonymes accumulées dépeignent d'une manière très vivante l'horreur qui y règne. — *Sed sempiternus...* Hébr.: et où la lumière est semblable aux ténèbres.

§ VI. — *Discours de Sophar.* XI, 1-20.

En réfléchissant à son malheureux sort, Job arrive à dégager peu à peu la vérité des épais brouillards qui l'obscurcissaient pour lui ; c'est ainsi qu'il vient d'attester son innocence avec une fermeté inébranlable, en dépit de ses malheurs. Sophar l'attaque dans cette position, prétendant qu'alors même qu'il ne connaît pas ses fautes, Dieu les contemple dans sa sagesse et sa science infinies, et que cela suffit. Telle est la nouvelle application faite, par ce troisième orateur, de la théorie relative à la souffrance.

1° Sophar blâme vertement les paroles de Job et le renvoie à la souveraine sagesse de Dieu, qui lui apprendra qu'il n'a pas été suffisamment puni. XI, 1-6.

Chap. XI. — 1. Introduction.

2-4. Le langage arrogant de Job ne doit pas rester sans réponse. — *Numquid qui multa...?* Sophar est passionné dès le début ; c'est, avons-nous dit (note de IV, 1), le plus violent des trois amis. — *Vir verbosus.* Littéral.: l'homme de lèvres. — *Justificabitur :* lui suffira-t-il de prononcer des discours pour faire accroire qu'il a raison? — *Tibi soli...?* L'hébreu dit avec plus de force : Ton verbiage réduira-t-il les gens au silence? — *Dixisti... : Purus est...* Job n'a pas prononcé formellement cette parole. Pour la suivante, voyez IX, 21 et x, 7. — *In conspectu tuo :* en présence de Dieu. — Conclusion que Job avait directement formulée : Le Seigneur frappe même ceux qu'il sait être innocents.

5-6. Il serait à souhaiter que Dieu vînt révéler à Job les secrets de sa sagesse, et toute l'étendue des châtiments qu'il méritait. — *Sapientiæ.* Ce mot représente surtout ici la science infinie de Dieu. — *Et quod... multiplex...* Dans l'hébreu, à la lettre : et qu'elle est double en intelligence ; c.-à-d. bien supérieure à celle des hommes. La Vulgate se ramène aisément à cette pensée. — *Et intelligeres...* Le texte original est plus concis et plus vigoureux : Et sache que Dieu oublie une partie de ton iniquité (et, par suite, une partie du châtiment qui lui est dû en stricte justice).

sagesse, et la multiplicité *des préceptes* de su loi, et pour te faire comprendre qu'il exige beaucoup moins de toi que ne mérite ton iniquité!

7. Prétends-tu sonder ce qui est caché en Dieu, et connaître parfaitement le Tout-Puissant?

8. Il est plus élevé que le ciel, que feras-tu? Il est plus profond que l'enfer, comment le connaîtras-tu?

9. Sa mesure dépasse la longueur de la terre et la largeur de la mer.

10. S'il renverse tout, s'il confond toutes choses ensemble, qui pourra s'opposer à lui? -

11. Car il connaît la vanité des hommes, et, voyant l'iniquité, ne la considère-t-il pas?

12. L'homme vain s'élève jusqu'à l'orgueil, et il se croit né libre comme le poulain de l'âne sauvage.

13. Mais toi, tu as endurci ton cœur, et tu as élevé tes mains vers Dieu.

14. Si tu bannis l'iniquité qui est dans tes mains, et que l'injustice ne demeure point dans ta tente,

15. alors tu pourras lever ton visage sans tache; tu seras stable, et tu ne craindras point.

et quod multiplex esset lex ejus, et intelligeres quod multo minora exigaris ab eo, quam meretur iniquitas tua!

7. Forsitan vestigia Dei comprehendes, et usque ad perfectum Omnipotentem reperies?

8. Excelsior cælo est, et quid facies? profundior inferno, et unde cognosces?

9. Longior terra mensura ejus, et latior mari.

10. Si subverterit omnia, vel in unum coarctaverit, quis contradicet ei?

11. Ipse enim novit hominum vanitatem; et videns iniquitatem, nonne considerat?

12. Vir vanus in superbiam erigitur, et tanquam pullum onagri se liberum natum putat.

13. Tu autem firmasti cor tuum, et expandisti ad eum manus tuas.

14. Si iniquitatem quæ est in manu tua abstuleris a te, et non manserit in tabernaculo tuo injustitia,

15. tunc levare poteris faciem tuam absque macula; et eris stabilis, et non timebis.

2° Éloge de la sagesse infaillible du Seigneur. XI, 7-12.

Tableau analogue à celui que Baldad avait tracé de la justice divine (cf. VIII, 1-7).

7-9. Les profondeurs de la science de Dieu sont insondables. — *Forsitan vestigia...* Mordante ironie. D'après l'hébreu : les profondeurs de Dieu. — *Usque ad perfectum...* : une connaissance parfaite, adéquate. — *Excelsior..., profundior...* Cette science est incommensurable dans tous les sens. — *Quid facies...?* En face d'elle, tu es réduit à l'impuissance la plus complète. — *Inferno :* le séjour des morts, ou š'ól, que l'on plaçait dans les abîmes souterrains.

10-12. Personne n'a le droit de critiquer la conduite de Dieu envers ceux qu'il châtie, puisque seul il les connaît à fond. — *Si subverterit...* Description abrégée de la manière dont Dieu traite les pécheurs. Dans l'hébreu : s'il passe, s'il saisit, s'il convoque, qui s'y opposera? Traits vigoureusement tracés. C.-à-d. si Dieu fond tout à coup sur un coupable, l'arrête, et convoque les juges pour le condamner, il n'y a qu'à se soumettre. La Vulgate fait allusion à un cataclysme universel. — *Hominum vanitatem* (vers. 11) : c.-à-d. leur iniquité. Dans l'hébreu : les hommes vains, c.-à-d. pervers. Le mot important est *novit.* Connaissant les impies, Dieu les traite comme ils le méritent ; ses actes à leur égard sont le résultat de sa science infaillible. — *Nonne considerat?* Plutôt : sans la considérer. Cette sagesse infinie saisit tout en un instant, sans étude ni examen. — *Vir vanus...* (vers. 12). Le sens serait, d'après

la Vulgate : il n'y a que les insensés orgueilleux qui se révoltent contre la conduite d'un Dieu si sage, ne voulant pas plus s'y soumettre que l'âne sauvage ne se soumet à l'homme. L'hébreu a été traduit de différentes manières : L'homme insensé deviendra sage quand le poulain de l'onagre deviendra un homme. Ou bien : L'homme est insensé, privé d'intelligence, et il ressemble en naissant au petit de l'onagre. La sottise humaine est ainsi opposée à la sagesse divine.

3° Sophar promet à Job une félicité parfaite s'il revient à de meilleurs sentiments. XI, 13-20.

Il termine son discours par l'exhortation de la promesse, comme l'avaient fait déjà les deux autres amis. Cf. V, 17, et VIII, 20 et ss.

13-15. Si Job se tourne de nouveau vers Dieu et fait disparaître toute trace de ses fautes, il pourra encore porter le front haut. — *Tu autem firmasti...* La Vulgate énonce le fait comme déjà accompli ; l'hébreu en place la réalisation dans l'avenir : Et toi, si tu prépares ton cœur ; c.-à-d. si tu le mets dans d'excellentes dispositions envers Dieu. — *Et expandisti... :* le geste de la prière. Cf. Ex. IX, 29 ; Is. I, 15, etc. — *Iniquitatem quæ in manu... :* éloigner le péché avec toutes ses traces ; par exemple, le bien mal acquis. — *Tunc levare poteris...* (vers. 15). Job s'était plaint, X, 15, de ne pouvoir plus lever les yeux vers le ciel ; on lui promet qu'il les y élèvera sans crainte dès qu'il se sera purifié (*absque macula*). — *Eris stabilis :* stable dans le bonheur comme dans la vertu.

16. Miseriæ quoque oblivisceris, et quasi aquarum quæ præterierunt, recordaberis.

17. Et quasi meridianus fulgor consurget tibi ad vesperam; et cum te consumptum putaveris, orieris ut lucifer.

18. Et habebis fiduciam, proposita tibi spe, et defossus securus dormies.

19. Requiesces, et non erit qui te exterreat; et deprecabuntur faciem tuam plurimi.

20. Oculi autem impiorum deficient, et effugium peribit ab eis, et spes illorum abominatio animæ.

16. Tu oublieras même ta misère, et tu t'en souviendras comme d'eaux qui se sont écoulées.

17. Sur le soir se lèvera pour toi comme l'éclat du midi; et lorsque tu te croiras perdu, tu apparaîtras comme l'étoile du matin.

18. L'espérance qui te sera proposée te remplira de confiance; et, entrant dans le sépulcre, tu dormiras en assurance.

19. Tu te reposeras sans que personne ne te trouble, et plusieurs imploreront tes regards.

20. Mais les yeux des méchants seront consumés; pour eux point de refuge, et ce que l'âme a en horreur, voilà leur espérance.

CHAPITRE XII

1. Respondens autem Job, dixit :
2. Ergo vos estis soli homines; et vobiscum morietur sapientia?
3. Et mihi est cor sicut et vobis, nec

1. Job prit la parole et dit :
2. Êtes-vous donc les seuls hommes, et la sagesse mourra-t-elle avec vous?
3. J'ai du sens aussi bien que vous, et

16-20. Il oubliera ses maux actuels, et jouira pacifiquement de tous les biens, tandis que les méchants périront. — *Quasi aquarum...* Image expressive. Les eaux qui ont coulé à pleins bords dans le lit d'un fleuve n'y remontent jamais et n'y laissent point de traces. — *Quasi meridianus fulgor* (vers. 17). Hébr. : Ta vie se lèvera plus brillante que le midi. — *Cum te consumptum...* Dans l'hébreu, belle variante : Et s'il y a obscurité, elle sera comme le matin. Ce qui signifie : alors même qu'après son retour à Dieu et au bonheur Job devrait éprouver quelques peines, cette obscurité sera transitoire, et lumineuse comme l'aurore. — *Et defossus...* (vers. 18). Il sera en paix après sa mort. La signification de l'hébreu n'est pas certaine. Peut-être : Tu regarderas autour de toi (pour voir s'il existe quelque danger, et ne voyant rien d'inquiétant), tu reposeras en sûreté. — *Deprecabuntur faciem...* (vers. 19). Littéralement : ils caresseront ton visage; pour dire : ils te supplieront, te flatteront. Cf. Ps. XLIV, 12; Prov. XIX, 16. — *Oculi autem...* (vers. 20) : contraste, servant de conclusion. *Deficient :* ils ne verront plus le bonheur. *Effugium peribit... :* impossible pour eux d'éviter le malheur. — *Spes... abominatio animæ :* ils n'auront d'autre espoir que ce que l'âme abhorre, par conséquent des maux sans nombre. D'après l'hébreu : leur espérance est le souffle du mourant. Comparaison qui dépeint très bien le néant de l'espoir des impies.

§ VII. — *Réponse de Job à Sophar.*
XII, 1 — XIV, 22.

Job, dans ce discours qui termine la première

phase du débat, prend une position de plus en plus ferme contre ses amis, dont il conteste la sagesse et la supériorité hautaine; il leur annonce qu'il se tournera désormais vers Dieu, et il commence en réalité à le faire, quoiqu'il soit presque aussitôt saisi de nouveau par le doute, le trouble et le découragement. Un résultat du moins a été obtenu : Job voit qu'il ne peut pas compter sur ses amis, et il refuse de les suivre sur le terrain où ils voulaient conduire la discussion; sa confiance en Dieu renaît peu à peu, et il a des lueurs d'espoir. On comprend déjà qu'il ne succombera pas, et qu'il sortira au contraire triomphant de l'épreuve; mais il aura encore beaucoup à souffrir avant de triompher. — Deux parties : dans la première, XII, 1-XIII, 12, Job s'adresse à ses amis, soit pour leur reprocher leur dureté, soit pour attaquer encore leur fausse théorie; dans la seconde, XIII, 13-XIV, 22, il s'adresse à Dieu, protestant de son innocence, exhalant sa plainte, implorant sa pitié.

1° Job attaque à son tour ses amis, qui n'ont de Dieu qu'une connaissance vulgaire et superficielle. XII, 1-12.

CHAP. XII. — 1. Introduction.

2-6. Job reproche vivement à ses amis leur conduite à son égard. — Vers. 2-3, admiration sarcastique de leur sagesse : ils savent ce que tout le monde sait ! *Vos soli homines :* littéralement dans l'hébreu : assurément, vous êtes le peuple, c.-à-d. l'humanité tout entière. *Et mihi cor :* hébraïsme pour signifier l'intelligence, les connaissances. *Quis enim hæc... :* leur science est donc banale et commune; en effet, ce qu'ils lui ont dit à propos des attributs divins, sur-

e ne vous suis pas inférieur; car qui donc ignore ce que vous savez?

4. Celui qui est comme moi l'objet des railleries de son ami invoquera Dieu, et Dieu l'exaucera; car on se moque de la simplicité du juste.

5. C'est une lampe méprisée dans les pensées des riches, *mais* qui est prête pour le temps marqué.

6. Les tentes des brigands sont dans l'abondance, et ils provoquent Dieu audacieusement, quoiqu'il ait tout mis entre leurs mains.

7. Interroge les animaux, et ils t'enseigneront; les oiseaux du ciel, et ils t'instruiront.

8. Parle à la terre, et elle te répondra, et les poissons de la mer te le raconteront.

9. Qui ignore que c'est la main de Dieu qui a fait toutes ces choses?

10. Lui qui tient dans sa main l'âme de tout ce qui vit, et le souffle de toute chair d'homme.

11. L'oreille ne juge-t-elle pas des paroles? et le palais ne savoure-t-il pas les mets?

12. Dans les vieillards se trouve la sagesse, et la prudence dans une longue vie.

13. En Dieu résident la sagesse et la

inferior vestri sum; quis enim hæc quæ nostis ignorat?

4. Qui deridetur ab amico suo, sicut ego, invocabit Deum, et exaudiet eum; deridetur enim justi simplicitas.

5. Lampas contempta apud cogitationes divitum, parata ad tempus statutum.

6. Abundant tabernacula prædonum, et audacter provocant Deum, cum ipse dederit omnia in manus eorum.

7. Nimirum interroga jumenta, et docebunt te; et volatilia cæli, et indicabunt tibi.

8. Loquere terræ, et respondet tibi; et narrabunt pisces maris.

9. Quis ignorat quod omnia hæc manus Domini fecerit?

10. In cujus manu anima omnis viventis, et spiritus universæ carnis hominis.

11. Nonne auris verba dijudicat, et fauces comedentis saporem?

12. In antiquis est sapientia, et in multo tempore prudentia.

13. Apud ipsum est sapientia et forti-

---

tout Baldad et Sophar, n'avait rien que de très ordinaire. — Vers. 4-6. Plainte douloureuse : c'est ainsi qu'il est traité le juste dès qu'il tombe dans le malheur, tandis qu'on pardonne tout au méchant lorsqu'il prospère. — *Qui deridetur.* Dans l'hébreu : Je suis l'homme raillé par son ami, moi qui ai invoqué Dieu et qu'il a exaucé. Job ne peut voir sans un profond chagrin que ses amis le traitent comme s'il était entièrement ignorant des choses divines, lui qui avait eu des relations si intimes avec Dieu. La Vulgate exprime cette même pensée avec une nuance : Le juste délaissé par ses amis n'a qu'une ressource, celle de se tourner vers Dieu. — *Deridetur enim...* Répétition pleine de tristesse. Dans l'hébreu, avec une mâle concision : Un jouet, le juste, l'intègre ! Job était lui-même ce juste qui servait de risée (*simplicitas :* la perfection, la droiture). — *Lampas contempta...* (vers. 5). La Vulgate énonce un axiome général : le juste dans l'épreuve est une lampe que l'orgueilleux dédaigne, mais que Dieu fera briller en son temps. L'hébreu cadre beaucoup mieux avec le contexte : Honte au malheur ! ainsi pensent les heureux ; leur mépris accueille celui dont le pied chancelle (Le IIIᵉ). — *Abundant...* (vers. 6). Contraste : les méchants, cependant, vivent heureux et dans la paix. — *Et audacter...* L'hébreu est plus complet : Et ceux qui provoquent Dieu sont en sécurité. — *Cum ipse dederit...* : trait qui met en relief leur ingra-

titude révoltante. D'après plusieurs interprètes contemporains, l'hébreu signifierait : (Il y a sécurité) pour quiconque porte Dieu dans sa main ; c.-à-d. pour ceux qui ne reconnaissent d'autre divinité que leur force. Cf. Hab. II, 16. C'est le « dextera mihi Deus » de Virgile.

7-12. Ce que les amis de Job enseignent au sujet de la sagesse divine, la terre entière le sait depuis longtemps. — Vers. 7-10 : même les êtres privés de raison possèdent cette connaissance (*jumenta, volatilia, pisces*). *In cujus manu...* (vers. 10) : locution qui décrit très bien le pouvoir suprême de Dieu sur toute la nature. — Vers. 11-12 : la sagesse des anciens enseigne depuis longtemps ces choses. *Nonne auris... :* sorte d'adage, servant de transition à cet autre argument ; de même que nous contemplons la sagesse de Dieu dans la nature, nous l'entendons et la goûtons dans la tradition des hommes. *In antiquis...* (vers. 12) : application de l'adage. *In multo tempore... :* une longue vie rend d'ordinaire intelligent.

2° Job décrit splendidement la puissance et la sagesse de Dieu. XII, 13-25.

Son but est en cela de montrer qu'il connaît parfaitement lui-même ces attributs divins.

13-16. Le thème et son premier développement. — *Apud ipsum... sapientia et fortitudo...* C'est la thèse à démontrer. — *Si destruxerit...* Vers. 14-16, quelques exemples de cette sagesse

tudo; ipse habet consilium et intelligentiam.

14. Si destruxerit, nemo est qui ædificet; si incluserit hominem, nullus est qui aperiat.

15. Si continuerit aquas, omnia siccabuntur; et si emiserit eas, subvertent terram.

16. Apud ipsum est fortitudo et sapientia; ipse novit et decipientem, et eum qui decipitur.

17. Adducit consiliarios in stultum finem, et judices in stuporem.

18. Balteum regum dissolvit, et præcingit fune renes eorum.

19. Ducit sacerdotes inglorios, et optimates supplantat;

20. commutans labium veracium, et doctrinam senum auferens.

21. Effundit despectionem super principes, eos qui oppressi fuerant relevans.

22. Qui revelat profunda de tenebris, et producit in lucem umbram mortis.

23. Qui multiplicat gentes, et perdit eas, et subversas in integrum restituit:

24. Qui immutat cor principum populi terræ, et decipit eos ut frustra incedant per invium.

25. Palpabunt quasi in tenebris, et non in luce, et errare eos faciet quasi ebrios.

---

puissance; c'est lui qui possède le conseil et l'intelligence.

14. S'il détruit, nul ne pourra bâtir; s'il tient un homme enfermé, nul ne pourra lui ouvrir.

15. S'il retient les eaux, tout se des séchera; et, s'il les lâche, elles dévas teront la terre.

16. En lui résident la force et la sagesse; il connaît et celui qui trompe, et celui qui est trompé.

17. Il amène les conseillers à une fin insensée, et les juges à l'étourdissement.

18. Il délie le baudrier des rois, et il ceint leurs reins d'une corde.

19. Il emmène les pontifes sans gloire, et il fait tomber les nobles.

20. Il change le langage des véridiques, et il retire la science aux vieillards.

21. Il répand le mépris sur les princes; il relève ceux qui avaient été opprimés.

22. Il découvre ce qui était caché dans les ténèbres, et il produit au jour l'ombre de la mort.

23. Il multiplie les nations, et les perd, et il les rétablit entièrement après leur ruine.

24. Il change le cœur des princes du peuple de la terre, et il les trompe pour qu'ils s'avancent vainement en *des déserts* sans voie.

25. Ils tâtonneront comme dans les ténèbres, loin de la lumière, et il les fera errer comme des gens ivres.

---

et de cette puissance. *Decipientem et eum qui...* (vers. 16): les hommes égarés, moins coupables, et ceux qui les égarent.

17-21. Second développement. Nouveaux exemples pour faire ressortir la puissance et la sagesse de Dieu : la manière dont il renverse, dans un peuple, les plus puissants et les plus sages. — *In stultum finem :* changeant leur sagesse en folie. D'après l'hébreu : il emmène captifs les conseillers des peuples. — *Judices in stuporem.* Même idée : il leur enlève le sens. — *Balteum regum...* (vers. 18): c.-à-d. que Dieu, après avoir relâché, diminué l'autorité des rois, les réduit eux-mêmes en servitude (*fune renes...* : la corde qui servait à lier les prisonniers; *Atl. arch.,* pl. xciv, fig. 1, 4, 6-8). — *Sacerdotes inglorios* (verset 19). Hébr. : il emmène les prêtres en captivité. — *Optimates.* Littéralement dans l'hébreu :

les fermes, les stables. — *Commutans labium...* (vers. 20). Dans l'hébreu : il enlève les lèvres (la parole, l'éloquence) aux hommes sûrs (qui font la force d'une nation). — *Eos qui oppressi...* (vers. 21). La Vulgate exprime un contraste. D'après l'hébreu : il délie la ceinture des forts; c.-à-d. qu'il les affaiblit.

22-25. Troisième développement : Dieu distribue le bonheur et le malheur selon qu'il plaît à sa sagesse. — *Revelat profunda...* Il scrute les choses les plus cachées et les met en pleine lumière. — *Umbram mortis :* les plus profondes ténèbres. — *Multiplicat gentes, et perdit... :* passage dont l'histoire donne un si éclatant commentaire. — *Immutat cor...* (vers. 24) : il leur enlève l'intelligence. « Quos vult perdere, Deus dementat. » Le résultat produit est décrit dramatiquement au vers. 25.

CHAPITRE XIII

1. Voici, mon œil a vu toutes ces choses; mon oreille les a entendues, et je les ai toutes comprises.

2. Ce que vous savez ne m'est point inconnu, et je ne vous suis pas inférieur.

3. Mais je veux parler au Tout-Puissant, et je désire discuter avec Dieu,

4. en montrant d'abord que vous êtes des fabricants de mensonge, et les défenseurs d'une doctrine corrompue.

5. Que ne gardez-vous le silence, afin de passer pour des sages!

6. Ecoutez donc ma réprimande; soyez attentifs à la sentence de mes lèvres.

7. Dieu a-t-il besoin de votre mensonge, ou que vous disiez des faussetés pour le défendre?

8. Voulez-vous avoir égard à sa personne, et faites-vous des efforts pour le justifier?

9. Cela peut-il lui plaire, lui à qui rien n'est caché? ou se laissera-t-il tromper, comme un homme, par vos artifices?

10. Lui-même il vous condamnera, à cause de votre perversité secrète en sa faveur.

1. Ecce omnia hæc vidit oculus meus, et audivit auris mea, et intellexi singula.

2. Secundum scientiam vestram et ego novi, nec inferior vestri sum.

3. Sed tamen ad Omnipotentem loquar, et disputare cum Deo cupio,

4. prius vos ostendens fabricatores mendacii, et cultores perversorum dogmatum.

5. Atque utinam taceretis, ut putaremini esse sapientes!

6. Audite ergo correptionem meam, et judicium labiorum meorum attendite.

7. Numquid Deus indiget vestro mendacio, ut pro illo loquamini dolos?

8. Numquid faciem ejus accipitis, et pro Deo judicare nitimini?

9. Aut placebit ei quem celare nihil potest? aut decipietur, ut homo, vestris fraudulentiis?

10. Ipse vos arguet, quoniam in abscondito faciem ejus accipitis.

· 3° Job récuse le jugement injuste de ses amis. XIII, 1-12.

CHAP. XIII. — 1-6. Résolu à traiter sa cause directement avec Dieu, il veut d'abord dire clairement leur fait à ceux qui ont été si durs à son égard. — *Ecce omnia hæc...* Jetant un coup d'œil rétrospectif (vers. 1-2) sur la description de la puissance et de la sagesse de Dieu, Job affirme que sa connaissance ne le cède en rien à celle de ses accusateurs. — *Intellexi...* Parole profonde : il ne s'arrêtait pas au côté extérieur des phénomènes qu'il voyait et entendait, mais il pénétrait plus avant et en recherchait la signification. — *Secundum scientiam...* : accent de triomphe, bien légitime. — *Sed tamen...* (vers. 3). Cette connaissance ne l'aide malheureusement en rien pour la solution du problème si délicat ; c'est pourquoi il désire le discuter avec Dieu même. — *Prius vos ostendens...* (vers. 4). L'hébreu dit seulement : mais vous êtes des fabricants de mensonge. Les trois mots insérés par saint Jérôme indiquent fort bien que ces versets 4-12 contiennent une petite digression intéressante, après laquelle Job reviendra au sujet qu'il vient d'annoncer (vers. 3). Ses amis fabriquaient le mensonge lorsqu'ils affirmaient sans raison suffisante sa culpabilité. — *Cultores perversorum dogmatum.* Dans l'hébreu : (Vous êtes) des médecins sans valeur, vous tous. Mordant reproche. — *Atque utinam...* (vers. 5). Dès là

qu'ils étaient impuissants à consoler, ils auraient beaucoup mieux fait de se taire. — *Ut putaremini.* Comp. Prov. XVII, 28 : L'insensé même, quand il se tait, passe pour un sage ; celui qui ferme ses lèvres est un homme intelligent.

7-12. Sévère réprimande. Elle se ramène à deux chefs : vers. 7-8, les trois amis sont accusés de partialité en faveur de Dieu et aux dépens de Job ; vers. 9-12, ils sont menacés des châtiments divins à cause de cette conduite injuste. — *Numquid Deus indiget...?* Ils servaient en réalité fort mal les intérêts de Dieu, et par les plus tristes moyens. — *Numquid faciem...* (vers. 8) : même reproche, en d'autres termes. *Faciem accipitis :* être partial en faveur de quelqu'un, se prononcer à son avantage uniquement à cause de ses qualités extérieures. — *Pro Deo judicare.* D'après l'hébreu, se faire les avocats de Dieu. — *Aut placebit...* (vers. 9) ? Job continue d'accabler ses faux amis de questions multiples et pressantes, les menaçant maintenant des jugements divins, s'ils s'obstinent à l'accuser injustement. — *Aut decipietur...* C'est le sens. Littéralement, dans le texte : Comme on trompe un homme le tromperez-vous ? — *Ipse vos arguet* (vers. 10). Dieu est si parfaitement juste, qu'il punira la partialité, alors même qu'elle lui aura été favorable. — *Memoria vestra... cineri* (vers. 12). Le châtiment les poursuivant jusqu'après la mort, leur souvenir sera anéanti sur la terre, pendant que

11. Statim ut se commoverit, turbabit vos, et terror ejus irruet super vos.

12. Memoria vestra comparabitur cineri, et redigentur in lutum cervices vestræ.

13. Tacete paulisper, ut loquar quodcumque mihi mens suggesserit.

14. Quare lacero carnes meas dentibus meis, et animam meam porto in manibus meis?

15. Etiam si occiderit me, in ipso sperabo; verumtamen vias meas in conspectu ejus arguam.

16. Et ipse erit salvator meus; non enim veniet in conspectu ejus omnis hypocrita.

17. Audite sermonem meum, et ænigmata percipite auribus vestris.

18. Si fuero judicatus, scio quod justus inveniar.

19. Quis est qui judicetur mecum? Veniat : quare tacens consumor?

20. Duo tantum ne facias mihi, et tunc a facie tua non abscondar.

---

11. Aussitôt qu'il s'ébranlera, il vous troublera, et sa terreur fondra sur vous.

12. Votre mémoire sera semblable à la cendre, et vos têtes *superbes* deviendront comme de la boue.

13. Taisez-vous un peu, afin que je dise tout ce que mon esprit me suggérera.

14. Pourquoi déchiré-je mes chairs avec mes dents, et pourquoi porté-je mon âme entre mes mains?

15. Quand même Dieu me tuerait, j'espérerais en lui; néanmoins je défendrai mes voies en sa présence.

16. Et il sera lui-même mon sauveur; car l'hypocrite n'osera paraître devant lui.

17. Ecoutez mes paroles, prêtez l'oreille à mes sentences.

18. Si j'étais jugé, je sais que je serais reconnu innocent.

19. Est-il quelqu'un qui veuille plaider contre moi? Qu'il vienne; *car* pourquoi me laisse-je consumer sans avoir parlé *pour ma défense?*

20. Je vous demande seulement deux choses, et ensuite je ne me cacherai pas de devant votre face.

---

leurs têtes orgueilleuses pourriront au tombeau. L'hébreu exprime un autre sens : Vos sentences (leurs raisonnements sentencieux) ne sont que des sentences de cendre ; vos défenses sont des défenses d'argile. Manière ironique de dire que leurs arguments sont sans valeur.

4° Job espère pouvoir défendre son innocence devant Dieu. XIII, 13-22.

13-16. Conflit dans l'âme de Job entre la confiance et la crainte, avant d'entreprendre son apologie. — *Tacete... ut loquar.* Sa petite digression achevée, il revient au projet qu'il énonçait au vers. 3. — *Quodcumque mihi mens...* D'après l'hébreu : quoi qu'il doive m'arriver ; c.-à-d. quelque danger qu'il puisse courir en parlant librement à Dieu. — *Quare lacero...* (vers. 14)? « Déchirer sa chair avec les dents est une circonlocution, pour marquer la douleur intérieure, le désespoir... Pourquoi demeurerais-je rongé de douleur, et consumé par la lèpre, au milieu des frayeurs de la mort, sans me plaindre et sans m'adresser à Dieu? » (Calmet, *h. l.*) L'hébreu dit : Pourquoi porterais-je ma chair entre mes dents? Locution qu'on ne rencontre pas ailleurs, mais qui est expliquée par la suivante, *animam meam porto...* Porter son âme dans ses mains, c'est, d'après Jud. XII, 3 ; I Reg. XIX, 5 ; XXVIII, 21 ; Ps. CXVIII, 109, s'exposer aux plus grands périls ; porter sa chair entre ses dents doit avoir une signification analogue. « C'est l'image d'un homme sans ressources, qui n'a d'autres armes que ses dents et ses mains pour défendre et retenir son bien qu'on lui ravit. » (Le Hir.) —

Etiam si occiderit me... (vers. 15). Parole vraiment sublime de résignation et de confiance. Le Targum et le syriaque traduisent comme saint Jérôme. D'autres, lisant *lô*, la négation, au lieu du pronom *lô* (*in ipso*), adoptent cet autre sens : Il va me tuer, je n'ai plus d'espérance ; néanmoins je justifierai mes voies devant lui. La Vulgate nous paraît donner le meilleur sens, d'après le contexte (*et ipse... salvator,* vers. 16). — *Omnis hypocrita* : les impies. Aucun impie ne saurait affronter la divine présence ; Job aura ce courage, car, sûr de son innocence, il sait que c'est pour lui le vrai moyen de recouvrer le bonheur.

17-22. Certain d'avance du triomphe final, il invite ses amis à écouter attentivement sa défense ; en même temps, il prie Dieu de lui accorder deux grâces. Beau passage ; le calme se fait peu à peu dans cette âme éprouvée, à mesure qu'elle comprend mieux sa situation. — *Sermonem..., ænigmata.* Dans l'hébreu : mes paroles, ma déclaration. — *Si fuero judicatus.* Hébr. : Voici, j'ai préparé ma cause. Sa défense est toute prête. — *Quis est qui judicetur...* (vers. 19)? D'après l'hébreu : Y a-t-il quelqu'un qui plaide contre moi ? — *Veniat : quare tacens...?* Job attend avec impatience son accusateur ou son juge ; il souffre horriblement de ne pouvoir se défendre. Le texte original exprime en d'autres termes un sentiment semblable : Car alors je me tairai et je mourrai ; c.-à-d. je consens à mourir sur-le-champ, si quelqu'un se présente avec des preuves sérieuses de mon iniquité. —

21. Eloignez de moi votre main, et que votre épouvante ne m'effraye pas.

22. Appelez-moi, et je vous répondrai ; ou bien je parlerai, et vous, répondez-moi.

23. Combien ai-je commis d'iniquités et de péchés ? Montrez-moi mes crimes et mes offenses.

24. Pourquoi me cachez-vous votre visage, et pourquoi me croyez-vous votre ennemi ?

25. Vous faites éclater votre puissance contre une feuille que le vent emporte, et vous poursuivez une paille sèche.

26. Car vous écrivez contre moi des arrêts très sévères ; et vous voulez me consumer pour les péchés de ma jeunesse.

27. Vous avez mis mes pieds dans les ceps ; vous avez observé tous mes sentiers, et vous avez considéré les traces de mes pas.

. 28. Et moi je dois me consumer comme la pourriture, et comme un vêtement rongé par les vers.

21. Manum tuam longe fac a me, et formido tua non me terreat.

22. Voca me, et ego respondebo tibi ; aut certe loquar, et tu responde mihi

23. Quantas habeo iniquitates et peccata ? Scelera mea et delicta ostende mihi.

24. Cur faciem tuam abscondis, et arbitraris me inimicum tuum ?

25. Contra folium quod vento rapitur, ostendis potentiam tuam, et stipulam siccam persequeris.

26. Scribis enim contra me amaritudines, et consumere me vis peccatis adolescentiæ meæ.

27. Posuisti in nervo pedem meum, et observasti omnes semitas meas, et vestigia pedum meorum considerasti ;

28. qui quasi putredo consumendus sum, et quasi vestimentum quod comeditur a tinea.

CHAPITRE XIV

1. L'homme né de la femme vit peu de temps, et il est rempli de beaucoup de misères.

1. Homo, natus de muliere, brevi vivens tempore, repletur multis miseriis.

Duo tantum... (vers. 20). Se souvenant que c'est devant Dieu qu'il désire se défendre, il lui demande deux faveurs : un peu de répit à ses horribles souffrances (*manum tuam...*) ; et la grâce de n'être pas atterré, réduit au silence par la majesté divine (*formido tua...*). Cf. IX, 34-35. A ces conditions, il ne redoute rien (vers. 22), et il laisse à Dieu le choix entre le rôle d'accusateur (*voca me...*), ou d'accusé (*aut certe loquar:..*).

5° Job implore la miséricorde du Seigneur, lui rappelant la faiblesse et les misères de l'homme. XIII, 23 — XIV, 3.

Il commence en cet endroit son apologie (XIV, 23) ; mais presque aussitôt, voyant que Dieu ne se présentait pas, il réitère ses plaintes sur la misère de l'homme et s'étonne qu'un être si faible soit traité avec tant de rigueur.

23-25. Où sont les crimes par lesquels Job a mérité tant de souffrances ? — *Quantas... iniquitates...?* Il n'a jamais prétendu être absolument sans péché, et il mentionnera bientôt les fautes de sa jeunesse (vers. 26) ; il veut dire qu'il n'a pas commis de grands crimes qui soient en rapport avec ses souffrances. — *Contra folium..., stipulam...* (vers. 25). Images qui représentent fort bien un être infirme, sans force de résistance, chassé de tous côtés par le vent de l'affliction.

. 26-28. Dieu veut-il lui faire expier maintenant, à lui qui est sur le point de mourir, les premières fautes de sa vie ? — *Scribis :* dans le sens de proscrire, d'édicter judiciairement. Cf. Is. X, 1 ; Os. VIII, 12. — *Amaritudines :* des peines très amères. — *Consumere me vis...* Dans l'hébreu, avec une métaphore expressive : Tu me fais hériter des péchés de ma jeunesse. Allusion, non pas à des fautes d'une grièveté particulière, mais aux imperfections inséparables de la vie humaine. Cf. Ps. XXIV, 7. Ne trouvant pas de péchés notables dans ses années les plus récentes, Job se demande si Dieu n'a pas mis en réserve, pour les châtier maintenant, ceux des premiers temps de sa vie. — *Posuisti...* (vers. 27). Trois figures pour représenter sa douleur : *in nervo*, le bloc qui serrait cruellement les pieds des prisonniers (voyez la note de II Par. XVI, 10, et l'*Atlas archéolog.*, pl. LXXI, fig. 3) ; *observasti...*, et *vestigia...*, une rigide surveillance de tous les instants. Au lieu de *observasti*, l'hébreu dit : Tu dessines l'empreinte de mes pas ; c.-à-d. que Dieu trace autour des pieds de Job un cercle qu'il ne peut franchir. — *Quasi putredo...* (verset 28). Les horreurs du tombeau. Ces expressions marquent très bien aussi les ravages de l'éléphantiasis.

CHAP. XIV. — 1-3. L'homme, dont l'existence est si fragile, mérite-t-il donc tant de rigueur de

2. Qui quasi flos egreditur et conteritur, et fugit velut umbra, et nunquam in eodem statu permanet.

3. Et dignum ducis super hujuscemodi aperire oculos tuos, et adducere eum tecum in judicium?

4. Quis potest facere mundum de immundo conceptum semine? Nonne tu qui solus es?

5. Breves dies hominis sunt; numerus mensium ejus apud te est; constituisti terminos ejus, qui præteriri non poterunt.

6. Recede paululum ab eo, ut quiescat, donec optata veniat, sicut mercenarii, dies ejus.

7. Lignum habet spem; si præcisum fuerit, rursum virescit, et rami ejus pullulant.

8. Si senuerit in terra radix ejus, et in pulvere emortuus fuerit truncus illius,

8. ad odorem aquæ germinabit, et faciet comam, quasi cum primum plantatum est.

10. Homo vero cum mortuus fuerit, et nudatus, atque consumptus, ubi, quæso, est?

2. Comme une fleur, il germe et il est foulé aux pieds; il fuit comme l'ombre, et il ne demeure jamais dans le même état.

3. Et vous jugez digne de vous d'ouvrir les yeux sur lui, et de le faire entrer en jugement avec vous?

4. Qui peut rendre pur celui qui a été conçu dans l'impureté? N'est-ce pas vous seul qui le pouvez?

5. Les jours de l'homme sont courts; vous connaissez le nombre de ses mois; vous avez marqué les bornes qu'il ne pourra franchir.

6. Retirez-vous un peu de lui, afin qu'il se repose, jusqu'à ce que vienne le jour qu'il désire comme le mercenaire.

7. Un arbre n'est pas sans espérance; si on le coupe, il reverdit encore, et ses branches se multiplient.

8. Que sa racine ait vieilli dans la terre, et que son tronc soit mort dans la poussière,

9. à peine aura-t-il senti l'eau, qu'il repoussera, et il se couvrira de feuilles comme lorsqu'il a été planté.

10. Mais quand l'homme est mort, dépouillé, consumé, dites-le-moi, que devient-il?

---

la part de Dieu? — *Natus de muliere.* Job signale à dessein le plus faible des éléments qui concourent à la naissance de l'homme. Cf. Gen. III, 16. — *Quasi flos.* Comparaison frappante, souvent employée par les écrivains sacrés. Cf. Ps. XXXVI, 2; Is. XL, 6-8, etc. — *Velut umbra :* autre image expressive et fréquente. — *Nunquam in eodem...* Hébr. : il fuit sans s'arrêter. — *Et dignum ducis* (vers. 3). Job s'étonne de cette sévérité de Dieu envers un être si éphémère. — *Aperire oculos :* pour contempler l'homme attentivement, et punir ensuite ses moindres fautes.

6° L'origine impure de l'homme, la brièveté et les amertumes de sa vie. XIV, 4-12.

Ces faits sont encore mentionnés en vue d'exciter la divine pitié.

4-6. L'homme naît souillé, et ses jours sont comptés; que le Seigneur daigne donc ne pas le traiter avec trop de rigueur. — *Quis potest facere...?* Passage justement classique pour démontrer l'existence du péché originel. L'hébreu y est d'une concision remarquablement énergique : « Qui fera pur d'impur? Pas un. » C.-à-d. : Quel être pur est sorti d'une source impure? Pas un (Le Hir). Ou mieux encore : Qui tirera un être pur d'une source impure? Pas un. Dieu seul est capable d'accomplir un aussi grand prodige, et il l'a réalisé pour la glorieuse Vierge Marie; mais, à part cette exception unique, tout homme est conçu dans le péché, la race ayant été infectée dans sa source, comme les Pères et les docteurs l'ont de tout temps induit de ce

verset. Conclusion tacite ; que Dieu ait égard à ce fait, et qu'il ne se montre pas trop sévère pour nos fautes. — *Breves dies...* (vers. 5). Dans l'hébreu : ses jours sont comptés. — *Numerus mensium... apud te.* Dieu en a lui-même déterminé le nombre, si minime. — *Recede paululum...* (vers. 6). Hébr. : détourne tes yeux. Cf. VII, 19; X, 20 ; XIII, 27. — *Donec optata...* Dans l'hébreu : jusqu'à ce qu'il se réjouisse de sa journée comme un mercenaire ; c.-à-d. jusqu'à ce qu'il éprouve, en arrivant à la fin de sa vie, la joie que ressent un journalier au soir d'une journée de pénible travail.

7-12. Les arbres peuvent rajeunir et revivre par leurs rejetons; l'homme, au contraire, meurt pour toujours. — La comparaison, vers. 7-9, aussi claire que gracieuse. *Si præcisum...* ; première hypothèse : exemple tiré d'un arbre coupé, taillé par la main des hommes. *Si senuerit* ; seconde hypothèse : un arbre dont le tronc va mourir de vieillesse, mais qui se rajeunit de lui-même par des rejetons sortis de ses racines. *Ad odorem aquæ...* (vers. 9); belle métaphore : au frais contact de l'humidité. *Faciet comam :* un feuillage touffu. — Vers. 10-12, application de la comparaison à l'homme, dont la destinée n'est pas aussi heureuse. *Mortuus..., nudatus.... consumptus;* littéralement dans l'hébr. : l'homme, s'il expire, demeure étendu là, l'homme disparaît, et où est-il? *Si... aquæ... et fluvius...* (vers. 11) : des eaux qui se dessèchent dans le bassin qui les contenait (*mari,* un lac ou mer intérieure),

11. Semblable aux eaux qui se retirent de la mer, et à un fleuve qui tarit et se dessèche,

12. l'homme, lorsqu'il est mort, ne ressuscite pas; jusqu'à ce que le ciel soit détruit, il ne se réveillera point, et il ne sortira pas de son sommeil.

13. Qui m'accordera que vous me cachiez dans le séjour des morts jusqu'à ce que votre fureur soit passée, et que vous me marquiez un temps où vous vous souviendrez de moi?

14. L'homme, une fois mort, vivra-t-il de nouveau? Dans cette guerre où je me trouve maintenant, j'attends tous les jours que mon changement arrive.

15. Vous m'appellerez, et je vous répondrai; vous tendrez votre droite à l'œuvre de vos mains.

16. Vous avez compté tous mes pas; mais pardonnez-moi mes péchés.

17. Vous avez scellé mes offenses comme dans un sac; mais vous avez guéri mon iniquité.

18. La montagne se mine et tombe, et le rocher est arraché de sa place;

19. les eaux creusent les pierres, et l'eau qui bat contre la terre la consume peu à peu : c'est ainsi que vous perdez l'homme.

20. Vous l'avez affermi pour quelque temps, afin qu'il passât *ensuite* à jamais; vous changerez son visage, et vous le ferez sortir *de ce monde.*

11. Quomodo si recedant aquæ de mari, et fluvius vacuefactus arescat;

12. sic homo, cum dormierit, non resurget, donec atteratur cælum; non evigilabit, nec consurget de somno suo.

13. Quis mihi hoc tribuat, ut in inferno protegas me, et abscondas me donec pertranseat furor tuus, et constituas mihi tempus in quo recorderis mei?

14. Putasne, mortuus homo rursum vivat? Cunctis diebus quibus nunc milito, expecto donec veniat immutatio mea.

15. Vocabis me, et ego respondebo tibi; operi manuum tuarum porriges dexteram.

16. Tu quidem gressus meos dinumerasti, sed parce peccatis meis.

17. Signasti quasi in sacculo delicta mea, sed curasti iniquitatem meam.

18. Mons cadens defluit, et saxum transfertur de loco suo;

19. lapides excavant aquæ, et alluvione paulatim terra consumitur : et hominem ergo similiter perdes.

20. Roborasti eum paululum, ut in perpetuum transiret; immutabis faciem ejus, et emittes eum.

---

et qui n'y reviennent jamais; autre image très juste pour représenter ce qu'est la mort relativement à la vie de l'homme ici-bas. *Donec atteratur cælum* (vers. 12) : locution biblique équivalant à « jamais »; cf. Ps. cxlviii, 6; Jer. xxxi, 35.

7° On ne revient pas du séjour des morts pour habiter de nouveau sur la terre. XIV, 13-22.

13-17. Job voudrait mourir maintenant, puis revivre lorsque la colère de Dieu serait passée; mais il lui faut subir les divines rigueurs (le souhait ardent, passionné, vers. 13-15; la réalité, si opposée à ce désir, 16-17). — *Quis mihi... tribuat...?* Job ne peut se faire à cette pensée, qu'il mourra comme un pécheur maudit de Dieu; il désirerait donc mourir pour un temps (*in inferno,* le *š'ôl* ou séjour des morts), à condition de ressusciter plus tard; et de revenir sur la terre avec toutes les marques de l'amitié divine, qui témoigneraient de son innocence(*tempus in quo recorderis...*). — *Putasne...* (vers. 14)? A quoi bon former un pareil vœu? Une fois mort, l'homme ne revient plus à la vie. — *Diebus quibus... milito* ; les jours de son existence dure et pénible. Cf. vii, 1. — *Immutatio mea :* l'heure où il sera relevé de cette rude corvée

par une mort temporaire. — *Vocabis me* (verset 15). Job suppose que son désir s'est réalisé, et il décrit la joie avec laquelle il entendra la voix de Dieu, l'appelant à une vie nouvelle, transfigurée (*operi... dexteram*). — *Tu quidem gressus...* Vers. 16-17 : contraste douloureux, qui oppose le désir à la réalité. — *Parce peccatis.* Hébr. : tu as l'œil sur mes péchés. De nouveau (cf. ix, 32; xiii, 26, etc.), les péchés que Job admet avoir commis sont les imperfections inhérentes à la nature humaine et dans lesquelles tombent les saints eux-mêmes. — *Signasti quasi in sacculo... :* pour dire que Dieu n'oublie aucune de ses fautes.

18-22. Ainsi traité, l'homme doit périr sans espoir, puisque les êtres les plus robustes finissent par succomber sous le coup d'efforts constamment réitérés. — *Mons cadens... :* une montagne dont il se détache sans cesse des fragments par suite de diverses influences. — *Lapides excavant...* (vers. 19). Exemple si souvent cité : la goutte d'eau qui creuse peu à peu la pierre la plus dure. — *Et alluvione...* Hébr. : leurs flots (des eaux) enlèvent la poussière du sol. — *Roborasti eum* (vers. 20). D'après la Vulgate : pour l'homme, alternatives de force et de faiblesse,

21. Sive nobiles fuerint filii ejus, sive ignobiles, non intelliget.

22. Attamen caro ejus, dum vivet, dolebit, et anima illius super semetipso lugebit.

· 21· Que ses enfants soient dans l'éclat ou qu'ils soient dans l'ignominie, il ne le saura pas.
22. Sa chair, pendant qu'il vivra, sera dans la douleur, et son âme pleurera sur lui.

CHAPITRE XV

1. Respondens autem Eliphaz Themanites, dixit :
2. Numquid sapiens respondebit quasi in ventum loquens, et implebit ardore stomachum suum?
3. Arguis verbis eum qui non est æqualis tibi, et loqueris quod tibi non expedit.
4. Quantum in te est, evacuasti timorem, et tulisti preces coram Deo.

5. Docuit enim iniquitas tua os tuum,

1. Eliphaz de Théman prit·la parole et dit :
2. -Le sage doit-il dans ses réponses parler comme en l'air, et remplir sa poitrine d'une chaleur *inconsidérée ?*
3. Tu accuses par tes paroles celui qui n'est pas ton égal, et tu parles d'une manière qui ne t'est point avantageuse.
4. Tu as détruit, autant qu'il est en toi, la crainte de Dieu, et supprimé les prières qu'on doit lui offrir.
5. Car ton iniquité a instruit ta bouche,

---

se terminant par la mort. Hébr. : tu prévaux contre lui à tout jamais, et il passe. — *Immutabis faciem ejus :* l'un des premiers effets de la mort ; elle défigure en quelques instants les plus beaux visages. — *Sive nobiles...* (vers. 21). Après la mort, état d'insensibilité, même à l'égard des êtres les plus aimés. Cf. Eccl. IX, 5-6. — *Attamen caro ejus...* (vers. 22). Dans la Vulgate, Job revient sur les tristes conditions de la vie présente. Dans l'hébreu, il continue de décrire pathétiquement les suites de la mort : Sa chair n'a de sentiment que pour lui ; son âme ne pleure que sur lui (Le Hir). C.-à-d. que les trépassés, dans le désolant s^e'ôl de l'Ancien Testament, vivaient concentrés autour de leurs propres douleurs, ne s'occupant que d'eux-mêmes et point de ce qui les avait intéressés sur la terre. — Ainsi s'achève la première phase du débat. Job en sort certainement victorieux. A ses plaintes passionnées, les trois amis ont opposé ses prétendus péchés et les divers attributs de Dieu qui le châtiait ; il a répondu d'abord indirectement, puis en termes directs, en proclamant son innocence et en affirmant qu'il ne demandait qu'à plaider sa cause devant le Seigneur lui-même. Il les a ainsi battus par leurs propres armes.

SECTION II. — DEUXIÈME PHASE DU DÉBAT.
XV, 1 — XXI, 34.

La discussion va prendre une forme légèrement modifiée, et les amis une position nouvelle. Ces faux amis ne sont pas le moins du monde convaincus de l'innocence de Job, malgré ses protestations réitérées, et le vénérable patriarche s'en montrera vivement peiné. Néanmoins leur premier et principal argument est épuisé : du ciel ils descendent donc sur la terre. « Ce n'est plus Dieu qui est leur thème, mais l'homme, spécialement l'homme pervers, tel que l'histoire

et l'expérience montrent qu'il est traité par la Providence. » Ils pensaient ainsi resserrer le débat et fortifier leur démonstration ; mais ce nouvel argument, qui était davantage du domaine de l'expérience, était par là même plus saisissable ; aussi Job en aura-t-il plus facilement raison que du premier. Dans cette seconde phase, les attaques des amis sont en outre plus directes, plus personnelles et plus vives. Il y a donc progrès sous le rapport tout à la fois des idées et de la forme. De nouveau six discours ; un de chacun des trois amis, et trois réponses de Job.

§ I. — *Second discours d'Éliphaz.* XV, 1-35.

Dans ce discours comme dans le premier (ch. IV-V), Éliphaz est le plus éloquent et le plus grave des amis de Job. Deux parties : des reproches, vers. 1-16, et le nouve` argument, c.-à-d. lui manifestant la justice de Dieu, vers. 17-35.

1° Éliphaz reproche vivement à Job le mépris avec lequel il a traité ses amis, et son irrévérence envers Dieu. XV, 1-16.
CHAP. XV. — 1. Introduction.
2-6. Exorde : si Job était un vrai sage, il n'emploierait pas le langage de la folie, et surtout il n'oublierait pas le respect qu'il doit à Dieu. — Vers. 2-3, son manque de sagesse. *Numquid sapiens...?* Dans l'hébreu : Un sage doit-il répondre par une science vaine (littéral. : venteuse)? Gonfle-t-il sa poitrine du vent d'orient? Ce vent d'orient, ou *qâdîm*, est violent et brûlant tout ensemble (*ardore* dans la Vulgate). — *Eum qui non... æqualis :* Dieu, qui est infiniment supérieur à Job. L'hébreu exprime un autre sens au vers. 3 : Se défendra-t-il (le sage) par d'inutiles propos, et par des discours qui ne servent de rien ? — Vers. 4-6, l'impiété de Job. *Evacuasti timorem :* la crainte de Dieu, cet élément essentiel de la religion. *Tulisti preces·:*

et tu imites le langage des blasphémateurs.

6. C'est ta bouche qui te condamnera, et non pas moi; et tes lèvres déposeront contre toi.

7. Es-tu né le premier des hommes, et as-tu été formé avant les collines?

8. Es-tu entré dans le conseil de Dieu, et sa sagesse sera-t-elle inférieure à la tienne?

9. Que sais-tu que nous ignorions? et quelle lumière as-tu que nous n'ayons également?

10. Parmi nous aussi il y a des vieillards et des anciens, beaucoup plus âgés que tes pères.

11. Serait-il difficile à Dieu de te consoler? Mais tu l'en empêches par tes paroles perverses.

12. Pourquoi ton cœur te soulève-t-il? L'étonnement de tes yeux ne marque-t-il pas l'orgueil de tes pensées?

13. Pourquoi ton esprit s'enfle-t-il contre Dieu, jusqu'à faire proférer à ta bouche de si étranges discours?

14. Qu'est-ce que l'homme pour qu'il soit pur, et le fils de la femme pour paraitre juste?

15. Entre ses saints même, personne n'est impeccable, et les cieux ne sont pas purs devant ses yeux.

16. Combien plus l'homme, qui boit

et imitaris linguam blasphemantium.

6. Condemnabit te os tuum, et non ego, et labia tua respondebunt tibi.

7. Numquid primus homo tu natus es, et ante colles formatus?

8. Numquid consilium Dei audisti? et inferior te erit ejus sapientia?

9. Quid nosti quod ignoremus? quid intelligis quod nescîamus?

10. Et senes et antiqui sunt in nobis, multo vetustiores quam patres tui.

11. Numquid grande est ut consoletur te Deus? Sed verba tua prava hoc prohibent.

12. Quid te elevat cor tuum, et quasi magna cogitans, attonitos habes oculos?

13. Quid tumet contra Deum spiritus tuus, ut proferas de ore tuo hujuscemodi sermones?

14. Quid est homo ut immaculatus sit, et ut justus appareat natus de muliere?

15. Ecce inter sanctos ejus nemo immutabilis, et cæli non sunt mundi in conspectu ejus.

16. Quanto magis abominabilis et inu-

---

tu as enlevé, fait cesser les prières; ce qui revient à l'hébreu : tu ébranles le culte. Job avait agi ainsi, dans la pensée d'Éliphaz, en prétendant qu'il n'était pas puni pour ses crimes, et que le sort des justes était le même ici-bas que celui des impies. *Docuit... iniquitas...* (vers. 5) : voilà la vraie source de la science de Job, son iniquité! *Condemnabit te...* (vers. 6) : en parlant comme il l'a fait, il a révélé toute sa malice intime, et il s'est fait son propre accusateur.

7-11. Sur quoi Job appuie-t-il sa prétention d'être plus sage que ses amis ? — *Numquid primus homo...?* Allusion aux qualités supérieures dont avait été doué le premier homme. Un proverbe indien dit aussi : Oui, oui, il est le premier homme; il n'est pas étonnant qu'il soit si sage. — *Ante colles formatus :* créé avant la terre, et en quelque sorte de toute éternité. — *Numquid consilium Dei...?* D'après l'hébreu : As-tu écouté dans le conseil de Dieu? C.-à-d. : Serais-tu membre du céleste conseil ? — *Et inferior te...* Hébr. : as-tu tiré à toi (seul) la sagesse? Tout ce passage est très mordant. Job se serait-il approprié la sagesse? — *Quid nosti...* (vers. 9)? Éliphaz passe au domaine des faits, pour humilier d'une autre manière les prétentions de Job. — *Et senes... in nobis* (vers. 10). Les vieillards excellent d'ordinaire en sagesse. — *Numquid grande...* (vers. 11). D'après la Vulgate :

Dieu t'enverrait promptement des consolations ; mais tu l'en empêches par ta conduite insolente à son égard. L'hébreu donne un autre sens : Les consolations de Dieu sont-elles peu de chose pour toi (sont-elles au-dessous de tes mérites), ainsi que la douce parole qui t'est adressée ? Allusion aux consolations que les trois amis prétendaient avoir offertes à Job au nom du Seigneur, et à l'accueil peu favorable qu'elles avaient reçu.

12-16. Comment Job ose-t-il attaquer Dieu, devant qui les saints eux-mêmes paraissent impurs, et à plus forte raison l'homme ? — *Quid te elevat...?* Hébr. : où t'emporte ton cœur ? C.-à-d. où te laisses-tu entrainer par tes sentiments violents ? — Les mots *quasi magna cogitans* ne sont pas dans l'hébreu, qui dit simplement : Pourquoi tes yeux roulent-ils ? Éliphaz voyait, tandis qu'il parlait, « percer l'indignation dans les regards de son ami. » — Vers. 14-16 : tous les hommes sont coupables devant Dieu. *Quid est homo...;* transition tacite : Si tu alléguais de nouveau ton innocence, je te rappellerais que tu n'es pas meilleur que tes semblables, qui naissent souillés et corrompus (cf. IV, 17 et ss.). *Ecce inter sanctos :* les anges (voyez V, 1, et la note). *Cæli non... mundi :* les sphères célestes, où résident les anges, et qui nous semblent si pures, si belles. *Bibit quasi*

tilis homo, qui bibit quasi aquam iniquitatem?

17. Ostendam tibi, audi me ; quod vidi narrabo tibi.

18. Sapientes confitentur, et non abscondunt patres suos,

19. quibus solis data est terra, et non transivit alienus per eos.

20. Cunctis diebus suis impius superbit, et numerus annorum incertus est tyrannidis ejus.

21. Sonitus terroris semper in auribus illius; et cum pax sit, ille semper insidias suspicatur.

22. Non credit quod reverti possit de tenebris ad lucem, circumspectans undique gladium.

23. Cum se moverit ad quærendum panem, novit quod paratus sit in manu ejus tenebrarum dies.

24. Terrebit eum tribulatio, et angustia vallabit eum, sicut regem qui præparatur ad prælium.

25. Tetendit enim adversus Deum manum suam, et contra Omnipotentem roboratus est.

26. Cucurrit adversus eum erecto collo, et pingui cervice armatus est.

27. Operuit faciem ejus crassitudo, et de lateribus ejus arvina dependet.

28. Habitavit in civitatibus desolatis,

l'iniquité comme l'eau, est il abominable et inutile?

17. Je t'instruirai, écoute-moi ; je te raconterai ce que j'ai vu.

18. Les sages le publient, et ils ne cachent point *ce qu'ils ont reçu de* leurs pères,

19. auxquels seuls cette terre a été donnée, et nul étranger ne passait parmi eux.

20. Durant tous ses jours, l'impie croît en orgueil, et le nombre des années de sa tyrannie est incertain.

21. Son oreille est toujours frappée de bruits effrayants, et au milieu de la paix il soupçonne toujours des embûches.

22. Il ne croit pas qu'il puisse revenir des ténèbres à la lumière, et il ne voit partout que le glaive.

23. Lorsqu'il se remue pour chercher son pain, il sait que le jour des ténèbres est prêt à ses côtés.

24. L'adversité l'épouvante, et l'angoisse l'assiège, comme un roi qui se prépare au combat.

25. Car il a étendu sa main contre Dieu, et il s'est raidi contre le Tout-Puissant.

26. Il a couru contre Dieu le cou tendu ; il s'est armé d'un orgueil inflexible.

27. L'embonpoint a couvert tout son visage, et la graisse pend à ses flancs.

28. Il a mis sa demeure dans des villes

---

aquam... (vers. 16) : métaphore très expressive : elle montre que la tendance au péché est devenue pour l'homme comme un besoin de sa nature.

2° Les impies sont accablés de toute sorte de maux. XV, 17-35.

17-19. Transition : la doctrine qu'Éliphaz va proposer est celle des sages de tous les temps. — *Ostendam tibi...* : il reprend maintenant son ton magistral. — *Sapientes confitentur...* Avant de citer l'argument de tradition, il en fait valoir l'autorité, comme précédemment Baldad. Cf. viii, 8-10. — *Non abscondunt patres...* Ils ne cachent pas leurs auteurs, comme l'on dit ; ils avouent tenir eux-mêmes leur doctrine des générations antérieures. — *Quibus solis... et non... alienus...* (vers. 19). Détails ajoutés pour montrer combien cette tradition est demeurée pure : les sages qui se la sont transmise ont seuls et constamment habité le pays de leur naissance ; elle n'a pu être altérée par aucun élément étranger.

20-24. L'impie ne jouit jamais d'une paix réelle ; sa conscience chargée de crimes lui fait sans cesse redouter tous les maux. A partir de cet endroit jusqu'à la fin de son discours, Éliphaz cite les paroles mêmes de la tradition. — *Cunctis diebus superbit...* Dans la Vulgate, contraste avec ce qui suit : *et numerus... incertus* ; incertitude qui trouble le bonheur de l'impie. D'après l'hébreu : Le méchant, dans tous ses

jours, se tourmente lui-même, et le nombre de ses années est caché à l'oppresseur. — *Sonitus terroris...* (vers. 21). Il croit toujours entendre des bruits précurseurs de sa ruine. — *De tenebris* (vers. 22). Image des calamités que l'impie attend, et qu'il sait devoir être perpétuelles. — *Circumspectans...* Hébr. : il est destiné au glaive des vengeances divines ; cf. xix, 29 ; Is. xxxi, 8. — *Cum se moverit...* (vers. 23). D'après l'hébreu : Il erre pour chercher son pain. C.-à-d. qu'il le fait dans son imagination, prévoyant bien qu'il sera un jour réduit à cette extrémité. « Ce tableau du riche oppresseur tourmenté par des visions de famine est très pittoresque. » — *Sicut regem...* (vers. 24). Mieux : « sicut rex ; » car c'est la tribulation destinée à l'impie qui est représentée sous les traits d'un roi conquérant ; elle se précipitera à l'improviste, irrésistible.

25-28. Motif de ces pressentiments et de ces terreurs de l'impie : son mépris de Dieu et sa vie sensuelle. — *Tetendit... manum :* main audacieusement sacrilège, qui semblait menacer la vie de Dieu même. Cf. Is. xxiii, 11 ; Ez. xxv, 7, etc. — *Cucurrit... erecto collo.* Autre image, encore plus énergique. On dirait un taureau qui s'élance furieux. — *Pingui cervice...* Variante dans l'hébreu. Littéralement : avec l'épaisseur des convexités de ses boucliers. Cette fois, c'est un guerrier qui marche au combat. — *Operui*

désolées, dans des maisons désertes, qui
Le sont plus que des monceaux *de pierres*.

29. Il ne s'enrichira pas, son opulence
ne durera point, et il ne poussera point
de racine sur la terre.

30. Il ne sortira pas des ténèbres ; la
flamme desséchéra ses rameaux ; le souffle
de sa bouche l'emportera.

31. Il ne croira pas, trompé par une
vaine erreur, qu'il puisse être racheté à
aucun prix.

32. Il périra avant que ses jours soient
accomplis, et ses mains se dessécheront.

33. Sa grappe sera frappée comme
celle de la vigne à peine fleurie, et comme
l'olivier qui laisse tomber sa fleur.

34. Car la famille de l'hypocrite sera
inféconde, et le feu dévorera les maisons
de ceux qui aiment à recevoir des présents.

35. Il conçoit la douleur et il enfante
l'iniquité, et son sein prépare la déception.

et in domibus desertis, quæ in tumulos
sunt redactæ.

29. Non ditabitur, nec perseverabit
substantia ejus, nec mittet in terra radicem suam.

30. Non recedet de tenebris ; ramos
ejus arefaciet flamma, et auferetur spiritu oris sui.

31. Non credet, frustra errore dece-
ptus, quod aliquo pretio redimendus sit.

32. Antequam dies ejus impleantur
peribit, et manus ejus arescent.

33. Lædetur quasi vinea in primo flore
botrus ejus, et quasi oliva projiciens
florem suum.

34. Congregatio enim hypocritæ steri-
lis, et ignis devorabit tabernacula eorum
qui munera libenter accipiunt.

35. Concepit dolorem et peperit iniquitatem, et uterus ejus præparat dolos.

CHAPITRE XVI

1. Job prit la parole et dit :

2. J'ai entendu souvent de pareils discours ; vous êtes tous des consolateurs
importuns.

1. Respondens autem Job, dixit ·

2. Audivi frequenter talia ; consolato-
res onerosi omnes vos estis.

---

faciem... (vers. 27). Traits qui peignent au vif
une existence sensuelle et animale. — *Habitavit
in civitatibus...* (vers. 28). Ce verset est un peu
obscur et a été diversement interprété. Il semble
désigner des richesses extraordinaires : l'impie
a étendu au loin sa domination et rebâti des
villes ruinées, où il s'est construit de splendides
palais.

29-35. La fin désastreuse des pécheurs. — *Non
ditabitur :* sa prospérité ne sera point durable,
comme il est aussitôt ajouté. — *Nec mittet...
radicem.* Quelques-uns traduisent ainsi l'hébreu :
Leur produit ne penchera pas jusqu'à terre. L'i-
mage serait alors celle d'un épi rempli de grains,
ou d'un rameau chargé de fruits. — *Ramos...
flamma* (vers. 30) : la flamme du soleil brûlant,
qui dessèche les plantes. — *Spiritu oris sui.*
Mieux, peut-être : « oris ejus, » la bouche de
Dieu. — *Non credet frustra...* (vers. 31). C.-à-d.
que l'impie ne peut compter sur rien pour être
délivré des châtiments divins. L'hébreu exprime
une pensée analogue : Qu'il ne se fie pas à la
vanité (l'iniquité) ; il sera trompé, car la vanité
sera sa récompense. — *Antequam dies ejus...*
(vers. 32) : il mourra d'une manière prématurée.
Cf. xxii, 16, etc. — *Manus... arescent :* rendues
rigides et desséchées par la mort. D'après l'hébreu : son rameau (sa postérité) ne verdira point.
— *Lædetur quasi...* (vers. 33). Deux belles comparaisons, pour décrire l'insuccès final de l'impie. — *Congregatio... hypocritæ* (vers. 34) : sa

maison, d'abord si peuplée, deviendra déserte :
sa famille disparaîtra comme lui. — *Eorum qui
munera... :* circonlocution pour désigner encore
les impies et leurs injustices criantes. — *Concepit dolorem...* (vers. 35). Éliphaz condense tout
son discours dans cette dernière métaphore, qui
signifie que l'affliction accompagne toujours infailliblement le péché. Cf. iv, 8. *Dolorem :* l'iniquité. *Iniquitatem :* littéral., le néant (la vanité,
le malheur). *Dolos :* la déception. « Éliphaz ne
dit pas que Job ait été tel que l'impie dont il a
fait la description ; mais il l'insinue assez clairement. Il n'y a qu'à tirer la conséquence. »
(Calmet, *h. l.*)

§ II. — *Réponse de Job au second discours
d'Éliphaz.* XVI, 1 — XVII, 16.

On voit, dès les premières paroles de ce discours, combien Job est désolé de l'attitude de
ses amis à son égard. Après la leur avoir vivement reproché, il s'adresse à Dieu et renouvelle
ses plaintes amères, trouvant quelque soulagement à les exhaler sans cesse : il souffre surtout
de l'hostilité universelle qu'il voit dirigée contre
lui. Il s'élève néanmoins jusqu'à un sentiment de
grande confiance en Dieu, appuyé sur son innocence.

1° Reproches énergiques de Job à ses pénibles
consolateurs. XVI, 1-6.

CHAP. XVI. — 1. Introduction.

2-6. Job se dit fatigué de la monotonie des

3. Numquid habebunt finem verba ventosa? aut aliquid tibi molestum est, si loquaris?

4. Poteram et ego similia vestri loqui; atque utinam esset anima vestra pro anima mea!

5. Consolarer et ego vos sermonibus, et moverem caput meum super vos.

6. Roborarem vos ore meo, et moverem labia mea, quasi parcens vobis.

7. Sed quid agam? Si locutus fuero, non quiescet dolor meus, et si tacuero, non recedet a me.

8. Nunc autem oppressit me dolor meus, et in nihilum redacti sunt omnes artus mei.

9. Rugæ meæ testimonium dicunt contra me, et suscitatur falsiloquus adversus faciem meam, contradicens mihi.

10. Collegit furorem suum in me, et comminans mihi, infremuit contra me dentibus suis; hostis meus terribilibus oculis me intuitus est.

11. Aperuerunt super me ora sua, et exprobrantes percusserunt maxillam meam; satiati sunt pœnis meis.

12. Conclusit me Deus apud iniquum, et manibus impiorum me tradidit.

13. Ego ille quondam opulentus, repente contritus sum; tenuit cervicem meam, confregit me, et posuit me sibi quasi in signum.

3. Ces discours en l'air finiront-ils? Et qu'y a-t-il de plus aisé que de parler *ainsi?*

4. Moi aussi je pourrais en dire autant que vous; et que ne suis-je à votre place!

5. Je vous consolerais aussi par mes paroles, et je branlerais la tête à votre sujet.

6. Je vous fortifierais par mon langage, et je remuerais mes lèvres, comme par compassion pour vous.

7. Mais que ferai-je? Si je parle, ma douleur ne s'apaisera point; et si je me tais, elle ne me quittera pas.

8. Mais maintenant ma douleur m'accable, et tous mes membres sont réduits à rien.

9. Mes rides rendent témoignage contre moi; et il s'élève, devant ma face, un menteur qui m'accuse.

10. Il a ramassé contre moi sa fureur; il a grincé des dents en me menaçant; mon ennemi m'a envisagé avec un regard terrible.

11. Ils ont ouvert leurs bouches contre moi, et, me couvrant d'opprobre, ils ont frappé ma joue, et se sont rassasiés de mes peines.

12. Dieu m'a mis à la merci du méchant; il m'a livré entre les mains des impies.

13. Moi qui étais autrefois si puissant, j'ai été brisé tout à coup. Il m'a pris par la nuque, il m'a broyé, et il m'a mis comme en butte *à ses traits.*

exhortations et des fausses consolations de ses amis. — *Verba ventosa* (vers. 3). Il renvoie ainsi à Éliphaz sa parole si dure, xv, 2. — *Aut aliquid... molestum...?* Dans l'hébreu : Qu'est-ce qui te provoque à répondre? — *Poteram et ego...* Vers. 4-6, Job se targue d'imiter sans peine leur manière, dont il trace une peinture très ironique. — *Quasi parcens..* (vers. 6). Plutôt : comme ayant de la compassion. A coup sûr Job n'eût point fait ce qu'il décrit, et il aurait su donner à ses amis affligés autre chose que des marques purement extérieures d'une sympathie sans réalité. « Ce n'est là qu'une tournure oratoire employée pour donner plus de vivacité à la pensée » (Le Hir).

2° Job expose de nouveau ses violentes souffrances : Dieu et les hommes semblent s'acharner contre lui. XVI, 7-18.

7-12. Il est en butte à l'hostilité universelle. — *Sed quid agam?* Heureuse transition ajoutée par saint Jérôme : Job ne sait, dans sa triste condition, s'il est meilleur pour lui de parler ou de se taire; en toute hypothèse, sa souffrance demeure. — *Nunc autem* (vers. 8). Hébr. : Main-

tenant il (Dieu) m'a épuisé. — *In nihilum... artus mei* : ses membres, que la maladie avait à demi consumés. D'après l'hébreu : Tu as ravagé toute ma famille. — *Rugæ meæ* : les profondes rides creusées sur son visage par l'éléphantiasis. Variante dans l'hébreu : Tu m'as enchaîné; pour témoigner contre moi, un traître se lève à ma face et m'accuse. C'est Dieu qui a enchaîné Job : ses amis sont les traîtres qui l'accusent. — *Collegit..., hostis meus...* (vers. 10) : à savoir, Dieu lui-même. Description dramatique; c'est un lion s'élançant sur sa proie. — *Aperuerunt...* (verset 11). Job revient à l'hostilité des hommes, également décrite en termes pittoresques. *Percusserunt maxillam* : le dernier des affronts; cf. Ps. iii, 8; Mich. v, 1, etc. *Satiati pœnis...;* d'après l'hébreu : ils se réunissent ensemble contre moi. — *Apud iniquum* (vers. 12) : les hommes vils et méprisables dont Job parlera plus au long, xxx, 1 et ss.

13-18. Détails sur la conduite sévère de Dieu à son égard et sur l'état auquel il a été réduit. — *Ego ille... opulentus.* Simplement dans l'hébreu : J'étais en paix. — *Repente... Le* caractère

14. Il m'a environné de ses lances, il m'en a percé les reins; il ne m'a point épargné, et il a répandu mes entrailles à terre.

15. Il m'a fait blessure sur blessure; il a fondu sur moi comme un géant.

16. J'ai cousu un cilice sur ma peau, et j'ai couvert ma chair de cendres.

17. Mon visage s'est gonflé à force de pleurer, et mes paupières se sont obscurcies.

18. J'ai souffert cela sans que l'iniquité fût dans ma main, lorsque j'offrais à Dieu de pures prières.

19. Terre, ne couvre point mon sang, et que mes cris ne soient nulle part étouffés dans ton sein.

20. Car voici que mon témoin est dans le ciel, et celui qui me connaît à fond habite les hauts lieux.

21. Mes amis se répandent en paroles, mes yeux fondent en larmes devant Dieu.

22. Que je voudrais que l'homme pût

---

14. Circumdedit me lanceis suis, convulneravit lumbos meos; non pepercit, et effudit in terra viscera mea.

15. Concidit me vulnere super vulnus; irruit in me quasi gigas.

16. Saccum consui super cutem meam, et operui cinere carnem meam.

17. Facies mea intumuit a fletu, et palpebræ meæ caligaverunt.

18. Hæc passus sum absque iniquitate manus meæ, cùm haberem mundas ad Deum preces.

19. Terra, ne operias sanguinem meum, neque inveniat in te locum latendi clamor. meus.

20. Ecce enim in cælo testis meus, et conscius meus in excelsis.

21. Verbosi amici mei; ad Deum stillat oculus meus.

22. Atque utinam sic judicaretur vir

---

soudain de l'attaque, en pleine prospérité, l'avaient naturellement rendue plus terrible. Son résultat avait été écrasant : *contritus sum*. — *Tenuit cervicem*... Encore l'image d'un lion dévorant. — *Posuit me... in signum :* comme une cible que l'on crible de traits. Cette comparaison se poursuit au vers. 14, où on lit dans l'hébreu « ses flèches », au lieu de *lanceis suis*. L'effet produit : *convulneravit*... — *Concidit me*... (vers. 15). Hébr. : il fait sur moi brèche sur brèche. Autre image guerrière : Job est comme une ville assiégée, à laquelle on donne finalement l'assaut (*irruit in me*), après avoir ouvert de larges brèches dans les remparts. *Gigas :* un guerrier robuste. — *Saccum*... (vers. 16) : un vêtement de deuil. *Consui :* manière de dire que son cilice ne le quitte pas. — *Operui cinere...* : à la façon des Orientaux dans les calamités publiques ou privées. Cf. II, 8 ; Is. III, 24 ; xx, 2, etc. L'hébreu exprime une autre pensée : J'ai roulé ma corne dans la poussière. « Image tirée d'un taureau abattu et désespéré... La corne est un symbole de gloire et de puissance » (Le Hir, *h. l.*). Cf. Ps. LXXIV, 5 ; CXLVIII, 14, etc. — *Facies... intumuit.., ; palpebræ...* (vers. 17) : effets produits par des larmes fréquentes et abondantes. Cf. xvII, 7 ; Ps. VI, 7, etc. — *Hæc... absque iniquitate* (vers. 18). Et toutes ces atroces douleurs, malgré son innocence, qu'il ne se lasse point de proclamer ! Ses actions avaient été saintes (*absque... manus*); sa religion, parfaite (*mundas... preces*). Job répondait ainsi aux accusations d'Éliphaz (xv, 4, 34).

3º Job a au ciel le témoin de son innocence, et il l'invoque avec confiance. XVI, 19 — XVII, 9.

Cet innocent, si sévèrement traité, sort tout à coup, par l'espérance, de son angoisse actuelle, et il se jette sur le cœur du Dieu plein de bonté,

auquel il confie son avenir. Ne pouvant résoudre le problème par les données de sa vie présente, il se console en pensant qu'il en aura la solution dans l'autre vie.

19-22. Job sait que Dieu est dès maintenant son témoin, et il l'implore contre les injustes attaques de ses amis. — *Terra, ne operias*... Interpellation ardente. Le sang répandu d'une manière criminelle crie vengeance vers le ciel, surtout pendant le temps où il demeure visible (cf. Is. xxvi, 21 ; Ez. xxiv, 7-8, etc.); de là ce souhait. Le sang de Job, c'est sa vie, qui lui est arrachée sans qu'il soit coupable. — *Neque... clamor. meus.* Pour un motif identique, il désire que rien ne vienne amortir le bruit de ses cris. Cf. Gen. IV, 10. — *Ecce... in cælo testis* (vers. 20) : un témoin qui voit son sang versé, qui entend ses cris de détresse. Sur la terre, Job souffre et est injustement accusé ; au ciel, son innocence est reconnue. Ces paroles et d'autres semblables le prouvent clairement, plus Job est affligé par Dieu, plus il adhère à Dieu malgré ses plaintes passionnées. — *Verbosi amici* (vers. 21). Dans l'hébreu : mes amis se moquent de moi. Contraste entre ces faux amis et le vrai défenseur de Job. — *Ad Deum stillat...* : ses larmes sont autant de prières. — *Atque utinam...* (vers. 22). D'après l'hébreu : qu'il (Dieu) maintienne le droit d'un homme contre Dieu, et d'un fils de l'homme contre son ami. Cet homme, ce fils de l'homme ne diffèrent pas de Job, qui en appelle à Dieu, soit contre Dieu lui-même, soit contre ses amis ; car il espère que le Dieu de l'avenir lui sera plus favorable et le déclarera innocent. Prière qui sera bientôt exaucée. Cf. xLII, 7 et ss. La Vulgate exprime le souhait qui a été déjà formulé plusieurs fois par le saint homme (IX, 32-33 ; xIII, 19-24, etc.).

cum Deo, quomodo judicatur filius hominis cum collega suo!

23. Ecce enim breves anni transeunt; et semitam per quam non revertar ambulo.

se justifier devant Dieu, comme il peut se justifier devant un de ses semblables!

23. Car mes années s'écoulent rapides, et je parcours une voie par laquelle je ne reviendrai jamais.

CHAPITRE XVII

1. Spiritus meus attenuabitur, dies mei breviabuntur, et solum mihi superest sepulcrum.

2. Non peccavi, et in amaritudinibus moratur oculus meus.

3. Libera me, Domine, et pone me juxta te, et cujusvis manus pugnet contra me.

4. Cor eorum longe fecisti a disciplina; propterea non exaltabuntur.

5. Prædam pollicetur sociis, et oculi filiorum ejus deficient.

6. Posuit me quasi in proverbium vulgi, et exemplum sum coram eis.

7. Caligavit ab indignatione oculus

1. Mon souffle va s'épuiser, mes jours vont être abrégés, et il ne me reste plus que le tombeau.

2. Je n'ai point péché, et cependant mon œil ne contemple qu'amertumes.

3. Délivrez-moi, Seigneur, et placez-moi auprès de vous, et que la main de qui que ce soit s'arme contre moi.

4. Vous avez éloigné leur cœur de l'intelligence ; c'est pourquoi ils ne seront point exaltés.

5. Il promet du butin à ses compagnons; mais les yeux de ses fils tomberont en défaillance.

6. Il m'a rendu comme la fable du peuple, et je suis à leurs yeux un exemple.

7. L'indignation m'obscurcit les yeux,

23-XVII, 2. Raison de cette prière de Job : ici-bas il ne lui reste aucun espoir. — *Ecce... brèves anni.* Le peu de temps qui lui restait à vivre. Il a été dit plus haut (note de II, 7-8) que sa maladie, quoique mortelle, pouvait se prolonger assez longtemps. CHAP. XVII. — 1-2. *Attenuabitur, breviabuntur.* Mieux vaudrait le temps présent : Mon souffle vital s'épuise, mes jours s'éteignent. — *Solum... sepulcrum.* Dans l'hébreu, avec une vigoureuse concision : les sépulcres sont à moi. — *Non peccavi...* Variante dans le texte original : Les moqueurs ne m'entourent-ils pas ? et mon regard doit s'arrêter sur leur provocation. Allusion à la conduite de ses amis, qui était l'une de ses plus cruelles épreuves.

3-9. Autre prière à Dieu, pour qu'il le protège contre la malice des méchants, à la grande édification des bons. Vers. 3, la prière ; vers. 4-9, les motifs sur lesquels elle s'appuie. — *Libera me...* Selon la Vulgate, Job affirme qu'il a en Dieu une entière confiance, et que peu lui importent les attaques des hommes, pourvu que le Seigneur le traite en ami. L'hébreu revient à peu près au même, quoique avec une variante ; littéralement : Dépose (un gage), fais-toi caution pour moi auprès de toi ; qui trouverais-je pour me frapper dans la main ? Voyez XVI, 22 et la note. Déposer un gage, se faire caution et frapper dans la main sont des expressions synonymes : on déposait un gage, ou l'on frappait dans la main, pour attester que l'on s'engageait à devenir caution pour quelqu'un. Cf. Prov. VI, 1 ; XI,

15 ; XVII, 18, etc. Job prie donc le Seigneur d'être tout à la fois sa caution et son juge. Car il l'envisage sous deux aspects divers : en tant qu'il l'afflige malgré son innocence, en tant qu'il est son défenseur et le Dieu de toute justice. — *Cor eorum...* Les vers. 4-9 motivent cette pressante prière : Job ne peut se confier qu'en Dieu seul, car ses amis sont devenus injustes et cruels envers lui. Cette pensée l'amène à faire de nouveau une description désolante de ses maux. — *Longe a disciplina.* L'hébreu est plus clair : Il a fermé leur cœur à l'intelligence. — *Non exaltabuntur :* leur triomphe ne sera pas perpétuel relativement à Job. — *Prædam pollicetur...* Parole assez obscure, et interprétée de bien des manières. La Vulgate correspond bien au texte hébreu et paraît donner le meilleur sens. C'est une expression proverbiale, dont le but est de montrer à quel point les amis de Job sont dépourvus de la vraie sagesse : ils ressemblent à un homme qui inviterait ses proches au partage d'un riche butin, tandis qu'il est tellement pauvre, que ses propres enfants se meurent de faim (*oculi... deficient :* les yeux des moribonds perdent tout leur éclat). Éliphaz, Baldad et Sophar, ces grands docteurs de sagesse, ne possèdent eux-mêmes aucune sagesse. — *Posuit me...* (vers. 6). Le sujet est indéterminé : on m'a rendu la fable des peuples, c.-à-d. un objet de risée pour tout le monde. Cf. XXX, 9 et ss. — *Et exemplum sum...* D'après l'hébreu : comme un homme à qui l'on crache au visage. — *Caligavit...* (vers. 7). Voyez le vers. 5. Au lieu de *ab indignatione,* l'hébreu

et mes membres sont comme réduits à rien.

8. Les justes seront dans la stupeur à ce sujet, et l'innocent s'élèvera contre l'hypocrite.

9. Et le juste demeurera dans sa voie, et celui qui a les mains pures en deviendra plus fort.

10. Vous tous, retournez-vous donc et venez, et je ne trouverai pas un sage parmi vous.

11. Mes jours se sont écoulés, mes pensées ont été renversées, et ne servent qu'à me torturer le cœur.

12. Ils ont changé la nuit en jour, et après les ténèbres j'espère encore voir la lumière.

13. Quand même j'attendrais, le séjour des morts est ma maison, et je me suis préparé mon lit dans les ténèbres.

14. J'ai dit à la pourriture : Tu es mon père; et aux vers : Vous êtes ma mère et ma sœur.

15. Où est donc maintenant mon attente? Et ma patience, qui la considère?

16. Tout ce que j'ai descendra dans le plus profond du tombeau. Croyez-vous qu'au moins là je puisse avoir du repos?

meus, et membra mea quasi in nihilum redacta sunt.

8. Stupebunt justi super hoc, et innocens contra hypocritam suscitabitur.

9. Et tenebit justus viam suam, et mundis manibus addet fortitudinem.

10. Igitur omnes vos convertimini, et venite, et non inveniam in vobis ullum sapientem.

11. Dies mei transierunt; cogitationes meæ dissipatæ sunt, torquentes cor meum.

12. Noctem verterunt in diem, et rursum post tenebras spero lucem.

13. Si sustinuero, infernus domus mea est, et in tenebris stravi lectulum meum.

14. Putredini dixi : Pater meus es ; mater mea, et soror mea, vermibus.

15. Ubi est ergo nunc præstolatio mea? et sapientiam meam quis considerat?

16. In profundissimum infernum descendent omnia mea. Putasne saltem ibi erit requies mihi?

---

porte : par le chagrin. — *Quasi in nihilum.* Hébr. : comme une ombre. Image qui marque un amaigrissement extrême. — *Stupebunt justi...* (vers. 8). Ce verset et le suivant décrivent l'effet produit sur les bons par l'aspect des souffrances inexplicables infligées à un homme pieux : ils seront tout d'abord saisis d'étonnement; puis ils éprouveront une vive irritation contre les impies (*contra hypocritam*) qu'ils verront heureux, alors que le juste sera dans la peine. Cf. Ps. LXXII, 3. — *Tenebit justus...* (vers. 9). Autre impression des bons : ils demeureront fidèles à Dieu quand même, et leur vertu se consolidera. Admirables sentiments.

4° Job affirme qu'il n'a rien à espérer ici-bas, malgré les fallacieuses promesses de ses amis. XVII, 10-16.

10-12. Les vaines promesses. — *Igitur omnes vos...* Transition (vers. 10) : ils auront beau venir et revenir à la charge (*convertimini, et venite ;* hébraïsme pour dire : venez de nouveau), et donner de ses malheurs l'explication qui leur plaît, ils ne réussiront qu'à manifester leur manque de sagesse. — *Dies mei transierunt...* Vers. 11-12 : ils lui ont donné à entendre qu'il serait heureux, et le voilà dans une désolation extrême. — *Torquentes cor meum.* Dans l'hébreu, littéralement : le patrimoine de mon âme. « Expression pitto-

resque; l'espérance est, en effet, la plus douce, la plus ancienne, et ordinairement la plus ferme possession de l'homme » (Le Hir, *h. l.*). — *Noctem verterunt...* Les trois amis avaient prétendu que la nuit d'angoisse dans laquelle Job se débattait se transformerait bientôt en un jour brillant et prospère (*spero* : à vous en croire, je dois espérer...). L'hébreu est un peu obscur et a été diversement traduit ; par exemple : Et ils prétendent que la nuit c'est le jour, que la lumière est proche quand les ténèbres sont là.

13-16. Il ne reste à Job d'autre espérance que le tombeau. — *Si sustinuero.* S'il attend le changement heureux qu'on lui promet. — *Infernus :* les limbes, le ŝᵉôl, voilà son unique asile. — *In tenebris stravi...* : il se considère déjà comme installé dans les ténèbres du séjour des morts. — *Putredini...: Pater,... mater...* Il veut exprimer, par ce langage énergique, la communion intime qui existe déjà entre lui et le tombeau. — *Ubi est ergo...* (vers. 15). Où est ce brillant avenir qu'ils lui promettent ? — *Patientiam meam...* Dans l'hébreu : Mon espérance, qui l'aperçoit ? — *In profundissimum...* (vers. 16). Hébr. : elle descend (mon espérance) jusqu'aux portes du ŝᵉôl. Ironie amère. — *Putasne...?* Dans l'hébreu, sans interrogation : Là du moins, dans la poussière, je trouverai le repos.

CHAPITRE XVIII

1. Respondens autem Baldad Suhites, dixit :
2. Usque ad quem finem verba jactabitis? Intelligite prius, et sic loquamur.
3. Quare reputati sumus ut jumenta, et sorduimus coram vobis?

4. Qui perdis animam tuam in furore tuo, numquid propter te derelinquetur terra, et transferentur rupes de loco suo?

5. Nonne lux impii extinguetur, nec splendebit flamma ignis ejus?

6. Lux obtenebrescet in tabernaculo illius, et lucerna quæ super eum est, extinguetur.
7. Arctabuntur gressus virtutis ejus, et præcipitabit eum consilium suum.

8. Immisit enim in rete pedes suos, et in maculis ejus ambulat.

1. Baldad le Suhite prit la parole et dit :
2. Jusques à quand vous répandrez-vous en paroles? Comprenez d'abord, et ensuite nous parlerons.
3. Pourquoi passons-nous pour des brutes, et pourquoi sommes-nous immondes à vos yeux?
4. Toi qui perds ton âme dans ta fureur, la terre sera-t-elle abandonnée à cause de toi, et les rochers transportés de leur place?
5. La lumière de l'impie ne s'éteindra-t-elle pas? et la flamme de son foyer ne sera-t-elle pas sans éclat?
6. La lumière sera obscurcie dans sa tente, et la lampe qui brille au-dessus de lui s'éteindra.
7. Ses pas robustes seront entravés, et ses conseils le jetteront dans le précipice.
8. Car il a engagé ses pieds dans les rets, et il marche au milieu de leurs mailles.

---

§ III. — *Second discours de Baldad.* XVIII, 1-21.

L'impie est toujours malheureux sur la terre : voilà encore le thème de cet autre discours de Baldad. Nous y trouvons cependant une variation nouvelle. Éliphaz, xv, 20 et ss., avait dit avec une profondeur psychologique très réelle que le châtiment du pécheur vient souvent de sa propre conscience ; Baldad l'attribue en outre « à l'ordre de la nature, et au sens moral de l'humanité, qui se dressent également contre le pécheur ». La thèse est assez longuement développée (vers. 5-21), après un exorde « ab irato » (vers. 1-4).

1° Préambule du discours. XVIII, 1-4.
Chap. XVIII. — 1. Introduction.
2-4. L'exorde, plein d'indignation. — *Usque ad quem...* Déjà le premier discours de Baldad commençait presque dans les mêmes termes. Cf. vIII, 2. — *Verba jactabitis.* Le verbe est au pluriel, parce que Baldad s'adresse tout ensemble à Job et à Éliphaz, qui perdent leur temps, pense-t-il. — *Quare... ut jumenta...?* Job n'avait pas employé cette expression ; mais il avait ouvertement reproché à ses amis de manquer de sens. Cf. xvi, 2, 20 ; xvii, 2, 4-10. — *Sorduimus.* Sommes-nous pour toi des êtres immondes? Allusion, peut-être, à xvii, 9, où Job avait donné aux justes le beau nom de « purs de mains ». — *Qui perdis...* (vers. 4). Dans l'hébreu : toi qui te déchires dans ta colère. C.-à-d. qu'il se rendait lui-même malheureux, en s'abandonnant à ses

sentiments passionnés. — *Derelinquetur...* La terre sera-t-elle dépeuplée, bouleversée (*transferentur rupes*), tout l'ordre établi par Dieu dans l'univers sera-t-il détruit pour donner raison à la théorie de Job, et l'empêcher d'être puni malgré ses fautes?

2° En vertu d'une loi stable et providentielle la ruine vient de toutes parts aux pécheurs. XVIII, 5-21.
Passage remarquable. Baldad emploie des images nombreuses, expressives, pour démontrer que tout, dans le monde, contribue à entourer l'impie de lacets et de pièges où il tombera fatalement, quoi qu'il fasse. Ce châtiment est décrit dans toutes ses phases.
5-7. Le principe : l'impie est condamné à la ruine. — *Lux impii extinguetur :* la lampe qui éclaire joyeusement la tente. Les Arabes emploient souvent cette métaphore, qui est encore répétée deux fois au vers. 6. — *Flamma ignis...:* le feu bienfaisant qui brille dans l'âtre. « La flamme du foyer et la lampe figurent plus particulièrement le bonheur domestique, les joies de la vie privée » (Le Hir, *h. l.*). — *Arctabuntur gressus* (vers. 7). La démarche de l'impie, si fière, si ferme, si audacieuse au temps de la prospérité, rencontre ensuite des obstacles de tout genre. — *Præcipitabit eum consilium...* : les mauvais principes qui le guident le conduiront un jour à la ruine.
8-11. Progrès rapide de la ruine des pécheurs. — *Immisit... in rete.* Partout des instruments

9. Son pied sera pris dans le filet, et la soif le brûlera par ses ardeurs.

10. Le piège est caché pour lui sous la terre, et les lacs sur le sentier.

11. Les terreurs l'assiégeront de toutes parts, et envelopperont ses pieds.

12. La faim exténuera sa force, et la disette envahira ses flancs.

13. La mort la plus terrible dévorera sa beauté, et elle consumera ses bras.

14. Ce en quoi il mettait sa confiance sera arraché de sa tente, et la mort, comme un roi, le foulera aux pieds.

15. Les compagnons de celui qui n'est plus habiteront dans sa tente, et on répandra du soufre dans sa demeure.

16. En bas, ses racines se dessécheront; en haut, ses branches seront brisées.

17. Sa mémoire périra de dessus la terre, et son nom ne sera plus célébré dans les places publiques.

18. On le chassera de la lumière dans les ténèbres, et il sera transporté hors de ce monde.

19. Il n'aura point de postérité, point

9. Tenebitur planta illius laqueo, et exardescet contra eum sitis.

10. Abscondita est · in terra pedica ejus, et decipula illius super semitam.

11. Undique terrebunt eum formidines, et involvent pedes ejus.

12. Attenuetur fame robur ejus, et inedia invadat costas illius.

13. Devoret pulchritudinem cutis ejus, consumat brachia illius primogenita mors.

14. Avellatur de tabernaculo suo fiducia ejus, et calcet super eum, quasi rex, interitus.

15. Habitent in tabernaculo illius socii ejus qui non est; aspergatur in tabernaculo ejus sulphur.

16. Deorsum radices ejus ·siccentur; sursum autem atteratur messis ejus.

17. Memoria illius pereat de terra, et non celebretur nomen ejus in plateis.

18. Expellet eum de luce in tenebras, et de orbe transferet eum.

19. Non erit semen ejus, neque pro-

---

de destruction sont cachés pour le saisir, et il vient de lui-même se jeter au-devant d'eux. *In maculis* : les mailles du filet. Ce tableau est continué aux vers. 9-10. Au lieu de *exardescet sitis,* l'hébreu porte : les nœuds le serrent. — *Undique terrebunt...* (vers. 11). Littéralement dans l'hébreu : à ses pieds (partout où il met les pieds) les terreurs l'assiègent.

12-14. Dernières scènes de la ruine. — *Attenuetur...* A partir d'ici jusqu'au verset 17, la Vulgate a traduit les verbes par l'optatif; l'emploi du temps présent ou du futur serait préférable, car Baldad continue de décrire. — *Fame robur ejus.* La force de l'impie décroîtra peu à peu, comme celle d'un homme qui souffre de la faim. — *Inedia invadat...* D'après l'hébreu : la ruine est prête à ses côtés. — *Devoret pulchritudinem...* C.-à-d. la force, la vigueur. Dans l'hébreu : La peau de ses membres est dévorée. Allusion évidente à la maladie de Job; voyez II, 7 et le commentaire. — *Primogenita mors.* Plutôt : le premier né de la mort. Hébraïsme pour signifier quelque maladie tout à fait horrible. — *Avellatur de tabernaculo...* (vers. 14). Hébr.: Il sera arraché de sa tente, qui était sa sûreté. — *Et calcet..., quasi rex...* Dans l'hébreu : On le conduira au roi des terreurs. Dénomination poétique de la mort. La Vulgate exprime le même sens.

15-17. Ruine du nom et de la race de l'impie. De son sort personnel nous passons à celui de sa famille, qui ne sera pas moins désastreux. —

Habitent... socii ejus... Hébr. : des étrangers habitent sa tente ; c.-à-d. qu'après sa mort on s'emparera de ses biens. — ¬*Aspergatur... sulphur...* Sa maison sera maudite comme Sodome, dont elle partagera le sort final. Cf. Gen. XIX, 24.

Hyène prise au piège. (Peinture égyptienne.)

— *Sursum... messis...* (vers. 16b). L'hébreu continue l'image du premier hémistiche : En haut ses branches seront coupées. Cet arbre aux racines profondes et solides, aux verdoyants rameaux, représente la famille de l'impie, qui périt tout entière après lui. — *Memoria illius...* (vers. 17). Son souvenir même disparaîtra totalement ; ce qui est regardé par les Orientaux comme un malheur extrême.

18-21. L'horreur qu'inspirera le nom de l'impie, avant de disparaître. — *Expellet eum.* Le sujet est indéterminé : on le poussera. — *De luce*

genies in populo suo, nec ullæ reliquiæ in regionibus ejus.

20. In die ejus stupebunt novissimi, et primos invadet horror.

21. Hæc sunt ergo tabernacula iniqui, et iste locus ejus qui ignorat Deum.

de descendants parmi son peuple, et il n'en restera rien dans le pays.

20. Ceux qui viendront après lui seront étonnés de sa perte, et ceux de son temps en seront saisis d'horreur.

21. Telles seront les tentes du méchant, et telle la place de celui qui ignore Dieu.

CHAPITRE XIX

1. Respondens autem Job, dixit :
2. Usquequo affligitis animam meam, et atteritis me sermonibus?

3. En decies confunditis me, et non erubescitis opprimentes me.

4. Nempe, etsi ignoravi, mecum erit ignorantia mea.
5. At vos contra me erigimini, et arguitis me opprobriis meis.

6. Saltem nunc intelligite quia Deus non æquo judicio afflixerit me, et flagellis suis me cinxerit.

7. Ecce clamabo, vim patiens, et nemo

1. Alors Job prit la parole et dit ·
2. Jusques à quand affligerez-vous mon âme, et m'écraserez-vous par vos discours?
3. Voilà déjà dix fois que vous m'insultez, et que vous ne rougissez point de m'accabler.
4. Quand je serais dans l'ignorance, mon ignorance ne regarde que moi.
5. Mais vous vous élevez contre moi, et vous tirez de mes humiliations une preuve contre moi.
6. Comprenez au moins maintenant que ce n'est point par un jugement de justice que Dieu m'a affligé et m'a entouré de ses fléaux.
7. Voici, je crie, souffrant violence, et

---

in tenebras : de la gloire à l'ignominie et à l'oubli. — *Non erit semen..., neque progenies :* personne ne survivra de sa race. — *In regionibus ejus.* Plutôt : dans ses habitations. — *In die ejus :* le jour de sa ruine. Cf. Jer. L, 27, etc. — *Novissimi, primos.* Suivant quelques auteurs : la génération à venir et la génération présente. Selon d'autres : les hommes de l'Occident et ceux de l'Orient. Quoi qu'il en soit, tous les hommes sans distinction. — *Hæc sunt ergo...* (vers. 21). Conclusion et résumé du discours. Baldad termine brusquement sa description lugubre, sans ouvrir cette fois à Job le moindre horizon consolant.

§ IV. — *Réponse de Job au second discours de Baldad.* XIX, 1-29.

Ces paroles impitoyables de Baldad excitèrent dans l'âme de Job deux sentiments opposés, qui se manifestent dans sa réponse : d'abord, un redoublement de tristesse, à la vue de l'isolement affreux dans lequel on le laissait malgré ses maux ; en second lieu, le sentiment d'un très vif espoir, à la pensée de la résurrection générale, qui lui procurerait infailliblement un Rédempteur et une récompense éternelle. Le passage du premier sentiment au second est soudain, tout à fait saisissant : c'est lorsqu'il est plongé dans les ténèbres les plus épaisses, que Job s'élance tout à coup en pleine lumière, trouvant enfin, sinon la solution entière du problème, du moins un

dénouement qui suffisait pour le rassurer et le consoler. C'est donc ici le centre et le sommet de la première partie du poème.

1° Préambule : Job se plaint encore de la conduite si dure de ses amis, et de l'aveuglement qui les empêchait de voir la vraie raison de ses maux. IX, 1-6.

CHAP. XIX. — 1. Introduction.

2-6. Reproches à l'adresse des trois amis, dont l'injustice est clairement démontrée. — *Affligitis, atteritis.* Ces expressions révèlent la profondeur des blessures que les amis avaient faites à Job par leurs paroles dénuées d'affection. — *Decies :* nombre rond pour signifier « souvent ». — *Si ignoravi* (vers. 4). Concession : si j'ai failli par inadvertance ou ignorance, ma faute ne concerne que moi. C'est à lui seul qu'il aurait porté préjudice dans cette hypothèse, et point à eux : de quoi se plaignent-ils donc ? — *Arguitis... opprobriis meis* (vers. 5). Ses amis se servaient sans pitié contre lui de ses souffrances mêmes, comme d'arguments pour prouver sa culpabilité. — *Deus non æquo judicio...* (verset 6). Littéralement dans l'hébreu : Il me pervertit ; c.-à-d. il renverse mon droit. « A parler humainement, Dieu opprime son serviteur, c'est-à-dire qu'il le traite plus rudement qu'il ne le mérite » (Le Hir, *h. l.*). — *Flagellis... cinxerit.* Hébr. : il m'a entouré de ses rets.

2° A quel point Dieu l'a abandonné et l'afflige. XIX, 7-12.

7. Transition : son isolement dans sa détresse !

personne ne m'écoute; j'élève la voix, et on ne me rend pas justice.

8. Il a fermé de toutes parts mon sentier, et je ne puis plus passer; et il a répandu des ténèbres sur mon chemin.

9. Il m'a dépouillé de ma gloire, et il m'a ôté la couronne de la tête.

10. Il m'a détruit de tous côtés, et je péris; et comme à un arbre arraché, il m'a ôté toute espérance.

11. Sa fureur s'est allumée contre moi, et il m'a traité comme son ennemi.

12. Ses brigands sont venus tous ensemble; ils se sont frayé une route jusqu'à moi, et ils ont mis le siège autour de ma tente.

13. Il a éloigné de moi mes frères, et mes amis se sont détournés de moi comme des étrangers.

14. Mes proches m'ont abandonné, et ceux qui me connaissaient m'ont oublié.

15. Ceux qui demeuraient dans ma maison et mes servantes m'ont regardé comme un étranger.

16. J'ai appelé mon serviteur, et il ne m'a pas répondu; je le suppliais de ma propre bouche.

17. Ma femme a eu horreur de mon haleine, et je priais les fils sortis de mon sein.

18. Les insensés eux-mêmes me méprisaient, et à peine les avais je quittés, qu'ils médisaient de moi.

19. Mes confidents d'autrefois m'ont

audiet; vociferabor, et non est qui judicet.

8. Semitam meam circumsepit, et transire non possum; et in calle meo tenebras posuit.

9. Spoliavit me gloria mea, et abstulit coronam de capite meo.

10. Destruxit me undique, et pereo; et quasi evulsæ arbori abstulit spem meam.

11. Iratus est contra me furor ejus, et sic me habuit quasi hostem suum.

12. Simul venerunt latrones ejus, et fecerunt sibi viam per me, et obsederunt in gyro tabernaculum meum.

13. Fratres meos longe fecit a me, et noti mei quasi alieni recesserunt a me.

14. Dereliquerunt me propinqui mei, et qui me noverant obliti sunt mei.

15. Inquilini domus meæ et ancillæ meæ, sicut alienum habuerunt me, et quasi peregrinus fui in oculis eorum.

16. Servum meum vocavi, et non respondit; ore proprio deprecabar illum.

17. Halitum meum exhorruit uxor mea, et orabam filios uteri mei.

18. Stulti quoque despiciebant me; et cum ab eis recessissem, detrahebant mihi.

19. Abominati sunt me quondam con-

---

il pousse des cris auxquels personne ne prend garde.

8-12. Images diverses pour décrire les afflictions dont Dieu l'accable. — *Semitam meam...* Impossibilité absolue d'échapper à tant de maux. — *Spoliavit me gloria...* (vers. 9) : Dieu a enlevé à Job tous ses biens, qui étaient pour lui comme une glorieuse couronne. — *Destruxit me undique...* (vers. 10). Il l'a renversé à la façon d'un édifice, il l'a arraché comme un arbre. — *Iratus... furor ejus* (vers. 11-12). Il le traite comme une forteresse ennemie, et lui donne assaut sur assaut (*latrones ejus;* hébr.; ses bataillons, qui n'étaient autres que les souffrances multiples du saint patriarche). Cf. VI, 4; X, 17; XVI, 15.

3º Ce que Job souffre de la part des hommes, et spécialement de ses proches. XIX, 13-22.

Toute sympathie humaine lui est refusée dans son immense détresse ; il le dit avec une poignante douleur, et nulle part ses plaintes ne sont plus touchantes.

13-14. Conduite de ses amis et de ses proches. — *Fratres* est pris ici dans le sens large de l'Orient, pour désigner la parenté en général.

15-16. Conduite de ses serviteurs. — *Inquilini*

domus : les serviteurs venus du dehors, par opposition à ceux qui étaient nés dans la maison, et dont il est question au vers. 16. — *Non respondit.* Les serviteurs orientaux sont pourtant, d'ordinaire, d'un remarquable empressement ; mais, comme on l'a dit à bon droit, « lorsque quelqu'un tombe dans le malheur, les visages de tous ceux avec lesquels il était en relation lui renvoient le reflet de sa chute, depuis les plus haut placés jusqu'aux serviteurs, et sur la face de ces derniers le reflet apparaît sans retenue et sans délicatesse. » — *Deprecabar illum :* pour en obtenir quelque service.

17. Il est devenu insupportable à ceux qui devaient l'aimer le plus tendrement. — *Halitum meum exhorruit...* Quel trait ! Il est vrai que l'haleine des lépreux est extrêmement fétide. — *Filios uteri mei :* non pas ses fils, qui étaient tous morts ; c'est là un hébraïsme, pour désigner ses frères, sortis du même sein maternel que lui. Cf. III, 10. On a parfois supposé, mais sans preuve, qu'il s'agirait des petits-fils de Job, ou d'enfants qu'il aurait eus d'une femme du second rang. — *Oraham :* implorant leur pitié, leur secours.

18-19. Humiliations et souffrances provenant

siliarii mei, et quem maxime diligebam, aversatus est me.

20. Pelli meæ, consumptis carnibus, dhæsit os meum, et derelicta sunt tantummodo labia circa dentes meos.

21. Miseremini mei, miseremini mei, saltem vos, amici mei, quia manus Domini tetigit me.

22. Quare persequimini me sicut Deus, et carnibus meis saturamini?

23. Quis mihi tribuat ut scribantur sermones mei? Quis mihi det ut exarentur in libro,

24. stylo ferreo et plumbi lamina, vel celte sculpantur in silice?

25. Scio enim quod Redemptor meus vivit, et in novissimo die de terra surrecturus sum;

---

eu en exécration, et celui que j'aimais le plus s'est détourné de moi.

20. Mes chairs étant consumées, mes os se sont collés à ma peau, et il ne me reste que les lèvres autour des dents.

21. Ayez pitié de moi, ayez pitié de moi, vous du moins, mes amis, car la main du Seigneur m'a frappé.

22. Pourquoi me persécutez-vous comme Dieu, et vous rassasiez-vous de ma chair?

23. Qui m'accordera que mes paroles soient écrites? Qui me donnera qu'elles soient tracées dans un livre,

24. qu'elles soient gravées sur une lame de plomb avec un style de fer, ou sur la pierre avec le ciseau?

25. Car je sais que mon Rédempteur est vivant, et que je ressusciterai de la terre au dernier jour,

---

d'autres personnes. — *Stulti quoque :* les hommes les plus vils et les plus méprisables de la société. — *Consiliarii mei :* ses amis intimes.

20. État auquel sa maladie l'a réduit. — *Pelli... adhæsit... :* par suite de sa maigreur extrême. — *Derelicta... tantummodo...* Hébr. : je n'ai que la peau autour des dents, c.-à-d. les gencives. Manière proverbiale de dire que le mal a tout atteint, tout détruit.

21-22. Job fait un pressant appel à la pitié de ses amis. Cri tout à fait pathétique. — *Miseremini mei...* Le redoublement de cette prière ajoute à sa vigueur et témoigne d'une violente angoisse. — Motif pour lequel il implore si vivement la sympathie des hommes : *manus Domini tetigit me ;* Dieu le frappe sans miséricorde. — *Carnibus... saturamini.* Dans l'hébreu, avec négation : Pourquoi n'êtes-vous pas rassasiés de ma chair ? Manger la chair de quelqu'un est une locution orientale qui signifie accuser, calomnier. Cf. Dan. III, 8 ; VI, 34. Job conjure donc ses amis de reconnaître son innocence.

4° Job s'élève soudain à de magnifiques espérances. XIX, 23-29.

Passage sublime, et d'une grande importance sous le rapport du dogme. Cf. Corluy, *Spicilegium dogmatico-biblicum*, Gand, 1884, t. I, p. 278-296 ; Vigouroux, *la Bible et les découvertes modernes*, t. II, p. 169 et ss.

23-24. Transition. — *Quis mihi tribuat...* Une courte pause dut succéder à l'appel des versets 21-22 ; mais Job attendit vainement la parole de pitié qu'il implorait en termes si humbles et si ardents. Tout à coup il s'élance jusqu'à Dieu, pour proclamer son immortel espoir ; « sa voix prend un accent solennel et inaccoutumé. » *Ut... sermones mei.* Quelles paroles ? Non point, assurément, tout ce qu'il a dit depuis l'ouverture du débat et ce qu'il devait dire encore, mais la protestation grandiose qui va suivre (vers. 25-27), car il était désireux de la transmettre à tous les âges de l'humanité. — *Scriban-*

tur. Notez l'emphase avec laquelle il mentionne tous ses genres d'écriture, insistant sur ceux qui sont les plus durables : *in libro, stylo... et... lamina, in silice.* — *Celte :* avec le ciseau du sculpteur. Beaucoup d'anciens manuscrits de la Vulgate ont « certe » (du moins).

25-27. L'espérance suprême de Job. — Quelques lignes seulement, mais d'une force étonnante ; le style est vraiment lapidaire. Voici d'abord, d'après M. Le Hir, la traduction du texte hébreu :

> Oui, je sais que mon Vengeur est vivant,
> et qu'il se tiendra le dernier sur la poussière ;
> que de ce squelette, recouvert de sa peau,
> que de ma chair, je verrai Dieu.
> Moi-même je le Verrai ;
> mes yeux le verront et non un autre.
> Mes reins se consument dans cette attente.

En tête, un *scio* énergique. D'après l'hébreu : Mais moi, je sais ; ou bien : Oui, je sais, moi ! Job est parfaitement sûr et certain du dogme que sa bouche va proférer. — Il indique aussitôt le premier objet de cette science certaine : *Redemptor meus vivit.* Dans l'hébreu : mon *go'el*, mon vengeur. « Le rédempteur ou le vengeur, dans les usages et dans la législation des Hébreux, est celui qui doit suppléer un malheureux, ou un opprimé, dans l'exercice et dans la revendication de ses droits. Chacun a naturellement pour vengeur, pour *go'el*, son plus proche parent. Qu'un homme soit tué injustement, il appartient au plus proche parent de poursuivre le meurtrier, d'en demander justice, et... jusqu'à une certaine limite, de l'exercer lui-même. Il en serait de même de l'honneur, de la fortune, etc. (Voyez Lev. XXV, 25 ; Num. XXXV, 19 ; Deut. XIX, 6, 12 ; Ruth, III, 13 et IV, 4, 6)... Dieu était le *go'el* du peuple hébreu ; il l'avait vengé en Égypte, et avait promis de le venger toujours de l'oppression (cf. Ex. VI, 6 et XV, 3 ; Ps. LXXIV, 2 ; LXXVII, 16 ; Is. XLIII, 1, etc.)... Job sait que le Seigneur est aussi le juste juge de tous les hommes et le vengeur des oppri-

Édit royal du IIIe s ècle avant J.-C gravé sur e roc au mont Ghirnar, dans es Indes).

26. et rursum circumdabor pelle mea, et in carne mea videbo Deum meum.

27. Quem visurus sum ego ipse, et oculi mei conspecturi sunt, et non alius ; reposita est hæc spes mea in sinu meo.

28. Quare ergo nunc dicitis : Persequamur eum, et radicem verbi inveniamus contra eum?

29. Fugite ergo a facie gladii, quoniam ultor iniquitatum gladius est, et scitote esse judicium.

---

26. et que je serai de nouveau revêtu de ma peau, et que dans ma chair je verrai mon Dieu.

27. Je le verrai moi-même,. et non un autre, et mes yeux le contempleront. Cette espérance repose dans mon sein.

28. Pourquoi donc dites-vous maintenant : Persécutons-le, et cherchons contre lui des prétextes pour le décrier?

29. Fuyez donc de devant le glaive, car il y a un glaive vengeur des iniquités, et sachez qu'il y a un jugement.

---

més » (Le Hir, h. l.). Cf. Ps. cxviii, 154 ; Thren. iii, 58. Dans son angoisse, il se souvient de ce tout-puissant go'el, qui est « vivant », c.-à-d. éternel, et que la mort ne fera jamais disparaître. Job mourra ; son vengeur lui survivra, le sauvera. — *In novissimo die...* Dans la Vulgate, ces mots et les suivants (vers. 26-27) décrivent avec une clarté incomparable la résurrection de la chair à la fin du monde. L'hébreu a tout à fait le même sens, quoique plusieurs de ses expressions diffèrent. Au vers. 25b, il dit : « Et le dernier il (le divin go'el) se tiendra debout sur la poussière. » Debout, comme témoin ou comme juge ; debout dans sa force et sa majesté, supérieur à la mort, foulant aux pieds la poussière du tombeau dans laquelle seront descendus tous les hommes ; debout pour animer de nouveau cette poussière, et pour présider aux grandes assises du jugement général. — *Rursum circumdabor...* (vers. 26). Dans l'hébreu : Et de ce squelette recouvert de sa peau. Moins bien, selon d'autres : Après que ma peau aura été détruite. — *In carne mea...* Dans l'hébreu : De ma chair, je verrai Dieu. Ce qui signifierait, d'après les rationalistes : Quand je n'aurai plus de chair, c.-à-d. quand je serai mort, je verrai Dieu. Ils faussent le sens, pour éviter le dogme de la résurrection des corps. Traduire l'expression *mibb'sâri* par « loin de ma chair, dépourvu de ma chair », est un contre-sens formel. L'unique signification possible, c'est : de ma chair ; par conséquent, revêtu de nouveau de ma chair après en avoir été dépouillé ; ou, dans ma chair, comme dit parfaitement la Vulgate. « Jamais, dans aucune langue, ces mots : Je vous vois de ma fenêtre, ne pourront signifier : Loin de ma fenêtre. Ce n'est pas seulement la grammaire, c'est la logique, c'est le bon sens qui s'y opposent » (Le Hir, h. l.). Au reste, si Job n'énonçait ici que sa foi à l'immortalité de l'âme, dont il a parlé précédemment à dix reprises, on ne comprendrait pas la solennité, le saint enthousiasme de ce passage. Le contexte exige une pensée neuve, tout aussi bien que le texte. — *Videbo Deum meum.* Dieu : voilà donc le vengeur de Job. « Aussi n'est-il pas question du Messie d'une manière directe et prochaine » (Knabenbauer, h. l.). — *Quem visurus sum ego...*

(vers. 27). Job accumule ici les expressions synonymes, pour mieux affirmer l'entière certitude où il est de voir Dieu dans son corps ressuscité. — *Reposita... hæc spes...* Cet espoir le console malgré tout. L'hébreu est plus énergique : Mes reins se consument dans cette attente. Sorte d'exclamation joyeuse. Les reins étaient regardés par la psychologie hébraïque comme le siège des sentiments les plus profonds, les plus vifs, surtout des sentiments de bonheur, de désir. Cf. Ps. xv, 7 ; lxix, 4 ; lxxix, 26 ; lxxxiv, 3, etc. — Tel est ce texte célèbre, qui est justement regardé comme le point central du livre de Job. Il contient « le secret de la transformation qui s'opère (à partir de cet endroit) dans l'âme (du saint patriarche), l'explication du changement de son cœur, la cause de son calme et de sa tranquillité. Les quatre derniers discours qu'il prononce sont pleins d'une éloquence attendrissante, mais ils n'ont plus cette fougue impétueuse, ces emportements violents qui caractérisent les quatre premiers. Le cinquième (celui que nous venons d'expliquer), placé au centre de la discussion, en est vraiment le cœur. La foi à la vie future et à la résurrection fait succéder à une sorte de désespoir une touchante résignation. Presque tous les Pères ont reconnu dans ces paroles de Job une profession de foi très claire à la résurrection des corps, et dans les premiers siècles de l'Église, après les persécutions, de pieux chrétiens ont fait graver sur leurs tombeaux cet acte de foi, comme une expression de leurs propres croyances » (Vigouroux, *Bible et découvertes*, t. III, p. 173 et 174). Saint Jérôme résume admirablement l'interprétation traditionnelle dans ces lignes si claires : « Resurrectionem corporum sic prophetat, ut nullus de eo vel manifestius vel cautius scripserit » (*Epist.* liii, n. 8). « Nullus tam aperte post Christum, quam ante Christum de resurrectione loquitur » (*Lib. c. Joan. Hierôs.,* n. 30).

28-29. Job menace ses amis des jugements divins. — *Radicem verbi :* un sujet d'accusation. — *Fugite...* Grave avertissement : le glaive des vengeances de Dieu ne manquera pas de les atteindre, s'ils persistent dans leur conduite injuste.

CHAPITRE XX

1. Sóphai de Naamath prit la parole et dit :

2. C'est pour cela que mes pensées diverses se succèdent, et que mon esprit est agité en sens contraires.

3. J'écouterai la théorie sur laquelle tu m'attaques; mais l'esprit d'intelligence qui est en moi répondra pour moi.

4. Je sais que dès l'origine, depuis que l'homme a été placé sur la terre,

5. la gloire des impies est courte, et que la joie de l'hypocrite n'est que d'un moment.

6. Quand son orgueil s'élèverait jusqu'au ciel, et que sa tête toucherait les nues,

7. il périra à la fin, comme un fumier; et ceux qui l'avaient vu, diront : Où est-il?

8. Comme un songe qui s'envole, on ne le trouvera plus, et il disparaîtra comme une vision de la nuit.

9. L'œil qui l'avait vu ne le verra plus, et sa place ne l'apercevra plus.

10. Ses fils seront écrasés par la pau-

---

1. Respondens autem Sophar Naamathites, dixit ·

2. Idcirco cogitationes meæ variæ succedunt sibi, et mens in diversa rapitur.

3. Doctrinam qua me arguis audiam, et spiritus intelligentiæ meæ respondebit mihi.

4. Hoc scio a principio, ex quo positus est homo super terram,

5. quod laus impiorum brevis sit, et gaudium hypocritæ ad instar puncti.

6. Si ascenderit usque ad cælum superbia ejus, et caput ejus nubes tetigerit,

7. quasi sterquilinium in fine perdetur ; et qui eum viderant, dicent : Ubi est?

8. Velut somnium avolans non invenietur, transiet sicut visio nocturna

9. Oculus qui eum viderat non videbit, neque ultra intuebitur eum locus suus.

10. Filii ejus atterentur egestate, et

---

§ V. — *Second discours de Sophar.* XX, 1-29.

Sophar, dans sa réplique, ne fait pas même allusion aux magnifiques espérances et à l'argument invincible de Job. Et il en sera de même d'Eliphaz et de Baldad. Que leur importe l'avenir pour la cause de celui qu'ils croient certainement coupable ? Le passé ne suffit-il pas pour leur fournir des preuves ? Sophar se jette pour la seconde fois dans l'arène de la discussion avec une fougue digne d'une meilleure cause. Nous retrouverons sur ses lèvres le thème unique, l'unique raisonnement. Néanmoins il présente ce thème sous une face nouvelle : son point de vue spécial est ici la brièveté du bonheur de l'impie, laquelle provient, dit-il, de ce que le péché contient en germe son propre châtiment, qui lui est rattaché par une certaine nécessité de nature.

1° Court exorde : Sophar se sent pressé de répondre à Job. XX, 1-5.

CHAP. XX. — 1. Introduction.

2-3. Début plein d'emphase. — *Idcirco.* Parce que tu te vantes et que tu nous menaces de la sorte. — *Cogitationes meæ variæ...* Il ne cache pas le trouble et l'indignation excités dans son âme par les paroles de Job. — *Doctrinam... audiam.* Plutôt : « audio. » Tu me fais entendre des assertions qui m'attaquent et m'insultent ; mais j'ai dans mon esprit de quoi te répondre.

4-5. L'argument qu'il se propose de développer. — *Hoc scio...* Dans l'hébreu : Ne sais-tu pas cela de tout temps ? Il lui cite sa théorie comme une chose éternellement décrétée. — *Laus impiorum.* Hébr. : la jubilation des méchants. — *Ad instar puncti :* d'une extrême brièveté.

2° Développement du principe qui sert de base à ce discours. XX, 6-29.

La description représente un homme riche et puissant, mais rapace et tyrannique, qui soudain, en pleine prospérité, est renversé, humilié, dépouillé de ses biens mal acquis, tout s'unissant contre lui pour le frapper. Dans la pensée de Sophar, ce portrait n'est autre que celui de Job.

6-10. Tableau de la brièveté du bonheur des méchants. — *Si ascenderit...* La situation du triste héros de Sophar est à dessein rehaussée, pour que sa chute paraisse plus grande. — *Quasi sterquilinium.* Littéral. : comme sa propre ordure. « Sophar n'est pas le plus raffiné des trois amis. » — *Velut somnium...* (vers. 8). Cf. Ps. LXXII, 20 ; Is. XXIX, 8. Le bonheur que l'on éprouve dans un songe n'a ni réalité ni durée. — *Oculus qui... viderat...* (vers. 9). Cf. VII 8-10 ; VIII, 18, etc. L'hébreu est plus concis : L'œil qui le voyait ne le découvre plus. — *Filii ejus...* (vers. 10). L'hébreu signifierait, d'après quelques interprètes : Les pauvres opprimeront ses fils (se vengeant sur eux des injustices du père). — *Manus illius...* C.-à-d. que ses œuvres

manus illius reddent ei dolorem suum.

11. Ossa ejus implebuntur vitiis adolescentiæ ejus, et cum eo in' pulvere dormient.

12. Cum enim dulce fuerit in ore ejus malum, abscondet illud sub lingua sua.

13. Parcet illi, et non derelinquet illud, et celabit in gutture suo.

14. Panis ejus in utero illius vertetur n fel aspidum intrinsecus.

15. Divitias quas devoravit evomet, et de ventre illius extrahet eas Deus.

16. Caput aspidum suget, et occidet eum lingua viperæ.

17. Non videat rivulos fluminis, torrentes mellis et butyri.

18. Luet quæ fecit omnia, nec tamen consumetur; juxta multitudinem adinventionum suarum, sic et sustinebit.

19. Quoniam confringens nudavit pauperes; domum rapuit, et non ædificavit eam.

20. Nec est satiátus venter ejus; et

---

vreté, et ses propres mains lui rendront le mal qu'il a fait.

11. Les dérèglements de sa jeunesse pénétreront-jusque dans ses os, et se reposeront avec lui dans la poussière.

12. Car, parce que le mal a été doux à sa bouche, il le cachera sous sa langue.

13. Il ménage ce mets, il ne le lâche point, et il le retient dans sa bouche.

14. Son pain, dans son sein, se changera intérieurement en fiel d'aspic.

15. Il vomira les richesses qu'il avait dévorées, et Dieu les tirera de son ventre.

16. Il sucera la tête des aspics, et la langue de la vipère le tuera.

17. Il ne verra point couler *sur lui* les fleuves, ni des torrents de miel et de lait.

18. Il expiera tout ce qu'il a fait, et n'en sera cependant pas consumé; il souffrira selon la multitude de ses crimes.

19. Car il a brisé, et dépouillé les pauvres; il a ravi la maison qu'il n'avait pas fait bâtir.

20. Son ventre a été insatiable; et lors-

---

iniques se chargeront elles-mêmes de le châtier. D'après l'hébreu : ses mains restitueront ses rapines.

11-16. Les péchés de l'impie se transformeront

Echis arenicola.

en châtiments pour lui. — *Ossa ejus implebuntur...* Très forte image, pour dire que les crimes du coupable envahissent tellement son être entier, qu'ils lui demeurent unis de la façon la plus étroite, même après sa mort, et qu'ils le tourmentent jusque dans la tombe. Au lieu de *vitiis adolescentiæ*, l'hébreu porte : ses péchés

secrets; des fautes habilement dissimulées. — *Cum enim dulce...* Vers. 12-16, le péché est comparé à une délicieuse friandise, que l'on tourne et retourne dans sa bouche pour la mieux savourer. *Non derelinquet :* on la fait durer le plus longtemps possible, et on se garde bien de l'avaler tout d'un coup. *Panis... in fel;* hébr. : sa nourriture se change en venin d'aspic. *Divitias... evomet :* continuation de la même pensée; les péchés de l'impie, notamment ses criantes injustices, sont présentés comme une nourriture agréable, mais qui devient aussitôt funeste.

17-22. Les joies que le pécheur s'était promises lui échapperont ; il souffrira horriblement. — *Non videat.* Le futur serait préférable: il ne verra pas. — *Rivulos..., torrentes...* Images qui marquent une extrême abondance de biens, la prospérité dans tous les sens. — *Luet quæ fecit...* (vers. 18). Variante dans l'hébreu : Il rendra ses usures, et ne s'en gorgera plus, selon la mesure de ses profits, et il n'en jouira point (Le Hir). — *Quoniam confringens...* (vers. 19). Justice parfaite du châtiment de l'impie. — *Nec est satiatus...* (vers. 20). Appétit insatiable d'acquérir encore et encore, par tous les moyens ; mais cette fortune mal acquise ne saurait durer. — *Non remansit...* (vers. 21). L'hébreu est plus clair : Rien n'échap-

qu'il aura ce qu'il convoitait, il n'en pourra pas jouir.

21. Il n'est rien resté de sa nourriture : c'est pour cela qu'il ne demeurera rien de ses biens.

22 Lorsqu'il aura été rassasié, il sera dans l'angoisse ; il s'agitera, et toutes les douleurs se précipiteront sur lui.

23. Que son ventre se remplisse donc ; que Dieu lance contre lui la fureur de sa colère, et qu'il fasse pleuvoir sur lui ses traits !

24. Il fuira les armes de fer, et il tombera sur l'arc d'airain.

25. L'épée est dégainée, elle sort du fourreau, elle étincelle *et le perce* cruellement ; les terreurs passeront et repasseront sur lui.

26. Toutes les ténèbres sont cachées dans le secret de son âme ; il sera dévoré par un feu que personne n'allume, et, délaissé dans sa tente, il sera livré à l'affliction.

27. Les cieux révéleront son iniquité, et la terre s'élèvera contre lui.

28. Les enfants de sa maison seront exposés à la violence ; ils seront retranchés au jour de la fureur de Dieu.

29. Tel est le partage que Dieu réserve à l'impie, et l'héritage qu'il recevra du Seigneur pour ses paroles.

cum habuerit quæ concupierat, possidere non poteit.

21. Non remansit de cibo ejus ; et propterea nihil permanebit de bonis ejus.

22. Cum satiatus fuerit, arctabitur ; æstuabit, et omnis dolor irruet super eum.

23. Utinam impleatur venter ejus, ut emittat in eum iram furoris sui, et pluat super illum bellum suum !.

24. Fugiet arma ferrea, et irruet in arcum æreum.

25. Eductus, et egrediens de vagina sua, et fulgurans in amaritudine sua ; vadent et venient super eum horribiles.

26. Omnes tenebræ absconditæ sunt in occultis ejus ; devorabit eum ignis qui non succenditur ; affligetur relictus in tabernaculo suo.

27. Revelabunt cæli iniquitatem ejus, et terra consurget adversus eum.

28. Apertum erit germen domus illius ; detrahetur in die furoris Dei.

29. Hæc est pars hominis impii a Deo, et hereditas verborum ejus a Domino.

---

pait à sa voracité. — *Cum satiatus...* (vers. 22) : au moment où il se croyait enfin au comble de ses désirs. — *Omnis dolor... super eum...* Hébr. : la main de tous les misérables se lèvera sur lui. Tous ceux qu'il avait opprimés et rendus malheureux viendront alors le frapper sans crainte.

23-28. Les désirs de l'impie seront finalement satisfaits, car Dieu le rassasiera de châtiments. Ironie amère dans ce passage. — *Emittat in eum...* C'est Dieu qui est le sujet de ce verbe et du suivant. — *Pluat... bellum.* Dans l'hébr. : que cette pluie (de châtiments) devienne sa nourriture. Cf. vers. 12-16 ; Ps. x, 7. — *Fugiet arma...* (vers. 24). Sa ruine est inévitable ; en essayant d'échapper à un danger de mort, il tombera dans un autre. Cf. Is. XXIV, 18 ; Am. v, 19. — *Eductus...* (vers. 25). Dans l'hébreu, la description est plus claire et plus expressive ; l'image de l'arc (vers. 24) est continuée : Dieu a lancé (la flèche) et elle a traversé le corps, et elle sort étincelante du foie ; les terreurs de la mort (lg. : *horribiles*) se répandent sur lui. —

Omnes tenebræ... (vers. 26) : emblèmes de malheurs de tout genre. — *In occultis ejus :* ses péchés secrets ; ou bien, même dans les retraites les plus cachées, où l'impie voudrait se mettre à l'abri ; ou encore, selon la plupart des interprètes les plus récents : ses trésors, qui sont remplacés par la nuit profonde de l'infortune. — *Ignis qui non...:* un feu qui n'est point allumé par les hommes, mais par Dieu lui-même. — *Affligetur relictus...:* il ne trouvera de compassion nulle part. L'hébreu peut signifier aussi : (le feu) consumera tout ce qui restait dans sa tente. — *Revelabunt cæli... et terra...* (vers. 27) : les cieux et la terre armés et associés contre le pécheur. — *Apertum... germen* (vers. 28) : sa postérité, exposée aussi à tous les maux ; ou (c'est le sens de l'hébreu) les produits de ses terres enlevés par les pillards.

29. Conclusion du discours. — *Hereditas verborum ejus...:* le châtiment que lui attireront ses blasphèmes et ses péchés multiples. Hébr. : voilà l'héritage que Dieu lui destine.

CHAPITRE XXI

1. Respondens autem Job, dixit ·
2. Audite, quæso, sermones meos, et agite pœnitentiam.
3. Sustinete me, et ego loquar; et post mea, si videbitur, verba ridete.
4. Numquid contra hominem disputatio mea est, ut merito non debeam contristari?
5. Attendite me, et obstupescite, et superponite digitum ori vestro.

6. Et ego, quando recordatus fuero, pertimesco, et concutit carnem meam tremor.
7. Quare ergo impii vivunt, sublevati sunt, confortatique divitiis?

8. Semen eorum permanet coram eis; propinquorum turba et nepotum in conspectu eorum.
9. Domus eorum securæ sunt et pacatæ, et non est virga Dei super illos.

10. Bos eorum concepit, et non abortivit; vacca peperit, et non est privata fetu suo.

1. Job prit la parole et dit :
2. Ecoutez, je vous prie, mes paroles, et changez de sentiment.
3. Souffrez que je parle, et ensuite riez, si cela vous plaît, de mes discours.
4. Est-ce avec un homme que je dispute? N'est-ce pas à bon droit que je m'attriste?
5. Jetez les yeux sur moi, et soyez frappés d'étonnement, et mettez le doigt sur votre bouche.

6. Et moi, quand je m'en souviens, j'en suis épouvanté et j'en tremble de tout mon corps.
7. Pourquoi donc les impies vivent-ils? Pourquoi sont-ils si élevés et rendus puissants par les richesses?
8. Leur race se perpétue devant eux; la foule de leurs proches et de leurs petits-enfants est en leur présence.
9. Leurs maisons jouissent d'une profonde paix, et la verge de Dieu ne les touche point.
10. Leur vache conçoit et conserve son fruit; leur génisse met bas et n'avorte point.

§ VI. — *Réponse de Job au second discours de Sophar.* XXI, 1-34.

Au soi-disant argument des faits qu'on vient de lui présenter, Job oppose avec vigueur un argument contradictoire, qu'il emprunte également aux faits. Sophar terminait son discours (XX, 29) en affirmant que Dieu envoie aux pécheurs une prompte et terrible punition ; Job affirme de son côté qu'il n'en est pas toujours ainsi, mais que l'on voit souvent des impies prospérer ici-bas, mourir tranquilles, conserver une glorieuse renommée. Sa réplique pourrait s'intituler : La prospérité des impies en ce monde, grand mystère de la Providence divine. IX, 24, et XII, 6, il avait touché à ce point, mais sans insister ; il le développe maintenant, et renverse par là plus complètement que jamais la théorie des trois amis.

1° Job fait appel à l'attention sérieuse de ses amis. XXI, 1-6.

CHAP. XXI. — 1. Formule d'introduction. 2-6. Il a un profond mystère à exposer : qu'on l'écoute. — *Agite pœnitentiam.* D'après l'hébreu : donnez-moi cette consolation. Désormais Job ne demandera d'autre faveur à ses amis que celle de l'écouter. — *Ridete.* Trait ironique. Le verbe est au singulier dans l'hébreu, et s'adresse directement à Sophar qui avait parlé en dernier lieu. — *Numquid contra hominem...* (vers 4)? C'est

à cause de la gravité du sujet qu'il réclame leur attention ; en réalité, c'est avec Dieu qu'il discute, plutôt qu'avec les hommes. — *Contristari.* D'après l'hébreu : m'impatienter. Même trouble dans l'âme du psalmiste, pour une même cause ; cf. Ps. LXXII, 1, etc. — *Digitum ori vestro* (vers. 5). Le geste du silence (*Atl. arch.*, pl. XXV, fig. 7). Le mystère que Job va révéler à ses amis les rendra muets. Cf. XXIX, 9 ; XL, 4 ; Prov. XXX, 32, etc. — *Et ego, quando...* (vers. 6). Lui-même, quand il songe à ce profond mystère, il se sent saisi d'une religieuse frayeur.

2° Il arrive souvent que les méchants prospèrent ici-bas. XXI, 7-26. Description justement admirée.

7-15. Les faits, exposés d'une manière positive : bonheur des impies et de leur famille, soit pendant leur vie, soit au moment de leur mort, quoiqu'ils aient maudit Dieu très ouvertement. — *Quare... impii...?* C'est le problème dans toute sa mystérieuse simplicité (vers. 7). Belle gradation : *vivunt, sublevati..., confortati...* D'après l'hébreu : « ils vivent, ils vieillissent, ils deviennent puissants. » Pourquoi Dieu permet-il tout cela? — *Semen eorum...* C'est le contraire de ce qu'avait prétendu Sophar (XX, 10) : indépendamment de leur bonheur personnel, les impies ont fréquemment la joie de se voir entourés d'une nombreuse et charmante famille. Détail douloureusement pathétique sur les lèvres de

11. Leurs enfants sortent comme des troupeaux, leurs nouveau-nés bondissent en se jouant.

12. Ils tiennent le tambourin et la harpe, et ils se réjouissent au son de la flûte de Pan.

13. Ils passent leurs jours dans le bonheur, et soudain ils descendent dans le tombeau.

14. Ils ont dit à Dieu : Retirez-vous de nous, nous ne voulons point connaître vos voies.

15. Qu'est le Tout-Puissant pour que nous le servions? Et quel intérêt avons-nous à le prier?

16. Mais puisque leurs biens ne sont pas en leur pouvoir, loin de moi le conseil des impies!

17. Combien de fois voit-on s'éteindre la lumière des impies, et un déluge *de maux* leur survenir, et *Dieu* leur partager les douleurs dans sa colère l.

18. Ils sont comme la paille en face du vent, et comme la poussière que disperse un tourbillon.

19. Dieu réserve à leurs fils la peine du père; Dieu le frappera *lui-même*, et alors il comprendra.

20. Il verra de ses yeux sa propre ruine, et il boira de la fureur du Tout-Puissant.

21. Car que lui importe ce que de-

11. Egrediuntur quasi greges parvuli eorum, et infantes eorum exultant lusibus.

12. Tenent tympanum et citharam, et gaudent ad sonitum organi.

13. Ducunt in bonis dies suos, et in puncto ad inferna descendunt.

14. Qui dixerunt Deo : Recede a nobis, et scientiam viarum tuarum nolumus.

15. Quis est Omnipotens, ut serviamus ei? et quid nobis prodest si oraverimus illum?

16. Verumtamen quia non sunt in manu eorum bona sua, consilium impiorum longe sit a me.

17. Quoties lucerna impiorum exstinguetur, et superveniet eis inundatio, et dolores dividet furoris sui!

18. Erunt sicut paleæ ante faciem venti. et sicut favilla quam turbo dispergit.

19. Deus servabit filiis illius dolorem patris, et cum reddiderit, tunc sciet.

20. Videbunt oculi ejus interfectionem suam, et de furore Omnipotentis bibet.

21. Quid enim ad eum pertinet de

Job, qui avait perdu tous ses enfants. — *Domus eorum...* (vers. 9). Prospérité de leur maison, de leurs biens. *Virga :* les châtiments divins. — *Bos eorum...* (vers. 10). Prospérité de leurs troupeaux, qui se multiplient et les enrichissent de plus en plus. — *Egredientur quasi greges...* Vers. 11-12, gracieux détails pour peindre leur bonheur domestique. *Organi :* 'ugab de l'hébreu est le nom de la flûte de Pan. Cf. Gen. IV, 21 et l'*Atl. arch.*, pl. LXII, fig. 16. — *Ducunt in bonis...* (vers. 13). Le comble de la prospérité terrestre : une vie toujours heureuse, couronnée par une mort tout à la fois tardive et rapide, de sorte qu'ils n'en éprouvent pas l'horreur (*in puncto...*). — Et cela malgré une impiété manifeste, scandaleuse, audacieuse : *qui dixerunt Deo...* (vers. 14-15). Job nous fait entendre leurs affreux blasphèmes : *recede...; quis est Omnipotens...?* Leur malice ne provenait donc pas de passions ardentes ; elle était raisonnée, délibérée, de la dernière gravité.

16-21. Les faits, exposés d'une manière négative : il arrive rarement que les impies soient punis dans cette vie. — *Verumtamen...* Leurs biens ne sont pas dans leurs mains, c.-à-d. que leur félicité ne dépend pas d'eux-mêmes, mais de Dieu ; ce qui est précisément le côté le plus frappant et le plus énigmatique du problème. Néanmoins Job se hâte de dire qu'il ne veut

rien avoir de commun avec eux : *consilium eorum...* Telle est une première interprétation, qui nous paraît un peu recherché. Le contexte (vers. 17 et ss.) semble favoriser davantage cet autre sens ; tout en affirmant que les impies sont souvent heureux, Job reconnaît que leur bonheur manque de stabilité, de solidité (*non in manu eorum...*), et il se garde bien de s'associer à eux. — *Quoties lucerna...?* Sur cette image, voyez XVIII, 5-6 et les notes. L'interrogation marque que le fait signalé est très rare. — *Inundatio :* la destruction, la ruine. — *Erunt sicut paleæ...* (vers. 18). Ces mots dépendent encore du « quoties » qui précède (vers. 17) : quand est-ce qu'ils périssent tout d'un coup ? Cf. Ps. I, 4, d'après l'hébreu ; Is. XVII, 13, etc. — *Deus servabit...* (vers. 19ᵃ). Objection que Job suppose dans la bouche de ses amis : Si l'impie n'est pas toujours directement frappé, il le sera dans la personne de ses enfants. Le second hémistiche donne la réponse : *et cum reddiderit...* Plus clairement dans l'hébreu : C'est lui qu'il (Dieu) devrait punir, pour qu'il le sente. — *Videbunt oculi ejus...* (vers. 20). Il faudrait traduire : C'est lui qui devrait voir sa propre ruine, et boire... — *Post...* (vers. 21) : après sa mort. Au lieu de *si numerus... dimidietur*, l'hébreu porte : Après que le nombre de ses mois aura été tranché.

domo sua post se, et si numerus mensium ejus dimidietur?

22. Numquid Deum docebit quispiam scientiam, qui excelsos judicat?

23. Iste moritur robustus et sanus, dives et felix;

24. viscera ejus plena sunt adipe, et medullis ossa illius irrigantur.

25· Alius vero moritur in amaritudine animæ absque ullis opibus;

26. et tamen simul in pulvere dormient, et vermes operient eos.

27. Certe novi cogitationes vestras, et sententias contra me iniquas.

28. Dicitis enim : Ubi est domus principis? et ubi tabernacula impiorum?

29. Interrogate quemlibet de viatoribus, et hæc eadem illum intelligere cognoscetis ·

30. quia in diem perditionis servatur malus, et ad diem furoris ducetur.

31. Quis arguet coram eo viam ejus? et quæ fecit, quis reddet illi?

32. Ipse ad sepulcra ducetur, et in congerie mortuorum vigilabit.

33. Dulcis fuit glareis Cocyti, et post se omnem hominem trahet, et ante se innumerabiles.

---

viendra sa maison après lui, quand même Dieu lui retrancherait la moitié de ses années?

22. Qui entreprendra d'enseigner la science à Dieu, lui qui juge les grands?

23. L'un meurt robuste et sain, riche et heureux;

24. ses entrailles sont chargées de graisse, et ses os arrosés de moelle.

25. L'autre meurt dans l'amertume de son âme, sans aucun bien;

26. et néanmoins ils dorment tous deux dans la poussière, et les vers les recouvrent tous deux.

27. Je connais bien vos pensées, et vos jugements injustes contre moi.

28. Car vous dites : Où est la maison du prince, et où sont les tentes des impies?

29. Interrogez quelqu'un des voyageurs, et vous verrez qu'il connaît cette même vérité :

30. que le méchant est réservé pour le jour de la ruine, et qu'il sera conduit au jour de la fureur.

31. Qui le reprendra, en sa présence, de ses voies? et qui lui rendra ce qu'il a fait?

32. Il sera porté lui-même au tombeau, et il veillera parmi la foule des morts.

33. Sa présence a été agréable aux sables du Cocyte; il y entraînera tous les hommes après lui, et une foule innombrable l'a précédé.

22-26. Résumant son argumentation, Job reproche à ses amis de vouloir être plus sages que Dieu, et de dicter des lois à la Providence. — *Numquid Deum docebit...* : en lui suggérant des principes d'action. — *Qui excelsos...* A ce Dieu infiniment sage, qui gouverne les cieux et leurs habitants, enseignera-t-on la manière de diriger les événements terrestres ? — *Iste moritur...* Vers. 23-25, contraste frappant, dans lequel Job résume les faits d'expérience qu'il a cités plus haut : un impie, qui vit et meurt heureux (vers. 23-24); un juste, qui vit et meurt malheureux (vers. 25). — *Et tamen simul...* (vers. 26). Après des existences si différentes à tous les points de vue, ils se trouvent égaux après leur mort. Cf. Eccl. II, 15-16.

3° Le témoignage des hommes démontre aussi que l'impie est honoré et qu'il prospère ici-bas. XXI, 27-34.

27-28. Transition. — *Certe novi...* Job tient à dire à ses cruels amis qu'il a compris la perfidie de leurs allusions. — *Ubi est domus principis?* La maison d'un pécheur riche et puissant.

29-33. Les faits réels. — *Quemlibet de viatoribus :* les hommes qui ont beaucoup vu et entendu. — *Quia in diem...* (vers. 30). C'est la réponse des voyageurs consultés. L'hébreu signifie plutôt que l'impie est épargné, qu'il échappe à la souffrance. La leçon de la Vulgate revient au même, puisqu'elle affirme qu'il aura son tour dans l'autre vie. — *Quis arguet...* (vers. 31). Dieu l'épargnant, et les hommes n'osant pas lui reprocher ses iniquités, il est heureux de toutes parts. — *Ipse ad sepulcra...* (vers. 32). L'impie, honoré jusque dans sa mort et dans sa sépulture. — *In congerie... vigilabit.* Allusion, peut-être, à la coutume antique d'ériger la statue des morts illustres sur leur tombeau. — *Dulcis fuit...* (vers. 33). Hébr. : les pierres de la vallée lui sont légères. C'est le « sit tibi terra levis » des Romains. La Vulgate suppose que l'impie continue d'être heureux jusque dans le séjour des morts (*Cocyti*, nom de l'un des fleuves fabuleux des enfers, est une traduction très libre du mot *nahal*, torrent, vallée). — *Et post se...* L'impie a de nombreux imitateurs qu'entraîne sa prospérité, et il a lui-même marché sur les traces d'autres grands pécheurs. Cf. Ps. LXXII, 10 ; Eccl. IV, 15-16.

·34· Pourquoi donc me donnez-vous une vaine consolation, puisque j'ai montré que votre réponse est contraire à la vérité?·

34. Quomodo igitur consolamini me frustra, cum responsio vestra repugnare ostensa sit veritati?

CHAPITRE XXII

1. Eliphaz de Théman prit la parole et dit :
2. L'homme peut-il être comparé à Dieu, quand même il aurait une science consommée?
3. Que sert à Dieu que tu sois juste? ou que lui procures-tu si ta conduite est sans tache?
4. Est-ce par crainte qu'il t'accusera, et qu'il entrera en jugement avec toi?
5. Et n'est-ce pas à cause de ta malice multiple et de tes iniquités infinies?
6. Tu as pris sans raison des gages à tes frères, et tu as dépouillé de leurs vêtements ceux qui étaient nus.

1. Respondens autem Eliphaz Themanites, dixit :
2. Numquid Deo potest comparari homo, etiam cum perfectæ fuerit scientiæ?
3. Quid prodest Deo, si justus fueris? aut quid ei confers, si immaculata fuerit via tua?
4. Numquid timens arguet te, et veniet tecum in judicium?
5. Et non propter malitiam tuam plurimam, et infinitas iniquitates tuas?
6. Abstulisti enim pignus fratrum tuorum sine causa, et nudos spoliasti vestibus.

---

34. Conclusion. — *Consolamini me frustra :* par leurs vaines promesses, lui certifiant qu'il n'aura qu'à revenir à Dieu pour retrouver son bonheur passé.

SECTION III. — TROISIÈME PHASE DU DÉBAT. XXII, 1 — XXVI, 14.

ʹ Maintenant qu'ils ont épuisé tous leurs arguments (soit celui qu'ils avaient tiré des attributs de Dieu en général, dans la première phase de la discussion ; soit celui que leur avait fourni, durant la seconde phase, la providence spéciale du Seigneur envers l'impie), les trois amis n'ont plus qu'une dernière et vulgaire ressource : celle de jeter directement à la face de Job les accusations que, jusque-là, ils s'étaient contentés d'insinuer. Le saint homme, encore plongé dans la méditation du grand mystère de la conduite de Dieu envers les hommes, se borne actuellement à développer sa réponse du chap. XXI ; il ne songera qu'un peu plus tard à se disculper, mais il le fera alors très à fond.

§ I. — *Troisième discours d'Éliphaz.* XXII, 1-30.

Dans son dernier discours, Job avait paru dire qu'aucun principe moral ne dirigeait en réalité la Providence dans sa manière d'agir avec les hommes (cf. XXI, 23-26); de plus, il avait parlé de la prospérité des impies en des termes qui pouvaient faire supposer qu'il était impie lui-même. Éliphaz s'attache successivement à ces deux points : dans son exorde,- il atteste que Dieu, qui n'a rien à gagner et rien à perdre dans l'administration des choses humaines, ne peut suivre que les règles de la justice lorsqu'il châtie les hommes ; dans le corps de son discours, il accuse directement Job de toute sorte

de crimes. Il a pourtant encore quelques paroles consolantes à adresser à son ami, au cas où celui-ci reviendrait à résipiscence.

1° Dieu traite toujours les hommes selon leurs mérites. XXII, 1-5.

CHAP. XXII. — 1. Introduction.

2-5. Conduite impartiale et irréprochable de Dieu. — *Numquid Deo... comparari...?* Plutôt, d'après l'hébreu : L'homme peut-il être utile à Dieu? D'où il suit que Dieu n'a pas besoin de l'homme, quelque parfaite que soit la sagesse de ce dernier (*perfectæ... scientiæ*). On peut donner aussi cet autre sens au second hémistiche du verset 2 : le sage n'est utile qu'à lui-même ; c.-à-d. que si les hommes sont vertueux, ce sont eux qui retirent du profit de leur vertu, et non pas Dieu, comme le dit si clairement le vers. 3. — *Quid prodest...?* Par conséquent, le Seigneur traite les hommes en stricte justice, selon leurs mérites réels ; il n'est point intéressé à agir autrement. — *Numquid timens...* (vers. 4). D'un autre côté, Dieu n'a pas à redouter l'homme ; raison de plus pour se conduire en toute impartialité à son égard. — *Et non propter malitiam...* (vers. 5). Transition à l'accusation ouverte, qui forme le corps de ce discours (vers. 6 et ss.) : ta malice morale, voilà la vraie cause de tes souffrances.

2° Énumération des prétendus crimes de Job. XXII, 6-11.

6-11. Grande dureté de langage dans cette description. Les crimes signalés sont ceux d'un Oriental riche et puissant, qui ne craint ni Dieu ni les hommes : avarice, actes d'inhumanité, abus de pouvoir, etc. — *Abstulisti... pignus...* Sur ce crime, voyez Ex. XXII, 26-27, et Deut. XXIV, 6, 10. Job s'en justifiera plus bas, XXXI, 19. Les mots *fratrum* et *sine causa* relèvent des

7. Aquam lasso non dedisti, et esurienti subtraxisti panem.

8. In fortitudine brachii tui possidebas terram, et potentissimus obtinebas eam.

9. Viduas dimisisti vacuas, et lacertos pupillorum comminuisti.

10. Propterea circumdatus es laqueis, et conturbat te formido subita.

11. Et putabas te tenebras non visurum, et impetu aquarum inundantium non oppressum iri.

12. An non cogitas quod Deus excelsior cælo sit, et super stellarum verticem sublimetur?

13. Et dicis : Quid enim novit Deus? et quasi per caliginem judicat.

14. Nubes latibulum ejus, nec nostra considerat; circa cardines cæli perambulat.

15. Numquid semitam sæculorum custodire cupis, quam calcaverunt viri iniqui,

16. qui sublati sunt ante tempus suum, et fluvius subvertit fundamentum eorum;

17. qui dicebant Deo : Recede a nobis; et quasi nihil posset facere Omnipotens, æstimabant eum,

18. cum ille implesset domos eorum bonis? Quorum sententia procul sit a me!

7. Tu n'as pas donné d'eau à celui qui était fatigué, et tu refusais du pain à l'homme affamé.

8. Tu possédais le pays par la violence de ton bras, et tu t'y établissais *par le droit du* plus fort.

9. Tu renvoyais les´veuves *les mains* vides, et tu brisais les bras des orphelins.

10. C'est pour cela que tu es environné de pièges, et troublé par une crainte subite.

11. Et tu pensais que tu ne verrais pas les ténèbres, et que tu ne serais point accablé par le choc des eaux débordées.

12. Ne considères-tu pas que Dieu est plus élevé que le ciel, qu'il est bien au-dessus des astres?

13. Et tu dis: Qu'est-ce que Dieu sait? Il juge comme à travers l'obscurité.

14. Les nuées sont sa retraite ; il ne s'inquiète point de nos affaires, et il se promène dans le ciel d'un pôle à l'autre.

15. Désires-tu suivre l'*antique* route des siècles, foulée de ces hommes impies,

16. qui´ont été emportés avant leur temps, et dont le déluge a renversé le fondement ;

17. qui disaient à Dieu : Retirez-vous de nous, et qui s'imaginaient que le Tout-Puissant ne pouvait rien ;

18. quoique ce fût lui qui avait rempli leurs maisons de biens? Mais loin de moi leurs pensées *impies!*

---

circonstances aggravantes. — *Nudos spoliasti :* les pauvres, à peine vêtus. — *Aquam lasso* (vers. 7). Autre forme de la cruauté de Job. Voir au contraire XXXI, 16-17. — *In fortitudine brachii...* (vers. 8). Il se serait violemment emparé de toute la contrée (*terram*), foulant aux pieds les droits de tous les propriétaires. — *Viduas dimisisti...* (vers. 9). Réponse de Job à cette accusation, XXIX, 13, et XXXI, 16. — *Lacertos* est pris au figuré : les appuis, les soutiens de l'orphelin. Cf. Ps. XXXVI, 17 ; Ez. XXX, 22. — *Propterea...* Vers. 10-11, les conséquences pour Job de cette conduite infâme. Tels sont les motifs pour lesquels Dieu l'a frappé. Quatre images pour représenter ses châtiments : *laqueis, formido, tenebras, impetu aquarum.* Cf. XI, 16 ; XVIII, 18 ; XXIII, 17 ; Ps. XVII, 17, etc.

3° Job commettait ces forfaits à son aise, dans l'espoir insensé que Dieu n'observe pas les actions des hommes. XXII, 12-20.

12-14. L'erreur grossière de Job. — Les mots *an non cogitas* manquent dans l'hébreu, où on lit seulement : Dieu n'est-il pas dans la hauteur des cieux? C'est du moins une excellente paraphrase. — *Super stellarum...* Locution très

pittoresque dans l'hébreu : Regarde la tête des étoiles, comme elle est élevée. C.-à-d., vois à quelle hauteur sublime s'élève le ciel où Dieu réside. — *Et dicis : Quid... novit...?* Sur ce raisonnement insensé des impies, comp. Ps. XCIII, 7 ; Is. XXIX, 15 ; Ez. VIII, 12, etc. — *Quasi per caliginem.* Hébr. : peut-il juger à travers les brouillards? — *Circa cardines* (vers. 14b). Hébr.: il marche sur la voûte (littéral., le cercle) des cieux.

15-20. D'autres grands coupables s'étaient autrefois permis ce même blasphème, et ils ont été sévèrement punis. — *Numquid semitam...?* Plus clairement : Veux-tu suivre les voies antiques...? Selon toute vraisemblance, ces versets font allusion à la conduite criminelle de la plupart des hommes avant le déluge, et à la mort terrible, prématurée (*ante tempus*), qu'ils s'étaient attirée par leurs fautes. Cf. Gen. VI-VII. — *Fluvius :* les eaux du déluge destructeur et vengeur. *Fundamentum eorum :* la prospérité que ces impies croyaient être inébranlable. — *Qui dicebant...* (vers. 17). Ce trait convient fort bien aux géants mentionnés Gen. VI, 4. — *Quorum sententia...* (vers. 18). Exclamation par laquelle

19. Les justes les verront *périr*, et s'en réjouiront, et l'innocent leur insultera :

20. Ce qu'ils avaient élevé n'a-t-il pas été détruit, et le feu n'a-t-il pas dévoré leurs restes ?

21. Soumets-toi donc à Dieu, et demeure en paix ; et par là tu obtiendras d'excellents fruits.

22. Reçois la loi de sa bouche, et mets ses paroles dans ton cœur.

23. Si tu reviens au Tout-Puissant, tu seras rétabli de nouveau, et tu banniras l'iniquité de ta tente.

24. Il te donnera, au lieu de la terre, le rocher ; et au lieu de la pierre, des torrents d'or.

25. Le Tout-Puissant se déclarera contre tes ennemis, et tu auras des monceaux d'argent.

26. Alors tu trouveras tes délices dans le Tout-Puissant, et tu élèveras ton visage vers Dieu.

27. Tu le prieras, et il t'exaucera ; et tu accompliras tes vœux.

28. Tu formeras des desseins, et ils réussiront ; et la lumière brillera sur tes voies.

29. Car celui qui aura été humilié sera dans la gloire ; et celui qui aura baissé les yeux sera sauvé.

30. L'innocent sera délivré, et il le sera par la pureté de ses mains.

19. Videbunt justi, et lætabuntur, et innocens subsannabit eos :

20. Nonne succisa est erectio eorum, et reliquias eorum devoravit ignis?

21. Acquiesce igitur ei, et habeto pacem ; et per hæc habebis fructus optimos.

22. Suscipe ex ore illius legem, et pone sermones ejus in corde tuo.

23. Si reversus fueris ad Omnipotentem, ædificaberis, et longe facies iniquitatem a tabernaculo tuo.

24. Dabit pro terra silicem, et pro silice torrentes aureos.

25. Eritque Omnipotens contra hostes tuos, et argentum coacervabitur tibi.

26. Tunc super Omnipotentem deliciis afflues, et elevabis ad Deum faciem tuam.

27. Rogabis eum, et exaudiet te, et vota tua reddes.

28. Decernes rem, et veniet tibi, et in viis tuis splendebit lumen.

29. Qui enim humiliatus fuerit erit in gloria ; et qui inclinaverit oculos, ipse salvabitur.

30. Salvabitur innocens ; salvabitur autem in munditia manuum suarum.

Éliphaz répudie avec une profonde horreur les sentiments et la conduite de cette race impie. — *Videbunt justi...* (vers. 19). Ruine finale de ces blasphémateurs ingrats, et joie qu'elle cause aux bons, qui voient en elle un exemple de la divine justice. — *Nonne succisa...* (vers. 20). Réflexion proférée par les justes, à la suite du châtiment des pervers. Dans l'hébreu : Assurément, nos adversaires ont été retranchés, et le feu a dévoré leurs restes.

4° Éliphaz invite Job à revenir à Dieu, lui promettant une grande félicité en échange de son repentir. XXII, 21-30.

21-22. L'exhortation. — *Acquiesce igitur...* Conclusion pratique de tout ce qui précède : que Job se hâte de rentrer en grâce avec Dieu. — *Suscipe... legem* : les préceptes divins, dont l'accomplissement prouvera que sa conversion est sincère.

23-31. Les promesses, pour appuyer l'exhortation. Très beau tableau, en gradation ascendante. — *Ædificaberis.* Le bonheur de Job est maintenant comme un édifice renversé ; Dieu le reconstruira. — *Pro terra silicem...* La Vulgate paraît signifier : Dieu te donnera des biens beaucoup plus précieux que ceux que tu as perdus. L'hébreu est plus clair : Tu recueilleras l'or dans la poussière, et l'or d'Ophir parmi les pierres des torrents. Manière de dire à Job que ses ri-

chesses seront immenses, et acquises avec une prodigieuse facilité. Sur le pays d'Ophir et son or, voyez III Reg. IX, 28 et X, 11. — *Eritque Omnipotens...* (vers. 25). Dans l'hébreu, avec une très grande force : le Tout-Puissant sera ton or, ton argent, ta richesse. — *Elevabis ad Deum...* (vers. 26) : le geste de l'amour confiant. Cf. X, 15 ; XI, 15. — *Vota... reddes* (vers. 27) : les vœux qui avaient accompagné la prière, pour la rendre plus efficace. — *Decernes rem...* (verset 28) : parfaite réussite dans les projets de tout genre. — *Qui enim humiliatus...* (vers. 29). Motif de cet heureux changement qui aura été produit dans la situation de Job : son humble pénitence. La Vulgate exprime cette vérité sous forme d'axiome. L'hébreu est assez obscur, et on le traduit de diverses manières. M. Le Hir : A des fronts abattus tu crieras : Relevez-vous, et Dieu sauvera ceux qu'il avait humiliés. D'autres : Vienne l'humiliation, tu prieras pour ton relèvement ; Dieu secourt ceux dont le regard est humilié. La pensée est au fond la même. — *Salvabitur...* (vers. 30). D'après l'hébreu : Dieu délivrera le coupable, qui devra son salut à la pureté de tes mains. Ainsi, non seulement Job recouvrera son bonheur d'autrefois, mais il jouira auprès de Dieu d'une telle influence, que sa sainteté pourra obtenir le pardon d'autres pécheurs.

CHAPITRE XXIII

1. Respondens autem Job, ait :

2. Nunc quoque in amaritudine est sermo meus, et manus plagæ meæ aggravata est super gemitum meum.

3. Quis mihi tribuat ut cognoscam et inveniam illum, et veniam usque ad solium ejus?

4. Ponam coram eo judicium, et os meum replebo increpationibus,

5. ut sciam verba quæ mihi respondeat, et intelligam quid loquatur mihi.

6. Nolo multa fortitudine contendat mecum, nec magnitudinis suæ mole me premat.

7. Proponat æquitatem contra me, et perveniat ad victoriam judicium meum.

8. Si ad orientem iero, non apparet; si ad occidentem, non intelligam eum.

9. Si ad sinistram, quid agam? non apprehendam eum; si me vertam ad dexteram, non videbo illum.

10. Ipse vero scit viam meam, et pro-

1. Or Job répondit en ces termes ·

2. Maintenant encore ma parole est pleine d'amertume, et la violence de ma plaie est bien au-dessus de mes gémissements.

3. Qui me donnera de le connaître et de le trouver, et de parvenir jusqu'à son trône?

4. J'exposerais ma cause devant lui, et je remplirais ma bouche de preuves,

5. pour savoir ce qu'il me répondrait, et pour entendre ce qu'il pourrait me dire.

6. Je ne voudrais point qu'il me combattît de toute sa force, ni qu'il m'accablât par le poids de sa grandeur.

7. Qu'il propose contre moi l'équité, et ma cause obtiendra la victoire.

8. *Mais* si je vais à l'orient, il ne paraît point ; si je vais à l'occident, je ne l'aperçois pas.

9. Si je me tourne à gauche, que faire ? je ne puis l'atteindre ; si *je vais* à droite, je ne le verrai point.

10. Mais il connaît lui-même ma voie,

---

§ II. — *Job répond à Éliphaz.* XXIII, 1 — XXIV, 25.

Pour le moment, Job n'oppose aux injustes accusations d'Éliphaz qu'une protestation simple et rapide (XXIII, 10 et ss.) : son âme est encore toute plongée dans le douloureux mystère qui absorbe son attention, et il continue de chercher une solution, une issue. Il décrit ici de nouveau, relativement à sa propre personne (chap. XXIII) et touchant l'humanité en général (chap. XXIV), les tristes phénomènes que son expérience lui a mis sous les yeux : l'innocent qui souffre, le pécheur souvent heureux ; par suite, le manque apparent de justice distributive sur cette terre.

1° Job réitère son ardent désir de paraître devant Dieu et d'être jugé par lui. XXIII, 1-9.

CHAP. XXIII. — 1. Formule d'introduction.

2. Court exorde. — *Nunc quoque :* même après les consolations d'Éliphaz, consolations d'ailleurs si étranges. — *Manus plagæ meæ :* la main de Dieu qui frappait Job, et qui le faisait souffrir, dit-il, bien au delà de ses plaintes. Divers hébraïsants traduisent ainsi ce verset : Maintenant encore ma plainte est une révolte, et ma main est lourde sur mon gémissement. Job dirait par là à ses cruels amis : Selon vous, mes plaintes sont une constante rébellion contre Dieu, malgré les efforts que je fais pour les étouffer. Interprétation qui paraît un peu cherchée.

3-5. Le désir de Job. — *Quis mihi tribuat...?* Désir déjà si souvent exprimé, quoique en vain.

Cf. x, 2 ; XIII, 3 ; XVI, 22, etc. — *Ponam... judicium,..* Ce qu'il ferait, s'il pouvait pénétrer jusqu'au trône de Dieu : il exposerait sans crainte sa cause au souverain juge. — *Os... increpationibus :* de preuves, d'arguments. Détail pittoresque. — *Ut sciam...* (vers. 5). Non content d'attester son innocence, Job demanderait à Dieu de formuler ses reproches, ses accusations. C'est là ce qui le préoccupe surtout, et comme le nœud du problème si terrible.

6-7. Conditions mises par Job à l'accomplissement de ce désir. — *Nolo multa fortitudine...* Comp. IX, 32 et XIII, 20, où les mêmes conditions avaient été déjà formulées. Que Dieu ne l'écrase pas sous le poids de sa majesté, et qu'il agisse à la manière d'un juge de la terre. Variante dans l'hébreu pour ces deux versets : M'opposerait-il le poids de sa colère ? Non, plutôt il m'accorderait un regard propice ; alors le juste discuterait avec lui, et je sortirais absous de la présence de mon juge (Le Hir). Ce juste qui discuterait avec Dieu n'est autre que Job, comme le marque le contexte.

8-9. Malheureusement Dieu refuse d'exaucer cet ardent désir. — *Si ad orientem...* Job sort de son beau rêve, pour revenir à sa situation réelle, si pénible.

2° Dieu connaît cependant l'innocence de son serviteur, quoiqu'il l'afflige si durement. XXIII, 10-17.

10-12. Protestation d'innocence. — *Probavit me...* L'hébreu est plus concis : S'il m'éprouve, je sortirai comme l'or : c.-à-d. aussi pur que l'o:

et il m'éprouve comme l'or qui passe par le feu.

11. Mon pied a suivi ses traces ; j'ai gardé sa voie, et je ne m'en suis point détourné.

12. Je ne me suis pas écarté des commandements de ses lèvres, et j'ai caché dans mon sein les paroles de sa bouche.

13. Car il subsiste lui seul. Nul ne peut empêcher ses desseins, et il fait absolument tout ce qui lui plaît.

14. Quand il aura accompli sur moi sa volonté, il lui reste encore beaucoup d'autres moyens semblables.

15. C'est pourquoi je me trouble en sa présence, et lorsque je le considère, je suis agité de crainte.

16. Dieu a amolli mon cœur, et le Tout-Puissant m'a épouvanté.

17. Car je ne péris point à cause des ténèbres qui m'environnent, et ce n'est pas l'obscurité qui a voilé ma face.

bavit me quasi aurum quod per ignem transit.

11. Vestigia ejus secutus est pes meus ; viam ejus custodivi, et non declinavi ex ea.

12. A mandatis labiorum ejus non recessi, et in sinu meo abscondi verba oris ejus.

13. Ipse enim solus est, et nemo avertere potest cogitationem ejus ; et anima ejus quodcumque voluit, hoc fecit.

14. Cum expleverit in me voluntatem suam, et alia multa similia præsto sunt ei.

15. Et idcirco a facie ejus turbatus sum ; et considerans eum, timore sollicitor.

16. Deus mollivit cor meum, et Omnipotens conturbavit me.

17. Non enim perii propter imminentes tenebras, nec faciem meam operuit caligo.

CHAPITRE XXIV

1. Les temps ne sont point cachés au Tout-Puissant ; mais ceux qui le connaissent ignorent ses jours.

2. Il en est qui déplacent les limites, qui ravissent les troupeaux, et les mènent dans leurs pâturages.

3. Ils saisissent l'âne des orphelins, et

1. Ab Omnipotente non sunt abscondita tempora ; qui autem noverunt eum, ignorant dies illius.

2. Alii terminos transtulerunt, diripuerunt greges, et paverunt eos.

3. Asinum pupillorum abegerunt, et

---

au sortir du creuset. Cf. Prov. xvii, 3 ; Zach. xiii, 9. — *Vestigia ejus...* Aux vers. 11 et 12, quelques détails pour montrer que la voie de Job a toujours été droite et sainte. — *In sinu meo abscondi... :* comme un objet aimé que l'on presse sur son cœur. D'après l'hébreu : J'ai observé les paroles de sa bouche plus que ma loi ; c.-à-d. de préférence à ma propre volonté. De part et d'autre, cela désigne une très religieuse fidélité aux divins préceptes.

13-17. Dieu a formé quand même le dessein inébranlable de détruire Job. — *Ipse enim solus... :* le seul maître suprême et tout-puissant, qui fait ce qui lui plaît. — *Voluntatem suam* (vers. 14) : la volonté bien arrêtée de faire périr son serviteur dans la souffrance et l'humiliation. — *Alia multa similia...* Job veut dire par là que son exemple n'est pas le seul, et qu'il en pourrait citer beaucoup d'autres attestant de même la grande sévérité de Dieu. — *Et idcirco...* C'est ce problème moral qui trouble et déconcerte le malheureux patient. — *Deus mollivit cor... :* lui enlevant toute vigueur, tout ressort. — *Non enim perii...* (vers. 17). L'hébreu est plus clair : Car ce n'est point la calamité qui m'étonne, ni les ténèbres dont ma face est voilée. Motif du

trouble extraordinaire de Job : si son âme est en quelque sorte paralysée (vers. 15-16), ce n'est point à cause des malheurs qui l'assombrissent, c'est à cause de l'étrange conduite de Dieu, qui demeure inexplicable pour lui.

3° Pourquoi les impies sont-ils libres d'opprimer si souvent l'innocence ? XXIV, 1-12.

Chap. XXIV. — 1. Transition. — *Ab Omnipotente.* Dans l'hébreu, avec une variante et un tour interrogatif : Pourquoi le Tout-Puissant ne met-il pas de temps en réserve et pourquoi ceux qui le connaissent ne voient-ils pas son jour ? Ces temps et ce jour sont, dans la pensée de Job, des assises divines, où les impies seraient jugés et condamnés, de manière à réjouir les justes. Job voudrait donc que la justice de Dieu fût plus visible, plus palpable. La Vulgate exprime une antithèse : Dieu sait tout, mais ses amis ignorent le jour de ses vengeances et ne voient pas le châtiment des méchants.

2-4. Première série d'exemples, pour démontrer que l'injustice règne souvent sur la terre, et que les impies se livrent impunément à toute sorte de violences. — *Alii terminos... :* les bornes mobiles qui marquaient les propriétés agraires, et qu'il était facile de déplacer. Cf. Deut. xix, 14 ;

abstulerunt pro pignore bovem viduæ.

4. Sub⁊erterunt pauperum viam, et oppresserunt pariter mansuetos terræ.'

5. Alii quasi onagri in deserto egrediuntur ad opus suum ; vigilantes ad prædam, præparant panem liberis

6. Agrum non suum demetunt, et vineam ejus, quem vi oppresserint, vindemiant.
7. Nudos dimittunt homines, indumenta tollentes, quibus non est operimentum in frigore;

8. quos imbres montium rigant, et non habentes velamen, amplexantur lapides.

9. Vim fecerunt deprædantes pupillos, et vulgum pauperem spoliaverunt.
10. Nudis et incedentibus absque vestitu, et esurientibus tulerunt spicas.

11. Inter acervos eorum meridiati sunt, qui calcatis torcularibus sitiunt.

12. De civitatibus fecerunt viros gemere, et anima vulneratorum clama-

ils emmènent pour gage le bœuf de la veuve.

4. Ils renversent la voie des pauvres, et ils oppriment tous ceux qui sont doux sur la terre.

5. D'autres, comme les onagres du désert, sortent pour leur ouvrage; ils cherchent leur proie dès le matin, pour donner de quoi vivre à leurs enfants.
6. Ils moissonnent le champ qui n'est point à eux, et ils vendangent la vigne de celui qu'ils ont opprimé par violence.
7. Ils renvoient les hommes nus, et ils enlèvent les vêtements de ceux qui n'ont pas de quoi se couvrir pendant le froid ;
8. qui sont mouillés par les pluies des montagnes, et qui, n'ayant pas de manteau, se pressent contre les rochers.
9. Ils dépouillent de force les orphelins, et ils pillent le pauvre peuple.
10. Ils arrachent les épis des mains à ceux qui sont nus, sans vêtements et affamés.
11. Ils se reposent à midi parmi les gerbes de ceux qui, après avoir foulé les pressoirs, sont dans la soif.
12. Ils font gémir les hommes dans les villes ; les âmes blessées poussent des

---

Os. v, 10, etc. — *Diripuerunt... et paverunt.* L'audace ajoutée au vol : mettre au grand jour dans ses propres pâturages des troupeaux dont on vient de s'emparer de vive force. — *Asinum pupillorum, bovem...* L'âne et le bœuf uniques, formant toute la richesse de ces indigents. — *Subverterunt...*: (vers. 4). Dans l'hébreu : Ils repoussent du chemin les pauvres ; tous les indigents du pays (Vulgate : *mansuetos terræ*) sont réduits à se cacher.
5-8. Seconde série d'exemples. D'après la Vulgate, il s'agirait encore des oppresseurs iniques qui viennent d'être mentionnés ; d'après l'hébreu, dont la leçon est préférable, il est plus directement question des opprimés, et en particulier, comme l'on croit, des races aborigènes du pays de Hus, violemment dépossédées par les habitants actuels et réduites à la dernière misère. Comp. xxx, 1 et ss., où Job décrira de nouveau leur détresse. — *Quasi onagri... :* avec cette différence, que l'âne sauvage se complaît dans les lieux inhabités, tandis que la race déclassée dont on trace le portrait y allait de force, *ad opus suum*, c.-à-d., comme il est aussitôt ajouté, pour y chercher une maigre nourriture : *ad prædam, panem liberis* (littéralement l'hébreu : le désert lui est son pain pour ses enfants). Nous verrons, xxx, 3-4, en quoi consistaient ces aliments fournis par le désert. — *Agrum non suum...* (vers. 6). L'hébreu a un autre sens, et continue la description des souffrances de ces

malheureux : Ils moissonnent leur fourrage (leur vile subsistance) dans les champs, et ils grappillent dans la vigne de l'impie (qui les a dépouillés). — *Nudos dimittunt...* (vers. 7). Hébr.: ils passent les nuits dépouillés, sans vêtements. — *Quos imbres...* (vers. 8). Les pluies des montagnes, plus violentes que celles des plaines, mouillent jusqu'aux os ces pauvres à demi nus. — *Non... velamen :* pas d'abri protecteur. — *Amplexantur lapides.* Métaphore très expressive : ils se pressent contre les rochers pour se garantir.
9-12. Troisième série d'exemples. Les oppresseurs aux vers. 2-4, puis les victimes (vers. 5-8); Job revient ici aux oppresseurs. — *Deprædantes pupillos.* L'hébreu ajoute un détail émouvant : On arrache l'orphelin à la mamelle. — *Vulgum pauperem.* Hébr. : on prend des gages sur le pauvre. Cf. vers. 3ᵇ. — *Esurientibus tulerunt...* (vers. 10). Marque de la rapacité la plus cruelle. Variante pathétique dans l'hébreu : Ils sont affamés et ils portent des gerbes. Les impies font travailler dans leurs champs, au temps de la moisson, des pauvres qui meurent de faim et auxquels ils ne donnent pas même une bouchée de pain. Même contraste au vers. 11. — *Inter acervos...* « Les riches dorment à leur aise, pendant les chaleurs de midi, au milieu des gerbes du pauvre, pendant que celui-ci moissonne pour eux » (Calmet, *h. l.*). D'après l'hébreu : ils font de l'huile entre ses murs (de l'impie) : c.-à-d.

Chasse à l'onagre. (Bas-relief assyrien.)

vit; et Deus inuitum abire non patitur.

13. Ipsi fuerunt rebelles lumini; ne scierunt vias ejus, nec reversi sunt per semitas ejus.

14. Mane primo consurgit homicida, interficit egenum et pauperem; per noctem vero erit quasi fur.

15. Oculus adulteri observat caliginem, dicens : Non me videbit oculus ; et operiet vultum suum.

16. Perfodit in tenebris domos, sicut in die condixerant sibi ; et ignoraverunt lucem.

17. Si subito apparuerit aurora, arbitrantur umbram mortis; et sic in tenebris quasi in luce ambulant.

18. Levis est super faciem aquæ; mâledicta sit pars ejus in terra, nec ambulet per viam vincarum.

---

cris, et Dieu ne laissera pas *ces crimes* impunis.

13. Ils ont été rebelles à la lumière ; ils n'ont pas connu ses voies, et ils ne sont pas revenus par ses sentiers.

14. Le meurtrier se lève de grand matin ; il tue le faible et le pauvre, et il rôde la nuit, comme un larron.

15. L'œil de l'adultère épie l'obscurité ; il dit : Personne ne me verra ; et il se couvre le visage.

16. Il perce les maisons dans les ténèbres, à l'heure qu'ils s'étaient donnée pendant le jour ; et ils n'ont point connu la lumière.

17. Si l'aurore paraît tout à coup, ils croient que c'est l'ombre de la mort, et ils marchent dans les ténèbres comme dans le jour.

18. Il est léger à la surface de l'eau ; que sa portion soit maudite sur la terre, et qu'il ne marche point par le chemin des vignes.

---

que les pauvres étaient obligés de pressurer les olives et de fouler les raisins des riches, dans les cours de ces derniers, entourées de solides murailles. — *De civitatibus...* (vers. 12). Dans les villes aussi bien que dans les champs, l'impie réussit à exercer son odieuse oppression. — Trait

Pressoir d'huile. (Palestine.)

final, *Deus inultum...* : Dieu châtiera un jour ces grands coupables. L'hébreu dit au contraire, d'une manière saisissante : Et Dieu ne regarde pas ces forfaits ! Ce sens cadre beaucoup mieux avec la thèse soutenue par Job.

4° Des crimes nombreux se commettent en secret, et, somme toute, les impies demeurent souvent impunis. XXIV, 13-25.

13-17. Exemples de crimes commis dans l'ombre, auxquels Dieu semble ne pas faire attention. — Vers. 13, transition et introduction. *Ipsi* : ces autres malfaiteurs que Job va citer. — *Lumini* : la lumière du jour, qu'ils fuient et détestent (*rebelles*). Le double pronom *ejus* se rapporte à cette même lumière. — Vers. 14 :

premier portrait, l'homicide. *Mane primo* : au point du jour, alors que le crime est favorisé par une demi-obscurité et que les routes sont presque solitaires. *Per noctem... fur* : assassin le matin, se reposant pendant le jour, et voleur durant la nuit. — Vers. 15 : second portrait, l'adultère. *Caliginem* : l'obscurité du soir ; cf. Prov. VII, 8-9. *Operiet vultum* : pour être plus sûr de n'être pas reconnu. — Vers. 16 : troisième portrait, le voleur. *Perfodit... domos* : les maisons orientales sont souvent construites en simple pisé ou en briques séchées au soleil, et les voleurs y pratiquent aisément des ouvertures par lesquelles ils pénètrent à l'intérieur (*Atl. arch.*, pl. XII, fig. 2). *Sicut in die...* : d'après l'hébreu : ils se tiennent cachés pendant le jour. De là le détail qui suit : *ignoraverunt lucem*. — Vers. 17, conclusion de cet alinéa. *Si subito...* : l'hébreu est plus concis : Pour eux, le matin est comme l'ombre de la mort. C.-à-d. qu'ils redoutent le jour autant que d'autres abhorrent l'obscurité.

18-24. Alors même que les impies sont parfois punis ici-bas, d'ordinaire ils ne sont pas autrement traités que le reste des hommes. — *Levis est...* Ces mots retombent sur les différentes catégories d'impies dont Job a parlé depuis le commencement de ce chapitre. L'enchaînement de ce passage avec le précédent est un peu obscur. Quelques auteurs établissent une liaison un peu factice, en mettant un point d'interrogation après les mots *faciem aquæ* (Serait-il léger à la surface des eaux ?) Le plus simple est

19. Qu'il passe des eaux de la neige à une chaleur excessive, et que son péché pénètre jusqu'aux enfers.

20. Que la miséricorde l'oublie, que les vers soient ses délices ; qu'on ne se souvienne point de lui, mais qu'il soit arraché comme un arbre sans fruit.

21. Car il a dévoré la femme stérile, qui n'enfante pas, et il n'a pas fait de bien à la veuve.

22. Il a fait tomber les forts par sa puissance ; et lorsqu'il sera debout, il ne sera pas sûr de sa vie.

23. Dieu lui a donné du temps pour faire pénitence, et il en abuse pour l'orgueil ; mais les yeux de Dieu sont sur ses voies.

24. Ils se sont élevés pour un moment, et ils ne subsisteront pas ; ils seront humiliés comme toutes choses, ils seront emportés et retranchés comme le haut des épis.

25. Que si cela n'est ainsi, qui pourra me convaincre de mensonge, et porter mes paroles devant Dieu ?

19. Ad nimium calorem transeat ab aquis nivium, et usque ad inferos peccatum illius.

20. Obliviscatur ejus misericordia, dulcedo illius vermes ; non sit in recordatione, sed conteratur quasi lignum infructuosum.

21. Pavit enim sterilem quæ non parit, et viduæ bene non fecit.

22. Detraxit fortes in fortitudine sua, et cum steterit, non credet vitæ suæ.

23. Dedit ei Deus locum pœnitentiæ, et ille abutitur eo in superbiam ; oculi autem ejus sunt in viis illius.

24. Elevati sunt ad modicum, et non subsistent ; et humiliabuntur sicut omnia, et auferentur, et sicut summitates spicarum conterentur.

25. Quod si non est ita, quis me potest arguere esse mentitum, et ponere ante Deum verba mea ?·

---

d'admettre que Job va citer ici (vers. 18-24), d'une manière ironique, les assertions de ses amis relatives à la brièveté des jours de l'impie, opposant ainsi leurs dires aux siens, pour mieux montrer à quel point ils avaient tort. — *Super faciem aquæ*. Image de la rapidité avec laquelle s'enfuit leur bonheur. Cf. Os. x, 7. Il n'a pas de consistance, et ressemble à un objet que les flots entraînent. — *Maledicta pars ejus...* Terribles imprécations contre les méchants (vers. 18ᵇ-20), et motifs de ces malédictions (vers. 21-24). — *Per viam vinearum.* « Cette locution désigne ou un chemin agréable, ou les vignobles du pécheur qui n'y retournera plus » (Le Hir, *h. l.*). — *Ad nimium calorem...* (vers. 19). D'après l'hébreu : Comme la sécheresse et la chaleur absorbent l'eau des neiges, ainsi le séjour des morts engloutit le pécheur. Cf. Ps. LXVII, 3. La Vulgate exprime cette autre pensée : puisse l'impie passer de malheur en malheur (de l'inondation à l'incendie) avant de trouver le repos dans la tombe. — *Obliviscatur ejus misericordia* (vers. 20). Expression très forte. Dans l'hébreu : Que le sein (maternel) l'oublie! — *Dulcedo illius vermes.* Les vers du tombeau, voilà désormais tout son espoir. D'après l'hébreu : les vers le dévoreront. — *Sed conteratur...* Hébr. : et l'iniquité sera brisée comme un arbre (l'ad-

jectif *infructuosum* a été ajouté par la Vulgate). — *Pavit enim sterilem...* (vers. 21) : dans le sens de « depavit ». Il a dépouillé la pauvre femme demeurée veuve sans enfants, sans appui. Ce qui revient à l'hébreu : Il opprimait la femme stérile... — *Detraxit fortes* (vers. 22). Même les forts ont succombé sous sa puissance supérieure ; dès qu'ils le voyaient se dresser contre eux (*cum steterit*), ils étaient certains d'être vaincus et désespéraient de leur vie (*non credet vitæ...*). — *Dedit ei Deus...* (vers. 23). Comment il a abusé de la miséricorde divine, prête à lui pardonner. Au lieu de *locum pœnitentiæ*, l'hébreu porte : la sécurité et la confiance. — *Oculi... ejus :* les regards de Dieu, qui observent toutes les démarches de l'impie. — *Elevati... ad modicum...* Le châtiment final, vers. 24. — *Summitates spicarum :* ces mots font allusion à la pratique, usitée dans plusieurs contrées de l'Orient, de ne couper, en moissonnant, que les têtes des épis, et de laisser la paille sur pied. Voyez l'*Atl. arch.*, pl. XXXIV, fig. 4.

25. Conclusion victorieuse de Job. — *Quod si non ita...* Il ne craint pas d'être réfuté, ayant pour lui l'histoire et son expérience personnelle. — *Ponere ante Deum... :* porter ses assertions au divin tribunal pour les faire condamner. Dans l'hébreu : Qui réduira mes paroles à néant ?

CHAPITRE XXV

1. Respondens autem Baldad Suhites, dixit :
2. Potestas et terror apud eum est, qui facit concordiam in sublimibus suis.

3. Numquid est numerus militum ejus? et super quem non surget lumen illius?

4. Numquid justificari potest homo comparatus Deo? aut apparere mundus natus de muliere?
5. Ecce luna etiam non splendet, et stellæ non sunt mundæ in conspectu ejus :
6. quanto magis homo putredo, et filius hominis vermis!

1. Baldad le Subite parla ensuite en ces termes ·
2. La puissance et la terreur appartiennent à Dieu ; il fait régner la paix dans ses hauts lieux.
3. Peut-on compter le nombre de ses soldats? et sur qui sa lumière ne se lève-t-elle point?
4. L'homme comparé à Dieu peut-il être justifié, et celui qui est né de la femme paraîtra-t-il pur ?
5. La lune même ne brille point, et les étoiles ne sont pas pures devant ses yeux :
6. combien moins le sera l'homme qui n'est que pourriture, et le fils de l'homme, qui n'est qu'un ver ?

CHAPITRE XXVI

1. Respondens autem Job, dixit :
2. Cujus adjutor es? numquid imbecillis? et sustentas brachium ejus qui non est fortis?
3. Cui dedisti consilium? forsitan illi qui non habet sapientiam? et prudentiam tuam ostendisti plurimam.
4. Quem docere voluisti? nonne eum qui fecit spiramentum?

I. Alors Job répondit en ces termes :
2. De qui es-tu l'auxiliaire ? Est-ce du faible? et soutiens-tu le bras d'un être dénué de force ?
3. A qui donnes-tu un conseil? Est-ce à celui qui n'a pas de sagesse? Vraiment tu as manifesté une immense prudence.
4. Qui veux-tu instruire? N'est-ce pas celui qui a créé le souffle de la vie?

---

§ III. — *Troisième discours de Baldad.* XXV, 1-6.

Ou plutôt, ce n'est pas un discours, mais une rapide et banale répétition de lieux communs, qui n'a point trait au problème discuté, et qui n'est balbutiée que pour masquer un peu la défaite des trois amis. Ne pouvant répliquer à Job par des arguments sérieux, Baldad veut du moins se donner la satisfaction de protester. Chap. XXV. — 1. Introduction. 2-3. La majesté de Dieu et sa puissance universelle. — *Terror :* l'effroi qu'inspire aux hommes la toute-puissance divine. — *Concordiam in sublimibus.* Hébr. : la paix dans ses hauts lieux ; c.-à-d. dans le ciel, qu'il habite. Ce pourrait bien être là une allusion à l'antique lutte qui eut lieu entre les bons et les mauvais anges. Comp. Apoc. XII, 7. — *Numerus militum.* Mieux : le nombre de ses armées. Les anges, et aussi les astres. — *Lumen illius.* Métaphore, pour désigner la faveur, la protection de Dieu. 4-5. Comment l'homme pourrait-il paraître juste devant un Dieu si grand ? — *Numquid*

justificari...? Emprunt à Éliphaz, IV, 17. Cf. XIV, 1 ; XV, 4. — Les mots de la fin, *homo putredo,... vermis,* ne manquent pas d'énergie.

§ IV. — *Job répond à Baldad.* XXVI, 1-14.

Ces choses ne touchaient en rien à la question débattue ; aussi Job flagelle-t-il sans pitié, au début de sa réponse, la pauvreté des arguments de Baldad. Il montre ensuite qu'il connaît parfaitement, lui aussi, la puissance divine, dont il fait une magnifique description. 1° Job se rit de la réplique de Baldad. XXVI, 1-4. Chap. XXVI. — 1. Formule d'introduction. 2-4. Admiration ironique. — *Cujus adjutor...?* Hébr. : comme tu viens à propos au secours du bras faible ! — *Cui dedisti...* (vers. 3). *Forsitan* n'est pas dans l'hébreu, où on lit : Que tu conseilles bien un homme qui manque de sagesse ! — *Prudentiam... plurimam.* Le sarcasme ne pouvait être plus mordant, après un discours si pauvre. — *Nonne eum qui...* (vers. 4). Cette phrase ne peut désigner que Dieu, d'après la Vulgate. L'hébreu exprime une autre pensée, qui s'harmonise mieux avec les versets 2-3 : Qui

5. Les géants mêmes et ceux qui habitent avec eux gémissent sous les eaux.

6. Le séjour des morts est à nu devant lui, et l'abîme sans aucun voile.

7. Il étend le septentrion sur le vide, et suspend la terre sur le néant.

8. Il lie les eaux dans ses nuées, afin qu'elles ne fondent pas sur la terre toutes ensemble.

9. Il couvre la face de son trône, et il répand sur lui sa nuée.

10. Il a entouré les eaux d'une limite, jusqu'aux confins de la lumière et des ténèbres.

11. Les colonnes du ciel tremblent, et s'effrayent à son moindre signe.

12. Sa puissance a rassemblé les mers en un instant, et sa sagesse en a dompté l'orgueil.

13. Son esprit a orné les cieux, et l'adresse de sa main a fait paraître le serpent plein de replis.

5. Ecce gigantes gemunt sub aquis, et qui habitant cum eis.

6. Nudus est infernus coram illo, et nullum est operimentum perditioni.

7. Qui extendit aquilonem super vacuum, et appendit terram super nihilum.

8. Qui ligat aquas in nubibus suis, ut non erumpant pariter deorsum.

9. Qui tenet vultum solii sui, et expandit super illud nebulam suam.

10. Terminum circumdedit aquis, usque dum finiantur lux et tenebræ.

11. Columnæ cæli contremiscunt, et pavent ad nutum ejus.

12. In fortitudine illius repente maria congregata sunt, et prudentia ejus percussit superbum.

13. Spiritus ejus ornavit cælos, et obstetricante manu ejus, eductus est coluber tortuosus.

---

est ce qui t'a inspiré? C'est la continuation de l'ironie : assurément il t'a fallu des révélations d'en haut pour dire de si grandes choses !

2° Job décrit à son tour la puissance souveraine de Dieu. XXV, 5-14.

5-6. Cette puissance envisagée dans le monde souterrain. — *Gigantes gemunt.* D'après l'hébreu : les morts (les *rᵉfâ'im*, les ombres) tremblent au-dessous des eaux et de leurs habitants. Le substantif *rᵉfâ'im* est parfois employé dans la Bible pour marquer une race géante (cf. Gen. xiv, 5 ; xv, 20 ; Deut. iii, 11, etc.) : de là vient la traduction de la Vulgate, qui semble faire allusion ou au déluge ; ou à quelque souvenir mythologique.— *Sub aquis.* On supposait que le séjour des morts (*infernus*, vers. 6) était à l'intérieur de la terre, au-dessous des eaux de l'Océan. — *Perditioni* En hébreu, *'abaddôn*, autre nom du šᵉʼôl ou des limbes. — *Nullum... operimentum* : car le regard de Dieu pénètre jusqu'au fond de cette région ténébreuse. Cf. Am. ix, 2, etc.

7-13. La puissance divine, se manifestant dans le ciel et sur la terre. — *Aquilonem* (vers. 7). L'hémisphère boréal du ciel, avec ses admirables constellations. — *Super vacuum,... nihilum.* La voûte céleste et le globe terrestre paraissent également reposer sur le vide. — *Ligat aquas* (vers. 8). Autre merveille de la toute-puissance de Dieu : les nuages, ces réservoirs pleins d'eau, flottant dans l'air sans éclater. — *Qui tenet...* (vers. 9). L'hébreu dit avec plus de clarté : il couvre la face de son trône. Cette expression désigne la partie supérieure du ciel, où Dieu réside, et qu'il enveloppe de nuages comme d'un voile. Cf. xxxviii, 1 ; Am. ix, 6, etc. — *Termi-*

num... aquis (vers. 10) Hébr. ; il trace un cercle sur la surface des mers. C.-à-d. que Dieu a tracé à la mer des limites qu'elle ne doit pas dépasser. — *Usque dum finiantur... :* jusqu'aux confins de la lumière et des ténèbres. Description poétique du retour alternatif du jour et de la nuit, et de leur succession régulière. Cf. Gen. i, 4-5. — *Columnæ cæli* (vers. 11) : les hautes monta-

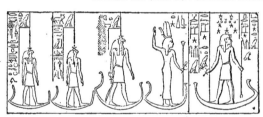

Représentation du ciel sur une antique peinture égyptienne.

gnes, dont les pics semblent soutenir le ciel. — *Ad nutum ejus.* En hébreu : à sa menace. — *In fortitudine...* (vers. 12) . comp. Gen i, 9-10. Dans l'hébreu : sa force soulève la mer. — *Superbum* (*rahab*; voyez ix, 13 et la note) : expression figurée pour représenter la mer, qui paraît si superbe et si indomptable, mais que Dieu calme à son gré. — *Spiritus ejus ornavit...* (verset 13) : la puissance créatrice du Seigneur, à laquelle le ciel doit les milliers d'astres qui forment son plus bel ornement. Quelques interprètes traduisent, mais beaucoup moins bien : Par son souffle (le vent) il rassérène le ciel (chargé de nuages... — *Obstetricante manu...* L'hébreu dit simplement : Sa main a formé les replis du serpent (*tortuosum*). Il s'agit à coup sûr d'une constellation, d'après le parallélisme ; mais on ne saurait indiquer laquelle.

14. Ecce hæc ex parte dicta sunt viarum ejus ; et cum vix parvam stillam
sermonis ejus audierimus, quis poterit
tonitruum magnitudinis illius intueri ?

14. Ce n'est là qu'une partie de ses
œuvres ; et si nous n'avons entendu qu'un
léger murmure de sa voix, qui pourra
soutenir le tonnerre de sa grandeur ?

CHAPITRE XXVII

1. Addidit quoque Job, assumens parabolam suam, et dixit :
2. Vivit Deus, qui abstulit judicium
meum, et Omnipotens, qui ad amaritudinem adduxit animam meam ;
3. quia donec superest halitus in me,
et spiritus Dei in naribus meis,

4. non loquentur labia mea iniquitatem, nec lingua mea meditabitur mendacium.
5. Absit a me ut justos vos esse judicem ; donec deficiam, non recedam ab
innocentia mea.
6. Justificationem meam, quam cœpi
tenere, non deseram ; neque enim repre-

1. Job prit encore la parole sous une
forme sentencieuse, et il dit :
2. Par le Dieu vivant qui refuse de me
faire justice, et par le Tout-Puissant qui
a rempli mon âme d'amertume,
3. tant que j'aurai ma respiration et
que le souffle de Dieu sera dans mes
narines,
4. mes lèvres ne prononceront rien
d'injuste, et ma langue ne dira rien de
faux.
5. Loin de moi la pensée de vous
croire équitables ; tant que je vivrai, je
ne me désisterai pas de mon innocence.
6. Je n'abandonnerai pas la justification que j'ai commencé de produire ;

---

14. Conclusion de ce discours. — *Ecce hæc ex
parte...* Littéralement, dans l'hébreu : Ce sont
là les bords (les extrémités) de ses voies ; c.-à-d.
de simples linéaments de la puissance divine. —
Parvam stillam. Idée semblable. D'après l'hébreu : C'est là le léger murmure qui nous en
parvient. — *Tonitruum,* par opposition à ce
léger murmure, marque donc une description
complète et adéquate. « La concision nerveuse
et la sublimité de ces paroles ne sauraient être
dépassées. » — C'est ainsi que se termine la troisième et dernière phase de la discussion. Job,
s'emparant de l'argument de Baldad, l'a employé d'une manière tout à fait victorieuse.

Section IV. — Le monologue triomphant
de Job. XXVIII, 1 — XXXI, 40.

Il dut y avoir une pause entre la réponse de
Job à Baldad et ce monologue. Sophar, à qui
c'était le tour de prendre la parole, gardant le
silence, Job, après avoir vainement attendu
quelque réplique, continua ses protestations et
sa défense. Son discours final se divise en deux
parties, marquées par des formules distinctes
d'introduction (xxvii, 1 et xxix, 1).

§ I. — *Première partie du monologue.*
XXVII, 1 — XXVIII, 28.

Si Job se remet à parler, ce n'est point pour
humilier ses adversaires battus et désarmés,
c'est pour se recueillir, maintenant que la passion de la lutte est calmée, et pour exprimer
avec plus de clarté les fortes convictions que la
discussion avait suscitées en lui. Il affirme de
nouveau son innocence dès les premières lignes
de ce discours ; car, malgré tout, on n'a pas

réussi à l'ébranler sur ce point. S'il est innocent,
quoique malheureux, l'affliction n'est donc pas
toujours un signe de péché. C'est ainsi qu'il
arrive à distinguer le caractère du pécheur de
celui du juste : le juste, malgré ses afflictions,
aime Dieu et se confie en lui ; il y a au contraire
un abîme entre Dieu et l'impie. Partant de cette
idée si profonde, Job devient un docteur pour
ses amis, pour lui-même : pour ses amis, en ra-
menant à une base plus solide ce qu'il y avait
eu d'exact dans leurs raisonnements, et en réta-
blissant les vraies marques distinctives, effacées
par eux, du juste et du pécheur ; pour lui-même,
en améliorant ce qu'il avait exagéré, omis, ou
contesté à tort dans la chaleur du combat.

1° Job proclame devant Dieu son innocence.
XXVII, 1-10.

Chap. XXVII. — 1. Introduction. — *Addidit
quoque...* La formule est ici plus solennelle que
de coutume, comme pour manifester que Job,
dans le sentiment de sa victoire partielle, était
plus sûr de lui-même. — *Parabolam suam.* Le
mot hébreu *mašal* dénote un langage relevé,
imagé, sentencieux.

2 - 6. Protestation d'innocence. — *Vivit Deus.*
Formule de serment. Job atteste par la vie même
de Dieu la vérité de ce qu'il va dire. — *Qui
abstulit judicium...* Le Seigneur lui enlève son
droit, lui refuse justice, en paraissant le traiter
comme s'il était coupable. — *Donec... halitus...:*
jusqu'à son dernier soupir. Pensée identique à
l'hémistiche suivant : *spiritus Dei,* le souffle
vital infusé par le Créateur ; cf. Gen. ii, 7. —
Justos vos... (vers. 5). Littéralement : que je vous
justifie ; c.-à-d. que j'admette que vous êtes
véridiques lorsque vous m'accusez. — *Non re-*

car mon cœur ne me reproche rien dans toute ma vie.

7. Que mon ennemi soit regardé comme un impie ; et celui qui me combat, comme un homme injuste.

8. Car quelle est l'espérance de l'hypocrite, s'il vole par avarice, et que Dieu ne délivre point son âme ?

9. Dieu entendra-t-il ses cris, lorsque l'affliction viendra sur lui ?

10. Ou pourra-t-il faire du Tout-Puissant ses délices, et invoquer Dieu en tout temps ?

11. Je vous enseignerai avec le secours de Dieu ; je ne vous cacherai point les desseins du Tout-Puissant.

12. Mais vous le savez déjà tous ; pourquoi donc vous répandre inutilement en de vains discours ?

13. Voici le sort que Dieu réserve à l'homme impie, et l'héritage que les violents recevront du Tout-Puissant.

14. S'il a des fils en grand nombre, ils passeront par le glaive, et ses petits-enfants ne seront point rassasiés de pain.

15. Ceux qui resteront de sa race seront ensevelis dans leur ruine, et ses veuves ne le pleureront point.

16. S'il amoncelle l'argent comme de

hendit me cor meum in omni vita mea.

7. Sit ut impius, inimicus meus, et adversarius meus, quasi iniquus.

8. Quæ est enim spes hypocritæ, si avare rapiat, et non liberet Deus animam ejus ?

9. Numquid Deus audiet clamorem ejus, cum venerit super eum angustia ?

10. Aut poterit in Omnipotente delectari, et invocare Deum omni tempore ?

11. Docebo vos, per manum Dei, quæ Omnipotens habeat, nec abscondam.

12. Ecce vos omnes nostis, et quid sine causa vana loquimini ?

13. Hæc est pars hominis impii apud Deum, et hereditas violentorum, quam ab Omnipotente suscipient.

14. Si multiplicati fuerint filii ejus, in gladio erunt, et nepotes ejus non saturabuntur pane ;

15. qui reliqui fuerint ex eo sepelientur in interitu, et viduæ illius non plorabunt.

16. Si comportaverit quasi terram

---

cedam ab innocentia. Jamais il ne cessera d'attester son innocence ; cf. vers. 6ª. Motif de cette proclamation énergique : *neque... reprehendit me...* ; il a pour lui le témoignage très haut de sa conscience.

7-10. Les impies ne peuvent, comme Job, s'appuyer sur Dieu dans le malheur. — *Sit ut impius, inimicus...* Ses ennemis, ce sont tous ceux qui l'accusent injustement. Cette imprécation marque l'étendue de l'aversion que Job éprouvait pour les impies. — *Quæ est enim...* (vers. 8). Les méchants sont doublement éprouvés par le malheur, car ils ne peuvent alors se consoler en Dieu, comme les bons. — *Si avare rapiat :* s'il se livre à des actions de violence, comme celles qui ont été décrites précédemment, xxiv, 2 et ss. L'hébreu donne un autre sens : Quand il sera retranché ; c.-à-d. au moment de sa mort (cf. Is. xxxviii, 12). — *Et non liberet...* Hébr. : Quand Dieu lui ravira son âme. — *Numquid Deus..., aut poterit...* (vers. 9-10). Aucune consolation alors pour l'impie. Job oppose tacitement son état à celui des méchants : lui, malgré ses troubles passagers, il prie et se confie en Dieu. Cf. xiii, 16 ; xix, 26, etc.

2° Le sort désastreux des impies. XXVII, 11-23.

11-12. Transition et introduction. — *Per manum Dei.* Plutôt : Je vous instruirai touchant la main de Dieu ; métaphore pour désigner les opérations de Dieu, et spécialement sa conduite

envers les grands pécheurs. — *Vana loquimini :* allusion aux sentiments exprimés au sujet de Job par ses trois amis.

13-15. Malheurs qui attendent les enfants de l'impie. — Au vers. 13, idée générale qui sert de thème à tout ce passage (vers. 11-23). Ce sont presque les paroles de Sophar, xx, 29. Mais Job ne se contredit-il pas ici, lui qui a prétendu plus haut (chap. xxiv) que les impies sont très souvent heureux en ce monde, et qui a rejeté avec tant de vigueur la théorie contraire, que soutenaient ses adversaires ? Assurément il se contredit jusqu'à un certain point, pour corriger ses propres exagérations : « mais il n'est pas en contradiction avec son véritable point de vue : comment pourrait-il nier qu'il est dans la règle que la justice vengeresse de Dieu éclate contre le méchant ? » En outre, s'il reprend en quelque sorte pour son propre compte l'argument de ses amis, c'est afin d'aboutir à une conclusion tout opposée à la leur : « ils lui ont mis sous les yeux, comme un miroir, la destinée du méchant, afin qu'il s'y voie lui-même et qu'il tremble ; il met à son tour ce miroir sous leurs yeux, afin qu'eux-mêmes y aperçoivent combien différente est la nature non seulement de sa conduite dans les souffrances, mais de ses souffrances mêmes. » — *In gladio erunt...* (vers. 14). Voyez, xxi, 8 et ss., un portrait bien différent.

16-18. La fortune des impies passera aux justes. — *Quasi terram* (hébr. : comme la poussière),

argentum, et sicut lutum præparaverit
vestimenta ;

17. præparabit quidem, sed justus ve-
stietur illis, et argentum innocens dividet.

18. Ædificavit sicut tinea domum
suam, et sicut custos fecit umbraculum.

19. Dives, cum dormierit, nihil secum
auferet ; aperiet oculos suos, et nihil
inveniet.

20. Apprehendet eum quasi aqua inopia, nocte opprimet eum tempestas.

21. Tollet eum ventus urens, et auferet, et velut turbo rapiet eum de loco
suo.

22. Et mittet super eum, et non parcet ; de manu ejus fugiens fugiet.

23. Stringet super eum manus suas,
et sibilabit super illum, intuens locum
ejus.

---

la terre, s'il amasse des vêtements
comme de la boue,

17. il est vrai qu'il les aura amassés ;
mais le juste s'en revêtira, et l'innocent
partagera son argent.

18. Ce qu'il a bâti sera comme la
maison de la teigne, et comme la cabane
d'un gardien.

19. Lorsque le riche s'endormira, il
n'emportera rien avec lui ; il ouvrira les
yeux, et il ne trouvera rien.

20. L'indigence le surprendra comme
une inondation ; la tempête l'emportera
pendant la nuit.

21. Un vent brûlant le saisira et l'emportera, et l'enlèvera de sa place comme
un tourbillon.

22. *Dieu* enverra sur lui *plaie sur
plaie,* et ne l'épargnera point ; et. il
s'efforcera d'échapper à sa main.

23. On battra des mains sur lui, et
on le sifflera en voyant la place qu'il
occupait.

CHAPITRE XXVIII

1. Habet argentum venarum suarum
principia, et auro locus est in quo con-
flatur.

1. L'argent a une source de ses veines,
et l'or un lieu où on l'épure.

---

sicut lutum. Emblèmes d'une grande abondance ;
cf. III Reg. x, 27 ; Zach. IX, 3. — *Præparaverit
vestimenta.* En Orient, les riches aiment à posséder des provisions de splendides vêtements.
Cf. Gen. XXIV, 18 ; Jos. VII, 2 ; IV Reg. VII,
8, etc. — *Ædificavit...* (vers. 18). Deux comparaisons saisissantes, pour dépeindre la caducité
des richesses de l'impie. *Sicut tinea domum...* :
habitation extrêmement fragile, que ce petit ver
se construit avec l'étoffe rongée par lui (*Atlas
d'hist. nat.,* pl. XLIX, fig. 8, 10). *Sicut... umbraculum :* la cabane de feuillage dans laquelle
s'abritent les gardiens des vignes et des champs,
et qu'ils abandonnent à son sort après les récoltes. Cf. Is. I, 8 ; XXIV, 20 (*Atl. arch.,* pl. XXXII,
fig. 4).
19-23. L'impie en personne est frappé de
terribles calamités, envoyées par Dieu, et il disparaît au milieu de l'allégresse universelle. —
Dives : le riche impie, ainsi qu'il résulte du
contexte. *Cum dormierit :* le fréquent euphémisme pour désigner la mort. — *Nihil auferet.* Nos richesses ne nous accompagnent point
au séjour des morts ; pensée qu'on retrouve au
Ps. LXXV, 6, présentée presque dans les mêmes
termes. L'hébreu est un peu obscur, et a été
diversement traduit : Il est gisant, privé de sépulture (Le Hir) ; ou bien : Il se couche riche,
et il meurt dépouillé ; ou encore : Le riche se
couche, il ne le fera plus (c'est sa dernière nuit,

parce qu'il va mourir subitement), etc. — *Aperiet oculos :* dans le séjour des morts, et il contemple son dépouillement complet (*et nihil...*).
D'après l'hébreu : il ouvre les yeux, et il n'est
plus ; c.-à-d. qu'il meurt soudain, en un clin
d'œil. — *Quasi aqua* (vers. 20). Encore l'inondation pour figurer le malheur ; cf. XXI, 11 ; Ps.
XVII, 16, etc. Au lieu de *inopia,* l'hébreu dit :
les torrents. — *Nocte... tempestas :* en plein
repos, en pleine sécurité. — *Ventus urens* (verset 21). Hébr. : le *qâdim,* ou vent d'est, qui est
si brûlant dans l'Orient biblique. Cf. XXXVIII,
24, etc. — *Mittet super eum...* (vers. 22). Dieu
lancera trait sur trait, sans pitié (*non parcet*),
contre l'impie. Cf. VI, 4 ; XVI, 13. — *Fugiens
fugiet.* La répétition du verbe marque de très
vifs efforts pour fuir au loin. — *Stringet... sibilabit* (vers. 23). Le sujet change de nouveau :
ce sont les hommes, témoins des divines vengeances, qui donnent ces signes expressifs de leur
joie et de leur mépris. Cf. Thren. II, 15 ; Jer.
XLIX, 17, etc.
3° Description, par opposition à la sagesse
humaine, de la sagesse insondable de Dieu, qui
peut seule éclairer les phénomènes énigmatiques
de la vie des hommes. XXVIII, 1-28.
CHAP. XXVIII. — 1-11. Par sa force et par
son art, l'homme atteint tous les trésors que
renferme la terre. Magnifique début de cette
page, qui est admirablement écrite dans so..

2. Le fer se tire de la terre, et la pierre, fondue par la chaleur, se change en airain.

3. L'homme met fin aux ténèbres ; il considère lui-même la fin de toutes choses, et aussi la pierre *ensevelie* dans l'obscurité et l'ombre de la mort.

4. Le torrent sépare du peuple voyageur ceux qu'a oubliés le pied de l'homme pauvre, et qui sont hors de la voie.

5. La terre, d'où le pain naissait comme de son lieu, a été bouleversée par le feu.

6. Le saphir se trouve dans ses pierres, et ses mottes sont de l'or.

7. L'oiseau en a ignoré la route, et l'œil du vautour ne l'a point vue.

2. Ferrum de terra tollitur, et lapis solutus calore in æs vertitur.

3. Tempus posuit tenebris, et universorum finem ipse considerat, lapidem quoque caliginis et umbram mortis.

4. Dividit torrens a populo peregrinante eos quos oblitus est pes egentis hominis, et invios.

5. Terra, de qua oriebatur panis, in loco suo igni subversa est.

6. Locus sapphiri lapides ejus, et glebæ illius aurum.

7. Semitam ignoravit avis, nec intuitus est eam oculus vulturis.

---

entier. Il s'agit, comme l'admettent tous les interprètes modernes, du travail des mines, dans lequel se manifeste si bien la sagesse humaine. C'est l'unique endroit de la Bible où l'on trouve une description de ce genre. Il existait des mines dans la péninsule du Sinaï, dans le Liban et dans le Hauran ; Job et ses amis pouvaient donc connaître sans peine la méthode employée pour les exploiter. — Les versets 1 et 2 servent d'introduction. *Venarum principia* : une issue, comme dit simplement l'hébreu. — *Auro locus... in quo...* Mieux : et il y a un lieu pour l'or que l'on jette au creuset. Ce qui signifie que les métaux précieux ont beau être cachés sous terre, l'homme sait les découvrir et les extraire. — Vers. 3-11 : développements, pour mieux mettre en saillie toute l'étendue de l'industrie humaine dans cette habile exploitation des mines. — Idée toute générale au verset 3. *Tempus posuit...* L'hébreu dit plus clairement : Il (l'homme) a mis fin aux ténèbres. C.-à-d. qu'il pénètre, et la lumière avec lui, dans les régions souterraines où avaient régné auparavant les plus épaisses ténèbres. Sur une ancienne inscription égyptienne, un intendant s'exprime en ces termes : « J'ai exploité la carrière de mon seigneur,... inspectant ce qu'il a fait aux rochers, donnant de la lumière... à leurs endroits cachés. » Il est peu probable que ce trait ne fasse allusion qu'à la lampe des mineurs. — *Universorum finem...* D'après l'hébreu : Il explore jusqu'aux lieux les plus profonds. La traduction de la Vulgate revient au même : l'homme étudie à fond toutes choses pour les amener au but qu'il se propose, et il cherche en particulier le moyen de se procurer les minerais et diamants qu'il convoite. — *Lapidem... caliginis* : les pierres précieuses, enfouies dans les ténèbres. « Imus in viscera terræ, dit Pline, *H. N.,*

xxxiii, 1, 5, et in sede manium opes quærimus. » — Au vers. 4, la première opération du mineur, et la manière dont il s'ouvre un chemin jusqu'au sein de la terre. Dans l'hébreu : Ils creusent un puits loin des lieux habités (littéral. : loin de

Milan royal.

l'habitant ; c.-à-d. loin de la surface de la terre) ; oubliés des passants (littéral. : du pied, par conséquent de tous ceux qui marchent au-dessus d'eux), ils sont suspendus loin des mortels et ils se balancent. Ces derniers mots représentent fort bien soit la descente des mineurs dans le puits de mine, à l'aide d'un cordage auquel ils se suspendent, soit leur travail même, qui souvent ne peut être exécuté aux flancs des roches

8. Non calcaverunt eam filii institorum, nec pertransivit per eam leæna.

9. Ad silicem extendit manum suam,
subvertit a radicibus montes.

10. In petris rivos excidit, et omne
pretiosum vidit oculus ejus.

11. Profunda quoque fluviorum scru-
tatus est, et abscondita in lucem pro-
duxit.
12. Sapientia vero ubi invenitur? et
quis est locus intelligentiæ?
13. Nescit homo pretium ejus, nec invenitur in terra suaviter viventium.

14. Abyssus dicit : Non est in me ; et
mare loquitur : Non est mecum.

15. Non dabitur aurum obrizum pro
ea, nec appendetur argentum in com-
mutatione ejus.
16. Non conferetur tinctis Indiæ coloribus, nec lapidi sardonycho pretiosissimo, vel sapphiro.

8. Les fils des marchands n'y ont
point marché, et la lionne n'y a point
passé.
9. Il a étendu sa main sur les rochers ;
il a renversé les montagnes jusque dans
leurs racines.
10. Il a taillé des ruisseaux dans les
pierres, et son œil a vu tout ce qui est
précieux.
11. Il a scruté le fond des fleuves,
et il a produit au jour les trésors cachés.

12. Mais la sagesse, où la trouvera-
t-on ? et quel est le lieu de l'intelligence ?
13. L'homme en ignore le prix, et
elle ne se trouve point dans la terre de
ceux qui vivent délicatement.
14. L'abime dit : Elle n'est point en
moi ; et la mer : Elle n'est point avec
moi.
15. Elle ne se donne point pour l'or
le plus pur, et elle ne s'achète pas au
poids de l'argent.
16. On ne la mettra point en comparaison avec les étoffes teintes des Indes,
ni avec la sardoine la plus précieuse, ou
le saphir.

---

souterraines, que dans la situation également
décrite par Pline, *l. c.*, 4, 21 : « Is qui cædit funibus pendet ;... pendentes majori ex parte li-
brant, et lineas itineri præducunt. » La Vulgate
doit être interprétée dans le même sens (*torrens*,
le puits de mine) ; elle serait presque inexplicable sans l'hébreu, comme on le voit par cent
essais infructueux. — *Terra de qua...* (vers. 5).
Ce détail a quelque chose de pathétique : comme
si la terre ne faisait pas assez en leur fournissant
leur nourriture, les hommes la bouleversent jusque dans son sein, pour en extraire les trésors
qu'elle y tient cachés. Pline a une pensée semblable, *l. c.* : « In sede manium opes quærimus,
tanquam parum benigna fertilisque quaqua cal-
catur (terra). » — *Igni subversa...* Hébr. : comme
par le feu. Pline donne encore un excellent commentaire : « Agunt per magna spatia cuniculos,
et terram subeunt non secus ac ignis facit, ut
in Ætna et Vesuvio. » — Vers. 6 : par ces opérations, les hommes s'enrichissent. *Sapphiri* : la
pierre précieuse dont le bleu transparent est si
délicieux. — *Glebæ illius...* ; hébr. : de la poussière d'or. — Les Vers. 7-8 développent la pensée
exprimée au vers. 3. *Semitam* : le chemin des
mineurs. *Avis* ; hébr. : l'aigle ; malgré leur regard perçant et chercheur, les oiseaux de proie
eux-mêmes n'ont point aperçu ce sentier. *Filii
institorum* : les marchands, qui ne redoutent
rien et que l'avidité du gain conduit en tous
lieux ; d'après l'hébreu, les animaux féroces
(littéral. : les fils de l'orgueil). — Versets 9 - 11 :
quelques traits encore sur le travail des mineurs,
pour mieux montrer combien il est habile. *Ad*

silicem extendit... : pour briser ces roches et leur
ravir tout ce qu'elles contiennent de précieux.
Subvertit... montes : aucun obstacle n'arrête le
mineur ; il produit au besoin des éboulements
gigantesques, pour arriver plus facilement au
minerai. — *In petris rivos...* (vers. 10). Suivant
les uns, des canaux pour faire couler les eaux
intérieures, et les empêcher d'envahir la mine ;
selon d'autres, le mot hébreu désignerait plutôt
les galeries taillées dans le roc pour suivre les
filons du métal. — *Profunda... fluviorum* (verset 11). Variante dans l'hébreu : Il arrête l'écou-
lement (littéral. : les pleurs) des eaux. C'est l'opération par laquelle le mineur, au moyen de terre
glaise, d'étoupe, etc., empêche le suintement des
eaux dans la mine.
12 - 22. La vraie sagesse demeure inconnue à
l'homme. Admirable description, imitée par Baruch, III, 14 - 38. — Vers. 12 - 14 : aucun mortel
ne saurait indiquer le lieu où réside la vraie
sagesse. *Sapientia* et *intelligentiæ* sont deux mots
synonymes, qui représentent ici la sagesse de
Dieu par opposition à la sagesse des hommes, et
surtout le plan divin dans l'administration des
choses humaines. — *Nescit... pretium ejus.* La
valeur vénale de la sagesse est inconnue, car
elle ne paraît point sur les marchés humains.
Les LXX ont cette variante : L'homme ignore
son chemin (la route qui y conduit). — *In terra
suaviter...* Cet adverbe a été ajouté par la Vulgate. — *Abyssus, mare* : par opposition à la
terre. Belle personnification : *dicit..., loquitur...*
— Vers. 15 - 19 : on ne peut acquérir la vraie
sagesse à aucun prix, car sa valeur est infinie.

17. On ne lui égalera ni l'or ni le verre, et on ne la donnèra point en échange pour des vases d'or.

18. Ce qu'il y a de *plus* grand et de *plus* élevé ne sera pas même mentionné auprès d'elle ; mais la sagesse se tire d'une source cachée.

19. On ne la comparera point avec la topaze d'Ethiopie, ni avec les teintures les plus éclatantes.

20. D'où vient donc la sagesse? et où l'intelligence se trouve-t-elle?

21. Elle est cachée aux yeux de tous les vivants ; elle est inconnue même aux oiseaux du ciel.

22. La perdition et la mort ont dit : Nous avons entendu parler d'elle.

23. C'est Dieu qui connaît sa voie; lui qui sait le lieu où elle habite.

24. Car il contemple les extrémités du monde, et il considère tout ce qui se passe sous le ciel.

25. C'est lui qui a réglé le poids des vents ; lui qui a pesé et mesuré les eaux.

26. Lorsqu'il prescrivait une loi aux pluies, et un chemin aux tempêtes retentissantes,

27. alors il l'a vue, il l'a découverte, il l'a préparée et il l'a fondée.

28. Et il a dit à l'homme : La crainte du Seigneur, voilà la sagesse, et se retirer du mal, c'est l'intelligence.

---

17. Non adæquabitur ei aurum vel vitrum, nec commutabuntur pro ea vasa auri.

18. Excelsa et eminentia non memorabuntur. comparatione ejus; trahitur autem sapientia de occultis.

19. Non adæquabitur ei topazius de Æthiopia, nec tincturæ mundissimæ componetur.

20. Unde ergo sapientia venit? et quis est locus intelligentiæ?

21. Abscondita est ab oculis omnium viventium ; volucres quoque cæli latet.

22. Perditio et mors dixerunt : Auribus nostris audivimus famam ejus.

23. Deus intelligit viam ejus, et ipse novit locum illius.

24. Ipse enim fines mundi intuetur, et omnia quæ sub cælo sunt respicit.

25. Qui fecit ventis pondus, et aquas appendit in mensura.

26. Quando ponebat pluviis legem, et viam procellis sonantibus,

27. tunc vidit illam, et enarravit, et præparavit, et investigavit.

28. Et dixit homini : Ecce timor Domini, ipsa est sapientia, et recedere a malo, intelligentia.

Énumération intéressante des divers objets qui étaient alors regardés comme d'un très grand prix. *Aurum obrizum :* l'or pur, affiné. *Nec appendetur :* sur l'ancienne coutume de peser l'argent monnayé au lieu de le compter, voyez Gen. XXIII, 16, etc. (*Atl. arch.*, pl. LXIV, fig. 9). *Tinctis Indiæ coloribus :* l'or d'Ophir, d'après l'hébreu. *Lapidi sardonycho :* la sardoine est une sorte d'agate d'une couleur brune dans une nuance orangée ; il est question dans l'hébreu de la pierre de *šoham,* probablement l'onyx (voyez Gen. II, 12 et la note). *Vitrum* (vers. 17) : le verre, qui n'est mentionné qu'en cet endroit de la Bible, était alors rare et précieux. *Vasa auri :* des bijoux de l'or le plus fin. *Excelsa et eminentia* (vers. 18) : d'après l'hébreu, le corail et le cristal (de roche). *Trahitur... de occultis ;* hébr. : sa possession vaut mieux que les perles. *Topazius de Æthiopia* (vers. 19) : diamant de couleur jaune orange ; Pline affirme aussi qu'on le trouvait en Éthiopie (*Hist. nat.*, VI, 29 et 34). *Tincturæ mundissimæ ;* hébr. : l'or épuré. — Vers. 20-22 : la vraie sagesse est tout à fait inaccessible. *Unde ergo... :* même question qu'au début de cet admirable tableau (vers. 12) : après l'énumération qu'on vient de lire, sa répétition est d'un effet saisissant. *Volucres... cæli latet :* elle n'est pas plus dans les airs que sur terre ou sur mer (vers. 13-14). *Perditio* (vers. 22); en hébreu, *'âbaddôn,* le séjour des morts (voyez XXVI, 6 et la note). *Audivimus famam... :* ils en ont entendu parler, mais ils ne la contiennent point et ne connaissent pas son séjour ; conclusion magnifique.

23-27. Dieu seul connaît et possède la vraie sagesse. — *Deus* est mis en avant d'une manière solennelle ; ici, plus d'interrogation ni d'hésitation : Job va droit au fait. — *Ipse enim...* (vers. 24). Motif pour lequel cette connaissance est réservée à Dieu : il est seul infiniment sage, puisqu'il a créé l'univers et qu'il le conserve. — *Ventis pondus..., aquas appendit* (vers. 25) : belles métaphores, et exemples fort bien choisis pour montrer jusqu'où va la sagesse du Créateur. — *Procellis sonantibus* (vers. 26). Hébr. : aux éclairs et au tonnerre. — *Tunc...* (vers. 27). Accent de triomphe dans ces verbes accumulés en gradation. *Vidit,* car la sagesse était auprès de Dieu lorsqu'il créait les mondes. *Enarravit :* il l'a dévoilée, démontrée par le détail de ses œuvres. *Præparavit :* il l'a placée devant lui comme un modèle. *Investigavit :* il la connaît donc à fond. Voyez, Prov. VIII, le sublime développement de ce passage.

28. En quoi consiste la sagesse pour l'homme. —. Dans son côté positif, elle est *timor Domini*

CHAPITRE XXIX

1. Addidit quoque Job, assumens parabolam suam, et dixit :

2. Quis mihi tribuat ut sim juxta menses pristinos, secundum dies quibus Deus custodiebat me?

3. Quando splendebat lucerna ejus super caput meum, et ad lumen ejus ambulabam in tenebris ;

4. sicut fui in diebus adolescentiæ meæ, quando secreto Deus erat in tabernaculo meo ;

5. quando erat Omnipotens mecum, et in circuitu meo pueri mei ;

6. quando lavabam pedes meos butyro, et petra fundebat mihi rivos olei ;

7. quando procedebam ad portam ci-

---

1. Job, reprenant son discours sentencieux, parla encore en ces termes ·

2. Qui me donnera d'être comme au temps d'autrefois, comme aux jours où Dieu me gardait? ·

3. Lorsque sa lampe luisait sur ma tête, et qu'à sa lumière je marchais dans les ténèbres ;

4. comme j'étais aux jours de ma jeunesse, lorsque Dieu habitait en secret dans ma tente ;

5. lorsque le Tout-Puissant était avec moi, et mes enfants autour de moi ;

6. lorsque je lavais mes pieds dans le lait caillé, et que la pierre répandait pour moi des ruisseaux d'huile ;

7. lorsque je m'avançais vers la porte

(le culte divin, l'accomplissement des ordres du Seigneur) ; son côté négatif, c'est *recedere a malo.* Résumé de la loi morale, qu'on rencontre souvent dans la Bible sous cette forme. Cf. Ps. cx, 10 ; Prov. i, 7 ; viii, 13, etc. C'est ainsi que Job, ne pouvant résoudre en théorie son émou-

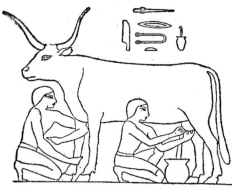

On trait une vache. (Peinture égyptienne.)

vant problème, réussit à lui donner une solution pratique toute parfaite.

§ II. — *Seconde partie du monologue.* XXIX, 1 — XXXI, 40.

Notre héros va maintenant jeter un dernier regard sur sa situation et sur les causes qui ont pu l'occasionner. Il envisage tour à tour le passé, le présent ; dans le passé, il ne voit que bonh r et gloire à tous les points de vue, et il d.c it cette prospérité en termes magnifiques : dans le présent, il ne contemple au contraire qu'humiliations et souffrances. Et pourtant,

ajoute-t-il en répondant d'une manière complète et directe aux accusations de ses amis, sa conscience ne lui révèle aucun crime capable d'avoir opéré un tel changement. Ces pages, qui comptent parmi les plus remarquables du livre, nous font connaître de plus en plus la sainteté de Job, et elles préparent de très près le dénouement.

1° L'ancienne prospérité de Job. XXIX, 1-25.

Chap. XXIX. — 1. Formule d'introduction, identique à celle de xxvii, 1 (voyez la note). Elle suppose de nouveau une pause légère entre ce chapitre et le précédent.

2-6. Combien Job était béni de Dieu. — *Quis mihi tribuat...?* « Expression pathétique de regret, au souvenir de temps plus heureux. » — — *Dies quibus Deus...* Dieu et sa protection visible, tel était le principal élément du bonheur passé de Job. Cette parole si simple nous fait lire jusqu'au fond de son âme. — *Quando splendebat...* (vers. 3). Symbole de l'assistance et des bienfaits de Dieu.— *In diebus adolescentiæ...* Littéralement dans l'hébreu : aux jours de mon automne ; au temps de sa pleine prospérité, alors que les fruits abondaient le plus dans sa vie. — *Quando secreto...* Hébr. : lorsque le secret de Dieu (c.-à-d. son intimité, son amitié) était sur ma tente. — *In circuitu pueri...* Trait extrêmement pathétique. Le second élément du bonheur de Job : la joyeuse couronne de ses dix enfants. — Autre élément, ses richesses (vers. 6). *Lavabam pedes... butyro :* image qui exprime très fortement une prodigieuse abondance. De même la suivante, *et petra...,* qui dit beaucoup plus encore (cf. Deut. xxxii, 13, etc.)

7-10. Honneurs qu'il recevait de ses conci-

de la ville, et que l'on me préparait un siège dans la place publique. ▪

8. Les jeunes gens me voyaient et se cachaient; et les vieillards, se levant, demeuraient debout.

9. Les princes cessaient de parler, et ils mettaient le doigt sur leur bouche.

10. Les chefs retenaient leur voix, et leur langue demeurait attachée à leur palais.

11. L'oreille qui m'écoutait me proclamait bienheureux, et l'œil qui me voyait me rendait témoignage,

12. parce que j'avais délivré le pauvre qui criait, et l'orphelin privé de secours.

13. La bénédiction de celui qui allait périr venait sur moi, et je consolais le cœur de la veuve.

14. Je me suis revêtu de la justice, et l'équité m'a servi comme d'un manteau et d'un diadème.

· 15. J'ai été l'œil de l'aveugle, et le pied du boiteux.

16. J'étais le père des pauvres, et j'examinais avec un soin extrême l'affaire que je ne connaissais pas.

. 17. Je brisais les mâchoires de l'injuste, et je lui arrachais sa proie d'entre les dents.

· 18. Je disais : Je mourrai dans mon nid, et je multiplierai mes jours comme le palmier.

19. Ma racine s'étend le long des eaux, et la rosée se reposera sur mes branches.

vitatis, et in platea parabant cathedram mihi.

8. Videbant me juvenes, et abscondebantur; et senes assurgentes stabant.

9. Principes cessabant loqui, et digitum superponebant ori suo.

10. Vocem suam cohibebant duces, et lingua eorum gutturi suo adhærebat.

11. Auris audiens beatificabat me, et oculus videns testimonium reddebat mihi,

12. eo quod liberassem pauperem vociferantem, et pupillum cui non esset adjutor.

13. Benedictio perituri super me veniebat, et cor viduæ consolatus sum.

14. Justitia indutus sum, et vestivi me, sicut vestimento et diademate, judicio meo.

15. Oculus fui cæco, et pes claudo.

16. Pater eram pauperum, et causam quam nesciebam diligentissime investigabam.

17. Conterebam molas iniqui, et de dentibus illius auferebam prædam.

18. Dicebamque : In nidulo meo moriar, et sicut palma multiplicabo dies.

19. Radix mea aperta est secus aquas, et ros morabitur in messione mea.

---

toyens. — *Ad portam civitatis :* le lieu où l'on s'assemble en Orient pour traiter les affaires de tout genre. — *Parabant.* L'hébreu dit : Je préparais. — *Juvenes... abscondebantur :* par respect, n'osant se montrer devant un aussi grand personnage. — *Senes assurgentes...* Autre marque d'un profond respect. *Stabant :* jusqu'à ce que Job se fût assis. — *Principes...* (vers. 9) : les chefs et les notables du pays. — *Digitum superponebant.* Voyez XXI, 5, et le commentaire. Si parfois une discussion d'affaires était engagée au moment où Job se présentait à l'assemblée, elle était interrompue sur-le-champ, jusqu'à ce qu'il eût donné lui-même son avis.

11-17. Cause de ce respect universel : la miséricorde que Job témoignait à tous les malheureux. — *Testimonium reddebat... :* à ses vertus, spécialement à sa bonté, d'après les versets 12 et ss. — *Eo quod...* « Éliphaz avait reproché à Job d'avoir abusé de son pouvoir, de n'avoir pas secouru le pauvre, la veuve et l'orphelin, et d'avoir fait une injuste acception de personnes dans ses jugements. Job répond ici à toutes ces accusations; il les réfute les unes après les

autres » (Calmet, *h. l.*). — *Pauperem vociferantem :* qui criait sous le poids de ses misères. — *Justitia indutus...* (vers. 14). Image splendide, pour marquer l'union étroite qu'il y avait entre lui et la justice. — *Oculus... et pes...* (vers. 15). Autres métaphores très significatives. — *Causam quam nesciebam* (vers. 16). Mieux : à la cause de celui que je ne connais pas. Il s'intéressait donc même aux maux des étrangers. — *Conterebam molas...* Cet homme si doux savait devenir terrible, pour délivrer les petits de l'oppression inique. La figure est empruntée à l'usage antique de briser les dents des bêtes fauves pour les empêcher de nuire. Cf. Ps. III, 8; LVII, 7.

18-20. L'espoir que nourrissait Job de vivre toujours dans cette prospérité. — *In nidulo meo.* Gracieuse expression : comme un oiseau entouré de ses petits, dans son nid bien douillet. — *Sicut palma.* Dans l'hébreu : *kaḥôl*, comme le sable ; l'image accoutumée pour signifier un nombre illimité. La Vulgate a suivi en partie la version des LXX, où on lit : ὥσπερ στέλεχος φοίνικος, « comme un tronc de palmier ». Le

20. Gloria mea semper innovabitur, et arcus meus in manu mea instaurabitur.

21. Qui me audiebant, expectabant sententiam, et intenti tacebant ad consilium meum.
22. Verbis meis addere nihil audebant, et super illos stillabat eloquium meum.

23. Expectabant me sicut pluviam, et os suum aperiebant quasi ad imbrem serotinum.
24. Si quando ridebam ad eos, non credebant, et lux vultus mei non cadebat in terram.
25. Si voluissem ire ad eos, sedebam primus; cumque sederem quasi rex, circumstante exercitu, eram tamen mœrentium consolator.

20. Ma gloire se renouvellera sans cesse, et mon arc se fortifiera dans ma main.
21. Ceux qui m'écoutaient attendaient mon avis, et ils se taisaient, attentifs à mon sentiment.
22. Ils n'osaient rien ajouter à mes paroles, et elles tombaient sur eux comme la rosée.
23. Ils me désiraient comme la pluie, et leur bouche s'ouvrait comme aux ondées de l'arrière-saison.
24. Si parfois je leur souriais, ils ne pouvaient le croire, et la lumière de mon visage ne tombait pas à terre.
25. Quand je voulais aller parmi eux, je prenais la première place; et lorsque j'étais assis comme un roi au milieu de ses gardes, je ne laissais pas d'être le consolateur des affligés.

---

palmier vit, en effet, très longtemps, et il se rajeunit souvent par ses racines. D'après la tradition juive, consignée dans le Talmud, et adoptée par un assez grand nombre d'auteurs modernes, le substantif *ḥôl* désignerait le phénix, cet oiseau fabuleux que représentent fréquemment les mo-

Représentation du phénix sur les monuments égyptiens.

numents égyptiens, et qui, après cinq cents ans de vie, mettait le feu à son nid, se laissait lui-même consumer, et renaissait ensuite de ses cendres (*Atl. d'hist. nat.*, pl. XXVII, fig. 9; pl. LXIII, fig. 4). Mais « le sens ordinaire de *ḥôl*, sable, convient très bien à notre passage et il n'y a point de raison solide de s'en écarter. L'autorité des Talmudistes n'est pas concluante ; les fables sur lesquelles ils appuient leur interprétation lui laissent peu de crédit » (Le Hir, *h. l.*). — *Radix... sccus aquas.* Emblème d'une existence fraîche et vigoureuse. Cf. XIV, 8-9, et Ps. I, ٤. — *Ros...*

in messione mea. Hébr. : dans mes rameaux. L'arbre en question est donc rafraîchi de toutes manières. — *Arcus meus...* (vers. 20). Emblème d'une grande force et d'une souplesse constamment renouvelée.

21-25. Encore les honneurs dont Job était entouré par ses concitoyens. — *Expectabant sententiam.* Personne ne songeait à l'interrompre ; tous écoutaient religieusement ses paroles. Cf. vers. 9-11. — *Stillabat eloquium...* (vers. 22) : comme une pluie bienfaisante. Cf. Deut. XXXII, 2. Le verset 23 développe cette comparaison d'une façon gracieuse, avec des hyperboles à l'orientale. — *Si... ridebam... non credebant* (vers. 24) : tant ils se sentaient indignes d'une telle faveur. D'autres traduisent : Je leur souriais quand ils perdaient courage ; c.-à-d. qu'il les encourageait aimablement dans leurs embarras, leurs perplexités. — *Lux vultus mei... :* ils recueillaient avidement la moindre marque extérieure de son affection, un regard, un petit geste, etc. L'hébreu peut signifier aussi : Et l'on ne pouvait chasser la sécurité de mon visage ; c.-à-d. que Job ne perdait jamais son calme, alors même que les autres se laissaient troubler. — *Si voluissem ire...* (vers. 25). Trait délicat, servant de conclusion : malgré tous les honneurs qu'on lui rendait, Job demeurait toujours modeste et plein de bonté pour tous les affligés.

CHAPITRE XXX

1. Mais maintenant je sers de jouet à de plus jeunes que moi, dont je ne daignais pas mettre les pères avec les chiens de mon troupeau ;

2. car la force de leurs mains ne m'eût servi de rien, et ils étaient même regardés comme indignes de la vie.

3. Desséchés par la faim et la pauvreté, ils rongeaient le désert, défigurés par l'affliction et la misère.

4. Ils mangeaient l'herbe et l'écorce des arbres, et se nourrissaient de la racine des genévriers.

5. Ils allaient ravir ces aliments dans les vallées, et, quand ils les découvraient, ils y accouraient avec de grands cris.

6. Ils habitaient dans les creux des torrents, dans les cavernes de la terre ou sur le gravier.

7. Ils trouvaient leur joie dans cet état, et ils regardaient comme des délices d'être sous les buissons.

8. Fils d'insensés et d'hommes ignobles, mépris et rebut du pays.

1. Nunc autem derident me juniores tempore, quorum non dignabar patres ponere cum canibus gregis mei ;

2. quorum virtus manuum mihi erat pro nihilo, et vita ipsa putabantur in digni ;

3. egestate et fame steriles, qui rodebant in solitudine, squalentes calamitate et miseria ;

4. et mandebant herbas, et arborum cortices, et radix juniperorum erat cibus eorum ;

5. qui de convallibus ista rapientes, cum singula reperissent, ad ea cum clamore currebant ;

6. in desertis habitabant torrentium, et in cavernis terræ, vel super glaream ;

7. qui inter hujuscemodi lætabantur, et esse sub sentibus delicias computabant ;

8. filii stultorum et ignobilium, et in terra penitus non parentes.

2° Les maux actuels de Job. XXX, 1-31. — Frappant contraste avec son bonheur d'autrefois : au riant tableau du chap. XXIX en succède un autre aux couleurs entièrement lugubres ; et de même que, plus haut, Job avait insisté sur les honneurs extraordinaires qu'il recevait de ses compatriotes, de même ici il insiste sur les humiliations cruelles qu'on lui infligeait de toutes parts.

CHAP. XXX. — 1-8. Portrait des hommes vils et infâmes qui s'acharnaient à l'insulter. — *Nunc autem...* Il y a comme l'écho d'une vive amertume dans ce « maintenant » qui sert de transition entre les deux tableaux. — *Juniores mé... :* circonstance qui rendait l'outrage plus cuisant. — *Quorum non dignabar...* Détail d'une singulière énergie pour décrire la condition des insulteurs ; ils appartenaient à la lie de la population. — *Quorum virtus...* Job va indiquer pourquoi il n'employait pas à son service les pères de ces misérables. Peinture dramatique d'une race affaiblie, honnie et devenue abjecte. Voyez XXIV, 5, et le commentaire. — *Steriles* (vers. 3) : la misère les avait rendus impuissants à tous les points de vue. — *Rodebant in solitudine.* Plutôt : ils rongeaient le désert. Locution d'une force surprenante, développée au verset 4. — *Squalentes calamitate...* Dans l'hébreu, ces mots servent de qualificatif au désert : (un sol depuis longtemps aride et desséché (Le Hir). - *Her-*

bas et... cortices (vers. 4). D'après l'hébreu : ils coupaient le *mallouaḥ* parmi les buissons. Le *mallouaḥ* ne diffère probablement pas du « kali des Arabes, espèce d'arroche, d'une saveur salée, dont les pauvres mangent les bourgeons et les feuilles jeunes » (Le Hir, *h. l.*). C'est l'arroche balime des botanistes (*Atl. d'hist. nat.*, pl. XIX, fig. 1). — *Radix juniperorum.* Il s'agit plutôt du genêt (*Atl. d'hist. nat.*, pl. XXX, fig. 5, 8). — *Qui de convallibus...* (vers. 5). D'après la Vulgate, Job continue de décrire ce tableau de misère, et l'avidité avec laquelle les hommes dont il parle se jetaient sur ces maigres aliments. L'hébreu a une autre signification et expose la manière dont cette race avilie était traitée par les nouveaux habitants : On les chassait de la société des hommes ; on les poursuivait à grands cris, comme des voleurs (Le Hir). — *Habitabant...* Vers. 6-7, leurs habitations, aussi misérables que leur nourriture. *In desertis... torrentium :* dans les flancs escarpés des torrents et dans les cavernes. *Super glaream ;* hébreu : dans les rochers ; c'était donc une population troglodyte. *Inter hujuscemodi ;* hébr. : ils hurlaient parmi les buissons. *Sub sentibus... ;* mieux : ils s'étendaient sur les orties. — Le verset 8 conclut cette description. *In terra... non parentes :* ils n'osaient se montrer, tant ils avaient conscience de leur ignominie ; d'après l'hébreu : ils étaient bannis du pays.

9. Nunc in eorum canticum versus sum, et factus sum eis in proverbium.

10. Abominantur me, et longe fugiunt a me, et faciem meam conspuere non verentur.

11. Pharetram enim suam aperuit, et affixit me, et frenum posuit in os meum.

12. Ad dexteram orientis calamitates meæ illico surrexerunt; pedes meos subverterunt, et oppresserunt quasi fluctibus semitis suis.

13. Dissipaverunt itinera mea; insidiati sunt mihi, et prævaluerunt; et non fuit qui ferret auxilium.

14. Quasi rupto muro, et aperta janua, irruerunt super me, et ad meas miserias devoluti sunt.

15. Redactus sum in nihilum; abstulisti quasi ventus desiderium meum, et velut nubes pertransiit salus mea.

16. Nunc autem in memetipso marescit anima mea, et possident me dies afflictionis.

17. Nocte os meum perforatur doloribus; et qui me comedunt, non dormiunt.

18. In multitudine eorum consumitur vestimentum meum, et quasi capitio tunicæ succinxerunt me.

9. Je suis devenu le sujet de leurs chansons, je suis l'objet de leurs railleries.

10. Ils m'ont en horreur, et ils fuient loin de moi, et ils ne craignent pas de me cracher au visage.

11. Car *Dieu* a ouvert son carquois pour me faire souffrir, et il a mis un frein à ma bouche.

12. Quand je me lève, mes maux se dressent aussitôt à ma droite; ils ont renversé mes pieds, et ils m'ont accablé de leurs menées comme sous des flots.

13. Ils ont rompu mes sentiers, ils m'ont dressé des piéges et ont eu *sur moi* l'avantage, et il n'y a eu personne pour me secourir.

14. Ils se sont jetés sur moi, comme par la brèche d'une muraille et par une porte ouverte, et ils sont venus m'accabler dans ma misère.

15. J'ai été réduit au néant. Vous avez emporté comme un tourbillon ce qui m'était cher, et mon salut a passé comme un nuage.

16. Mon âme est maintenant toute languissante en moi-même, et des jours d'affliction me possèdent.

17. Pendant la nuit la douleur transperce mes os, et ceux qui me dévorent ne dorment point.

18. Leur multitude consume mon vêtement, et ils me serrent comme le haut d'une tunique.

9-15. Récit des humiliations que Job devait journellement endurer de ces hommes. — *Nunc... in canticum :* un chant de dérision. Ces mots nous ramènent au vers. 1. — *Abominantur..., fugiunt..., conspuere...* (vers. 10). Gradation douloureuse. Cf. xvii, 6. — *Pharetram... aperuit...* (vers. 11). La Vulgate semble appliquer ces actes à Dieu, expliquant ainsi pourquoi les vils insulteurs osaient se permettre une telle conduite envers Job : Dieu lui-même ne l'avait-il pas frappé, abandonné? Dans l'hébreu, la description commencée au verset 9 se poursuit : Ils relâchent tout frein, ils s'humilient, ils rejettent tout frein devant eux ; c.-à-d. qu'ils ne gardent aucune retenue. — *Ad dexteram orientis* (verset 12). Ce qui peut signifier : à peine avais-je commencé à briller, à être heureux ; ou bien : dès que Dieu s'est levé contre moi. Mais l'hébreu est beaucoup plus clair : A ma droite ils se lèvent avec insolence. — *Pedes... subverterunt :* pour le faire tomber à la renverse. — *Oppresserunt quasi...* D'après l'hébreu : Ils se sont frayé contre moi des sentiers pour ma ruine. La traduction de la Vulgate désigne les séries successives de calamités qui s'étaient précipitées sur Job comme des vagues. — *Dissipaverunt itinera...* (vers. 13) : de manière à fermer toute issue. — *Non fuit qui ferret.* Dans l'hébreu, ces

mots forment plutôt une imprécation qui s'échappe du cœur ulcéré de Job : Qu'ils soient eux-mêmes privés de secours! — *Rupto muro,... aperta...* (vers. 14). L'hébreu dit simplement : Ils sont entrés comme par une large brèche. Comparaison empruntée à ce qui se passe dans un siège. — *Ad meas miserias...* La métaphore continue dans le texte primitif : Au milieu des décombres (des murs qui s'écroulent) ils se sont précipités. — *Redactus... in nihilum* (vers. 15). Hébr. : les terreurs ont fondu sur moi. — *Abstulisti quasi ventus.* D'après l'hébreu : elles (les terreurs) poursuivent mon âme comme le vent. *Velut nubes...* : avec la même rapidité, et sans laisser la moindre trace.

16-23. Affreuse condition à laquelle Job a été réduit par tant de souffrances. — Vers. 16, l'idée générale ; sa situation toute désolée : *in memetipso marescit...* — Vers. 17-18, ses violentes souffrances. *Os meum...* : il est comme transpercé dans son être le plus intime par des douleurs atroces. *Qui me comedunt :* les vers, la lèpre. *Consumitur vestimentum... :* son vêtement, c'est sa chair, qui est toute consumée, défigurée. *Quasi capitio tunicæ... :* l'ouverture supérieure de la tunique, par laquelle on la mettait. — Vers. 19-23, l'extrême sévérité de Dieu à l'égard de Job. *Comparatus... luto ;* d'après l'hébreu :

19. Je suis devenu comme de la boue, et je suis semblable à la poussière et à la cendre.

20. Je crie vers vous, et vous ne m'écoutez pas; je me présente à vous, et vous ne me regardez pas.

21. Vous êtes devenu cruel envers moi, et vous me combattez d'une main dure.

22. Vous m'avez élevé, et, me tenant comme suspendu en l'air, vous m'avez brisé entièrement.

23. Je sais que vous me livrerez à la mort, où est marquée la maison de tous les vivants.

24. Toutefois vous n'étendez pas votre main pour les consumer entièrement; car, lorsqu'ils tombent, vous les sauvez.

25. Je pleurais autrefois sur celui qui était affligé, et mon âme était compatissante envers le pauvre.

26. J'attendais les biens, et les maux me sont venus; j'espérais la lumière, et les ténèbres se sont précipitées.

27. Un feu brûle sans relâche dans mes entrailles; les jours de l'affliction m'ont prévenu.

28. Je marchais triste, sans ardeur; je me levais et je poussais des cris dans la foule.

29. J'ai été le frère des dragons, et le compagnon des autruches.

19. Comparatus sum luto, et assimilatus sum favillæ et cineri.

20. Clamo ad te, et non exaudis me; sto, et non respicis me.

21. Mutatus es mihi in crudelem, et in duritia manus tuæ adversaris mihi.

22. Elevasti me, et quasi super ventum ponens elisisti me valide.

23. Scio quia morti trades me, ubi constituta est domus omni viventi.

24. Verumtamen non ad consumptionem eorum emittis manum tuam; et si corruerint, ipse salvabis.

25. Flebam quondam super eo qui afflictus erat, et compatiebatur anima mea pauperi.

26. Expectabam bona, et venerunt mihi mala; præstolabar lucem, et eruperunt tenebræ.

27. Interiora mea efferbuerunt absque ulla requie; prævenerunt me dies afflictionis.

28. Mœrens incedebam sine furore; consurgens, in turba clamabam.

29. Frater fui draconum, et socius struthionum.

Il (Dieu) m'a jeté dans la boue; autres détails pathologiques sur l'éléphantiasis, exprimés métaphoriquement; dans cette maladie, la peau se colore d'abord fortement en rouge, « elle devient ensuite noire et écailleuse, et a l'apparence d'une croûte terreuse et sale » (Le Hir, h. l.). Sto (verset 20): persévérant dans l'attitude de la prière, mais en vain (non respicis; d'après l'hébreu: « tu regardes, » mais avec indifférence, ou avec sévérité; c'est donc la même pensée). Mutatus... in crudelem (vers. 21): langage d'une surprenante énergie, qu'arrache à Job, au milieu de son calme relatif, ce regard rétrospectif sur toutes ses souffrances. Quasi super ventum... (vers. 22): très forte image; il est comme saisi et emporté par un cyclone, puis lancé à terre et broyé (cf. Ps. cii, 11). Scio quia morti... (vers. 23): la seule conclusion possible de ses malheurs, humainement parlant. Domus omni viventi: le séjour des morts, où doivent descendre tous les hommes.

24-31. Contraste entre cette cruelle situation, où Job ne rencontre aucune sympathie qui le console, et la compassion dont il entourait autrefois les malheureux. — Non ad consumptionem... Dieu le frappe sans miséricorde, mais il épargne au contraire les impies. Tel est le sens de la Vulgate. L'hébreu est un peu obscur; l'in-

terprétation la plus naturelle paraît être: Celui qui va périr n'étend-il pas les mains? celui qui est dans le malheur ne pousse-t-il pas un cri? Job indiquerait par là qu'il espérait que ses plaintes lugubres lui attireraient quelque sympathie. — Flebam quondam (vers. 25). Il n'a jamais refusé aux affligés cette compassion qu'il souhaite actuellement pour lui-même. — Expectabam bona..., lucem (vers. 26). Le malheur l'a attaqué soudain, sans préparation et sans raison apparente. — Les versets 27-31 contiennent encore la description du lamentable état de Job. Efferbuerunt: ce bouillonnement intérieur représente l'effervescence des peines physiques et morales. — Mœrens incedebam (vers. 28); d'après l'hébreu: Je suis noirci, non par le soleil. Autre allusion aux effets produits au dehors par l'éléphantiasis (voyez les versets 19 et 30). — Frater... draconum. Dans l'hébreu: des chacals. Ces animaux, nombreux en Palestine, poussent pendant la nuit des hurlements qui remplissent d'effroi. Cf. Mich. i, 8 (Atl. d'hist. nat., pl. xcviii, fig. 5; pl. xcix, fig. 1). Quant aux autruches, dit un voyageur anglais, lorsqu'elles « se préparent à la course ou au combat, elles font sortir de leur grand cou tendu et de leur long bec béant un bruit sauvage, terrible, semblable à un sifflement;...

Autruche poursuivie par des chasseurs arabes..

1. J'ai fait

pour ne pas

2. Car quelle

d'en haut avec

Tout-Puissant

céleste héritage ?

3. Ne perdra-

ne rejettera-t-il

l'injustice ?

4. Ne consid

ne compté-t-il

5. Si j'ai marc

mon pied s'est e

6. que Dieu pe

juste balance,

simplicité.

7. Si mes pas

voie, si mon cœ

à la souillure s'

8. que je sèm

et que ma race

9. Si mon cœu

dans le silence de la

misérements plutôt

teodnee souvent pen

proie aux plus atroce

snnf.. (vers. 30) : o

ral. — Verse... la

douloureusement pa

XII, 13 et la note.

Je Job désespér

Sorte d'examen d

toute sa vie, pour

est accusé, il a u

capable de lui attir

se trouve rien de

vie qu'il n'examine

forme une haute à

triarche. Les fautes

rappelles un homm

plus absolument coupla

Chap. XXXI —

abandonné aux déso

(l'est promptement

Ver. 14 le ...

30. Ma peau s'est noircie sur moi, et mes os se sont desséchés par l'ardeur qui me brûle.

31. Ma harpe s'est changée en un chant de deuil, et mon hautbois rend des sons lugubres.

30. Cutis mea denigrata est super me, et ossa mea aruerunt præ caumate.

31. Versa est in luctum cithara mea, et organum meum in vocem flentium.

CHAPITRE XXXI

1. J'ai fait un pacte avec mes yeux pour ne pas penser même à une vierge.
2. Car quelle union Dieu aurait-il d'en haut avec moi? et quelle part le Tout-Puissant me donnerait-il à son céleste héritage?
3. Ne perdra-t-il pas le méchant, et ne rejettera-t-il pas ceux qui commettent l'injustice?
4. Ne considère-t-il pas mes voies, et ne compte-t-il pas toutes mes démarches?
5. Si j'ai marché dans la vanité, et si mon pied s'est empressé vers la fraude,
6. que Dieu pèse mes actions dans une juste balance, et qu'il connaisse ma simplicité.
7. Si mes pas se sont détournés de la voie, si mon cœur a suivi mes yeux, et si la souillure s'est attachée à mes mains,
8. que je sème, et qu'un autre mange, et que ma race soit arrachée.
9. Si mon cœur a été séduit au sujet

1. Pepigi fœdus cum oculis meis, ut ne cogitarem quidem de virgine.
2. Quam enim partem haberet in me Deus desuper, et hereditatem Omnipotens de excelsis?
3. Numquid non perditio est iniquo, et alienatio operantibus injustitiam?
4. Nonne ipse considerat vias meas, et cunctos gressus meos dinumerat?
5. Si ambulavi in vanitate, et festinavit in dolo pes meus,
6. appendat me in statera justa, et sciat Deus simplicitatem meam.
7. Si declinavit gressus meus de via, et si secutum est oculos meos cor meum, et si manibus meis adhæsit macula,
8. seram, et alius comedat, et progenies mea eradicetur.
9. Si deceptum est cor meum super

dans le silence de la nuit, elles poussent des gémissements plaintifs et horribles...; je les ai entendues souvent gémir comme si elles étaient en proie aux plus atroces tortures ». — *Ossa aruerunt...* (vers. 30) : comme brûlés par l'ardeur du mal. — *Versa... in luctum* (vers. 31). Conclusion douloureusement poétique. Sur l'*organum*, voyez XXI, 12 et la note.

3° Job démontre son innocence. XXXI, 1-40. Sorte d'examen de conscience et de revue de toute sa vie, pour voir si, comme ses amis l'en ont accusé, il a commis quelque grand crime capable de lui attirer un tel châtiment; mais il ne trouve rien de semblable, à quelque point de vue qu'il s'examine. Très beau passage, qui nous donne une haute idée de la vertu du saint patriarche. Les fautes mentionnées sont celles dans lesquelles un homme de sa condition pouvait plus aisément tomber. CHAP. XXXI. — 1-12. Job ne s'est jamais abandonné aux désirs sensuels du cœur, qui conduisent promptement à des actes coupables. — Vers. 1-4, la chasteté. *Fœdus cum oculis :* c'est par les yeux que la corruption pénètre le plus souvent dans l'âme. — *Ne cogitarem...* L'hébreu dit avec une interrogation qui ajoute à la force de la pensée : Et pourquoi aurais-je pensé à une vierge? C'était une impossibilité, à raison du

pacte qu'il avait fait avec ses yeux. — *Quam enim partem...* (vers. 2). Ce verset et les deux suivants indiquent les motifs qui avaient porté Job à veiller ainsi sur sa chasteté : en agissant autrement, il se serait séparé de son Dieu et aurait mérité les peines les plus sévères (vers. 2 et 3); de plus, le sentiment de la divine présence le maintenait dans le devoir (vers. 4). — Vers. 5-8, l'injustice sous ses différentes formes. Double protestation, aux versets 5 et 7; imprécation de Job contre lui-même au cas où il aurait commis ce genre de faute, vers. 8; le verset 6 est une sorte de parenthèse, et exprime le souhait d'être jugé et trouvé innocent par le Seigneur. — *In vanitate* ; plutôt : avec l'homme injuste. *Simplicitatem meam* ; hébr. : mon intégrité. — *De via* ; la voie de la droiture, des divins préceptes. — *Secutum... oculus,.. cor.* Ces mots marquent très bien l'ordre des divers degrés par lesquels le péché se consomme : l'âme est entraînée par les yeux, et les mains exécutent ses ordres (ici, le vol, l'injustice). — *Progenies mea* (vers. 7) : ses récoltes, et non ses enfants. — Vers. 9-12, l'adultère. Au verset 9, l'indication du crime ; au verset 10, l'imprécation ; aux versets 11-12, détails qui font ressortir la perversité de l'acte. *Si deceptum est :* expression très exacte, car « la grâce est trompeuse, et se

muliere, et si ad ostium amici mei insi- | diatus sum,

10. scortum alterius sit uxor mea, et super illam incurventur alii.

11. Hoc enim nefas est, et iniquitas maxima.

12. Ignis est usque ad perditionem devorans, et omnia eradicans genimina.

13. Si contempsi subire judicium cum servo meo et ancilla mea, cum discep- ptarent adversum me;

14. quid enim faciam cum surrexerit ad judicandum Deus? et cum quæsierit, quid respondebo illi?

15. Numquid non in utero fecit me, qui et illum operatus est? et formavit me in vulva unus?

16. Si negavi quod volebant pauperi- bus, et oculus viduæ expectare feci;

17. si comedi buccellam meam solus, et non comedit pupillus ex ea;

18. quia ab infantia mea crevit me- cum miseratio, et de utero matris meæ egressa est mecum;

19. si despexi pereuntem, eo quod non habuerit indumentum, et absque operi- mento pauperem;

20. si non benedixerunt mihi latera ejus, et de velleribus ovium mearum ca- lefactus est;

---

a une femme, et si j'ai dressé des em- bûches à la porte de mon ami,

10. que ma femme soit déshonorée par un autre, et qu'elle soit exposée à une honteuse prostitution.

11. Car c'est là un crime énorme et une très grande iniquité.

12. C'est un feu qui dévore jusqu'à une perte entière, et qui déracine les moindres rejetons.

13. Si j'ai dédaigné d'entrer en juge- ment avec mon serviteur et avec ma servante, lorsqu'ils disputaient contre moi;

14. car que ferai-je, quand Dieu s'élèvera pour juger, et lorsqu'il fera son enquête, que lui répondrai-je?

15. Celui qui m'a créé dans le sein de ma mère ne l'a-t-il pas créé aussi? Et n'est-ce pas le même *Dieu* qui nous a formés?

16. Si j'ai refusé aux pauvres ce qu'ils voulaient, et si j'ai fait attendre les yeux de la veuve;

17. si j'ai mangé seul mon pain, et si l'orphelin n'en a pas mangé:

18. car la compassion a grandi avec moi dès mon enfance; et est sortie avec moi du sein de ma mère;

19. si j'ai négligé celui qui périssait faute de vêtement, et le pauvre dépourvu de manteau;

20. si ses membres ne m'ont pas béni, et s'il n'a pas été réchauffé par les toisons de mes brebis;

---

beauté est vaine », Prov. xxxi, 30. Sur le trait *ad ostium... insidiatus sum*, voyez xxiv, 15-16. *Amici* est un hébraïsme pour désigner le pro- chain en général. — *Scortum alterius...* Dans l'hébreu : Que ma femme tourne la meule pour un autre, c.-à-d. soit son esclave (cf. Ex. xiii, 29; Jos. xvi, 21, etc.); mais ce sens revient à celui de la Vulgate, car les femmes esclaves n'étaient que trop le jouet des passions de leurs maîtres. — *Hoc... iniquitas maxima* (vers. 11). L'énormité de ce crime au point de vue exté- rieur et objectif. Il était puni de mort chez les Hébreux; cf. Deut. xxii, 22; Joan. viii, 5. — *Ignis est...* (vers. 12). Son énormité sous le rap- port subjectif et personnel. Il est à bon droit comparé à un feu qui dévore; cf. Prov. vi, 27; Eccli. ix, 8. — *Usque ad perditionem*. Hébr. : jusqu'à l'*'abaddôn* ou séjour des morts. Cf. xxvi, 6 et xxviii, 22. — *Omnia eradicans...* Voyez, Prov. v, 8-14 et vi, 24-35, le développement de cette pensée.

13-23. Job ne s'est livré à aucun abus de pou- voir envers ses inférieurs; il n'a négligé aucun de ses devoirs vis-à-vis des affligés et des pau- vres. — Vers. 13-15, sa conduite toujours juste

à l'égard de ses serviteurs. Description de la faute au vers. 13. *Si...* : la phrase demeurera sus- pendue jusqu'au vers. 22. *Subire judicium cum servo...* : en Orient, rien de plus fréquent, pour un homme puissant et riche, que de violer les droits de ses serviteurs. — *Quid enim faciam...* Motifs qui détournaient Job de cette faute (vers. 14-15) : les hommes, malgré la différence de leur condition extérieure, sont tous égaux devant Dieu, qui les a tous créés, et le souve- rain Maître vengera un jour les opprimés. Cf. Sap. vi, 6; Rom. x, 12, etc. — *Si negavi... pau- peribus...* (vers. 16-21). Job n'est jamais demeuré indifférent envers ceux qui avaient besoin de protection. — *Oculos viduæ expectare* : locution d'une grande délicatesse. — *Ab infantia... cre- vit* (vers. 18). Nuance dans l'hébreu : Dès mon enfance je l'ai élevé (l'orphelin) comme un père, et dès le sein de ma mère j'ai protégé la veuve. — *Si despexi...* (vers. 19). Hébr. : si j'ai vu périr quelqu'un faute de vêtement. — *Latera ejus* (vers. 20) : les flancs du pauvre, doucement réchauffés par les vêtements dont Job les avait couverts. — *Etiam cum...* (vers. 21). Cette cer- titude d'être acquitté par les juges (*in porta*),

21. si j'ai levé la main sur l'orphelin, alors même que je me voyais le plus fort à la porte,

22. que mon épaule tombe de sa jointure, et que mon bras se brise avec ses os.

23. Car j'ai toujours craint Dieu comme des flots bouillonnant contre moi, et je n'en ai pu supporter le poids.

24. Si j'ai cru que l'or était ma force, et si j'ai dit à l'or pur : Tu es ma confiance ;

25. si j'ai mis ma joie dans mes richesses nombreuses, et dans les grands biens amassés par ma main ;

26. si j'ai regardé le soleil dans son éclat, et la lune dans sa marche brillante;

27. si alors mon cœur a ressenti une secrète joie, et si j'ai porté ma main à ma bouche pour la baiser,

28. ce qui est le comble de l'iniquité, et un reniement du Dieu très haut ;

29. si je me suis réjoui de la ruine de celui qui me haïssait, si j'ai été ravi de ce que le malheur l'ait atteint ;

30. car je n'ai point abandonné ma langue au péché, pour faire des imprécations contre lui ;

31. si les gens de ma maison n'ont pas dit : Qui nous donnera de sa chair, afin que nous en soyons rassasiés ?

32. L'étranger n'est point demeuré dehors, ma porte a été ouverte au voyageur.

21. si levavi super pupillum manum meam, etiam cum viderem me in porta superiorem,

22. humerus meus a junctura sua cadat, et brachium meum cum suis ossibus confringatur.

23. Semper enim quasi tumentes super me fluctus timui Deum, et pondus ejus ferre non potui.

24. Si putavi aurum robur meum, et obrizo dixi : Fiducia mea ;

25. si lætatus sum super multis divitiis meis, et quia plurima reperit manus mea ;

26. si vidi solem cum fulgeret, et lunam incedentem clare,

27. et lætatum est in abscondito cor meum, et osculatus sum manum meam ore meo,

28. quæ est iniquitas maxima, et negatio contra Deum altissimum ;

29. si gavisus sum ad ruinam ejus qui me oderat, et exultavi quod invenisset eum malum ;

30. non enim dedi ad peccandum guttur meum, ut expeterem maledicens animam ejus;

31. si non dixerunt viri tabernaculi mei : Quis det de carnibus ejus, ut saturemur?

32. Foris non mansit peregrinus; ostium meum viatori patuit.

qui redouteraient son influence, ne l'a jamais rendu injuste et cruel envers les faibles. — Vers. 22-23, imprécation terrible contre lui-même, au cas où il aurait commis ces fautes. Humerus... cadat : la pénalité est rattachée au crime signalé en dernier lieu (vers. 21ª). Semper enim...; dans l'hébreu : Car j'ai toujours craint la vengeance de Dieu. La Vulgate ajoute une comparaison très expressive.

24-34. Job n'a jamais commis aucun autre péché qui eût souillé son âme. — Vers. 24-25, l'avarice portée jusqu'à l'idolâtrie de l'or (cf. Col. III, 5; Eph. V, 5). Ici encore la phrase est suspendue, et cette fois elle demeurera inachevée; comp. les versets 25, 28, 30, 32, 33, 34. — Vers. 26-28, l'idolâtrie proprement dite, sous forme de sabéisme. Solem cum..., lunam... : description pittoresque de leur marche si radieuse à travers le ciel, car c'est la beauté des astres qui a porté les hommes à leur rendre un culte criminel. — Lætatum... in abscondito. D'après l'hébreu : si j'ai été séduit dans le secret de mon cœur. — Osculatus sum manum... Le geste d'adoration chez les anciens (Atl. arch., pl. CVIII, fig. 5, 6, 9), « Inter adorandum, dit Pline l'Ancien, Hist. nat., XXVIII, 2, dexteram

ad osculum referimus. » Et telle est l'étymologie du mot adorer (« ad os »). — Versets 29-30, joie maligne en voyant ses ennemis dans l'affliction. Remarquable prélude à l'évangile. Gavisus... ad ruinam... : sentiment dépravé, trop naturel à l'homme. — Non enim dedi... Motif pour lequel Job s'est abstenu de cette joie mauvaise : il aurait offensé Dieu. Cf. Prov. XXIV, 17. — Vers. 31-32, l'hospitalité. Viri tabernaculi... : périphrase qui désigne les serviteurs. — Quis det de carnibus...? D'après la Vulgate, la meilleure interprétation paraît être la suivante : tandis que Job réprimait scrupuleusement tout sentiment de haine contre ses ennemis, ses serviteurs les maudissaient et exprimaient le désir de les déchirer de leurs propres dents, essayant ainsi de pousser leur maître à la vengeance. « Les Pères grecs et quelques Pères latins croient au contraire que, par ces paroles..., les domestiques de Job marquaient leur tendre et vif attachement à leur maître, qu'ils auraient, pour ainsi dire, souhaité de manger ; de la même manière que nous disons : dévorer des yeux, manger de caresses, etc. » (Calmet, h. l.). Mais, dans la langue hébraïque, la locution manger la chair de quelqu'un marque l'hostilité, la haine.

33. Si abscondi quasi homo peccatum meum, et celavi in sinu meo iniquitatem meam ;

34. si expavi ad multitudinem nimiam, et despectio propinquorum terruit me; et non magis tacui, nec egressus sum ostium.

35. Quis mihi tribuat auditorem, ut desiderium meum audiat Omnipotens, et librum scribat ipse qui judicat,

36. ut in humero meo portem illum, et circumdem illum quasi coronam mihi?

37. Per singulos gradus meos pronuntiabo illum, et quasi principi offeram eum.

38. Si adversum me terra mea clamat, et cum ipsa sulci ejus deflent ;

39. si fructus ejus comedi absque pecunia, et animam agricolarum ejus afflixi ;

40. pro frumento oriatur mihi tribulus, et pro hordeo spina.

. Finita sunt verba Job.

33. Si j'ai tenu mon péché secret, comme *font* les hommes, et si j'ai caché mon iniquité dans mon sein ;

34. si la grande multitude m'a épouvanté, ou si le mépris de mes proches m'a effrayé ; si je ne suis pas au contraire demeuré dans le silence, sans franchir ma porte.

35. Qui me donnera quelqu'un qui m'écoute, que le Tout-Puissant entende mon désir, et que le juge écrive lui-même son livre,

36. afin que je le porte sur mon épaule, et que je m'en ceigne comme d'une couronne ?

37. A chacun de mes pas j'en prononcerai les paroles, et je le présenterai comme à prince.

38. Si ma terre crie contre moi, et qu'avec elle ses sillons pleurent ;

39. si j'en ai mangé les fruits sans les payer, et si j'ai affligé le cœur de ceux qui l'ont cultivée ;

40. qu'au lieu de froment naissent pour moi des ronces, et des épines au lieu d'orge.

Fin des paroles de Job.

---

et jamais l'affection. Le texte hébreu est très clair : Où est celui qui n'ait pas été rassasié de ses mets? Bel éloge de l'hospitalité de Job. — *Ostium meum...* (vers. 32). Ouvrir une chambre pour les hôtes, telle est l'expression usitée chez les Arabes pour dire que l'on s'établit dans sa propre maison. — Vers. 33-34, *Si abscondi quasi homo :* l'hébreu k' '*Adam* signifie probablement « comme Adam » ; dans ce cas, ce passage contient une allusion très nette à la manière dont le premier homme chercha à dissimuler son péché (Gen. III, 11). — *In sinu meo :* dans les larges plis de son vêtement supérieur (*Atl. arch.,* pl. I, fig. 9-10, 14-15). — *Si expavi ad multitudinem.* Motif qui aurait pu le porter à l'hypocrisie : la crainte de perdre sa popularité, d'être humilié aux yeux de tous, si l'on connaissait ses fautes secrètes. Mais, en réalité, Job n'avait rien à déguiser, tant sa sainteté était grande. — *Non magis tacui.* D'après la Vulgate, l'interprétation de ces derniers mots du verset 34 est assez difficile, car ils se relient moins bien avec ceux qui précèdent. Le sens le plus probable paraît être que Job, accusé injustement, a gardé le silence et n'est pas sorti pour tirer vengeance de ses ennemis. L'hébreu dit, sans négation : Si j'ai gardé le silence, évitant de sortir de ma demeure... Tout cela pour cacher ses crimes.

35-37. Dernier appel à la justice divine. — *Quis mihi tribuat...?* Job s'interrompt pour donner de nouveau un libre cours à l'ardent désir de son âme. L'auditeur qu'il souhaiterait de voir devant lui, c'est Dieu même, dont il attend toujours sa justification. — *Desiderium... au-*

diat... Dans l'hébreu, avec une énergie surprenante : Voici mon seing (littéralement : mon *tav*), que le Tout-Puissant me réponde. Le *tav* (ת) est la dernière lettre de l'alphabet hébreu ; il avait primitivement la forme d'une croix (*Atl. arch.,* pl. LXVII, fig. 6), et il semble avoir été employé parfois en guise de signature. L'expression *tavi* représente donc ici le plaidoyer signé de Job. — *Librum scribat...* Hébr. : que mon adversaire écrive son libelle (d'accusation). D'après la pratique judiciaire des anciens, chaque partie, dans un procès, remettait à la cour une pièce qui contenait l'accusation ou la défense. — *In humero... portem... quasi coronam* (vers. 36) : fièrement, comme un ornement et un trophée, tant il est sûr que ce libelle ne pourrait démontrer autre chose que son innocence. — *Per singulos gradus...* (vers. 37). D'après la Vulgate, ce verset signifie que Job se propose, après avoir pris connaissance du libelle, de le lire lui-même à haute voix devant Dieu, son souverain Juge (*principi*), et qu'il le réfutera article par article. L'hébreu porte, avec de légères variantes : Je lui ferai connaître chacun de mes pas (c.-à-d. ses moindres démarches, tous ses actes), et comme un prince (avec l'assurance et la fierté d'un prince) je m'approcherai de lui. C'est la même pensée : Job est entièrement sûr de son innocence.

38-40. Conclusion : imprécation suprême, au cas où Job aurait été dur et violent. — *Si... clamat; si... deflent.* Il s'agit de terres tombées au pouvoir d'injustes possesseurs, et criant ou pleurant en faveur des vrais maîtres. Comparez l'axiome : « Res clamat domino. » — *Animam agricolarum :* les anciens et légitimes proprié-

CHAPITRE XXXII

1. Or ces trois hommes omirent de répondre à Job, parce qu'il se croyait juste.
2. Et Eliu, fils de Barachel, Buzite de la famille de Ram, s'irrita et s'indigna. Il s'irrita contre Job, parce qu'il se disait juste devant Dieu.
3. Il s'irrita aussi contre ses amis, parce qu'ils n'avaient pas trouvé de réponse raisonnable, mais qu'ils s'étaient contentés de condamner Job.
4. Eliu attendit donc que Job eût parlé, parce que ceux qui, avaient la parole étaient plus âgés.
5. Mais voyant qu'ils n'avaient pu tous

1. Omiserunt autem tres viri isti respondere Job, eo quod justus sibi videretur.
2. Et iratus, indignatusque est Eliu, filius Barachel, Buzites, de cognatione Ram. Iratus est autem adversum Job, eo quod justum se esse diceret coram Deo.
3. Porro adversum amicos ejus indignatus est, eo quod non invenissent responsionem rationabilem, sed tantummodo condemnassent Job.
4. Igitur Eliu expectavit Job loquentem, eo quod seniores essent qui loquebantur.
5. Cum autem vidisset quod tres re

---

taires, comme dit l'hébreu. — *Finita sunt...* Formule qui clôt complètement la discussion de Job avec ses trois amis.

SECONDE PARTIE DU POÈME
L'intervention d'Éliu. XXXII, 1 — XXXVII, 24.

Sur cette intervention et son importance dans le livre de Job, voyez l'Introduction, p. 487-489. En vérité, c'est Éliu qui sait le mieux indiquer, quoiqu'il le fasse d'une manière incomplète, quel dessein Dieu se propose lorsqu'il lui plaît d'éprouver les hommes en général, et spécialement les justes. Grâce à ce nouveau personnage, la question avancé donc d'un pas, car il introduit dans la discussion des éléments nouveaux, d'une gravité réelle ; il dévoile le caractère pédagogique de la souffrance, montrant le pouvoir qu'elle a d'éloigner l'homme du péché, de le conduire à la vertu et de l'unir à Dieu. Aussi saint Thomas d'Aquin a-t-il dit d'Éliu : « Magis ad veritatem accedit. » Non toutefois qu'il n'ait aussi ses défauts : il exagère à son tour la culpabilité de Job, dont il n'a pas compris toute la pensée ; il est trop ardent, présomptueux même (saint Grégoire le Grand l'appelle « un arrogant prêcheur »); s'il parle bien et avec aisance, on peut lui reprocher des longueurs (« indisciplinata loquacitas », dit le Vén. Bède). Néanmoins l'on reconnaît généralement aujourd'hui que les anciens commentateurs l'ont jugé avec un peu trop de sévérité. Son genre diffère beaucoup de celui des précédents orateurs, soit pour le fond, soit pour la forme ; mais cela s'explique par sa personnalité franchement accusée, et l'on a eu grand tort d'en conclure, dans le camp rationaliste, que ses discours ne seraient pas authentiques. Il en prononce successivement quatre, sans que personne lui réponde ; chacun d'eux est marqué par une courte formule d'introduction (cf. xxxii, 6 ; xxxiv, 1 ; xxxv, 1 ; xxxvi, 1).

§ I. — *Premier discours d'Éliu.* XXXII, 1 — XXXIII, 33.

A la suite d'un préambule historique écrit en prose, xxxii, 1-6ᵃ, nous trouvons un très long exorde, xxxii, 6ᵇ-xxxiii, 7, dans lequel Éliu essaye de se poser, comme l'on dit, d'indiquer les motifs pour lesquels il prend la parole, de se faire accepter comme arbitre. Dans le corps du discours, xxxiii, 8-33, Éliu se met à réfuter Job directement et à lui expliquer pourquoi Dieu l'afflige.

1° Préambule historique, pour introduire sur la scène le nouvel orateur. XXXII, 1-5.

Chap. XXXII. — 1. Raison pour laquelle les trois amis de Job cessèrent de lui répondre. — *Eo quod justus...* Ils ne voulaient pas renoncer à leur théorie, et Job, de son côté, n'acceptait ni leurs principes ni leurs accusations directes. La discussion était donc désormais inutile. Cf. xxvii, 2-6.

2-5. Raisons pour lesquelles Éliu croit devoir intervenir. — Première raison, au vers. 2. *Iratus, indignatusque...* : il avait assisté au débat, avec une impatience qu'il n'avait maîtrisée qu'avec peine. *Eliu* (mieux, 'Élihu) : nom que l'on rencontre encore I Reg. i, 1, et I Par. xii, 20. *Buzites* : tribu arabe qui paraît avoir été domiciliée non loin du pays de Hus ; cf. Gen. xxii, 21 et Jer. xxv, 3 (*Atl. géogr.*, pl. i). *Ram* n'est mentionné qu'en ce seul endroit. Le narrateur n'a pas donné de détails aussi complets sur l'origine des trois amis, ni même sur celle de Job (cf. i, 1 ; ii, 11). *Justum... coram Deo :* plus juste que Dieu ; ou, du moins, il proclamait son innocence en accusant la justice divine. — Deuxième raison, au vers. 3. *Adversum amicos :* Éliu était donc mécontent des deux parties, et il ne le cachera pas dans ses discours. *Responsionem rationabilem :* cet adjectif a été ajouté par saint Jérôme ; il exprime très exactement la pensée du narrateur. — *Expectavit.. eo quod seniores*

spondere r.on potuissent, iratus est vehementer.

6. Respondensque Eliu, filius Barachel,
Buzites, dixit : Junior sum tempore, vos
autem antiquiores ; idcirco, demisso capite, veritus sum vobis indicare meam
sententiam.

7. Sperabam enim quod ætas prolixior
loqueretur, et annorum multitudo doceret sapientiam.

8. Sed, ut video, spiritus est in hominibus, et inspiratio Omnipotentis dat
intelligentiam.

9. Non sunt longævi sapientes, nec
senes intelligunt judicium.

10. Ideo dicam : Audite me, ostendam
vobis etiam ego meam sapientiam.

11. Expectavi enim sermones vestros, audivi prudentiam vestram, donec
disceptaremini sermonibus ;

12. et donec putabam vos aliquid dicere, considerabam ; sed, ut video, non
est qui possit arguere Job, et respondere
ex vobis sermonibus ejus.

13. Ne forte dicatis : Invenimus sapientiam ; Deus projecit eum, non homo.

14. Nihil locutus est mihi ; et ego non
secundum sermones vestros respondebo
illi.

---

trois lui répondre, il fut transporté de
colère.

6. Et Eliu, fils de Barachel, Buzite
prit la parole et dit : Je suis plus jeune,
et vous êtes plus âgés ; c'est pourquoi
baissant la tête, j'ai craint de vous
indiquer mon avis.

7. Car j'espérais que l'âge plus avancé
parlerait, et que le grand nombre des
années enseignerait la sagesse.

8. Mais, à ce que je vois, c'est l'esprit qui
est dans les hommes ; c'est l'inspiration
du Tout-Puissant qui donne l'intelligence.

9. Ceux qui ont vécu longtemps ne
sont pas les plus sages, et le jugement
n'est pas le partage exclusif des vieillards.

10. Je dirai donc : Écoutez-moi ; moi
aussi je vous montrerai ma sagesse.

11. J'ai attendu pendant que vous
parliez ; j'ai été attentif à votre sagesse
aussi longtemps que vous avez discuté.

12. Et tant que j'ai cru que vous diriez
quelque chose, j'écoutais avec soin ; mais,
à ce que je vois, nul d'entre vous ne peut
convaincre Job, ni répondre à ses discours.

13. N'allez pas dire : Nous avons
trouvé la sagesse ; c'est Dieu qui l'a rejeté,
et non l'homme.

14. Job ne m'a pas adressé la parole ;
et ce n'est pas selon vos raisonnements
que je lui répondrai.

(vers. 4) : trait tout oriental. Cf. Eccli. xxxn,
13, etc. — *Iratus vehementer* (vers. 5) : parce
que ce silence lui paraissait devoir nuire à la
cause de la vérité.

2° Long exorde, dans lequel Éliu expose lui-
même les motifs qui l'ont excité à prendre la
parole. XXXII, 6-22.

6*. Formule d'introduction.

6*-10. Pourquoi Éliu s'est tu jusqu'alors et
pourquoi il désire parler maintenant. — *Junior
sum..., vos..* Voyez le verset 4. — Les mots *demisso capite* manquent dans l'hébreu. — *Veritus
sum...* m'a intimidé et m'a fait craindre... — *Sed...
spiritus..... et inspiratio* (vers. 8) : deux expressions synonymes, qui semblent désigner ici l'esprit divin, une illumination extraordinaire qu'Éliu
aurait reçue d'en haut, et qu'il ne pouvait s'empêcher de communiquer. — *Non sunt longævi...*
(vers. 9). La Bible attribue fréquemment la
sagesse aux cheveux blancs, et Éliu vient de
confirmer lui-même cette règle (vers. 7) ; c'est
donc l'exception qu'il cite actuellement : à elle
seule la vieillesse ne suffit pas pour rendre sage,
et d'autres que les vieillards peuvent être à même
de trancher des questions délicates ; c'est pourquoi le jeune orateur va se lancer dans la mêlée.

11-14. Éliu s'adresse directement aux trois
amis de Job, et il leur indique plus complètement les raisons qui le pressent de parler. —
Audivi prudentiam... Mieux : j'ai écouté vos
raisonnements. — *Donec putabam...* (vers. 12).
Simplement, dans l'hébreu : Je vous ai prêté mon
attention. — *Non est...* Il leur donne tort ouvertement : dans leurs arguments, qu'il a suivis de
très près, il n'a rien découvert de convaincant
contre Job (*qui possit arguere*) ; bien plus, il
a vu qu'on n'avait pas répondu suffisamment à
ses questions (*et respondere...*). — *Ne forte dicatis...* (vers. 13). Éliu prévient une objection
des trois amis. Ils pourraient lui répliquer : *Invenimus sapientiam ;* nous avons parfaitement
répondu à Job, et la preuve, c'est que Dieu lui-
même est l'auteur de ses souffrances (*Deus projecit...*) ; Dieu est donc irrité contre lui ; et par
conséquent il est coupable. Ce raisonnement n'est
pas sérieux, riposte le jeune orateur ; votre sagesse n'est pas de la sagesse. — *Nihil... mihi*
(vers. 14). C.-à-d. il n'a pas réfuté d'avance mes
arguments. — *Et ego non secundum...* Ainsi,
d'après la conviction d'Éliu, on peut répondre à
Job et lui prouver ses torts, mais en suivant
une tout autre voie que celle des trois amis.

15. Les voilà intimidés ; ils ne répondent plus rien ; ils se sont enlevé la parole.

16. Puis donc que j'ai attendu et qu'ils n'ont point parlé, et qu'ils se tiennent là sans pouvoir répondre davantage,

17. je parlerai aussi à mon tour, et je montrerai ma science.

18. Car je suis plein de paroles, et mon esprit est comme en travail et me presse.

19. Ma poitrine est comme un vin nouveau qui n'a point d'air, qui rompt les outres neuves.

20. Je parlerai donc pour respirer un peu ; j'ouvrirai mes lèvres, et je répondrai.

21. Je ne ferai acception de personne, et je n'égalerai point l'homme à Dieu.

22. Car je ne sais combien de temps je subsisterai, et si celui qui m'a créé ne m'enlèvera pas bientôt.

15. Extimuerunt, nec responderunt ultra, abstuleruntque a se eloquia.

16. Quoniam igitur expectavi, et non sunt locuti ; steterunt, nec ultra responderunt,

17. respondebo et ego partem meam, et ostendam scientiam meam.

18. Plenus sum enim sermonibus, et coarctat me spiritus uteri mei.

19. En venter meus quasi mustum absque spiraculo, quod lagunculas novas disrumpit.

20. Loquar, et respirabo paululum ; aperiam labia mea, et respondebo.

21. Non accipiam personam viri, et Deum homini non æquabo.

22. Nescio enim quamdiu subsistam, et si post modicum tollat me factor meus.

CHAPITRE XXXIII

1. Écoute donc, Job, mes paroles, et sois attentif à tous mes discours.

2. J'ai ouvert la bouche, pour que ma langue parle dans ma gorge.

3. Mes discours sortiront d'un cœur simple, et mes lèvres ne prononceront que la pure vérité.

4. C'est l'Esprit de Dieu qui m'a créé, et c'est le souffle du Tout-Puissant qui m'a donné la vie.

5. Si tu le peux, réponds-moi, et tiens-toi ferme en face de moi.

1. Audi igitur, Job, eloquia mea, et omnes sermones meos ausculta.

2. Ecce aperui os meum, loquatur lingua mea in faucibus meis.

3. Simplici corde meo sermones mei, et sententiam puram labia mea loquentur.

4. Spiritus Dei fecit me, et spiraculum Omnipotentis vivificavit me.

5. Si potes, responde mihi, et adversus faciem meam consiste.

15-22. Sorte de monologue rapide, dans lequel Éliu expose de nouveau les sentiments qu'excitaient en lui les faits dont il venait d'être témoin, et les motifs qui le pressaient de parler. — *Abstuleruntque...* Hébr. : on leur a enlevé la parole. En effet, les trois amis avaient été réduits au silence malgré eux. — *Quoniam igitur...* (vers. 16-17). Lui, du moins, il ne se laissera point intimider, plein des meilleures raisons à alléguer. — *Plenus... sermonibus...* (vers. 18-20). Passage pittoresque. Éliu est plein de pensées, qui fermentent et s'agitent dans son sein. Il emploie une métaphore expressive pour dire ce qui se passe en lui : *quasi mustum...*; il ressemble à du vin nouveau, qu'on a imprudemment enfermé dans des outres sans lui donner d'air, et qui les fait éclater. — *Non accipiam...* (vers. 21). Sa résolution d'être juste, impartial ; il ne se laissera influencer que par la vérité. — *Deum homini...* : comme avait fait Job, en demandant des comptes à Dieu. L'hébreu dit seulement : Je ne flatterai personne. — *Nescio*

enim... (vers. 22). Dans l'hébreu : Car je ne sais pas flatter ; mon Créateur m'enlèverait promptement. C.-à-d. que Dieu le frapperait de mort, s'il parlait contre la vérité. La Vulgate se ramène aisément à ce sens. — On ne peut le nier, Éliu se met beaucoup en scène, et il répète bien souvent les mêmes choses ; mais il ne tardera pas à en dire d'excellentes, qui iront au vif de la question.

3° Éliu, s'adressant spécialement à Job, le prie de l'écouter attentivement. XXXIII, 1-7.

CHAP. XXXIII. — 1-2. Pressant appel. *Audi... Job.* Les autres interlocuteurs de Job ne l'avaient jamais ainsi appelé par son nom. 3-4. Éliu atteste sa parfaite sincérité. — *Simplici corde..., sententiam puram* : rien que la vérité, sans aucun mélange d'exagération ou de mensonge. — *Spiritus Dei...* (vers. 4). Même pensée que plus haut, XXXII, 8 : Éliu est convaincu que Dieu lui-même l'inspire.

5-7. Il invite Job à discuter avec lui très librement, comme avec un égal. — *Me sicut te...*

. Ecce, et me sicut et te fecit Deus, et de eodem luto ego quoque formatus sum.

7. Verumtamen miraculum meum non te terreat, et eloquentia mea non sit tibi gravis.

8. Dixisti ergo in auribus meis, et vocem verborum tuorum audivi :

9. Mundus sum ego, et absque delicto ; immaculatus, et non est iniquitas in me.

10. Quia querelas in me reperit, ideo arbitratus est me inimicum sibi.

11. Posuit in nervo pedes meos, custodivit omnes semitas meas.

12. Hoc est ergo in quo non est justificatus. Respondebo tibi, quia major sit Deus homine.

13. Adversus eum contendis, quod non ad omnia verba responderit tibi ?

14. Semel loquitur Deus, et secundo idipsum non repetit.

15. Per somnium, in visione nocturna, quando irruit sopor super homines, et dormiunt in lectulo,

16. tunc aperit aures virorum, et erudiens eos instruit disciplina,

17. ut avertat hominem ab his quæ facit, et liberet eum de superbia ;

6. Dieu m'a fait aussi bien que toi, et moi aussi j'ai été formé de la même boue.

7. Mais il n'y a rien de merveilleux en moi pour t'épouvanter, et mon éloquence ne t'accablera pas.

8. Tu as dit à mes oreilles, et j'ai entendu le son de tes paroles : .

9. Je suis pur et sans péché ; je suis sans tache, et il n'y a pas d'iniquité en moi.

10. Car Dieu a cherché des sujets de plainte contre moi : c'est pourquoi il a cru que j'étais son ennemi.

11. Il a mis mes pieds dans l'entrave; il a observé tous mes sentiers.

12. C'est donc en cela même que tu n'es pas juste. Car je te réponds que Dieu est plus grand que l'homme.

13. Disputes-tu contre lui, parce qu'il n'a pas répondu à toutes tes paroles ?

14. Dieu parle une fois, et il ne répète pas une seconde fois ce qu'il a dit.

15. Pendant un songe, dans une vision de la nuit, lorsque le sommeil est tombé sur les hommes et qu'ils dorment dans leur lit,

16. alors Dieu leur ouvre l'oreille ; il les avertit et les instruit de ce qu'ils doivent savoir, .

17. pour détourner l'homme *du mal* qu'il fait, et pour le délivrer de l'orgueil;

Hébr. : Vois devant Dieu je suis semblable à toi. Job s'était plaint fréquemment d'être, pour ainsi dire, écrasé par la majesté divine, et de ne pouvoir pas plaider librement sa cause en face du souverain Juge (cf. IX, 34; XIII, 21; XVI, 22, etc.); cette difficulté n'existe pas dans le cas actuel. — *Miraculum meum* (vers. 7). Hébr. : ma frayeur. — *Eloquentia mea...* Dans l'hébreu : ma main (c.-à-d. le poids de ma puissance) ne t'accable pas.

4° Éliu réfute quelques allégations trop hardies de Job et expose pourquoi Dieu afflige les hommes. XXXII, 8-30.

8-12. Job a prétendu que Dieu le châtiait sans cesse, et avec dureté; mais une telle conduite serait indigne de Dieu, qui est si supérieur aux hommes. — *Dixisti unum...* Éliu cite, pour les réfuter, plusieurs des paroles que Job avait proférées dans le cours de la discussion. *Mundus sum...* (vers. 9) : comp. IX, 21; X, 7; XVI, 17; XXIII, 10; XXVII, 5. *Querelas in me* (vers. 10) : d'après l'hébreu : des motifs de haine contre moi): cf. X, 13-14; XIII, 24; XIX, 11; XXX, 21. *Posuit in nervo...* (vers. 11) : comp. XIII, 27. — *Hoc est ergo...* (vers. 12). Après ce résumé assez exact, Éliu se contente d'abord de dire à Job qu'il a eu tort de tenir ce langage, car *major... Deus homine :* Dieu, étant infiniment grand, le maître

absolu, ne viole aucun droit quand il châtie l'homme. Cf. XXXIV, 10; XXXVI, 3, 5, 26.

13-18. Job a prétendu que Dieu refusait de lui répondre ; mais le Seigneur parle à l'homme en bien des manières, notamment par des songes destinés à l'instruire. — L'objection, au vers. 13. *Contendis quod non... responderit :* c'était là encore une des plaintes de Job; cf. XIX, 7; XXX, 20, etc. — La réponse, d'abord générale (verset 14). *Semel loquitur... :* et, si l'on ne tient pas compte de sa parole, Dieu se retire et nous abandonne. Mais l'hébreu exprime une autre pensée qui se rattache beaucoup mieux au contexte : « Dieu parle tantôt d'une manière, tantôt d'une autre, mais l'homme n'y prend pas garde. » D'où il suit que l'homme n'a pas le droit de se plaindre de n'avoir pas été averti par Dieu. — Réponse plus circonstanciée, vers. 15 et ss., et, en premier lieu, manière dont le Seigneur instruit les hommes par des songes et des visions. *Per somnium...* : réminiscence des paroles d'Éliphaz ; cf. IV, 13 et ss. *Erudiens eos instruit* (vers. 16); dans l'hébreu : il met le sceau à ses avertissements (leur communiquant une efficacité durable). — Vers. 17-18, but de ces songes providentiels et de cette divine intervention : éloigner les hommes du péché. *Avertat... ab his... :* c.-à-d. de tout dessein mauvais, de toute œuvre inique qui aurait

18. pour tirer son âme de la corruption, et pour sauver sa vie du glaive.

19. Il le châtie aussi par la douleur sur sa couche, et il fait sécher tous ses os.

20. En cet état, il a en horreur le pain, et la nourriture qu'il trouvait auparavant délicieuse.

21. Sa chair se consume, et les os, qui étaient recouverts, paraissent à nu.

22. Son âme s'approche du tombeau, et sa vie appartient aux exterminateurs.

23. Si un ange choisi entre mille parle pour lui, et qu'il annonce l'équité de cet homme,

24. *Dieu* aura compassion de lui, et dira : Délivrez-le, afin qu'il ne descende point dans la corruption ; j'ai trouvé lieu de lui faire grâce.

25. Sa chair est consumée par les souffrances ; qu'il retourne aux jours de sa jeunesse.

26· Il priera Dieu, et Dieu lui sera propice ; il verra sa face avec un transport de joie, et Dieu rendra à cet homme sa justice.

27. Il regardera les hommes, et il dira : J'ai péché, j'ai vraiment offensé Dieu, et je n'ai pas été châtié comme je le méritais.

---

18. eruens animam ejus a corruptione, et vitam illius, ut non transeat in gladium

19. Increpat quoque per dolorem in lectulo, et omnia ossa ejus marcescere facit.

20. Abominabilis ci fit in vita sua panis, et animæ illius cibus ante desiderabilis.

21. Tabescet caro ejus, et ossa, quæ tecta fuerant, nudabuntur.

22. Appropinquavit corruptioni anima ejus, et vita illins mortiferis.

23. Si fuerit pro eo angelus loquens, unus de millibus, ut annuntiet hominis æquitatem,

24. miserebitur ejus, et dicet : Libera eum, ut non descendat in corruptionem ; inveni in quo ei propitier.

25. Consumpta est caro ejus a suppliciis ; revertatur ad dies adolescentiæ suæ.

26. Deprecabitur Deum, et placabilis ei erit ; et videbit faciem ejus in jubilo, et reddet homini justitiam suam.

27. Respiciet homines, et dicet : Peccavi ; vere deliqui, et ut eram dignus non recepi.

---

pu recevoir déjà un commencement d'exécution. *Liberet... de superbia :* l'orgueil, qui est la source de tant de fautes. *Eruens... a corruptione* (verset 18); hébr. : de la fosse, c.-à-d. de la mort. *Vitam... ut non transeat... :* en préservant l'homme du péché, Dieu le préserve par là même des châtiments violents que lui auraient mérités ses crimes ; cf. XXXVI, 12, etc.

19-28. Dieu parle également à l'homme par les maladies, les afflictions. Éliu va dévoiler ici un autre but très important des souffrances dont Dieu frappe quelquefois les hommes sans raison apparente : elles ont alors un caractère médicinal qui peut devenir très salutaire. — Vers. 19-22, description pittoresque de la maladie. *Omnia ossa...;* hébr. : une lutte continuelle agite ses os ; « image saisissante de la destruction de l'équilibre des forces, qui luttent entre elles ; uans la maladie, l'harmonie du corps étant brisée, les membres semblent en guerre (les uns contre les autres) » (Le Hir, *h. l.*). *Abominabilis... panis...* (vers. 20) : le dégoût de tout aliment, l'un des premiers effets produits par les maladies graves. Autre effet (vers. 21) : *tabescet caro...;* une maigreur extrême, qui met à nu les os. Bientôt, danger de mort (vers. 22) : *appropinquavit corruptioni.* (hébr. : de la fosse). *Mortiferis :* les anges exterminateurs (cf. II Reg. XXIV, 5 ; I Par. XXI, 15, etc.) ; ou simplement, les divers effets du mal, qui produisent peu à peu la mort. — Vers. 23-24 : intervention d'un messager

céleste, qui obtient pour le malade le retour à la santé et l'amitié divine. *Angelus loquens :* un ange interprète, dit l'hébreu ; c.-à-d. un envoyé céleste, qui expose à l'homme ainsi châtié les raisons pour lesquelles Dieu l'a frappé, et qui réussit à le convertir. *Unus de millibus :* l'un de ces millions d'anges que le Seigneur emploie comme messagers ; cf. Hebr. I, 14 ; Apoc. V, 11. *Miserebitur ejus* (vers. 24) : Dieu lui-même, ému de pitié, dira à son ange : *Libera eum...,* et fera cesser le mal. *In quo propitier ;* hébr. : une rançon ; c.-à-d. de quoi expier sa dette, ses fautes ; rançon qui consiste dans un repentir sincère, et dans les souffrances qui l'ont occasionné. — Vers. 25-26 : double rétablissement du malade. Il recouvre la santé et la prospérité (vers. 25), puis l'amitié de Dieu (vers. 26). *Consumpta est caro...;* l'hébreu est plus clair, et exprime en très beaux termes le retour à une parfaite santé : Et sa chair devient plus fraîche que celle d'un enfant, et il revient aux jours de sa jeunesse. *Videbit... in jubilo :* il éprouve, quand il se présente devant Dieu par la prière, les douces joies que procure une si haute amitié. *Reddet... justitiam suam :* sa justice d'autrefois et ses mérites perdus. — Vers. 27-28 : l'action de grâces de cet homme que Dieu aura instruit et béni par la souffrance. *Respiciet homines... :* il se tourne vers ses semblables (hébr. : il chante devant les hommes), et il leur raconte les miséricordes du Seigneur à son égard. *Peccavi :*

28. Liberavit animam suam, ne pergeret in interitum, sed vivens lucem videret.

29. Ecce hæc omnia operatur Deus tribus vicibus per singulos,
30. ut revocet animas eorum a corruptione, et illuminet luce viventium.

31. Attende, Job, et audi me ; et tace, dum ego loquor.
32. Si autem habes quod loquaris, responde mihi ; loquere, volo enim te apparere justum.
33. Quod si non habes, audi me ; tace, et docebo te sapientiam.

28. Il a *ainsi* délivré son âme, afin qu'elle ne tombât point dans la mort, mais qu'en vivant elle jouît de la lumière.

29. Or Dieu fait toutes ces choses trois fois pour chacun des *hommes*,
30. pour rappeler leurs âmes de la corruption, et pour les éclairer de la lumière des vivants.

31. Job, sois attentif et écoute-moi, et garde le silence pendant que je parle.
32. Mais si tu as quelque chose à dire, réponds-moi, párle ; car je veux te donner lieu de te justifier.
33. Si tu n'as rien à dire, écoute-moi ; garde le silence, et je t'enseignerai la sagesse.

CHAPITRE XXXIV

1. Pronuntians itaque Eliu, etiam hæc locutus est :
2. Audite, sapientes, verba mea ; et, eruditi, auscultate me.
3. Auris enim verba probat, et guttur escas gustu dijudicat.

4. Judicium eligamus nobis, et inter nos videamus quid sit melius.

5. Quia dixit Job : Justus sum, et Deus subvertit judicium meum.

1. Eliu, continuant encore de parler, le fit en ces termes :
2. Sages, écoutez mes paroles ; savants, soyez attentifs.
3. Car l'oreille juge les paroles, comme le palais juge les mets par le goût.
4. Convenons ensemble de ce qui est selon la justice, et voyons entre nous ce qui est le meilleur.
5. Car Job a dit : Je suis juste, et Dieu a renversé mon droit.

---

humble et généreuse confession, pour mieux faire ressortir les divines bontés. *Ut eram dignus :* quoique grièvement puni, il reconnaît qu'il aurait mérité de l'être davantage. *Lucem :* la lumière de la vie, par opposition à *interitum.* D'après la Vulgate, c'est Éliu qui expose, au vers. 28, le résultat final de la maladie. Dans l'hébreu, c'est encore le sauvé qui parle : Il (Dieu) a délivré mon âme, pour qu'elle n'entrât pas dans la fosse...

29-30. Résumé de la théorie qui précède. — *Hæc omnia :* tout ce qui a été décrit à partir du vers. 15. — *Tribus vicibus.* C.-à-d. souvent. Dans l'hébreu : deux fois, trois fois même. — *Ut revocet..., illuminet.* Encore le caractère médicinal des peines que Dieu inflige à l'homme. — *Corruptione :* la fosse (hébr.), le tombeau, comme aux vers. 18 et 24.

5° Péroraison de ce premier discours. XXXIII, 31-33.

31-33. Éliu invite Job à lui répondre, ou à l'écouter encore. — *Volo... te... justum.* Bonne parole, qu'on aurait aimé à trouver sur les lèvres et au cœur des trois amis.

§ II. — *Second discours d'Éliu.* XXXIV, 1-37.

Dans le discours qui précède, Éliu a prouvé

que Job n'était pas en droit de reprocher à Dieu une hostilité arbitraire et systématique envers les hommes ; dans celui-ci, continuant de citer les propositions de Job qu'il croit dignes d'être censurées, « il montre combien il est téméraire et inique d'imputer à Dieu l'injustice. »

1° Éliu reproche à Job d'avoir blasphémé contre Dieu. XXXIV, 1-9.

CHAP. XXXIV. — 1. Formule d'introduction.
2-4. Court exorde. — *Audite sapientes.* Actuellement Éliu ne s'adresse ni à Job ni aux trois amis, aucun d'eux n'ayant relevé le gant ; interpellant les sages qu'il supposait faire partie de l'auditoire, il les invite à rechercher avec lui la vraie solution du problème, et à voir qui avait raison, du Seigneur ou de Job. *Eruditi* est un synonyme de sages. — *Auris enim... :* l'oreille intérieure, l'intelligence, qui juge des paroles comme le palais des mets. Éliu emprunte à Job cette comparaison ; cf. XII, 11. — *Judicium...* (vers. 4). Au concret : ce qui était juste dans le cas présent.

5-9. Éliu signale avec indignation d'autres paroles de Job, qui semblaient accuser Dieu d'être injuste. — *Dixit Job.* La citation comprend les vers. 5-6. Cf. IX, 15, 20 ; XIII, 18 ; XXIII, 10-11 ; XXVII, 2, 6 ; XXXI, 1. — *In judicando...* (vers. 6) :

6. Car la manière dont j'ai été jugé est mensongère ; je suis percé de flèches cuisantes sans avoir péché.

7. Où trouver un homme semblable à Job, qui boit le blasphème comme l'eau ?

8. Il marche avec ceux qui commettent l'iniquité, et il se joint avec les impies.

9. Car il a dit : L'homme ne saurait plaire à Dieu, quand même il courrait avec lui.

10. Vous donc, hommes de sens, écoutez-moi. Loin de Dieu l'impiété, et loin du Tout-Puissant l'injustice.

11. Car il rendra à l'homme selon ses œuvres, et il rétribuera chacun selon ses voies.

12. Non, certes, Dieu ne condamne pas sans sujet, et le Tout-Puissant ne renverse pas la justice.

13. A quel autre a-t-il confié le soin de la terre ? Et qui a-t-il établi pour gouverner le monde qu'il a créé ?

14. S'il regardait l'homme dans sa rigueur, il attirerait à soi l'esprit qui l'anime.

15. Toute chair périrait à la fois, et l'homme retournerait en poussière.

16. Si donc tu as de l'intelligence, écoute ce que l'on te dit, et sois attentif à mes paroles.

6. In judicando enim me mendacium est, violenta sagitta mea absque ullo peccato.

7. Quis est vir ut est Job, qui bibit subsannationem quasi aquam ?

8. Qui graditur cum operantibus iniquitatem, et ambulat cum viris impiis.

9. Dixit enim : Non placebit vir Deo, etiam si cucurrerit cum eo.

10. Ideo, viri cordati, audite me. Absit a Deo impietas, et ab Omnipotente iniquitas.

11. Opus enim hominis reddet ei, et juxta vias singulorum restituet eis.

12. Vere enim Deus non condemnabit frustra, nec Omnipotens subvertet judicium.

13. Quem constituit alium super terram? aut quem posuit super orbem quem fabricatus est ?

14. Si direxerit ad eum cor suum, spiritum illius et flatum ad se trahet.

15. Deficiet omnis caro simul, et homo in cinerem revertetur.

16. Si habes ergo intellectum, audi quod dicitur, et ausculta vocem eloquii mei.

---

dans la manière dont je suis traité il y a du mensonge, c.-à-d. de l'injustice. Nuance dans l'hébreu : Malgré mon innocence, je passe pour menteur. C'est au fond la même pensée. — *Violenta sagitta...* : les flèches que la divine colère avait lancées contre Job. Cf. VI, 4 ; XVI, 13. — Vers. 7-8, sentiments indignés d'Éliu. *Bibit subsannationem :* l'impiété. Sur la métaphore « boire comme l'eau », voyez XV, 16. *Graditur cum... impiis :* en tenant un pareil langage, Job, au dire d'Éliu, était passé ouvertement dans le camp des impies. — Vers. 9, autre citation des paroles de Job. *Non placebit... :* nulle part notre héros n'a ainsi parlé en termes exprès ; néanmoins il avait exprimé équivalemment la pensée incriminée (cf. IX, 22 ; XXI, 7 ; XXIV, 1 ; XXX, 26, etc.). Courir avec Dieu est une image très pittoresque et très exacte pour marquer d'ardents efforts en vue d'atteindre la perfection morale et de plaire au Seigneur.

2° Éliu propose divers arguments pour démontrer que Dieu n'est jamais injuste. XXXIV, 10-30.

10-12. Premier argument : l'idée de Dieu exclut toute possibilité d'injustice. Les trois amis avaient déjà présenté ce même raisonnement, mais avec beaucoup moins de précision et de netteté. — *Viri cordati,* Hébraïsme, pour dire : hommes intelligents, sensés. — *Opus enim hominis... :* preuve que Dieu est souverainement

juste dans sa conduite envers les hommes ; il traite chacun selon son mérite, pas autrement. — *Non condemnabit frustra...* (vers. 12). Emprunt au premier discours de Baldad, VIII, 3.

13-15. Autre argument : c'est Dieu qui a organisé l'univers tel qu'il est ; il conserve tout, comme il a tout créé ; il est trop bon pour être injuste. — *Quem constituit...?* Dans l'hébreu : Qui lui a confié la terre, et qui a posé le monde entier sur ses bases? (Le Hir.) C.-à-d. que Dieu dirige en personne tout ce qui se passe dans l'univers ; il n'a pas confié à un autre (Vulg.), ni reçu d'un autre (hébr.) la mission de le gouverner. — *Si direxerit...* (vers. 14). Dieu n'aurait qu'à vouloir, et à retirer le souffle vital (*spiritum... et flatum*) qu'il a communiqué aux créatures ; tout périrait aussitôt (*deficiet...*, vers. 15) : il ne le fait point, parce qu'il est juste et bon. Selon d'autres, si le Seigneur dirigeait et concentrait exclusivement ses regards et son attention sur lui-même, et cessait de s'occuper du monde, tout rentrerait bientôt dans le néant.

16-20. Troisième argument : la manière dont Dieu juge les puissants de la terre démontre aussi sa parfaite justice. — *Si habes ergo...* Transition, pour exciter de nouveau l'attention de Job. — *Numquid qui non...?* D'après la Vulgate, le sens serait : Tu désires ta guérison, que Dieu seul est capable de t'accorder ; mais comment l'obtiendras-tu si tu offenses le Seigneur par tes

17. Numquid qui non amat judicium, sanari potest? et quomodo tu cum qui justus est, in tantum condemnas?

18. Qui dicit regi : Apostata ; qui vocat duces impios ;
19. qui non accipit personas principum, nec cognovit tyrannum, cum disceptaret contra pauperem ; opus enim manuum ejus sunt universi.

20. Subito morientur, et in media nocte turbabuntur populi, et transibunt, et auferent violentum absque manu:

21. Oculi enim ejus super vias hominum, et omnes gressus eorum considerat.

22. Non sunt tenebræ, et non est umbra mortis, ut abscondantur ibi qui operantur iniquitatem.
23. Neque enim ultra in hominis potestate est, ut veniat ad Deum in judicium.
24. Conteret multos, et innumerabiles, et stare faciet alios pro eis.

25. Novit enim opera eorum, et idcirco inducet noctem, et conterentur.

26. Quasi impios percussit eos, in loco videntium :
27. qui quasi de industria recesserunt ab eo, et omnes vias ejus intelligere noluerunt,
28. ut pervenire facerent ad eum clamorem egeni, et audiret vocem pauperum.

17. Peut-on guérir celui qui n'aime point la justice? et comment condamnes-tu avec tant de hardiesse celui qui est juste?
18. Lui qui dit à un roi : Apostat ; qui appelle les grands : Impies ;
19. qui n'a point d'égard à la personne des princes ; qui n'a point de considération pour le tyran lorsqu'il dispute contre le pauvre ; car tous sont l'œuvre de ses mains.
20. Ils mourront soudain, et au milieu de la nuit les peuples seront remplis de trouble ; ils passeront, et le violent sera emporté par une main invisible.
21. Car les yeux de Dieu sont sur les voies des hommes, et il considère tous leurs pas.
22. Il n'y a pas de ténèbres, il n'y a pas d'ombre de la mort où puissent se cacher ceux qui commettent l'iniquité.
23. Car il n'est plus au pouvoir de l'homme de venir en jugement devant Dieu.
24. Il en brisera une multitude innombrable, et il en établira d'autres à leur place.
25. Car il connaît leurs œuvres, et c'est pour cela qu'il répandra la nuit sur eux, et qu'il les brisera.
26. Il les frappera comme des impies, à la vue de tout le monde :
27. eux qui se sont retirés de lui comme à dessein, et qui n'ont pas voulu comprendre toutes ses voies,
28. pour faire monter jusqu'à lui le cri de l'indigent, et pour lui faire entendre la voix des pauvres.

---

accusations iniques ? Variante dans l'hébreu : Celui qui hait l'équité pourrait-il gouverner (le monde)? Idée semblable à celle qui vient d'être exprimée (vers. 11-12). Cf. Rom. III, 5, etc. — *Eum qui justus est...* Hébr. : condamneras-tu le Juste, le Tout-Puissant? — *Qui dicit regi...* (vers. 18). Dieu ne redoute pas les grands, ne manifeste aucune partialité à leur égard. — *Nec cognovit tyrannum...* (vers. 19ᵇ). Hébr. : qui ne favorise pas le riche plus que le pauvre. Motif de cette impartialité parfaite : *opus... manuum ejus...;* ils lui appartiennent tous au même titre (cf. Rom. x, 12). — *Subito morientur...* (vers. 20) : encore des faits pour mettre en relief la souveraine justice du Seigneur. *Media nocte :* en pleine sécurité. — *Auferent violentum.* Plutôt : le violent est enlevé *absque manu,* c.-à-d. point par une main humaine, mais par celle de Dieu (cf. xx, 26, etc.).

21-28. Autre argument : la divine justice est infaillible, attendu qu'elle s'appuie sur une science

infinie. — *Oculi enim ejus...* Voyant tout, connaissant tout, Dieu ne peut errer dans ses jugements. — *Non sunt tenebræ...* (vers. 22). Même pensée, énoncée en termes négatifs : il n'est pas de ténèbres assez profondes pour arrêter le regard du Seigneur. Cf. Ps. cxxxviii, 12 ; Eccli. xxiii, 28. — *Neque enim ultra...* (vers. 23) : impossible à l'homme de se soustraire au jugement de Dieu. L'hébreu dit, en continuant l'idée qui précède : Dieu ne regarde pas deux fois un homme pour que cet homme entre en jugement avec lui. Dieu voit donc tout du premier regard, et ce regard ne pouvant se tromper, sa justice est infaillible aussi. — *Conteret multos...* (vers. 24). Hébr. : il brise les grands sans information ; c'est-à-dire sans un long et minutieux examen. — *Stare faciet alios :* il en met d'autres, meilleurs, à la place de ceux qu'il a ainsi brisés. — *Percussit... in loco videntium* (vers. 26) : à la vue de tout le monde, pour inspirer par là une sainte frayeur aux autres coupables. — *Clamorem egeni* (vers. 28) : le cri des

29. Car, s'il donne la paix, quel est celui qui le condamnera ? S'il cache son visage, qui le contemplera, qu'il s'agisse des nations en *général*, ou de tous les hommes ?

30. C'est lui qui fait régner l'homme hypocrite, à cause des péchés du peuple.

31. Puis donc que j'ai parlé à Dieu, je ne t'empêcherai pas non plus *de le faire*.

32. Si je me suis trompé, enseigne-moi ; si ce que j'ai dit n'est pas juste, je n'ajouterai rien de plus.

33. Dieu te demandera-t-il ton avis, si une chose t'a déplu ? car c'est toi qui as commencé à parler, et non pas moi. Si tu sais quelque chose de meilleur, dis-le.

34. Que les hommes intelligents me parlent, et que l'homme sage m'écoute.

35. Mais Job a parlé inconsidérément, et il ne paraît point de sagesse dans ses discours.

36. Mon père, que Job soit éprouvé jusqu'à la fin ; n'épargnez point l'homme d'iniquité.

37. Puisqu'il ajoute le blasphème à

29. Ipso enim concedente pacem, quis est qui condemnet ? Ex quo absconderit vultum, quis est qui contempletur eum, et super gentes, et super omnes homines ?

30. Qui regnare facit hominem hypocritam propter peccata populi.

31. Quia ergo ego locutus sum ad Deum, te quoque non prohibebo.

32. Si erravi, tu doce me ; si iniquitatem locutus sum, ultra non addam.

33. Numquid a te Deus expetit eam, quia displicuit tibi ? Tu enim cœpisti loqui, et non ego. Quòd si quid nosti melius, loquere.

34. Viri intelligentes loquantur mihi, et vir sapiens audiat me.

35. Job autem stulte locutus est, et verba illius non sonant disciplinam.

36. Pater mi, probetur Job usque ad finem ; ne desinas ab homine iniquitatis.

37. Quia addit super peccata sua blas-

---

pauvres, violemment opprimés. Tous ces exemples (vers. 24 et ss.) prouvent que Dieu est souverainement équitable dans ses jugements.

29-30. Cinquième argument : Dieu est le maître suprême ; qui osera critiquer sa conduite ? — *Concedente pacem.* Quand Dieu rend la paix aux affligés dont il vient d'être question au verset précédent, qui les opprimera (*condemnet*) ? — *Absconderit vultum.* Il voile sa face quand il retire ses faveurs. — *Et super gentes, et super...* : qu'il s'agisse soit d'un peuple entier, soit d'individus isolés. — *Qui regnare facit...* (vers. 30). D'après la Vulgate, motif pour lequel Dieu permet parfois qu'une nation soit gouvernée par un tyran : c'est parce qu'il la voit criminelle ; il est donc juste, même alors. L'hébreu dit au contraire, en continuant la pensée commencée : Renversant le trône de l'impie, et les filets dont il enlaçait le peuple.

3° Péroraison de ce second discours. XXXIV, 31-37.

31-33. Grande présomption de Job, qui se permet d'attaquer les actes de la Providence. L'hébreu et la Vulgate diffèrent notablement dans ce passage. — *Quia... ego locutus...* (vers. 31-32). Selon notre version latine, Éliu presse Job de le réfuter, s'il trouve quelque chose à reprendre dans les arguments allégués contre lui. L'hébreu a une autre signification : Quelqu'un a-t-il (jamais) dit à Dieu : J'ai été châtié quoique je n'eusse pas péché ; enseigne-moi ce que je ne vois pas ; si j'ai commis l'iniquité, je ne la commettrai plus ? L'application est aisée dans l'esprit d'Éliu, ce quelqu'un n'est autre que Job ; car, comme Job, il proteste de son innocence (vers. 31), et, comme Job, il demande à Dieu de lui manifester ses fautes (vers. 32). — *Numquid a te...* (vers. 33). D'après

COMMENT. — III.

l'hébreu, réponse d'Éliu à cette plainte de Job : Est-ce d'après ton avis que Dieu doit te punir ? C.-à-d. Dieu serait-il donc obligé de te consulter sur ce point, et de te laisser choisir à ton gré ton châtiment ? Dans la Vulgate, le pronom *eam* ne peut se rapporter qu'au mot *iniquitatem* du verset 32 ; ce qui donne le sens suivant : Parce que Dieu t'a déplu en te traitant comme il l'a fait, t'oblige-t-il à l'offenser encore par tes plaintes ardentes ?

34-37. La folie criminelle de Job, qui lui attire de perpétuels châtiments. — *Viri intelligentes...* Éliu interpelle, en achevant ce discours, les sages auxquels il s'était spécialement adressé dès son exorde (cf. vers. 2 et 10). — *Job autem stulte...* Dans l'hébreu, les sages eux-mêmes paraissent prononcer ce verdict. — *Pater mi* (vers. 36). Hébr. : 'abi. Si la traduction de saint Jérôme est exacte, cette appellation ne saurait convenir qu'à Dieu dans ce passage, qui serait le seul de l'Ancien Testament où Dieu est nommé : mon Père ; car partout ailleurs, « soit que le peuple (juif) parle collectivement, soit qu'un particulier parle individuellement, » Dieu est toujours appelé '*Abinu*, notre Père! Mais aucune autre version ancienne ne donne ici au mot '*abi* cette signification, qui s'harmonise difficilement avec le contexte. On le traite généralement comme une locution qui corrobore l'optatif : Mon désir est que Job soit éprouvé... Le langage d'Éliu est bien dur. — *Ne desinas...* Hébr. : à cause de ses réponses dignes d'un impie. — *Constringatur* (vers. 37). Dans l'hébreu : Il bat des mains au milieu de nous (contre Dieu). Geste de mépris et de rébellion. — *Et tunc ad judicium...* Hébr. : il multiplie ses paroles contre Dieu

38

phemiam, inter nos interim constringatur ; et tunc ad judicium provocet sermonibus suis Deum.

ses péchés, qu'il soit encore mis dans
l'angoisse parmi nous, et ensuite qu'il
appelle Dieu en jugement par ses
discours.

CHAPITRE XXXV

1. Igitur Eliu hæc rursum locutus est:

2. Numquid æqua tibi videtur tua cogitatio, ut diceres : Justior sum Deo ?

3. Dixisti enim : Non tibi placet quod
rectum est ; vel quid tibi proderit, si ego
peccavero ?

4. Itaque ego respondebo sermonibus
tuis, et amicis tuis tecum.

5. Suspice cælum, et intuero ; et con-
templare æthera quod altior te sit.

6. Si peccaveris, quid ei nocebis ? et
si multiplicatæ fuerint iniquitates tuæ,
quid facies contra eum ?

7. Porro si juste egeris, quid donabis
ei ? aut quid de manu tua accipiet ?

8. Homini qui similis tui est, nocebit
impietas tua ; et filium hominis adjuva-
bit justitia tua.

9. Propter multitudinem calumniato-
rum clamabunt, et ejulabunt propter vim
brachii tyrannorum.

10. Et non dixit : Ubi est Deus qui
fecit me, qui dedit carmina in nocte,

1. Eliu parla encore en ces termes :

2. Crois-tu avoir eu une pensée rai
sonnable, quand tu as dit : Je suis plus
juste que Dieu ?

3. Car tu as dit : Ce qui est juste ne
vous plaît point ; ou quel avantage reti-
rerez-vous si je pèche ?

4. Je répondrai donc à tes discours, et
à tes amis aussi bien qu'à toi.

5. Regarde le ciel, considère et contemple combien le firmament est plus
haut que vous.

6. Si tu pèches, en quoi nuiras-tu à
Dieu ? Et si tes iniquités se multiplient,
que feras-tu contre lui ?

7. Et si tu es juste, que lui donneras-
tu, ou que recevra-t-il de ta main ?

8. Ton impiété peut nuire à un homme
semblable à toi, et ta justice peut servir
au fils de l'homme.

9. Ils crieront à cause de la multitude
des calomniateurs, et ils gémiront à
cause de la violence du bras des tyrans.

10. Et nul d'eux ne dit : Où est le
Dieu qui m'a créé, qui inspire des chants
d'allégresse pendant la nuit ;

---

§ III. — *Troisième discours d'Éliu.*
XXXV, 1-16.

Revenant à une parole de Job déjà citée plus
haut, xxxiv, 9, et en vertu de laquelle il serait
inutile à l'homme de vivre saintement, puisque
Dieu n'en est pas touché, Éliu démontre qu'au
contraire la piété est très utile à ceux qui la pratiquent, et qu'en ce point encore Dieu exerce la
plus parfaite justice. Il ajoute que, si certaines
prières ne sont pas exaucées, cela vient de l'orgueil des suppliants, qui s'adressent à Dieu d'une
manière inconvenante.

1° C'est à lui-même, et nullement à Dieu, que
l'homme est utile ou qu'il nuit par sa conduite.
XXXV, 1-8.

CHAP. XXXV. — 1. Introduction.

2-4. Éliu mentionne la plainte de Job, et
annonce qu'il se propose d'y répondre. — *Numquid æqua...?* Hébr. : Penses-tu que ce soit là
de la justice ? Tu dis : J'ai raison contre Dieu.
Justior sum Deo est une traduction un peu exagérée. Sur cette plainte de Job, voyez xvi, 18 ;
xix, 6 ; xxiii, 11-12 ; xxvii, 2, etc. — *Dixisti enim...*
(vers. 3) : non pas en propres termes, mais impli-

citement ; cf. ix, 22. — *Non tibi placet...* Nuance
dans l'hébreu : A quoi m'a servi la piété, et
qu'ai-je de plus que si j'avais péché ? — *Amicis
tuis* (vers. 4) : aux trois amis qui n'avaient pu
réussir à convaincre Job, et qui par conséquent
avaient besoin d'être instruits comme lui.

5-8. Réponse d'Éliu à cette plainte de Job. —
Suspice cælum... Un regard jeté sur le ciel suffit
pour nous rappeler la distance infinie qui sépare
Dieu de l'homme. En soi, qu'importe à Dieu notre
conduite, bonne ou mauvaise ? Il n'en retire ni
profit ni perte (vers. 6-7). Cf. I Par. xxix, 14.
C'est pour son avantage ou son désavantage
personnel que l'homme est vertueux ou impie
(vers. 8).

2° Pourquoi beaucoup de prières ne sont pas
exaucées. XXXV, 9-16.

9-12. Parfois les opprimés poussent des cris
vers le ciel, mais en vain, parce que ces cris ne
sont pas une vraie prière. — *Multitudinem ca-
lumniatorum.* Hébr. : la multitude des oppresseurs. — *Clamabunt, ejulabunt.* Le contexte suppose que Dieu n'exauce pas ces cris plaintifs. Cf.
vers. 12 et ss. — *Et non dixit...* Raison de ce fait
douloureux : les suppliants dont il s'agit n'ont

11. qui nous instruit plus que les bêtes de la terre, et nous éclaire plus que les oiseaux du ciel ?

12. Ils crieront alors, et il ne les exaucera point, à cause de·l'orgueil des méchants.

13. Dieu n'exauce ·donc point sans raison, et le Tout-Puissant considère avec attention la cause de chacun.

14. Lors même que tu as dit : Il ne considère point, ta cause est devant lui, et attends-le.

15. Car maintenant il ne manifeste pas sa fureur, et il ne punit pas rigoureusement le crime.

16. C'est donc en vain que Job ouvre la bouche, et qu'il multiplie les paroles insensées.

11. qui docet nos super jumenta terræ, et super volucres cæli erudit nos ?

12. Ibi clamabunt, et non exaudiet propter superbiam malorum.

13. Non ergo frustra audiet Deus, et Omnipotens causas singulorum intuebitur.

14. Etiam cum dixeris : Non considerat ; judicare coram illo, et expecta eum.

15. Nunc enim non infert furorem suum, nec ulciscitur scelus valde.

16. Ergo Job .frustra aperit os suum, et absque scientia verba multiplicat.

CHAPITRE XXXVI

1. Eliu ajouta encore, et dit :

2. Supporte-moi un peu, et je t'enseignerai ; car j'ai encore à parler pour Dieu.

3. Je prendrai ma science à sa source, et je prouverai que mon Créateur est juste. .

1. Addens quoque Eliu, hæc locutus est :

2. Sustine me paululum, et indicabo tibi ; adhuc enim habeo quod pro Deo loquar.

3. Repetam sententiam meam a principio, et operatorem meum probabo justum.

---

pas prié en réalité ; leurs cris ont été simplement la voix de la nature aux abois, et non le langage d'une âme pieuse qui appelle son Dieu (*Ubi est Deus...*). — *Qui dedit carmina...* Dieu qui, par des délivrances soudaines, miraculeuses, met de joyeux cantiques sur les lèvres des affligés. Cf. xxxiii, 26 et ss. *Nocte :* la nuit du malheur. — *Docet... super jumenta* (vers. 11). Sous l'impression de la souffrance, les animaux poussent des cris instinctifs ; l'homme devrait savoir mieux faire. — *Ibi* (vers. 12) ; dans l'affliction. — *Propter superbiam malorum.* Dieu n'exauce pas ces hommes superbes, et par là même coupables.

13-16. Éliu applique à Job cette théorie. — *Non... frustra audiet...* Quand Dieu exauce une prière, il ne le fait pas sans motif, mais parce qu'il voit qu'on a mérité la grâce demandée. Dans l'hébreu : Dieu n'exauce pas l'iniquité, et le Tout-Puissant ne la regarde pas.— *Etiam cum dixeris...* (vers. 14). Job avait dit cela xxiii, 8.— *Judicare coram illo.* C.-à-d. confie-lui ta cause, et attends tout de sa divine justice, qui se manifestera à son heure. D'après l'hébreu : La cause est déjà devant lui, attends-le. C'est le même sens.— *Nunc enim...* (vers. 15). Ce verset complète le précédent : Dieu ne venge pas toujours immédiatement l'innocence opprimée qui l'implore ; il lui arrive de différer le châtiment des oppresseurs iniques. Autre petite nuance dans· l'hébreu : Mais maintenant, parce sa colère ne sévit pas encore, est-ce à dire qu'il

n'a aucun souci du crime ? — *Ergo Job frustra...* (vers. 16). Conclusion de ce troisième discours. Job devrait savoir que telle est la conduite accoutumée de Dieu, et ne pas proférer des accusations injustes.

§ IV. — *Quatrième discours d'Éliu.*
XXXVI, 1 — XXXVII, 24.

Dans ce dernier discours, Éliu fait un splendide éloge du souverain Maître, soit relativement à sa manière d'agir envers les hommes (xxxvi, 1-25), soit en tant qu'il dirige les phénomènes grandioses du ciel matériel (xxxvi, 26-xxxvii, 24). Si Dieu châtie les hommes, c'est pour leur bien. Les phénomènes de la nature manifestent sa toute-puissance et sa sagesse infinies. Deux pensées dont Éliu fait un pressant usage pour convaincre Job. Ce discours est fort beau, et il sert de digne préparation à ceux que Dieu lui-même prononcera bientôt.

1° Nouvel appel à l'attention de Job, auquel l'orateur annonce qu'il va dire de grandes choses sur Dieu. XXXVI, 1-4.

Chap. XXXVI. — 1. Formule d'introduction. 2-4. Exorde du discours. — *Repetam... a principio* (vers. 3). Éliu veut prendre les choses de plus haut et remonter aux principes, afin de mieux démontrer sa thèse. Cette thèse est aussitôt énoncée : *operatorem... probabo justum.— Vere enim...* (vers. 4). Il insiste de nouveau sur sa sincérité

4. Vere enim absque mendacio sermones mei, et perfecta scientia probabitur tibi.

5. Deus potentes non abjicit, cum et ipse sit potens ;

6. sed non salvat impios, et judicium pauperibus tribuit.

7. Non auferet a justo oculos suos, et reges in solio collocat in perpetuum, et illi eriguntur.

8. Et si fuerint in catenis, et vinciantur funibus paupertatis,

9. indicabit eis opera eorum, et scelera eorum, quia violenti fuerunt.

10. Revelabit quoque aurem eorum, ut corripiat ; et loquetur, ut revertantur ab iniquitate.

11. Si audierint, et observaverint, complebunt dies suos in bono, et annos suos in gloria ;

12. si autem non audierint, transibunt per gladium, et consumentur in stultitia.

13. Simulatores et callidi provocant iram Dei, neque clamabunt cum vincti fuerint.

14. Morietur in tempestate anima eorum, et vita eorum inter effeminatos.

15. Eripiet de angustia sua pauperem, et revelabit in tribulatione aurem ejus.

16. Igitur salvabit te de ore angusto

4. Car il est certain qu'il n'y a pas de mensonge dans mes discours, et je te prouverai que ma science est parfaite.

5. Dieu ne rejette pas les puissants, puisqu'il est puissant lui-même ;

6. mais il ne sauve pas les impies, et il fait justice aux pauvres.

7. Il ne retire pas ses yeux de dessus le juste, et il établit les rois pour toujours sur le trône, et ils y demeurent élevés.

8. Et s'ils sont dans les chaînes et resserrés par les liens de la pauvreté,

9. il leur découvrira leurs œuvres et leurs crimes, parce qu'ils ont été violents.

10. Il leur ouvrira aussi l'oreille pour les reprendre, et il leur parlera, afin qu'ils reviennent de leur iniquité.

11. S'ils écoutent et se soumettent, ils passeront leurs jours dans le bonheur, et leurs années dans la gloire ;

12. mais s'ils n'écoutent pas, ils passeront par le glaive, et ils périront dans leur folie.

13. Ceux qui sont dissimulés et doubles de cœur provoquent la colère de Dieu ; ils ne crieront point lorsqu'ils seront dans les chaînes.

14. Leur âme mourra dans la tourmente, et leur vie aura le sort des efféminés.

15. Dieu retirera le pauvre de l'angoisse, et il lui ouvrira l'oreille dans la tribulation.

16. Après t'avoir sauvé de l'abîme

(absque mendacio) et sur sa compétence (perfecta scientia).

2° Dieu se sert des afflictions pour instruire les hommes. XXXVI, 5-15.

5-7. La parfaite impartialité du Seigneur. — Deus potentes... Pensée admirable dans l'hébreu : Dieu est puissant et ne dédaigne personne. Quoique sa majesté infinie le place à une distance incommensurable des créatures, il ne méprise et ne néglige aucune de ses créatures, mais il témoigne son amour aux plus humbles. — Cum et ipse... Hébr. : puissant en force et en sagesse. — Sed non salvat... Exemples de la justice impartiale du Très-Haut ; il traite chacun suivant ses mérites. — Pauperibus. Hébr. : les affligés. — Reges in solio... Dans l'hébreu : il les place (les justes opprimés) sur le trône des rois, il les y affermit à jamais. Merveilleuse exaltation, pour leur faire oublier leurs souffrances.

8-12. Quand Dieu afflige les hommes, c'est une leçon qu'il leur donne pour les humilier et les éloigner du mal. — In catenis. Expression métaphorique pour désigner l'adversité. De même funibus paupertatis (hébr. : les liens de l'affliction) ; cf. vers. 13ᵇ. — Indicabit eis... : par la souffrance, qui est ainsi un avertissement divin

adressé à des consciences plus ou moins endormies. — Violenti fuerunt. Hébr. : ils ont agi avec orgueil. — Vers. 11-12, double résultat de ces afflictions providentielles, suivant qu'elles sont bien ou mal reçues.

13-15. L'adversité révèle souvent le vrai caractère des hommes. — Simulatores... provocant... Hébr. : les impies s'irritent sous le coup des châtiments divins. Cf. v, 2. — Neque clamabunt : ils ne songent pas à invoquer Dieu dans leur détresse. — Morietur in tempestate... (vers. 14). Hébr.: dans leur jeunesse ; par conséquent, d'une mort prématurée. — Inter effeminatos. Hébr.: les q'déšim ; c.-à-d. qu'ils périront après une vie honteuse et infâme, semblable à celle des hiérodules des temples de Baal. Cf. III Reg. xiv, 24 ; xv, 12, etc. — Eripiet... pauperem (vers. 15) : le juste, opprimé par les impies. — Revelabit... aurem : Dieu l'instruira par la souffrance, et il profitera de ce précieux enseignement, tandis que les pervers s'endurcissent par l'affliction (vers. 13-14).

3° Il suit de là que l'on doit patiemment supporter l'épreuve. XXXVI, 16-21.

16-21. Éliu adresse ces paroles directement à Job, sur le ton d'une pacifique exhortation, quoique

étroit et sans fond, il te mettra au large, et tu te reposeras à ta table chargée de mets succulents.

17. Ta cause a été jugée comme celle d'un impie;.lo châtiment est inséparable de ta cause.

18. Que la colère ne t'entraîne donc pas à opprimer l'innocent, et que la multitude des présents ne te fasse pas dévier.

19. Abaisse, sans que l'affliction t'y oblige, ta grandeur et tous tes sentiments présomptueux.

20. Ne soupire pas après la nuit, dans laquelle les peuples entrent tour à tour.

21. Garde-toi de te livrer à l'iniquité, car, tu t'es mis à la suivre après être tombé dans la misère.

22. Vois, Dieu est sublime dans sa puissance, et personne ne lui est semblable parmi les législateurs.

23. Qui pourra approfondir ses voies? ou qui peut lui dire : Vous avez fait une injustice?

24. Souviens-toi que tu ne comprends pas son œuvre, que les hommes célèbrent par leurs chants.

25. Tous les hommes la voient, chacun la contemple de loin.

26. Certes, Dieu est grand; il dépasse

latissime, et non habente fundamentum subter se; requies autem mensæ tuæ erit plena pinguedine.

17. Causa tua quasi impii judicata est; causam judiciumque recipies.

18. Non te ergo superet ira ut aliquem opprimas; nec multitudo donorum inclinet te.

19. Depone magnitudinem tuam absque tribulatione, et omnes robustos fortitudine.

20. Ne protrahas noctem, ut ascendant populi pro eis.

21. Cave ne declines ad iniquitatem; hanc enim cœpisti sequi post miseriam.

22. Ecce, Deus excelsus in fortitudine sua, et nullus ei similis in legislatoribus.

23. Quis poterit scrutari vias ejus? aut quis potest ei dicere : Operatus es iniquitatem?

24. Memento quod ignores opus ejus, de quo cecinerunt viri.

25. Omnes homines vident eum; unusquisque intuetur procul.

26. Ecce, Deus magnus vincens scien-

---

la pointe de la menace y soit visible. — *Salvabit te... latissime.* L'hébreu dit littéralement : Il t'a poussé hors de la bouche de l'angoisse dans un espace large, où il n'y a plus de détresse. Cet espace large, c'est le bonheur; cf. XVIII, 7. — *Requies... mensæ...* Hébr.: les mets de ta table. Comme précédemment les trois amis, Éliu suppose que Job est coupable devant Dieu; mais il lui promet à son tour le bonheur s'il se convertit. — *Causa tua...* (vers. 17). Il l'engage maintenant à profiter des grâces de Dieu, en lui montrant le sort tout différent auquel il s'expose. L'hébreu porte : Mais, si tu défends ta cause comme un impie, tu en porteras la sentence et la peine. — *Non te ergo superet...* (vers. 18). Hébr.: Que la colère ne t'entraîne pas à l'insulte (envers Dieu), et que la grandeur de la rançon ne t'égare pas. Cette rançon par laquelle Job peut se délivrer, ce sont ses peines de divers genre (voyez XXXIII, 24, et la note) ; mais il faut qu'il les supporte patiemment, sans lancer l'injure vers le ciel (*depone magnitudinem...*, vers. 19). *Absque tribulatione :* sans forcer Dieu de le ramener à de meilleurs sentiments par de nouvelles souffrances. D'après l'hébreu : Tes cris pourront-ils te faire sortir de la tribulation, ainsi que tous les efforts de ta puissance? — *Ne protrahas...* (vers. 20). Hébr.: Ne soupire pas après la nuit (de la mort), qui enlève les peuples de leur place; c.-à-d. qui fait disparaitre les peuples comme les individus. Allusion aux souhaits passionnés par lesquels Job

avait appelé la mort. Mais ce passage est assez obscur, et « on lui faire dire des choses très diverses ». — *Hanc... post miseriam* (vers. 21) : depuis que le malheur avait fondu sur Job. En somme, l'exhortation d'Éliu roule sur ces trois points : se soumettre aux volontés divines, mettre fin aux plaintes amères, espérer un meilleur avenir.

4° Admirable éloge de la puissance de Dieu, telle que la manifestent les principaux phénomènes météorologiques. XXXVI, 22-XXXVII, 13.

22-25. Transition. — *Nullus... in legislatoribus.* Hébr. : quel docteur est semblable à lui? c.-à-d.: quel instructeur est capable de donner des leçons pareilles aux siennes? — *Quis... scrutari...* (vers. 23). Dans l'hébreu : Qui lui prescrit ses voies? Sa puissance est donc absolue; il ne dépend de personne. — *Memento quod ignores...* (vers. 24) : d'où il suit que Job doit se soumettre humblement à ce Dieu puissant et juste (cf. vers. 23ᵇ). D'après l'hébreu : Souviens-toi d'exalter ses œuvres. — *Omnes... vident eum* (vers. 25). Hébr. : Tous les hommes les voient (les œuvres de Dieu). — *Unusquisque... procul :* de loin, car la connaissance que l'homme possède des œuvres divines n'est qu'imparfaite. Cf. XXVI, 14.

26-28. Le phénomène de la pluie. — *Ecce, Deus...* Idée générale (vers. 26), servant d'introduction. *Vincens scientiam...;* l'hébreu dit plus fortement encore : Dieu est élevé par-dessus toute science. *Numerus annorum... :* l'éternité de Dieu

tiam nostram ; numerus annorum ejus inæstimabilis.

27. Qui aufert stillas pluviæ, et effundit imbres ad instar gurgitum,

28. qui de nubibus fluunt, quæ prætexunt cuncta desuper.

29. Si voluerit extendere nubes quasi tentorium suum,

30. et fulgurare lumine suo desuper, cardines quoque maris operiet.

31. Per hæc enim judicat populos, et dat escas multis mortalibus.

32. In manibus abscondit lucem, et præcipit ei ut rursus adveniat.

33. Annuntiat de ea amico suo, quod possessio ejus sit, et ad eam possit ascendere.

notre science ; le nombre de ses années est innombrable.

27. Il attire en haut les gouttes de pluie, et les fait retomber comme des torrents.

28. Elles se précipitent des nuées qui couvrent toute la face du ciel.

29. Il étend les nuages quand il veut, comme sa tente.

30. Il fait briller d'en haut les éclairs, et il couvre la mer d'une extrémité à l'autre.

31. Par là il juge les peuples, et il distribue la nourriture à un grand nombre d'hommes.

32. Il cache la lumière dans ses mains, et il lui commande ensuite de paraître de nouveau.

33. Il fait connaître à celui qu'il aime qu'elle est son partage, et qu'il pourra s'élever jusqu'à elle.

CHAPITRE XXXVII

1. Super hoc expavit cor meum, et emotum est de loco suo.

2. Audite auditionem in terrore vocis ejus, et sonum de ore illius procedentem.

1. C'est pour cela que mon cœur est saisi d'effroi, et qu'il bondit hors de sa place

2. Écoutez, écoutez sa voix terrible, et les sons qui sortent de sa bouche.

---

est mentionnée pour rehausser sa puissance. — *Aufert stillas...* (vers. 27). Manière dont se forme la pluie : elle est attirée de bas en haut par l'évaporation, et condensée dans les nuages. — *De nubibus fluunt* (vers. 28). Comment elle redescend sur la terre. — *Prætexunt cuncta...* Hébr. : ils (les nuages) la répandent sur la foule des hommes. Ces derniers mots signalent en abrégé les bénédictions apportées par la pluie.

29-33. Les orages. Cette description comprend encore les cinq premiers versets du chap. XXXVII : ici nous voyons les débuts de l'orage. — *Nubes quasi tentorium...* Hébr. : qui comprendra l'accumulation des nuées, le fracas de sa tente ? La tente de Dieu, ce sont les nuages qui envahissent si promptement le ciel quand un orage se forme ; le fracas de cette tente représente le tonnerre, qui ne tarde pas à retentir. Cf. Ps. XVII, 11. — *Fulgurare lumine...* (vers. 30). Hébr. : il étend autour de lui sa lumière (les éclairs). — *Cardines... maris...* Dans l'hébreu : il couvre les racines de la mer. Éliu semble parler des orages qui éclatent sur l'Océan, et qui le couvrent momentanément de ténèbres. — *Per hæc...* (vers. 31). Deux effets produits par l'orage : l'un terrible (*judicat populos*), l'autre tout gracieux (*dat escas...*, au moyen de la pluie qui rafraîchit et féconde le sol). — *In manibus abscondit...* (vers. 32). Dieu saisit dans ses mains la foudre

lumineuse (*lucem*) pour la lancer. — *Et præcipit...* C.-à-d. qu'il la fait paraître et disparaître à son gré. D'après l'hébreu : il dirige sur ses adversaires ; ce qui cadre beaucoup mieux avec le contexte. — *Annuntiat...* (vers. 33). Ligne obscure, qui a reçu toute sorte d'interprétations, soit dans l'antiquité, soit de nos jours. L'hébreu peut se traduire ainsi : Son tonnerre l'annonce (Dieu) à toute créature, quand il marche au combat. Ou bien: Son tonnerre l'annonce, et enflamme sa colère contre l'iniquité. Ce qui signifie, de part et d'autre, que Dieu manifeste sa puissance dans l'orage, et qu'il vient ainsi se venger de ses ennemis. C'est là, d'une manière générale, la meilleure interprétation. Cf. vers. 31ᵃ. On a donné encore cette traduction de l'hébreu : Son tonnerre l'annonce ; les troupeaux ressentent son approche (de l'orage). D'après la Vulgate, « Dieu fait connaître aux siens que ce tabernacle qu'il s'est dressé au-dessus des nues est l'héritage qu'il leur destine, et qu'ils doivent s'efforcer d'y monter avec lui » (Calmet, *h. l.*).

CHAP. XXXVII. — 1-5. L'orage éclate, majestueux et terrible. — *Super hoc...* Au dire d'Alexandre de Humboldt, *Cosmos*, t. II, p. 51-53 de la traduction française, Paris, 1842, les grands « aperçus sur le monde sont souvent exposés dans les psaumes, mais nulle part d'une manière plus complète que dans le XXXVIᵉ chapitre du livre

L'Hermon couvert de neige. (D'après une photographie.)

3. Subter omnes cælos ipse considerat, et lumen illius super terminos terræ.

4. Post eum rugiet sonitus, tonabit voce magnitudinis suæ ; et non investigabitur, cum audita fuerit vox ejus.

5. Tonabit Deus in voce sua mirabiliter, qui facit magna et inscrutabilia ;

6. qui præcipit nivi ut descendat in terram, et hiemis pluviis et imbri fortitudinis suæ;
7. qui in manu omnium hominum signat, ut noverint singuli opera sua.

8. Ingredietur bestia latibulum, et in antro suo morabitur.
9. Ab interioribus egredietur tempestas, et ab arcturo frigus.
10. Flante Deo, concrescit gelu, et rursum latissimæ funduntur aquæ.

11. Frumentum desiderat nubes, et nubes spargunt lumen suum.
12. Quæ lustrant per circuitum, quocùmque eas voluntas gubernantis duxe-

---

3. Il contemple toute la voûte des cieux, et sa lumière *brille* jusqu'aux extrémités de la terre.
4. Puis un rugissement retentit; il tonne de sa voix majestueuse, et on ne peut suivre sa trace lorsque sa voix s'est fait entendre.
5. Dieu tonne avec sa voix d'une façon merveilleuse. Il fait des choses grandes et impénétrables.
6. Il commande à la neige de descendre sur la terre, et aux pluies de l'hiver et aux averses impétueuses.
7. Il met le sceau sur la main de tous les hommes, afin que chacun reconnaisse ses œuvres.
8. La bête rentre dans sa tanière, et elle demeure dans sa caverne.
9. La tempête sort de ses retraites, et le froid des régions du nord.
10. Au souffle de Dieu la glace se durcit; et les eaux s'écoulent ensuite abondamment.
11. Le froment désire les nuées, et les nuées répandent leur lumière.
12. Elles se dirigent en tous sens, partout où les conduit la volonté de

---

de Job... On sent que les accidents météorologiques qui se produisent dans la région des nuages, les vapeurs qui se dissipent ou se condensent suivant la direction des vents, les jeux bizarres de la lumière, la formation de la grêle et du tonnerre, avaient été observés avant d'être décrits. Plusieurs questions aussi sont posées que la physique moderne peut ramener sans doute à des formules plus scientifiques, mais pour lesquelles elle n'a pas encore trouvé de solution satisfaisante... Il y a autant de charme pittoresque dans la peinture de chaque phénomène, que d'art dans la composition didactique de l'ensemble. Chez tous les peuples qui possèdent une traduction du livre de Job, ces tableaux de la nature orientale ont produit une impression profonde ». — *Expavit cor...* On a souvent conclu de ces paroles et de l'*audite* du vers. 2, probablement à bon droit, qu'Éliu décrit un orage qui éclatait sur sa tête au moment même où il parlait. — *Emotum... de loco... :* locution pittoresque, qui dénote une frayeur extrême. — *Audite... in terrore...* Hébr. : Écoutez attentivement l'éclat de sa voix. Les Orientaux regardent le tonnerre comme la voix de Dieu. Cf. Ps. xxviii, 1. — *Subter... cælos...* (vers. 3). L'hébreu donne un sens plus clair : Il le lance (son tonnerre) dans toute l'étendue des cieux. *Lumen illius :* l'éclair. — *Post eum rugiet* (vers. 4) : à la suite de l'éclair. — *Non investigabitur...* Où suivre la trace des éclairs qui brillent coup sur coup au plus fort de l'orage ?

6-10. Phénomènes de la neige et de la gelée. — *Præcipit nivi...* L'hébreu emploie le langage

direct, qui est plus vivant : Il dit à la neige : Tombe sur la terre. — *Hiemis pluvia*. Hébr. : aux pluies abondantes. — *In manu hominum signat* (vers. 7). Très belle métaphore, pour marquer la cessation des travaux des champs pendant l'hiver; la neige et les pluies mettent, pour ainsi dire, un sceau sur les mains des agriculteurs. — *Noverint opera sua :* afin que tous reconnaissent Dieu et sa toute-puissante souveraineté, dans ces phénomènes qui condamnent l'homme à l'impuissance. — *Ingredietur bestia...* (vers. 8). Un autre effet du froid : il force les animaux de se retirer dans leur tanière. — *Ab interioribus* (vers. 9). Littéral. : de la chambre; c.-à-d. du lieu où les ouragans sont censés mis en réserve. — *Arcturo*. Hébr. : du nord ; ou : des vents du nord. — *Flante Deo* (vers. 10). Anthropomorphisme hardi : l'haleine divine produisant le froid, et aussi la chaleur d'après l'hémistiche suivant dans la Vulgate : *rursum latissimæ...;* alors le dégel se produit, et les eaux coulent à flots. Cf. Ps. cxlvii, 17-18. L'hébreu a un autre sens : Et la face des eaux se durcit.

11-13. Les divers mouvements des nuages et leurs résultats. — *Frumentum...* Saint Jérôme a lu *bar*, froment, et le blé a besoin de pluie pour grandir. D'après la vraie signification de l'hébreu : Il (Dieu) charge les nuages de vapeurs. — *Nubes spargunt...* Hébr. : il disperse ses nuées orageuses. — *Quæ lustrant...* On les voit errer en tous sens dans le ciel. — *Quocumque eas...* La description est aussi frappante qu'elle est simple, et l'action de Dieu y est délicatement mise en relief. — *Sive in una tribu...* (vers. 13).

celui qui les gouverne, pour accomplir tous ses ordres sur la surface du globe ;

13. soit dans une tribu, soit sur sa propre terre, soit en tout autre lieu, où sa miséricorde leur aura ordonné de se trouver.

14. Job, écoute ces choses ; arrête-toi et considère les merveilles de Dieu.

15. Sais-tu quand Dieu a commandé aux pluies de faire paraître la lumière de ses nuées ?

•16. Connais-tu les grandes routes des nuages et la parfaite science?

17. Tes vêtements ne sont-ils pas chauds, lorsque le vent du midi souffle sur la terre?

18. Tu as peut-être créé avec lui les cieux, qui sont aussi solides que l'airain fondu.

19. Apprends-nous ce que nous pourrons lui dire ; car, pour nous, nous sommes enveloppés de ténèbres.

20. Qui lui rapportera ce que je dis? L'homme qui lui parlerait serait anéanti.

21. Mais maintenant ils ne voient pas

rit, ad omne quod præceperit illis super faciem orbis terrarum,

13. sive in una tribu, sive in terra sua, sive in quocumque loco misericordiæ suæ eas jusserit inveniri.

14. Ausculta hæc, Job ; sta, et considera mirabilia Dei.

15. Numquid scis quando præceperit Deus pluviis, ut ostenderent lucem nubium ejus ?

16. Numquid nosti semitas nubium magnas, et perfectas scientias ?

17. Nonne vestimenta tua calida sunt, cum perflata fuerit terra austro ?

18. Tu forsitan cum eo fabricatus es cælos, qui solidissimi quasi ære fusi sunt.

19. Ostende nobis quid dicamus illi ; nos quippe involvimur tenebris.

20. Quis narrabit ei quæ loquor ? Etiam si locutus fuerit homo, devorabitur.

21. At nunc non vident lucem ; su-

Dans l'hébreu : soit en châtiment, soit pour sa terre. Le substantif *šebet* signifie souvent tribu ; mais il a ici le sens de verge, châtiment. — *Misericordiæ suæ :* conformément à ce qui a été dit plus haut, XXXVI, 31 (voyez la note).

5° Éliu invite Job à considérer ces étonnants phénomènes, et à en déduire la grandeur infinie de Dieu. XXXVII, 14-24.

14. Transition.

15-18. Quelques questions posées à Job sur les œuvres de Dieu. Ce petit interrogatoire roule sur les phénomènes naturels les plus simples en apparence, et il a lieu d'une manière assez ironique. Si Job est incapable d'y répondre, comment donc discutera-t-il avec Dieu sur des points bien autrement mystérieux?
— *Quando præceperit...* Hébr. : Fais-tu comment il les opère (ses merveilles) ? — *Lucem nubium :* les nuages étincelants de lumière, ou les étoiles. — *Semitas nubium.* Dans l'hébreu : le balancement des nuages ; comment ils demeurent suspendus dans le vide. — *Perfectas scientias.* Hébr. : les merveilles de la science infinie. — *Nonne vestimenta...* (vers. 17) ? Phénomène que chacun a ressenti par les temps lourds, par certains vents étouffants du midi (*ab austro*) : les vêtements deviennent tout brûlants. — *Tu... fabricatus es...* (vers. 18). Hébr. : As-tu étendu les cieux avec lui ? Cf. IX, 8; XXVI, 7, etc. — *Solidissimi quasi ære...* D'après l'hébreu : aussi solides qu'un miroir d'airain. Comparaison poé-

tique. Les miroirs des anciens étaient d'airain poli. Voyez Ex. XXXVIII, 8, et l'*Atl. arch.*, pl. VII, fig. 3; pl. IX, fig. 10.

19-24. Combien l'homme est petit et impuissant à côté de ces splendeurs divines ! — *Ostende quid dicamus.* Le langage continue d'être iro-

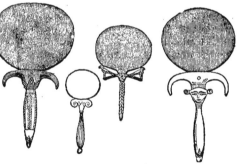

Miroirs de métal. (Anc Égypte.)

nique : Si Dieu venait à nous interroger, disnous, Job, toi si savant, ce que nous pourrions lui répondre. — *Nos... involvimur...* Dans l'hébreu : Nous ne pouvons parler, à cause des ténèbres ; c.-à-d. à cause de notre profonde ignorance. — *Quis narrabit ei...* Dans le cas où je serais assez hardi pour juger sa conduite, se trouverait-il quelqu'un qui prît sur soi de lui présenter ma plainte ? A cette pensée, Éliu ne peut contenir un mouvement d'effroi : ne serait-ce

bitc aer cogetur in nubes, et ventus transiens fugabit eas.

22. Ab aquilone aurum venit, et ad Deum formidolosa laudatio.

23. Digne eum invenire non possumus ; magnus fortitudine, et judicio, et justitia, et enarrari non potest.

24. Ideo timebunt eum viri, et non audebunt contemplari omnes qui sibi videntur esse sapientes.

---

la lumière ; l'air s'épaissit tout à coup en nuées, et un vent qui passe les dissipera.

22. L'or vient de l'aquilon, et c'est une chose redoutable que de louer Dieu.

23. Nous ne pouvons le trouver dignement ; il est grand par la force, par l'équité et par la justice, et on ne saurait le décrire.

24. C'est pourquoi les hommes doivent le craindre, et nul de ceux qui se croient sages n'osera contempler sa grandeur.

CHAPITRE XXXVIII

1. Respondens autem Dominus Job de turbine, dixit :
2. Quis est iste involvens sententias sermonibus imperitis?

---

1. Alors le Seigneur parla à Job du milieu d'un tourbillon, et lui dit :
2. Quel est celui qui obscurcit les pensées par des discours inconsidérés?

---

pas courir au-devant d'une ruine certaine ? Cf. IX, 19, 33 ; Prov. xxv, 27, etc. — *At nunc...* (vers. 21). D'après l'hébreu : L'homme est ébloui de sa lumière, quand elle brille à travers les nuages, quand un vent vient à souffler et les disperse (Le Hir). Pensée d'une grande beauté. Si l'homme ne peut fixer le soleil, qui est par excellence la lumière matérielle de Dieu, sans en être ébloui, comment pourra-t-il porter ses regards sur la majesté même du Créateur? La Vulgate fournit un sens analogue : « Les hommes souvent ne peuvent découvrir la lumière qui brille dans le ciel : les nues, ou un corps opaque, leur en dérobent la vue ; et ils prétendent pénétrer jusqu'à la lumière inaccessible de Dieu ! » (Calmet, *h. l.*). — *Ab aquilone aurum...* (vers. 22). Comme Job lui-même le disait si bien (xxviii, 1), les hommes savent découvrir l'or dans les régions les plus cachées ; mais la sagesse divine est inaccessible, ajoutait-il aussitôt. — *Ad Deum formidolosa...* Hébr.: que les splendeurs de Dieu sont redoutables ! — Vers. 23-24, conclusion pratique : l'homme ne doit donc pas juger Dieu, mais le craindre. *Digne eum...;* hébr. : le Très-Haut, nous ne pouvons l'atteindre. *Enarrari non potest;* d'après l'hébreu : il n'opprime personne (cf. xxxvi, 5). — *Non audebunt contemplari...:* les sages se garderont bien de scruter les desseins d'une manière arrogante et superbe. Variante dans l'hébreu : Il ne porte ses regards sur aucun sage. C.-à-d. que les prétendus sages d'ici-bas sont tous pour Dieu comme un néant. Ces dernières paroles contiennent pour Job un grave et dernier avertissement.

TROISIÈME PARTIE DU POÈME

L'intervention divine. XXXVIII, 1 — XLII, 6.

Les épreuves de Job approchent de leur fin ; mais, avant d'y mettre un terme, Dieu veut donner à son serviteur une dernière leçon, qui contiendra la solution du problème discuté depuis le début du livre. Somme toute, le héros a triomphé de la tentation à laquelle il avait été sou-

---

mis ; s'il s'est livré à quelques imperfections, elles ont été beaucoup plus extérieures qu'intérieures, car il a constamment adhéré à Dieu par le plus intime de son être. C'est parce qu'il n'a pas toujours émis des pensées justes sur la Providence, que le Seigneur vient en personne le blâmer, pour le récompenser ensuite, dès qu'il aura reconnu ses torts. Il ne serait pas digne de Dieu de résoudre le problème d'une manière théorique et spéculative ; il le fait sous une forme pratique, montrant à Job qu'il doit s'abandonner et se soumettre sans réserve à la sagesse et à la bonté divines. Au fond, c'est la méthode qu'avait suivie Éliu dans la seconde partie de son quatrième discours ; seulement le langage est beaucoup plus relevé, et « Dieu avec toute la majesté qui lui convient ». — Il prononce deux discours consécutifs, introduits chacun par une formule distincte (cf. xxxviii, 1 ; xl, 1), et suivis d'une courte réponse de Job (xxxix, 31-35 ; xlii, 1-6). Ils diffèrent à peine l'un de l'autre sous le rapport du but et des idées. Cependant le premier répond surtout à cette question (cf. xxxix, 32) : L'homme est-il en droit de discuter avec Dieu ? Le second insiste sur cet autre point (cf. xl, 3) : L'homme peut-il accuser Dieu d'être injuste dans le gouvernement du monde ?

§ I. — *Premier discours du Seigneur.*
XXXVIII, 1 — XXXIX, 35.

Dieu présente à Job comme un panorama grandiose de la création, soit inanimée, soit animée, pour lui bien manifester la présomption dont il s'est rendu coupable, en voulant à toute force discuter avec son Maître souverain. Magnifique série de tableaux très vivants, très variés, qui opposent sans cesse la sagesse et la puissance de Dieu à l'ignorance et à la faiblesse de l'homme.

1º Questions posées par Dieu à Job sur deux des plus grandes œuvres de la création. XXXVIII, 1-11.

CHAP. XXXVIII. — 1. Formule d'introduction. — *De turbine.* L'hébreu emploie l'article : ce-

3. Ceins tes reins comme un homme; je t'interrogerai, et tu me répondras.

4. Où étais-tu quand je jetais les fondements de la terre? Dis-le-moi, si tu as de l'intelligence.

5. Sais-tu qui en a réglé les mesures, ou qui a tendu sur elle le cordeau?

6. Sur quoi ses bases sont-elles affermies? ou qui a posé sa pierre angulaire,

7. tandis que les astres du matin me louaient ensemble, et que les fils de Dieu poussaient des cris de joie?

8· Qui a enfermé la mer avec des portes, lorsqu'elle s'élançait comme du sein maternel,

9. lorsque je lui donnais les nuées pour vêtement, et que je l'enveloppais d'obscurité comme de langes d'enfant?

10. Je l'ai resserrée dans mes limites; je lui ai mis des barrières et des portes;

11. et j'ai dit: Tu viendras jusqu'ici, et tu ne passeras pas plus loin, et tu briseras là l'orgueil de tes flots.

12. Est-ce toi qui, depuis ta naissance, as donné des ordres à l'étoile du matin, et qui as montré sa place à l'aurore?

3. Accinge sicut vir lumbos tuos; interrogabo te, et responde mihi.

4. Ubi eras quando ponebam fundamenta terræ? Indica mihi, si habes intelligentiam.

5. Quis posuit mensuras ejus, si nosti? vel quis tetendit super eam lineam?

6. Super quo bases illius solidatæ sunt? aut quis dimisit lapidem angularem ejus,

7. cum me laudarent simul astra matutina, et jubilarent omnes filii Dei?

8. Quis conclusit ostiis mare, quando erumpebat quasi de vulva procedens,

9. cum ponerem nubem vestimentum ejus, et caligine illud quasi pannis infantiæ obvolverem?

10. Circumdedi illud terminis meis, et posui vectem et ostia;

11. et dixi: Usque huc venies, et non procedes amplius, et hic confringes tumentes fluctus tuos.

12. Numquid post ortum tuum præcepisti diluculo, et ostendisti auroræ locum suum?

---

l'orage; d'où il suit que l'orage qui servit, pour ainsi dire, de voile à la céleste apparition, ne dut pas différer de celui qu'Éliu avait si bien décrit. Voyez XXXVII, 1-2 et le commentaire. Les théophanies de l'Ancien Testament eurent souvent lieu sous cette forme; cf. Ps. XVII, 8 et ss.; XCVI, 2 et ss.; Is. LXIV, 1-2; Mich. I, 3-4; Hab. III, 3 et ss.

2-3. Préambule. — *Quis est iste...?* Sévère reproche dès le début. Les mots *involvens sententias...* sont moins expressifs dans la Vulgate que dans l'hébreu, où nous lisons: Quel est cet homme qui obscurcit la sagesse? La sagesse, c'est ici le plan que Dieu s'était proposé en permettant les malheurs de Job: plan admirable, mais que l'interprétation en partie fausse du saint homme avait réellement obscurci. — *Accinge lumbos...* Les Orientaux ceignent leurs reins au moment d'entreprendre un voyage, un travail actif; de là cette formule métaphorique, pour dire: Sois ferme et vaillant. — *Interrogabo..., responde.* Le désir si ardent de Job est enfin réalisé: Dieu l'interroge, et il pourra plaider sa cause. Cf. IX, 35; XIII, 20 et ss.; XXXI, 37, etc.

4-11. Quelques questions sur la création de la terre (vers. 4-7) et des mers (vers. 8-11). — *Ubi eras quando...?* Vive ironie. Job assistait-il à la création? Y joua-t-il quelque rôle? Qu'il le prouve, en racontant comment elle eut lieu. — *Quis posuit...* (vers. 5). Job n'ignorait pas, évidemment, que Dieu lui-même avait accompli toutes ces merveilles; mais le point en question est toujours celui-ci: As-tu vu de tes propres yeux? peux-tu

rendre un compte fidèle? — *Super quo bases...* La terre est ici comparée (vers. 5-7) à un édifice gigantesque, construit d'après les coutumes humaines. — *Lapidem angularem:* pierre fondamentale, dont la pose était accompagnée, comme aujourd'hui, de solennelles et joyeuses cérémonies (*laudarent, jubilarent*). Cf. Zach. IV, 7; Esdr. III, 10. — *Astra matutina.* Les astres du matin sont mentionnés parce qu'ils sont plus frais, plus brillants. Sur la façon dont les corps célestes louent Dieu, voyez Ps. XVIII, 1, etc. — *Filii Dei :* les anges. Cf. I, 6 et la note; II, 1; Ps. XXVIII, 1. — Vers. 8-11: création de la mer. Splendides images. « L'océan est d'abord représenté comme un enfant géant, sortant du sein maternel; puis les nuages lui servent de langes et de liens; enfin le monstre nouveau-né est dompté par le pouvoir tout-puissant, et des limites infranchissables sont mises à son orgueilleuse furie. » — *Usque huc venies...* (vers. 11): commandement sublime.

2° Questions relatives au cours ordinaire du monde. XXXVIII, 12-38.

Elles semblent plus faciles que les précédentes, puisque Job est témoin chaque jour des phénomènes qu'elles décrivent, et pourtant cette fois encore il ne pourra rien répondre.

12-15. L'aurore. — *Post ortum tuum.* Littéralement dans l'hébreu: depuis tes jours. C.-à-d. depuis que tu existes. — *Tenuisti concutiens...* (vers. 13). Image aussi hardie qu'expressive. L'aurore à sa naissance semble saisir par ses extrémités (littéral.: par ses ailes) la terre sur

13. Et tenuisti concutiens extrema terræ, et excussisti impios ex ea?

14. Restituetur ut lutum signaculum, et stabit sicut vestimentum.

15. Auferetur ab impiis lux sua, et brachium excelsum confringetur.

16. Numquid ingressus es profunda maris? et in novissimis abyssi deambulasti?

17. Numquid apertæ sunt tibi portæ mortis, et ostia tenebrosa vidisti?

18. Numquid considerasti latitudinem terræ? Indica mihi, si nosti, omnia.

19. In qua via lux habitet, et tenebrarum quis locus sit,

20. ut ducas unumquodque ad terminos suos, et intelligas semitas domus ejus.

21. Sciebas tunc quod nasciturus es-

13. As-tu saisi les extrémités de la terre, la secouant pour en rejeter les impies?

14. Elle se transforme *alors* comme l'argile sous le cachet, et elle se montre comme couverte d'un vêtement.

15. La lumière des impies leur sera enlevée; et leur bras, qui se lève, sera brisé.

16. Es-tu entré jusqu'au fond de la mer, et t'es-tu promené aux extrémités de l'abîme?

17. Les portes de la mort t'ont-elles été ouvertes? et as-tu vu ces portes ténébreuses?

18. As-tu considéré l'étendue de la terre? Indique-moi toutes ces choses si tu les connais.

19. Sur quelle route habite la lumière, et quelle est la demeure des ténèbres,

20. afin que tu les conduises toutes deux à leurs limites, et que tu connaisses les sentiers de leur séjour.

21. Savais-tu, alors, que tu devais

---

laquelle la nuit reposait comme une couverture; et, secouant vivement cette couverture, elle en rejette les impies qui s'étaient dissimulés sous elle. Cf. XXIV, 13, où Job a dépeint l'empresse-

Empreinte de sceaux assyriens sur de l'argile.

ment avec lequel les méchants fuient la lumière. *Restituetur ut lutum...* (vers. 14). Hébr.: elle (la terre) prend une forme comme l'argile sous le cachet. Autre comparaison intéressante : durant la nuit, la terre perd ses formes; le jour les lui rend, de même qu'un sceau pressé sur

l'argile y marque une empreinte (*Atl. arch.,* pl. IX, fig. 6-9; pl. XLVIII, fig. 2, 7, 8, 9). Les objets apparaissent alors avec leurs contours et leurs couleurs, et ils forment comme le gracieux vêtement de la terre (*stabit sicut...*). — *Auferetur...* (vers. 15): encore l'effet moral produit par l'aurore. Comp. le vers. 13.

16-18. Les profondeurs de l'abîme et les dimensions de la terre. — *Profunda maris.* Hébr.: les sources de la mer. — *Novissimis :* les profondeurs extrêmes; le fin fond, comme l'on dit. — *Portæ mortis :* les portes du séjour des morts, que l'on supposait situées encore plus bas que les abîmes de l'océan. Cf. XXVI, 5-6. — *Latitudinem...* (vers. 18). L'hébreu emploie le pluriel : les dimensions de la terre. — *Indica mihi...* Job foule à tout instant la terre sous ses pieds depuis de longues années, et il n'en connaît pas même la surface.

19-21. La lumière et les ténèbres. — *In qua via lux...* Hébr. : quelle route conduit au séjour de la lumière. — *Tenebrarum...locus.* Langage poétique, qui attribue à la lumière et aux ténèbres une demeure spéciale, indépendante, dont elles sortent aux temps voulus pour se remplacer sur la terre, et où elles rentrent dès qu'elles ont accompli leurs fonctions (vers. 20). — *Sciebas tunc quod...* (vers. 21). Variante dans l'hébreu : Tu le savais, car tu étais né alors (avant la création de la lumière et des ténèbres), et le nombre de tes jours est grand. Ironie très mordante.

naître, et connaissais-tu le nombre de tes jours?

22. Es-tu entré dans les trésors de la neige, ou as-tu contemplé les trésors de la grêle,

23. que j'ai préparés pour le temps de l'ennemi, pour le jour de la guerre et du combat?

24. Par quelle voie la lumière se divise-t-elle, et la chaleur se répand-elle sur la terre?

25. Qui a ouvert une route aux pluies impétueuses, et un passage au tonnerre éclatant,

26. pour faire pleuvoir dans une terre sans habitants, dans un désert où aucun mortel ne demeure ;

27. pour inonder les lieux solitaires et isolés, et pour y faire germer l'herbe verte?

28. Qui est le père de la pluie, et qui a engendré les gouttes de rosée?

29. Du sein de qui la glace est-elle sortie? et qui a engendré la gelée du ciel?

30. Les eaux se durcissent comme la pierre, et la surface de l'abîme devient solide.

31. Pourras-tu joindre ensemble les brillantes étoiles des Pléiades, et détourner l'Ours de son cours?

32. Est-ce toi qui fais paraître en son temps l'étoile du matin, et qui fais lever l'étoile du soir sur les habitants de la terre?

33. Connais-tu l'ordre du ciel, et règles-tu son influence sur la terre?

ses, et numerum dierum tuorum noveras ?

22. Numquid ingressus es thesauros nivis, aut thesauros grandinis aspexisti,

23. quæ præparavi in tempus hostis, in diem pugnæ et belli ?

24. Per quam viam spargitur lux, dividitur æstus super terram ?

25. Quis dedit vehementissimo imbri cursum, et viam sonantis tonitrui,

26. ut plueret super terram absque homine, in deserto ubi nullus mortalium commoratur ;

27. ut impleret inviam et desolatam, et produceret herbas virentes ?

28. Quis est pluviæ pater ? vel quis genuit stillas roris ?

29. De cujus utero egressa est glacies ? et gelu de cælo quis genuit ?

30. In similitudinem lapidis aquæ durantur, et superficies abyssi constringitur.

31. Numquid conjungere valebis micantes stellas Pleiadas, aut gyrum Arcturi poteris dissipare ?

32. Numquid producis luciferum in tempore suo, et vesperum super filios terræ consurgere facis ?

33. Numquid nosti ordinem cæli, et pones rationem ejus in terra ?

22-23. La neige et la grêle. — *Thesauros :* les lieux où la neige et la grêle sont comme emmagasinées. — *In tempus hostis...* De nouveau l'effet moral (voyez le vers. 15). La grêle et la neige servent souvent à châtier les hommes. Cf. xxxvi, 31-32 ; Jos. xi, 10 ; Ps. cxLviii, 8 ; Is. xxx, 30 ; Ez. xiii, 13, etc.

24-27. Les routes suivies par la lumière et les orages. — *Per quam viam... lux ?* Comment, une fois sortie de son séjour (voyez les vers. 19-20), la lumière se répand-elle sur la terre ?—*Æstus :* le vent d'est, *qâdim,* qui amène souvent des orages dans les pays bibliques. — *Imbri cursum* (vers. 25). Dans l'hébreu : Qui a ouvert des canaux à la pluie ? C.-à-d. par quels conduits s'écoule-t-elle ? — *Super terram absque homine...* (vers. 26-27). Trait d'une exquise délicatesse pour relever la bonté de Dieu. Sa providence ne pense pas seulement à l'homme ; l'humble gazon, à moitié desséché, qui croît dans les déserts inhabités, attire aussi son attention.

28-30. La pluie, la rosée, la glace. — *Pater.* L'homme est-il capable de produire ces divers phénomènes, en apparence si simples ? — *De... utero, genuit.* La métaphore se poursuit dans tout l'alinéa. — *In similitudinem lapidis* (vers. 30). La glace paraît d'autant plus merveilleuse aux Orientaux, qu'ils la voient plus rarement. Cette courte description est fort belle.

31-38. Les mouvements réguliers des cieux et leur influence sur la terre. — Vers. 31-33, la marche des astres. *Conjungere... Pleiadas :* les Pléiades forment, en effet, un groupe serré (voyez ix, 9, et la note). — *Gyrum Arcturi... dissipare.* Hébr. : Est-ce toi qui détaches les cordages d'Orion? Allusion à la distance considérable qui sépare les étoiles de cette constellation (ix, 9).—*Numquid... luciferum* (vers. 32). Hébr. : Fais-tu paraître en leur temps les *mazzarôt?* C.-à-d., vraisemblablement, les signes du zodiaque ; voyez IV Reg. xxiii, 5, et le commentaire. — *Vesperum super filios...* Dans l'hébreu : Conduis-tu la Grande-Ourse avec ses petits? Les petits de la Grande-Ourse, ce sont les trois étoiles qui forment sa queue (voyez la fig. de la page 519). — *Ordinem cæli* (vers. 33) : les lois qui dirigent les corps

34. Numquid elevabis in nebula vocem tuam, et impetus aquarum operiet te?

35. Numquid mittes fulgura, et ibunt? et revertentia dicent tibi : Adsumus?

36. Quis posuit in visceribus hominis sapientiam ? vel quis dedit gallo intelligentiam ?

37. Quis enarrabit cælorum rationem? et concentum cæli quis dormire faciet?

38. Quando fundebatur pulvis in terra, et glebæ compingebantur ?

39. Numquid capies leænæ prædam, et animam catulorum ejus implebis,

40. quando cubant in antris, et in specubus insidiantur?

41. Quis præparat corvo escam suam, quando pulli ejus clamant ad Deum, vagantes, eo quod non habeant cibos ?

---

34. Élèveras-tu ta voix jusqu'aux nuées, et des torrents d'eaux te recouvriront-ils ?

35· Lances-tu des tonnerres, et partent-ils à l'instant; et, revenant ensuite, te disent-ils : Nous voici?

36. Qui a mis la sagesse dans le cœur de l'homme, ou qui a donné au coq l'intelligence ?

37. Qui exposera l'arrangement des cieux, et qui fera taire leur harmonie?

38. Quand la poussière se répand-elle sur la terre, et quand les mottes se colleront-elles ensemble?

39. Prendras-tu la proie pour la lionne, et rassasieras-tu la faim de ses petits,

40· lorsqu'ils sont couchés dans leurs antres, et qu'ils sont en embuscade dans leurs cavernes?

41. Qui prépare au corbeau sa nourriture, lorsque ses petits courent çà et là et crient vers Dieu, parce qu'ils n'ont rien à manger ?

CHAPITRE XXXIX

1. Numquid nosti tempus partus ibicum in petris? vel parturientes cervas observasti?

---

1. Connais-tu le temps où les chèvres sauvages mettent bas dans les rochers, ou as-tu observé l'enfantement des biches ?

---

célestes. *Rationem ejus :* la mystérieuse influence qu'ils exercent sur la terre. — Vers. 34-35, la foudre. *Elevabis in nebula...;* plutôt : jusqu'aux nues, afin de leur donner des ordres. — *Impetus aquarum :* d'abondantes averses, se précipitant des nuages à ce commandement de Job. — *Numquid mittes...: Adsumus?* Personnification admirable. Le mot *revertentia* n'est pas dans l'hébreu; il s'agit uniquement du départ de la foudre, qui d'ailleurs, une fois lancée, ne revient pas. — Vers. 36-38, divers éléments. *In visceribus hominis.* Il n'est pas question de l'homme dans le texte original. *Tuḥôt,* l'équivalent de « visceribus », vient de la racine *tuaḥ,* couvrir, et désigne très probablement les nuages; l'étymologie arabe confirme cette signification, et le contexte semble l'exiger. — *Gallo intelligentiam...* C.-à-d. l'instinct qui fait chanter le coq à des heures déterminées. Le mot *sekvi,* que saint Jérôme, un des Targums et divers rabbins regardent comme le nom hébreu du coq, est employé en ce seul endroit de la Bible. On rejette très communément aujourd'hui cette interprétation, qui ne cadre pas non plus avec le contexte. Les meilleurs hébraïsants modernes croient que ce mot représente les météores, les phénomènes atmosphériques, auxquels le Créateur semble avoir donné l'intelligence, tant ils répondent à ses vues. — *Cælorum rationem* (vers. 37). Dans l'hébreu : Qui peut compter les nuages avec sagesse? C.-à-d. les produire en nombre suffisant.

de sorte qu'il n'y en ait ni trop, ni trop peu? — *Concentum cæli... dormire.* D'après la Vulgate, il s'agirait du concert harmonieux des astres (comp. le vers. 7). L'hébreu dit, continuant l'idée qui précède : Qui verse les outres des cieux? En simple prose : Qui fait pleuvoir? — *Quando fundebatur...* (vers. 38). Plus clairement dans l'hébreu, pour marquer l'effet immédiat de la pluie : Quand la poussière se forme en masse compacte, et que les mottes de terre adhèrent ensemble.

3° Questions que Dieu pose à Job sur divers animaux. XXXVIII, 39 — XXXIX, 30.

39-40. La lionne et ses lionceaux. — *Numquid capies leænæ...?* Elle a son instinct et sa force, et elle peut se passer du secours de l'homme. — *Quando... insidiantur?* Trait pittoresque : les jeunes lionceaux ne tardent pas à se passer eux-mêmes du secours de leur mère.

31. Le corbeau. — *Quis... corvo...?* Frappant contraste : le plus noble des animaux et l'un des plus vulgaires ; le plus fort et l'un des plus faibles. Les corbeaux abondent en Palestine, d'après leurs différentes espèces. Voyez l'*Atlas d'hist. nat.,* pl. LXVIII, fig. 7; pl. LXIX, fig. 1, 3, 7, 8. — *Quando... clamant ad Deum.* Autre détail pittoresque. Les petits du corbeau sont cités plusieurs fois dans la Bible comme un objet spécial de la Providence divine. Cf. Ps. CXLVI, 9 ; Luc. XII, 24.

CHAP. XXXIX. — 1-4. L'ibex et les biches. — *Ibicum in petris.* Dans l'hébreu : *ya'alé sâlah.*

2. As-tu compté les mois de leur portée, et sais-tu le temps où elles enfantent?

3. Elles se courbent pour faire sortir leur faon, et elles le mettent au jour en poussant des gémissements.

4. Leurs petits se séparent d'elles et vont aux pâturages; ils s'éloignent et ne reviennent plus auprès d'elles.

5. Qui a mis en liberté l'âne sauvage, et qui a rompu ses liens?

6. Je lui ai donné une demeure dans le désert, et des tentes dans la terre salée.

7. Il méprise le tumulte de la ville; il n'entend pas les cris d'un maître impérieux.

8. Il regarde les montagnes où sont ses pâturages, et il cherche partout des herbages verts.

9. Le rhinocéros voudra-t-il te servir, et demeurera-t-il à ton étable?

2. Dinumerasti menses conceptus earum, et scisti tempus partus earum?

3. Incurvantur ad fetum, et pariunt, et rugitus emittunt.

4. Separantur filii earum, et pergunt ad pastum; egrediuntur, et non revertuntur ad eas.

5. Quis dimisit onagrum liberum? et vincula ejus quis solvit?

6. Cui dedi in solitudine domum, et tabernacula ejus in terra salsuginis.

7. Contemnit multitudinem civitatis; clamorem exactoris non audit.

8. Circumspicit montes pascuæ suæ, et virentia quæque perquirit.

9. Numquid volet rhinoceros servire tibi, aut morabitur ad præsepe tuum?

---

les grimpeurs de rocher; espèce de chamois ou de bouquetins d'Orient. Voir l'*Atl. d'hist. nat.*, pl. LXXXVI, fig. 6, 7, 10; pl. LXXXVII, fig. 1. — *Cervas.* La biche ordinaire (*Atlas d'hist. nat.*, pl. LXXXV fig. 8). — *Menses conceptus:* le temps de leur gestation. Les mœurs de ces animaux agiles et sauvages étaient alors peu connues; de là cette question posée à Job, et elle signifie, comme toutes celles qui l'ont précédée: Est-ce toi qui présides aux lois de la nature animée et inanimée? — *Rugitus emittunt* (vers. 3). Hébr.: elles sont délivrées de leurs douleurs. Facilité avec laquelle ces animaux mettent bas. — *Separantur filii...* (vers. 4). Les jeunes faons, comme les lionceaux (XXXVIII, 40), apprennent à se passer promptement de leur mère. D'après l'hébreu: ils deviennent vigoureux et grandissent dans la campagne.

5-8. L'âne sauvage. — *Onagrum.* Il a été mentionné plusieurs fois déjà dans ce livre, mais il n'a pas encore été décrit. Le tableau qui en est tracé en cet endroit insiste sur son caractère sauvage et sur son amour de la liberté. Voyez l'*Atl. d'hist. nat.*, pl. LXXXII, fig. 1 et 5; pl. LXXXIII, fig. 5. Sa taille est celle d'un cheval moyen, et, surtout lorsqu'il est en mouvement, ses formes sont d'ordinaire souples, gracieuses même. — *Vincula ejus quis...?* Ce n'est pas de l'homme qu'il

tient sa liberté, dont il est si jaloux. — *In solitudine...* Son séjour au désert, loin de toute habitation humaine, vers. 6-8. Par *terra salsugini* il faut entendre les steppes arides et déserts, qui sont souvent imprégnés de sel. — *Clamorem exactoris...:* plus heureux en cela que l'âne domestique, son congénère. Voyez l'*Atl. d'hist. nat.*, pl. LXXXI, fig. 3, 6, 7, 10.

9-12. Le rhinocéros (d'après la Vulgate; dans

Bouquetin d'Orient. (*Capra sinaitica.*)

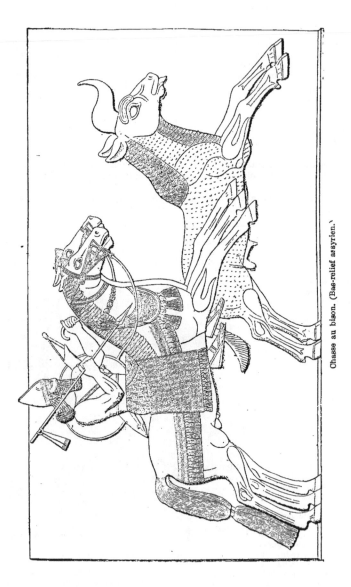

Chasse au bison. (Bas-relief assyrien.)

10. Lleras-tu le rhinocéros avec une corde pour qu'il laboure, et pour qu'il brise derrière toi les mottes des vallons?

11. Auras-tu confiance en sa grande vigueur, et lui abandonneras-tu tes travaux?

12. Compteras-tu sur lui pour ramener ta récolte et pour l'amasser dans ton aire?

13. La plume de l'autruche est semblable à celle de la cigogne et de l'épervier.

14. Lorsqu'elle abandonne ses œufs sur la terre, c'est toi peut-être qui les échaufferas dans la poussière?

15. Elle oublie qu'on les foulera aux pieds, ou que la bête sauvage les écrasera.

16. Elle est dure pour ses petits, comme s'ils n'étaient point à elle. Elle a travaillé en vain sans qu'aucune crainte l'y forçât.

17· Car Dieu l'a privée de sagesse, et ne lui a point donné l'intelligence

10. Numquid alligabis rhinocerota ad arandum loro tuo, aut confringet glebas vallium post te?

11. Numquid fiduciam habebis in magna fortitudine ejus, et derelinques ei labores tuos? ˎ

12. Numquid credes illi quod sementem reddat tibi, et aream tuam congreget?

13. Penna struthionis similis est pennis herodii et accipitris.

14. Quando derelinquit ova sua in terra, tu forsitan in pulvere calefacies ea?

15. Obliviscitur quod pes conculcet ea, aut bestia agri conterat.

16. Duratur ad filios suos, quasi non sint sui; frustra laboravit, nullo timore cogente.

17. Privavit enim eam Deus sapientia, nec dedit illi intelligentiam.

---

l'hébreu, le bœuf sauvage). — *Rhinoceros.* Hébr. : *rêm,* ou *r'em;* animal souvent cité dans la Bible, et sur la nature duquel on a étonnamment discuté. On l'a tour à tour assimilé au rhinocéros, comme fait ici la Vulgate (*Atlas d'hist. nat.,* pl. LXXX, fig. 5), à l'oryx, sorte d'antilope (*ibid.,* pl. LXXXVII, fig. 8, 10), au buffle (*ibid.,* pl. XCI, fig. 4), etc. : opinions à bon droit abandonnées aujourd'hui, car il paraît certain, spécialement d'après ce passage, qui l'oppose de tous points au bœuf domestique, que le *rêm* est identique au « bos primigenius » ou aurochs, dont la race est actuellement éteinte, mais qui se rapprochait beaucoup de celle du bison. Voyez l'*Atl. d'hist. nat.,* pl. XCII, fig. 2; pl. XCIV, fig. 4. — *Servire tibi :* docilement, comme le bœuf ordinaire. — *Alligabis... loro.* Personne ne songerait à employer ce fougueux animal aux calmes occupations des champs : labours, hersage, etc. (*Atlas archéol.,* pl. XXXIII, fig. 10, 14; pl. XXXIV, fig. 1 et 2; pl. XXXV, fig. 6, 11, 12). Et cependant il obéit à Dieu.

13-18. L'autruche. — *Penna... similis... accipitris.* Dans l'hébreu : L'aile de l'autruche se déploie joyeuse; est-ce l'aile, le plumage de la cigogne? Les Hébreux appelaient la cigogne *ḥasîdah,* la pieuse, à cause de son affection proverbiale pour ses petits; l'autruche, au contraire, comme vont le dire les vers. 14-16, manque de cette tendresse maternelle, et, d'autre part, elle a quelque ressemblance extérieure avec la cigogne : de là ce rapprochement. Voyez l'*Atl. d'hist. nat.,* pl. LXV, fig. 8; pl. LXXVI, fig. 1, 2, 6; pl. LXXVII, fig. 5, 7. Dans le texte original, il n'est donc question du héron (*herodii; Atl. d'hist. nat.,* pl. LXV,

fig. 7), ni de l'épervier (*accipitris; ibid.,* pl. LXXI, fig. 1). — *Derelinquit ova...* (vers. 14). L'autruche fait son nid dans le sable; elle paraît s'inquiéter fort peu de ses œufs aux premiers jours de la ponte, et elle les abandonne très aisément dès qu'elle est poursuivie par les chasseurs (*Atl. d'hist.*

Autruche prise à la chasse. (Peinture égyptienne.)

nat., pl. LXXV, fig. 5). — *Tu forsitan... calefacies...?* Hébr. : ou elle les laisse chauffer sur la poussière. — *Duratur ad filios* (vers. 16). Comparez le trait analogue, Thren. IV, 3. — *Frustra laboravit.* Hébr. : que son fruit périsse, elle ne s'alarme pas. — *Privavit eam Deus...* (vers. 17). Motif de cette conduite, si différente de celle des autres oiseaux : elle n'a pas reçu le même instinct qu'eux sous ce rapport. Un proverbe arabe dit : Plus stupide qu'une autruche. — Vers. 18, le Créateur lui a pourtant départi une qualité spéciale, son extraordinaire agilité. *Cum tempus... :* au moment nécessaire, quand elle est pressée par le danger. *In altum alas... :* l'autruche ne vole pas, mais elle s'aide d'un battement très rapide de ses ailes pour

Autruches brodées sur un riche manteau assyrien.

18. Quand il le faut, elle élève ses ailes ; elle se rit du cheval et de son cavalier.

19. Est-ce toi qui donnes au cheval sa force, et qui lui fais pousser ses hennissements ?

20. Le feras-tu bondir comme les sauterelles ? La fierté de son souffle répand la terreur.

21. Il creuse du pied la terre, il tressaille d'audace, il s'élance au-devant des hommes armés.

22. Il dédaigne la peur, il ne recule pas devant le glaive.

23. Sur lui retentit le carquois, s'agitent la lance et le bouclier.

24. Il écume, il frémit, il dévore la terre ; il ne se contient pas au bruit du clairon.

25. Dès qu'il entend la trompette, il dit : Allons! De loin il flaire la bataille, la voix des chefs et les cris des armées.

26. Est-ce par ta sagesse que l'épervier se couvre de plumes, étendant ses ailes vers le midi?

27. Est-ce par ton ordre que l'aigle s'élève, et qu'il place son nid sur les hauteurs ?

18. Cum tempus fuerit, in altum alas erigit ; deridet equum et ascensorem ejus.

19. Numquid præbebis equo fortitudinem, aut circumdabis collo ejus hinnitum ?

20. Numquid suscitabis eum quasi locustas? gloria narium ejus terror.

21. Terram ungula fodit, exultat audacter ; in occursum pergit armatis.

22. Contemnit pavorem, nec cedit gladio.

23. Super ipsum sonabit pharetra, vibrabit hasta et clypeus.

24. Fervens et fremens sorbet terram, nec reputat tubæ sonare clangorem.

25. Ubi audierit buccinam, dicit: Vah! Procul odoratur bellum, exhortationem ducum, et ululatum exercitus.

26. Numquid per sapientiam tuam plumescit accipiter, expandens alas suas ad austrum ?

27. Numquid ad præceptum tuum elevabitur aquila, et in arduis ponet nidum suum ?

---

accroître la célérité de sa course. Voyez l'*Atlas d'hist. nat.*, pl. LXXVI, fig. 1. — *Deridet equum...* « Les lévriers les plus agiles ne peuvent atteindre les autruches. L'Arabe lui-même, monté sur son cheval, est obligé de recourir à la ruse pour les prendre, en leur jetant adroitement un bâton dans les jambes. » Ce trait final sert de transition au tableau suivant.

19-25. Le cheval de guerre. Description de toute beauté, universellement admirée. Il s'agit du cheval arabe, qui n'a jamais eu son pareil au monde. Voyez l'*Atl. d'hist. nat.*, pl. LXXXIII, fig. 1, 4 ; pl. LXXXIV, fig. 3. — *Collo hinnitum*. Bonne traduction. Selon d'autres, la crinière flottante du cheval, ou le tremblement fébrile de son cou. — *Suscitabis... quasi locustas* (vers. 20). Plus clairement dans l'hébreu : Le feras-tu bondir comme la sauterelle? Le cheval arabe caracole par bonds capricieux, à la manière des sauterelles. Cf. Joel, II, 4 ; Apoc. IX, 7. — *Gloria narium...* C.-à-d. que le souffle bruyant qui s'échappe de ses naseaux suffit pour répandre l'effroi. — *Terram... fodit* (vers. 21) : il manifeste son ardeur guerrière par un piétinement impatient. — *In occursum... armatis.* Plutôt, au-devant des armes, sans rien craindre. — *Super ipsum... pharetra* (vers. 23) : le carquois du cavalier qui le monte (*Atl. arch.*, pl. LXXXVIII, fig. 9 ; pl. LXXXIX, fig. 11). — *Vibrabit hasta...* Hébr. : la flamme (c.-à-d. le fer étincelant) de la lance et du javelot. — *Sorbet terram* (vers. 24). Métaphore toute classique, pour marquer une course extraordinairement rapide. Comp. Virgile, *Georg.*, III, 84 et ss., 143 ;

Silius, III, 308, etc. — *Nec reputat...* Hébr. : il ne se contient plus aux accents du clairon. — *Ubi audierit...* (vers. 25). « Quoique le cheval arabe soit docile comme un agneau, et qu'il suffise d'un licou pour le conduire, dès qu'il entend le cri de guerre de la tribu auquel il appartient, dès qu'il aperçoit la lance étincelante de son cavalier, ses yeux lancent du feu, ses naseaux d'un rouge de sang se dilatent, son cou se courbe en arrière, sa queue et sa crinière se dressent et s'agitent au vent » (Layard). — *Dicit : Vah!* Hébr. : *hé'ah ;* hennissement joyeux. — Le dernier trait est admirable et nous transporte en pleine mêlée. *Exhortationem ducum ;* littéralement dans l'hébreu : le tonnerre des chefs, c.-à-d. la voix tonnante avec laquelle ils donnent leurs ordres. *Ululatum exercitus :* les sauvages cris de guerre poussés par les soldats dans l'antiquité.

26. L'épervier. — *Accipiter.* En hébreu, *neṣ ;* nom qui convient aussi au faucon (*Atl. d'hist. nat.*, pl. LXXI, fig. 1-2, 4-7). — *Plumescit* fait allusion à la mue de l'épervier ; mais le verbe hébreu signifie prendre son vol. — *Per sapientiam tuam.* C'est Dieu qui a donné à cet oiseau le merveilleux instinct qui le guide dans ses migrations diverses. — *Expandens... ad austrum :* pour émigrer vers des contrées plus chaudes, lorsque l'hiver approche.

27-30. L'aigle. Le roi des quadrupèdes avait ouvert la série des descriptions empruntées à la nature animée (cf. XXXVIII, 39-40), le roi des oiseaux la termine dignement (*Atl. d'hist. nat.*, pl. LXXII, fig. 3, 4 ; pl. LXXIII, fig. 2-9). — *Eleva-*

28. In petris manet et in præruptis silicibus commoratur atque inaccessis rupibus.

29. Inde contemplatur escam, et de longe oculi ejus prospiciunt.

30. Pulli ejus lambent sanguinem, et ubicumque cadaver fuerit, statim adest.

31. Et adjecit Dominus, et locutus est ad Job :

32. Numquid qui contendit cum Deo, tam facile conquiescit? Utique qui arguit Deum, debet respondere ei.

33. Respondens autem Job Domino, dixit .

34. Qui leviter locutus sum, respondere quid possum? Manum meam ponam super os meum.

35. Unum locutus sum, quod utinam non dixissem, et alterum, quibus ultra non addam.

---

28. Il demeure dans les rochers, dans les montagnes escarpées et dans les rocs inaccessibles.

29. De là il contemple sa proie, et ses yeux découvrent au loin.

30. Ses petits sucent le sang, et partout où se trouve un cadavre, il y fond aussitôt.

31. Le Seigneur parla de nouveau à Job, et lui dit :

32. Celui qui dispute contre Dieu se réduit-il si facilement au silence? Certes, quiconque reprend Dieu, doit lui répondre.

33. Job, répondant au Seigneur, lui dit :

34. Moi qui ai parlé avec légèreté, que puis-je répondre? Je n'ai qu'à mettre ma main sur ma bouche.

35. J'ai dit une chose, et puissé-je ne l'avoir pas dite, et une autre encore, et je n'ajouterai rien de plus.

---

titur aquila. L'aigle plane à des hauteurs prodigieuses. — *In arduis nidum*. Vers. 27ᵇ et 28, local qu'il choisit pour y établir son aire (*Atl.*

L'épervier des alouettes, commun en Palestine.

d'hist. nat., pl. LXXII, fig. 5; pl. LXXIII, fig. 10). *Inde contemplatur...* (vers. 29). Son regard est extrêmement perçant. — *Pulli... sanguinem* (vers. 30). Leurs mœurs cruelles se révèlent dès le premier jour.— *Ubicumque cadaver...* Cf. Matth.

XXIV, 28. « Il y a une espèce d'aigle qui mange les cadavres ; de plus, tous les aigles se nourrissent des corps morts avant qu'ils aient commencé à se corrompre » (Le Hir, *h. l.*).

4° Job, pressé par Dieu de répondre à toutes ces questions, reconnaît qu'il a parlé avec témérité. XXXIX, 31-35.

31-32. Le Seigneur exige de Job une réponse formelle. — *Et adjecit...* Hébraïsme : Et puis Jéhovah dit à Job. — *Qui contendit cum Deo*. Job avait assumé dès le début ce rôle audacieux de censeur des œuvres divines. — *Tam facile conquiescit*. Hébr.: a-t-il une réplique à donner? Dieu ne se contente pas de l'humble silence de Job; il veut une réponse explicite.

33-35. La réponse, consistant en un très humble aveu et un très vif regret. — *Leviter locutus...* Hébr. : Voici, je suis (trop) chétif ! Lui qui naguère parlait de se présenter devant son juge céleste avec l'assurance d'un prince (XXXI, 36-37). — *Manum... super os*. Le geste du silence. Cf. XXI, 5; XXIX, 9. — *Unum..., alterum...* (vers. 35). C.-à-d. à plusieurs reprises. Allusion à toutes ses imprudentes paroles, qu'il voudrait n'avoir jamais prononcées. — *Quibus ultra...* Hébr.: cela suffit. La soumission ne saurait être plus complète.

CHAPITRE XL

1. Le Seigneur, parlant à Job du milieu d'un tourbillon, lui dit :
2. Ceins tes reins comme un homme ; je t'interrogerai, et réponds-moi.
3. Prétends-tu anéantir ma justice, et me condamneras-tu pour te justifier ?
4. As-tu un bras comme celui de Dieu ? et ta voix tonne-t-elle comme la sienne ?
5. Revêts-toi de magnificence, élève-toi bien haut ; sois glorieux et pare-toi de vêtements magnifiques.
6. Dissipe les superbes dans ta fureur, et d'un regard humilie tout insolent.
7. Jette les yeux sur tous les orgueilleux et confonds-les, et écrase sur place les impies.
8. Cache-les *tous* ensemble dans la poussière, et plonge leurs visages dans la fosse.
9. Et alors je confesserai que ta droite a le pouvoir de te sauver.
10. Voici Béhémoth, que j'ai créé avec toi ; il mange l'herbe comme le bœuf.

1. Respondens autem Dominus Job de turbine, dixit :
2. Accinge sicut vir lumbos tuos ; interrogabo te, et indica mihi.
3. Numquid irritum facies judicium meum, et condemnabis me, ut tu justificeris ?
4. Et si habes brachium sicut Deus ? et si voce simili tonas ?
5. Circumda tibi decorem, et in sublime erigere, et esto gloriosus, et speciosis induere vestibus.
6. Disperge superbos in furore tuo, et respiciens omnem arrogantem humilia.
7. Respice cunctos superbos, et confunde eos, et contere impios in loco suo.
8. Absconde eos in pulvere simul, et facies eorum demerge in foveam.
9. Et ego confitebor quod salvare te possit dextera tua.
10. Ecce Behemoth quem feci tecum, fœnum quasi bos comedet.

§ II. — *Le second discours du Seigneur.*
XL, 1 — XLII, 6.

Job ne s'était pas seulement livré au présomptueux désir de discuter avec Dieu ; il avait osé, en outre, accuser le Seigneur d'injustice, soit en général dans le gouvernement du monde, soit en particulier dans la manière dont il traite les justes : il sera réfuté, condamné sur ce point comme sur le premier. Le Seigneur l'invite ironiquement à se revêtir des attributs divins, et à gouverner en personne l'univers, ou même simplement Béhémoth et Léviathan, deux êtres extraordinaires de la création. Sa réponse sera encore plus humble que la première.

1° Dieu cède à Job le gouvernement du monde. XL, 1-9.
CHAP. XL. — 1. Formule d'introduction. Cf. XXXVIII, 1.
2-3. Court exorde. Comp. XXXVIII, 3. — *Irritum... judicium.* Job avait, en effet, infirmé à plusieurs reprises les jugements de Dieu, et cela dans son propre intérêt (*ut tu justificeris*). Non qu'il lui fût interdit de prouver son innocence, mais il n'aurait pas dû accuser Dieu pour se défendre lui-même.
4-9. L'invitation ironique.— *Si habes brachium...* Vers. 4-5 : pour gouverner le monde, il faut avoir en mains la toute-puissance ; Job la possède-t-il ? *Voce simili...* : voyez XXXVII, 2, 5. — *Circumda...* : magnifique description de la majesté divine. Au lieu de *speciosis induere...*

l'hébreu dit : revêts-toi de splendeur.— *Disperge...* Vers. 6-9 : pour gouverner le monde, il faut savoir comprimer la dissolvante énergie du mal ; Job en est-il capable ? — *Superbos in furore...* D'après l'hébreu : Répands les flots de ta colère, et d'un regard abaisse tous les superbes. Les vers. 7 et 8 développent cette pensée. — *Contere... in loco...* : soudain, sur place ; cf. XXXIV, 26. *In foveam :* dans l'obscur cachot de la mort. — *Et ego confitebor...* L'ironie est ici à son faîte.
2° Description de Béhémoth. XL, 10-19.
Pour que Job soit encore mieux convaincu de l'impossibilité absolue où il est de gouverner le monde, Dieu lui propose deux exemples concrets, fournis par l'hippopotame et le crocodile, Béhémoth et Léviathan, deux animaux remarquables à divers égards. S'il est incapable de conduire, de dompter ces deux monstres, comment entrera-t-il en conflit avec la multitude immense des impies, et comment dirigera-t-il tout l'univers ? Le crocodile et l'hippopotame vivaient et vivent encore de nos jours dans le Nil, à proximité du pays de Job. On les trouve associés dans les récits d'Hérodote, de Pline, de Diodore de Sicile, et sur les monuments égyptiens, comme dans le livre de Job. Voyez l'*Atl. d'hist. nat.,* pl. LXXVIII, fig. 3, et pl. LXXX, fig. 3.
10. Introduction. — *Behemoth.* En hébreu *b'hémôt,* pluriel du substantif *b'hémah* (littér. : bête muette), qui désigne habituellement dans la Bible les quadrupèdes domestiques, parfois aussi les bêtes sauvages. Ici, *b'hémôt* est ce que

11. Fortitudo ejus in lumbis ejus, et virtus illius in umbilico ventris ejus.

12. Stringit caudam suam quasi cedrum ; nervi testiculorum ejus perplexi sunt.

13. Ossa èjus velut fistulæ æris, cartilago illius quasi laminæ ferreæ.

14. Ipse est principium viarum Dei ; qui fecit eum applicabit gladium ejus. ‚

15. Huic montes herbas ferunt ; omnes bestiæ agri iudent ibi.

16. Sub umbra dormit, in secreto calami et in locis huméntibus.

17. Protegunt umbræ umbram ejus ; circumdabunt eum salices torrentis.

18. Ecce absorbebit fluvium, et non mirabitur, et habet fiduciam quod influat Jordanis in os ejus.

19. In oculis ejus quasi hamo capiet eum, et in sudibus perforabit nares ejus.

20. An extrahere poteris Leviathan hamo, et fune ligabis linguam ejus?

11. Sa force est dans ses reîns, et sa vigueur dans le nombril de son ventre.

12. Il dresse sa queue comme un cèdre ; les nerfs de ses testicules sont entrelacés.

13. Ses os sont comme des tubes d'airain ; ses cartilages, comme des lames de fer.

14. Il est à la tête des œuvres de Dieu ; celui qui l'a fait dirige son glaive.

15. Les montagnes lui produisent des herbages ; c'est là que se jouent toutes les bêtes des champs.

16. Il dort sous l'ombre, dans le secret des roseaux, et dans des lieux humidès.

17. Les ombres couvrent son ombre ; les saules du torrent l'environnent.

18. Il absorbera le fleuve et il ne s'en étonnera pas, et même il se promet que le Jourdain coulera dans sa gueule.

19. On le prendra en face comme avec un hameçon, et on lui percera les narines avec des pieux.

20. Pourras-tu enlever Léviathan à l'hameçon, et lui lier la langue avec une corde ?

---

les grammairiens nomment un pluriel de majesté, et dénote un quadrupède d'une taille extraordinaire. Ou plutôt, il est probable que ce mot a été calqué sur le nom égyptien *p-éhé-mout* (le bœuf d'eau), qui servait à désigner l'hippopotame. La description s'applique trait pour trait à cet énorme pachyderme ; elle ne convient point à l'éléphant, auquel d'anciens exégètes ont identifié Béhémoth. — *Quem feci tecum*, C.-à-d. : que j'ai créé aussi bien que toi. — *Fœnum quasi bos...* Ce trait des mœurs de l'hippopotame est remarquable ; voilà pourquoi il est signalé dès le début du tableau (cf. vers. 15) : un animal énorme, en apparence si terrible, qui se nourrit d'herbe comme un bœuf ordinaire.

11-13. La force prodigieuse de l'hippopotame. — *Virtus... in umbilico.* Hébr. : dans les muscles. — *Stringit caudam...* La queue de l'hippopotame est courte, épaisse et nue, mais très forte (*Atl. d'hist. nat.*, pl. LXXVIII, fig. 3 et 4). La comparaison *sicut cedrum* ne porte donc pas sur l'arbre entier, mais seulement sur un de ses rameaux. — *Nervi... perplexi :* cette multiplicité de nerfs et de muscles contribue à accroître la vigueur du monstre. — *Ossa... fistulæ æris* (vers. 13) : par conséquent, d'une solidité à toute épreuve. Les os de l'hippopotame sont cependant très minces, ainsi qu'il convient à un amphibie. — *Cartilago.* Plutôt ses vertèbres.

14-19. Ses mœurs en ce qui concerne sa nourriture et son séjour. — *Principium viarum Dei.* C.-à-d. une œuvre admirable du Créateur, un chef-d'œuvre. — *Gladium ejus.* Selon toute vraisemblance, les dents de l'hippopotame, avec les-

quelles il peut couper l'herbe aussi régulièrement qu'avec une faux. Voyez l'*Atlas d'hist. nat.*, pl. LXXVIII, fig. 3 et 6. — *Montes herbas...* (vers. 15). Il gravit les collines qui avoisinent le Nil pour y aller chercher sa nourriture, quand elle fait défaut sur les rives du fleuve. — *Bestiæ agri ludent.* Trait poétique, pour dire que les bêtes des champs ne le redoutent point, dès lors qu'il n'est pas carnassier. — *Sub umbra.* A l'ombre du lotus, dit le texte hébreu. De même au vers. 13 : Les lotus le couvrent de leur ombre. Sur cette plante gracieuse, assez semblable à notre nénuphar, voyez l'*Atlas d'hist. nat.*, pl. XL, fig. 5 ; pl. XLI, fig. 1 et 2 ; pl. XLII, fig. 4 et 5 ; pl. LXXX, fig. 3. Voyez aussi, dans l'*Atl. archéol.*, pl. XL, fig. 2, une chasse à l'hippopotame parmi les papyrus et les lotus du Nil. — *Ecce absorbebit...* (vers. 18). Nuance dans l'hébreu : Que le fleuve vienne à déborder, il ne se trouble point ; il serait calme alors même que le Jourdain se précipiterait dans sa gueule. Allusion sans doute aux crues du Nil, qui n'inquiètent guère un animal amphibie et qui se plaît dans l'eau, et y séjourne aussi volontiers que sur la terre » (Buffon). Le Jourdain est cité seulement comme exemple, car il ne paraît pas avoir contenu d'hippopotames au temps de Job. — *In oculis ejus...* (vers. 19). C.-à-d. qu'on le prend en face, sous ses propres yeux. Les mots *quasi hamo* manquent dans le texte original. — *In sudibus.* Hébr. : avec des liens. voyez l'*Atl. arch.*, pl. XL, fig. 2.

3° Description de Léviathan. XL, 20 — XLI, 25.

20-28. La difficulté qu'il y a à s'emparer de cet animal redoutable. — *Leviathan.* En hébreu :

Hippopotames dans le Nil et sur ses bords.

21. Numquid pones circulum in naribus ejus, aut armilla perforabis maxillam ejus ?

22. Numquid multiplicabit ad te preces, aut loquetur tibi mollia ?

23. Numquid feriet tecum pactum, et accipies eum servum sempiternum ?

24. Numquid illudes ei quasi avi, aut ligabis eum ancillis tuis ?

25. Concident eum amici ? divident illum negotiatores ?

26. Numquid implebis sagenas pelle ejus, et gurgustium piscium capite illius ?

27. Pone super eum manum tuam ; memento belli, nec ultra addas loqui.

---

21. Lui passeras-tu un cercle aux narines, et lui perceras-tu la mâchoire avec un anneau ?

22. Multipliera-t-il devant toi les prières, et te dira-t-il de douces paroles ?

23. Fera-t-il un pacte avec toi, et le recevras-tu comme un esclave perpétuel ?

24. Joueras-tu avec lui comme avec un oiseau, et l'attacheras-tu pour tes servantes ?

25. Les pêcheurs associés le couperont-ils en morceaux ? et les marchands le diviseront-ils ?

26. Rempliras-tu tes filets de sa peau, et de sa tête le réservoir à poissons ?

27. Mets la main sur lui ; souviens-toi de ce combat, et n'en parle plus.

---

livîatân, de la racine lavah, se replier ; nom qui signifie « le sinueux », et qui est donné çà et là dans la Bible à quelques reptiles monstrueux. Cf. Ps. LXXIII, 14 et CIII, 26 ; Is. XXVII, 1. Ici il désigne certainement le crocodile. — An

Chasse à l'hippopotame. (Peinture égyptienne.)

extrahere poteris. Dans l'hébreu, timsok, saisir ; allusion probable au nom égyptien du crocodile, emsah. — Hamo : comme si c'était un poisson ordinaire. — Funs... : la corde à laquelle est attaché l'hameçon, et qui presse la langue du lisson (ligabis linguam) lorsqu'il a été pris à e piège. — Circulum ; hébr. : un jonc, ou une orde de jonc. Armilla : hébr. : une épine, un rochet. « Les pêcheurs des bords du Nil, quand ils prennent un poisson, le tirent à terre, lui assent un anneau de fer dans les branchies et

le rejettent dans le fleuve après avoir fait passer dans l'anneau une corde qui est solidement attachée au rivage. » On peut ainsi délier le poisson vivant. — Numquid... preces... (vers. 22). Très forte ironie. Les êtres faibles ont recours à d'humbles prières lorsqu'un être plus puissant les menace : le crocodile suppliera-t-il Job de lui faire grâce ? — Numquid... pactum (vers. 23). Se rendra-t-il à discrétion, sans essayer de résister ? — Quasi avi (vers. 24). Comparez ce mot du poète latin : « Passer, deliciæ meæ puellæ. » Le verbe illudes est pris en bonne part : jouer avec. Le crocodile dévore souvent les femmes qui vont puiser de l'eau dans le Nil et les enfants : qui donc songerait à transformer en jouet un monstre aussi cruel ? Les Égyptiens avaient eu cependant cette idée ; mais le jouet consistait en un petit fac-similé du terrible animal. Voyez l'Atl. d'hist. nat., pl. LVIII, fig. 2. — Concident... amici (vers. 25). Dans l'hébreu : Les pêcheurs ligués ensemble (ḥabêrim, les associés) trafiqueront-ils à son sujet ? — Negotiatores. Dans le texte : « les Chananéens, » qui étaient les marchands par excellence dans ces temps antiques. Cf. Is. XXXIII, 8 ; Zach. XIV, 21, etc. — Divident : comme l'on coupe en morceaux les gros poissons, pour les vendre en détail sur le marché. — Implebis sagenas pelle... (vers. 26). C'est toujours la continuation de la même pensée : l'extrême difficulté de s'emparer du crocodile. Dans l'hébreu : Couvriras-tu sa peau de dards, et sa tête de harpons ? Voyez l'Atl. d'hist. nat., pl. LVIII, fig. 1. Les balles mêmes glissent sur la peau du crocodile sans

28. On sera frustré de l'espoir de le prendre, et on sera terrassé à la vue de tous.

28. Ecce spes ejus frustrabitur eum, et videntibus cunctis præcipitabitur.

CHAPITRE XLI

1. Je ne l'exciterai point comme par cruauté. Car qui est-ce qui peut résister à mon visage?

2. Qui m'a donné le premier, afin que je lui rende? Tout ce qui est sous le ciel est à moi.

3. Je ne l'épargnerai point, malgré les paroles puissantes et les prières les plus touchantes.

4. Qui soulèvera le dessus de son armure, et qui entrera au milieu de sa gueule?

5. Qui ouvrira l'entrée de ses mâchoires? La terreur habite autour de ses dents.

1. Non quasi crudelis suscitabo eum; quis enim resistere potest vultui meo?

2. Quis ante dedit mihi, ut reddam ei? Omnia quæ sub cælo sunt, mea sunt.

3. Non parcam ei, et verbis potentibus, et ad deprecandum compositis.

4. Quis revelabit faciem indumenti ejus? et in medium oris ejus quis intrabit?

5. Portas vultus ejus quis aperiet? Per gyrum dentium ejus formido.

---

l'entamer. — *Pone... manum...* (vers. 27): pour l'attaquer. — *Memento belli.* Garde le souvenir de ce combat, et n'y reviens plus (comme s'exprime l'hébreu; Vulgate: *nec ultra... loqui*). — *Ecce spes ejus...* (vers. 28): l'espoir de quiconque voudrait saisir ce monstre. On le harponne cependant, et de hardis pêcheurs réussissent à s'emparer de lui, mais en s'exposant à de très grands dangers. — *Videntibus cunctis...* L'imprudent est perdu sans ressource. Variante dans l'hébreu: A son seul aspect n'est-on pas terrassé?

CHAP. XLI. — 1-3. Déduction morale de cette première partie de la description: si une simple créature inspire un tel effroi, qui donc osera affronter Dieu? — *Non quasi crudelis...* D'après la leçon de la Vulgate, le Seigneur parle, dans ce premier hémistiche, au nom de ceux qu'il engageait (XL, 27), à attaquer le crocodile: Non! je me garderai bien de l'éveiller, de l'irriter, lorsqu'il est endormi sur le sable. Mais l'hébreu donne un sens beaucoup plus simple: Nul n'est assez hardi pour l'exciter. — *Quis... resistere potest...?* Argument à fortiori: qui donc aura l'audace d'attaquer Dieu? — *Quis ante dedit...?* Le Seigneur n'est le débiteur de personne, et il n'a nul besoin qu'on lui accorde des faveurs, puisque le monde entier est sa propriété. D'où il suit qu'aucun homme n'a de raison valable pour discuter contre lui. — *Non parcam ei* (vers. 3). Selon la Vulgate, Dieu agira en toute sévérité contre ces hardis censeurs, et il ne se laissera fléchir ni

par leurs menaces (*verbis potentibus*), ni par leurs prières (*ad deprecandum...*). La pensée est tout autre dans l'hébreu, où nous trouvons le préambule de la description détaillée du crocodile (vers 4-25): Je ne cacherai point (la structure

Pêche à la ligne. (Peinture égyptienne.)

de) ses membres, ta force et ses justes proportions.

4-5. Le dos et les terribles mâchoires du monstre. — *Faciem indumenti:* la partie supérieure de son armure d'écailles. Cf. vers. 6-8. — *In medium oris...* Hébr.: entre ses deux mâchoires. — *Portas vultus...:* sa gueule immense, qui a parfois plusieurs pieds de long. — *Per gyrum dentium...* Le crocodile a trente-six dents à la mâchoire supérieure, trente à la mâchoire

6. Corpus illius quasi scuta fusilia, compactum squamis se prementibus.

6. Son corps est semblable à des boucliers d'airain fondu, et couvert d'écailles qui se pressent.

7. Una uni conjungitur, et ne spiraculum quidem incedit per eas.

7. L'une est jointe à l'autre, et le moindre souffle ne passe pas entre elles.

8. Una alteri adhærebit, et tenentes se nequaquam separabuntur.

8. Elles adhèrent l'une à l'autre, et elles se tiennent sans se séparer jamais.

9. Sternutatio ejus splendor ignis, et oculi ejus ut palpebræ diluculi

9. Son éternuement fait briller la lumière, et ses yeux sont comme la paupière de l'aurore,

10. De ore ejus lampades procedunt, sicut tædæ ignis accensæ.

10. De sa gueule sortent des lampes, comme des torches ardentes.

11. De naribus ejus procedit fumus, sicut ollæ succensæ atque ferventis.

11. Une fumée sort de ses narines comme d'une chaudière qui bout sur un brasier.

12. Halitus ejus prunas ardere facit, et flamma de ore ejus egreditur.

12. Son haleine allume des charbons, et la flamme sort de sa gueule.

13. In collo ejus morabitur fortitudo, et faciem ejus præcedit egestas.

13. Sa force réside dans son cou, la famine marche devant lui.

14. Membra carnium ejus cohærentia sibi ; mittet contra eum fulmina, et ad locum alium non ferentur.

14. Ses parties charnues tiennent ensemble ; la foudre tombera sur lui sans qu'elles changent de place.

15. Cor ejus indurabitur tanquam lapis, et stringetur quasi malleatoris incus.

15. Son cœur est dur comme la pierre, et solide comme l'enclume du forgeron.

16. Cum sublatus fuerit, timebunt angeli, et territi purgabuntur.

16. Lorsqu'il s'avance, les anges craignent, et dans leur frayeur ils se purifient.

17. Cum apprehenderit eum gladius,

17. Le glaive qui voudrait le frapper

---

inférieure. Elles sont longues, aiguës et de force à tout briser. Aucune lèvre ne les recouvrant, elles présentent sans cesse un formidable aspect. Voyez l'*Atl. d'hist. nat.*, pl. LVIII, fig. 3, 4, 9, 10.

6-8. Son armure d'écailles. — *Corpus... scuta fusilia*. Hébr. : les lignes de ses boucliers sont magnifiques. Les boucliers du crocodile, ce sont ses vingt-sept rangées d'écailles, d'une solidité à toute épreuve. — *Compactum squamis...* Ces mots, et le développement qu'ils reçoivent aux vers. 7-8, décrivent la manière dont les écailles adhèrent soit au corps, soit entre elles (*Atl. d'hist. nat.*, pl. LVIII, fig. 3, 9).

9-12. Son souffle enflammé. — *Sternutatio ejus splendor*. Quand le crocodile éternue au soleil, l'humidité qui s'échappe de sa gueule et de ses naseaux forme une traînée lumineuse. Hyperbole semblable, aux vers. 10 et 12. — *Oculi ut palpebræ...* Allusion probable à ses yeux rougeâtres, que l'on aperçoit sous l'eau avant même que sa tête soit visible. « Les yeux du crocodile sont le signe hiéroglyphique qui désigne l'aurore chez les anciens Égyptiens. » — *De naribus... fumus* : c.-à-d. la vapeur d'eau qui s'était accumulée dans le corps du hideux animal, et qu'il rejette de même à autre. Un voyageur anglais décrit ce phénomène, dont il fut plusieurs fois témoin : « Le crocodile enfla son corps monstrueux... ; une épaisse fumée s'élança de ses naseaux largement ouverts, avec un bruit qui fit trembler la terre... » — *Sicut ollæ succensæ*. Hébr. : comme un bassin qui bouillonne sur un brasier.

13-16. Sa vigueur extraordinaire. — *In collo ejus*. C'est dans ce cou massif que réside surtout la force du crocodile. — *Faciem ejus... egestas*. Hyperbole à l'orientale, pour dire que ce monstre produit d'immenses ravages dans les régions qu'il habite. L'hébreu exprime une autre idée en termes très pittoresques : L'épouvante bondit au-devant de lui ; c.-à-d. que, lorsqu'il paraît, hommes et bêtes s'enfuient effrayés. — *Membra... cohærentia* (vers. 14). Les parties charnues de son corps, au lieu d'être molles et tremblantes comme pour la plupart des autres animaux, sont compactes et fermes. — *Mittet... fulmina*. D'après la Vulgate, la foudre pourrait le frapper sans faire chanceler ses membres. L'hébreu continue l'idée commencée : (Ses chairs sont) fondues sur lui (comme de l'airain), inébranlables. — *Cor... tanquam lapis* (vers. 15). Trait qui relève la cruauté et l'intrépidité du monstre. — *Quasi... incus*. Dans l'hébreu : comme la meule inférieure. Voyez l'*Atl. arch.*, pl. XXI, fig. 1-3. Cette meule, qui supporte une pression plus considérable, est faite d'une pierre plus solide et plus dure. — *Cum sublatus...* (vers. 16). Hébr. : Quand il se lève, les plus vaillants ont peur. Impossible d'interpréter d'une manière satisfaisante les mots *angeli* et *purgabuntur* de la Vulgate. — *Territi...* Hébr. : l'effroi les fait défaillir.

17-20. Aucune arme ne peut triompher de lui. — *Subsistere non poterit*. Les glaives se brisent sur ses écailles. « La nature a pourvu à la sûreté des crocodiles en les revêtant d'une armure presque impénétrable ; tout leur corps est cou-

Crocodile saisissant un cheval pour le dévorer.

subsistere **non** poterit, neque hasta, neque thorax ;

18. reputabit enim quasi paleas ferrum, et quasi lignum putridum æs.

19. Non fugabit eum vir sagittarius ;
in stipulam versi sunt ei lapides fundæ.

20. Quasi stipulam æstimabit malleum, et deridebit vibrantem hastam.

21. Sub ipso erunt radii solis, et ster-
net sibi aurum quasi lutum.

22. Fervescere faciet quasi ollam profundum mare, et ponet quasi cum unguenta bulliunt.

23. Post eum lucebit semita ; æstimabit abyssum quasi senescentem.

24. Non est super terram potestas quæ
comparetur ei, qui factus est ut nullum
timeret.

25. Omne sublime videt; ipse est rex
super universos filios superbiæ.

ne résisterait pas, non plus que le dard
et la cuirasse ;

18. car il méprise le fer comme de la
paille, et l'airain comme du bois pourri.

19. L'archer ne le met pas en fuite ;
les pierres de la fronde sont de la paille
légère pour lui.

20. Il regarde la massue comme du
chaume, et se rit du dard lancé *contre
lui*.

21. Sous lui sont les rayons du soleil,
et il s'étend sur l'or comme sur la boue.

22. Il fait bouillir le fond de la mer
comme une chaudière, et il la rend
semblable à un vase de parfums en
ébullition.

23. La lumière brille derrière lui; on
croirait que l'abîme à la chevelure d'un
vieillard.

24. Il n'y a pas de puissance sur la
terre qui puisse lui être comparée, car
il a été créé pour ne rien craindre.

25. Il voit *avec dédain* tout ce qui est
élevé ; c'est lui qui est le roi de tous les
fils de l'orgueil.

CHAPITRE XLII

1. Respondens autem Job Domino,
dixit :

2. Scio quia omnia potes, et nulla te
latet cogitatio.

1. Job répondit au Seigneur, et dit :

2. Je sais que vous pouvez toutes
choses, et qu'aucune pensée ne vous est
cachée.

---

vert d'écailles, excepté le sommet de la tête, où
la peau est collée immédiatement sur l'os... Ces
écailles carrées ont une très grande dureté, et
une inflexibilité qui les empêche d'être cassantes ;
le milieu de ces lames présente une croûte dure
qui ajoute à leur solidité » (Lacépède). Voyez
l'*Atl. d'hist. nat.*, pl. LVIII, fig. 1, 2, 3, 9, 10. Les
nègres se font avec la peau du crocodile des
casques qui résistent à la hache. — *Vir sagittarius...* (vers. 19). Hébr. : le fils de l'arc, c.-à-d.
la flèche. — *Malleum :* la masse d'armes (*Atl.
arch.*, pl. LXXXVIII, fig. 10). Toutes les armes
offensives usitées dans l'antiquité sont mentionnées en cet endroit, et elles sont toutes pro-
clamées impuissantes.

21-25. Quelques autres détails pour compléter
la description. — Vers. 21, les traces que Léviathan laisse derrière lui partout où il a passé.
Sub ipso... radii solis. Autre passage inexplicable ; ce qu'on a dit de mieux pour l'interpréter,
c'est que le crocodile dédaigne tout ce qui brille
et tout ce qui est précieux ; ou que ses écailles
inférieures brillent comme l'or quand le soleil
les éclaire. L'hébreu fournit un sens très simple :
Sous lui sont des têts aigus ; il étend comme

une herse sur la fange. Quoique beaucoup moins
dures que celles du dos, les écailles du ventre
laissent une empreinte sur la berge humide,
quand le monstre marche et se repose. — Verset 22, la manière dont il fait bouillonner les
eaux lorsqu'il s'y agite impétueusement. *Cum
unguenta... :* un mélange de parfums en ébullition. — Vers. 23, le sillage lumineux qu'il laisse
à la surface de l'onde. *Semita :* à la façon des
navires. *Abyssum... senescentem :* belle comparaison classique ; le sillage est d'ordinaire blanc
comme la tête chenue d'un vieillard. — Vers.
24-25, conclusion : Léviathan n'a pas de rival
parmi les animaux sauvages. *Omne sublime videt :*
son dédain pour tout ce qui est puissant. *Filios
superbiæ :* les bêtes fauves (note de XXVIII, 8).

4° Humble réponse de Job. XLII, 1-6.

CHAP. XLII. — 1. Formule d'introduction.

2-6. Job s'excuse avec le sentiment d'une profonde componction. Cette fois, il prend de lui-
même la parole, sans que Dieu ait à le presser
de répondre. Cf. XXXIX, 31-32. — *Nulla te latet...*
Hébr. : rien ne s'oppose à tes desseins, c.-à-d. à
leur accomplissement. Job reconnaît donc la
toute-puissance en même temps que la sagesse

3. Quel est celui qui obscurcit mes desseins sans rien savoir? En vérité, j'ai parlé follement de choses qui dépassaient de beaucoup ma science.

4. Écoutez, et je parlerai; je vous interrogerai, et répondez-moi.

5· Mon oreille avait entendu parler de vous, mais maintenant c'est mon œil qui vous voit.

6. C'est pourquoi je m'accuse moi-même, et je fais pénitence dans la poussière et dans la cendre.

7. Lorsque le Seigneur eut adressé à Job ces paroles, il dit à Éliphaz de Théman : Ma fureur s'est allumée contre toi et contre tes deux amis, parce que vous n'avez point parlé devant moi avec droiture, comme mon serviteur Job.

8. Prenez donc sept taureaux et sept béliers, et allez auprès de mon serviteur Job, et offrez pour vous un holocauste. Job mon serviteur priera pour vous; je le recevrai favorablement, afin que cette folie ne vous soit point imputée; car vous ne m'avez point parlé avec droiture comme mon serviteur Job.

9. Éliphaz le Thémanite, Baldad le Suhite et Sophar le Naamathite s'en allèrent donc, et firent ce que le Sei-

3. Quis est iste qui celat consilium absque scientia? Ideo insipienter locutus sum, et quæ ultra modum excederent scientiam meam.

4. Audi, et ego loquar; interrogabo te, et responde mihi.

5. Auditu auris audivi te, nunc autem oculus meus videt te.

6. Idcirco ipse me reprehendo, et ago pœnitentiam in favilla et cinere.

7. Postquam autem locutus est Dominus verba hæc ad Job, dixit ad Eliphaz Themanitem : Iratus est furor meus in te, et in duos amicos tuos, quoniam non estis locuti coram me rectum, sicut servus meus Job.

8. Sumite ergo vobis septem tauros et septem arietes, et ite ad servum meum Job, et offerte holocaustum pro vobis; Job autem, servus meus, orabit pro vobis. Faciem ejus suscipiam, ut non vobis imputetur stultitia ; neque enim locuti estis ad me recta, sicut servus meus Job.

9. Abierunt ergo Eliphaz Themanites, et Baldad Suhites, et Sophar Naamathites, et fecerunt sicut locutus fuerat Do-

---

infinie de Dieu dans l'épreuve qu'il avait subie. — *Quis est iste...* (vers. 3ª). Il répète mot pour mot, pour se l'appliquer humblement, le reproche que le Seigneur lui avait adressé naguère, XXXVIII, 2 (voyez la note). — *Celat consilium.* Mieux : qui obscurcit la sagesse. Il reconnaît l'avoir fait par ses discours imprudents (*insipienter locutus...*), où il parlait de choses qu'il avoue n'avoir pas connues. — *Audi, et ego...* (vers. 4). Autre citation, mais, cette fois, des propres paroles de Job (cf. XIII, 22); paroles hardies, dont il s'humilie profondément. — *Auditu auris...* (vers. 5). Ce qui l'a éclairé tardivement et lui a révélé ses torts : jusque-là il ne connaissait Dieu que par ouï-dire ; maintenant il le connaît par son expérience personnelle, d'une manière directe, plus complète. — *Idcirco ipse...* (vers. 6). Résultat produit par cette connaissance plus parfaite du Seigneur et de ses voies. — *Me reprehendo.* L'hébreu dit avec une concision énergique : J'abhorre. — *In favilla et cinere :* selon la coutume orientale, pour manifester une douleur et un deuil extrêmes. Cf. Jon. III, 6 ; Dan. IX, 3, etc.

ÉPILOGUE HISTORIQUE. XLII, 7-16.

Passage écrit en prose, comme le prologue.

1º Dieu proclame hautement l'innocence de son serviteur Job. XLII, 7-9.

7-8. Les trois amis sont blâmés et condamnés à réparer leur faute. — *Eliphaz* est interpellé

comme le plus digne des trois amis. Cf. II, 11, et la note de IV, 1. — *Iratus est furor...* Locution très forte, qui marque un vif mécontentement. Motif de cette divine colère : *non estis... locuti rectum.* Job est, au contraire, loué ouvertement par Dieu, qui lui rend son beau titre de *servus meus.* Cf. I, 8 ; II, 3. Et cependant les trois amis avaient dit sur Dieu des choses belles et justes ; d'un autre côté, Job vient d'être blâmé lui-même pour avoir dépassé la mesure dans ses discours. Mais ici les reproches et la louange concernent surtout le fond du problème récemment discuté, savoir, la signification des souffrances des justes : car, à ce point de vue général, la théorie des trois amis avait été fausse ; celle de Job était la vraie, si l'on excepte ses exagérations de langage et si on la prend dans son ensemble. Quant à Éliu, Dieu ne fait aucune mention de lui : il est approuvé par ce silence même, puisqu'il a émis, en réalité, les mêmes idées que le Seigneur. — *Septem tauros,... arietes.* Holocauste à offrir par mode de satisfaction, et c'est à l'intercession de Job que ce sacrifice devra sa vertu propitiatoire (*orabit pro vobis ;* passage classique pour démontrer le dogme de l'intercession des saints). Dieu ne pouvait pas marquer plus fortement ni plus délicatement la complaisance qu'il prenait en son pieux serviteur. Sur l'expression *faciem ejus suscipiam* voyez Gen. XIX, 21, et IV Reg. III, 14.

9. Les trois amis exécutent les ordres de Dieu.

minus ad eos, et suscepit Dominus faciem Job.

10. Dominus quóque conversus est ad pœnitentiam Job, cum oraret ille pro amicis· suis ; et ·addidit Dominus omnia quæcumque fuerant Job, duplicia.

11. Venerunt autem ad eum omnes fratres sui, et universæ sorores suæ, et cuncti qui noverant eum prius, et comederunt cum eo panem in domo ejus ; et moverunt super eum caput, et consolati sunt eum super omni malo quod intulerat Dominus super eum, et dederunt ei unusquisque ovem unam, et inaurem auream unam.

12. Dominus autem benedixit novissimis Job magis quam principio ejus ; et facta sunt ei quatuordecim millia ovium, et sex millia camelorum, et mille juga boum, et mille asinæ.

13. Et fuerunt ei septem filii, et tres filiæ.

gneur leur avait dit, et le Seigneur reçut Job favorablement.

10. Le Seigneur se laissa aussi toucher par la pénitence de Job pendant qu'il priait pour ses amis, et il lui rendit le double de tout ce qu'il possédait auparavant.

11. Tous ses frères, toutes ses sœurs et tous ceux qui l'avaient connu autrefois, vinrent auprès de lui et mangèrent avec lui dans sa maison. Ils témoignèrent leur compassion pour lui, et ils le consolèrent de tout le mal que le Seigneur lui avait envoyé ; et ils lui donnèrent chacun une brebis et un pendant d'oreille en or.

12. Quant au Seigneur, il bénit plus encore les dernières années de Job que les premières ; et il eut quatorze mille brebis, six mille chameaux, mille paires de bœufs et mille ânesses.

13. Il eut aussi sept fils et trois filles.

2° Job recouvre tous les biens qu'il avait perdus, et il meurt plein de jours. XLII, 10-16.

10-15. Dieu double l'ancienne prospérité de

Vases à farder. (Ancienne Égypte.)

Job. — *Conversus... ad pœnitentiam Job.* Littéralement dans l'hébreu : Il délivra Job de sa captivité ; c.-à-d. qu'il mit fin aux maux dont il souffrait. — *Omnia duplicia.* Voyez les détails au vers. 12. — *Venerunt... fratres..., et sorores.*

Ils avaient délaissé leur frère malheureux (cf. xix, 13-14) ; ils reviennent à lui maintenant qu'L n'a plus besoin de leurs consolations. — *Moverunt... caput :* un signe de tardive compassion. L'hébreu porte : Ils furent émus à son sujet. — *Dederunt ei...* Présents selon l'usage de l'Orient, comme marque d'honneur. — *Ovem unam.* D'après l'hébreu, une *q'sîtah ;* pièce d'argent non monnayé, d'une valeur déterminée. Voyez Gen. xxxiii, 19 et le commentaire. — *Facta sunt ei...* (verset 12). Comparez i, 3 et la note. Job, au milieu de ses peines, avait exprimé le désir de recouvrer ses anciens biens (xxix, 2) : Dieu lui en donne une fois plus, par manière de compensation. — *Septem filii, tres filiæ* (vers. 13). Le même nombre qu'auparavant. Cf. i, 2. — *Vocavit nomen...* (vers. 14). « Trois noms destinés à relever les grâces de ses filles. » *Diem :* belle comme le jour ; en hébreu, *y'mîmah,* colombe (cf. Cant. ii, 14 ; vi, 9.). *Cassiam* (*q'ṣi'ah*) : la casse est une plante aromatique de la famille des lauriers, se rapprochant beaucoup du cinnamome (*Atl. d'hist. nat.,* pl. fig. 1). *Cornu stibii :* en hébreu, *qérèn happuk,* vase (littéralement, corne) d'antimoine ; c.-à-d. vase à farder, car les femmes orientales se servent de ce métal, réduit en poudre, pour se peindre les paupières et le tour des yeux (voyez l'*Atl. arch.,* pl. vii, fig. 2-10)·

14. Et il nomma la première Jour, la seconde Casse, et la troisième Corne-d'antimoine

15. Il n'y eut point dans toute la terre do femmes aussi belles que les filles de Job, et leur père leur donna une part d'héritage comme à leurs frères.

16. Job vécut après cela cent qua-rante ans, et il vit ses fils et les fils de ses fils jusqu'à la quatrième génération, et il mourut âgé et plein de jours.

14. Et vocavit nomen unius Diem, et nomen secundæ Cassiam, et nomen tertiæ Cornu stibii.

15. Non sunt autem inventæ mulieres speciosæ sicut filiæ Job in universa terra ; deditque eis pater suus heredi-tatem inter fratres earum.

16. Vixit autem post hæc centum qua-draginta annis, et vidit filios suos, et fi-lios filiorum suorum usque ad quartam generationem ; et mortuus est senex et plenus dierum.

— *Hereditatem inter fratres...* Job assura ainsi à ses filles une existence complètement indépen-dante. Chez les Hébreux, les femmes n'avaient part à l'héritage que lorsqu'il n'y avait pas d enfant mâle. Cf. Num. xxvii, 1 et ss.

16. Job meurt heureux et plein de jours. — *Vixit.., post hæc :* après sa guérison et son retour au bonheur. *Centum quadraginta...* Les

LXX et l'ancienne version latine ajoutent qu'il vécut en tout deux cent quarante ans. — *Mortuus... plenus dierum.* Grande bénédiction tem-porelle. Cf. Gen. xxv, 8 ; xxxv, 29, etc. En vérité, comme le dit saint Jacques (v, 11) à propos de cette dernière période de la vie de Job, « le Seigneur est plein de miséricorde et de compas-sion. »

TABLE DES GRAVURES

TABLE ANALYTIQUE

DES MATIÈRES

LES LIVRES DES PARALIPOMÈNES

PREMIER LIVRE DES PARALIPOMÈNES

SECOND LIVRE DES PARALIPOMÈNES

LE LIVRE D'ESDRAS

LE LIVRE DE NÉHÉMIE

LE LIVRE DE TOBIE

LE LIVRE DE JUDITH

LE LIVRE D'ESTHER

LES LIVRES POÉTIQUES

LE LIVRE DE JOB

Imprimerie LETOUZEY et ANÉ, 87, Boulevard Raspail, PARIS-VI.

CPSIA information can be obtained
at www.ICGtesting.com
Printed in the USA
BVHW01*1151120118
505168BV00009B/53/P